# 미시경제학

성백남 · 정갑영

(주) 박영사

# 개정판 머리말

출판된 지 12년 가까이 지나서야 이 책의 개정판을 내게 된 것은 전적으로 저자들의 게으름 탓이다. 그동안 간혹 개정 여부를 문의하는 메일에 답하거나 학기 초 미시경제학을 수강하는 학생들에게 관련교재를 소개할 때마다 늘 미안한 마음을 떨칠 수 없었으며, 개정판이 많이 지연된 것에 대하여 사과를 드린다.

초판의 머리말에서도 밝혔듯이 이 책의 목표는 시장경제의 작동원리를 이해하기 위해 필요한 이론들을 쉽게 설명하여 독자들이 이론들을 현실의 경제문제 분석에 응용할 수 있도록 돕는 것이다. 이러한 목표를 위하여 각 장마다 몇 개씩의 예를 삽입하였는데, 이번 개정판에서는 초판에서 사용되었던 예 중에 반 이상을 보다 현실적인 것으로 교체하였다. 또한 가격변동에 의한 소비자 후생변화, 비용극소화 및 이윤극대화, 일반경쟁균형 등에 관한 구체적 이해를 돕기 위하여 간단한 계산과정을 예로서 들기도 하였다.

시장기구에 의한 자원배분의 과정 및 결과를 분석하려면 시장의 각 구성요소가 서로 어떠한 연관성을 맺고 있는지를 이해하는 것이 필수적이다. 이를 위해 개정판에서는 상품의 수요와 노동, 자금 등의 공급에 관한 소비자행동을 같은 편에서 분석하고 있으며, 생산자의 이윤극대화 행동을 살펴볼 때도 상품의 생산과 생산요소의 수요를 함께 취급하고 있다. 또한 생산물시장과 생산요소시장의 분석도 가급적이면 같은 곳에서 다루어지도록 노력하였다. 이러한 배열로 독자들이 시장경제의 작동원리를 폭넓은 시야에서 이해할 수 있기를 바란다.

이번 개정판에서는 초판의 오류를 수정하고 내용 중 일부를 보완하였으며, 특히 불확실성과 정보의 불완전성에 관해서는 초판에서 미비하였던 부분들을 보충하였다. 그리고 각 장의 끝에 마련한 연습문제는 기초적 문제부터 까다롭지만 미시적 경제모형을 이해하는 데 도움이 될 만한 문제까지 포함하고 있다.

일부 연습문제에서는 편미분 등의 기초적 수학지식이 요구되며, 이러한 문제를 풀 때 수리적 분석에 관한 부록은 도움이 될 것이다.

이번 개정판을 준비하는 데도 역시 많은 분들의 도움을 받았다. 저자들이 몸담고 있는 연세대학교 경제학부의 모든 교수님들로부터는 감사하게도 항상 많은 배움을 얻고 있으며, 수업시간에 학생들이 보이는 열의는 이 개정판 준비에 큰 격려와 자극이 되었다. 보험연구원의 변혜원 박사와 정인영 연구원은 책의 디자인 등에 관해 귀중한 의견을 주었고 조준영, 지선영 조교는 교정과 색인 작업에 많은 시간을 할애하였다. 또한 편집과 출판과정에서 많은 수고를 하신 박영사 우석진 선생님, 조성호 선생님, 전채린 선생님 그리고 최상욱 선생님께 감사를 드린다.

2011년 7월

저 자

이 책에서 참조한 국내외 교과서는 다음과 같다.


- 서승환, 『미시경제론』, 홍문사.
- 이준구, 『미시경제학』, 법문사.
- Bernheim, B. D. and M. D. Whinston, *Microeconomics*, McGraw-Hill, 2008.
- Besanko, D. and R. R. Braeutigam, *Microeconomics*, 3rd edition, Wiley, 2008.
- Katz, M. L. and H. S. Rosen, *Microeconomics*, 3rd edition, McGraw-Hill, 1998.
- Pindyck, R. S. and D. Rubinfeld, *Microeconomics*, 7th edition, Prentice Hall, 2009.

# 머리말

미시경제학을 공부하는 중요한 목적은 시장경제가 작동하는 원리를 이해하는 것이며, 이 책의 첫 번째 목표는 시장경제의 작동원리를 이해하기 위해서 필요한 이론들을 쉽게 설명하는 것이다. 경제학원론이나 경제학개론을 공부한 사람이면 누구든지 소비자, 경영자, 근로자 등 개별 경제단위의 의사결정과정, 시장기구의 역할 및 한계, 공공정책의 효과 등을 큰 어려움 없이 이해할 수 있도록 설명에 있어서 미적분과 같은 수학의 사용을 최대한 자제하였다. 그 대신에 그림과 평이한 설명을 통해 독자들이 미시경제학의 이론들을 직관적으로 이해할 수 있도록 노력하였다.

이 책의 두 번째 목표는 독자들이 현실세계에 응용할 수 있는 미시경제학의 지식을 갖추는 데 도움을 주는 것이다. 이를 위하여 90여 개의 예를 제시함으로써 미시경제학의 이론들이 우리 주변의 여러 가지 현상들을 분석하는 데 유용하게 적용될 수 있음을 보이려고 하였다.

이 외에도 이 책은 시장을 구성하는 여러 요소들 사이의 연관성을 강조함으로써 독자들이 시장경제에 의해 경제문제가 해결되는 과정을 넓은 시야에서 이해할 수 있도록 노력하였다. 개별 경제단위의 의사결정과정을 분석하기 전에 먼저 시장기구의 작동원리를 개괄적으로 설명한 것, 산출물시장과 투입물시장의 상호연관성이나 생산기술과 비용 사이의 관계를 강조한 것 등은 바로 이러한 이유 때문이다.

이러한 목표들이 이 책에서 다 이루어졌다고는 생각하지 않는다. 특히 보다 다양한 예들을 발굴하지 못한 점은 커다란 아쉬움으로 남아 있다. 그러나 미비한 점들은 독자들의 끊임없는 질책을 통해 개선될 수 있으리라고 생각한다.

이 조그만 책을 쓰는 데 많은 분들의 격려와 도움을 받았다. 우선 저자들에게 경제학을 가르쳐 주신 은사님들, 특히 연세대학교의 윤기중 교수님, 윤석

범 교수님, 박진근 교수님, 정창영 교수님과 김황조 교수님께 깊은 감사를 드린다. 그리고 한성신 교수님을 비롯하여 저자들에게 항상 깊은 관심을 보여주시는 선배 및 동료교수님들께도 이 자리를 빌어서 감사의 뜻을 표한다. 또한 교정에 많은 시간을 할애한 박현경 군과 변혜원 양에게도 고마움을 전하며, 이 책의 출판을 위해서 온갖 노력을 아끼지 않으신 박영사의 안종만 사장님을 비롯하여 편집을 맡으셨던 노현 선생님과 이선주 선생님께도 특별한 감사를 드린다.

1999년 11월

저 자

# 차 례

## 제 1 편 미시경제학의 소개

## 제 2 편 소 비 자

## 제 3 편 생 산 자

## 제 5 편 불완전경쟁

## 제 6 편 일반균형, 후생경제학 및 시장의 실패

## 제 7 편 불확실성과 정보의 불완전성

# 예제 차례

# 제 1 편

# 미시경제학의 소개

미시경제학에서는 소비자, 생산자 등 개별 경제단위의 선택행동을 분석하고 각 경제단위의 선택이 조화를 이루는 과정을 살펴봄으로써 희소한 경제적 자원이 다양한 용도에 어떻게 배분되는가를 이해하는 것에 초점을 맞춘다. 이를 위한 기초를 마련하기 위해서 이 편에서는 미시경제학의 분석범위, 주요 분석도구, 기본개념 등을 소개하고자 한다.

우선 자원의 희소성 때문에 어떠한 경제문제가 발생하는가를 살펴보고 그러한 경제문제를 미시적으로 분석하기 위한 경제모형에서 사용되는 기본적 도구들을 소개한다. 그리고 미시경제학에서 가장 중요한 모형 중 하나인 수요와 공급에 관해 살펴보고 시장에서 수요와 공급의 상호작용으로 어떻게 가격과 거래량이 결정되는가를 논의하기로 한다. 여기에서는 미시경제학의 여러 가지 이론들을 상세하게 분석하기보다는 시장기구를 통해 자원이 배분되는 과정을 개괄적으로 살펴보고자 한다.

노동, 자본, 원자재 등의 모든 경제적 자원은 그 공급이 제한되어 있기 때문에 경제생활을 영위하는 데 있어서 선택은 불가피하다. 이 때문에 흔히 경제학을 제약하의 선택을 연구하는 학문이라고 부르고 이 중에서 미시경제학은 개별 경제단위의 선택행동을 주된 분석의 대상으로 한다. 이러한 미시적 분석을 위한 경제모형에서는 거의 예외 없이 최적화, 균형분석, 비교정태분석이라는 세 가지의 분석도구가 사용되는데, 이 장에서는 먼저 이 도구들을 소개하기로 한다.

미시경제모형에서 소비자와 생산자는 가장 기본적 경제단위이며, 이들의 선택은 상품의 수요와 공급으로 시장에 나타나고 시장에서는 수요와 공급 사이의 상호작용으로 균형이 이루어진다. 이 장에서는 경제단위의 선택이 모여지는 장소인 시장을 정의하고 수많은 시장들에서 수요와 공급의 상호작용으로 균형이 이루어질 수 있도록 매개역할을 하는 가격체계를 소개한다. 그리고 완전경쟁시장을 가정해서 수요와 공급의 개념을 소개하고 양자의 상호작용으로 어떻게 균형이 이루어지는가를 살펴보기로 한다.

# 제 1 장

# 경제문제의 미시적 분석

## 1.1 분석의 범위

우리는 항상 좋은 상품을 넉넉하게 소비해서 자신의 후생복지를 높이려고 노력하며, 이런 점에서 인간은 끝없는 욕망을 지니고 있다고 할 수 있다. 그러나 상품을 만들어 내려면 노동, 자본, 천연자원 등의 경제적 자원이 필요한데, 경제적 자원의 공급은 제한되어 있다는 희소성 때문에 욕망을 추구하는 과정에는 언제나 제약이 따르기 마련이다. 이러한 제약하에서 인간이나 사회는 주어진 목적을 이루기 위해서 거의 매 순간마다 여러 대상들 중에서 한 가지를 선택해야만 하며, 경제학은 바로 이러한 제약하의 선택을 가장 중요한 분석의 대상으로 삼는 학문이다. 즉 경제학은 인간과 사회가 주어진 목적을 이루기 위해서 희소성으로 인한 제약에 어떻게 대처하는가를 연구하는 학문으로 정의될 수 있다.

경제학은 크게 미시경제학과 거시경제학으로 구분된다. 이 중에서 미시경제학은 자원배분의 상태를 이해하고 자원배분의 바람직한 방향을 모색하는 것에 초점을 맞춘다. 자원배분의 상태는 희소한 경제적 자원이 다양한 용도에 배분된 상태, 좀 더 구체적으로 말하면 한정된 양의 자원이 여러 가지 상품의 생산에 배분되고 생산된 상품들이 소비자들에게 배분된 상태를 의미한다.

자원배분을 이해하기 위해서는 무엇보다도 먼저 소비자, 생산자 등 개별 경제단위가 제약하에서 어떻게 선택을 하는가에 관한 세밀한 분석이 필요하며, 이 때문에 미시경제학에서는 경제단위와 상품의 개별성을 중요하게 여긴다. 그러나 각 경제단위는 이기적 동기에 기초해서 행동하기 때문에 각 경제단위의 선택 사이에는 마찰이나 갈등이 불가피하며, 어떠한 형태의 사회이든지 이러한 마찰이나 갈등으로부터 조화를 찾게 하는 기구(mechanism)가 운영되기 마련이다. 따라서 각 경제단위의 제약하의 선택이 어떤 제도 또는 기구에 의하여 어떻게 조화를 이룩하는가를 살펴보고 그 조화를 평가하는 것도 미시경제학의 분석범위에 포함된다.

거시경제학에서는 고용과 물가의 안정, 경제의 성장 등이 최대의 관심사가 된다. 경제의 안정, 성장의 문제 등을 다루기 위해서는 국민경제 전체의 흐름을 분석하는 것에 초점을 두어야 하고 수많은 소비자와 기업을 하나의 가계부문과 하나의 기업부문으로 집계(aggregate)하게 되므로 상품과 경제단위의 개별성은 희생될 수밖에 없다. 이러한 거시경제학에서도 제약하의 선택은 중요한 분석대상이다. 예컨대 완전고용상태에서 국방비의 증액은 곧 민간부문의 소비재 생산의 감소를 의미하므로 이를 감안해서 국방비의 규모를 정해야 하는 것이다.

상품과 경제단위의 개별성을 강조하는 정도가 다르다고 해서 미시경제학과 거시경제학이 본질적으로 서로 다른 것은 아니다. 우리가 앞으로 이 책에서 공부할 미시경제학의 이론과 분석방법은 거시경제학에서도 유용하게 사용되며, 반대로 국민경제 전체에 관한 포괄적 이해는 미시적 분석의 정확성을 높인다.

## 1.2 분석의 도구

현실의 경제에서는 소비 또는 생산에 관한 의사결정을 하는 수많은 소비자와 생산자가 존재하고 상품의 종류도 셀 수 없이 많다. 현실경제가 이렇게 복잡하다는 사실을 고려할 때 "개별 경제단위의 선택행동을 분석하고 각 경제단위의 선택이 조화를 이루는 과정을 살펴보는 일이 과연 가능한 것인가?"라는 의문이 들지 않을 수 없다.

복잡한 현실경제에 아무런 손질도 하지 않은 채 어떤 경제현상을 분석한다는 것은 불가능에 가깝다. 따라서 경제학자는 단순화를 위한 여러 가지 가정(assumptions)을 통해서 자신의 분석목적에 맞도록 복잡한 현실경제를 추상화한 **경제모형**을 세우게 되는 것이다. 경제모형은 흔히 도로지도에 비유된다. 고속도로, 간선도로 등만 표시하고 다른 지형지물은 모두 생략한 도로지도가 오히려 길안내의 역할을 효과적으로 할 수 있듯이 경제모형 역시 경제의 현실 중에서 분석하고자 하는 경제현상과는 직접 관련이 없는 것들을 생략함으로써 그 경제현상의 분석에 집중할 수 있게 하는 것이다.

경제모형에서는 분석하고자 하는 경제현상과 관련이 있는 **경제변수**들이 정의되고 이들 사이의 관계가 정해지게 되는데, 경제변수들은 **외생변수**(exogenous variable)와 **내생변수**(endogenous variable)로 나뉜다. 외생변수는 그 값이 모형의 외부에서 이미 정해져 있는 변수이며, 내생변수의 값은 모형의 내부에서 정해지게 된다. 가령 경부고속국도를 이용해서 서울에서 부산까지 승용차로 여행을 할 때의 소요시간을 분석하는 모형을 생각해 보기로 하자. 소요시간은 도로의 소통상황, 날씨에 달려 있으므로 소통상황과 날씨는 모형의 외부에서 그 값이 주어지는 외생변수라 할 수 있고 소요시간은 내생변수가 된다.

앞서 설명한 대로 자원의 배분을 다루는 미시경제학의 분석범위는 개별 경제단위의 선택행동, 각 경제단위의 선택 사이의 조화, 이루어진 조화의 평가 등이다. 이 때문에 미시경제학에서 사용되는 모형에서는 거의 예외 없이 제약하의 최적화, 비교정태분석 및 균형분석이라는 세 가지의 분석도구를 사용하게 된다. 이들을 개략적으로 살펴보기로 하자.

## 제약하의 최적화

희소성으로 인한 제약 때문에 경제단위는 자신이 원하는 무엇이든지 선택할 수 있는 것이 아니라 한정된 범위 내의 여러 선택대상들 중에서 한 가지를 선택할 수밖에 없다. 한정된 범위 내에서 한 가지를 선택하려는 경제단위는 각 대상별로 가치를 계산한 후에 그 가치가 가장 높은 대상을 선택한다고 하자. 이때 우리는 그 경제단위가 합리성을 지니고 있다고 하며 이 책에서는 경제단위의 합리성을 가정한다.

여러 가지의 선택대상 중에서 가치가 가장 높은 한 가지를 선택한다는 것은 곧 다른 차선의 대상을 포기한다는 것을 의미한다. 즉 선택에는 반드시 대가가 따르기 마련이다. 따라서 경제단위가 합리적으로 행동하려면 어떤 선택을 했을 때의 대가를 명백하게 파악해야만 하며, 경제학에서는 이를 **기회비용**(opportunity costs)이라고 부른다. 어떤 대상을 선택했을 때의 기회비용은 그 선택으로 인해 포기해야 하는 나머지 대상들 중에서 가치가 가장 높은 대상(즉 차선의 대상)이 지닌 그 가치를 의미한다.

예를 들어 잠실야구장에 가서 프로야구 경기를 관람하려는 학생이 있다고 하자. 잠실야구장에 가면 입장료 1만원 이외에 왕복차비 5천원이 필요하지만 가지 않는다면 고등학교 다니는 동생에게 수학을 지도해 주고 부모님으로부터 1만 5천원의 수고비를 받을 수 있다고 하자. 이 경우 프로야구 경기관람의 기회비용은 동생에게 수학을 지도한다는 선택의 가치이다. 동생에게 수학을 지도한다면 1만 5천원의 수고비를 받을 수 있고 야구장 입장료 1만원과 왕복차비 5천원을 지출하지 않아도 되므로 프로야구 경기관람의 기회비용은 3만원이 되는 것이다.

제약하에서 가치가 가장 높은 대상을 선택하는 행동, 즉 합리적 선택행동을 경제학에서는 **제약하의 최적화**(constrained optimization)라고 한다. 제약하의 최적화 문제는 경제단위가 추구하는 가치를 표시하는 **목적함수**(objective function)와 **제약조건**(constraints)으로 구성된다. 예를 들어 소비자가 만족을 극대화하기 위해 소비를 한다고 할 때 목적함수는 소비선택의 각 대상별로 소비의 만족도를 표시하는 함수이고 소비를 위한 총지출이 소득보다 클 수는 없다는 것이 제약조건이 된다. 또 다른 예로 생산비의 극소화를 원하는 생산자의 경우를 보기로 하자. 이 경우 생산자가 추구하는 가치는 비용의 극소화이므로 각 생산활동별로 얼마의 비용이 소요되는지를 표시하는 함수가 목적함수이고 생산활동의 선택범위를 결정하는 생산기술은 제약조건이 될 것이다.

제약하의 최적화는 제약조건을 만족시키는 여러 선택대상들 중에서 목적함수의 값을 극대화 또는 극소화시키는 대상을 선택하는 것이다. 어떤 경제단위의 목적함수를 $f(x, y)$로 표시할 때 이 경제단위는 $x$와 $y$라는 두 가지 경제변수의 값을 선택해서 자신의 목적을 추구하는 것이며, 이때 내생변수인 $x$와 $y$를 **선택변수**(choice variables)라고 부른다. $x$와 $y$의 값을 선택할 때의 제약 즉 제약조건을 $g(x, y)=b$로 표시한다면 제약하의 최적화 문제는 다음과 같다($b$는 외생변수의 주어진 값임).

$$\max_{\{x,\ y\}} \ f(x, y)$$
$$\text{제약조건: } g(x, y) = b$$

제약하의 최적화 문제의 해답을 얻는 과정에서는 빠짐없이 **한계**(marginal)의 개념이 등장하게 된다. 어떤 경제변수 $x$가 다른경제변수 $z$의 값을 결정하는데(즉 $x$는 독립변수이고 $z$는 종속변수임), $x$값이 $\Delta x$만큼 변함에 따라 $z$값은 $\Delta z$만큼 변했다고 하자. 이때 $\Delta z/\Delta x$를 구하면 $x$값이 1단위 추가로 변화함에 따라 $z$값이 얼마나 변하는가를 표시하는 한계의 개념이 되는 것이다. 어떤 경제단위가 편익(benefits)의 증가를 노려서 선택변수 $x$의 값을 현재보다 1단위 더 늘린다면 편익과 함께 비용(costs)도 증가하는데, 편익의 증가폭을 **한계편익**(marginal benefits)이라고 할 수 있고 비용의 증가폭을 **한계비용**(marginal costs)이라고 부를 수 있다.

선택을 통해 높은 가치를 얻으려는 경제단위는 선택변수 $x$의 한계편익이 한계비용보다 크다면 $x$값을 더 늘릴 것이고 반대의 경우에는 $x$의 값을 줄일 것이기 때문에, 제약하의 최적화가 이루어졌을 때는 일반적으로 한계편익과 한계비용이 일치하게 된다. 앞으로 이 책에서는 한계의 개념과 '한계편익 = 한계비용' 이라는 최적화의 조건이 반복적으로 등장하게 된다.

제약하의 최적화 문제를 푸는 구체적 방법에 관해서는 나중에 개별 경제단위의 선택행동을 분석할 때 소개하기로 하고 여기에서는 제약하의 최적화 문제와 한계의 개념을 소개하기 위하여 간단한 예를 들어보기로 한다.

**예 1-1 제약하의 최적화: 광고비의 배분**

신제품을 개발한 어떤 기업에서 이 제품의 판매를 촉진하기 위해 TV 또는 신문에 광고를 하기로 하고 8천만원의 광고비를 책정하였다고 하자. TV나 신문 모두 한 번 광고할 때마다 1천만원이 든다고 하면 기업은 TV와 신문에 합해서 여덟 번의 광고를 할 수 있으며, 각 매체별 광고효과는 〈표 1-1〉과 같다고 하자. 가령 여덟 번의 광고를 모두 TV에 하면 신제품의 판매량은 3,230개이지만 모두 신문에 할 때는 435개가 된다. 만일 여덟 번의 광고를 TV와 신문에 네 번씩 나누어 하는 경우 신제품은 TV광고 때문에 2,800개, 신문광고 때문에 360개가 판매되어 총판매량은 3,160개가 된다.

이 기업은 여덟 번의 광고를 TV와 신문에 어떻게 배분할 때 신제품의 판매량을 극대화할 수 있을까? TV광고의 횟수를 $T$로 표시하고 신문광고의 횟수를 $N$으로 표시할 때 신제품의 판매량 $S$를 극대화하기 위해서 내생변수인 $T$와 $N$의 값을 선택하려는 이 기업의 목적함수는 $S = f(T, N)$로 표시할 수 있다. 그리고 총광고비는 이 모형의 외생변수로서 그 값은 8천만원으로 정해져 있으므로 제약조건은 $T + N = 8$이 된다. 즉 기업은 다음과 같은 제약하의 최적화 문제를 풀어야 하는 것이다.

**표 1-1 광고매체별 광고횟수와 신제품 판매량의 관계**

| 광고횟수 | TV | 신문 | TV광고의 한계편익 | 신문광고의 한계편익 |
|---|---|---|---|---|
| 0 | 0 | 0 | 0 | 0 |
| 1 | 1,000 | 120 | 1,000 | 120 |
| 2 | 1,800 | 220 | 800 | 100 |
| 3 | 2,400 | 300 | 600 | 80 |
| 4 | 2,800 | 360 | 400 | 60 |
| 5 | 3,000 | 400 | 200 | 40 |
| 6 | 3,100 | 420 | 100 | 20 |
| 7 | 3,180 | 430 | 80 | 10 |
| 8 | 3,230 | 435 | 50 | 5 |

$$\max_{\{T, N\}} S(T, N)$$

제약조건: $T + N = 8$

〈표 1-1〉를 보면 어떤 광고횟수에서도 신문광고보다 TV광고가 항상 판매량이 높기 때문에 단순하게 생각하면 여덟 번 모두 TV에 광고하는 것이 판매량을 극대화할 수 있는 방법이라고 판단할 수 있는데, 한계의 개념을 사용하면 이 판단이 잘못되었다는 것을 명백하게 알 수 있다.

가령 TV에 일곱 번을 광고한 상태에서 마지막 여덟 번째 광고를 다시 TV에 할 것인지 아니면 처음으로 신문에 할 것인지를 생각해 보자. 여덟 번째 광고를 다시 TV에 하는 경우에 판매량은 3,180개에서 3,230개로 50개가 늘어나며, 이 50개가 TV광고를 일곱 번에서 여덟 번으로 한 번 더할 때의 한계편익이다. TV에 일곱 번을 광고하고 여덟 번째 광고를 처음으로 신문에 하는 경우에는 판매량은 120개가 늘어나 3,300개가 되며, 이 120개는 다름 아닌 신문광고를 처음으로 한 번 할 때의 한계편익인 것이다. TV에 일곱 번을 광고한 상태에서 여덟 번째 광고의 한계편익은 TV보다 신문이 높기 때문에 마지막 여덟 번째 광고를 TV보다 신문에 하는 것이 신제품의 판매량을 높이게 된다.

그렇다면 언제 신제품의 판매량이 극대화될 것인가? 바로 마지막 TV광고의 한계편익이 마지막 신문광고의 한계편익과 같아질 때이다. 전자가 후자보다 크다면 신문광고를 한 번 줄여서 TV광고를 한 번 더 함으로써 판매량이 늘어나고 반대인 경우에는 TV광고를 한 번 줄여서 신문광고를 한 번 더 함으로써 판매량이 늘어나기 때문인 것이다. 〈표 1-1〉에는 TV와 신문광고의 한계편익이 표시되어 있다. TV광고를 여섯 번하고 두 번을 신문에 광고할 때 여섯 번째 TV광고의 한계편익은 100개가 되어 두 번째 신문광고의 한계편익과 일치해서 판매량은 3,320개로 극대화되는 것이다.

TV광고를 한 번 더하면 신문광고는 한 번 줄여야만 하므로 TV광고의 한계비용은 곧 신문광고의 한계편익이 된다. 따라서 신제품의 판매량이 극대화될 때 마지막 번째 TV광고와 신문광고의 한계편익이 일치한다는 것은 마지막 번째 TV광고의 한계편익과 한계비용이 일치한다는 것을 의미하며, 이로부터 제약하의 최적화가 이루어졌을 때 '한계편익 = 한계비용'의 조건이 성립한다는 것을 확인할 수 있다.

## 균형분석

미시경제학에서 중요하게 사용되는 또 다른 분석도구는 **균형분석**(equilibrium analysis)이다. 균형은 어느 누구도 변화를 원하지 않기 때문에 외생적 요인이 변하지 않는 한 현재의 상태 또는 조건이 지속되는 것을 의미하며, 이러한 균형이 어떻게 이룩되는가를 밝히는 것이 균형분석이다.

앞의 〈예 1-1〉에서 기업은 여덟 번의 광고를 TV에 여섯 번, 신문에는 두 번 배분하여 신제품의 판매량을 극대화할 수 있으며, 광고비의 총액 등 다른 조건이 변하지 않는 한 기업은 이 배분상태가 변하는 것을 원하지 않는다. 이와 같이 어떤 경제단위가 제약하에서 최적의 선택을 했을 때 주어진 제약조건 등 다른 조건이 변하지 않는 한 이 경제단위는 자신의 선택을 바꿀 동기가 없으므로 일종의 균형이 이루어졌다고 할 수 있다. 이러한 점에서 제약하의 최적화 분석도 넓은 의미로는 균형분석에 속한다고 할 수 있다.

이미 언급한 대로 각 경제단위는 이기적 동기에 기초해서 행동한다. 따라서 각 경제단위가 제약하의 최적화를 통해 자신의 균형을 이룬다고 해도 시장에서는 마찰이나 갈등이 불가피하므로 가격기구가 작동해서 마찰이나 갈등으로부터 조화를 찾아나가게 된다. 가격기구의 역할로 경제단위들의 균형으로부터 개별 시장의 균형이 이루어지고 개별 시장의 균형은 시장경제 전체의 균형으로 이어지는 것이다. 여러 시장들 사이의 상호연관성을 무시하고 특정시장만을 따로 떼어 그 균형을 분석하는 것을 **부분균형분석**(partial equilibrium analysis)이라고 부르며, 시장경제에 존재하는 여러 시장들 사이의 상호연관성을 고려하면서 여러 시장들의 균형을 동시에 분석하는 것을 **일반균형분석**(general equilibrium analysis)이라고 부른다.

## 비교정태분석

경제모형에서 외생변수의 주어진 값에 따라 내생변수의 값이 결정되고 외생변수의 값이 변하면 내생변수의 값도 변하게 된다. **비교정태분석**(comparative static analysis)은 외생변수의 변화 전과 후의 내생변수 값을 비교하는 것이며, 정태분석이라는 말에는 내생변수의 값이 얼마나 빨리 변하는지를 살피는 동태분석(dynamic analysis)은 배제한다는 의미가 담겨 있다.

한 내생변수에 영향을 미치는 외생변수는 한 가지가 아니라 여러 가지인 경우가 일반적이며, 여러 가지 외생변수가 한꺼번에 변한다면 외생변수별로 내생변수에 얼마나 영향을 주는가를 분별해 내기는 대단히 어렵게 된다. 이 때문에 비교정태분석을 할 때는 흔히 여러 외생변수 중에서 한 가지만 변하고 '다른 나머지 조건은 모두 불변'(라틴어로 ceteris paribus라고 함)이라는 가정을 사용하게 된다.

비교정태분석은 제약하의 최적화 문제와 균형분석에 모두 적용된다. 제약하의 최적화 문제에서 외생변수의 주어진 값이 변해서 제약조건이 바뀔 때 경제단위의 선택도 변하게 되며, 비교정태분석은 제약조건이 바뀌기 전과 후의 경제단위의 선택을 비교하는 것이다. 이를테면 위의 〈예 1-1〉에서 책정된 광고비가 8천만원에서 1억원으로 늘어난다면 기업이 TV와 신문 사이에 광고를 배분하는 방법은 바뀔 것이며, 이 경우의 비교정태분석은 광고비 증가 전과 후의 각 광고매체별 광고횟수를 비교하는 것이다. 시장에서 경제조건이 변하면 시장균형은 변하는데, 이때 두 개의 균형을 비교하는 것이 균형분석에 적용되는 비교정태분석이다.

경제모형을 구축하는 중요한 이유 중 하나는 바로 비교정태분석을 하기 위한 것이며, 비교정태분석을 통해 우리는 경제조건이 변할 때 경제단위의 행동이 어떻게 바뀔 것인가를 예측할 수 있다.

## 1.3 실증분석과 규범분석

경제학의 다른 분야와 마찬가지로 미시경제학에서의 경제분석은 **실증분석**(positive analysis)과 **규범분석**(normative analysis)으로 구분된다. 실증분석은 경제현상을 정확하게 설명하고 미래를 예측하기 위하여 어떠한 경제적 결과가 무슨 원인으로 일어나고 있는지를 규명하는 것이다. 따라서 실증분석에 있어서는 현실경제의 자료를 사용하여 그 분석결과의 타당성을 살펴보게 되지만 경제적 결과가 바람직한지 아닌지에 관한 가치판단은 배제된다.

규범분석은 가치판단의 기준을 정하고 그 기준에 따라 한 경제적 결과가 바람직한가 하는 여부를 판단하는 것이다. 따라서 규범분석은 가치판단의 기준에 입각하여 최선이라고 판단되는 경제적 결과를 얻기 위해서 사용되어야 할 정책에 관한 제안으로 결론을 맺는 것이 일반적이며, 실증분석과 달리 현실경제의 자료를 사용해서 규범분석의 결론을 확인하는 것은 어렵다.

각 경제단위가 제약하에서 어떤 선택을 하며 주어진 제약이 바뀌었을 때 그 선택은 어떻게 변하는가를 분석하는 것은 실증분석이다. 또한 각 경제단위의 선택이 시장에 모여서 균형을 이루어 가는 과정을 분석하는 것도 역시 실증분석이다. 반면에 시장균형에서의 자원배분을 평가하고 이를 바람직한 방향으로 개선하기 위한 정책을 모색하는 것은 규범분석이라고 할 수 있다. 실업보험의 재원 마련을 위하여 휘발유 소비에 붙는 교통세를 인상할 때 자동차에 대한 수요, 서울 시내의 교통량, 대중교통수단의 이용률 등에 어떠한 영향을 미칠 것인가를 분석하는 것은 실증분석이며, 실업보험의 재원 때문에 휘발유 교통세를 인상하는 것이 과연 바람직한가를 분석하는 것은 규범분석이 된다.

소비자, 기업, 정부 등 각 경제단위가 최선의 의사결정을 하려면 경제현상을 이해하고 미래를 예측하는 것이 필수적이기 때문에 실증분석은 미시경제학에 있어서 가장 핵심적 부분이라고 할 수 있다. 규범분석은 가치판단을 포함하기 때문에 실증분석 자체만으로 규범적 문제에 답할 수는 없다. 그러나 실증분석은 최소한 규범적 문제에 관련된 논점을 분명히 할 수 있다. 경제현상을 올바르게 이해하고 미래에 관하여 보다 정확하게 예측할 수 있다면, 우리가 규범적 문제를 다루고자 할 때 접근방법의 타당성이 높아질 수 있음은 분명한 것이다.

# 1.4 시장과 가격

앞서 설명한 것처럼 이기적 동기에 기초해서 행동하는 각 경제단위의 선택 사이에는 마찰이나 갈등이 불가피하며, 이러한 마찰이나 갈등으로부터 조화를 찾아서 자원배분을 이루는 방법은 경제체제마다 다르다. 중앙집권적 계획당국이 자원배분을 이루는 데 주도적 역할을 담당하는 사회주의 경제체제에 비해서 자본주의 경제체제에서는 **시장기구**(market mechanism)에 의해 자원배분이 이루어지며, 이 때문에 자본주의경제를 시장경제라고 부른다. 시장에 의한 자원배분에 있어서는 **가격기구**(price mechanism)가 중추적 역할을 하기 때문에 미시경제학을 **가격론**(price theory)이라고도 부른다. 이 책에서는 시장기구의 작동원리를 이해하고 시장기구에 의한 자원배분을 평가하는 것에 초점을 맞추기로 한다.

자원배분에 관한 의사결정이 중앙집권적 계획당국에 집중되어 있는 사회주의경제에 비해서 자본주의경제에서는 의사결정과정의 분권성이 중요한 특징으로 꼽힌다. 여기에서 의사결정의 분권성은 각 경제단위가 자신과 관련된 경제문제의 해결을 위하여 자신의 책임하에 의사를 결정하는 것을 의미하며, 자본주의경제에서 각 경제단위의 분권적 의사결정으로부터 조화를 찾아서 자원배분이 이루어지게 하는 대표적 기구는 시장이다.

## 시장의 정의

상품과 경제단위의 개별성을 중요시하는 미시경제학에서 시장은 상품의 종류별로 개설된다고 할 수 있다. 그런데 소비자의 다양해지는 기호를 반영하여 상품의 종류는 점점 더 많아지고 있으며, 희소한 경제적 자원은 현재의 용도에만 배분되는 것이 아니라 미래의 용도에도 배분되고 서로 다른 장소에도 배분되므로 자원배분의 과정을 이해하기 위해서는 상품의 종류를 물리적 특징 이외에 사용가능한 시점과 장소에 의해서도 구분할 필요가 있다. 이런 점에서 시장경제는 셀 수 없을 만큼 많은 시장들로 구성되어 있다고 할 수 있다.

어떤 상품의 시장이란 판매자들과 구매자들 사이에 자발적 상호작용을 통해 그 상품의 교환이 이루어지는 장소이다. 판매자들과 구매자들이 시장에 모이는 이유는 자발적 교환을 통하여 이득을 얻을 수 있기 때문이며, 자발적 거래를 통해 상품의 판매자와 구매자에게 이득이 생길 가능성이 보인다면 시장은 자연히 형성된다.

**예 1-2 대리운전시장**

1990년대 말 우리나라 자가용 승용차의 수가 1,000만대를 돌파하고 음주운전의 막대한 사회적 비용에 관한 염려가 널리 확산되면서 과거에는 없었던 대리운전시장이 자연적으로 생기기 시작하였다. 한국교통연구원의 자료에 따르면 2005년 기준으로 대리운전기사의 수는 전국적으로 8만 2천여 명에 이르렀으며, 비공식적 추계에 의하면 2008년에는 그 수가 10만명 수준으로 증가하였고 대리운전의 요청도 하루에 50만건을 넘고 있다고 한다.

대리운전시장이 생기게 된 것은, 대리운전을 요청하는 사람이 기꺼이 지불할 용의가 있는 최대요금(즉 대리운전을 시키지 않고 택시 타고 귀가할 때의 기회비용)이 대리운전기사가 받아야 할 최소의 금액(즉 대리운전서비스 제공의 기회비용)보다 높아서 대리운전이라는 상품이 그 수요자와 공급자 사이에 자발적으로 거래됨으로써 양자 모두에게 이득이 생기기 때문이다.

우리나라에서는 관할세무서에 사업자등록만 하면 대리운전업을 할 수 있고 2종 보통운전면허와 주민등록증만 있으면 대리운전기사가 될 수 있다. 이처럼 우리나라 대리운전업의 진입장벽은 매우 낮기 때문에 과당경쟁으로 인해 대리운전요금은 대리운전서비스 제공의 기회비용에 가까운 수준에서 결정되고 있고 대리운전업체는 어려움을 겪고 있는 것으로 보인다. 또한 팁의 요구 등 대리운전과 관련된 여러 가지의 사회적 문제가 생길 수 있고 대리운전시장의 형성이 음주운전으로 인한 사회적 비용을 감소시킨다는 점을 고려할 때 대리운전업의 법제화가 요청되고 있는 실정이다.

시장이 개설되기 위해서 반드시 물리적 공간을 필요로 하지는 않는다. 정보화 시대에서는 구체적인 장소가 없더라도 시장은 얼마든지 형성될 수 있다. 다양한 종류의 상품에 관한 매매정보를 소통시키는 벼룩신문도 시장의 역할을 훌륭하게 수행한다고 볼 수 있다. 또한 우리는 물건을 구입하기 위해 구태여 상점에 갈 필요가 없으며, 집 또는 사무실에서 인터넷 등의 통신망을 통해 얼마든지 물건의 구입과 대금의 결제를 할 수 있다. 그러나 시장의 형태가 변한다고 해서 시장의 본질적 기능까지 변하는 것은 아니다.

시장들은 직접 또는 간접으로 서로 연관성을 맺고 있다. 어떤 시장에서 발생하는 일은 다른 시장들에게 파급효과를 끼치게 되는 것이다. 반도체시장에서 반도체의 공급이 증가함에 따라 반도체의 가격이 하락하였다고 하자. 반도체의 가격하락은 개인용 컴퓨터의 공급을 증가시키는 원인이 되기 때문에 개인용 컴퓨터의 가격은 하락하게 된다. 이렇게 시장들이 맺고 있는 상호연관성을 통해 시장경제는 경제적 문제를 해결해 나간다. 시장경제에 의한 경제문제 해결을 우리는 흔히 시장기구가 작동한다고 한다.

## 시장의 분류

시장경제를 구성하는 수많은 종류의 시장들은 분석의 목적에 맞추어 몇 가지로 분류될 수 있다.

서로 다른 시점 사이의 자원배분을 분석하는 경우에 시장은 **현물시장**(spot market)과 **선물시장**(future market)으로 분류될 수 있다. 현물시장은 상품의 매매계약 체결과 상품의 인도가 동시에 이루어지는 시장이다. 이에 대해 상품의 매매계약이 체결되고 일정기간이 경과한 후에 상품이 인도되는 시장을 선물시장이라고 한다. 재래시장, 편의점, 백화점 등에서 이루어지는 거래는 대부분 현물시장 거래이다. 농산물, 주식, 외환 등의 상품은 성격상 판매자 또는 구매자가 미래의 불확실성으로 인한 영향을 심하게 받는 종류의 상품이기 때문에 현물시장의 거래가 위축되기 쉽다. 이러한 상품에 대하여 선물시장을 개설하는 것은 판매자 또는 구매자에게 미래의 대한 예측력을 부여함으로써 거래를 활성화시키고 자발적 교환의 이득을 높일 수 있다.

시장경제에서 가장 중요한 경제단위인 소비자와 생산자 사이에 거래되는 상품은 두 종류로 나뉠 수 있다. 한 가지는 소비자들이 소비하는 최종 생산물이며, 또 다른 한 가지는 최종 생산물의 생산에 투입되는 노동, 자본, 원자재 등의 생산요소(factors of production)이다. 소비자와 생산자 사이에 소비 → 생산 → 소득의 분배 → 소비 → 생산 → …… 의 순환과정을 다루기 위해서는 시장을 **생산물시장**과 **생산요소시장**으로 분류할 수 있다.

시장경제에서 이루어지는 자원배분은 과연 바람직한가? 이 질문은 시장경제의 성과를 평가하자는 규범적 질문이다. **완전경쟁시장**(perfectly competitive markets)과 **불완전경쟁시장**(imperfectly competitive markets)의 구별은 바로 이러한 규범적 질문과 관련된 분류로 볼 수 있다. 나중에 자세히 살펴보겠지만 완전경쟁시장의 주된 의미는 어떤 단일 소비자나 생산자도 상품가격에 아무런 영향을 행사할 수 없다는 것이고 불완전경쟁시장에서는 소비자 또는 생산자가 상품가격을 조정할 수 있는 능력을 지닌다. 후에 살펴보겠지만 효율의 측면에서는 완전경쟁시장이 가장 바람직하고 불완전경쟁시장은 비효율을 지니게 된다. 이 때문에 완전경쟁시장은 다른 시장의 성과를 평가할 때 잣대로 사용된다.

## 가격체계

앞에서 말한 것처럼 시장경제는 각 시장 사이의 상호연관성을 통하여 경제문제를 해결해 나가며, 무수히 많은 시장들 사이의 연관성은 가격기구의 매개역할을 통해 형성된다.

어떤 상품의 가격이 다른 상품보다 높다는 것은 그 상품이 다른 상품보다 귀하다는 정보이다. 가격이 전달하는 이러한 정보에 따라 생산자는 귀한 상품을 더 많이 생산하고 그렇지 않은 상품의 생산을 줄이며, 소비자는 이와 반대로 행동함으로써 각자가 추구하는 가치를 높이게 된다. 이러한 의미에서 가격은 자원의 상대적 희소성에 관한 정보를 전달하고 이 정보에 따라 소비자와 생산자가 행동하도록 하는 동기를 부여함으로써 각 시장의 움직임을 서로 연결시키는 매개역할을 한다. 자원배분을 이루기 위해 시장기구는 결국 정보의 전달과 동기의 부여라는 가격기구의 역할에 의존하는 것이다.

각 시장에서는 경쟁성의 정도, 판매자와 구매자 사이의 상호작용, 다른 시장과의 관련성 등에 의하여 가격이 형성된다. 상품의 종류가 $n$개라고 할 때, 시장경제에서 형성되는 $n$개의 가격을 **가격체계**(price system) 또는 **가격벡터**(price vector)라고 부른다. $i$번째 상품의 가격을 $P_i$라고 한다면, 가격체계는 $P=(P_1, P_2, \cdots, P_i, \cdots, P_n)$이라고 표시된다.

가격기구가 정보전달과 동기부여의 기능을 제대로 수행하려면 가격체계는 여러 가지 상품 사이의 상대적 희소성을 잘 반영하여야 한다. 이 때문에 자원배분을 설명하려는 미시경제모형에서는 절대가격이 아니라 한 상품과 다른 상품의 가격비율인 상대가격이 주로 사용된다. 어떤 상품의 상대가격은 그 상품 1단위를 얻기 위해 포기해야 하는 다른 상품의 수량, 즉 기회비용을 의미한다.

## 1.5 수요와 공급

어떤 상품의 시장은 자발적 거래를 통한 이득을 얻기 위하여 판매자와 구매자들이 모이는 장소이다. 자발적인 거래의 핵심적 내용은 상품의 거래량과 가격이며, 이들이 시장에서 어떻게 결정되는가를 설명하고자 하는 것이 수요와 공급의 모형이다. 이 절에서는 어떤 소비자나 생산자도 시장가격에 아무런 영향을 미칠 수 없는 완전경쟁시장을 가정해서 수요와 공급의 모형을 개략적으로 소개하며, 보다 자세한 이론은 나중에 경제단위들의 선택행동, 시장구조 등을 분석할 때 살펴보기로 한다.

### 수요의 결정요인

어떤 상품에 대한 수요량은 곧 소개할 공급량과 마찬가지로 그 양이 일정기간에 걸쳐서 측정되는 **유량변수**(flow variables)이므로 수요량 또는 공급량이라고 할 때는 하루, 한달, 일년 등과 같은 일정기간의 수량을 의미한다.

어떤 상품에 대한 일정기간의 수요량에 영향을 미치는 요인들은 무엇인가? 제약하에서 소비자의 최적선택은 각 상품에 대한 수요로 나타나기 때문에 어떤 상품의 수요량을 결정하는 요인들로는 그 상품의 가격, 관련재의 가격, 소득수준, 소비자의 기호, 미래에 대한 기대 등을 들 수 있다. 맥주를 예로 들어보기로 하자.

① 상품가격

어떤 소비자의 일정기간의 맥주 수요량을 결정하는 가장 중요한 요인은 맥주가격이다. 맥주가격이 오르면 맥주를 덜 마시고 맥주가격이 떨어지면 맥주를 더 많이 마시는 것이 일반적이며, 이와 같이 어떤 상품의 수요량과 가격이 보통 서로 반대방향으로 움직이는 것을 **수요의 법칙**(law of demand)이라고 부른다.

② 소득

소득수준이 증가하면 일반적으로 맥주에 대한 수요량은 증가한다. 이처럼 소득의 증가에 따라 수요량이 증가하는 상품을 **정상재**(normal goods)라고 부른다. 반대로 소득수준의 증가에 따라 수요량이 감소하는 상품도 존재할 수 있으며, 이러한 상품을 **열등재**(inferior goods)라고 한다.

③ 관련재의 가격

더운 여름에 탄산음료의 가격이 대폭 감소하였다고 하자. 이때 더위로 인한 갈증을 해소하기 위하여 소비자는 맥주를 덜 마시는 대신에 탄산음료의 수요량을 늘릴 것이다. 만일 치즈 또는 건과류 등과 같이 맥주를 마실 때 함께 소비하는 상품의 가격이 인하되었다면 맥주의 수요량에는 어떤 변화가 발생할까? 맥주를 마실 때 안주가 별로 필요 없다는 사람들은 상관하지 않겠지만, 그렇지 않은 사람들은 맥주의 수요량을 증가시킬 것이다.

탄산음료와 맥주 사이의 관계처럼 주어진 소비목적을 충족시키기 위해 한 상품을 다른 상품 대신에 소비해도 되는 경우에 두 상품은 소비에 있어서 서로 **대체관계**(substitutes)에 있다고 한다. 반면에 맥주와 치즈 사이의 관계처럼 주어진 소비목적을 위해 두 가지 상품을 함께 소비해야 하는 경우 두 상품은 소비에 있어서 서로 **보완관계**(complementaries)에 있다고 한다. 영화관람과 대여한 DVD의 시청은 대체관계에 있는 또 다른 예이며, DVD와 DVD 플레이어는 서로 보완관계에 있다.

두 가지 상품이 소비의 대체관계에 있을 때 한 상품의 가격과 다른 상품의 수요량은 같은 방향으로 움직이며, 맥주와 치즈의 관계처럼 두 상품이 소비에 있어서 보완관계에 있을 때는 한 상품의 가격과 다른 상품의 수요량은 서로 반대방향으로 움직인다.

④ 기대

맥주에 대한 수요량에 영향을 미치는 또 다른 중요한 요인은 미래에 대한 기대이다. 가령 맥주가격이 한 달 후에 크게 상승한다고 예상하면 사람들은 오늘 맥주를 더 많이 구입하려 할 것이다. 또한 가까운 미래에 자신의 소득이 증가할 것으로 기대하는 사람들은 오늘부터 맥주를 더 많이 마실 수도 있다.

⑤ 기호

소비자의 기호 역시 수요량에 영향을 미친다. 예를 들어 소비자의 관심이 온통 체중을 줄이는 것에 쏠려있다면, 맥주의 수요량은 감소할 것이다. 만일 추운 날씨가 계속된다면, 소비자의 기호는 알코올 함량이 높은 다른 술로 바뀌어 맥주의 수요량은 감소한다.

이 밖에도 어떤 상품을 소비할 때마다 비금전적 비용이 추가된다면 그 상품에 대한 수요는 감소한다. 맥주를 구입하기 위해서는 줄을 서야 한다면 소비자가 실제로 지불해야 하는 가격은 기다림의 기회비용까지 포함하기 때문에 맥주의 수요량은 감소할 것이다.

## 수요곡선

위에서 맥주의 예를 통해 살펴본 것처럼 개별 소비자의 어떤 상품에 대한 일정기간의 수요량($Q_d$)에 영향을 미치는 요인들로는 그 상품의 가격($P$), 소득수준($M$), 관련재의 가격($P_R$), 기대($E$), 기호($T$) 등을 들 수 있다. 즉 수요모형에서 개인의 어떤 상품에 대한 수요량 $Q_d$와 그 상품의 가격, 소득수준 등의 외생변수 사이의 관계는 다음과 같은 함수로 표시할 수 있으며, 이를 **수요함수**(demand function)라고 부른다.

$$Q_d = f(P,\ M,\ P_R,\ E,\ T,\ \cdots) \qquad (1\text{-}1)$$

식 (1-1)의 수요함수에서 상품가격 $P$만 변하고 나머지 외생변수는 모두 불변이라고 가정해서 비교정태분석을 하면 상품가격과 수요량 사이의 관계를 표시하는 **수요곡선**(demand curve)을 얻을 수 있다. 어떤 상품의 수요곡선은 다른 조건들이 모두 불변일 때 그 상품의 각 가격수준에 대해 소비자가 일정기간에 구입할 용의가 있는 그 상품의 수량을 표시한다.

〈그림 1-1〉의 평면에서 수평축은 어떤 상품의 일정기간의 수요량 $Q_d$를 나타내고 수직축은 그 상품의 가격 $P$를 표시할 때 어떤 소비자의 이 상품에 대한 수요곡선은 이 평면에 곡선 $d$로 그려져 있다. 수요곡선 $d$는 수요의 법칙을 반영해서 음(−)의 기울기를 지니고 있다. 소득수준, 관련재의 가격 등의 요

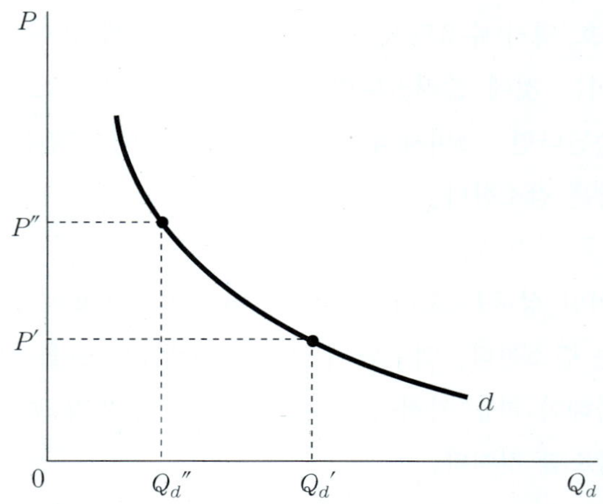


**그림 1-1 수요곡선**
개별 소비자의 어떤 상품에 대한 수요곡선은, 수요량을 결정하는 여러 요인들 중에서 그 상품의 가격 $P$를 제외한 나머지 요인들이 모두 불변이라고 가정하고 각 가격수준에 대해 소비자가 일정기간에 구입할 용의가 있는 그 상품의 수량을 표시한다.

인들은 불변인 상태에서 상품가격만 가령 $P'$에서 $P''$으로 증가한다면 수요량은 $Q_d'$에서 $Q_d''$으로 감소한다.

## 수요곡선의 이동

위에서 수요곡선을 그릴 때 수요량에 영향을 주는 모든 요인들 중에서 상품가격 $P$를 제외한 나머지는 모두 불변이라고 가정하였다. 따라서 불변이라고 가정했던 나머지 요인들이 변하면, 상품가격 $P$는 변하지 않더라도 수요량은 변하게 되고 수요곡선 전체가 오른쪽 또는 왼쪽으로 이동한다. 이런 점에서 수요량을 결정하는 요인 중에서 상품가격 $P$를 제외한 나머지 요인들을 수요곡선의 이동요인이 된다.

〈그림 1-1〉의 곡선 $d$를 어느 소비자의 맥주에 대한 수요곡선이라고 하자. 맥주가 정상재인 경우 소득이 높아지면 맥주의 수요는 증가하며, 이는 맥주의 모든 가격수준에 대해서 맥주의 수요량이 늘어난다는 것을 의미한다. 즉 소득이 증가하면 맥주가격이 $P'$일 때의 수요량은 $Q_d'$보다 늘어나고 맥주가격

이 $P''$일 때의 수요량도 $Q_d''$보다 늘어난다. 따라서 소득의 증가로 정상재인 맥주의 수요곡선 전체는 오른쪽으로 이동하고 소득이 감소하면 정상재인 맥주의 수요곡선은 전체가 왼쪽으로 이동한다.

탄산음료와 같이 맥주와 대체관계에 있는 상품의 가격이 오르면 맥주의 모든 가격수준에 대해서 맥주의 수요량이 증가하므로 수요곡선 전체는 오른쪽으로 이동하며, 반대로 대체관계에 있는 상품의 가격이 내리면 수요곡선 전체가 왼쪽으로 이동하게 된다. 또한 치즈와 같이 맥주와 보완관계에 있는 상품의 가격이 오를 때 수요곡선은 왼쪽으로 이동하고 보완관계에 있는 상품의 가격이 내릴 때 수요곡선은 오른쪽으로 이동한다.

이외에도 소비자가 자신의 미래소득이 증가할 것으로 기대하거나 또는 맥주의 가격이 상승할 것으로 예상할 때 맥주의 수요곡선은 오른쪽으로 이동하며, 더운 날씨가 계속될 때 소비자의 기호는 맥주를 좋아하는 쪽으로 바뀌어 맥주의 수요곡선은 오른쪽으로 이동한다.

## 공급의 결정요인

어떤 상품의 공급 역시 생산자가 최적의 선택을 한 결과이므로 생산자의 최적선택에 영향을 주는 요인들인 그 상품의 가격, 생산기술, 생산요소의 가격, 기대, 기후 등이 그 상품의 공급량을 결정한다.

### ① 상품가격

어떤 상품의 생산에도 노동, 자본, 원자재 등의 생산요소가 필요하므로 생산비용은 반드시 발생하기 마련이며, 생산자는 시장에서 최소한 생산비용을 보상할 수 있는 가격은 받아야만 상품을 공급하게 된다. 따라서 상품의 가격이 상승하면 공급량은 증가하고 상품의 가격이 하락하면 공급량은 감소하는 것이 일반적이며, 이를 **공급의 법칙**(law of supply)이라고 한다.

### ② 생산기술

생산기술의 진보는 생산비용의 감소를 의미한다. 따라서 어떤 상품의 생산기술이 진보하면 가격은 변하지 않더라도 생산자가 공급하려는 그 상품의 수량은 증가하게 된다.

③ 생산요소의 가격

생산비용은 생산기술 이외에 생산요소의 가격에도 의존한다. 임금 등 생산요소의 가격이 하락하면 생산비용이 감소해서 공급량은 증가하고 생산요소의 가격상승은 공급량의 감소를 초래한다.

④ 기대

소비자와 마찬가지로 생산자 역시 미래에 대한 기대를 형성하며, 미래에 대한 기대가 변하면 특정기간의 공급량은 변한다. 가령 일주일 후에 맥주의 가격이 상승할 것으로 기대하는 맥주 생산자는 오늘의 맥주 공급량을 감소시킬 것이다.

⑤ 기후

어떤 종류의 상품은 기후의 변화에 따라 그 공급량이 심하게 변한다. 대표적인 예로서 농산물을 들 수 있으며, 농산물 생산에 적합한 기후가 계속되면 공급량은 증가한다.

⑥ 관련재 가격

병맥주를 생산하는 생산자는 생산공정의 일부만 약간 바꾸면 손쉽게 생맥주를 생산할 수 있다고 하자. 이 경우 병맥주와 생맥주는 생산에 있어서 서로 대체관계에 있다고 볼 수 있다. 생맥주의 가격이 상승하면, 생산자는 병맥주의 산출량을 줄이는 대신에 생맥주의 생산을 늘릴 것이다. 이와 같이 생산에 있어서 서로 대체관계에 있는 두 가지 상품 중에서 어느 한 상품의 가격이 상승하면 다른 상품의 공급량은 감소한다.

다른 예로서 양계장을 들어보자. 양계장에서는 달걀과 닭고기가 동시에 생산된다. 이와 같이 상품 또는 생산기술의 성격상 생산자가 두 가지 이상의 상품을 동시에 생산할 수 있을 때 어느 한 상품의 가격이 상승하면 그 상품의 공급량뿐 아니라 다른 상품의 공급량도 동시에 증가한다. 양계장의 경우 달걀의 가격이 상승하면 더 많은 달걀을 공급하기 위하여 닭의 사육을 늘리기 때문에 닭고기의 공급량은 증가한다.

## 공급곡선

위에서 살펴본 것처럼 생산자의 어떤 상품에 대한 일정기간의 공급량 $Q_s$는 그 상품의 가격($P$), 생산기술($TE$), 생산요소의 가격($P_F$), 기대($E$), 날씨($WE$), 생산에 있어서 관련재의 가격($P_R$) 등에 의해 결정되며, 이러한 관계는 공급모형에서 다음과 같은 **공급함수**(supply function)로 표시된다.

$$Q_s = f(P,\ TE,\ P_F,\ E,\ WE,\ P_R,\ \cdots) \qquad (1-2)$$

**공급곡선**(supply curve)은 식 (1–2)의 공급함수에서 상품가격 $P$만 변하고 나머지 외생변수는 모두 불변이라고 가정해서 상품가격과 공급량 사이의 관계를 구한 것이다. 즉 어떤 상품의 공급곡선은 다른 조건들이 모두 불변일 때 그 상품의 각 가격수준에 대해 생산자가 일정기간에 공급하려는 그 상품의 수량을 표시한다.

〈그림 1–2〉에서 어떤 상품의 일정기간의 공급량 $Q_s$와 그 상품의 가격 $P$는 각각 수평축과 수직축에 표시되어 있고 이 평면에 그려진 어느 생산자의 공급곡선 $s$는 공급의 법칙을 반영해서 양(+)의 기울기를 지니고 있다. 다른 조건

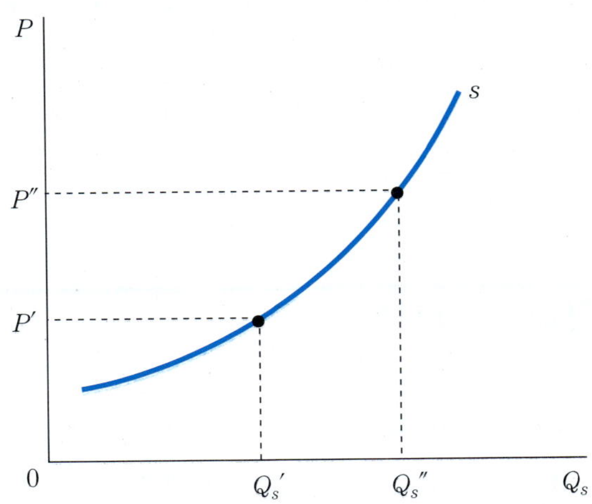


**그림 1–2 공급곡선**
어떤 상품의 공급곡선은 그 상품의 가격을 제외한 나머지 요인들이 모두 불변이라고 가정하고 각 가격 수준에 대해 생산자가 일정기간에 공급하려는 그 상품의 수량을 표시한다.

들은 불변인 채 상품가격만 $P'$ 에서 $P''$ 으로 증가하면 공급량은 $Q_s'$ 에서 $Q_s''$ 으로 증가한다.

### 공급곡선의 이동

어떤 상품의 공급량을 결정하는 요인들 중에서 가격을 제외한 나머지 요인들인 생산기술, 생산요소의 가격, 기대, 기후, 관련재의 가격 등이 변하면 그 상품의 공급곡선 전체는 오른쪽 또는 왼쪽으로 이동하게 된다.

생산기술의 진보는 공급곡선을 오른쪽으로 이동시킨다. 어떤 상품을 생산하기 위한 생산요소의 가격이 상승하면 그 상품의 모든 가격수준에 대해서 공급은 감소하므로 공급곡선 전체가 왼쪽으로 이동하고 생산요소 가격이 하락하면 공급곡선 전체는 오른쪽으로 이동한다. 생산에 적합한 기후가 지속되면 다른 요인들은 모두 불변이라도 공급이 증가해서 공급곡선은 오른쪽으로 이동한다. 생산자가 자신이 생산하는 상품의 가격이 미래에 하락할 것으로 예측하면, 오늘의 상품가격은 불변이라도 오늘의 공급량을 늘릴 것이므로 공급곡선은 오른쪽으로 이동하게 된다.

생맥주와 맥주의 경우처럼 생산에 있어서 대체관계에 있는 두 상품 중에서 어떤 한 가지 상품의 가격이 상승하면 다른 상품의 공급곡선은 왼쪽으로 이동할 것이고 달걀과 닭고기의 경우처럼 생산자가 두 가지 상품을 동시에 생산할 때 어떤 한 가지 상품의 가격상승은 다른 상품의 공급곡선을 오른쪽으로 이동시킨다.

## 1.6 균형과 자원배분

이제 수요와 공급의 개념을 사용해서 시장의 균형이 어떻게 이루어지는가를 개략적으로 살펴보기로 하자. 시장경제에서 활동하는 소비자와 생산자의 수는 무수히 많고 상품의 종류도 수없이 많지만, 편의상 어떤 상품에 관하여 소비자와 생산자는 각각 2명씩만 존재한다고 가정한다.

〈그림 1-3〉의 (a)에서 $d_1$과 $d_2$는 각각 어떤 상품에 대한 두 소비자의 개별

수요곡선이고 (c)에서 $s_1$과 $s_2$는 두 생산자의 개별 공급곡선이다. 〈그림 1-3〉의 (b)는 이 상품에 대한 소비자와 생산자의 수요와 공급이 모이는 시장을 표시하고 있다. 이 상품의 시장가격이 2원일 때, 두 소비자의 수요량은 각각 3개와 5개이기 때문에 시장수요량은 8개이다. 시장가격이 4원이라면, 각 소비자의 수요량은 2개와 3개이기 때문에 시장수요량은 5개가 된다. 이러한 식으로 개별 소비자의 수요곡선을 수평으로 합하면 **시장수요곡선** $D$를 구할 수 있다. 시장수요곡선은 다른 조건들이 모두 불변일 때 상품의 각 가격수준에 대해 시장 전체의 수요량을 표시한다. 마찬가지로 개별 생산자의 공급곡선 $s_1$과 $s_2$를 수평으로 합하면 **시장공급곡선** $S$를 얻을 수 있다.

시장수요와 시장공급의 상호작용에 의해 어떻게 시장균형이 이루어지는가를 이해하기 위해서 먼저 불균형에서는 무슨 일이 일어날 것인가를 살펴보자. 가령 소비자와 생산자에게 주어진 시장가격이 6원이라고 하자. 이때 시장수요량은 2개이고 시장공급량은 8개이므로 시장에는 생산자가 판매하려고 내놓은 상품 중 판매되지 않은 6개의 **초과공급**(excess supply)이 존재하고 실제로 이루어지는 거래량은 시장수요량 2개가 된다. 시장에 초과공급이 존재한다는 것은 시장가격을 인하시키는 힘으로 작용한다. 만일 주어진 상품가격이 2원이라면,

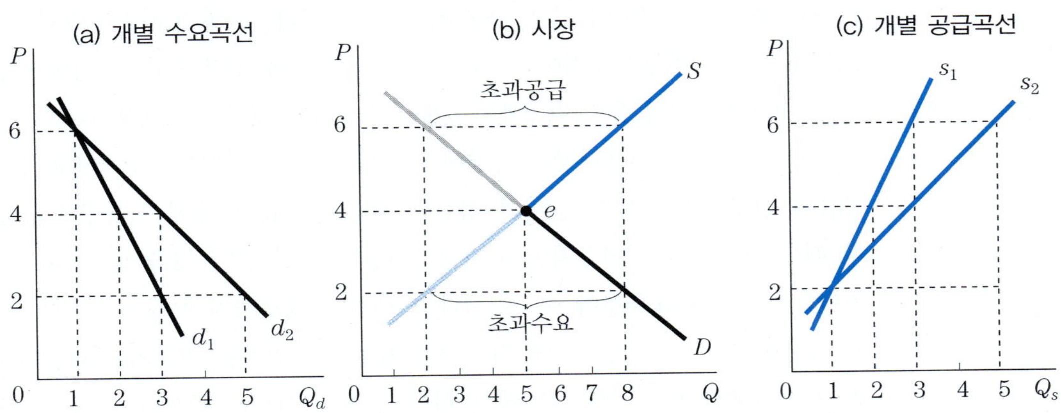


**그림 1-3 시장균형**
시장수요곡선은 모든 소비자의 수요곡선을 수평으로 합한 것이고 시장공급곡선은 모든 생산자의 공급곡선을 수평으로 합한 것이며, 시장수요곡선과 시장공급곡선이 교차하는 점 $e$에서 시장균형이 이루어진다.

〈그림 1-3〉의 (b)에 표시된 것처럼 시장에는 6개의 **초과수요**(excess demand)가 존재해서 시장공급량 2개가 실제 거래량이 되고 초과수요의 존재는 시장가격에 인상압력으로 작용한다.

정리해서 말하자면, 〈그림 1-3〉의 (b)에서 시장수요곡선과 시장공급곡선이 교차하는 점 $e$에서의 가격보다 높은 수준의 모든 시장가격에서는 초과공급이 존재하기 때문에 실제 거래량은 시장수요곡선의 옅은 검은색 부분을 따라 결정되고 가격에는 인하압력이 작용한다. 반대로 점 $e$에서의 가격보다 낮은 수준의 모든 시장가격에서는 초과수요의 존재로 인해 실제 거래량은 시장공급곡선의 옅은 파란색 부분에서 결정되고 가격에는 인상압력이 존재한다. 〈그림 1-3〉의 (b)에서 시장수요곡선과 시장공급곡선 중 옅은 색의 부분을 흔히 **실제 거래의 궤적**(actual trading locus)이라고 부른다.

앞에서 설명한 것처럼 균형에서는 그 어느 누구도 변화를 원하지 않기 때문에 외생적 요인의 변화가 없는 한 현재의 상태가 지속된다. 이러한 균형의 정의를 만족시키는 점은 〈그림 1-3〉의 (b)에서 점 $e$이다. 균형점 $e$에서는 시장수요곡선과 시장공급곡선이 교차해서 초과수요와 초과공급은 모두 0이 되고 모든 소비자와 생산자가 원하는 만큼을 전부 수요하고 공급할 수 있기 때문에 그 어느 누구도 변화하는 것을 원하지 않는다. 균형점에서의 가격과 거래량을 **균형가격**과 **균형거래량**이라고 부르며, 균형에서 개별 소비자와 생산자가 각각 수요하고 공급하는 상품의 양을 **균형배분**이라고 한다. 균형점 $e$에서 균형가격은 4원이고 균형거래량은 5개이며, 두 생산자는 상품을 각각 2개와 3개씩 공급하고 두 소비자는 상품을 각각 2개와 3개씩 수요하는 것이 균형배분이다.

지금까지 완전경쟁시장을 가정해서 수요와 공급의 개념을 소개하고 수요와 공급의 상호작용에 의한 균형의 성립을 살펴보았다. 나중에 시장구조를 분석할 때 상세하게 논의하겠지만 완전경쟁시장의 균형배분은 **효율성**(efficiency)을 지닌다. 그러나 효율성이 이루어졌다고 해서 공평성까지 보장되는 것은 아니기 때문에 정부는 시장기구에 의한 자원배분에 개입하는 경우가 있다. 그렇지만 시장기구에 의한 자원배분에 변화를 주려는 시도는 득보다 실이 더 많을 수 있다.

# 1.7 수요와 공급모형의 응용

이 절에서는 수요와 공급의 개념이 현실의 경제현상을 이해하는 데 어떻게 응용되는가를 예시하기 위하여 정부가 가격규제, 물품세 부과 등으로 시장에 개입할 때의 효과와 시장의 반응을 살펴보기로 한다.

## 가격규제와 시장의 반응

시장에서 정해지는 가격이 너무 높거나 아니면 너무 낮다고 판단해서 정부가 시장에 개입할 때 흔히 사용하는 수단 중 하나가 **가격규제**이다. 가격규제는 **가격상한제**(price ceiling)와 **가격하한제**(price floor)로 구분된다. 가격상한제는 시장균형가격보다 낮은 수준에 가격을 정해 놓고 그 가격보다 가격이 상승하는 것을 규제하는 제도이며, **최고가격제**(maximum price)라고도 한다. 반대로 가격하한제는 **최저가격제**(minimum price)라고도 하는데, 시장균형가격보다 높은 수준에 가격을 정해 놓고 그 가격보다 가격이 하락하는 것을 규제하는 제도이다. 가격을 정해진 수준에서 유지하기 위해 정부는 시장거래량의 결정에 개입하는 경우도 있으며, 각 생산자에게 생산해야 하는 산출량을 정해주는 **산출량 할당제**(production quotas)가 그러한 경우이다. 여기에서는 가격규제가 실시되었을 때의 효과와 시장의 반응을 살펴보기로 한다.

가격하한제 또는 가격상한제는 균형으로 향하려는 시장을 인위적으로 가로막는 것이므로 초과공급 또는 초과수요가 발생하고 시장에서는 이를 해소하기 위한 여러 가지의 반응이 나타나게 된다. 다음의 예를 보기로 하자.

**예 1-3 제1차 에너지위기와 휘발유의 가격상한제**

1974년 중동의 산유국들은 중동지역에서 정치적 우위를 점하기 위해 원유의 수출량을 크게 감소시켰다. 이에 따라 제1차 에너지위기가 전세계를 강타하였고, 세계 각국은 에너지위기가 경제에 미치는 파급효과를 줄이기 위한 여러 가지 대응책을 강구하게 되었다. 미국의 대응은 휘발유 가격상한제의 실시였다.

〈그림 1-4〉는 미국의 휘발유시장을 나타내고 있다. 에너지위기가 발생하기 전에 시장은 시장수요곡선 $D$와 시장공급곡선 $S$가 만나는 점 $e$에서 균형을 이루어 왔고, 균형가격은 갤런(1갤런은 약 3.8리터)당 0.5달러 정도의 낮은 수준을 유지해 왔다. 휘발유의 가격이 상당히 오랫동안 이렇게 낮은 수준을 유지해 왔기 때문에, 대체에너지의 개발 등 휘발유에 대한 의존도를 낮추려는 노력은 별로 이루어지지 않았고 휘발유에 대한 수요는 가격변화에 대해 매우 둔감한 구조를 지닐 수밖에 없었다. 이를 반영하여 그림에서 시장수요곡선은 가파른 기울기를 지니게 그려져 있다.

산유국으로부터 원유공급이 크게 감소하면서 휘발유의 시장공급곡선 $S$는 $S'$으로 이동하였다. 만일 미국정부가 시장에 전혀 개입하지 않았다면, 시장의 균형은 점 $e$에서 점 $e'$으로 바뀌고 휘발유의 가격은 2배 가까운 1달러로 상승하였을 것이다. 급격한 유가상승이 경제에 미칠 막대한 영향을 우려한 미국정부는 휘발유가격을 0.5달러에 그대로 유지시키기 위해서 가격상한제를 실시하

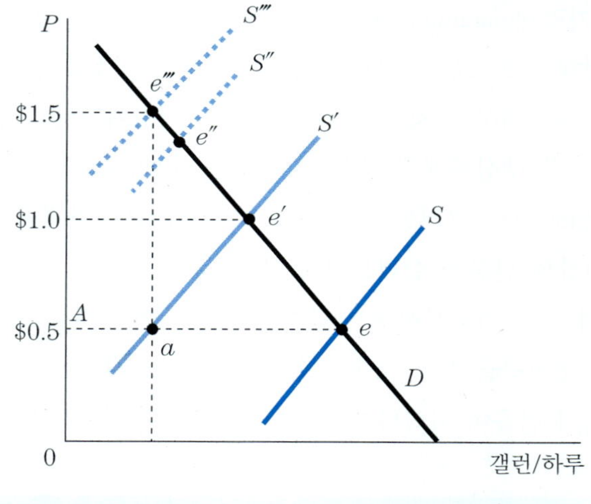


**그림 1-4 휘발유시장의 가격상한제와 균형**

산유국으로부터 원유수입이 감소하면서 휘발유의 시장공급곡선은 $S$에서 $S'$으로 이동하였다. 당시 미국정부가 시장에 전혀 개입하지 않았다면 균형점은 $e$에서 $e'$으로 바뀌고 휘발유의 가격은 갤런당 1달러까지 상승하였을 것이다. 그러나 미국정부는 갤런당 0.5달러에서 휘발유의 가격상한제를 실시하였다. 이로 인해 $ae$만큼 초과 수요가 발생하였고 초과수요는 주유소에서 자동차의 대기행렬로 나타났으며, 주유소에서 휘발유를 넣기 위해 일정시간을 기다리는 데 대한 기회비용과 가격의 상한 0.5달러의 합이 1.5달러가 되면서 휘발유시장은 점 $e'''$에서 새로운 균형을 찾았다.

였으며, 상한가격 0.5달러에서 휘발유의 공급량은 $Aa$이므로 $ae$만큼의 초과수요가 발생하게 되었다. 이러한 초과수요는 시장에서 어떤 형태로 나타났을까? 바로 주유소에서 대기행렬의 형태로 나타나게 되었다.

1974년 겨울 미국 각지의 주유소에서는 휘발유를 넣으려는 자동차의 대기행렬이 이어지기 시작하였고 그 길이는 점차 증가하였다. 그러나 어느 순간에 이르러서 대기행렬의 길이는 더 이상 늘어나지도 그렇다고 줄어들지도 않는 상태가 되었다. 가격상한제가 실시됨에 따라 휘발유시장은 새로운 균형을 찾은 것이다. 자동차에 휘발유를 넣으려는 대기행렬의 길이가 1백미터이고 그 길이의 줄을 서서 휘발유를 넣기까지 걸리는 시간은 30분이라고 하자. 대기행렬의 길이가 더 이상 변하지 않는 상태에 이르렀다는 것은 상한가격 0.5달러에 30분이라는 시간의 기회비용을 더한 금액이 1.5달러가 되어 시장이 점 $e'''$에서 균형을 찾았음을 의미한다.

제1차 에너지위기 때 미국정부는 부족한 휘발유가 높은 가격으로 공급되는 것보다는 주유소에 대기행렬을 형성시켜서 소비자에게 배급하는 선택을 하였다고 볼 수 있다. 휘발유의 가격상한제가 실시되었던 당시 미국에서는 시간의 기회비용이 매우 낮은 소비자가 그렇지 않은 소비자를 위하여 주유소에서 대신 기다려주는 직업이 존재했었다고 한다.

가격상한제가 실시되면 시장에는 초과수요가 발생하고 초과수요는 암시장을 출현시킬 수도 있다. 〈그림 1-4〉에서 휘발유의 공급량이 $Aa$일 때, 휘발유가격은 1.5달러까지 올라가야만 균형을 이루지만 가격상한제로 휘발유가격은 0.5달러에 묶여있었기 때문에 휘발유의 암시장이 나타날 수도 있었다. 암시장 거래에 대해 정부가 아무런 단속을 하지 않는다면, 가격상한제는 아무런 효력이 없기 때문에 휘발유시장은 점 $e'$에서 균형을 이루게 될 것이다.

정부가 가격상한제를 위반하는 주유소를 적발해서 벌금을 부과하거나 일정기간 영업을 정지시킨다면, 암시장에서 거래를 하려는 주유소는 상당한 위험을 감수해야만 한다. 따라서 암시장 거래에 참여하려는 주유소의 공급곡선은 $S'$이 아니라 위험부담의 크기만큼 왼쪽으로 이동한 $S''$이며, 암시장의 균형점은 $e''$이 된다. 1974년 겨울 미국에서 가격상한제를 피해서 휘발유에 대한 암시장이 출현하였다는 기록은 찾아볼 수 없다. 이는 암거래에 대한 정부의 처벌규정이 매우 엄격하여 암시장에 공급하려는 주유소의 공급곡선이 $S'''$보다도 더 왼쪽에 위치하였기 때문일 것이다. 가격규제, 지속적인 공급부족 등으로 암시장이 출현한 예는 쉽게 찾아볼 수 있다.

**예 1-4** **로베스피에르의 가격규제**

1789년 프랑스혁명이 일어나자 자코뱅당에 가입해서 혁명을 지휘하고 권력을 잡았던 로베스피에르(Robespierre)는 섣불리 가격규제정책을 실시하였다가 크게 혼이 난 정치가이다.

프랑스혁명기에 생활필수품의 가격이 오르면서 시민들의 불평이 심해지자 로베스피에르는 거의 모든 식품에 대해서 최고가격을 정하였다. 특히 우유에 대해서는 생산원가보다도 낮은 수준에서 최고가격을 정했는데, 이는 모든 프랑스 어린이들이 값싸게 우유를 마실 수 있도록 하겠다는 취지였다. 그런데 우유에 대한 이러한 과격한 가격규제로 농민들은 젖소의 사육 자체를 포기하기 시작하였고 우유의 공급은 날로 감소하여 암시장에서 우유의 가격은 천정부지로 치솟게 되었다. 젖소사육과 우유공급이 감소하는 이유가 사료의 가격이 너무 높기 때문이라고 판단한 로베스피에르는 건초에 대해서도 최고가격제를 실시하였다. 건초에 대한 최고가격제 실시는 건초의 공급부족을 야기해서 건초의 가격까지 급등하게 되었으며, 이는 다시 젖소사육의 감소와 우유의 공급부족을 부채질함으로써 암시장에서 우유가격은 최고가격제 실시 이전보다 10배 이상 폭등하였다.

한창 자라는 어린이들이 훌륭한 식품을 싼 가격에 먹을 수 있게 하겠다는 로베스피에르의 뜻은 좋았지만 시장경제의 움직임에는 어긋나는 것이었고 이로 인해 그의 정치적 입지는 크게 약화되었다.

가격상한제와는 달리 가격하한제가 실시되면 초과공급이 존재하고 실제거래는 수요량에 의해 결정된다. 이 때문에 가격하한제가 실시되는 시장에는 가격상한제와는 반대의 일들이 벌어질 수 있다. 그러나 가격하한제가 실시되는 시장에서 수요자가 조직적으로 힘을 행사하기는 쉽지 않기 때문에 초과공급이 지속되거나 초과공급되는 상품이 다른 시장으로 이동하는 현상이 발생하기도 한다.

나중에 상세하게 분석할 노동시장의 최저임금제는 가격하한제의 대표적인 예이다. 노동시장의 모든 근로자에게 최저임금제를 균일하게 적용시키기는 쉽지 않다. 따라서 최저임금제의 적용을 받는 노동시장에서 발생하는 노동의 초과공급은 최저임금제가 적용되지 않는 노동시장으로 이동하여 그 시장의 임금을 하락시키는 파급효과를 발생시킬 수도 있다.

시장에서는 항상 수요와 공급의 상호작용을 통해 균형으로 움직이려는 힘이 존재한다. 만일 정부가 균형에서의 자원배분을 바꾸기 위해 시장에 개입한다면, 시장은 다시 정부의 개입을 피해 다른 균형에 도달하려고 한다. 정부는 시장에 개입했을 때의 결과와 정부개입 없이 시장 스스로 이루는 균형 사이에 경제의 각 구성원이 받게 되는 득실을 비교함으로써 시장에 대한 개입 여부를 결정하는 것이 바람직하다.

## 물품세 부과의 효과

정부는 소비억제, 조세수입 증대 등의 목적으로 특정상품에 대해 물품세(excise tax)를 부과한다. 물품세 부과가 시장의 거래량, 상품가격 등에 미치는 영향을 수요와 공급의 모형을 사용해서 분석해 보기로 한다.

〈그림 1-5〉는 어떤 상품시장의 수요와 공급을 나타내고 시장수요곡선 $D$와 시장공급곡선 $S$는 각각 다음의 식으로 표시된다고 하자.

$$P = 400 - Q_D \tag{1-3}$$

$$P = 100 + 0.5Q_S \tag{1-4}$$

식 (1-3)과 (1-4)에서 $P$는 상품의 가격이고 $Q_D$와 $Q_S$는 각각 상품의 시장수요량과 시장공급량이다. 시장수요곡선 $D$와 시장공급곡선 $S$가 교차하는 점 $e$는 시장균형점이며, 균형점에서는 $Q_D = Q_S$이므로 위의 두 식을 연립하여 풀면 균형가격 200원과 균형거래량 200개를 얻을 수 있다.

이제 이 시장에 정부는 거래되는 상품 1단위당 30원의 물품세를 부과하기 시작하였고 생산자가 이 물품세를 납부해야 한다고 하자. 물품세를 납부해야 한다는 것은 생산비용이 상품 1단위당 30원씩 높아지는 것과 같기 때문에 생산자는 상품 1단위당 30원씩을 더 받아야만 물품세가 부과되기 전과 같은 양을 공급할 것이다.

따라서 시장공급곡선 $S$는 물품세 부과로 인해 위로 평행하게 30원에 해당되는 거리만큼 이동해서 $S'$이 되고 식 (1-4)는 다음과 같이 바뀌게 된다.

$$P = 100 + 0.5Q_S + 30$$
$$= 130 + 0.5Q_S \qquad (1-5)$$

시장공급곡선의 이동에 따라 시장균형점도 $e$에서 $e'$으로 바뀌며, 식 (1-3)과 (1-5)를 연립하여 풀면 새로운 균형가격과 균형거래량은 각각 220원과 180개이므로 물품세의 부과로 시장가격은 상승하고 시장거래량은 감소한다는 것을 알 수 있다. 여기에서 물품세 부과로 인한 가격 상승폭은 20원으로 1단위당 물품세 30원보다 작은데, 이는 생산자가 물품세를 모두 소비자에게 전가하기 위해 상품 1단위당 230원을 받으려고 해도 시장에는 초과공급이 생겨서 시장가격은 230원 아래로 떨어지기 때문이다.

새로운 균형에서 소비자는 180개를 수요하고 상품 1단위당 220원을 생산자에게 지불하지만, 생산자는 이 중에서 물품세 30원을 뺀 190원만을 순가격(net price)으로 받기 때문에 1단위당 물품세 30원 중에서 소비자는 20원을 부

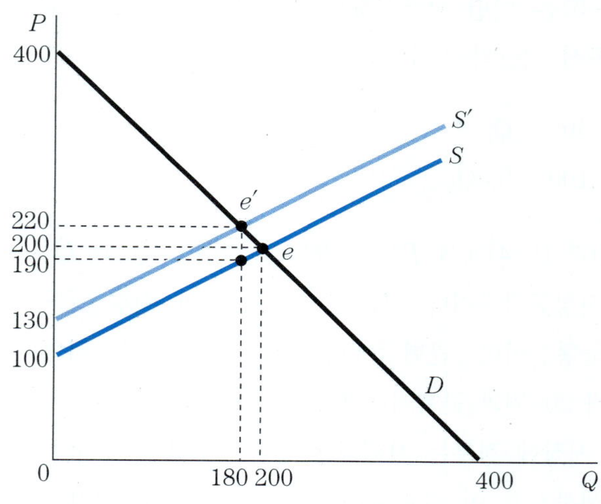


**그림 1-5 물품세 부과의 효과**
정부가 상품 1단위당 30원의 물품세를 부과하면 시장공급곡선은 위로 평행하게 30원에 해당되는 거리만큼 이동한다. 이로 인해 소비자가 지불하는 가격은 220원으로 증가하고 생산자가 받게 되는 순가격은 220원에서 물품세 30원을 뺀 나머지인 190원이 된다. 따라서 1단위당 30원의 물품세 중에서 20원을 소비자가 부담하고 나머지 10원을 생산자가 부담하게 되는데, 이와 같이 소비자와 생산자 사이의 조세부담률이 차이가 나는 이유는 균형점 $e$에서 시장수요곡선이 시장공급곡선보다 가파르기 때문이다.

담하고 생산자는 10원을 부담하게 된다. 이와 같이 물품세에 대한 소비자의 부담률이 생산자의 부담률보다 높은 이유는 무엇일까? 이는 〈그림 1-5〉에 나타나 있는 것처럼 균형점 $e$에서 비교할 때 시장수요곡선이 시장공급곡선보다 가파르기 때문이다. 시장수요곡선이 시장공급곡선보다 가파르다는 것은 가격변화에 대해 수요가 공급보다 덜 민감하게 반응한다는 것을 의미하며, 이러한 경우에 물품세의 부과로 상품가격이 상승해도 소비자는 수요량을 민감하게 감소시킬 수가 없는 불리한 입장에 있기 때문에 생산자보다 물품세에 대한 부담률이 높을 수밖에 없다.

만일 시장수요곡선이 〈그림 1-6〉의 (a)에 표시된 것처럼 수직선이고 상품 1단위당 $t$원의 물품세가 부과된다고 하자. 이때 소비자는 가격수준에 관계없이 항상 일정한 양을 소비해야만 하는 불리한 입장에 있기 때문에 1단위당 물품세 $t$원을 모두 소비자가 부담하게 된다. 이와는 반대로 시장공급곡선이 〈그림 1-6〉의 (b)처럼 수직선인 경우 생산자는 가격에 관계없이 항상 일정한 양을 공급해야만 하기 때문에 1단위당 $t$원의 물품세가 부과되어도 공급곡선의 위치에는 아무런 변화가 생기지 않는다. 이 경우 소비자는 물품세의 부과에도 불구하고 여전히 균형가격 $P^*$를 지불하면 되지만, 생산자는 $P^*$에서 1단위당 물품세 $t$원을

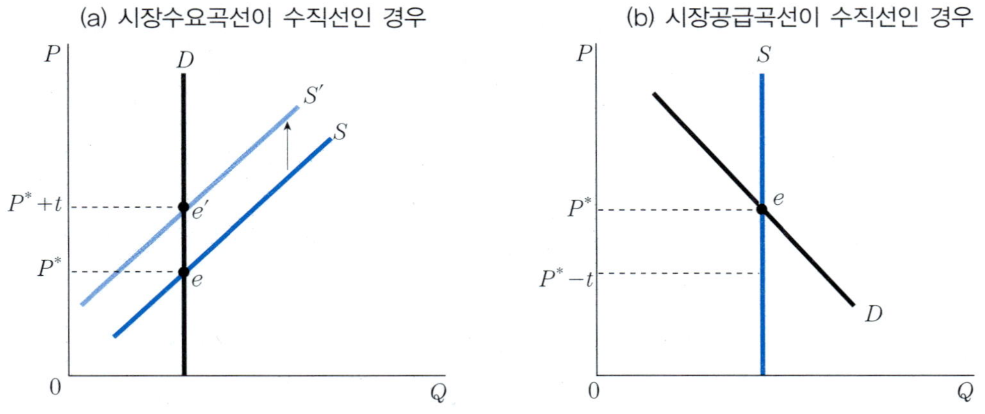


**그림 1-6 물품세 부과의 효과**

상품 1단위당 $t$원의 물품세가 부과될 때, 시장수요곡선이 수직선이면 물품세를 모두 소비자가 부담하게 되고 시장공급곡선이 수직선이면 물품세를 모두 생산자가 부담한다. 이와 같이 가격변화에 대해 생산자의 반응이 소비자보다 민감할수록 소비자의 조세부담률은 높아지며, 반대로 소비자의 반응이 생산자보다 민감할수록 소비자의 조세부담률은 낮아진다.

뺀 나머지인 $P^* - t$만을 순가격으로 받기 때문에 물품세 $t$원은 모두 생산자에게 귀착된다.

위에서 살펴본 것처럼 가격변화에 대해 소비자의 반응이 생산자보다 민감할수록 물품세에 대한 소비자의 부담률은 낮아지고 반대로 가격변화에 대해 생산자의 반응이 소비자보다 민감할수록 물품세에 대한 생산자의 부담률은 낮아진다. 가격이 변화할 때 수요와 공급이 얼마나 민감하게 반응하는가 하는 정도는 수요곡선과 공급곡선의 형태만으로는 정확하게 측정할 수 없기 때문에 흔히 **탄력도**(elasticity)의 개념이 사용된다. 탄력도에 관해서는 제3장에서 상세하게 살펴보기로 한다.

## 요 약

1 경제학은 자원의 희소성으로 인한 제약하에서 주어진 목적을 이루기 위한 인간과 사회의 선택행동을 가장 중요한 분석의 대상으로 삼는 학문이며, 이 중에서 미시경제학은 개별 경제단위의 선택행동을 분석하고 각 경제단위의 선택 결과가 어떠한 제도나 기구에 의하여 서로 조화를 이룩하는지를 규명하는 것이다.

2 미시경제학의 모형에서 사용되는 가장 중요한 분석도구는 제약하의 최적화, 균형분석과 비교정태분석이 있다.

3 제약하의 최적화는 제약조건을 만족시키는 여러 가지의 대상들 중에서 가치가 가장 높은 한 가지의 대상을 선택하는 것이며, 이를 위해서는 기회비용의 개념을 잘 이해해야 한다. 어떤 대상을 선택했을 때의 기회비용은 그 선택으로 인해 포기해야 하는 나머지 대상들 중에서 가치가 가장 높은 대상이 지닌 그 가치를 의미한다.

4 균형은 어느 누구도 변화를 원하지 않기 때문에 외생적 요인이 변하지 않는 한 현재의 상태 또는 조건이 지속되는 것을 의미하며, 이러한 균형이 어떻게 이룩되는지를 다루는 것이 균형분석이다.

5 비교정태분석은 외생변수의 변화에 따라 내생변수의 값이 어떤 방향으로 얼마큼 변할 것인가를 분석하는 것이며, 이를 통해 우리는 경제조건이 변화에 따라 경제단위의 행동이 어떻게 바뀔 것인가를 예측할 수 있다.

6 어떤 상품시장에서 소비자와 생산자 사이의 자발적 거래를 통해 그 상품의 거래량, 가격 등이 어떻게 결정되는가를 설명하기 위한 것이 수요와 공급의 모형이다.

7 어떤 상품의 수요곡선은 그 상품의 수요량에 영향을 미치는 요인들 중에서 상품가격을 제외한 나머지가 모두 불변일 때 상품의 각 가격수준에 대해 소비자가 구입할 용의가 있는 그 상품의 수량을 표시한다. 따라서 나머지 중에서 한 가지 이상이 변하면 수요곡선 전체는 오른쪽 또는 왼쪽으로 이동한다.

8 어떤 상품의 공급곡선은 그 상품의 공급량을 결정하는 요인들 중에서 상품가격을 제외한 나머지가 모두 불변일 때 상품의 각 가격수준에 대해 생산자가 공급하려는 그 상품의 수량을 표시하는 곡선이다. 따라서 상품가격을 제외한 나머지는 공급곡선 전체를 이동시키는 요인이 된다.

9 가격기구의 정보전달과 동기부여 기능에 의하여 시장수요곡선과 시장공급곡선이 교차하는 점에서 시장의 균형이 이루어진다.

10 정부는 시장기구에 의한 자원배분의 결과를 바꾸기 위하여 가격규제 등의 정책을 실시할 수 있다. 가격규제 중에서 가격상한제(최고가격제)는 시장균형가격보다 낮은

수준에 가격을 정해 놓고 그 수준보다 가격이 상승하는 것을 규제하는 제도이며, 가격하한제(최저가격제)는 시장균형가격보다 높은 수준에 가격을 정해 놓고 그 수준보다 가격이 하락하는 것을 규제하는 것이다.

**11** 정부가 상품 1단위당 일정한 액수의 물품세를 부과하면 균형가격은 상승하고 시장거래량은 감소한다. 물품세 부과로 인한 균형가격의 상승폭은 물품세에 대한 소비자 부담이고 물품세에서 소비자 부담을 뺀 나머지가 생산자의 부담이 된다.

## 연습문제

**1** 강남에 살면서 강북에 있는 직장에 다니는 영업사원이 승용차로 출퇴근을 한다고 하자. 그런데 이 영업사원이 선택할 수 있는 출퇴근길은 두 가지이며, 하나는 왕복 4천원의 통행료를 지불하고 남산터널을 통과하는 길이고 또 다른 하나는 통행료를 내지 않는 대신 출퇴근시간이 1시간 더 소요되는 우회도로이다. 이 영업사원이 1시간 영업을 해서 얻을 수 있는 수입은 5천원이라고 할 때 어떤 출퇴근길을 이용하는 것이 옳은 방법인가를 설명하시오.

**2** 다음 항목의 기회비용을 설명하시오.

(1) 대기를 깨끗하게 하는 것
(2) 공짜영화를 관람하기 위해 줄서서 기다리는 것
(3) 대학 4년을 다니는 것
(4) 대리운전기사가 대리운전을 하는 것
(5) 여름방학 내내 유럽 배낭여행을 하는 것

**3** 〈예 1.1〉에서 광고비가 8천만원에서 1억원으로 증액되었다면 신제품 판매량을 극대화하기 위해서 이 기업은 TV와 신문에 몇 번씩 광고를 할 것인가?

**4** 시간당 5,000원의 임금을 받는 근로자가 다른 직장을 탐색하고 있다. 직장탐색에 사용하는 시간 $h$가 늘어날수록 다른 직장에서 받을 수있는 임금 $w$는 $w = 6{,}000 + 12{,}000 \times h - 1{,}000 \times h^2$의 관계로 증가하지만, 현재 직장에서는 직장탐색에 사용하는 시간 $h$만큼 일을 하지 못한다. 이 근로자는 직장탐색에 몇 시간을 사용하는 것이 최적인가?

**5** 사과와 옷만을 소비하는 어떤 소비자는 자신의 만족을 극대화시키는 사과와 옷의 소비량을 구하고자 한다. 사과와 옷의 소비량을 각각 $A$와 $C$로 표시할 때 이 소비자가 두 가지 상품을 소비해서 얻는 만족은 $A \times C$이며, 이 소비자에게는 두 가지 상품에 지출할 수 있는 금액이 $M$으로 주어졌고 사과와 옷의 가격도 각각 $P_A$와 $P_C$로 주어

졌다고 할 때 다음에 답하시오.

(1) 이 소비자의 목적함수와 제약조건은 무엇인가?

(2) 외생변수와 내생변수는 무엇인가?

6 원자재와 노동을 투입해서 옷을 만드는 생산자가 있다고 하자. 원자재와 노동의 투입량을 각각 $R$과 $L$이라고 할 때 옷의 산출량 $C$와 원자재 및 노동투입량 사이의 관계는 $C = \sqrt{R \times L}$ 이며, 이 생산자는 최소의 비용으로 100벌의 옷을 만들려고 한다.

(1) 이 문제의 목적함수와 제약조건은 무엇인가?

(2) 외생변수와 내생변수는 무엇인가?

7 개인용 컴퓨터(PC)가 본격적으로 보급되기 시작하였던 80년대보다 오히려 현재의 PC가격이 더 싸다. 그동안 물가의 상승을 고려한다면 PC의 실질가격은 크게 하락한 셈이다. 이러한 현상을 수요와 공급모형을 사용해서 설명하시오.

8 맥주의 시장수요량 $Q_D$는 $Q_D = 100 - 2P - P_N + 0.1M$의 식으로 표시된다고 하자($P$는 맥주가격, $P_N$은 땅콩의 가격이고 $M$는 소비자의 평균소득임). 또한 맥주의 시장공급량 $Q_S$는 맥주가격 $P$에 의해서만 결정되는데, 그 식은 $Q_S = 2P$라고 하자.

(1) 맥주와 땅콩이 소비에 있어서 대체관계에 있는지 아니면 보완관계에 있는지 설명하시오.

(2) 땅콩가격이 100원이고 평균소득은 10,000원일 때 맥주의 시장수요곡선을 구하고 맥주시장의 균형가격과 균형거래량을 계산하시오.

(3) (2)에서 땅콩가격은 불변인 채 평균소득이 12,000원으로 높아졌다면 균형가격과 균형거래량은 어떻게 변할 것인가?

9 어떤 상품시장의 시장수요곡선과 시장공급곡선은 각각 $Q_D = 600 - 2P$와 $Q_S = 25 - 0.5P$라고 하자.

(1) 이 시장의 균형가격과 균형거래량을 구하시오.

(2) 상품 1단위당 50원의 물품세가 생산자에게 부과된다면 균형가격과 균형거래량은 어떻게 변할 것인가? 그리고 50원의 물품세에 대한 소비자와 생산자의 부담을 구하고 소비자와 생산자의 부담이 왜 다른가를 설명하시오.

(3) 상품 1단위당 50원의 물품세가 소비자에게 부과된다면 (2)의 답은 어떻게 바뀔 것인가?

10 어떤 상품시장의 시장수요곡선과 시장공급곡선은 각각 $Q_D = 600 - 2P$와 $Q_S = 300$이라고 하자.

(1) 이 시장의 균형가격과 균형거래량을 구하시오.

(2) 상품 1단위당 50원의 물품세가 생산자에게 부과된다면 균형가격과 균형거래량은 어떻게 변할 것인가?

# 제 2 편

# 소 비 자

미시경제학의 중요한 분석대상은 희소한 경제적 자원이 다양한 용도에 배분되는 과정이다. 자원배분의 과정을 분석하기 위해서는 먼저 소비자, 생산자 등 개별 경제단위의 선택행동을 이해하는 것이 필요하며, 주어진 제약하에서 최선의 선택을 하는 합리적 경제단위의 행동분석은 대부분 다음과 같은 단계로 이루어지게 된다.

먼저 주어진 제약하에서 경제단위가 선택할 수 있는 대상들의 집합, 즉 선택가능영역을 규정하고 경제단위가 최선의 선택을 하기 위한 기준은 무엇인가를 살펴본다. 그리고 선택가능영역과 선택의 기준을 결합해서 경제단위가 행한 최선의 선택이 무엇인가를 분석할 수 있게 된다.

이 편에서는 가장 중요한 경제단위 중 하나인 소비자의 행동을 살펴보기로 한다. 제 2 장에서는 위에서 설명한 단계에 따라 소비자의 선택행동을 분석한다. 그리고 제 3 장에서는 주어진 제약이 변해서 선택가능영역이 변할 때 소비자의 선택은 어떻게 바뀌는가를 다루고 제 4 장에서는 가격이 변화할 때 소비자의 후생에는 어떤 영향이 미치게 되는가를 검토한다. 소비자는 상품의 수요자이면서 동시에 노동, 자본 등과 같은 생산요소의 공급자이기도 하며, 소비자가 공급자로서 행하는 선택에 관해서는 제 5 장에서 살펴보기로 한다.

대부분의 소비자는 욕망에 비해서 갖고 있는 경제적 자원이 턱없이 부족하기 때문에 합리적인 선택을 해야만 한다. 소비자의 선택행동을 이해하기 위한 이 장에서는 먼저 희소성 때문에 소비자가 어떠한 선택가능영역에 직면하는가를 논의하게 된다. 그리고 소비자의 선택기준으로서 선호체계와 효용에 관하여 살펴본 후에 소비자의 선택가능영역과 선택의 기준인 선호체계를 결합해서 소비선택을 위한 의사결정이 어떻게 이루어지는가를 분석하기로 한다.

소비자의 선택행동을 이해하기 위하여 이 장에서 사용되는 경제모형은 앞으로 생산자 등 다른 경제단위의 선택행동을 분석할 때도 기초가 된다. 이러한 점에서 이 장은 미시경제학에서 가장 핵심이 되는 부분 중 하나라고 볼 수 있다.

# 제 2 장 소비자의 선택

## 2.1 소비계획과 선택가능영역

### 소비계획과 상품의 무한가분성

소비자가 소비의 대상으로 삼는 상품의 종류는 $X$재와 $Y$재 단 두 가지뿐이라고 가정하자. 세상에는 물리적 특징, 사용가능한 시점과 장소 등으로 구별되는 수많은 종류의 상품이 존재함에도 불구하고 상품은 단 두 가지만 존재한다고 가정하는 이유는 간단하다. 평면에 그림을 그려서 분석하는 것이 가능할 뿐 아니라 두 가지의 상품만을 소비하는 소비자의 행동을 분석해서 얻는 대부분의 이론적 결과는 상품의 종류가 세 가지 이상 존재하는 일반적인 경우에도 그대로 적용되기 때문이다.

소비자가 일정기간에 소비하는 $X$재와 $Y$재의 수량을 각각 $x$와 $y$라고 하자. 〈그림 2-1〉에서 $x$와 $y$를 각각 평면의 수평축과 수직축에 표시하면, $X$재와 $Y$재를 일정기간에 $x_1$과 $y_2$만큼 소비하려는 계획은 평면의 한 점 $a=(x_1,\ y_1)$이 된다. 점 $a$와 같이 소비자가 일정기간에 소비하려는 각 상품의 수량을 표시하는 점을 **소비계획**(consumption plan) 또는 **소비점**이라고 한다.

현실에서 대부분의 상품은 정수(integer)단위로 거래된다. 자동차, 아파트 등과 같은 내구재는 물론이고 쌀, 생수 같은 비내구재도 한 가마니, 한 병으로 포장되어 정수단위로 거래된다. 그러나 정수단위로 거래되는 상품을 소비하는 소비자의 행동을 그림을 그려서 분석하는 것은 쉽지 않기 때문에 앞으로 우리는 모든 상품이 실수(real number)단위로 거래된다고 가정한다. 즉 모든 상품은 무한가분성을 지닌다고 가정한다. 상품의 무한가분성이라는 가정이 비현실적이기는 하지만 복잡한 경제현상을 있는 그대로 다 설명할 수는 없기 때문에 단순화를 위하여 불가피하다고 할 수 있다.

모든 상품은 무한가분성을 지닌다고 가정하였기 때문에 평면의 어떤 점도 소비계획이 될 수 있다. 그러나 평면의 제1사분면을 제외한 나머지 사분면에서는 적어도 한 가지 이상의 상품 소비량이 음(−)이 된다. 소비량이 음(−)이 되는 경우는 쓰레기 등과 같이 소비자가 버리는 상품이거나 또는 노동시간처럼

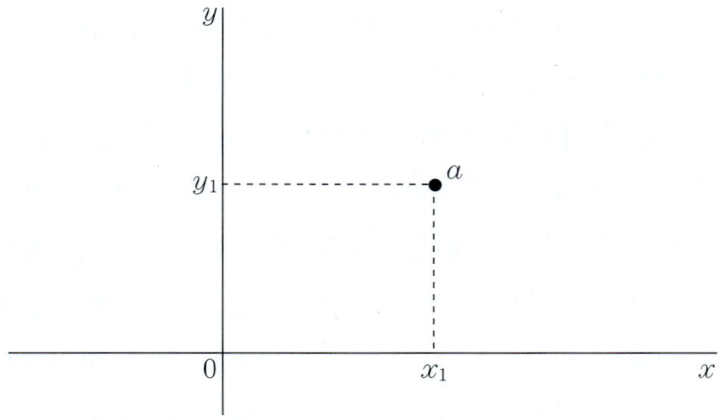


**그림 2-1 상품의 무한가분성과 소비계획**

소비자는 $X$재와 $Y$재의 두 가지 상품만을 소비한다고 할 때 점 $a$는 일정기간에 $X$재와 $Y$재를 각각 $x_1$과 $y_1$만큼 소비하려는 계획을 표시하며, 이와 같은 점 $a$를 소비계획 또는 소비점이라고 한다. 각 상품은 정수단위가 아닌 실수단위로 거래된다고 가정한다면 평면의 어떤 점도 소비계획이 될 수 있다.

소비자가 시장에 공급하는 상품에 해당된다. 그렇지만 쓰레기와 같이 소비자가 버리는 상품의 경우에 가격이 양(+)이 아니라 음(−)이라고 가정하면 소비량은 양(+)의 값을 갖게 된다. 노동시간과 같이 소비자가 공급하는 상품의 경우에는 일정기간의 총시간(예를 들어 하루 24시간) 중에서 일부를 자신이 여가 등의 용도로 소비하고 나머지를 노동시장에 공급한다고 가정해서 소비자가 소비하는 시간에 초점을 맞춤으로써 소비량이 음(−)이 되는 문제를 해결할 수 있다. 앞으로 우리는 모든 상품의 소비량은 양(+)의 값을 지닌다고 가정해서 소비계획으로 제1사분면의 점들만을 고려하기로 한다.

## 소비자의 선택가능영역: 예산제약과 예산선

소비자가 아무런 제약 없이 선택을 할 수 있다면, 소비자가 선택할 수 있는 소비계획들의 집합(즉 소비자의 선택가능영역)은 물론 제1사분면 전체가 된다. 그러나 경제적 자원은 희소하기 때문에 소비자의 선택에는 제약이 따를 수밖에 없다. 상품을 소비하기 위해서는 소득 이외에도 시간이나 공간이 필요하고 소득이 아무리 많은 소비자라 할지라도 시간이나 공간의 제약에서 벗어나기는 어렵기 때문에 모든 소비자의 선택에는 제약이 따르게 된다.

소비자에게 가해지는 가장 중요한 제약은 상품을 구입하는 데 지출할 수 있는 소득에 한계가 있다는 것이다. 우리가 분석의 대상으로 하는 어떤 대표적 소비자는 무수히 많은 소비자 중 하나이므로 상품가격을 조정할 수 있는 힘이 없다고 가정하자. 즉 소비자는 가격을 주어진 것으로 받아들이는 **가격수용자**(price taker)이다. 또한 소비자는 소유하고 있는 노동, 자본 등의 생산요소를 주어진 가격을 받고 시장에 공급해서 소득을 얻는데, 소유하고 있는 생산요소의 양에는 한계가 있기 때문에 소득에도 한계가 있다. 소비자가 생산요소의 공급자로서 행하는 선택에 관해서는 나중에 살펴보기로 하고 여기에서는 소득이 일정한 액수로 주어졌다고 가정하자. 각 상품의 가격이 주어져 있고 상품의 구입에 지출할 수 있는 소득은 일정하다는 제약이 소비자의 선택가능영역을 어떻게 결정할 것인가?

소비자가 한 달 동안 $X$재와 $Y$재를 구입하는 데 지출할 수 있는 소득은 $M$이며, $X$재와 $Y$재의 가격을 각각 $P_X$와 $P_Y$라고 표시하자. 이 경우에 소비자에게 가해지는 제약은 상품들의 구입을 위한 총지출 $P_Xx+P_Yy$가 주어진 소득 $M$을 넘을 수는 없다는 것이며, 이와 같은 **예산제약**(budget constraint)을 식으로 표시하면 다음과 같다.

$$P_Xx+P_Yy \leqq M \tag{2-1}$$

예산제약의 식 (2-1)에서 총지출이 소득보다 적다는 것은 소비자가 소득의 일부를 버리거나 아니면 저축을 한다는 의미이다. 소비자가 소득의 일부를 지출하지 않고 버린다는 것은 비현실적이다. 또한 저축을 한다는 것은 상품을 구입하는 행위의 일종이라고 할 수 있다. 따라서 우리는 소비자가 주어진 소득 $M$을 전부 $X$재와 $Y$재 구입에 지출한다고 가정할 수 있고 이 경우에 예산제약의 식 (2-1)은 다음과 같이 바뀌게 된다.

$$P_Xx+P_Yy=M \tag{2-2}$$

식 (2-2)는 주어진 소득 $M$을 남김없이 $X$재와 $Y$재의 구입에 사용할 때 소비자가 구입할 수 있는 소비계획들의 집합을 나타내며, 이 집합을 그림으로 옮기기 위하여 우선 식 (2-2)를 만족시키는 두 가지의 소비계획을 제1사분면에 표시하여 보기로 하자. 일정기간의 소득 $M$을 모두 $X$재 구입에 지출한다면

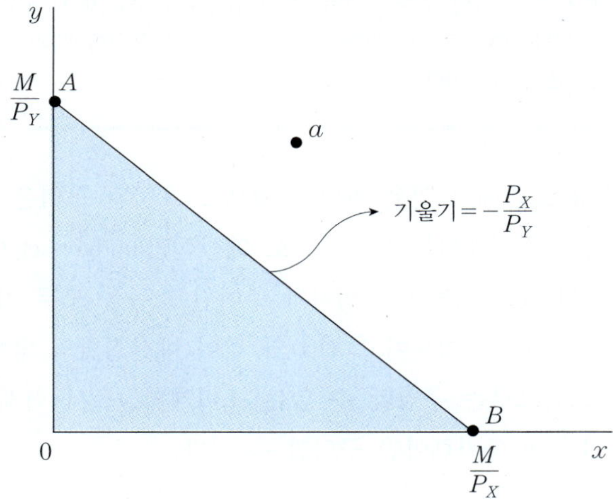


**그림 2-2 예산집합과 예산선**

$X$재와 $Y$재의 가격이 각각 $P_X$와 $P_Y$이고 일정기간의 소득이 $M$인 경우에 소비자가 구입할 수 있는 소비계획들의 집합은 직선 $AB$를 포함해서 옅은 파란 음영으로 표시된 구역이며, 이를 예산집합이라고 부른다. 소비자가 주어진 소득 $M$을 모두 상품구입에 지출하는 경우에 예산집합은 직선 $AB$가 되며, 이를 예산선이라고 부른다. 예산선의 기울기는 $X$재 1단위 추가 구입의 기회비용을 $Y$재의 수량으로 표시한 것이다.

이 소비자는 $Y$재를 하나도 구입하지 않는 대신에 $X$재를 $M/P_X$만큼 구입할 수 있으며, 이 경우의 소비계획은 〈그림 2-2〉에서 점 $B$가 된다. 반대로 소득 $M$을 전부 $Y$재 구입에 지출한다면 한 달 동안 $M/P_Y$만큼의 $Y$재를 구입할 수 있으며, 이때의 소비계획은 점 $A$가 된다. 점 $A$와 $B$ 모두 예산제약의 식 (2-2)를 만족시키는 소비계획이고 점 $A$에서 $X$재 구입을 1단위씩 증가시키면 $Y$재 구입량은 $P_X/P_Y$단위씩 감소하여 점 $B$에 이르게 된다. 따라서 점 $A$와 $B$를 연결한 직선 $AB$는 식 (2-2)의 예산제약을 그림으로 나타낸 것이며, 이를 **예산선**(budget line)이라고 부른다.

예산선 $AB$의 기울기는 $-P_X/P_Y$이며, 이는 $X$재 1단위를 추가로 구입할 때의 기회비용을 $Y$재의 수량으로 나타낸 것이다. 바꾸어 말하면, 예산선의 기울기는 $X$재를 1단위 더 구입할 때 소비자가 추가로 지불해야 하는 비용(즉 한계비용)을 $Y$재의 수량으로 표시한 것이다.

> 예산선은 소비자가 주어진 소득을 전부 지출하는 경우 시장에서 구입할 수 있는 소비계획들의 집합이며, 그 기울기는 $X$재를 1단위 더 구입할 때의 기회비용을 $Y$재의 수량으로 표시한 것이다.

예산선 $AB$를 포함해서 옅은 파란 음영으로 표시된 구역은 식 (2-1)의 예산제약을 충족하는 소비계획들의 집합으로 **예산집합**(budget set)이라고 불린다. 예산집합의 내부에 있는 점들은 소비자가 주어진 소득을 모두 지출하지 않더라도 구입할 수 있는 소비계획들이고 점 $a$와 같이 예산집합의 밖에 있는 점들은 현재의 가격과 소득으로는 구입할 수 없는 소비계획들로서 현재보다 상품가격이 하락하거나 소득이 증가해야만 구입할 수 있다.

## 예산선의 이동

소득 또는 가격이 변하면 예산선의 위치는 변한다. 예를 들어 $X$재와 $Y$재의 가격은 $P_{X_1}$과 $P_{Y_1}$에서 변하지 않고 소득만 $M_1$에서 $M_2$로 증가한다면, 예산선은 〈그림 2-3〉의 (a)에 표시된 것처럼 평행하게 원점의 반대방향으로 이동한다. 소득이 감소하면 예산선은 평행하게 원점 쪽으로 이동할 것이다.

소득은 $M_1$에서 불변이고 $X$재의 가격만 $P_{X_1}$에서 $P_{X_2}$로 상승한다면, 예산선은 〈그림 2-3〉의 (b)와 같이 수직축의 절편이 고정된 채 가팔라진다. $X$재 가격이 하락한다면, 예산선은 수직축의 절편이 고정된 채 완만하게 변할 것이다. $Y$재 가격만 상승하거나 또는 하락하는 경우에는 예산선은 수평축의 절편이 고정된 상태에서 완만해지거나 또는 가팔라질 것이다. 소득과 두 상품의 가격이 모두 동일한 배수로 변한다면, 예산선은 어떻게 이동할까? 이 경우에 예산선의 기울기와 절편 모두 변하지 않기 때문에 예산선에는 아무런 변화도 발생하지 않는다.

가격 또는 소득의 변화는 소비자의 구매력(purchasing power)의 변화를 의미한다. 가령 소득이 증가한다면 예산집합은 〈그림 2-3〉의 (a)에 표시된 것처럼 옅은 파란 음영으로 표시된 구역만큼 넓어지는데, 이는 소비자가 구입할 수 있는 소비계획의 집합이 커지는 것을 의미하기 때문에 소비자의 구매력은 높아

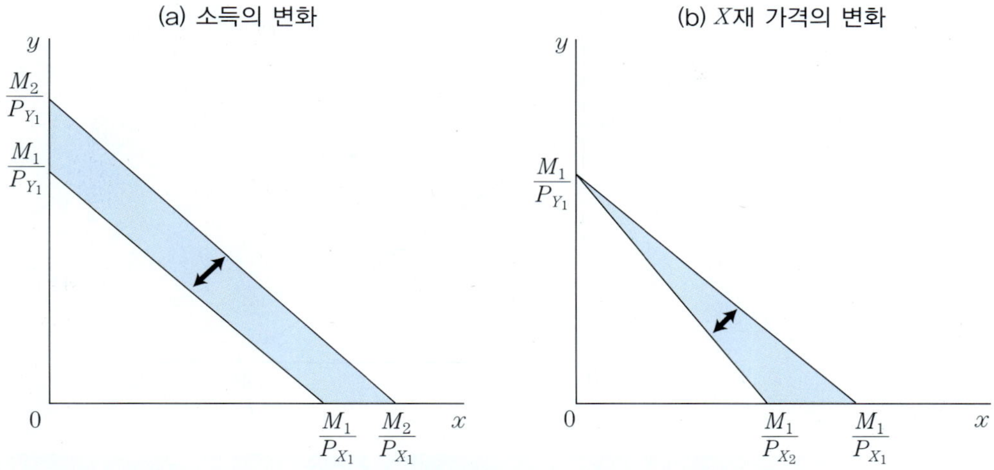


**그림 2-3 예산선의 이동**
상품의 가격은 변하지 않고 소득만 증가 또는 감소하면 예산선은 평행하게 원점의 반대방향 또는 원점 쪽으로 이동한다. 소득은 불변이고 $X$재 가격만 상승한다면 예산선은 수직축의 절편이 고정된 채 가팔라진다. 반대로 $X$재 가격이 하락하는 경우에는 예산선은 수직축의 절편이 고정된 채 완만해진다.

진다고 할 수 있다. $X$재의 가격이 상승하는 경우에는 〈그림 2-3〉의 (b)에서 보는 것처럼 예산집합은 옅은 파란 음영으로 표시된 구역만큼 좁아지고 소비자의 구매력은 감소하게 된다.

## 복합재와 예산선

지금까지 우리는 소비자가 두 종류의 상품을 소비한다고 가정하였기 때문에 소비계획을 평면에 나타낼 수 있었고 예산제약의 식 (2-2)를 예산선이라는 직선으로 표시할 수 있었다. 그러나 소비자가 소비하는 상품의 종류가 세 가지 이상이면, 소비계획은 3차원 이상의 공간에 한 점이 되고 소비자의 선택가능영역을 그림으로 표시하기가 곤란하기 때문에 소비자의 선택행동을 그림으로 분석하기는 어렵게 된다. 그러나 상품의 종류가 세 가지 이상인 경우에도 힉스(J. Hicks)의 **복합재**(composite commodity) 개념을 사용하면 여전히 소비자의 선택가능영역을 평면에 그림으로 나타낼 수 있기 때문에 소비자의 선택행동을 그림

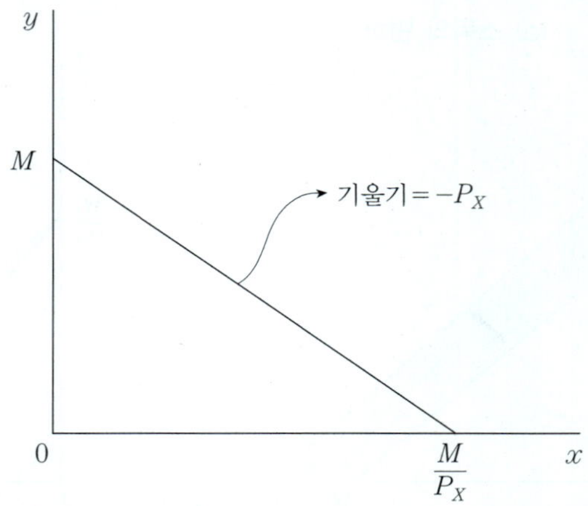


**그림 2-4 복합재와 예산선**
복합재 $Y$는 $X$재를 제외한 나머지 상품의 구입에 지출할 수 있는 소득의 액수를 나타낸다. 복합재의 가격을 1원이라고 가정해도 무방하기 때문에 $Y$재가 복합재인 경우에 예산선의 기울기는 $-P_X$가 된다.

으로 분석할 수 있다.

소비자는 $X$, $V$, $W$와 $Z$재의 네 가지 상품을 소비하며, 소비자의 선택행동을 분석할 때 우리의 주된 관심은 $X$재의 소비라고 하자. $V$, $W$와 $Z$재의 가격을 각각 $P_V$, $P_W$와 $P_Z$이라고 한다면, 예산제약식은 다음과 같다.

$$P_X x + P_V v + P_W w + P_Z z = M \tag{2-3}$$

$V$, $W$와 $Z$재에 대한 지출의 합을 $Y$라고 표시한다면, $Y$는 소득 중에서 $X$재를 제외한 나머지 상품의 구입에 지출할 수 있는 몫을 의미한다. $Y$를 가격이 1원인 상품으로 취급한다면, 네 가지 상품의 소비량을 선택하려고 하는 소비자의 문제는 $X$재와 $Y$재라는 두 가지 상품의 소비량을 선택하는 문제로 바뀌게 되고 이 경우의 $Y$재를 흔히 복합재라고 부른다. 복합재 $Y$의 일정기간 소비량을 $y$라고 표시하면, 식 (2-3)의 예산제약은 아래와 같이 바뀌게 된다.

$$P_X x + y = M \tag{2-4}$$

식 (2-4)를 그림으로 표시하면 〈그림 2-4〉에서 보는 바와 같이 기울기가 $-P_X$이고 수직축 절편이 $M$인 예산선이 된다. 예산선의 기울기 $-P_X$는 $X$재 1

단위를 추가로 구입할 때 나머지 상품들의 구입에 지출될 수 있는 소득이 얼마나 감소하는가를 나타낸다.

## 현실의 예산선

소비자가 구입량의 많고 적음에 관계없이 상품 1단위당 항상 일정한 가격을 지불한다면 예산선은 직선이다. 그러나 수돗물, 전력 등의 상품과 같이 구입량에 따라 가격이 달라지는 경우가 있으며, 이러한 경우에 소비자는 비선형의 예산선(nonlinear budget line)에 직면하게 된다. 다음의 예를 보기로 하자.

### 예 2-1 수돗물의 누진요금제와 예산선

서울시 수도조례 제20조 규정에 의하면 가정용 상수도의 요금은 기본요금 1,080원(수도계량기 구경이 15mm인 경우)과 m³당 사용요금을 합해서 부과되며, 사용요금은 아래 표에서 보는 것처럼 누진요금체계로 되어 있다.

| 월 소비량 | 요금 |
|---|---|
| 0~30$m^3$까지 | $m^3$당 320원 |
| 30$m^3$ 초과 40$m^3$까지 | $m^3$당 510원 |
| 40$m^3$ 초과 50$m^3$까지 | $m^3$당 570원 |
| 50$m^3$ 초과 | $m^3$당 790원 |

수돗물의 한 달 소비량을 $x$라고 하고 수돗물을 제외한 나머지 상품을 복합재 $Y$로 나타낼 때 한 달 소득이 $M_1$인 소비자의 예산선은 〈그림 2-5〉와 같다. 소득 $M_1$을 모두 복합재 $Y$에 사용하고 수돗물은 전혀 소비하지 않는다는 소비계획 $A$는 당연히 예산선의 한 점이 된다. 그러나 수돗물을 조금이라도 소비한다면 기본요금으로 매달 1,080원을 내야 하기 때문에 예산선은 점 $B$에서 시작한다. 수돗물을 한 달에 30$m^3$ 이하만 소비한다면 $m^3$당 요금은 320원이므로 예산선의 기울기는 −320이며, 수돗물의 한 달 소비량이 30$m^3$을 초과하지만 40$m^3$ 미만이라면 예산선의 기울기는 −510이고 한 달 소비량이 40$m^3$ 이상 50$m^3$ 미만일 때는 예산선의 기울기가 −570이다. 그리고 수돗물을 한 달에 50$m^3$를 넘어 소비한다면 예산선의 기울기는 −790으로 가팔라진다.

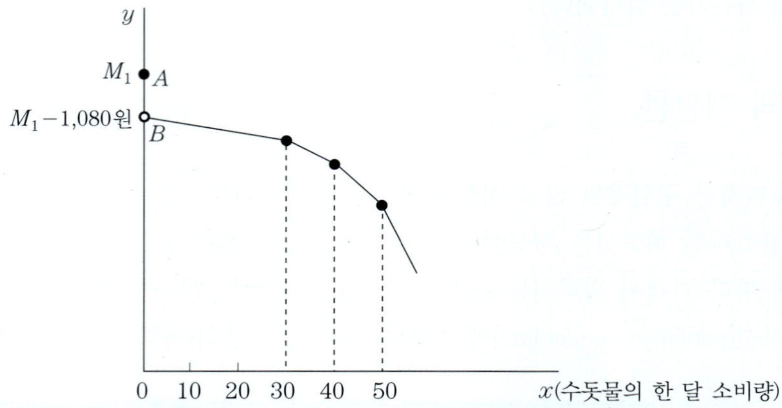


**그림 2-5 누진적 상수도 요금과 예산선**
수돗물의 누진적 요금체계를 반영하여 예산선은 원점에 대하여 오목하게 된다.

수돗물, 전력 등과 같이 누진적 요금체계가 적용되는 상품을 구입할 때 예산선은 원점에 대하여 오목한 형태를 지니고 반대로 역진적 가격체계가 적용되는 상품을 소비하는 경우에는 예산선은 원점에 대하여 볼록한 형태를 지니게 될 것이다.

수돗물을 소비하려면 먼저 기본요금 1,080원을 낸 후에 사용량에 따라 추가로 사용요금을 내야 하는데, 이 기본요금은 수돗물을 소비할 수 있는 권리에 대하여 소비자가 내야하는 일종의 입장료(admission fee)라고 할 수 있다. 이와 같이 어떤 상품을 구입할 수 있는 권리에 대하여 먼저 일정한 금액을 내도록 한 다음에 구입량에 비례해서 추가적 가격을 부과하는 가격제도를 흔히 **2부가격제**(two-part pricing)라고 한다. 이동전화 서비스를 이용하기 위해서 먼저 전화기를 구입하고 가입비를 납부한 후에 사용시간에 비례해서 사용요금을 내는 것, 헬스센터에서 회원권을 먼저 사게 한 다음에 이용할 때마다 따로 사용료를 받는 것, 어린이대공원에서 놀이기구를 즐기기 위해서는 먼저 입장료를 내고 들어간 후에 놀이기구마다 별도의 요금을 내야 하는 것 등은 모두 2부가격제의 예이다.

사회주의 경제체제에서는 자원배분을 위하여 **수량배급제**(quantity rationing)

를 실시하는 경우가 있으며, 6.25 전쟁 이후 북한에서 실시되고 있는 식량배급제가 대표적인 예이다. 자본주의 경제체제라 할지라도 전쟁 또는 불의의 재해가 발생하면 임시적으로 수량배급제의 실시가 고려되기도 한다. 소비자에게 수량배급제라는 추가적 제약이 가해진다면 예산선은 어떻게 바뀔까?

**예 2-2** **휘발유배급제 실시와 예산선**

2003년 3월 20일 이라크전쟁이 발발하자 원유가격 급등에 따른 에너지 수급차질에 대비해 우리나라 정부는 석유배급제를 포함하는 에너지비상대책을 수립하였다. 당시 정부는 "배급제가 국민생활에 미치는 영향이 크기 때문에 심각한 에너지 수급차질이 빚어질 경우에만 시행될 것이며, 배급제 시행에 앞서 정부 및 민간이 보유한 원유비축량을 방출하는 한편 최고가격제를 실시할 계획이다"라고 발표하였지만, 다행스럽게도 석유배급제가 실시되지는 않았다. 또한 2010년 마련된 정부의 비상시 에너지수급계획에는 원유 도입량의 30% 이상의 공급차질이 빚어지는 심각한 단계에서는 석유배급제를 실시한다는 내용이 들어있다.

심각한 에너지 수급차질이 빚어져서 석유의 배급제가 실시되었다면 소비자

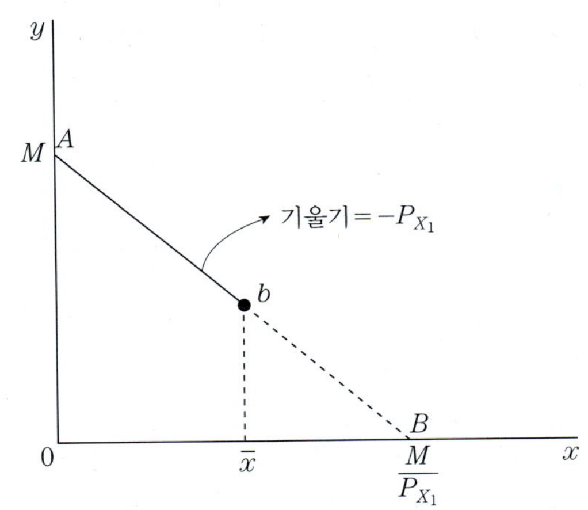


**그림 2-6 휘발유배급제 실시와 예산선**
휘발유의 한 달 소비량이 $\bar{x}$를 넘지 못하게 제한하기 위한 배급제가 실시되면, 예산선은 $AB$에서 $Ab$로 바뀐다.

의 예산선에는 변화가 생길까? 휘발유의 1리터당 가격이 $P_{X_1}$이라고 할 때 한 달 용돈 $M$을 휘발유($X$재)와 복합재($Y$재)를 구입하는 데 사용하는 어떤 자가운전자의 예산선은 〈그림 2-6〉에서 직선 $AB$로 표시되어 있다. 그런데 심각한 에너지 수급차질이 빚어짐에 따라 정부는 휘발유의 가격을 현재 수준으로 동결하면서 소비자가 한 달에 소비할 수 있는 휘발유의 양이 $\bar{x}$를 넘지 못하게 제한하기 위한 배급제를 실시하게 되었다고 하자. 정부는 매매가 금지된 배급용 쿠폰을 한 달에 $\bar{x}$장씩 소비자에게 발급하고 소비자는 휘발유를 살 때마다 리터당 $P_{X_1}$을 지불하는 것 이외에 1장의 쿠폰을 주유소에 제출하게 된 것이다. 이와 같은 배급제 실시에 따라 직선 $bB$의 점들은 더 이상 선택가능한 소비계획들이 아니므로 예산선은 $AB$에서 $Ab$로 바뀐다.

공급부족의 상황에서 소비를 억제할 목적으로 실시되는 수량배급제에 대해서 특정상품의 소비를 장려하거나 또는 빈곤층을 도울 목적으로 무료식권 등이 지급되는 경우도 있다. 우유($X$재)와 복합재($Y$재)를 소비하는 어떤 소비자의 일주일 소득은 5만원이고 우유 1병의 가격은 1,000원이라고 할 때 〈그림 2-7〉에서 직선 $AB$는 이 소비자의 예산선이다. 그런데 정부가 우유 소비를 장려할 목적으로 우유 1병과 교환할 수 있는 무료쿠폰을 매주 10장씩 지급하기로 결정하

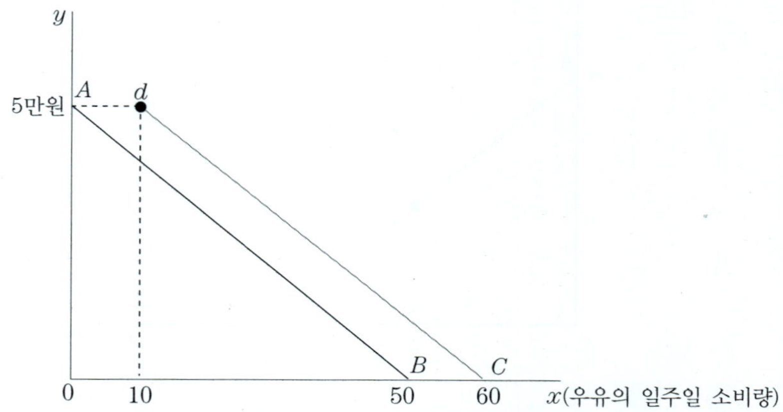


**그림 2-7 무료쿠폰의 지급과 예산선**

우유 1병과 교환할 수 있는 무료쿠폰을 매주 10장씩 지급한다면 예산선은 직선 $AB$에서 $dC$로 바뀌게 된다.

였다고 하자. 이러한 결정에 따라 소비자는 일주일 소득 5만원을 모두 우유에 지출할 때 50병의 우유를 구입할 수 있고 또 쿠폰으로 10병의 우유를 교환할 수 있기 때문에 예산선의 점 $B$는 점 $C$로 이동한다. 그리고 소득 5만원을 모두 복합재에 지출한다고 해도 10병의 우유를 소비할 수 있기 때문에 예산선의 점 $A$는 점 $d$로 이동한다. 이에 따라 예산선은 직선 $AB$에서 $dC$로 바뀌게 된다.

## 2.2 효용과 선호

앞에서 살펴본 것처럼 경제적 자원이 희소하기 때문에 소비자는 주어진 선택가능영역에서만 소비계획을 선택할 수 있다. 합리적 소비자는 선택가능영역에 있는 여러 가지 소비계획 중에서 소비의 가치가 가장 높은 것을 선택하게 되며, 이를 분석하기 위해서는 먼저 소비계획을 선택하였을 때 소비자가 얻는 가치를 어떻게 표시할 수 있는가에 관하여 살펴보아야 한다. 하나의 소비계획을 선택하였을 때 소비자가 얻는 가치는 그 소비계획을 실제로 소비하여 소비자가 얻는 만족 또는 **효용**(utility)이다. 소비자의 효용을 표시하는 방법은 기수적 방법과 서수적 방법으로 구분될 수 있다.

### 기수적 효용과 서수적 효용

온도, 사람의 키, 물건의 부피나 무게 등을 잴 때와 마찬가지로 소비자의 효용을 객관적으로 정확하게 나타낼 수 있는 기본적 단위가 존재해서 그 단위로 효용의 크기를 표시할 수 있을 때, 우리는 효용을 **기수적**(cardinally)으로 표시한다고 말한다. 예를 들어 소비자 1과 2가 각각 두 가지의 소비계획 $a=(x_1, y_1)$과 $b=(x_2, y_2)$ 중에서 한 가지를 소비한다고 할 때, 기수적으로 표시된 두 소비자의 효용의 크기는 다음과 같다고 하자.

| | 소비자 1 | 소비자 2 |
|---|---|---|
| 소비계획 $a$ | 5단위 | 4단위 |
| 소비계획 $b$ | 10단위 | 12단위 |

앞의 표에서 효용의 크기는 모든 사람이 객관적이라고 인정하는 단위로 표시되었기 때문에 "소비자 1은 소비계획 $b$를 소비계획 $a$보다 2배 좋아하고 소비자 2는 소비계획 $b$를 소비계획 $a$보다 3배 좋아한다"라는 비교가 가능하다. 또한 "소비자 2는 소비자 1보다 소비계획 $b$를 1.2배 좋아한다"라고도 말할 수 있다. 이와 같이 효용의 크기를 기수적으로 나타낼 수 있다면, 어떤 개인이 두 가지의 소비계획 사이에서 느끼는 효용의 차이가 중요한 의미를 지닐 뿐 아니라 여러 명의 소비자가 동일한 소비계획을 소비할 때 각 소비자가 얻는 효용의 크기를 비교할 수 있다.

효용을 기수적으로 측정할 수 있다면 경제정책의 공정성은 높아질 수 있다. 예를 들어 막대한 경비를 들여서 도로를 건설하려는 어떤 시를 가정해 보자. 이 시의 최대 관심사는 도로건설 경비의 조달이다. 만일 효용의 기수적 측정이 가능하다면, 건설되는 도로를 이용할 때 각 시민이 느끼는 효용의 크기에 비례해서 건설경비를 시민들에게 배분할 수 있을 것이다.

기수적 효용의 필요성에도 불구하고 소비자의 주관적 만족감을 객관적 단위로 나타내는 것은 실현성이 매우 낮다고 여겨지고 있다. 그렇다면 소비자의 효용을 표시하는 어떤 다른 방법이 있을까? 굳이 기수적 효용을 가정하지 않더라도 소비자가 선택가능영역의 모든 소비계획 사이에 자신이 좋아하는 정도에 따라 순서를 정할 수만 있다면 소비자의 선택행동을 충분히 분석할 수 있다. 왜냐하면 소비자는 순서가 가장 높은 소비계획을 선택할 것이기 때문이다. 소비계획들에 관하여 선호되는 정도에 따라 순서를 매길 때, 우리는 효용을 **서수적**(ordinally)으로 표시한다고 말한다. 즉 효용을 서수적으로 표시한다는 것은 모든 소비계획 사이에 **선호순서**(preference ordering)를 정하는 일이다. 가령 소비계획 $a$ 또는 $b$의 효용을 서수적으로 나타낼 때 효용의 크기는 아무런 의미를 지니지 않고 두 소비계획 사이에 선호순서만이 중요성을 갖는다.

우리는 앞으로 소비자의 선택행동을 분석할 때 서수적 효용의 개념만을 사용하기로 한다. 그러나 소비자는 소비계획 사이에 선호순서를 정할 수 없는 경우가 있을 수 있다. 가령 소비계획에 듣지도 보지도 못한 과일의 소비가 포함되어 있다면, 실제로 먹어보기 전에는 그 과일의 맛을 전혀 짐작할 수 없기 때문에 선호의 순서를 정할 수가 없다. 이러한 경우를 피하기 위해서 우리는 어떤 소비계획을 선택해도 선택의 결과를 확실하게 예상할 수 있다고 가정한다.

소비계획의 선택에 불확실성이 존재하는 경우는 제16장에서 다루기로 한다.

소비계획의 선택에 불확실성이 존재하지 않는다고 해도 소비자가 모든 소비계획들 사이에 선호의 순서를 일관성 있게 정할 수 있으려면 소비자의 선호에 관한 몇 가지의 기본적인 가정이 필요하며, 이를 **선호순서의 공리**(axioms of preference ordering)라고 한다. 이 밖에 소비자 행동분석의 편리성을 위해 선호에 관한 추가적 가정을 할 수도 있다.

## 선호순서의 공리

① 완비성(completeness)

**비교성의 공리**(axiom of comparison)라고도 불리는 **완비성의 공리**는 소비자가 어떠한 두 가지의 소비계획 사이에도 선호의 순서를 정할 수 있다는 가정이다. 즉 임의의 어떠한 두 가지 소비계획 $a$와 $b$를 비교한다 하더라도 $a$를 $b$보다 선호하는지 아니면 그 반대인지 아니면 $a$와 $b$ 사이에 선호의 정도가 동일한지를 분명히 밝힐 수 있다는 가정이다. 선호의 정도가 동일한 소비계획들을 무차별한 관계에 있다고 부른다.

소비계획의 수가 무수히 많다는 점을 고려할 때 완비성의 가정은 비현실적일 수 있다. 그러나 이 가정이 없으면 소비계획 사이에 선호순서를 정할 수 없기 때문에 소비자의 선택행동을 분석하기 위해서는 불가피한 가정이라 할 수 있다.

② 이행성(transitivity)

임의의 어떠한 세 가지의 소비계획 $a$, $b$와 $c$가 있다고 하자. $a$를 $b$보다 선호하고 $b$를 $c$보다 선호한다면, 직접 비교하지 않더라도 $a$를 $c$보다 선호한다는 것이 **이행성의 공리**이다. 또한 $a$와 $b$가 무차별한 관계이고 $b$와 $c$가 무차별한 관계이면, $a$와 $c$는 이행성의 가정하에서 무차별한 관계가 된다. 이행성의 가정은 소비자의 선호순서가 일관성을 지닌다는 것을 의미한다. 예를 들어 $a$를 $b$보다 선호하고 $b$를 $c$보다 선호하는데도 불구하고 $c$를 $a$보다 선호한다면, 소비계획 사이에 일관성 있는 선호순서를 정할 수 없다.

선호순서의 완비성과 이행성이 충족된다면 소비자는 소비계획 사이에 일관

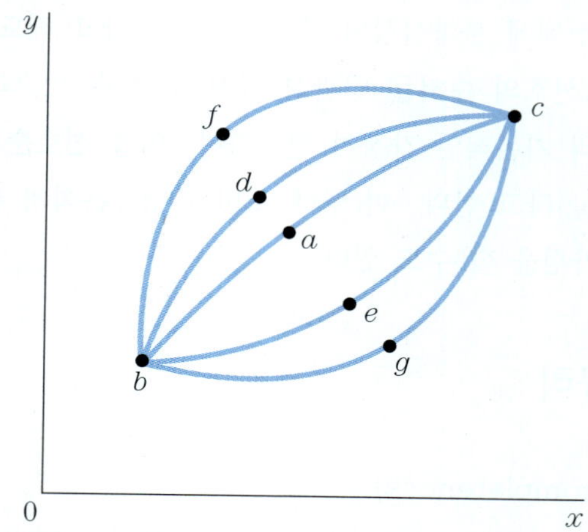


**그림 2-8 선호순서의 연속성**
소비계획 $a$, $b$와 $c$에 있어서 $c$는 $a$보다 선호되고 $a$는 $b$보다 선호된다면, $c$와 $b$를 연결한 어떠한 곡선에도 $a$와 무차별한 관계에 있는 소비계획(예를 들어 점 $d$, $e$, $f$, $g$)을 반드시 발견할 수 있다는 것이 연속성의 가정이다.

성 있는 선호순서를 정할 수 있고 선택가능영역에서 선호순서가 가장 높은 소비계획을 선택할 수 있다. 따라서 선호에 관하여 완비성과 이행성만 가정해도 소비자의 선택행동을 분석할 수 있지만, 그 분석이 매우 추상적이 되기가 쉽기 때문에 구체적 분석을 위해서 다음과 같은 추가적인 가정을 흔히 하게 된다.

③ 연속성(continuity)

**선호순서의 연속성**은 선호순서가 갑자기 변하는 경우를 배제함으로써 나중에 설명할 무차별곡선이 잘 정의될 수 있도록 하기 위한 가정이다. 〈그림 2-8〉에 표시되어 있는 임의의 어떠한 세 가지의 소비계획 $a$, $b$와 $c$에 있어서 $c$는 $a$보다 선호되고 $a$는 $b$보다 선호된다고 하자. 이때 $a$보다 선호되는 소비계획 $c$와 그렇지 않은 소비계획 $b$를 연결한 어떠한 곡선에서도 $a$와 무차별한 관계에 있는 소비계획(예를 들어 점 $d$, $e$, $f$, $g$)을 반드시 발견할 수 있다는 것이 연속성의 가정이다. 선호순서의 연속성이 만족되지 않는다면, $c$와 $b$를 연결한 어떠한 곡선을 따라 $c$에서부터 선호순서를 매겨 나갈 때 $a$보다 선호되는 소비계획에서 $a$와 무차별한 관계에 있는 소비계획을 거치지 않고 바로 $a$보다 선호순서가 낮은 소비계획으로 갑자기 바뀌는 불연속성이 나타난다.

앞으로 소비자행동을 분석할 때 선호순서는 반드시 완비성, 이행성과 연속성을 만족시킨다고 가정한다. 그리고 실제의 소비생활에서 보편적으로 관찰되는 현상을 수용하기 위한 다음의 두 가지 추가적 가정은 일반적으로는 만족되는 것으로 하고 몇 가지 예외는 필요할 때 별도로 언급하기로 한다.

④ 강볼록성

일반적으로 소비자는 어떤 한 가지 상품만 극단적으로 많이 소비할 수 있는 소비계획보다는 여러 가지 상품을 고루 소비할 수 있는 소비계획을 더 선호한다. 예를 들어 쌀과 사과를 소비하는 소비자는 쌀만 1가마니 소비하고 사과는 1개도 소비할 수 없는 소비계획 또는 쌀은 하나도 소비할 수 없고 사과만 100개를 소비할 수 있는 편중된 소비계획보다는 쌀 반가마니, 사과 50개와 같이 두 가지 상품을 고루 소비할 수 있는 소비계획을 더 좋아하는 것이 일반적이다. 이와 같은 소비행동의 다양성을 수용하기 위한 가정이 **선호순서의 강볼록성**(strong convexity)이다.

〈그림 2-9〉에서 두 가지 소비계획 $a$와 $b$는 무차별한 관계에 있고 소비계획 $c$는 $a$ 또는 $b$보다 선호순서가 높다고 하자. 무차별한 관계에 있는 임의의

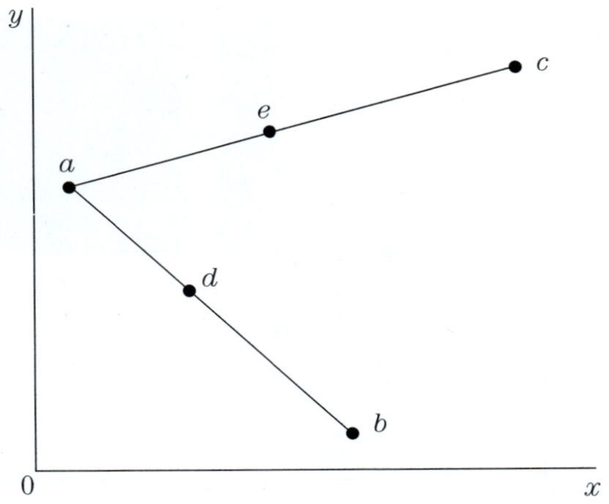


**그림 2-9 선호순서의 강볼록성**

선호순서의 강볼록성은 점 $a$ 또는 $b$와 같이 한 가지 상품만 극단적으로 많이 소비할 수 있는 소비계획보다는 점 $d$와 같이 두 가지 상품을 고루 소비할 수 있는 소비계획을 더 좋아한다는 가정이다.

두 가지 소비계획 $a$와 $b$를 연결한 직선의 어떤 소비계획(예를 들면 점 $d$)도 $a$ 또는 $b$보다는 선호순서가 높으며, 임의의 소비계획 $a$와 이보다 선호순서가 높은 임의의 소비계획 $c$를 연결한 직선의 어떤 소비계획(예를 들면 점 $e$)도 $a$보다 선호순서가 높다는 것이 선호순서의 강볼록성이다.

현실에서 선호순서의 강볼록성이 항상 관찰되는 것은 아니다. 가령 우유와 오렌지 주스를 소비하는 경우를 상상해 보자. 우유 반잔과 오렌지 주스 반잔을 섞어서 마시는 것이 과연 우유 한잔 또는 오렌지 주스 한잔만 마시는 것보다 좋을까?

### ⑤ 강단조성

소비계획 $a$와 $b$를 비교할 때 최소한 한 가지 이상의 상품의 소비량은 $a$가 $b$보다 많고 나머지 상품의 소비량은 $a$가 $b$와 같거나 $b$보다 많다면 소비계획 $a$는 $b$보다 선호된다는 것이 **선호순서의 강단조성**(strong monotonicity)이다. 선호순서의 강단조성이 만족된다고 할 때 〈그림 2-10〉에서 소비계획 $c$는 두 가지 상품 모두 그 소비량이 $a$보다 많기 때문에 $a$보다 선호된다. 그리고 소비계획 $d$ 또는 $e$와 같이 $a$에서 위쪽과 오른쪽으로 그은 수직선과 수평선에 있는

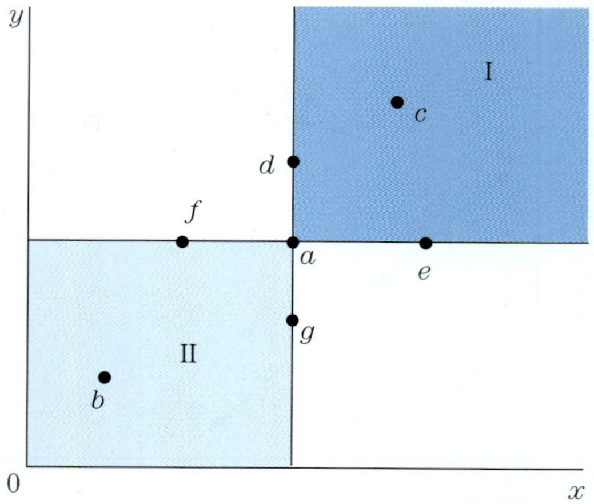


**그림 2-10 선호순서의 강단조성**

선호순서의 강단조성이 충족될 때 I구역은 소비계획 $a$보다 선호되는 소비계획들의 집합이고 II구역은 선호순서가 소비계획 $a$보다 낮은 소비계획들의 집합이다.

소비계획들은 한 가지 상품의 소비량은 $a$와 같지만 나머지 상품의 소비량이 $a$보다 많기 때문에 역시 $a$보다 선호된다. 그리고 소비계획 $b$는 두 가지 상품 모두 그 소비량이 $a$보다 적기 때문에 선호순서가 $a$보다 낮으며, $f$ 또는 $g$와 같은 소비계획은 한 가지 상품의 소비량은 $a$와 같지만 다른 상품의 소비량이 $a$보다 적기 때문에 $a$보다 선호순서가 낮다. 따라서 진한 파란 음영으로 표시된 I구역은 소비계획 $a$보다 선호되는 소비계획들의 집합이고 옅은 파란 음영으로 표시된 II구역은 선호순서가 $a$보다 낮은 소비계획들의 집합이다.

상품은 **경제적 재화**(economic goods), **경제적 악재**(economic bads)와 **중립재**(neutral goods)로 구분될 수 있다. 경제적 재화는 소비량이 증가할수록 만족이 높아지는 상품이며, 반대로 오염물질, 쓰레기 등과 같이 소비할 때 만족이 감소하는 상품이 경제적 악재이다. 어떤 상품이 처음에는 경제적 재화라고 해도 그 소비량이 지나치게 많아지면 어느 순간 그 상품은 경제적 악재로 변할 수 있다. 중립재는 소비량과 소비자의 만족 사이에 아무런 관계가 없는 상품을 의미한다.

상품이 경제적 악재로 변할 때까지 지나치게 많이 소비하는 경우는 드물고 오염 등과 같이 처음부터 경제적 악재인 상품에 관해서는 따로 분석하면 되기 때문에, 모든 상품이 경제적 재화라고 가정한다면 선호순서는 강단조성을 충족한다.

## 2.3 효용함수와 무차별곡선

앞서 이야기한 것처럼 선호순서에만 의존해도 충분히 소비자의 선택행동을 분석할 수 있다. 그러나 무수히 많은 소비계획 사이에 선호순서를 정한다는 것 자체가 막연할 뿐 아니라 분석의 결과가 추상적이기 쉽다. 이 때문에 소비자의 행동을 보다 구체적으로 명료하게 분석하기 위해서 선호순서로부터 효용함수와 무차별곡선의 개념을 도출해서 사용하게 된다.

## 효용함수

앞에서 소비자의 선호순서가 완비성과 이행성의 공리를 만족시킬 때 모든 소비계획 사이에 일관성 있는 선호순서를 정할 수 있다고 하였다. 따라서 완비성과 이행성의 공리하에서 선호순서에 따라 각 소비계획마다 하나의 실수를 부여하는 함수관계가 존재하는데, 이를 **서수적 효용함수**(ordinal utility function)라고 부른다. 완비성과 이행성의 공리 이외에 연속성의 공리까지 충족된다면 서수적 효용함수는 연속성을 지닌다.

서수적 효용함수의 의미를 좀 더 정확히 이해하기 위하여 서수적 효용함수를 $U$라고 표시하고 함수 $U$가 임의의 두 가지 소비계획 $a=(x_1, y_1)$과 $b=(x_2, y_2)$에 부여하는 실수의 함수값을 아래 식 (2-5)에 표시한 대로 각각 $u_1$과 $u_2$라고 하자.

$$
\begin{aligned}
U(a) &= U(x_1, y_1) = u_1 \\
U(b) &= U(x_2, y_2) = u_2
\end{aligned}
\qquad (2\text{-}5)
$$

함수 $U$가 어떠한 임의의 두 가지 소비계획 $a$와 $b$에 관해서도 소비계획 $a$의 선호순서가 $b$보다 높은 경우에 $u_1 > u_2$가 되고 그 반대인 경우에는 $u_1 < u_2$가 되며, 소비계획 $a$와 $b$가 무차별한 관계에 있을 때는 $u_1 = u_2$가 되도록 각 소비계획에 구체적 숫자를 부여한다면, 이 함수 $U$는 서수적 효용함수가 되는 것이다.

서수적 효용함수 $U$는 소비자의 선호순서만을 그대로 보존해서 나타내면 충분하므로 그 함수값의 크고 작음은 단지 선호순서의 높고 낮음만을 표시할 따름이다. 이 때문에 같은 소비자라고 해도 그 선호순서는 무수히 많은 효용함수에 의해 똑같이 표시될 수 있다. 즉 소비자의 선호순서를 표시할 수 있는 어떤 효용함수 $U$를 변형시켜 구한 새로운 함수가 원래 효용함수 $U$의 함수값의 순서를 고스란히 보존한다면, 새로운 함수 역시 소비자의 선호순서를 그대로 표시할 수 있는 서수적 효용함수가 된다.

예를 들어 어떤 소비자의 선호순서를 $U$의 효용함수로써 표시할 수 있다고 하자. 임의의 두 가지 소비계획 $a$와 $b$에 관하여 $U(a) > U(b)$의 관계가 성립한다면, 양변에 대수를 취해도 부등호의 방향은 변하지 않는다. 즉 $\log U(a) >$

$\log U(b)$이며, 이는 효용함수 $U$를 변형시킨 $\log U$ 역시 이 소비자의 선호순서를 그대로 보존해서 표시할 수 있는 서수적 효용함수임을 의미한다. 마찬가지로 $U(a) > U(b)$이면 $\{U(a)\}^2 > \{U(b)\}^2$이기 때문에 함수 $U^2$ 역시 이 소비자의 서수적 효용함수가 된다.

소비자행동에 관한 설명을 보다 간편하게 하기 위하여 가끔 **기수적 효용함수**(cardinal utility)의 느낌을 주는 용어나 개념을 사용하는 수가 있지만, 앞으로 우리가 효용함수라고 부를 때는 서수적 효용함수를 의미하는 것으로 한다. 효용함수를 사용해서 소비자의 행동을 분석하려면 효용함수가 갖고 있는 소비자의 선호체계에 관한 정보를 빠짐없이 간편하게 표시할 필요가 있으며, 이를 위한 대표적 방법이 바로 **무차별곡선**(indifference curve)을 사용하는 것이다.

## 무차별곡선

〈그림 2-11〉에서 어떤 소비계획 $a = (x_1, y_1)$과 무차별한 관계에 있는 소비계획을 찾아보기 위하여 소비계획 $a$를 지나는 수직선과 수평선을 그려서 제

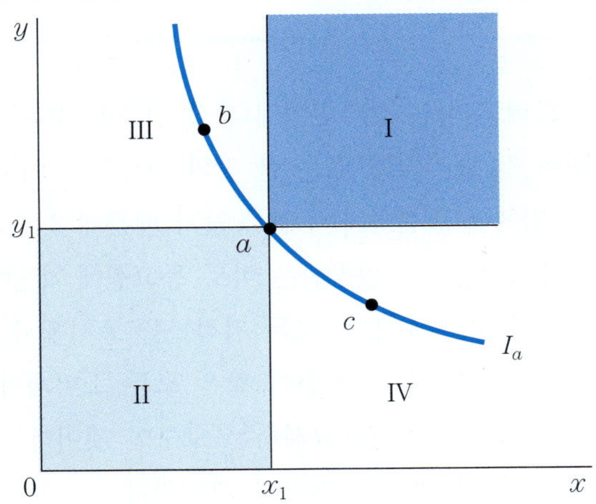


**그림 2-11 무차별곡선**
선호순서의 강단조성이 만족될 때 I구역과 II구역에 있는 어떠한 소비계획도 소비계획 $a$와 무차별한 관계에 있을 수 없다. 따라서 소비계획 $a$와 선호순서가 똑같은 소비계획들은 III구역과 IV구역에만 존재하며, 이들을 모두 찾아서 연결하면 무차별곡선 $I_a$를 구할 수 있다.

1사분면을 4개의 구역으로 나누어 보자. 선호순서의 강단조성이 만족될 때 앞의 〈그림 2-10〉에서 설명한 대로 I구역은 소비계획 $a$보다 선호순서가 높은 소비계획들의 집합이고 II구역은 소비계획 $a$보다 선호순서가 낮은 소비계획들의 집합이다. 따라서 소비계획 $a$와 선호순서가 동일한(즉 무차별한 관계에 있는) 소비계획들은 III와 IV구역에서만 찾아질 수 있다. 예를 들어 III구역에 있는 소비계획 $b$는 점 $a$보다 $X$재의 소비량은 적은 대신에 $Y$재의 소비량이 많은 소비계획이기 때문에 점 $a$와 선호순서가 같을 수 있고, IV구역에 있는 점 $c$는 점 $a$보다 $X$재의 소비량이 많은 대신에 $Y$재의 소비량은 적기 때문에 점 $a$와 같은 선호순서를 지닐 수 있다. III과 IV구역에서 점 $a$와 선호순서가 같은 소비계획을 모두 찾아서 연결하면 $I_a$라고 표시된 곡선이 이루어지며, 이를 소비계획 $a$를 지나는 무차별곡선이라고 한다.

서수적 효용함수는 소비자의 선호순서를 그대로 보존해서 표시하기 때문에 효용함수의 개념을 사용해도 무차별곡선을 잘 정의할 수 있다. 서수적 효용함수 $U$를 사용하여 소비계획 $a$를 지나는 무차별 곡선 $I_a$를 정의하면 다음과 같다.

> 소비계획 $a$를 지나는 무차별곡선 $I_a$는 $a$와 선호순서가 동일한 모든 소비계획들의 집합을 그림으로 표시한 것이다. 즉 $I_a = \{(x, y) : U(x, y) = U(a)\}$이다.

험한 산에 오르려고 하는 산악인에게 가장 귀중한 것은 무엇일까? 말할 나위도 없이 등고선이 잘 표시되어 있는 한 장의 지도일 것이다. 산이 어떻게 생겼는가를 3차원의 입체에 표현하기는 쉽지 않기 때문에 2차원인 평면에 등고선을 그려서 표시하게 된다. 무차별곡선은 바로 등고선에 해당하는 개념이다. 지도의 등고선이 동일한 표고에 있는 모든 지점들을 표시해서 산의 형태를 효과적으로 표시하듯이 무차별곡선은 효용이 같은 모든 소비계획을 평면에 표시함으로써 효용함수가 지니는 특징을 묘사하는 도구인 것이다. 앞으로 우리는 무차별곡선에 기초해서 소비자의 선택행동을 분석한다.

## 무차별곡선의 특징

무차별곡선은 어떠한 형태를 지닐까? 선호순서에 관한 여러 가지 가정에 따라 무차별곡선의 형태는 다음과 같은 특징을 지닌다.

① **무차별곡선에는 두께나 직선부분이 없다.**

선호순서가 강볼록성을 충족시킬 때 무차별곡선에는 두께나 직선부분이 존재하지 않는다. 무차별곡선에 〈그림 2-12〉의 (a)와 같이 옅은 파란 음영으로 표시된 두께가 존재한다면 그 두께에 속해 있는 소비계획 $a$, $b$와 $c$는 모두 무차별한 관계에 있게 된다. 그러나 선호순서는 강볼록성을 충족하기 때문에 소비계획 $a$와 $b$를 연결한 직선의 점 $c$는 점 $a$ 또는 $b$보다 선호순서가 높은 소비계획이어야 하는데, 이는 소비계획 $a$, $b$와 $c$가 무차별한 관계라는 것에 대한 모순이 된다. 따라서 선호순서가 강볼록성을 충족할 때 무차별곡선에는 두께가 없고 마찬가지의 이유로 직선부분도 존재하지 않는다.

선호순서가 강볼록하다는 것은 지나치게 강한 가정이라고 할 수 있으므로 선호순서의 강볼록성 대신에 볼록성을 가정하는 경우가 있다. **선호순서의 볼록**

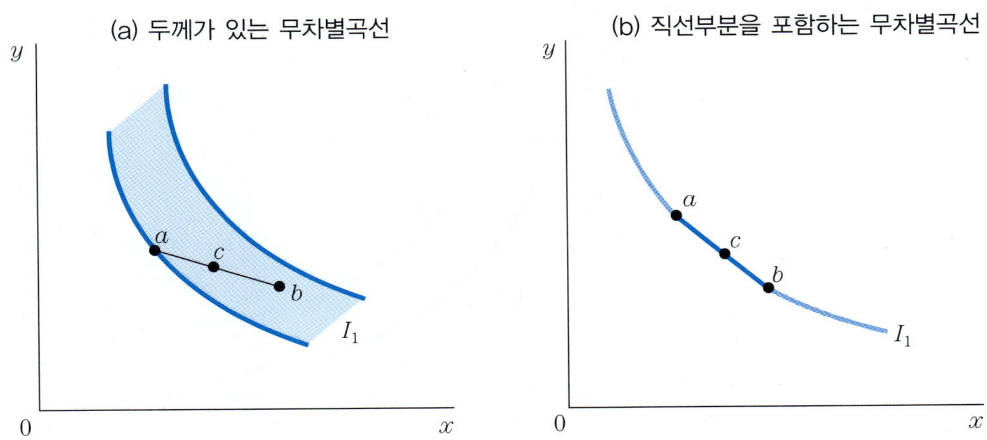


**그림 2-12 두께 또는 직선부분이 존재하는 무차별곡선**
선호순서가 강볼록성을 충족한다면 무차별곡선이 두께나 직선부분을 지니는 경우는 있을 수 없다. 그러나 선호순서가 볼록성을 충족시킨다면 무차별곡선에는 두께는 없지만 직선부분은 존재할 수 있다.

성(convexity)은 무차별한 관계에 있는 두 소비계획 $a$와 $b$를 연결한 직선의 어떤 소비계획도 $a$(또는 $b$)보다 선호순서가 높거나 아니면 최소한 같고 소비계획 $a$보다 선호순서가 높은 어떤 임의의 소비계획 $c$와 $a$를 연결한 직선의 어떤 소비계획도 $a$보다 선호순서가 높다는 가정이며, 이때 무차별곡선에는 〈그림 2-12〉의 (b)에서 보는 것과 같이 두께는 없지만 직선부분은 존재할 수 있다.

**② 어떠한 소비계획에 대해서도 그 소비계획을 지나는 하나의 연속적인 무차별곡선이 반드시 존재한다.**

선호순서에 관한 완비성의 가정하에서 우리는 어떤 소비계획에 대해서도 그 소비계획과 무차별한 관계에 있는 모든 소비계획들을 찾아내서 하나의 무차별곡선으로 연결할 수 있으며, 이 무차별곡선은 선호순서의 연속성 때문에 연속적 곡선이 된다. 이런 과정을 반복하면 제1사분면은 무수히 많은 무차별곡선들로써 조금의 빈틈도 없이 채워지는데, 이러한 상태를 **무차별지도**(indifference map)라고 한다. 소비자가 지니고 있는 선호순서의 특징을 정확하게 파악하기 위해서는 무차별지도를 그려보아야만 한다. 그러나 완전한 무차별지도를 그릴 수는 없기 때문에 몇 개의 무차별곡선을 그려서 선호순서가 지니

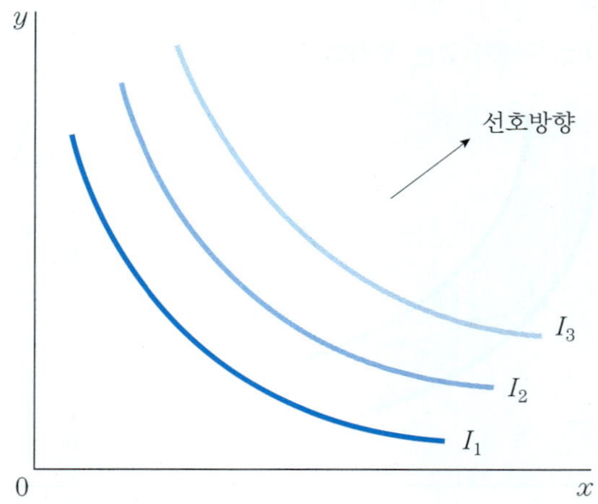


**그림 2-13 무차별지도와 선호방향**
어떤 소비계획에 대해서도 그 소비계획을 지나는 하나의 연속적인 무차별곡선이 존재하고 무차별곡선이 모여서 무차별지도를 이룬다. 무차별지도에는 효용이 가장 빨리 증가하는 방향인 선호방향을 함께 표시하는 것이 소비자행동의 분석에 편리하다.

는 특징을 표시할 수밖에 없다.

〈그림 2-13〉에는 4개의 무차별곡선 $I_1$, $I_2$와 $I_3$이 그려져 있다. $X$재와 $Y$재 모두 경제적 재화인 경우에 그림에 표시된 화살표 방향을 따라 이동하면 소비자의 효용은 증가한다. 효용이 가장 빨리 증가하는 방향을 **선호방향**(preference direction)이라고 하며, 이 장에서는 무차별곡선을 그릴 때 선호방향의 화살표를 함께 그리도록 한다.

③ 동일한 소비자의 어떠한 두 무차별곡선도 서로 교차할 수 없다.

〈그림 2-14〉에서 보는 것처럼 동일한 개인의 두 무차별곡선 $I_1$과 $I_2$가 서로 교차한다고 하자. 점 $c$는 점 $a$와 무차별한 관계에 있을 뿐 아니라 점 $b$와도 무차별한 관계에 있기 때문에 선호순서가 이행성의 공리를 만족시킨다면 점 $a$와 $b$는 무차별한 관계에 있어야 한다. 그러나 $X$재와 $Y$재 모두 경제적 재화이기 때문에 점 $b$는 $a$보다 선호순서가 높은 소비계획이다. 따라서 동일한 소비자의 두 무차별곡선이 서로 교차한다면 그 소비자의 선호순서는 이행성의 공리를 충족하지 않는다.

④ 무차별곡선의 기울기는 음(−)이다.

$X$재와 $Y$재가 모두 경제적 재화이므로 선호순서의 강단조성이 만족된다면,

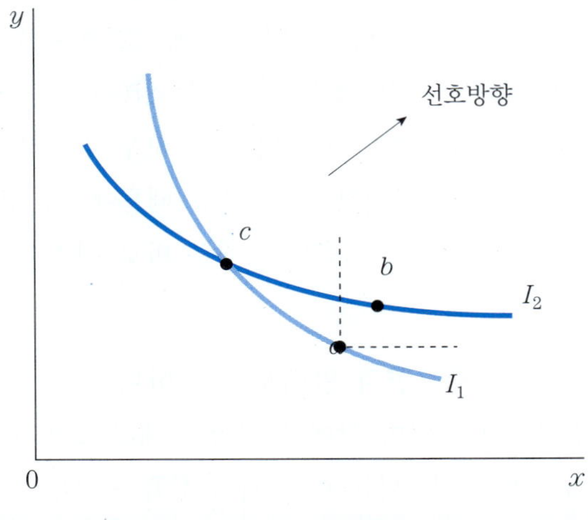


**그림 2-14 무차별곡선이 교차하지 않는 이유**
동일한 소비자의 두 무차별곡선이 서로 교차한다면, 그 소비자의 선호순서는 이행성의 공리에 위배된다.

무차별곡선의 기울기는 〈그림 2-11〉에서 보는 것처럼 음(-)이 된다. 경제적 재화인 $Y$재의 소비량 감소로 인한 효용의 감소를 역시 경제적 재화인 $X$재의 소비량 증가로 보상해야만 동일한 수준의 효용을 유지할 수 있기 때문이다. 그러나 선호순서가 강단조성을 충족하지 않는 경우에도 무차별곡선의 기울기는 음(-)이 될 수 있다.

〈그림 2-11〉을 이용해서 선호순서가 강단조성을 만족시키지 않는 경우에 점 $a$를 지나는 무차별곡선의 기울기는 어떠한가를 보기로 하자. 먼저 $X$재는 경제적 재화이지만 $Y$재는 경제적 악재일 때, 선호방향은 점 $a$에서 남동쪽이므로 무차별곡선은 I구역과 II구역만을 통과할 것이고 그 기울기는 양(+)이 된다. $X$재는 경제적 악재이지만 $Y$재는 경제적 재화인 경우에 선호방향은 점 $a$에서 북서쪽이므로 이 경우에도 무차별곡선은 I구역과 II구역만을 지날 것이고 그 기울기는 역시 양(+)이 된다. $X$재와 $Y$재가 모두 경제적 악재인 경우에는 선호방향이 점 $a$에서 남서쪽이므로 두 상품이 모두 경제적 재화인 경우와 마찬가지로 무차별곡선은 III구역과 IV구역만을 지나고 그 기울기는 음(-)이 된다.

정리해서 말하자면, 무차별곡선의 기울기는 선호방향을 표시하는 화살표의 기울기와 반대의 부호를 지닌다. $X$재와 $Y$재가 모두 경제적 재화이거나 또는 경제적 악재인 경우에 선호방향을 표시하는 화살표의 기울기는 양(+)이기 때문에 무차별곡선의 기울기는 음(-)이며, 두 상품 중에서 어떤 한 가지는 경제적 재화이지만 다른 한 가지는 경제적 악재인 경우에 선호방향을 표시하는 화살표의 기울기는 음(-)이 되고 무차별곡선의 기울기는 양(+)이 된다.

두 상품이 모두 경제적 재화인 경우와 같이 모두 경제적 악재인 경우에도 무차별곡선의 기울기는 음(-)이지만, 강볼록성 때문에 그 형태는 서로 다르다. 무차별곡선의 형태가 지니는 다음의 특징은 바로 선호순서의 강볼록성 때문이다.

#### ⑤ 무차별곡선은 선호방향과 반대로 볼록하다.

선호순서의 강볼록성은 이미 앞에서 설명한 대로 소비자가 어떤 한 가지 상품만 편중되게 소비하는 것보다는 여러 가지 상품을 고루 소비할 수 있는 것을 더 좋아한다는 우리의 일반적 경험을 수용하기 위한 가정이며, 이 가정하에서 무차별곡선은 선호방향과 반대로 볼록하다.

〈그림 2-15〉의 (a)에서 두 상품은 모두 경제적 재화이고 소비계획 $a$와 $b$는 무차별한 관계에 있다고 하자. 강볼록성의 가정하에서 점 $a$와 $b$를 연결한 직선의 어떠한 소비계획도 점 $a$나 $b$보다 선호순서가 높고 선호방향은 북동쪽의 화살표 방향이기 때문에 무차별한 관계에 있는 두 소비계획 $a$와 $b$를 지나는 무차별곡선 $I_1$은 그림과 같이 점 $a$와 $b$를 연결한 직선보다 아래에 위치하게 된다. 즉 무차별곡선은 선호방향과는 반대로 볼록하게 되는 것이다.

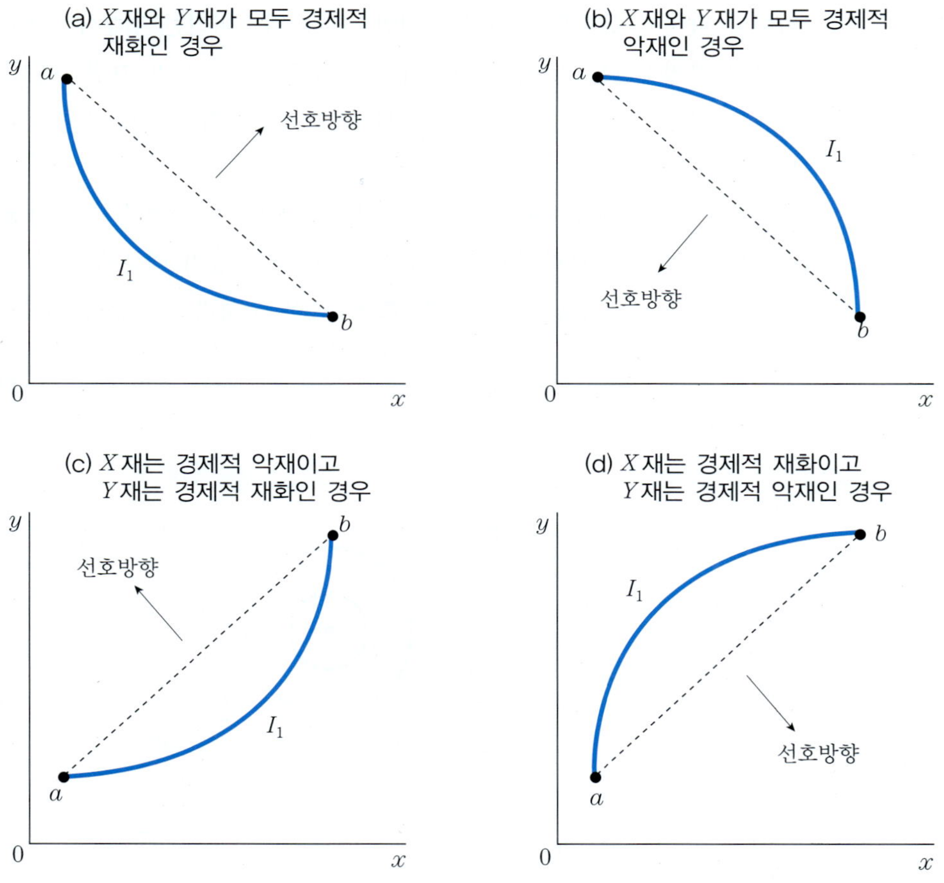


**그림 2-15 선호순서의 강볼록성과 무차별곡선**

선호순서가 강볼록성을 만족시킬 때 무차별곡선은 선호방향과 반대로 볼록하다. 가령 $X$재와 $Y$재가 모두 경제적 재화라면 무차별곡선은 (a)에서 보는 것처럼 선호방향과는 반대인 원점에 대하여 볼록한 형태를 지닌다.

선호순서가 강볼록성을 만족할 때 무차별곡선이 선호방향과 반대로 볼록한 것은 선호순서가 강단조성을 만족시키지 않는 경우에도 여전히 성립한다. 〈그림 2-15〉의 (b)에서 $X$재와 $Y$재는 모두 경제적 악재이다. 무차별한 관계에 있는 두 소비계획 $a$와 $b$를 연결한 직선의 어떠한 소비계획도 강볼록성의 가정하에서는 점 $a$나 $b$보다 선호순서가 높고 선호방향은 남서쪽의 화살표 방향이기 때문에, 점 $a$와 $b$를 지나는 무차별곡선 $I_1$은 그림과 같이 점 $a$와 $b$를 연결한 직선보다 위에 위치해서 선호방향과는 반대로 볼록하게 된다.

〈그림 2-15〉의 (c)와 (d)는 $X$재와 $Y$재 중에서 한 가지 상품은 경제적 재화이고 나머지 상품은 경제적 악재인 경우이다. 이러한 경우에 앞에서 설명한 대로 무차별곡선은 양(+)의 기울기를 지니고 강볼록성의 가정하에서 무차별곡선은 앞의 두 경우와 마찬가지로 이유로 선호방향과 반대로 볼록한 형태를 지닌다.

**포화점**(satiation point)이란 제1사분면 전체에서 선호순서가 가장 높은 소비계획을 말한다. 포화점에서는 효용수준이 가장 높기 때문에 어떤 한 가지 상품이라도 그 소비량을 변화시키면 효용수준은 오히려 감소한다. 효용함수를 산

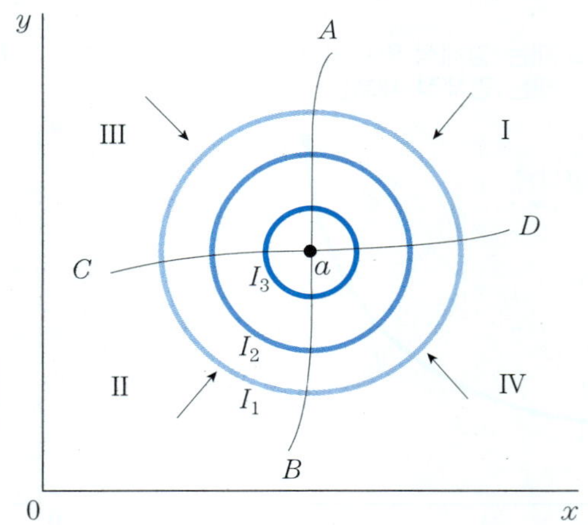


**그림 2-16 포화점이 존재하는 경우**

포화점 $a$는 선호순서가 가장 높은 소비계획이고 무차별곡선들은 이 포화점을 둘러싸고 있다. 포화점이 존재할 때 $X$재와 $Y$재는 I구역에서는 모두 경제적 악재이고 II구역에서는 모두 경제적 재화이다. 그리고 III구역에서는 $Y$재만 경제적 악재이고 IV구역에서는 $X$재만 경제적 악재이다.

에 비유할 때 포화점은 산의 정점에 해당된다고 할 수 있다.

포화점이 존재한다면 우리는 〈그림 2-15〉의 네 가지 경우를 하나의 그림으로 나타낼 수 있다. 〈그림 2-16〉에서 점 $a$는 포화점이다. 포화점을 지나는 곡선 $AB$ 오른편의 모든 소비계획에 있어서 그 소비량이 지나치게 많은 $X$재는 경제적 악재가 되고 곡선 $CD$의 위쪽에 있는 모든 소비계획에 있어서는 $Y$재가 경제적 악재이다. 따라서 I구역에서는 두 상품이 모두 경제적 악재이고 II구역에서는 두 상품 모두 경제적 재화이다. 그리고 III구역에서는 $Y$재만 경제적 악재이고 IV구역에서는 $X$재만 경제적 악재가 된다. 이와 같이 포화점을 지나는 소비자의 경우에는 I, III, IV구역 때문에 그 선호순서가 강단조성을 만족시키지 않는다.

## 무차별곡선의 기울기: 소비의 한계대체율

〈그림 2-17〉에는 $X$재와 $Y$재가 모두 경제적 재화인 경우의 무차별곡선 $I_1$과 $I_2$가 그려져 있다. 이 경우 무차별곡선이 선호방향과 반대방향으로 볼록하다는 것은 다름 아니라 경제적 재화인 $X$재의 소비량이 늘어날수록 그 기울기가 완만해진다는 의미이다. $X$재 소비량의 증가에 따라 무차별곡선의 기울기가 완만해진다는 것은 무엇을 의미하는가? 이에 대한 답을 얻기 위하여 무차별곡선의 기울기에 관해 살펴보기로 하자.

〈그림 2-17〉에서 소비자는 소비계획 $a$에서 $X$재를 $\Delta x$만큼 더 소비할 수 있을 때 $Y$재의 소비를 $\Delta y$만큼 포기해도 무차별한 관계에 있는 소비계획 $b$로 이동할 수 있기 때문에 효용에는 아무런 변화가 없다. 이 경우에 무차별곡선 $I_1$의 점 $a$와 $b$를 연결한 직선의 기울기 $\Delta y/\Delta x$의 의미는 소비자가 소비계획 $a$에서 $X$재를 $\Delta x$만큼 더 소비할 수 있다면 $Y$재의 소비를 최대 $\Delta y$단위까지 포기할 용의가 있다는 것이다. 여기에서 $\Delta x$의 부호는 물론 양(+)이지만 $\Delta y$의 부호는 음(−)이라는 점을 주의해야 한다. 따라서 $\Delta y/\Delta x$의 절대값 $|\Delta y/\Delta x|$는 $X$재를 1단위 추가로 소비할 수 있을 때 소비자가 소비를 포기할 용의가 있는 $Y$재의 최대수량을 의미하며, 이를 **소비의 한계대체율**(marginal rate of substitution in consumption)이라고 부르고 $MRS_C$라고 표시하기로 한다. 즉 소비의 한계대체율 $MRS_C$는 다음과 같이 정의된다.

$$MRS_C = \left| \frac{\Delta y}{\Delta x} \right| \tag{2-6}$$

달리 표현하면, 소비의 한계대체율 $MRS_C$는 소비자가 $X$재를 1단위 더 소비할 때 추가로 얻게 되는 만족의 크기를 $Y$재의 수량으로 표시한 것이다. 앞서 우리는 예산선의 기울기가 시장에서 $X$재를 1단위 더 구입할 때의 한계비용을 $Y$재의 수량으로 표시한 것이라고 하였다. 이에 대해서 소비의 한계대체율 $MRS_C$는 $X$재를 1단위 추가로 소비할 때의 한계편익을 $Y$재의 수량으로 표시한 것이다. 〈그림 2-17〉에서 $\Delta x$가 거의 0에 근접하면 $\Delta y/\Delta x$는 점 $a$에서 잰 무차별곡선의 기울기가 되고 소비의 한계대체율 $MRS_C$는 그 기울기의 절대값이다.

소비의 한계대체율 $MRS_C$는 **한계효용**(Marginal Utility: $MU$)의 개념으로도 표시할 수 있다. 〈그림 2-17〉에서 소비계획 $a$ 또는 $b$를 지나는 무차별곡선 $I_1$이 의미하는 효용수준을 100, 소비계획 $c$를 지나는 무차별곡선 $I_2$가 표시하는 효용수준을 120이라고 하자. 소비계획 $a$에서 $Y$재의 소비량을 105에 고정시키고 $X$재만 1단위 추가로 소비한다면, 이 소비자의 효용수준은 100에서 120으로 20만큼 증가한다. 이와 같이 다른 조건이 모두 일정한 경우에 $X$재를 1단위 더 소비함으로써 변하는 효용의 크기를 우리는 $X$재의 한계효용이라고 부르고 $MU_X$로 표시하기로 한다. 즉 $X$재를 $\Delta x$만큼 더 소비하는 경우에 효용의 변화폭을 $\Delta u$라고 표시할 때 $X$재의 한계효용 $MU_X$는 다음과 같다.

$$MU_X = \frac{\Delta u}{\Delta x} \tag{2-7}$$

마찬가지로 소비계획 $b$에서 $X$재의 소비량을 100에 고정시키고 $Y$재의 소비량만 100에서 105로 5단위를 추가할 때 소비자는 20의 효용수준을 더 얻을 수 있다. 따라서 이때 $Y$재의 한계효용 $MU_Y$는 다음과 같다.

$$MU_Y = \frac{\Delta u}{\Delta y} = \frac{20}{5} = 4 \tag{2-8}$$

점 $a$에서 $X$재의 한계효용 $MU_X$는 20이고 $Y$재의 한계효용 $MU_Y$는 4이기 때문에, 한계효용이 20인 $X$재를 1단위 더 소비할 수만 있다면 한계효용이 4인 $Y$재의 소비를 5단위 포기해도 동일한 수준의 효용을 유지할 수 있다. 즉 점 $a$

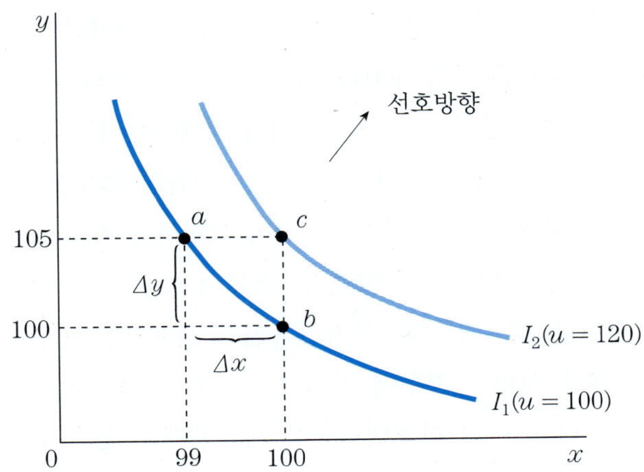


**그림 2-17 무차별곡선과 소비의 한계대체율**
무차별곡선의 어떤 점에서 소비의 한계대체율은 그 점에서 기울기의 절대값으로서 $X$재를 1단위 추가로 소비할 때 얻게 되는 한계편익을 $Y$재의 수량으로 표시한 것이고 $X$재의 한계효용 $MU_X$와 $Y$재의 한계효용 $MU_Y$의 비율이다.

와 $b$ 사이의 $MRS_C$는 5이다. 이와 같이 점 $a$와 $b$ 사이의 $MRS_C$는 $X$재의 한계효용과 $Y$재의 한계효용의 비율로써 표시된다. 일반적으로 말하자면, 소비계획 $a$에서 $b$로 이동할 때 $X$재를 $\Delta x$만큼 더 소비함으로써 효용은 $MU_X \cdot \Delta x$ 만큼 증가하고 $Y$재를 $\Delta y$만큼 덜 소비함으로써 효용은 $-MU_Y \cdot \Delta y$ 만큼 감소한다. 소비계획 $a$와 $b$가 무차별한 관계에 있다는 것은 효용의 증가폭과 감소폭이 정확하게 같다는 것을 의미한다. 즉 $MU \cdot \Delta x = -MU_Y \cdot \Delta y$이다. 따라서 $\Delta y / \Delta x = -MU_X / MU_Y$이고 점 $a$와 $b$ 사이의 소비의 한계대체율 $MRS_C$는 다음 식과 같이 두 상품의 한계효용의 비율로 표시된다.

$$MRS_C = \left| \frac{\Delta y}{\Delta x} \right| = \left| \frac{MU_X}{MU_Y} \right| \qquad (2\text{-}9)$$

우리는 효용을 서수적으로만 표시하기 때문에 〈그림 2-17〉에서 무차별곡선 $I_1$과 $I_2$에 효용수준을 나타내기 위하여 붙여진 숫자 100과 120은 선호순서만을 의미할 뿐이다. 100과 120이 아니더라도 무차별곡선 $I_2$에 붙여진 숫자가 $I_1$에 붙여진 숫자보다 크기만 하다면 선호순서는 제대로 표시되는 것이며, 점

$a$와 $b$ 사이의 소비의 한계대체율 $MRS_C$는 변하지 않는다. 예를 들어 무차별곡선 $I_1$과 $I_2$가 의미하는 효용수준을 각각 1,000과 1,500이라고 하자. 이 경우에 $X$재와 $Y$재의 한계효용은 각각 500과 100이 되며, 소비의 한계대체율 $MRS_C$는 여전히 5가 된다. 이와 같이 서수적 효용의 관점에서는 한계효용의 크기 자체가 아무런 의미를 지니지 않으며 단지 한계효용의 비율만 중요성을 지닐 뿐이다.

선호방향과 반대로 볼록한 무차별곡선이 의미하는 바를 소비의 한계대체율로써 설명해 보자. 무차별곡선의 어떤 한 점에서 소비의 한계대체율은 그 점에서 기울기의 절대값이기 때문에, 무차별곡선이 선호방향과 반대로 볼록하다는 것은 $X$재가 경제적 재화인 경우에 앞의 〈그림 2-15〉의 (a)와 (d)처럼 $X$재 소비량의 증가에 따라 소비의 한계대체율이 체감한다는 것을 의미한다. 이는 경제적 재화의 소비량이 증가할수록 소비자가 주관적으로 평가하는 그 재화의 가치는 체감한다는 것이며, 흔히 **소비의 한계대체율 체감의 법칙**(law of diminishing $MRS_C$)이라고 불린다.

$X$재가 경제적 악재인 경우에는 소비의 한계대체율이 달리 해석되어야 한다. 경제적 악재는 소비로부터 양(+)의 효용이 아니라 음(−)의 효용, 즉 **비효용**(disutility)을 얻는 상품이다. 따라서 $X$재는 경제적 악재이고 $Y$재는 경제적 재화인 경우에 소비의 한계대체율은 $X$재를 1단위 더 소비할 때의 비효용을 보상할 수 있는 $Y$재 소비의 증가폭을 의미하며, $X$재와 $Y$재가 모두 경제적 악재인 경우에 소비의 한계대체율은 $X$재 1단위 추가 소비로 인한 비효용을 보상할 수 있는 $Y$재 소비의 감소폭을 의미한다. 앞의 〈그림 2-15〉의 (b)와 (c)처럼 $X$재가 경제적 악재인 경우에는 $X$재 소비량의 증가에 따라 소비의 한계대체율은 체증한다. 이는 경제적 악재의 경우에 그 소비량이 증가할수록 비효용은 체증하기 때문에 비효용에 대한 보상도 체증한다는 것을 의미한다.

## 예외적 형태의 무차별곡선

선호순서가 완비성, 이행성과 연속성 이외에 강볼록성, 강단조성의 가정을 충족하면 무차별곡선은 그 기울기가 음(−)이고 원점에 대하여 볼록해서 〈그림 2-15〉의 (a)와 같은 정상적 형태를 지닌다. 그러나 경제적 악재가 존재하거나 포화점이 존재해서 선호순서가 강단조성을 충족하지 않을 때는 앞의 〈그림 2-

15〉의 (b), (c)와 (d) 또는 〈그림 2-16〉과 같이 무차별곡선은 더 이상 정상적 형태를 지니지 않는다. 선호순서에 관한 강단조성이나 강볼록성의 가정이 완화될 때 나타나는 무차별곡선의 예외적 형태를 몇 가지 더 살펴보기로 하자.

① 중립재

중립재는 앞에서 설명한 대로 소비량이 아무리 증가해도 효용수준에는 아무런 변화가 없는 상품이다. 즉 중립재의 한계효용은 0이다. 이 때문에 소비의 한계대체율 $MRS_C(=|MU_X/MU_Y|)$는 $X$재가 중립재이면 0이고 $Y$재가 중립재이면 ∞가 된다.

〈그림 2-18〉의 (a)에서 $Y$재는 경제적 재화이지만 $X$재는 중립재이다. 이 때 소비자의 효용은 $X$재 소비량의 많고 적음에 관계없이 $Y$재 소비량에 의해서만 결정되므로 선호방향은 정북쪽이고 무차별곡선은 수평선이 된다. 반대로 $X$재는 경제적 재화이고 $Y$재는 중립재인 경우에 무차별곡선은 〈그림 2-18〉의 (b)와 같이 수직선이 된다. 이와 같이 두 가지 상품 중에서 하나가 중립재이면 선호순서는 강단조성의 가정에 어긋날 뿐 아니라 강볼록성보다 완화된 볼록성의 가정을 충족한다.

② 완전보완의 관계

소비자가 $X$재와 $Y$재를 고정된 비율로 조합하여 소비할 때만 주어진 소비 목적을 달성할 수 있는 극단적인 경우에 두 상품은 소비에 있어서 **완전보완**(perfect complementary)의 관계에 있다고 한다.

가령 컴퓨터 본체와 키보드의 관계를 예로 들어보자. 〈그림 2-18〉의 (c)에서 소비자는 컴퓨터 본체와 키보드를 1개씩 소비하는 점 $a$에서 일정한 수준의 효용을 얻고 있다. 컴퓨터 본체는 1개밖에 없는데 키보드의 소비량만 증가해 보았자 소비자의 효용수준에는 아무런 변화가 없고 반대로 키보드는 1개뿐인데 컴퓨터 본체의 소비량만 증가해 보았자 역시 효용수준은 변하지 않으며, 효용수준이 높아지려면 컴퓨터 본체와 키보드가 1:1의 비율로 함께 늘어나야 한다. 따라서 소비자의 효용수준은 컴퓨터 본체의 소비량 $x$와 키보드의 소비량 $y$ 중 최소값에 의해 결정된다. 즉 이 소비자의 선호순서는 $U(x, y)=\min\{x, y\}$의 효용함수로 표시될 수 있고 무차별곡선은 선호방향과 반대로 볼록한 정도가 가장 심한 ㄴ자 형태를 지닌다. 이렇게 두 가지 상품이 완전보완의 관계에 있

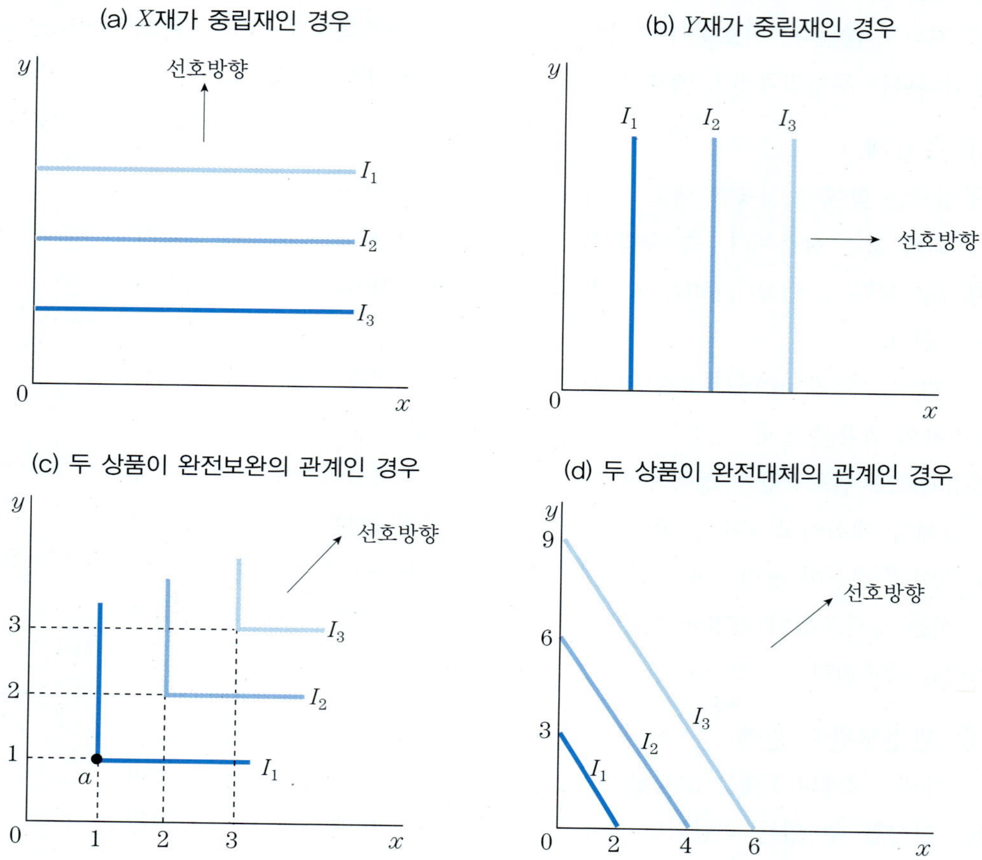


**그림 2-18 예외적 형태의 무차별곡선**

소비자가 $Y$재만을 좋아해서 $X$재가 중립재가 되는 경우 무차별곡선은 수평선이 된다. 반대로 $X$재만을 좋아해서 $Y$재가 중립재가 된다면, 무차별곡선은 수직선이 될 것이다. 무차별곡선은 $X$재와 $Y$재가 완전보완의 관계일 때 ㄴ자 형태가 되고 완전대체의 관계일 때 직선이다.

을 때도 선호순서는 강단조성의 가정에 위배되고 강볼록성이 아닌 볼록성의 가정을 충족한다.

### ③ 완전대체의 관계

이번에는 $X$재와 $Y$재가 항상 일정비율로 서로 대체될 수 있는 **완전대체**(perfect substitute)의 관계를 보기로 하자. $X$재는 쌀이 3kg 들어있는 쌀봉지이고 $Y$재는 2kg 들어있는 쌀봉지라고 할 때 소비자는 3kg 들어있는 쌀봉지를 1

봉지 더 소비할 수 있을 때마다 항상 2kg 들어있는 쌀봉지를 1.5봉지 포기할 용의가 있으므로 소비의 한계대체율 $MRS_C$는 1.5의 상수가 된다. 즉 무차별곡선은 〈그림 2-18〉의 (d)에서 보는 것처럼 −1.5의 기울기를 지니는 직선이고 그 선호순서는 $U(x, y) = 3x + 2y$와 같은 **선형의 효용함수**(linear utility function)로 표시할 수 있다. 완전대체의 관계에 있을 때 소비자의 선호순서는 강단조성을 충족하지만 강볼록이 아닌 볼록성의 가정을 충족한다.

무차별곡선의 형태에는 각 상품에 대한 소비자의 기호가 반영되기 마련이다. 소비자가 $Y$재를 $X$재보다 상대적으로 더 좋아할수록 무차별곡선의 기울기는 완만해지며, $Y$재만을 좋아하고 $X$재는 중립재인 극단적 경우 무차별곡선은 〈그림 2-18〉의 (a)와 같이 수평선이 된다. 이와 반대인 경우 무차별곡선은 가파른 기울기를 지니고 $Y$재가 중립재인 경우 무차별곡선은 수직선이다. 또한 소비자가 $X$재와 $Y$재를 보완관계로 느끼는 정도가 높을수록 무차별곡선이 선호방향과 반대로 볼록한 정도는 심해지고 두 상품을 대체관계로 여길수록 무차별곡선은 직선에 가까워지며, 완전보완 또는 완전대체의 극단적인 경우 무차별곡선은 〈그림 2-18〉의 (c) 또는 (d)의 형태가 된다.

## 2.4 소비자의 최적선택

### 최적소비계획의 선택

이제 우리는 소비자의 선택을 분석할 수 있는 모든 도구를 마련하였다. 예산선은 주어진 소득과 가격에서 소비자가 선택할 수 있는 모든 소비계획들의 집합이고 무차별곡선은 각 소비계획 사이의 선호순서를 표시한다. 따라서 예산선과 무차별곡선을 결합하면 소비자가 예산제약하에서 효용을 극대화하는 소비계획을 어떻게 선택하는가를 분석할 수 있다.

소비자에게 주어진 일정기간의 소득은 $M_1$이고 $X$재와 $Y$재의 가격은 각각 $P_{X_1}$과 $P_{Y_1}$일 때 예산선은 〈그림 2-19〉에서 직선 $AB$이다. 소비자는 이렇게 주어진 소득과 가격에서 점 $d$와 같이 예산선의 밖에 위치하는 소비계획을 구입할 수는 없기 때문에 무차별곡선 $I_4$로 표시된 효용수준에는 도달할 수 없다. 반면

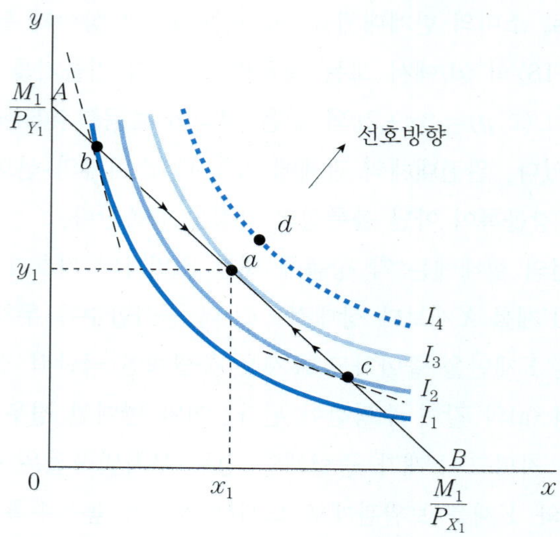


**그림 2-19 최적소비계획의 선택**
예산선에서 점 $b$ 또는 $c$와 같이 소비의 한계대체율과 예산선의 기울기의 절대값이 같지 않으면 화살표 방향으로 움직임으로써 선호순서가 높은 소비계획으로 이동할 수 있다. 일단 점 $a$에 도달하면, $X$재를 1단위 추가로 소비할 때의 한계편익과 한계비용이 일치해서 최적소비계획의 선택이 이루어진다.

에 점 $b$ 또는 $c$와 같은 소비계획은 구입이 가능하지만, 예산선을 따라 화살표 방향으로 움직이면 선호순서가 높은 소비계획으로 이동할 수 있기 때문에 선호순서가 가장 높은 소비계획은 아니다. 따라서 예산제약하에서 효용을 극대화하는 소비계획은 무차별곡선 $I_3$과 예산선 $AB$가 접하는 점 $a=(x_1, y_1)$이며, 이를 **최적소비계획**(optimal consumption plan)이라고 부르고 $x_1$과 $y_1$은 각각 $X$재와 $Y$재의 수요량이 된다. 점 $a$가 최적소비계획이 되기 위해 필요한 조건을 정리하면 다음과 같다.

$$MRS_{C_a} = \frac{P_{X_1}}{P_{Y_1}} \tag{2-10}$$

$$P_{X_1}x_1 + P_{Y_1}y_1 = M_1 \tag{2-11}$$

우리는 앞의 제1장에서 최적화를 위한 기본원칙을 설명하였다. 소비의 한계대체율과 예산선의 기울기의 절대값은 각각 $X$재를 1단위 추가로 소비할 때의 한계편익과 한계비용의 크기를 $Y$재의 수량으로 표시한 것이기 때문에, 식

(2-10)은 다름 아니라 '한계편익 = 한계비용'이라는 최적화의 기본원칙이다. 그리고 식 (2-11)은 최적소비계획은 예산제약을 만족시킨다는 당연한 조건이다.

〈그림 2-19〉의 점 $b$에서 예산선의 기울기의 절대값은 소비의 한계대체율보다 작은데, 이는 $X$재를 1단위 더 소비할 때의 한계비용이 한계편익보다 작다는 것을 의미한다. 따라서 소비계획 $b$에서는 $Y$재 소비를 줄이고 $X$재 소비를 늘려서 화살표 방향으로 이동하면 선호순서가 높은 소비계획에 도달할 수 있다. 반대로 소비계획 $c$에서는 예산선의 기울기의 절대값이 소비의 한계대체율보다 크기 때문에 $X$재 소비를 줄이고 $Y$재 소비를 증가시키면 선호순서가 높은 소비계획에 도달할 수 있다. 이와 같이 예산선 $AB$를 따라 화살표 방향으로 이동해서 점 $a$에 도달하면, $X$재를 1단위 추가로 소비할 때의 한계편익과 한계비용이 일치해서 최적화의 기본원칙이 만족되고 소비자의 최적선택이 이루어지는 것이다.

### 예 2-3 휘발유배급제 실시와 소비자 후생

중동지역에 분쟁이 발생할 때마다 새로운 에너지위기를 우려하는 목소리가 높아진다. 그런데 한 아랍권국가의 정치불안으로 우려했던 심각한 에너지 수급차질이 빚어졌고 정부는 비상시 에너지수급대책계획에 따라 휘발유의 가격을 현재 수준 $P_X^*$로 동결하면서 개인의 한달 소비량을 $\bar{x}$로 제한하는 배급제를 실시하였다고 하자. 〈그림 2-20〉에서 직선 $AB$는 주어진 한달 소득 $M$을 휘발유와 복합재의 구입에 사용하는 어느 소비자의 배급제 실시 전 예산선이고 점 $a$가 최적소비계획이었다. 그런데 배급제의 실시로 예산선은 $Ab$로 바뀌어 이 소비자는 점 $b$를 선택할 수밖에 없게 되었으며, 이로 인해 효용은 무차별곡선 $I_a$의 수준에서 무차별곡선 $I_b$의 수준으로 감소한다.

정부가 배급제를 실시하는 대신 부족한 휘발유 공급량의 배분을 가격기구에 맡긴다면(이를 가격기구에 의한 배급이라고 하자) 어떤 일이 벌어질 것인가? 휘발유가격의 급격한 상승 때문에 결국 휘발유는 소득수준에 비례하여 배분될 것이며, 휘발유가격이 $P_X^*$에서 $P_X'$으로 상승한다면 휘발유의 가격을 $P_X^*$로 동결하면서 실시되는 휘발유배급제와 가격기구에 의한 배급(즉 휘발유가격이 $P_X'$으로 상승하는 것) 모두 이 소비자에게 후생의 측면에서 동일하다. 따라서 가격기구에 의한 배급에서 휘발유가격이 $P_X'$보다 더 상승한다면 가격기구에 의한 배급보다 휘발유배급제의 실시가 소비자 후생의 측면에서 유리하며, 휘발유가격이 $P_X'$보다 덜 상승한다면(예컨대 그림에서 $P_X''$으로 상승) 배급제의 실시는 소비자에게 불리하다. 그림에는 표시되어 있지 않지만 배급제 실시 전 휘발유 소비량이 $\bar{x}$보다 적었던 소비자는 배급제의 실시로 가격기구에 의한 배급의 경우보다 후생이 증가한다.

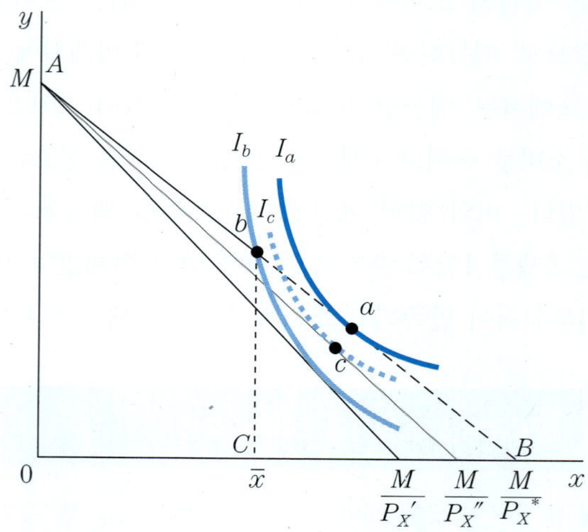


**그림 2-20 휘발유배급제 실시와 후생**

원유의 수급차질이 생겨서 휘발유배급제가 실시되면 예산선은 $Ab$로 바뀌고 소비자의 최적소비계획은 점 $a$에서 점 $b$로 이동한다. 정부가 배급제를 실시하지 않는다면 휘발유가격은 급격히 상승할 것이며, 휘발유가격이 $P_X'$보다 더 상승할 것으로 예측되면 가격기구에 의한 배급보다 휘발유배급제의 실시가 소비자에게 유리하며, $P_X'$보다 덜 상승한다면 배급제 실시는 소비자에게 불리하다.

## 최적소비계획의 조건

예산선에서 최적소비계획을 선택했다고 해서 식 (2-10)의 조건이 항상 만족되는 것은 아니며, 역으로 식 (2-10)의 조건이 충족되는 예산선의 점이라고 해서 반드시 최적소비계획이 되는 것도 아니다. 다음의 몇 가지 경우를 보기로 하자.

〈그림 2-21〉의 (a)에서 $X$재는 일정기간에 프로야구경기의 관람 횟수이고 $Y$재는 음악회에 가는 횟수이다. 소비자가 음악회에 가는 것보다는 프로야구경기 관람을 훨씬 좋아한다면 무차별곡선은 그림에 표시된 것처럼 매우 가파른

기울기를 지닌다. 이 소비자는 음악회에는 한 번도 가지 않고 모든 소득을 프로야구경기의 관람에만 지출하는 점 $B$를 최적소비계획으로 선택할 것이며, 이를 **구석점의 해**(corner solution)라고 부른다. 점 $B$에서도 소비의 한계대체율은 예산선 $AB$의 기울기의 절대값보다 크기 때문에, 이 소비자는 가능하다면 음악회 입장권을 팔아서라도 프로야구경기를 더 관람하고 싶지만 팔 수 있는 음악회 입장권을 갖고 있지 않기 때문에 어쩔 수 없이 점 $B$를 최적소비계획으로 선택하는 것이다.

구석점의 해는 어떤 상품의 소비를 다른 상품의 소비보다 특히 좋아하는 경우에 발생한다. 그러나 두 상품 사이의 상대적 선호정도가 비슷한 경우에도 한 상품의 가격이 다른 상품보다 매우 높다면 구석점의 해는 발생할 수 있다. 음악회 입장권의 가격이 프로야구경기 입장권에 비해 매우 높다면 소비자의 예산선 $A'B'$은 〈그림 2-21〉의 (b)에서 보는 것처럼 매우 완만한 기울기를 지니게 된다. 이 소비자는 음악회와 프로야구 관람을 모두 비슷하게 좋아함에도 불구하고 프로야구만을 관람하는 점 $B'$을 최적소비계획으로 선택할 수밖에 없다.

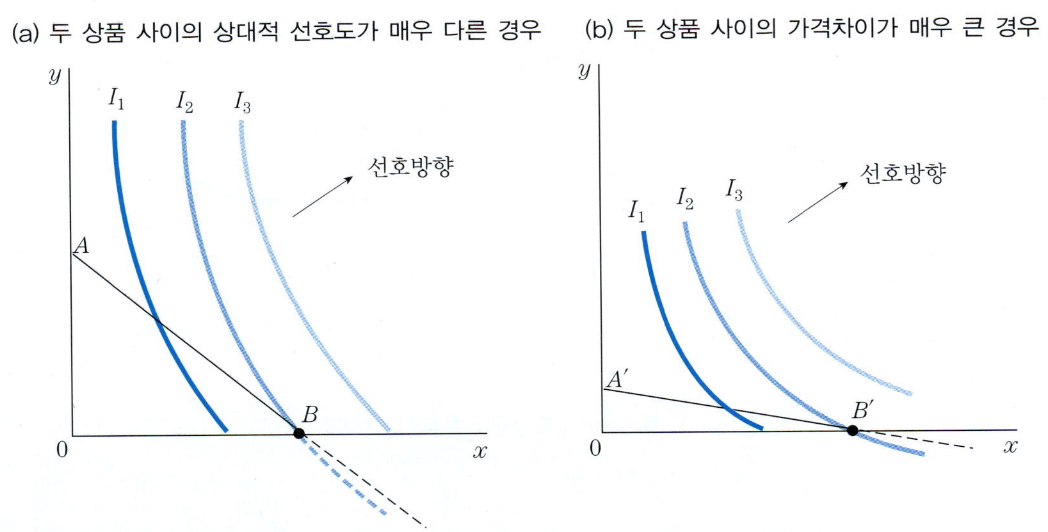


**그림 2-21 구석점의 해(선호순서의 강볼록성이 충족되는 경우)**
(a)와 같이 소비자가 $Y$재보다 $X$재를 훨씬 좋아하는 경우 또는 (b)와 같이 $Y$재의 가격이 $X$재보다 현저하게 비싼 경우에 주어진 소득을 모두 $X$재 구입에 지출하는 구석점 $B$ 또는 $B'$이 최적소비계획이 된다.

이와 같이 구석점에서 효용이 극대화되었을 때는 식 (2-10)의 조건이 성립하지 않을 수도 있다(물론 공교롭게도 구석점인 최적소비계획에서 무차별곡선과 예산선이 접하는 상황이 있을 수 있음). 그러나 예산선의 최적소비계획이 제 1 사분면의 내부에 존재하는 **내부해**(interior solution)라고 해도 예산선이나 무차별곡선에 굴절이 있으면 식 (2-10)의 조건은 성립하지 않을 수가 있다. 다음의 예를 보자.

**예 2-4 무선데이터 요금제와 최적소비계획의 선택**

스마트폰의 유행에 따라 데이터 사용량이 급증하면서 각 통신회사들은 여러 유형의 데이터 요금제를 제시하여 소비자들로 하여금 그 중에서 한 가지를 선택하게 한다. 이러한 데이터 요금제는 기본요금을 받고 일정 무료사용량을 넘는 데이터 사용에 대해서는 단위당 요금을 받는 형태로 전형적인 2부가격제

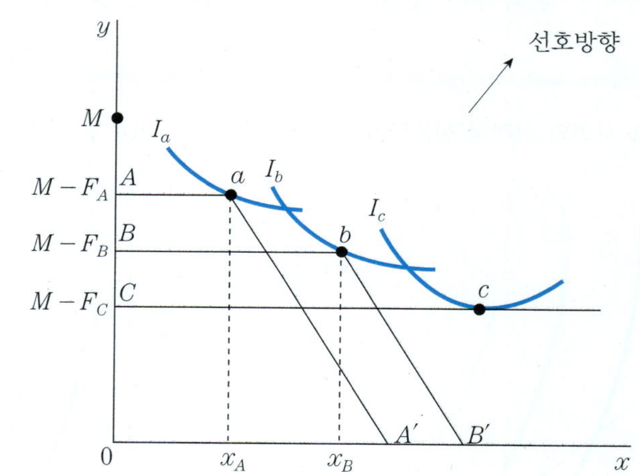


**그림 2-22 무선데이터 요금제와 최적소비계획의 선택**

기본요금 $F_A$, $x_A$만큼의 무료데이터 사용과 초과데이터 사용에 대한 단위당 $P_X^*$의 요금으로 구성된 요금제 A에 가입할 때의 예산선은 $AaA'$이며, 기본요금 $F_B$, $x_B$만큼의 무료데이터 사용과 초과데이터 사용에 대한 단위당 $P_X^*$의 요금으로 구성된 요금제 B에 가입할 때의 예산선은 $BbB'$이다. 그리고 $F_C$의 기본요금을 내면 무제한으로 데이터를 사용할 수 있는 요금제 C의 예산선은 점 $C$에서의 수평선이다. 무선데이터 사용의 한계편익이 낮은 소비자는 요금제 A에 가입하여 최적소비계획으로 점 $a$를 선택하지만 한계편익이 높은 소비자는 요금제 B 또는 C에 가입하여 점 $b$ 또는 점 $c$에서 효용을 극대화한다.

이다. 어느 통신회사가 세 가지 데이터 요금제 A, B와 C를 제시한다고 하자. 요금제 A는 $F_A$의 기본요금, $x_A$만큼의 무료데이터 사용과 초과데이터 사용에 대한 단위당 $P_X{}^*$의 요금으로 구성되어 있고 요금제 B는 $F_B$의 기본요금을 내면 $x_B$만큼의 무료데이터를 사용할 수 있고 초과사용에 대해서는 단위당 요금제 A와 같은 $P_X{}^*$의 요금을 받는 것이다. 요금제 C에 가입하면 기본요금 $F_C$를 내면 무제한으로 데이터를 사용할 수 있는 요금제이다.

〈그림 2-22〉에서 $Y$재를 복합재라고 하고 $X$재는 무선데이터의 사용이라고 할 때 주어진 소득이 $M$인 소비자가 요금제 A에 가입할 때의 예선선은 $AaA'$이고 요금제 B에 가입하는 경우의 예산선은 $BbB'$ 이다. 그리고 점 $C$에서 시작되는 수평선은 요금제 C의 예산선이다. 만일 어떤 소비자가 $I_a$의 무차별곡선을 지녔다면 이 소비자는 요금제 A에 가입하여 최적소비계획으로 점 $a$을 선택하며, $I_b$의 무차별곡선을 지니는 소비자는 요금제 B에 가입하고 점 $b$를 선택할 것이다. $I_c$의 무차별곡선을 지닌 소비자는 효용의 극대화를 위하여 요금제 C에 가입하여 점 $c$를 선택하는데, 이 소비자에게는 기본요금을 낸 다음 데이터 사용요금이 0이므로 무선데이터 사용의 한계효용이 0이 될 때까지 무선데이터를 사용하게 된다.

위의 예에서 요금제 A 또는 B에 가입한 소비자가 최적소비계획으로 선택하는 내부점 $a$ 또는 $b$에서는 예산선의 기울기가 유일하게 정의되지 않으므로 식 (2-10)의 조건이 성립하지 않는다. 예산선에는 굴절이 없지만 완전보완의 관계처럼 무차별곡선에 굴절이 있을 때도 내부해인 최적소비계획에서 식 (2-10)의 조건은 만족되지 않을 수 있다.

역으로 식 (2-10)과 (2-11)을 만족시키는 소비계획은 반드시 최적소비계획인가? 이에 대한 답을 얻기 위하여 〈그림 2-23〉을 보자. 그림에서 무차별곡선은 선호방향과 같은 방향으로 볼록하게 그려져 있다. 즉 선호순서는 강볼록성을 만족시키지 않는다. 이때 무차별곡선 $I_1$과 예산선 $AB$의 접점 $a$는 최적소비계획이 아니고 오히려 예산선의 모든 소비계획 중에서 선호순서가 가장 낮은 소비계획이다. 점 $a$에서 예산선의 다른 소비계획으로 이동하면 선호순서는 높아지고 구석점 $A$에 도달할 때 선호순서는 가장 높아진다. 이처럼 선호순서의 강볼록성이 만족되지 않을 때도 구석점의 해가 발생하고 식 (2-10)과 (2-11)을 만족시키는 내부점은 효용을 극대화시키는 것이 아니라 극소화시키는 소비계획이

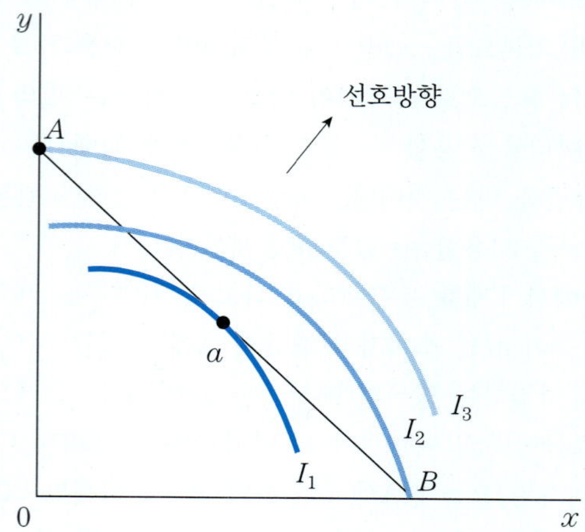


**그림 2-23 구석점의 해(선호순서의 강볼록성이 충족되지 않는 경우)**
선호순서가 강볼록성의 조건을 충족하지 않는 경우에 최적소비계획은 무차별곡선과 예산선의 접점 $a$가 아니라 구석점 $A$이다.

된다.

이상의 논의를 종합할 때 예산선이나 무차별곡선에 굴절이 없다고 가정한다면 최적소비계획이 내부해일 때 식 (2-10)과 (2-11)의 조건은 효용의 극대화를 위한 필요조건이며, 선호순서가 강볼록성을 충족할 때 두 조건은 효용극대화를 위한 충분조건이 된다.

## 정수단위로 거래되는 상품의 소비선택

우리는 지금까지 상품이 실수단위로 거래된다고 가정하였다. 그러나 대부분의 상품은 시장에서 정수단위로 거래된다. 이 때문에 일정기간에 우리가 어떤 상품을 1단위밖에는 구입하지 않는 경우가 흔하며, 심지어는 어떤 상품을 살 것인지 아니면 말 것인지를 망설일 때도 적지 않다. 컴퓨터, 냉장고, 승용차와 같은 소비자 내구재는 몇 년마다 1개를 간신히 구입하는 정도이고 막상 구입하려고 해도 한참을 궁리하게 마련이다. 이러한 내구재에 대한 소비선택을 우리는 어떻게 분석할 수 있을까?

### 예 2-5 승용차의 교체 결정

평균 3년마다 자신의 승용차를 바꾸는 사람이 있는데, 올해가 바로 현재의 차를 3년째 보유하고 있는 해이다. 그런데 불경기의 여파로 이 사람의 실질소득은 상당한 폭으로 줄었기 때문에 차를 바꿀 것인지 말 것인지를 망설이고 있는 중이다. 〈그림 2-24〉에서 $X$재는 3년 동안 승용차에 대한 수요량이고 $Y$재는 3년 동안의 소득 중에서 승용차 구입에 대한 지출을 제외한 나머지를 표시하는 복합재이다. 편의상 3년을 사용한 승용차의 중고가격은 없고, 새 차 1대의 가격은 $P_{X_1}$이라고 하자. 차를 바꾸지 않는 경우에는 3년간의 소득 $M_1$을 전부 차를 제외한 나머지 상품에 지출할 수 있지만, 차를 바꾼다면 나머지 상품에 지출할 수 있는 소득의 크기는 $M_1 - P_{X_1}$로 감소한다. 따라서 예산선은 직선이 아니라 $A$와 $a$의 두 점으로 표시된다. 점 $A$와 $a$를 지나는 무차별곡선이 그림에서 검은색으로 표시된 것과 같다면, 차를 바꿀 때의 효용이 바꾸지 않을 때보다 높기 때문에 차를 바꿀 것이다. 그러나 파란색으로 표시된 것과 같은 형태를 지니고 있다면, 차를 바꾸는 것보다는 바꾸지 않을 때의 효용이 더 높기 때문에 차를 바꾸지 않게 된다.

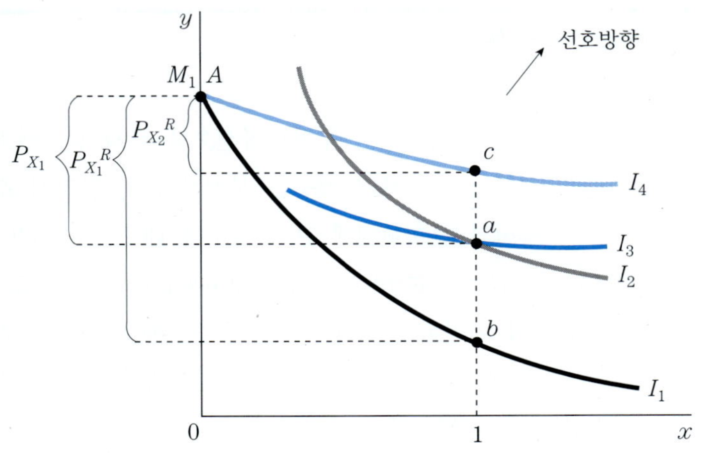


**그림 2-24 승용차 교체의 결정**
무차별곡선이 검은색으로 표시된 것과 같다면 새 차 1대의 시장가격이 유보가격보다 낮기 때문에 차를 바꿀 것이다. 그러나 파란색 무차별곡선의 경우에는 새 차의 시장가격이 유보가격보다 훨씬 높기 때문에 차를 바꾼다는 결정을 유보하고 새 차 가격이 유보가격 이하로 떨어지거나 아니면 자신의 소득이 상승할 때까지 기다린다.

승용차 교체에 관한 이와 같은 의사결정을 약간 다른 각도로 살펴보자. 먼저 무차별곡선이 검은색으로 표시된 것과 같은 형태를 지니고 있다면, 새 차로 바꾸는 것에 대하여 이 사람은 과연 최대한 얼마까지 지불할 용의가 있을까? 이는 그림에서 $P_{X_1}{}^R$로 표시되어 있다. 새 차 1대의 가격이 $P_{X_1}{}^R$이라면, 차를 바꿀 때의 점 $b$는 바꾸지 않을 때의 점 $A$와 똑같은 효용을 주기 때문이다. 새 차 가격이 $P_{X_1}{}^R$보다 낮으면 이 사람은 기꺼이 차를 바꿀 것이지만, 높으면 바꿀 생각을 전혀 하지 않을 것이다.

이와 같이 어떤 상품의 첫 단위 소비에 대하여 소비자가 기꺼이 지불할 용의가 있는 최대의 가격을 흔히 **유보가격**(reservation price)이라고 한다. 상품의 시장가격이 유보가격보다 낮거나 같아야만 소비자는 첫 단위를 소비하여 상품시장에 진입하지만, 반대의 경우에는 아예 시장에 나타나지도 않는다. 승용차 교체에 관한 의사결정에 있어서 새 차 1대의 시장가격이 유보가격보다 낮아야만 차를 바꾸며, 반대라면 바꾸지 않는다. 파란색으로 표시된 무차별곡선의 경우에 새 차의 시장가격 $P_{X_1}$이 유보가격 $P_{X_2}{}^R$보다 훨씬 높기 때문에 승용차를 바꾸지 않는다.

## 2.5 현시선호이론

지금까지 우리는 주어진 제약하에서 무차별곡선으로 표시되는 선호순서에 따라 최적소비계획을 선택하는 소비자의 행동을 분석하였다. 합리적 소비자가 선택한 최적소비계획은 자신의 선호체계에 관한 정보를 내포하고 있을 것이라고 예상할 수 있으며, **현시선호이론**(revealed preference theory)은 바로 이러한 예상에서 출발한다. 관찰이 어려운 선호체계로부터 출발하는 전통적 소비이론과는 달리 현시선호이론은 현실의 최적소비계획을 관찰해서 역으로 소비자의 선호체계가 어떠한가를 추론하고자 하는 것이다.

### 현시선호의 관계

어떤 소비자에게 주어진 소득과 가격이 각각 $M_1$, $P_{X_1}$, $P_{Y_1}$일 때 예산선은 〈그림 2-25〉에서 직선 $AB$이고 소비자는 최적소비계획으로 점 $a=(x_1, y_1)$을

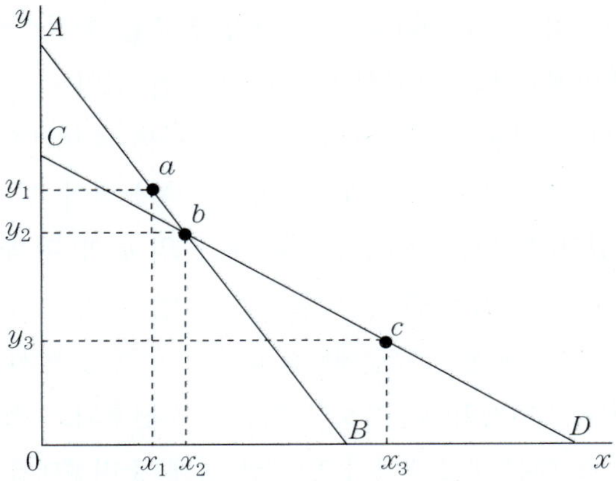


**그림 2-25 직접 현시선호와 간접 현시선호**
예산선이 $AB$인 경우 소비자가 소비계획 $b$를 구입할 수 있었지만 점 $a$를 최적소비계획으로 선택하였을 때, 소비계획 $a$는 $b$보다 직접 현시선호된다고 한다. 소비계획 $a$는 $b$보다 직접 현시선호되고 소비계획 $b$는 $c$보다 직접 현시선호될 때, 소비계획 $a$는 $c$보다 간접 현시선호된다고 한다.

선택하였다고 하자. 소비계획의 선택에 관한 이러한 자료에서 우리는 무엇을 알아낼 수 있을까? 한 가지 분명한 것은 소비자가 예산선 $AB$의 다른 어떤 점이나 그 안쪽에 있는 어떤 점도 선택할 수 있었지만 점 $a$를 선택하였다는 사실이며, 이는 예산선 $AB$의 소비계획이나 그 안쪽에 있는 다른 어떤 소비계획보다 소비계획 $a$를 선호한다는 것을 의미한다.

소비계획 $b=(x_2,\ y_2)$와 관련시켜 말하자면, 소비자는 주어진 소득 $M_1$과 가격 $P_{X_1}$, $P_{Y_1}$에서 소비계획 $b$를 구입할 수 있었음에도 불구하고 소비계획 a를 선택하였을 때, 소비계획 $a$가 $b$보다 **직접 현시선호**된다($a$ is directly revealed preferred to $b$)고 한다. "주어진 소득 $M_1$과 가격 $P_{X_1}$, $P_{Y_1}$에서 소비계획 $b=(x_2,\ y_2)$를 구입할 수 있었다"라는 문장은 소비계획 $b$가 $M_1=P_{X_1}x_1+P_{Y_1}y_1\geq P_{X_1}x_2+P_{Y_1}y_2$의 조건을 만족시킴을 의미한다. 따라서 직접 현시선호의 관계는 다음과 같이 정의될 수 있다.

> $M_1$, $P_{X_1}$, $P_{Y_1}$의 소득과 가격에서 최적소비계획이 $a=(x_1,\ y_1)$이고 어떠한 소비계획 $b=(x_2,\ y_2)$가 $P_{X_1}x_1+P_{Y_1}y_1\geq P_{X_1}x_2+P_{Y_1}y_2$의 관계를 만족시킨다면 소비계획 $a$는 $b$보다 직접 현시선호된다고 한다.

이번에는 소득과 가격이 각각 $M_2$, $P_{X_2}$, $P_{Y_2}$로 변해서 예산선은 〈그림 2-25〉의 직선 $CD$로 바뀌었고 이때는 소비자가 점 $b$를 최적소비계획으로 선택하였다고 하자. 소비계획 $b$는 예산선 $CD$의 다른 한 점인 $c=(x_3, y_3)$보다 직접 현시되는 것은 다시 설명할 필요가 없다. 그렇다면 소비계획 $a$와 $c$ 사이에는 어떠한 현시선호의 관계가 존재할까? 소비자는 예산선이 $AB$인 경우에 점 $c$를 구입할 수가 없었고(즉 $P_{X_1}x_1+P_{Y_1}y_1<P_{X_1}x_3+P_{Y_1}y_3$의 관계에 있고) 또 예산선이 $CD$인 경우에는 점 $a$를 구입할 수가 없기 때문에(즉 $P_{X_2}x_2+P_{Y_2}y_2<P_{X_2}x_1+P_{Y_2}y_1$의 관계에 있기 때문에) 점 $a$와 $c$는 직접 현시선호의 비교를 할 수가 없다. 그러나 소비계획 $a$는 $b$보다 직접 현시선호되고 소비계획 $b$는 $c$보다 직접 현시선호되기 때문에 소비자가 일관성 있게 소비선택을 한다면 소비계획 $c$보다 $a$에 높은 선호순서를 매길 것이라는 것을 알 수 있으며, 이때 소비계획 $a$가 $c$보다 **간접 현시선호**된다($a$ is indirectly revealed preferred to $c$)고 한다. 즉 간접 현시선호의 관계는 다음과 같이 정의된다.

> 소비계획 $a$는 $b$보다 직접 현시선호되고 소비계획 $b$는 $c$보다 직접 현시선호된다면, 소비계획 $a$는 $c$보다 간접 현시선호된다고 한다.

## 현시선호이론에 의한 무차별곡선의 유도

현시선호이론을 이용하면 우리는 소비선택에 관한 자료를 관찰해서 소비자의 선호체계를 나타내는 무차별곡선을 구할 수 있다. 〈그림 2-26〉에서 예산선이 $AB$로 주어졌을 때 최적소비계획으로 점 $a$를 선택하였다는 자료가 있다고 하자. 여기에서는 선호순서가 강단조성과 강볼록성을 만족시킨다고 가정하고 소비계획 $a$를 지나는 무차별곡선의 형태를 짐작해 보기로 한다.

예산선이 $AB$일 때의 최적소비계획인 점 $a$는 예산선 $AB$의 소비계획이나 그 안쪽에 있는 어떤 소비계획보다도 직접 현시선호된다. 그리고 강단조성이 만족된다면 점 $a$에서 오른쪽과 위쪽으로 그은 수평선과 수직선 사이 구역의 모든 소비계획들은 점 $a$보다 선호순서가 높다. 예산선이 직선 $CD$로 주어졌을 때의 최적소비계획은 점 $b$라는 또 다른 자료가 관찰되었다고 하자. 소비계획 $b$는

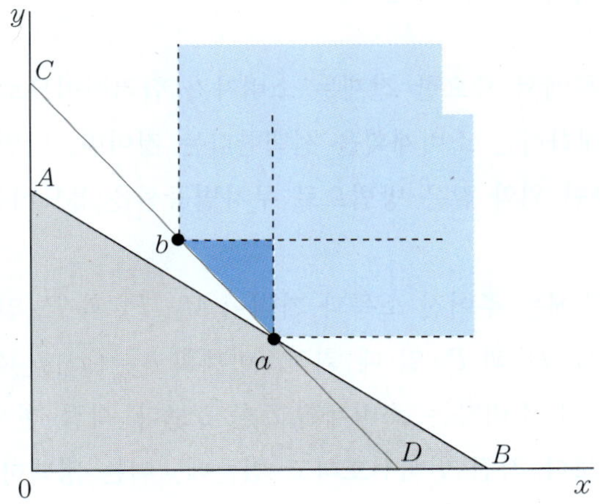


**그림 2-26 현시선호이론과 무차별곡선의 유도**
최적소비계획의 선택에 관한 점 $a$와 $b$의 두 자료가 있다고 하고 선호순서는 강단조성과 강볼록성을 만족시킨다고 할 때 소비계획 $b$는 $a$보다 직접 현시선호되므로 소비계획 $a$를 지나는 무차별곡선은 아무런 색칠이 되어있지 않은 구역에 존재하게 된다.

$a$보다 직접 현시선호되며, 선호순서의 강단조성 때문에 점 $b$에서 오른쪽과 위쪽으로 그은 수평선과 수직선 사이 구역의 모든 소비계획들은 점 $b$보다 선호순서가 높다. 여기에 선호순서의 강볼록성 때문에 점 $a$와 $b$를 잇는 직선의 어떤 점도 소비계획 $a$보다 선호순서가 높고 선호순서의 강단조성 때문에 진한 파란 음영으로 표시된 삼각형의 모든 소비계획들도 소비계획 $a$보다 선호순서가 높다. 따라서 점 $a$를 지나는 무차별곡선은 결국 아무런 표시도 되어있지 않는 나머지 구역에 존재할 수밖에 없다는 것을 알 수 있다.

우리는 소비계획의 선택에 관한 자료가 많아질수록 〈그림 2-26〉에서 아무런 표시가 없는 구역이 점차 축소되어 소비계획 $a$를 지나는 무차별곡선의 정확한 형태가 나타날 것이라는 것을 쉽게 이해할 수 있다. 그러나 현실적으로 소득, 가격과 최적소비계획에 관한 자료가 그렇게까지 많을 수는 없기 때문에, 현시선호이론에 의해 소비자의 선호를 표시하는 무차별곡선을 완전하게 도출해낼 수 있다고 기대하기는 어렵다.

## 현시선호의 약공리와 강공리

현시선호이론에서 중요한 전제는 소비자가 합리적이므로 주어진 예산제약하에 효용을 극대화하는 소비계획을 선택한다는 것이며, 만일 소비자가 그렇게 행동하지 않는다면 위와 같은 방법으로 무차별곡선을 유도하는 것은 아무런 의미가 없다.

〈그림 2-27〉에는 주어진 소득과 가격이 $M_1$, $P_{X_1}$과 $P_{Y_1}$일 때 최적소비계획 $a=(x_1, y_1)$과 $M_2$, $P_{X_2}$과 $P_{Y_2}$일 때 최적소비계획 $b=(x_2, y_2)$의 두 가지 자료가 표시되어 있다. 이 소비자는 소비계획 $a$를 $b$보다 직접 현시선호하며 동시에 소비계획 $b$를 $a$보다 직접 현시선호하고 있는데, 이는 명백하게 일관성을 결여한 소비행위로서 이 소비자가 효용을 극대화하고 있지 않거나 아니면 선호체계 자체가 변했다고 밖에는 볼 수 없는 것이다. 이런 경우를 배제하기 위하여 소비계획 $a$가 $b$보다 직접 현시선호되면 소비계획 $b$는 $a$보다 직접 현시선호될 수 없다는 가정이 바로 **현시선호의 약공리**(Weak Axiom of Revealed Preperence: WARP)이다. 소비계획 $a=(x_1, y_1)$이 $b=(x_2, y_2)$보다 직접 현시선호된다는 것은 $P_{X_1}x_1+P_{Y_1}y_1 \geq P_{X_1}x_2+P_{Y_1}y_2$이고 소비계획 $b=(x_2, y_2)$가 $a=(x_1, y_1)$보다

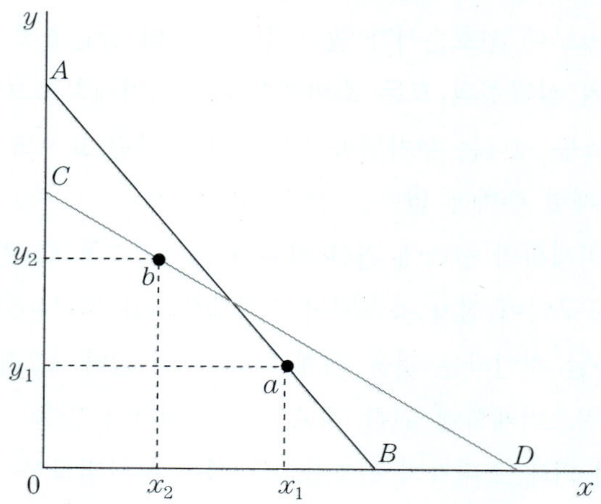


**그림 2-27 현시선호의 약공리가 만족되지 않는 경우**
소비계획 $a$는 $b$보다 직접 현시선호되고 동시에 소비계획 $b$는 $a$보다 직접 현시선호되고 있는데, 이는 일관성을 결여한 소비행위로서 현시선호의 약공리에 위배된다.

직접 현시선호될 수 없다는 것은 $P_{X_2}x_2+P_{Y_2}y_2<P_{X_2}x_1+P_{Y_2}y_1$이다. 따라서 주어진 소득과 가격이 $M_1$, $P_{X_1}$, $P_{Y_1}$일 때의 최적소비계획 $a=(x_1, y_1)$과 $M_2$, $P_{X_2}$, $P_{Y_2}$일 때의 최적소비계획 $b=(x_2, y_2)$에 있어서 만일 $P_{X_1}x_1+P_{Y_1}y_1 \geq P_{X_1}x_2+P_{Y_1}y_2$이면 $P_{X_2}x_2+P_{Y_2}y_2<P_{X_2}x_1+P_{Y_2}y_1$이라는 것이 현시선호의 약공리이다.

현시선호의 약공리를 위배하는 소비행동은 효용극대화에 관한 일관성 있는 행동이 아니다. 그렇지만 현시선호의 약공리가 만족된다고 해서 반드시 일관성 있는 효용극대화의 행동이라고 할 수는 없기 때문에 소비선택에 관한 자료를 관찰하고 현시선호의 관계를 사용해서 합리성 있는 선호순서를 도출하기 위해서는 약공리의 내용까지 포함하는 보다 강한 가정이 필요할 수가 있으며, 이를 **현시선호의 강공리**(Strong Axiom of Revealed Perference: SARP)라고 부른다. 점 $a$가 점 $b$보다 간접 현시선호된다면, 점 $b$는 점 $a$보다 간접 현시선호될 수 없다는 것이 현시선호의 강공리이다.

## 현시선호이론의 응용

생산자가 소비자에게 가격을 부과하는 방식을 바꾸거나 아니면 가격 자체가 변하면 소비자의 후생수준은 변하게 마련이다. 현시선호이론을 사용하면 이러한 변화로 소비자 후생이 어떤 방향으로 변할 것인가를 짐작할 수 있다. 다음의 예를 보기로 하자.

### 예 2-6　2부가격제와 소비자의 후생변화

어떤 테니스장의 주인은 지금까지 테니스장 이용자들에게 시간당 일정액수의 요금을 부과하여 왔다. 그런데 이 주인은 회원제를 도입하여 입회하는 사람에게 일정금액의 가입비를 받는 대신 시간당 이용료를 낮추기로 하였다. 즉 2부가격제를 도입한 것이다. 이러한 변화가 테니스장 이용자의 후생수준에 어떤 영향을 미치는가를 살펴보기로 하자.

〈그림 2-28〉에서 $X$재는 일정기간의 테니스장 이용시간이고 $Y$재는 일정기간의 소득 $M_1$ 중에서 테니스장 이용에 대한 지출을 제외한 나머지를 표시하는 복합재이다. 회원제 도입 전에 예산선은 $AB$이고 최적소비계획은 점 $a$이다. 회

원제의 도입으로 예산선은 점 $a$를 지나는 $CD$로 변하였다고 하자. 즉 $AC$만큼의 가입비를 받는 대신 여전히 점 $a$가 선택 가능하도록 시간당 이용요금을 낮춘 것이다.

회원제 도입 이후 소비자는 예산선 $CD$에서 어떤 점을 선택할 것인가? 소비자가 예산선 $CD$ 중에서 선분 $Ca$에 있는 소비계획을 선택한다면(예컨대 점 $b'$) 현시선호의 약공리에 위배되므로 소비자는 요금구조 변경 후 예산선 $CD$ 중에서 $aD$의 한 소비계획(예컨대 점 $b$)을 선택할 것이다. 테니스장의 이용자는 요금구조의 변경 후에도 여전히 소비계획 $a$를 선택할 수 있었음에도 불구하고 소비계획 $b$를 선택하였다는 것은 소비계획 $b$가 $a$보다 직접 현시선호되는 것을 의미하므로 요금구조의 변경으로 이용자의 후생수준은 증가하게 된다.

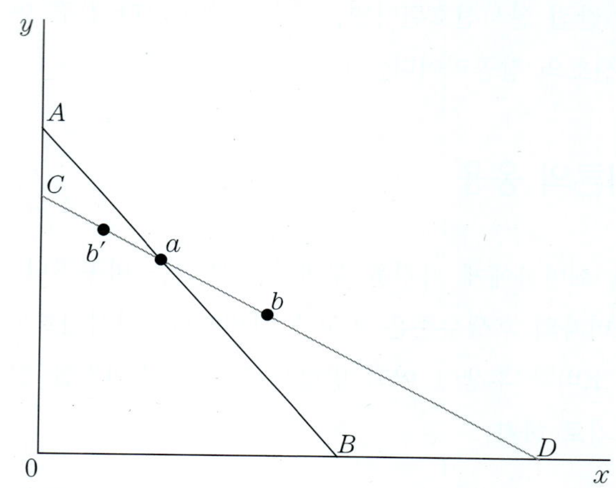


**그림 2-28 테니스장의 회원제 도입과 후생**

회원제의 실시로 예산선이 $AB$에서 $CD$로 변하였다면, 최적소비계획은 점 $a$에서 선분 $aD$의 한 소비계획인 점 $b$로 바뀌게 된다. 회원제하에서도 여전히 소비계획 $a$를 선택할 수 있었지만 소비계획 $b$를 선택하였다는 것은 소비계획 $b$가 $a$보다 현시선호되는 것을 의미하므로 이와 같은 요금구조의 변경은 테니스장 이용자의 후생을 증가시킨다.

## 요 약

1 소비자의 선택가능영역과 선호체계를 결합하여 소비자의 선택행동을 분석할 수 있다.

2 소비재는 $X$재와 $Y$재의 두 가지만 있다고 가정할 때 제1사분면의 한 점은 소비자가 일정기간에 소비하려는 $X$재와 $Y$재의 수량을 표시하는 소비계획이다.

3 소비자에게 가해지는 가장 중요한 제약은 상품들의 구입을 위한 총지출이 주어진 소득을 넘을 수 없다는 것이며, 이를 예산제약이라고 한다. 주어진 소득을 모두 상품의 구입에 지출한다고 할 때 소비자가 구입할 수 있는 소비계획들의 집합(즉 선택가능영역)을 그림으로 표시한 것이 예산선이고 그 기울기는 $X$재를 1단위 추가로 구입할 때의 한계비용을 $Y$재 수량으로 표시한 것이다.

4 모든 소비계획들 사이에 선호순서가 일관성 있게 정해지려면 완비성과 이행성이라는 기본적 가정(즉 공리)이 만족되어야 한다. 이외에 선호순서가 연속성의 가정을 충족시킬 때, 선호순서를 그대로 보존해서 표시하는 연속적 효용함수가 존재한다. 또한 실제 소비생활에서 보편적으로 관찰되는 현상을 수용하기 위하여 추가로 강볼록성과 강단조성을 가정하기도 한다.

5 선호순서를 그대로 보존해서 표시하는 서수적 효용함수의 특징을 묘사하는 기본적 방법은 무차별곡선을 그리는 것이다. 어떤 소비계획을 지나는 무차별곡선은 그 소비계획과 선호순서가 같은 모든 소비계획들의 집합을 그림으로 표시한 것이다.

6 선호순서가 완비성과 이행성의 공리 외에 연속성, 강단조성과 강볼록성의 가정을 만족시킬 때 어떤 소비계획에 대해서도 그 소비계획을 지나는 연속적 무차별곡선이 존재하며, 이때 무차별곡선은 선호방향과 반대로 볼록한 형태이고 음(−)의 기울기를 지닌다. 또한 무차별곡선은 두께나 직선부분을 포함하지 않으며, 동일한 소비자의 어떠한 두 무차별곡선도 서로 교차하지 않는다.

7 무차별곡선의 기울기의 절대값을 소비의 한계대체율이라고 부른다. 소비의 한계대체율은 $X$재를 1단위 더 소비할 때 얻게 되는 한계편익의 크기를 $Y$재의 수량으로 표시한 것이다.

8 예산선이나 무차별곡선에 굴절이 없다고 할 때 주어진 소득과 가격에서 제1사분면의 내부에 위치하는 어떤 점이 최적소비계획이라면, 그 점에서 예산선과 무차별곡선은 접한다. 즉 내부해인 경우 예산선의 기울기의 절대값과 소비의 한계대체율이 같다는 조건은 효용의 극대화를 위한 필요조건이다. 선호순서가 강볼록성의 가정을 충족시키는 경우에 예산선과 무차별곡선이 접하는 점은 최적소비계획이다. 즉 강볼록

성의 조건이 충족되는 경우 예산선의 기울기의 절대값과 소비의 한계대체율이 같다는 것은 효용극대화를 위한 충분조건이 된다.

9 소비자행동의 분석에서 선호체계를 출발점으로 하는 전통적 방법과 달리 현시선호이론은 최적소비계획에 관한 자료의 관찰로부터 출발한다. 현시선호이론에 의해 소비선택에 관한 자료를 관찰해서 소비자의 선호순서를 표시하는 무차별곡선을 도출할 수 있다.

## 연습문제

1 $X$재와 $Y$재를 소비하는 어떤 소비자의 일주일 소득은 5만원이고 $P_X = 1{,}000$원, $P_Y = 5{,}000$원이라고 하자. 정부는 $X$재의 소비를 장려할 목적으로 강제로 1만원을 받고 1장으로 $X$재 1단위를 바꿀 수 있는 쿠폰 20장을 소비자에게 준다고 할 때, 이 소비자의 예산선을 그리시오. 만일 이 쿠폰이 거래되는 암시장이 형성되어 쿠폰 1장당 800원에 거래된다고 할 때의 예산선을 그리시오.

2 다음의 효용함수에 대한 대략적 형태의 무차별곡선을 그리고 선호순서의 강단조성과 강볼록성이 만족되는지 말하시오.

(1) $u = \min\left\{\dfrac{x}{a},\ \dfrac{y}{b}\right\}$

(2) $u = ax + by$

(3) $u = x - y^2$

(4) $u = 2x^2 + y^2$

3 $X$재와 $Y$재를 소비하는 어떤 소비자는 두 가지 소비계획 사이의 선호순서를 비교할 때 $Y$재의 소비량에 관계없이 $X$재의 소비량이 더 많은 소비계획을 선호하며 $X$재의 소비량이 같은 경우에만 $Y$재의 소비량이 더 많은 소비계획을 선호한다고 하자. 임의의 점 $a$를 지나는 이 소비자의 무차별곡선을 설명하고 선호순서에 관한 완비성, 이행성, 연속성의 가정 중 어떤 것이 충족되지 않는지 설명하시오.

4 $X$재와 $Y$재를 소비하는 어떤 소비자에게 주어진 상품가격 $P_X$와 $P_Y$, 소득 $M$이 모두 2배로 증가했을 때 $X$재와 $Y$재의 수요량에는 아무런 변화가 없음을 설명하시오.

5 어떤 소비자의 효용함수가 $u = xy^2$이라고 하자.

(1) 소비의 한계대체율 $MRS_C$를 구하고 주어진 무차별곡선에서 $X$재 소비의 증가에 따라 $MRS_C$가 체감하는지 아니면 체증하는지를 말하시오.

(2) $P_X = 2$원이고 $P_Y = 1$원이며, 주어진 소득은 120원일 때 효용극대화를 위한 $X$재

와 $Y$재의 수요량을 구하시오.

**6** 어떤 소비자의 효용함수가 $u = 20\sqrt{x} + y$ 이다($Y$재는 가격이 1인 복합재임).

(1) 소비의 한계대체율 $MRS_C$를 구하고 주어진 무차별곡선에서 $X$재 소비의 증가에 따라 $MRS_C$가 체감하는지 아니면 체증하는지를 말하시오.

(2) 이 소비자에게 주어진 소득은 100원이고 $X$재의 가격 $P_X$는 2원일 때, $X$재의 수요량을 구하시오. 소득이 50원으로 감소하는 경우 $X$재의 수요량은 어떻게 변할 것인지 설명하시오.

**7** 어떤 소비자의 효용함수는 $u = x^2 + y$이다.

(1) 소비의 한계대체율 $MRS_C$를 구하고 주어진 무차별곡선에서 $X$재 소비의 증가에 따라 $MRS_C$가 체감하는지 아니면 체증하는지를 말하시오.

(2) $P_X = 2$원이고 $P_Y = 1$원이며, 주어진 소득은 200원일 때 효용극대화를 위한 $X$재와 $Y$재의 수요량을 구하시오.

**8** 어떤 소비자의 효용함수는 $u = 2x + 3y$라고 하자.

(1) $P_X = 30$원이고 $P_Y = 30$원이며, 주어진 소득은 2,100원일 때 효용극대화를 위한 $X$재와 $Y$재의 수요량을 구하시오.

(2) (1)에서 다른 조건들은 모두 불변이고 $X$재 가격만 15원으로 내렸을 때 $X$재와 $Y$재의 수요량은 어떻게 변할 것인가?

(3) (1)에서 다른 조건들은 모두 불변이고 $Y$재 가격만 45원으로 올랐을 때 $X$재와 $Y$재의 수요량은 어떻게 변할 것인가?

**9** 어떤 소비자의 효용함수는 $u = xy + 10y$라고 하자. $P_X = 20$원이고 $P_Y = 10$원이며, 주어진 소득은 100원일 때 효용극대화를 위한 $X$재와 $Y$재의 수요량을 구하시오.

**10** $u = \min\left\{\frac{x}{3}, \frac{y}{5}\right\}$의 효용함수를 지닌 소비자가 있다고 하자. $P_X = 5$원이고 $P_Y = 7$원이며 소득은 1,200원이라고 할 때, 이 소비자의 각 상품에 대한 수요량을 구하시오.

**11** $X$재와 $Y$재의 두 종류의 상품을 소비하는 어떤 소비자의 경우 작년의 $P_X$와 $P_Y$는 각각 4원과 2원이었고 이때 $X$재와 $Y$재의 수요량은 각각 1개와 4개였다. 올해에는 두 상품의 가격이 각각 2원과 4원으로 변했고 이때의 수요량은 각각 4개와 1개로 바뀌었다고 하자. 작년에 비해 올해의 후생수준은 증가했는지 또는 감소했는지를 설명하시오.

**12** $X$재를 한 개에 50원씩 받고 파는 가게가 있다고 하자.

(1) $Y$재를 복합재로 놓고 소득이 1,000원인 소비자의 예선선을 그리시오.

(2) (1)의 예산선에서 이 소비자의 $X$재 수요량은 10개라고 하자. 그런데 이 가게가 가격구조를 바꾸어 10개까지는 개당 500원을 받고 10개를 초과하는 구입에 대해서는 개당 250원을 받는다고 할 때(가령 11개를 구입하는 경우의 지출액은

5,250원임)의 예산선을 그리고 이 소비자의 $X$재 수요량은 증가할 것인지 아니면 감소할 것인지를 무차별곡선을 그리지 않고 설명하시오.

(3) (1)의 예산선에서 이 소비자의 $X$재 수요량이 10개보다 적었다면 가격구조의 변경으로 소비자의 후생은 어떻게 변할 것인지 무차별곡선을 그려서 설명하시오.

(4) (1)의 예산선에서 이 소비자의 $X$재 수요량이 10개보다 많았다면 가격구조의 변경으로 소비자의 후생은 어떻게 변할 것인지 무차별곡선을 그려서 설명하시오.

**13** 소득 10,000원을 갖고 $X$재와 $Y$재를 소비하는 소비자가 있다. $P_X = P_Y = 100$원일 때 이 소비자는 $X$재와 $Y$재를 각각 25단위와 75단위 소비하였다. 만일 공급자가 $X$재의 가격구조를 변경해서 $X$재를 조금이라도 소비하려는 소비자에게는 1,000원의 기본요금을 받는 대신에 그 가격을 100원에서 60원으로 인하하였다고 하자. 가격구조의 변경으로 이 소비자의 후생수준은 어떻게 변하겠는가?

**14** 휘발유가격이 리터당 1,500원일 때 어떤 소비자는 한달에 100리터의 휘발유를 소비하였다. 그런데 휘발유가격이 1,800원으로 상승하였고 정부는 이 소비자의 후생감소를 보상하기 위하여 한달에 30,000원의 현금보조를 하기로 하였다. 이에 따라 소비자의 후생에는 어떤 변화가 발생하고 휘발유 소비량은 어떻게 변할 것인가?

**15** $X$, $Y$와 $Z$재의 세 종류의 상품을 소비하는 소비자의 3월과 4월의 소비구조는 다음과 같다.

| | 3월 | 4월 |
|---|---|---|
| $(P_X, P_Y, P_Z)$ | (2, 1, 1) | (1, 2, 1) |
| $(x, y, z)$ | (2, 3, 1) | (1, 2, 3) |

(1) 이 소비자의 행동이 현시선호의 약공리를 만족하는지 설명하시오.

(2) 현시선호이론을 사용해서 3월에 비해서 4월의 후생은 증가했는지 감소했는지 설명하시오.

# 부록

## 소비자 선택의 수리적 분석

### 효용과 한계효용

앞에서 우리는 $X$재의 한계효용 $MU_X$를 $Y$재의 소비량은 불변인 채 $X$재를 1단위 더 소비함으로써 변하는 효용의 크기라고 설명하였다. 미분의 개념을 사용하면 어떤 임의의 소비계획에서 $X$재의 한계효용 $MU_X$는 $X$재의 소비량 $x$에 대한 효용함수 $u=U(x, y)$의 1차편도함수(the first order partial derivative)이다. 즉 $MU_X=\partial u/\partial x$이다.

역시 미분을 사용하면 소비의 한계대체율 $MRS_C$가 $X$재 한계효용 $MU_X$와 $Y$재 한계효용 $MU_Y$의 비율로 표시되는 것을 다시 확인할 수 있다. 효용함수 $u=U(x, y)$에서 $X$재와 $Y$재의 소비량이 미세하게 변할 때 효용의 변화는 다음의 식으로 나타낼 수 있다.

$$du=\frac{\partial u}{\partial x}dx+\frac{\partial u}{\partial y}dy \qquad (2-12)$$

그런데 주어진 무차별곡선을 따라 이동할 때 효용수준은 불변이기 때문에 $du=0$이며, 위의 식에서 $du=0$으로 놓고 정리하면 다음의 식을 구할 수 있다.

$$\frac{dy}{dx}=-\frac{MU_X}{MU_Y} \qquad (2-13)$$

따라서 무차별곡선의 한 점에서 기울기의 절대값인 소비의 한계대체율 $MRS_C$는 다음과 같이 두 상품의 한계효용의 비율로 표시된다.

$$MRS_C=\left|\frac{dy}{dx}\right|=\left|\frac{MU_X}{MU_Y}\right| \qquad (2-14)$$

## 라그랑지방법에 의한 최적소비계획의 도출

앞서 설명한 대로 최적소비계획은 주어진 예산제약하에서 소비자의 효용을 극대화시키는 소비계획이다. 즉 최적소비계획은 다음 최적화 문제의 해답인 것이다.

$$\max_{\{x,\ y\}} U(x,\ y)$$
$$\text{예산제약: } M = P_X x + P_Y y \qquad (2-15)$$

위 문제의 예산제약식을 $Y$재의 소비량 $y$에 대해 정리하면 다음과 같이 바뀌게 된다.

$$y = -\frac{P_X}{P_Y}x + \frac{M}{P_Y} \qquad (2-16)$$

식 (2-16)을 효용함수 $U(x, y)$에 대입하면, 식 (2-15)의 효용극대화 문제는 다음과 같이 바뀐다.

$$\max U(x,\ -\frac{P_X}{P_Y}x + \frac{M}{P_Y}) \qquad (2-17)$$

예산제약식은 이미 효용함수에 포함되었기 때문에 $x$에 대한 식 (2-17)의 효용함수 $U$의 1차도함수값이 0이라는 다음의 식 (2-18)은 이제 식 (2-15)의 효용극대화 문제의 해답을 위한 1차필요조건이 된다.

$$\frac{du}{dx} = \frac{\partial u}{\partial x} + \frac{\partial u}{\partial y}\frac{dy}{dx} = 0 \qquad (2-18)$$

위의 식 (2-16)에서 $dy/dx = -P_X/P_Y$이므로, 식 (2-18)의 필요조건은 다음과 같이 바뀔 수 있다.

$$\frac{du}{dx} = \frac{\partial u}{\partial x} - \frac{\partial u}{\partial y}\frac{P_X}{P_Y} = 0 \qquad (2-19)$$

식 (2-19)에서 $\frac{\partial u}{\partial y}\frac{1}{P_Y}$를 $\lambda$로 표시한다면, 예산제약식까지 포함해서 식 (2-15)의 효용극대화 문제의 답을 위한 필요조건은 다음과 같다.

$$\frac{\partial u}{\partial x} = \lambda P_X \tag{2-20}$$

$$\frac{\partial u}{\partial y} = \lambda P_Y \tag{2-21}$$

$$M = P_X x + P_Y y \tag{2-22}$$

제약식이 존재하는 최적화의 문제에서 제약식을 함수에 대입함으로써 최적화의 1차필요조건을 구하는 위와 같은 절차는 매우 복잡하기 때문에, 이를 기계적으로 처리하기 위한 방법이 **라그랑지의 방법**(Lagrange method)이다. 다음의 극대화 문제를 보자.

$$\max_{\{x,\ y;\ \lambda\}} \ l(x,\ y;\ \lambda) = U(x,\ y) + \lambda(M - P_X x - P_Y y) \tag{2-23}$$

식 (2-23)의 문제가 극대값을 갖기 위한 필요조건은 다음과 같다.

$$\frac{\partial l(x,\ y;\ \lambda)}{\partial x} = 0 \Rightarrow \frac{\partial u}{\partial x} = \lambda P_X \tag{2-24}$$

$$\frac{\partial l(x,\ y;\ \lambda)}{\partial y} = 0 \Rightarrow \frac{\partial u}{\partial y} = \lambda P_Y \tag{2-25}$$

$$\frac{\partial l(x,\ y;\ \lambda)}{\partial \lambda} = 0 \Rightarrow M - P_X x - P_Y y = 0 \tag{2-26}$$

식 (2-20)~(2-22)는 식 (2-24)~(2-26)과 같은데, 이는 식 (2-15)와 같이 제약식이 존재하는 최적화의 문제를 풀 때 제약식을 목적함수에 대입하는 복잡한 절차를 거치지 않아도 식 (2-15)의 문제를 식 (2-23)과 같은 형태의 문제로 바꿈으로써 바로 1차필요조건을 구할 수 있음을 의미한다. 식 (2-23)의 함수 $l(x,\ y;\ \lambda)$을 **라그랑지함수**(Lagrangian function)라고 하고 $\lambda$를 **라그랑지승수**(Lagrangian multiplier)라고 부른다.

위의 식 (2-24)와 (2-25)에서 라그랑지승수 $\lambda$를 소거하면 다음의 식을 구할 수 있는데, 이로써 수리적 분석을 통해 도출한 효용극대화의 필요조건이 앞에서 그래프를 그려서 구한 조건과 똑같다는 것을 알 수 있다.

$$\frac{\partial u/\partial x}{\partial u/\partial y} = \frac{P_X}{P_Y} \tag{2-27}$$

$$P_X x + P_Y y = M \tag{2-28}$$

앞장에서는 소비자의 선택가능영역과 선호체계에 관하여 살펴본 후에 양자를 결합해서 소비자가 제약하에서 어떻게 최적소비계획을 선택하는가를 분석하였다. 이 장에서는 주어진 소득, 가격 등의 변화로 인해 선택가능영역이 변할 때 최적소비계획은 어떻게 변할 것인가를 분석하기로 한다. 그러나 소득, 가격 등이 모두 동시에 변한다고 하면 어떤 이유로 최적소비계획이 변하는지를 분별해내기가 어렵다. 따라서 소득과 가격 중에서 한 가지만 변하고 나머지는 모두 불변이라고 가정해서 최적소비계획의 변화를 살펴보기로 한다. 이러한 비교정태분석을 통해 엥겔곡선, 수요곡선 등을 정확하게 이해하고 현실의 경제문제를 분석할 때 유용한 도구인 수요의 탄력도에 관해서도 공부하도록 한다.

# 제 3 장

# 비교정태분석과 수요

3.1 소득의 변화

3.2 가격의 변화

3.3 가격효과의 분해

3.4 보상수요곡선

3.5 비교정태분석의 응용: 현물보조, 가격보조와 현금보조의 비교

3.6 수요의 탄력도

3.7 시장수요곡선과 연결의 외부성

## 3.1 소득의 변화

앞장에서 살펴본 대로 소비자는 주어진 소득 $M$과 가격 $P_X$, $P_Y$에서 $X$재와 $Y$재의 수요량을 선택하며, 이들 외생변수의 값이 변하면 수요량도 변하게 된다. 따라서 $X$재와 $Y$재의 수요함수는 다음과 같은 식으로 나타난다.

$$x = f(P_X,\ P_Y,\ M) \tag{3-1}$$

$$y = g(P_Y,\ P_X,\ M) \tag{3-2}$$

위의 수요함수에서 소득, 가격 등 외생변수의 값이 변할 때 수요량에 어떤 영향을 미치는가를 비교정태분석하기 위해서 $X$재와 $Y$재의 가격은 불변인 채 소득만 변한다고 가정하자.

### 소득소비곡선과 엥겔곡선

$X$재와 $Y$재의 가격은 각각 $P_{X_1}$과 $P_{Y_1}$이고 일정기간의 소득은 $M_1$일 때 어느 소비자의 최적소비계획은 〈그림 3-1〉의 (a)에서 점 $a=(x_1,\ y_1)$로 표시되어 있다. 이 상태에서 상품의 가격은 변하지 않고 소득만 $M_1$에서 $M_2$, $M_2$에서 $M_3$으로 증가한다면 예산선은 평행하게 원점의 반대방향으로 이동할 것이다. 이에 따라 최적소비계획은 점 $a$에서 점 $b$, 점 $b$에서 점 $c$로 옮겨간다고 할 때 점 $a$, $b$, $c$ 등을 연결한 검은색의 궤적을 **소득소비곡선**(income-consumption curve)이라고 한다. 즉 소득소비곡선은 상품의 가격이 불변이고 소득만 변할 때 최적소비계획이 이동하면서 만드는 궤적이다.

소득소비곡선의 각 점은 소득수준과 수요량의 관계에 관한 정보를 담고 있다. 소득소비곡선의 각 점이 담고 있는 이러한 정보를 수평축과 수직축이 각각 $X$재의 수요량과 소득수준인 평면으로 옮기면 〈그림 3-1〉의 (b)에서 보는 것처럼 소득수준과 $X$재의 수요량 사이의 관계를 나타내는 곡선이 그려지며, 이를 $X$재의 **엥겔곡선**(Engel curve)이라고 한다. 마찬가지 방법으로 〈그림 3-1〉의 (c)에는 $Y$재의 엥겔곡선이 그려져 있다. 이와 같이 유도되는 어떤 상품의 엥겔곡

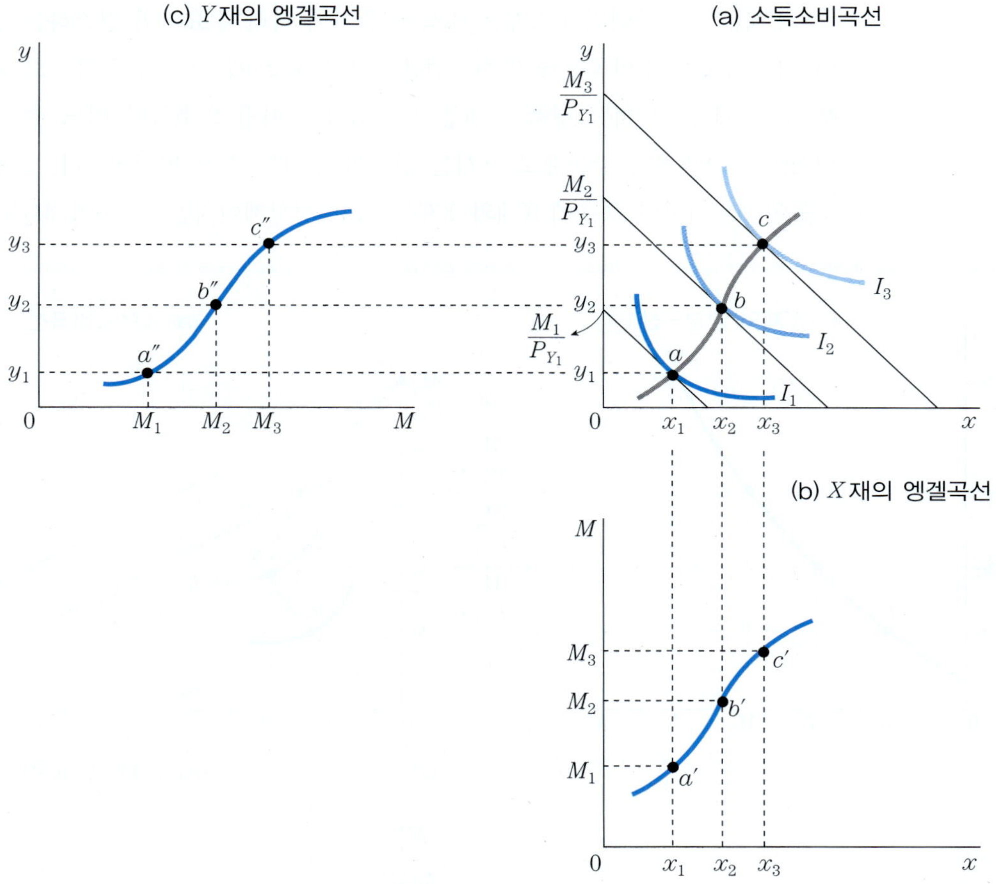


**그림 3-1 소득소비곡선과 엥겔곡선(X재와 Y재가 모두 정상재인 경우)**

다른 조건은 불변인 채 소득만 변하는 경우에 최적소비계획의 변화가 만드는 궤적을 소득소비곡선이라고 한다. 소득소비곡선으로부터 도출되는 어떤 상품의 엥겔곡선은 다른 조건들이 모두 일정할 때 각 소득수준에 대하여 소비자가 구입하려는 그 상품의 수요량을 표시한다. X재와 Y재가 모두 정상재인 경우에 소득소비곡선의 기울기는 양(+)이고 두 상품의 엥겔곡선 역시 모두 양(+)의 기울기를 지닌다.

선은 X재와 Y재의 가격이 불변일 때 식 (3-1) 또는 (3-2)의 수요함수를 표시한 것으로서 각 소득수준에 대하여 소비자가 구입하려는 그 상품의 수요량을 나타내는 곡선이다.

〈그림 3-1〉에서 소득소비곡선의 기울기는 양(+)이고 X재와 Y재 모두 그 엥겔곡선이 양(+)의 기울기를 지니고 있는데, 이는 소비자에게 두 상품 모두

소득의 증가에 따라 수요량이 증가하는 정상재이기 때문이다.

$Y$재는 정상재이지만 $X$재는 소득의 증가에 따라 수요량이 감소하는 열등재인 경우의 소득소비곡선과 엥겔곡선은 〈그림 3-2〉에 그려져 있다. 소득이 매우 낮을 때는 그 어떤 상품도 열등재가 되기는 어렵고 소득이 어느 수준을 넘어서야만 소비자가 열등재로 느끼는 상품이 생기는 것이 일반적이다. 그림에서 소득이 $M_2$ 이하인 경우에 $X$재와 $Y$재는 모두 정상재이지만, 소득이 $M_2$보다 높

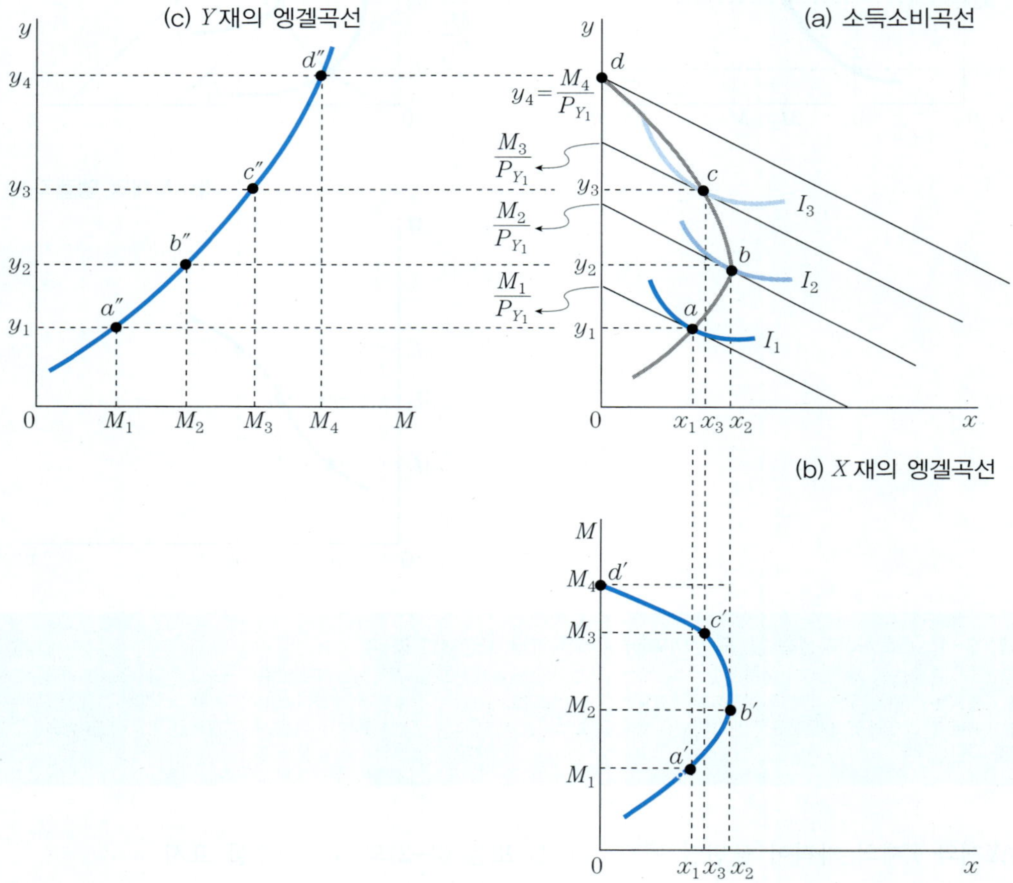


**그림 3-2 소득소비곡선과 엥겔곡선($X$재는 열등재이고 $Y$재는 정상재인 경우)**

소득이 $M_2$ 이하인 경우에 $X$재와 $Y$재는 모두 정상재이지만 소득이 $M_2$ 이상이면 $X$재가 열등재로 바뀔 때 소득소비곡선의 기울기는 점 $b$ 이후에 양(+)에서 음(−)으로 바뀌고 $X$재의 엥겔곡선도 점 $b'$ 이후에는 기울기가 음(−)이 된다. 정상재인 $Y$재의 엥겔곡선은 어떤 소득수준에서도 양(+)의 기울기를 지닌다.

아지면 $X$재는 열등재로 바뀌고 $M_4$가 되면 $X$재의 수요량은 0이 된다. 따라서 소득소비곡선의 기울기는 점 $b$까지 양(+)이지만 그 이후에는 음(−)이 되며, $X$재의 엥겔곡선은 점 $b'$ 이후에 음(−)의 기울기를 지닌다. 정상재인 $Y$재의 엥겔곡선은 소득수준에 관계없이 양(+)의 기울기를 지닌다.

## 엥겔지출곡선

$X$재는 〈그림 3-1〉에서는 정상재이지만 〈그림 3-2〉에서는 열등재이다. 이 때문에 두 그림에서 $Y$재는 같은 정상재이지만 상품으로서의 성격에는 차이가 있을 것이다. 이러한 차이는 엥겔곡선보다 **엥겔지출곡선**(Engel expenditure curve)을 그려 보면 분명히 드러난다. 어떤 상품의 엥겔지출곡선은 다른 조건들이 모두 일정할 때 각 소득수준별로 그 상품에 대한 소비자의 지출액을 나타내는 곡선이다.

엥겔지출곡선을 유도하기 전에 먼저 소득의 변화와 각 상품에 대한 소비지출액 변화 사이의 관계를 살펴보기로 하자. $X$재와 $Y$재의 가격은 각각 $P_{X_1}$과 $P_{Y_1}$에 고정되어 있고 소득만 $\Delta M$만큼 변해서 두 상품의 수요량은 각각 $\Delta x$와 $\Delta y$만큼 변하였다고 하자. 소비자의 소득은 $X$재와 $Y$재 구입에 남김없이 지출되기 때문에, 소득의 변화와 각 상품에 대한 소비지출액의 변화 사이에는 다음과 같은 관계가 성립한다.

$$\Delta M = P_{X_1}\Delta x + P_{Y_1}\Delta y \tag{3-3}$$

식 (3-3)의 양변을 $\Delta M$으로 나누면,

$$1 = \frac{P_{X_1}\Delta x}{\Delta M} + \frac{P_{Y_1}\Delta y}{\Delta M} \tag{3-4}$$

$(P_{X_1}\Delta x)/\Delta M$과 $(P_{Y_1}\Delta y)/\Delta M$은 각각 $X$재와 $Y$재의 엥겔지출곡선의 기울기이며, 식 (3-4)는 두 기울기의 합이 항상 1이라는 것을 의미한다.

〈그림 3-3〉의 (a)와 (b)에는 〈그림 3-2〉의 소득소비곡선으로부터 도출된 $X$재와 $Y$재의 엥겔지출곡선이 그려져 있다. 소득이 $M_2$ 이하일 때는 소득의 증가에 따라 $X$재와 $Y$재의 수요량이 함께 증가하기 때문에, 식 (3-4)에 의해 두

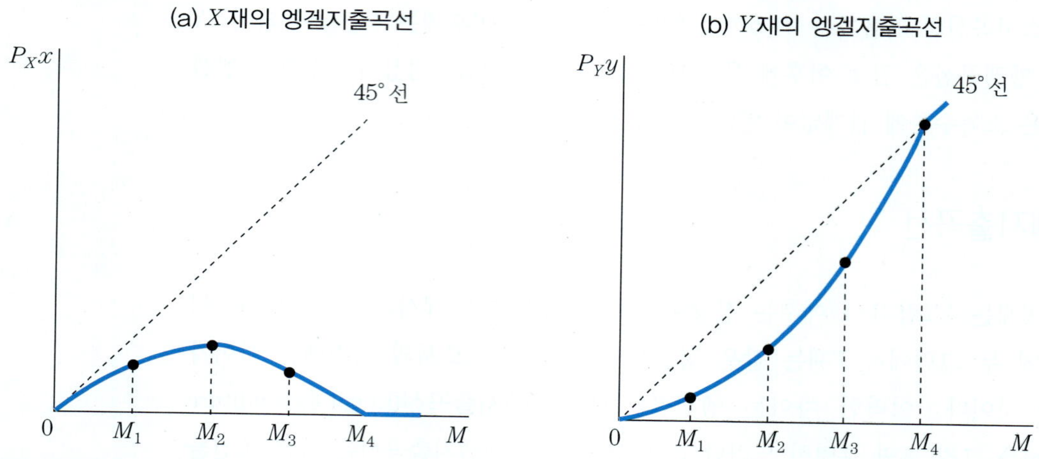


**그림 3-3 엥겔지출곡선(X재는 열등재이고 Y재는 정상재인 경우)**

소득수준이 $M_2$ 이하인 경우 X재와 Y재는 모두 정상재이고 엥겔지출곡선의 기울기는 X재와 Y재 모두 0보다 크고 1보다는 작다. 그러나 소득수준이 $M_2$ 이상이면 X재는 열등재로 바뀌고 X재의 엥겔지출곡선의 기울기도 음(−)의 부호로 바뀌기 때문에 Y재의 엥겔지출곡선의 기울기는 1보다 크게 된다. 소득수준이 $M_4$ 이상부터는 X재의 수요량은 0이므로 X재의 엥겔지출곡선은 수평축과 같고 Y재의 엥겔지출곡선은 1의 기울기를 지닌 원점으로부터의 직선과 일치한다.

상품 모두 엥겔지출곡선의 기울기는 0보다 크지만 1보다는 작다. 그러나 소득이 $M_2$ 이상이 되면 X재는 열등재로 변하기 때문에 X재의 엥겔지출곡선의 기울기는 음(−)이 되고 식 (3-4)에 의해 Y재의 엥겔지출곡선의 기울기는 1보다 크게 된다. 만일 소득이 $M_4$ 이상이 된다면, 〈그림 3-2〉의 (b)에 표시된 것처럼 X재의 수요량은 0이 되기 때문에 X재의 엥겔지출곡선은 수평축과 일치하고 Y재의 엥겔지출곡선은 1의 기울기를 지닌 원점으로부터의 직선과 일치한다.

위의 식 (3-3) 또는 (3-4)에서 한 가지 명백한 사실은 주어진 소득 전부를 상품 구입에 지출하는 경우 모든 상품이 동시에 열등재가 될 수는 없고 적어도 한 가지 이상의 상품은 정상재가 된다는 점이다. 이와 함께 특기할 만한 점은 상품을 자세하게 분류할수록 열등재가 출현할 가능성은 높아지고 반대로 여러 가지 상품을 묶어서 한 가지의 상품으로 정의하는 경우에는 열등재가 존재할 가능성이 낮아진다는 것이다. 예를 들어 석탄이 열등재라고 해도 석탄, 석유, 도시가스 등을 묶어서 난방연료라는 한 가지 상품으로 정의하면 열등재라는 석탄의 성격은 감추어지며, 난방연료를 석탄, 석유, 도시가스 등으로 세분할 때

비로소 석탄은 열등재로 나타나게 된다.

소득소비곡선과 엥겔곡선의 형태는 소비자가 상품들에 관해 어떤 종류의 선호를 지니고 있는가에 따라 달라진다. 여기에서는 소비자가 **동조적 선호**(homothetic preference)를 지닌 경우와 **준선형 선호**(quasi-linear preference)를 지닌 경우를 예로 들어보기로 한다.

## 동조적 선호와 엥겔곡선

소득이 증가할 때 그 증가와 똑같은 비율로 각 상품의 수요량을 증가시키는 소비자를 동조적 선호를 지니고 있다고 하며, 동조적 선호를 표시하는 효용함수를 **동조효용함수**(homothetic utility function)라고 한다. 소비자가 동조적 선호를 지녔다는 것은 소득소비곡선이 원점으로부터의 직선이고 각 상품의 엥겔곡선 역시 원점으로부터의 직선이라는 것과 같다.

동조적 선호를 나타낼 수 있는 효용함수의 형태로 **동차함수**(homogeneous function)를 들 수 있는데, 동차함수는 앞으로 생산기술을 논의할 때도 등장할 중요한 개념이므로 여기에서 이를 정의해 보기로 하자.

어떤 함수 $y=f(x, z)$에서 독립변수 $x$와 $z$를 각각 $\lambda$배씩 늘릴 때 함수값이 $\lambda^k$배로 늘어난다면($k$는 0보다 큰 상수임) 우리는 이 함수를 $k$차 동차함수라고 부른다. 즉 어떤 함수 $y=f(x, z)$가 $k$차 동차함수일 때 다음의 관계가 만족된다.

$$f(\lambda x, \lambda z) = \lambda^k f(x, z) = \lambda^k y \tag{3-5}$$

경제학에서 자주 사용되는 동차함수는 다음과 같은 형태의 **콥-더글러스함수**(Cobb-Douglas function)이다.

$$y = Ax^{\alpha}z^{\beta} \tag{3-6}$$

식 (3-6)에서 A, $\alpha$와 $\beta$는 모두 양(+)의 상수이고 독립변수 $x$와 $z$를 각각 $\lambda$배 변화시키면 함수값이 $(\alpha+\beta)$배 변화하므로 식 (3-6)의 콥-더글러스함수는 $(\alpha+\beta)$차 동차함수임을 알 수 있다.

동차효용함수로 표시할 수 있는 선호를 지닌 소비자의 무차별곡선이 어떤 특징을 지니고 있는가를 알아보기 위하여 $u=Ax^{\alpha}y^{\beta}$의 콥-더글러스효용함수를 가정해 보자. 무차별곡선의 형태를 파악할 수 있는 가장 기초적 개념인 소비의 한계대체율 $MRS_C$를 구하기 위하여 먼저 각 상품의 한계효용을 구하면 다음과 같다.

$$MU_X = \frac{\partial u}{\partial x} = A\alpha x^{\alpha-1}y^{\beta} \tag{3-7}$$

$$MU_Y = \frac{\partial u}{\partial y} = A\beta x^{\alpha}y^{\beta-1} \tag{3-8}$$

이로부터 $MRS_C$를 다음과 같이 구할 수 있다.

$$MRS_C = \frac{MU_X}{MU_Y} = \frac{\alpha}{\beta}\frac{y}{x} \tag{3-9}$$

위의 식에서 $\alpha$와 $\beta$는 각각 임의의 상수이므로 어떤 소비자의 선호가 콥-더글러스효용함수로 표시될 수 있다면 이 소비자의 $MRS_C$는 두 상품의 소비량 비율에만 의존한다는 것을 알 수 있으며, 이러한 사실은 효용함수가 콥-더글러스함수가 아닌 다른 동차함수일 때도 똑같이 성립한다. 소비의 한계대체율이

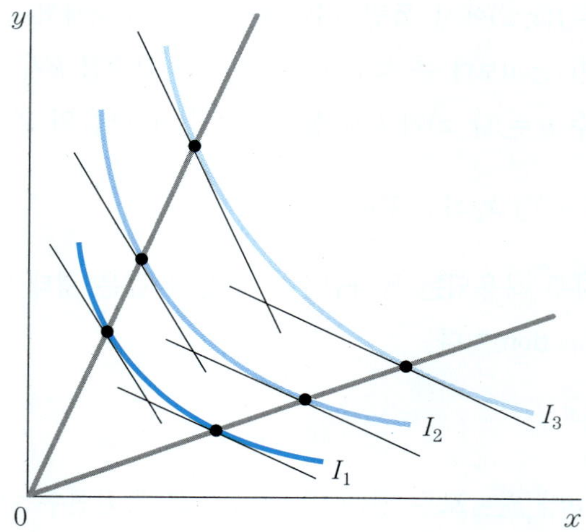


**그림 3-4 동조효용함수의 무차별지도와 소비의 한계대체율**
동차효용함수의 경우 원점으로부터의 직선의 어떤 점에서도 소비의 한계대체율은 같기 때문에 소득소비곡선과 각 상품의 엥겔곡선 모두 원점으로부터의 직선이 된다. 따라서 어떤 소비자의 선호가 동차효용함수로 표시될 수 있다면 그 소비자는 동조적 선호를 지니고 있음을 의미한다.

두 상품의 소비량 비율에만 의존한다는 것은 〈그림 3-4〉에서 보는 것처럼 주어진 원점으로부터의 직선의 어떤 점에서도 소비의 한계대체율은 항상 일정하다는 것을 의미한다. 따라서 동차효용함수의 경우 소득소비곡선과 각 상품의 엥겔곡선이 모두 원점으로부터의 직선이 되고 소득의 증가율과 정확히 같은 비율로 각 상품의 수요량이 증가하게 되는 것이다. 즉 어떤 소비자의 선호를 동차효용함수로 표시할 수 있다면 그 선호는 동조적이다.

그러나 어떤 소비자가 동조적 선호를 지녔다고 해서(즉 소득소비곡선과 엥겔곡선 모두 직선이라고 해서) 그 소비자의 선호를 표시하는 효용함수가 반드시 동차함수인 것은 아니다. 가령 $u=Ax^{\alpha}y^{\beta}$의 효용함수를 변환시켜서 만든 $u=mAx^{\alpha}y^{\beta}+n$($m$과 $n$는 각각 0보다 큰 상수임)의 효용함수는 더 이상 동차함수가 아니지만 그 $MRS_C$는 여전히 $(\alpha/\beta)\times(y/x)$로 두 상품의 소비량 비율에만 의존하므로 엥겔곡선과 소득소비곡선 모두 원점으로부터의 직선이 된다.

## 준선형 선호와 엥겔곡선

어떤 한 가지 상품의 한계효용이 그 소비량에 관계없이 항상 일정할 때의

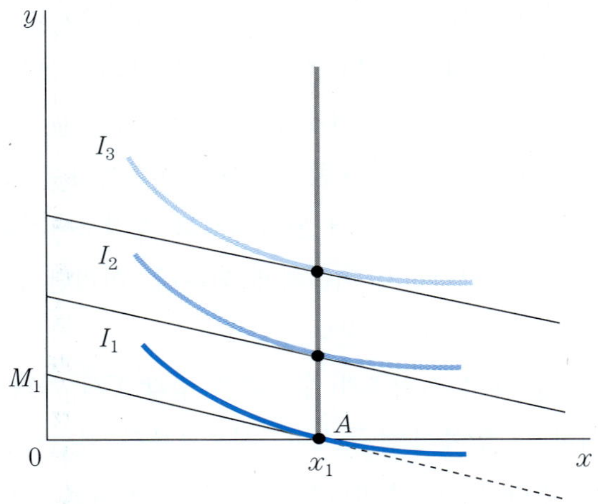


**그림 3-5 준선형 효용함수의 무차별지도와 소비의 한계대체율**
$X$재와 $Y$재 중에서 $Y$재의 한계효용이 상수인 경우의 준선형 효용함수에서는 $X$재의 소비량이 일정하면 $Y$재의 소비량에 관계없이 소비의 한계대체율은 일정하다.

선호체계를 준선형 선호라고 한다. 가령 $Y$재의 한계효용이 일정하다고 할 때 준선형 선호는 $u=V(x)+ky$의 **준선형 효용함수**(quasi-linear utility function)로 나타낼 수 있다($k$는 0보다 큰 상수임). 이때 $X$재의 한계효용은 $MU_X=dV(x)/dx=V'(x)$이고 $Y$재의 한계효용 $MU_Y$는 상수 $k$이므로 $MRS_C=V'(x)/k$가 되어 〈그림 3-5〉에 표시된 것처럼 $X$재 소비량이 임의의 어떤 수준(가령 $x_1$)에서 고정되어 있으면 $MRS_C$는 $Y$재의 소비량에 관계없이 항상 일정하다. 따라서 $Y$재가 복합재이고 $X$재의 주어진 가격이 $P_{X_1}$이라고 할 때, 소득이 $M_1(=P_{X_1}x_1)$에서 증가하면 준선형 선호를 지닌 이 소비자의 소득소비곡선은 점 $A$로부터의 수직선이고 이에 따라 $X$재의 엥겔곡선도 수직선이 된다.

## 3.2 가격의 변화

### 가격소비곡선과 수요곡선

이번에는 $X$재의 가격만 변화하는 경우를 보기로 하자. $X$재와 $Y$재의 가격은 각각 $P_{X_1}$과 $P_{Y_1}$이고 일정기간의 소득은 $M_1$일 때의 예산선은 〈그림 3-6〉의 (a)에서 $AB$이고 최적소비계획은 점 $a=(x_1, y_1)$이라고 하자. 소득과 $Y$재의 가격은 변하지 않고 $X$재의 가격만 $P_{X_1}$에서 $P_{X_2}$, $P_{X_3}$으로 하락한다면, 예산선은 $AB$에서 $AC$, $AD$로 변하고 최적소비계획은 점 $b=(x_2, y_2)$, $c=(x_3, y_3)$으로 이동한다. 이와 같이 다른 조건은 불변인 상태에서 $X$재의 가격만 하락할 때 예산선은 수직축의 절편을 고정시킨 채 완만해지고 최적소비계획은 그림에서 검은색으로 표시된 궤적을 그리면서 이동하게 되는데, 이러한 궤적을 **가격소비곡선**(price-consumption curve)이라고 한다.

〈그림 3-6〉의 (b)에서 수직축과 수직축은 각각 $X$재 가격과 일정기간의 $X$재 수요량을 표시한다. 앞에서 소득소비곡선으로부터 엥겔곡선을 유도할 때와 마찬가지로 $X$재에 관하여 가격소비곡선의 각 점이 지니고 있는 가격과 수요량의 관계에 관한 정보를 〈그림 3-6〉의 (b)로 옮기면 다른 조건이 불변인 상태에서 $X$재의 각 가격수준에 대해 어느 개별 소비자가 구입할 용의가 있는 $X$재의 수요량을 표시하는 곡선 $d_X$가 그려지는데, 이 곡선이 바로 제 1장에서 설명한

$X$재의 수요곡선이다. $X$재의 수요곡선은 $Y$재의 가격 $P_Y$와 소득 $M$이 불변일 때 식 (3-1)의 수요함수를 표시한 것이며, $Y$재에 대한 가격소비곡선과 $Y$재의 수요곡선도 마찬가지 방법으로 구할 수 있다.

가격소비곡선으로부터 유도되는 수요곡선은 후에 설명할 보상수요곡선과 구별하기 위하여 **통상적 수요곡선**(ordinary demand curve), **마샬의 수요곡선**

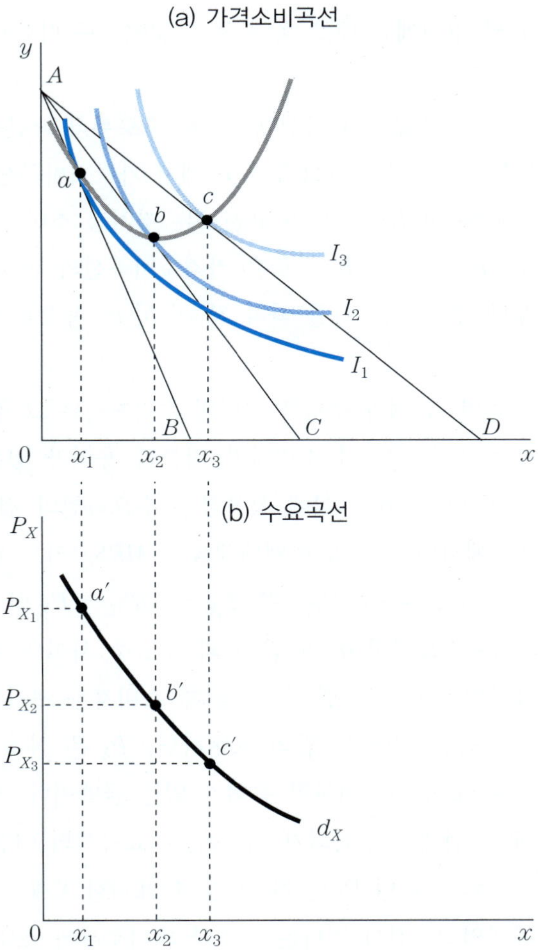


**그림 3-6 가격소비곡선과 수요곡선**
소득과 $Y$재의 가격은 불변인 채 $X$재의 가격만 변할 때 최적소비계획이 이동하는 궤적을 $X$재에 대한 가격소비곡선이라고 하며, 가격소비곡선으로부터 $X$재의 통상적 수요곡선을 유도할 수 있다.

(marshallian demand curve) 또는 **비보상 수요곡선**(uncompensated demand curve)이라고도 불린다. 그렇지만 이 책에서 별도의 설명 없이 '수요곡선' 이라고 하는 경우에는 통상적 수요곡선을 의미한다.

## 수요곡선의 특징

수요곡선은 가격소비곡선의 각 점이 담고 있는 최적소비선택에 관한 정보를 수요량과 가격의 평면에 그대로 옮겨 놓은 것이므로 다음과 같은 몇 가지의 중요한 특징을 갖는다.

첫째, 가격의 하락으로 수요곡선에서 왼쪽으로부터 오른쪽으로 이동할 때 소비자의 효용수준은 증가한다. 〈그림 3-6〉에서 가격소비곡선을 따라 점 $a$, $b$, $c$로 이동하면 무차별곡선 $I_1$, $I_2$, $I_3$이 표시하는 것처럼 소비자의 효용수준은 높아지며, 수요곡선 $d_X$의 점 $a'$, $b'$, $c'$ 등은 가격소비곡선의 점 $a$, $b$, $c$ 등을 옮겨 놓은 것이기 때문에 수요곡선 $d_X$를 따라 점 $a'$, $b'$, $c'$ 등으로 이동할 때 효용수준은 증가한다.

둘째, 수요곡선의 각 점과 수평축 사이의 수직거리는 그 점에서 소비를 1단위 추가할 수 있는 것에 대하여 소비자가 지불할 용의가 있는 금액을 의미한다. 가격소비곡선의 한 점 $a$와 이에 상응하는 수요곡선의 점 $a'$을 예로 들어 보기로 하자. 점 $a$에서의 소비의 한계대체율을 $MRS_C{}^a$라고 할 때 최적소비계획인 점 $a$에서는 $MRS_C{}^a = P_{X_1}/P_{Y_1}$, 즉 $P_{X_1} = MRS_C{}^a \cdot P_{Y_1}$의 관계가 성립하므로 점 $a$에 상응하는 수요곡선 $d_X$의 점 $a'$과 수평축 사이의 수직거리인 $P_{X_1}$은 점 $a'$에서 $X$재 1단위를 더 소비할 수 있을 때 소비자가 포기할 용의가 있는 $Y$재의 수량에 $P_{Y_1}$을 곱한 것이다. 달리 표현하면, $P_{X_1}$은 점 $a'$에서 $X$재 1단위 추가 소비에 대하여 소비자가 지불할 용의가 있는 금액이다. 이와 같은 관계는 수요곡선 $d_X$의 모든 점에서 성립되기 때문에, 수요곡선의 어떤 점에서도 그 점과 수평축 사이의 수직거리인 $P_X$는 화폐단위로 표시한 $X$재 소비의 한계편익을 의미한다. 수요곡선의 각 점이 지니는 이러한 의미로부터 **소비자잉여**(consumer surplus)라는 중요한 개념을 얻을 수 있는데, 이에 관해서는 다음 장에서 살펴보기로 한다.

### 대체재와 보완재

소득소비곡선, 엥겔곡선과 마찬가지로 가격소비곡선과 수요곡선 역시 소비자가 상품들에 관해 어떤 종류의 선호를 지니고 있는가에 따라 그 형태가 달라진다.

그렇다면 〈그림 3-6〉의 (a)에서 U자 형태의 가격소비곡선은 소비자의 어떤 선호를 나타내고 있는 것인가? 앞의 제1장에서 설명한 대로 $Y$재가 $X$재의 대체재인 경우 소득과 $Y$재 가격은 불변인 채 $X$재 가격이 하락하면 $Y$재의 수요량은 감소하고 $X$재 가격이 상승하면 $Y$재 수요량은 증가한다. $Y$재가 $X$재의 보완재인 경우에는 소득과 $Y$재 가격은 변하지 않더라도 $X$재 가격의 하락은 $Y$재의 수요량을 증가시키고 $X$재 가격의 상승은 $Y$재 수요량을 감소시킨다. 따라서 $X$재와 $Y$재가 대체관계에 있을 때 $X$재에 대한 가격소비곡선은 음(−)의 기울기를 갖고 보완관계에 있을 때는 양(+)의 기울기를 지닌다.

$X$재의 가격이 매우 높아서 소비자가 그 상품을 매우 적게 수요할 수밖에 없는 경우에 $Y$재는 $X$재의 대체재가 되지만 $X$재 가격의 하락으로 수요량이 증가함에 따라 $Y$재는 $X$재의 보완재로 바뀌는 것이 일반적이다. 〈그림 3-6〉의 (a)에 표시된 U자 형태의 가격소비곡선은 이를 반영하고 있으며, $X$재 가격이 하락하기 시작해서 가격소비곡선의 점 $b$에 이를 때까지 두 상품은 소비에 있어서 대체관계이지만 $X$재 가격이 더 하락하면 두 상품은 보완의 관계로 바뀐다. 극단적인 경우로 $X$재와 $Y$재가 완전보완의 관계에 있을 때 가격소비곡선은 항상 양(+)의 기울기를 갖는 직선이고 완전대체의 관계에 있을 때는 가격소비곡선은 음(−)의 기울기를 갖는 부분과 0의 기울기를 갖는 부분으로 이루어지는데, 독자들은 이를 스스로 확인해 보기 바란다.

## 3.3 가격효과의 분해

### 대체효과와 소득효과

이 절에서는 가격소비곡선으로부터 유도되는 통상적 수요곡선이 일반적으로 음(−)의 기울기를 지니는 이유를 살펴보기로 한다.

가령 쌀과 사과를 소비하는 소비자에게 하루 소득이 10,000원으로 주어졌고 쌀 1홉과 사과의 1개의 가격은 각각 1,000원과 500원이라고 할 때 소비자의 최적소비계획은 하루 쌀 5홉과 사과 10개를 소비하는 것이라고 하자. 사과의 가격과 소득은 불변인 채 쌀의 가격만 500원으로 하락하였다면, 사과에 비해 쌀의 상대가격이 싸졌을 뿐 아니라 하루 쌀 5홉과 사과 10개를 구입하고도 2,500원의 소득이 남기 때문에 명목소득 10,000원의 실질가치 즉 실질소득은 2,500원만큼 높아졌다고 볼 수 있다. 이와 같이 쌀의 가격변동으로 소비자에게는 두 가지의 변화가 발생한다. 하나는 두 상품 사이의 상대가격이 변동하는 것이고 또 다른 하나는 실질소득이 변하는 것인데, 어떤 상품의 가격변화가 그 상품의 수요량을 변화시키는 이유는 바로 이러한 두 가지 변화 때문인 것이다.

가격의 변화로 상대가격이 변화하면 소비자는 상대적으로 비싸진 상품의 수요량을 감소시키는 대신에 상대적으로 싸진 상품의 수요량을 증가시키며, 이를 **대체효과**(substitution effect)라고 한다. 또한 가격이 변화해서 실질소득이 변하면 각 상품의 수요량이 변하게 되는데, 이를 **소득효과**(income effect)라고 한다. 어떤 상품의 가격변화가 그 상품에 수요량에 미치는 효과는 이러한 대체효과와 소득효과의 합이라고 할 수 있다.

나중에 다시 설명하겠지만, 무차별곡선이 선호방향과 반대로 볼록하다면 대체효과에 의한 수요량 변동의 방향은 항상 가격변동의 방향과 반대가 된다. 즉 어떤 상품의 가격이 상승하면 대체효과에 의해 그 상품의 수요량은 감소하고 가격이 하락하면 대체효과에 의해 그 수요량은 증가한다. 그러나 소득효과에 의한 수요량의 변동방향은 그 상품이 정상재인가 또는 열등재인가에 따라 달라진다. 어떤 상품의 가격하락으로 실질소득이 증가했을 때 소득효과에 의해 정상재인 경우에 그 수요량이 증가하지만 열등재인 경우에는 그 수요량이 감소한다.

### $X$재가 정상재인 경우

다른 조건들은 모두 불변인 상태에서 어떤 상품의 가격만 변할 때 그 상품의 수요량 변화는 대체효과에 의한 변화와 소득효과에 의한 변화로 정확하게 분해될 수 있다. 먼저 $X$재를 정상재라고 가정해서 $X$재의 가격만 변할 때의 대체효과와 소득효과를 살펴보도록 하자.

$X$재와 $Y$재의 가격은 각각 $P_{X_1}$과 $P_{Y_1}$이고 일정기간의 소득은 $M_1$일 때 예산선은 〈그림 3-7〉의 (a)에서 $AB$이고 최적소비계획은 점 $a=(x_1, y_1)$이라고 하자. 다른 조건들은 모두 불변인 채 $X$재의 가격만 $P_{X_1}$에서 $P_{X_2}$로 $\Delta P_X(=P_{X_2}-P_{X_1})$만큼 하락하였을 때($\Delta P_X$의 부호는 음(−)임), 예산선은 $AC$로 바뀌고 최적소비계획은 점 $b=(x_2, y_2)$로 이동하였다고 하자. 물론 점 $a$와 $b$는 가격소비곡선의 두 점이며, 이에 상응하는 수요곡선의 두 점은 〈그림 3-7〉의 (b)에서 점 $a'$과 $b'$으로 표시되어 있다. $X$재 가격의 하락으로 수요곡선 $d_X$를 따라 수요량이 $x_1$에서 $x_2$로 $\Delta x(=x_2-x_1)$만큼 증가하는 것을 **가격효과**(price effect)라고 부를 때, 이를 대체효과와 소득효과로 정확하게 분해해 보기로 하자.

가격효과 중에서 상대가격의 변화만으로 수요량이 변하는 대체효과를 분리해 내기 위해서는 가격이 변해도 실질소득에는 아무런 변화가 생기지 않는 상황을 설정해야 한다. 이를 위해서는 먼저 $X$재의 가격변동이 소비자의 실질소득을 얼마나 변화시키는가를 계산할 필요가 있다.

〈그림 3-7〉에서 $X$재의 가격이 하락하기 전의 최적소비계획 $a$를 구입할 때의 지출은 $P_{X_1}x_1+P_{Y_1}y_1(=M_1)$이며, $X$재의 가격이 $P_{X_2}$로 하락한 후에도 여전히 점 $a=(x_1, y_1)$을 구입한다면 소비자는 $P_{X_2}x_1+P_{Y_1}y_1$만큼만 지출하면 된다. 따라서 $P_{X_2}x_1+P_{Y_1}y_1$을 $M_2$라고 표시할 때 $X$재의 가격이 $\Delta P_X$만큼 하락한다면 소비자는 점 $a$를 구입하고도 $\Delta M=M_1-M_2$만큼의 소득을 남길 수 있으며, 이는 가격의 하락으로 실질소득이 다음과 같이 증가한다는 것을 의미한다.

$$\Delta M=M_1-M_2=(P_{X_1}-P_{X_2})x_1=-\Delta P_X x_1 \tag{3-10}$$

위의 식은 $X$재의 가격이 상승하는 경우에도 그대로 적용된다. $X$재의 가격이 상승하는 경우에 $\Delta P_X$의 부호는 양(+)이므로 가격의 상승으로 실질소득은 $-\Delta P_X x_1$만큼 감소하게 된다.

가격효과 중에서 대체효과만을 분리하기 위해 $X$재 가격이 $P_{X_1}$에서 $P_{X_2}$로 $\Delta P_X$만큼 하락해도 실질소득에는 아무런 변화가 없는 상황을 만들기 위한 방법 중 하나는 명목소득 $M_1$에서 $X$재의 가격하락에 의한 실질소득의 증가폭 $-\Delta P_X x_1$을 소비자로부터 잠시 빼앗는다고 가정하는 것이다. 이때 소비자가 가상적으로 직면하게 되는 예산선은 〈그림 3-7〉의 (a)에서 기울기가 직선 $AC$

와 같으면서 점 $a$를 지나는 점선 $DE$가 된다. $X$재의 가격이 $P_{X_2}$로 하락해도 실질소득은 변하지 않도록 만들었기 때문에 예산선은 상대가격의 변화만을 반영해서 $AB$에서 $DE$로 이동하는 것이다. 가상적 예산선 $DE$에서의 최적소비계획을 점 $c=(x_3, y_3)$이라고 한다면 점 $a$에서 점 $c$로 이동하는 것이 $X$재의 상대가격하락으로 발생하는 대체효과이며, 대체효과에 의해 $X$재의 수요량은 $x_1$에서 $x_3$으로 증가한다.

대체효과를 분리해 내기 위하여 가상적으로 빼앗았던 실질소득의 증가폭 $-\Delta P_X x_1$을 소비자에게 되돌려 주면, 예산선은 $DE$에서 $AC$로 평행하게 이동한다. 이때 점 $c$에서 점 $b$로 이동하는 것이 실질소득의 증가만으로 발생하는 소득효과이고 소득효과에 의하여 정상재인 $X$재의 수요량은 $x_3$에서 $x_2$로 증가한다. 이와 같은 방법으로 우리는 가격효과를 대체효과와 소득효과로 분해할 수 있으며, 정상재인 $X$재의 가격이 하락할 때 대체효과와 소득효과는 모두 가격의 변화방향과 반대로 나타나서 $X$재의 수요량을 증가시킨다. 같은 방법으로 $X$재의 가격이 상승할 때의 가격효과 역시 대체효과와 소득효과로 분해할 수 있으며, 정상재인 $X$재의 가격이 상승하면 대체효과와 소득효과 모두 그 수요량을 감소시키는 것으로 나타난다. 이처럼 $X$재가 정상재인 경우 대체효과와 소득효과는 모두 가격의 변동방향과 반대로 나타나기 때문에 $X$재 수요곡선의 기울기는 음(−)의 부호를 지닌다.

## 슬러츠키와 힉스의 분해법

가격효과 중에서 대체효과만을 분리하기 위해서는 가격이 변해도 실질소득은 불변인 경우를 가정해야 한다. 위에서는 소득을 가격변동 전의 최적소비계획을 구입하기 위해 필요한 소비지출액과 같도록 고정시킬 때 실질소득에는 변화가 없는 것으로 가정해서 가격효과를 대체효과와 소득효과로 분해하였으며, 이는 슬러츠키(E. Slutsky)에 의해 제시된 방법이다. 그러나 슬러츠키방법은 실질소득을 정확하게 고정시킬 수 있는 방법은 아니다. 〈그림 3-7〉의 (a)를 보면 가상적 예산선 $DE$의 점 $c$에서 소비자는 가격이 하락하기 전보다 높은 효용수준을 얻으며, 이는 명목소득 $M_1$에서 $-\Delta P_X x_1$을 빼앗는다고 해도 실질소득은 약간 증가한다는 것을 의미한다. 이 때문에 가격이 하락하는 경우에 슬러츠

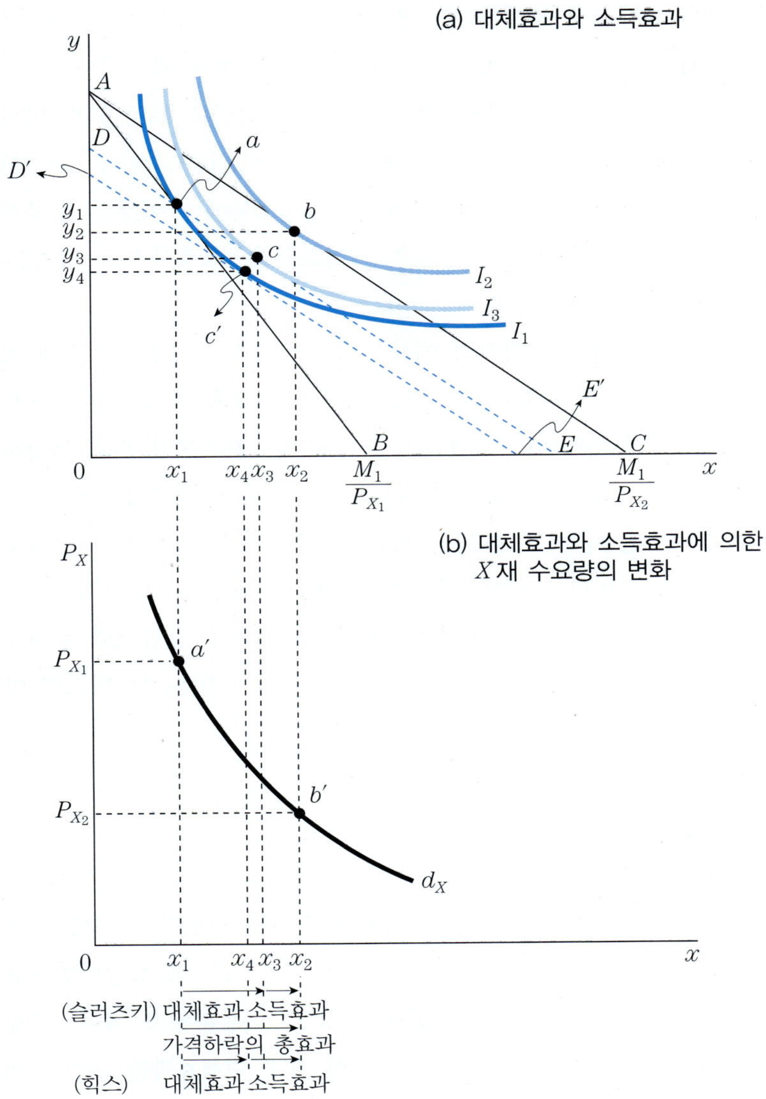


**그림 3-7 가격효과의 분해($X$재가 정상재인 경우)**

$X$재 가격의 하락에도 불구하고 실질소득을 가격하락 전의 최적소비계획인 점 $a$의 구입에 필요한 소비지출액과 동일하도록 고정시키는 경우(슬러츠키방법) 점 $a$에서 점 $c$로 이동하는 것이 대체효과이고 점 $c$에서 점 $b$로 이동하는 것은 소득효과이다. $X$재의 가격이 하락해도 소비자의 효용수준에는 아무런 변화가 없도록 실질소득을 고정시키는 경우(힉스방법) 점 $a$에서 점 $c'$으로 이동하는 것이 대체효과이고 점 $c'$에서 $b$로 이동하는 것이 소득효과이다. $X$재가 정상재인 경우 대체효과와 소득효과는 모두 가격변동의 방향과 반대로 나타나기 때문에 수요곡선의 기울기는 음(−)의 부호를 지닌다.

키방법에 의한 대체효과 중에 일부는 소득효과이며, 슬러츠키방법은 대체효과를 실제보다 과대하게 표시한다고 볼 수 있다. 반면에 가격이 상승하는 경우에는 슬러츠키방법에 의한 대체효과는 실제보다 과소하게 표시된다.

그렇다면 실질소득을 정확하게 고정시키는 방법은 무엇일까? 바로 최적소비계획이 아니라 효용수준을 실질소득의 기준으로 삼는 것이다. 즉 가격변동에도 불구하고 효용수준이 변하지 않을 때 실질소득에는 아무런 변화가 없다고 보는 것이다. 효용수준을 기준으로 실질소득을 고정시키는 방법은 힉스(J. Hicks)에 의해 제시되었다.

힉스에 의한 방법은 가상적 예산선 $DE$ 대신에 무차별곡선 $I_1$에 접하고 기울기는 직선 $AC$(또는 $DE$)와 같은 가상적 예산선 $D'E'$를 그리는 것이다. 이 경우 $X$재의 가격이 하락해도 소비자의 효용수준은 가격하락 전과 동일하다는 점에서 실질소득은 정확하게 고정되었다고 볼 수 있다. 힉스방법에 의할 때 점 $a$에서 점 $c' = (x_4, y_4)$로 이동하는 것이 대체효과이고 점 $c'$에서 점 $b$로 이동하는 것이 소득효과이다. 가격의 변화폭이 매우 작을수록 〈그림 3-7〉의 (a)에서 점 $c$와 점 $c'$은 서로 가까워지므로 가격효과를 어떤 방법으로 분해하든지 그 차이는 매우 미미하게 된다. 앞으로 별도의 언급이 없는 한 힉스의 방법을 사용하기로 한다.

## $X$재가 열등재인 경우

$X$재가 열등재라면 가격효과는 어떻게 분해될 것인가? 〈그림 3-8〉에서 $X$재는 열등재이고 $X$재의 가격이 이번에는 $P_{X_1}$에서 $P_{X_2}$로 상승하였다고 가정하자. 그리고 이에 따라 예산선은 $AB$에서 $AC$로 이동하였고 최적소비계획은 점 $a$에서 점 $b$로 바뀌었다고 하자. 힉스방법에 따라 대체효과를 구별해 내기 위해 무차별곡선 $I_1$에 접하면서 예산선 $AC$와 같은 기울기를 지니는 가상적 예산선 $DE$를 그리고 그 위에서의 최적소비계획을 점 $c$라고 한다면, 점 $a$에서 점 $c$로 이동하는 것이 $X$재의 상대가격 상승으로 발생하는 대체효과이고 점 $c$에서 점 $b$로 이동하는 것이 실질소득의 하락으로 발생하는 소득효과이다. 대체효과에 의해 $X$재의 수요량은 $x_1$에서 $x_3$으로 감소하지만, 소득효과에 의해서는 $x_3$에서 $x_2$로 증가한다.

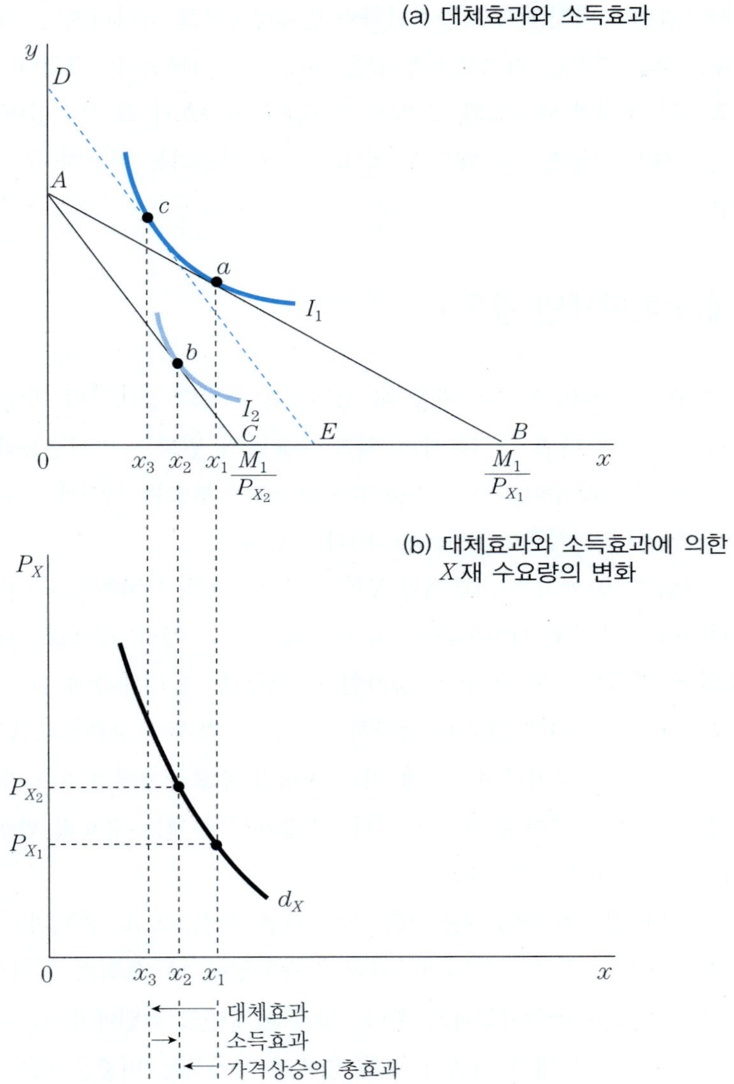


**그림 3-8 가격효과의 분해(X 재가 열등재인 경우)**

열등재인 $X$재의 가격이 상승한다면 그 수요량은 대체효과에 의해 $x_1$에서 $x_3$으로 감소하고 소득효과에 의해서는 $x_3$에서 $x_2$로 증가한다. 이와 같이 열등재의 가격이 변할 때 대체효과와 소득효과는 서로 반대 방향으로 나타난다. 그러나 대체효과 크기의 절대값이 소득효과 크기의 절대값을 능가한다면, 열등재인 $X$재 수요곡선의 기울기는 여전히 음(−)의 부호를 지닌다.

이와 같이 열등재의 가격이 변하면, 대체효과에 의한 수요량의 변화는 정상재의 경우와 마찬가지로 가격변화와 반대방향으로 나타나지만 소득효과에 의한 수요량의 변화는 가격변동과 같은 방향으로 나타난다. 그러나 〈그림 3-8〉에 표시된 것처럼 대체효과 크기의 절대값이 소득효과 크기의 절대값을 능가한다면, $X$재가 열등재라고 해도 그 수요곡선의 기울기는 여전히 음(−)의 부호를 지닌다.

## $X$재가 기펜재인 경우

어떤 열등재의 가격이 변할 때 소득효과 크기의 절대값이 대체효과 크기의 절대값을 능가한다면 가격효과에 의한 수요량의 변화는 가격변동과 같은 방향으로 나타나므로 수요곡선의 기울기는 양(+)의 부호를 지니게 되는데, 이러한 열등재를 가리켜 **기펜재**(Giffen goods)라고 한다.

〈그림 3-9〉에서는 기펜재인 $X$재의 가격효과를 분해하였다. 열등재인 $X$재의 가격이 상승하면 대체효과에 의해 수요량은 $x_1$에서 $x_3$으로 감소하지만 소득효과에 의해서 $x_3$에서 $x_2$로 증가한다. 그런데 그 절대값에 있어서 소득효과의 크기가 대체효과의 크기를 능가하기 때문에 가격의 상승으로 $X$재의 수요량은 $x_1$에서 $x_2$로 증가하며, 이에 따라 $X$재의 수요곡선에는 기울기가 양(+)의 부호를 지니는 구역이 존재하게 된다. 기펜재의 존재는 수요의 법칙에 대한 예외적 현상이라고 할 수 있다.

수요의 법칙에 어긋나는 기펜재가 과연 현실적으로 존재하는가? 19세기 아일랜드에서는 흉년으로 감자가격이 상승하였을 때 오히려 감자의 수요량이 증가하는 현상이 관찰되었다고 한다. 당시 아일랜드 농민에게 감자는 주식이었기 때문에 감자에 대한 지출이 소득 중에서 차지하는 비중은 매우 높았다. 이런 상황에서 감자의 가격상승은 소비자의 실질소득을 크게 감소시켰고, 쇠고기 등 다른 비싼 음식을 구입하기가 더욱 어려워진 소비자들은 감자의 수요량을 더욱 늘렸을 수도 있다.

19세기 아일랜드에서 감자가 실제로 기펜재였는지는 분명하지 않다. 그러나 열등재인 어떤 상품이 기펜재가 되기 위해서는 가격변동과 같은 방향으로 나타나는 소득효과가 매우 커야 하는데, 이를 위한 조건은 명백하다. 첫째는

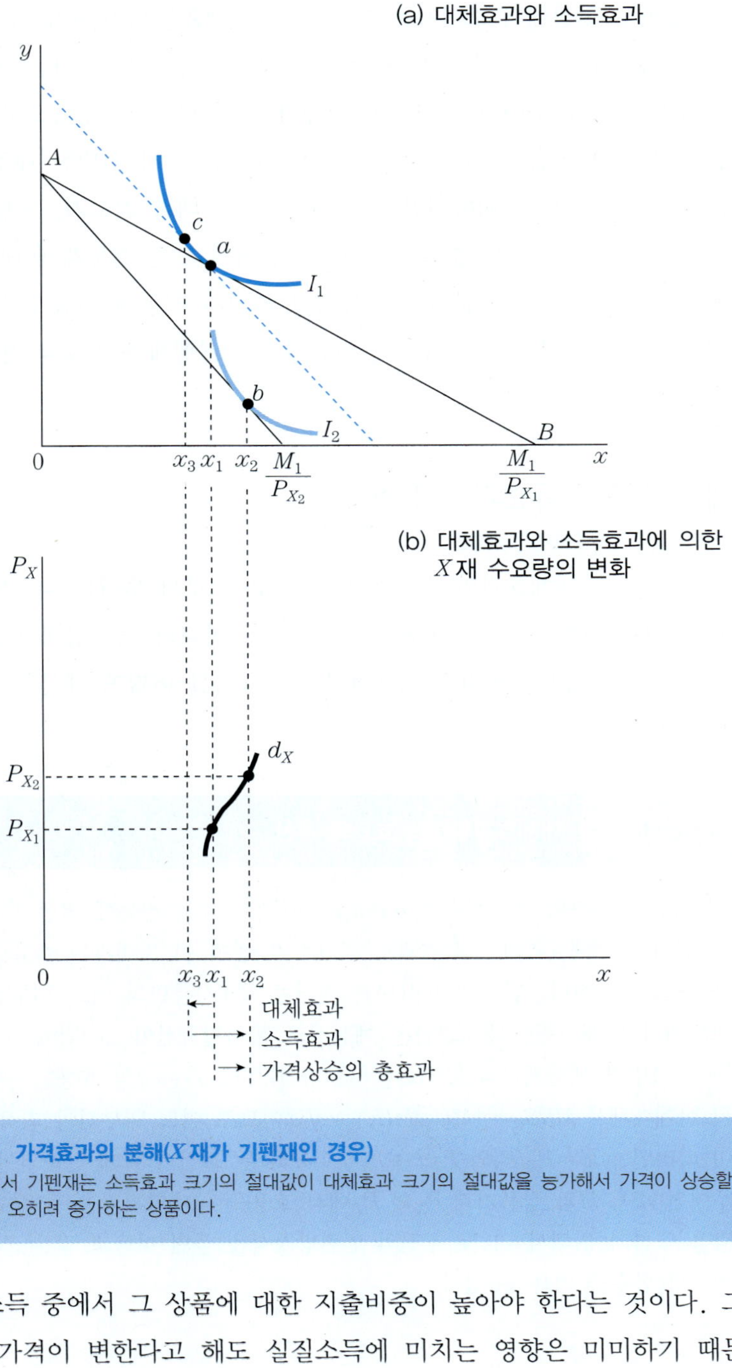


**그림 3-9 가격효과의 분해(X재가 기펜재인 경우)**
열등재 중에서 기펜재는 소득효과 크기의 절대값이 대체효과 크기의 절대값을 능가해서 가격이 상승할 때 수요량은 오히려 증가하는 상품이다.

소비자의 소득 중에서 그 상품에 대한 지출비중이 높아야 한다는 것이다. 그렇지 않으면 가격이 변한다고 해도 실질소득에 미치는 영향은 미미하기 때문이다. 둘째는 그 상품의 대체효과가 작아야 한다는 것이다.

그렇지만 현실에서 소비자는 여러 종류의 상품을 소비하기 때문에 어떤 한 가지 상품에 대한 지출이 소득 중에서 높은 비중을 차지하기는 매우 어렵다. 여러 가지 상품을 묶어서 음식, 의복 등과 같이 한 가지 상품으로 정의한다면 소득 중에서 그 상품의 지출비중은 높아지겠지만 앞서 설명한 대로 그 상품이 열등재가 될 가능성은 희박해진다. 또한 감자에 대한 쇠고기, 석탄에 대한 석유, 대중교통수단에 대한 승용차 등과 같이 거의 모든 열등재에 대해서는 소득이 높아지면서 대체재가 출현할 가능성이 커지기 때문에 열등재의 대체효과는 오히려 크다고 볼 수 있다. 따라서 현실적으로 기펜재가 존재할 가능성은 매우 낮다.

## 대체효과와 소득효과의 응용

가격효과를 대체효과와 소득효과로 분해함으로써 우리는 수요의 법칙이 일반적으로 관찰되는 이유를 이해할 수 있을 뿐 아니라 경제정책의 효과도 적절하게 분석할 수 있다. 먼저 대체효과와 소득효과를 어떻게 계산할 수 있는가를 알아보기로 한다.

**예 3-1　대체효과와 소득효과의 계산**

어떤 소비자의 효용함수가 $u = xy$라고 하자. 가격변동에 의한 $X$재 수요량의 변화를 대체효과와 소득효과로 분해하기 전에 이 소비자의 수요함수의 식을 구하기로 한다. 앞장에서 살펴본 것처럼 제1사분면의 어느 내부점이 최적소비계획일 때 만족되는 조건은 예산선과 무차별곡선이 그 점에서 접한다는 식 (2-10)과 예산제약식 (2-11)의 두 가지이다. $u = xy$의 효용함수에서 소비의 한계대체율 $MRS_C = |MU_X/MU_Y| = y/x$이므로 어느 내부점이 최적소비계획이 되려면 $y/x = P_X/P_Y$와 $P_X x + P_Y y = M$의 두 조건이 함께 만족되어야 한다. 주어진 소득 $M$과 상품가격 $P_X$와 $P_Y$에서 효용을 극대화시키는 두 상품의 수요량을 구하기 위해서 위 두 조건의 연립방정식을 풀면 다음과 같은 $X$재와 $Y$재의 수요함수를 얻을 수 있다.

$$x = \frac{M}{2P_X} \quad (3\text{-}11)$$

$$y = \frac{M}{2P_Y} \quad (3\text{-}12)$$

위 수요함수가 지니는 한 가지 특징은 각 상품 모두 그 수요량이 관련재의 가격과는 무관하다는 것이다. 즉 효용함수가 $u = xy$와 같은 유형일 때 $X$재와 $Y$재는 대체관계도 아니고 보완관계도 아닌 독립적 관계에 있다.

구체적 숫자를 사용하여 이 소비자의 대체효과와 소득효과를 계산하기로 한다. 주어진 소득 $M$은 72원이고 $P_X$와 $P_Y$는 각각 4원과 1원이라고 할 때 위 식 (3-11)과 (3-12)에 따라 최적소비계획은 〈그림 3-10〉에서 $X$재 9단위와 $Y$재 36단위를 수요하는 점 $a$이고 극대화된 효용수준은 $9 \times 36 = 18^2$이다.

다른 조건들은 불변이고 $X$재의 가격만 9원으로 상승하면 최적소비계획은 점 $a$에서 $X$재 4단위와 $Y$재 36단위를 수요하는 점 $b$로 이동한다. 이때 점 $a$에서 $-9$의 기울기를 지니는 가상적 예산선과 무차별곡선 $I_a$가 접하는 점 $c$로 이동하는 것이 대체효과이고 점 $c$에서 점 $b$로 이동하는 것이 소득효과이다. 따라서 가격의 상승으로 인한 5단위의 $X$재 수요량 감소를 대체효과와 소득효과로 나누기 위해서는 점 $c = (x_S, y_S)$의 소비계획을 구하면 된다. 무차별곡선 $I_a$와

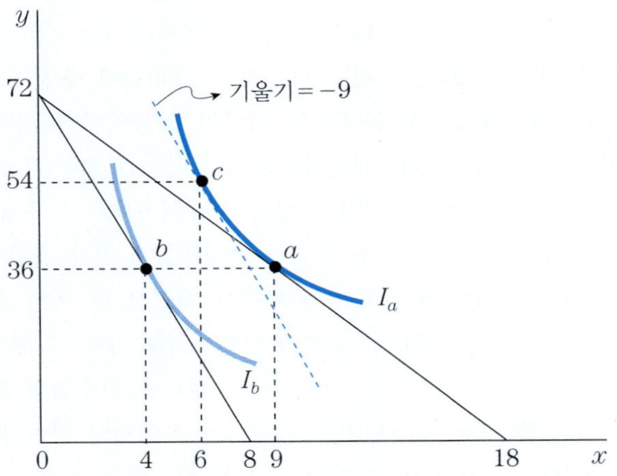


**그림 3-10 대체효과와 소득효과의 계산**

$X$재 가격이 4원에서 9원으로 상승하면 그 수요량은 대체효과에 의해 3단위 감소하고 소득효과에 의해서는 2단위가 감소하여 모두 5단위가 감소한다.

$-9$의 기울기를 지니는 가상적 예산선의 접점인 점 $c$는 $MRS_C = P_X/P_Y$의 관계인 $y/x = 9$와 점 $c$에서의 효용은 점 $a$에서의 효용과 동일하다는 $U(c) = xy = 18^2$의 두 조건을 함께 만족하므로 이들을 연립방정식으로 풀면 $c = (x_S,\ y_S) = (6,\ 54)$를 얻을 수 있다. 즉 $X$재의 가격이 4원에서 9원으로 상승하면 그 수요량은 대체효과에 의해 3단위 감소하고 소득효과에 의해서는 2단위가 감소하여 모두 5단위가 감소하는 가격효과가 발생하는 것이다.

정부는 특정상품의 소비를 억제할 목적으로 물품세 등의 간접세를 부과하면서 동시에 조세수입을 다시 소비자들에게 돌려주는 정책을 사용하는 경우가 있다. 거두어들인 세금을 다시 돌려준다면 소비의 억제라는 목표는 이루어질 수 없을 것이라고 생각할 수 있겠지만 대체효과와 소득효과의 개념을 응용하면 그러한 생각은 잘못된 것임을 잘 이해할 수 있다. 다음의 예를 살펴보도록 하자.

**예 3-2** **자동차에 대한 보유세와 주행세**

우리나라를 비롯한 상당수의 국가들은 차량운행을 억제하여 교통혼잡과 공해 물질 배출을 감소시킨다는 취지로 자동차관련세제를 보유세의 개념에서 주행세의 개념으로 바꾸고 있다. 우리나라의 경우 2000년에 주행세가 도입되어 2011년 현재 리터당 약 138원(유류세의 기본인 교통에너지환경세 529원의 26%)의 주행세가 부과되고 있다. 네덜란드의 경우에는 교통량 15% 감소와 공해물질 배출 10% 감소를 목표로 2012년부터 차량취득세와 보유세를 전면 폐지하는 대신 운행거리에 따라 세금을 물리는 주행세를 도입할 예정이다.

자동차관련세금을 보유세에서 주행세 위주로 개편할 때 어떤 효과가 발생할 것인가를 다음의 〈그림 3-11〉을 통하여 살펴보기로 하자. 그림에서 수평축은 일주일의 휘발유 소비량(단위는 리터)이고 수직축은 일주일의 소득 중에서 휘발유에 대한 지출을 제외한 나머지를 표시하는 복합재의 양이다. 세제개편이 있기 전의 예산선은 $AB$이고 최적소비계획은 점 $a$라고 하자. 주행세 도입으로 인한 휘발유세 인상으로 휘발유의 소비자가격이 상승하였고 이에 따라 예산선은 $AC$로 가팔라졌으며 최적소비계획은 점 $b$로 바뀌었다고 하자. 여기에서 한 가지 주목할 것은 예산선 $AB$와 $AC$사이의 수직거리는 휘발유세의 인상으로 소비자가 부담하는 세액의 증가폭이라는 사실이다. 가령 일주일에 휘발유를 $x_2$만큼 소비한다고 할 때 휘발유세가 인상되기 전에는 소득 중에서 기타 상품에 $0D$만큼을 지출할 수 있었으나 인상된 후에는 똑같은 $x_2$를 소비한다고 해도 기타 상품에 $0E$밖에는 지출할 수 없으므로 $DE$는 바로 소비자가 부담하는 휘발유세의 증가폭인 것이다.

그런데 주행세의 강화와 함께 보유세인 자동차세를 인하한다는 것은 곧 소비자의 입장에서 소득의 증가를 의미한다. 이에 따라 예산선은 $AC$에서 다시 위로 평행하게 이동할 것이고 자동차세의 인하폭에 따라 예산선의 위치와 최종적인 최적소비계획이 결정될 것이다. 세제개편의 목적이 조세수입의 증대가 아니고 휘발유 소비의 억제이므로 정부는 자동차세를 휘발유세의 인상으로 인한 소비자 부담세액의 증가폭만큼 인하한다는 방침을 정하였다고 하자. 이 경우 휘발유 소비에는 어떠한 변화가 생길까?

앞서 이야기한 대로 자동차세의 인하는 곧 소득의 증가를 의미하므로 최종적 최적소비계획은 점 $b$를 지나는 소득소비곡선의 한 점에서 결정된다. 자동차세의 인하폭을 소비자가 부담하는 휘발유세의 증가폭과 정확하게 같도록 정한다면, 최적소비계획은 소득소비곡선과 예산선 $AB$가 교차하는 점 $c$가 된다.

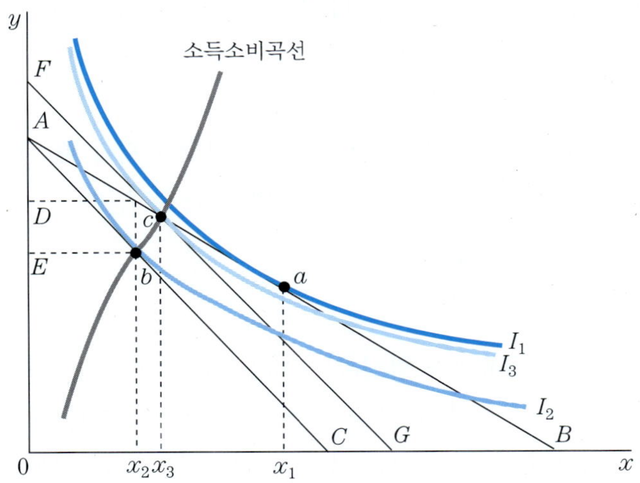


**그림 3-11 휘발유세 인상과 자동차세 인하의 효과**

정부가 주행세의 성격을 지닌 휘발유 교통세의 인상과 보유세의 성격을 지닌 자동차세의 인하를 동시에 추진한다고 할 때, 자동차세 인하는 휘발유세 인상으로 인한 대체효과와 소득효과 중에서 소득효과의 일부만 잠식하고 대체효과에는 아무런 영향을 주지 않기 때문에 휘발유의 소비량은 $x_1$에서 $x_3$으로 감소한다.

즉 예산선이 점 $c$를 지나는 $FG$가 되도록 자동차세를 $AF$만큼 인하할 때 최적 소비계획은 점 $c$가 되는데, 이때 소비자가 부담하는 휘발유세의 증가폭은 점 $c$에서 예산선 $AB$와 $AC$ 사이에 수직거리인 $AF$가 되는 것이다. 점 $c$는 점 $a$보다는 훨씬 왼쪽에 위치하므로 위와 같은 자동차관련 세제개편은 휘발유 소비를 억제하는 데 충분한 효과를 발휘한다고 볼 수 있다. 자동차세 인하는 휘발유세 인상으로 인한 대체효과와 소득효과 중에서 소득효과의 일부를 잠식하지만 대체효과에는 아무런 영향을 끼치지 못하기 때문이다.

## 슬러츠키방정식

앞의 〈그림 3-7〉에서는 $X$재 가격이 $\Delta P_X(=P_{X_2}-P_{X_1})$만큼 하락하는 경우의 가격효과를 슬러츠키방법으로 분해할 때 $X$재 수요량은 대체효과에 의해 $x_3-x_1$만큼 증가하고 소득효과에 의해 $x_2-x_3$만큼 증가하는 것으로 표시되고 있다. 대체효과와 소득효과에 의한 수요량 증가를 각각 $\Delta x_S$와 $\Delta x_M$으로 나타낼 때, 가격효과 $\Delta x(=x_2-x_1)$는 다음과 같이 표시될 수 있다.

$$\Delta x=\Delta x_S+\Delta x_M \tag{3-13}$$

식 (3-13)의 양변을 $P_X$로 나누면, $X$재 가격이 1원 하락할 때 그 수요량에 미치는 효과를 나타내는 다음의 식 (3-14)를 얻을 수 있다.

$$\frac{\Delta x}{\Delta P_X}=\frac{\Delta x_S}{\Delta P_X}+\frac{\Delta x_M}{\Delta P_X} \tag{3-14}$$

$\Delta x_M/\Delta P_X$의 소득효과가 발생하는 이유는 $X$재 가격이 $\Delta P_X$만큼 하락해서 실질소득이 $\Delta M=-\Delta P_X x_1$만큼 증가하고(앞의 식 (3-10)) 이에 따라 정상재인 $X$재의 수요량이 증가하기 때문이다. 따라서 식 (3-14)에서 $\Delta x_M/\Delta P_X$은 $(\Delta x_M/\Delta M)\times(\Delta M/\Delta P_X)$라고 표기할 수 있고 $\Delta M/\Delta P_X=-x_1$이기 때문에, 식 (3-14)는 다음과 같이 다시 쓸 수 있다.

$$\frac{\Delta x}{\Delta P_X}=\frac{\Delta x_S}{\Delta P_X}+\frac{\Delta x_M}{\Delta M}(-x_1)$$

또는

$$\frac{\Delta x}{\Delta P_X} = \frac{\Delta x_S}{\Delta P_X} - x_1 \frac{\Delta x_M}{\Delta M} \tag{3-15}$$

위의 식 (3-15)는 **슬러츠키방정식**(Slutsky equation)이라고 불리며, $X$재 가격의 1원 변화에 의한 가격효과를 대체효과와 소득효과의 합으로 표현한 것이다.

슬러츠키방정식을 사용하면 우리는 가격효과를 좀 더 분명히 이해할 수 있다. 선호순서가 강볼록성의 가정을 충족시키는 경우에 대체효과인 $\Delta x_S / \Delta P_X$의 부호는 항상 음(−)이다. $X$재가 정상재인 경우 $\Delta x_M / \Delta M$의 부호는 양(+)이기 때문에 소득효과인 $-x_1 \times \Delta x_M / \Delta M$의 부호는 항상 음(−)이 된다. 따라서 $X$재 가격의 1원 변화에 의한 가격효과인 $\Delta x / \Delta P_X$의 부호는 항상 음(−)이며, 수요의 법칙은 예외 없이 성립한다. $\Delta x_M / \Delta M$의 부호가 음(−)인 열등재의 경우 소득효과인 $-x_1 \times \Delta x_M / \Delta M$의 부호가 양(+)이기 때문에 $\Delta x / \Delta P_X$의 부호는 대체효과와 소득효과 크기의 절대값에 달려 있다.

## 3.4 보상수요곡선

### 보상수요곡선의 도출

앞에서는 가격변화에 따른 최적소비계획의 변화를 대체효과와 소득효과로 분해하였으며, 가격소비곡선으로부터 도출되는 통상적 수요곡선에는 이 두 가지 효과가 모두 반영되어 있다. 이에 대하여 대체효과만을 반영하는 수요곡선을 유도할 수도 있다.

〈그림 3-12〉의 (a)에는 다른 조건들이 불변인 채 정상재인 $X$재의 가격만 $P_{X_1}$에서 $P_{X_2}$로 하락하거나 또는 $P_{X_3}$으로 상승하는 경우의 가격효과를 힉스방법에 따라 대체효과와 소득효과로 분해한 결과가 표시되어 있다. $X$재의 가격변동에도 불구하고 가격변동 전의 효용수준(즉 무차별곡선 $I_1$이 표시하는 효용수준)이 그대로 유지되도록 실질소득을 고정시킨다고 할 때, 가격이 $P_{X_2}$로 하락하면 대체효과에 의해 $X$재 수요량은 $x_1$에서 $x_4$로 증가하고 가격이 $P_{X_3}$으로 상승하면

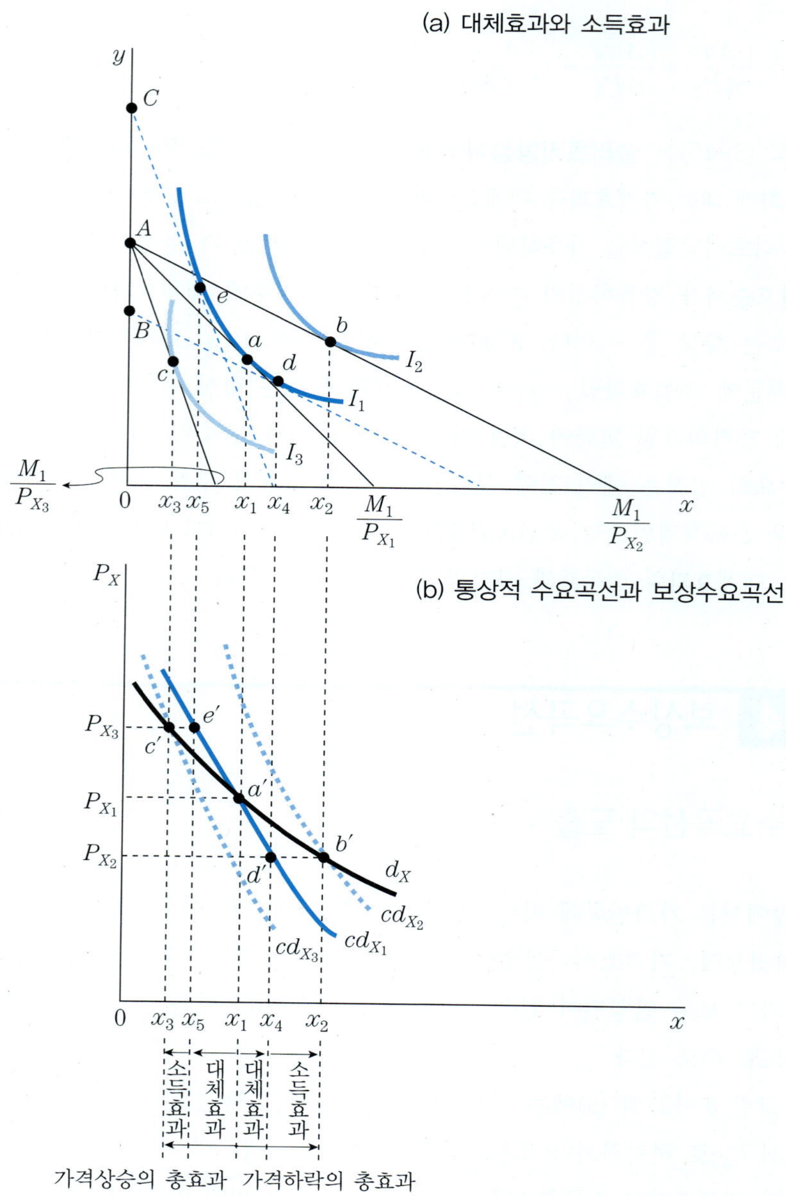


**그림 3-12 보상수요곡선의 도출**

$X$재의 가격이 $P_{X1}$로부터 변하는 경우 대체효과만을 고려할 때 가격의 하락으로 수요량은 $x_1$에서 $x_4$로 증가하고 가격의 상승으로 수요량은 $x_1$에서 $x_5$로 감소한다. 가격변동에 따라 이러한 대체효과만을 표시하면 점 $a'$, $e'$, $d'$ 등을 지나는 파란색의 보상수요곡선 $cd_{X1}$을 구할 수 있다.

대체효과에 의해 $X$재 수요량은 $x_1$에서 $x_5$로 감소한다.

따라서 $X$재의 가격이 $P_{X_1}$로부터 변하는 경우에 대체효과만을 고려한 수요량의 변화를 표시하면 〈그림 3-12〉의 (b)에서 점 $a'$, $e'$, $d'$ 등을 지나는 파란색의 곡선 $cd_{X_1}$을 얻을 수 있으며, 이러한 곡선을 **보상수요곡선**(compensated demand curve), **힉스의 수요곡선**(Hicksian demand curve) 또는 **효용불변 수요곡선**(constant utility demand curve)이라고 부른다. 보상수요곡선이라고 불리는 이유는 대체효과만을 반영한 수요량(즉 보상수요량)을 표시하기 위해서 가격이 상승할 때는 그로 인한 실질소득의 하락을 보상해 주고 가격이 하락할 때는 그로 인해 실질소득이 증가한 것만큼을 빼앗아서(즉 음(−)의 보상) 실질소득을 고정시키기 때문이다.

## 보상수요곡선과 통상적 수요곡선의 비교

대체효과만을 고려한 보상수요곡선은 대체효과와 소득효과를 모두 나타내는 통상적 수요곡선에 비하여 다음과 같은 차이를 지닌다.

첫째, 소비자의 선호순서가 강볼록성을 만족시키는 한 보상수요곡선의 기울기는 항상 음(−)이다. 기펜재의 통상적 수요곡선은 일부 구역에서 양(+)의 기울기를 지니지만, 이 경우에도 그 보상수요곡선의 기울기는 항상 음(−)이 된다.

둘째, 정상재의 경우 대체효과와 소득효과는 서로 같은 방향으로 나타나기 때문에 대체효과만을 반영하는 보상수요곡선의 기울기는 〈그림 3-12〉의 (b)에 표시된 것처럼 통상적 수요곡선 $d_X$보다 가파르다. 그러나 열등재의 경우에는 대체효과와 소득효과의 방향이 서로 반대이므로 통상적 수요곡선의 기울기가 보상수요곡선보다 가파르게 된다.

셋째는 통상적 수요곡선과 보상수요곡선의 이동요인이 서로 다르다는 것이다. 통상적 수요곡선의 이동요인은 다른 상품의 가격변동과 소득의 변동이지만 보상수요곡선은 다른 상품의 가격과 주어진 효용수준이 변할 때 그 위치가 이동한다.

통상적 수요곡선과 보상수요곡선 사이의 세 번째 차이점에 관해서는 추가적 설명이 필요하다. 〈그림 3-12〉의 (b)에서 통상적 수요곡선 $d_X$를 따라 점

$c'$, $a'$, $b'$으로 이동하면 소비자의 효용수준은 증가한다. 그러나 $X$재 가격이 $P_{X_1}$로부터 변하는 경우 유도된 보상수요곡선 $cd_{X_1}$의 어떤 점에서도 소비자는 똑같은 효용수준(무차별곡선 $I_1$이 표시하는 효용수준)을 얻는다. 즉 보상수요곡선 $cd_{X_1}$을 유도할 때는 통상적 수요곡선의 점 $a'$에서의 효용수준이 기준이 된다. 만일 $X$재 가격이 $P_{X_3}$으로부터 변한다면, 통상적 수요곡선 $d_X$의 점 $c'$에서의 효용수준(무차별곡선 $I_3$이 표시하는 효용수준)이 기준이 되므로 보상수요곡선은 그림과 같이 점 $c'$을 통과하는 $cd_{X_3}$이 된다. $X$재 가격이 $P_{X_2}$로부터 변하는 경우에는 보상수요곡선은 점 $b'$을 지나는 $cd_{X_2}$이다. 이와 같이 보상수요곡선은 효용수준을 어디에 고정시키는가에 따라 그 위치가 바뀌며, 통상적 수요곡선의 어떤 점에 대해서도 그 점을 통과하는 보상수요곡선을 그릴 수 있다.

가격의 하락으로 통상적 수요곡선을 따라 왼쪽으로부터 오른쪽으로 이동하면, 주어진 소득과 가격에서 소비자의 효용수준은 증가한다. 그렇다면 보상수요곡선에서 왼쪽으로부터 오른쪽으로 이동하면 무엇이 변하는가?

이러한 질문에 대한 답을 얻기 위해 〈그림 3-12〉의 (a)에서 $Y$재를 복합재라고 가정하자. 따라서 원점부터 수직축의 점 $A$까지의 수직거리는 주어진 소득 $M_1$이며, 이는 가격이 $P_{X_1}$인 경우에 무차별곡선 $I_1$이 표시하는 효용수준을 얻기 위해 필요한 최소의 소비지출액을 의미한다. 가격이 $P_{X_1}$에서 $P_{X_2}$로 하락하는 경우에 소득 $M_1$에서 점 $A$와 점 $B$ 사이의 수직거리만큼을 공제해도 소비자는 여전히 무차별곡선 $I_1$이 표시하는 효용수준을 유지할 수 있고 반대로 가격이 $P_{X_1}$에서 $P_{X_3}$으로 상승하는 경우에는 점 $C$와 점 $A$ 사이의 수직거리만큼을 보상해 주어야만 무차별곡선 $I_1$이 표시하는 효용수준을 유지할 수 있다. 즉 무차별곡선 $I_1$이 표시하는 효용수준을 얻기 위해 필요한 최소의 소비지출액은, 가격이 $P_{X_2}$일 때는 원점과 점 $B$ 사이의 수직거리이고 $P_{X_3}$일 때는 원점과 점 $C$ 사이의 수직거리가 된다.

이와 같이 〈그림 3-12〉의 (b)에서 가격의 하락에 따라 보상수요곡선 $cd_{X_1}$의 점 $a'$에서 점 $d'$으로 이동할 때 무차별곡선 $I_1$이 표시하는 효용수준을 유지하기 위한 최소의 소비지출액은 감소하며, 가격의 상승으로 보상수요곡선 $cd_{X_1}$의 점 $a'$에서 점 $e'$으로 이동할 때 $I_1$의 무차별곡선이 표시하는 효용수준을 유지하기 위한 최소의 소비지출액은 증가한다. 다시 말하자면, 보상수요곡선에서 왼쪽으로부터 오른쪽으로 이동하는 경우에 효용수준은 불변이지만 그 효용수준을 유지하기 위해 필요한 최소의 소비지출액은 감소하는 것이다.

보상수요곡선은 통상적 수요곡선과는 달리 수요자료의 실증분석을 통해 그 구체적 형태를 파악하기가 곤란하다. 그러나 가격변화에 따른 소비자 후생변화를 정확하게 표시하기 위한 개념 등을 이해하는 데 있어서 보상수요곡선은 매우 유용하게 사용되며, 이에 관해서는 다음 장에서 살펴보기로 한다.

## 3.5 비교정태분석의 응용: 현물보조, 가격보조와 현금보조의 비교

소비자는 일반적으로 자신이 지니고 있는 토지, 노동, 자본 등의 생산요소를 공급함으로써 소득을 얻는다. 그러나 경우에 따라서는 정부, 자선단체, 취업 중인 회사 등으로부터 용도를 명시한 현금이나 아예 현물의 형태로 무상보조를 받음으로써 소득을 얻을 수도 있다. 정부가 영세민을 위하여 양곡을 배급하거나 또는 기업이 직원의 자녀교육비를 보조하는 것이 그 예가 될 수 있다. 어떤 용도에도 자유롭게 지출할 수 있도록 현금을 보조하는 경우와 비교할 때 용도를 명시한 현금, 현물 또는 가격의 보조는 소비자의 후생수준에 미치는 효과가 서로 다를 수 있다. 다음의 예를 보기로 하자.

**예 3-3** **식권으로 보조할 것인가 아니면 현금으로 보조할 것인가?**

어떤 회사가 직원들의 점심식사를 위하여 점심 한 끼를 2,500원에 제공하는 구내식당을 운영하고 있다. 그런데 직원들 사이에는 구내식당을 기피하는 경향이 있어서 회사 밖에서 점심식사를 하는 직원들이 상당히 많기 때문에 점심시간이 제대로 지켜지지 않고 회사 업무에 많은 차질을 주고 있다. 구내식당에서 하는 점심식사를 $X$재로 표시하고 소득 중에서 구내식당의 점심식사에 대한 지출을 뺀 나머지를 복합재로써 $Y$재라고 할 때, 〈그림 3-13〉의 (a)에서 점 $a$는 구내식당을 기피하는 어떤 직원의 최적소비계획을 나타내고 있다. 일주일의 용돈이 30,000원인 이 직원은 구내식당에서 2차례의 점심식사에 5,000원을 지출하고 나머지 20,000원은 다른 상품의 구입에 지출하고 있다.

이에 대하여 회사측에서는 구내식당의 이용빈도를 높이고 직원들의 후생복지를 증대시키기 위하여 일주일에 4장의 식권을 지급하기로 결정하였다. 식권을 현금으로 바꾸는 것이 가능하지 않다면, 식권의 지급에 따라 예산선은 $AB$에서 $bD$로 바뀌고 구내식당을 기피하는 이 직원의 최적소비계획은 점 $b$가 될 것이다. 즉 지급된 식권으로 구내식당에서 점심식사를 하고 30,000원의 용돈은 모두 다른 상품의 구입에 지출한다.

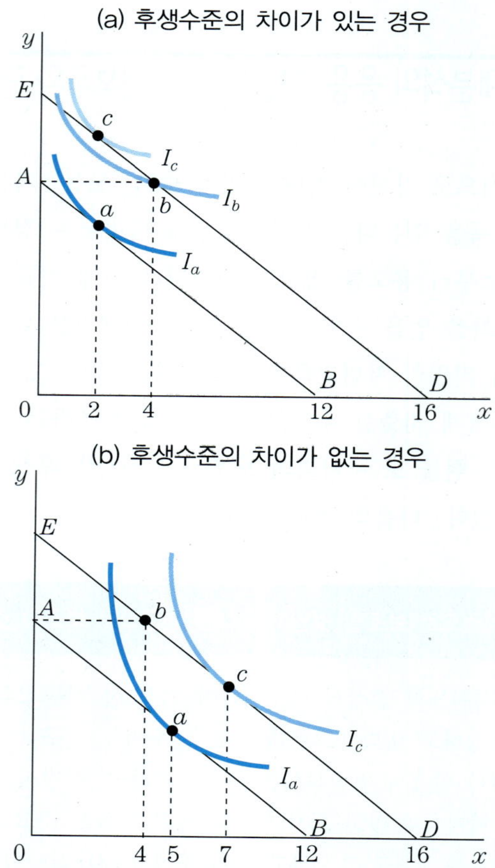


**그림 3-13 현물보조와 현금보조의 효과 비교**

2,500원짜리 점심 식권을 일주일에 4장 지급하는 경우에 예산선은 $bD$이고 중식보조비로서 일주일에 10,000원의 현금을 지급하는 경우에는 예산선은 $ED$이다. (a)와 같이 구내식당을 기피하는 경향이 높은 직원의 최적소비계획은 식권 지급의 경우에 점 $b$이고 중식보조비 지급의 경우에는 점 $c$가 된다. 따라서 식권 대신에 동일한 가치의 현금을 지급하면 직원의 후생수준은 높아지는 대신에 구내식당의 이용빈도는 감소한다. (b)와 같이 상대적으로 구내식당을 선호하는 직원에 대해서는 식권을 지급하거나 아니면 동일한 가치의 현금을 지급하거나 후생수준과 구내식당의 이용빈도에는 아무런 차이가 없다.

회사가 식권 대신에 중식보조비로서 일주일에 10,000원의 현금을 지급한다면, 직원의 후생수준과 구내식당의 이용빈도는 어떻게 달라질 것인가? 10,000원의 현금을 지급하는 경우에 예산선은 $ED$가 되고 최적소비계획은 점 $c$가 되기 때문에 4장의 식권을 지급하는 경우와 비교해서 직원의 후생수준은 높아지지만 구내식당의 이용빈도는 감소한다. 물론 구내식당에서 점심식사하기를 좋아하는 직원의 경우에는 〈그림 3-13〉의 (b)와 같이 식권을 지급하거나 아니면 동일한 가치의 현금을 지급하거나 구내식당의 이용빈도와 후생수준에는 아무런 차이가 없다.

위의 예에서 우리는 현물보조와 현금보조의 차이를 명백하게 알 수 있다. 수혜자의 입장에서 현물보조보다는 현금보조가 적어도 불리하지는 않기 때문에, 보조의 목적이 수혜자의 후생을 높이는 것이라면 현물보조보다 동일한 가치만큼의 현금보조가 바람직하다. 특정상품의 소비를 장려할 목적이라면, 현물 또는 용도를 지정한 현금으로 보조하는 것이 낫다고 볼 수 있다.

현물 또는 현금으로 보조받는 외에도 소비자는 정부 또는 자신이 취업 중인 회사로부터 특정상품을 구입하는 경우에 단위당 일정액의 가격보조를 받을 수도 있다. 다음의 예를 통해서 가격보조와 현금보조의 효과를 비교해 보자.

**예 3-4　휘발유 구입에 대한 가격보조와 현금보조**

한 달 소득이 $M_1$인 어떤 영업사원의 휘발유 한 달 소비량을 $x$로 표시하고 휘발유 1리터의 가격을 $P_{X_1}$이라고 하자. 소득 중에서 휘발유에 대한 지출을 뺀 나머지를 $y$라고 할 때, 이 영업사원은 〈그림 3-14〉에 표시된 것처럼 한 달에 $x_1$만큼의 휘발유 소비에 $P_{X_1}x_1$을 지출하고 나머지 $M_1-P_{X_1}x_1$을 다른 상품의 구입에 지출하고 있다. 그런데 회사는 이 사원에게 휘발유 1리터 구입할 때마다 $m$원의 가격보조를 약속하였다고 하자. 가격보조는 곧 휘발유가격의 인하를 의미하기 때문에 예산선은 $AB$에서 $AC$로 변한다. 이에 따라 휘발유의 한 달 수요량이 $x_2$로 증가하였다면, 소득 $M_1$ 중에서 다른 상품에 대한 지출액은 $M_1-(P_{X_1}-m)x_2$로 변하고 회사의 총가격보조액은 $mx_2$가 된다.

만일 회사가 가격보조 대신에 한 달에 $mx_2$의 현금을 보조한다면, 이 사원의 후생수준은 가격보조와 비교해서 어떻게 달라질 것인가? 한 달에 $mx_2$의 현금을 보조받는 경우 소득은 $M_1+mx_2$가 되고 휘발유를 한 달에 $x_2$만큼 구입한다고 해도 나머지 상품에 대하여 여전히 $M_1-(P_{X_1}-m)x_2$만큼을 지출할 수 있다. 즉 총가격보조액과 동일한 액수만큼의 현금을 보조하는 경우의 예산선 $DE$는 점 $b$를 통과하게 된다. 따라서 현금보조의 경우에 최적소비계획은 점 $b$가 아닌 점 $c$가 되고 이 사원의 후생은 증가한다.

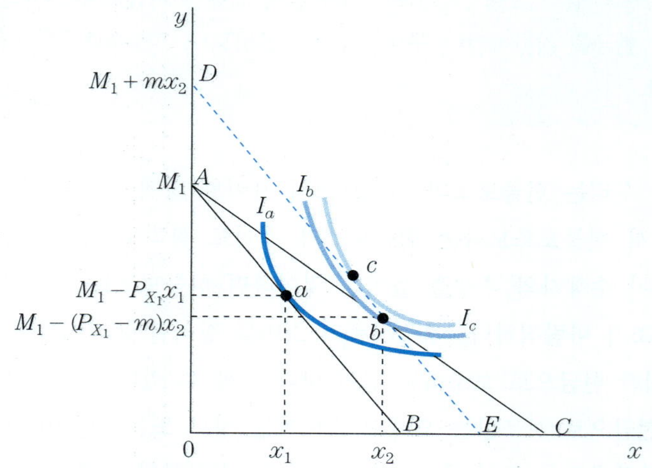


**그림 3-14 가격보조와 현금보조의 효과 비교**
휘발유를 1리터 구입할 때마다 $m$원의 가격보조를 받는 경우에 최적소비계획은 점 $a$에서 $b$로 이동하며, 총가격보조액은 $mx_2$가 된다. 만일 가격보조 대신에 $mx_2$만큼의 현금보조를 받는다면, 예산선은 점 $b$를 통과하는 $DE$이기 때문에 최적소비계획은 점 $c$가 되고 후생수준은 가격보조의 경우보다 높아지게 된다.

현물보조의 경우와 마찬가지로 위의 예에서 현금보조가 가격보조에 비하여 수혜자의 후생수준을 적어도 감소시키지는 않는다는 사실을 알 수 있다. 〈그림 3-14〉에 있어서 우리는 점 $b$에서 $c$로 이동하는 것이 슬러츠키방법에 의한 대체효과임을 쉽게 알 수 있다. 따라서 단위당 가격보조액 $m$이 작아질수록 가격보조를 하거나 아니면 총가격보조액과 동일한 액수의 현금보조를 하거나 수혜자의 후생에 미치는 효과에는 차이가 없게 된다. 어떤 상품의 소비를 권장하는 것이 보조의 목적이라면, 현금보조보다는 가격보조가 더욱 바람직함은 물론이다.

# 3.6 수요의 탄력도

## 수요의 가격탄력도의 정의

어떤 상품의 가격이 변할 때 그 수요량은 얼마나 민감하게 변하는가를 아는 것은 가격의 책정이나 경제정책의 수립에 있어서 대단히 중요하다. 가령 어떤 상품을 독점적으로 공급하는 기업이 상품가격을 인상하려는 계획을 세웠다고 하자. 가격의 인상에 대해 소비자가 무척 민감하게 수요량을 감소시킨다면 오히려 손해가 날 수도 있기 때문에 이 기업의 최대 관심사는 상품가격의 변화에 대한 소비자 반응의 민감도이다. 또 다른 예로서 정부가 어떤 상품에 대해 소비세를 부과하는 경우를 생각해 보자. 소비세 부과의 효과 역시 가격변동에 대하여 수요량이 얼마나 민감하게 변하는가에 달려 있다. 소비세 부과로 가격이 상승할 때 소비자가 민감하게 수요량을 감소시킨다면 소비절약의 효과가 주로 나타날 것이고 반대라면 소비절약보다는 조세수입 증대의 효과가 주로 발생할 것이다.

이와 같이 가격변화에 대한 수요량 변화의 민감도 즉 **수요의 가격탄력도**(price elasticity of demand)는 현실 경제문제를 분석할 때 매우 유용한 개념이므로 이를 객관적으로 측정하는 것이 필요하다. 수요의 가격탄력도는 수요곡선의 기울기로 표시할 수 있을 것으로 생각할 수도 있으나 수요곡선의 기울기는 가격이나 수요량을 어떤 단위로 표시하는가에 따라 달라지기 때문에 타당한 생각이 아니다. 가령 쌀의 가격을 원화로 표시할 것인가 아니면 달러화로 표시할 것인가에 따라 똑같은 쌀의 수요곡선이라도 기울기는 다른 값을 지니며, 쌀의 수요량을 홉으로 표시할 것인가 또는 kg으로 표시할 것인가에 따라 수요곡선의 기울기의 값은 달라진다.

수요의 가격탄력도를 수요곡선의 기울기로 측정하는 것이 타당하지 못한 더욱 중요한 이유는 수요곡선의 각 점마다 수요의 가격탄력도가 다를 수 있다는 예상 때문이다. 어느 개별 소비자의 $X$재에 대한 수요곡선 $d_X$가 〈그림 3-15〉에서 보는 것처럼 직선이라고 할 때 점 $a$와 점 $b$에서의 수요의 가격탄력도를 짐작해 보자. 가격이 매우 높아서 $X$재를 거의 수요하지 못하고 있는 점 $a$에서

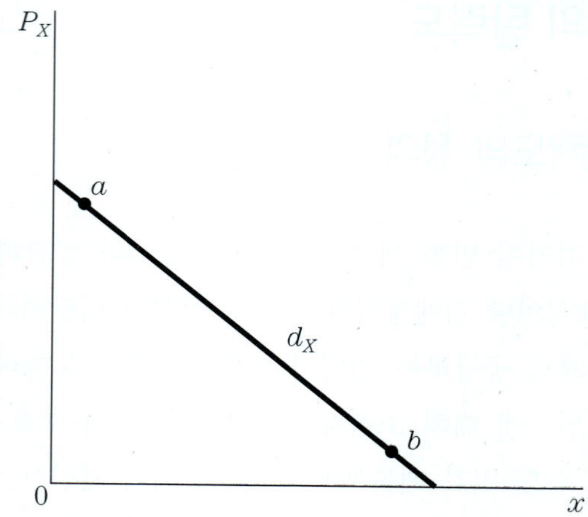


**그림 3-15 수요의 가격탄력도와 수요곡선의 기울기**
매우 높은 가격 때문에 $X$재를 거의 수요하지 못하고 있는 점 $a$에서는 가격이 매우 낮기 때문에 $X$재를 이미 충분히 수요하고 있는 점 $b$보다 수요의 가격탄력도가 높다고 볼 수 있다. 그러나 직선인 수요곡선의 모든 점에서 기울기는 일정하기 때문에 수요의 가격탄력도를 수요곡선의 기울기로 표시하는 것은 적절하지 않다.

의 수요의 가격탄력도는 가격이 매우 낮아서 $X$재를 이미 충분하게 수요하고 있는 점 $b$보다 높을 것이라는 생각이 우리의 직관이다. 그러나 직선인 수요곡선의 어떤 점에서도 기울기는 같기 때문에 수요의 가격탄력도를 수요곡선의 기울기로 표시하는 것은 이러한 직관과 부합되지 않는다.

그렇다면 수요량이나 가격을 표시하는 단위에 의존하지 않으면서 우리의 직관과도 부합하려면 수요의 가격탄력도를 어떻게 측정하는 것이 좋을까? 당연한 해답은 수요량의 변화율을 가격의 변화율로 나눈다는 것이다. 즉 $X$재 수요의 가격탄력도를 $E^D_{X,P_X}$라고 표시할 때 이는 다음의 식 (3-16)과 같이 정의된다.

$$E^D_{X,P_X} = \frac{\text{수요량의 변화율}}{\text{가격의 변화율}} = \frac{\Delta x/x}{\Delta P_X/P_X} = \frac{\Delta x}{\Delta P_X}\frac{P_X}{x} \qquad (3\text{-}16)$$

수요의 법칙이 만족되는 한 수요의 가격탄력도는 음(−)의 부호를 지니는데, 그 크기를 쉽게 비교할 수 있게 하기 위해서 앞으로는 $E^D_{X,P_X}$에 절대값을 붙인 $|E^D_{X,P_X}|$를 수요의 가격탄력도라고 부르기로 한다.

## 수요의 가격탄력도의 계산

〈그림 3-16〉에서 $d_X$는 어느 소비자의 $X$재에 대한 수요곡선이다. 수요곡선의 한 점 $a$에서 $X$재 수요의 가격탄력도를 계산하기 위해서는 먼저 점 $a$에서 $\Delta x/\Delta P_X$를 계산해야 하는데, 이는 점 $a$에 접하는 접선 $AB$의 기울기의 역이다. 즉 $\Delta x/\Delta P_X = -BD/C0$이다. 또한 점 $a$에서 $P_X/x = C0/D0$이다. 따라서 수요곡선 $d_X$의 점 $a$에서 수요의 가격탄력도 $|E^D_{X,P_X}|$는 다음 식 (3-17)과 같이 점 $a$를 지나는 수직선이 수평축과 만나는 점 $D$와 점 $a$의 접선이 수평축과 만나는 점 $B$를 찾아서 점 $B$와 $D$ 사이의 거리를 점 $D$와 원점 사이의 거리로 나눈 것이다.

$$|E^D_{X,P_X}| = \left|\frac{\Delta x/x}{\Delta P_X/P_X}\right| = \left|\frac{\Delta x}{\Delta P_X}\frac{P_X}{x}\right| = \frac{BD}{C0}\frac{C0}{D0} = \frac{BD}{D0} \qquad (3\text{-}17)$$

〈그림 3-17〉은 직선의 수요곡선에서 이동할 때 기울기가 일정함에도 불구하고 수요의 가격탄력도는 변하는 것을 나타내고 있다. 〈그림 3-17〉의 (a)에서 수요곡선 $d_X$의 점 $a$가 점 $A$와 점 $B$ 사이의 직선에 정중앙에 위치한 점이라면

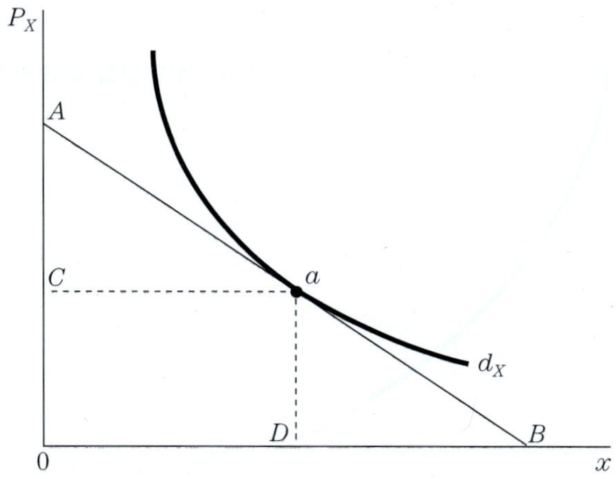


**그림 3-16 수요의 가격탄력도의 도형적 계산**
수요곡선 $d_X$의 점 $a$에서 $\Delta x/\Delta P_X = -BD/C0$이고 $P_X/x = C0/D0$이기 때문에, 점 $a$에서 수요의 가격탄력도 $|E^D_{X,P_X}|$는 $BD$를 $D0$로 나눈 것이다.

선분 $BD$와 선분 $D0$의 길이는 같기 때문에 점 $a$에서 수요의 가격탄력도는 1이 된다. 또한 점 $a$보다 위에 있는 수요곡선의 점에서 수요의 가격탄력도는 1보다 크고 점 $a$보다 아래에 있는 점에서는 수요의 가격탄력도가 1보다 작다. 일반적으로 말하자면, 점 $A$에서 수요의 가격탄력도는 ∞이고 가격하락으로 수요량이 증가할수록 수요의 가격탄력도는 감소해서 점 $B$에 이르러 0이 된다(〈그림 3-17〉의 (b) 참조).

수요는 가격탄력도가 ∞인 점에서 **무한탄력적**(perfectly elastic), 1보다 큰

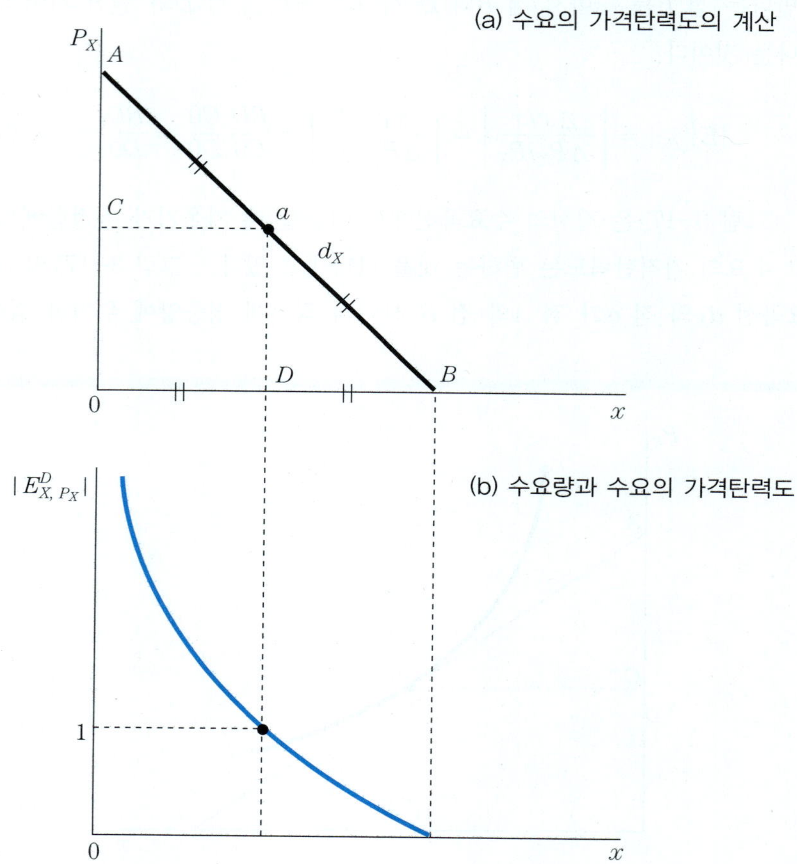


**그림 3-17 수요의 가격탄력도의 도형적 계산(수요곡선이 직선인 경우)**
수요곡선이 직선인 경우 점 $A$와 점 $B$ 사이의 직선에 정중앙에 위치한 점 $a$에서 수요의 가격탄력도는 1이 된다. 점 $A$에서 수요곡선을 따라 아래로 이동하면 수요의 가격탄력도는 ∞부터 0까지 감소한다.

점에서 **탄력적**(elastic), 1인 점에서 **단위탄력적**(unit elastic), 1보다 작은 점에서 **비탄력적**(inelastic), 그리고 0인 점에서는 **완전비탄력적**(perfectly inelastic)이라고 불린다.

## 수요의 가격탄력도와 소비지출액 변화 사이의 관계

어떤 상품의 가격변동에 따라 그 상품에 대한 소비지출액(공급자의 입장에서는 총수입)이 증가하는지 아니면 감소하는지는 수요의 가격탄력도에 달려있다. 가령 어떤 상품의 가격이 하락하였다고 하자. 수요의 가격탄력도가 1보다 큰 경우 가격의 하락률보다 수요량의 증가율이 높기 때문에 그 상품에 대한 소비지출액은 증가할 것이다. 반대로 수요의 가격탄력도가 1보다 작은 경우에는 가격의 하락률보다 수요량의 증가율이 낮으므로 소비지출액은 감소한다. 수요의 가격탄력도가 1인 경우에는 가격이 하락해도 소비지출액에는 아무런 변화가 없다. $X$재 수요의 가격탄력도와 소비지출액 변화 사이의 관계를 〈그림 3-18〉을 통해서 정확하게 살펴보기로 하자.

〈그림 3-18〉에서 오른편에는 $X$재의 수요곡선 $d_X$가 그려져 있다. 가격이 $P_{X_1}$에서 $P_{X_2}$로 하락함에 따라 수요량은 $x_1$에서 $x_2$로 증가하였고 $X$재에 대한 소비지출액은 $P_{X_1}x_1$에서 $P_{X_2}x_2$로 변하였다. 즉 소비지출액은 파란 음영으로 표시된 사각형 $B$의 면적만큼 감소하였고 검은 음영으로 표시된 사각형 $A$의 면적만큼 증가하였다. 사각형 $A$의 면적은 $P_{X_2}(x_2-x_1)=P_{X_2}\Delta x$이고 사각형 $B$의 면적은 $x_1(P_{X_1}-P_{X_2})=x_1(-\Delta P_X)=-x_1\Delta P_X$이므로 가격하락에 의한 소비지출액의 변화폭 $\Delta(P_X x)$는 다음과 같이 계산될 수 있다.

$$
\begin{aligned}
\Delta(P_X x) &= A\text{의 면적} - B\text{의 면적} \\
&= P_{X_2}\Delta x - (-x_1\Delta P_X) \\
&= P_{X_2}\Delta x + x_1\Delta P_X \\
&= x_1\Delta P_X\left(1+\frac{\Delta x}{\Delta P_X}\frac{P_{X_2}}{x_1}\right) \qquad (3\text{-}18)
\end{aligned}
$$

$(\Delta x/\Delta P_X)\times(P_{X_2}/x_1)=E^D_{X,P_X}$이므로 식 (3-18)의 양변을 $\Delta P_X$로 나누면 다음의 결과를 얻을 수 있다.

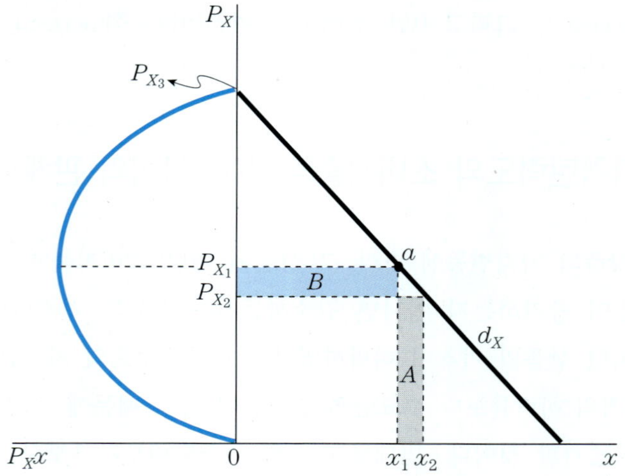


**그림 3-18 수요의 가격탄력도와 소비지출액 변동 사이의 관계**

$X$재 가격이 $P_{X_1}$에서 $P_{X_2}$로 하락할 때, 소비지출액은 가격의 하락으로 파란 음영으로 표시된 사각형 $B$의 면적만큼 감소하고 수요량의 증가로 검은 음영으로 표시된 사각형 $A$의 면적만큼 증가한다. 수요의 가격탄력도가 1보다 큰 경우에는 $B$보다 $A$의 면적이 크기 때문에 소비지출액은 증가하며, 반대의 경우에는 $A$보다 $B$의 면적이 크기 때문에 소비지출액은 감소한다. 수요의 가격탄력도가 1인 경우에는 $A$와 $B$ 의 면적이 같기 때문에 소비지출액에는 아무런 변화가 없다.

$$\frac{\Delta(P_X x)}{\Delta P_X} = x_1(1 + E^D_{X,P_X})$$

$$= x_1(1 - |E^D_{X,P_X}|) \tag{3-19}$$

위의 식 (3-19)는 수요의 가격탄력도 $|E^D_{X,P_X}|$의 크기에 따라 $X$재에 대한 소비지출액이 어떤 방향으로 변하는가를 보여 주고 있으며, 이를 정리하면 다음과 같다.

① $|E^D_{X,P_X}| > 1$이면, 소비지출액은 가격의 변화방향과 반대로 변한다.
즉 $|E^D_{X,P_X}| > 1$이면, $\Delta(P_X x)/\Delta P_X < 0$이다.
② $|E^D_{X,P_X}| < 1$이면, 소비지출액은 가격의 변화방향과 같다.
즉 $|E^D_{X,P_X}| < 1$이면, $\Delta(P_X x)/\Delta P_X > 0$이다.
③ $|E^D_{X,P_X}| = 1$이면, 가격이 변해도 소비지출액은 변하지 않는다.
즉 $|E^D_{X,P_X}| = 1$이면, $\Delta(P_X x)/\Delta P_X = 0$이다.

수요곡선 $d_X$의 점 $a$에서 수요의 가격탄력도가 1이라고 할 때, 〈그림 3-18〉에서 왼편에는 가격이 $P_{X_3}$으로부터 하락하여 0이 될 때까지 $X$재에 대한 소비지출액의 변화가 표시되어 있다. 가격이 $P_{X_3}$일 때 수요량이 0이므로 소비지출액은 0이며, 가격이 $P_{X_3}$으로부터 하락해서 수요곡선을 따라 점 $a$쪽으로 이동할 때 수요의 가격탄력도는 1보다 크기 때문에 소비지출액은 증가하고 가격이 $P_{X_1}$에 이르면 수요는 단위탄력적이므로 소비지출액에는 변화가 없다. 가격이 $P_{X_1}$보다 하락하면 수요의 가격탄력도는 1보다 작아져서 소비지출액은 감소하게 된다.

수요의 가격탄력도와 소비지출액 변화 사이의 관계는 나중에 생산자의 행동분석 등에서 매우 중요한 개념으로 사용된다. 이러한 수요의 가격탄력도가 어떤 요인들에 의해 그 크기가 결정되는지 살펴보기 전에 수요의 다른 탄력도를 알아보기로 하자.

## 수요의 소득탄력도와 교차탄력도

어떤 상품의 수요량을 결정하는 요인으로 중요한 것은 그 상품의 가격 이외에도 소득과 다른 상품의 가격이며, 소득수준의 변화 또는 다른 상품의 가격 변화에 대해서도 수요량의 반응정도를 측정할 필요가 있다.

수요의 가격탄력도와 마찬가지로 소득변화에 대한 수요량의 반응정도는 수요량의 변화율을 소득의 변화율로 나눈 것으로 측정된다. 즉 $X$재 **수요의 소득탄력도**(income elasticity of demand) $E^D_{X,M}$은 다음과 같이 정의되며, 소득이 변할 때 수요량이 어떤 방향으로 변하는가 하는 것은 중요한 의미를 지니므로 수요의 소득탄력도는 절대값을 취하지 않고 표시한다.

$$E^D_{X,M} = \frac{\Delta x/x}{\Delta M/M} = \frac{\Delta x}{\Delta M}\frac{M}{x} \qquad (3\text{-}20)$$

수요곡선으로부터 수요의 가격탄력도를 도형적으로 계산할 수 있듯이 엥겔곡선으로부터는 수요의 소득탄력도를 계산할 수 있다. 〈그림 3-19〉의 엥겔곡선에 대하여 점 $a$에서 $X$재 수요의 소득탄력도를 구하기 위하여 점 $a$를 지나는 수직선이 수평축과 만나는 점을 $A$라 하고 점 $a$에 접하는 접선이 수평축과 만나는 점을 $B$라고 하자. 식 (3-20)에 의해 점 $a$에서 수요의 소득탄력도는 그 점에 접하는 접선의 기울기의 역인 $\Delta x/\Delta M$에 $M/x$를 곱한 것이기 때문에, 점 $a$에서 $X$재 수요의 소득탄력도는 다음과 같이 구할 수 있다.

$$E^D_{X,M} = \frac{\Delta x/x}{\Delta M/M} = \frac{\Delta x}{\Delta M}\frac{M}{x} = \frac{AB}{aA}\frac{aA}{A0} = \frac{AB}{A0} \tag{3-21}$$

따라서 엥겔곡선의 점 $a$와 같이 그 점에 접하는 접선이 수요량을 표시하는 수평축과 원점의 오른쪽에서 교차하면 수요의 소득탄력도는 1보다 작다. 반대로 점 $b$처럼 그 접선과 수평축의 교차점이 원점의 왼쪽에 있으면 수요의 소득탄력도는 1보다 크다. 점 $c$처럼 그 접선과 수평축이 원점에서 교차하면 수요의 소득탄력도는 1이 된다.

소비자가 동조적 선호를 지니고 있을 때 앞의 〈그림 3-4〉에서 살펴본 것처럼 소득소비곡선은 직선이고 이에 따라 $X$재와 $Y$재의 엥겔곡선도 모두 직선이기 때문에 수요의 소득탄력도는 두 상품 모두 항상 1이 된다. 또한 소비자가 $u = V(x) + ky$의 효용함수로 표시되는 준선형의 선호를 지니고 있을 때는 앞의 〈그림 3-5〉와 같이 주어진 상품가격에서 소득이 어느 수준을 넘어서면 소득소

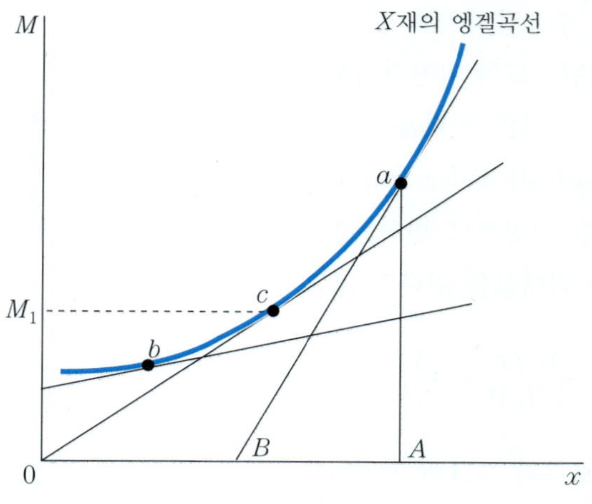


**그림 3-19 수요의 소득탄력도의 도형적 계산**
엥겔곡선의 점 $a$에 접하는 접선과 수요량을 표시하는 축이 교차하는 점이 원점의 오른쪽에 위치하기 때문에, 점 $a$에서 수요의 소득탄력도는 1보다 작다. 점 $b$에서는 반대이므로 수요의 소득탄력도가 1보다 크다. 점 $c$에서는 접선과 수요량을 표시하는 축이 원점에서 교차하기 때문에 수요의 소득탄력도는 1이다.

비곡선과 $X$재의 엥겔곡선 모두 수직선이 되므로 그 수요의 소득탄력도는 항상 0이 된다.

수요의 소득탄력도가 양(+)의 부호를 지니는 상품은 정상재이며, 열등재의 수요의 소득탄력도는 음(−)의 부호를 갖는다. 그리고 정상재는 수요의 소득탄력도가 1보다 큰 **사치재**와 1보다 작은 **필수재**로 구분되는데, 〈그림 3-19〉의 엥겔곡선에서 소득이 $M_1$보다 낮을 때 $X$재는 사치재이지만 $M_1$보다 높아지면 필수재로 바뀐다.

어떤 상품의 수요량이 다른 상품의 가격변화에 대하여 얼마나 민감하게 반응하는가를 측정하는 개념을 **수요의 교차탄력도**(cross elasticity of demand)라고 한다. $Y$재의 가격변화에 대한 $X$재 수요의 교차탄력도는 다음과 같이 $X$재 수요량의 변화율을 $Y$재 가격의 변화율로 나눈 것이다.

$$E^D_{X,P_Y}=\frac{\Delta x/x}{\Delta P_Y/P_Y}=\frac{\Delta x}{\Delta P_Y}\frac{P_Y}{x} \tag{3-22}$$

식 (3-22)의 교차탄력도는 $X$재와 $Y$재가 소비에 있어서 대체관계인 경우에 0보다 크고 보완관계인 경우에는 0보다 작다.

## 수요의 가격탄력도의 결정요인

앞의 식 (3-15)의 슬러츠키방정식에서 양변에 $P_{X_1}/x_1$을 곱하고 소득효과를 표시하는 마지막 항에는 $M/M$을 곱하면, 슬러츠키방정식은 다음과 같이 바뀐다.

$$\begin{aligned}\frac{\Delta x}{\Delta P_X}\frac{P_{X_1}}{x_1}&=\frac{\Delta x_s}{\Delta P_X}\frac{P_{X_1}}{x_1}-x_1\frac{\Delta x_M}{\Delta M}\frac{P_{X_1}}{x_1}\frac{M}{M}\\&=\frac{\Delta x_s}{\Delta P_X}\frac{P_{X_1}}{x_1}-\frac{\Delta x_M}{\Delta M}\frac{M}{x_1}\frac{P_{X_1}x_1}{M}\end{aligned} \tag{3-23}$$

$X$재를 정상재라고 할 때 식 (3-23)의 양변에 절대값을 취하면 다음과 같다.

$$\underset{(a)}{\left|\frac{\Delta x}{\Delta P_X}\frac{P_{X_1}}{x_1}\right|}=\underset{(b)}{\left|\frac{\Delta x_s}{\Delta P_X}\frac{P_{X_1}}{x_1}\right|}+\underset{(c)}{\frac{\Delta x_M}{\Delta M}\frac{M}{x_1}}\underset{(d)}{\frac{P_{X_1}x_1}{M}} \tag{3-24}$$

식 (3-24)에서 (a)는 수요의 가격탄력도이고 (b)는 대체효과만을 반영한 수요(즉 보상수요)의 가격탄력도이다. 또한 (c)는 수요의 소득탄력도이며 (d)는 소득 $M$ 중에서 $X$재의 소비지출액이 차지하는 비율이다. 따라서 보상수요의 가격탄력도를 $|E^D_{X,P_X}|^S$라고 표기할 때, 슬러츠키방정식은 다음의 식 (3-25)와 같이 탄력도의 형태로 표시될 수 있다. 즉 $X$재 수요의 가격탄력도는 보상수요의 가격탄력도, 수요의 소득탄력도 그리고 소득 중에서 소비지출액의 비율에 의하여 결정된다.

$$|E^D_{X,P_X}| = |E^D_{X,P_X}|^S + E^D_{X,M}\frac{P_{X_1}x_1}{M} \tag{3-25}$$

$X$재의 보상수요는 대체효과만을 반영하므로 $X$재와 $Y$재가 소비에 있어서 대체관계에 가까울수록 $X$재 보상수요의 가격탄력도는 높아져서 수요의 가격탄력도는 커지게 된다. 예컨대 대체재가 별로 존재하지 않는 소금의 경우 보상수요의 가격탄력도는 매우 작기 때문에 수요의 가격탄력도는 작은 반면에 설탕은 인공감미료 등의 대체제가 존재하기 때문에 소금보다는 수요의 가격탄력도가 높을 것이다. 그러나 소금을 다시 굵은 소금과 가는 소금, A회사의 소금과 B회사의 소금 등으로 세밀하게 분류한다면, 세분된 종류의 소금에는 대체재가 생기기 때문에 수요의 가격탄력도가 높아질 것이다.

정상재인 $X$재 수요의 가격탄력도는 수요의 소득탄력도가 클수록 수요의 가격탄력도는 높아지게 된다. 따라서 다이아몬드와 같이 소득탄력도가 1보다 큰 사치재는 소금과 같이 소득탄력도가 1보다 작은 필수재보다 수요의 가격탄력도가 크다.

정상재의 경우 소득 중에서 그 상품의 소비지출액이 차지하는 비율이 높을수록 소득효과를 통해 수요량은 탄력적으로 변하므로 수요의 가격탄력도는 높아진다. 가령 소비지출액이 소득 중에서 높은 비율을 차지하는 상품의 가격이 하락하였다면, 가격하락으로 인해 소비자의 실질소득은 크게 증가할 것이고 소득효과에 의한 수요량의 증가폭은 매우 클 것이다.

지금까지는 가격변화에 대응해서 소비자가 얼마나 오랜 시간에 걸쳐 수요량을 변화시킬 수 있는가에 관해서는 고려하지 않았다. 상품의 가격변화에 대응할 수 있는 충분한 시간이 허용된다면 짧은 시간밖에는 허용되지 않는 경우에 비해 여러 가지 다른 대응책을 강구할 수 있으므로 수요량은 더욱 탄력적으로 변할 수 있다. 예를 들어 휘발유 가격이 크게 올랐다고 하자. 소비자가 자신의 생활습관을 단기간에 바꾸는 것은 힘들기 때문에 처음에는 불필요한 차량의 운행을 자제한다든가 또는 대중교통수단을 이용하는 빈도를 높인다든가 하는 것이 고작이다. 그러나 시간이 흐를수록 소비자는 카풀(carpool)을 하거나 직장근처로 이사를 하거나 또는 연비가 높은 차로 교체함으로써 휘발유의 수요량을 더욱 감소시킬 것이기 때문에 휘발유의 장기수요는 단기수요보다 가격탄력도가 높을 것이다.

그렇지만 장기수요가 단기수요보다 비탄력적인 상품이 있으며, 내구재가 바로 그러한 경우이다. 냉장고, 승용차 등의 내구재 가격이 오르면 소비자들은 교체시기가 도래한 내구재를 당장 바꾸지 않고 더 오래 사용하려고 하기 때문에 단기에는 그 수요량이 탄력적으로 감소한다. 그러나 가격이 올랐다고 해서 냉장고와 같이 필수재이고 대체재가 별로 없는 내구재의 수요가 장기에도 탄력적으로 감소하지는 않기 때문에 비내구재와는 달리 내구재의 장기수요는 단기수요보다 가격탄력도가 낮은 것이 일반적이다.

앞서 언급하였듯이 수요의 탄력도는 경제정책을 수립하고 그 효과를 평가하는 데 있어서 대단히 중요한 역할을 한다. 같은 내용의 정책이라도 수요의 탄력도에 따라 그 효과가 반대로 나타날 수 있기 때문에 수요의 탄력도에 관한 정확한 정보는 현실의 경제문제를 분석하고 경제정책을 수립할 때 매우 유용하다. 다음의 예를 보도록 하자.

**예 3-5** **전기요금의 인상과 전력수요**

2011년 1월 근래에 없었던 극심한 한파로 난방전력 수요가 급증함에 따라 전력예비율이 5.5%까지 떨어지는 등 심각한 전력난이 초래되었다. 정부는 전력난의 원인으로 전력 공급량의 확충이 미진했던 점 외에 전기요금이 외국에 비해 낮다는 점을 꼽으면서 전력 사용량에 따른 누진율을 높이는 방안을 검토하겠다고 발표하였다. 이때 당연한 관심은 전기요금의 누진율 인상에 대한 전력수요의 감소폭이다. 전력수요의 가격탄력도와 소득탄력도에 관하여 신뢰도 높은 추정치가 있다면 이를 활용하여 전기요금 누진율의 인상효과를 잘 예측할 수 있다.

〈그림 3-20〉에서 수평축은 일정기간의 전력사용량이고 수직축은 복합재 $Y$의 크기를 표시한다. 우리나라의 주택용 전기요금은 사용량을 6단계로 나누어 누진율을 적용하고 있지만 여기에서는 2단계로만 나누고 기본요금은 없다고 가정한다. 즉 100kWh 이하의 사용량에 대해서는 1kWh당 50원이고 100kWh를 넘을 때는 초과분에 대해서 1kWh당 75원을 부과한다고 가정하자. 이 경우 소득이 12,500원인 어떤 소비자의 예산선은 점 $a$에서 굴절하는 $AaD$가 되며, 이 소비자는 최적소비계획으로 점 $b$를 선택하고 있다.

이제 정부가 누진율을 인상하여 100kWh를 초과한 전력사용량 대해서 1kWh당 100원을 부과하면서 이 소비자의 선택은 점 $c$로 바뀌었다고 하자. 점 $b$는 누진제 없이 1kWh당 75원을 부과하는 전기요금제, 즉 단일단계의 전기요금제(이 경우 예산선은 점선을 포함하는 $CD$임)에서도 최적소비계획이며, 점 $c$는 1 kWh당 100원을 부과하는 단일단계의 요금제(이 경우 예산선은 점선을 포함하는 $EF$임)에서도 최적소비계획이다. 따라서 이 소비자에게 누진율의 인상은 예산선이 $CD$에서 $EF$로 바뀌는 것과 동일하며, 예산선은 누진율 인상, 즉

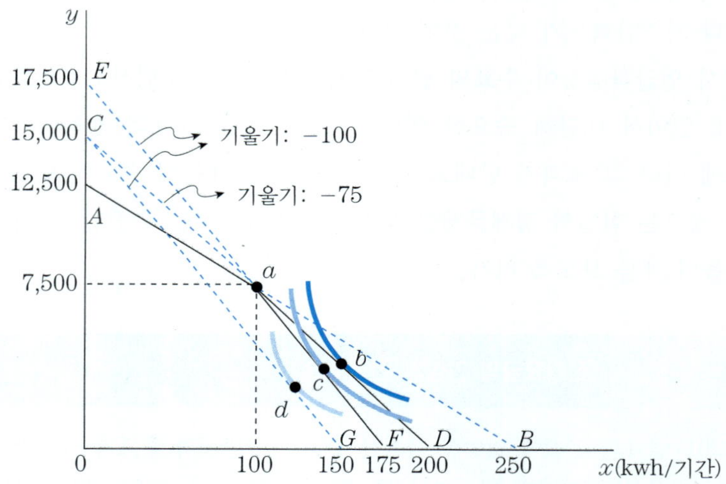


**그림 3-20 전기요금의 누진율 인상과 전력수요의 변화**

정부가 100kWh를 넘는 전력사용량에 대한 누진요금을 1kWh당 75원에서 100원으로 인상하는 것은 12,500원의 소득으로 점 $b$를 선택했던 소비자에게 예산선이 $CD$에서 $EF$로 바뀌는 것과 의미가 동일하며, 예산선은 가격인상으로 $CD$에서 $CG$로 이동하고 $CG$에서 $EF$로 이동하였다고 볼 수 있다. 전력수요의 가격탄력도와 소득탄력도에 관한 신뢰도 높은 추정치를 알고 있다면 1kWh당 사용요금이 25원 증가할 때 예산선 $CG$의 점 $d$와 예산선 $EF$의 점 $c$의 위치를 알 수 있기 때문에 누진율 인상으로 전력수요가 얼마나 감소하는가를 예측할 수 있다.

가격인상으로 기울기가 −75인 $CD$에서 기울기가 −100인 $CG$로 이동하고 소득이 증가한 경우(그림에서 2,500원=17,500원−15,000원)와 같게 $CG$에서 $EF$로 이동한다고 할 수 있다. 전력수요의 가격탄력도에 관한 신뢰도 높은 추정치를 알고 있다면 1kWh당 가격이 25원 증가할 때 예산선 $CG$에서 점 $d$의 위치를 알 수 있으며, 전력수요의 소득탄력도를 알고 있다면 예산선 $EF$에서 점 $c$의 위치를 구할 수 있기 때문에 누진율 인상으로 전력수요가 얼마나 감소하는가를 예측할 수 있다.

## 3.7 시장수요곡선과 연결의 외부성

앞의 제 1 장에서 설명한 것처럼 모든 가격수준에 대한 시장수요량을 표시하는 시장수요곡선은 개별 소비자의 수요곡선을 수평으로 합한 것이다. 이 절에서는 이러한 시장수요곡선에 관해 좀 더 살펴보기로 하자.

### 시장수요곡선의 이동

시장에 참여하는 소비자의 수가 증가하면 시장수요곡선은 오른쪽으로 이동하고 반대의 경우에는 왼쪽으로 이동하며, 소득의 변화 등으로 개별 소비자의 수요곡선이 이동해도 시장수요곡선의 위치는 변하게 된다. 시장수요곡선을 이동시키는 또 다른 중요한 원인은 소득분배의 변화이다. 소비자의 수와 소득의 합이 일정해서 평균소득은 일정하다고 해도 소득분배가 변하면 시장수요곡선의 위치는 변할 수 있는 것이다. 다음의 예를 보기로 하자.

A와 B라는 두 명의 소비자는 똑같은 선호를 지니고 있고 주어진 소득의 크기도 $M_1$로 동일하다고 하자. 소득수준과 선호가 동일하기 때문에 두 소비자는 동일한 수요곡선을 지니고 있으며, 이는 〈그림 3-21〉의 (a)에서 $d_X$로 표시되어 있다. 가령 $X$재의 가격이 $P_{X_1}$일 때, 각 소비자의 수요량은 똑같이 $x_1$이므로 시장수요량은 〈그림 3-21〉의 (b)에서 시장수요곡선 $D$에 표시된 것처럼 $2x_1$이 된다. 선호가 같다는 것은 두 소비자의 엥겔곡선도 같다는 것을 의미한다.

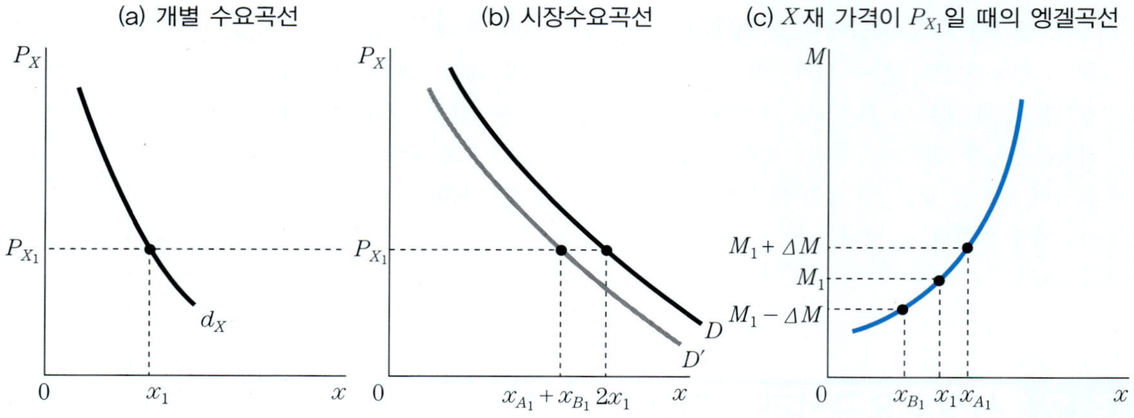


**그림 3-21 소득분배의 변화와 시장수요곡선의 이동**
소득수준의 증가에 따라 한계소비성향이 체감하는 경우 다른 조건은 불변인 상태에서 소비자 A로부터 B에게 소득의 일부를 이전할 때 소비자 A의 수요량이 증가하는 폭은 소비자 B의 수요량이 감소하는 폭보다 작기 때문에 시장수요량은 감소하고 시장수요곡선은 $D$에서 $D'$으로 이동한다. 이와 같이 소득수준의 변화에 따라 한계소비성향이 변할 때 소득분배의 변화만으로 시장수요곡선은 이동한다.

〈그림 3-21〉의 (c)에 그려져 있는 것은 $X$재의 가격이 $P_{X_1}$일 때 동일한 선호를 지닌 두 소비자에게 공통적으로 해당되는 $X$재의 엥겔곡선이며, 소득의 증가에 따라 $\Delta x/\Delta M$(즉 $X$재의 한계소비성향)은 체감하는 것을 가정하고 있다. 이 엥겔곡선에서는 $X$재의 가격이 $P_{X_1}$이고 소득은 $M_1$일 때 각 소비자의 수요량이 $x_1$이라는 것을 표시하고 있다.

위의 상태에서 소비자 B로부터 $\Delta M$만큼의 소득을 거두어 소비자 A에게 분배했다고 하자. 이때 소비자 A의 수요량은 엥겔곡선을 따라 $x_{A_1}$로 증가하고 소비자 B의 수요량은 $x_{B_1}$로 감소하며, $X$재의 한계소비성향은 체감하기 때문에 $x_{A_1}-x_1$은 $x_1-x_{B_1}$보다 적다. 따라서 $X$재의 가격은 $P_{X_1}$에서 불변인 상태로 소득분배만 변화할 때 시장수요량은 $2x_1$에서 $x_{A_1}+x_{B_1}$로 감소하고 시장수요곡선은 $D$에서 $D'$으로 이동한다. 만일 $X$재의 한계소비성향이 체증하다면 시장수요곡선은 $D$에서 오른쪽으로 이동할 것이다.

이와 같이 소득수준의 변화에 따라 한계소비성향이 변하는 경우 소득분배의 변화만으로도 시장수요곡선의 위치는 변하게 된다. 만일 모든 소비자가 동조적 선호를 지니고 있다면 모든 소비자의 엥겔곡선은 원점으로부터의 직선이고 한계소비성향은 항상 일정하므로 다른 조건은 불변인 상태에서 소득분배가 변한다고 해도 시장수요곡선의 위치에는 아무런 변화가 없다. 이 경우에는 소비자 전체의 평균소득수준과 수요량 사이의 관계를 나타내는 엥겔곡선을 그릴 수 있다. 소득수준에 따라 한계소비성향은 변하는 것이 일반적이므로 정부는 소득의 재분배에 관한 정책을 수립할 때 소득분배의 변화가 시장수요곡선의 위치를 변동시킬 수 있다는 사실을 염두에 둘 필요가 있다.

## 연결의 외부성

어떤 상품의 가격이 하락하면 이미 일정량을 소비하고 있는 소비자들은 각자의 수요량을 증가시키기 때문에 시장수요량은 증가한다. 또한 상품의 가격이 자신의 유보가격보다 높아서 소비를 전혀 하지 않던 소비자까지도 가격의 하락에 따라 소비를 시작하므로 시장수요량은 증가하게 된다. 따라서 시장수요의 가격탄력도는 개별 소비자의 수요의 가격탄력도 이외에도 소비자 사이의 유보가격이 어떻게 분포되어 있는가에 따라 달라진다. 시장수요의 가격탄력도에 영향을 주는 다른 요인으로는 **연결의 외부성**(network externalities)을 들 수 있다.

지금까지는 어떤 상품에 대한 개별 소비자의 수요가 다른 소비자의 수요와는 아무런 연관이 없다고 가정하였으며, 이 때문에 우리는 개별 소비자의 수요곡선을 단순하게 수평으로 합해서 시장수요곡선을 유도하였다. 그러나 어떤 종류의 상품에 있어서는 한 소비자의 수요가 다른 소비자의 수요, 특히 그 상품을 구입하는 소비자 수의 영향을 받을 수 있으며, 이러한 경우에 연결의 외부성이 존재한다고 말한다.

연결의 외부성은 양(+)의 효과일 수도 있고 음(−)의 효과로 나타날 수도 있다. 양(+)의 효과를 지닌 연결의 외부성으로는 **편승효과**(bandwagon effect)를 들 수 있으며, 이는 어떤 상품을 구입하는 소비자의 수가 늘어날수록 그 상품에 대한 수요가 증가하는 현상이다. 장난감은 편승효과가 발생하는 대표적 상품이다. 어떤 아이가 새로운 장난감을 구입해서 자랑을 하면 주위에 있는 다른 아이들은 부모에게 그 장난감을 사달라고 졸라 결국 구입하게 되는 일을 흔하게 목격하는데, 이것이 바로 유행을 따르려는 심리 때문에 발생하는 편승효과이다.

편승효과가 발생하는 이유가 반드시 유행에 뒤쳐지기 싫다는 이유 때문만은 아니다. 특정상품을 소유한 사람의 수가 많아질수록 그 상품을 소비해서 얻을 수 있는 효용 또는 편익이 높아지는 경우에도 편승효과는 발생하며, PC, 이동전화, CD플레이어 등 많은 전자제품들이 이 경우에 해당된다. 가령 PC의 경우 가격의 하락으로 PC를 갖고 있는 사람들의 수가 점차 늘어나면서 여러 가지 다양한 소프트웨어가 저렴한 가격으로 공급되기 시작하였기 때문에 PC의 활용성이 높아져서 수요가 폭발적으로 증가하게 되었다. 이동전화의 사용이 급속하게 늘어난 현상도 똑같이 이해할 수 있다. 이동전화는 단지 갖고 있다는 이유로 만족을 느끼는 것이 아니라 다른 사람과 이동전화를 사용해서 통신을 할 수 있기 때문에 효용이 발생하는 것이다. 따라서 이동전화를 사용하는 사람들의 수가 늘어날수록 자신이 갖고 있는 이동전화로부터 얻게 되는 만족은 높아지므로 그 수요는 빠른 속도로 늘어난 것이다.

편승효과가 시장수요의 탄력도에 어떠한 영향을 주는지 〈그림 3-22〉를 통해 알아보기로 하자. 그림에서 $D'$은 새로운 장난감의 시장수요곡선이며, 가격이 1만원일 때 수요량은 5백개라고 가정하자. 5백명이 구입한 5백개의 장난감

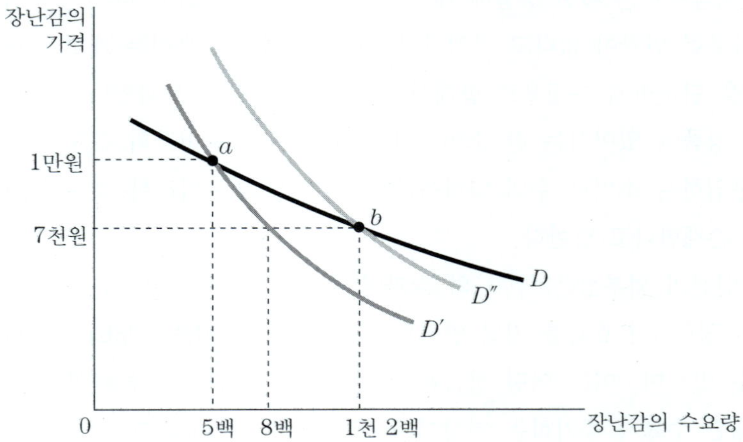


**그림 3-22 편승효과와 시장수요곡선**
새로운 장난감의 가격이 1만원에서 7천원으로 하락하고 수요량이 5백개에서 8백개로 증가하면서 그 장난감을 갖는 것이 아이들 사이에 유행하기 시작한다. 이에 따라 편승효과가 작용하여 수요곡선은 $D'$에서 $D''$로 이동하고 수요량은 8백개가 아닌 1천 2백개까지 증가한다. 이처럼 편승효과가 발생하는 상품의 시장수요곡선은 그렇지 않은 경우보다 탄력적이 된다.

은 그리 많은 수량이 아니기 때문에 아직은 새로운 장난감을 갖고 노는 것이 유행은 아니다. 그런데 장난감의 가격이 7천원으로 하락하고 수요량이 수요곡선 $D'$을 따라 8백개로 늘어난다면, 주위에 새로운 장난감을 갖고 있는 아이들을 목격하는 일이 잦아지면서 그 장난감을 갖는 것이 유행하게 된다. 이에 따라 수요곡선 $D'$을 오른쪽으로 $D''$까지 이동시키는 편승효과가 발생하고, 결국 장난감의 가격이 7천원으로 하락하는 경우에 수요량은 8백개가 아닌 1천 2백개까지 증가한다. 장난감의 가격하락으로 수요량이 5백개에서 8백개로 증가하는 것은 우리가 지금까지 살펴본 가격효과이지만, 8백개에서 1천 2백개까지의 증가는 편승효과에 의한 것이다. 따라서 편승효과가 발생하는 상품의 경우에 시장수요곡선은 〈그림 3-22〉와 같이 점 $a$, $b$ 등을 연결한 $D$가 되어 편승효과가 발생하지 않는 경우보다 탄력적으로 나타난다.

편승효과와는 반대방향으로 연결의 외부성이 나타나는 상품도 있다. 편승효과가 주로 유행을 따르려는 심리에서 발생하는 것이라면 반대되는 심리도 있을 수 있기 때문이다. 남들이 지니지 않은 독특한 상품을 소유하려는 심리가 바로 그러한 것이다. 이를 **속물효과**(snob effect)라 하며, 어떤 상품을 지닌 소

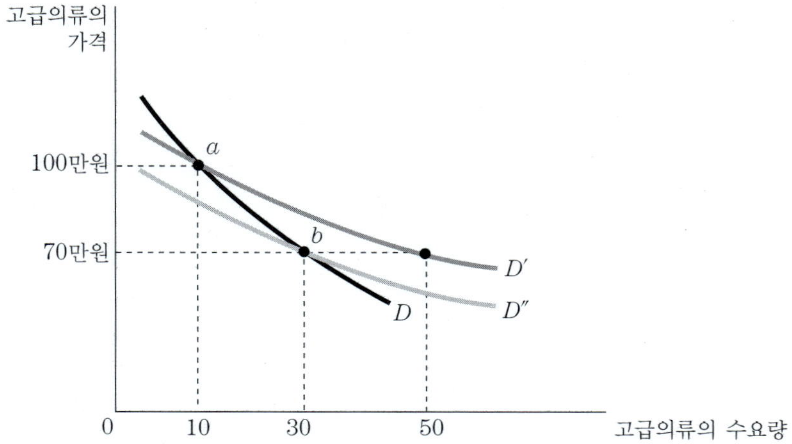


**그림 3-23 속물효과와 시장수요곡선**

고급의류의 가격이 100만원에서 70만원으로 감소함에 따라 수요량은 가격효과에 의해 10벌에서 50벌로 증가하지만 속물효과가 작용해서 수요량은 30벌로 감소한다. 속물효과가 강한 상품의 시장수요곡선은 그렇지 않은 경우보다 비탄력적이다.

비자의 수가 많을수록 그 상품의 수요가 감소하는 경우이다. 속물효과가 가장 두드러지는 상품으로는 주문 생산된 고급의류, 고급가구 등을 들 수 있다. 〈그림 3-23〉에서 고급의류의 가격이 100만원일 때 수요량은 단지 10벌이었다. 그런데 가격이 70만원으로 감소하면 가격효과로 인해 수요량은 50벌로 증가하지만 주위에 그 의류를 입은 사람들이 차츰 눈에 띄기 시작하면서 속물효과가 작용하고 수요량은 30벌로 감소하게 된다. 이때 고급의류의 시장수요곡선은 점 $a$, $b$ 등을 연결한 $D$가 되며, $D'$ 또는 $D''$보다 비탄력적임을 알 수 있다.

기업이 판매전략을 세우는 경우에 저가전략 등을 통해 수요확대정책을 쓸 것인지 아니면 고가전략으로 제한된 소비자만을 상대할 것인지를 고민하게 된다. 편승효과가 발생하는 종류의 상품이라고 판단되면 수요확대정책을, 속물효과가 강한 상품인 경우에는 고가전략을 유지하는 것이 기업의 입장에서는 유리할 것이다.

## 요 약

1 소비자 선택에 관한 비교정태분석을 통해 엥겔곡선, 수요곡선 등이 도출된다.

2 상품의 가격은 불변이고 소득만 변할 때 최적소비계획이 이동하면서 만드는 궤적을 소득소비곡선이라 하며, 이로부터 엥겔곡선과 엥겔지출곡선이 유도된다.

3 동조적 선호를 지닌 소비자의 경우 소득소비곡선과 엥겔곡선은 원점으로부터의 직선의 형태를 지닌다. 동조적 선호의 한 예로서 동차효용함수로 표시되는 선호를 들 수 있다.

4 어떤 한 가지 상품의 한계효용이 상수일 때의 선호체계를 준선형 선호라고 한다. 가령 $Y$재의 한계효용이 상수인 경우 주어진 상품가격에서 소득이 어느 수준을 넘어서면 소득소비곡선과 $X$재의 엥겔곡선은 수직선이 된다.

5 다른 조건은 모두 불변이고 어떤 상품의 가격만 변할 때의 최적소비계획의 궤적을 가격소비곡선이라고 하며, 이로부터 수요곡선(통상적 수요곡선)이 도출된다.

6 다른 조건은 모두 불변인 채 어떤 상품의 가격이 변하면 상대가격의 변화와 함께 실질소득이 변한다. 상대가격의 변화만으로 수요량이 변하는 것을 대체효과, 실질소득의 변화만으로 수요량이 변하는 것을 소득효과라고 하며, 가격변화의 총효과는 대체효과와 소득효과의 합이다.

7 정상재의 가격이 변하는 경우 대체효과와 소득효과는 모두 가격변화의 방향과 반대로 작용하기 때문에 수요곡선의 기울기는 음(−)의 부호를 지닌다. 열등재의 경우에는 대체효과에 의한 수요량의 변화방향은 가격변화의 방향과 반대이지만, 소득효과에 의한 수요량 변화방향은 가격변화의 방향과 같다. 열등재 중에서 소득효과의 절대크기가 대체효과의 절대크기를 능가하는 상품을 기펜재라고 부르며, 기펜재의 수요곡선에는 기울기가 양(+)의 부호를 지니는 구역이 존재한다.

8 슬러츠키방정식은 어떤 상품가격의 1원 변화에 의한 가격변화의 총효과를 대체효과와 소득효과의 합으로 표현한 것이다.

9 통상적 수요곡선에는 가격변화에 의한 대체효과와 소득효과가 모두 반영되지만, 보상수요곡선은 대체효과만을 반영한다. 따라서 기울기가 항상 음(−)의 부호를 갖는 보상수요곡선은, 정상재의 경우에 통상적 수요곡선보다 가파르고 열등재의 경우에는 통상적 수요곡선보다 완만한 기울기를 지닌다.

10 어떤 상품의 수요량의 변화율을 가격의 변화율로 나눈 것을 수요의 가격탄력도라고 부른다. 수요의 소득탄력도는 수요량의 변화율을 소득의 변화율로 나눈 것이며, 수요의 교차탄력도는 한 상품의 수요량의 변화율을 다른 상품의 가격변화율로 나눈

것이다.

11 특정상품에 대한 수요의 가격탄력도는 보상수요의 가격탄력도가 클수록, 수요의 소득탄력도가 클수록 그리고 소득 중에서 그 상품에 대한 지출액의 비율이 높을수록 커진다.

12 수요의 가격탄력도가 1보다 큰 경우에 소비자 지출액은 가격의 변화방향과 반대로 변하며, 1보다 작은 경우에는 지출액의 변화방향은 가격의 변화방향과 같다. 수요의 가격탄력도가 1이면, 가격이 변해도 지출액은 변하지 않는다.

13 소득의 변화에 따라 한계소비성향이 변하는 경우 평균소득은 일정한 상태에서 소득분배의 변화만으로 시장수요곡선의 위치가 변할 수 있다.

14 어떤 종류의 상품에 있어서 한 소비자의 수요가 그 상품을 구입한 소비자의 수에 의해 영향을 받을 수 있으며, 이를 연결의 외부성이라고 부른다. 연결의 외부성에는 편승효과와 속물효과가 있는데, 편승효과는 특정상품을 구입한 소비자의 수가 많아질수록 그 상품의 수요가 증가하는 현상이고 속물효과는 반대로 상품을 구입한 소비자의 수가 증가할수록 수요가 감소하는 현상이다.

## 연습문제

1 주어진 소득 $M$과 상품가격 $P_X$와 $P_Y$에서 효용을 극대화하는 어떤 소비자의 효용함수를 $u = xy$라고 하자($Y$재는 복합재로 그 가격 $P_Y$는 1원에서 불변임).

(1) $X$재 수요곡선의 방정식(즉 주어진 $M$과 $P_Y$=1원에서 $X$재 수요량 $x$와 $P_X$사이의 관계를 나타내는 방정식)을 구하시오.

(2) $P_X$=4원일 때 소득소비곡선과 $X$재 엥겔곡선의 방정식을 구하시오.

(3) $X$재 엥겔지출곡선의 방정식을 구하시오.

(4) $M$=64원일 때 $X$재의 가격변화에 대한 가격소비곡선의 방정식을 구하시오.

(5) 소득과 상품가격에 관계없이 항상 $|E^D_{X,P_X}| = |E^D_{Y,P_Y}| = E^D_{X,M} = E^D_{Y,M} = 1$이고 $E^D_{X,P_Y} = 0$인 것을 보이시오.

(6) $M = 64$원, $P_X = 4$원과 $P_Y = 1$원에서 $P_X$만 4원에서 1원으로 하락했을 때 대체효과에 의한 $X$재의 수요량 증가의 크기와 소득효과에 의한 $X$재의 수요량 증가의 크기를 구하시오.

2 주어진 소득 $M$과 상품가격 $P_X$와 $P_Y$에서 효용을 극대화하는 어떤 소비자의 효용함수를 $u = 20\sqrt{x} + y$라고 하자($Y$재는 복합재로 그 가격 $P_Y$는 1원에서 불변임).

(1) $X$재 수요곡선의 방정식을 구하시오.

(2) $P_X=2$원일 때 소득소비곡선과 $X$재 엥겔곡선의 방정식을 구하시오.

(3) $X$재 엥겔지출곡선의 방정식을 구하시오.

(4) 위 (2)의 엥겔곡선을 이용해서 $E^D_{X,M}$과 $E^D_{Y,M}$의 크기를 설명하시오.

(5) $M=400$원, $P_X=1$원과 $P_Y=1$원에서 $P_X$만 1원에서 2원으로 상승했을 때 대체효과에 의한 $X$재 수요량 증가의 크기와 소득효과에 의한 $X$재 수요량 증가의 크기를 구하시오.

(6) 이 소비자의 경우 보상수요곡선과 통상수요곡선이 일치하는 이유를 설명하시오.

**3** 주어진 소득 $M$과 상품가격 $P_X$와 $P_Y$에서 효용을 극대화하는 어떤 소비자의 효용함수를 $u = 2x + y$라고 하자($Y$재는 복합재로 그 가격 $P_Y$는 1원에서 불변임).

(1) $X$재 수요량과 가격 $P_X$ 사이의 관계를 설명하시오.

(2) $P_X = 1$원일 때 소득소비곡선과 $X$재 엥겔곡선의 방정식을 구하시오.

(3) 이 소비자의 가격소비곡선을 설명하시오.

(4) $M = 12$원, $P_X = 1$원과 $P_Y = 1$원에서 $P_X$만 1원에서 3원으로 상승했을 때 대체효과와 소득효과를 힉스방법으로 설명하시오.

(5) 위 (4)의 경우에서 대체효과와 소득효과를 슬러츠키방법으로 설명하시오.

**4** 주어진 소득 $M$과 상품가격 $P_X$와 $P_Y$에서 효용을 극대화하는 어떤 소비자의 효용함수를 $u=\min\left\{x,\ \frac{y}{2}\right\}$라고 하자($Y$재는 복합재로 그 가격 $P_Y$는 1원에서 불변임).

(1) $X$재 수요곡선의 방정식을 구하시오.

(2) 소득소비곡선의 방정식을 구하시오.

(3) $P_X=2$원일 때 $X$재 엥겔곡선의 방정식을 구하시오.

(4) X재의 가격변화에 의한 가격소비곡선의 방정식을 구하시오.

(5) $M=12$원, $P_X=4$원과 $P_Y=1$원에서 $P_X$만 4원에서 1원으로 하락했을 때 대체효과에 의한 $X$재 수요량 증가의 크기와 소득효과에 의한 $X$재 수요량 증가의 크기를 구하시오.

**5** $u=xy+y$의 효용함수를 지닌 소비자에게 주어진 소득은 5원이고 $Y$재의 가격은 1원이라고 하자.

(1) $X$재에 대한 이 소비자의 유보가격을 구하시오.

(2) (1)의 유보가격을 기준으로 $X$재의 가격이 유보가격보다 높은 경우와 낮은 경우로 나누어 이 소비자의 수요곡선의 방정식을 구하시오.

**6** 어떤 상품이 기펜재가 되기 위한 조건을 열거하고 현실에서 이 조건들을 충족시키는 기펜재가 존재하기가 어려운 이유를 설명하시오.

**7** 열등재의 경우 보상수요곡선이 통상수요곡선보다 완만한 기울기를 지니는 이유를 설명하시오.

**8** $M=100$원, $P_X=2$원과 $P_Y=1$원에서 효용을 극대화하는 어떤 소비자의 효용함수는 $u=2x+3y$이고 이 소비자는 매달 정부로부터 $X$재로만 바꿀 수 있는 40원어치의 상품교환권을 받고 있다. 이 소비자에게 40원어치의 상품교환권을 받을 때와 동일한 효용을 줄 수 있는 현금보조의 액수를 구하시오.

**9** $M=120$원, $P_X=4$원과 $P_Y=1$원에서 효용함수가 $u=xy^2$인 어느 소비자가 현재 효용을 극대화하고 있다. 이 소비자의 $X$재 수요량을 현재보다 10단위 증가시키려면 한 단위당 얼마의 가격보조금을 지급하면 되겠는가?

**10** 수요의 가격탄력성을 결정하는 요인들을 열거하고 저가의 소형차 수요의 가격탄력도와 고급 대형차 수요의 가격탄력도의 크기를 비교하시오.

**11** 어느 상품 $X$재의 소비자는 모두 $m$명이고 모든 소비자의 수요곡선은 $P_X=10-x$로 똑같다고 할 때,

(1) $X$재 시장수요곡선의 방정식을 구하시오.

(2) $P_X=5$원일 때 개별 수요의 가격탄력도와 시장수요의 가격탄력도를 구하고 양자의 크기를 비교하시오.

새로운 경제정책의 실시로 어떤 상품의 가격이 변하면 소득수준은 불변이라도 소비자의 후생이 변하며, 경제정책의 올바른 수립을 위해서는 후생의 변화를 정확하게 재는 것이 필요하다.

가격변동에 따른 소비자의 후생변화는 수요곡선을 사용해서 측정할 수 있으며, 이 장에서는 먼저 이를 살펴보기로 한다. 그러나 가격변동으로 인한 수요곡선에서의 이동은 대체효과 이외에도 소득효과를 포함하고 있으므로 수요곡선에 의해 후생변화를 측정하는 것은 정확하지 않을 수 있다. 이 장에서는 후생변화의 정확한 측정은 통상적 수요곡선이 아니라 보상수요곡선에 의해서 이루어질 수 있음을 살펴본다. 이와 함께 여러 상품의 가격과 소득이 동시에 변할 때 후생수준의 변화방향을 알 수 있는 경우들은 무엇인지 알아보기로 한다.

# 제 4 장

# 가격변동과 소비자 후생의 변화

## 4.1 소비자잉여

### 통상적 소비자잉여

〈그림 4-1〉에서 $d_X$는 어떤 소비자의 $X$재에 대한 통상적 수요곡선이다. 앞장의 제2절에서 살펴본 대로 수요곡선의 각 점과 수평축 사이의 수직거리(예컨대 점 $c$에서는 가격 $P_{X_1}$)는 그 점에서 소비를 1단위 추가할 수 있는 것에 대하여 소비자가 지불하고자 하는 금액을 의미한다. 따라서 $X$재를 $x_1$만큼 소비하는 것에 대하여 소비자가 지불하고자 하는 총금액은 바로 사다리꼴 $AcD0$가 된다. 그런데 실제로 지출한 금액은 검은 음영으로 표시된 사각형 $BcD0$이므로 파란 음영으로 표시된 삼각형 $ABc$는 시장에서 단위당 $P_{X_1}$의 가격을 지불하고 $x_1$만큼의 $X$재를 수요한다는 자발적 거래로부터 소비자가 얻는 순편익을 표시한다고 할 수 있으며, 이를 **통상적 소비자잉여**(ordinary consumer surplus) 또는

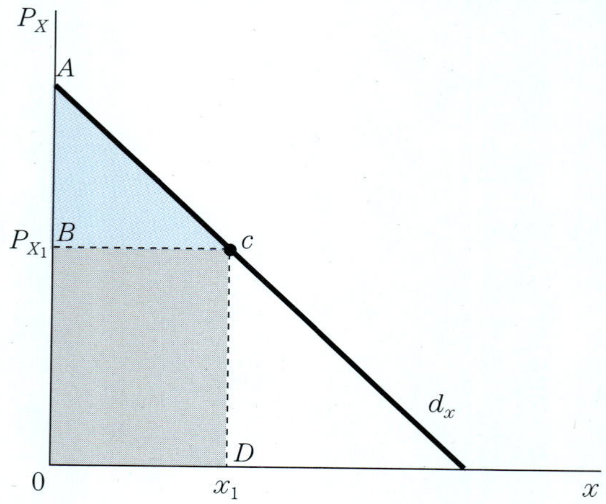


**그림 4-1 통상적 소비자잉여**
시장에서 $P_{X_1}$의 가격으로 $X$재를 $x_1$만큼 수요할 수 있을 때 소비자가 지불할 용의가 있는 총금액은 사다리꼴 $AcD0$로 표시할 수 있고 실제의 지출은 검은 음영으로 표시된 사각형 $BcD0$이다. 따라서 파란 음영으로 표시된 삼각형 $ABc$는 시장에서의 교환을 통해 소비자가 얻는 순편익의 크기를 화폐단위로 표시한 것으로서 통상적 소비자잉여라고 불린다.

**마샬의 소비자잉여**(Marshallian consumer surplus)라고 부른다. 소비자잉여 앞에 '통상적' 또는 '마샬' 이라는 수식어를 붙인 이유는 나중에 설명할 보상수요곡선에 의한 소비자잉여와 구별하기 위함이지만, 앞으로 이 책에서 '소비자잉여' 라고 할 때는 통상적 소비자잉여를 의미하는 것으로 한다.

소비자잉여는 나중에 생산자행동을 분석하면서 공부하게 될 **생산자잉여**(producer surplus)와 함께 정부의 새로운 정책 실시가 사회후생에 미치는 영향을 평가할 때 매우 긴요하게 사용된다. 다음의 예를 보기로 하자.

### 예 4-1 술, 담배의 소비세 인상과 후생의 변화

지난 2009년 7월 한국조세연구원은 정부에 대하여 술, 담배의 소비를 줄이기 위해서 이들 상품에 대한 소비세의 인상을 권고하였다. 정부가 이러한 권고를 받아들이는 경우 사회후생에 어떠한 변화가 발생하는가 하는 것은 〈그림 4-2〉에 표시되어 있다. 편의상 담배의 공급곡선 $S_X$는 가격에 대해 완전탄력적이라고 가정하고 $D_X$는 담배의 시장수요곡선이라고 하자. 이때 담배 1갑당 $t$원의 소비세가 추가로 부과되면 수요곡선은 $D_X$에서 $D_X'$으로 이동하고 소비자가 부담하는 가격은 $P_{X_1}$에서 $P_{X_1}+t$로 상승하게 된다. 그리고 이에 따라 소비자

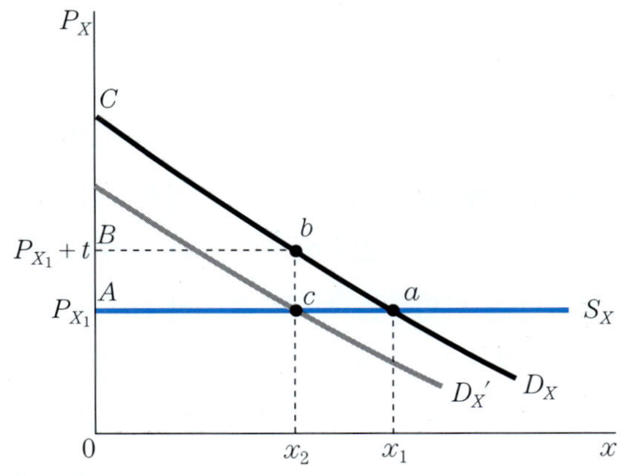


**그림 4-2 담배 소비세의 인상과 사회후생의 변화**
담배 1갑당 $t$원의 소비세가 추가로 부과되면 소비자잉여는 사다리꼴 $AabB$만큼 감소한다. 이 중에서 사각형 $AcbB$는 정부의 조세수입이 되기 때문에 담배 소비세 인상으로 인한 사회후생의 순손실은 삼각형 $abc$이다.

잉여는 삼각형 $AaC$에서 삼각형 $BbC$로 사다리꼴 $AabB$만큼 감소한다. 사다리꼴 $AabB$만큼의 소비자잉여 감소가 곧 그만큼의 사회후생 손실을 의미할까? 그렇지는 않다. 사다리꼴 $AabB$ 중에서 사각형 $AcbB$는 정부의 조세수입이 되기 때문이며, 나머지 삼각형 $abc$의 면적이 바로 담배 소비세 인상으로 인한 사회후생의 순손실이 되는 것이다.

술, 담배의 소비세 인상이라는 정책의 채택 여부를 위해서는 비용-편익분석(costs-benefits analysis)을 할 필요가 있다. 이 정책의 비용은 사회후생의 순손실인 삼각형 $abc$의 면적이고 술, 담배의 소비억제로 인한 사회경제적 비용의 감소가 이 정책의 편익이 된다. 그런데 술, 담배의 가격탄력성이 낮기 때문에 소비억제로 인한 사회경제적 비용의 감소라는 편익은 그리 크지 않고 오히려 정부의 조세수입 증대효과만 클 것이라는 주장도 제기되었다.

곧 살펴보겠지만 통상적 소비자잉여를 사용해서 후생변화를 재는 것은 부정확할 수 있다. 그렇지만 후생변화를 정확하게 측정하는 것이 대단히 어려운데 비해서 통상적 수요곡선은 비교적 용이하게 추정될 수 있기 때문에 후생변화의 근사치를 얻기 위하여 통상적 소비자잉여를 주로 사용하게 된다.

## 보상소비자잉여

가격의 변화로 인한 통상적 수요곡선에서의 이동은 소득효과를 포함하고 있다. 따라서 통상적 수요곡선의 각 점과 수평축 사이의 수직거리는 그 점에서 소비를 1단위 추가하는 것에 대하여 소비자가 지불할 용의가 있는 최대금액과 일치하지 않는다. 〈그림 4-3〉에는 소득이 $M_1$일 때의 가격소비곡선, 통상적 수요곡선 $d_X$와 대체효과만을 반영하는 보상수요곡선 $cd_{X_1}$이 그려져 있다. 앞장의 제4절에서 살펴본 대로 $cd_{X_1}$의 어떤 점에서도 소비자의 효용은 무차별곡선 $I_1$이 표시하는 수준(이를 $u_1$이라고 하자)에서 고정되어 있다. 그림에서 $X$재는 정상재라는 가정하에 보상수요곡선이 통상적 수요곡선보다 가파르게 그려져 있으며, $Y$재는 복합재라고 가정한다.

$X$재 가격이 $P_{X_1}$일 때의 예산선은 $AB$이고 최적소비계획은 점 $a$이다. 그리고 점 $a$에 상응하는 수요곡선의 점은 $a'$이다. 이제 가격이 $P_{X_2}$로 하락해서 예

산선은 $AC$로 바뀌고 $X$재의 소비를 $x_1$에서 $x_1+1$로 1단위 추가할 수 있다고 하자. 그림에서는 설명의 편의를 위해 $X$재 1단위를 과장해서 표시하였기 때문에 가격 사각형 위의 삼각형 면적(예를 들어 $P_{X_2}$ 위의 삼각형 $a'b'f$의 면적)이 크

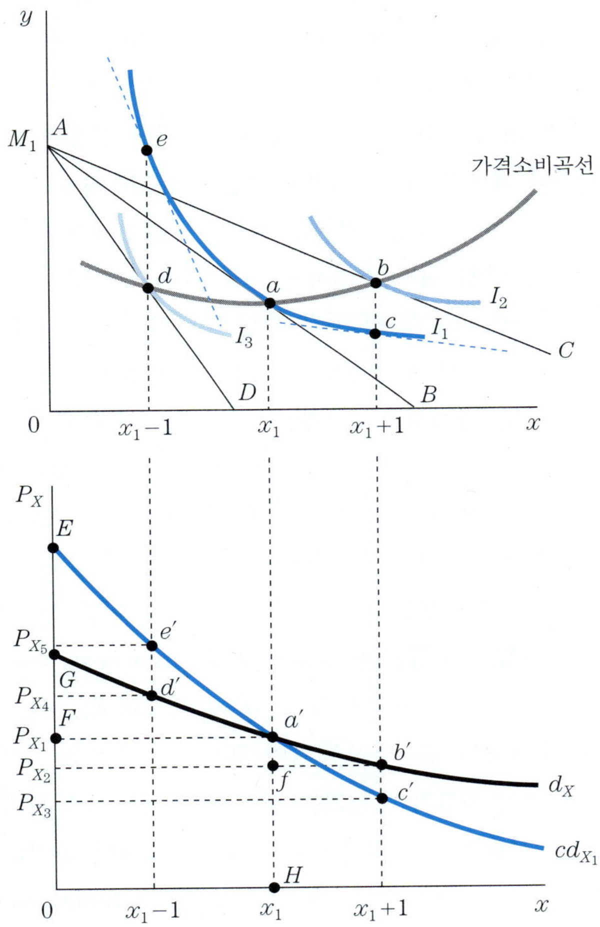


**그림 4-3 통상적 소비자잉여의 부정확성과 보상소비자잉여**

$X$재 가격이 $P_{X_1}$에서 $P_{X_2}$로 하락해서 예산선은 $AB$에서 $AC$로 바뀌고 $X$재의 소비가 $x_1$에서 $x_1+1$로 1단위 증가할 수 있다고 할 때, 소비를 1단위 추가하는 것에 대해서 소비자가 지불하려는 최대금액은 보상수요곡선 $cd_{X_1}$의 점 $c'$과 수평축 사이의 수직거리인 $P_{X_3}$이다. $P_{X_3}$을 지불한다면 $x_1+1$번째 단위를 더 소비한다고 해도 소비자의 효용에는 아무런 변화가 없기 때문이다. 마찬가지로 $x_1$에서 $x_1-1$로 소비가 1단위 감소하는 것을 막기 위해 소비자가 지불할 용의가 있는 최대금액은 보상수요곡선 $cd_{X_1}$의 점 $e'$과 수평축 사이의 수직거리인 $P_{X_5}$가 된다. 따라서 자발적 시장거래로부터 소비자가 얻는 순편익은 보상수요곡선에 의한 소비자잉여로 정확하게 나타낼 수 있다.

게 나타나고 있지만, $X$재 1단위의 크기가 작아질수록 그 삼각형들의 면적은 무시해도 될 만큼 작아지게 된다.

$x_1$에서 소비를 1단위 추가하는 것에 대해서 소비자가 지불하려는 최대금액은 과연 얼마인가? 그 금액은 바로 보상수요곡선 $cd_{X_1}$의 점 $c'$과 수평축 사이의 수직거리인 $P_{X_3}$(즉 무차별곡선 $I_1$의 점 $c$에서 그 접선의 기울기의 절대값)이다. $P_{X_3}$을 지불한다면 $x_1+1$번째 단위를 더 소비한다고 해도 소비자의 효용에는 아무런 변화가 없기 때문이다. 반면에 $P_{X_2}$(즉 무차별곡선 $I_2$의 점 $b$에서 그 접선의 기울기의 절대값)를 지불하고 $x_1+1$번째 단위를 추가로 소비하면 소득효과에 의해 소비자의 효용은 높아지기 때문에, 소비자가 지불할 용의가 있는 최대금액이 $P_{X_2}$라고 할 수는 없는 것이다. 마찬가지로 $x_1$에서 $x_1-1$로 소비가 1단위 감소하는 것을 막기 위해 소비자가 지불할 용의가 있는 최대금액은 $P_{X_4}$가 아니라 보상수요곡선 $cd_{X_1}$의 점 $e'$과 수평축 사이의 수직거리인 $P_{X_5}$(즉 무차별곡선 $I_1$ 의 점 $e$에서 그 접선의 기울기의 절대값)인 것이다.

이와 같이 어떤 점에서의 소비변화에 대해 소비자가 지불할 용의가 있는 최대금액은 수요곡선이 아니라 소득효과가 배제된 보상수요곡선에 의해서만 정확하게 표시될 수 있다. 따라서 시장거래에 자발적으로 참가해서 소비자가 얻는 순편익을 정확하게 나타낼 수 있는 것은 통상적 수요곡선에 의한 소비자잉여가 아니라 보상수요곡선에 의한 소비자잉여이며, 이를 통상적 소비자잉여와 구별짓기 위하여 **보상소비자잉여**(compensated consumer surplus)라고 부른다.

〈그림 4-3〉에서 수요곡선 $d_X$의 점 $a'$에서 소비자는 $P_{X_1}$의 시장가격으로 $X$재를 $x_1$만큼 수요해서 무차별곡선 $I_1$이 표시하는 수준의 효용 $u_1$을 얻을 수 있다. 그런데 이러한 기회가 박탈되는 것을 막기 위해 소비자가 지불할 용의가 있는 최대금액은 사다리꼴 $0Ea'H$이지만 실제로 지불한 금액은 사각형 $0Fa'H$이다. 따라서 $P_{X_1}$의 시장가격으로 $X$재를 $x_1$만큼 수요해서 $u_1$의 효용을 얻을 수 있는 시장거래로부터 소비자가 얻는 순편익을 정확하게 표시하는 것은 통상적 소비자잉여인 삼각형 $Fa'G$가 아니라 보상소비자잉여인 삼각형 $Fa'E$이다.

## 4.2 보상소비자잉여의 변화

### 보상변화

소비자가 시장거래로부터 얻는 순편익을 정확하게 표시하는 것은 보상소비자잉여이기 때문에 가격변동으로 인한 후생변화는 보상소비자잉여의 변화로 정확하게 측정될 수 있다. 〈그림 4-4〉의 (a)에서 $X$재 가격이 $P_{X_1}$일 때의 예산선은 $AB$이고 $X$재의 수요량은 $x_1$이며, $Y$재는 복합재이다. 가격이 $P_{X_2}$로 하락해서 예산선이 $AC$로 이동하는 경우, 가격효과를 분해하기 위하여 기울기는 $AC$와 같고 무차별곡선 $I_1$에 접하는 가상적 예산선 $A'C'$을 그리면 $X$재 수요량은 대체효과에 의해 $x_{S_1}$로 증가하고 소득효과에 의해서는 $x_{S_1}$로부터 $x_2$로 증가한다. 〈그림 4-4〉의 (b)에는 (a)로부터 유도된 수요곡선이 그려져 있다. 통상적 수요곡선 $d_X$의 점 $a'$에서 소비자는 주어진 소득 $M_1$로 무차별곡선 $I_1$이 표시하는 수준의 효용 $u_1$을 얻고 있으며, 점 $a'$을 지나는 보상수요곡선 $cd_{X_1}$의 모든 점에서 소비자의 효용은 $u_1$로 같다. 또한 통상적 수요곡선의 점 $b'$에서 이 소비자는 주어진 소득 $M_1$로 무차별곡선 $I_2$가 표시하는 수준의 효용(이를 $u_2$라고 하자)을 얻고 있고 보상수요곡선 $cd_{X_2}$의 어떤 점에서도 소비자의 효용은 $u_2$이다.

$X$재 가격이 $P_{X_1}$에서 $P_{X_2}$로 하락하면 소비자의 후생은 정확하게 얼마나 증가할 것인가? 보상소비자잉여는 $X$재 가격이 $P_{X_1}$일 때 삼각형 $DEa'$이고 $P_{X_2}$일 때는 삼각형 $FEc'$이므로 가격의 하락으로 소비자의 후생은 정확하게 사다리꼴 $FDa'c'$만큼 증가한다. 보상수요곡선 $cd_{X_1}$의 어떤 점에서도 소비자의 효용은 $u_1$에 고정되어 있으므로 보상소비자잉여의 변화인 사다리꼴 $FDa'c'$만큼을 소득 $M_1$에서 공제해도 소비자의 효용은 가격이 하락하기 전의 수준인 $u_1$을 유지할 수 있는 것이다. 보상소비자잉여의 변화 $FDa'c'$은 다름 아니라 〈그림 4-4〉의 (a)에서 예산선 $AC$와 $A'C'$ 사이의 수직거리인 $AA'$이다. 주어진 소득 $M_1$에서 $AA'$만큼을 공제하면 가격의 하락에도 불구하고 소비자의 효용은 가격 하락 전의 효용 $u_1$에 고정된다.

그렇다면 가격이 $P_{X_2}$에서 $P_{X_1}$로 상승하는 경우에는 어떠한가? 이 경우에는 가격상승 전의 효용인 $u_2$가 기준이 되기 때문에 가격상승으로 소비자의 후

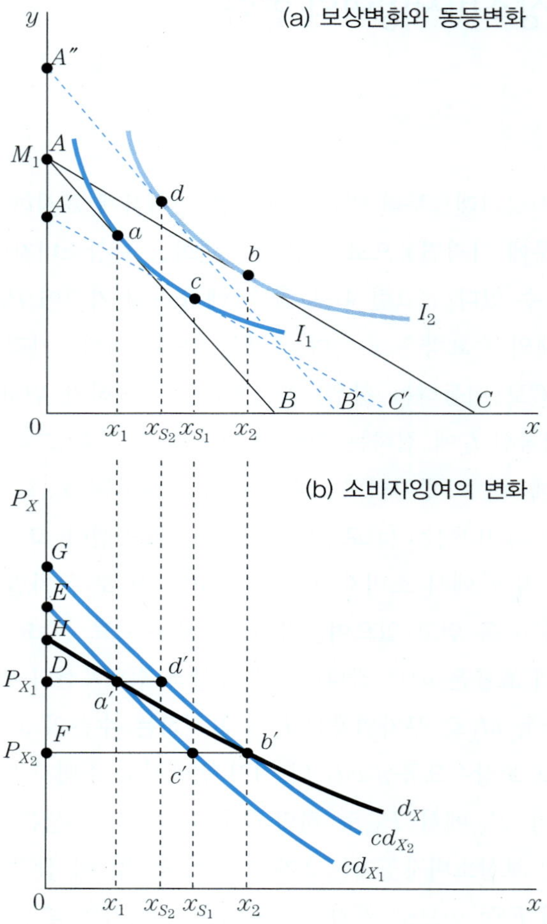


**그림 4-4 소비자잉여의 변화, 보상변화와 동등변화**

(a)에서 $X$재의 가격이 $P_{X_1}$에서 $P_{X_2}$로 하락해서 예산선이 $AB$에서 $AC$로 이동했을 때, 소득 $M_1$에서 $AA'$ 만큼을 공제한다고 해도 소비자는 가격하락 전의 효용 $u_1$(무차별곡선 $I_1$의 효용)을 얻을 수 있다. 또는 소비자의 소득 $M_1$에 $AA''$만큼을 더할 수 있으면 가격이 하락하지 않아도 소비자는 가격하락 후의 효용 $u_2$(무차별곡선 $I_2$의 효용)을 얻을 수 있다. 이때 $AA'$을 보상변화라 하며, $AA''$을 동등변화라고 한다. 가격이 $P_{X_2}$에서 $P_{X_1}$로 상승하였을 때는 $AA'$이 동등변화이고 $AA''$은 보상변화가 된다. $AA'$은 (b)의 보상수요곡선 $cd_{X_1}$에 의한 보상소비자잉여의 변화인 사다리꼴 $FDa'c'$이며, $AA''$은 보상수요곡선 $cd_{X_2}$에 의한 보상소비자잉여의 변화인 사다리꼴 $FDd'b'$이다.

생은 보상수요곡선 $cd_{X_2}$에 의한 보상소비자잉여의 변화인 사다리꼴 $FDd'b'$ 만큼 감소한다. 따라서 주어진 소득 $M_1$에 $FDd'b'$ 만큼을 보상해야만 소비자는 가격상승 전의 효용 $u_2$를 여전히 얻을 수 있는 것이다. 〈그림 4-4〉의 (a)에서 기울기가 $AB$와 같고 무차별곡선 $I_2$에 접하는 가상적 예산선 $A''B'$과 예산선 $AB$ 사이의 수직거리 $A''A$가 바로 보상소비자잉여의 변화인 사다리꼴 $FDd'b'$인 것이다. 즉 $A''A$만큼을 소득에 보상해야만 소비자는 가격상승에도 불구하고 여전히 가격상승 전의 효용 $u_2$를 얻을 수 있다.

이와 같이 가격변동에도 불구하고 소비자의 효용을 가격변동 전의 수준에 고정시키기 위하여 필요한 소득의 변화폭을 **보상변화**(compensating variation in income)라고 하며, 이는 효용이 가격변동 전의 수준에 고정되어 있는 보상수요곡선에 의한 보상소비자잉여의 변화와 같다. 가격이 하락하는 경우에는 보상변화만큼을 주어진 소득에서 공제함으로써, 가격이 상승한 경우에는 보상변화만큼을 보상함으로써 소비자의 효용은 가격변동 전의 수준을 유지할 수 있는 것이다.

## 동등변화

가격이 변동한 후의 효용수준을 기준으로 삼는다면 어떻게 될 것인가? 이에 대한 답을 얻기 위하여 "가격변화를 예상하고 있는 소비자는 가격을 변화시키지 않겠다는 약속에 대해 얼마까지 지불할 용의가 있는가?"라는 질문을 생각해 보기로 하자.

위 질문의 의미는 가격이 상승할 것으로 예상하는 소비자에게 가격을 올리지 않을 터이니 소득 중에서 최대한 얼마를 공제해도 되겠는가를 묻는 것이며, 가격이 하락할 것으로 믿고 있는 소비자에게는 가격을 하락시키지 않는 경우에 그 실망을 덜어주기 위해 소득에 최소한 얼마를 추가시키면 되겠는가를 묻는 것이다. 이러한 질문의 답을 **동등변화**(equivalent variation in income)라고 한다. 즉 보상변화와는 달리 동등변화는 소비자의 효용을 가격변동 후의 수준에 고정시키기 위하여 필요한 소득의 변동폭을 의미하며, 이는 효용이 가격변동 후의 수준에 고정되어 있는 보상수요곡선에 의한 보상소비자잉여의 변화와 같다. 가격이 상승하는 경우에는 주어진 소득에 동등변화만큼을 공제함으로써, 가격이 하락한 경우에는 동등변화만큼을 보상함으로써 소비자의 효용수준을 가격변동 후 수준에서 유지할 수 있다.

〈그림 4-4〉의 (a)에서 가격이 $P_{X_1}$에서 $P_{X_2}$로 하락하는 것을 기대하고 있

는 소비자는 소득 $M_1$에 $A''A$만큼을 더할 수 있으면 가격이 하락하지 않아도 가격하락 후의 효용 $u_2$를 얻을 수 있기 때문에 $A''A$는 가격이 $P_{X_1}$에서 $P_{X_2}$로 하락하는 경우의 동등변화가 되며, 이 $A''A$는 바로 보상수요곡선 $cd_{X_2}$에 의한 보상소비자잉여의 변화인 사다리꼴 $FDd'b'$이다. 반대로 가격이 $P_{X_2}$에서 $P_{X_1}$로 상승하는 경우의 동등변화는 〈그림 4-4〉의 (a)에서 $AA'$이다. 소득 $M_1$에 $AA'$만큼을 공제하더라도 소비자는 여전히 가격이 상승하는 경우의 효용 $u_1$은 얻을 수 있기 때문에 $AA'$은 가격을 상승시키지 않겠다는 약속에 대해 소비자가 지불할 용의가 있는 금액으로서 동등변화가 되며, 이는 〈그림 4-4〉의 (b)에서 보상수요곡선 $cd_{X_1}$에 의한 보상소비자잉여의 변화인 사다리꼴 $FDa'c'$과 같다.

### 예 4-2 이동전화 요금제의 선택

기본요금과 단위시간당 사용요금으로 구성되는 이동전화 요금은 2부가격제의 전형적 예이다. 그런데 이동통신회사들은 한 가지 요금제만 실시하는 것이 아니라 여러 가지의 요금제를 제시해서 소비자로 하여금 선택하게 한다.

다음의 〈그림 4-5〉에는 $Y$재를 복합재라고 하고 $X$재는 이동전화 서비스의 사용이라고 할 때 두 가지의 요금제가 표시되어 있다. 한 가지는 점 $A$와 $B$ 사이의 수직거리인 $AB$만큼을 기본요금으로 내고 단위시간당 사용요금이 $P_{X_1}$인 요금제이며, 이 요금제에서 소득이 $M_1$인 어느 소비자의 예산선은 $BC$가 된다. 또 다른 한 가지는 $AD$만큼의 높은 기본요금에 사용요금은 $P_{X_2}$로 저렴한 요금제이며, 이 경우 예산선은 $DE$가 된다. 이 두 가지 요금제 중에서 이 소비자는 어떤 것을 선택할 것인가?

이 소비자의 선호가 $I_1$의 무차별곡선으로 표시된다면, 사용요금이 $P_{X_2}$로 인하되는 것에 대하여 더 지불할 용의가 있는 기본요금(즉 사용요금 인하에 대한 보상변화)은 $BF$이다. 그런데 $P_{X_2}$의 낮은 사용요금을 적용받으려면 보상변화인 $BF$보다 많은 $BD$만큼의 기본요금을 더 내야 하기 때문에 이 소비자는 예산선 $BC$로 표시되는 요금제를 선택한다. 선호가 $I_1'$의 무차별곡선으로 표시되는 소비자의 경우에는 사용요금 인하에 대한 보상변화가 $BG$이므로 예산선 $DE$로 표시되는 요금제를 선택할 것이다.

이와 같이 통신회사들은 기본요금과 사용요금의 액수가 서로 다른 여러 가지의 요금제를 제시하고 있으며, 이 중에서 소비자들은 자신들에게 맞는 요금제를 선택한다. 이러한 현상은 나중에 살펴보겠지만 일종의 가격차별로 해석할 수 있다. 세계적으로 이동전화가 유선전화를 급속하게 대체하고 있는 현실에서 우리나라의 이동전화 요금이 너무 높아서 가계에 지나친 통신비 부담을 준다는 목소리가 높다. 특히 단말기 보조금을 통한 이동통신회사간의 과열경쟁 때문에 기본요금이 높게 유지되고 있으며, 투자비 대부분이 회수된 상태에서 기본요금은 없어져야 한다는 주장도 힘을 얻고 있는 실정이다.

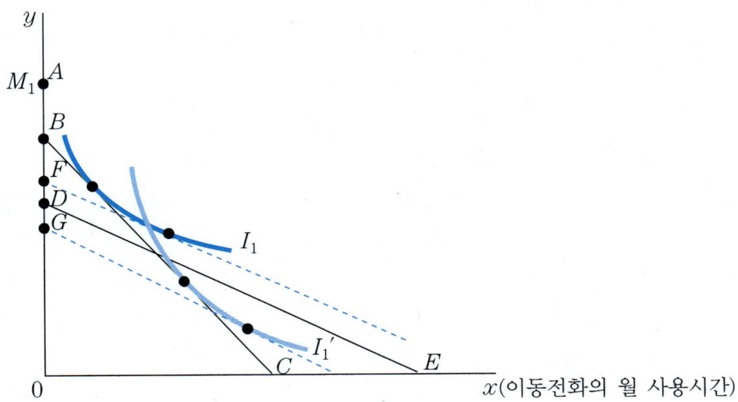


**그림 4-5 이동전화 요금제의 선택**
점 $A$와 $B$ 사이의 수직거리인 $AB$만큼의 기본요금에 사용요금은 $P_{X_1}$인 요금제에서 소득이 $M_1$인 어느 소비자의 예산선은 $BC$이며, $AD$만큼의 높은 기본요금에 사용요금은 저렴한 $P_{X_2}$인 요금제에서의 예산선은 $DE$이다. 소비자가 $I_1$의 무차별곡선을 지니고 있다면, 사용요금 인하에 대한 보상변화는 $BF$이므로 낮은 기본요금을 내는 요금제를 선택한다. 반면에 $I_1'$의 무차별곡선을 지닌 소비자의 경우에는 사용요금 인하에 대한 보상변화가 $BG$이므로 기꺼이 기본요금이 높은 요금제를 선택할 것이다.

### 예 4-3 보상변화와 동등변화의 계산

제 3 장의 〈예 3-1〉에서는 주어진 소득 $M$은 72원이고 효용함수는 $u = xy$인 어느 소비자에 대하여 $Y$재 가격은 1원으로 불변인 채 $X$재 가격만 4원에서 9원으로 상승했을 때의 대체효과와 소득효과 크기를 계산하였다. 이번에는 동일한 상황이 벌어졌을 때 보상변화와 동등변화를 계산하기로 한다.

〈그림 4-6〉은 제 3 장의 〈그림 3-10〉를 다시 그린 것이며, $X$재 가격의 상승으로 최적소비계획은 대체효과에 의해 점 $a$에서 점 $c$로 이동하고 소득효과

에 의해 점 $c$에서 점 $b$로 이동한다. 이 경우 보상변화를 계산하려면 $X$재 가격이 4원에서 9원으로 상승해도 여전히 점 $a$에서의 효용수준 324를 유지하기 위해 필요한 최소의 소득을 구해야 하며, 이는 $X$재 가격이 9원일 때 점 $c=(6,\ 54)$의 구입을 가능하게 하는 소득인 108원(=9원 × 6개 + 1원 × 54개)이다. 따라서 보상변화는 108원과 주어진 소득 72원의 차이인 36원이 된다. 즉 이 소비자는 $X$재 가격이 9원으로 상승해도 최소 36원의 보상을 받으면 여전히 4원일 때의 효용을 유지할 수 있다.

동등변화를 계산하려면 무차별곡선 $I_b$와 $-4$의 기울기를 지니는 가상적 예산선이 접하는 점 $d$의 구입을 가능하게 하는 소득을 구하면 된다. 점 $d$에서 만족되는 조건은 $MRS_C = P_X/P_Y$의 관계인 $y/x = 4$와 점 $d$에서의 효용은 점 $b=(4,\ 36)$에서의 효용과 같다는 $U(d) = xy = 144$의 두 가지이므로 이들을 연립방정식으로 풀면 $d=(6,\ 24)$를 구할 수 있으며, $X$재 가격이 4원일 때 점 $d=(6,\ 24)$의 구입을 가능하게 하는 소득은 48원(=4원 × 6개 + 1원 × 24개)이다. 따라서 동등변화는 72원과 주어진 소득 48원의 차이인 24원이 된다. 이 소비자는 $X$재 가격이 9원으로 상승하는 것을 막기 위해 최대 24원까지 지불할 용의가 있는 것이다.

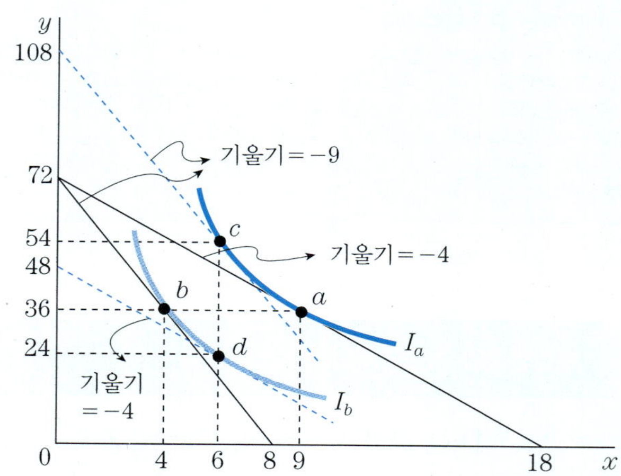


**그림 4-6 보상변화와 동등변화의 계산**

주어진 소득 $M$이 72원인 경우 $X$재 가격이 4원에서 9원으로 상승할 때 여전히 점 $a$에서의 효용수준을 유지하려면 최소 108원의 소득이 필요하므로 보상변화는 36원(=108원−72원)이다. $X$재 가격이 4원일 때 점 $d$의 구입을 가능하게 하는 소득은 48원이므로 동등변화는 24원(=72원−48원)이다.

## 보상변화, 통상적 소비자잉여의 변화와 동등변화의 비교

〈그림 4-4〉에서 명백하게 알 수 있는 것처럼 주어진 가격변화에 대하여 보상변화와 동등변화는 그 크기가 서로 다르다. 양자의 크기가 다른 이유는 후생변화를 비교하는 기준이 다르기 때문이며, 두 가지 모두 소비자 후생변화를 정확하게 표현할 수 있는 개념이다. 따라서 일관성 있게 사용한다면 양자 중에서 어떤 개념을 사용해도 무방하다고 볼 수 있다. 그렇지만 앞서 설명한 대로 통상적 수요곡선의 각 점에서 효용수준은 다르기 때문에 통상적 소비자잉여는 시장에서의 자발적 교환을 통해 소비자가 얻을 수 있는 순편익을 정확하게 나타낼 수 없다. 따라서 통상적 소비자잉여의 변화로는 소비자 후생변화의 정도를 정확하게 나타낼 수 없다.

〈그림 4-4〉의 (b)에서 가격이 하락하는 경우 통상적 소비자잉여의 변화인 사다리꼴 $FDa'b'$ 은 보상변화인 사다리꼴 $FDa'c'$ 보다는 크고 동등변화인 사다리꼴 $FDd'b'$ 보다는 작다. 반대로 가격이 상승하는 경우에는 통상적 소비자잉여의 변화는 보상변화보다 작고 동등변화보다는 크다. 이처럼 통상적 소비자잉여의 변화로 가격변동에 의한 후생변화를 정확하게 나타낼 수 없는 이유는 소득효과 때문이다. 따라서 소득효과가 0인 예외적인 경우에는 통상적 수요곡선과 보상수요곡선이 일치하게 되어 어떠한 수요곡선에 의하든지 소비자잉여는 동일하며, 보상변화와 동등변화도 같게 된다.

앞장에서 살펴본 바와 같이 $u = V(x) + ky$와 같은 준선형 효용함수의 경우($k$는 0보다 큰 상수임), $MRS_C = V'(x)/k$이므로 소득이 어느 수준을 넘어서게 되면 소득소비곡선은 수직선이 된다. 소득소비곡선이 수직선이라는 것은 가격효과 중에서 소득효과가 0임을 의미한다. 〈그림 4-7〉의 (a)에서 두 개의 수직선은 모두 소득소비곡선이다. 따라서 $X$재의 가격이 $P_{X_1}$에서 $P_{X_2}$로 하락해서 예산선이 $AB$에서 $AC$로 이동했을 때 $X$재 수요량에 미치는 총효과(점 $a$에서 $b$로 이동)는 모두 대체효과(점 $a$에서 $c$로 이동)에 의한 것이며 소득효과(점 $c$에서 $b$로 이동)에 의한 부분은 0이다. 마찬가지로 $X$재의 가격이 $P_{X_2}$에서 $P_{X_1}$로 상승하는 경우에도 가격의 상승이 $X$재 수요량에 미치는 총효과 역시 모두 대체효과가 된다.

이와 같이 준선형 선호의 경우에 소득효과는 0이므로, 〈그림 4-7〉의 (b)

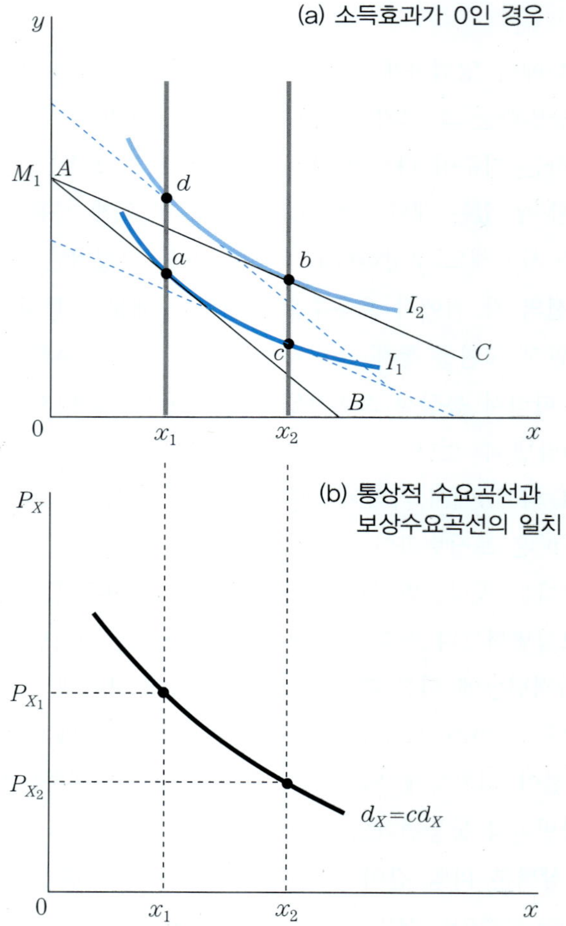


**그림 4-7 소득효과가 0인 경우: 통상적 수요곡선과 보상수요곡선의 일치**

$Y$재의 한계효용이 일정한 준선형 효용의 경우 소비의 한계대체율은 $X$재의 수요량에만 의존한다. 따라서 $X$재의 가격변화가 $X$재의 수요량에 미치는 효과는 모두 대체효과이고 소득효과는 0이다. 이러한 경우에 통상적 수요곡선과 보상수요곡선은 일치하므로 가격변화에 대한 통상적 소비자잉여의 변화, 보상변화, 동등변화 모두 항상 동일하다.

와 같이 통상적 수요곡선과 보상수요곡선은 일치한다. 따라서 통상적 소비자잉여는 시장거래를 통해 소비자가 얻는 순편익을 정확하게 표현하며, 가격변화에 대하여 통상적 소비자잉여의 변화, 보상변화, 동등변화 모두 항상 일치하게 된다.

# 4.3 가격지수, 수량지수와 소득의 변화율: 후생수준의 변화 비교

소비자잉여의 개념은 특정상품의 가격변화가 소비자의 후생수준에 어떠한 영향을 주는지를 이해하는 데 매우 유용하게 사용된다. 그러나 어느 주어진 기간에 두 가지 이상의 상품가격이 동시에 변하고 소득도 변한다면, 소비자잉여의 개념으로는 소비자의 후생수준이 얼마나 증가했는지 아니면 감소했는지를 판단하기가 어렵다. 이 절에서는 두 가지 이상의 상품가격이 동시에 변하고 소득도 변할 때 어떤 경우 후생수준의 증감여부를 판단할 수 있는가에 관해 살펴보기로 한다.

## 후생수준 변화의 비교가 곤란한 경우

여러 가지 상품의 가격과 소득이 동시에 변하면서 모든 상품의 소비량이 예외 없이 증가한다면, 소비자의 후생수준은 명백하게 개선된다. 그러나 어떤 상품의 소비량은 증가하였고 다른 상품의 소비량은 감소하였다면, 후생수준의 변화방향을 단순하게 판단할 수는 없다. 다음의 예를 보자.

주어진 소득을 모두 $X$재와 $Y$재의 구입에 지출하는 어떤 소비자가 있고 2009년과 2010년에 있어서 $X$재와 $Y$재의 가격 및 소비량은 다음의 〈표 4-1〉과 같다고 하자. 이때 2009년을 기준연도로 삼아 현재연도인 2010년의 후생수준이 기준연도에 비해 증가했는지 아니면 감소했는지를 판단해 보기로 하자.

**표 4-1 현재연도와 기준연도 사이의 후생수준 비교가 곤란한 경우**

| 연도 | $P_X$ | $P_Y$ | $x$ | $y$ |
|---|---|---|---|---|
| 2009 | 1,400원 | 700원 | 4개 | 12개 |
| 2010 | 800원 | 1,600원 | 12개 | 4개 |

기준연도에 비해 현재연도의 $X$재 소비량은 증가한 반면에 $Y$재 소비량은 감소하였으므로 〈표 4-1〉의 자료로는 이 소비자의 후생수준이 증가했는지 아니면 감소했는지를 알 수가 없다. 이러한 경우에 우리는 흔히 명목소득의 변화

율과 가격의 변화율을 비교하여 전자가 후자보다 높은 경우에는 후생이 증가한 것으로 판단하기도 하지만, 이러한 판단 역시 반드시 옳은 것은 아니다. 이를 보기 위하여 〈표 4-1〉에서 2009년과 2010년 사이에 가격의 변화율을 계산해 보기로 하자.

가격의 변화율을 계산하는 한 가지 방법은 기준연도의 소비량을 기준으로 삼는 것이다. 즉 기준연도의 소비량으로 표시된 생활수준을 유지하기 위하여 소비자가 지출해야 하는 생계비(costs of living)의 변화를 측정하는 방법이며, 이를 **라스파이레스 가격지수**(Laspeyres price index: $L_P$)라고 한다. 바꾸어 표현하면, 라스파이레스 가격지수 $L_P$는 기준연도의 소비량을 기준연도의 가격으로 구입할 때의 금액과 현재연도의 가격으로 구입할 때의 금액을 비교한 것이다. 기준연도와 현재연도를 각각 '1'과 '2'라는 아래 첨자로 나타낼 때, 라스파이레스 가격지수는 다음의 식 (4-1)과 같이 계산된다.

$$L_P = \frac{P_{X_2}x_1 + P_{Y_2}y_1}{P_{X_1}x_1 + P_{Y_1}y_1} \qquad (4-1)$$

가격의 변화를 계산하는 또 다른 방법은 **파쉐 가격지수**(Paasche price index: $P_P$)이다. 파쉐 가격지수 $P_P$는 현재연도의 소비량을 기준으로 삼아서 생계비의 변화를 측정한다. 즉 현재연도의 소비량을 기준연도의 가격으로 구입할 때의 금액과 현재연도의 가격으로 구입할 때의 금액을 비교하는 것이다. 파쉐 가격지수의 산식은 다음과 같다.

$$P_P = \frac{P_{X_2}x_2 + P_{Y_2}y_2}{P_{X_1}x_2 + P_{Y_1}y_2} \qquad (4-2)$$

라스파이레스 가격지수의 산식으로 계산되는 대표적 물가지수는 소비자물가지수(consumer price index)이며, GDP 디플레이터(GDP deflator) 등은 파쉐 가격지수의 산식에 의하여 계산된다. 〈표 4-1〉에서 라스파이레스 가격지수 $L_P$와 파쉐 가격지수 $P_P$를 계산하면 다음과 같다.

$$L_P = \frac{800\text{원} \times 4\text{개} + 1600\text{원} \times 12\text{개}}{1400\text{원} \times 4\text{개} + 700\text{원} \times 12\text{개}} = \frac{22{,}400}{14{,}000} = 1.6$$

$$P_P = \frac{800\text{원} \times 12\text{개} + 1600\text{원} \times 4\text{개}}{1400\text{원} \times 12\text{개} + 700\text{원} \times 4\text{개}} = \frac{16{,}000}{19{,}600} \approx 0.82$$

기준연도와 현재연도 사이에 명목소득의 변화율 $m$은 현재연도의 명목소득 $M_2$를 기준연도의 명목소득 $M_1$로 나눈 것이다. 즉 $m$은 다음과 같다.

$$m = \frac{M_2}{M_1} = \frac{P_{X_2}x_2 + P_{Y_2}y_2}{P_{X_1}x_1 + P_{Y_1}y_1} \tag{4-3}$$

기준연도의 명목소득은 14,000원이고 현재연도의 명목소득은 16,000원이므로 명목소득의 변화율 $m$은 약 1.143이 된다. 따라서 라스파이레스 가격지수와 명목소득변화율을 비교할 때, 전자가 후자보다 크기 때문에 현재연도 2010년의 후생수준이 기준연도 2009년보다 감소했을 것이라는 추측이 가능하다. 그러나 파쉐 가격지수와 명목소득증가율의 관계를 비교하면, 파쉐 가격지수는 하락하였고 명목소득은 증가하였기 때문에 오히려 반대의 추측이 가능하다.

이와 같이 가격의 변화율과 소득의 변화율을 비교해서 소비자의 후생변화의 방향을 짐작하는 것은 오류가 있을 수 있다. 〈그림 4-8〉은 〈표 4-1〉을 그림으로 표시한 것이며, $I_1$과 $I_2$는 각각 기준연도와 현재연도의 후생수준을 표시

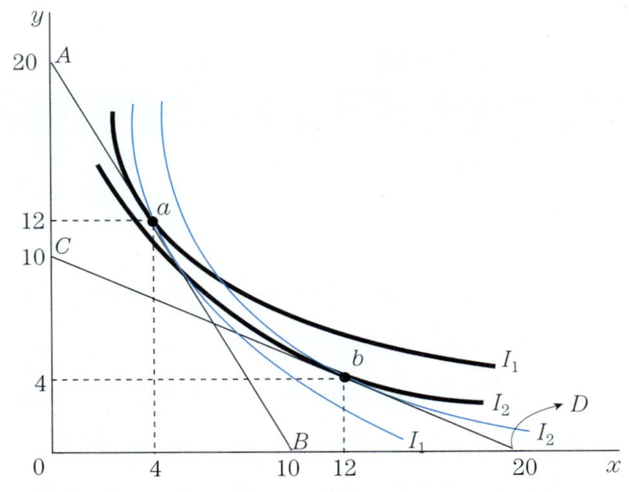


**그림 4-8 현재연도와 기준연도 사이의 후생수준 비교가 곤란한 경우**
기준연도와 현재연도의 최적소비계획은 각각 점 $a$와 $b$이다. 이때 검은색 무차별곡선의 선호를 지닌 소비자의 경우에 현재의 후생수준은 기준연도보다 감소하며, 파란색 무차별곡선의 경우에는 그 반대가 된다. 점 $a$와 $b$ 사이에 라스파이레스 가격지수 $L_P$, 파쉐 가격지수 $P_P$와 명목소득의 변화율 $m$을 계산해 보면 $P_P < m < L_P$이며, 이때 가격과 명목소득의 변화율을 비교하여 후생수준의 변화방향을 판단하기는 어렵다.

하는 무차별곡선이다. −2의 기울기를 지닌 $AB$는 기준연도의 예산선이며, 점 $a=(4, 12)$는 기준연도의 최적소비계획이다. 기울기가 $-1/2$인 $CD$는 현재연도의 예산선이고 점 $b=(12, 4)$는 현재연도의 최적소비계획이다. 소비자의 선호를 검은색의 무차별곡선으로 나타낼 수 있다면 현재의 후생수준은 기준연도에 비하여 감소하였을 것이며, 파란색 무차별곡선의 선호를 지녔다면 후생수준은 증가하였을 것이다. 이와 같이 $P_P < m < L_P$이면, 명목소득과 가격의 변화율을 비교하여 소비자 후생수준의 변화방향을 판단할 수는 없다.

## 후생수준이 감소한 경우

그렇다면 $L_P \leqq m$이거나 또는 $P_P \geqq m$인 경우에는 소비자의 후생수준이 어떠한 방향으로 변화했는가를 판단할 수 있는가? 이 경우에 후생수준의 변화방향에 관한 명백한 판단이 가능하다는 것을 살펴보기 위하여 〈표 4-1〉을 다음과 같이 〈표 4-2〉로 바꾸어 보자. 〈표 4-1〉과 비교할 때 다른 항목은 모두 동일하고 현재연도의 소비량만 바뀌었다.

**표 4-2 현재연도의 후생수준이 기준연도보다 감소한 경우**

| 연도 | $P_X$ | $P_Y$ | $x$ | $y$ |
|---|---|---|---|---|
| 2009 | 1,400원 | 700원 | 4개 | 12개 |
| 2010 | 800원 | 1,600원 | 6개 | 7개 |

〈표 4-2〉를 그림으로 표시한 〈그림 4-9〉에서 현재연도의 최적소비계획 $b$는 기준연도의 예산선 $AB$의 안쪽에 있다. 따라서 소비자가 기준연도인 2009년에 점 $b$을 구입할 수 있었음에도 불구하고 점 $a$를 선택하였다는 것은 소비계획 $a$가 $b$보다 직접 현시선호됨을 의미한다. 즉 기준연도의 가격으로 현재연도의 최적소비계획 $b$를 구입할 때의 비용 13,300원이 기준연도의 가격으로 기준연도의 최적소비계획 $a$를 구입할 때의 비용 14,000원보다 적다는 사실은 점 $a$에서 소비자의 효용이 점 $b$보다 높다는 것을 의미한다. 현재연도의 최적소비계획이 점 $b$가 아니라 예산선 $AB$와 $CD$가 교차하는 점 $b'$이라고 해도 점 $a$는 $b'$보다 직접 현시선호됨을 쉽게 알 수 있다. 따라서 기준연도의 가격으로 계산하

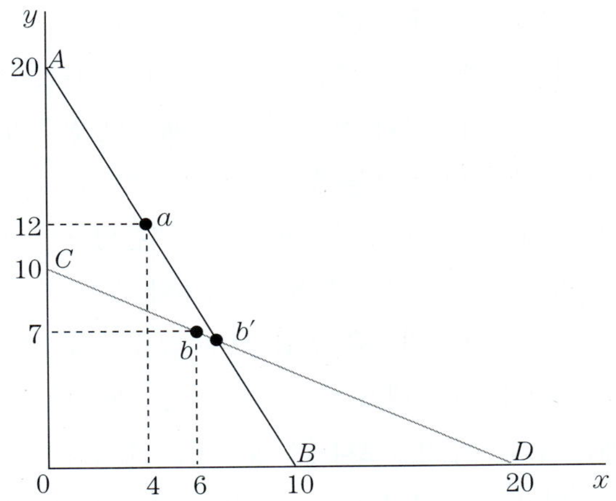


**그림 4-9 현재연도의 후생수준이 기준연도보다 감소한 경우**
기준연도의 가격으로 계산하였을 때 현재연도의 최적소비계획의 가치가 기준연도의 최적소비계획의 가치보다 작거나 같다면, 소비자의 현재연도의 후생수준은 기준연도보다 감소하였다는 결론을 내릴 수 있다. 즉 $L_Q \leqq 1$(또는 $P_P \geqq m$)은 현재연도의 후생수준이 기준연도보다 감소했다는 판단을 내릴 수 있는 충분조건이 된다.

였을 때 현재연도의 최적소비계획의 가치가 기준연도의 최적소비계획의 가치보다 작거나 같다면, 소비자의 현재연도의 후생수준은 기준연도보다 감소하였다는 결론을 내릴 수 있다. 이를 $n$ 종류의 상품이 존재하는 경우에 일반적으로 표현하면 다음과 같다.

$$\sum_{i=1}^{n} P_{i_1} x_{i_2} \leqq \sum_{i=1}^{n} P_{i_1} x_{i_1} \rightarrow \text{후생수준의 감소} \qquad (4-4)$$

(4-4)의 관계에서 아래 첨자 $i$는 상품의 종류를 표시하며, 그 다음의 아래 첨자 '1'과 '2'는 각각 기준연도와 현재연도를 표시한다. 예컨대 $P_{i_1}$은 $i$번째 상품의 기준연도 가격이고 $x_{i_2}$는 $i$번째 상품의 현재연도 소비량이다. (4-4)에서 부등식의 양변을 $\sum_{i=1}^{n} P_{i_1} x_{i_1}$로 나누면, 다음과 같이 바뀐다.

$$\frac{\sum_{i=1}^{n} (P_{i_1} x_{i_2})}{\sum_{i=1}^{n} (P_{i_1} x_{i_1})} \leqq 1 \rightarrow \text{후생수준의 감소} \qquad (4-5)$$

위의 관계에서 $\sum_{i=1}^{n}(P_{i_1}x_{i_2})/\sum_{i=1}^{n}(P_{i_1}x_{i_1})$을 **라스파이레스 수량지수**(Laspeyres quantity index: $L_Q$)라고 부른다. 라스파이레스 수량지수 $L_Q$는 기준연도와 현재연도 소비량의 가치를 기준연도의 가격으로 비교한 것이다. (4-5)의 의미는 라스파이레스 수량지수 $L_Q$가 1보다 작거나 같을 때 현재연도의 후생수준이 기준연도보다 감소했다는 분명한 판단을 할 수 있다는 것이다.

앞에서 우리는 현재연도의 최적소비계획이 기준연도의 예산선 $AB$의 어떤 점이나 그 안쪽에 있지 않고 〈그림 4-8〉의 점 $b$와 같이 바깥쪽에 있는 경우에는 소비자의 후생수준의 변화방향을 판단할 수 없음을 보았다. 〈그림 4-8〉 또는 〈표 4-1〉의 경우 라스파이레스 수량지수 $L_Q$를 계산하면 1.4가 된다. 이와 같이 라스파이레스 수량지수가 1보다 큰 경우에는 소비자 후생수준은 기준연도보다 증가할 수도 있고 또는 감소할 수도 있다. 따라서 라스파이레스 수량지수 $L_Q$가 1보다 작거나 같다는 것은 현재연도의 후생수준이 기준연도보다 감소했다는 판단을 내릴 수 있는 충분조건이지 필요조건은 되지 못한다. 즉 (4-5)의 역은 성립하지 않는다.

이번에는 (4-4)의 관계에서 부등식의 양변을 $\sum_{i=1}^{n}P_{i_2}x_{i_2}$으로 나누어 보자. 그러면 현재연도의 후생수준이 감소하였다는 판단을 위한 (4-5)의 충분조건은 다음과 같이 바뀐다.

$$\frac{\sum_{i=1}^{n}(P_{i_1}x_{i_2})}{\sum_{i=1}^{n}(P_{i_2}x_{i_2})} \leqq \frac{\sum_{i=1}^{n}(P_{i_1}x_{i_1})}{\sum_{i=1}^{n}(P_{i_2}x_{i_2})} \rightarrow \text{후생수준의 감소} \qquad (4-6)$$

(4-6)에서 부등식의 오른쪽은 명목소득의 변화율 $m$의 역이고 왼쪽은 파쉐 가격지수 $P_P$의 역이다. 따라서 (4-6)의 관계는 다음과 같이 바꾸어 쓸 수 있다.

$$\frac{1}{P_P} \leqq \frac{1}{m}(\text{즉 } P_P \geqq m) \rightarrow \text{후생수준의 감소} \qquad (4-7)$$

물론 (4-7)의 역도 성립하지 않는다. 즉 파쉐 가격지수가 명목소득의 변화율보다 크거나 같다는 것은 기준연도보다 현재연도의 후생수준이 감소하였다는 판단을 내릴 수 있는 충분조건이 된다.

## 후생수준이 증가한 경우

이번에는 라스파이레스 가격지수 $L_P$가 명목소득의 변화율 $m$보다 작거나 같을 때 현재연도의 후생수준이 기준연도보다 증가했다는 판단을 내리기에 충분하다는 것을 보기로 하자. 이를 위하여 기준연도와 현재연도에 있어서 $X$재와 $Y$재의 가격 및 소비량이 다음의 〈표 4-3〉과 같다고 하자.

**표 4-3 현재연도의 후생수준이 기준연도보다 증가한 경우**

| 연도 | $P_X$ | $P_Y$ | $x$ | $y$ |
|---|---|---|---|---|
| 2009 | 800원 | 1,200원 | 6개 | 8개 |
| 2010 | 1,000원 | 1,000원 | 5개 | 10개 |

〈표 4-3〉에 의거한 〈그림 4-10〉에서 점 $a$와 $b$는 각각 기준연도와 현재연도의 최적소비계획이다. 〈표 4-2〉의 경우와는 반대로 현재연도의 최적소비계획 $b$는 기준연도의 최적소비계획 $a$보다 직접 현시선호된다. 즉 현재연도의 가

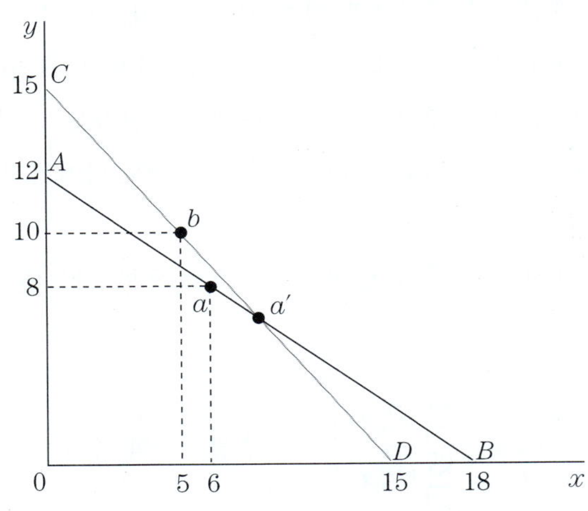


**그림 4-10 현재연도의 후생수준이 기준연도보다 증가한 경우**
현재연도의 가격으로 계산하였을 때 기준연도의 최적소비계획의 가치가 현재연도의 최적소비계획의 가치보다 작거나 같다면, 소비자의 현재연도의 후생수준은 기준연도보다 증가했다는 분명한 결론을 얻을 수 있다. 즉 $P_Q \geqq 1$ (또는 $L_P \leqq m$)은 현재연도의 후생수준이 기준연도보다 증가했다는 판단을 내릴 수 있는 충분조건이 된다.

격으로 기준연도의 최적소비계획 $a$를 구입할 때의 비용 14,000원이 현재연도의 가격으로 현재연도의 최적소비계획 $b$를 구입할 때의 비용 15,000원보다 적다는 사실은, 소비자의 현재연도 효용수준이 기준연도보다 높아졌다는 것을 의미한다. 따라서 현재연도의 가격으로 계산하였을 경우에 기준연도의 최적소비계획의 가치가 현재연도의 최적소비계획의 가치보다 작거나 같다면, 소비자의 현재연도의 후생수준은 기준연도보다 증가했다는 분명한 결론을 얻을 수 있다. 즉 (4–8)의 관계가 성립한다.

$$\sum_{i=1}^{n} P_{i_2}x_{i_2} \geqq \sum_{i=1}^{n} P_{i_2}x_{i_1} \rightarrow \text{후생수준의 증가} \qquad (4\text{–}8)$$

위의 (4–8)의 관계에서 부등식의 양변을 $\sum_{i=1}^{n} P_{i_2}x_{i_1}$으로 나누면, 다음과 같이 바뀐다.

$$\frac{\sum_{i=1}^{n} (P_{i_2}x_{i_2})}{\sum_{i=1}^{n} (P_{i_2}x_{i_1})} \geqq 1 \rightarrow \text{후생수준의 증가} \qquad (4\text{–}9)$$

(4–9)에서 $\sum_{i=1}^{n} (P_{i_2}x_{i_2}) / \sum_{i=1}^{n} (P_{i_2}x_{i_1})$은 **파쉐 수량지수**(Paasche quantity index: $P_Q$)라고 불리며, 현재연도의 가격으로 기준연도와 현재연도 소비량의 가치를 비교한 것이다. (4–9)의 의미는 파쉐 수량지수 $P_Q$가 1보다 크거나 같다는 조건이 현재연도의 후생수준이 기준연도보다 증가했다는 판단을 내릴 수 있는 충분조건이라는 것이다. 라스파이레스 수량지수의 경우와 마찬가지 이유로 (4–9)의 역은 성립하지 않는다.

위의 (4–8)에서 부등식의 양변을 $\sum_{i=1}^{n} P_{i_1}x_{i_1}$으로 나누면, 다음과 같이 바뀐다.

$$\frac{\sum_{i=1}^{n} (P_{i_2}x_{i_2})}{\sum_{i=1}^{n} (P_{i_1}x_{i_1})} \geqq \frac{\sum_{i=1}^{n} (P_{i_2}x_{i_1})}{\sum_{i=1}^{n} (P_{i_1}x_{i_1})} \rightarrow \text{후생수준의 증가} \qquad (4\text{–}10)$$

(4–10)의 부등식에서 왼쪽은 명목소득의 변화율 $m$이고 오른쪽은 라스파이레스 가격지수 $L_P$이기 때문에, (4–11)에 표시된 것처럼 명목소득의 증가율이 라스파이레스 가격지수보다 크거나 같다는 것은 기준연도보다 현재연도의 후생수준

이 증가했다는 판단을 내리기에 충분한 조건임을 확인할 수 있다.

$$L_P \leqq m \rightarrow \text{후생수준의 증가} \tag{4-11}$$

지금까지의 결과를 정리하면 다음과 같다.

① $L_P > m$이고 $P_P < m$이면(즉 $P_Q < 1$ 이고 $L_Q > 1$이면), 소비자 후생수준의 변화방향을 판단할 수 없다.
② $P_P \geqq m$의 조건은 $L_Q \leqq 1$의 조건과 동일한 의미이며, 이는 소비자의 현재연도 후생수준이 기준연도보다 감소하였다는 결론을 내릴 수 있는 충분조건이다.
③ $L_P \leqq m$의 조건은 $P_Q \geqq 1$의 조건과 동일한 의미이며, 이는 소비자의 현재연도 후생수준이 기준연도보다 증가하였다는 결론을 내릴 수 있는 충분조건이다.

## 가격지수의 문제점

기준연도의 소비량을 가중치로 사용하는 라스파이레스 가격지수는 가격변화에 대한 소비구조의 변화와 상품의 질적 변화 등을 무시하기 때문에 생계비의 변화를 실제보다 과대하게 표시하는 경향을 지닌다.

〈그림 4-11〉을 보자. 기준연도에 $X$재와 $Y$재의 가격은 각각 4,000원과 3,000원이고 최적소비계획은 점 $a=(3, 12)$이며, 현재연도에 두 상품의 가격은 3,000원과 5,000원이고 최적소비계획은 점 $b=(10, 6)$이다. 그림에서 점 $a$와 $b$는 동일한 무차별곡선 $I$의 점이기 때문에 기준연도와 현재연도 사이에 가격변화에도 불구하고 소비자의 효용은 변하지 않았다. 기준연도와 현재연도 사이에 가격의 변화에 대하여 가격이 내린 $X$재의 소비를 늘리고 가격이 오른 $Y$재의 소비를 줄임으로써 소비자는 기준연도와 동일한 후생수준을 유지할 수 있는 것이다. 이러한 경우에 우리는 **정확한 생계비지수**(true cost of living index)를 계산할 수 있다.

무차별곡선 $I$로 표시되는 효용수준을 유지하기 위한 생계비는 기준연도에 48,000원(=4,000원×3개+3,000원×12개), 현재연도에 60,000원(=3,000원×10개+5,000원×6개)이기 때문에 기준연도의 후생수준을 그대로 유지하기 위한 현재연도의 생계비는 기준연도보다 20%가 증가하였음을 알 수 있다. 즉 정확

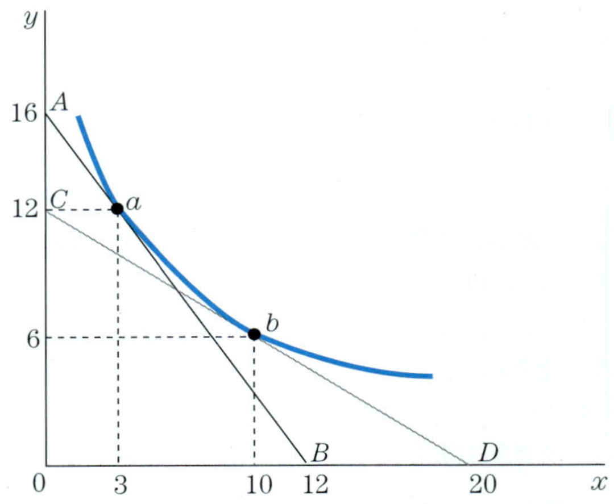


**그림 4-11 정확한 생계비지수와 라스파이레스 가격지수**

소비자에게 점 $a$와 $b$는 무차별한 관계에 있기 때문에 기준연도와 현재연도 사이에 가격변화에도 불구하고 소비자의 후생수준은 변하지 않았다. 이 경우에 기준연도의 후생수준을 그대로 유지하기 위한 현재연도의 생계비는 기준연도보다 20%가 증가하였다. 그러나 라스파이레스 가격지수는 약 1.44이며, 이는 기준연도보다 생계비가 약 44% 더 든다는 것을 의미한다. 이와 같이 라스파이레스 가격지수는 가격변화에도 불구하고 기준연도의 소비량을 그대로 유지한다고 가정하기 때문에 생계비의 변화를 실제보다 과대하게 표시한다.

한 생계비지수는 20%가 증가한 것이다.

〈그림 4-11〉에서 기준연도와 현재연도 사이에 라스파이레스 가격지수를 구하면 약 1.44(= (3,000원 × 3개 + 5,000원 × 12개)/(4,000원 × 3개 + 3,000원 × 12개))가 되는데, 이는 기준연도의 소비량을 현재연도에도 그대로 구입한다고 할 때 소비자가 지출해야 하는 생계비는 기준연도에 비하여 약 44%가 더 든다는 의미이다. 이와 같이 라스파이레스 가격지수는 가격변화에도 불구하고 소비자가 가격이 변하기 전의 소비량을 그대로 유지한다고 가정하기 때문에 생계비의 변화를 실제보다 과대하게 표시한다. 이와는 반대로 파쉐 가격지수는 기준연도의 소비량이 현재연도와 같다고 가정하므로 생계비의 변화를 실제보다 과소하게 표시한다. 〈그림 4-11〉에서 파쉐 가격지수는 약 1.03(= (3,000원 × 10개 + 5,000원 × 6개)/(4,000원 × 10개 + 3,000원 × 6개))이다.

가격의 변화에 따라 소비자의 효용수준이 변하고 소비자의 선호를 알지 못하는 것이 일반적이기 때문에 정확한 생계비지수를 계산하기는 매우 어렵다.

그러나 상품 사이에 소비의 대체관계가 높을수록 가격변화에 따라 소비구조가 급격하게 변화하기 때문에, 가격지수가 생계비의 변화를 실제보다 과대 또는 과소하게 표시하는 정도는 심해질 것이다.

앞에서 살펴본 것처럼 라스파이레스 가격지수가 명목소득의 변화율보다 크다고 해서 소비자의 후생수준이 반드시 감소하는 것은 아니며, 파쉐 가격지수가 명목소득의 변화율보다 작다고 해서 후생수준이 반드시 증가하는 것도 아니다. 여기에 가격지수가 생계비의 변화를 실제보다 과대 또는 과소하게 표시한다는 점까지 고려한다면, 가격지수와 명목소득의 변화율을 비교해서 후생수준의 변화방향을 판단하고자 할 때는 상당한 주의를 기울여야 한다는 것을 알 수 있다.

## 요 약

1 소비자가 시장에서의 자발적 거래로부터 얻을 수 있는 순편익은 통상적 수요곡선과 보상적 수요곡선에 의해 측정될 수 있다. 전자를 통상적 소비자잉여라 하며, 후자는 보상소비자잉여라고 불린다.

2 통상적 수요곡선에서의 이동은 실질소득의 변동으로 인한 소득효과를 포함하고 있으므로 자발적 시장거래로부터의 순편익은 통상적 소비자잉여가 아니라 보상소비자잉여에 의해 정확하게 나타낼 수 있다.

3 가격변동으로 인한 소비자의 후생변화를 정확하게 표시할 수 있는 개념에는 보상변화와 동등변화가 있으며, 전자는 가격변동에도 불구하고 효용을 가격변동 전의 수준에 고정시키기 위해 필요한 소득의 변화폭이고 후자는 가격을 실제로 변동시키지 않고서 효용을 가격변동 후의 수준에 고정시키기 위하여 필요한 소득의 변동폭을 의미한다.

4 보상변화는 효용이 가격변동 전의 수준에 고정되어 있는 보상수요곡선에 의한 보상소비자잉여의 변화와 같다. 동등변화는 효용을 가격변동 후의 수준에 고정시키고 유도한 보상수요곡선에 의한 보상소비자잉여의 변화와 같다.

5 정상재인 $X$재의 가격이 하락(상승)하는 경우, 통상적 소비자잉여의 변화는 보상변화보다 크고(작고) 동등변화보다 작다(크다).

6 준선형 효용함수의 경우 소득효과가 0이므로 통상적 수요곡선과 보상수요곡선이 일치해서 통상적 소비자잉여의 변화, 보상변화, 동등변화 모두 항상 일치한다.

7 여러 가지 상품의 가격과 소득이 동시에 변하는 경우, 명목소득의 변화율이 파쉐 가격지수보다 크고 라스파이레스 가격지수보다는 작다면 명목소득과 가격 변화율을 비교해서 소비자 후생의 변화방향을 판단할 수 없다.

8 파쉐 가격지수가 명목소득의 변화율보다 크거나 같을 때(즉 라스파이레스 수량지수가 1보다 작거나 같을 때), 소비자의 후생수준은 과거에 비해 감소하였다는 결론을 내릴 수 있는 충분조건이다.

9 라스파이레스 가격지수가 명목소득의 변화율보다 작거나 같을 때(즉 파쉐 수량지수가 1보다 크거나 같을 때), 소비자의 후생수준은 과거에 비해 증가하였다는 결론을 내릴 수 있는 충분조건이다.

## 연습문제

**1** 회원제로 운영되는 테니스장에서 시간당 사용요금은 $P_X^*$이다. 이 테니스장에 회원으로 가입하려는 어느 개인이 지불할 용의가 있는 최대의 가입비를 수요곡선을 그려서 설명하시오.

**2** 주어진 소득 $M$으로 $X$재와 $Y$재를 소비하는 어떤 소비자의 $X$재 수요곡선의 방정식은 $P_X=5-0.5x+0.5P_Y$이다. $P_X=P_Y=2$원에서 $P_X$만 2원에서 4원으로 상승했을 때 $X$재 수요에 관한 통상적 소비자잉여의 변화를 구하시오. $P_Y$도 함께 2원에서 4원으로 상승한다면 $X$재 수요에 관한 통상적 소비자잉여는 얼마나 변할 것인가?

**3** 주어진 소득 $M$이 64원인 어떤 소비자의 효용함수를 $u=xy$이라고 하자($Y$재는 복합재로 그 가격 $P_Y$는 1원에서 불변임). $X$재의 가격 $P_X$만 4원에서 1원으로 하락했을 때 보상변화와 동등변화를 구하시오.

**4** 주어진 소득 $M$이 400원인 어떤 소비자의 효용함수를 $u=20\sqrt{x}+y$라고 하자($Y$재는 복합재로 그 가격 $P_Y$는 1원에서 불변임). $X$재의 가격 $P_X$만 1원에서 2원으로 상승했을 때,

(1) 보상변화와 동등변화를 구하시오.
(2) (1)에서 보상변화와 동등변화가 일치하는 이유를 설명하시오.

**5** 주어진 소득 $M$이 12원인 어떤 소비자의 효용함수를 $u=2x+y$라고 하자($Y$재는 복합재로 그 가격 $P_Y$는 1원에서 불변임). $X$재의 가격 $P_X$만 1원에서 3원으로 상승했을 때,

(1) 통상적 소비자잉여가 얼마나 감소했는지 구하시오.
(2) 보상변화와 동등변화를 구하시오.

**6** 주어진 소득 $M$이 12원인 어떤 소비자의 효용함수를 $u=\min\{x, y/2\}$라고 하자($Y$재는 복합재로 그 가격 $P_Y$는 1원에서 불변임). $X$재의 가격 $P_X$만 4원에서 1원으로 하락했을 때 보상변화와 동등변화를 구하시오.

**7** 어떤 소비자는 모든 소득을 $X$재와 $Y$재 소비에 사용하고 있다($Y$재는 복합재임). 이 소비자의 소득이 $M$이고 $X$재와 $Y$재의 가격이 각각 $P_X$와 $P_Y$일 때 그 최적소비량이 각각 $x^*$, $y^*$라고 하자. $X$재의 소비가 건강에 해롭기 때문에 정부는 그 소비의 억제를 목적으로 소비의 상한을 $\bar{x}$에 정했으며, $\bar{x}<x^*$라고 하자(물론 이 소비자의 $X$재에 대한 선호는 불변임). 이 소비자의 상황을 그림으로 표시하고 규제철폐를 위해 지불할 용의가 있는 최대의 금액을 수직축에 복합재의 크기로 표시하시오.

**8** $X$재, $Y$재와 $Z$재의 세 종류의 상품을 소비하는 소비자의 3월과 4월의 소비구조는 다음과 같다.

| | 3월 | 4월 |
|---|---|---|
| $(P_X, P_Y, P_Z)$ | (3, 5, 4) | (4, 3, 5) |
| $(x, y, z)$ | (6, 4, 4) | (5, 7, 3) |

파쉐 수량지수와 라스파이레스 수량지수를 각각 계산하고 그 결과를 이용하여 이 소비자의 4월의 후생복지가 3월에 비해 증가 또는 감소했는지를 설명하시오.

9 파쉐 가격지수가 생계비의 변화를 실제보다 과소하게 표시하는 이유를 설명하시오.

앞에서 소비자의 선택행동을 분석할 때 어느 기간의 소득은 고정되어 있고 이 고정된 소득은 그 기간의 상품구입에 남김없이 지출된다고 가정하였으며, 이러한 가정은 주어진 소득이 어떻게 여러 가지 상품의 구입에 배분되는지를 이해하는 데 큰 도움이 되었다. 바꿔서 말하자면, 소비자 선택행동의 분석을 위한 모형에서는 소득을 외생변수로 간주하는 것이 도움이 된다. 그러나 현실에서 소비자는 자신이 갖고 있는 노동, 자본 등의 생산요소를 공급해서 소득을 얻기 때문에 경제 전체의 자원배분을 이해하기 위한 모형에서는 소득도 내생변수로 취급하게 된다.

이 장에서는 노동, 자본 등의 공급자로서 소비자의 행동을 살펴보기로 한다. 이러한 공급자로서 소비자의 행동 역시 제약하에서 가치가 가장 높은 대상을 선택하는 것이기 때문에 수요자로서 소비자의 행동을 분석할 때의 모형이 거의 그대로 사용된다.

# 제 5 장

# 공급자로서 소비자

## 5.1 노동의 공급자: 여가–노동의 선택모형

### 노동력의 정의

노동의 공급은 다른 일반상품의 공급과 마찬가지로 일정기간에 걸쳐서 그 양이 측정되는 유량변수이다. 유량변수로서 노동의 공급은 노동력이라는 저량변수의 크기를 결정한다. 노동공급에 관해 살펴보기 전에 먼저 노동력의 크기가 어떻게 정의되고 측정되는지를 살펴보자.

우리나라에서는 1962년 8월부터 인구의 경제적 특징을 파악하기 위한 경제활동인구조사를 실시하고 있으며, 현재는 매월 15일이 포함된 주를 조사기간으로 해서 만 15세 이상의 개인만을 조사대상으로 하고 있다. 15세 이상의 개인은 **취업**, **실업**과 **비경제활동**이라는 세 가지의 상태 중에서 한 가지에 반드시 속하게 된다.

취업자는 조사기간 중 수입을 목적으로 주당 1시간 이상 일하였거나 또는 수입이 없더라도 자신의 가구에서 경영하는 농장이나 사업체에서 주당 18시간 이상을 일한 사람을 의미한다. 이외에도 직업 또는 사업체를 갖고 있지만 조사기간 중 일시적인 병, 일기불순, 휴가 및 연가, 노동쟁의 등의 이유로 일하지 못한 사람도 취업자에 포함된다. 실업자는 적극적으로 구직활동을 하였음에도 불구하고 조사기간 중에 취업되지 못한 사람이다. 취업자와 실업자의 수를 합하여 **경제활동인구** 또는 **노동력**이라고 부른다. 조사기간 중 취업 또는 실업의 상태도 아닌 15세 이상의 개인은 **비경제활동인구**로 분류된다. 비경제활동인구에 포함되는 경우는 가정주부, 학생, 심신장애 또는 고령의 이유로 일할 수 없는 사람, 자발적으로 자선사업 또는 종교단체에 관여한 사람, 구직을 단념한 사람 등이다.

15세 이상의 인구 중에서 경제활동인구의 퍼센트 비율을 **경제활동참가율**(labor force participation rate)이라고 하며, **실업률**(unemployment rate)은 경제활동인구 중에서 실업자 수의 퍼센트 비율로써 표시되고 **취업률**(employment rate)은 100에서 실업률을 뺀 것이다. 실업률은 국가경제가 얼마나 건강한가를 나타내는 대표적인 지표로 여겨진다.

근로자들이 주어진 기간에 제공하려는 노동의 총시간수를 노동의 공급이라고 할 때, 노동의 공급을 결정하는 요인은 인구의 규모와 구성, 경제활동참가율, 노동시장에 참가하는 근로자가 주어진 기간에 공급할 용의가 있는 노동시간 등이다. 이외에도 작업장에서 일하는 근로자가 기울이는 노력의 강도에 따라서도 노동력의 크기는 결정된다. 또한 노동시장에 참가할 것으로 예상하거나 아니면 이미 참가하고 있는 근로자가 어떠한 종류의 **인적자본**(human capital)을 얼마나 축적하고 있는가 하는 것도 노동력의 질에 영향을 미침으로써 노동공급의 크기를 결정한다. 인구의 규모와 구성은 불변이고 각 근로자는 노력의 강도와 인적자본의 내용에 있어서 모두 동질적이라고 가정한다면, 결국 노동공급의 규모를 결정하는 요인은 경제활동참가율과 노동시간이다. 여기에서는 **여가-노동의 선택모형**을 사용해서 경제활동참가와 노동공급시간에 관한 개인의 의사결정을 분석하기로 한다.

## 여가-노동의 선택모형과 기본적 가정

개인은 효용을 극대화하기 위하여 자신에게 주어진 시간을 여가, 가사, 노동, 인적자본의 투자 등 여러 가지 용도에 배분하며, 이러한 과정에서 노동시장에 참가할 것인가 그리고 노동시장에 참가한다면 몇 시간을 일할 것인가를 결정하게 된다. 이를 설명하기 위한 기본적 모형은 개인이 자신에게 주어진 모든 시간을 여가와 노동이라는 두 가지 용도에만 배분한다고 가정하는 여가-노동의 선택모형이다. 인적자본에 대한 투자를 고려하지 않기 때문에 여가-노동의 선택모형은 모든 개인이 생산성의 측면에서 동질적이라고 가정한다. 또한 시간의 용도는 노동과 여가 외에는 없다고 가정하기 때문에 여가의 수요는 곧 노동시간의 공급을 의미한다.

여가-노동의 선택모형은 노동공급에 관한 정태적 모형이다. 즉 개인의 생애 중에서 어떤 한 기간의 노동공급에 관한 의사결정을 다루는 모형이다. 생애에 걸친 노동공급을 다루는 동태적 모형은 이 책의 범위를 넘어서기 때문에 우리는 정태적 모형을 사용하여 노동공급을 분석하기로 한다.

## 근로자의 예산선과 무차별곡선

일정기간의 총가용시간 $T$(예컨대 하루 24시간)를 여가와 노동의 두 가지 용도에 배분해서 효용을 극대화하려는 개인이 있다고 하자. 총가용시간 $T$ 중에서 여가와 노동에 배분되는 시간을 각각 $x$와 $L$이라고 표시한다면, $T=x+L$의 관계가 성립한다. 이 개인은 원하는 시간만큼을 노동시장에서 일할 수 있고 몇 시간을 일하든지 관계없이 시간당 항상 $w$의 임금을 받을 수 있다고 하자. 총가용시간 중에서 여가를 $x$만큼 수요한다는 것은 노동을 $L(=T-x)$시간만큼 공급해서 $wL$의 소득 $M$을 번다는 것을 의미하며, 이는 하루를 분석기간으로 할 때 비근로소득이 하나도 없는 개인의 어느 하루의 예산제약식이 다음과 같다는 것을 뜻한다.

$$\begin{aligned} M &= w(24-x) \\ &= wL \end{aligned} \tag{5-1}$$

만일 $V$만큼의 비근로소득이 있다면, 예산제약식은 다음과 같이 바뀐다.

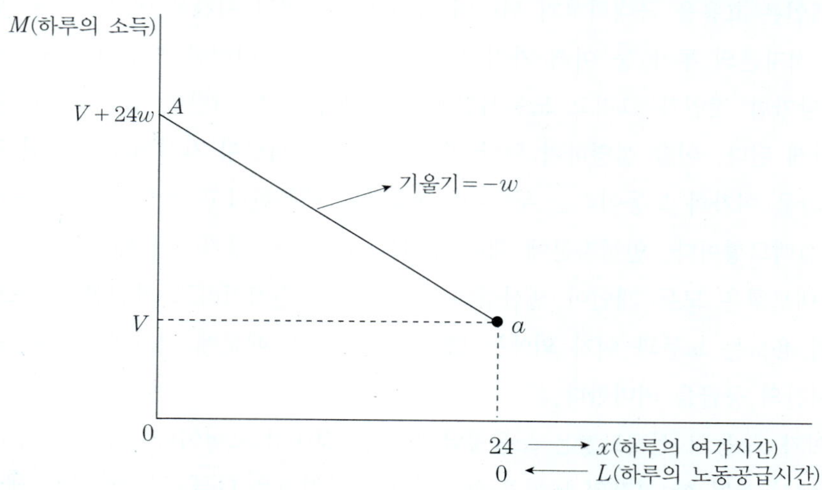


**그림 5-1 근로자의 예산선**
노동시장에서 몇 시간을 일하든지 관계없이 시간당 $w$의 임금을 받을 수 있고 하루에 $V$만큼의 비근로소득이 있는 개인의 예산선은 기울기가 $-w$인 직선 $Aa$이다.

$$M = w(24 - x) + V \qquad (5\text{-}2)$$

〈그림 5-1〉에서 수평축의 오른쪽 방향은 하루에 소비하는 여가시간을 나타낸다고 할 때 왼쪽 방향은 하루의 노동공급시간을 의미하며, 수직축은 하루의 소득을 표시한다. 또한 점 $a$는 개인에게 주어진 총가용시간 24시간과 비근로소득 $V$를 나타내는 점, 즉 여가-노동의 선택모형에서의 초기부존점(initial endowment point)이다. 식 (5-2)의 예산제약은 〈그림 5-1〉에서 예산선 $Aa$로 표시되고 그 기울기의 절대값인 시간당 임금 $w$는 여가를 1시간 더 소비할 때의 기회비용을 의미한다.

여가시간 $x$와 소득 $M$을 소비하는 개인의 선호순서가 $u=U(x, M)$의 효용함수로 표시된다고 할 때, 〈그림 5-2〉에는 선호순서를 표시하는 무차별지도가 그려져 있다. 여가시간과 소득의 한계효용을 각각 $MU_X$와 $MU_M$이라고 표시할 때 무차별곡선의 한 점 $b$에서 기울기의 절대값인 소비의 한계대체율 $MRS_C$는 다음과 같다.

$$MRS_C = \left| \frac{\Delta M}{\Delta x} \right| = \left| \frac{MU_X}{MU_M} \right| \qquad (5\text{-}3)$$

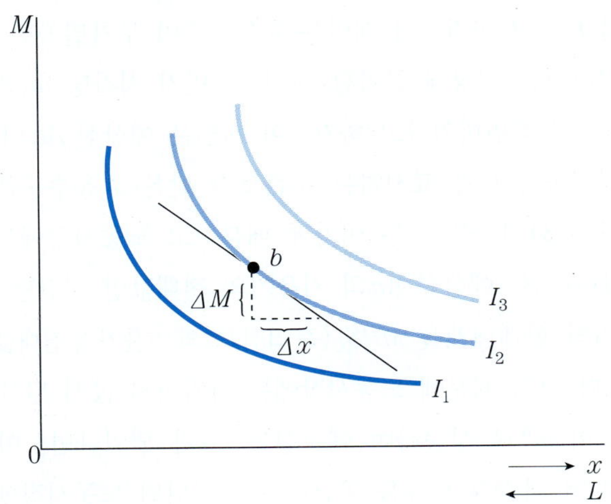


**그림 5-2 근로자의 무차별곡선**

여가-노동의 선택모형에서 무차별곡선의 기울기의 절대값인 소비의 한계대체율은 여가 1시간을 더 소비할 수 있을 때 한계편익의 크기를 소득의 크기로 표시한 것이다.

여가－노동의 선택모형에서 소비의 한계대체율은 여가를 1시간 추가로 소비할 수 있을 때 개인이 기꺼이 포기할 용의가 있는 소득의 최대 크기를 의미한다. 즉 여가 1시간을 더 소비할 수 있을 때 한계편익의 크기를 소득의 크기로 표시한 것이다.

$T=x+L$이기 때문에 여가를 $\Delta x$만큼 증가시키는 것은 곧 노동공급시간을 $\Delta L$만큼 감소시키는 것이다. 즉 $\Delta x=-\Delta L$이다. 이에 따라 우리는 소비의 한계대체율을 다른 각도로도 이해할 수 있다. 여가－노동의 선택모형에서 소비의 한계대체율은 노동 1시간을 추가로 공급할 때(즉 여가 1시간을 덜 소비할 때) 느끼는 추가적 고통(즉 한계비효용 또는 한계비용)의 크기를 소득의 크기로 표시한 것이다. 달리 표현하면, 여가의 소비가 1시간 감소하는 경우에 효용수준의 감소를 보상할 수 있는 최소의 보상액을 의미한다.

## 노동시장 참가 여부의 의사결정과 유보임금

이제 우리는 예산선과 무차별곡선을 결합해서 개인이 어떤 경우에 노동시장에 참가하고 하루에 몇 시간을 노동공급에 배분하는지를 분석할 수 있다. $V$만큼의 비근로소득을 지닌 개인을 가정하고 〈그림 5-3〉에서 부존점 $a$를 지나는 무차별곡선을 $I_a$라고 하자. 이 개인은 효용수준이 무차별곡선 $I_a$가 표시하는 수준보다 높아야만 노동시장에 참가할 것이다. 먼저 시간당 $w_1$의 임금이 주어져서 $Aa$의 예산선에 직면하였다고 하자. 이 개인은 예산선 $Aa$의 어떤 점을 선택하더라도 무차별곡선 $I_a$가 표시하는 수준보다 낮은 효용수준을 얻을 수밖에 없기 때문에, 하루 24시간을 모두 여가에 배분하고 노동시장에는 참가하지 않는다. 바꾸어 말하자면, 예산선 $Aa$의 기울기의 절대값인 시간당 임금 $w_1$이 부존점 $a$에서 소비의 한계대체율 $MRS_C$(즉 접선 $Ba$의 기울기의 절대값으로 그 크기를 $w^R$이라고 하자)보다 작기 때문에 노동시장에는 참가하지 않게 된다.

시간당 임금이 $w^R$로 상승하여 예산선이 $Ba$가 되었다면, 이 개인은 노동시장에 참가하여 첫 시간의 노동을 공급하든지 아니면 노동시장에 참가하지 않든지 똑같은 수준의 효용을 얻는다. 즉 노동시장에 참가하겠다는 결정과 참가하지 않고 비경제활동인구로 있겠다는 결정을 무차별하게 느낀다. 이 경우의 시간당 임금 $w^R$을 **유보임금**(reservation wage)이라고 부르며, 유보임금보다 시

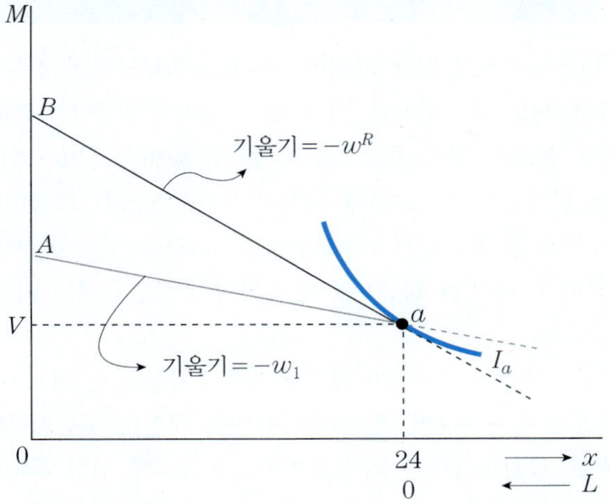


**그림 5-3 유보임금과 노동시장 참가의 의사결정**
부존점 $a$에서 소비의 한계대체율로 측정되는 유보임금 $w^R$은 개인이 노동시장에 참가한다는 의사결정과 참가하지 않겠다는 의사결정을 무차별하게 느끼는 임금수준이다. 시간당 임금이 유보임금보다 낮으면 노동시장에는 참가하지 않을 것이며, 반대의 경우에만 노동시장에 참가한다.

간당 임금이 낮으면 노동의 공급을 유보하고 모든 시간을 여가에 배분하는 것이다. 이와 같이 개인은 자신의 부존점에서 소비의 한계대체율로 측정되는 유보임금 $w^R$과 주어진 시간당 시장임금 $w$를 비교해서 $w < w^R$이면 노동시장에 참가하지 않고 $w > w^R$인 경우에만 노동시장에 참가하게 된다. 따라서 노동시장의 임금수준이 상승하면 15세 이상의 인구 중에서 노동시장에 참가하려는 개인(즉 경제활동인구)의 수가 증가하여 경제활동참가율이 높아진다.

유보임금은 개인마다 다른 것이 일반적이다. 개인이 속한 가계의 다른 구성원(예를 들어 배우자)이 높은 소득을 올린다면, 그 개인의 유보임금은 올라갈 것이다. 또한 학력, 기술 및 기능이 높거나 비근로소득이 높은 사람의 유보임금은 그렇지 못한 사람보다 일반적으로 높을 것이다. 이외에도 통근비용과 같이 노동시장에 참가하려면 반드시 지불해야 하는 비용, 경제상태 등에 따라서도 개인의 유보임금은 달라진다. 여기에서는 통근비용의 증가가 어떻게 유보임금에 영향을 주는지 살펴보기로 하자.

**예 5-1** **통근비용의 증가와 유보임금**

하루 $V$의 비근로소득이 있는 개인이 있으며, 재택근무의 경우처럼 노동시장에 참가한다고 해도 통근비용은 전혀 들지 않는다고 하자. 이때 부존점은 〈그림 5-4〉에서 점 $a$가 되고 유보임금 $w^R$은 점 $a$에서 소비의 한계대체율(즉 $Aa$의 기울기의 절대값)이다. 그런데 노동시장에서 노동을 조금이라도 공급하려면 하루 2시간의 출퇴근시간이 소요된다면, 노동을 공급할 때의 예산선은 점 $a'$에서 시작한다. 이러한 통근비용이 개인의 유보임금에는 어떤 영향을 미칠까?

이 개인은 노동시장에 참가하지 않으면 무차별곡선 $I_a$가 표시하는 효용수준을 얻는다. 따라서 통근비용이 존재하는 경우에 개인이 노동시장에 참가해서 첫 시간의 노동을 공급하겠다는 의사결정과 노동시장에 전혀 참가하지 않겠다는 의사결정을 무차별하게 느끼게 되는 유보임금은 무차별곡선 $I_a$와 점 $b$에서 접하는 직선 $Ba'$의 기울기의 절대값인 $w^{R'}$이다. 시간당 임금이 $w^{R'}$인 경우에는 점 $b$에 있거나 아니면 노동시장에 참가하지 않고 점 $a$에 있거나 동일한 효용을 얻게 되는 것이다. 무차별곡선은 원점에 대하여 볼록하기 때문에 직선

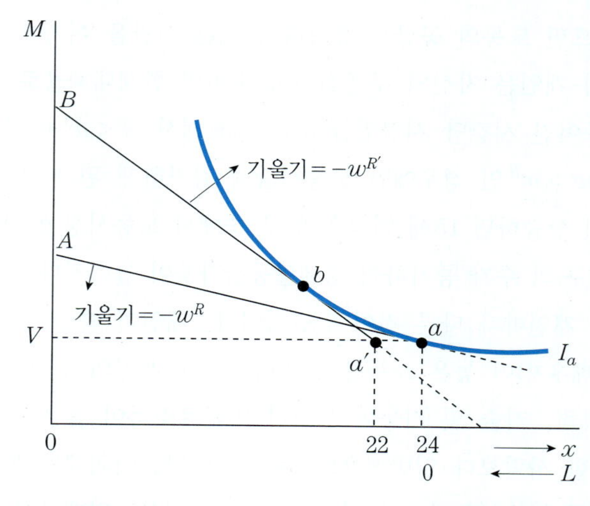


**그림 5-4 통근비용과 유보임금**
노동공급을 위해 하루 2시간의 출퇴근시간이 소요될 때 유보임금은 무차별곡선 $I_a$와 점 $b$에서 접하는 직선 $Ba'$의 기울기의 절대값인 $w^{R'}$이 된다. 이와 같이 통근비용은 유보임금을 증가시킨다.

$Ba'$은 $Aa$보다 가파르며, 이는 통근비용의 존재가 유보임금을 증가시킨다는 것을 의미한다.

가계의 다른 구성원의 소득, 비근로소득, 통근비용 등 이외에 경기변동도 개인의 유보임금 수준을 변화시켜서 경제활동참가율에 영향을 준다. 경기가 침체되고 한 가구의 가장이 실직하면 가구소득은 감소한다. 이때 지금까지는 노동시장에 참가하지 않던 가구의 다른 구성원이 자신의 유보임금을 낮추고 노동시장에 참가하기 때문에 경제활동참가율은 높아진다. 이와 같이 경기침체기에 떨어진 가구소득을 만회하기 위하여 비경제활동인구였던 가구의 다른 구성원이 노동시장에 참가하는 현상을 흔히 **부가근로자 효과**(added worker effect)라고 부른다. 경기침체기에 여성의 경제활동참가율이 높아지는 것은 바로 부가근로자 효과의 대표적인 예라고 볼 수 있다.

경기변동과 경제활동참가율의 관계를 설명할 수 있는 또 다른 현상은 **실망근로자 효과**(discouraged worker effect)이다. 경기가 침체되면 실업자의 일부는 구직활동을 아예 포기하고 비경제활동인구가 되는데, 이들을 실망근로자라고 부른다. 실업자는 경제활동인구에 포함되기 때문에 경기침체기에 실망근로자의 발생은 경제활동참가율을 감소시킨다. 경기가 침체의 국면으로 접어들 때 경제활동참가율이 증가할 것인지 아니면 감소할 것인지는 두 효과 중에서 어떤 쪽이 우세한가에 달려있다.

## 노동공급시간의 결정

이제 노동시장에서 받을 수 있는 시간당 임금이 자신의 유보임금보다 높아서 노동시장에 참가하려는 개인을 가정하자. 이 개인은 자신의 총가용시간 중에서 과연 몇 시간을 노동으로 공급할 것인가?

노동시장에서 시간당 $w_1$의 임금을 받을 수 있을 때의 예산선은 〈그림 5-5〉에서 $Aa$이며, 이 개인은 무차별곡선 $I_b$와 예산선 $Aa$가 접하는 점 $b$를 선택해서 효용을 극대화하게 된다. 즉 여가-노동의 선택모형에서 효용의 극대화를 위하여 필요한 조건은 다음 식 (5-4)와 같으며, 식 (5-4)가 만족되는 점 $b$에서 하루 24시간을 여가와 노동에 $x_1$과 $24-x_1$씩 배분함으로써 $V_1+w_1(24-x_1)$의 소득을 얻는다.

$$\frac{MU_X}{MU_M}=w_1 \qquad (5-4)$$

여가-노동의 선택모형에서 $24=x+L$의 관계 때문에 식 (5-4)는 두 가지로 해석할 수 있다. 하나는 여가의 소비를 중심으로 한 해석이다. 식 (5-4)에서 좌변인 소비의 한계대체율은 여가를 1시간 추가로 소비할 때의 한계편익을 소득의 크기로 표시한 것이며, 우변인 임금은 여가를 1시간 추가로 소비할 때의 한계비용을 의미한다. 따라서 식 (5-4)는 다름이 아니라 '한계편익=한계비용'이라는 최적화의 조건인 것이다. 또 다른 해석은 노동의 공급을 중심으로 한 해석이다. 앞서 설명한 것처럼 소비의 한계대체율은 노동을 1시간 추가로 공급할 때의 한계비효용(즉 한계비용)을 소득의 크기로 표시한 것이고 시간당 임금은 노동을 1시간 추가로 공급할 때의 한계편익이기 때문에 노동의 공급을

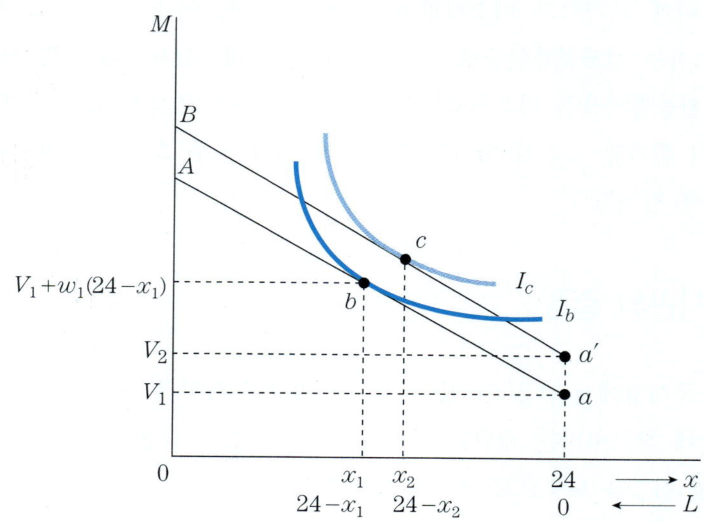


**그림 5-5 노동공급시간의 선택과 비근로소득의 변화**

노동시장에 참가하려는 개인은 무차별곡선 $I_b$와 예산선 $Aa$가 접하는 점 $b$를 선택하여 효용을 극대화한다. 시간당 임금은 불변인 채 비근로소득만 증가한다면, 여가시간이 정상재인 경우에 여가시간은 증가하고 노동공급시간은 감소한다.

중심으로 해석해도 식 (5-4)는 여전히 경제행동의 최적화가 이루어졌을 때의 조건을 의미한다.

수요자로서 소비자의 경우와 마찬가지로 노동공급자로서 소비자에 대해서도 비근로소득, 시장임금 등의 변화로 인한 최적소비계획의 변화를 비교정태분석할 수 있다. 먼저 비근로소득이 변하는 경우를 보기로 하자. 시간당 임금은 $w_1$에서 불변인 채 비근로소득만 $V_1$에서 $V_2$으로 증가하였다면, 예산선은 〈그림 5-5〉에 표시된 것처럼 $Aa$에서 $Ba'$으로 평행하게 이동한다. 여가시간이 정상재라고 가정할 경우에 비근로소득의 증가에 따라 효용을 극대화시키는 점은 $b$에서 $c$로 이동하며, 여가시간의 수요량은 $x_1$에서 $x_2$로 증가하고 노동공급시간은 $24-x_1$에서 $24-x_2$로 감소한다. 만일 여가시간이 열등재라면(예컨대 일중독의 경우), 비근로소득의 증가는 여가시간을 감소시키는 대신에 노동공급시간을 증가시킬 것이다.

## 임금의 변화와 노동공급시간: 노동의 공급곡선

이번에는 비근로소득은 불변인 채 임금만 $w_1$에서 $w_2$로 $\Delta w$만큼 상승하였다고 하자. 이에 따라 예산선은 〈그림 5-6〉에 표시된 것처럼 $Aa$에서 $Ba$로 가파르게 변하고 최적소비계획은 점 $b$에서 $c$로 이동한다. 임금의 상승이 여가의 수요량(즉 노동공급시간)에 미치는 총효과를 대체효과와 소득효과로 분해하기 위하여 예산선 $Ba$와 동일한 기울기를 지니는 가상적 예산선 $CD$와 무차별곡선 $I_a$가 접하는 점을 $e$라고 할 때 점 $b$에서 $e$로 이동하는 것이 바로 임금상승에 따른 대체효과이다. 여가의 가격인 임금이 상승할 때 대체효과에 의해 여가 수요량은 $x_1$에서 $x_1'$으로 감소하고 노동공급시간은 $24-x_1$에서 $24-x_1'$로 $x_1-x_1'$만큼 증가한다.

$\Delta w$만큼의 임금상승으로 인해 여가를 $x_1$만큼 소비하는(즉 $24-x_1$만큼의 노동을 공급하는) 개인의 실질소득은 $\Delta w(24-x_1)$만큼 증가한다. 이에 따라 예산선은 직선 $CD$에서 $Ba$로 평행하게 이동하고 점 $e$에서 $c$로 이동하는 것이 소득효과이다. 여가시간이 정상재라고 할 때, 소득효과에 의해 여가시간의 수요량은 $x_1'$에서 $x_2$로 증가하고 노동공급시간은 $24-x_1'$에서 $24-x_2$으로 $x_2-x_1'$만큼 감소한다.

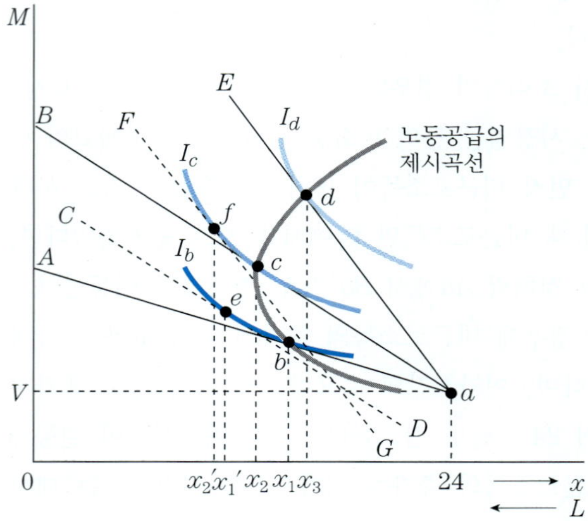


**그림 5-6 임금변화에 의한 노동공급시간의 변화: 대체효과와 소득효과**

비근로소득은 불변인 채 시간당 임금이 $w_1$에서 $w_2$로 상승하는 경우 대체효과(점 $b$에서 $e$로의 이동)가 소득효과(점 $e$에서 $c$로의 이동)보다 우세하기 때문에 노동공급시간은 증가하지만, 임금이 $w_2$에서 $w_3$으로 더 상승하는 경우에는 반대의 현상이 발생해서 오히려 노동공급시간은 감소한다.

이와 같이 여가시간이 정상재인 경우에 시간당 임금이 상승하면, 노동공급시간은 대체효과 때문에 증가하지만 소득효과에 의해서는 감소한다. 따라서 임금의 변화가 노동의 공급시간에 미치는 총효과는 두 가지 효과 중에서 어떤 효과가 우세한가에 달려 있다. 임금이 $w_1$과 같이 낮아서 노동공급시간이 매우 짧을 때는 임금상승으로 인한 대체효과 크기의 절대값이 소득효과를 압도하기 때문에 노동공급시간은 $x_1 - x_2$만큼 증가한다. 그러나 $w_2$의 높은 임금에서는 노동공급시간이 길기 때문에 임금이 $w_3$으로 상승해서 예산선이 $Ea$로 변하면 소득효과에 의한 노동공급시간의 감소폭 $x_3 - x_2'$이 대체효과에 의한 노동공급시간의 증가폭인 $x_2 - x_2'$을 압도하며, 이에 따라 노동공급시간은 오히려 $x_3 - x_2$만큼 감소하게 된다.

〈그림 5-6〉에서 각 임금별 최적소비계획인 점 $b$, $c$, $d$ 등을 연결한 옅은 검은색의 궤적은 앞의 제 3 장에서 소개되었던 가격소비곡선과 같은 개념이며, 이를 특히 여가-노동의 선택모형에서는 노동공급의 **제시곡선**(offer curve)이라고 부른다.

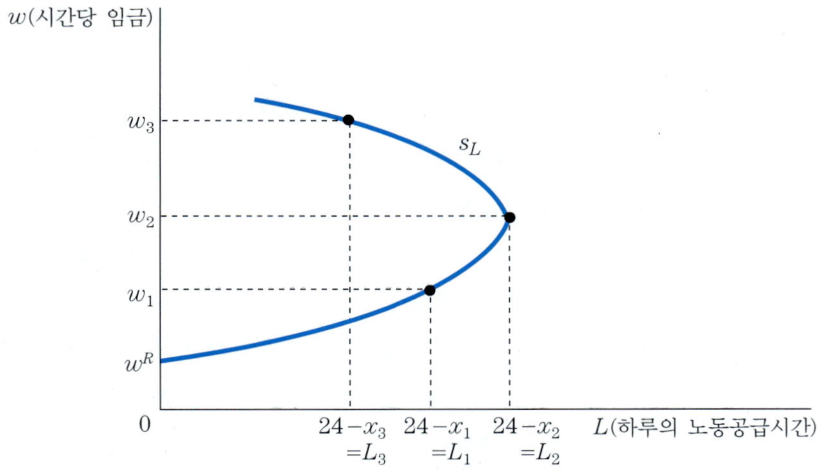


**그림 5-7 개인의 노동공급곡선: 후방굴절형**
노동시장의 임금이 유보임금 $w^R$보다 높아져서 노동의 공급을 시작할 때, 처음에는 대체효과가 소득효과를 앞서기 때문에 노동공급곡선의 기울기는 양(+)이 된다. 그러나 임금이 차츰 상승해서 어느 수준을 넘을 때 소득효과가 대체효과보다 우세하게 되면 노동공급곡선의 기울기는 음(−)으로 바뀐다.

가격소비곡선으로부터 수요곡선이 유도되었듯이 우리는 노동공급의 제시곡선의 각 점이 갖고 있는 임금과 노동공급시간 사이의 정보를 고스란히 옮겨서 〈그림 5-7〉과 같은 어느 개인의 **노동공급곡선** $s_L$을 도출할 수 있다. 이처럼 개인의 노동공급곡선은 비근로소득이 불변인 상태에서 각 임금수준에 대해 그 개인이 공급하려는 노동시간을 표시한다. 노동시장에서 받을 수 있는 시간당 임금이 자신의 유보임금 $w^R$보다 낮거나 같은 수준일 때는 노동시장에 참가하지 않기 때문에 노동공급시간은 0이며, 시장임금이 유보임금보다 높아야만 노동시장에 참가해서 노동을 공급하기 시작한다. $w_1$과 같이 시간당 임금이 비교적 낮은 경우에는 노동공급시간이 짧아서 소득효과는 미약하고 대체효과가 우세하기 때문에 노동시장의 임금이 상승함에 따라 노동공급시간은 증가한다. 즉 노동공급곡선의 기울기는 양(+)의 부호를 지닌다. 그러나 노동공급시간이 증가하면서 소득효과는 점차 커지고 임금이 일정수준(예컨대 그림에서 $w_2$) 이상으로 상승할 때 소득효과가 대체효과를 압도한다면, 노동공급곡선의 기울기는 음(−)의 기울기를 지니게 되고 이를 **후방굴절형 노동공급곡선**(backward-bending labor supply curve)이라고 부른다.

개인의 노동공급곡선의 각 점에서는 여가-노동의 선택에서의 효용의 극대화 조건인 식 (5-4)가 만족된다. 이는 노동공급곡선의 어떤 점에서도 개인에게 주어진 시간당 임금이 그 점에서 노동 1시간을 추가로 공급할 때 한계비효용의 화폐금액과 같다는 것을 의미한다. 즉 노동공급곡선은 근로자의 입장에서는 일종의 한계비용곡선이며, 노동공급곡선의 어느 한 점에서 개인에게 주어진 시간당 임금은 그 점에서 노동공급을 1시간 더 유도하기 위하여 개인에게 최소한 지불해야 하는 보상으로 이해할 수 있다.

**노동의 시장공급곡선**(market labor supply curve)은 각 임금수준에 대해 각 개인이 공급할 용의가 있는 노동공급시간을 합한 것을 표시한다. 따라서 각 개인의 노동공급곡선을 수평으로 합하면 노동의 시장공급곡선을 유도할 수 있다. 노동시장에는 헤아릴 수 없을 만큼 많은 개인들이 노동을 공급하지만, 우리는 편의상 A와 B라는 2명의 개인만 고려하자. 〈그림 5-8〉은 두 개인 A와 B의 노동공급곡선 $s_{L_A}$, $s_{L_B}$와 그로부터 유도된 노동의 시장공급곡선 $S_L$을 표시하고 있다. 노동시장의 임금수준이 $w_A^R$보다 낮으면, 그 어느 개인도 노동시장에 참가하지 않는다. 임금수준이 $w_A^R$보다는 높지만 $w_B^R$보다 낮은 경우에는 개인 A만 노동시장에 참가한다. 임금수준이 $w_B^R$ 이상이 되면, 개인 B까지도 노동시장에

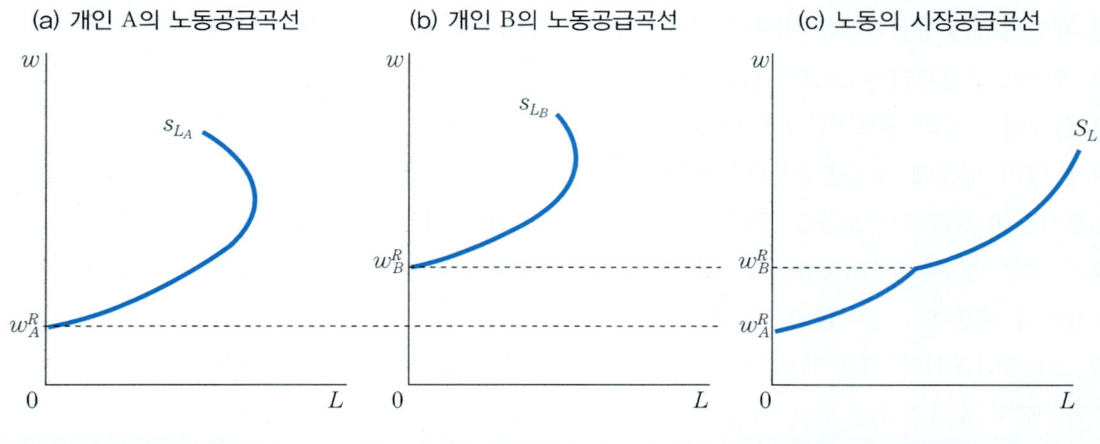


**그림 5-8 노동의 시장공급곡선**
노동의 시장공급곡선은 각 개인의 노동공급곡선을 수평으로 합한 것이다.

참가하게 된다. 이와 같이 노동의 시장공급곡선 $S_L$은 각 개인의 노동공급곡선을 수평으로 합해서 유도되기 때문에 노동의 시장공급곡선의 각 점과 수평축 사이의 거리는 그 점에서 노동을 1단위 더 유치하기 위해서 최소한 지급되어야 하는 보수이다.

노동시장에서 시간당 임금이 점차 상승하면, 어떤 개인의 유보임금이 시장임금보다 낮을 확률은 증가하고 경제활동참가율은 분명히 높아진다. 이와 함께 이미 노동시장에 참가하고 있는 개인의 노동공급곡선이 후방으로 굴절한 가능성도 높아진다. 이 때문에 시장의 임금이 충분히 상승하는 경우에는 노동의 시장공급곡선 역시 후방으로 굴절할 수 있다.

노동시장의 참가 여부를 결정할 때의 기준이 되는 유보임금이 개인마다 다르듯이 노동공급곡선의 기울기를 양(+)에서 음(−)으로 바뀌게 하는 임금수준도 개인마다 다른 것이 일반적이다. 이들이 개인들 사이에 어떻게 분포되어 있는가에 따라 임금변화에 대하여 시장의 노동공급시간이 반응하는 정도가 달라진다. 임금의 변화에 대하여 노동공급시간이 얼마나 민감하게 반응하는지는 **노동공급의 임금탄력도**(wage elasticity of labor supply)로써 측정한다. 노동공급의 임금탄력도 $E^S_{L,w}$는 다음 식과 같이 노동공급시간의 변화율을 임금의 변화율로 나눈 것이다.

$$E^S_{L,w} = \frac{\Delta L/L}{\Delta w/w} = \frac{\Delta L}{\Delta w} \cdot \frac{w}{L} \tag{5-5}$$

## 여가-노동의 선택모형에 대한 비판

여가-노동의 선택모형은 현실을 단순화하기 위한 여러 가지 가정을 하고 있으며, 이러한 가정들 때문에 비판을 받고 있는 것도 사실이다. 첫 번째 비판은 남성과 달리 상당히 많은 시간을 가사활동에도 배분하는 여성의 노동공급을 설명하는 데 있어서 여가-노동의 선택모형은 적합하지 않다는 것이다. 두 번째는 여가-노동의 선택모형에서 개인이 노동공급시간을 자유롭게 선택할 수 있다는 가정은 지나치게 비현실적이라는 것이다. 노동시간은 하루 8시간 또는 일주일에 40시간 등의 형태로 고용주가 정하는 것이 일반적이기 때문이다. 그러나 고용주마다 정해 놓은 노동시간이 다르고 개인은 고용주를 선택할 수 있다는 점을 고려할 때, 여가–노동의 선택모형의 가정이 그리 비현실적이라고 보기는 어렵다. 세 번째 비판은 여가–노동의 선택모형에서 노동의 공급을 전적으로 개인적 선택의 대상으로 간주하는 것은 곧 빈부격차가 각 개인의 자발적 선택의 결과라는 것을 의미하는데, 이는 비현실적이라는 것이다. 그렇지만 개인마다 주어진 임금과 비근로소득이 다르기 때문에 위의 비판은 무리라고 할 수 있다.

이러한 여러 가지 비판에도 불구하고 여가–노동의 선택모형은 현실에 관한 설명력이 비교적 높을 뿐 아니라 응용될 수 있는 범위도 넓기 때문에 노동공급에 관한 대표적이고 기본적 이론으로 꼽힌다. 여가–노동의 선택모형을 사용하여 연장근무수당의 지급, 정부의 복지프로그램 등이 노동공급에 어떠한 영향을 주는지 알아보기로 하자.

### 예 5-2 연장근무수당과 노동공급시간

여가–노동의 선택모형에서 기본적 가정 중에 하나는 개인이 자신의 시간을 노동에 얼마나 배분하든지 관계없이 항상 일정한 시간당 임금을 받을 수 있다는 것이다. 그러나 현실적으로는 하루에 일정시간을 넘는 노동시간이나 또는 주말의 노동시간에 대해서 연장근무수당(overtime wage premium)을 지급하는 것이 일반적이다. 우리나라의 경우도 근로기준법에서 법정 근로시간을 초과하는 연장근로, 야간근로 또는 휴일근로에 대해서는 통상임금의 50% 이상을 가산하여 지급하도록 규정하고 있다. 이렇게 연장근무수당을 지급하는 것은 노동공급시간을 증가시키고 개인의 소득과 효용수준을 높이는 효과를 갖는다. 여가–노동의 선택모형을 통해 연장근무수당의 효과를 살펴보기로 하자.

〈그림 5-9〉에서 시간당 임금이 $w_1$이고 연장근무수당은 지급되지 않는 경우에 어느 개인은 하루 8시간의 노동을 공급해서 $V+8w_1$의 소득을 얻는 점 $b$를 최적소비계획으로 선택하고 있다. 이제 이 개인에게 하루 8시간까지의 노동공급에 대해서는 여전히 시간당 $w_1$의 임금을 지급하지만 8시간을 넘는 연장근무에 대해서는 시간당 $1.5w_1$의 임금을 지급하겠다는 제안을 했다고 하자. 이러한 제안으로 예산선은 점 $b$에서 굴절하는 $Bba$로 변하고 최적소비계획은 선분 $Bb$의 한 점(예컨대 점 $c$)으로 이동할 수밖에 없기 때문에, 이 개인의 노동공급시간은 8시간보다 반드시 늘어나서 소득과 효용이 높아지게 된다.

연장근무수당의 도입은 하루 8시간의 노동을 공급하고 있었던 이 개인의 노동공급시간을 왜 반드시 증가시키는가? 우리는 이에 대한 답을 대체효과와 소득효과에서 구할 수 있다. 앞서 설명한 것처럼 소득효과가 발생하는 이유는 똑같은 시간의 노동을 공급한다고 해도 시간당 임금의 상승이 개인의 실질소득을 증가시키기 때문이다. 그러나 연장근무수당의 지급은 하루 8시간을 초과하는 연장근무시간에 대해서만 임금을 50% 상승시키는 것이기 때문에, 정확하게 하루 8시간의 노동을 공급하고 있었던 이 개인에게는 연장근무수당이 지급된다고 해도 소득효과는 발생하지 않고 단지 대체효과만 발생해서 노동공급시간이 반드시 늘어나게 된다. 노동공급을 하루 8시간보다 많이 하고 있거나 아니면 적게 하고 있는 경우 연장근무수당의 지급이 노동공급시간에 어떤 효과를 미치는가에 관해서는 독자 스스로 분석해 보기 바란다.

원점에 대하여 볼록한 무차별곡선이 예산선 $Bba$와 점 $b$에서 접할 수는 없기 때문에, 연장근무수당이 도입되면 근로자가 하루 8시간을 일하는 경우는 생기지 않는다. 연장근무수당이 높아지면 근로자는 연장근무시간을 증가시키려는 동기를 지니고 반대의 경우에는 연장근무의 동기는 감소하므로 고용주는 연장근무수당의 크기를 조정하여 노동공급시간에 영향을 준다. 이러한 점에 비추어 볼 때 실제 노동공급시간은 고용주와 근로자 사이의 상호작용으로 결정된다고 볼 수 있다.

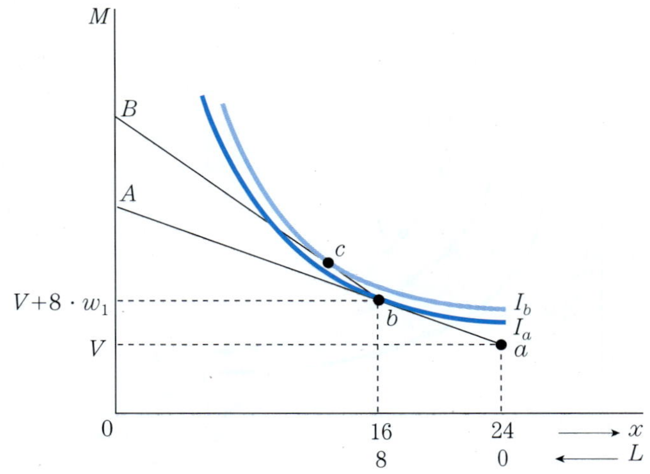


**그림 5-9 연장근무수당의 지급과 노동공급시간**

하루 8시간을 초과하는 연장근무시간에 대하여 통상임금 $w_1$에 50%를 가산하여 지급한다면, 예산선은 점 $b$에서 굴절하는 $Bba$가 된다. 이러한 연장근무수당은 정확하게 하루 8시간의 노동을 공급하고 있었던 개인에게는 대체효과만을 유발시켜 노동공급시간이 반드시 증가하게 된다.

### 예 5-3 정부의 복지프로그램과 노동공급시간

흔히 정부의 복지프로그램은 노동의 동기를 감소시킨다고 알려져 있다. 이를 살펴보기 위하여 먼저 노동시장에 참가하지 않는 사람에게 일정한 액수의 현금을 지불하는 단순한 복지프로그램을 가정하자. 〈그림 5-10〉에서 아무런 복지프로그램이 없는 상태에서 비근로소득이 없는 어느 개인은 시간당 $w_1$의 임금을 받고 노동시장에 참가하여 점 $b$에서 효용을 극대화하고 있다. 그런데 정부는 노동시장에 참가하지 않는 개인에게 하루에 $s$만큼의 현금을 지급하겠다는 복지프로그램을 발표하였다고 하자. 이는 노동시장에 참가해서 일단 노동을 공급하는 개인에게는 복지프로그램에 의한 현금지급을 즉시 중단한다는 것을 의미한다.

이와 같은 단순한 복지프로그램은 비경제활동인구의 비근로소득을 증가시키는 것과 같은 효과를 발생시키기 때문에 그들의 유보임금을 증가시켜서 경제활동참가율을 낮추게 된다. 뿐만 아니라 이미 노동시장에 참가하고 있는 사람 중에서 주로 임금수준이 낮은 사람을 노동시장으로부터 이탈시키는 효과를 발생시킨다. 〈그림 5-10〉에서 시간당 $w_1$의 임금을 받고 노동시장에 참가할

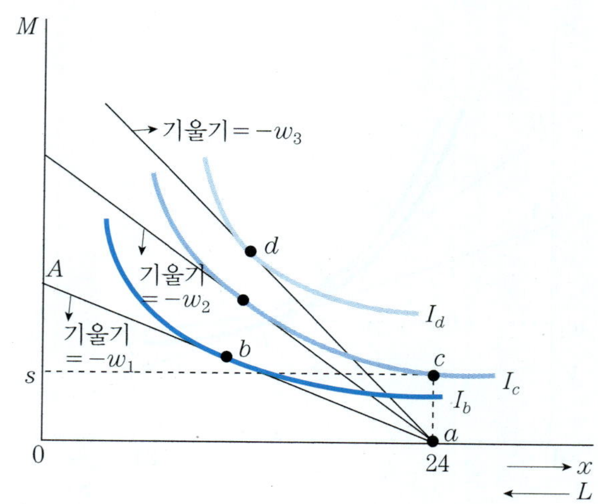


**그림 5-10 복지프로그램과 노동공급**

노동시장에 참가하지 않는 사람에게 하루에 $s$의 현금을 지급하는 복지프로그램이 도입되면, 비경제활동인구의 유보임금 수준을 높일 뿐 아니라 낮은 수준의 임금을 받는 근로자가 노동시장으로부터 이탈하는 효과가 발생해서 경제활동참가율이 낮아지게 된다.

때의 점 $b$보다는 비경제활동인구로서 복지프로그램에 의해 지급되는 $s$의 소득을 얻는 점 $c$에서 높은 수준의 효용을 얻기 때문에 노동시장에서 이탈한다. 그러나 만일 시간당 $w_2$보다 높은 임금(예를 들어 $w_3$)을 받고 있다면, 그림에 표시된 것처럼 노동시장에 참가할 때의 효용수준이 노동시장에서 이탈할 때보다 높기 때문에 복지프로그램의 실시에도 불구하고 노동시장에서 이탈하지 않는다.

## 5.2 금융자본의 공급자: 여러 기간에 걸친 소비자의 선택

지금까지 우리는 소비자가 어느 기간의 주어진 소득을 그 기간의 소비에 남김없이 지출한다고 가정하였으며, 이 가정은 소비자의 각 기간별 선택이 서로 독립적으로 이루어짐을 의미한다. 그러나 현실적으로 어느 기간의 각 상품의 수요에 관한 결정은 다른 기간과 독립적으로 이루어지는 것이 아니라 여러 기간을 동시에 고려하는 합리적 소비선택의 결과라고 할 수 있으며, 이러한 선택과정에서 소비자는 각 기간의 소득 중 일부를 저축할 수도 있고 반대로 차입을 할 수도 있다. 소비자의 저축은 금융기관을 통해서 기업에게 기계나 기구, 공장건물 등의 구입을 위한 자금(즉 금융자본)으로 공급되므로 소비자는 금융자본의 공급자가 된다.

단순화를 위해서 소비자는 현재와 미래라는 2기간에 걸쳐서 소비선택에 관한 의사결정을 한다고 가정하자. 그리고 현재와 미래의 소득을 각각 $M_P$와 $M_F$라고 할 때 $M_P$와 $M_F$가 얼마인지를 확실하게 알고 있는 소비자는 이 소득으로 현재의 소비 $C_P$와 미래의 소비 $C_F$라는 두 종류의 상품을 구입한다고 하자. $C_P$와 $C_F$는 각각 현재와 미래의 소비지출액을 표시한다고 할 때, $C_P$와 $C_F$의 가격은 모두 1이라고 해도 무방하다.

### 2기간 소비선택의 예산선과 무차별곡선

현재와 미래의 소득 $M_P$와 $M_F$를 갖고 현재와 미래의 소비지출액을 선택하는 소비자는 어떠한 형태의 예산제약에 직면할 것인가? 먼저 소비자가 현재의 소비에 지출할 수 있는 최대 액수를 구해 보기로 하자. 소비자는 현재의 소득 $M_P$뿐 아니라 미래의 소득 $M_F$에 근거하여 은행에서 차입할 수 있는 금액도 현재의 소비에 지출할 수 있다. 소비자가 미래의 소득 $M_F$에 근거하여 차입할 수 있는 최대 액수를 $Z$라고 하고 이자율을 $i$라고 하자. $Z$의 금액을 $i$의 이자율로 차입할 때 미래에 은행에 갚아야 할 금액은 원금 $Z$와 이자 $iZ$의 합인 $Z+iZ=(1+i)Z$인데, 이 금액은 미래의 소득 $M_F$와 같아야 한다. 즉 $(1+i)Z=M_F$가 된다. 따라서 $M_F$의 미래소득에 근거하여 소비자가 은행에서 차입할 수 있는 최대 액수 $Z$는 $M_F/(1+i)$이며, 이는 다름 아닌 미래의 소득 $M_F$의 **현재가치**(present value)인 것이다. 은행에서 차입한 $M_F/(1+i)$와 현재의 소득 $M_P$의 합은 바로 소비자가 현재의 소비에 지출할 수 있는 최대 액수가 되며, 이는 〈그림 5-11〉에서 점 $B$이다.

그렇다면 소비자는 미래의 소비에는 얼마까지 지출할 수 있는가? 현재의 소득 $M_P$ 전액을 이자율이 $i$인 은행에 저축한다고 할 때 미래에는 그 가치가 $(1+i)M_P$로 증가하게 된다. 따라서 미래의 소비에 지출할 수 있는 최대 액수

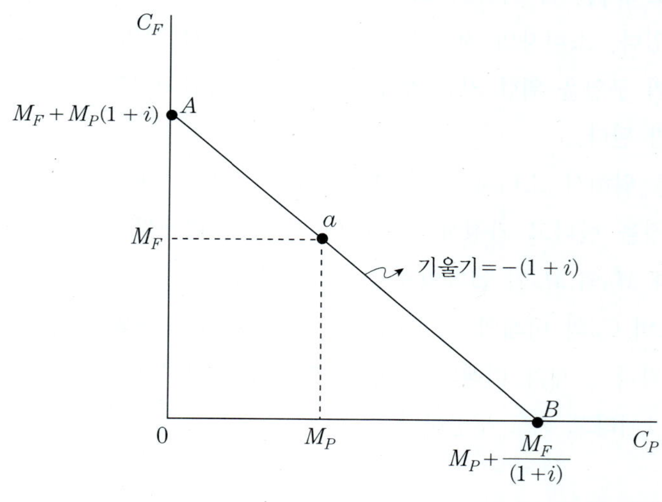


**그림 5-11 2기간에 걸친 소비선택모형의 예산선**

$C_P$와 $C_F$를 각각 현재와 미래의 소비지출액이라고 할 때, 이자율이 $i$인 경우 현재와 미래의 소득 $M_P$와 $M_F$를 갖고 $C_P$와 $C_F$를 선택하는 소비자의 예산선은 직선 $AB$가 된다.

는 $M_F + (1+i)M_P$이며, 이는 〈그림 5-11〉에서 점 $A$이다.

따라서 2기간에 걸친 소비선택모형에서 소비자의 예산선은 직선 $AB$가 되며, 그 기울기는 $-(1+i)$이다. 1원을 현재의 소비에 지출하지 않고 금융기관에 저축할 때 미래의 소비지출액은 $(1+i)$원만큼 증가할 수 있기 때문에, 현재의 소비지출액을 1원 추가할 때의 기회비용은 $(1+i)$원의 미래 소비지출액인 것이다. 또한 소비자의 초기부존점 $a=(M_P,\ M_F)$는 소비자가 어떠한 이자율에서도 항상 선택할 수 있는 점이므로 예산선은 어떠한 경우에도 반드시 이 부존점을 지나게 된다.

〈그림 5-12〉에는 현재와 미래의 소비에 관한 소비자의 선호체계를 나타내는 무차별곡선이 그려져 있다. 이 경우 소비의 한계대체율인 $|\Delta C_F/\Delta C_P|$는 **한계시간선호율**(Marginal Rate of Time Preference: *MRTP*)이라고도 불리며, 현재의 소비에 1원을 더 지출할 수 있을 때 소비자가 최대한 포기할 용의가 있는 미래의 소비지출액(즉 $C_P$를 1원 추가할 때의 한계편익)을 의미한다. 현재의 소비지출액을 1원 증가시키려고 은행에서 1원을 추가로 차입하고자 할 때, 1원에 대하여 소비자가 감당할 용의가 있는 최대의 주관적 이자율을 $\rho$라고 한다면 한

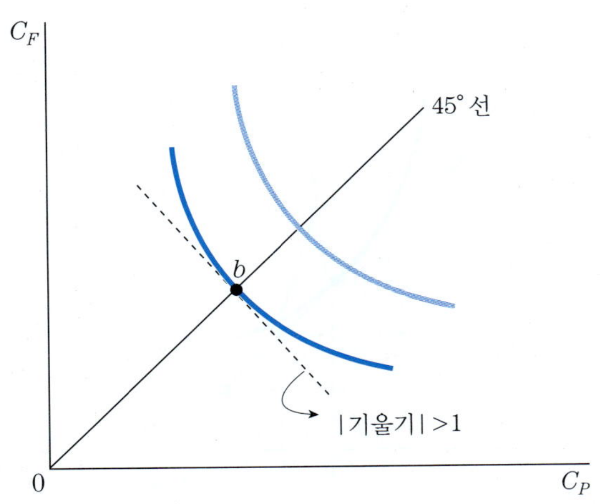


**그림 5-12 2기간 소비선택의 무차별곡선과 한계시간선호율**
현재와 미래의 소비에 관한 소비자의 선호체계를 나타내는 무차별곡선에서 소비의 한계대체율을 한계시간선호율이라고도 하며, 현재의 소비지출액을 1원 추가할 수 있을 때 소비자가 느끼는 한계편익의 크기를 미래의 소비지출액으로 표시한 것이다.

계시간선호율 $MRTP$는 $1+\rho$가 된다. 소비자는 미래의 소비보다 현재의 소비를 좋아하므로 $C_P$와 $C_F$가 같은 상태에서 $MRTP$는 항상 1보다 크다(즉 $\rho$는 항상 0보다 크다)라고 가정하는 것이 보편적이며, 이러한 가정을 반영한 〈그림 5-12〉에는 45° 선과 무차별곡선이 교차하는 점(예컨대 점 $b$)에서의 $MRTP$가 항상 1보다 크게 표시되어 있다.

## 2기간의 소비선택

단일기간의 경우와 마찬가지로 2기간의 소비선택에 있어서도 내부해인 최적소비계획에서는 무차별곡선과 예산선이 서로 접한다. 즉 내부해에서는 $C_P$를 1원 추가할 때의 한계편익인 $MRTP(=1+\rho)$가 $C_P$를 1원 추가할 때의 기회비용인 $(1+i)$가 일치한다. 바꾸어 말하자면, 여러 기간에 걸친 소비선택에서 소비자는 효용의 극대화를 위하여 자신의 주관적 이자율 $\rho$와 주어진 객관적 이자율 $i$가 일치하도록 각기의 소비지출액을 정하게 된다.

〈그림 5-13〉에는 시간선호가 서로 다른 두 소비자의 최적소비계획이 표시

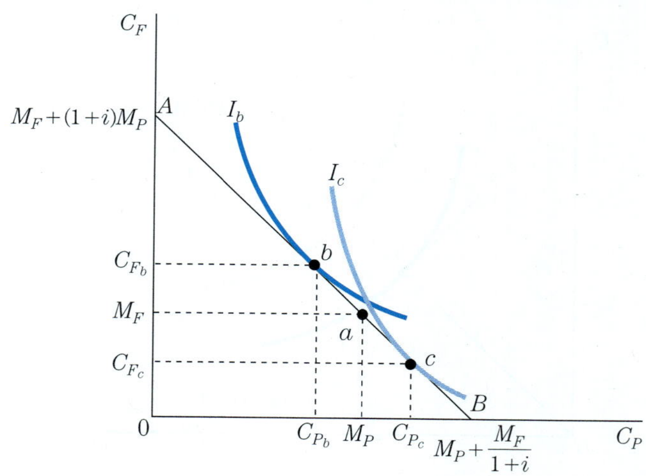


**그림 5-13 2기간의 소비선택**
단일기간과 마찬가지로 2기간의 소비선택에 있어서도 점 $b$, $c$와 같은 내부해에서 무차별곡선과 예산선은 서로 접하게 된다. 점 $b$를 최적소비계획으로 선택한 소비자는 $M_P-C_{P_b}$만큼의 저축자가 되며, 최적소비계획으로 점 $c$를 선택한 소비자는 $C_{P_c}-M_P$만큼의 차입자가 된다.

되어 있다. 무차별곡선 $I_b$로 표시되는 시간선호를 지닌 소비자는 예산선이 $AB$일 때 점 $b=(C_{P_b}, C_{F_b})$를 선택해서 $M_P-C_{P_b}$만큼을 저축하고 미래의 소비지출액 $C_{F_b}$는 $M_F+(M_P-C_{P_b})(1+i)$가 된다. 무차별곡선 $I_c$로 표시되는 시간선호를 지닌 소비자는 최적소비계획으로 점 $c=(C_{P_c}, C_{F_c})$을 선택함으로써 $C_{P_c}-M_P$만큼을 차입하고 미래의 소비에는 $M_F-(C_{P_c}-M_P)(1+i)$만큼을 지출한다. 그림에는 표시하지 않았지만 공교롭게도 부존점 $a$를 최적소비계획으로 선택하는 소비자가 있다면 현재와 미래의 소비지출액이 각각 그 기간의 소득과 일치해서 저축이나 차입은 하지 않는다.

## 이자율 변화의 비교정태분석: 저축 또는 차입의 변화

$(1+i)$는 현재의 소비지출액 1원의 가격을 미래의 소비지출액으로 표시한 것이다. 따라서 단일기간의 소비선택과 마찬가지로 이자율의 변화는 대체효과와 소득효과를 통해 현재의 소비와 미래의 소비에 영향을 미치게 된다.

〈그림 5-14〉의 (a)에서 이자율이 $i_1$일 때의 예산선은 $AB$이고 최적소비계획은 점 $b$이다. 만일 이자율이 $i_2$로 상승하였다면, 예산선은 $CD$가 되고 최적소비계획은 점 $c$로 변한다. 예산선 $CD$와 기울기가 같은 가상적 예산선이 무차별곡선 $I_b$와 접하는 점을 $e$라고 할 때, 점 $b$에서 $e$로 이동하는 것은 이자율 상승에 의한 대체효과이고 점 $e$에서 $c$로 이동하는 것은 소득효과이다.

대체효과에 의해서 현재의 소비지출액은 $C_{P_1}$에서 $C_{P_1}'$으로 감소하는데, 이는 이자율의 상승이 현재 소비의 가격상승을 의미하기 때문이다. 그런데 소비자는 이자율이 $i_1$일 때 $M_P-C_{P_1}$만큼을 저축하고 있었기 때문에 이자율의 상승에 따라 실질소득은 증가하며, 각 기에 소비가 모두 정상재인 경우에 이자율의 상승은 미래의 소비뿐 아니라 현재의 소비도 증가시킨다. 따라서 이자율이 상승하면 대체효과와는 반대방향으로 작용하는 소득효과에 의해 현재의 소비지출액은 $C_{P_1}'$에서 $C_{P_2}$로 증가한다. 저축자의 경우 이자율의 상승이 현재의 소비지출액을 증가시킬 것인지 아니면 감소시킬 것인지는 두 가지 효과의 절대크기의 차이에 달려 있다. 〈그림 5-14〉의 (a)는 대체효과 크기의 절대값이 소득효과 크기의 절대값을 압도해서 현재의 소비가 감소한 경우를 그린 것이며, 반대의 경우에는 오히려 현재의 소비가 증가한다.

〈그림 5-14〉의 (a)에서 최적소비계획인 점 $b$, $c$, $d$ 등을 연결한 옅은 검은색의 궤적은 각 이자율별로 소비자가 의도하는 현재의 소비지출액(동시에 저축액)을 표시하고 있으므로 2기간의 소비선택모형에 있어서 저축의 제시곡선이라고 부를 수 있다. 앞에서 노동공급의 제시곡선으로부터 노동공급곡선을 도출

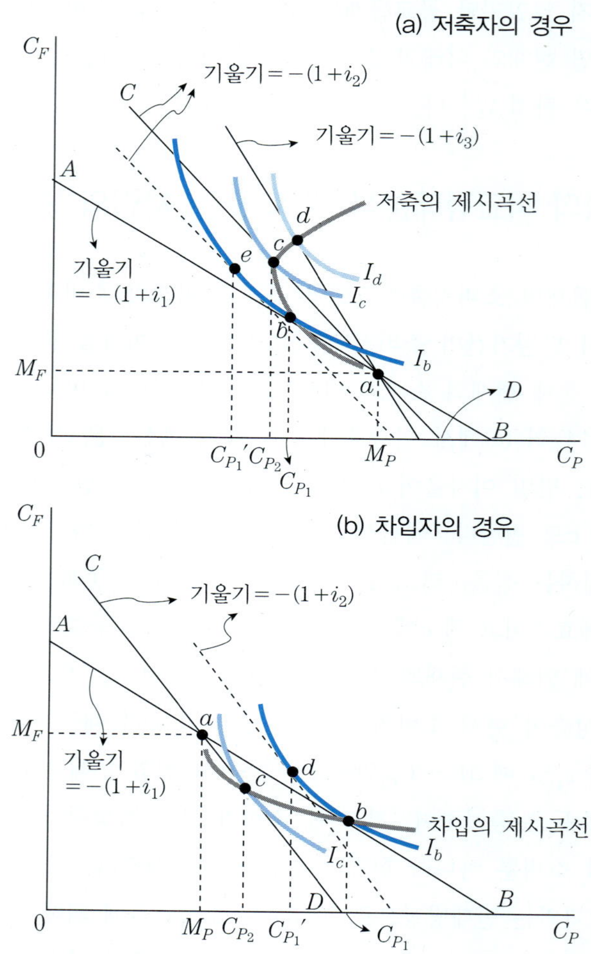


**그림 5-14 이자율 변화에 의한 현재 소비의 변화: 대체효과와 소득효과**

현재 소득의 일부를 저축하고 있는 (a)의 경우에 이자율의 상승으로 실질소득은 오히려 증가한다. 따라서 이자율이 상승할 때, 현재의 소비지출액은 대체효과에 의해서 감소하지만 소득효과에 의해서는 증가한다. 그러나 (b)의 경우처럼 현재의 소비지출액이 현재의 소득보다 많아서 차입을 하고 있는 경우에는 이자율의 상승이 실질소득을 감소시키기 때문에 소득효과와 대체효과는 같은 방향으로 작용하여 현재의 소비지출액을 감소시킨다.

할 때와 마찬가지로 저축의 제시곡선으로부터 저축곡선(즉 금융자본의 공급곡선)을 유도할 수 있으며, 이는 〈그림 5-15〉에 표시되어 있다. 이자율이 낮아서 저축액이 적을 때는 이자율 상승의 소득효과보다 대체효과가 앞서기 때문에 저축곡선은 양(+)의 기울기를 지닌다. 그러나 이자율 상승에 따라 저축이 증가하면서 소득효과는 커지고 이자율이 $i_2$ 이상으로 상승하면 소득효과가 대체효과를 압도해서 저축곡선 역시 후방굴절의 형태를 지닐 수 있다.

〈그림 5-14〉의 (b)에는 소비자가 미래소득에 근거하여 현재 차입을 하고 있는 경우를 표시하고 있다. 차입을 하고 있는 상태에서 이자율의 상승은 갚아야 할 이자비용의 증가를 의미하므로 소비자의 실질소득은 감소한다. 따라서 이자율 상승으로 현재 소비지출액은 대체효과에 의해서 $C_{P_1}$에서 $C_{P_1}'$으로 감소하고 소득효과에 의해서는 $C_{P_1}'$에서 $C_{P_2}$로 감소한다. 이와 같이 소비자가 차입자인 경우 이자율 상승에 의한 소득효과와 대체효과는 같은 방향으로 작용하여 현재의 소비는 감소하게 된다. 또한 차입의 제시곡선으로부터 유도되는 차입곡선은 음(−)의 기울기를 갖는다.

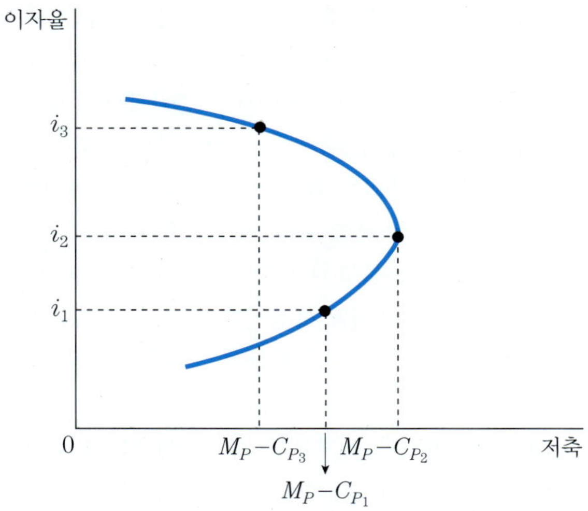


**그림 5-15 저축곡선**
이자율이 낮은 수준에서 상승하기 시작하면 대체효과가 소득효과를 압도해서 현재의 소비가 감소하므로 저축은 증가한다. 그러나 이자율이 일정수준($i_2$)을 넘어서 상승하면 대체효과를 소득효과가 압도하므로 현재의 소비는 증가하고 저축은 감소한다.

이자율은 불변인 채 현재의 소득이 증가한다면 2기간의 소비선택에는 어떤 일이 벌어질까? 이 경우 예산선은 기울기가 불변인 채 평행하게 오른쪽으로 이동하며, 이에 따라 현재와 미래의 소비가 모두 정상재일 때 현재와 미래의 소비는 모두 증가할 것이다. 따라서 현재 소비의 한계소비성향 $\Delta C_P/\Delta M_P$는 0보다 크지만 1보다는 작다. 일반적으로 표현하면, 어떤 기간의 소득변화는 그 기간의 소비에 직접적으로 영향을 끼치는 것이 아니라 소비자의 평생소득 흐름의 현재가치를 증가시킴으로써 그 기간의 소비에 영향을 미치게 된다.

### 예 5-4 이자소득의 과세효과

대부분 국가에서는 예금의 이자소득에 대하여 과세를 하고 있다. 이러한 이자소득 과세가 저축률에 어떤 영향을 미칠 것인지를 2기간의 소비선택모형으로 살펴보기로 한다.

〈그림 5-16〉에는 이자율이 $i_1$이고 이자소득에 대한 세금은 없을 때 현재와 미래의 소득이 각각 $M_P$와 $M_F$인 어느 소비자의 예산선 $AB$가 그려져 있다. 이제 정부가 이자소득 1원당 $t$원의 세금을 부과한다면, 소비자가 부존점 $a$에서 1원을 현재의 소비에 지출하지 않고 $i_1$의 이자율로 금융기관에 저축할 때 미래의 소비지출액은 $(1+i_1)$원이 아니라 $[1+(1-t)i_1]$원만큼만 증가하게 된다. 바꾸어 말하면, 부존점 $a$의 왼쪽에서는 이자소득에 대한 과세로 인해 현재의 소비지출액을 1원 추가할 때의 기회비용이 $(1+i_1)$원에서 $[1+(1-t)i_1]$원으로 감소하게 되므로 예산선의 기울기는 $-(1+i_1)$에서 $-[1+(1-t)i_1]$로 변한다. 즉 부존점 $a$의 왼쪽에서는 이자소득 과세로 인해 예산선이 $aA$에서 $aC$로 완만해진다. 소비자 차입금의 이자비용에 대한 세금공제 등의 제도가 없다면 부존점 $a$의 오른쪽에서는 현재 소비를 1원 더할 때의 기회비용이 여전히 $(1+i)$이므로 이자소득에 대한 과세 이후에도 예산선에는 아무런 변화가 없다. 따라서 이자소득 1원당 $t$원의 세금이 부과되면 예산선은 부존점 $a$에서 굴절하는 $CaB$가 된다.

선분 $aB$에서 최적소비계획을 선택했던 차입자에게는 이러한 이자소득 과세가 아무런 영향을 주지 않는다. 그러나 선분 $aA$의 한 점(예컨대 점 $b$)을 선택해서 저축을 하고 있었던 소비자의 경우, 이자소득에 대하여 과세가 이루어지면 현재의 소비지출액은 대체효과에 의해서는 증가하고 소득효과에 의해서는 감소하므로 저축의 증가 여부는 두 효과의 상대적 크기에 달려있다.

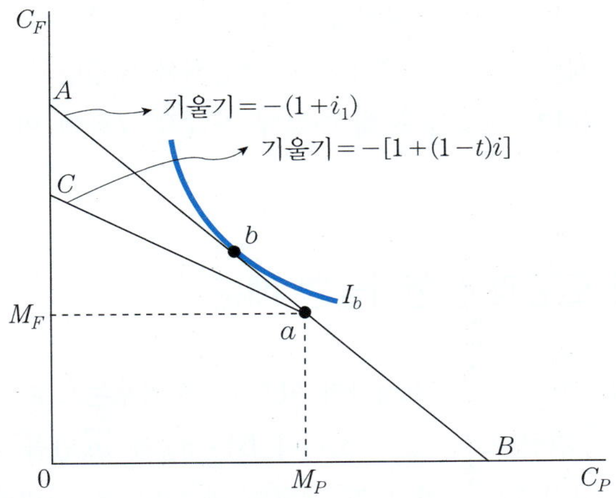


**그림 5-16 이자소득에 대한 과세**
이자소득 1원당 $t$원의 세금이 부과되면 현재의 소비를 1원 추가할 때의 기회비용이 저축자의 경우 $(1+i_1)$원에서 $[1+(1-t)i_1]$원으로 감소하고 차입자의 경우는 변화가 없으므로 예산선은 부존점 $a$에서 굴절하는 $CaB$가 된다. 이렇게 이자소득 과세가 이루어지면, 차입자의 선택은 바뀌지 않지만 저축자의 경우는 서로 반대방향으로 작용하는 대체효과와 소득효과의 상대적 크기에 따라 저축이 증가할 수도 있고 감소할 수도 있다.

여러 기간에 걸친 소비선택모형은 저축에 관한 소비자 행동을 분석하는 데 있어서 매우 유용하게 사용된다. 프리드만(M. Friedman)의 영구소득가설(permanent income hypothesis)과 모디그리아니와 부룸버그(F. Modigliani and R. Brumberg)의 평생소득가설(life-cycle income hypothesis) 등은 여러 기간에 걸친 소비자의 선택모형을 사용해서 현재의 소비와 저축이 단지 현재의 소득에 의해 결정되는 것이 아니라 평생소득 흐름의 할인된 현재가치에 의해서 결정된다는 것을 보였다.

## 5.3 교환경제에서의 공급자

앞에서 소비자의 선택행동을 살펴볼 때 어느 소비자는 무수하게 많은 소비자 중 하나이므로 가격을 주어진 것으로 해서 자신의 최적소비계획을 선택한다고 가정하였다. 그러나 소비자가 매우 소수일 때는 각 소비자가 가격수용자로 행동하기보다는 소비자 사이의 교섭을 통해 선택이 이루어지기가 쉽다. 이 절에서는 화폐는 존재하지 않는 교환경제를 상정해서 일정량의 $X$재와 $Y$재를 지니고 있는 두 소비자가 교섭을 통해 어떻게 자발적 교환에 이르는지를 살펴보도록 한다.

## 에지워스상자 도형과 실현가능한 배분

어떤 경제에 A와 B의 두 소비자가 있으며, 초기부존으로 소비자 A는 $X$재와 $Y$재를 $\overline{x_A}$와 $\overline{y_A}$만큼 갖고 있고 소비자 B는 $\overline{x_B}$와 $\overline{y_B}$만큼 갖고 있다고 하자. 각 소비자는 자신에게 주어진 각 재화의 부존량만을 소비하면서 자급자족할 수도 있고 상대방과 교환을 하면서 살아갈 수도 있다.

〈그림 5-17〉은 두 소비자의 자급자족경제를 표시하고 있다. 소비자 A는 자신의 초기부존점 ($\overline{x_A}$, $\overline{y_A}$)에서 무차별곡선 $\overline{I_A}$가 표시하는 수준의 효용을 얻고 소비자 B는 초기부존점 ($\overline{x_B}$, $\overline{y_B}$)에서 무차별곡선 $\overline{I_B}$ 수준의 효용을 얻고

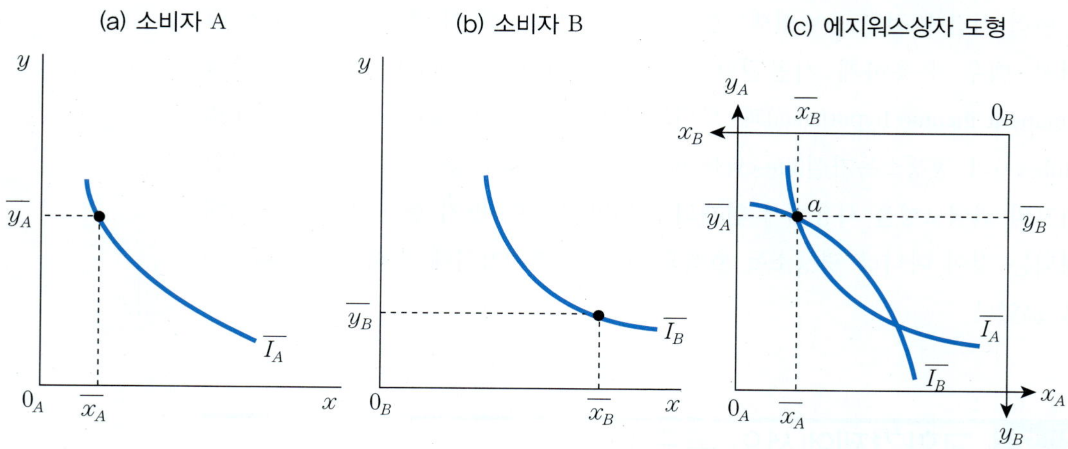


**그림 5-17 자급자족경제와 에지워스상자 도형**
(a)와 (b)에서 자급자족하는 소비자 A와 B는 각자의 부존점 ($\overline{x_A}$, $\overline{y_A}$)와 ($\overline{x_B}$, $\overline{y_B}$)에서 무차별곡선 $\overline{I_A}$ 와 $\overline{I_B}$ 수준의 효용을 얻고 있다. (b)를 시계 바늘과 반대방향으로 180° 회전시켜 (a)에 붙이면, (c)와 같은 에지워스상자 도형이 만들어진다.

있다. 〈그림 5-17〉의 (b)를 시계바늘과 반대방향으로 180° 회전시켜 (a)에 가져다 붙이면, 〈그림 5-17〉의 (c)와 같은 도형이 만들어진다. **에지워스상자 도형**(Edgeworth box diagram)이라고 불리는 이 도형은 소비자 사이의 교환 등을 분석할 때 매우 유용한 도구로 사용된다.

에지워스상자 도형의 가로 너비는 두 소비자의 $X$재 부존량의 합이고 세로 높이는 두 소비자의 $Y$재 부존량의 합이다. 에지워스상자 도형 내에 각 점은 $X$재와 $Y$재의 총부존량 $\overline{x_A}+\overline{x_B}$와 $\overline{y_A}+\overline{y_B}$를 두 소비자 사이에 배분한 상태를 나타내는 배분점이며, 점 $a$는 각 소비자의 공통된 초기부존점이고 동시에 자급자족의 배분점이다.

## 자발적 교환과 파레토 효율성

〈그림 5-18〉은 〈그림 5-17〉의 (c)를 다시 그린 것이다. 이제 소비자 A와 B가 자급자족의 배분점 $a$에서 교환을 시도한다고 가정하자. 두 소비자 사이에 자발적 교환이 이루어지기 위해서는 교환을 통해 두 소비자의 효용수준이 자급자족의 배분점보다 최소한 감소하지는 않아야 한다. 예를 들어 교환을 통해 무차별곡선 $\overline{I_A}$의 아래쪽에 있는 점들로 이동하면, 소비자 A의 효용수준은 자급자족의 배분상태보다도 낮아진다. 마찬가지로 무차별곡선 $\overline{I_B}$의 위쪽에 있는 점들로 이동한다면, 소비자 B의 효용수준이 자급자족하는 것보다 낮아진다. 따라서 자급자족의 배분점 $a$에서 두 소비자가 교환을 시작할 때 무차별곡선 $\overline{I_A}$의 아래쪽에 있는 모든 배분점들은 소비자 A가 반대하고 무차별곡선 $\overline{I_B}$의 위쪽에 있는 모든 배분점들은 소비자 B가 반대한다.

교환에 자발적으로 참가할 때 각 소비자의 효용수준은 자급자족 상태보다 감소하지는 않아야 하기 때문에, 자발적 교환을 통해서 도달할 수 있는 배분점은 〈그림 5-18〉에서 무차별곡선 $\overline{I_A}$와 $\overline{I_B}$ 사이의 옅은 파란 음영으로 표시된 볼록렌즈 모양에 있는 점 중에 하나가 될 것이다. 가령 점 $a$에서 소비자 A가 일정량의 $Y$재를 소비자 B에게 공급하고 대신에 $X$재를 받는다는 교환을 통해 볼록렌즈 모양의 내부점 $b$로 이동하였다면, 두 소비자의 효용은 모두 증가한다. 이때 두 상품의 교환비율은 점 $a$와 $b$를 잇는 직선의 기울기가 된다. 그러나 점 $b$를 지나는 두 소비자의 무차별곡선 사이에는 크기는 줄었지만 여전히 볼록렌즈 모양이 존재하며, 교환을 통해 다시 그 볼록렌즈 안으로 이동하면 두 소비자의 효용은 모두 증가하게 된다.

이와 같이 어떤 배분점을 지나는 두 소비자의 무차별곡선 사이에 볼록렌즈 모양이 존재한다면, 그 점으로부터 어느 소비자의 효용을 감소시키지 않고서도 다른 소비자의 효용을 증가시킬 수 있는 다른 배분점으로 이동하는 교환이 가능하다. 그렇다면 자발적 교환을 통해 두 소비자가 모두 이득을 얻을 수 있는 수많은 배분점 중에서 어떤 점이 교환의 최종결과가 될 것인가? 어떤 배분점에서 교환을 통해 어느 한 소비자의 효용을 감소시키지 않고서는 다른 소비자의 효용을 증가시키는 것이 가능하지 않다면 더 이상 교환의 이득이 존재하지 않으므로 그 배분점이 바로 자발적 교환을 통해 도달할 수 있는 최종적 결과가 된다.

어떤 배분상태에서 어느 한 사람의 후생의 감소 없이는 다른 어느 누구의 후생도 증가시킬 수 없을 때 **파레토 효율성**(Pareto efficiency)이 이루어졌다고 하며, 경제학에서 배분상태를 평가할 때의 매우 중요한 기준이 된다. 〈그림 5-18〉에서 두 소비자의 무차별곡선이 서로 접하는 배분점 $c$, $d$, $e$, $f$ 등에서는 더 이상 볼록렌즈 모양이 존재하지 않으므로 **소비의 파레토 효율성**(Pareto efficiency in consumption)이 만족되는 배분점이며, 그 배분점 중 하나에 도달하게 되면 교환은 종료된다. 즉 교환경제에서 교환의 결과는 두 소비자 A와 B의 무차별곡선이 서로 접해야 한다는 식 (5-6)의 소비의 파레토 효율성 조건이 만족되는 배분점 중 하나가 된다.

$$MRS_{C_A} = MRS_{C_B} \qquad (5-6)$$

## 계약곡선과 핵

〈그림 5-18〉에서 옅은 검은색으로 표시한 곡선은 소비의 파레토 효율적 배분점들을 연결한 궤적으로서 **계약곡선**(contract curve)이라고 불린다. 그렇지만 이 계약곡선의 모든 배분점이 자발적 교환의 최종적 결과가 될 수 있는 것은 아니다. 계약곡선의 배분 중에서 점 $c$와 $0_A$ 사이의 배분들과 점 $d$와 $0_B$ 사이의 배분들은 자발적 교환의 최종적 결과가 될 수 없다. 앞에서 설명한 바와

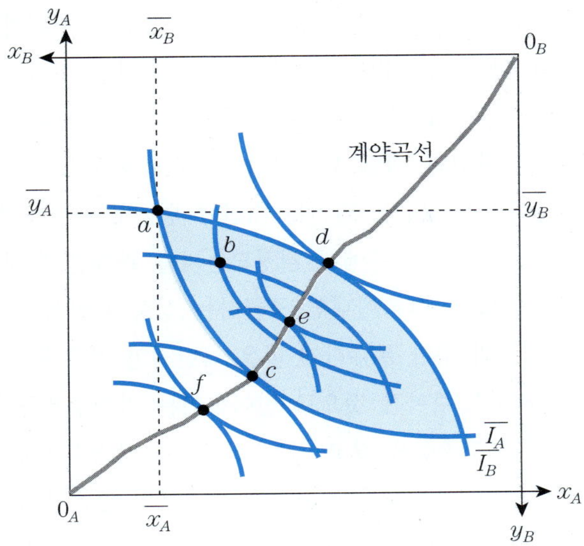


**그림 5-18 파레토 효율적 배분과 핵**
점 $c$, $d$, $e$, $f$ 등과 같이 두 소비자의 무차별곡선이 서로 접하는 배분에서는 한 소비자의 효용을 감소시키지 않고서 다른 소비자의 효용을 높일 수 있는 다른 배분으로의 이동이 불가능하다. 이러한 배분에서 소비의 파레토 효율성이 만족된다고 하며, 계약곡선은 소비의 파레토 효율적 배분을 연결한 궤적이다. 자발적 교환의 최종적 결과는 계약곡선에서 점 $c$와 $d$ 사이의 배분 중 한 가지로 나타난다. 계약곡선 중 점 $c$와 $d$ 사이의 부분을 두 소비자가 존재하는 교환경제에서의 핵이라고 한다.

같이 점 $a$에서 점 $c$와 $0_A$ 사이의 배분으로 이동하는 교환에 대해서는 소비자 A가 반대하고 점 $d$와 $0_B$ 사이의 배분으로 이동하는 교환에 대해서는 소비자 B가 반대하기 때문이다. 따라서 자발적 교환의 최종적 결과는 계약곡선에서 점 $c$와 $d$ 사이의 배분 중 어느 한 가지로 나타나게 되며, 계약곡선에서 점 $c$와 $d$ 사이의 부분을 두 소비자가 존재하는 교환경제에서의 **핵**(core)이라고 한다. 즉 핵은 바로 자발적 교환을 통해 도달이 가능한 최종적 결과들의 집합인 것이다.

〈그림 5-18〉에서 점 $c$는 교환에서 발생하는 모든 이득을 소비자 B가 독점하는 배분이며, 반면에 점 $d$는 교환의 모든 이득을 소비자 A가 독점하게 되는 배분이다. 핵에 속한 배분 중에서 어떠한 점이 교환의 최종적 결과로 나타날 것인가? 소비자가 두 명밖에 없는 교환경제에서 교환의 최종적 결과는 두 소비자 사이의 직접 교섭에 의해 결정될 수밖에 없을 것이다. 직접 교섭과정에서 소비자 A의 교섭능력이 우월하다면 교환의 최종 결과는 점 $d$에 가깝게 결정될

것이고, 반대라면 점 $c$에 가까울 것이다.

소비자의 수가 적을 때는 위와 같이 교환의 최종적 결과가 소비자 사이의 직접 교섭을 통해 나타나는 것이 일반적이다. 그러나 소비자의 수가 많아질수록 교섭과정에서 지불해야 하는 금전적 또는 비금전적 비용은 증가하고 개별 소비자는 시장에서 자신의 개별 교섭력이 매우 미약하다고 판단하기 때문에, 다른 소비자와 능동적인 교섭을 벌이는 대신에 수동적 자세를 취하게 된다. 즉 상품의 교환비율이 어떠한 수준에서 결정되는지를 관찰한 후에 결정된 교환비율에 따라 자신이 수요하거나 아니면 공급하는 상품의 양을 정하는 수동적 태도로 바꾼다. 소비자의 수가 무수하게 많은 극단적인 경우에 각 소비자는 결정된 교환비율(즉 가격)을 주어진 것으로 받아들이는 가격수용자가 되는 것이다. $X$재와 $Y$재의 주어진 부존량을 갖고 있는 소비자가 가격수용자로서 소비선택을 하는 문제는 앞서 살펴본 노동공급 또는 금융자본의 공급과 같기 때문에 독자들 스스로 분석하기 바란다.

# 요 약

1 소비자는 소득을 얻기 위해 자신이 갖고 있는 노동, 자본 등의 생산요소를 공급하는 공급자이기도 하다.

2 노동공급을 설명하기 위한 여가-노동의 선택모형에 있어서 유보임금은 개인이 노동시장의 참가와 불참가를 무차별하게 느끼는 임금수준으로서 부존점에서의 소비의 한계대체율과 같다. 개인은 시장임금이 자신의 유보임금보다 높으면 노동시장에 참가하지만 그렇지 않으면 참가하지 않고 비경제활동인구로 남게 된다.

3 시장임금이 자신의 유보임금보다 높아서 노동시장에 참가하는 개인은 예산선과 무차별곡선의 접점에서 여가시간(즉 노동공급시간)을 선택한다. 여가시간이 정상재인 경우 임금의 상승으로 노동공급시간은 대체효과에 의해서 증가하고 소득효과에 의해서는 감소하는데, 두 효과 중에서 어떤 쪽이 우세한지는 개인의 기호, 현재 노동공급시간 등에 달려 있다. 노동공급시간이 짧은 상태에서 임금이 상승하면 소득효과보다는 대체효과가 우세하므로 노동공급시간은 증가하지만, 임금이 일정수준을 넘어서 상승하면 반대가 될 수 있고 이때 개인의 노동공급곡선은 후방굴절의 형태가 된다.

4 단일기간이 아니라 여러 기간에 걸친 소비선택을 분석함으로써 이자율이 $i$인 은행에 저축(즉 금융자본의 공급) 또는 차입하는 행동을 설명할 수 있다. 현재와 미래라는 2기간의 소비선택모형에서 예산선의 기울기의 절대값 $1+i$는 현재의 소비지출액을 1원 추가할 때의 기회비용을 의미하며, 한계시간선호율이라고도 불리는 무차별곡선의 기울기의 절대값은 현재의 소비지출액을 1원 추가할 수 있을 때 소비자가 최대한 포기할 용의가 있는 미래의 소비지출액을 의미한다.

5 2기간에 걸친 소비자의 선택모형에서 이자율의 상승은 대체효과를 통해 현재의 소비를 감소시킨다. 그러나 소비자가 저축을 하고 있는지 아니면 차입을 하고 있는지에 따라 소득효과의 방향은 달라진다. 저축을 하고 있다면 이자율의 상승에 따라 실질소득이 증가해서 현재의 소비를 늘리는 소득효과가 발생하지만, 차입을 하고 있다면 실질소득이 감소해서 소득효과는 현재의 소비를 감소시킨다.

6 어떤 배분점에서 어느 한 소비자의 효용을 감소시키지 않고서는 다른 소비자의 효용을 증가시키는 것이 가능하지 않을 때 소비의 파레토 효율성이 이루어졌다고 하며, 에지워스상자 도형의 계약곡선은 소비의 파레토 효율성 있는 배분점들을 연결한 궤적이다.

7 소비자들은 자발적 교환을 통해 파레토 효율성 있는 배분점 중에 하나로 향하게 된다. 소비자가 소수인 경우에는 소비자 사이의 직접 교섭을 통해 최종적 배분에 이르게 되며, 이때 가능한 최종적 배분들의 집합을 경제의 핵이라고 부른다. 경제의 핵

중에서 어떤 점이 교환의 최종적 결과가 되는지는 소비자 사이에 교섭능력의 분포에 달려 있다.

## 연습문제

**1** 하루 24시간을 여가시간 $x$와 노동공급시간 $L$에 배분하고 있는 어떤 개인의 효용함수는 $u=(x-4)\times(y-20)$이고 비근로소득은 120원일 때($Y$재는 복합재임),

(1) 이 개인의 유보임금을 구하시오.

(2) 시간당 임금이 50원일 때 이 개인의 노동공급시간을 구하시오.

**2** 하루 24시간을 여가시간 $x$와 노동공급시간 $L$에 배분하고 있는 어떤 개인의 효용함수는 $u=360x+xy$이고 비근로소득은 없다고 할 때($Y$재는 복합재임),

(1) 이 개인의 유보임금을 구하시오.

(2) 시간당 임금이 45원일 때 이 개인의 노동공급시간을 구하시오.

(3) 정부는 노동시장에 참가하지 않는 개인에게 하루에 840원의 현금을 지급하겠다는 복지프로그램을 계획하고 있다(그러나 노동시장에 참가해서 일단 노동을 공급하면 현금지급은 즉시 중단됨). 시간당 45원의 임금을 받고 노동을 공급하고 있는 이 개인이 복지프로그램이 실시된 후에도 계속해서 노동시장에 참가할 것인지 설명하시오.

(4) 정부는 (3)의 복지프로그램 대신에 연장근무수당제를 도입하기로 하였다고 하자. 즉 하루 8시간까지의 근무시간에 대해서는 여전히 시간당 45원의 임금을 지급하지만 8시간을 넘는 연장근무에 대해서는 시간당 60원을 지급하기로 하였다. 이 개인의 연장근무시간을 구하시오.

**3** 하루 24시간을 여가시간 $x$와 노동공급시간 $L$에 배분하고 있는 어떤 소비자의 효용함수는 $u=\sqrt{x}+\sqrt{y}$이다($Y$재는 복합재임). 이 소비자의 노동공급곡선의 후방굴절 여부를 확인하시오.

**4** 현재의 소득 $M_P$와 미래의 소득 $M_F$가 각각 200원과 150원인 어떤 소비자의 효용함수는 $u=C_PC_F^2$이라고 하자($C_P$와 $C_F$는 각각 현재와 미래의 소비지출액임). 그리고 이자율 $i$는 0.5라고 하자.

(1) 이 소비자의 효용극대화를 위한 $C_P$와 $C_F$를 구하시오.

(2) 정부가 이자소득 1원당 0.5원의 세금을 부과하는 경우 이 소비자의 효용극대화를 위한 $C_P$의 변화를 구하고 그 변화를 대체효과와 소득효과에 의해 설명하시오.

**5** 교환경제에서 A와 B의 두 소비자가 있으며, 초기부존으로 소비자 A는 $X$재와 $Y$재를

각각 5개와 10개 갖고 있고 소비자 B는 10개와 5개 갖고 있다고 하자. 자발적 교환을 통해 두 소비자가 모두 이득을 얻을 수 있는 교환비율의 범위(상한과 하한)를 구하시오.

**6** 교환경제에서 초기부존으로 $X$재와 $Y$재를 각각 10개와 4개 갖고 있는 어느 개인의 효용함수는 $u=xy$이며, 두 상품의 주어진 가격에 따라 다른 개인과 교환을 통해 최적소비계획을 선택한다고 하자. $X$재와 $Y$재의 주어진 가격이 각각 20원과 10원일 때 이 개인의 효용극대화를 위한 수요량을 구하시오.

**7** $X$재와 $Y$재의 초기부존이 각각 $\bar{x}$와 $\bar{y}$인 개인은 두 상품의 주어진 가격 $P_X$과 $P_Y$에 따라 다른 개인과 교환을 함으로써 최적소비계획을 선택한다고 하자. 이러한 교환경제에서 $P_X$의 변화가 $X$재 수요량에 미치는 효과를 대체효과와 소득효과로 분해하는 슬러츠키방정식을 꾸미고 이 슬러츠키방정식을 사용해서 $P_X$의 상승이 $X$재 수요량에 미치는 효과를 설명하시오.

# 제 3 편

# 생 산 자

앞에서 소비자의 선택행동을 분석할 때 우리는 먼저 자원의 희소성 때문에 소비자는 어떠한 선택가능영역에 직면하는가를 살펴보았고 소비자의 선택기준인 선호체계 또는 효용함수를 공부하였다. 그리고 선택가능영역과 선호체계를 결합해서 소비자가 최적소비계획을 어떻게 선택하는가를 분석하였고 수요의 개념이 무엇인지를 살펴보았다.

희소한 경제적 자원이 다양한 용도에 배분되는 과정에서 중요한 역할을 담당하는 또 다른 경제단위는 생산자이다. 이제 우리는 생산자의 선택행동을 분석함으로써 공급의 개념을 정확하게 이해하기로 하자. 생산자 역시 자원의 희소성으로 인한 여러 가지 제약하에서 이윤극대화라는 선택의 기준을 갖고 생산활동에 관한 선택을 하는 경제단위이기 때문에 분석의 순서는 소비자의 경우와 별로 다르지 않다.

생산활동을 제약하는 가장 중요한 요인은 생산비용이고 생산비용은 주로 생산기술에 의해 결정된다. 제6장과 제7장에서는 생산기술과 생산비용에 관해 살펴보기로 한다. 생산자의 선택에 관한 또 다른 제약은 수요의 제약이며, 생산자가 위치한 시장이 어떤 구조를 지니고 있는가에 따라 수요의 제약은 달라진다. 제8장에서는 이윤극대화의 기본원리를 살펴본 후에 시장구조는 어떤 요인들에 의해서 결정되며 완전경쟁의 시장구조는 시장의 환경에 대해 어떤 의미를 지니는지 알아보기로 한다.

시장에서는 기본적으로 수요와 공급의 상호작용을 통해 자원의 배분이 이루어진다. 수요는 소비자의 선택이 시장에 표현된 것이며, 생산자의 선택이 시장에 나타난 것이 공급이다. 생산자의 선택행동을 이해하기 위한 분석은 소비자 선택행동의 분석과 유사한 순서로 이루어진다. 생산자가 직면하는 제약을 살펴본 후에 그러한 제약하에서 이윤극대화라는 선택기준을 갖고 어떻게 생산활동을 선택하는가를 분석하는 것이다. 생산자가 직면하는 가장 중요한 제약은 생산비용의 제약이며, 생산기술, 생산요소의 가격 등이 생산비용의 제약 내용을 결정한다. 이 장에서는 생산기술에 관해서 살펴보기로 한다.

# 제 6 장

# 생산기술

6.1 생산활동과 생산기술

6.2 장기 생산기술의 기본개념

6.3 장기 생산기술의 묘사

6.4 단기 생산기술

6.5 여러 종류의 생산물을 생산하는 경우의 생산기술: 생산가능곡선

6.6 기술진보

## 6.1 생산활동과 생산기술

생산자 즉 기업은 생산활동을 선택하는 주체이며, 생산활동은 생산요소들을 조합해서 생산물을 만들고 그 생산물을 시장에 공급하는 행위를 의미한다. 여기에서는 생산활동에 관한 의사결정이 한 사람의 생산자에 의해 이루어지고 그 생산자는 여러 제약하에서 이윤의 극대화를 위해 생산활동을 선택하는 합리적 경제단위라고 가정한다.

생산요소에는 토지, 노동, 자본 이외에도 에너지, 원자재, 생산자의 경영능력 등이 포함된다. 경영능력은 생산활동의 조직 및 관리에 관한 책임을 맡을 수 있는 능력을 의미하며, 다른 조건이 같더라도 경영능력이 뛰어나면 더 많은 생산물을 생산할 수 있기 때문에 중요한 생산요소로 볼 수 있다. 각 생산요소는 다시 기능별로 세분화될 수 있기 때문에 생산요소에는 매우 다양한 종류가 있다고 하겠다. 예를 들어 노동은 숙련노동, 미숙련노동 등으로 세분될 수 있고 자본 역시 기계, 공장건물, 운송수단 등으로 세분될 수 있다.

이렇게 현실적으로는 여러 가지 종류의 생산요소가 존재하지만 분석의 편의를 위해서 이 책에서는 노동과 자본의 두 가지 생산요소만 존재한다고 가정한다. 생산요소에 관하여 한 가지 주의할 점은 자본 또는 노동을 투입한다고 할 때는 근로자 1명 또는 자본재 1단위가 제공하는 서비스를 일정기간 사용한다는 의미라는 것이다. 그러나 편의상 앞으로는 일정기간 사용하는 노동서비스의 양을 노동이라고 불러서 $L$이라고 표시하며, 자본서비스의 양을 자본이라고 해서 $K$로 표시하도록 한다.

소비자가 소비계획을 선택할 때 제약에 직면하듯이 생산자가 이윤의 극대화를 위한 생산활동을 선택할 때도 여러 가지 제약에 직면하며, 생산활동에 관한 제약은 크게 수요의 제약과 공급의 제약으로 나뉠 수 있다. 수요의 제약은 정해진 산출량을 얼마나 높은 가격으로 판매할 수 있는가에 관한 것으로 생산자가 직면하는 수요곡선의 형태로 결정되며, 생산자는 자신이 위치한 시장구조에 따라 상이한 수요곡선에 직면하게 된다. 공급의 제약은 정해진 산출량을 얼마나 낮은 비용으로 생산할 수 있는가에 관한 것으로 생산비용의 제약이라고도

할 수 있다. 공급의 제약은 생산기술, 생산요소의 가격 등으로 결정되며, 생산기술이 뛰어날수록 그리고 생산요소의 가격이 낮을수록 정해진 산출량을 낮은 비용으로 생산할 수 있는 것이다.

생산기술은 주어진 산출량을 생산할 수 있는 노동과 자본의 여러 가지 조합을 의미한다. 그런데 생산자가 산출량을 변화시키려면 노동 또는 자본의 투입량을 변화시켜야만 하는데, 주어진 기간이 짧으면 투입량을 변화시킬 수가 없는 생산요소 즉 **고정요소**(fixed factors)가 한 가지 이상 존재할 수 있다. 이와 같이 적어도 한 가지 이상의 고정요소가 존재하는 기간을 **단기**(short-run)라고 하며, 생산자에게 주어진 기간이 모든 생산요소의 투입량을 조정할 수 있을 만큼 길어서 모든 생산요소가 **가변요소**(variable factors)인 기간을 **장기**(long-run)라고 한다. 건물, 기계 등의 자본은 그 투입량을 변화시키는 데 소요되는 기간이 노동보다는 일반적으로 훨씬 길기 때문에, 단기에는 노동만이 가변요소이고 장기에는 노동과 자본 모두 가변요소라고 가정한다. 이제 생산활동에 관한 생산자의 선택을 제약하는 가장 중요한 요인인 생산기술을 장기와 단기로 구분해서 살펴보기로 한다.

## 6.2 장기 생산기술의 기본개념

### 생산공정

생산기술을 이해하기 위한 출발점은 **생산공정**(production process)이라고 할 수 있다. 생산공정은 생산물의 생산을 기술적으로 가능하게 하는 자본과 노동의 일정 조합비율을 의미한다. 〈그림 6-1〉에서 수평축은 일정기간에 투입하는 노동 $L$의 양이고 수직축은 자본 $K$의 양이다. 따라서 그림의 한 점은 생산자가 일정기간에 투입하려는 노동과 자본의 양을 표시하는 투입점이다. 만일 어느 생산자가 자본과 노동을 4 대 1의 비율로 조합해서 $X$재를 생산할 수 있다고 할 때 4의 자본노동비율은 한 가지의 생산공정이 되며, 이는 그림에서 기울기가 4인 원점으로부터의 직선 $0A$로 표시된다. 즉 자본과 노동의 조합비율이 4에 고정되어 있는 직선 $0A$의 어떤 점에서도 이 생산자는 $X$재를 생산할 수 있는 것이다. 이 생산자에게 자본노동비율이 1/4인 생산공정도 가능하다고 할 때 이 생산공정은 그림에서 기울기가 1/4인 직선 $0B$로 표시된다. 〈그림 6-1〉과 같이 생산공정 $0A$의 자본노동비율이 생산공정 $0B$보다 높을 때 "생산공정 $0A$는 생산공정 $0B$보다 **자본집약적**(capital-intensive)이다" 또는 "생산공정 $0B$는 생산공정 $0A$보다 **노동집약적**(labor-intensive)이다"라고 한다.

이제 생산공정의 개념으로부터 장기 생산기술에 관해서 어떤 기본적 가정을 할 수 있는지 살펴보기로 하자. 〈그림 6-1〉에 예시된 생산공정 $0A$를 따라 위로 이동할 때 $X$재의 산출량은 점차 증가해서 노동과 자본의 투입량이 각각 2단위와 8단위가 되는 투입점 $a$에서 처음으로 10개의 $X$재를 생산할 수 있다고 하자. 마찬가지로 생산공정 $0B$를 사용하는 경우 처음으로 10개의 $X$재를 생산하기 위한 투입점은 노동과 자본을 각각 8단위와 2단위 투입하는 점 $b$라고 하자. $X$재를 생산하는 데 이 두 가지의 생산공정 밖에는 없을까? 반드시 그렇지는 않을 것이다. $X$재의 생산자는 두 가지 이상의 생산공정을 혼합한 생산공정을 사용할 수도 있다. 예를 들어 생산공정 $0A$와 $0B$를 각각 반씩 혼합한 생산공정이 기술적으로 가능하다고 하자. 이는 투입점 $a$와 $b$를 각각 반씩 사용하는 점 $c$에서도 역시 $X$재를 생산할 수 있다는 것을 의미한다. 따라서 $0A$와 $0B$의 생산공정을 반씩 혼합한 새로운 생산공정은 투입점 $c$를 지나는 직선 $0C$로 표시될 수 있다. 만일 기술적으로 생산공정 $0A$와 $0B$를 어떠한 비율로도 혼합할 수 있다고 가정하면, 직선 $0A$와 $0B$ 사이의 $0D$ 또는 $0E$와 같은 어떤 직선도 생산공정이 될 수 있다.

생산공정 $0C$의 점 $c$에서는 몇 개의 $X$재를 생산할 수 있을까? 우리는 일반적으로 두 생산요소를 모두 골고루 투입하는 점 $c$에서 자본 또는 노동만 지나치게 투입하는 점 $a$ 또는 $b$보다 산출량이 높다고 가정할 수 있다. 이러한 가정을 **생산기술의 볼록성**(convexity of production technology)이라고 부른다. 즉 생산기술의 볼록성은 정해진 산출량 $x_1$을 생산할 수 있는 두 투입점을 연결하는 직선에 어떤 투입점에서도 산출량은 $x_1$보다 많거나 최소한 같다는 가정이다. 〈그림 6-1〉에서 생산기술의 볼록성 가정에 따라 투입점 $a$와 $b$를 잇는 직선의 어떤 점에서도 $X$재의 산출량은 10개보다 많거나 최소한 같다. 생산기술의 강볼록성은 소비자 선호순서에 관한 볼록성의 가정과 매우 유사하다. 선호순서의 볼록성은 어떤 한 가지 상품만을 극단적으로 소비하는 것보다는 여러 가지 상

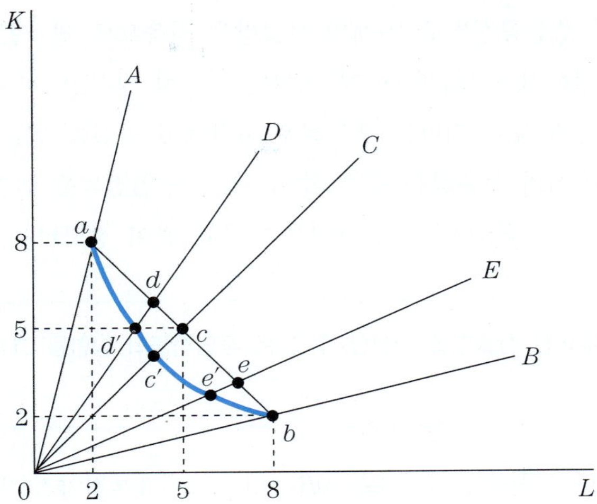


**그림 6-1 생산공정과 생산기술의 볼록성**
기울기가 4인 직선 $0A$는 자본과 노동을 4 대 1의 비율로 조합함으로써 $X$재의 생산이 가능하다는 생산공정을 표시한다. 마찬가지로 자본과 노동을 1 대 4의 비율로 조합하는 생산공정이 가능하다면, 이는 기울기가 1/4인 원점으로부터의 직선 $0B$로 나타낼 수 있다. 생산공정 $0A$의 점 $a$와 생산공정 $0B$의 점 $b$가 10개의 $X$재를 생산할 수 있는 투입점이라고 할 때, 생산기술의 볼록성은 투입점 $a$와 $b$를 잇는 직선의 어떤 점에서도 $X$재의 산출량은 10개보다 많거나 최소한 같다는 가정이다. 이 때문에 10개의 $X$재를 생산할 수 있는 모든 투입점들을 연결한 파란색의 등량선은 원점에 대하여 볼록한 형태를 지닌다.

품을 다양하게 소비하는 것을 더 좋아한다는 소비생활의 일반적 경험을 수용하기 위한 가정이었다. 마찬가지로 생산기술의 볼록성은 생산공정 $0A$ 또는 $0B$와 같이 지나치게 자본집약적이거나 또는 노동집약적인 생산공정보다는 여러 가지 생산공정을 혼합하는 것이 산출량을 높일 수 있다는 현실적 경험에 근거한 가정이라고 할 수 있다.

## 등량선과 생산함수

생산기술의 볼록성을 가정할 때 위의 〈그림 6-1〉에서 생산공정 $0A$와 $0B$를 반씩 혼합하는 생산공정 $0C$에서 처음으로 10개의 산출량을 생산할 수 있는 투입점 $c'$은 점 $c$보다 아래에 위치한다. 마찬가지로 생산공정 $0D$에서 처음으로 10개를 생산할 수 있는 투입점은 $d$가 아니라 $d'$이며, 생산공정 $0E$에서는 점 $e'$이 된다. 기술적으로 생산공정 $0A$와 $0B$를 어떠한 비율로도 혼합할 수 있다면, 혼합비율을 연속적으로 변화시켜서 무수히 많은 생산공정을 만들 수 있다. 그리고 각 생산공정별로 10개의 산출량을 처음으로 생산할 수 있는 투입점을 찾아서 연결하면 〈그림 6-1〉에 표시된 것처럼 방사선 $0A$와 $0B$ 사이의 점 $a$, $d'$, $c'$, $e'$, $b$ 등을 지나는 부드러운 파란색의 곡선을 얻을 수 있다. 이 곡선은 주어진 10개의 산출량을 생산 할 수 있는 투입점들을 연결한 것으로 **등량선**(isoquant)이라고 불린다. 즉 등량선은 다음과 같이 정의된다.

> 등량선은 주어진 산출량을 생산할 수 있는 투입점들의 집합을 그림으로 표시한 것이다.

기술적으로 생산공정 $0A$ 또는 $0B$보다 더욱 자본집약적 또는 더욱 노동집약적 생산공정이 존재한다면, 등량선은 〈그림 6-2〉에 나타나 있는 것처럼 직선 $0A$와 $0B$를 지나치는 부드러운 곡선이 된다. 그리고 노동과 자본투입량의 평면에는 각 산출량별로 무수한 등량선이 존재하며, 이를 **등량선지도**(isoquant map)라고 한다. 〈그림 6-2〉에는 5개, 10개와 15개의 산출량에 대한 3가지의 등량선만 표시되어 있다.

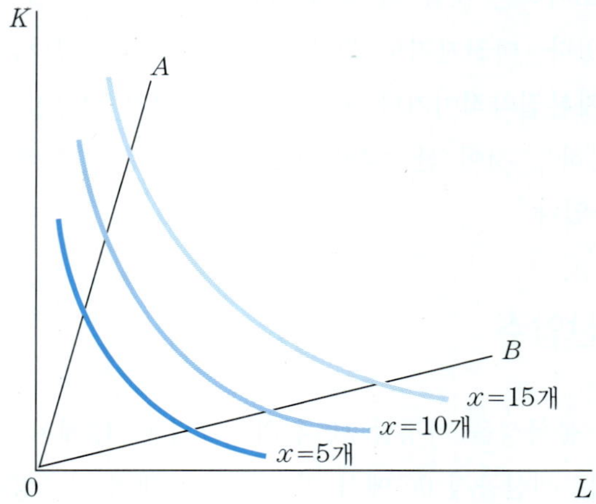


**그림 6-2 등량선과 등량선지도**
생산공정 $0A$ 또는 $0B$보다 더 자본집약적 또는 노동집약적 생산공정이 가능하다면, 등량선은 직선 $0A$와 $0B$를 지나치는 부드러운 곡선으로 표시된다.

〈그림 6-2〉에서 각 등량선은 주어진 산출량을 생산할 수 있는 투입점을 연결한 것이기 때문에 등량선지도는 다음과 같은 **생산함수**(production function)로 표시할 수 있다.

$$x = f(K, L) \tag{6-1}$$

식 (6-1)의 생산함수는 노동과 자본을 일정기간에 각각 $L$과 $K$만큼 투입할 때 생산할 수 있는 최대의 산출량 $x$를 표시한다. 어떤 투입점으로부터 최대의 산출량을 생산하는 것을 **기술적 효율성**(technical efficiency)이라고 할 때 생산함수는 각 투입점에서의 기술적 효율성 있는 산출량을 나타낸다.

## 6.3 장기 생산기술의 묘사

등량선지도와 생산함수가 내포하고 있는 생산기술에 관한 정보는 등량선의 형태, 요소의 대체탄력도, 규모의 탄력도 등으로 표시될 수 있다.

### 등량선과 한계기술대체율

주어진 산출량을 생산할 수 있는 모든 투입점들을 연결한 곡선인 등량선은 생산기술을 표현하는 기본적 개념이다. 소비자의 선택행동을 분석할 때 소비자의 선호체계를 무차별지도로 요약할 수 있듯이 생산기술은 등량선지도로 요약할 수 있다. 이처럼 무차별지도와 등량선지도는 유사한 개념이기는 하지만, 무차별곡선이 선호순서만을 표시하는 서수적 개념인 데 비해 등량선은 산출량이라는 구체적 수량을 나타내는 기수적 개념이라는 점에서 차이를 지닌다.

〈그림 6-3〉에는 10개의 $X$재를 생산할 수 있는 등량선이 그려져 있다. 점 $a$에서 노동의 투입량을 $\Delta L$만큼 추가로 증가시키는 대신에 자본의 투입량을 $\Delta K$만큼 감소시키면 똑같이 10개를 생산할 수 있는 점 $b$로 이동할 수 있다. 따라서 등량선의 두 점 $a$와 $b$을 잇는 직선의 기울기의 절대값 $|\Delta K/\Delta L|$은 점 $a$와 $b$ 사이에서 노동의 투입량을 1단위 추가할 때 주어진 10개의 산출량을 유지하기 위해 감소시켜도 되는 자본의 투입량을 의미하며, 이를 **한계기술대체율**

(marginal rate of technical substitution)이라고 부르고 $MRTS$로 표시하기로 한다. 그림에서 $\Delta L$이 0에 근접하면 $\Delta K/\Delta L$은 점 $a$에서의 기울기가 되고 한계기술대체율은 그 기울기의 절대값이다.

한계기술대체율 $MRTS$는 소비의 한계대체율 $MRS_C$에 대응되는 개념으로서 소비의 한계대체율을 한계효용의 비율로 표시하였듯이 한계기술대체율은 한계생산물의 비율로 나타낼 수 있다. 〈그림 6-3〉에서 점 $a$는 노동과 자본을 각각 9단위와 10단위 투입하는 점이며, 점 $b$는 노동과 자본을 각각 10단위와 8단위 투입하는 점이라고 하자. 또한 자본투입량을 10단위에 고정시킨 채 노동투입량만 9단위에서 10단위로 1단위만큼 증가시킨 점 $c$를 지나는 등량선은 12개의 산출량을 표시한다고 가정하자. 즉 투입점 $a$에서 자본투입량을 고정시키고 노동투입량만 1단위 추가로 투입하여 점 $c$로 이동하면 산출량 $x$는 10개에서 12개로 증가한다. 이와 같이 다른 조건이 모두 일정한 경우 노동 1단위를 더 투입할 때 산출량의 증가폭인 $\Delta x/\Delta L$을 **노동의 한계생산물**(marginal product of labor)이라고 부르고 $MP_L$로 표시하기로 한다. 즉 노동의 한계생산물 $MP_L$은 다음과 같다.

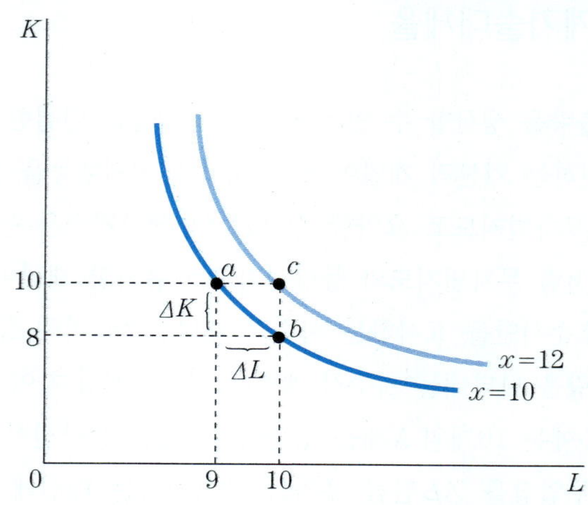


**그림 6-3 등량선과 한계기술대체율**

점 $a$와 $b$ 사이의 한계기술대체율 $MRTS$는 노동투입량을 1단위 추가할 때 주어진 산출량을 유지하기 위해 감소시켜도 되는 자본의 투입량이며, 노동의 한계생산물 $MP_L$과 자본의 한계생산물 $MP_K$의 비율로 표시된다.

$$MP_L = \frac{\Delta x}{\Delta L} \tag{6-2}$$

마찬가지로 점 $b$에서 노동의 투입량을 10단위에 고정시킨 채 자본투입량만 2단위 증가시키면($\Delta K=2$) $X$재를 2개 더 생산할 수 있으며($\Delta x=2$), 이때 **자본의 한계생산물**(marginal product of capital) $MP_K$는 1이 된다. 즉 자본의 한계생산물은 다음과 같다.

$$MP_K = \frac{\Delta x}{\Delta K} \tag{6-3}$$

점 $a$에서 $c$를 경유하여 점 $b$로 이동하는 경우에 산출량의 변화를 보자. 점 $a$와 $b$는 동일한 등량선의 두 점이기 때문에 점 $a$에서 $c$로 이동할 때의 산출량의 증가인 $MP_L \cdot \Delta L$과 점 $c$에서 $b$로 이동할 때의 산출량의 감소인 $MP_K \cdot \Delta K$를 합하면 0이 된다. 즉 점 $a$와 $b$ 사이에서 $MP_L \cdot \Delta L + MP_K \cdot \Delta K = 0$이다. 따라서 $\Delta K / \Delta L = -MP_L / MP_K$이며, 점 $a$와 $b$ 사이의 한계기술대체율은 다음과 같이 노동과 자본의 한계생산물의 비율로 표시될 수 있다.

$$MRTS = \left| \frac{\Delta K}{\Delta L} \right| = \left| \frac{MP_L}{MP_K} \right| \tag{6-4}$$

노동과 자본의 한계생산물이 모두 0보다 큰 경우 생산기술의 볼록성 가정 때문에 등량선은 원점에 대하여 볼록하다. 즉 한계기술대체율 $MRTS$는 노동투입량의 증가에 따라 체감하며, 이를 **한계기술대체율 체감의 법칙**(law of diminishing $MRTS$)이라고 한다. 한계기술대체율의 체감 이외에 등량선에 관한 또 다른 특징은 소비자의 무차별곡선과 마찬가지로 동일한 생산자에 있어서 어떤 두 개의 등량선도 서로 교차할 수 없다는 것이다.

등량선은 생산기술을 표현하는 가장 기본적 개념이기 때문에 그 형태로부터 자본과 노동 사이의 기술적 대체 가능성 등 생산기술에 관한 중요한 정보를 얻을 수 있다. 우리는 등량선에 나타나 있는 생산기술에 관한 정보를 규모의 탄력도, 요소의 대체탄력도 등으로 표시할 수 있다.

## 규모의 변화

자본과 노동의 투입량을 증가시킬 때 산출량은 과연 어떠한 속도로 증가할 것인지는 생산기술에 관한 정보 중에서도 가장 중요하다고 볼 수 있다. 다음 장에서 살펴보겠지만 이러한 정보로부터 산출량의 증가에 따라 장기의 생산비용이 어떻게 증가할 것인지를 알 수 있기 때문이다.

생산자가 산출량을 증가시킬 수 있는 방법에는 여러 가지가 있을 수 있는데, 그 중 하나는 자본노동비율을 변화시키는 것이다. 이는 산출량을 증가시키기 위해 생산공정을 바꾸는 것을 의미한다. 앞의 〈그림 6-1〉에서 자본의 투입량을 8단위에 그대로 고정시키고 노동의 투입량만 증가시키면, 생산공정은 $0A$, $0D$, $0C$, $0E$ 등과 같은 노동집약적 공정으로 바뀌게 된다. 이와 같이 자본노동비율을 변화시켜 산출량을 증가시킬 수밖에 없는 이유는 생산자에게 주어진 기간이 자본의 투입량을 변화시킬 수 있을 만큼 충분하지 않기 때문이다.

산출량을 증가시킬 수 있는 또 다른 방법은 생산공정을 바꾸지 않는 것이다. 생산공정을 바꾸지 않는다는 것은 자본과 노동의 투입량을 모두 동일한 배수로 증가시켜서(즉 자본노동비율을 일정하게 유지하면서) 산출량을 증가시키는 것이며, 이를 **규모의 변화**라고 한다. 가령 자본과 노동의 투입량이 각각 $K_1$과 $L_1$일 때의 기술적 효율성 있는 산출량을 $x_1$이라고 하자. 이때 자본과 노동을 모두 $\lambda$배로 증가시킨다면 산출량은 어떻게 증가할 것인가? 이 경우에 배수 $\lambda$는 규모를 나타내는 변수로 볼 수 있으며, 주어진 자본노동비율 $K_1/L_1$에서 규모의 변수 $\lambda$의 변화에 따라 산출량 $x$가 증가하는 정도는 다음과 같은 탄력도로서 표시될 수 있다.

$$E_\lambda{}^x = \frac{\Delta x/x}{\Delta\lambda/\lambda} = \frac{\Delta x}{\Delta\lambda}\frac{\lambda}{x} \tag{6-5}$$

식 (6-5)와 같이 정의되는 탄력도를 **규모의 탄력도**(elasticity of scale)라고 부를 수 있다. 어떤 산출량에서 측정한 규모의 탄력도 $E_\lambda{}^x$가 1보다 크게 나타나는 것은 그 산출량에서 규모를 $\lambda$배 변화시킬 때 산출량은 $\lambda$배보다 많이 증가한다는 것을 의미한다. 이러한 경우를 **규모에 대한 수익 체증**(increasing returns to scale)이라고 부른다. 또한 어떤 산출량에서 규모의 탄력도 $E_\lambda{}^x$가 1로 나타나는 것은 그 산출량에서 규모를 $\lambda$배 변화시키면 산출량도 $\lambda$배 증가한다는 것을 의미하며, 이를 **규모에 대한 수익 불변**(constant returns to scale)이라고 부른다. 규모에 대한 수익 체증과는 반대로 어떤 산출량에서 규모의 탄력도 $E_{\lambda}^{x}$가 1보다 작게 나타나는 경우를 **규모에 대한 수익 체감**(decreasing returns to scale)이 존재한다고 말한다.

규모를 변화시켜 산출량을 증가시키는 경우에 처음에는 수익 체증의 현상이 존재하다가 결국에는 수익 체감의 현상이 나타나는 것이 일반적이다. 제과점의 예를 들어보기로 하자. 시장수요가 매우 적은 경우에 제과점에는 과자를 굽는 기계 1대와 종업원 1명만 투입해도 충분할 것이다. 이 경우에 1명의 종업원은 과자만 굽는 것이 아니라 과자의 판매와 배달까지 담당해야 하기 때문에 노동의 전문화(specialization)는 이루어질 수가 없다. 시장수요가 증가하여 제과점의 규모가 점차 커지고 종업원과 기계의 투입량이 증가하면, 과자를 굽는 인력, 판매하는 인력 그리고 배달을 하는 인력이 구별되는 노동의 전문화가 이루어질 수 있다. 뿐만 아니라 기계 역시 전문화가 이루어져서 과자 종류별로 걸맞은 기계를 따로 설치할 수 있다. 이러한 전문화는 노동과 자본의 생산성을 증가시키기 때문에 규모에 대한 수익 체증의 현상을 발생시킨다. 이외에도 제과점의 규모가 커지고 밀가루 등 원자재의 구입량이 늘어나면서 할인 등을 통해 원자재를 유리한 조건으로 구입할 수 있다.

이와 같이 규모가 커지면서 생산요소의 전문화를 통한 생산성의 향상, 원자재의 구입가격 하락 등 때문에 규모에 대한 수익 체증의 현상이 일반적으로 발생한다. 그러나 규모를 계속하여 증가시키면 결국은 규모에 대한 수익 체감의 현상이 나타나는 것이 보편적이다. 그 이유는 무엇일까?

산출량의 증가를 위해 규모를 변화시키는 것은 모든 생산요소의 투입량을 모두 동일한 배수로 증가시키는 것을 의미한다. 그러나 현실적으로는 다른 생산요소와 똑같은 비율로 투입량을 증가시킬 수 없는 생산요소가 존재한다. 기업경영능력과 같은 생산요소가 바로 대표적인 예라고 할 수 있다. 탁월한 기업경영능력을 갖춘 사람을 쉽게 발견할 수는 없기 때문에, 노동과 자본의 투입량은 계속해서 늘릴 수 있어도 생산활동을 효율적으로 조직하고 관리할 수 있는 능력의 투입량은 똑같이 늘어나기가 어렵다. 이러한 이유로 생산활동에 비효율성이 나타나고 결국에는 규모에 대한 수익 체감의 현상이 발생하게 된다. 제과점의 경우에 자본과 노동의 투입량은 계속해서 증가할 수 있지만, 각 종업원의 능력을 정확하게 판단하여 적소에 배치하고 각 종업원의 행동이 이윤극대화라는 생산활동의 목적에 얼마나 충실한지를 파악할 수 있는 능력의 투입량은 다른 생산요소처럼 증가할 수 없는 것이다.

규모의 탄력도는 산출량의 증가에 따라 변하는 것이 일반적이다. 그러나 산출량 크기에 관계없이 규모의 탄력도가 일정한 생산기술이 있을 수 있다. 다음의 식 (6-6)과 같이 자본과 노동의 투입량을 모두 $\lambda$배 증가시키면 $\lambda$값에 관계없이 산출량이 항상 $\lambda^k$배로 증가하는 $k$차 동차생산함수의 생산기술이 바로 그러한 경우이다.

$$f(\lambda K, \lambda L) = \lambda^k f(K, L) = \lambda^k x \tag{6-6}$$

$k$차 동차생산함수에 있어서 노동과 자본을 각각 $L_1$과 $K_1$만큼 투입해서 $x_1$의 산출량을 생산할 수 있다면, 노동과 자본의 투입량을 $\lambda$배씩 증가시키는 경우 기술적 효율성 있는 산출량은 $\lambda^k x_1$이다. 이 경우 $\Delta x$는 $x_1(\lambda^k - 1)$이고 $\Delta\lambda$는 $\lambda - 1$이기 때문에 식 (6-5)에 따라 규모의 탄력도 $E_\lambda{}^x$는 $(\lambda^k - 1)/(\lambda - 1)$이 된다. 따라서 $k$가 1보다 크면, $\lambda$값에 관계없이 규모의 탄력도는 항상 1보다 크다(즉 규모에 대한 수익 체증의 현상이 항상 나타난다). 그리고 $k$가 1인 경우에는 규모의 탄력도는 항상 1이다(즉 규모에 대한 수익 불변의 현상이 항상 발생한다). 반대로 $k$가 1보다 작으면, 규모의 탄력도는 항상 1보다 작다(즉 규모에 대한 수익 체감의 현상이 항상 나타난다).

규모의 변화에 대하여 산출량이 어떻게 변화하는가에 따라 장기비용곡선의 형태가 달라진다. 규모에 대한 수익 체증의 현상이 발생한다는 것은 생산물 생산의 평균원가가 감소하는 것을 의미하며, 규모에 대한 수익 체감의 현상은 그 반대를 의미한다는 것을 직관적으로 납득하기는 그리 어려운 일이 아니다. 다음 장에서는 규모의 탄력도와 장기비용곡선의 형태가 어떠한 관계를 맺고 있는지를 자세하게 살펴보기로 한다.

## 요소의 대체탄력도

임금이 상승하거나 노동의 공급부족이 발생하면 생산자는 노동의 투입량을 줄이고 자본의 투입량을 늘리려고 할 것이다. 생산자의 이러한 대응이 얼마나 원활하게 이루어질 수 있는가 하는 것은 생산요소 사이의 기술적 대체 가능성에 달려있다. 생산요소 사이의 기술적 대체 가능성 정도를 어떻게 측정할 수 있는가를 이해하기 위하여 먼저 자본과 노동 사이의 기술적 대체가 완전한 경우와 전혀 불가능한 두 가지 극단적 경우를 예로 들어보자.

〈그림 6-4〉의 (a)는 직선의 등량선을 표시하고 있다. 따라서 생산자는 항상 같은 한계기술대체율로서 자본과 노동을 서로 대체할 수 있다. 즉 기술적으로 자본과 노동은 완전대체의 관계에 있다. 반대로 〈그림 6-4〉의 (b)는 자본과 노동 사이의 기술적 대체 가능성이 전혀 없는 경우이다. 자본과 노동을 1 대 1의 비율로 조합하는 생산공정 $0A$만 기술적으로 가능하기 때문에, 노동과 자본을 각각 1단위씩 투입하여 $x_1$개의 생산물을 생산할 수 있는 점 $a$에서 자본의 투입량을 1단위에 고정시킨 채 노동의 투입량을 아무리 증가시키거나 아니면 노동의 투입량을 고정시키고 자본의 투입량만 아무리 증가시킨다고 해서 산출량을 증가시킬 수는 없다. 즉 투입점 $a$를 지나는 등량선은 그림과 같이 꼭지점이 점 $a$에 놓이는 ㄴ자 형태이다.

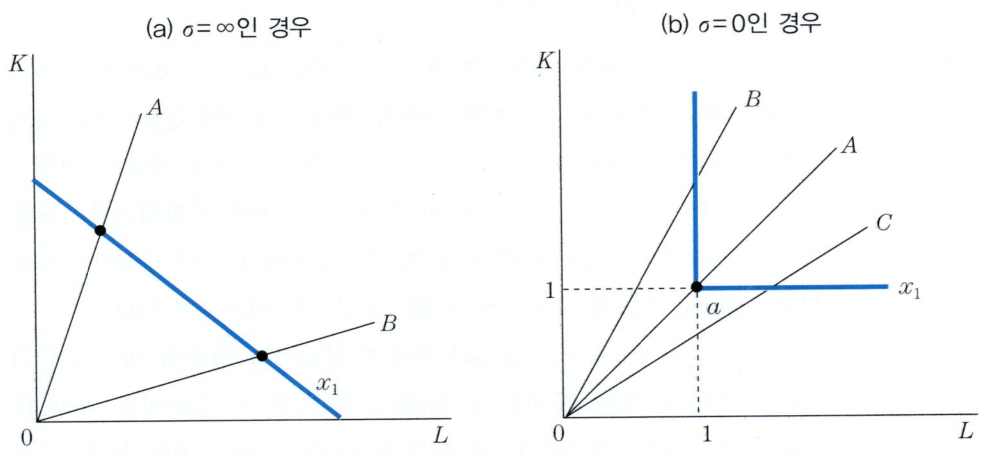


**그림 6-4 요소의 대체탄력도**

(a)와 같이 생산자가 항상 일정한 한계기술대체율로서 자본과 노동을 대체할 수 있는 경우에 자본노동비율의 변화율을 한계기술대체율의 변화율로 나눈 요소의 대체탄력도 $\sigma$는 ∞이다. (b)와 같이 생산공정이 한 가지밖에 없어서 자본과 노동 사이의 기술적 대체가 불가능한 경우에는 요소의 대체탄력도 $\sigma$는 0이 된다.

〈그림 6-4〉의 (a)와 같이 노동과 자본이 완전대체관계에 있다면, 주어진 등량선을 따라 자본노동비율을 아무리 변화시켜도 한계기술대체율은 일정하다. 즉 자본노동비율 $K/L$의 변화율에 대해 한계기술대체율 $MRTS$의 변화율은 0이다. 반대로 〈그림 6-4〉의 (b)와 같이 노동과 자본 사이의 기술적 대체가 전혀 불가능하다면, 주어진 등량선의 점 $a$ 근처에서 자본노동비율을 조금만 변화시켜도 한계기술대체율은 0에서 $\infty$로 급격하게 변한다. 즉 자본노동비율 $K/L$의 변화율에 대해 한계기술대체율 $MRTS$의 변화율은 $\infty$이다.

따라서 노동과 자본 사이의 기술적 대체 가능성의 크기는 주어진 산출량(즉 주어진 등량선)에서 자본노동비율의 변화율을 한계기술대체율의 변화율로 나눈 결과로 나타낼 수 있으며, 이를 **요소의 대체탄력도**(elasticity of factor substitution)라고 부르고 $\sigma$로써 표시한다. 즉 요소의 대체탄력도 $\sigma$는 다음과 같이 정의된다.

$$\begin{aligned}\sigma &= \frac{\text{자본노동비율의 변화율}}{\text{한계기술대체율의 변화율}} \\ &= \frac{\Delta(K/L)/(K/L)}{\Delta MRTS/MRTS} \\ &= \frac{\Delta(K/L)}{\Delta MRTS}\,\frac{MRTS}{K/L} \qquad (6-7)\end{aligned}$$

식 (6-7)에 따라 계산하면 요소의 대체탄력도 $\sigma$는 0과 $\infty$ 사이의 실수값을 갖는다. 자본과 노동 사이의 기술적 대체 가능성이 높을수록(즉 등량선이 직선에 가까울수록) 요소의 대체탄력도 $\sigma$는 커지고 반대로 기술적 대체 가능성이 낮을수록(즉 등량선이 원점에 대하여 볼록할수록) 0에 가까워진다. 노동과 자본 사이의 기술적으로 완전한 대체가 가능한 경우에 요소의 대체탄력도 $\sigma$는 $\infty$이 되고, 반대로 기술적 대체가 전혀 불가능한 경우에는 0이 된다.

요소의 대체탄력도는 노동과 자본의 상대가격 변화에 대응해서 기업이 얼마나 유연하게 자본노동비율(즉 생산공정)을 바꿀 수 있는가를 파악하는 데 있어서 매우 중요한 개념이다. 이 장의 부록에서는 몇 가지의 동차생산함수에 관해서 요소의 대체탄력도 등을 계산해 보기로 한다.

# 6.4 단기 생산기술

## 단기 생산함수와 노동의 총생산물곡선

앞에서 우리는 생산자가 노동뿐 아니라 자본까지도 그 투입량을 마음대로 조정할 수 있는 장기의 생산기술을 살펴보았다. 이제 자본은 고정요소이고 노동만이 가변요소인 단기의 생산기술에 관해서 살펴보도록 하자.

$x=f(K, L)$을 장기의 생산함수라고 할 때 자본투입량이 $\bar{K}$에 고정된 상태에서 가변요소인 노동의 각 투입량으로부터 생산할 수 있는 최대의 산출량을 나타내는 단기의 생산함수는 $x=f(\bar{K}, L)$이며, 이는 〈그림 6-5〉의 (a)와 (b)에 나타나 있다.

〈그림 6-5〉의 (a)에 표시된 것처럼 노동의 투입량으로부터 생산할 수 있는 최대의 산출량은 각 등량선과 고정된 자본투입량을 나타내는 $K=\bar{K}$의 수평선이 만나는 $a$, $b$, $c$ 등의 점들에서 결정된다. 예를 들어 점 $a$는 노동을 $L_1$만큼 투입할 때 최대 $x_1$만큼을 생산할 수 있다는 것을 뜻한다. 따라서 $a$, $b$, $c$ 등과 같은 수평선 $K=\bar{K}$의 각 점을 〈그림 6-5〉의 (b)에 옮김으로써 노동투입량과 산출량 사이의 관계를 표시할 수 있으며, 이를 **노동의 총생산물곡선**(total product curve of labor)이라고 부르고 줄여서 $TP_L$곡선이라고 한다. 즉 $TP_L$곡선은 자본의 투입량을 고정시킨 채 노동의 각 투입량으로부터 기술적 효율성 있게 생산할 수 있는 산출량을 표시한다.

〈그림 6-5〉의 (b)에 그려진 $TP_L$곡선의 형태는 단기의 생산기술에 관해 일반적으로 관찰될 가능성이 높은 몇 가지의 특징들을 반영하고 있다. 첫째는 노동은 하나도 투입하지 않고 자본만을 투입하는 극단적인 자본집약적 생산공정으로는 생산물을 생산할 수 없다는 것이다. **한계생산물 체감의 법칙**(law of eventually diminishing marginal products)이라고 불리는 두 번째 특징은 다른 생산요소의 투입량이 고정된 상태에서 가변요소(즉 노동)의 투입량을 어느 수준(그림에서 점 $b'$)을 넘어서 계속 증가시키면 결국에 산출량의 증가폭은 감소한다는 것이다. 단기의 생산기술에 관한 이와 같은 특징은 노동의 한계생산물 $MP_L$과 **노동의 평균생산물**(average product of labor)의 개념을 통해 보다 분명하게 묘사

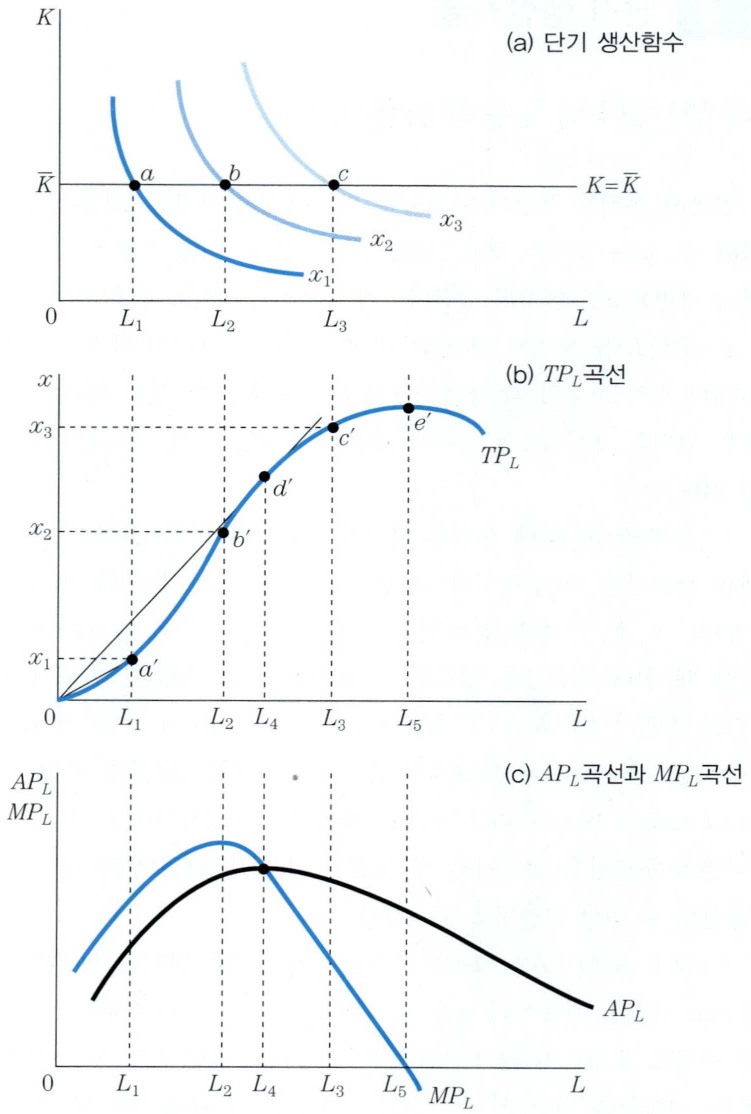


**그림 6-5 $TP_L$곡선, $AP_L$곡선과 $MP_L$곡선**

(a)에 표시된 것처럼 단기에 노동의 투입량으로부터 생산할 수 있는 최대의 산출량은 각 등량선과 고정된 자본투입량을 나타내는 $K=\bar{K}$의 수평선이 만나는 $a$, $b$, $c$ 등의 점에서 결정된다. 따라서 수평선 $K=\bar{K}$의 각 점으로부터 노동의 총생산물곡선($TP_L$곡선)을 얻을 수 있다. (b)의 $TP_L$곡선의 형태는 한계생산물 체감의 법칙을 반영하고 있으며, 이에 따라 (c)에 표시된 것처럼 노동의 한계생산물 $MP_L$은 $L_2$의 노동투입량까지는 증가하지만 $L_2$를 지나면 감소하고 노동투입량이 $L_5$ 이후에는 음(−)이 된다. 또한 노동의 평균생산물은 $L_4$의 노동투입량까지는 증가하지만 그 이후에는 감소한다.

될 수 있다.

## 노동의 평균생산물곡선 및 노동의 한계생산물곡선

자본의 투입량을 고정시킨 채 노동을 $L$만큼 투입해서 $x$의 산출량을 생산할 수 있을 때, $AP_L$이라고 표시되는 노동의 평균생산물은 다음 식과 같이 산출량 $x$를 노동의 투입량 $L$로 나눈 것이다.

$$AP_L = \frac{x}{L} \tag{6-8}$$

앞의 식 (6-2)에서 표시된 대로 노동의 한계생산물은 자본의 투입량을 고정시킨 채 노동투입량만 1단위 추가하는 경우에 산출량의 증가폭을 의미한다. 이 때문에 $TP_L$곡선의 어떤 점에서의 기울기는 그 점에서 노동의 한계생산물 $MP_L$이다. 또한 식 (6-8)에 따라 $TP_L$곡선의 어느 한 점과 원점을 연결한 직선의 기울기는 바로 그 점에서의 노동의 평균생산물 $AP_L$이 된다. 예를 들어 〈그림 6-5〉의 (b)에서 $TP_L$곡선의 점 $a'$과 원점을 연결한 직선의 기울기는 노동을 $L_1$만큼 투입하는 경우 노동의 평균생산물이다.

〈그림 6-5〉의 (b)에 표시된 $TP_L$곡선의 형태에서 노동투입량의 변화에 따라 $AP_L$ 또는 $MP_L$이 어떻게 변하는지를 알 수 있다. 노동의 투입량이 증가할 때 처음에 $AP_L$은 증가해서 원점으로부터의 직선이 $TP_L$곡선과 접하는 점 $d'$(즉 노동투입량이 $L_4$인 점)에서 최대가 되며, 점 $d'$을 지나서 노동투입량이 더 증가하면 $AP_L$은 감소한다. 노동투입량과 $AP_L$의 관계는 〈그림 6-5〉의 (c)에 $AP_L$곡선으로 표시되어 있다. $AP_L$곡선의 기울기는 노동투입량이 $L_4$보다 적을 때 양(+)의 부호를 지니고 $L_4$보다 많을 때는 음(−)의 부호를 갖는다.

$MP_L$ 역시 $AP_L$과 비슷한 형태의 변화를 보인다. 노동투입량의 증가에 따라 $MP_L$은 처음에 증가하다가 $TP_L$곡선의 변곡점(inflection point)인 점 $b'$(즉 노동투입량이 $L_2$인 점)에서 최대가 되고 점 $b'$을 지나면 감소한다. 그리고 $MP_L$은 $TP_L$곡선의 점 $e'$에서 0이 되고 그 이후에는 음(−)이 된다. 노동투입량과 $MP_L$ 사이의 이러한 관계는 〈그림 6-5〉의 (c)에서 $MP_L$곡선으로 표시되어 있다. 한계생산물 체감의 법칙은 노동투입량이 $L_2$를 넘어서면 $MP_L$곡선의 기울기가 결

국 음(−)의 부호를 지닌다는 것이다.

## 노동의 평균생산물과 한계생산물 사이의 관계

〈그림 6-5〉의 (b)에서 점 $d'$의 왼쪽에 있는 총생산물곡선의 어떤 점에서도 노동의 한계생산물(그 점에서의 기울기)은 노동의 평균생산물(그 점과 원점을 연결한 직선의 기울기)보다 크고 점 $d'$의 오른쪽에서는 노동의 한계생산물이 평균생산물보다 작다. 그리고 노동의 평균생산물이 최대가 되는 점 $d'$에서의 접선은 점 $d'$과 원점을 연결한 직선이므로 그 점에서 노동의 한계생산물과 평균생산물은 일치한다. 이 때문에 〈그림 6-5〉의 (c)에 있어서 $L_4$의 노동투입량에서 $AP_L$곡선과 $MP_L$곡선은 교차하며, 노동의 투입량이 $L_4$보다 적은 구역에서 $MP_L$곡선은 $AP_L$곡선보다 위에 위치하고 노동의 투입량이 $L_4$보다 많은 구역에서는 $MP_L$곡선이 $AP_L$곡선보다 아래에 위치한다.

$MP_L$곡선이 $AP_L$곡선보다 위에 위치하는 경우에 $AP_L$곡선의 기울기는 양(+)의 부호를 지니고 반대의 경우에는 음(−)의 부호를 지니는 것은 한계값과 평균값 사이의 일반적 관계로서 앞으로도 자주 등장하게 된다. 노동의 한계생산물과 평균생산물 사이의 이러한 관계를 다음과 같이 정확하게 유도해 보자.

노동투입량이 $L'$일 때 평균생산물은 $AP_L'$이며, 노동을 $\Delta L$만큼 더 투입해서 $L''(=L'+\Delta L)$만큼의 노동을 투입하면 노동의 평균생산물은 $\Delta AP_L$만큼 증가해서 $AP_L''(=AP_L'+\Delta AP_L)$이 된다고 하자. 노동의 평균생산물에 노동투입량을 곱하면 거꾸로 산출량을 얻을 수 있기 때문에, 노동투입량이 $L''$일 때 산출량은 $(L'+\Delta_L)\cdot(AP_L'+\Delta AP_L)$이고 노동투입량이 $L'$일 때 산출량은 $L'\cdot AP_L'$이다. 따라서 노동을 $L'$에서 $\Delta L$만큼 더 투입할 때의 산출량의 증가폭 $\Delta x$는 다음과 같다.

$$\begin{aligned}\Delta x &= (L'+\Delta L)\cdot(AP_L'+\Delta AP_L)-L'\cdot AP_L' \\ &= L'\cdot\Delta AP_L+\Delta L\cdot AP_L'+\Delta L\cdot\Delta AP_L \qquad (6\text{-}9)\end{aligned}$$

$\Delta L$이 0에 가깝다고 한다면, $\Delta L\cdot\Delta AP_L$도 0에 가깝기 때문에 위의 식 (6-9)를 다음과 같이 바꿀 수 있다.

$$\Delta x = L' \cdot \Delta AP_L + \Delta L \cdot AP_L' \tag{6-10}$$

식 (6-10)의 양변을 $\Delta L$로 나누면, 노동을 $L'$에서 $\Delta L$만큼 더 투입할 때의 한계생산물과 평균생산물 사이의 관계가 다음과 같이 표시될 수 있다는 것을 알 수 있다.

$$\frac{\Delta x}{\Delta L} = AP_L' + L' \cdot \frac{\Delta AP_L}{\Delta L} \tag{6-11}$$

$\Delta x / \Delta L$은 $L'$의 노동투입량에서 노동의 한계생산물 $MP_L'$이기 때문에 식 (6-11)을 다음과 같이 다시 쓸 수 있다.

$$MP_L' - AP_L' = L' \cdot \frac{\Delta AP_L}{\Delta L} \tag{6-12}$$

식 (6-12)의 의미는 명확하다. 노동을 $L'$에서 $\Delta L$만큼 더 투입할 때의 한계생산물은 노동투입량 $L' + \Delta L$에서 평균생산물을 계산할 때의 산출량에 포함된다. 따라서 $L'$의 노동투입량에서 한계생산물이 평균생산물보다 큰 경우에 $L' + \Delta L$의 노동투입량에서 계산한 평균생산물은 $L'$에서 계산하였을 때보다 증가하며, 반대의 경우에는 감소하게 된다. 만일 $L'$의 노동투입량에서 한계생산물과 평균생산물이 같다면, 노동투입량을 $L'$에서 $\Delta L$만큼 더 투입해도 평균생산물에는 아무런 변화가 생기지 않는다.

직관적으로 표현하자면, 한계생산물이 평균생산물보다 큰 경우에 한계생산물은 평균생산물을 위에서 끌어올리는 역할을 하며, 반대의 경우에는 한계생산물은 평균생산물을 밑에서 끌어내리는 역할을 하는 것이다. 노동의 한계생산물과 평균생산물 사이뿐 아니라 모든 평균값과 한계값 사이에는 이와 같은 관계가 항상 관찰된다. 독자들은 〈그림 6-5〉의 (c)에 그려진 $AP_L$곡선과 $MP_L$곡선의 형태가 평균값과 한계값 사이의 관계를 그대로 반영하고 있다는 점을 다시 한 번 확인해보기 바란다.

**예 6-1** **프로농구선수의 자유투 성공률**

우리나라 프로농구의 최장신 센터 하승진 선수는 낮은 자유투 성공률 때문에 고의 반칙으로 많은 괴로움을 겪어야만 했다. 2010-2011 프로농구시즌에서도 12월 중순까지 85개의 자유투 중에서 43개만 성공시켜 50.6%의 낮은 성공률을 보였다. 이러한 저조한 성공률이 심리적 부담감 때문이라고 판단한 소속팀 감독의 "쏘다 보면 느는 거지. 그냥 쏴, 아무 생각 없이 대충 쏴"라는 격려에 힘입어 하승진 선수의 자유투 성공률은 2010년 12월 중순부터 빠르게 높아지기 시작하였다. 다음은 농구관련 잡지에 2011년 1월 5일 보도된 하승진 선수의 자유투 관련기사의 일부이다.

'하승진은 12월 14일 오리온스전 이후 평균 67.1%의 성공률을 보이고 있다. 총 76개를 던져 51개를 성공시킨 것. 최근 5경기로 범위를 좁혀보면 확률은 더 높다. 32개 중 24개를 성공시키며 무려 75%의 성공률을 자랑한다. 4개 중 3개는 꼬박꼬박 성공시켰다는 것을 의미한다. 지난 4일 LG와의 3라운드 마지막 경기에서도 하승진의 위력이 돋보였다. 하승진은 이날도 7개의 자유투 중 단 하나만을 놓치는 놀라운 집중력을 발휘했고, 승부처인 4쿼터에도 80%의 자유투 성공률을 보이며 LG의 파울작전을 일찌감치 무력화시켰다.'

위 기사는 평균값과 한계값 사이의 관계를 보여 주고 있다. 67.1%는 12월 14일부터 1월 3일까지의 자유투 평균성공률이며, 1월 4일 7개의 자유투 중 6개를 성공시켜서 기록한 85.7%는 자유투 한계성공률이다. 4일의 한계성공률 85.7%가 평균성공률 67.1%보다 높기 때문에 한계성공률이 평균성공률을 위에서 끌어올려 4일의 성적까지 포함한 하승진 선수의 자유투 평균성공률은 68.7%로 상승한 것이다. 그러나 다음 날 하승진 선수는 15개 중 5개만을 성공시켜 33.3%의 자유투 한계성공률을 기록하였으며, 4일까지의 평균성공률 68.7%보다 낮은 33.3%의 한계성공율은 평균성공률을 밑에서 끌어내려 자유투 평균성공률을 63.3%로 감소시켰다.

요소의 한계생산물과 평균생산물은 현실에서 최적의 의사결정을 하는 데 있어서도 유용한 역할을 한다. 가령 어느 기업이 한 가지 상품을 여러 공장에서 생산하는 경우 기업의 관심은 산출량의 극대화를 위하여 한정되어 있는 생산요소를 각 공장에 어떻게 배분하는가 하는 것이며, 이때 요소의 한계생산물은 매우 중요한 역할을 한다. 다음의 예를 보기로 하자.

### 예 6-2 두 개의 공장에 대한 노동의 배분

어느 기업이 $X$재를 두 공장 A와 B에서 생산하고 있다. 각 공장에 이미 투입된 자본을 다른 공장으로 이동시키는 것은 불가능하다고 할 때, 이 기업은 현재 고용하고 있는 총 $m$명의 근로자를 두 공장에 배분하려고 한다. 두 공장에 근로자들을 어떻게 배분하는 것이 기술적 효율성을 이룰 수 있는 방법인가?

공장 A와 B에 배분되는 노동의 투입량을 각각 $L_A$와 $L_B$라고 할 때 각 공장의 생산기술은 〈그림 6-6〉의 (a)와 (b)에 표시된 노동의 한계생산물곡선 $MP_{L_A}$와 $MP_{L_B}$에 나타나 있으며, 〈그림 6-6〉의 (c)는 〈그림 6-6〉의 (b)의 좌우를 바꾸어 〈그림 6-6〉의 (a)에 합친 것이다. 점 $0A$에서 오른쪽으로 이동하면 공장 A에 배분되는 근로자의 수 $L_A$가 증가하는 것이며 원점 $0B$에서 왼쪽으로 이동하면 공장 B에 배분되는 근로자의 수 $L_B$가 증가한다.

$m$명의 근로자를 효율적으로 배분하여 $X$재의 산출량이 극대화되려면 바로 $MP_{L_A}=MP_{L_B}$의 조건이 만족되어야 한다. 즉 〈그림 6-6〉의 (c)에서 공장 A에는 $m$명 중 $L_A^*$만큼을 배분하고 나머지 $m-L_A^*$를 공장 B에 배분할 때 $MP_{L_A}=MP_{L_B}$의 조건이 만족되어 산출량의 극대화가 이루어진다. 가령 공장 A에 $L_A^*$보다 적은 $L_A'$만큼 배분하고 공장 B에는 $m-L_A'$을 배정한다고 하자. 이 경우 $MP_{L_A}>MP_{L_B}$이므로 근로자를 공장 B에서 A로 이동시키면 산출량은 늘어날 수 있다. 반대로 $L_A^*$보다 많은 $L_A''$이 공장 A에 배분된다면 $MP_{L_A}<MP_{L_B}$이므로 근로자들을 공장 A에서 B로 이동시켜서 산출량을 증가시킬 수 있다. 따라서 산출량이 극대화되는 근로자의 배분은 두 공장의 노동의 한계생산물곡선이 교차하는 점 $a$에서 결정되어야 한다.

$MP_{L_A}$와 $MP_{L_B}$는 각각 근로자 1명을 추가로 공장 A에 배분할 때의 한계편익과 한계비용이므로 점 $a$에서 만족되는 $MP_{L_A}=MP_{L_B}$의 관계는 다름 아닌 최적화의 조건이다.

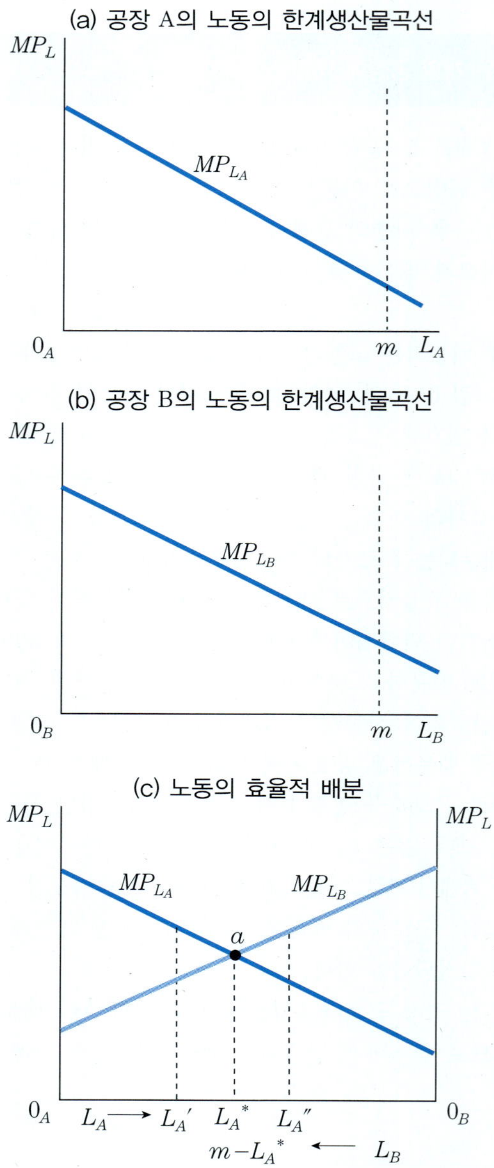


**그림 6-6 두 개의 공장에 대한 노동의 효율적 배분**

한 가지 상품을 공장 A와 B에서 나누어 생산할 때 총 $m$명의 근로자를 공장 A와 B에 기술적 효율성 있게 배분하는 방법은 각 공장의 노동의 한계생산물이 일치하도록 하는 것이다. $MP_{L_A}=MP_{L_B}$의 조건이 만족되는 점 $a$에서 $L_A^*$만큼을 공장 A에 배분하고 나머지 $m-L_A^*$를 공장 B에 배분할 때 $X$재 산출량의 극대화가 이루어진다.

## 생산의 3단계와 한계생산물 체감의 법칙

앞에서 우리는 단기의 경우 한계생산물 체감의 법칙을 경험할 가능성이 높다고 하였다. 그 이유는 무엇인가? 다음과 같은 상황을 생각해 보자.

오븐이 5대가 있는 제과점에서 처음으로 근로자 1명을 채용하였다고 하자. 이 근로자가 혼자서 다룰 수 있는 오븐의 수는 기껏해야 2대라고 한다면, 나머지 3대의 오븐은 잉여설비가 된다. 이때 근로자 1명을 추가로 투입한다면 추가로 투입된 근로자는 남아돌아가는 오븐을 사용하고 근로자 사이에는 분업(가령 한 근로자는 빵만을 만들고 다른 근로자는 과자만을 만듦)이 이루어지면서 오븐 5대의 활용도와 노동생산성은 높아진다. 즉 자본노동비율이 매우 높은 초기에는 노동투입량이 증가할 때 여유시설의 활용, 분업의 발생 등으로 노동의 한계생산물은 증가한다. 그러나 근로자를 더욱 많이 고용해서 오븐 5대의 활용도가 일정한 수준 이상으로 높아지면, 노동의 한계생산물은 결국 감소하고 평균생산물도 감소하게 된다. 근로자의 고용을 지나치게 증가시키면, 추가로 투입되는 근로자는 5대의 오븐으로 이미 과자를 굽고 있는 다른 기술자의 작업을 오히려 방해할 수 있기 때문에 노동의 한계생산물은 0 또는 음(-)이 된다.

위와 같은 직관적 설명 대신에 단기 생산함수를 사용하면 $AP_L$과 $MP_L$곡선이 왜 〈그림 6-5〉의 (c)와 같은 형태를 지니는가를 분명하게 이해할 수 있다. 〈그림 6-7〉의 (a)에는 자본의 투입량이 $\overline{K}$에 고정되어 있는 단기의 생산기술이 표시되어 있다. 그러나 〈그림 6-5〉의 (a)와는 달리 여기에서는 등량선의 일부에서 기울기의 부호가 양(+)이 되고 있다. 이는 등량선지도에서 경제적 구역뿐 아니라 비경제적 구역까지도 표시되고 있기 때문이다.

정해진 산출량을 생산하기 위해서는 일반적으로 최소한의 자본과 노동의 투입량이 필요하다. 자본의 투입량이 최소한 필요한 양보다 적다면 노동의 투입량을 아무리 늘려도 정해진 산출량을 생산할 수 없으며, 반대로 노동의 투입량이 최소한 필요한 양보다 적은 경우에는 자본의 투입량만 늘린다고 해서 정해진 산출량을 생산할 수 있는 것은 아니다.

〈그림 6-7〉의 (a)에서 $x_1$의 산출량을 생산하기 위해 필요한 최소의 노동과 자본의 투입량은 각각 $L_1$과 $K_1$이다. 노동투입량이 $L_1$보다 적으면 아무리 자본을 많이 투입한다고 해도 산출량 $x_1$을 생산할 수 없으며, 자본투입량이 $K_1$보다

적거나 같다면 노동투입량을 아무리 늘려도 $x_1$의 산출량을 생산할 수가 없다. 자본을 $K_1$만큼 투입할 때 산출량 $x_1$을 생산하려면 노동은 반드시 $\overline{L}$만큼 투입되어야 한다. 노동의 투입량이 $\overline{L}$보다 적으면 $K_1$의 자본투입량으로는 산출량 $x_1$을 생산할 수 없으며, 반대로 노동투입량이 $\overline{L}$보다 많은 경우에는 $K_1$의 적은 자본투입량에 비하여 노동투입량이 많기 때문에 노동의 한계생산물은 0보다 작아서 산출량은 $x_1$보다 줄어든다. 즉 노동투입량이 $\overline{L}$보다 많은 경우에는 $x_1$의 산출량을 생산하기 위한 자본의 투입량은 $K_1$보다 많아야 하며, 산출량 $x_1$을 생산하기 위한 등량선의 기울기는 점 $a$ 이후에 양(+)이 된다. 마찬가지로 노동투입량이 $L_1$일 때 자본은 반드시 $\overline{K}$만큼 투입되어야 하며, 점 $b$에서 자본의 한계생산물은 0이고 그 이후에는 음(−)이 되어 등량선의 기울기는 다시 양(+)이 된다.

위와 같은 현상이 다른 모든 등량선에 대해서도 동일하게 관찰된다고 할 때, 〈그림 6-7〉의 (a)에서 등량선의 기울기의 부호가 양(+)인 어떤 점에서도 노동 또는 자본의 한계생산물은 음(−)이기 때문에 생산요소가 비경제적으로 사용되는 구역이다. 즉 곡선 $0A$의 왼쪽 구역은 노동의 한계생산물은 양(+)이지만 자본의 한계생산물이 음(−)이기 때문에 자본이 낭비되는 비경제적 구역이며, 곡선 $0B$의 오른쪽 구역은 반대로 노동의 한계생산물이 음(−)이기 때문에 노동이 낭비되는 비경제적 구역이다. 곡선 $0A$와 $0B$ 사이의 구역은 자본과 노동의 한계생산물이 모두 양(+)이 되는 경제적 구역이다. 경제적 구역과 비경제적 구역의 경계를 표시하는 곡선 $0A$와 $0B$를 **분계선**(ridge line)이라고 부르며, 경제적 구역과 비경제적 구역의 존재를 통해 우리는 단기의 경우 한계생산물 체감의 법칙이 보편적으로 관찰되는 이유를 설명할 수 있다.

자본의 투입량이 $\overline{K}$에 고정되어 있는 단기로 되돌아가자. $L_1$보다 적은 $L_0$만큼의 노동을 투입하는 경우에 기술적으로 생산이 가능한 최대의 산출량은 $x_0$이다. 즉 산출량 $x_0$을 생산하려면 최소한 $L_0$의 노동투입량이 필요하다. 노동을 $L_0$만큼 투입하는 경우에 $x_0$의 산출량을 생산하기 위하여 필요한 자본의 투입량은 $K'$이기 때문에 $\overline{K}-K'$는 유휴자본의 크기가 된다. 노동투입량의 증가에 따라 유휴자본은 점차 감소하고 노동의 투입량이 $L_1$에 이르면, 주어진 $\overline{K}$의 자본투입량은 낭비없이 모두 활용된다.

이와 같이 노동의 투입량이 0에서 $L_1$로 증가할 때까지는 유휴자본을 활용

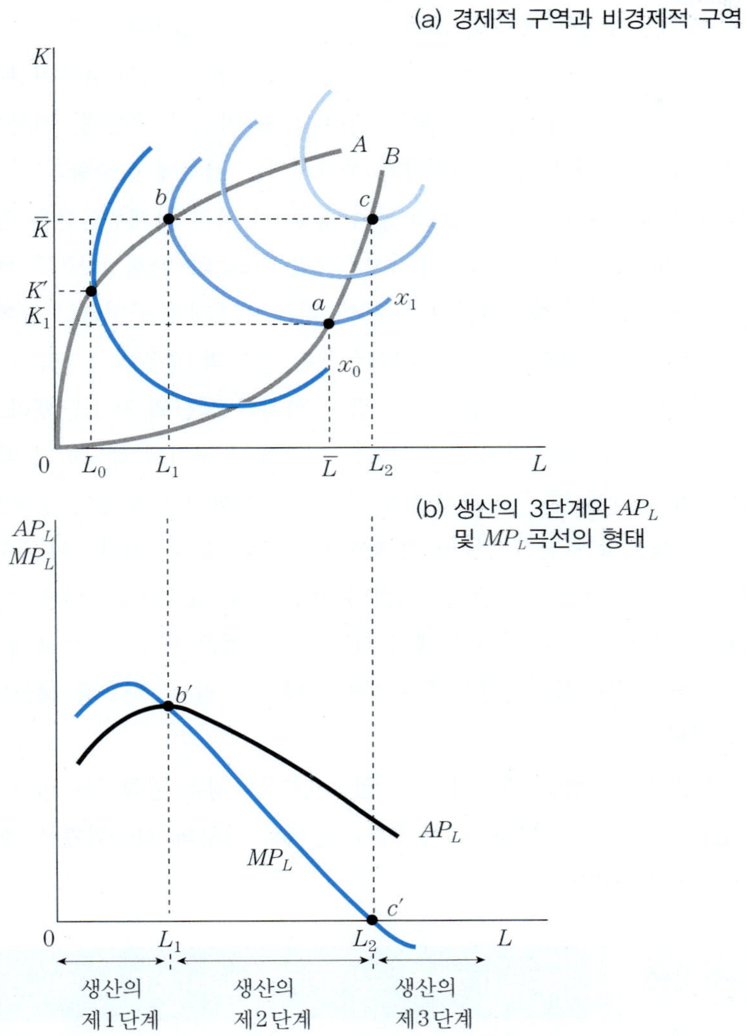


**그림 6-7 한계생산물 체감의 법칙과 생산의 3단계**

(a)에서 분계선 $0A$와 $0B$ 사이의 구역은 자본과 노동의 한계생산물이 모두 양(+)이 되는 경제적 구역이며, 자본의 한계생산물이 음(−)인 분계선 $0A$의 왼쪽 구역과 노동의 한계생산물이 음(−)인 분계선 $0B$의 오른쪽 구역은 모두 비경제적 구역이다. 자본의 투입량이 $\bar{K}$에 고정되어 있는 단기의 경우에 $L_1$의 노동투입량까지는 유휴자본을 활용하기 때문에 (b)에 표시된 것처럼 노동의 평균생산물은 증가한다(생산의 제 1 단계). 노동의 투입량이 $L_1$을 넘어서면서 유휴자본은 사라지고 자본과 노동의 한계생산물은 모두 양(+)으로 바뀌기 때문에, 노동의 평균생산물과 한계생산물은 감소하기 시작해서 노동투입량이 $L_2$까지 증가하면 노동의 한계생산물은 0이 되고(생산의 제 2 단계) 그 이후에는 노동의 한계생산물이 음(−)이 되는 비경제적 구역으로 들어가게 된다(생산의 제 3 단계).

하기 때문에 〈그림 6-7〉의 (b)에 표시된 것처럼 노동투입량의 증가율보다 산출량의 증가율이 앞서게 되고 노동의 평균생산물은 증가하게 된다. 그러나 노동의 투입량이 $L_1$을 넘어서는 순간에 자본투입량 $\overline{K}$ 중에서 유휴자본은 사라지고 자본과 노동의 한계생산물은 모두 양(+)으로 바뀌기 때문에, 자본의 투입량을 $\overline{K}$에 고정시킨 채 노동의 투입량만 증가시키는 경우에 산출량의 증가율은 노동투입량의 증가율에 못 미치고 노동의 평균생산물과 한계생산물은 감소한다. 만일 노동의 투입량을 $L_2$까지 증가시킨다면, 노동의 한계생산물은 0이 되고 그 이후에는 노동의 한계생산물이 음(−)이 되는 비경제적 구역으로 들어가게 된다.

자본의 투입량이 $\overline{K}$에 고정되어 있는 단기의 경우에 〈그림 6-7〉의 (b)에서 노동의 평균생산물이 증가하는 점 $b'$까지를 **생산의 제1단계**라고 한다. 생산의 제1단계는 유휴자본이 존재하는 비경제적 구역에 해당하기 때문에, 노동투입량의 증가에 따라 유휴자본의 활용도는 높아지고 노동의 평균생산물은 증가한다. 노동의 평균생산물과 한계생산물 모두 감소하지만, 여전히 그 크기는 양(+)인 점 $b'$에서 $c'$까지를 **생산의 제2단계**라고 한다. 생산의 제2단계는 경제적 구역에 해당하기 때문에 합리적 생산활동은 바로 이 단계에서 이루어진다. 노동이 낭비되는 비경제적 구역에 해당하는 점 $c'$ 이후를 **생산의 제3단계**라고 한다.

자본의 투입량을 변동시킬 수 없는 단기의 경우 관찰되는 한계생산물 체감의 법칙은 맬더스(T. Malthus)가 『인구론』에서 지구의 식량위기를 예측할 때 중요한 근거가 되었다.

**예 6-3** **맬더스가 예측한 식량위기가 발생하지 않은 이유는?**

맬더스는 18세기 말 그의 저서 『인구론』에서 인구의 증가에 따라 한정된 토지로부터의 식량공급은 점차 부족해지고 더욱 많은 근로자들이 식량생산을 위하여 제한된 토지에 투입되는 현상이 발생할 수밖에 없다고 설명하였다. 이에 따라 식량생산에 대한 노동의 한계 및 평균생산물은 결국 체감하고 인구는 폭발적으로 늘어나면서 식량위기가 발생할 것으로 예측하였다. 그러나 몇몇 지역을 제외하면 맬더스가 우려했던 대규모 식량위기는 다행스럽게도 일어나지 않았다. 왜 맬더스의 예측은 빗나갔을까? 식량생산에 관하여 한계생산물 체감의 법칙이 적용되지 않는단 말인가?

맬더스가 식량위기의 근거로 삼은 한계생산물 체감의 법칙에는 아무런 잘못이 없다. 기술진보나 경지면적의 증가가 발생하지 않는 단기에는 한계생산물 체감의 법칙이 성립한다. 그러나 18세기 말 이후 경지면적에는 커다란 변동이 없었지만 농업기술은 비약적으로 진보하였다. 맬더스는 식량위기를 예측할 때 이를 고려하지 못한 것이다. 〈그림 6-8〉은 이를 잘 나타내고 있다. 농업기술의 진보에 따라 똑같은 양의 노동을 투입하더라도 식량의 산출량이 증가하기 때문에 식량생산에 관한 노동의 총생산물곡선은 위로 이동한다. 기술의 진보가 발생하지 않았다면 인구의 증가로 인해 총생산물곡선 $TP_{L_1}$를 따라 식량생산에 관한 노동의 평균 및 한계생산물이 체감하고 맬더스가 예측한 바대로 식량위기에 이르렀을 것이다. 그러나 기술진보는 총생산물곡선을 지속적으로 위로 이동시켜 인구증가에도 불구하고 투입된 노동력 1단위당 식량의 산출량은 계속하여 증가하였고 식량위기는 발생하지 않았다. 맬더스는 기술진보 등을 고려하지 않고 단기의 현상인 한계생산물 체감의 법칙을 그대로 장기에 적용하였기 때문에 빗나간 예측을 하게 된 것이다.

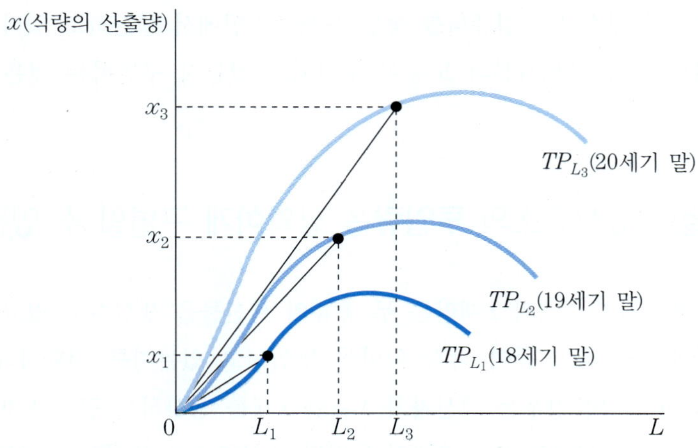


**그림 6-8 농업기술의 진보와 $TP_L$곡선의 이동**

농업기술이 18세기 말에 비하여 별 진보가 없었다면, 맬더스가 예측한 것처럼 식량생산에 있어서 노동의 평균 및 한계생산물이 감소하여 식량위기가 발생하였을 것이다. 그러나 농업기술의 진보는 식량생산에 관한 노동의 총생산물곡선을 위로 이동시켜 투입된 노동력 1단위당 식량의 산출량은 계속하여 증가하였고 식량위기는 발생하지 않았다.

## 6.5 여러 종류의 생산물을 생산하는 경우의 생산기술: 생산가능곡선

지금까지 생산자는 노동과 자본을 투입해서 단 한 가지의 생산물만 생산한다고 가정하였다. 그러나 생산자는 여러 가지 종류의 생산물을 생산하는 것이 일반적이다. 예를 들면 자동차회사에서는 승용차만 생산하는 것이 아니라 트럭, 버스 등의 차종도 생산한다. 컴퓨터를 생산하는 회사에서는 데스크탑 컴퓨터, 노트북 컴퓨터 이외에도 프린터, 스캐너 등의 주변기기를 생산한다.

이와 같이 생산자가 두 가지 이상의 생산물을 생산할 때, 각 생산물별로 자본과 노동이 얼마씩 투입되고 있는지를 정확하게 알 수 있는 경우와 그렇지 않은 경우가 있다. 자동차회사에서 승용차를 생산하는 공장과 트럭을 생산하는 공장을 따로 가동하고 있다면, 승용차와 트럭의 생산에 자본과 노동이 각각 얼마씩 투입되고 있는지를 정확하게 계산할 수 있다. 반면에 컴퓨터회사에서 노트북 컴퓨터와 데스크탑 컴퓨터를 동일한 생산라인에서 생산하고 있다면, 생산물 종류별로 얼마씩의 자본과 노동이 투입되고 있는지 구별하는 것은 거의 불가능하다.

### 생산물별로 생산요소의 투입량을 정확하게 구별할 수 있는 경우

어떤 생산자가 $X$재와 $Y$재라는 두 종류의 생산물을 생산하고 있고 각 생산물의 생산에 자본과 노동이 각각 얼마씩 투입되고 있는지를 정확하게 계산할 수 있다고 하자. 이 경우는 생산자가 $X$재와 $Y$재를 생산하는 공장을 따로 가동하는 것과 같아서 다음과 같은 2개의 독립된 생산함수로 표시할 수 있다.

$$x = f(L_X, K_X)$$
$$y = g(L_Y, K_Y) \tag{6-13}$$

식 (6-13)에서 $L_X$와 $K_X$는 $X$재의 생산에 투입되는 노동과 자본의 양이며, $L_Y$와 $K_Y$는 $Y$재의 생산에 투입되는 노동과 자본의 양을 표시한다.

식 (6-13)과 같이 독립된 2개의 생산함수로 표시되는 생산기술은 **생산가**

**능곡선**(production possibility curve)에 의해 묘사될 수 있다. $X$재 또는 $Y$재의 생산에 투입할 수 있는 노동과 자본의 총량을 각각 $\overline{L}$와 $\overline{K}$라고 하고, 이를 남김없이 생산물의 생산에 투입한다고 하자. 이때 생산자는 각 생산물을 얼마나 생산할 것인지를 결정해야 하는데, 이를 위해서는 주어진 노동과 자본 $\overline{L}$와 $\overline{K}$를 모두 투입할 때 최대한 생산할 수 있는 $X$재와 $Y$재의 산출량 조합이 무엇인지를 알아야 한다. 앞의 제 5 장에서 소비자 사이의 교환과정을 분석할 때 사용되었던 에지워스상자 도형은 이 경우에도 유용한 분석도구가 된다.

〈그림 6-9〉의 에지워스상자 도형에서 가로 너비는 주어진 노동의 투입량 $\overline{L}$를 나타내고 세로 높이는 주어진 자본의 투입량 $\overline{K}$를 표시한다. 따라서 상자 내부에 어느 한 점은 두 가지 생산물의 생산에 배분되는 노동과 자본의 투입량을 의미하며, $X$재와 $Y$재의 산출량은 그 배분점을 지나는 등량선으로 표시된다. 예를 들어 점 $a$는 $X$재 생산에 $L_X{}^a$와 $K_X{}^a$만큼의 노동과 자본을 분배하고 나머지 $\overline{L}-L_Y{}^a$와 $\overline{K}-K_Y{}^a$만큼의 노동과 자본을 $Y$재 생산에 분배하는 점이며, 배분점 $a$에서 생산자는 각 생산물을 $x_a$와 $y_a$만큼 생산할 수 있다.

배분점 $a$에서의 산출량 $x_a$와 $y_a$를 표시하는 두 등량선 사이에는 볼록렌즈 모양이 존재하고 그 내부에 있는 점 $b$로 이동하면 $X$재와 $Y$재의 산출량을 모두 증가시킬 수 있기 때문에 점 $a$는 최대의 산출량 조합을 생산할 수 있는 배분이 아니다. 그렇다고 점 $b$로 이동했다고 해서 최대의 산출량 조합이 생산되는 것은 아니다. 점 $b$를 지나는 두 등량선 사이에는 크기는 줄었지만 여전히 볼록렌즈 모양이 존재하기 때문이다. 그렇다면 〈그림 6-9〉의 에지워스상자 도형 안에서 어떤 배분점에서 최대의 산출량 조합이 생산될 수 있을 것인가?

노동과 자본의 어떤 배분점에서 최대의 산출량 조합을 생산할 수 있다는 것은 곧 그 배분점에서 한 가지 생산물의 산출량을 감소시키지 않고서는 다른 생산물의 산출량을 증가시키는 것이 불가능함을 의미하며, 이때 그 배분점에서 **생산의 파레토 효율성**(Pareto efficiency in production)이 이루어졌다고 한다. 생산의 파레토 효율성이 만족되는 배분은 점 $c$와 같이 두 등량선이 서로 접해서 더 이상 볼록렌즈 모양이 만들어질 수 없을 때 이루어진다. 즉 어떤 배분점이 생산의 파레토 효율성을 만족시키기 위한 조건은 다음과 같다.

$$MRTS_X = MRTS_Y \tag{6-14}$$

〈그림 6-9〉에서 옅은 검은색으로 표시한 곡선은 생산의 파레토 효율성 있는 배분점들을 연결한 것으로 **효율곡선**(efficiency curve)이라고 불린다. 효율곡선의 각 점에서 서로 접하는 두 등량선은 주어진 자본과 노동을 모두 투입하는 경우 최대한 생산할 수 있는 $X$재와 $Y$재의 산출량 조합을 표시한다. 따라서 우리는 효율곡선의 각 점이 의미하는 산출량의 조합을 수평축이 $X$재의 산출량이고 수직축은 $Y$재의 산출량인 〈그림 6-10〉의 평면으로 옮길 수 있다. 예를 들어 모든 노동과 자본을 $X$재 생산에 투입하는 배분점 $0_Y$에서의 산출량 조합을 〈그림 6-10〉으로 이동시키면 점 $A$가 된다. 배분점 $0_Y$에서 효율곡선을 따라 이동하면, $X$재의 생산에 투입되던 노동 또는 자본 중에 일부가 $Y$재의 생산에 투입되면서 $X$재의 산출량은 감소하고 $Y$재의 산출량은 증가하기 시작한다. 따라서 〈그림 6-10〉에는 음(−)의 기울기를 지니는 곡선이 그려지는데, 이 곡선이 바로 생산가능곡선이다. 즉 생산가능곡선은 두 가지 종류 이상의 생산물을 생산하는 생산자가 주어진 노동과 자본을 모두 투입해서 최대한 생산할 수 있는

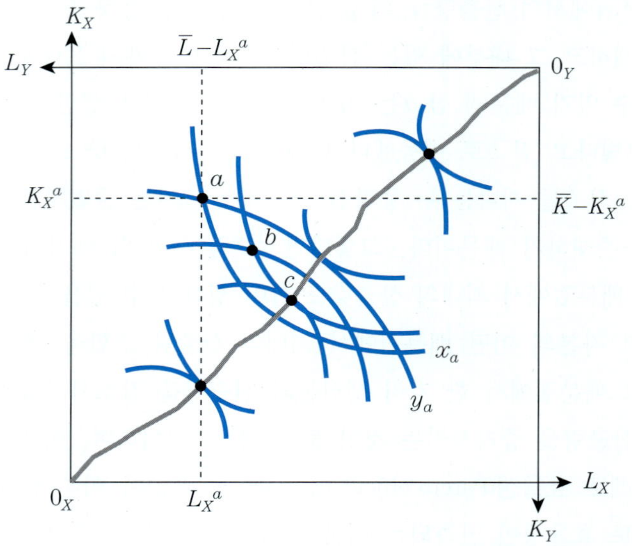


**그림 6-9 생산의 파레토 효율성과 효율곡선**

배분점 $c$에서와 같이 두 등량선이 서로 접해서 더 이상 볼록렌즈 모양이 만들어지지 않을 때 $X$재와 $Y$재의 산출량을 모두 증가시킬 수 있는 다른 배분점으로 이동하는 것이 가능하지 않으며, 이때 생산의 파레토 효율성이 이루어졌다고 한다. 생산의 파레토 효율성 있는 배분점을 연결하면 옅은 검은색의 궤적이 생기는데, 이를 효율곡선이라고 한다.

산출량의 조합을 연결한 것이다.

위의 정의에서 명백하게 알 수 있는 것처럼 생산가능곡선은 두 가지 종류 이상의 생산물을 생산하는 경우의 생산기술을 표시한다. 뿐만 아니라 한 국가의 생산기술 역시 그 국가의 생산가능곡선으로 표시할 수 있다. 이러한 생산가능곡선은 다음과 같은 몇 가지의 중요한 특징을 지닌다.

첫째, 생산가능곡선의 내부에 있는 점들(예를 들어 〈그림 6-10〉에서 점 $a$)은 주어진 노동과 자본이 모두 투입되지 않았거나 또는 비효율적으로 배분되었다는 것을 의미한다. 또한 점 $b$와 같이 생산가능곡선의 바깥쪽에 위치하는 점은 주어진 자본과 노동을 모두 투입한다고 해도 생산할 수 없는 산출량의 조합을 의미하며, 기술이 진보하거나 아니면 주어진 자본 또는 노동의 양이 증가하는 경우에나 실현이 가능하다.

둘째, 생산가능곡선의 기울기는 음(−)의 부호를 지닌다. 생산가능곡선은 주어진 노동과 자본을 모두 생산에 투입한다는 가정하에서 도출된 것이다. 이 때문에 한 가지 생산물의 산출량을 증가시키면 다른 생산물의 산출량은 반드시 감소할 수밖에 없다. 〈그림 6-10〉의 생산가능곡선에서 점 $c$와 $d$를 잇는 직선

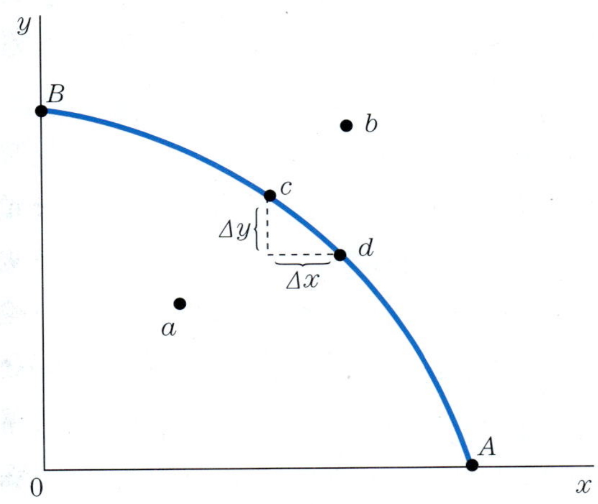


**그림 6-10 생산가능곡선: 생산물별로 요소의 투입량을 정확하게 구별할 수 있는 경우**
효율곡선의 각 점이 의미하는 산출량의 조합을 $X$재와 $Y$재의 산출량 평면으로 옮겨서 생산가능곡선을 도출할 수 있다. 생산가능곡선은 기울기가 음(−)의 부호를 지니고 원점에 대하여 오목하다는 특징을 지닌다.

의 기울기 $\Delta y/\Delta x$는 점 $c$에서 $X$재 1단위를 더 생산할 때 $Y$재의 산출량은 얼마나 감소하는가를 표시한다. 이 때문에 생산가능곡선의 기울기에 절대값을 취한 것을 **한계변환율**(marginal rate of transformation)이라고 부르고 $MRT$라고 표시한다. 한계변환율은 결국 $X$재를 1단위 더 생산한다는 선택의 기회비용을 $Y$재의 산출량으로 표시한 것이다.

셋째, 생산가능곡선의 형태는 〈그림 6-10〉과 같이 원점에 대하여 오목하다. 이는 $X$재의 산출량 증가에 따라 한계변환율이 체증한다는 것을 의미한다. 한계변환율은 왜 체증하는가? 우리는 이에 대한 답을 자본과 노동이 이질화되어 있다는 데서 찾을 수 있다.

노동이나 자본에는 여러 가지 종류가 있다. $X$재의 생산에 전문성을 지닌 노동 또는 자본이 있는가 하면, 반대로 $Y$재를 생산하는 데 전문성을 지닌 노동 또는 자본이 있다. 〈그림 6-10〉에서 자본과 노동을 모두 $Y$재의 생산에 투입하는 점 $B$에서 $X$재의 생산을 1단위씩 증가시켜보자. $X$재의 산출량을 증가시키려면, $Y$재의 생산에 투입되던 자본과 노동 중에서 일부를 $X$재의 생산으로 이동시켜야 한다. 처음에는 $Y$재 생산의 전문성은 가장 떨어지지만 $X$재 생산에는 전문성이 가장 높은 노동과 자본이 $X$재의 생산으로 이동되기 때문에, $X$재 1단위를 더 생산하기 위하여 감소시켜야 하는 $Y$재의 산출량은 매우 적다. 그러나 $X$재의 산출량이 증가할수록 $Y$재의 생산에 높은 전문성을 지닌 노동과 자본마저도 $X$재의 생산으로 이동되기 때문에, $X$재 1단위를 추가로 생산할 때 $Y$재의 산출량이 감소하는 폭은 증가한다. 생산가능곡선을 따라 점 $A$에 가까워질수록 $Y$재의 생산에 전문성이 가장 높은 노동과 자본조차도 $X$재의 생산으로 이동시켜야 하기 때문에, $Y$재의 산출량은 급격하게 감소한다. 이 때문에 생산가능곡선은 원점에 대하여 오목하고 한계변환율은 체증한다.

따라서 교육, 훈련 등을 통해 노동 또는 자본의 전문성이 높아질수록 생산가능곡선이 원점에 대하여 오목한 정도는 심해진다고 할 수 있으며, 반대로 노동 또는 자본이 모두 동질적인 경우에는 생산가능곡선의 형태는 직선과 거의 다름이 없을 것이다.

## 생산물별로 생산요소의 투입량을 정확하게 계산할 수 없는 경우: 공동생산요소의 존재

그러나 생산자가 여러 가지 종류의 생산물을 생산하는 경우 생산물별로 각 생산요소가 얼마씩 투입되고 있는지를 알 수 없는 것이 일반적이다. 동일한 공장건물에서 동일한 경영자의 관리하에 데스크탑 컴퓨터와 노트북 컴퓨터를 동시에 생산하는 것이나 한 양계장에서 달걀과 닭고기를 동시에 생산하는 것이 바로 그러한 경우이다. 이 경우 생산요소 중에서 두 가지 이상의 생산물 생산에 공동으로 사용되는 생산요소를 **공동생산요소**(sharable input)라고 한다. 현실적으로는 공장건물, 경영자의 기업경영능력 등이 대표적인 공동생산요소가 된다.

공동생산요소가 존재하는 경우에는 생산기술을 식 (6-13)과 같은 생산물별 생산함수로 표시할 수 없기 때문에, 다음과 같이 음함수(implicit function)의 형태로 나타낼 수밖에 없다.

$$F(K, L, x, y) = 0 \tag{6-15}$$

식 (6-15)의 생산함수는 노동과 자본을 일정기간에 각각 $L$과 $K$만큼 투입할 때 최대한 생산할 수 있는 $X$재와 $Y$재의 산출량 조합을 표시한다.

식 (6-15)의 생산함수가 의미하는 생산기술의 내용도 역시 생산가능곡선에 의해 표현할 수 있으며, 이 경우에도 생산가능곡선은 기울기가 음(−)의 부호를 지니고 한계변환율이 체증한다는 특징을 지닌다. 그러나 한계변환율이 체증하는 이유는 앞의 경우와는 달리 공동생산요소가 존재하기 때문이다.

이를 살펴보기 위하여 동질적인 노동과 자본을 고용하고 있는 어떤 생산자가 데스크탑 컴퓨터와 노트북 컴퓨터를 생산한다고 하자. 데스크탑 컴퓨터를 생산하는 공장과 노트북 컴퓨터를 생산하는 공장이 분리되어 있고 생산자는 두 공장의 생산과정을 모두 관리한다고 할 때(즉 생산자의 관리는 공동생산요소임), 자본과 노동은 동질적이고 아무런 전문화가 이루어져 있지 않기 때문에 〈그림 6-11〉에서 생산가능곡선은 기울기의 부호가 음(−)인 직선 $AB$로 표시될 수 있다. 그러나 생산자가 떨어져 있는 두 공장을 왔다 갔다 하면서 관리하는 것보다는 두 공장을 통합해서 관리하는 것이 생산자의 주어진 시간으로부터 얻을

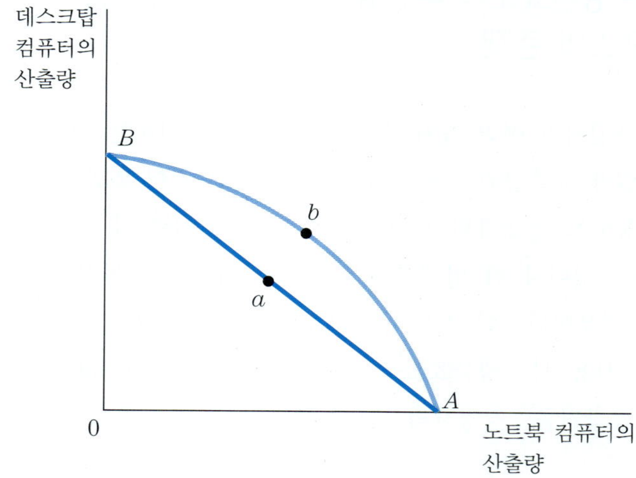


**그림 6-11 생산가능곡선: 생산물별로 요소의 투입량을 정확하게 구별할 수 없는 경우**
동질적인 노동과 자본을 고용하고 있는 생산자가 데스크탑 컴퓨터를 생산하는 공장과 노트북 컴퓨터를 생산하는 공장을 따로 가동시키면서 모든 노동과 자본을 각 공장에 반씩 투입할 때 점 $a$로 표시된 산출량 조합을 얻을 수 있지만, 공장을 하나로 합하는 경우에는 공동생산요소의 이점 때문에 동일한 투입량으로 점 $b$와 같이 보다 많은 산출량 조합을 생산할 수 있다. 이처럼 공동생산요소가 존재하는 경우에도 생산가능곡선은 원점에 대하여 오목한 형태를 지닌다.

수 있는 관리의 효율이 높기 때문에 두 상품의 산출량은 늘어날 것이다.

두 가지 생산물을 분리된 두 공장에서 따로 생산하는 경우, 가령 생산자가 고용하고 있는 모든 노동과 자본을 각 공장에 반씩 투입한다면 그림에서 점 $a$로 표시된 산출량 조합 밖에는 얻을 수 없을 것이다. 그러나 하나의 공장에서 데스크탑 컴퓨터와 노트북 컴퓨터를 함께 생산하는 경우에는 생산자의 관리라는 공동생산요소의 효율적 활용으로 인해 동일한 투입량으로 점 $b$의 산출량 조합을 얻을 수 있다. 이와 같이 공동생산요소가 존재하는 경우에도 생산가능곡선은 원점에 대하여 오목한 형태를 지닌다.

이처럼 공동생산요소의 활용으로 기술적 효율성이 높아지면 동일한 산출량 조합을 생산하더라도 비용이 절감되는데, 이를 흔히 **범위의 경제**(economies of scope)라고 부른다. 다음 장에서 비용이론을 공부한 후에 범위의 경제를 어떻게 측정하는지 살펴보도록 하자.

## 6.6 기술진보

기술은 생산활동에 적용될 수 있는 모든 지식을 총체적으로 의미하는 개념이며, 이러한 지식이 증가하는 현상을 **기술진보**(technological progress)라고 한다. 기술진보는 교육, 현장훈련(on-the-job training), 작업장에서의 경험 등을 통해 근로자의 인적자본이 축적되거나 생산공정에 관한 새로운 지식이 출현하였을 때 발생한다. 이외에도 낡은 자본을 새로운 첨단자본으로 대체하거나 혁신적인 경영기법을 도입하는 것도 기술진보를 촉진한다. 기술진보는 노동과 자본의 생산성을 향상시키기 때문에 같은 양의 생산요소를 투입하더라도 더 많은 산출량을 생산할 수 있다.

기술진보에 따라 노동과 자본 중에서 어느 쪽의 생산성 증가율이 더 높아지는가에 따라 그 유형을 분류할 수 있다. 기술진보에 의해 자본과 노동의 생산성이 똑같은 비율로 증가하는 경우를 **중립적 기술진보**(neutral technological progress)라고 한다. 기술진보가 자본보다는 노동의 생산성을 더욱 높이는 경우 **자본절약적 기술진보**(capital-saving technological progress)가 발생했다고 하며, 반대인 경우에 **노동절약적 기술진보**(labor-saving technological progress)가 발생하였다고 부른다.

〈그림 6-12〉의 (a), (b)와 (c)는 모두 기술진보를 표시하고 있다. 기술진보가 이루어지기 전 임의의 어떤 투입점 $a$에서 산출량 $x_1$을 생산하였다고 하자. 기술진보가 일어나면 같은 투입점 $a$에서 생산할 수 있는 산출량은 $x_1$보다 많은 $x_2$로 증가한다. 〈그림 6-12〉의 (a)는 중립적 기술진보를 나타내고 있다. 기술진보에 의해 자본과 노동의 한계생산물은 똑같은 비율로 증가하기 때문에, 산출량 $x_2$의 등량선은 산출량 $x_1$의 등량선과 정확하게 겹친다. 즉 중립적 기술진보의 경우 어떤 투입점에서도 그 점의 한계기술대체율은 변하지 않는다. 자본절약적 기술진보는 〈그림 6-12〉의 (b)에 표시되어 있다. 기술진보에 의해 자본보다는 노동의 한계생산물이 더 많이 증가하기 때문에 어떤 투입점에서도 한계기술대체율은 증가한다. 노동보다는 자본의 한계생산물을 더 많이 증가시키는 노동절약적 기술진보가 발생하면 〈그림 6-12〉의 (c)에 표시된 것처럼 어떤 투입점에서도 한계기술대체율은 감소한다.

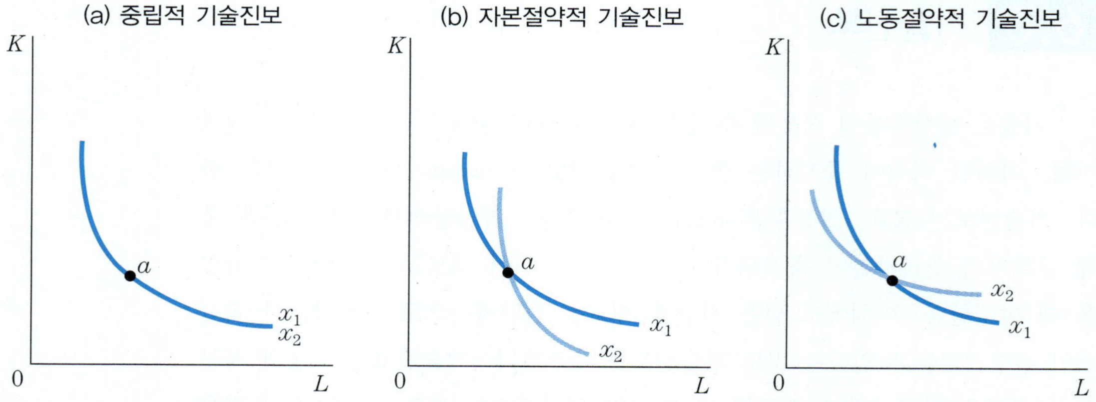


**그림 6-12 기술진보의 유형**

자본과 노동의 한계생산물이 똑같은 비율로 증가하는 중립적 기술진보가 발생하면, $x_1$보다 많은 산출량 $x_2$의 등량선은 산출량 $x_1$의 등량선과 정확하게 겹친다. 자본보다는 노동의 한계생산물이 더 많이 증가하는 자본절약적 기술진보가 이루어지면, 어떤 투입점에서도 한계기술대체율은 증가한다. 노동보다는 자본의 한계생산물을 더 많이 증가시키는 노동절약적 기술진보가 발생하면 한계기술대체율은 감소한다.

다음 장에서 비용이론을 공부하면, 노동과 자본의 가격에 아무런 변화가 없더라도 자본절약적 기술진보가 이루어지는 경우에 자본노동비율은 감소하고 반대의 경우에는 자본노동비율은 증가한다는 점을 이해할 수 있을 것이다.

# 요 약

1 생산자의 생산활동에 관한 제약은 수요의 제약과 공급의 제약으로 구분될 수 있다. 수요의 제약은 정해진 산출량을 얼마나 높은 가격으로 판매할 수 있는가에 관한 것으로 생산자가 직면하는 수요곡선의 형태로 결정되며, 공급의 제약은 정해진 산출량을 얼마나 낮은 비용으로 생산할 수 있는가에 관한 것으로 생산기술, 생산요소의 가격 등으로 결정된다.

2 주어진 산출량을 생산할 수 있는 노동과 자본의 여러 조합을 의미하는 생산기술의 내용은 생산자에게 주어진 기간이 단기인가 아니면 장기인가에 따라 달라지며, 단기는 생산요소 중 고정요소가 한 가지 이상 존재하는 기간이고 장기는 모든 생산요소가 가변요소인 기간이다.

3 생산기술의 볼록성은 주어진 산출량 $x_1$을 생산할 수 있는 두 투입점을 잇는 직선의 어떤 투입점에서도 산출량은 $x_1$보다 많거나 같다는 가정이다.

4 주어진 산출량을 생산할 수 있는 투입점들을 연결한 곡선을 등량선이라고 부르며, 등량선의 한 점에서의 기울기의 절대값을 그 점에서의 한계기술대체율이라고 한다. 노동과 자본의 한계생산물이 모두 0보다 클 때 생산기술의 볼록성 가정 때문에 한계기술대체율은 노동투입량의 증가에 따라 체감한다(즉 등량선은 원점에 대하여 볼록하다).

5 장기의 생산기술에 관한 정보를 규모의 탄력도, 요소의 대체탄력도 등으로 표시할 수 있다. 자본과 노동의 투입량을 모두 동일한 배수로 증가시켜서 산출량을 증가시키는 것을 규모의 변화라고 한다. 규모의 탄력도 $E_{\lambda}^{x}$는 규모의 변화에 대하여 산출량이 증가하는 정도를 나타내며, 어떤 산출량 $x$에서 그 크기가 탄력적인지 아니면 비탄력적인지에 따라 다음과 같이 정의한다.

$E_{\lambda}^{x} > 1$ → 산출량 $x$에서 규모에 대한 수익 체증
$E_{\lambda}^{x} = 1$ → 산출량 $x$에서 규모에 대한 수익 불변
$E_{\lambda}^{x} < 1$ → 산출량 $x$에서 규모에 대한 수익 체감

6 규모를 변화시켜 산출량을 증가시킬 때 처음에는 규모에 대한 수익 체증이 나타나다가 결국에는 규모에 대한 수익 체감이 발생하는 것이 일반적이다.

7 자본노동비율의 변화율을 한계기술대체율의 변화율로 나눈 것을 요소의 대체탄력도라고 하며, 자본과 노동 사이의 기술적 대체 가능성을 측정하는 개념이다.

8 단기의 생산기술은 노동의 총생산물곡선, 평균생산물곡선과 한계생산물곡선으로 표시될 수 있으며, 보편적 특징은 한계생산물 체감의 법칙이다. 한계생산물 체감의 법

칙은 자본의 투입량을 고정시킨 채 노동투입량만을 증가시키면 결국에 노동의 한계생산물은 감소한다는 것이다.

**9** 노동의 평균생산물곡선($AP_L$곡선)과 한계생산물곡선($MP_L$곡선)의 관계로부터 우리는 평균값과 한계값 사이의 관계를 다음과 같이 정리할 수 있다.

한계값 > 평균값 → 평균값 증가
한계값 = 평균값 → 평균값 불변
한계값 < 평균값 → 평균값 감소

**10** 자본투입량이 고정되어 있는 단기에 노동의 평균생산물이 증가하는 구역($MP_K<0$, $MP_L>0$)을 생산의 제 1 단계, 노동의 평균생산물은 감소하지만 한계생산물은 0보다 큰 구역($MP_K>0$, $MP_L>0$)을 생산의 제 2 단계, 노동의 한계생산물이 0보다 작은 구역($MP_K>0$, $MP_L<0$)을 생산의 제 3 단계라고 한다.

**11** 생산가능곡선은 두 가지 이상의 생산물을 생산하는 생산자가 주어진 노동과 자본을 모두 투입해서 최대한 생산할 수 있는 산출량 조합을 연결한 것이다. 한 가지 생산물을 1단위 더 생산할 때 감소시켜야 하는 다른 생산물의 산출량을 의미하는 생산가능곡선의 기울기는 음(−)의 부호를 지니며, 그 절대값을 한계변환율이라고 부른다. 한계변환율이 체증하는 이유는 생산요소가 전문화되어 있거나 또는 공동생산요소의 활용 등으로 범위의 경제가 작용하기 때문이다.

**12** 생산기술은 교육, 경험의 축적, 첨단지식의 출현 등으로 진보하는데, 자본과 노동의 한계생산물이 똑같은 비율로 증가하는 것을 중립적 기술진보, 자본보다는 노동의 한계생산물이 더 많이 증가하는 하는 것을 자본절약적 기술진보 그리고 노동보다는 자본의 한계생산물이 더 많이 증가하는 것을 노동절약적 기술진보라고 부른다.

## 연습문제

**1** 어떤 기업의 생산함수는 $x=\min\{K/2, L\}$이다.

(1) $x=5$와 $x=10$에 대한 등량선을 그리시오.
(2) 한계기술대체율 $MRTS$를 설명하시오.
(3) 이 생산함수가 1차 동차임을 보이시오.
(4) 자본투입량 $K$가 10에 고정되어 있을 때 노동의 총생산물곡선, 한계생산물곡선과 평균생산물곡선을 그리시오.

**2** 어떤 기업의 생산함수는 $x=2K+L$이다.

(1) 한계기술대체율 $MRTS$를 구하시오.

(2) 자본투입량 $K$가 5에 고정되어 있는 단기에 노동의 총생산물곡선, 한계생산물곡선과 평균생산물곡선을 그리시오.

**3** 어떤 기업의 생산함수는 $x=\sqrt{KL}$이다.

(1) 한계기술대체율 $MRTS$를 구하시오.

(2) 생산기술의 볼록성이 만족되는지 보이시오.

(3) 규모의 탄력도 $E_{\lambda}^{x}$를 구하시오.

(4) 산출량의 노동투입에 대한 탄력도 $E_{L}^{x}$를 구하시오.

(5) 자본투입량 $K$가 16에 고정되어 있는 단기에 노동의 총생산물곡선, 한계생산물곡선과 평균생산물곡선의 방정식을 구하시오. 그리고 노동의 한계생산물이 체감하는지 설명하시오.

**4** 어떤 기업의 생산함수는 $x=KL$이다.

(1) 한계기술대체율 $MRTS$를 구하시오.

(2) 생산기술의 볼록성이 만족되는지 보이시오.

(3) 규모의 탄력도 $E_{\lambda}^{x}$가 1보다 큰 것을 설명하시오.

(4) 자본투입량 $K$가 16에 고정되어 있는 단기에 노동의 총생산물곡선, 한계생산물곡선과 평균생산물곡선을 그리시오.

**5** 어떤 기업의 생산함수는 $x=K^{1/3}L^{1/2}$이다.

(1) 한계기술대체율 $MRTS$를 구하시오.

(2) 요소의 대체탄력도 $\sigma$를 구하시오.

(3) 규모의 탄력도 $E_{\lambda}^{x}$가 1보다 작은 것을 설명하시오.

**6** 어떤 기업의 생산함수는 $x=100\sqrt{K+2L}$이다.

(1) 생산기술이 규모에 대한 수익 체증인지, 수익 체감인지 아니면 수익 불변인지 설명하시오.

(2) 노동의 한계생산물과 자본의 한계생산물이 체감하는 것을 보이시오.

(3) 이 기업에게는 생산의 제 2 단계만 존재하는 것을 보이시오.

**7** 어떤 기업의 생산함수는 $x=(L^{1/2}+K^{1/2})^{2}$이다.

(1) 이 생산함수는 몇차 동차인가?

(2) 한계기술대체율 $MRTS$와 요소의 대체탄력도 $\sigma$를 구하시오.

**8** 어떤 기업의 생산함수는 $x=LK+L$이다. 이 기업은 노동 $L$과 자본 $K$를 각각 3단위와 5단위 투입하는 점 $a$에서 최대로 18단위의 산출량을 생산할 수 있다. 그런데 노동투입량이 6단위이고 자본투입량이 2단위인 점 $b$에서도 최대 18단위의 산출량을 생산할 수 있다. 점 $a$와 $b$ 사이의 요소의 대체탄력도를 구하시오.

**9** 어느 기업의 생산함수는 $x = \frac{K(-L^3 + 12L^2 + 50L)}{100}$ 이다. 자본투입량 $K$가 100에 고정되어 있는 단기에 노동의 평균생산물과 한계생산물이 일치하는 노동의 투입량을 구하시오.

**10** 자본의 투입량은 고정되어 있는 단기에 $X$재를 두 군데의 공장(공장 1과 2)에서 생산하는 어느 기업이 있다고 하자. 공장 1과 2의 노동의 총생산물곡선의 방정식은 각각 $x = 10L_1 - 0.5L_1^2$과 $x = 8L_2 - 0.25L_2^2$이다($L_1$과 $L_2$는 공장 1과 2에서의 노동투입량임). 이 기업이 현재 116명의 근로자를 고용하고 있다고 할 때 각 공장에 몇 명씩 배정하는 것이 산출량을 극대화할 수 있는 방법인가?

**11** 어느 기업의 생산함수가 기술진보로 $x = KL$에서 $x = KL^2$로 변했다고 하자. 이 기술진보가 중립적인지, 노동절약적인지 아니면 자본절약적인지 설명하시오.

**12** 동일한 기업의 두 등량선이 서로 교차할 수 없는 것을 설명하시오.

**13** 자본과 노동을 투입하여 $X$재를 두 군데의 공장에서 생산하는 어느 기업이 있다고 하자. 두 공장의 한계기술대체율이 서로 다르다면 두 공장 사이의 노동과 자본의 배분이 어떻게 잘못되었는지 설명하시오.

# 6-1 부록

## 한계생산물과 한계기술대체율

임의의 투입점에서 노동의 한계생산물 $MP_L$과 자본의 한계생산물 $MP_K$는 각각 노동투입량 $L$과 자본투입량 $K$에 대한 생산함수 $x=f(K, L)$의 1차편도함수이다. 즉 $MP_L=\partial x/\partial L$이고 $MP_K=\partial x/\partial K$이다.

미분을 사용해서 소비의 한계대체율이 한계효용의 비율임을 보일 때와 마찬가지로 등량선의 한 점에서의 기울기의 절대값인 한계기술대체율 $MRTS$ 역시 두 생산요소의 한계생산물의 비율로 표시되는 것을 다시 확인할 수 있다. 생산함수 $x=f(K, L)$에서 노동투입량 $L$과 자본투입량 $K$가 미세하게 변할 때 산출량 $x$의 변화는 다음의 식으로 나타낼 수 있다.

$$dx=\frac{\partial x}{\partial L}\,dL+\frac{\partial x}{\partial K}\,dK \tag{6-16}$$

그런데 주어진 등량선을 따라 이동할 때 산출량은 불변이기 때문에 $dx=0$이며, 위의 식에서 $dx=0$으로 놓고 정리하면 다음의 식을 구할 수 있다.

$$\frac{dK}{dL}=-\frac{MP_L}{MP_K} \tag{6-17}$$

따라서 한계기술대체율 $MRTS$는 다음과 같이 두 생산요소의 한계생산물의 비율로 표시된다.

$$MRTS=\left|\frac{dK}{dL}\right|=\left|\frac{MP_L}{MP_K}\right| \tag{6-18}$$

# 부록 6-2 여러 가지의 동차생산함수

## 동차생산함수의 중요한 특징

생산요소의 투입량과 생산물의 산출량에 관한 자료를 통계적으로 처리해서 생산기술을 표시하는 생산함수를 추정할 수 있다. 생산함수의 추정을 위해서는 먼저 특정한 형태의 생산함수를 가정하고 생산활동에 관한 자료가 그 생산함수와 부합하는지를 분석하는 것이 일반적이다. 생산함수를 추정할 때 빈도 높게 사용되는 생산함수의 형태는 동차생산함수이다.

동차생산함수는 앞에서 살펴본 몇 가지의 특징 이외에도 한계기술대체율이 자본노동비율에 의해서만 결정된다는 중요한 특징을 지닌다. 즉 동차생산함수에 있어서 자본과 노동을 $K$와 $L$만큼 투입하거나 $\lambda$배 증가시킨 $\lambda K$과 $\lambda L$만큼

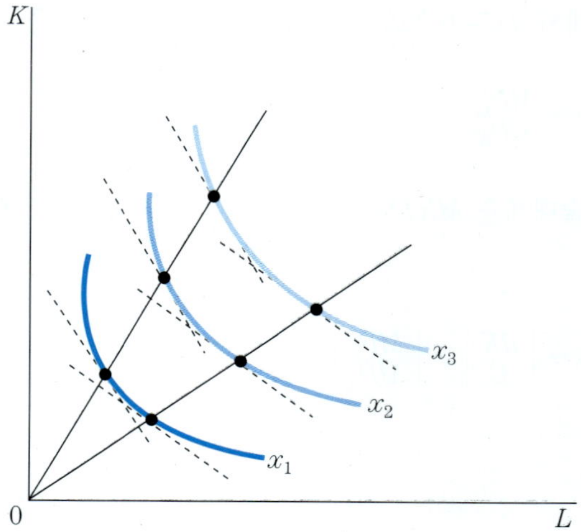


**그림 6-13 동차생산함수의 동량선지도**
동차생산함수의 경우에 한계기술대체율은 자본노동비율에만 의존하기 때문에, 원점으로부터의 어떤 직선에서도 한계기술대체율은 항상 일정하다.

투입하거나 한계기술대체율은 변하지 않는다. 이는 원점으로부터의 어떤 직선에서도 한계기술대체율이 일정하다는 것으로서 등량선지도가 〈그림 6-13〉과 같다는 것을 의미한다.

동차생산함수 중에서도 **레온티에프 생산함수**(Leontief production function), **선형 생산함수**(linear production), **콥-더글러스 생산함수**(Cobb-Douglas production function), **CES 생산함수**(constant elasticity of substitution production function) 등은 특히 자주 사용되는 함수형태이다.

## 레온티에프 생산함수

레온티에프 생산함수는 이미 〈그림 6-4〉의 (b)에서 살펴보았듯이 자본과 노동 사이에 기술적 대체성이 전혀 없는 생산기술을 표시하며, 이는 정해진 산출량을 최소의 생산요소 투입량으로 생산할 수 있는 자본노동비율이 단 한 가지밖에는 없음을 의미한다.

가령 생산물 1단위를 생산하기 위해 자본 $a$단위와 노동 $b$단위가 반드시 필요해서 정해진 산출량을 생산할 수 있는 자본노동비율은 $a/b$의 한 가지밖에 없는 경우를 생각해 보자. 자본의 투입량은 $a$에 고정시킨 채 노동투입량만 $2b$로 증가시키면 산출량은 $a/a$와 $2b/b$ 중의 최소값인 1개이고 노동투입량은 $b$에 고정시킨 채 자본투입량만 $2a$로 증가시켜도 산출량은 여전히 $2a/a$와 $b/b$ 중의 최소값인 1개이기 때문에, 이 경우의 레온티에프 생산함수는 다음과 같은 형태로 표시된다.

$$x = \min\left\{\frac{K}{a},\ \frac{L}{b}\right\} \qquad (6-19)$$

〈그림 6-14〉는 식 (6-19)의 레온티에프 생산함수로부터 유도된 등량선지도이다. 1개의 산출량을 생산할 수 있는 등량선은 그림과 같이 꼭지점이 직선 $0A$의 한 점에 놓이는 ㄴ자 형태가 되며, 산출량을 증가시키려면 $a/b$의 기울기를 지니는 직선 $0A$를 따라 노동과 자본투입량을 동일한 배수로 증가시켜야 하기 때문에 다른 등량선도 그 꼭지점이 직선 $0A$에 놓이는 ㄴ자 형태가 된다.

레온티에프 생산함수는 1차 동차함수이기 때문에 규모에 대한 수익 불변

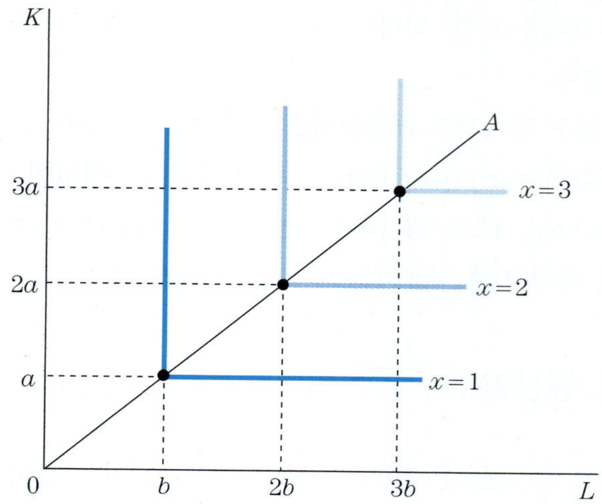


**그림 6-14 레온티에프 생산함수의 등량선지도**
자본과 노동 사이에 기술적 대체가 전혀 불가능한 레온티에프 생산함수의 등량선은 꼭지점이 직선 $0A$에 위치하는 ㄴ자 형태를 지니며, 산출량을 증가시키려면 직선 $0A$를 따라 노동과 자본의 투입량을 동일한 배수로 증가시켜야 한다.

의 현상이 항상 나타나는 생산기술이고 앞에서 식 (6-7)을 정의할 때 설명한 것처럼 요소의 대체탄력도 $\sigma$가 0이다. 기술적으로 생산공정이 한 가지밖에 없어서 자본과 노동 사이에 기술적 대체가 전혀 불가능하다는 것을 의미하는 레온티에프 생산함수는 비현실적이기는 하지만, 생산활동을 단순하게 표시할 수 있기 때문에 경제의 거시적 분석에 자주 활용된다.

## 선형 생산함수

레온티에프 생산함수와는 반대로 자본과 노동 사이에 기술적 대체가 완전한 생산기술은 다음과 같은 선형 생산함수로 표시될 수 있다.

$$x = \alpha K + (1 - \alpha)L \quad (6\text{-}20)$$

식 (6-20)의 생산함수에서 $x_1$의 산출량을 나타내는 등량선을 구해보기로 하자. 생산함수의 식에 산출량 $x_1$을 대입하면 $x_1 = \alpha K + (1-\alpha)L$이 되는데, 이

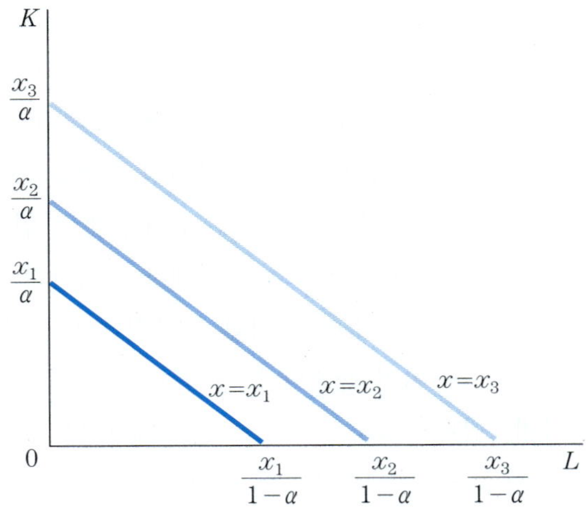


**그림 6-15 선형 생산함수의 등량선지도**
선형 생산함수는 자본과 노동 사이에 기술적 대체가 완전한 생산기술을 의미하며, 그 등량선지도는 기울기가 음(-)의 부호를 지니는 직선이다.

를 자본에 대하여 정리하면 다음과 같다.

$$K = -\frac{(1-\alpha)L}{\alpha} + \frac{x_1}{\alpha} \tag{6-21}$$

식 (6-21)은 〈그림 6-15〉에서 $-(1-\alpha)/\alpha$의 기울기를 지니는 직선으로 표시되며, 이는 산출량 $x_1$을 생산할 수 있는 자본과 노동 사이의 관계를 표시하는 등량선이고 다른 산출량의 등량선 역시 동일한 기울기를 지니는 직선이다. 이처럼 식 (6-20)의 선형 생산함수는 자본과 노동을 항상 같은 한계기술대체율 $(1-\alpha)/\alpha$로 대체할 수 있는 생산기술을 표시하며, 요소의 대체탄력도 $\sigma$는 $\infty$이다. 우리는 선형 생산함수 역시 레온티에프 생산함수와 마찬가지로 1차 동차함수임을 쉽게 확인할 수 있다.

## 콥-더글러스 생산함수

생산함수를 추정할 때 가장 빈도 높게 사용되었던 함수형태는 다음과 같은 콥-더글라스 생산함수이다.

$$x = AK^{\alpha}L^{\beta} \qquad (6\text{-}22)$$

식 (6-22)에서 $A$는 양(+)의 상수이며, $\alpha$와 $\beta$는 각각 0과 1 사이의 상수이다. 이 콥-더글라스 생산함수는 다음과 같은 몇 가지의 특징을 지닌다.

첫째, $(\alpha+\beta)$차 동차함수이다. 이는 자본과 노동의 투입량을 $\lambda$배 변화시킬 때 $A(\lambda K)^{\alpha}(\lambda L)^{\beta} = \lambda^{\alpha+\beta}AK^{\alpha}L^{\beta} = \lambda^{\alpha+\beta}x$의 관계가 성립하기 때문이다. $(\alpha+\beta)$차 동차생산함수의 경우 앞서 설명한 것처럼 규모의 탄력도 $E_{\lambda}^{x}$는 $(\lambda^{\alpha+\beta}-1)/(\lambda-1)$이기 때문에 $\alpha+\beta>1$이면 산출량에 관계없이 규모에 대한 수익 체증의 현상이 항상 나타나며, 반대로 $\alpha+\beta<1$이면 규모에 대한 수익 체감의 현상이 항상 발생한다. 그리고 $\alpha+\beta=1$인 경우에는 규모에 대한 수익 불변의 현상이 항상 발생한다.

둘째, 동차생산함수이기 때문에 자본노동비율이 일정한 어떤 점에서도 한계기술대체율은 같다. 이를 확인하기 위해서 우선 노동의 한계생산물 $MP_L$과 자본의 한계생산물 $MP_K$를 구하면, $MP_L = \partial x/\partial L = \beta AK^{\alpha}L^{\beta-1}$이고 $MP_K = \partial x/\partial K = \alpha AK^{\alpha-1}L^{\beta}$이다. 따라서 $MRTS = MP_L/MP_K = (\beta/\alpha)(K/L)$이며, 동차함수인 콥-더글라스 생산함수의 한계기술대체율은 자본노동비율만의 함수로서 자본노동비율이 일정한 어떤 점에서도 한계기술대체율은 일정하다는 것을 알 수 있다.

셋째, 콥-더글라스 생산함수에서 $A$, $\alpha$와 $\beta$는 양 (+)의 상수이기 때문에 노동의 한계생산물인 $\beta AK^{\alpha}L^{\beta-1}$은 항상 0보다 크다. 또한 $\beta$는 0과 1 사이의 상수이기 때문에 노동의 한계생산물을 다시 노동의 투입량으로 편미분한 결과인 $(\beta-1)\beta AK^{\alpha}L^{\beta-2}$의 부호는 항상 음(-)이다. 자본의 한계생산물도 마찬가지이기 때문에, 콥-더글라스 생산함수에서 자본과 노동의 한계생산물은 산출량에 관계없이 항상 0보다 클 뿐 아니라 처음부터 체감한다. 이는 콥-더글라스 생산함수의 경우 앞서 설명한 생산의 3단계 중에서 노동의 평균생산물이 증가하는 제1단계와 노동의 한계생산물이 음(-)이 되는 제3단계는 존재하지 않는다는 것을 의미한다.

넷째, 요소의 대체탄력도는 항상 1이다. 위에서 구했지만 콥-더글러스 생산함수에서 $MRTS = (\beta/\alpha)(K/L)$이다. 따라서 앞의 식 (6-7)에서 정의한 요소의 대체탄력도 공식인 $\sigma = \dfrac{\Delta(K/L)/(K/L)}{\Delta MRTS/MRTS} = \dfrac{\Delta(K/L)}{\Delta MRTS}\dfrac{MRTS}{K/L}$에서 $\dfrac{\Delta(K/L)}{\Delta MRTS}$와 $\dfrac{MRTS}{K/L}$는 각각 $\alpha/\beta$와 $\beta/\alpha$가 되기 때문에 요소의 대체탄력도 $\sigma$는 1이다.

다섯째, $A$, $\alpha$와 $\beta$의 크기는 특별한 의미를 갖는다. 먼저 $A$가 크다는 것은 주어진 투입량으로 많은 산출량을 생산할 수 있다는 것을 의미하기 때문에, $A$를 **효율계수**(efficiency parameter)라고 한다. $\alpha$와 $\beta$의 의미를 살펴보기 위해 자본의 변화에 대하여 산출량이 변하는 정도를 표시하는 탄력도 $E_K{}^x$와 노동의 변화에 대한 산출량의 변화정도를 나타내는 탄력도 $E_L{}^x$를 계산한 결과는 다음과 같다.

$$\begin{aligned} E_K{}^x &= \frac{\Delta x/x}{\Delta K/K} = \frac{\Delta x}{\Delta K} \cdot \frac{K}{x} \\ &= MP_K \cdot \frac{K}{x} = \alpha A K^{\alpha-1}L^{\beta} \cdot \frac{K}{AK^{\alpha}L^{\beta}} = \alpha \end{aligned} \qquad (6\text{-}23)$$

$$\begin{aligned} E_L{}^x &= \frac{\Delta x/x}{\Delta L/L} = \frac{\Delta x}{\Delta L} \cdot \frac{L}{x} \\ &= MP_L \cdot \frac{L}{x} = \beta A K^{\alpha}L^{\beta-1} \cdot \frac{L}{AK^{\alpha}L^{\beta}} = \beta \end{aligned} \qquad (6\text{-}24)$$

식 (6–23)와 (6–24)에 의해 $\alpha$는 산출량의 자본투입량에 대한 탄력도이고 $\beta$는 산출량의 노동투입량에 대한 탄력도라는 사실을 알 수 있다. 이 밖에도 $\alpha$ 또는 $\beta$는 산출량 중에서 자본 또는 노동에 대한 분배비율을 표시한다. 투입된 자본과 노동의 각 단위에 대해 그 한계생산물만큼을 지급한다면, 산출량 중에서 자본에 대한 분배비율 $(K \cdot MP_K)/x$와 노동에 대한 분배비율 $(L \cdot MP_L)/x$는 다음과 같다.

$$\frac{K \cdot MP_K}{x} = \frac{K \cdot \alpha AK^{\alpha-1}L^{\beta}}{x} = \alpha \qquad (6\text{-}25)$$

$$\frac{L \cdot MP_L}{x} = \frac{L \cdot \beta AK^{\alpha}L^{\beta-1}}{x} = \beta \qquad (6\text{-}26)$$

위 두 식 때문에 $\alpha$와 $\beta$를 흔히 **분배계수**(distribution parameter)라고도 부른다. 투입된 자본과 노동의 각 단위에 대하여 그 한계생산물이 지급되는 이유는 나중에 생산요소시장을 분석할 때 살펴보기로 하자.

## CES 생산함수

콥-더글라스 생산함수는 통계적으로 추정하기가 비교적 쉬울 뿐 아니라 계수 $A$, $\alpha$와 $\beta$의 크기가 매우 유용한 의미를 지니기 때문에 자주 추정되는 생산함수이다. 그러나 생산자가 달라지면 자본과 노동 사이의 기술적 대체정도도 달라지는 것이 일반적인데도 불구하고 콥-더글라스 생산함수에서는 $A$, $\alpha$와 $\beta$의 크기에 관계없이 요소의 대체탄력도 $\sigma$가 항상 1이 된다. 콥-더글라스 생산함수의 이러한 특징은 일반적인 생산기술이라고 할 수는 없으므로 생산자가 다르면 요소의 대체탄력도가 달라질 수 있도록 구성한 생산함수가 바로 다음과 같은 CES 생산함수이다.

$$x = A[\alpha K^{-\rho} + (1-\alpha)L^{-\rho}]^{-v/\rho} \tag{6-27}$$

식 (6-27)에서 $A$와 $v$는 양(+)의 상수이며, $\alpha$는 0과 1 사이의 상수이다. 또한 $\rho$는 0이 아닌 $-1$과 $\infty$ 사이의 상수이다. 이러한 CES 생산함수는 다음과 같은 특징을 지닌다.

첫째, $v$차 동차함수이다. 자본과 노동투입량을 모두 $\lambda$배 변화시키면 $A[\alpha(\lambda K)^{-\rho} + (1-\alpha)(\lambda L)^{-\rho}]^{-v/\rho} = (\lambda^{-\rho})^{-v/\rho} A[\alpha K^{-\rho} + (1-\alpha)L^{-\rho}]^{-v/\rho} = \lambda^v x$의 관계가 성립한다.

둘째, $v$차 동차함수이기 때문에 한계기술대체율은 자본노동비율에만 의존한다. 이를 확인하기 위해서 식 (6-27)로부터 우선 노동과 자본의 한계생산물을 구하면 다음과 같다.

$$\begin{aligned} MP_L &= \frac{\partial x}{\partial L} \\ &= -\frac{v}{\rho} A[\alpha K^{-\rho} + (1-\alpha)L^{-\rho}]^{(-v/\rho)-1} \cdot (-\rho)(1-\alpha)L^{-\rho-1} \end{aligned} \tag{6-28}$$

$$\begin{aligned} MP_K &= \frac{\partial x}{\partial K} \\ &= -\frac{v}{\rho} A[\alpha K^{-\rho} + (1-\alpha)L^{-\rho}]^{(-v/\rho)-1} \cdot (-\rho)\alpha K^{-\rho-1} \end{aligned} \tag{6-29}$$

따라서 한계기술대체율은 $[(1-\alpha)/\alpha] \cdot (K/L)^{1+\rho}$이며, 이 결과는 CES 생산함수의 한계기술대체율이 자본노동비율만의 함수라는 것을 보이고 있다.

셋째, 요소의 대체탄력도는 항상 $1/(1+\rho)$이다. 한계기술대체율 $MRTS$는 $[(1-\alpha)/\alpha]\cdot(K/L)^{1+\rho}$이므로 $\frac{\Delta MRTS}{\Delta(K/L)}=[(1+\rho)]\cdot[(1-\alpha)/\alpha]\cdot(K/L)^{\rho}$와 $\frac{MRTS}{(K/L)}=[(1-\alpha)/\alpha]\cdot(K/L)^{\rho}$의 관계가 성립한다. 따라서 요소의 대체탄력도 $\frac{\Delta(K/L)}{\Delta MRTS}\cdot\frac{MRTS}{K/L}$는 $1/(1+\rho)$가 된다. 이는 같은 생산자에 있어서는 산출량에 관계없이 요소의 대체탄력도가 항상 일정하지만, 생산자가 다른 경우에는 **대체계수**(substitution parameter)라고도 불리는 $\rho$값의 크기에 따라 요소의 대체탄력도가 다를 수 있다는 것을 의미한다.

넷째, CES 생산함수는 레온티에프 생산함수, 선형 생산함수와 콥-더글라스 생산함수를 모두 포함하는 일반적인 형태의 생산함수이다. CES 생산함수의 이러한 특징은 한계기술대체율을 살펴보면 금방 이해될 수 있다. CES 생산함수의 한계기술대체율인 $[(1-\alpha)/\alpha]\cdot(K/L)^{1+\rho}$에서 $\rho$가 0이면 한계기술대체율은 $[(1-\alpha)/\alpha]\cdot(K/L)$가 되는데, 이는 콥-더글라스 생산함수인 $x=AK^{\alpha}L^{1-\alpha}$의 한계기술대체율과 같다. 이 때문에 추정된 $\rho$값이 0에 가까우면 생산기술은 콥-더글라스 생산함수로 표시될 수 있다는 결론을 내릴 수 있다. $\rho$값이 $-1$이면 한계기술대체율은 $(1-\alpha)/\alpha$가 되는데, 이는 식 (6-20)의 선형 생산함수의 한계기술대체율과 같다. 따라서 추정된 $\rho$값이 $-1$에 가깝다면 생산기술은 요소의 대체탄력도가 $\infty$인 선형 생산함수라는 결론을 얻을 수 있다. $\rho$값이 $\infty$이면 CES 생산함수에서 $MRTS=[(1-\alpha)/\alpha]\cdot(K/L)^{1+\rho}$이므로 $MRTS$는 $K$가 $L$보다 큰 경우에 $\infty$가 되고 $K$가 $L$보다 작은 경우에는 0이 된다. 즉 $\rho$값이 $\infty$에 가깝게 나오면, 생산기술을 잘 표시할 수 있는 생산함수는 요소의 대체탄력도가 0인 레온티에프 생산함수라는 결론을 내려도 무방하다.

다섯째, $A$와 $\alpha$는 각각 효율계수와 분배계수로서의 의미를 지닌다. $A$가 효율계수인 이유는 콥-더글라스 생산함수의 경우와 같지만, $\alpha$가 분배계수로서의 성격을 지니는 것은 쉽게 이해되기가 어렵다. 투입된 자본과 노동의 각 단위에 대해 그 한계생산물이 지급되는 경우 노동의 자본에 대한 분배비율을 구하면 다음과 같다.

$$\begin{aligned}\frac{MP_L\cdot L}{MP_K\cdot K}&=MRTS\cdot\frac{L}{K}=\frac{1-\alpha}{\alpha}\cdot\left(\frac{K}{L}\right)^{1+\rho}\cdot\frac{L}{K}\\&=\frac{1-\alpha}{\alpha}\cdot\left(\frac{K}{L}\right)^{\rho}\end{aligned}\qquad(6\text{-}30)$$

따라서 주어진 자본노동비율 $K/L$과 $\rho$값에 대하여 노동의 자본에 대한 분배비율은 $\alpha$에 의해 결정되기 때문에, CES 생산함수에서 $\alpha$를 분배계수라고 부른다.

생산자가 생산활동에 관한 선택을 할 때 직면하는 공급의 제약(즉 생산비용의 제약)은 주로 생산기술이 결정한다. 똑같은 산출량을 생산하더라도 생산기술에 따라 생산비용이 많이 들 수도 있고 적게 들 수도 있기 때문이다. 이 장에서는 제6장에서 공부한 생산기술의 여러 가지 개념들이 구체적으로 어떻게 생산비용의 제약을 결정하는지 살펴보기로 한다.

이를 위하여 먼저 정해진 산출량을 생산하기 위한 비용의 극소화 조건이 무엇인지를 살펴보기로 한다. 그리고 이에 기초해서 장기비용곡선들을 도출하고 장기 생산기술의 여러 특징이 장기비용곡선의 형태에 어떻게 반영되는지를 알아보기로 한다. 또한 단기의 비용극소화 조건으로부터 단기비용곡선들을 유도하고 단기 생산기술의 일반적 특징이라고 할 수 있는 한계생산물 체감의 법칙 때문에 단기의 총비용곡선, 한계비용곡선, 평균비용곡선 등은 어떤 형태를 지니게 되는지 살펴보기로 한다.

# 제 7 장

# 비용이론

## 7.1 비용의 분류

생산자가 정해진 산출량을 가장 낮은 비용으로 생산할 수 있는 조건이 무엇인가를 살펴보기 전에 합리적 선택을 위한 비용의 올바른 측정에 관해서 알아보기로 한다.

제1장에서 살펴본 것처럼 합리적 선택을 하는 경제단위는 어떤 선택의 비용을 기회비용의 관점에서 계산한다. 기회비용은 금전의 지출을 수반하는 **명시적 비용**(explicit costs)과 그렇지 않은 **암묵적 비용**(implicit costs)을 포함한다. 생산자의 명시적 비용으로는 노동시장에서 고용한 노동에 대한 임금, 금융기관으로부터의 대출자금에 대한 이자, 임차한 자본재에 대한 임료, 원자재 구입비용 등을 들 수 있다. 암묵적 비용의 예는 생산자 자신 소유의 건물을 남에게 임대하지 않고 생산활동에 사용함으로써 포기한 그 건물의 임대료 등이다.

명시적 비용만을 고려한 비용의 개념을 **회계적 비용**(accounting costs)이라고 하며, 명시적 비용 이외에 암묵적 비용까지 포함시킨 비용의 개념을 **경제적 비용**(economic costs)이라고 부른다. 즉 기회비용의 관점에서 비용을 계산한 것이 경제적 비용이다. 이윤의 극대화를 추구하는 합리적 생산자는 경제적 비용에 기초해서 의사결정을 한다.

눈에 뜨이지 않지만 올바른 의사결정을 위해서는 반드시 고려되어야 하는 암묵적 비용과는 달리 고려해서는 안 되는 비용도 있는데, **매몰비용**(sunk costs)이 바로 그러한 비용이다. 어떤 선택의 매몰비용은 그 선택의 비용 중에서 선택을 하는 순간 이미 회수가 불가능해지거나 또는 계약 때문에 지출을 피할 수 없는 비용이다. 예컨대 어떤 기계의 구입가격이 1억원이고 중고로 되팔면 4천만원 밖에는 받을 수 없다고 할 때 그 기계를 구입하자마자 6천만원은 회수가 불가능한 매몰비용이 된다. 또한 공장건물을 1년 동안 1천만원에 임차하기로 계약하는 순간 전대(sublease)와 계약 파기가 불가능하다면 1천만원의 임차료는 반드시 지불되어야 하는 매몰비용이다. 일단 발생한 매몰비용에 대해서는 향후의 선택에서 고려하지 말아야 한다.

생산비용 중에서 산출량에 따라 변하는 비용을 **가변비용**(variable costs)이라 하고 산출량에 관계없이 고정되어 있는 비용을 **고정비용**(fixed costs)이라 한다. 제 6 장에서 우리는 노동과 자본의 두 가지 생산요소만 존재하며, 단기에는 노동만이 가변요소이고 장기에는 두 생산요소 모두 가변요소라고 가정하였다. 이러한 가정 때문에 노동과 자본 모두 그 투입량을 변화시키면 산출량도 변하지만 단기에는 노동에 대한 비용이 가변비용이고 자본에 대한 비용은 고정비용이 된다. 그리고 장기에는 고정비용은 존재하지 않고 모든 비용은 가변비용이 된다.

고정비용 중 상당한 부분을 매몰비용이 차지하는 것이 일반적이다. 공장건물을 일정기간 1천만원에 임차하였을 때 언제라도 3백만원에 전대하는 것이 가능하다면 1천만원 중 7백만원이 매몰비용이고 나머지는 공장을 가동하지 않으면 지불할 필요가 없는 비용(즉 비매몰비용)이다. 또는 어느 생산자가 구입한 기계가 다른 생산자에게는 아무런 쓸모가 없어서 되팔 수 없을 때 그 구입비용은 모두 매몰비용이다. 이 책에서는 별도의 언급이 없을 때는 모든 고정비용이 매몰비용이라고 가정한다.

비용을 개인적 입장에서 계산하는가 아니면 사회 전체의 입장에서 계산하는가에 따라 비용의 크기가 달라질 수 있다. 예를 들어 어느 생산자의 생산활동 때문에 대기가 오염된다고 하자. 이때 인건비, 원자재 구입비 등 생산자 개인의 입장에서 계산한 비용을 **사적 비용**(private costs)이라고 할 수 있고 사회 전체의 입장에서 오염된 대기로 인해서 사회가 겪는 고통까지 계산한 비용을 **사회적 비용**(social costs)이라고 할 수 있다. 또 다른 예로 과수원에서 과일을 생산한다는 경제활동을 생각할 수 있다. 봄철에 과수원에서 피는 꽃은 근처에 양봉업자가 꿀을 채취하는 데 큰 도움을 주기 때문에 대기오염처럼 사회적 비용이 사적 비용보다 많은 경우와 달리 과일을 생산한다는 경제활동의 사회적 비용은 사적 비용보다 양봉업자가 얻는 도움만큼 적다. 경제활동의 사적 비용과 사회적 비용이 일치하지 않고 개인이 사회적 비용을 고려하지 않을 때 나중에 설명하는 것처럼 경제 전체의 자원배분은 비효율성을 지닌다.

# 7.2 장기비용

## 장기비용의 극소화

주어진 산출량을 최소의 비용으로 생산할 수 있는 노동과 자본의 투입량(즉 투입점)이 어떻게 선택되는가를 이해하기 위해서는 생산자가 노동 또는 자본을 1단위 투입할 때 지불하는 가격을 먼저 정의해야 한다.

노동의 투입량을 일정기간의 노동시간으로 표시한다면 노동 1단위의 가격은 시간당 임금의 개념이 된다. 마찬가지로 자본의 투입량은 일정기간 자본재 1단위가 제공하는 서비스의 양이기 때문에, 자본 1단위의 가격은 일정기간 자본재 1단위를 임차할 때의 임료(rental rate of capital)이다. 앞에서 설명한 것처럼 생산자는 암묵적 비용까지 포함하는 경제적 비용에 기초해서 의사결정을 하기 때문에 자본재를 임차하는 않고 구입해서 사용한다고 해도 자본 1단위의 가격은 그 자본재를 다른 생산자에게 임대했을 때의 암묵적 임료이다. 우리는 앞으로 시간당 임금과 자본재의 임료를 각각 $w$와 $r$이라고 표시하고 임금과 자본의 가격이라고 부르기로 한다. 또한 앞으로 별도의 언급이 없을 때는 생산자가 아무리 많은 노동과 자본을 투입하더라도 그 가격에는 아무런 영향을 미칠 수가 없다고 가정한다.

이제 노동과 자본 모두 가변요소인 장기의 경우 주어진 산출량을 최소의 비용으로 생산할 수 있는 투입점을 어떻게 선택할 수 있는지 살펴보기로 하자. 자본과 노동을 $K$와 $L$만큼 투입할 때의 비용은 $rK+wL$이기 때문에, 생산자가 주어진 비용 $C_0$으로 선택할 수 있는 여러 가지의 투입점은 다음의 식으로 나타낼 수 있다.

$$C_0 = rK + wL \qquad (7-1)$$

수평축과 수직축이 각각 일정기간의 노동과 자본의 투입량을 나타내는 평면에 식 (7-1)을 표시하면, 〈그림 7-1〉에 표시된 것처럼 기울기는 $-w/r$이고 수직축과 수평축의 절편이 각각 $C_0/r$과 $C_0/w$인 직선을 얻을 수 있다. 이는 주어진 비용으로 생산자가 선택할 수 있는 여러 가지 투입점을 나타내기 때문에 **등비용선**(isocost line)이라고 불린다. 등비용선의 기울기의 절대값 $w/r$은 노동을 1단위 더 투입할 때 감소시켜야 하는 자본의 투입량을 표시한다. 주어진 비용의 크기에 따라 무수한 등비용선을 그릴 수 있지만 〈그림 7-1〉에는 주어진 비용이 $C_0$, $C_1$과 $C_2$일 때의 세 가지 등비용선이 표시되어 있다($C_0 < C_1 < C_2$).

> 등비용선은 생산자가 주어진 비용으로 선택할 수 있는 모든 투입점들의 집합이며, 그 기울기는 노동 1단위를 추가로 고용할 때 감소시켜야 하는 자본의 투입량을 표시한다.

생산자가 생산하려는 산출량이 $x_1$이라고 할 때 이를 최소의 비용으로 생산할 수 있는 자본과 노동의 투입량을 구해보기로 하자. 〈그림 7-1〉에는 등비용선과 함께 주어진 산출량 $x_1$을 표시하는 등량선이 그려져 있다. $C_0$의 비용으로는 주어진 산출량 $x_1$을 생산하는 것이 기술적으로 불가능하며, $C_3$는 $x_1$을 생산할 수는 있지만 최소의 비용은 아니다. 결국 $x_1$의 산출량을 최소의 비용으로

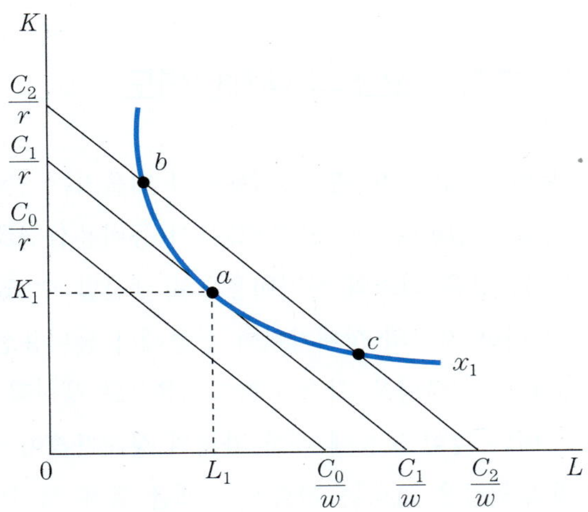


**그림 7-1 장기비용의 극소화**
$C_0$의 비용을 표시하는 등비용선의 어떤 점도 주어진 산출량 $x_1$을 생산할 수 있는 투입점이 아니며, $C_2$의 비용을 표시하는 등비용선의 점 $b$ 또는 $c$는 $x_1$을 생산할 수는 있지만 최소비용의 투입점이 아니다. 결국 $x_1$의 산출량을 최소의 장기비용으로 생산할 수 있는 투입점은 $C_1$의 비용을 표시하는 등비용선과 $x_1$의 등량선이 접하는 점 $a$가 된다.

생산할 수 있는 투입점은 $C_1$의 비용을 표시하는 등비용선과 등량선이 접하는 점 $a$이다. 즉 투입점 $a=(L_1, K_1)$에서 장기비용의 극소화가 이루어지기 위해 필요한 조건은 다음과 같다.

$$MRTS\left(=\frac{MP_L}{MP_K}\right)=\frac{w}{r} \tag{7-2}$$

식 (7-2)의 조건은 다음과 같이 바뀔 수 있다.

$$\frac{MP_L}{w}=\frac{MP_K}{r} \tag{7-3}$$

식 (7-3)의 의미는 장기비용이 극소화되었을 때 각 생산요소의 1원당 한계생산물이 같아야 한다는 것이다. 등비용선보다 등량선의 기울기가 가파른 〈그림 7-1〉의 점 $b$에서는 노동의 1원당 한계생산물이 자본보다 크며, 반대인 점 $c$에서는 자본의 1원당 한계생산물이 노동보다 크다. 이 때문에 점 $b$에서는 $x_1$의 등량선을 따라 자본의 투입량을 줄이는 대신에 노동의 투입량을 늘리고 점 $c$에서는 반대로 노동의 투입량을 줄이는 대신에 자본의 투입량을 증가시키면 $x_1$의 산출량을 생산하기 위한 장기비용이 감소하여 점 $a$에서 극소화된다.

## 생산요소의 가격변화와 요소의 대체탄력도

임금 또는 자본의 가격이 변하면 등비용선의 기울기는 변하고 장기비용의 극소화를 위한 투입점도 변한다. 〈그림 7-2〉에서 등비용선 $AB$와 등량선이 접하는 점 $a$는 $x_1$의 산출량을 최소의 장기비용으로 생산할 수 있는 투입점이다. 이 상태에서 노동에 대한 자본의 상대가격이 상승해서 등비용선이 완만한 기울기의 $CD$로 바뀌면 $x_1$의 산출량을 최소의 장기비용으로 생산할 수 있는 투입점은 점 $b$로 바뀐다. 이와 같이 노동에 대한 자본의 상대가격이 상승하면 자본투입량은 줄이고 노동투입량을 늘리는 기술적 대체를 통해 장기비용의 극소화를 이룬다.

앞에서 우리는 생산요소 사이의 기술적 대체 가능성을 요소의 대체탄력도 $\sigma$로 표시하였다. 요소의 대체탄력도 $\sigma$는 주어진 등량선에서 자본노동비율의 변화율을 한계기술대체율의 변화율로 나눈 것이다. 그런데 생산자가 주어진 산출

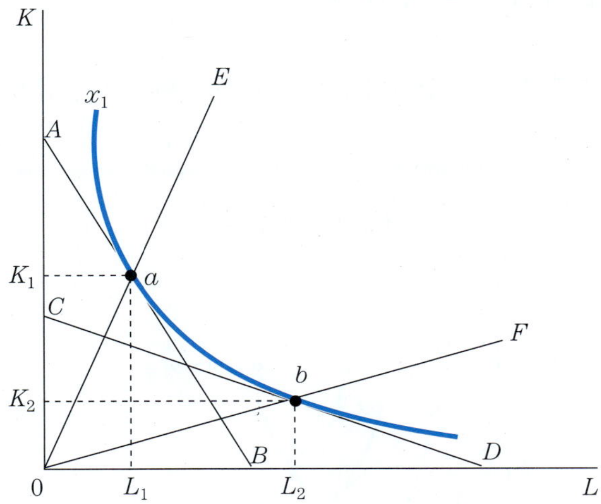


**그림 7-2 생산요소의 가격변화와 요소의 대체탄력도**

노동의 상대가격이 하락하여 등비용선이 $AB$에서 $CD$의 기울기로 완만해지면 생산자는 주어진 산출량 $x_1$을 최소의 장기비용으로 생산하기 위한 자본노동비율을 직선 $0E$의 기울기에서 $0F$의 기울기로 감소시킨다. 이 경우에 자본과 노동 사이에 기술적으로 어느 정도 대체가 가능한가를 측정하는 요소의 대체탄력도 $\sigma$는 $K/L$의 변화율을 $w/r$의 변화율로 나눈 것이다.

량을 항상 최소의 장기비용으로 생산한다면, 장기비용의 극소화를 위한 조건인 식 (7-2)에 의해 요소의 대체탄력도 $\sigma$는 다음과 같은 형태로 바뀔 수 있다.

$$\sigma = \frac{\Delta (K/L)/(K/L)}{\Delta MRTS/MRTS}$$

$$= \frac{\Delta (K/L)/(K/L)}{\Delta (w/r)/(w/r)} = \frac{\Delta (K/L)}{\Delta (w/r)} \frac{w/r}{(K/L)} \tag{7-4}$$

결국 요소의 대체탄력도는 노동과 자본의 상대가격이 변할 때 주어진 산출량을 생산하기 위한 자본노동비율이 얼마나 탄력적으로 반응할 수 있는지를 측정하는 개념이 되는 것이다. 〈그림 7-2〉에서 노동의 상대가격이 하락해서 등비용선이 $AB$에서 $CD$로 완만해지면 생산자는 주어진 산출량 $x_1$을 생산하기 위한 자본노동비율을 직선 $0E$의 기울기에서 $0F$의 기울기로 감소시키며, 이때 요소의 대체탄력도 $\sigma$는 $K/L$의 변화율을 $w/r$의 변화율로 나눈 것이다.

## 장기확장경로와 장기비용곡선

산출량의 변화에 따라 장기비용의 극소화를 위한 투입점이 어떻게 바뀌는

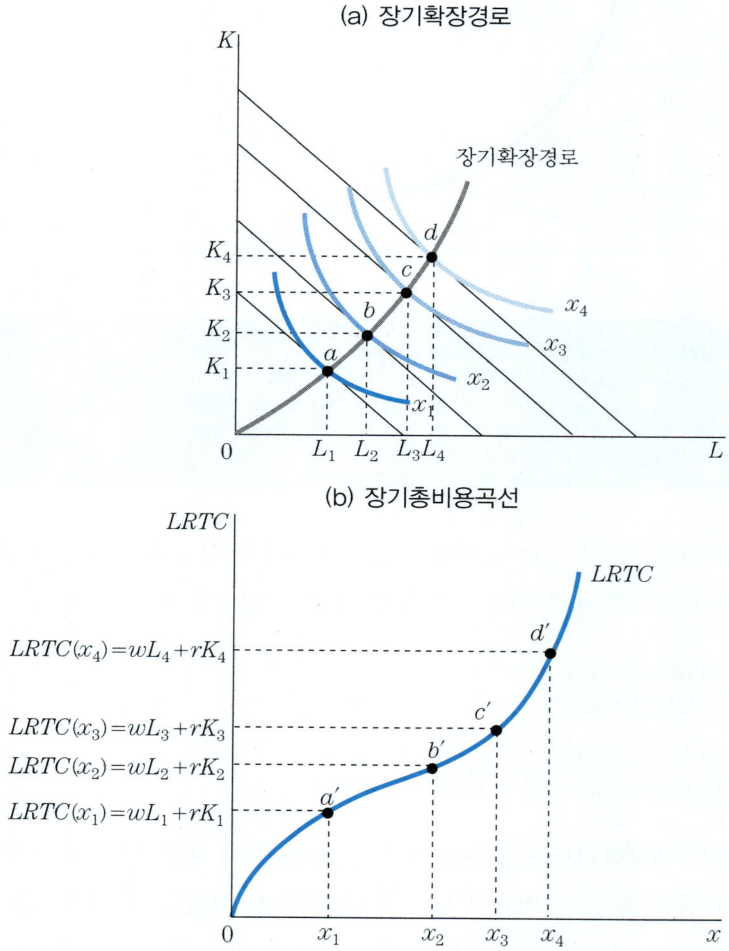


**그림 7-3 장기확장경로와 장기총비용곡선의 유도**

옅은 검은색으로 표시한 장기확장경로는 임금과 자본의 가격을 고정시킨 상태에서 각 산출량을 최소의 장기비용으로 생산할 수 있는 모든 투입점을 연결한 곡선이다. 이러한 장기확장경로로부터 산출량과 최소의 장기비용(즉 장기총비용)의 관계를 표시하는 장기총비용곡선을 구할 수 있다. 노동과 자본의 가격이 일정할 때 장기확장경로의 형태는 생산기술의 성격을 반영하는 등량선의 형태에 달려 있기 때문에, 장기총비용곡선의 형태는 생산기술에 의해 결정된다.

가를 보기 위해서 〈그림 7-3〉의 (a)는 장기의 생산기술을 나타내는 등량선지도를 표시하고 있다. 등비용선을 오른쪽으로 평행하게 이동시켜 각 등량선과 접하는 점을 찾으면, 그림에서 옅은 검은색으로 표시된 곡선을 구할 수 있다. 이 곡선은 임금과 자본의 가격을 고정시킨 상태에서 각 산출량을 최소의 장기비용으로 생산할 수 있는 모든 투입점을 연결한 것으로서 **장기확장경로**(long-run expansion path)라고 불린다.

장기확장경로의 형태는 등비용선의 기울기와 등량선의 형태에 달려있다. 즉 생산요소의 상대가격과 생산기술이 변하면 장기확장경로의 형태는 변한다. 예를 들어 자본보다는 노동의 생산성을 더 높이는 자본절약적 기술진보가 발생한다면 등량선의 각 점에서 한계기술대체율이 증가하기 때문에 장기확장경로는 완만한 형태로 바뀔 것이다. 그런데 장기확장경로로부터 산출량과 장기의 최소비용 사이의 관계를 나타내는 장기비용곡선이 유도되기 때문에, 생산요소의 가격이 불변일 때 생산기술은 장기비용곡선의 형태를 결정하게 된다.

장기에 있어서 주어진 산출량 $x$를 생산할 수 있는 최소의 비용을 **장기총비용**(long-run total cost)이라고 하고 $LRTC(x)$라고 표시한다면, 〈그림 7-3〉의 (a)에서 산출량 $x_1$을 최소의 장기비용으로 생산할 수 있는 투입점은 $a=(L_1, K_1)$이므로 $LRTC(x_1)=wL_1+rK_1$의 관계가 성립한다. 따라서 장기확장경로의 점 $a$는 〈그림 7-3〉의 (b)에서 점 $a'$에 해당한다. 마찬가지 방법으로 장기확장경로의 모든 점을 〈그림 7-3〉의 (b)에 표시하면, 임금과 자본의 가격을 고정시킨 상태에서 산출량과 장기총비용의 관계를 나타내는 장기총비용곡선을 구할 수 있다.

## 장기평균비용과 장기한계비용

장기총비용곡선의 형태는 이미 앞에서 이야기한 것처럼 장기의 생산기술의 성격에 의해 결정된다. 생산기술의 성격과 장기총비용곡선의 형태 사이의 관계를 설명하기 전에 **장기한계비용**(long-run marginal cost)과 **장기평균비용**(long-run average cost)을 정의하도록 하자. 산출량 $x$를 생산할 때의 장기한계비용을 $LRMC(x)$라고 표시한다면, $LRMC(x)$는 산출량을 $x$에서 1단위 더 증가시키는 경우에 장기총비용의 증가폭을 의미한다. 따라서 $LRMC(x)$는 산출량 $x$에서 장기총비용곡선의 기울기가 된다. 또한 $x$의 산출량을 생산하는 경우에 장기평균비용을 $LRAC(x)$라고 표시할 때, $LRAC(x)$는 장기총비용 $LRTC(x)$를 산출량 $x$로 나눈 것으로서 산출량 $x$에서 장기총비용곡선의 점과 원점을 연결한 직선의 기울기로 측정될 수 있다. 즉 산출량 $x$에서 장기한계비용과 장기평균비용은 다음과 같이 정의된다.

$$LRMC(x) = \frac{\Delta LRTC}{\Delta x} \tag{7-5}$$

$$LRAC(x) = \frac{LRTC(x)}{x} \tag{7-6}$$

제 6 장에서 생산요소의 한계생산물과 평균생산물을 공부할 때 우리는 한계값과 평균값 사이의 일반적 관계를 살펴보았다. 즉 한계값이 평균값보다 크면 평균값은 증가하고 반대면 평균값은 감소하며, 한계값과 평균값의 크기가 같다면 평균값에는 변화가 없다.

한계값과 평균값의 이러한 관계는 물론 한계비용과 평균비용 사이에도 동일하게 성립한다. 산출량을 $x$에서 $x + \Delta x$로 증가시키는 경우에 장기평균비용은 $LRAC(x)$에서 $LRAC(x) + \Delta LRAC$로 변했다고 하자. 이렇게 산출량이 $\Delta x$만큼 증가하였을 때 장기총비용의 증가폭 $\Delta LRTC$는 다음과 같이 계산된다.

$$\begin{aligned} \Delta LRTC &= (LRAC(x) + \Delta LRAC) \cdot (x + \Delta x) - LRAC(x) \cdot x \\ &= LRAC(x) \cdot \Delta x + \Delta LRAC \cdot x + \Delta LRAC \cdot \Delta x \end{aligned} \tag{7-7}$$

산출량의 증가폭 $\Delta x$가 0에 매우 가깝다면, $\Delta LRAC \cdot \Delta x$는 무시해도 될 만큼 작기 때문에 식 (7-7)은 다음과 같이 바뀐다.

$$\Delta LRTC = LRAC(x) \cdot \Delta x + \Delta LRAC \cdot x \tag{7-8}$$

식 (7-8)의 양변을 $\Delta x$로 나누면, 우리는 한계비용과 평균비용 사이에 다음과 같은 관계를 얻을 수 있다.

$$\frac{\Delta LRTC}{\Delta x} = LRAC(x) + \frac{\Delta LRAC}{\Delta x} \cdot x$$

또는

$$LRMC(x) - LRAC(x) = \frac{\Delta LRAC}{\Delta x} \cdot x \tag{7-9}$$

식 (7-9)는 한계비용이 평균비용보다 큰 경우 산출량의 증가에 따라 평균비용은 증가하고 반대의 경우 평균비용은 감소하며, 한계비용과 평균비용이 같을 때는 산출량의 변화에도 불구하고 평균비용은 일정하다는 것을 의미한다.

## 규모의 탄력도와 규모의 경제

앞장에서 공부한 규모의 탄력도 $E_\lambda^x$는 장기 생산기술에 관한 가장 중요한 정보 중 하나이다. 임금 $w$와 자본의 가격 $r$이 불변인 상태에서 이 규모의 탄력도와 장기비용곡선의 형태가 어떻게 연결되어 있는지 살펴보기로 하자. 이를 위해서 먼저 장기비용곡선의 형태를 표시하는 다음 식 (7-10)의 탄력도에 관해서 알아보기로 하자.

$$\begin{aligned} E_x^{LRTC} &= \frac{\text{장기총비용의 변화율}}{\text{산출량의 변화율}} \\ &= \frac{\Delta LRTC / LRTC(x)}{x/x} = \frac{\Delta LRTC(x)}{\Delta x} \frac{x}{LRTC(x)} \end{aligned} \tag{7-10}$$

산출량의 변화에 대한 장기총비용의 탄력도인 위의 식은 다음과 같이 바뀔 수 있다.

$$E_x^{LRTC} = \frac{\Delta LRTC}{\Delta x} \frac{x}{LRTC(x)} = \frac{LRMC(x)}{LRAC(x)} \tag{7-11}$$

식 (7-11)에서 어느 임의의 산출량 $x_1$에서 $E_x^{LRTC}$를 계산한 결과가 1보다 작게 나타난다는 것은 $LRMC(x_1)$이 $LRAC(x_1)$보다 작아서 그 산출량 $x_1$에서 장기평균비용곡선의 기울기가 음(−)의 부호를 지닌다는 것과 같다. 이와 같이 어느 산출량 $x_1$에서 $E_x^{LRTC}$가 1보다 작을 때, **규모의 경제**(economies of scale)가 존재한다고 말한다. 반대로 임의의 산출량 $x_1$에서 계산한 $E_x^{LRTC}$가 1보다 크다는 것은 $LRMC(x_1)$이 $LRAC(x_1)$보다 커서 그 산출량 $x_1$에서 장기평균비용곡선의 기울기가 양(+)의 부호를 지니는 것과 같으며, 이때 **규모의 비경제**(diseconomies of scale)가 존재한다고 한다.

① $x_1$에서 $E_x^{LRTC} < 1$ ⇔ $x_1$에서 $LRMC < LRAC$ ⇔ $x_1$에서 $LRAC$곡선의 기울기는 음(−)의 부호 ⇔ 규모의 경제가 존재

② $x_1$에서 $E_x^{LRTC} > 1$ ⇔ $x_1$에서 $LRMC > LRAC$ ⇔ $x_1$에서 $LRAC$곡선의 기울기는 양(+)의 부호 ⇔ 규모의 비경제가 존재

이제 장기 생산기술에 관한 중요한 정보인 규모의 탄력도와 장기비용곡선의 형태를 표시하는 규모의 경제가 어떤 관계에 있는가를 살펴보기 위해서 우선 어느 산출량수준 $x_1$에서 규모에 대한 수익 체증의 현상(즉 $E_\lambda^x > 1$)이 나타난다고 가정하자. 〈그림 7-4〉에서 점 $a$는 최소의 장기비용으로 산출량 $x_1$을 생산할 수 있는 투입점이다. 점 $a$에서 규모의 탄력도 $E_\lambda^x$가 1보다 크다면 자본과 노동의 투입량이 $\lambda$배씩 증가한 투입점 $a'$에서의 산출량은 $\lambda x_1$보다 많다. 이 때문에 $\lambda x_1$의 등량선은 점 $a'$을 지나는 등량선보다 원점에 가깝게 위치하고 $\lambda x_1$의 산출량을 최소의 장기비용으로 생산할 수 있는 투입점은 등비용선과 접하는 등량선의 한 점 $a''$이 되며, 이는 $\lambda x_1$의 산출량을 생산할 수 있는 최소

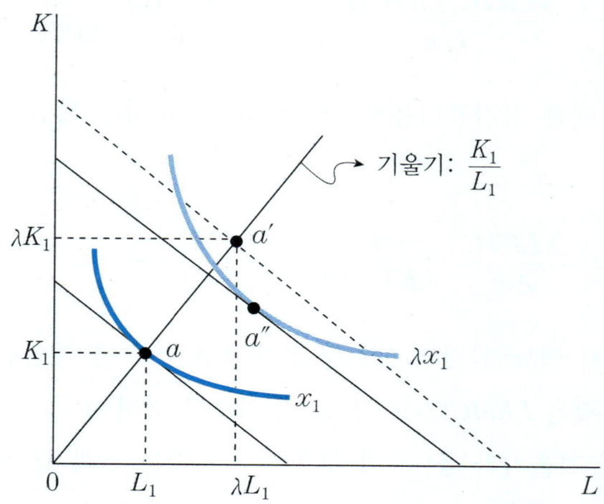


**그림 7-4 규모의 탄력도와 장기총비용의 변화**

최소의 장기비용으로 산출량 $x_1$을 생산할 수 있는 투입점 $a$에서 규모의 탄력도 $E_\lambda^x$가 1보다 크다면 자본과 노동의 투입량을 $\lambda$배씩 증가시킨 투입점 $a'$에서의 산출량은 $\lambda x_1$보다 많다. 따라서 점 $a''$을 지나는 등비용선으로 표시되는 산출량 $\lambda x_1$의 장기총비용 $LRTC(\lambda x_1)$은 점 $a'$을 지나는 점선의 등비용선으로 표시되는 비용보다 적다.

의 장기비용(즉 장기총비용)이 점 $a'$을 지나는 점선의 등비용선으로 표시되는 비용보다 적다는 것을 의미한다.

따라서 임금과 자본의 가격이 불변인 상태에서 산출량을 증가시킬 때 어느 산출량에서 규모에 대한 수익 체증(즉 $E_{\lambda}{}^{x} > 1$)이면 그 산출량에서 장기총비용의 산출량에 대한 탄력도 $E_{x}{}^{LRTC}$가 1보다 작아서 규모의 경제가 존재하게 된다(즉 그 산출량에서 장기평균비용곡선의 기울기가 음(−)이다). 독자들은 그림을 그려서 규모에 대한 수익 체감인 경우에는 반대의 결론을 얻을 수 있음을 스스로 확인해 보기 바란다. 즉 어느 산출량에서 규모에 대한 수익 체감(즉 $E_{\lambda}{}^{x} < 1$)이라면 그 산출량에서 장기총비용의 산출량에 대한 탄력도 $E_{x}{}^{LRTC}$가 1보다 커서 규모의 비경제가 존재한다(즉 그 산출량에서 장기평균비용곡선의 기울기가 양(+)이다).

## 장기비용곡선의 일반적 형태

앞장에서 설명한 것처럼 규모의 변화에 따라 처음에는 수익 체증이 나타날 수 있지만 결국 생산조직의 대규모화로 인한 비효율 때문에 규모에 대한 수익 체감으로 바뀌는 것이 보편적이다. 이러한 장기 생산기술의 일반적 성격은 〈그림 7-5〉에 나타나 있다.

산출량의 증가에 따라 처음에는 규모에 대한 수익 체증이 나타나서 규모의 경제가 존재한다. 그러나 산출량이 어느 수준(그림에서 $x_2$)을 넘어서면 생산조직의 비대로 인한 비효율적 관리 때문에 결국 규모에 대한 수익 체감으로 바뀌어 규모의 비경제가 발생한다. 그림에서 규모의 경제가 존재하는 $x_2$의 산출량까지는 장기한계비용이 장기평균비용보다 낮고 장기총비용곡선은 산출량에 대해 오목한 형태를 지니지만, 그 이후에는 규모의 비경제가 작용해서 장기한계비용은 장기평균비용보다 높고 장기총비용곡선은 산출량에 대해 볼록한 형태를 지닌다. 독자들은 〈그림 7-5〉의 (b)에 그려진 장기평균비용곡선과 장기한계비용곡선이 식 (7-9)의 장기평균비용과 장기한계비용 사이의 관계를 만족시키는지 스스로 확인해 보자.

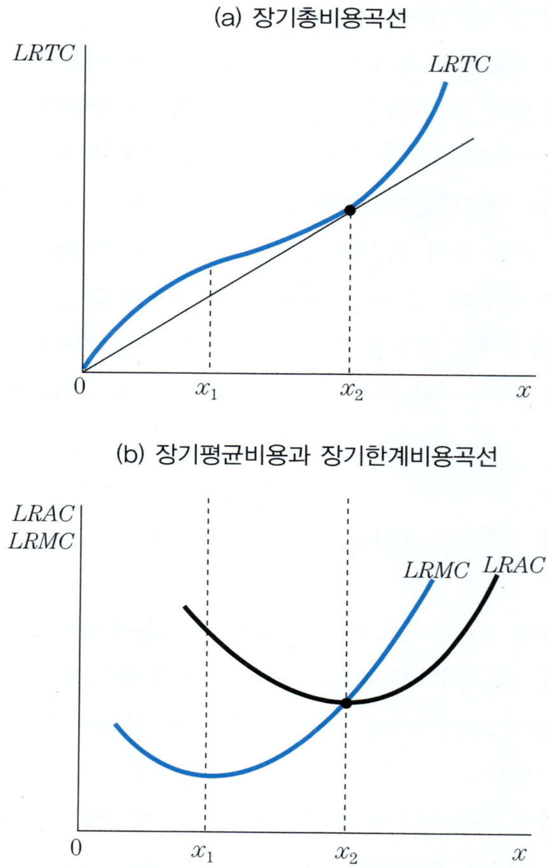


**그림 7-5 장기비용곡선의 일반적 형태**

장기 생산기술이 동차생산함수로 표시되지 않는 경우 처음에는 규모에 대한 수익 체증이 발생하다가 결국 규모에 대한 수익 체감이 나타나며, 이는 비동차생산함수의 장기총비용곡선이 (a)에 표시된 형태를 지닐 것이라는 결론의 충분한 근거가 된다. 이 때문에 (b)에 표시된 것처럼 규모의 경제가 존재하는 $x_2$의 산출량까지는 장기한계비용이 장기평균비용보다 낮고 그 이후에는 규모의 비경제가 발생해서 장기한계비용은 장기평균비용보다 높다.

## 특별한 형태의 장기비용곡선: 동차생산함수의 경우

〈그림 7-5〉와는 달리 산출량에 관계없이 항상 규모의 경제 또는 규모의 비경제가 나타나는 장기의 생산기술이 있을 수 있으며, 대표적 예가 바로 동차생산함수이다.

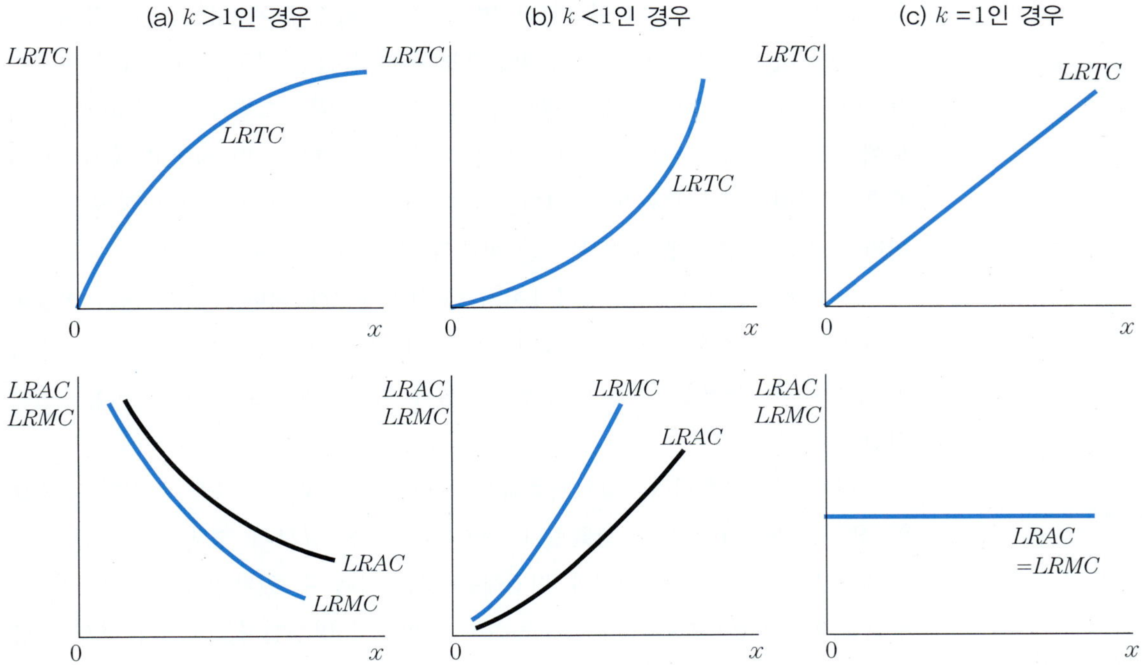


**그림 7-6 $k$차 동차생산함수의 장기비용곡선**

$k$차 동차생산함수에 있어서 $k$가 1보다 큰 경우 장기총비용곡선은 산출량에 대해 오목한 형태를 지닌다. 따라서 장기평균비용곡선과 장기한계비용곡선은 항상 음(−)의 기울기를 갖고 후자는 항상 전자의 아래 위치한다. $k$가 1보다 작은 경우 장기총비용곡선은 산출량에 대해 볼록한 형태를 지니며, 산출량의 증가에 따라 장기평균비용은 항상 증가하고 장기한계비용곡선은 장기평균비용곡선보다 항상 위에 위치한다. $k=1$인 경우 장기총비용곡선이 직선이다. 따라서 산출량의 변화에도 불구하고 장기평균비용은 항상 일정하며, 장기한계비용곡선은 장기평균비용곡선과 일치한다.

제6장에서 살펴본 것처럼 $k$차 동차생산함수에서 $k$가 1보다 큰 경우 산출량에 관계없이 항상 규모에 대한 수익 체증(즉 항상 $E_\lambda^x > 1$)이 나타나며, 이는 산출량에 관계없이 장기총비용의 산출량에 대한 탄력도 $E_x^{LRTC}$가 항상 1보다 작아서 항상 규모의 경제가 존재함을 의미한다. 〈그림 7-6〉의 (a)는 $k$차 동차생산함수에서 $k$가 1보다 큰 경우의 장기비용곡선을 표시하고 있다. 장기평균비용곡선의 기울기는 항상 음(−)이고 평균값과 한계값의 관계에 따라 장기한계비용은 장기평균비용보다 항상 작다. 산출량의 증가에 따라 장기평균비용이 계속해서 감소한다는 것은 산출량에 대해 오목한 형태의 장기총비용곡선을 의미한다.

반대로 $k$가 1보다 작은 경우에는 산출량에 관계없이 항상 규모에 대한 수익 체감(즉 항상 $E_\lambda{}^x < 1$)이 나타나며, 이는 산출량에 관계없이 장기총비용의 산출량에 대한 탄력도 $E_x{}^{LRTC}$가 항상 1보다 커서 항상 규모의 비경제가 존재함을 의미한다. $k$가 1보다 작은 경우의 장기비용곡선은 〈그림 7-6〉의 (b)에 표시되어 있다. 이 경우 장기평균비용곡선의 기울기는 항상 양(+)이고 장기한계비용은 장기평균비용보다 항상 크다. 장기평균비용곡선의 기울기가 항상 양(+)이라는 것은 산출량에 대해 볼록한 형태의 장기총비용곡선을 의미한다.

$k$차 동차생산함수에서 $k$가 1이기 때문에 규모에 대한 수익 불변의 현상이 항상 나타나는 경우에는 〈그림 7-6〉의 (c)와 같이 장기평균비용은 항상 일정하고 장기한계비용곡선은 장기평균비용곡선과 일치하며, 이는 장기총비용곡선이 직선임을 의미한다.

뒤에 살펴보겠지만, 장기비용곡선의 형태는 시장의 구조를 결정하는 중요한 요인 중에 하나이다. 산출량에 관계없이 항상 규모의 경제가 발생한다면, 선발기업은 후발기업이 시장에 진입하는 것을 막을 수 있기 때문에 자연적으로 생산물의 공급을 하나의 기업이 독점하는 현상이 발생한다. 규모의 경제가 항상 발생하지는 않더라도 산출량이 충분히 증가한 후에 규모의 비경제가 나타난다면, 소수의 생산자만이 시장에서 생산물을 공급하는 현상이 관찰될 수도 있다. 그리고 시장에서 매우 많은 생산자가 생산물을 공급하고 있다는 것은 개별 생산자에 있어서 규모의 경제가 존재하는 구역이 매우 작든지 아니면 아예 처음부터 규모의 비경제가 발생한다는 것을 의미한다.

## 7.3 단기비용

생산요소의 투입량을 조정할 수 있는 기간이 충분하기 때문에 모든 생산요소가 가변요소가 되는 장기와는 달리 단기에는 노동의 투입량만을 선택할 수 있다. 이제 우리는 생산자가 단기비용의 극소화를 위해서 노동의 투입량을 어떻게 결정하는지 그리고 단기의 생산기술은 산출량과 비용 사이의 관계를 어떻게 결정하는지를 살펴보도록 하자.

## 단기비용의 극소화

〈그림 7-7〉의 (a)에는 등량선지도와 함께 고정요소인 자본의 투입량을 표시하는 $K=\overline{K}$의 수평선이 그려져 있다. 생산자는 이러한 단기 생산기술로 주어진 산출량을 최소의 단기비용으로 생산할 수 있는 노동의 투입량을 선택해야 한다. 예를 들어 생산자가 생산하려는 산출량이 $x_1$이라고 하자. 장기에는 $-w/r$의 기울기를 지닌 등비용선 $AB$와 $x_1$의 산출량을 표시하는 등량선이 접하는 점 $a=(L', K_1)$이 비용의 극소화를 위한 투입점이었다. 그러나 자본의 투입량이 $\overline{K}$에 고정되어 있는 단기에는 점 $a$를 선택한다는 것은 곧 점 $b$를 선택하는 것과 같다. 노동을 점 $a$의 $L'$만큼 투입한다고 해도 자본의 투입량은 여전히 $\overline{K}$이기 때문이다. 점 $b$에서 $x_1$의 등량선과 $K=\overline{K}$의 수평선이 교차하는 점 $c$쪽으로 노동투입량을 감소시키면, 산출량은 $x_1$을 유지하면서 비용을 감소시킬 수 있다. 그러나 점 $c$에서 노동의 투입량을 더 감소시키면 $\overline{K}$의 자본투입량으로는 $x_1$의 산출량을 생산할 수가 없기 때문에, 점 $c=(L_1,\ \overline{K})$가 산출량 $x_1$을 최소의 단기비용으로 생산할 수 있는 투입점이 된다. 마찬가지로 점 $d$와 $e$는

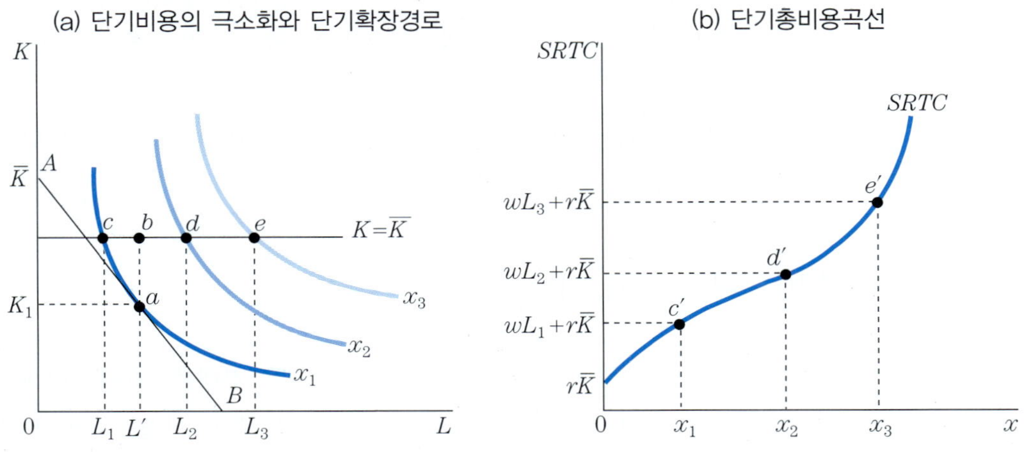


**그림 7-7 단기비용의 극소화, 단기확장경로와 단기총비용곡선의 유도**
주어진 산출량을 최소의 단기비용으로 생산할 수 있는 노동의 투입량은 (a)에 표시된 것처럼 등량선과 $K=\overline{K}$의 수평선이 교차하는 점에서 결정되며, 산출량이 증가하면 $K=\overline{K}$의 수평선을 따라 노동의 투입량을 증가시키게 된다. 따라서 $K=\overline{K}$의 수평선을 단기확장경로라고 할 수 있으며, 단기확장경로의 각 점으로부터 산출량과 단기의 최소비용 사이의 관계를 표시하는 단기총비용곡선을 구할 수 있다.

각각 최소의 단기비용으로 산출량 $x_2$와 $x_3$을 생산할 수 있는 투입점이다.

## 단기확장경로와 단기비용곡선

이와 같이 주어진 산출량을 최소의 단기비용으로 생산할 수 있는 노동의 투입량은 그 산출량의 등량선과 $K=\overline{K}$의 수평선이 교차하는 점에서 결정되며, 산출량이 증가하면 최소의 단기비용을 위한 노동투입량은 $K=\overline{K}$의 수평선을 따라 증가한다. 따라서 $K=\overline{K}$의 수평선은 각 산출량을 최소의 단기비용으로 생산할 수 있는 모든 투입점을 연결한 **단기확장경로**(short-run expansion path)라고 할 수 있다. 그러나 생산요소의 상대가격이 변하면 그 형태나 위치가 바뀌는 장기확장경로와는 달리 생산요소의 가격이 변해도 단기확장경로는 바뀌지 않는다.

단기확장경로인 $K=\overline{K}$의 각 점에서 산출량과 단기의 최소비용 사이의 관계를 구할 수 있다. 주어진 산출량 $x$를 생산할 수 있는 단기의 최소비용을 **단기총비용**(short-run total cost)이라고 하고 $SRTC(x)$라고 표시하자. 〈그림 7-7〉의 (a)에서 산출량 $x_1$을 최소의 단기비용으로 생산할 수 있는 투입점은 $c=(L_1, \overline{K})$이기 때문에, $SRTC(x_1)=wL_1+r\overline{K}$의 관계가 성립한다. 따라서 수평축은 산출량이고 수직축은 단기총비용인 평면에 점 $c$를 옮기면, 〈그림 7-7〉의 (b)의 점 $c'$이 된다. 이와 같이 $K=\overline{K}$의 수평선에 모든 점을 〈그림 7-7〉의 (b)에 표시하면, 임금과 자본의 가격을 고정시킨 상태에서 산출량과 단기총비용의 관계를 나타내는 단기총비용곡선을 구할 수 있다.

## 단기의 여러 가지 비용

단기총비용곡선은 왜 〈그림 7-7〉의 (b)와 같은 형태를 지니는가? 이를 살펴보기 전에 먼저 단기의 여러 가지 비용을 정의해 보자. 산출량 $x$에서 단기총비용 $SRTC(x)$는 노동에 대한 비용인 가변비용과 자본에 대한 비용인 고정비용의 합이다. 가변비용과 고정비용을 각각 $VC(x)$와 $FC$라고 표시하면 $SRTC(x)$는 다음과 같다.

$$SRTC(x) = wL + r\overline{K}$$
$$= VC(x) + FC \quad (7-12)$$

식 (7-12)를 산출량 $x$로 나누면 다음의 식을 구할 수 있다.

$$SRAC(x) = w\frac{L}{x} + r\frac{\overline{K}}{x}$$
$$= AVC(x) + AFC(x) \quad (7-13)$$

식 (7-13)에서 $SRAC(x)$는 **단기평균총비용**(short-run average total cost)으로서 산출량 $x$에서 단기총비용곡선의 점과 원점을 연결한 직선의 기울기로 측정된다. 또한 $AVC(x)$와 $AFC(x)$는 각각 **평균가변비용**(average variable cost)과 **평균고정비용**(average fixed cost)을 나타내며, 평균가변비용은 가변비용곡선의 점과 원점을 이은 직선의 기울기이다.

식 (7-13)에서 $AVC(x)$는 다음과 같이 바뀔 수 있다.

$$AVC(x) = w\frac{L}{x} = w\frac{1}{x/L} = w\frac{1}{AP_L} \quad (7-14)$$

식 (7-14)는 단기의 생산기술을 표현하는 노동의 평균생산물 $AP_L$과 평균가변비용 $AVC(x)$는 서로 역의 관계에 있다는 것을 의미하며, 이로부터 생산기술이 생산비용의 내용을 결정한다는 것을 확인할 수 있다.

산출량 $x$를 생산할 때의 **단기한계비용**(short-rum marginal cost)은 산출량을 $x$에서 1단위 더 증가시킬 때의 단기총비용의 증가폭이며, $SRMC(x)$라고 표시하고 산출량 $x$에서 단기총비용곡선의 기울기로 측정한다. 즉 $SRMC(x)$는 다음과 같이 정의된다.

$$SRMC(x) = \frac{\Delta SRTC}{\Delta x} \quad (7-15)$$

산출량이 변해도 고정비용은 변하지 않기 때문에 산출량을 1단위 더 생산할 때 추가로 들어가는 비용은 모두 가변비용이다. 바꾸어 표현하면, 자본의 투입량이 고정되어 있는 단기에 $\Delta x$만큼을 더 생산하기 위해서는 노동을 $\Delta L$만큼 추가로 투입하는 것이 유일한 방법이기 때문에 산출량 1단위를 추가 생산할 때의 한계비용은 모두 가변비용이다. 따라서 산출량 $x$에서의 단기한계비용 $SRMC(x)$는 단기총비용곡선의 기울기로 측정하든지 아니면 가변비용곡선의 기울기로 측정하든지 똑같다. 따라서 $SRMC(x)$를 다음과 같이 바꾸어 쓸 수 있다.

$$SRMC(x) = \frac{\Delta VC}{\Delta x} = w\frac{\Delta L}{\Delta x} = w\frac{1}{\Delta x / \Delta L} = w\frac{1}{MP_L} \tag{7-16}$$

평균가변비용의 경우와 마찬가지로 노동의 한계생산물 $MP_L$과 단기한계비용 $SRMC(x)$는 서로 역의 관계를 갖는다.

다음 장부터 살펴볼 기업의 이윤극대화 행동분석에서 한계비용의 개념은 핵심적 역할을 한다. 여기에서는 한 가지 상품을 두 군데의 공장에서 나누어 생산하는 어느 기업이 정해진 산출량을 최소의 비용으로 생산하려면 각 공장에 산출량을 어떻게 할당하면 될 것인가에 관하여 예를 들어보기로 한다.

**예 7-1** **두 개의 공장에 대한 산출량의 배분**

$X$재를 두 공장 A와 B에서 나누어 생산하는 기업이 있다. 공장 A와 B에 할당되는 산출량을 $x_A$와 $x_B$로 표시하고 한계비용을 $MC_A$와 $MC_B$라고 할 때 각 공장의 한계비용곡선의 방정식은 $MC_A = ax_A$와 $MC_B = bx_B$라고 하자. 이 기업이 $\bar{x}$의 산출량을 생산한다면 각 공장에 몇 개씩 산출량 할당을 할 때 비용의 극소화를 이룰 수 있는가? 전체 생산비용을 극소화하기 위해서는 각 공장에서 생산되는 마지막 단위의 한계비용이 서로 같도록 전체 산출량을 두 공장에 할당해야 한다. 즉 $MC_A = MC_B$의 조건이 만족될 수 있도록 각 공장의 산출량을 정해야 한다. 왜냐하면 각 공장의 한계비용이 서로 다르다면 한계비용이 높은 공장에서 생산하는 마지막 단위를 한계비용이 낮은 공장에서 생산하도록 재배분하여 전체 생산비용을 절감할 수 있기 때문이다.

〈그림 7-8〉의 (a)와 (b)에는 두 공장의 한계비용곡선 $MC_A$와 $MC_B$가 표시되어 있으며, 〈그림 7-8〉의 (c)는 〈그림 7-8〉의 (b)의 좌우를 바꾸어 〈그림 7-8〉의 (a)에 합친 것이다. 점 $0_A$에서 오른쪽으로 이동하면 공장 A에 할당되는 산출량 $x_A$가 증가하는 것이며, 점 $0_B$에서 왼쪽으로 이동하면 공장 B에 할당되는 산출량 $x_B$가 증가한다. $\bar{x}$의 산출량을 최소의 비용으로 생산하려면 $MC_A = MC_B$의 조건이 만족되어야 한다. 즉 〈그림 7-8〉의 (c)에서 공장 A에는 $\bar{x}$ 중 $x_A^*$만큼을 배분하고 나머지 $\bar{x} - x_A^*$를 공장 B에 배분할 때 $MC_A = MC_B$의 조건이 만족되어 비용의 극소화가 이루어진다.

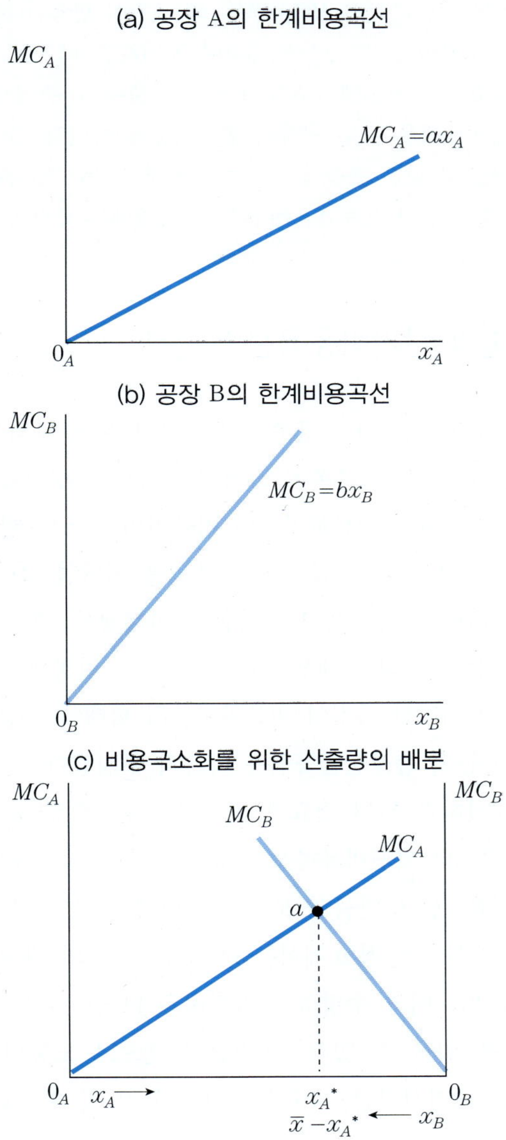


**그림 7-8 두 개의 공장에 대한 산출량의 배분**

한 가지 상품을 공장 A와 B에서 나누어 생산할 때 $\bar{x}$의 산출량을 공장 A와 B에 할당하는 방법은 각 공장의 한계비용이 일치하도록 하는 것이다. $MC_A = MC_B$의 조건이 만족되는 점 $a$에서 공장 A에 $x_A^*$만큼을 배분하고 나머지 $\bar{x} - x_A^*$를 공장 B에 배분할 때 비용의 극소화가 이루어진다.

구체적으로 $x_A^*$의 값을 구해 보기로 하자. 공장 A와 B의 한계비용은 $MC_A = ax_A$와 $MC_B = bx_B$이므로 $x_A^*$에서 $MC_A = MC_B$의 조건이 만족된다는 것은 $ax_A^* = b(\bar{x} - x_A^*)$임을 의미하며, 이를 $x_A^*$에 대하여 정리하면 $x_A^* = b\bar{x}/(a+b)$를 구할 수 있다. $x_A^* = b\bar{x}/(a+b)$에서 $b/(a+b)$는 산출량 $\bar{x}$ 중에서 공장 A에 할당되는 비율이며, 이 비율은 두 공장의 한계비용의 상대적 차이를 나타낸다. 한계비용이 상대적으로 낮은 공장에는 다른 공장보다 많은 산출량이 할당되며, 두 공장의 한계비용이 같다면(즉 $a = b$이면) 각 공장에는 $\bar{x}/2$씩 할당된다.

## 단기의 생산기술과 단기비용곡선의 형태

단기 생산기술이 지니는 가장 중요한 특징은 노동의 한계생산물 체감의 법칙이며, 이는 〈그림 7-9〉의 오른쪽에 그려진 노동의 총생산물곡선의 형태에서 잘 나타나고 있다. 노동의 총생산물곡선의 기울기인 노동의 한계생산물은 변곡점 $a$까지 증가하다가 그 이후에 감소하고 점 $d$를 지나면 음(−)이 된다. 노동의 평균생산물이 증가하는 점 $c$까지는 자본의 한계생산물이 음(−)인 비경제적 구역이고 점 $d$ 이후는 노동의 한계생산물이 음(−)인 비경제적 구역이다.

단기 생산기술의 이러한 특징이 비용곡선들의 형태에 어떻게 반영되는지를 살펴보기로 하자. 노동의 총생산물곡선은 자본의 투입량이 $\bar{K}$에 고정된 단기에 정해진 산출량을 생산하기 위해 필요한 최소의 노동투입량을 표시하므로 노동의 총생산물곡선으로부터 가변비용곡선이 유도될 수 있다. 예를 들어 $x_1$만큼을 생산하기 위해서는 최소한 $L_1$만큼의 노동을 투입해야 하기 때문에 필요한 가변비용 $VC(x_1)$은 $wL_1$이다. 즉 점 $a$에서는 $VC(x_1) = wL_1$의 관계가 성립한다. 따라서 수직축은 산출량 $x$이고 수평축은 가변비용 $VC$인 왼쪽 평면으로 점 $a$를 연결시키면, 점 $a'$을 얻을 수 있다. 똑같은 방법으로 노동의 총생산물곡선의 모든 점을 왼쪽으로 연결시키면, 우리는 〈그림 7-9〉의 왼쪽과 같은 가변비용곡선 $VC$를 구할 수 있다.

〈그림 7-9〉의 (a)와 (b)를 비교해 볼 때 가변비용곡선은 노동의 총생산물곡선이 거울에 비쳐진 영상의 모양(mirror image)을 하고 있다. 이는 생산기술이 생산비용을 결정한다는 점을 다시 확인시킨다.

합리적 생산자라면 노동의 한계생산물이 음(−)이 되는 비경제적 구역에서

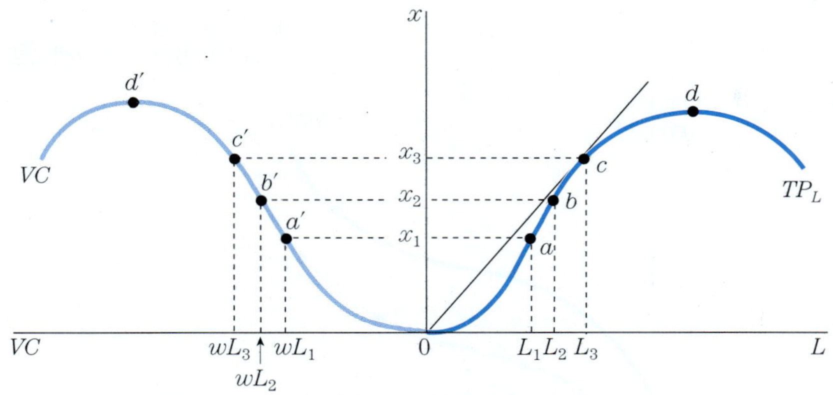


**그림 7-9 가변비용곡선의 유도**

노동의 총생산물곡선에서 $x_1$의 산출량을 생산하기 위해서는 최소한 $L_1$만큼의 노동을 투입해야 하기 때문에 필요한 최소의 가변비용 $VC(x_1)$ 은 $wL_1$이다. 따라서 수직축은 산출량이고 수평축은 가변비용인 왼쪽의 평면으로 점 $a$를 연결시키면, 점 $a'$을 얻을 수 있다. 똑같은 방법으로 노동의 총생산물곡선의 모든 점을 왼쪽으로 연결시키면, 노동의 총생산물곡선이 거울에 비쳐진 영상의 모양을 지닌 가변비용곡선을 구할 수 있다.

생산활동을 선택할 이유가 없기 때문에, 〈그림 7-10〉의 (a)에는 그러한 구역을 배제하고 단기총비용곡선, 고정비용곡선과 가변비용곡선을 표시하였다. 고정비용은 산출량에 관계없이 항상 일정하기 때문에, 고정비용곡선은 $FC = r\overline{K}$의 수평선이다. 단기총비용은 가변비용에 고정비용을 더한 것이므로 단기총비용곡선 $SRTC$는 가변비용곡선 $VC$를 위로 평행하게 고정비용 $r\overline{K}$만큼 이동시킨 것이다.

〈그림 7-10〉의 (b)에는 〈그림 7-10〉의 (a)로부터 평균고정비용곡선, 평균가변비용곡선, 단기평균총비용곡선과 단기한계비용곡선을 유도하였다. 평균고정비용은 고정비용을 산출량으로 나눈 것이기 때문에 평균고정비용곡선 $AFC$는 직각쌍곡선이 된다. 즉 산출량이 감소해서 0에 접근할수록 평균고정비용은 ∞에 접근하고 산출량이 증가할수록 평균고정비용은 0에 가까워진다. 평균가변비용은 가변비용곡선의 점과 원점을 연결한 직선의 기울기로 측정되기 때문에, 평균가변비용곡선 $AVC$는 $x_2$의 산출량에서 최저점에 이르고 그 이후에는 양(+)의 기울기를 지닌다.

마찬가지의 방법으로 단기총비용곡선으로부터 유도된 단기평균총비용곡선 $SRAC$는 $x_3$의 산출량까지는 음(−)의 기울기를 지니지만 $x_3$에서 최저점에 도달

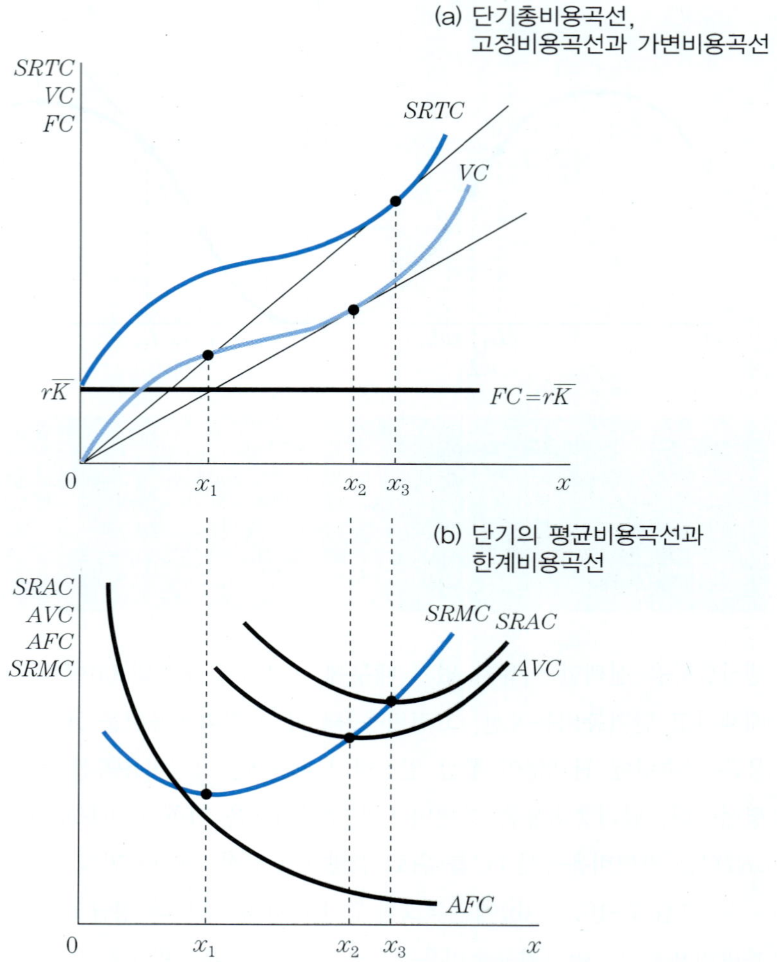


**그림 7-10 단기의 여러 가지 비용곡선**

(a)에서 단기총비용곡선 *SRTC*는 가변비용곡선 *VC*를 위로 평행하게 고정비용 $r\overline{K}$ 만큼 이동시킨 것이다. 고정비용을 산출량으로 나눈 평균고정비용은 (b)에 표시된 것처럼 직각쌍곡선이다. 어떤 산출량에 대해서도 단기평균총비용곡선과 평균가변비용곡선 사이의 수직거리는 그 산출량을 생산할 때의 평균고정비용이다. 단기한계비용은 단기평균총비용곡선 *SRTC*와 평균가변비용곡선 *AVC*의 최저점을 모두 지나며, 단기한계비용곡선이 평균비용곡선보다 아래 위치할 때는 평균비용곡선의 기울기는 음(−)이고 반대일 때는 평균비용곡선은 양(+)의 기울기를 갖는다.

한 후에는 양(+)의 기울기를 지닌다. 단기평균총비용은 평균가변비용과 평균고정비용의 합이기 때문에, 어떤 산출량에 대해서도 단기평균총비용곡선 *SRAC*

와 평균가변비용곡선 $AVC$ 사이의 수직거리는 그 산출량을 생산할 때의 평균고정비용이 된다. 이는 단기평균총비용곡선과 평균가변비용곡선은 산출량이 감소할수록 서로 벌어지고 산출량이 증가할수록 서로 접근하는 것을 의미한다. 평균가변비용이 최소값을 갖는 산출량 $x_2$는 단기평균총비용이 최소가 되는 산출량 $x_3$보다 적은데, 그 이유는 단기평균총비용은 평균가변비용과 평균고정비용의 합이고 산출량 $x_2$ 이후에 평균가변비용이 증가하기 시작해도 평균고정비용은 계속적으로 감소하기 때문이다.

단기총비용곡선은 가변비용곡선을 수직으로 평행하게 고정비용만큼 이동시킨 것이기 때문에, 앞서 설명한 것처럼 단기한계비용은 단기총비용곡선의 기울기로 측정하든지 아니면 가변비용곡선의 기울기로 측정하든지 똑같다. 〈그림 7-10〉의 (a)에서 가변비용곡선의 기울기는 $x_1$의 산출량까지는 감소하다가 그 이후에는 증가한다. 따라서 단기한계비용곡선 $SRMC$는 $x_1$에서 최저점에 이르고 그 이후에는 양(+)의 기울기를 지닌다.

단기한계비용곡선과 두 가지의 평균비용곡선(단기평균총비용곡선 및 평균가변비용곡선) 사이에는 생산기술 또는 장기비용이론에서 설명한 한계값과 평균값 사이의 관계가 마찬가지로 적용된다. 즉 단기한계비용곡선은 단기평균총비용곡선과 평균가변비용곡선의 최저점을 모두 지나며, 단기한계비용곡선이 평균비용곡선보다 아래 위치할 때는 평균비용곡선의 기울기는 음(−)이고 반대일 때는 평균비용곡선은 양(+)의 기울기를 갖는다.

앞의 식 (7-14)와 (7-16)에서 우리는 노동의 평균생산물과 평균가변비용 그리고 노동의 한계생산물과 단기한계비용이 서로 역의 관계에 있음을 보았다. 독자는 스스로 제6장의 〈그림 6-5〉의 (b)에 그려진 노동의 평균생산물곡선 및 한계생산물곡선과 〈그림 7-10〉의 (b)에 그려진 평균가변비용곡선 및 단기한계비용곡선을 비교하여 이를 확인해보기 바란다.

# 7.4 장기비용과 단기비용

## 장기총비용과 단기총비용의 관계

생산요소의 양을 조정할 수 있는 기간이 짧기 때문에 고정요소가 존재한다는 것은 생산자 선택의 폭을 좁힌다. 이 때문에 같은 산출량을 생산하더라도 고정요소가 존재하는 단기의 총비용은 모든 생산요소가 가변요소인 장기의 총비용보다 많이 들 수밖에는 없다.

등량선지도, 등비용선 그리고 장기확장경로가 표시되어 있는 〈그림 7-11〉에서 단기총비용과 장기총비용 사이의 관계를 살펴보자. 먼저 자본투입량이 $K_2$에 고정되어 있는 단기를 가정하자. 이 경우 $K=K_2$의 수평선과 장기확장경로가 교차하는 점 $b$는 산출량 $x_2$를 최소의 장기비용으로 생산할 수 있을 뿐 아니라 최소의 단기비용으로도 생산할 수 있는 점이다. 즉 자본투입량이 $K_2$에 고정되어 있는 단기의 경우 산출량 $x_2$를 생산하기 위한 장기총비용과 단기총비용이

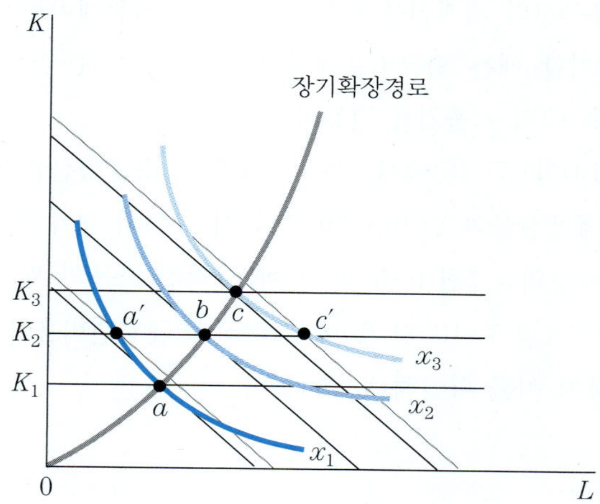


**그림 7-11 장기총비용과 단기총비용의 관계**
자본투입량이 $K_2$에 고정되어 있는 단기에 $K=K_2$의 수평선과 장기확장경로가 교차하는 점 $b$에서는 산출량 $x_2$를 생산하기 위한 장기총비용과 단기총비용이 같지만, 나머지 다른 산출량에 대해서는 단기총비용이 장기총비용보다 높다. 이러한 관계는 자본의 투입량이 다른 어떠한 수준에 고정되어 있더라도 동일하게 성립한다.

같고 그 비용의 크기는 점 $b$를 지나는 등비용선의 위치로 표시될 수 있다. 그러나 $x_2$가 아닌 다른 산출량을 생산하는 경우에는 단기총비용이 장기총비용보다 높다. 예를 들어 $x_3$의 산출량을 생산한다면 장기비용의 극소화를 위한 점은 $c$이고 단기비용의 극소화를 위한 점은 $c'$이며, 점 $c$를 지나는 등비용선은 점 $c'$를 지나는 등비용선보다 아래에 위치하므로 같은 산출량 $x_3$를 생산하더라도 장기총비용은 단기총비용보다 낮다. 마찬가지로 $x_2$보다 적은 $x_1$의 산출량을 생산할 때도 단기비용의 극소화를 위한 투입점은 $a'$이지만 장기비용의 극소화를 위한 투입점은 $a$이므로 장기총비용은 단기총비용보다 낮다. 이와 같이 자본의 투입량이 $K_2$에 고정되어 있는 단기의 경우 $x_2$의 산출량을 생산할 때만 단기총비용과 장기총비용은 같고 나머지 다른 산출량을 생산할 때는 항상 장기총비용이 단기총비용보다 낮다.

이와 같은 단기총비용과 장기총비용 사이의 관계는 자본의 투입량이 다른 어떠한 수준에 고정되어 있더라도 동일하게 성립한다. 예를 들어 자본의 투입량이 $K_1$에 고정된 단기의 경우 산출량 $x_1$을 생산할 때만 장기총비용과 단기총비용은 같고 다른 산출량을 생산할 때는 단기총비용이 장기총비용보다 항상 높다. 단기총비용과 장기총비용 사이의 이러한 관계는 어떠한 산출량에 대해서도 장기총비용과 단기총비용을 일치시키는 자본투입량이 반드시 존재한다는 것을 의미한다. 그림에서 산출량 $x_1$에 대해서는 $K_1$, $x_2$에 대해서는 $K_2$ 그리고 $x_3$에 대해서는 $K_3$이 바로 그러한 자본투입량이다.

생산요소가 세 가지 이상 존재하는 일반적인 경우 생산요소 중 고정요소가 많아질수록 같은 산출량을 생산하더라도 총비용은 높아진다. 다음의 예를 보기로 하자.

**예 7-2 생산요소가 세 가지인 경우의 비용극소화**

노동 $L$, 자본 $K$와 원자재 $R$을 투입하여 $X$재를 생산하는 어느 기업의 생산함수는 $x=\sqrt{KLR}$이고 임금 $w$, 자본의 가격 $r$, 원자재가격 $P_R$ 모두 1원이라고 가정하자. 이 기업이 64개의 산출량을 생산한다고 할 때 고정요소가 늘어나면 극소화된 총비용은 어떻게 변하는지 살펴보도록 한다.

가변요소가 세 가지 이상인 경우 비용극소화의 조건은 어떤 두 가지 생산요소 사이에서도 한계기술대체율과 생산요소의 가격비율이 일치해야 한다는 것이다. 따라서 이 기업에서 모든 생산요소가 가변요소인 경우 64개를 최소의 비용으로 생산할 때 만족되는 조건은 $MP_L/MP_K = w/r$, $MP_L/MP_R = w/P_R$과 $x = \sqrt{KLR}$의 세 가지이다. 그런데 $MP_L/MP_R = K/L$, $MP_L/MP_R = R/L$, $w/r = w/P_R = 1$, $x = 64$이므로 비용극소화의 조건은 다음과 같은 3개의 방정식으로 표시된다.

$$K/L = 1$$
$$R/L = 1$$
$$64 = \sqrt{KLR}$$

위 3개의 방정식을 풀면 64개를 최소의 비용으로 생산하기 위한 세 가지 생산요소의 투입량 조합은 $K = L = R = 16$이 되며, 이때 극소화된 총비용은 48원이다.

이번에는 자본 $K$만 그 투입량이 4로 고정되어 있고 나머지 생산요소는 가변요소라고 하자. 이때는 비용극소화의 조건이 $R/L = 1$과 $64 = \sqrt{4LR}$의 두 방정식이며, 이를 풀면 $L = R = 32$이고 극소화된 총비용은 68원(= 4원 + 32원 + 32원)이 된다. 마지막으로 노동 $L$도 그 투입량이 16으로 고정되어 있다면 $64 = \sqrt{4 \times 16 \times R}$로부터 $R = 64$가 되어 극소화된 총비용은 84원(= 4원 + 16원 + 64원)이 된다.

이처럼 같은 64개를 생산하더라도 고정요소가 없는 경우 총비용은 48원으로 가장 낮고 자본이 고정요소가 되면 총비용은 68원으로 증가하며, 노동과 자본의 투입량이 고정되어 있고 원자재만 가변요소인 경우의 총비용은 84원으로 가장 높다.

## 포락선으로서의 장기총비용곡선과 장기평균비용곡선

지금까지는 생산자가 장기에는 어떤 수준의 자본투입량도 마음대로 선택할 수 있다고 가정하였다. 그러나 아무리 장기라고 해도 생산자는 몇 가지의 자본투입량(즉 설비규모) 중에서 한 가지를 선택할 수밖에 없는 것이 일반적이다. 이러한 현실에 비추어 장기에 생산자가 선택할 수 있는 자본의 투입량에는 $K_1$, $K_2$와 $K_3$의 세 가지 밖에 없다고 가정해서 장기총비용곡선과 단기총비용곡선 사이의 관계를 살펴보자.

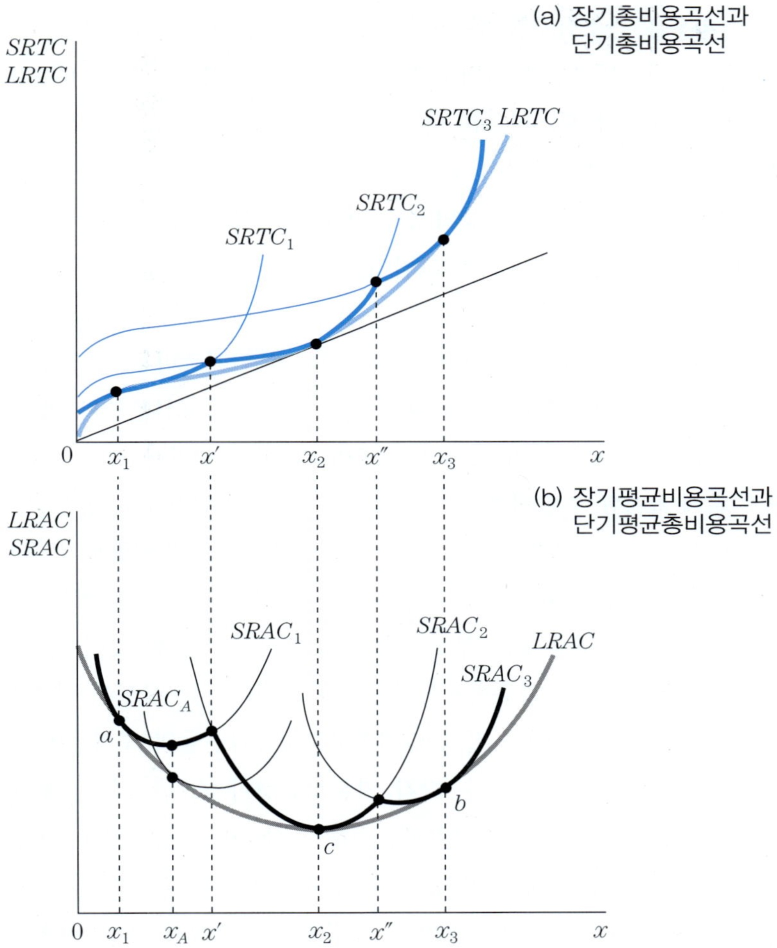


**그림 7-12 포락선으로서의 장기총비용곡선과 장기평균비용곡선**

어떤 산출량을 생산하기 위한 장기총비용은 그 산출량을 생산할 수 있는 여러 가지 단기총비용 중에서 최소값이기 때문에, 장기총비용곡선은 (a)에서 단기총비용곡선들의 가장 아래 부분만을 포함하는 굵은 선의 포락선이다. 생산자가 어떠한 자본투입량도 마음대로 선택할 수 있다면, 장기총비용곡선은 옅은 파란색으로 굵게 표시된 것과 같은 부드러운 형태의 포락선이 될 것이다. 장기총비용곡선이 단기총비용곡선들의 포락선이라는 사실은 장기평균비용도 (b)와 같이 단기평균총비용곡선들의 포락선임을 의미한다.

〈그림 7-12〉의 (a)에서 $SRTC_1$, $SRTC_2$와 $SRTC_3$는 각각 고정된 자본투입량이 $K_1$, $K_2$와 $K_3$일 때의 단기총비용곡선이다. 생산자는 이 세 가지의 단기총비용곡선과 자신이 생산할 산출량을 고려해서 장기비용의 극소화를 위한 자본

투입량을 결정하게 된다. 예를 들어 산출량이 $x'$ 이하일 때는 $K_1$의 자본을 투입해서 장기비용을 극소화시킬 수 있다. 또한 생산하려는 산출량이 $x'$ 과 $x''$ 사이일 때는 $K_2$의 자본투입량을 선택하고 $x''$ 이상의 산출량을 생산할 때는 $K_3$의 자본투입량을 선택해서 장기비용을 극소화시킬 수 있다. 따라서 $x'$ 의 산출량까지는 $SRTC_1$이 장기총비용곡선이 되고 $x'$ 과 $x''$ 사이의 산출량에 대한 장기총비용곡선은 $SRTC_2$가 된다. $x''$ 이상의 산출량에 대해서는 $SRTC_3$이 장기총비용곡선이 된다. 즉 장기총비용곡선은 그림에서 진한 파란색으로 굵게 표시된 곡선이다.

이와 같이 어떤 산출량에 대한 여러 가지의 단기총비용 중에서 최소값이 바로 그 산출량의 장기총비용이기 때문에, 장기총비용곡선은 자본의 투입량에 따라 위치가 서로 다른 여러 가지 단기총비용곡선들의 가장 아래 부분(진한 파란색으로 굵게 표시된 부분)만을 포함하는(즉 단기총비용곡선들을 아래에서 감싸는) **포락선**(envelope curve)이다. 만일 생산자가 어떠한 자본투입량도 마음대로 선택할 수 있다고 가정하면, 장기총비용곡선은 〈그림 7-12〉의 (a)에서 옅은 파란색으로 굵게 표시된 것과 같은 부드러운 형태의 포락선이 될 것이다.

장기총비용곡선이 단기총비용곡선들의 포락선이라는 사실은 장기평균비용곡선도 〈그림 7-12〉의 (b)와 같이 단기평균총비용곡선들의 포락선임을 의미한다. $SRAC_1$, $SRAC_2$와 $SRAC_3$은 각각 자본투입량이 $K_1$, $K_2$와 $K_3$에 고정되어 있는 경우의 단기평균총비용곡선일 때, 정해진 산출량의 장기평균비용은 그 산출량을 생산할 수 있는 세 가지의 단기평균총비용 중에서 최소값이기 때문에 장기평균비용곡선은 세 가지의 단기평균총비용곡선 중에서 가장 아래 위치하는 부분(진한 검은색으로 굵게 표시된 부분)만을 연결한 포락선이다. 생산자가 어떠한 자본투입량도 마음대로 선택할 수 있는 경우 장기평균비용곡선은 옅은 검은색으로 굵게 표시된 것과 같은 부드러운 포락선이 된다.

〈그림 7-12〉의 (a) 또는 (b)에서 옅은 색으로 부드럽게 표시된 장기총비용곡선 또는 장기평균비용곡선에서 산출량 $x_2$까지는 규모의 경제가 발생하고 그 이후에는 규모의 비경제가 나타나고 있다. 흥미로운 점은 자본의 투입량이 $K_2$에 고정되어 있는 단기(즉 단기평균총비용곡선이 $SRAC_2$인 경우)를 제외하면 단기평균총비용곡선의 최저점이 장기평균비용곡선의 점은 아니라는 사실이다. 즉 단기평균총비용곡선의 최저점에서 생산한다고 해서 반드시 장기평균비용이

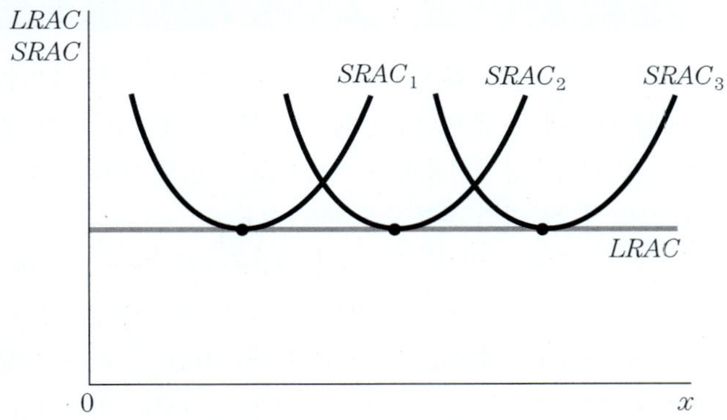


**그림 7-13 포락선으로서의 장기평균비용곡선: 항상 규모에 대한 수익 불변이 존재하는 경우**
단기평균총비용곡선의 최저점이 반드시 장기평균비용곡선의 점은 아니다. 규모에 대한 수익 불변의 현상이 항상 나타나는 경우에만 장기평균비용곡선은 단기평균총비용곡선들의 최저점을 연결한 포락선이 된다.

극소화되는 것은 아니다. 우리는 이를 규모의 경제와 연관시켜 이해할 수 있다.

〈그림 7-12〉의 (a) 또는 (b)에서 자본투입량 $K_1$은 $x_1$의 산출량을 생산하는 경우에만 장기비용을 극소화시킨다. 자본의 투입량을 $K_1$에 그대로 고정시킨 채 산출량을 $x_A$로 증가시킨다면, 생산자는 가장 낮은 단기평균총비용으로 산출량 $x_A$를 생산할 수는 있지만 규모의 경제가 존재하므로 단기평균총비용곡선이 $SRAC_A$로 이동할 수 있도록 자본의 투입량을 증가시키면 산출량 $x_A$를 생산하는 데 드는 비용을 더욱 낮출 수 있다. 이 때문에 규모의 경제가 존재하는 구역에서는 단기평균총비용곡선과 장기평균비용곡선이 접하는 점(예를 들어 〈그림 7-12〉의 (b)에서 점 $a$)은 단기평균총비용곡선의 최저점의 왼쪽에 위치한다. 마찬가지로 규모의 비경제가 발생하는 구역에서는 단기평균총비용곡선과 장기평균비용곡선이 접하는 점(예를 들어 〈그림 7-12〉의 (b)에서 점 $b$)은 단기평균총비용곡선의 최저점의 오른쪽에 위치한다. 〈그림 7-13〉과 같이 규모에 대한 수익 불변이 항상 나타나는 경우에만 장기평균비용곡선은 각 단기평균총비용곡선의 최저점을 연결한 포락선이다.

**예 7-3** **바이너의 착각**

〈그림 7-12〉의 (b)에서 $SRAC_2$의 경우를 제외하면 단기평균총비용곡선의 최저점이 장기평균비용곡선의 점이 아니라는 사실을 쉽게 이해하지 못한다고 해서 실망할 일은 아니다. 장기비용과 단기비용의 관계를 정립한 경제학자인 바이너(J. Viner)조차 착각하였던 부분이기 때문이다.

바이너는 자신이 고용하고 있는 화가에게 비용곡선에 관한 논문에 삽입할 포락선의 그림을 그리도록 요청하면서 모든 단기평균총비용곡선의 최저점이 장기평균비용곡선에 위치해야 한다는 잘못된 설명을 하였다. 화가는 장기평균비용이 포락선이 되려면 그렇게 될 수 없다는 것을 알아채고 바이너의 잘못된 설명을 반박하였다. 그러나 바이너는 자신의 그릇된 주장을 굽히지 않았고 화가는 어쩔 수 없이 각 단기평균총비용곡선의 최저점을 연결한 곡선을 그릴 수밖에 없었으며, 이는 전혀 포락선이 아니었다. 바이너는 "고집스러운 화가가 포락선에 관해 자신은 이해할 수 없는 수학적 반론을 펼쳤다"라는 말을 덧붙이면서 자신의 논문에 잘못된 그림을 실었다.

케인즈와 같은 시대를 살았던 바이너는 『케인즈의 고용, 이자 및 화폐에 관한 일반이론』에 대하여 냉소적이었다. 이를 알고 있었던 케인즈는 "살아 있는 위대한 경제학자로 누구를 꼽겠는가?"라고 묻는 기자들의 짓궂은 질문에 "차마 나라고는 답할 수 없지만 두 번째로 위대한 경제학자가 바이너의 화가라는 것은 분명합니다"라고 답하였다고 한다.

## 장기한계비용곡선과 단기한계비용곡선

장기총비용곡선과 장기평균비용곡선과는 달리 장기한계비용곡선은 단기한계비용곡선들의 포락선이 아니다. 〈그림 7-14〉는 〈그림 7-12〉의 (b)를 다시 그린 것이다. 우선 자본의 투입량이 $K_2$에 고정되어 있는 단기를 고려해 보자. 그림에 표시된 것처럼 이 경우 산출량 $x_2$를 생산할 때만 단기평균총비용은 장기평균비용과 같다. 자본의 투입량을 $K_2$에 고정시킨 채 $x_2$보다 적은 산출량인 $x_1$을 생산할 때의 단기총비용은 장기총비용보다 높기 때문에, 산출량을 $x_1$에서 $x_2$로 $x_2-x_1$만큼 증가시키는 경우에 한계비용은 단기가 장기보다 낮다. 자본의 투입량을 $K_2$에 고정시킨 채 $x_2$보다 많은 $x_3$의 산출량을 생산할 때의 단기총비용도 역시 장기총비용보다 높기 때문에, 산출량을 $x_2$에서 $x_3$으로 $x_3-x_2$만큼 증가시킬 때의 한계비용은 반대로 단기가 장기보다 높다.

이와 같이 자본의 투입량이 $K_2$에 고정되어 있는 단기에 있어서 산출량 $x_2$보다 적은 산출량을 생산하는 경우에는 단기한계비용이 장기한계비용보다 낮고 반대일 때는 단기한계비용이 장기한계비용보다 높다. 또한 산출량 $x_2$에서 단기한계비용과 장기한계비용은 같을 수밖에 없다. 이 때문에 장기한계비용곡선은 점 $c$를 통과하며, 점 $c$의 왼쪽에서는 장기한계비용곡선이 단기한계비용곡선 $SRMC_2$보다 위에 위치하고 오른쪽에서는 아래에 위치한다. 자본의 투입량이 다른 수준에 고정되어 있는 단기의 경우에도 마찬가지이다. 예를 들어 점 $a$의 왼쪽에서는 장기한계비용곡선이 단기한계비용곡선 $SRMC_1$보다 위에 위치하고 오른쪽에서는 아래에 위치한다. 따라서 우리는 그림에 표시된 것과 같이 장기평균비용곡선의 최저점 $c$를 지나는 장기한계비용곡선 $LRMC$를 얻을 수 있으며, 장기한계비용곡선은 단기한계비용곡선들의 포락선이 아님을 쉽게 알 수 있다.

〈그림 7-14〉에 나타나 있는 것처럼 점 $c$에서는 자본의 투입량이 $K_2$에 고정되어 있을 때의 단기평균총비용곡선 $SRAC_2$와 장기평균비용곡선 $LRAC$가 서

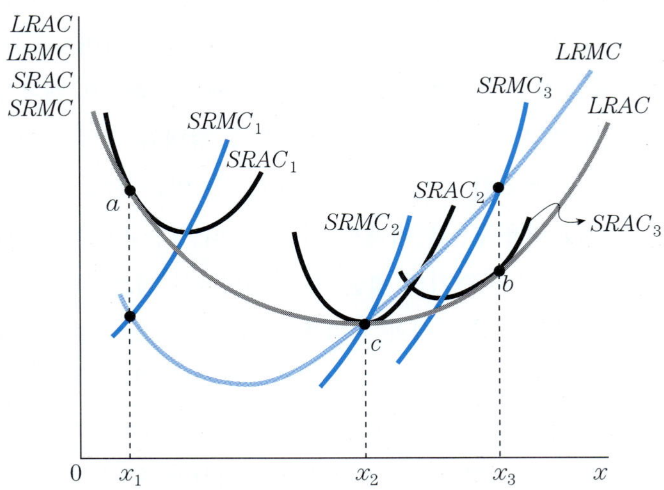


**그림 7-14 장기한계비용곡선과 단기한계비용곡선**

자본의 투입량이 $K_2$에 고정되어 있는 단기의 경우에 산출량 $x_2$보다 적은 산출량을 생산할 때는 단기한계비용이 장기한계비용보다 낮고 반대일 때는 단기한계비용이 장기한계비용보다 높다. 이 때문에 장기한계비용곡선은 단기한계비용곡선들의 포락선이 될 수 없다.

로 접할 뿐 아니라 단기한계비용곡선 $SRMC_2$와 장기한계비용곡선 $LRMC$가 교차한다. 즉 점 $c$에서는 다음의 관계가 성립한다.

$$LRAC = LRMC = SRAC = SRMC \tag{7-17}$$

식 (7-17)의 관계가 성립하는 점 $c$는 장기적으로 최소의 평균비용으로 생산할 수 있는 산출량을 의미하며, 이 산출량을 **장기최적생산수준**(long-run optimal level of production)이라고 부른다. 또한 점 $c$에서의 자본투입량을 **최적설비규모**(optimal scale of plant)라고 한다. 모든 기업이 장기적으로 $c$와 같은 점에서 생산활동을 한다면, 기술적 효율성의 측면에서 사회적으로 바람직한 상태를 이룩하였다고 볼 수 있다.

## 7.5 생산요소의 가격변화와 비용곡선의 이동

장기비용의 극소화를 위해 필요한 조건은 등량선과 등비용선이 서로 접한다는 것이다. 또한 자본투입량이 $\overline{K}$에 고정되어 있는 단기의 비용극소화 조건은 $K=\overline{K}$의 수평선과 등량선이 교차하는 점에서 노동투입량을 선택한다는 것이다. 이 때문에 등량선이 변하면 장기비용곡선은 물론 단기비용곡선의 형태와 위치도 변한다. 등량선을 변하게 만드는 요인은 생산기술이기 때문에 결국 장기 및 단기비용곡선은 생산기술의 변화에 따라 그 형태와 위치가 달라진다. 일반적으로 기술진보는 동일한 투입량으로 생산할 수 있는 산출량을 증가시키기 때문에, 여러 가지의 비용곡선을 아래로 이동시킨다. 즉 기술이 진보하면 주어진 산출량에서 장기는 물론 단기의 평균 및 한계비용은 감소한다.

장기 및 단기비용곡선의 형태와 위치를 변화시키는 또 다른 요인은 생산요소의 가격변화이다. 지금까지는 자본과 노동의 가격이 불변이라는 가정하에서 주어진 산출량을 생산하기 위한 최소비용에 관하여 공부하였다. 그러나 자본 또는 노동의 가격이 변화하면, 주어진 산출량을 생산할 수 있는 최소비용은 변화하고 이에 따라 비용곡선도 이동한다. 자본 또는 노동의 가격변화에 따라 비용곡선이 어떻게 이동하는지를 이해하는 것은 앞으로 이윤극대화를 추구하는 생산자의 행동을 분석할 때 매우 중요한 역할을 하게 된다.

## 장기의 경우

장기에는 노동 또는 자본의 가격이 변할 때 주어진 산출량을 최소비용으로 생산할 수 있는 투입점이 변하기 때문에, 생산요소의 가격변화가 비용곡선의 위치와 형태를 어떻게 변화시키는지 분석하는 것은 그리 쉽지 않다.

그러나 생산요소의 가격이 변해도 주어진 산출량을 최소의 장기비용으로 생산하기 위한 투입점은 변하지 않을 수도 있는데, 바로 노동과 자본의 가격이 동일한 비율로 변하는 경우이다. 가령 노동과 자본의 가격이 $n\%$씩 증가한다면 등비용선의 기울기는 변하지 않으므로 주어진 산출량을 최소의 장기비용으로 생산할 수 있는 투입점은 변하지 않고 장기총비용만 $n\%$ 증가한다. 그리고 장기평균비용과 장기한계비용 역시 $n\%$씩 증가하게 된다. 이와 같이 노동과 자본의 가격이 모두 어떤 동일한 비율로 증가할 때 각 산출량에서 장기총비용곡선, 장기평균비용곡선과 장기한계비용곡선 모두 그 비율만큼 위로 이동한다. 물론 이때 장기평균비용곡선의 최저점에서의 산출량수준(즉 장기최적생산수준)은 변하지 않는다.

노동과 자본의 상대가격이 변하는 경우에는 장기 생산기술의 성격에 따라 장기비용곡선이 이동하는 정도가 달라진다. 〈그림 7-15〉에서 자본의 가격은 $r_1$에서 불변이고 임금만 하락해서 등비용선이 $AB$에서 $CD$로 바뀌었다고 하자. 이에 따라 주어진 산출량 $x_1$을 최소의 장기비용으로 생산할 수 있는 투입점은 $a$에서 $b$로 이동한다. 등비용선의 수직축 절편(0$A$ 또는 0$C$)은 장기총비용을 자본의 가격으로 나눈 것이고 자본의 가격은 $r_1$에서 불변이기 때문에, 임금의 하락은 산출량 $x_1$을 생산하기 위한 장기총비용을 $r_1 \cdot AC$만큼 감소시키는 것을 알 수 있다.

그러나 임금의 변동이 장기총비용을 얼마나 큰 폭으로 변화시키는가 하는 것은 요소의 대체탄력도 등 장기 생산기술의 성격에 달려 있다. 자본과 노동 사이의 기술적 대체가 가능한 경우와 비교하기 위해서 〈그림 7-15〉에는 레온티에프 생산함수의 등량선이 함께 표시되어 있으며, 이때도 점 $a$는 임금이 하락하기 전에 산출량 $x_1$을 최소의 장기비용으로 생산할 수 있는 투입점이라고 하자. 이 상태에서 임금이 하락해서 등비용선이 완만해져도 산출량 $x_1$을 최소의 장기비용으로 생산할 수 있는 투입점은 변하지 않으므로 장기총비용은 등비

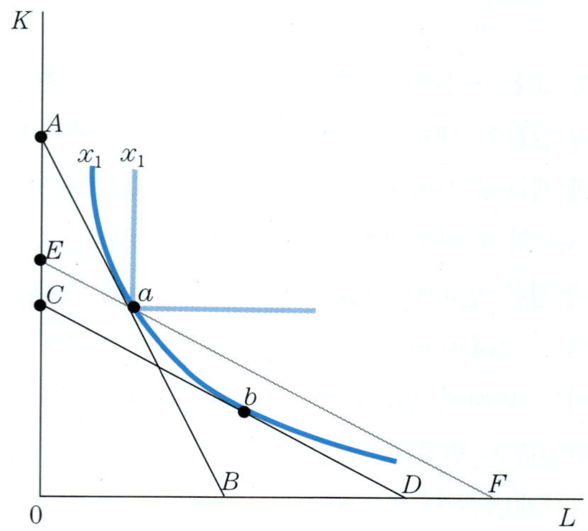


**그림 7-15 임금의 하락과 장기비용의 감소**

자본의 가격은 불변이고 임금만 하락할 때 주어진 산출량을 생산하기 위한 장기총비용과 장기평균비용은 감소한다. 그러나 임금의 하락으로 장기총비용과 장기평균비용이 얼마나 많이 감소하는가 하는 것은 요소의 대체탄력도 등 생산기술의 성격에 달려 있다. 예를 들어 등량선이 옅은 파란색으로 표시된 ㄴ자 형태인 경우에는 임금하락에 의한 장기총비용의 감소폭이 자본과 노동 사이의 대체가 가능한 경우보다 작다.

용선 $EF$의 수직축 절편으로 표시된다. 따라서 임금의 하락에 의한 장기총비용의 감소는 $r_1 \cdot AE(=r_1 \cdot 0A - r_1 \cdot 0E)$ 밖에 되지 않기 때문에, 자본과 노동 사이의 대체가 가능한 경우보다 임금하락에 의한 장기총비용의 감소폭이 작음을 알 수 있다. 물론 임금이 상승하는 경우에는 요소의 대체탄력도가 낮을수록 장기총비용의 증가폭은 커진다.

이외에도 임금이 변할 때 주어진 산출량을 생산할 수 있는 장기총비용 또는 장기평균비용이 얼마나 큰 폭으로 변할 것인가 하는 것은 노동에 대한 비용이 총비용 중에서 차지하는 비중인 $wL/LRTC$의 크기에 달려 있다. 임금이 하락할 때, 이 비중이 클수록 장기총비용과 장기평균비용은 큰 폭으로 하락할 것이고 반대로 이 비중이 작을수록 장기총비용과 장기평균비용이 하락하는 폭은 작을 것이다. 노동에 대한 비용이 총비용 중에서 차지하는 비중은 산출량에 따라 다른 것이 일반적이기 때문에 임금의 하락에 따라 장기총비용과 장기평균비용곡선이 아래로 이동하는 정도는 산출량에 따라 다를 것이다.

## 단기의 경우

장기와 달리 단기에는 생산요소의 가격이 변한다고 해도 단기확장경로는 바뀌지 않고 비용극소화를 위한 노동투입량에는 아무런 변화가 없다. 이 때문에 생산요소의 가격변화가 단기의 비용곡선을 어떻게 이동시키는가를 이해하는 것은 그리 어렵지 않다.

먼저 자본의 가격이 $r_1$에서 $r_2$로 상승했다고 하자. 이 경우에 자본의 가격이 상승해도 주어진 산출량을 생산하기 위한 노동의 투입량에는 아무런 변화가 없기 때문에 가변비용곡선은 변하지 않고 평균가변비용곡선과 단기한계비용곡선에도 아무런 변화가 없다. 단지 고정비용곡선과 단기총비용곡선만 위로 평행하게 $(r_2 - r_1)\overline{K}$만큼 이동하기 때문에, 〈그림 7-16〉에 표시된 것처럼 평균고정비용곡선과 단기평균총비용곡선만 각각 $AFC(r=r_1)$에서 $AFC(r=r_2)$ 그리고 $SRAC(r=r_1)$에서 $SRAC(r=r_2)$로 이동한다.

이번에는 임금이 변하는 경우를 보자. 주어진 산출량 $x_1$을 최소의 단기비용으로 생산할 수 있는 노동의 투입량을 $L_1$이라고 할 때, 임금이 $w_1$에서 $w_2$로 상승한다면 산출량 $x_1$을 생산하는 데 드는 가변비용과 단기총비용은

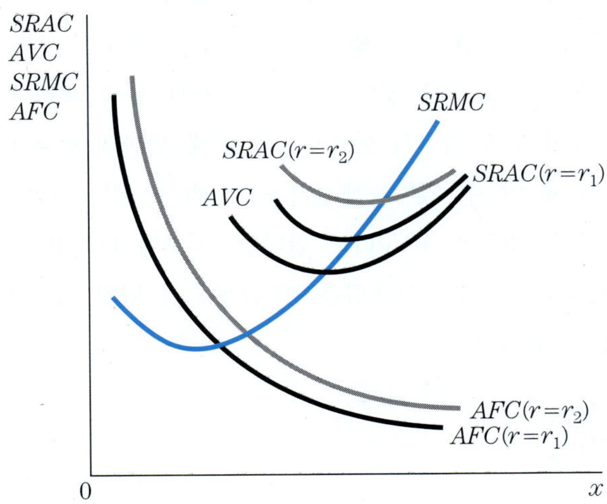


**그림 7-16 자본가격의 상승과 단기비용곡선의 이동**
임금은 불변이고 자본가격만 상승하는 경우 평균고정비용곡선과 단기평균총비용곡선만 위로 이동한다.

$(w_2-w_1)\cdot L_1$만큼 증가할 것이다. 산출량의 증가에 따라 노동투입량은 증가하기 때문에, 자본의 가격이 상승할 때와는 달리 임금의 상승은 산출량이 많을수록 단기총비용곡선과 가변비용곡선을 더 많이 위로 이동시키며, 고정비용곡선과 평균고정비용곡선을 제외한 나머지 비용곡선은 모두 위로 이동한다. 독자들은 임금의 상승으로 고정비용곡선과 평균고정비용곡선을 제외한 나머지 단기의 비용곡선들이 어떻게 위로 이동하는지 스스로 그려보기 바란다.

## 7.6 생산가능곡선과 비용이론

### 한계변환율과 한계비용

앞에서 여러 가지 생산물을 생산할 때의 생산기술을 생산가능곡선으로 표시하였다. 주어진 노동과 자본을 모두 투입하여 기술적으로 효율성 있게 생산할 수 있는 $X$재와 $Y$재의 산출량 조합을 연결시킨 생산가능곡선은 노동 또는 자본이 이질화되어 있거나 또는 공동생산요소의 활용으로 기술적 효율성이 높아질 때 원점에 대하여 오목한 형태를 지닌다. 이는 생산가능곡선의 기울기의 절대값인 한계변환율 $MRT$가 체증하는 것을 의미한다.

한계변환율은 $X$재를 1단위 더 생산하고자 할 때 추가로 지출해야 하는 비용을 $Y$재의 산출량으로 표시한 것이다. 이제 생산비용에 관하여 살펴보았기 때문에, 한계변환율이 $X$재 생산의 한계비용을 $Y$재 생산의 한계비용으로 나눈 비율이라는 것을 쉽게 알 수 있다. 생산가능곡선의 한 점에서 $X$재와 $Y$재 생산의 한계비용을 각각 $MC_X$와 $MC_Y$라고 한다면, $X$재를 1단위 더 생산하기 위하여 감소시켜야만 하는 $Y$재의 산출량은 $MC_X/MC_Y$가 되기 때문에 한계변환율 $MRT$를 다음과 같이 표시할 수 있다.

$$MRT=\frac{MC_X}{MC_Y} \tag{7-18}$$

$X$재의 산출량이 증가함에 따라 한계변환율이 얼마나 빨리 체증하는가 하는 것은 앞서 설명한 바와 같이 자본 또는 노동이 이질화되어 있는 정도 이외

에 공동생산요소의 활용 가능성에도 달려 있다.

## 범위의 경제

제6장에서 우리는 생산자가 두 가지 이상의 생산물을 생산할 때의 생산기술을 각 생산물별로 자본과 노동이 얼마씩 투입되고 있는지를 정확하게 알 수 있는 경우와 그렇지 않은 경우로 구분하였다.

생산자가 $X$재와 $Y$재를 생산하는 경우에 $X$재 생산에 투입되는 생산요소와 $Y$재 생산에 투입되는 생산요소가 분명하게 구별된다면 한 가지 생산물만을 생산하는 2개의 공장으로 분리하여 생산하든지 아니면 한 공장에서 두 가지 생산물을 함께 생산하든지 관계없이 생산비용은 동일하다. 즉 $X$재만을 생산하는 공장과 $Y$재만을 생산하는 공장의 비용을 각각 $TC(x)$와 $TC(y)$라고 하고 한 공장에서 두 가지 생산물을 함께 생산할 때의 비용을 $TC(x, y)$라고 표시한다면, $TC(x, y)=TC(x)+TC(y)$의 관계가 성립한다.

그러나 달걀과 닭고기를 생산할 때의 계사와 같이 $X$재와 $Y$재의 생산에 공동생산요소가 존재한다면, $X$재와 $Y$재를 별도의 독립된 2개의 공장에서 생산할 때보다 한 공장에서 함께 생산할 때 기술적 효율성이 높아져서 동일한 산출량 조합을 생산하더라도 비용이 절감되기 때문에 다음과 같은 관계가 성립한다.

$$TC(x) + TC(y) > TC(x, y) \tag{7-19}$$

이와 같이 공동생산요소의 활용으로 비용이 절감되는 현상을 앞장에서 간단히 언급한 대로 범위의 경제라고 하며, 그 작용하는 정도는 다음과 같이 측정될 수 있다.

$$ES = \frac{TC(x) + TC(y) - TC(x, y)}{TC(x, y)} \tag{7-20}$$

공동생산요소가 존재하여 범위의 경제가 작용한다면 $ES$는 0보다 클 것이며, 앞의 제6장에서 설명한 것처럼 $ES$가 클수록 $X$재와 $Y$재의 생산가능곡선이 원점에 대하여 오목한 정도는 커지게 된다. 만일 한 공장에서 여러 가지 생산물을 함께 생산하는 것이 별도의 공장에서 따로 생산하는 것보다 비용을 오히려 높인다면, 범위의 비경제가 작용한다고 부를 수 있고 이 경우에는 식 (7-20)의 $ES$가 0보다 작게 된다.

### 예 7-4 자동차의 플랫폼 공유: 규모의 경제와 범위의 경제

플랫폼(platform)은 다양한 용도에 공통적으로 활용하기 위하여 설계된 유형 또는 무형의 구조물이라고 할 수 있다. 자동차의 차체, 판매를 위한 고객데이터 또는 네트워크 등이 플랫폼의 대표적 예이다. 최근 여러 분야에서 플랫폼의 공유가 주목을 받는 주된 이유는 공동생산요소의 활용에 의한 범위의 경제로 추가적 비용을 줄이면서 다품종 소량생산을 가능하게 하기 때문이다. 예컨대 은행이 보험업을 겸하는 방카슈랑스의 경우 은행의 기존 점포망과 거래 고객데이터가 플랫폼이 되고 이를 공동생산요소로 활용하여 범위의 경제가 실현될 수 있다.

자동차 생산의 경우에도 플랫폼의 공유화는 대세가 되고 있다. 자동차의 플랫폼 공유는 같은 기본골격을 바탕으로 여러 가지의 차를 만드는 것을 의미하며, 플랫폼을 공유했다고는 믿기 어려울 정도로 다양한 신차들이 소비자들의 욕구에 맞추어 생산되고 있다. 독일의 아우디와 폭스바겐에서는 오래전부터 플랫폼의 공유를 실시해 왔다. 예를 들면 폭스바겐 A플랫폼을 바탕으로 골프, 제타, 아우디의 A3 등이 만들어졌다. 우리나라 자동차산업에서도 플랫폼 공유는 보편적으로 이루어지고 있다. 현대자동차와 기아자동차의 경우 기아차의 K5는 현대차의 소나타와 플랫폼을 공유하고 있으며, 뉴스포티지와 투싼 역시 마찬가지이다.

이러한 플랫폼 공유로 자동차회사들은 규모의 경제와 범위의 경제를 동시에 실현할 수 있다. 한 가지 플랫폼으로 여러 차종을 생산한다면 공통으로 사용되는 부품의 종류도 늘어나기 때문에 부품의 생산과 구매에서 규모의 경제가 실현될 수 있다. 하나의 부품을 여러 가지의 차종에 사용할 수 있다면 부품의 관리와 보관을 위한 인력, 공간 등이 공동생산요소가 되므로 범위의 경제가 실현될 수 있다. 또한 플랫폼의 공유로 여러 차종들이 한 생산라인에서 생산될 수 있기 때문에 생산라인은 공동생산요소가 되어 범위의 경제가 발생한다. 현대자동차 남양연구소의 한 임원에 의하면 현대차와 기아차는 플랫폼과 주요 부품의 공유화로 4조 5천억원 이상의 비용절감효과를 얻었다고 한다.

# 요 약

1 기회비용은 금전의 지출을 수반하는 명시적 비용과 그렇지 않은 암묵적 비용을 포함하며, 명시적 비용만을 고려한 것이 회계적 비용이고 암묵적 비용까지 포함시킨 것이 경제적 비용이다. 일단 지출하면 회수할 수 없는 비용을 매몰비용이라 하며, 일단 발생한 매몰비용은 향후 선택에서는 고려되지 않아야 한다. 고정비용 중 상당한 부분은 매몰비용인 경우가 일반적이다.

2 생산자가 주어진 비용으로 선택할 수 있는 모든 투입점들을 연결한 것이 등비용선이다. 주어진 산출량을 장기의 최소비용으로 생산하기 위해 필요한 조건은 등량선과 등비용선이 접해야 한다는 것이다.

3 임금과 자본의 가격을 고정시킨 상태에서 각 산출량을 최소의 장기비용으로 생산할 수 있는 투입점들을 연결한 것이 장기확장경로이며, 이로부터 산출량과 장기총비용의 관계를 나타내는 장기총비용곡선을 구할 수 있다. 장기총비용곡선의 한 점과 원점을 연결한 직선의 기울기는 그 점에서의 장기평균비용이고 장기총비용곡선의 어느 한 점에서의 기울기는 그 점에서의 장기한계비용이다.

4 어느 산출량에서 규모에 대한 수익 체증이면 그 산출량에서는 장기총비용의 산출량에 대한 탄력도가 1보다 작아서 장기평균비용곡선의 기울기가 음(−)이 되는 규모의 경제가 존재한다. 어느 산출량에서 규모에 대한 수익 체감이면 그 산출량에서는 장기총비용의 산출량에 대한 탄력도가 1보다 커서 장기평균비용곡선의 기울기가 양(+)이 되는 규모의 비경제가 존재한다.

5 $k$차 동차생산함수에서 $k>1$이면 산출량에 관계없이 항상 규모에 대한 수익 체증이 나타나서 항상 규모의 경제가 발생한다. $k<1$이면 산출량에 관계없이 항상 규모에 대한 수익 체감이 나타나서 항상 규모의 비경제가 발생한다. $k=1$인 경우에는 장기평균비용은 항상 일정하다.

6 $K=\overline{K}$ 인 단기에 비용의 극소화를 위한 노동투입량은 등량선과 $K=\overline{K}$ 의 수평선이 교차하는 점에서 결정되므로 $K=\overline{K}$ 의 수평선은 단기확장경로라고 할 수 있다. 단기확장경로로부터 임금과 자본의 가격을 고정시킨 상태에서 산출량과 단기총비용의 관계를 나타내는 단기총비용곡선을 구할 수 있다. 단기총비용은 가변비용과 고정비용의 합이기 때문에, 단기평균총비용곡선은 평균가변비용곡선과 평균고정비용곡선의 수직합이다. 또한 단기총비용곡선의 어느 한 점에서의 기울기는 그 점에서의 단기한계비용과 같다.

7 가변비용곡선은 노동의 총생산물곡선이 거울에 비쳐진 영상의 모양을 하고 있으며, 노동의 한계생산물 체감의 법칙 때문에 단기한계비용곡선에서 단기한계비용은 체증

한다.

**8** 장기총비용곡선은 자본투입량에 따라 위치가 서로 다른 여러 가지 단기총비용곡선들을 아래에서 감싸는 포락선이며, 장기평균비용곡선도 마찬가지이다. 그러나 장기한계비용곡선은 단기한계비용곡선들의 포락선이 아니다.

**9** 장기와 단기의 비용곡선은 기술진보, 생산요소의 가격변화 등으로 이동한다. 임금과 자본의 가격 중 어느 하나가 상승하면 주어진 산출량을 생산하기 위한 장기총비용과 장기평균비용은 증가하며, 이러한 생산요소의 가격변화가 장기비용곡선에 미치는 영향은 요소의 대체탄력도, 생산요소에 대한 비용이 총비용 중에서 차지하는 비중 등에 달려 있다. 단기의 경우 임금은 불변인 채 자본의 가격만 상승하면 고정비용곡선, 단기총비용곡선, 평균고정비용곡선과 단기평균총비용곡선이 위로 이동하며, 자본의 가격은 불변이고 임금만 상승하면 고정비용곡선과 평균고정비용곡선을 제외한 나머지 비용곡선이 모두 위로 이동한다.

**10** $X$재와 $Y$재의 생산가능곡선의 기울기의 절대값인 한계변환율은 $X$재 생산의 한계비용을 $Y$재 생산의 한계비용으로 나눈 비율이다.

## 연습문제

**1** 어떤 기업의 생산함수는 $x = KL + 10L$이다. 임금 $w$와 자본의 가격 $r$이 각각 1원과 2원일 때 100개의 생산물을 장기의 최소비용으로 생산하기 위한 노동 $L$과 자본 $K$의 투입량을 구하시오.

**2** 어떤 기업의 생산함수는 $x = \min\{K/2, L\}$이다. 임금 $w$와 자본의 가격 $r$이 각각 2원과 3원일 때,

(1) 최소의 장기비용으로 5단위의 산출량을 생산할 수 있는 노동 $L$과 자본 $K$의 투입량을 구하시오.

(2) 장기확장경로를 나타내는 방정식을 구하시오.

(3) 장기총비용곡선, 평균비용곡선과 한계비용곡선의 방정식을 구하시오.

**3** 어떤 기업의 생산함수는 $x = \min\{K/2, L\}$이다.

(1) 생산물 1단위를 생산하기 위한 최소의 장기비용을 구하시오(임금 $w$와 자본의 가격 $r$로 표시할 것).

(2) 이 기업의 장기총비용함수를 구하시오(임금 $w$, 자본의 가격 $r$과 산출량 $x$의 함수로 표시할 것).

**4** 어떤 기업의 생산함수는 $x = 2K + L$이다. 임금 $w$와 자본의 가격 $r$이 각각 2원과 3원일 때,

(1) 최소의 장기비용으로 10단위의 산출량을 생산할 수 있는 노동 $L$과 자본 $K$의 투입량을 구하시오.

(2) 장기확장경로를 나타내는 방정식을 구하시오.

(3) 장기총비용곡선, 평균비용곡선과 한계비용곡선의 방정식을 구하시오.

**5** 어떤 기업의 생산함수는 $x = 2K + L$이다.

(1) 산출량 $x$를 최소의 장기비용으로 생산할 수 있는 노동 $L$과 자본 $K$의 투입량을 구하시오(임금 $w$, 자본의 가격 $r$과 산출량 $x$로 표시할 것).

(2) 이 기업의 장기총비용함수를 구하시오(임금 $w$, 자본의 가격 $r$과 산출량 $x$의 함수로 표시할 것).

(3) 자본투입량이 $\overline{K}$에 고정되어 있는 단기에 단기총비용함수를 구하시오(임금 $w$, 자본의 가격 $r$과 산출량 $x$의 함수로 표시할 것).

**6** 어떤 기업의 생산함수는 $x = 2\sqrt{KL}$이다. $w = r = 1$원일 때,

(1) 최소의 장기비용으로 10단위의 산출량을 생산할 수 있는 노동 $L$과 자본 $K$의 투입량을 구하시오.

(2) 장기확장경로를 나타내는 방정식을 구하시오.

(3) 생산함수가 1차 동차임을 이용하여 장기총비용곡선, 평균비용곡선과 한계비용곡선의 방정식을 구하시오.

**7** 어떤 기업의 생산함수는 $x = 2\sqrt{KL}$이다. $w = r = 1$원이고 $K = 4$인 단기의 경우,

(1) 최소의 단기비용으로 12단위의 산출량을 생산할 수 있는 노동투입량 $L$을 구하시오.

(2) 단기총비용과 장기총비용이 일치하는 산출량을 구하시오.

(3) 단기총비용곡선, 단기평균총비용곡선, 평균가변비용곡선과 단기한계비용곡선의 방정식을 구하시오. 그리고 자본의 가격 $r$은 불변인데 임금 $w$만 2원으로 상승할 때 이 단기비용곡선들이 어떻게 이동하는지 설명하시오.

**8** 어떤 기업의 생산함수는 $x = 2\sqrt{KL}$이다.

(1) 산출량 $x$를 최소의 장기비용으로 생산할 수 있는 노동 $L$과 자본 $K$의 수요함수(즉 조건부 수요함수)를 구하시오(임금 $w$, 자본의 가격 $r$과 산출량 $x$의 함수로 표시할 것).

(2) 이 기업의 장기총비용함수를 구하시오(임금 $w$, 자본의 가격 $r$과 산출량 $x$의 함수로 표시할 것).

(3) 자본투입량이 $\overline{K}$에 고정되어 있는 단기에 단기총비용함수를 구하시오(임금 $w$, 자본의 가격 $r$, $\overline{K}$와 산출량 $x$의 함수로 표시할 것).

**9** 어떤 기업의 생산함수가 $x = L^2 K^3$이다. 이 기업에 항상 규모의 경제가 존재하는 것을 설명하시오.

**10** 어떤 기업의 생산함수는 $x = (L^{1/2} + K^{1/2})^2$이다. 이 기업에게 임금 $w$와 자본의 가격 $r$은 각각 10원과 1원으로 주어졌을 때, 121,000단위의 산출량을 최소의 장기비용으로 생산할 수 있는 노동 $L$과 자본 $K$의 투입량을 구하시오.

**11** 어떤 기업의 생산함수는 $x = \sqrt{L} + K$이다. 임금 $w$와 자본의 가격 $r$이 각각 1원과 10일 때,

(1) 최소의 장기비용으로 3단위의 산출량을 생산할 수 있는 노동 $L$과 자본 $K$의 투입량 조합에서 $K = 0$임을 확인하시오.

(2) 산출량이 몇 단위로 증가해야만 자본 $K$의 투입량이 0보다 커질 것인가?

**12** 어느 기업의 장기총비용곡선의 방정식은 $LRTC(x) = 0.5x^3 - 100x^2 + 50x$이다. 이 기업에게 규모의 비경제가 발생하기 시작하는 산출량을 구하시오.

# 7-1 부록
## 장기비용이론의 수리적 분석

### 장기비용극소화의 문제

식 (7-2) 또는 (7-3)의 장기비용극소화 조건은 제2장의 부록에서 설명한 라그랑지방법으로도 유도할 수 있다. 주어진 산출량 $x$를 최소의 장기비용으로 생산할 수 있는 투입점을 선택하는 문제는 다음과 같다.

$$\min_{\{K,\ L\}} \quad rK + wL$$
$$\text{제약조건: } x = f(K, L) \tag{7-21}$$

식 (7-21)의 문제에 관한 라그랑지함수 $l(K, L;\ \mu)$는 다음과 같다.

$$l(K, L;\ \mu) = rK + wL + \mu[x - f(K, L)] \tag{7-22}$$

장기비용극소화의 필요조건은 $L$, $K$와 라그랑지승수 $\mu$에 대한 라그랑지함수 $l(K, L;\ \mu)$의 1차편도함수의 값이 0이라는 다음의 식들로 구해진다.

$$\frac{\partial l(K, L;\ \mu)}{\partial L} = w - \mu MP_L = 0 \tag{7-23}$$
$$\frac{\partial l(K, L;\ \mu)}{\partial K} = r - \mu MP_K = 0 \tag{7-24}$$
$$\frac{\partial l(K, L;\ \mu)}{\partial \mu} = x - f(K,\ L) = 0 \tag{7-25}$$

위의 식 (7-23)와 식 (7-24)에서 라그랑지승수 $\mu$를 소거하면 $MP_L/MP_K = w/r$이라는 식을 구할 수 있으며, 이는 바로 식 (7-2)의 비용극소화 조건과 같다.

### 조건부 요소수요함수

$MP_L$과 $MP_K$는 각각 생산함수 $x = f(K, L)$의 1차편도함수이므로 선택변수

인 $L$과 $K$에 관해 $MP_K/MP_L = w/r$과 $x = f(K, L)$의 연립방정식을 풀면 다음의 결과를 얻을 수 있다.

$$L = L(w, r, x) \tag{7-26}$$

$$K = K(w, r, x) \tag{7-27}$$

위의 식은 임금과 자본의 가격이 각각 $w$와 $r$일 때 산출량 $x$를 최소의 장기비용으로 생산할 수 있는 노동과 자본의 투입량을 표시하는데, 이를 장기의 **조건부 요소수요함수**(conditional factor demand function)라고 한다. 조건부라는 말이 붙은 이유는 정해진 산출량 $x$를 반드시 생산해야 한다는 조건하에서의 생산요소 투입량을 표시하기 때문이며, 후에 설명할 이윤극대화를 위한 요소수요와는 명백하게 구별되는 개념이다.

장기의 조건부 요소수요함수로부터 우리는 장기의 조건부 요소수요곡선을 얻을 수 있다. 식 (7-26)의 조건부 노동수요함수에서 자본의 가격과 산출량은 불변인 상태에서 임금만 변한다고 할 때 임금의 수직축과 노동투입량의 수평축의 평면에 양자의 관계를 그릴 수 있는데, 이것이 임금의 변화에 따라 장기비용의 극소화를 위한 노동투입량이 어떻게 변하는가를 나타내는 장기의 조건부

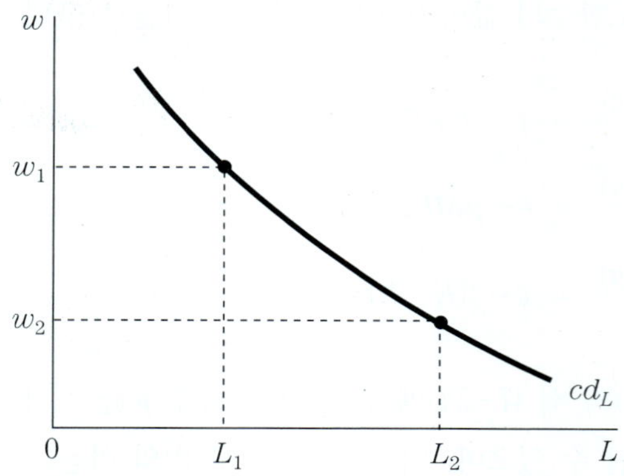


**그림 7-17 조건부 노동수요곡선**

조건부 노동수요곡선 $cd_L$은 자본의 가격이 불변인 상태에서 임금변화에 따라 주어진 산출량을 최소의 장기비용으로 생산할 수 있는 노동투입량이 어떻게 변하는가를 나타낸다. 생산기술의 볼록성 때문에 조건부 노동수요곡선의 기울기는 반드시 음(−)이며, 요소의 대체탄력도 $\sigma$가 높을수록 조건부 노동수요의 임금탄력도는 크다.

노동수요곡선이다. 마찬가지로 식 (7-27)로부터는 장기의 조건부 자본수요곡선을 구할 수 있다.

앞의 〈그림 7-2〉를 이용해서 장기의 조건부 노동수요곡선을 어떻게 유도할 수 있는지 살펴보기로 하자. 자본의 가격은 $r_1$에서 불변이고 임금만 $w_1$에서 $w_2$로 하락해서 등비용선이 $AB$에서 $CD$로 완만해졌다고 할 때 정해진 산출량 $x_1$을 최소의 장기비용으로 생산할 수 있는 조건부 노동수요량은 $L_1$에서 $L_2$로 증가한다. 이러한 방법으로 임금만을 변화시키면 〈그림 7-17〉과 같은 장기의 조건부 노동수요곡선 $cd_L$을 유도할 수 있다. 그림에 나타나 있는 것처럼 생산기술의 볼록성(즉 원점에 대하여 볼록한 등량선) 때문에 장기의 조건부 요소수요곡선의 기울기는 반드시 음(−)이 된다(즉 생산요소의 가격이 하락하면 조건부 요소수요량은 반드시 증가한다). 장기의 조건부 요소수요량이 생산요소의 가격변화에 대해서 얼마나 민감하게 반응하는가 하는 것(즉 조건부 요소수요의 요소가격에 대한 탄력도)은 물론 요소의 대체탄력도 $\sigma$에 달려있다.

## 장기총비용함수

이제 식 (7-26)과 (7-27)의 조건부 요소수요함수를 $rK+wL$에 대입하면 임금 $w$, 자본의 가격 $r$과 산출량 $x$라는 외생변수와 내생변수인 장기총비용 $LRTC$(즉 최소의 장기비용) 사이의 관계를 나타내는 **장기총비용함수**(long-run total cost function) $LRTC(w,r,x)$를 얻을 수 있다.

$$\begin{aligned} LRTC &= r \cdot K(w, r, x) + w \cdot L(w, r, x) \\ &= LRTC(w, r, x) \end{aligned} \qquad (7-28)$$

〈그림 7-5〉 또는 〈그림 7-6〉의 장기총비용곡선은 장기총비용함수에서 임금과 자본의 가격을 불변으로 놓고 산출량과 장기총비용 사이의 관계를 그린 것이다. 따라서 앞서 살펴본 것처럼 임금 또는 자본의 가격이 변하면 장기총비용곡선, 장기평균비용곡선과 장기한계비용곡선은 위 또는 아래로 이동하게 된다.

# 부록 7-2 단기비용이론의 수리적 분석

## 단기비용극소화의 문제

자본투입량이 $\overline{K}$에 고정되어 있는 단기의 비용극소화 문제는 식 (7-21)에 $K=\overline{K}$의 조건이 추가된 것이다. 따라서 단기비용극소화의 문제는 다음과 같다.

$$\min_{\{K,\ L\}} \ r\overline{K} + wL$$

$$\text{제약조건: } x = f(\overline{K},\ L) \tag{7-29}$$

식 (7-29)의 제약식을 노동투입량 $L$에 관해 정리하면 다음의 식을 얻을 수 있다.

$$L = L(\overline{K},\ x) \tag{7-30}$$

식 (7-30)은 산출량 $x$를 최소의 단기비용으로 생산할 수 있는 노동의 투입량을 의미하며, 단기의 조건부 노동수요함수라고 할 수 있다. 장기와 달리 앞의 〈그림 7-7〉에서 살펴본 것처럼 단기에는 비용극소화를 위한 노동투입량이 생산요소의 가격과 무관하며, 이는 조건부 노동수요곡선이 수직선(즉 조건부 노동수요의 임금탄력도가 0)임을 의미하고 산출량이 변할 때만 이 조건부 노동수요곡선은 이동하게 된다.

## 단기총비용함수

식 (7-30)을 $r\overline{K} + wL$에 대입하면 임금 $w$, 자본의 가격 $r$, 산출량 $x$ 그리고 자본투입량 $\overline{K}$라는 외생변수와 내생변수인 단기총비용 $SRTC$(즉 최소의 단기비용) 사이의 관계를 나타내는 **단기총비용함수**(short-run total cost function) $SRTC(w,\ r,\ x,\ \overline{K})$를 얻을 수 있다.

$$SRTC = r\overline{K} + w \cdot L(\overline{K}, x)$$
$$= SRTC(w,\ r,\ \overline{K},\ x) \qquad (7\text{-}31)$$

〈그림 7-7〉, 〈그림 7-10〉 등의 단기총비용곡선은 단기총비용함수에서 임금, 자본의 가격, 자본의 투입량을 모두 고정시킨 채 산출량과 단기총비용 사이의 관계를 그린 것이며, 이 외생변수들이 변하면 단기총비용곡선은 위 또는 아래로 이동하게 된다.

일반적으로 생산자의 목적은 이윤의 극대화라고 가정한다. 이윤은 총수입에서 총비용을 뺀 것이며, 이윤의 극대화를 위해서는 비용의 극소화가 전제조건이다. 이 때문에 제7장에서는 생산자가 정해진 산출량을 얼마나 낮은 비용으로 생산할 수 있는가에 관한 제약, 즉 생산비용의 제약을 살펴보았다. 총수입은 생산자가 직면하는 수요곡선, 즉 수요의 제약에 의해 결정되며, 수요제약의 내용은 시장구조에 따라 달라진다.

이 장에서는 먼저 이윤극대화의 기본원리를 살펴보기로 한다. 그리고 수요제약의 내용을 결정하는 시장구조가 어떻게 분류될 수 있는지 살펴보고 각 시장구조는 수요의 제약 등에 대해서 어떤 의미를 지니는가를 살펴보기로 한다.

# 제 8 장

# 이윤극대화

## 8.1 이윤극대화의 가정

앞으로 생산자, 즉 기업의 목적은 이윤의 극대화라고 가정한다. 이윤의 극대화는 기업의 규모가 매우 작은 경우에는 매우 타당한 가정이라고 할 수 있지만, 소유와 경영이 분리된 대규모기업의 경우에는 그렇지 않을 수도 있다. 대규모기업의 소유자(예를 들어 주주)가 경영자의 행동을 일일이 감시하기는 어렵기 때문에, 경영자는 이윤의 극대화라는 소유자의 목적에 맞지 않게 행동할 수도 있다. 심지어는 승진이나 더 많은 보너스를 받기 위해서 경영자는 이윤보다 기업의 외형만을 부풀리려는 행동을 취할 수도 있다.

그러나 소유자의 목적에 맞지 않게 행동하는 경영자는 결국 도태될 것이고 이윤극대화라는 목표에서 벗어나 행동하는 기업이 자본주의 경제체제에서 오랫동안 생존하기는 어려울 것이기 때문에, 이윤극대화가 생산자의 최우선 목표라는 가정은 현실과 상당히 부합한다고 할 수 있다.

생산자가 생산물을 공급해서 얻는 **총수입**(total revenue)에서 총비용을 뺀 나머지가 이윤이며, 이윤은 경제학에서 흔히 $\pi$로 표시된다. 생산물의 가격 $P_X$에 공급량 $x$를 곱해서 구한 총수입을 $TR$로 나타내고 총비용을 $TC$로 표시할 때, 총수입과 총비용 모두 공급량 $x$의 함수이므로 이윤은 다음과 같이 표시될 수 있다.

$$\begin{aligned}\pi &= TR - TC \\ &= P_X x - TC(x) \\ &= \pi(x) \qquad (8-1)\end{aligned}$$

총비용에는 명시적 비용뿐 아니라 암묵적 비용까지 포함되기 때문에, 위의 식으로부터 구해지는 이윤을 흔히 **경제적 이윤**(economic profit)이라고 부른다.

제6장과 제7장에서 살펴본 것처럼 생산기술 등에 의한 비용의 제약하에서 산출량 $x$를 생산할 때의 최소비용, 즉 총비용 $TC(x)$가 정해진다. 이에 대해서 총수입 $TR$은 수요의 제약하에서 결정된다. 앞에서 언급하였지만 수요의 제약은 각 산출량에 대해 생산자가 받을 수 있는 최대의 가격이 얼마인가(다른

각도로 표현하면, 각 가격수준에서 생산물에 대한 수요는 얼마인가)에 관한 것으로 생산물에 대한 소비자의 수요를 나타내는 곡선, 즉 생산자가 직면하는 수요곡선의 형태로 결정된다. 생산자가 직면하는 수요곡선은 시장구조에 따라 상이하고 이에 따라 총수입의 결정도 달라지므로 우리는 앞으로 시장구조별로 이윤극대화의 행동을 분석하게 된다. 그러나 여기에서는 어느 특정 시장구조에서의 이윤극대화를 분석하기 전에 보편적으로 적용되는 이윤극대화의 원리를 먼저 살펴보기로 한다.

## 8.2 이윤극대화를 위한 생산물의 공급량

〈그림 8-1〉에는 공급량과 총수입 사이의 관계를 나타내는 총수입곡선 $TR$, 총비용곡선 $TC$ 그리고 각 공급량에서의 이윤을 표시하는 이윤곡선 $\pi$가 표시되어 있다. 총비용곡선은 생산기술, 생산요소의 가격 등에 의해 그 형태가 결정되지만, 총수입곡선의 형태는 시장구조별로 다르다. 그림에서는 총수입곡선이 공급량의 증가에 그 기울기가 체감하는 것으로 표시되고 있는데, 시장구조에 따라 총수입곡선의 형태가 어떻게 달라지는지는 후에 살펴보도록 하자.

이윤은 총수입곡선과 총비용곡선 사이의 수직거리이며, 처음에는 그 크기가 음(−)이지만 공급량이 $x_0$을 넘어서면 양(+)이 되며, $x_2$ 이후에는 다시 음(−)이 되고 있다. 이윤은 그림에서 총수입곡선의 기울기와 총비용곡선의 기울기가 일치하는 공급량 $x_1$에서 극대화되고 있는데, 그 이유를 알아보기 전에 먼저 **한계수입**(marginal revenue)과 **평균수입**(average revenue)을 정의하도록 하자.

한계수입은 상품 1단위를 추가로 판매할 때 총수입의 증가폭을 의미하며, 총수입곡선의 기울기로 측정된다. 또한 평균수입은 총수입을 공급량으로 나눈 것이며, 총수입곡선의 한 점과 원점을 연결한 직선의 기울기로 측정된다. 즉 어느 공급량 $x$에서 한계수입 $MR(x)$와 평균수입 $AR(x)$는 각각 다음과 같이 정의된다.

$$MR(x) = \frac{\Delta TR}{\Delta x} \tag{8-2}$$

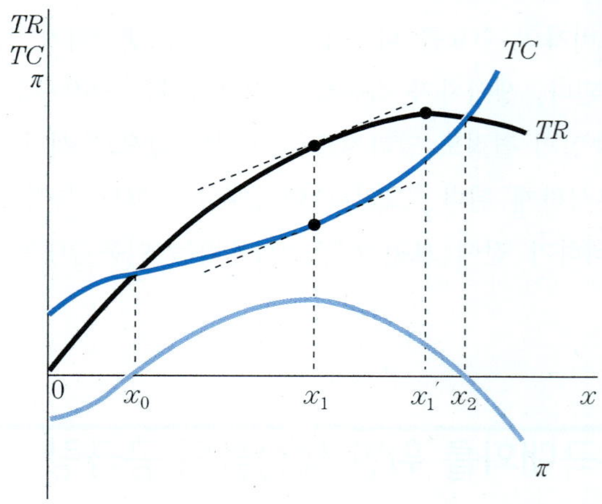


**그림 8-1 이윤극대화의 공급량**
총수입곡선과 총비용곡선 사이의 수직거리인 이윤은 $x_1$에서 극대화되며, 이때 한계수입과 한계비용이 일치한다.

$$AR(x) = \frac{TR(x)}{x} \tag{8-3}$$

제7장에서 설명한 것처럼 어느 산출량 $x$의 한계비용은 그 산출량에서 총비용곡선의 기울기이다. $x_1$의 왼쪽에서는 총수입곡선의 기울기인 한계수입이 총비용곡선의 기울기인 한계비용보다 크며, 이는 공급량을 증가시키면 이윤이 증가한다는 것을 의미한다. 반면에 $x_1$의 오른쪽에서는 반대이기 때문에 공급량 증가에 따라 이윤은 감소한다. 따라서 이윤극대화는 산출량 $x_1$에서 이루어지며, 이때 한계수입과 한계비용이 일치한다. 즉 공급량 $x_1$에서 이윤의 극대화가 이루어졌다면, 다음의 조건이 성립한다.

$$MC(x_1) = MR(x_1) \tag{8-4}$$

앞의 제1장에서 설명한 것처럼 어떤 행동 또는 거래에 있어서 최적화가 이룩되었을 때 한계비용과 한계편익은 일치한다. 식 (8-4)의 조건은 바로 이러한 최적화의 기본원리인 것이다.

**예 8-1** **영화배우와 영화제작사 사이의 마찰**

인기가 높은 배우는 영화제작사와 출연료에 관한 계약을 맺을 때 이윤이 아니라 총수입의 일정비율을 출연료로 받기를 원한다. 왜냐하면 영화제작에 소요되는 복잡한 비용항목을 일일이 점검할 수 없는 배우의 입장에서는 이윤보다는 총수입을 파악하기가 훨씬 용이하기 때문이다.

그러나 총수입의 일정비율을 출연료로 지급한다는 계약 때문에 영화배우와 영화제작사 사이에는 영화관람의 공급량과 관람료를 정하는 데 있어서 마찰이 생길 가능성이 높다. 영화제작사의 목적은 이윤의 극대화이지만 영화배우는 총수입의 극대화를 원하기 때문이다. 〈그림 8-1〉의 $TR$과 $TC$가 각각 영화제작의 총수입곡선과 총비용곡선이라고 할 때 영화제작사는 이윤의 극대화를 위하여 $x_1$만큼의 영화관람을 공급하려고 하는 반면 총수입의 극대화를 원하는 영화배우는 $x_1'$까지 영화관람의 공급량을 증가시킬 것을 요구하며, 이는 영화배우가 원하는 관람료 수준이 영화제작사보다 낮음을 의미한다.

## 8.3 이윤극대화를 위한 생산요소의 수요량

이윤극대화의 공급량을 선택한다는 것은 최소의 비용으로 그 공급량을 생산할 수 있는 생산요소의 투입량을 선택한다는 것을 의미하며, 역으로 이윤극대화의 생산요소 투입량의 선택은 그 투입량으로 기술적 효율성 있게 생산할 수 있는 공급량의 선택을 의미한다. 즉 이윤극대화를 위한 공급량의 선택과 이윤극대화를 위한 생산요소 수요량의 선택은 동일한 의사결정이다. 이를 이해하기 위해서 이윤극대화를 위한 생산요소의 수요량을 선택하는 결정에 관해서 살펴보기로 하자.

최적화가 이루어졌을 때 한계비용과 한계편익이 일치한다는 기본원리는 생산요소의 수요량을 결정할 때도 마찬가지로 성립한다. 생산요소 수요량에 관한 이윤극대화 조건을 구하기 위하여 우선 노동을 1단위 추가로 투입할 때의 추가수입이 무엇인지를 살펴보자. 노동을 1단위 더 투입해서 생산자는 노동의 한계생산물 $MP_L(=\Delta x/\Delta L)$만큼을 추가로 생산할 수 있으며, 이를 판매해서 생산물의 한계수입 $MR(=\Delta TR/\Delta x)$을 얻게 된다. 따라서 노동의 한계생산물에 한계수입을 곱하면, 노동을 1단위 추가로 투입할 때의 추가 수입을 의미하는 **노동의 한계수입생산물**(marginal revenue product of labor)을 구할 수 있다. 노동의 한계수입생산물을 $MRP_L$이라고 표시할 때 $MRP_L$은 다음과 같다.

$$
\begin{aligned}
MRP_L &= MR \cdot MP_L \\
&= \frac{\Delta TR}{\Delta x}\frac{\Delta x}{\Delta L} = \frac{\Delta TR}{\Delta L} \qquad (8\text{–}5)
\end{aligned}
$$

그렇다면 노동을 1단위 더 투입할 때의 추가 비용은 무엇인가? 노동을 1단위 더 투입할 때 생산자가 추가로 지불해야 하는 비용을 **노동의 한계요소비용**(marginal factor cost of labor)이라 하고 $MFC_L$로 표시할 때, $MFC_L$은 다음 식과 같이 노동에 대한 비용 $wL$의 변화폭을 노동투입량 $L$의 변화폭으로 나눈 것이다.

$$MFC_L = \frac{\Delta(wL)}{\Delta L} \qquad (8\text{–}6)$$

노동의 한계요소비용에 대해서 **노동의 평균요소비용**(average factor cost of labor)은 노동에 대한 비용 $wL$을 노동투입량 $L$로 나눈 것이다. 노동의 평균요소비용을 $AFC_L$로 표시할 때 $AFC_L$은 다음과 같다.

$$AFC_L = \frac{wL}{L} \qquad (8\text{–}7)$$

만일 노동투입량을 아무리 변화시켜도 임금은 $w$에서 불변이라면 $w = MFC_L = AFC_L$의 관계가 성립한다.

노동의 한계수입생산물 $MRP_L$은 노동 1단위 추가 투입의 한계편익이고 노동의 한계요소비용 $MFC_L$은 노동 1단위 추가 투입에 따른 한계비용이므로 이윤극대화의 노동투입량에서는 다음 조건이 성립할 것이다.

$$MRP_L = MFC_L \qquad (8\text{–}8)$$

노동의 경우와 같이 자본의 투입량에 대해서도 **자본의 한계수입생산물** $MRP_K$, **자본의 한계요소비용** $MFC_K$와 **자본의 평균요소비용** $AFC_K$를 정의할 수 있으며, 이러한 개념을 사용하면 자본 수요량에 관한 이윤극대화 조건은 식 (8-9)가 되는 것을 알 수 있다.

$$MRP_K = MFC_K \tag{8-9}$$

이제 이윤극대화를 위한 공급량의 선택과 이윤극대화를 위한 생산요소 수요량의 선택은 동일한 결정이라는 것을 이해하기 위해서 노동만이 가변요소이고 자본투입량은 $\overline{K}$에 고정되어 있는 단기를 가정하자. 식 (8-5)와 (8-6)을 이용하면 노동수요량에 관한 이윤극대화 조건인 식 (8-8)을 다음과 같이 다시 쓸 수 있다.

$$\frac{\Delta TR}{\Delta x}\frac{\Delta x}{\Delta L} = \frac{\Delta (wL)}{\Delta L} \tag{8-10}$$

식 (8-10)의 양변을 노동의 한계생산물인 $\Delta x / \Delta L$로 나누면 다음의 식을 얻을 수 있다.

$$\frac{\Delta TR}{\Delta x} = \frac{\Delta (wL)}{\Delta x} \tag{8-11}$$

식 (8-11)의 좌변은 생산물을 1단위 추가로 판매할 때 총수입의 증가폭인 한계수입 $MR$이고 우변은 생산물을 1단위 더 생산할 때 비용의 증가폭인 한계비용 $MC$이다. 따라서 생산요소 투입량에 대한 이윤극대화 조건인 식 (8-8)과 산출량에 대한 이윤극대화 조건인 식 (8-4)는 동일한 식을 형태만 달리한 것이며, 이는 '이윤극대화를 위한 생산물 공급량의 선택'과 '이윤극대화를 위한 생산요소 수요량의 선택'은 별개가 아닌 동일한 결정을 관점만 달리해서 표현한 것이라는 점을 의미한다. 이 때문에 여건의 변화로 이윤극대화의 공급량이 변하는 경우 생산요소의 수요량도 변하고 반대의 경우에도 마찬가지이다.

# 8.4 이윤극대화를 위한 가격: 역탄력도 가격설정

## 평균수입, 한계수입, 총수입과 수요의 가격탄력도

이윤극대화의 공급량이 결정되면 그 공급량에 대해 어느 생산자가 받을 수 있는 최대의 가격은 이 생산자가 직면하는 수요곡선에 따라 정해진다. 생산자가 〈그림 8-2〉에서 $D_I$라고 표시된 수요곡선에 직면하고 있다고 할 때(시장수요곡선 $D$와 구별하기 위해서 $D_I$로 표시함) 이윤극대화의 공급량이 $x_1$이면 가격은 $P_{X_1}$로 정해지는 것이다. 이때의 총수입 $TR(x_1)$은 $P_{X_1}x_1$이므로 평균수입 $AR(x_1)$은 $P_{X_1}$이며, 이 관계는 수요곡선 $D_I$의 다른 점에서도 마찬가지이기 때문에 생산자가 직면하는 수요곡선(줄여서 생산자의 수요곡선이라고 부를 수도 있음)은 곧 이 생산자의 평균수입곡선 $AR$이 된다.

이미 우리는 제3장에서 어떤 상품의 가격이 변할 때 그 상품에 대한 소비자의 지출액(생산자에게는 총수입)의 증감 여부는 수요의 가격탄력도에 달려 있다는 것을 살펴보았다. 여기에서는 이윤극대화 조건인 식 (8-4)가 가격에 관해 어떤 의미를 지니고 있는가를 이해하기 위하여 생산자의 입장에서 총수입 $TR$

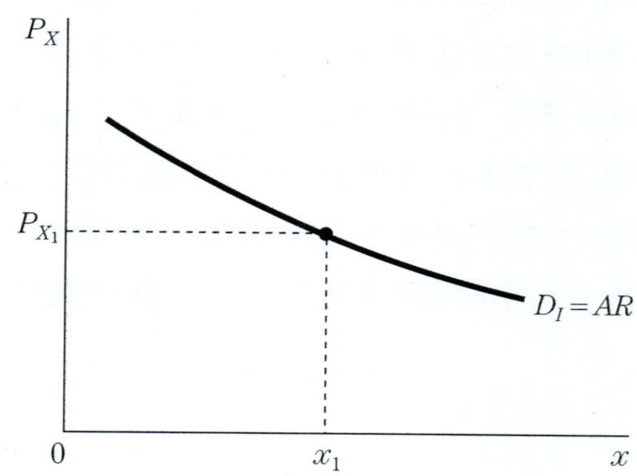


**그림 8-2 개별 생산자가 직면하는 수요곡선**
어느 생산자가 $D_I$의 수요곡선에 직면할 때 $x_1$이 이윤극대화의 공급량이면 가격은 $P_{X_1}$로 정해진다. 그리고 생산자가 직면하는 수요곡선은 이 생산자의 평균수입곡선이다.

과 한계수입 $MR$이 수요의 가격탄력도 $|E^D_{X,P_X}|$와 어떤 관계에 있는지 알아보기로 한다.

생산자가 생산물을 $\Delta x$만큼 더 공급할 때 총수입은 두 가지의 경로로 변한다. 한 가지 경로는 공급량의 증가가 직접 총수입을 증가시키는 것이며, 다른 한 가지 경로는 공급량의 증가로 생산자의 수요곡선을 따라 가격이 하락해서 간접적으로 총수입을 감소시키는 것이다.

〈그림 8-3〉에서 생산자가 공급량을 $x_1$에서 $x_1+\Delta x$로 증가하면 가격은 수요곡선을 따라 $P_{X_1}$에서 $P_{X_1}+\Delta P_X$로 하락한다고 하자(물론 $\Delta P_X<0$임). 이 때 총수입 $TR$은 파란 음영으로 표시된 사각형 $A$의 면적만큼 증가하는 대신 검은 음영으로 표시된 사각형 $B$의 면적만큼 감소한다. $A$의 면적은 $(P_{X_1}+\Delta P_X)\Delta x$이고 $B$의 면적은 $-\Delta P_X x_1$이기 때문에, 총수입의 변화폭 $\Delta TR$은 다음과 같이 계산된다.

$$\begin{aligned}\Delta TR &= A\text{의 면적} - B\text{의 면적}\\ &= (P_{X_1}+\Delta P_X)\Delta x + \Delta P_X x_1\\ &= P_{X_1}\Delta x + \Delta P_X \Delta x + \Delta P_X x_1 \qquad (8\text{-}12)\end{aligned}$$

$\Delta x$가 거의 0에 가까워서 $\Delta P_X$도 0에 가깝다고 한다면 $\Delta P_X \Delta x$는 무시해도 될 만큼 작기 때문에, 점 $a$ 근처에서 총수입의 변화폭을 표시하는 식 (8-12)는 다음과 같이 바뀐다.

$$\Delta TR = P_{X_1}\Delta x + \Delta P_X x_1 \qquad (8\text{-}13)$$

점 $a$에서 한계수입 $MR$을 구하기 위하여 식 (8-13)의 양변을 $\Delta x$로 나누면 식 (8-14)를 얻을 수 있다. 즉 공급량을 1단위 추가할 때 총수입은 공급량 증가로 가격 $P_{X_1}$만큼 증가하는 대신 $\Delta P_X/\Delta x$의 가격하락으로 $(\Delta P_X/\Delta x)x_1$만큼 감소한다.

$$\frac{\Delta TR}{\Delta x} = MR = P_{X_1} + \frac{\Delta P_X}{\Delta x}x_1 \qquad (8\text{-}14)$$

식 (8-14)는 한계수입과 수요곡선의 기울기 $\Delta P_X/\Delta x$ 사이의 관계를 나타내고 있는데, 이를 한계수입과 수요의 가격탄력도 $|E^D_{X,P_X}|$ 사이의 관계로 바꿀 수

있다. 점 $a$에서 $E^D_{X,P_X}=(\Delta x/\Delta P_X)(P_{X_1}/x_1)$이기 때문에 $\Delta P_X/\Delta x=(P_{X_1}/x_1)(1/E^D_{X,P_X})$이며, 이를 식 (8-14)에 대입하면 점 $a$에서 한계수입과 수요의 가격탄력도의 관계를 나타내는 식 (8-15)를 구할 수 있다.

$$MR=P_{X_1}(1-\frac{1}{|E^D_{X,P_X}|}) \tag{8-15}$$

한계수입과 수요의 가격탄력도 사이의 관계를 보여주는 식 (8-15)로부터

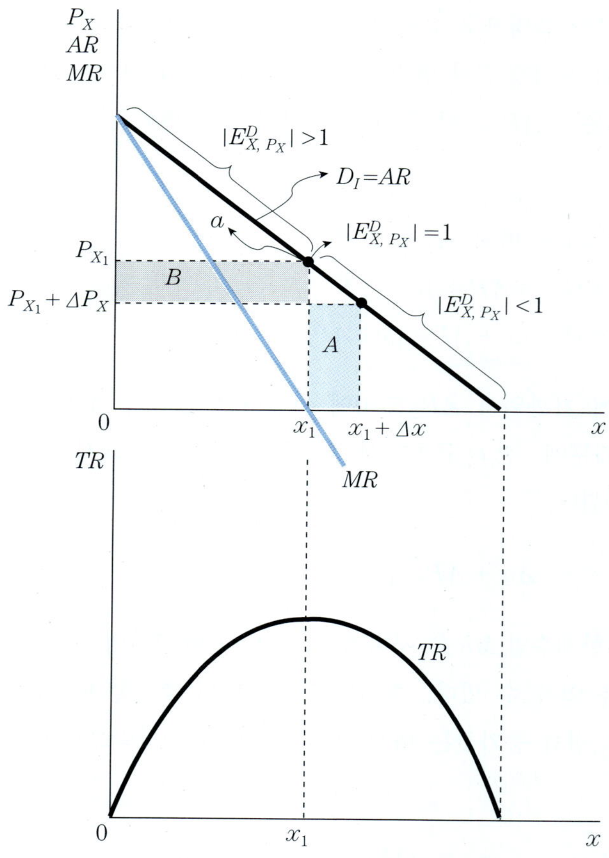


**그림 8-3 생산자의 평균수입, 한계수입, 총수입과 수요의 가격탄력도**

어느 생산자가 직선인 수요곡선에 직면한 경우 공급량의 증가에 따라 한계수입 $MR$은 가격(즉 평균수입)보다 2배 빨리 감소한다. 수요곡선에서 $|E^D_{X,P_X}|>1$인 구간에서는 $MR>0$이고 $|E^D_{X,P_X}|=0$인 구간에서는 $MR=0$이다. 그리고 $|E^D_{X,P_X}|<0$인 수요곡선의 구간에서는 $MR<0$이다.

공급량의 변화에 따라 생산자의 총수입과 한계수입이 어떻게 달라지는가를 알 수 있다. 가령 수요의 가격탄력도 $|E^D_{X,P_X}|$가 1보다 크다면(즉 탄력적이면), 식 (8-15)의 괄호항의 부호는 양(+)이 되고 한계수입은 0보다 크다. 한계수입이 0보다 크다는 것은 공급량을 증가시켜서 가격이 하락하면 총수입이 증가하는 것을 의미한다. 특히 수요의 가격탄력도가 ∞일 때는 한계수입은 가격과 일치한다. 수요의 가격탄력도가 1인 경우(즉 단위탄력적인 경우) 한계수입은 0이며, 이는 공급량이 증가해서 가격이 하락해도 총수입에는 아무런 변화가 없음을 의미한다. 수요의 가격탄력도가 1보다 작다면(즉 비탄력적이라면), 한계수입은 0보다 작고 공급량의 증가에 따라 총수입은 감소한다.

이와 같은 관계로부터 도출된 한계수입곡선과 총수입곡선은 〈그림 8-3〉에 표시되어 있다. 생산자의 수요곡선이 수직축과 만나는 점에서 수요의 가격탄력도는 ∞이기 때문에, 한계수입곡선은 그 점에서 출발하고 그때 총수입은 0이다. 수요의 가격탄력도가 1보다 큰 구간에서는 공급량의 증가에 따라 총수입이 증가해서 한계수입은 0보다 크며, 수요의 가격탄력도가 1인 점 $a$에서 총수입은 극대가 되고 한계수입은 0이 된다. 그리고 시장수요의 가격탄력도가 1보다 작은 구간으로 들어오면 공급량의 증가로 총수입은 감소해서 한계수입은 0보다 작다.

생산자의 수요곡선이 $P_X = a - bx$의 식으로 표시되는 직선인 경우 식 (8-14)에 따라 $MR = a - 2bx$의 관계가 성립하는데, 이는 한계수입곡선이 수요곡선과 수직축의 절편은 같지만 기울기의 절대값은 2배라는 것을 의미한다. 이와 같이 수요곡선이 직선일 때 한계수입곡선도 직선일 뿐 아니라 수요곡선보다 정확하게 2배가 가파르다.

## 이윤극대화의 가격

공급량에 관한 이윤극대화의 조건인 식 (8-4)와 앞의 식 (8-15)로부터 가격과 한계비용 사이에 다음과 같은 관계를 얻을 수 있다.

$$P_X = MC \times \left(\frac{|E^D_{X,P_X}|}{|E^D_{X,P_X}| - 1}\right) \tag{8-16}$$

식 (8-16)은 이윤극대화의 조건을 또 다른 각도로 표현한 것이며, 한계비용에 $|E^D_{X,P_X}|/(|E^D_{X,P_X}|-1)$을 곱해서 가격이 정해진다는 것을 의미한다. 즉 이윤극대화가 이루어졌을 때의 가격은 한계비용을 특정비율로 증가시킨 것이며, 이 비율을 **마크업률**(markup rate)이라고 부를 수 있다. 한계비용 $MC$는 반드시 0보다 크기 때문에 $MR=MC$의 조건으로부터 이윤의 극대화는 한계수입 $MR$이 0보다 큰 구간(즉 수요의 가격탄력도 $|E^D_{X,P_X}|$가 1보다 큰 구간)에서 이루어진다는 것을 알 수 있다. 따라서 이윤극대화의 조건의 또 다른 표현인 식 (8-16)에서 마크업률 $|E^D_{X,P_X}|/(|E^D_{X,P_X}|-1)$은 1보다 크거나 같고 수요의 가격탄력도 $|E^D_{X,P_X}|$가 ∞이면 마크업률은 1이 된다.

**예 8-2 편의점의 상품가격은 왜 대형슈퍼마켓보다 비싼가?**

같은 식료품이라고 해도 24시간 영업을 하는 편의점에서는 대형슈퍼마켓보다 비싸게 판매한다. 왜 그럴까? 한 가지 설명은 편의점이 수요의 가격탄력도가 낮은 고객들을 상대로 한다는 것이다. 대형슈퍼마켓까지 찾아가는 것을 귀찮게 여기거나 한밤중에 물건을 사려는 사람들은 비교적 가격변화에 둔감한 사람들이며, 편의점은 이들을 상대로 한다. 반면에 대형슈퍼마켓을 찾는 사람들은 대부분 꼼꼼히 가격의 차이를 따지는 경향을 지니고 있으므로 가격변화에 민감한 편이라고 할 수 있다. 수요의 가격탄력도가 낮을수록 마크업률은 높아지며, 이 때문에 같은 상품이라고 해도 대형슈퍼마켓보다 편의점에서의 가격이 높은 것이다.

식 (8-16)의 양변을 마크업률로 나눈 다음 $1/|E^D_{X,P_X}|$에 대해서 정리하면 다음의 식으로 바뀐다.

$$\frac{P_X-MC}{P_X}=\frac{1}{|E^D_{X,P_X}|} \tag{8-17}$$

위 식은 이윤이 극대화되었을 때의 가격과 한계비용의 차이, 즉 시장지배력은 기업이 직면하는 수요의 가격탄력도가 낮을수록 크다는 것을 의미하며, 이 때문에 식 (8-17)을 **역탄력도 가격설정**(inverse elasticity pricing rule)이라고도 한다. 어떤 시장에서 개별 기업이 직면하는 수요의 가격탄력도는 시장수요의 가격탄력도보다 낮을 수 없다. 이 때문에 시장수요의 가격탄력도가 높은 경우 개별 기업이 직면하는 수요의 가격탄력도 역시 높아져서 그 시장지배력을 제한하게 된다. 또한 시장에 존재하는 기업의 수와 그 기업들 사이의 상호작용의 유형도 개별 기업이 직면하는 수요의 가격탄력도에 영향을 준다.

## 8.5 시장구조

앞에서 여러 차례 언급하였듯이 생산자가 각 공급량에 대해 받을 수 있는 가격은 그 생산자가 직면하는 수요곡선에 의해 결정되며, 그 수요의 가격탄력도가 낮을수록 이윤이 극대화되었을 때의 가격은 한계비용보다 더 높아진다. 이와 같이 생산자가 직면하는 수요곡선의 형태는 수요자와 공급자 사이의 거래에 매우 중요한 영향을 미친다. 이외에 시장에서 새로운 기업의 진입 또는 기존 기업의 이탈이 어느 정도 자유로운가 하는 것도 거래에 중요한 영향을 미친다.

수요자와 공급자 사이의 거래에 영향을 미치는 시장의 환경은 **시장구조**(market structure)에 따라 다르다. 여기에서는 시장구조를 정하는 요인들이 무엇인가를 살펴본 후에 제1장에서 간략하게 소개된 완전경쟁의 시장구조는 어떤 조건하에서 성립하고 완전경쟁기업이 직면하는 수요곡선은 어떤 형태를 지니는지 살펴보기로 한다.

### 시장구조의 결정

시장구조는 소비자와 생산자의 수, 생산물의 동질성 여부, 가격 등에 관한 정보의 완전성, 자원의 이동성 등으로 결정된다.

① 소비자와 생산자의 수

어떤 상품시장에서 거래에 참여하는 경제단위의 수가 매우 적다면, 거래는 경제단위 사이의 교섭을 통해 주로 이루어지고 각 경제단위는 상대방의 반응을 고려하면서 전략적으로 행동한다. 그 결과 개별 경제단위는 자신이 지닌 교섭력에 비례해서 상품가격과 거래량에 영향력을 행사하게 된다.

그러나 경제단위의 수가 많아질수록 개별 경제단위는 시장에서 자신의 교섭력이 매우 미약하다고 여기기 때문에, 다른 경제단위와 능동적으로 교섭을 벌이기보다는 결정된 가격에 맞추어 수요량 또는 공급량을 정하려는 수동적 자세를 취하게 된다. 경제단위의 수가 무한하게 많아지면 각 경제단위는 결정된 가격을 주어진 것으로 받아들이는 가격수용자가 되는 것이다. 이러한 점에서 소비자와 생산자의 수는 시장구조를 결정짓는 가장 중요한 변수라고 할 수 있으며, 그 수가 유한하면 시장의 경쟁성은 제한을 받는다.

② 상품의 동질성 여부

어느 상품시장에서 소비자들이 각 생산자가 공급하는 상품을 똑같다고 여길 때 그 시장의 상품은 동질적(homogeneous)이라고 한다. 시장에 공급되는 각 생산자의 상품이 동질적이기 때문에 소비자가 자신이 소비하는 상품의 공급자를 가려낼 방법이나 이유가 전혀 없다면, 어떤 공급자가 가격을 조금만 올려도 모든 소비자는 그 공급자를 외면할 것이다. 그렇지만 어떤 생산자가 다른 생산자의 상품과 차별화된 상품을 공급하고 있다면 이 생산자가 가격을 올린다고 해서 판매량이 0이 되는 것은 아니다.

③ 자원의 이동성

어느 상품이나 생산요소의 이동이 자유롭지 못하다면 그 상품이나 생산요소의 공급자는 제한된 숫자의 수요자들과 거래할 수밖에는 없을 것이다. 생산자가 자유롭게 이동할 수 없는 경우 또는 신기술이나 생산요소에 대한 접근이 소수에게만 허용되는 경우에도 시장의 경쟁성은 상당히 제한을 받을 것이다. 이와 같이 자원과 경제단위가 얼마나 자유롭게 이동할 수 있는가 하는 것 역시 시장의 환경을 결정하는 중요한 요인이다.

자원의 이동성을 저해하는 요인으로는 **거래비용**(transaction costs)을 들 수 있다. 거래비용은 거래 당사자의 탐색활동, 계약조건의 협상과 체결, 체결된 계약내용의 이행 등에 소요되는 제반비용을 의미한다. 예컨대 광고비, 교통비, 중개비 등은 모두 거래비용이다. 거래비용이 낮을수록 자원의 이동성은 높아진다. 거래비용 이외에 비용구조의 특징도 자원의 이동성에 영향을 미친다. 가령 산출량에 관계없이 항상 규모의 경제가 존재한다면 시장에 먼저 진입한 생산자는 비용구조의 특징을 이용해서 잠재적 생산자가 시장에 진입하는 것을 저지할 수 있다.

④ 정보의 완전성

어느 동질적 상품의 시장에서 소비자들은 각 생산자가 얼마씩의 가격을 받고 있는지 정확하게 알고 있다고 하자. 이 경우 어느 생산자가 상품의 가격을 조금만 올려도 시장에서 그 생산자의 상품에 관한 수요량은 0이 된다. 그러나 소비자들이 가격에 관한 정보를 잘 알지 못하고 있다면, 어느 생산자가 가격을 올린다고 해도 그 생산자의 상품에 관한 수요는 그렇게 민감하게 감소하지는 않을 것이다. 이와 같이 가격에 관한 정보가 완전할수록 생산자가 직면하는 수요곡선에서 수요의 가격탄력도는 높아진다.

## 시장구조의 유형과 완전경쟁

위의 요인들에 의해 정해지는 시장구조는 흔히 **완전경쟁**, **독점적 경쟁**(monopolistic competition), **과점**(oligopoly) 그리고 **독점**(monopoly)으로 분류된다. 수요자와 공급자를 둘러싼 시장의 환경 중에서 가장 핵심적인 것은 거래에 참가하는 당사자들이 가격에 대해 지니고 있는 영향력이며, 이 영향력이 낮을수록 시장은 경쟁적 환경을 지닌다고 할 수 있다. 완전경쟁은 경쟁성이 가장 높은 시장구조이고 가장 경쟁성이 낮은 시장구조는 독점이며, 완전경쟁과 독점의 사이에 독점적 경쟁과 과점의 시장구조가 있다고 할 수 있다.

어느 상품의 시장이 완전경쟁이 되기 위한 조건으로는 무수하게 존재하는 소비자와 생산자, 각 생산자가 공급하는 상품의 동질성, 자원 이동의 완전성, 가격 등에 관한 정보의 완전성이라는 네 가지를 들 수 있다. 이 네 가지의 조건을 충족시키는 완전경쟁시장에서는 어떤 경제단위도 시장에서 정해지는 가격을 주어진 것으로 받아들이는 가격수용자가 된다. 특히 상품의 동질성과 정보의 완전성 때문에 모든 거래는 시장에서 정해지는 단일가격에서 이루어지며, 자원 이동의 완전성은 시장에서 생산자의 자유로운 진입과 이탈이 가능하다는 것을 의미한다.

이와 같이 완전경쟁시장은 가격수용자, 공통된 단일가격에서의 거래 그리고 기업의 자유로운 진입과 이탈을 의미하지만, 가장 중요한 것은 바로 소비자와 생산자 모두 가격수용자라는 점이다. 이는 완전경쟁시장에서 생산자가 아무리 공급량을 변화시켜도 가격에는 아무런 영향을 미칠 수 없다는 것으로 생산자가 직면한 수요곡선이 주어진 가격에서의 수평선임을 의미한다. 완전경쟁시장의 조건 중에서 어느 한 가지라도 충족되지 않으면 시장은 불완전경쟁시장이 되고 생산자는 일반적으로 음(−)의 기울기를 지니는 수요곡선에 직면한다. 이처럼 시장구조에 따라 생산자에 대한 수요의 제약이 달라지기 때문에 시장구조별로 이윤극대화의 행동을 분석하게 된다.

## 요 약

1 이윤은 총수입에서 총비용을 뺀 것이며, 총비용은 암묵적 비용까지 포함하므로 이윤은 경제적 이윤이다.

2 이윤의 극대화를 위한 공급량을 선택했을 때 한계수입과 한계비용이 일치하고 이윤극대화를 위한 생산요소 투입량을 선택했을 때는 한계수입생산물과 한계요소비용의 일치라는 조건이 성립하는데, 이 두 조건은 별개가 아닌 동일한 결정을 관점만 달리해서 표현한 것이다.

3 이윤이 극대화되었을 때의 가격은 생산자가 직면하는 수요곡선에서 정해지며, 그 수준은 한계비용에 특정비율, 즉 마크업률을 곱한 것이다.

4 시장구조는 소비자와 생산자가 속해 있는 시장의 환경으로서 소비자와 생산자의 수, 상품의 동질성 여부, 자원의 이동성, 정보의 완전성 등으로 결정된다. 시장구조의 유형은 완전경쟁, 독점적 경쟁, 과점, 독점의 네 가지가 있으며, 완전경쟁은 경쟁성이 가장 높은 시장구조이고 그 반대의 시장구조가 독점이다.

5 무수한 소비자와 생산자, 상품의 동질성, 자원 이동의 완전성, 정보의 완전성이 충족되는 시장구조가 완전경쟁이며, 완전경쟁은 가격수용자로서의 소비자와 생산자, 공통된 단일가격에서의 거래, 기업의 자유로운 진입과 이탈 등을 의미한다.

## 연습문제

1 $X$재를 공급하는 어느 기업은 $X$재 1단위에 1,200원씩 받고 판매함으로써 이윤을 극대화하고 있으며, 이때 상품수요의 가격탄력도 $|E^{D}_{X,P_X}|$는 1.5라고 하자. 이윤극대화의 상태에서 이 기업의 한계비용은 얼마인가?

2 자본투입량은 $\bar{K}$에 고정되어 있고 노동 $L$만이 가변요소인 단기를 가정하여 공급량에 관한 이윤극대화 조건과 노동투입량에 관한 이윤극대화 조건의 동일성을 설명하시오.

3 $X$재를 공급하는 어느 기업이 직면하는 수요곡선은 $P_X = a - bx$이다.

(1) 한계수입곡선의 방정식을 구하시오.

(2) $X$재 수요의 가격탄력도를 $P_X$의 함수로 표시하시오.

(3) 한계비용은 산출량에 관계없이 항상 $k$일 때, 역탄력도 가격설정에 따라 이윤극

대화를 위한 가격을 구하시오($a$와 $k$의 함수로 표시됨).

(4) $a$의 증가에 따라 이윤극대화 가격이 상승하는지 아니면 하락하는지 확인하고 그 이유를 설명하시오.

**4** $X$재를 공급하는 어느 기업이 직면하는 수요곡선은 $P_X = \sqrt[a]{b/x}$이다.

(1) 한계수입곡선의 방정식을 구하시오.

(2) $X$재 수요의 가격탄력도를 구하시오.

(3) 한계비용은 산출량에 관계없이 항상 $k$일 때, 역탄력도 가격설정에 따라 이윤극대화를 위한 가격을 구하시오.

(4) $a$의 증가에 따라 이윤극대화의 가격이 상승하는지 아니면 하락하는지 확인하고 그 이유를 설명하시오. $a=\infty$이면 가격은 얼마가 될 것인가?

**5** $X$재를 공급하는 어느 기업이 직면하는 수요곡선은 $P_X = 10/\sqrt{x}$이다. 이 기업의 마크업률을 계산하시오.

# 제 4 편

# 완전경쟁

어느 시장이 수요자와 공급자의 무수성, 상품의 동질성, 자원 이동의 자유성, 정보의 완전성 등의 조건을 충족시킬 때 그 시장을 완전경쟁시장이라고 한다. 완전경쟁시장에서의 자원배분은 효율성을 지니지만 불완전경쟁시장은 그렇지 못하다. 이 때문에 우리는 완전경쟁시장을 먼저 살펴보고 이에 기초해서 불완전경쟁시장을 분석 · 평가하기로 한다.

제9장에서는 완전경쟁시장에 속해 있는 개별 생산자의 이윤극대화 행동을 단기와 장기로 나누어 분석한다. 그리고 제10장에서는 소비자의 효용극대화 행동의 분석과 완전경쟁기업의 이윤극대화 행동의 분석을 결합해서 완전경쟁시장의 균형을 설명하기로 한다.

생산물의 공급에 관해서 시장구조에 관계없이 보편적으로 성립하는 이윤극대화 조건은 '한계비용 = 한계수입' 이다. 이 장에서는 완전경쟁기업의 한계수입이 무엇인지를 살펴본 후 이윤극대화를 위한 공급량의 선택행동을 단기와 장기로 구분해서 분석하고 생산물의 공급곡선을 유도하기로 한다. 앞서 설명한 대로 이윤극대화를 위한 공급량의 선택과 이윤극대화를 위한 생산요소 수요량의 선택은 동일한 의사결정이다. 따라서 여기에서는 이윤극대화를 위한 공급량의 선택과 동시에 이루어지는 생산요소 수요량의 선택을 함께 살펴보고 생산요소의 수요곡선을 공부하기로 한다.

# 제 9 장

# 완전경쟁기업의 이윤극대화

## 9.1 완전경쟁기업이 직면하는 수요곡선

시장구조에 관계없이 이윤극대화의 공급량에서는 한계비용과 한계수입이 일치하며, 한계수입은 생산자가 직면하는 수요곡선에 의해 결정된다. 그렇다면 완전경쟁기업은 자신의 생산물에 관해서 어떤 형태의 수요곡선에 직면하는가?

가격수용자인 개별 완전경쟁기업은 주어진 $X$재의 시장가격 $P_X$에서 원하는 만큼의 생산물을 공급할 수 있다. 따라서 완전경쟁기업이 직면하는 수요곡선 $D_I$는 〈그림 9-1〉의 (a)와 같은 수평선이 된다. 완전경쟁기업이 공급량을 아무리 변화시켜도 시장가격에는 아무런 영향을 줄 수 없는 것이다.

완전경쟁기업의 수요곡선이 수평선이라는 점을 약간 다른 각도로도 이해할 수 있다. 완전경쟁시장에는 동질적 상품이 공급되기 때문에, 각 기업의 상품은 소비자의 입장에서 1:1의 비율로 서로 대체되는 완전대체의 관계에 있다. 따라서 어떤 개별 생산자가 가격을 약간만 인상한다고 해도 그 생산자의 상품에 대한 수요량은 0이 된다. 즉 완전경쟁기업이 직면하는 수요곡선에서의 어떤 점에서도 가격탄력도는 무한대이다.

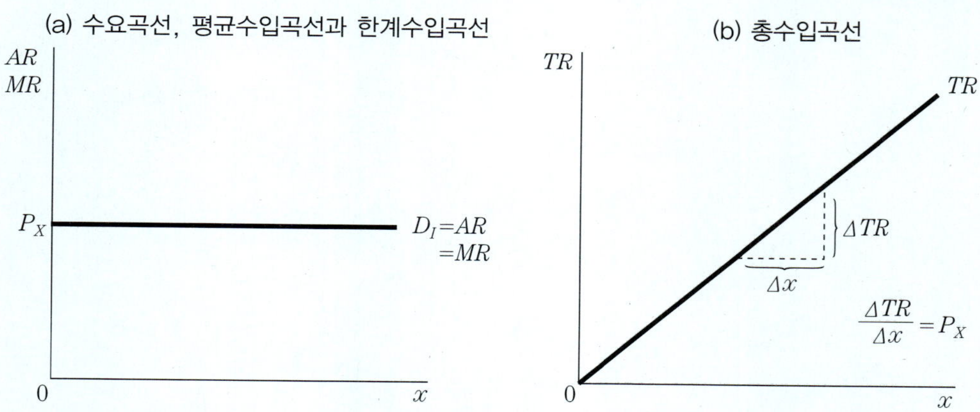


**그림 9-1 완전경쟁기업의 수요곡선, 평균수입곡선, 한계수입곡선과 총수입곡선**
가격수용자인 완전경쟁기업은 수평선의 수요곡선에 직면하므로 총수입곡선은 $P_X$의 기울기를 지니는 직선이며, 평균수입과 한계수입 모두 공급량에 관계없이 항상 $P_X$이다.

제8장에서 설명한 대로 어느 생산자가 직면하는 수요곡선은 곧 그 생산자의 평균수입곡선이며, 이는 물론 완전경쟁기업의 경우도 마찬가지이다. 다시 살펴보면, 가격수용자인 완전경쟁기업의 경우 총수입 $P_X x$에서 $P_X$는 주어진 상수이므로 완전경쟁기업의 총수입곡선 $TR$은 〈그림 9-1〉의 (b)와 같이 $P_X$의 기울기를 지니는 직선이고 평균수입과 한계수입 모두 공급량에 관계없이 항상 $P_X$이다. 즉 완전경쟁기업의 경우 어떤 공급량 $x$에서도 평균수입 $AR(x)$와 한계수입 $MR(x)$ 사이에는 $AR(x) = MR(x) = P_X$의 관계가 성립해서 〈그림 9-1〉의 (a)에 표시된 것처럼 완전경쟁기업이 직면하는 수요곡선 $D_I$는 평균수입곡선 $AR$이면서 동시에 한계수입곡선 $MR$이다.

## 9.2 단기의 이윤극대화

이 장과 다음 장에서는 생산물과 생산요소 모두 그 시장이 완전경쟁이라고 가정하고 있어서 완전경쟁기업이라고 할 때는 생산물의 가격 $P_X$뿐 아니라 임금 $w$와 자본의 가격 $r$도 주어진 것으로 받아들이는 생산자를 의미한다. 이러한 완전경쟁기업이 단기에 어떻게 이윤을 극대화하는지 살펴보기로 하자.

### 이윤극대화를 위한 생산물의 단기공급량

제8장에서 살펴본 대로 어떤 공급량 $x$에서 이윤극대화가 이루어졌다면 시장구조에 관계없이 $MC(x) = MR(x)$의 조건이 성립한다. 그런데 완전경쟁기업에게 주어진 시장가격이 $P_X$라고 할 때 어떤 공급량 $x$에서도 $MR(x) = P_X$이므로 이윤극대화의 단기공급량 $x$에서는 다음의 조건이 성립할 것이다.

$$SRMC(x) = P_X \tag{9-1}$$

그렇다면 식 (9-1)의 조건을 충족시키는 생산물의 공급량에서는 반드시 단기의 이윤이 극대화될 것인가? 이를 살펴보기 위한 〈그림 9-2〉에서 단기생산기술을 반영한 단기총비용곡선의 형태 때문에 공급량이 0에서 $x'$까지는 이윤이 아니라 손실을 보며, 이윤은 그 이후에 발생한다. 따라서 공급량 $x_0$과 $x_1$

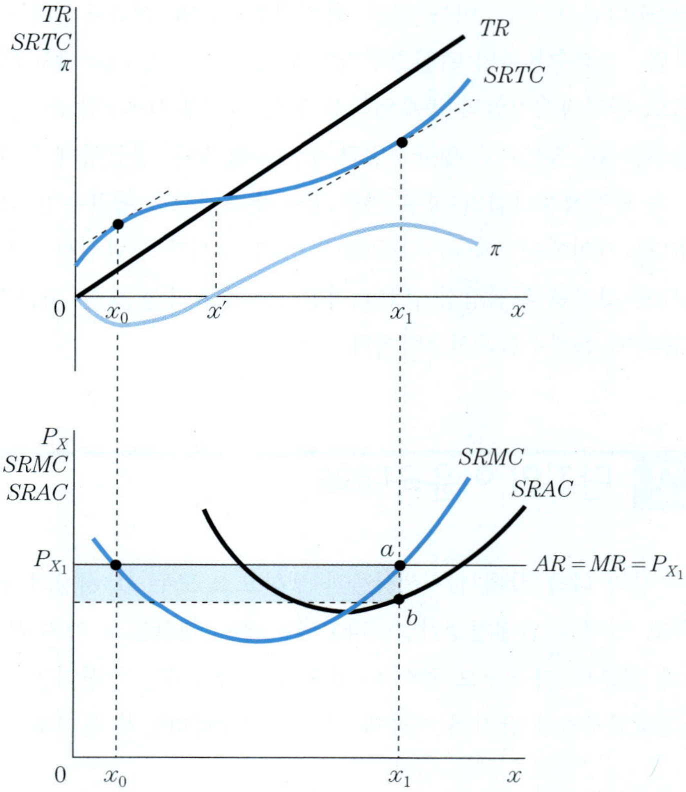


**그림 9-2 완전경쟁기업의 이윤극대화를 위한 단기공급량**
공급량 $x_0$과 $x_1$ 모두 $SRMC = P_X$의 조건을 충족한다. 그러나 공급량 $x_0$에서는 단기한계비용곡선의 기울기가 음(−)이므로 이윤이 아니라 손실이 극대화된다. 따라서 단기한계비용곡선의 기울기가 양(+)인 공급량 $x_1$에서 완전경쟁기업의 단기이윤이 극대화된다.

모두 식 (9-1)의 조건을 만족시키지만 $x_0$은 이윤이 아니라 손실이 극대화되는 공급량이고 이윤극대화를 위한 공급량은 $x_1$이다. 즉 〈그림 9-2〉의 아래 그림에서 공급량 $x_0$에서는 단기한계비용곡선의 기울기가 음(−)이기 때문에, $x_0$에서 공급량을 늘리거나 줄이면 손실은 감소한다. 반면에 단기한계비용곡선의 기울기가 양(+)인 공급량 $x_1$에서는 어느 방향으로 공급량을 변화시켜도 이윤은 반드시 감소한다. 이는 식 (9-1)이 단기의 이윤극대화를 위한 충분조건이 아니며 단지 필요조건에 불과하다는 것을 의미한다. 단기한계비용곡선의 기울기가 양

(+)인 구간에서 $SRMC = P_X$의 조건이 만족될 때, 완전경쟁기업의 단기이윤은 극대화된다.

이윤대화를 위한 단기공급량 $x_1$에서 $P_{X_1}$은 평균수입이고 단기평균총비용 $SRAC(x_1)$은 수평축과 점 $b$사이의 수직거리이므로 점 $a$와 $b$ 사이의 수직거리는 $x_1$을 공급할 때의 평균이윤이 된다. 따라서 옅은 파란 음영으로 표시된 부분은 극대화된 단기이윤의 크기를 표시한다.

## 조업중단의 결정과 생산물의 단기공급곡선: 비교정태분석

이제 임금 $w$와 자본가격 $r$은 불변인 상태에서 시장가격이 변할 때 완전경쟁기업은 이윤극대화의 단기공급량을 어떻게 변화시키는지 살펴봄으로써 각 시장가격과 이윤극대화의 단기공급량 사이의 관계를 표시하는 **단기공급곡선**을 유도하기로 하자.

〈그림 9-3〉에서는 어느 완전경쟁기업이 주어진 시장가격이 $P_{X_1}$일 때 공급량 $x_1$에서 이윤을 극대화하고 있다. 그런데 시장가격이 $P_{X_1}$에서 $P_{X_2}$로 하락한다면, 이 기업은 단기한계비용곡선 $SRMC$를 따라서 그 공급량을 $x_1$에서 $x_2$로 감소시킬 것이다. 여기서 우리는 단기한계비용곡선에서 양(+)의 기울기를 지니는 부분이 이 기업의 단기공급곡선이라는 결론을 내릴 수도 있겠지만, 가격이 어느 수준 이하로 하락하면 아예 생산을 중단할 수도 있기 때문에 이 결론은 정확하지 않다.

단기한계비용곡선의 어떤 부분이 완전경쟁기업의 단기공급곡선이 되는지를 살펴보기 위해서 가격이 더욱 하락한다고 하자. 가령 가격이 $P_{X_3}$으로 하락하는 경우 이윤극대화를 위해서 이 기업은 $x_3$만큼을 공급할 것이며, 이때 이윤은 0이 된다. 이윤이 0이라고 해서 이 기업이 조업을 중단하지는 않는다. 왜냐하면 모든 고정비용은 매몰비용이라는 가정하에서 조업을 중단하면 고정비용만큼의 손실을 입기 때문이다.

그렇다면 가격이 $P_{X_3}$보다 더 하락해서 $P_{X_4}$가 된다면 이 기업은 어떻게 할 것인가? 가격 $P_{X_4}$와 단기한계비용이 일치하는 $x_4$만큼을 공급한다면, 단기평균총비용 $SRAC(x_4)$가 가격 $P_{X_4}$보다 크기 때문에 이 기업은 옅은 파란 음영으로 표시된 사각형 면적만큼의 손실을 입는다. 이 경우 조업을 중단할 때의 손실인 고정비용의 크기는 그림에서 옅은 파란 음영으로 표시된 사각형 면적과 빗금쳐진 사각형의 면적을 합한 것이다(독자들은 어떤 공급량에서도 단기평균총비용곡선과 평균가변비용곡선 사이의 수직거리가 평균고정비용이라는 점을 상기하기 바란다). 따라서 가격이 $P_{X_4}$까지 하락해도 조업을 계속할 때의 손실이 조업을 중단할 때의 손실보다 빗금쳐진 사각형의 면적만큼 작기 때문에 조업을 중단하지 않는다는 것이 현명한 결정이 된다.

바꾸어 말하면, $x_4$를 공급할 때의 평균가변비용 $AVC(x_4)$는 평균수입 $P_{X_4}$보다 작기 때문에(즉 가변비용 $VC(x_4)$이 총수입 $TR(x_4)$보다 빗금쳐진 사각형 면적만큼 작기 때문에), 비록 손실이 발생하지만 조업을 계속하는 것이 이 기업에게는 유리하다. 그러나 가격이 $P_{X_5}$까지 하락하면 가격과 단기한계비용이 일치하는 $x_5$만큼을 공급하든지 아니면 조업을 중단하든지 똑같이 고정비용만큼의 손실을 입게 되고, 그 이하로 하락하면 조업을 중단하는 것이 낫다.

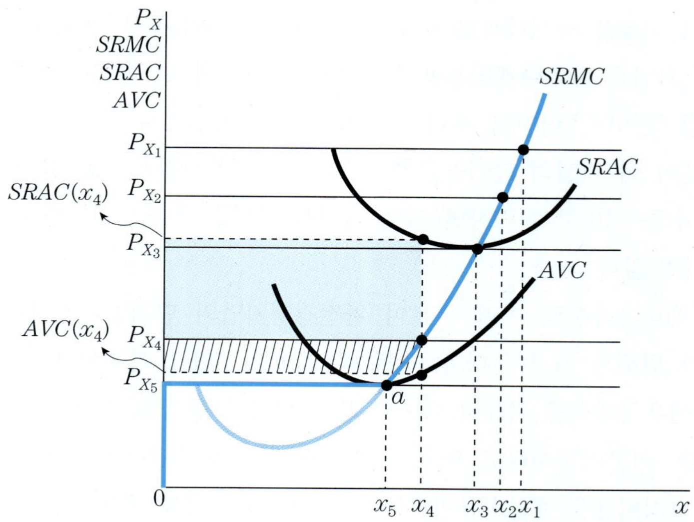


**그림 9-3 완전경쟁기업의 조업중단 결정과 생산물의 단기공급곡선**

주어진 시장가격이 $P_{X_5}$보다 높은 경우에 이윤을 극대화하려는 기업은 가격과 단기한계비용이 일치하는 점에서 단기공급량을 결정한다. $P_{X_3}$과 $P_{X_5}$사이의 가격에서는 손실이 발생하지만 총수입이 가변비용보다는 높기 때문에 조업을 계속하는 것이 유리하고 가격이 $P_{X_5}$보다 낮으면 이윤극대화의 공급량에서 총수입이 가변비용에 못 미치기 때문에 조업을 중단하는 것이 유리하다. 따라서 SRMC 중 진한 파란색으로 표시한 부분이 완전경쟁기업의 단기공급곡선이다.

이러한 논의로부터 어떤 시장가격 $P_{X_U}$에서 이윤극대화를 위한 공급량이 $x_U$일 때 완전경쟁기업은 다음 조건이면 조업을 중단한다는 것을 알 수 있다.

$$VC(x_U) > TR(x_U),\ 즉\ AVC(x_U) > AR(x_U) = P_{X_U} \qquad (9-2)$$

(9-2)의 조건에서 $P_{X_U}$를 **조업중단가격**(shutdown price)이라고 하며, 완전경쟁기업은 주어진 시장가격이 조업중단가격 이상이면 단기한계비용곡선을 따라서 이윤극대화의 단기공급량을 결정하고 그 이하이면 공급량을 0으로 정한다. 〈그림 9-3〉으로 설명하면, 평균가변비용곡선 $AVC$의 최저점 $a$가 **조업중단점**이고 평균가변비용의 최소값인 $P_{X_5}$는 조업중단가격이다. 따라서 완전경쟁기업의 단기공급곡선은 진한 파란색으로 표시한 부분으로서 조업중단가격 이하의 가격에서는 원점에서 조업중단가격까지의 수직축이고 그 이상의 가격에서는 평균가변비용곡선의 위에 놓여있는 단기한계비용곡선이다.

여기에서는 모든 고정비용이 매몰비용이라고 가정하고 있고 일단 발생한 매몰비용은 향후의 의사결정에서 배제되어야 하기 때문에 (9-2)의 조업중단조건에는 등장하지 않는 것이다. 고정비용 중 일부가 매몰비용이 아닌 경우 조업중단가격은 〈그림 9-3〉에서 $P_{X_5}$보다 높을 것이고 고정비용이 모두 비매몰비용인 경우 조업중단가격은 이윤이 0이 되는 $P_{X_3}$이 될 것이다. 다음의 예를 보기로 하자.

**예 9-1　고정비용 중 비매몰비용의 존재와 조업중단 결정**

$X$재를 생산하는 어느 완전경쟁기업의 단기총비용곡선이 $SRTC = x^2 + 2x + 25$라고 가정할 때, 단기한계비용곡선과 평균가변비용곡선의 식은 $SRMC = 2 + 2x$와 $AVC = 2 + x$이고 고정비용은 25원이다. 이제 25원의 고정비용 중 비매몰비용의 비중이 높아짐에 따라 조업중단가격이 증가하는 것을 살펴보기로 하자.

먼저 25원의 고정비용이 모두 매몰비용인 경우 조업중단가격은 단기한계비용곡선 $SRMC$와 평균가변비용곡선 $AVC$가 교차하는 점에서의 평균가변비용(단기한계비용)이다. 따라서 $2 + 2x = 2 + x$로부터 $x = 0$을 얻을 수 있으며, 이를 평균가변비용곡선의 식에 대입하면 조업중단가격은 2원이 된다. 즉 조업중단점은 〈그림 9-4〉에서 점 $A$이며, 단기공급곡선은 다음과 같다.

$P < 2$이면, $x = 0$

$P \geq 2$이면, $P_X = 2x + 2$, 즉 $x = -1 + 0.5P_X$

이제 25원의 고정비용 중 9원이 비매몰비용이라고 하자. 이 경우 가격이 평균가변비용과 평균비매몰비용의 합보다 적을 때 조업중단이 발생하게 된다. 따라서 조업중단가격은 평균가변비용곡선 $AVC = 2 + x$와 평균비매몰고정비용 $9/x$의 수직합인 평균비매몰비용곡선(average nonsunk cost curve) $ANSC$와 단기한계비용이 교차하는 점에서의 평균비매몰비용(단기한계비용)이다. 따라서 $2 + 2x = 2 + x + 9/x$로부터 $x = 3$을 얻을 수 있으며, 이를 한계비용곡선의 식에 대입하면 8원의 조업중단가격을 구할 수 있다. 즉 25원의 고정비용 중 9원이 비매몰비용이라고 할 때 조업중단점은 그림에서 점 $b$가 되고 단기공급곡선은 다음과 같다.

$P < 8$이면, $x = 0$

$P \geq 8$이면, $P_X = 2x + 2$, 즉 $x = -1 + 0.5P_X$

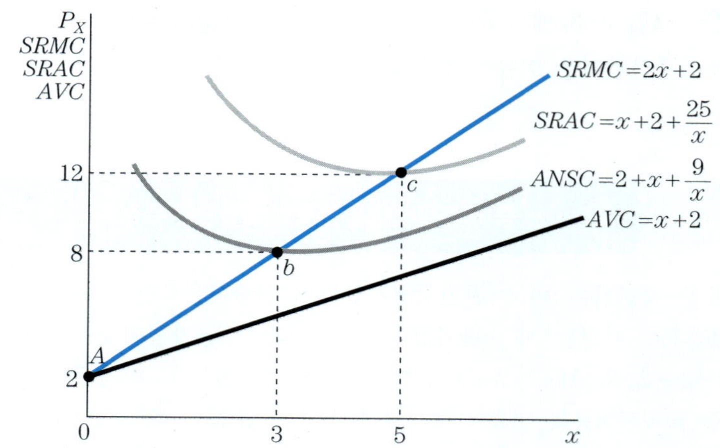


**그림 9-4 비매몰고정비용과 조업중단 결정**

25원의 고정비용이 모두 매몰비용인 경우 조업중단점은 단기한계비용곡선 $SRMC$와 평균가변비용곡선 $AVC$가 교차하는 점 $A$이고 25원의 고정비용 중 9원이 비매몰고정비용일 때 조업중단점은 평균비매몰비용곡선 $ANSC$와 단기한계비용곡선이 교차하는 점 $b$가 된다. 그리고 모든 고정비용이 비매몰비용이라면 조업중단점은 단기평균총비용곡선 $SRAC$와 단기한계비용곡선 $SRMC$가 교차하는 점 $c$이다.

마지막으로 모든 고정비용이 비매몰비용일 때 조업중단점은 〈그림 9-4〉에서 단기평균총비용곡선 $SRAC$와 단기한계비용곡선 $SRMC$가 교차하는 점 $c$이며, 조업중단가격은 12원이고 단기공급곡선은 다음과 같이 표시된다.

$P < 12$이면, $x = 0$
$P \geq 12$이면, $P_X = 2x + 2$, 즉 $x = -1 + 0.5P_X$

## 이윤극대화를 위한 노동의 단기수요량

완전경쟁기업은 생산물가격과 요소가격 모두에 대해서 가격수용자이므로 평균수입과 한계수입 사이에 $AR(x) = MR(x) = P_X$의 관계뿐 아니라 노동의 한계요소비용과 평균요소비용 사이에도 $MFC_L = AFC_L = w$의 관계 그리고 자본의 경우에도 $MFC_K = AFC_K = r$의 관계가 성립한다.

제8장에서 살펴본 것처럼 자본의 투입량이 $\overline{K}$에 고정되어 있는 단기에서 노동수요량에 관한 이윤극대화의 조건은 식 (8-8)의 $MRP_L = MFC_L$이다. 그런데 완전경쟁의 경우 $MR = P_X$이고 $MFC_L = w$이므로 식 (8-8)은 다음과 같이 바뀐다.

$$P_X \cdot MP_L = w \tag{9-3}$$

단기의 이윤극대화를 위한 노동수요량에서 충족되는 식 (9-3)에서 좌변은 완전경쟁시장의 가정하에서 노동의 한계수입생산물, 즉 노동의 한계생산물 $MP_L$을 시장가격 $P_X$에 판매할 때 얻는 추가의 수입이며, 이를 특히 **노동의 한계생산물 가치**(value of marginal product of labor)라고 부르고 $VMP_L$로 표시하기로 한다.

식 (9-3)의 양변을 노동의 한계생산물 $\Delta x / \Delta L$로 나누면, 식 (9-4)가 된다.

$$P_X = w \frac{\Delta L}{\Delta x} \tag{9-4}$$

식 (9-4)의 우변은 다름 아닌 단기한계비용 $SRMC$이기 때문에, 제8장에서 강조한 대로 단기의 이윤극대화를 위한 노동수요량에서 충족되는 식 (9-3)과 이윤극대화를 위한 생산물의 단기공급량에서 충족되는 식 (9-1)은 그 형태만 서로 다를 뿐이지 내용은 똑같다는 것을 다시 확인할 수 있다.

## 노동의 단기수요곡선과 생산물의 단기공급곡선: 비교정태분석

생산물 공급량의 선택과 노동수요량의 선택이 별개가 아닌 같은 결정이고 임금이나 생산물가격이 변하면 생산물 공급량과 노동수요량이 동시에 변한다는 것은 〈그림 9-5〉에 나타나 있다. 제7장에서 살펴본 대로 임금이 상승하면 단기한계비용곡선과 평균가변비용곡선 모두 위로 이동하기 때문에 생산물의 가격은 불변임에도 불구하고 이윤극대화의 단기공급량이 감소해서(동시에 노동의 단기수요량도 감소) 단기공급곡선은 왼쪽으로 이동한다. 또한 생산물의 가격이 높아지면 식 (9-3)에서 $VMP_L(=P_X \cdot MP_L)$이 증가하므로 임금은 불변이지만 이윤극대화를 위한 노동의 단기수요량이 증가해서(동시에 생산물의 단기공급량도 증가) 곧 설명할 **노동의 단기수요곡선**은 오른쪽으로 이동하게 된다.

〈그림 9-5〉의 (a)에서 생산물의 가격과 임금이 각각 $P_{X_1}$과 $w_1$일 때 단기한계비용곡선은 $SRMC(w=w_1)$이고 이윤극대화의 단기공급량은 $x_1$이라고 하자. 〈그림 9-5〉의 (b)에는 공급량 $x_1$을 생산할 수 있는 등량선이 그려져 있다. 자본이 $\bar{K}$에 고정되어 있는 단기의 이윤극대화를 위한 공급량 $x_1$을 최소의 비용으로 생산할 수 있는 노동투입량은 $L_1$이다. 이윤의 극대화는 비용의 극소화를 의미하기 때문에, 단기의 이윤극대화를 위해 $x_1$만큼을 공급한다는 것은 곧 노동을 $L_1$만큼 수요한다는 것이다.

〈그림 9-5〉의 (c)에는 노동의 한계생산물곡선 $MP_L$의 각 점에 주어진 가격 $P_{X_1}$을 곱해서 구한 노동의 한계생산물가치곡선 $VMP_L(P_X=P_{X_1})$이 그려져 있다. 노동의 한계생산물가치 $VMP_L(P_X=P_{X_1})$과 임금 $w_1$이 일치하는 $L_1$이 단기의 이윤극대화를 위한 노동수요량이며, $L_1$만큼의 노동을 투입할 때 〈그림 9-5〉의 (b)에 표시된 것처럼 기술적으로 효율성 있게 생산할 수 있는 산출량이 바로 $x_1$인 것이다. 즉 단기의 이윤극대화를 위해 노동을 $L_1$만큼 수요한다는 것은 $x_1$만큼의 생산물을 공급한다는 것이다.

이제 생산물가격이나 임금이 변할 때 생산물 공급량과 노동수요량이 동시에 어떻게 변하는지 살펴보고 완전경쟁기업의 노동의 단기수요곡선은 무엇인지

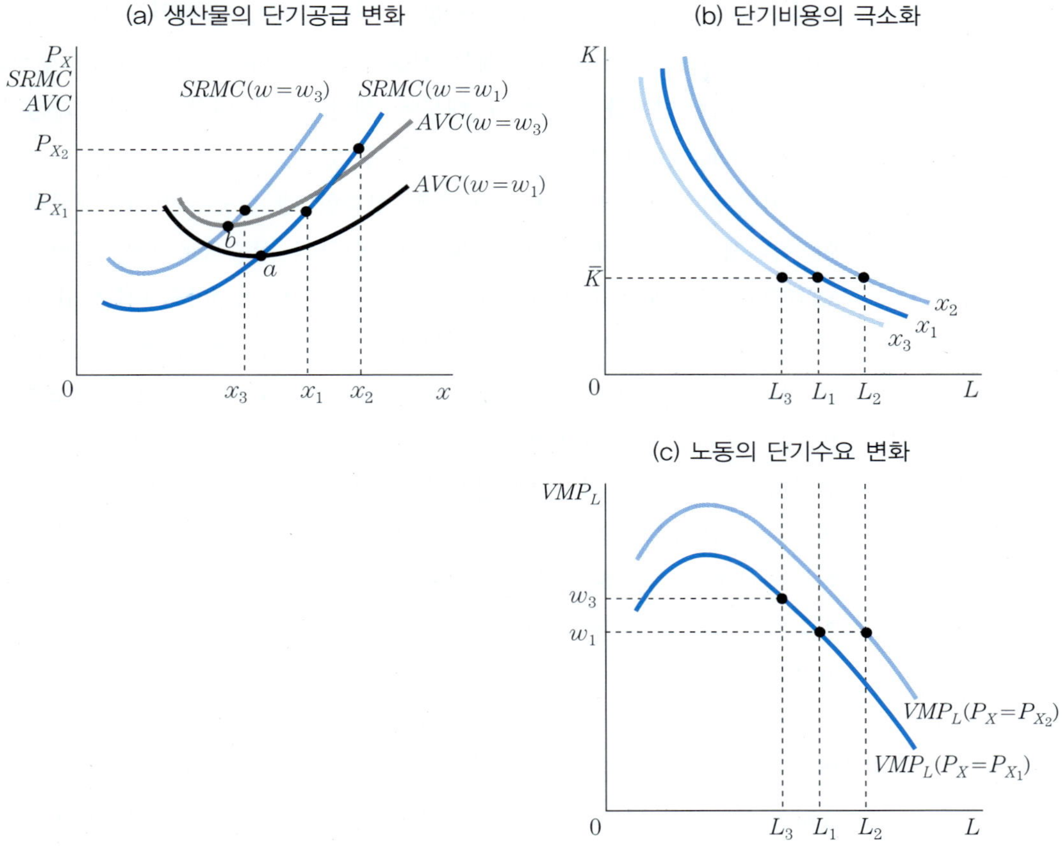


**그림 9-5 생산물의 단기공급과 노동의 단기수요 변화**

임금은 $w_1$에서 불변인 채 가격만 $P_{X_1}$에서 $P_{X_2}$로 상승하면 단기의 이윤극대화를 위한 생산물의 공급량은 $x_1$에서 $x_2$로 증가하고 동시에 노동의 한계생산물가치곡선이 위로 이동해서 주어진 임금 $w_1$에서의 노동수요량은 $L_1$에서 $L_2$로 증가한다. 또한 가격은 $P_{X_1}$에서 불변인 채 임금만 $w_1$에서 $w_3$으로 상승하면, 단기한계비용과 가변비용곡선이 위로 이동해서 이윤극대화를 위한 생산물의 공급량은 $x_3$으로 감소하고 동시에 노동의 수요량은 노동의 한계생산물가치곡선 $MRP_L(P_X=P_{X_1})$을 따라서 $L_3$으로 감소한다.

알아보도록 한다. 먼저 생산물에 대한 시장수요가 증가해서 생산물의 주어진 가격이 $P_{X_1}$에서 $P_{X_2}$로 상승하였다고 하자. 단기의 이윤극대화를 위한 공급량은 $x_1$에서 $x_2$로 증가하고 이와 함께 노동의 수요량이 증가하는 것은 〈그림 9-5〉에 표시되어 있다. 가격이 $P_{X_1}$에서 $P_{X_2}$로 상승하면 이윤극대화의 공급량은 단기한계비용곡선 $SRMC(P_X=P_{X_1})$을 따라서 $x_2$로 증가한다. 또한 노동의 한계생산물가치곡선은 $VMP_L(P_X=P_{X_1})$에서 $VMP_L(P_X=P_{X_2})$로 이동하기 때문에 임금은 $w_1$에서 불변이지만 노동의 수요량은 $L_2$로 증가해서 $\bar{K}$에 고정되어 있는 자본과 결합하여 기술적으로 효율성 있게 $x_2$만큼을 생산하는 것이다. 이처럼 생산물에 대한 시장수요의 변화는 시장가격을 변화시켜서 노동 등 생산요소에 대한 수요의 변화를 유발하기 때문에 생산요소에 대한 수요는 **파생적 수요**(derived demand)의 성격을 지닌다고 할 수 있다.

이번에는 임금이 $w_1$에서 $w_3$으로 상승할 때 노동투입량과 생산물 공급량이 어떻게 동시에 변하는지 살펴보자. 임금의 상승으로 단기한계비용곡선은 $SRMC(w=w_1)$에서 $SRMC(w=w_3)$로 이동하고 평균가변비용곡선은 $AVC(w=w_1)$에서 $AVC(w=w_3)$로 이동한다. 따라서 가격은 $P_{X_1}$에서 불변이지만 임금이 $w_3$로 상승하면 단기의 이윤극대화를 위한 공급량은 $x_1$에서 $x_3$으로 감소하고 노동의 수요량은 노동의 한계생산물가치곡선 $VMP_L(P_X=P_{X_1})$을 따라서 $L_3$으로 감소한다. 〈그림 9-5〉의 (a)에 명백히 표시된 대로 임금의 변화는 단기공급곡선의 이동요인으로서 임금이 상승하면 평균가변비용곡선의 최저점인 조업중단점이 $a$에서 $b$로 이동하는 것을 포함해서 단기비용곡선 전체가 이동한다. 이외에 기술진보 등으로 노동의 한계생산물이 변할 때도 단기공급곡선 전체가 이동하게 된다.

임금이 변할 때 노동의 단기수요량은 노동의 한계생산물가치곡선을 따라서 변한다. 그러나 생산물 공급의 경우와 마찬가지로 임금이 어느 수준 이상으로 상승하면 완전경쟁기업은 조업을 중단하여 노동투입량을 0으로 하는 것이 유리하다.

노동의 평균생산물 $AP_L$에 생산물의 가격을 곱한 것을 **노동의 평균생산물 가치**(value of average product of labor)라고 부르고 $VAP_L$이라고 표시할 때, 〈그림 9-6〉에는 생산물의 주어진 가격이 $P_{X_1}$일 때 노동의 한계생산물가치곡선 $VMP_L(P_X=P_{X_1})$과 노동의 평균생산물가치곡선 $VAP_L(P_X=P_{X_1})$이 함께 그려져 있다. 이제 〈그림 9-5〉의 (c) 대신 그 자리에 〈그림 9-6〉을 놓고 분석해 보자. 가격과 임금이 $P_{X_1}$과 $w_1$일 때 단기의 이윤극대화를 위한 생산물 공급량과 노동투입량은 $x_1$과 $L_1$이다. 노동의 평균생산물가치는 $AP_L(=x/L)$에 생산물가격 $P_X$를 곱한 $(x/L)\cdot P_X$이므로 $L_1$의 노동투입량에서 총수입 $P_{X_1}x_1$은 노동의 평균생산물가치(점 $A$와 $c$ 사이에 수직거리)에 $L_1$을 곱한 것(즉 사각형 $0AcD$의 면적)이다. 또한 가변비용 $w_1L_1$은 사각형 $0AeF$의 면적이다. 따라서 임금이 $w_1$일 때 노동을 $L_1$만큼 투입해서 생산하면 총수입은 가변비용보다 사각형 $FecD$

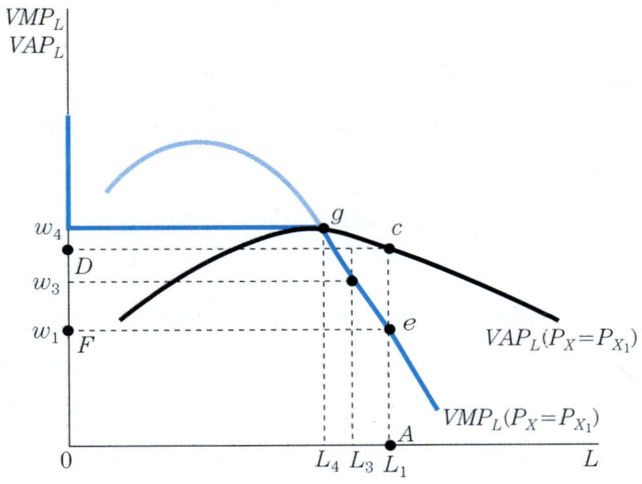


**그림 9-6 노동의 단기수요곡선**
임금이 변할 때 노동의 단기수요량은 노동의 한계생산물가치곡선을 따라서 변한다. 그러나 임금이 $w_4$보다 높아지면, 총수입이 가변비용보다도 낮아지기 때문에 조업을 중단한다. 따라서 진한 파란색으로 표시한 것이 완전경쟁시장에서 개별 기업의 노동의 단기수요곡선이다.

의 면적만큼 더 많기 때문에 조업을 계속한다. 그러나 임금이 상승해서 $w_4$가 되었다고 하자. 임금과 노동의 한계생산물가치가 같은 $L_4$의 노동을 투입한다고 해도 총수입은 간신히 가변비용과 같다. 임금이 $w_4$보다 높아지면, 총수입은 가변비용보다도 적기 때문에 조업을 중단하게 된다.

이처럼 임금이 상승할 때 노동의 단기수요량은 노동의 한계생산물가치곡선을 따라 감소하지만, 임금이 $w_4$보다도 더 상승하는 경우에는 조업을 중단해서 노동투입량은 0이 된다. 따라서 주어진 임금이 $w_4$보다 낮을 때 $VMP_L(P_X=P_{X_1})$ 중 진한 파란색으로 표시된 것이 $P_{X_1}$의 생산물가격에서 완전경쟁기업의 노동에 대한 단기수요곡선이며, 노동의 한계생산물가치곡선과 평균생산물곡선이 교차하는 점 $g$는 생산물가격이 $P_{X_1}$일 때의 조업중단점이다. 〈그림 9-5〉의 (a)에는 표시하지 않았지만 임금이 $w_4$까지 상승하면 단기한계비용곡선과 평균가변곡선이 위로 이동해서 조업중단가격은 $P_{X_1}$이 된다. 완전경쟁기업의 노동에 대한 단기수요곡선은 생산물가격의 변화, 기술진보 등에 의해서 그 위치가 바뀌게 된다.

## 단기의 생산자잉여

제4장에서 우리는 소비자가 시장의 거래에 자발적으로 참가해서 얻는 순편익을 소비자잉여의 개념으로 표시하였다. 생산자 역시 시장거래에 참가해서 순편익을 얻을 수 있으며, 이를 생산자잉여라고 한다. 소비자잉여와 생산자잉여는 경제정책의 득실을 비교할 때뿐 아니라 시장의 효율성을 따질 때도 매우 중요한 역할을 한다.

이윤을 극대화하려는 기업은 한계수입이 한계비용 이상인 경우에만 상품 1단위를 추가로 시장에 공급한다. 한계수입이 한계비용을 초과한다면 기업은 상품 1단위를 추가로 시장에 공급함으로써 한계수입에서 한계비용을 뺀 나머지만큼의 순편익을 얻으며, 공급된 각 단위로부터 얻는 순편익을 모두 합한 것이 바로 생산자잉여가 된다.

〈그림 9-7〉에서 어떤 완전경쟁기업은 주어진 가격 $P_{X_1}$과 임금 $w_1$에서 $x_1$만큼을 시장에 공급하고 있다. 생산자잉여는 공급된 각 단위의 한계수입에서 한계비용을 뺀 나머지를 모두 합한 것이기 때문에, 단기의 생산자잉여는 $P_X = P_{X_1}$의 한계수입곡선과 단기한계비용곡선 $SRMC$ 사이에 옅은 파란 음영으로 표시된 부분이다.

〈그림 9-7〉에서 단기의 생산자잉여는 달리 표시될 수도 있다. 0부터 $x_1$까지 상품 각 단위의 단기한계비용을 모두 합하면 우리는 가변비용을 얻을 수 있다. 즉 $x_1$을 생산할 때의 가변비용은 0부터 $x_1$까지 단기한계비용곡선과 수평축 사이의 면적이다. 따라서 옅은 파란 음영으로 표시한 단기의 생산자잉여는 총수입 $P_{X_1}x_1$(사각형 $0GAD$의 면적)에서 가변비용(사각형 $0GBC$의 면적)을 뺀 나머지(사각형 $ABCD$의 면적)와 일치한다는 것을 알 수 있다. 단기의 생산자잉여에서 다시 고정비용(사각형 $BCFE$의 면적)을 공제하면 단기이윤(사각형 $AEFD$의 면적)이 된다. 즉 단기의 생산자잉여와 단기이윤은 다음과 같다.

> 단기의 생산자잉여 = 총수입 − 가변비용
> 단기이윤 = 총수입 − 가변비용 − 고정비용
> = 단기의 생산자잉여 − 고정비용

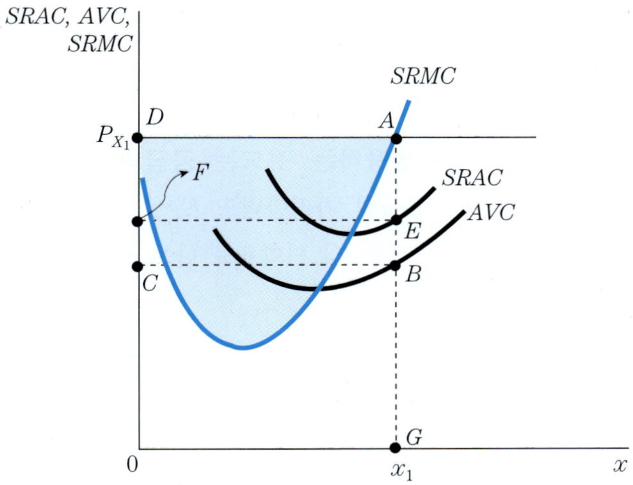


**그림 9-7 단기의 생산자잉여와 단기이윤**
생산자잉여는 공급된 각 단위의 한계수입에서 한계비용을 뺀 나머지를 모두 합한 것이기 때문에, 단기의 생산자잉여는 옅은 파란 음영으로 표시한 부분이 된다. 또한 0부터 $x_1$까지 각 단위의 단기한계비용을 모두 합하면 가변비용이 되며, 이 때문에 단기의 생산자잉여는 사각형 $ABCD$의 면적과 같다.

단기의 생산자잉여는 노동의 단기수요곡선으로부터도 계산될 수 있다. 〈그림 9-6〉에서 주어진 가격 $P_{X_1}$과 임금 $w_1$에서 노동의 단기수요량은 $L_1$이고 이를 투입해서 $x_1$만큼의 상품을 생산할 때, 앞에서 설명한 대로 총수입은 사각형 $0AcD$의 면적이고 가변비용은 사각형 $0AeF$의 면적이므로 단기의 생산자잉여는 노동의 단기수요곡선에서는 사각형 $DceF$의 면적으로 나타난다.

완전경쟁기업은 가격이 평균가변비용의 최소값보다 높거나 같을 때만 시장에 공급을 하기 때문에, 단기이윤이 음(−)인 경우에도 단기의 생산자잉여는 0보다 크거나 같다. 가변비용은 가변요소인 노동에 대하여 지불해야 하는 기회비용이기 때문에, 총수입에서 가변비용을 뺀 나머지인 단기의 생산자잉여는 고정요소인 자본에 대한 보수라고 볼 수 있다. 기업은 고정요소인 자본을 자신이 사용하지 않고 다른 기업에게 임대한다면 그 지대(rent)로 단기의 생산자잉여만큼을 받을 수 있는 것이다. 이러한 의미에서 단기의 생산자잉여를 **준지대**(quasi-rent)라고 부르며, 장기에도 공급량이 한정되어 있는 생산요소에 귀속되는 보수인 **경제지대**(economic rent), 즉 **순수지대**(pure rent)와 구별된다. 경제지대에 관해서는 후에 살펴보도록 하자.

## 공급의 가격탄력도

가격변화에 대한 공급량이 반응하는 정도는 **공급의 가격탄력도**(price elasticity of supply)로 측정되며, 공급의 가격탄력도 $E^S_{X,\,P_X}$는 다음 식 (9-5)와 같이 $X$재 공급량 $x$의 변화율을 가격 $P_X$의 변화율로 나눈 것이다.

$$E^S_{X,\,P_X} = \frac{\Delta x / x}{\Delta P_X / P_X} = \frac{\Delta x}{\Delta P_X}\frac{P_X}{x} \tag{9-5}$$

단기공급곡선의 기울기는 양(+)이기 때문에, 단기공급의 가격탄력도의 부호도 양(+)이다.

수요곡선의 경우와 마찬가지로 공급곡선으로부터도 도형적으로 공급의 가격탄력도를 구할 수 있다. 〈그림 9-8〉에 그려진 어느 개별 기업의 공급곡선 $s$의 한 점 $a$에서 공급의 가격탄력도를 측정해 보자. 이를 위하여 먼저 점 $a$에서 $\Delta x / \Delta P_X$를 계산해야 하는데, 이는 점 $a$의 접선의 기울기의 역이다. 즉

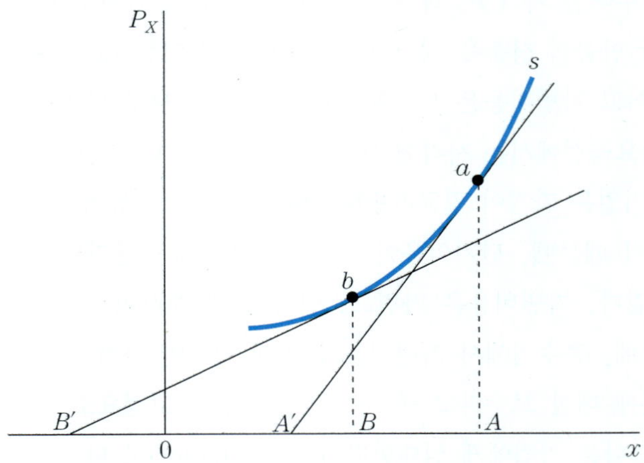


**그림 9-8 공급의 가격탄력도의 도형적 계산**

공급곡선 $s$의 한 점 $a$에서 $\Delta x / \Delta P_X = AA'/aA$이고 $P_X/x = aA/0A$이기 때문에, 점 $a$에서 공급의 가격탄력도는 $AA'$을 $0A$로 나눈 것이다.

$\Delta x/\Delta P_X = AA'/aA$이다. 또한 점 $a$에서 $P_X/x = aA/0A$이다. 따라서 점 $a$에서 공급의 가격탄력도는 다음 식 (9-6)과 같이 점 $a$를 지나는 수직선이 수평축과 만나는 점 $A$와 점 $a$의 접선이 수평축과 만나는 점 $A'$을 찾아서 점 $A$와 $A'$ 사이의 거리를 점 $A$와 원점 사이의 거리로 나눈 것이다.

$$E^S_{X,\,P_X} = \frac{\Delta x}{\Delta P_X}\frac{P_X}{x} = \frac{AA'}{aA}\frac{aA}{0A} = \frac{AA'}{0A} \tag{9-6}$$

그림에서 점 $a$의 접선과 수평축이 만나는 점 $A'$은 원점의 오른쪽에 위치하기 때문에, 점 $a$에서 공급의 가격탄력도는 1보다 작다. 점 $b$의 경우에는 반대로 그 접선과 수평축의 교점 $B'$이 원점의 왼쪽이기 때문에, 공급의 가격탄력도가 1보다 크다. 공급곡선의 어떤 점에서의 접선이 원점을 지난다면 그 점에서의 공급의 가격탄력도는 1이 될 것이다. 〈그림 9-8〉에서 공급의 가격탄력도는 공급량의 증가에 따라 감소하는 것으로 나타나고 있다.

공급곡선이 〈그림 9-9〉에 나타나 있는 것처럼 직선이라고 하자. 공급곡선 $s_1$은 수직축과 먼저 교차하기 때문에, 어떤 가격에서도 공급의 가격탄력도는 1보다 크다. 또한 $s_2$와 같이 원점을 지나는 경우에는 어떤 가격에서도 공급의

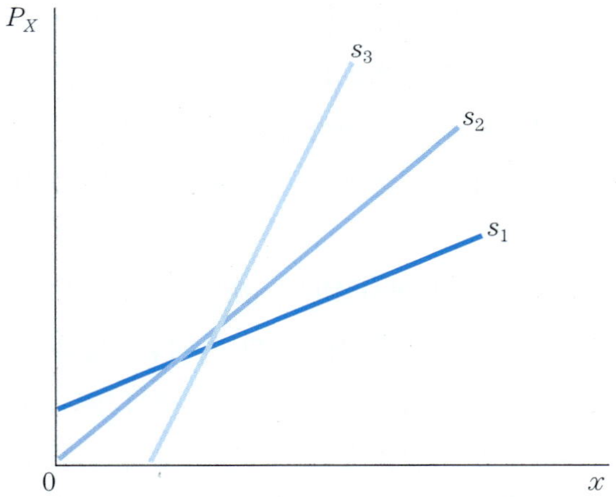


**그림 9-9 공급의 가격탄력도: 공급곡선이 직선인 경우**

직선인 공급곡선이 먼저 수직축과 교차하는 경우 어떤 가격에서도 공급의 가격탄력도는 1보다 크며, 수평축과 먼저 교차하는 경우에는 어떤 가격에서도 공급의 가격탄력도는 1보다 작다. 또한 원점을 지나는 직선인 공급곡선의 어떤 점에서도 공급의 가격탄력도는 항상 1이다.

가격탄력도는 항상 1이며, 수평축과 먼저 교차하는 공급곡선 $s_3$의 어떤 점에서도 공급의 가격탄력도는 항상 1보다 작다.

# 9.3 장기의 이윤극대화

## 장기의 이윤극대화와 장기공급곡선

기업들의 생산기술이 동일하더라도 단기의 자본투입량이 어느 수준에 고정되어 있는가에 따라 비용곡선의 위치는 기업마다 다르며, 그 위치에 따라 이윤을 얻는 기업이 있는가 하면 손실을 보는 기업도 있을 수 있다. 상품가격이 변하지 않는다고 생각할 때 이윤을 얻고 있는 기업은 그 이윤을 더욱 늘리기 위해서 공장설비 등을 확장할 것이고 그렇지 않은 기업은 손실을 만회하려고 역시 자본투입량을 증가시키려고 할 것이다.

〈그림 9-10〉에서 고정된 자본투입량이 $K_1$이고 그때의 단기평균총비용곡선과 단기한계비용곡선이 각각 $SRAC_1$과 $SRMC_1$인 어느 기업이 주어진 상품가격 $P_{X_1}$에서 $P_{X_1}=SRMC_1$의 조건을 만족시키는 공급량 $x_{SR_1}$을 생산해서 빗금쳐진 사각형 면적만큼의 단기이윤을 얻고 있다. 이 기업은 이 이윤을 더욱 늘리기 위해서 장기에는 어떤 의사결정을 할 것인가? 그림에는 단기비용곡선과 함께 장기평균비용곡선 $LRAC$와 장기한계비용곡선 $LRMC$가 그려져 있으며, 산출량 $x_2$까지는 규모의 경제가 존재하지만 산출량을 그 이상으로 늘리면 규모의 비경제가 나타나고 있다.

장기이윤의 극대화 조건 역시 $MC=MR$이며, 이 기업은 장기에도 상품가격이 여전히 $P_{X_1}$에서 불변이라고 예측한다면 자본투입량을 $K_2$까지 늘려서(그 자본투입량에서의 단기평균총비용곡선과 단기한계비용곡선은 각각 $SRAC_2$와 $SRMC_2$로 표시됨) $P_{X_1}=LRMC$의 조건을 만족시키는 $x_{LR_1}$까지 산출량을 증가시키려고 계획할 것이다. 상품가격이 변하지 않아서 계획대로 된다면 이 기업은 단위당 점 $c$와 $d$ 사이의 수직거리만큼의 평균이윤을 올려서 총이윤은 단기의 빗금쳐진 사각형 면적에서 장기에는 사각형 $ABdc$의 면적으로 증가한다.

단기의 경우와 마찬가지로 상품가격이 변하면 개별 기업은 장기한계비용곡선 $LRMC$를 따라서 장기이윤극대화를 위한 공급량을 변화시키며, 상품가격이 하락해서 $P_{X_2}$가 되면 이 기업은 장기이윤극대화를 위한 산출량을 $x_2$에서 정함으로써 장기이윤은 0이 되고 가격이 그보다 더 하락하면 장기공급량은 0이 된다. 따라서 완전경쟁기업의 **장기공급곡선**은 그림에서 진한 파란색으로 표시된 부분으로서 가격이 $P_{X_2}$보다 높거나 같은 경우에는 장기한계비용곡선이지만 그보다 낮을 때는 수직축과 일치하게 된다.

생산자잉여는 공급된 각 단위의 한계수입에서 한계비용을 뺀 나머지를 모두 합한 것이므로 단기의 생산자잉여는 총수입에서 가변비용을 뺀 나머지가 된다. 그런데 장기에는 모든 생산요소가 가변요소이기 때문에 장기의 생산자잉여는 장기이윤과 같다.

생산자가 두 가지 이상의 생산물을 생산하는 경우에도 이윤극대화의 조건은 동일하다. 각 생산물마다 주어진 가격과 그 생산물의 한계비용이 일치할 때 이윤극대화가 이루어지는 것이다. 다음은 $X$재와 $Y$재를 생산하는 완전경쟁기업

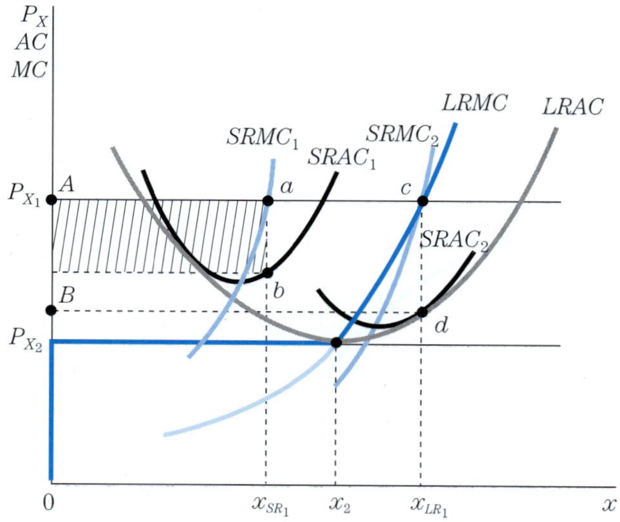


**그림 9-10 완전경쟁기업의 장기이윤극대화와 장기공급곡선**
상품가격이 $P_{X_1}$에서 불변일 때 $x_{SR_1}$만큼을 생산해서 단기이윤을 극대화하고 있는 어느 완전경쟁기업은 장기에는 자본투입량을 늘려서 $P_{X_1}=LRMC$의 조건을 만족시키는 $x_{LR_1}$까지 산출량을 증가시키고 사각형 $ABdc$의 면적만큼의 장기이윤을 얻고자 할 것이다. 상품가격이 $P_{X_2}$보다 높거나 같은 경우 이 기업의 장기공급곡선은 장기한계비용곡선이지만 그보다 낮을 때는 장기공급량은 0이 되므로 장기공급곡선은 수직축과 일치한다.

의 이윤극대화에 관한 예이다.

**예 9-2　여러 가지 생산물을 생산하는 완전경쟁기업의 이윤극대화**

$X$재와 $Y$재를 생산하는 어느 완전경쟁기업의 각 생산물에 대한 장기총비용곡선은 각각 $LRTC_X = 30x + x^2 + xy$와 $LRTC_Y = 40y + y^2 + xy$이며, 이에 따라 장기한계비용곡선은 $LRMC_X = 30 + 2x + y$와 $LRMC_Y = 40 + 2y + x$이다. 비용곡선의 식에 포함되어 있는 $xy$의 양 (+)의 부호는 각 생산물의 한계비용이 다른 생산물의 산출량 증가에 따라서 증가하는 것을 의미한다.

이 기업에게 두 상품의 가격 $P_X$와 $P_Y$가 100원과 120원으로 주어졌다고 하자. 이때 이윤극대화를 위한 각 상품의 산출량에서 만족되는 $P_X = LRMC_X$와 $P_Y = LRMC_Y$의 두 조건으로부터 $100 = 30 + 2x + y$와 $120 = 40 + 2y + x$의 두 방정식을 얻을 수 있으며, 이를 연립하여 풀면 이윤극대화를 위한 산출량 $x = 20$과 $y = 30$을 구할 수 있다.

이윤극대화를 위한 산출량 $x = 20$과 $y = 30$에서 만족되는 $P_X = LRMC_X$와 $P_Y = LRMC_Y$의 두 조건의 비율을 구하면 $P_X/P_Y = LRMC_X/LRMC_Y$가 되며, 이윤의 극대화가 이루어질 때 $X$재 1단위 추가 생산에 관하여 $Y$재의 수량으로 표시한 한계수입과 한계비용인 $P_X/P_Y$와 $LRMC_X/LRMC_Y$가 일치하는 것이다. 이러한

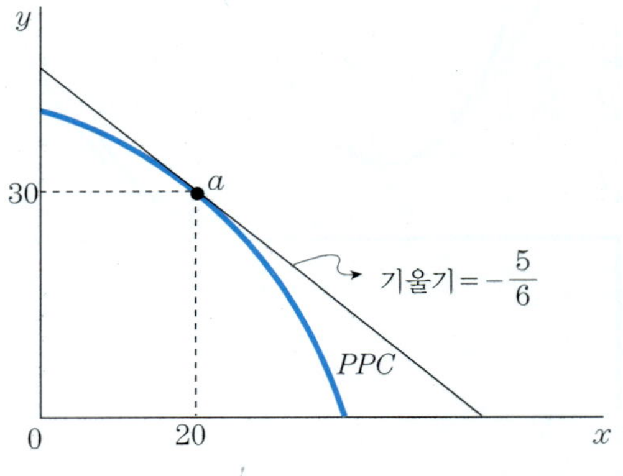


**그림 9-11　두 가지 생산물을 생산하는 경우의 이윤극대화**

$X$재와 $Y$재를 함께 생산하는 기업의 이윤극대화를 위한 조건은 $P_X = LRMC_X$와 $P_Y = LRMC_Y$이며, 이 두 조건은 이윤극대화의 산출량 조합 $a$에서 두 상품의 가격비율과 생산가능곡선의 기울기의 절대값인 한계변환율이 일치한다는 것을 의미한다.

결과는 〈그림 9-11〉에 표시되어 있다. 그림에서 $PPC$로 표시된 곡선은 이 기업의 생산기술을 나타내는 생산가능곡선이고 제7장에서 살펴보았듯이 생산가능곡선에서 각 점의 한계변환율은 $X$재와 $Y$재 생산의 한계비용의 비율이다. 따라서 이윤극대화의 산출량 조합을 표시하는 점 $a$에서 두 상품의 가격비율과 한계변환율이 일치한다.

## 이윤극대화를 위한 생산요소의 장기 수요량

〈그림 9-10〉에서 $P_{X_1}$의 가격에서 이윤극대화를 위한 공급량 $x_{LR_1}$을 공급할 때의 노동과 자본투입량은 얼마인가? 즉 장기이윤극대화를 위한 노동과 자본의 수요량은 얼마인가? 단기의 경우와 마찬가지로 장기의 경우에도 이윤극대화의 공급량 선택과 이윤극대화를 위한 생산요소 투입량의 선택은 동일한 의사결정이며, 이를 보기 위해서 먼저 장기비용의 극소화를 위해 필요한 조건인 제7장의 식 (7-2)를 다른 의미로 이해할 필요가 있다.

식 (7-2)에서 $MP_L = \Delta x/\Delta L$이고 $MP_K = \Delta x/\Delta K$이므로 식 (7-2)는 다음과 같이 바뀔 수 있다.

$$w \cdot \frac{\Delta L}{\Delta x} = r \cdot \frac{\Delta K}{\Delta x} \tag{9-7}$$

위의 식은 장기비용의 극소화가 이루어지고 있는 상태에서 산출량을 $x$에서 1단위 더 생산하고자 할 때 노동만을 추가로 투입하든지 아니면 자본만을 추가로 투입하든지 관계없이 추가 비용은 동일하다는 조건이다. 즉 $w \cdot (\Delta L/\Delta x)$와 $r \cdot (\Delta K/\Delta x)$를 각각 $MC_L$과 $MC_K$로 표시할 때 장기비용의 극소화가 이루어지고 있는 상태에서는 다음의 조건이 만족된다.

$$LRMC(x) = MC_L = MC_K \tag{9-8}$$

이제 생산요소 수요량에 관한 장기의 이윤극대화 조건을 살펴보기로 하자. 이윤극대화를 위해서 생산요소의 한계수입생산물과 한계요소비용이 일치해야 된다는 조건은 장기의 경우에도 마찬가지로 성립한다. 즉 완전경쟁시장의 경우 장기의 이윤극대화를 위한 노동과 자본의 투입량에서 다음의 두 가지 조건이 함께 성립한다.

$$P_X \cdot MP_L = w \ \ (\text{즉 } VMP_L = w) \tag{9-9}$$

$$P_X \cdot MP_K = r \ \ (\text{즉 } VMP_K = r) \tag{9-10}$$

장기이윤극대화의 공급량 선택과 장기이윤극대화를 위한 생산요소 투입량의 선택이 동일한 의사결정이라는 것을 이해하기 위해서 식 (9-9)의 양변을 $MP_L(=\Delta x/\Delta L)$로 나누고 식 (9-10)의 양변을 $MP_K(=\Delta x/\Delta K)$로 나누면, 두 식은 다음과 같이 바뀐다.

$$P_X = w \cdot \frac{\Delta L}{\Delta x} \tag{9-11}$$

$$P_X = r \cdot \frac{\Delta K}{\Delta x} \tag{9-12}$$

이윤이 극대화되려면 비용의 극소화가 이루어져야 하므로 식 (9-8), 식 (9-11)과 식 (9-12)는 다음과 같이 한 가지의 조건으로 바뀌게 된다.

$$P_X = MC_L = MC_K = LRMC \tag{9-13}$$

이와 같이 생산요소 수요량에 관한 장기이윤극대화 조건인 식 (9-9)와 식 (9-10)은 산출량에 관한 장기의 이윤극대화 조건인 $P_X = LRMC$를 형태만 달리해서 표현한 것이다.

이제 자본의 가격은 불변인 채 임금만 변하는 경우에 생산물의 공급량과 노동의 수요량은 어떻게 변할 것인지 살펴보도록 하자. 바로 앞에서 살펴본 것처럼 임금이 하락할 때 단기에는 한계비용 및 가변비용곡선이 아래로 이동해서 생산물의 공급량이 증가하고 노동투입량도 한계생산물가치곡선을 따라 증가한다. 이러한 관계는 장기에도 일반적으로 동일하게 성립한다. 일반적이라는 표현을 사용한 이유는 장기에는 산출량이 증가할 때 오히려 투입량이 감소하는 **열등생산요소**(inferior input)가 존재할 수 있기 때문이다. 그러나 열등생산요소에 관한 논의는 이 책의 범위를 넘어설 뿐 아니라 문제를 지나치게 복잡하게 만들 염려가 있기 때문에 앞으로 우리는 노동과 자본이 모두 산출량의 증가에 따라 투입량이 증가하는 **정상생산요소**(normal input)라고 가정하자. 이러한 가정하에서 장기에도 단기와 마찬가지로 임금이 하락할 때 장기한계비용곡선은 아래로 이동하여 장기의 이윤극대화를 위한 산출량, 노동 및 자본의 투입량이 모두 증가하는데, 이를 **산출량효과**(output effect)라고 부른다.

그러나 임금이 변할 때, 자본까지도 가변요소인 장기에는 산출량효과 이외에도 생산요소의 상대가격 변화에 의한 자본과 노동 사이의 대체가 발생하게 된다. 가령 임금만 하락할 때, 동일한 산출량을 생산하더라도 상대적으로 비싸진 자본에서 싸진 노동으로 생산요소의 대체가 이루어지기 때문에 노동의 투입량은 또다시 증가한다. 이와 같은 효과를 **요소대체효과**(factor substitution effect)라고 한다. 이 때문에 요소대체효과까지 발생하는 장기에 **노동수요의 임금탄력도**(wage elasticity of labor demand) $E^D_{L,w} = \dfrac{\Delta L^D/L^D}{\Delta w/w}$ 는 산출량효과만 존재하는 단기보다 높다. 산출량효과와 요소대체효과의 개념을 정확하게 이해하여 **노동의 장기수요곡선**을 유도해 보자.

주어진 생산물의 가격, 임금 및 자본의 가격을 각각 $P_{X_1}$, $w_1$과 $r_1$이라고 하자. 이때 장기의 이윤극대화를 위한 산출량, 노동 및 자본의 투입량을 각각 $x_1$, $L_1$과 $K_1$이라고 한다면, 〈그림 9-12〉의 (a)는 이들을 표시하고 있다. 이윤극대화를 위한 산출량 $x_1$을 최소비용으로 생산하기 위하여 등량선과 $-w_1/r_1$의 기울기를 지니는 등비용선 $AB$가 접하는 점 $a$에서 노동과 자본을 $L_1$과 $K_1$만큼 투입하고 있다. 이제 생산물의 가격과 자본의 가격은 불변인 채 임금만 $w_2$으로 하락하였다고 하자. 임금의 하락으로 장기한계비용곡선은 아래로 이동하고 장기의 이윤극대화를 위한 산출량은 $x_2$로 증가하였고, 이를 최소비용으로 생산하기 위한 노동과 자본의 투입량은 등량선과 $-w_2/r_1$의 기울기를 지니는 등비용선 $CD$가 접하는 점 $b$의 $L_2$와 $K_2$라고 하자.

이제 임금의 하락에 따른 노동과 자본투입량의 변화를 요소대체효과와 산출량효과로 분해하자. 여기에서 요소대체효과는 소비자행동이론에서의 대체효과와 거의 비슷한 개념이기 때문에 독자들은 그림에서 점 $a$에서 $c$로 이동하는 것이 바로 임금의 하락에 의한 요소대체효과임을 쉽게 알 수 있을 것이다. 요소대체효과에 의해 노동투입량은 $L_1$에서 $L_3$으로 증가하고 자본투입량은 $K_1$에서 $K_3$으로 감소한다. 산출량효과는 임금의 하락으로 장기한계비용 및 장기평균비용곡선이 아래로 이동하여 이윤극대화를 위한 산출량을 증가시키는 것이다. 따라서 그림에서 점 $c$에서 $b$로 이동하는 것이 임금하락에 의한 산출량효과이다. 산출량효과에 의해 노동투입량은 $L_3$에서 $L_2$로 증가하고 자본투입량도 $K_3$에

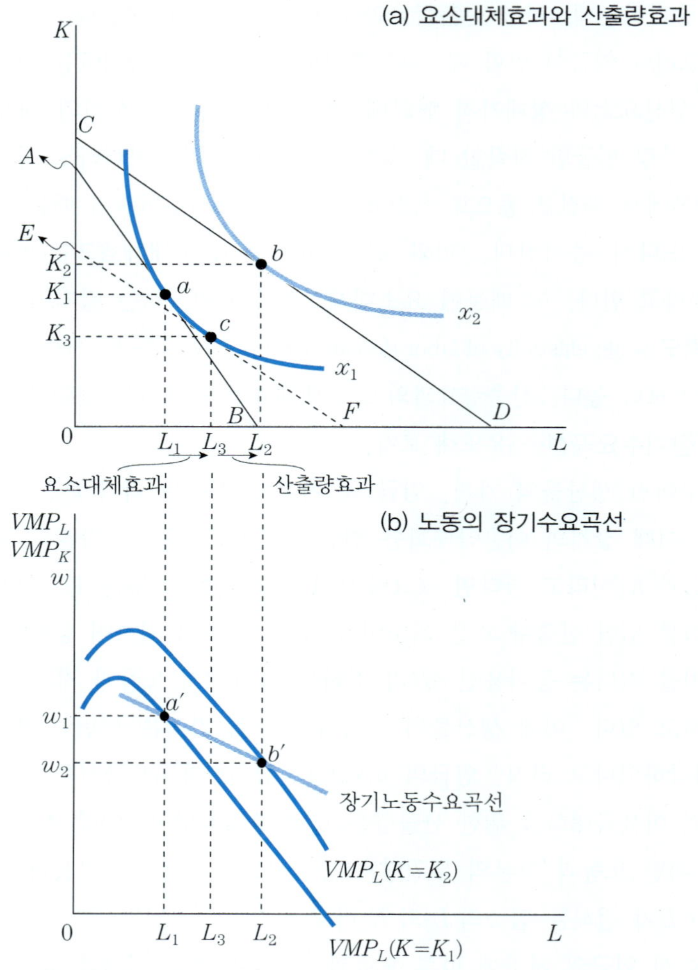


**그림 9-12 임금하락에 의한 요소대체효과와 산출량효과: 노동의 장기수요곡선 도출**

다른 조건은 불변인 채 임금만 $w_1$에서 $w_2$로 하락하는 경우에 점 $a$에서 $c$로 이동하는 것이 요소대체효과이며, 점 $c$에서 $b$로 이동하는 것은 산출량효과이다. 임금의 하락으로 자본투입량이 변할 때 노동의 한계생산물가치곡선은 오른쪽으로 이동하기 때문에, 완전경쟁시장에서 개별 기업의 노동의 장기수요곡선은 점 $a'$과 $b'$을 지나는 곡선이 된다.

서 $K_2$로 증가한다. 이처럼 임금이 하락할 때 두 가지 효과 모두 노동투입량을 증가시킨다. 그러나 자본투입량은 요소대체효과에 의하여 감소하고 산출량효과에 의해서는 증가하며, 그림에서는 후자가 전자보다 우세하기 때문에 자본투입량은 결국 $K_1$에서 $K_2$로 증가하는 것으로 나타나 있다.

그렇다면 어떠한 경우에 요소대체효과보다 산출량효과가 우세한가? 이는 물론 노동과 자본 사이에 기술적 대체정도에 달려 있다. 극단적인 경우이지만 레온티에프 생산함수처럼 기술적 대체가 전혀 불가능하다면 임금의 변화는 모두 산출량효과로 나타난다. 정확한 증명은 역시 이 책의 범위를 넘기 때문에 생략하겠지만, 산출량효과가 요소대체효과보다 우세하여 임금의 하락으로 자본투입량이 증가하기 위한 조건은 한 가지 생산요소의 투입량이 증가하면 다른 생산요소의 한계생산물은 증가한다는 것이다. 즉 $(\Delta MP_L/\Delta K)>0$ (이는 물론 $(\Delta MP_K/\Delta L)>0$을 의미함)이면, 임금의 하락으로 자본투입량은 증가한다. 반대로 $(\Delta MP_L/\Delta K)<0$이면, 요소대체효과가 산출량효과보다 우세하며 임금하락으로 자본투입량은 감소한다.

임금이 하락할 때 자본투입량은 두 생산요소 사이의 기술적 대체정도에 따라 증가할 수도 있고 감소할 수도 있다. 이를 명확하게 표시하기 위하여 **생산요소 수요의 교차탄력도**(cross-elasticity of input demand)를 정의할 수 있다. 생산요소 수요의 교차탄력도는 한 가지 생산요소의 수요량이 다른 생산요소의 가격변화에 대하여 얼마나 민감하게 반응하는지를 측정하는 것으로서 한 생산요소의 수요량 변화율을 다른 생산요소의 가격변화율로 나눈 것이다. 임금의 변화에 대한 자본수요의 교차탄력도를 $E^D_{K,w}(=\frac{\Delta K^D/K^D}{\Delta w/w})$라고 표시할 때, 앞의 논의로부터 임금변화에 대한 자본투입량의 변화를 다음과 같이 정리할 수 있다.

$$\frac{\Delta MP_L}{\Delta K}>0 \quad \rightarrow E^D_{K,w}<0$$

$$\frac{\Delta MP_L}{\Delta K}<0 \quad \rightarrow E^D_{K,w}>0$$

어떤 생산요소의 가격변화에 대하여 다른 생산요소 수요의 반응정도를 표시하는 생산요소 수요의 교차탄력도의 부호는 요소대체효과와 산출량효과의 상대적 크기에 달려있다. 요소대체효과의 절대크기가 산출량효과를 앞서면 교차탄력도의 부호는 양(+)이고 반대의 경우에는 음(−)이 된다. 생산요소 수요의 교차탄력도의 부호가 무엇인지를 아는 것은 정책의 효과를 분석하는데 매우 유용하다.

**예 9-3** **생산요소 수요의 교차탄력도와 정책의 효과**

생산요소 수요의 교차탄력도에 관한 대부분의 연구들에서 자본과 고기능의 노동은 보완적이며 자본과 저기능의 노동은 대체관계에 있다는 결론을 내리고 있다. 자본가격의 변화에 대하여 저기능 노동수요의 교차탄력도는 약 0.5이고 고기능 노동수요의 교차탄력도는 −0.5라는 구체적 결과를 제시한 연구도 있다. 이러한 결론은 매우 중요한 정책적 의미를 지닌다. 가령 정부가 투자를 활성화하기 위하여 보조금을 지급하는 정책을 채택하였다고 하자. 이러한 정책은 자본의 가격을 낮추는 효과를 발생시키기 때문에 저기능 노동의 수요는 감소하는 반면에 고기능 노동의 수요는 증가하게 된다. 이처럼 투자를 촉진하는 정책의 실시는 저기능 근로자의 임금수준을 낮추는 효과를 낳는다.

자본과 고기능의 노동은 보완적이며 자본과 저기능의 노동은 대체관계에 있다는 것은 저기능 노동수요와 고기능 노동수요 사이의 교차탄력도가 양(+)임을 의미한다. 따라서 저기능 근로자의 임금이 지나치게 낮다고 판단하여 균형임금보다 높은 수준에서 최저임금제를 실시하면 저기능 근로자의 노동수요가 위축되는 대신 고기능 근로자의 노동수요가 증가할 수 있으며, 이는 최저임금제의 실시로 오히려 임금불평등이 높아질 수 있음을 의미한다.

이제 노동의 장기수요곡선을 유도하기 위하여 〈그림 9-12〉의 (a)와 같이 임금의 하락이 자본투입량을 증가시키는 경우(즉 $(\Delta MP_L/\Delta K)>0$인 경우)를 먼저 살펴보자. 〈그림 9-12〉의 (b)에서 $VMP_L(K_1)$과 $VMP_L(K_2)$는 각각 자본투입량이 $K_1$과 $K_2$일 때의 노동의 한계생산물가치곡선이다. $K_2>K_1$이고 $(\Delta MP_L/\Delta K)>0$이기 때문에 $VMP_L(K_2)$는 $VMP_L(K_1)$보다 오른쪽에 위치한다. 임금이 $w_1$일 때 장기의 이윤극대화를 위한 노동과 자본의 투입량은 $L_1$과 $K_1$이기 때문에 $VMP_L(K_1)$의 점 $a'$은 노동의 장기수요곡선의 한 점이다. 다른 조건은 모두 불변인 채 임금만 $w_2$로 하락하였다면, 이윤극대화를 위한 자본투입량은 $K_1$에서 $K_2$로 증가한다. 이에 따라 노동의 한계생산물가치곡선은 오른쪽으로 이동하여 $VMP_L(K_2)$가 되고 노동투입량은 점 $b'$에서 결정된다. 따라서 완전경쟁시장에서 개별 기업의 노동의 장기수요곡선은 점 $a'$과 $b'$을 지나는 곡선이며, 자본이 $K_1$에 고정되어 있는 노동의 단기수요곡선인 $VMP_L(K_1)$보다 임금탄력도가 높다는 것을 알 수 있다.

임금의 하락으로 자본투입량이 감소하는 경우(즉 $(\Delta MP_L/\Delta K)<0$인 경우)에도 장기의 노동수요는 단기보다 임금탄력도가 높을까? 임금의 하락으로 자본투입량이 감소하면, $(\Delta MP_L/\Delta K)<0$이기 때문에 노동의 한계생산물가치곡선은 여전히 오른쪽으로 이동하고 노동의 장기수요곡선은 바로 앞의 경우와 마찬가지로 단기보다 완만한 기울기를 지니게 된다. 독자들은 스스로 이를 확인해 보기 바란다.

앞서 살펴본 것처럼 장기의 노동수요는 단기보다 항상 임금탄력도가 높다. 뿐만 아니라 장기노동수요의 임금탄력도는 요소대체효과와 산출량효과가 함께 작용하여 결정된다는 것도 쉽게 짐작할 수 있다. 장기노동수요의 임금탄력도가 어떤 요인에 의하여 결정되는지 살펴보기로 하자.

## 장기노동수요의 임금탄력도의 결정요인

임금의 변화에 따라 장기의 노동수요가 반응하는 정도는 숙련정도, 직종, 성별, 산업별 등으로 차이가 있을 수 있다. 그러나 일반적인 경우에 노동수요의 임금탄력도가 어떠한 요인에 의해 결정되는지를 알고 있는 것은 현실의 문제를 이해하는 데 매우 중요하다. 예를 들어 정부가 임금관련정책을 수립할 때 중요하게 고려해야 할 사항은 고용에 미치는 효과이며, 이를 위해서 노동수요의 임금탄력도는 매우 요긴한 자료가 된다. 또한 노동조합의 활동으로 임금이 상승하면 기업은 노동수요를 감소시키기 때문에 노동조합의 교섭능력은 결국 노동수요의 임금탄력도에 달려 있다. 장기노동수요의 임금탄력도는 다음과 같은 몇 가지 요인에 의해 결정된다.

### ① 요소의 대체탄력도 $\sigma$

요소의 대체탄력도가 높을수록 임금변화에 의한 요소대체효과가 크기 때문에 장기노동수요의 임금탄력도는 커진다.

### ② 생산물에 대한 시장수요의 가격탄력도

노동의 수요는 파생적 수요이기 때문에 당연히 생산물의 시장수요의 가격탄력도에 의해 영향을 받는다. 임금의 하락으로 모든 기업이 산출량을 증가시키면, 생산물의 가격은 하락한다. 이때 생산물의 시장수요가 가격에 대해 매우 탄력적인 경우에 생산물에 대한 시장수요는 크게 증가하고 생산물의 가격 하락 폭은 작기 때문에 장기노동수요는 탄력적으로 증가하게 된다. 따라서 장기노동수요의 임금탄력도는 생산물의 시장수요가 가격에 대해서 탄력적일수록 커진다.

③ 총비용 중에서 노동비용의 비율

총비용 중에서 노동에 대한 비용이 차지하는 비율이 높을수록 임금의 하락으로 한계비용이 감소하는 정도는 커지기 때문에, 산출량효과가 높게 나타나고 장기노동수요의 임금탄력도는 높아진다.

④ 노동 외에 다른 생산요소에 대한 시장공급의 가격탄력도

자본과 노동을 생산요소로 하는 기업에게 주어진 임금이 하락하였다고 하자. 임금이 하락하여 모든 기업이 산출량을 증가시키면, 산출량효과에 의해서 노동뿐 아니라 자본의 수요도 증가하고 자본의 가격은 상승한다. 이때 자본에 대한 시장공급의 가격탄력도가 매우 낮다면, 자본의 가격은 급격하게 상승하여 임금의 하락으로 생산비용이 하락하는 정도를 크게 둔화시키기 때문에 산출량효과는 약해지고 노동수요의 증가는 위축될 것이다. 이는 노동 외에 자본 등 다른 생산요소의 시장공급이 가격에 대해 탄력적일수록 노동수요의 임금탄력도는 증가한다는 것을 의미한다.

위의 네 가지 요인 중에서 첫 번째와 세 번째를 제외한 나머지는 개별 기업이 아니라 다음 장에서 논의될 시장 전체의 노동수요의 임금탄력도에 영향을 미치는 요인들로 보아야 할 것이다. 또한 노동뿐 아니라 자본 등의 다른 생산요소에 대한 수요의 가격탄력도 역시 마찬가지 요인으로 결정되며, 생산요소의 가격변화에 대응할 수 있는 기간이 길수록 생산요소 수요의 가격탄력도가 높아지는 것은 생산물 수요의 가격탄력도의 경우와 마찬가지이다.

# 요 약

1 완전경쟁시장에서 모든 기업은 가격수용자이기 때문에 한계수입과 평균수입은 항상 주어진 상품가격 $P_X$와 같다. 따라서 한계수입곡선 $MR$과 평균수입곡선 $AR$은 일치해서 $AR=MR=P_X$의 수평선이며, 이 수평선은 완전경쟁기업이 직면하는 수요곡선이 된다.

2 단기한계비용곡선의 기울기가 양(+)인 구간에서 $SRMC=P_X$의 조건이 만족될 때 완전경쟁기업의 단기이윤이 극대화된다. 상품가격이 평균가변비용의 최소값(즉 조업중단가격)보다 높을 때는 평균가변비용곡선의 위에 놓여있는 단기한계비용곡선이 완전경쟁기업의 단기공급곡선이며, 상품가격이 조업중단가격보다 낮을 때는 단기공급곡선은 원점에서 조업중단가격까지의 수직축이다.

3 완전경쟁의 노동시장에서 단기의 노동수요량에 관한 이윤극대화 조건은 $VMP_L=w$이며, 이는 이윤극대화를 위한 생산물의 단기공급량에서 만족되는 $P_X=SRMC$의 조건을 그 형태만 달리한 것이다. 이에 따라 주어진 임금이 노동의 평균생산물가치의 최대값보다 낮을 때 노동의 평균생산물가치곡선의 아래 위치하는 노동의 한계생산물가치곡선이 노동의 단기수요곡선이며, 그보다 높을 때는 노동의 단기수요곡선은 수직축과 일치한다.

4 생산물에 대한 시장수요의 변화는 시장가격을 변화시켜서 노동 등 생산요소에 대한 수요변화를 유발하므로 생산요소에 대한 수요는 파생적 수요의 성격을 갖는다.

5 소비자잉여의 개념과 마찬가지로 생산자잉여는 시장거래를 통해 생산자가 얻는 순편익을 표시하며, 공급된 각 단위의 한계수입에서 한계비용을 뺀 나머지를 모두 합한 것이다. 단기의 생산자잉여에서 다시 고정비용을 공제한 나머지가 단기이윤이다.

6 공급의 가격탄력도는 공급량의 변화율을 가격의 변화율로 나눈 것이며, 공급곡선의 한 점에서의 접선이 수직축과 먼저 만나는 경우 그 점에서 공급의 가격탄력도는 1보다 크고 반대의 경우에는 1보다 작다. 또한 공급곡선의 한 점에서의 접선이 원점을 지난다면, 그 점에서 공급의 가격탄력도는 1이 된다.

7 주어진 상품가격 $P_X$에서 장기의 이윤극대화가 이루어졌을 때는 $P_X=LRMC$의 조건이 만족되며, 이에 따라 상품가격이 장기평균비용의 최소값보다 높거나 같은 경우 장기한계비용곡선이 완전경쟁기업의 장기공급곡선이고 그보다 낮을 때는 장기공급곡선은 수직축과 일치한다.

8 장기의 이윤극대화를 위한 노동과 자본의 투입량에서는 $VMP_L=w$과 $VMP_K=r$의 관계가 함께 성립하는데, 이 역시 $P_X=LRMC$라는 산출량에 관한 장기이윤의 극대

화 조건을 다른 형태로 표시한 것이다.

**9** 임금이 하락할 때 요소대체효과와 산출량효과 모두 노동의 수요량을 증가시킨다. 그러나 자본의 수요량은 요소대체효과에 의하여 감소하고 산출량효과에 의해서는 증가한다. 따라서 임금변화에 대한 자본수요의 교차탄력도 $E^D_{K,w}$의 부호는 요소대체효과와 산출량효과의 상대크기에 달려있다. 전자가 후자를 앞서면 그 부호는 양(+)이고 반대라면 음(−)이 된다.

**10** 노동의 장기수요곡선은 임금변화에 대한 자본수요의 교차탄력도의 부호에 관계없이 단기보다 완만한 기울기를 지닌다. 장기노동수요의 임금탄력도를 결정하는 요인으로는 요소의 대체탄력도, 생산물에 대한 시장수요의 가격탄력도, 총비용 중에서 노동비용의 비율, 노동 이외에 다른 생산요소에 대한 시장공급의 가격탄력도 등을 들 수 있다.

## 연습문제

**1** $X$재를 생산하는 어떤 완전경쟁기업의 단기총비용곡선은 $SRTC = 300 + 50x + x^2$이다.

(1) 이 기업의 단기평균총비용곡선, 평균가변비용곡선과 단기한계비용곡선의 식을 구하시오.

(2) $P_X = 100$원일 때, 이윤극대화를 위한 산출량을 구하시오. 이때 극대화된 이윤과 생산자잉여는 얼마인지를 구하시오.

(3) $P_X = 70$원일 때, 이윤극대화를 위한 산출량을 구하시오. 이때 극대화된 이윤과 생산자잉여는 얼마인지를 구하시오.

(4) 생산물의 가격 $P_X$가 얼마로 주어질 때 이 기업은 조업을 중단하겠는가?

(5) 이 기업의 단기공급곡선의 식을 구하시오.

**2** $X$재를 생산하는 어느 완전경쟁기업의 단기총비용곡선은 $SRTC = 450 + 50x + 2x^2$이다. 이 기업의 손익분기가격 $P_X$를 구하시오.

**3** $X$재를 생산하는 어느 완전경쟁기업의 단기총비용곡선은 $SRTC = x^3 - 10x^2 + 200x + 100$이다.

(1) 이 기업의 단기평균총비용곡선, 평균가변비용곡선과 단기한계비용곡선의 식을 구하시오.

(2) 생산물의 가격 $P_X$가 얼마로 주어질 때 이 기업은 조업을 중단하겠는가?

(3) 이 기업의 단기공급곡선의 방정식을 구하시오.

(4) $P_X = 200$원일 때 이윤극대화를 위한 산출량을 구하시오.

4 $X$재를 생산하는 어느 완전경쟁기업의 생산함수는 $x = K^{1/4}L^{1/2}$이다. 자본투입량 $K$가 16으로 고정된 단기에 $w = 2$원이고 $P_X = 10$원이라고 하자.

(1) 이 기업의 가변비용곡선과 단기한계비용곡선의 식을 구하시오.
(2) 이 기업의 단기공급곡선의 식을 구하시오.
(3) $P_X = SRMC$의 조건에 따라 이윤극대화의 산출량과 그때의 생산자잉여의 크기를 구하시오.
(4) 노동의 한계생산물가치곡선 $VMP_L$과 평균생산물가치곡선 $VAP_L$의 그래프를 그리시오.
(5) $w = VMP_L$의 조건에 따라 단기이윤의 극대화를 위한 노동의 고용량과 그때의 생산자잉여를 구하고 그 결과를 (4)의 그래프에 표시하시오.
(6) 위 (3)에서 구한 생산자잉여와 (5)에서 구한 생산자잉여가 일치함을 확인하시오.

5 $X$재를 생산하는 어떤 완전경쟁기업의 생산함수는 $x = 2\sqrt{KL}$이다. 자본투입량 $K$가 4로 고정된 단기에 $w = 80$원, $r = 50$원이고 $P_X = 200$원이라고 하자.

(1) 단기이윤의 극대화를 위한 산출량을 구하시오.
(2) 단기이윤의 극대화를 위한 노동의 고용량과 극대화된 이윤의 크기를 구하시오.
(3) $X$재 1단위 공급할 때마다 50원의 세금이 부과되고 동시에 임금에는 20원의 고용보조금이 지급된다면($P_X$는 여전히 200원임), 이윤극대화를 위한 노동투입량은 어떻게 변할 것인가?
(4) (3)에서 세금과 고용보조금 대신 이윤에 20%의 세금을 부과한다면 이윤극대화를 위한 노동투입량은 어떻게 변할 것인가?

6 $X$재를 생산하는 어떤 완전경쟁기업의 장기총비용곡선은 $LRTC(x) = x^3 - 24x^2 + 200x$이다. 이 기업의 장기공급곡선의 식을 구하시오.

7 $X$재를 생산하는 어떤 완전경쟁기업에게 주어진 생산물의 가격 $P_X$는 20원이다. 이 기업은 동일한 생산물을 $TC_1 = 10 + x_1^2$과 $TC_2 = 3 + 0.5x_2^2$의 비용곡선을 지니는 두 개의 공장으로부터 생산하고 있다($x_1$과 $x_2$는 각각 공장 1과 공장 2의 산출량이다). 이윤극대화를 위해 이 기업은 두 개의 공장으로부터 각각 얼마큼씩 생산해야 할 것인가?

8 $X$재를 생산하는 어느 완전경쟁기업의 생산함수는 $x = \min\{K, L\}$이다. $X$재 가격 $P_X$와 임금 $w$는 불변인 채 자본가격 $r$이 하락할 때 이 기업의 장기노동수요량 $L$이 증가하는 것을 요소대체효과와 산출량효과에 의해 설명하시오.

9 생산자잉여와 이윤의 차이를 설명하시오. 단기의 경우 이윤이 음(−)일 때도 단기의 생산자잉여는 0보다 큰 이유를 설명하시오.

10 $X$재와 $Y$재를 생산하는 어느 완전경쟁기업의 각 생산물에 대한 장기총비용곡선은

각각 $LRTC_X = 30x + x^2 - xy$ 와 $LRTC_Y = 40y + y^2 - xy$ 이다.

(1) $P_X=50$, $P_Y=75$일 때 이 기업의 이윤극대화를 위한 $X$재와 $Y$재의 산출량을 구하시오.

(2) $Y$재 가격 $P_Y$는 불변이고 $X$재 가격 $P_X$만 80원으로 상승했을 때 $X$재와 $Y$재의 산출량을 구하시오. $Y$재 산출량의 증감 여부를 확인하시오.

제1장에서는 수요와 공급의 상호작용을 통해 완전경쟁시장에서 어떻게 가격과 거래량이 결정되는가를 개괄적으로 살펴보았다. 이제 우리는 지금까지의 소비자의 효용극대화 행동분석과 기업의 이윤극대화 행동분석에 기초해서 완전경쟁시장에서의 균형을 깊이 있게 살펴보기로 한다. 이 장에서는 생산물시장의 균형을 먼저 분석한다. 이를 위해서 생산물에 대한 단기와 장기의 시장공급곡선을 도출하며, 시장공급곡선과 시장수요곡선을 결합해서 단기와 장기별 균형분석을 한다. 또한 제5장과 제9장에서 공부한 노동공급과 생산요소의 수요에 관한 이론에 기초해서 완전경쟁의 요소시장에서 이루어지는 균형에 관해서도 살펴보기로 한다. 그리고 이러한 완전경쟁시장의 균형에 관해 어떤 규범적 평가를 할 수 있는지 알아보기로 한다.

# 제 10 장

# 완전경쟁시장의 균형

## 10.1 생산물의 단기시장공급곡선과 생산물시장의 단기균형

### 단기시장공급곡선

시장수요곡선을 구할 때와 마찬가지로 개별 기업의 단기공급곡선을 수평으로 합하면, 완전경쟁시장의 **단기시장공급곡선**을 도출할 수 있다. 완전경쟁시장에는 무수히 많은 기업이 있지만, 편의상 A와 B의 두 기업만 고려해서 어떻게 개별 기업의 단기공급곡선을 수평으로 합하는지 살펴보도록 하자.

〈그림 10-1〉에서 생산기술, 자본투입량 등의 차이 때문에 기업 A의 조업중단가격(즉 평균가변비용의 최소값)은 기업 B보다 낮게 표시되고 있다. 따라서 시장가격이 기업 A의 조업중단가격인 $P_{X_0}$보다 낮으면 두 기업 모두 조업을 중단해서 시장공급량은 0이다. 시장가격이 상승해서 $P_{X_0}$과 $P_{X_1}$ 사이에서 주어진다면, 기업 B는 시장가격이 자신의 조업중단가격 $P_{X_1}$보다 낮기 때문에 여전히 조업을 중단하고 기업 A의 공급만 시장에 나타난다. 시장가격이 $P_{X_1}$로 상승하면 기업 B의 공급도 시장에 나타나기 시작해서 시장공급량은 $x_{A_1}+x_{B_1}$이 되며,

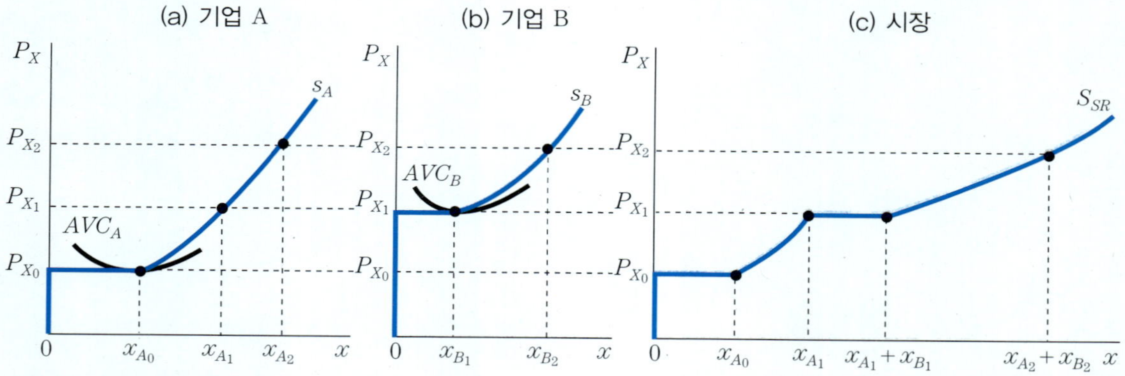


**그림 10-1 완전경쟁시장의 단기시장공급곡선**
완전경쟁시장의 단기시장공급곡선은 개별 기업의 단기공급곡선을 수평으로 합한 것이다.

$P_{X_2}$까지 상승한다면 시장공급량은 $x_{A_2}+x_{B_2}$가 된다. 이와 같이 개별 기업의 단기공급곡선 $s_A$와 $s_B$를 수평으로 합하면 단기시장공급곡선 $S_{SR}$을 구할 수 있다.

한 가지 주의할 점은 그림에서 시장가격이 $P_{X_1}$일 때 단기시장공급곡선은 굴절하는데, 이는 두 기업의 공급곡선만을 수평으로 합하였기 때문이다. 기업의 수가 늘어나면 굴절되는 부분은 없어지고 양(+)의 기울기를 갖는 부드러운 단기시장공급곡선이 나타날 것이다. 시장가격이 상승하면, 이미 조업을 하고 있는 기업은 공급량을 증가시키고 시장가격이 자신의 평균가변비용의 최소값보다 낮아서 조업을 중단하고 있던 기업도 조업을 시작하기 때문에 시장공급량은 증가한다.

실제의 단기시장공급곡선은 개별 기업의 단기공급곡선을 단순하게 수평으로 합한 것보다는 그 가격탄력도가 낮을 수 있다. 생산물가격의 상승으로 모든 기업들이 산출량을 증가시킬 때 노동수요의 증가로 임금이 상승해서 개별 기업의 단기한계비용곡선이 위로 이동하는 경우 시장공급량은 그렇지 않은 경우보다 덜 탄력적으로 증가할 수 있는 것이다.

## 단기균형

시장수요곡선 $D$와 단기시장공급곡선 $S_{SR}$을 결합해서 우리는 완전경쟁시장의 단기균형을 이해할 수 있다. 〈그림 10-2〉의 (a)에서 시장가격이 $P_X^*$보다 높으면, 시장에는 초과공급이 존재하고 가격은 하락한다. 이에 따라 수요량은 증가하고 공급량은 감소한다. 반대로 시장가격이 $P_X^*$보다 낮은 경우에는 초과수요의 존재로 생산물가격이 상승해서 수요량은 감소하고 공급량은 증가한다. 이러한 과정을 거쳐서 시장수요곡선과 단기시장공급곡선이 교차하는 점 $e$에서 단기균형이 이루어지며, 이때 균형가격과 균형거래량은 각각 $P_X^*$와 $x_{SR}^*$이 된다.

완전경쟁시장에서 결정된 단기균형가격 $P_X^*$에서 개별 기업의 이윤극대화를 위한 공급량을 모두 합하면 $x_{SR}^*$이 된다. 그림에는 A와 B의 두 개별 기업만 고려하여 이윤극대화를 위한 공급량을 표시하고 있다. 단기균형에서 산출량 $x_A^*$를 공급하는 기업 A는 옅은 검은 음영으로 표시된 부분만큼 양(+)의 이윤을 얻고 있으나, 기업 B는 $x_B^*$를 공급하지만 가격이 단기평균총비용보다 낮기 때문에 빗금쳐진 부분만큼의 손실을 입고 있다. 물론 기업 B는 단기균형가격

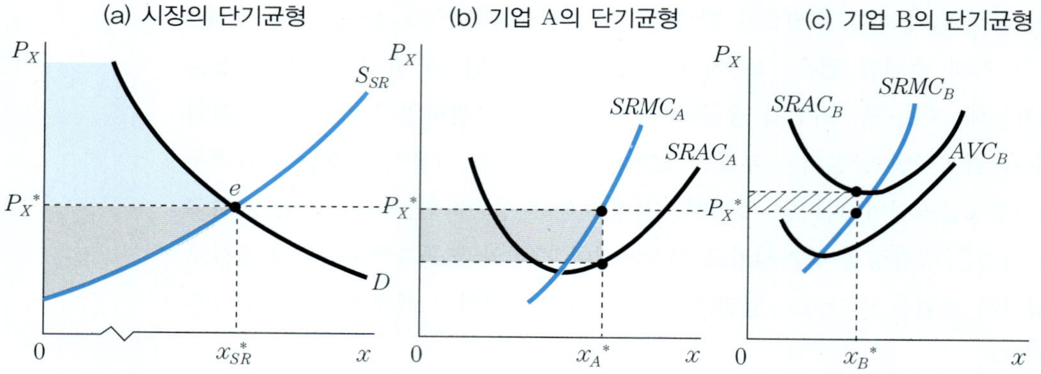


**그림 10-2 완전경쟁시장의 단기균형**

완전경쟁시장의 단기균형은 시장수요곡선과 시장공급곡선이 교차하는 점 $e$에서 이루어지며, 균형가격과 균형거래량은 각각 $P_X^*$ 와 $x_{SR}^*$이 된다. 단기균형에서는 양(+)의 이윤을 얻고 있는 기업이 있는가 하면 손실을 보고 있는 기업도 있을 수 있다.

$P_X^*$가 산출량 $x_B^*$를 공급할 때의 평균가변비용보다는 높기 때문에 조업을 중단하는 것보다 조업을 계속하는 것이 손실을 줄일 수 있다. 따라서 기업 B는 손실에도 불구하고 조업을 계속함으로써 시장가격이 상승하기를 기다릴 것이다. 이처럼 단기에는 양(+)의 이윤, 즉 **초과이윤**(excess profit)을 얻는 기업과 손실을 입고 있는 기업이 함께 존재할 수 있다.

〈그림 10-2〉의 (a)에서 옅은 검은 음영으로 표시된 부분은 단기균형에서 개별 기업이 얻고 있는 생산자잉여를 합한 시장 전체의 생산자잉여이다. 단기시장공급곡선은 개별 기업의 단기공급곡선을 수평으로 합한 것이기 때문에 시장 전체의 생산자잉여는 시장가격의 수평선과 단기시장공급곡선 사이의 면적이 되는 것이다. 마찬가지로 옅은 파란 음영으로 표시된 부분은 균형에서 개별 소비자의 소비자잉여를 모두 합한 시장 전체의 소비자잉여이다.

# 10.2 생산물의 장기시장공급곡선과 생산물시장의 장기균형

## 장기균형의 의미

〈그림 10-2〉의 단기균형상태가 장기에도 지속될 것이라고 기대하기는 어렵다. 장기에 각 기업은 원하는 공장설비 등 자본투입량을 마음대로 선택할 수 있을 뿐 아니라 기업의 시장진입과 이탈이 자유롭기 때문이다. 〈그림 10-2〉의 기업 A와 같이 단기에 초과이윤을 얻고 있는 기존 기업은 더욱 높은 이윤을 위하여 설비규모를 확대하고 공급을 증가시키려고 할 것이다. 또한 초과이윤을 누리고 있는 기업이 상당히 많다면, 시장에는 새로운 기업이 진입할 것이다. 〈그림 10-2〉의 기업 B처럼 단기균형에서 손실을 보고 있는 기업은 장기에도 이윤이 발생할 가능성이 없다고 판단할 때 시장에서 이탈하게 된다. 이러한 과정을 통해 기존 기업은 더 이상 설비규모를 늘려서 공급량을 증가시킬 동기를 지니지 않게 되고 소비자 역시 수요량을 변화시킬 동기가 없으며, 기업의 진입과 이탈이 더 이상 발생하지 않는 장기균형에 도달한다. 즉 완전경쟁시장의 장기균형에서는 다음과 같은 조건들이 성립하게 된다.

① 모든 개별 기업은 장기이윤을 극대화하고 있고 모든 개별 소비자는 효용을 극대화하고 있다.
② 새로운 기업이 시장에 진입하거나 기존 기업이 시장으로부터 이탈할 동기가 존재하지 않는다.
③ 시장수요량과 시장공급량이 일치한다.

장기균형 역시 단기균형과 마찬가지로 시장수요곡선과 시장공급곡선이 교차하는 점에서 이루어지므로 그 분석을 위해서는 제9장에서 설명한 개별 기업의 장기공급곡선에 기초해서 **장기시장공급곡선**을 유도해야 한다.

장기시장공급곡선 역시 각 생산물가격에서 개별 기업의 장기공급량을 모두 합해서 구할 수 있지만, 장기에는 각 기업이 공장설비 등 자본투입량을 마음대로 선택할 수 있을 뿐 아니라 시장의 진입과 이탈이 자유롭기 때문에 장기시장공급곡선을 유도하기 위해서는 각 생산물가격에서 개별 기업의 장기공급량뿐 아니라 시장에 남아있기를 선택한 기업의 숫자도 알아야 한다. 먼저 모든 기업의 비용곡선은 동일하고 시장 밖에서는 시장진입의 기회를 노리는 무수한 잠재적 기업들이 존재한다는 가정하에서 몇 가지 경우별로 장기시장공급곡선을 구해서 장기균형을 분석하기로 하자.

## 비용불변산업의 장기시장공급곡선과 장기균형

먼저 시장 전체가 아무리 많은 산출량을 생산한다고 해도 생산요소의 가격에는 아무런 변화가 없는 경우를 가정하자. 생산요소의 시장규모에 비해서 우리가 분석하는 생산물시장으로부터의 생산요소 수요는 매우 미미한 경우가 바로 이에 해당될 수 있다. 이때 기존 기업의 공장설비 확충, 새로운 기업의 진입 등으로 시장 전체의 산출량이 증가해도 개별 기업의 장기비용곡선은 〈그림 10-3〉의 (a)에 표시된 위치에서 불변이며, 이를 **비용불변산업**(constant-cost industry)이라고 한다.

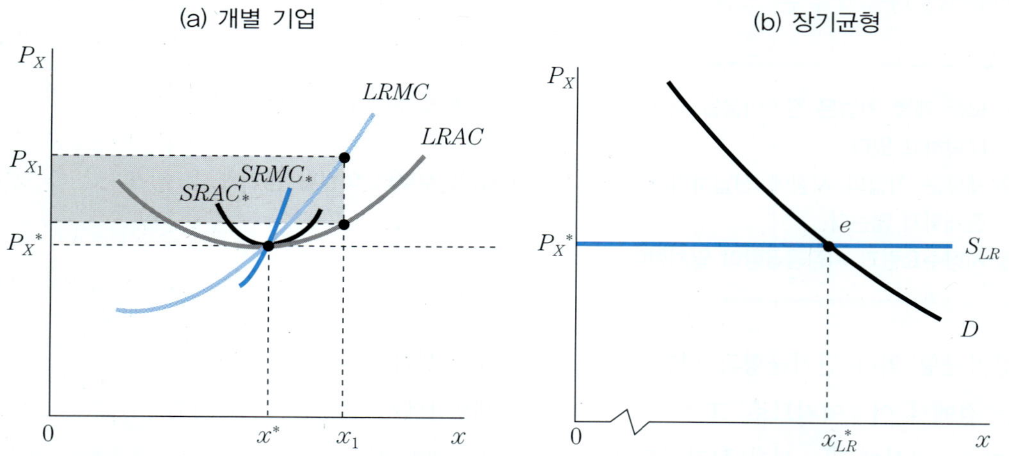


**그림 10-3 비용불변산업의 장기시장공급곡선과 장기균형**
시장 전체의 산출량이 생산요소 가격에 아무런 영향을 주지 않는 비용불변산업에서 장기시장공급곡선 $S_{LR}$은 개별 기업의 장기평균비용의 최소값과 같은 수준의 가격에서 수평선이다. 장기균형에서 가격과 거래량은 각각 $P_X^*$와 $x_{LR}^*$이며, 각 기업은 산출량 $x^*$를 생산하고 장기이윤은 0이 된다.

이 경우의 장기시장공급곡선을 구하기 위해서 개별 기업에게 생산물가격이 장기평균비용의 최소값인 $P_X^*$보다 낮게 주어졌다고 하자. 이때는 얼마를 생산하든지 관계없이 장기이윤이 0보다 적기 때문에 기존 기업은 시장에서 이탈할 것이고 새로운 기업의 진입도 발생하지 않아서 시장 전체의 공급량은 0이 된다. 가격이 $P_X^*$보다 높은 $P_{X_1}$로 주어졌다면, 개별 기업은 산출량 $x_1$을 생산함으로써 옅은 검은 음영으로 표시된 면적만큼의 장기이윤을 얻는다. 뿐만 아니라 가격이 $P_{X_1}$에서 변하지 않는 한 새로운 기업이 끊임없이 진입해서 시장 전체의 공급량은 끝없이 증가한다. 바꾸어 말하면 가격이 $P_X^*$보다 조금이라도 높으면 시장 전체의 공급량은 무한대가 되며, 이는 비용불변산업에서 장기시장공급곡선은 〈그림 10-3〉의 (b)에 표시된 것처럼 장기평균비용의 최소값인 $P_X^*$에서 수평선 $S_{LR}$임을 의미한다(즉 장기시장공급은 가격에 대해 완전탄력적이다).

〈그림 10-3〉의 (b)에는 비용불변산업에서의 장기균형이 표시되어 있다. 장기시장공급곡선 $S_{LR}$과 시장수요곡선 $D$가 교차하는 점 $e$에서 앞서 설명한 세 가지의 조건이 만족되는 장기균형이 이루어지며, 이때의 균형가격은 장기평균비용의 최소값인 $P_X^*$이고 균형거래량은 $x_{LR}^*$이 된다. 이 장기균형에서 개별 기업은 〈그림 10-3〉의 (a)에 표시된 것처럼 장기의 이윤극대화 조건인 $P_X^* = LRMC$를 만족시키는 산출량 $x^*$를 생산하며, 장기이윤이 0이므로 시장의 진입과 이탈은 발생하지 않는다.

장기균형에서 완전경쟁기업의 상황을 구체적으로 설명하면, 각 기업은 최적설비규모(즉 장기평균비용이 최소값일 때의 자본투입량)를 투입해서 장기최적생산수준(즉 장기평균비용의 최소값에서의 산출량)인 $x^*$의 산출량을 생산한다. 따라서 최적설비규모를 $K^*$라고 하고 이에 대응되는 단기평균총비용곡선과 단기한계비용곡선을 각각 $SRAC_*$와 $SRMC_*$라고 할 때 다음의 조건이 성립해서 장기이윤(즉 장기의 생산자잉여)은 0이 된다.

$$P_X^* = LRMC(x^*) = LRAC(x^*) = SRAC_*(x^*) = SRMC_*(x^*) \quad (10-1)$$

**예 10-1　비용불변산업의 장기균형 계산**

완전경쟁의 $X$재 시장에서 시장수요곡선은 $P_X = 1{,}000 - 0.1x_D$이고($x_D$는 시장수요량) $X$재를 공급하는 기업들은 모두 $LRTC = 0.1x^3 - 4x^2 + 50x$의 동일한 장기총비용곡선을 지니고 있다고 하자. 이 시장이 비용불변산업일 때 장기균형의 결과를 구체적으로 계산한다. 장기균형의 조건 중 모든 개별 소비자들이 효용을 극대화하고 있다는 조건은 시장수요곡선의 어느 한 점에 위치하면 당연히 만족된다. 따라서 여기에서는 각 기업이 이윤을 극대화하고 있고 기업의 시장진출입은 발생하지 않는다는 조건(즉 장기이윤은 0이라는 조건)과 시장수요량과 시장공급량이 일치한다는 조건을 만족시키는 장기균형의 가격, 거래량, 기업의 수, 각 기업의 공급량 등의 결과를 구하기로 한다.

장기균형에서의 가격과 각 기업의 공급량을 $P_X^*$와 $x^*$로 표시할 때 장기이윤의 극대화 조건은 $P_X^* = LRMC(x^*)$이고 장기이윤이 0이라는 조건은 $P_X^* = LRAC(x^*)$이므로 장기균형에서는 $P_X^* = LRMC(x^*) = LRAC(x^*)$의 관계가 만족된다. 이 기업의 장기총비용곡선으로부터 구한 장기평균비용곡선과 장기한계비용곡선의 식 $LRAC = 0.1x^2 - 4x + 50$과 $LRMC = 0.3x^2 - 8x + 50$을 연립하여 풀면 $x^* = 20$을 얻을 수 있고 이 결과를 장기평균비용곡선의 식에 대입하여 정리하면 장기평균비용의 최소값인 $P_X^*$는 10이 된다.

비용불변산업의 장기시장공급곡선은 장기평균비용의 최소값에서 수평선이므로 이 시장의 장기공급곡선은 $P_X = 10$이며, 이를 시장수요곡선 $P_X = 1{,}000 - 0.1x_D$와 연립하여 풀면 장기균형이 이루어졌을 때 시장거래량 $x_{LR}^*$은 9,900이고 기업의 수는 495(=9,900/20)가 된다. 정리하면, 장기균형에서 $P_X^* = 10$, $x_{LR}^* = 9{,}900$, $x^* = 20$이고 기업의 수는 495개이다.

## 비용증가산업의 장기시장공급곡선과 장기균형

두 번째는 시장 전체의 산출량이 늘어나서 생산요소에 대한 수요가 증가할 때 생산요소의 가격이 상승하는 **비용증가산업**(increasing-cost industry)의 경우이다. 주변에서 비용증가산업의 예는 쉽게 찾을 수 있는데, 어떤 산업의 규모가 확대될 때 그 산업이 필요로 하는 핵심인력의 임금이 상승하는 것은 한 가지 예라고 할 수 있다.

비용증가산업의 장기시장공급곡선을 유도하기 위해서 이번에는 어떤 정해진 산출량이 시장에 공급되기 위한 시장가격이 얼마인가를 알아보기로 하자. 가령 〈그림 10-4〉의 (b)에 표시되어 있는 $x_{LR_1}$의 시장공급량은 시장가격이 얼마일 때 공급될 수 있는가? 상당히 적은 시장공급량 $x_{LR_1}$을 생산하기 위한 생

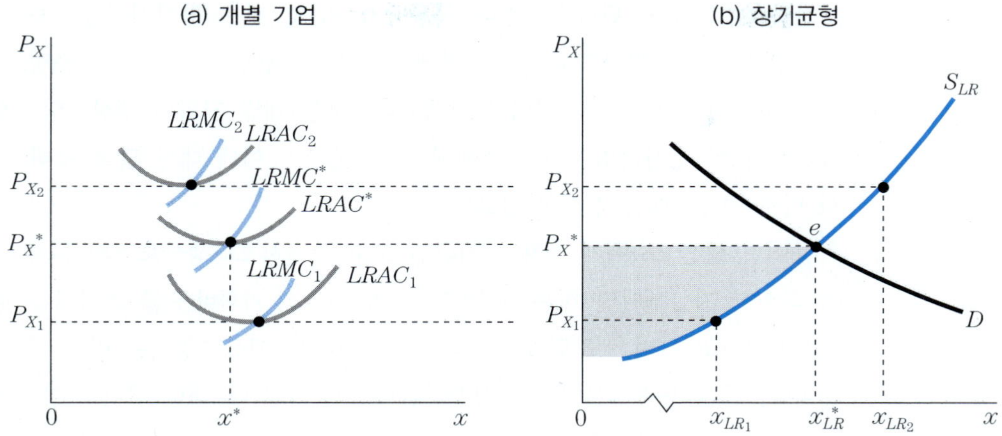


**그림 10-4 비용증가산업의 장기시장공급곡선과 장기균형**

시장 전체의 산출량의 증가가 생산요소 가격을 상승시키는 비용증가산업의 경우 장기시장공급곡선 $S_{LR}$은 양(+)의 기울기를 지닌다. 이때 장기균형에서 가격과 거래량은 각각 $P_X^*$ 와 $x_{LR}^*$이며, 각 기업은 산출량 $x^*$를 생산해서 장기이윤은 0이지만 시장 전체에서는 옅은 검은 음영으로 표시된 부분만큼의 생산자잉여가 발생한다. 이 생산자잉여는 비용증가산업에서 생산요소의 공급자에게 발생하는 경제지대이다.

산요소 수요량은 많지 않아서 비교적 낮은 가격으로 생산요소를 고용할 수 있을 것이며, 그 생산요소 가격에서 개별 기업의 장기평균비용곡선과 장기한계비용곡선은 〈그림 10-4〉의 (a)에서 각각 $LRAC_1$과 $LRMC_1$로 표시되어 있고 장기평균비용의 최소값은 $P_{X_1}$이다. 따라서 시장 전체에서 $x_{LR_1}$만큼의 공급이 이루어지기 위한 가격은 $P_{X_1}$이다. 시장공급량이 $x_{LR_1}$보다 훨씬 증가한 $x_{LR_2}$이라면 생산요소의 수요량도 큰 폭으로 늘어나고 생산요소의 가격은 높은 수준으로 상승할 것이며, 생산요소 가격의 상승으로 개별 기업의 장기평균비용곡선과 장기한계비용곡선은 위로 이동해서 〈그림 10-4〉의 (a)에 나타나 있는 것처럼 $LRAC_2$와 $LRMC_2$가 된다. 따라서 $x_{LR_2}$의 시장공급량이 이루어지기 위한 시장가격은 장기평균비용 $LRAC_2$의 최소값인 $P_{X_2}$가 된다. 이와 같은 방법을 반복하면 〈그림 10-4〉의 (b)에 $S_{LR}$로 표시된 장기시장공급곡선을 구할 수 있고 시장공급량의 증가로 생산요소 가격이 상승하는 것을 반영해서 그 기울기는 양(+)이다 .

〈그림 10-4〉의 (b)에서 비용증가산업에서 장기균형점은 점 $e$이며, 비용불

변산업의 경우와 마찬가지로 식 (10-1)의 조건이 성립해서 개별 기업의 장기 생산자잉여는 0이 된다. 그런데 비용증가산업의 경우 장기시장공급곡선이 양(+)의 기울기를 지니므로 장기균형에서 시장 전체에는 옅은 검은 음영으로 표시된 부분의 장기 생산자잉여가 발생한다. 모든 개별 기업의 생산자잉여가 0인 상황에서 이 생산자잉여는 누구에게 귀속되는가? 이에 대한 답을 구하기 위해서 먼저 경제지대를 정의할 필요가 있다.

어떤 생산요소에게 실제로 지급된 보수 중에서 그 생산요소의 유치를 위해서 최소한 지급해야만 하는 보수(즉 그 생산요소의 기회비용)를 초과하는 부분을 경제지대라고 하며, 〈그림 10-4〉의 (b)에 표시된 생산자잉여는 바로 이 경제지대이다. 즉 비용증가산업에서 시장공급량이 증가할 때 개별 기업의 장기이윤은 0을 유지하지만 생산요소의 가격상승으로 생산요소의 공급자가 받는 보수는 그 기회비용을 초과하는 것이다.

〈그림 10-5〉의 (a)에서 $S_F$는 산업(즉 생산물시장 전체)이 직면하는 생산요소 $F$의 공급곡선이다. 비용증가산업이므로 이 산업에 대한 생산요소의 공급곡선 $S_F$는 양(+)의 기울기를 지니며, 제5장에서 살펴본 것처럼 노동 등 생산요소의 공급곡선의 각 점과 수평축 사이의 수직거리는 그 점에서 생산요소 1단위

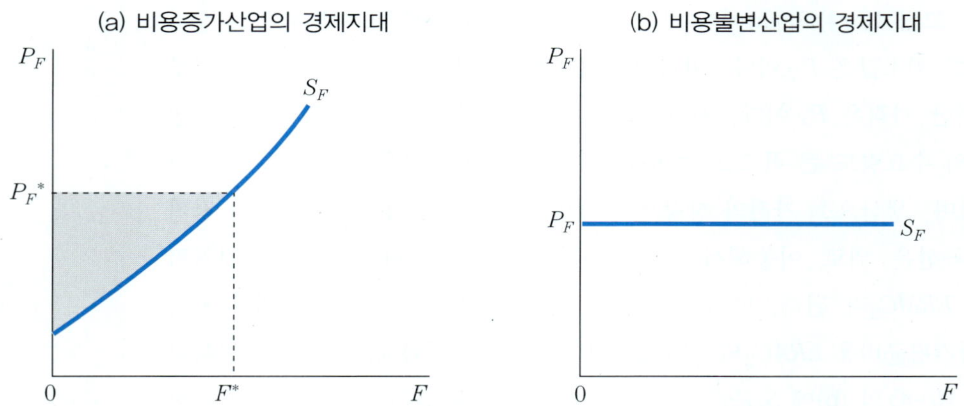


**그림 10-5 장기균형에서의 경제지대**
비용증가산업에서 생산물시장 전체가 직면하는 생산요소의 공급곡선 $S_F$는 양(+)의 기울기를 지니므로 옅은 검은 음영으로 표시한 부분만큼의 경제지대가 발생한다. 그러나 비용불변산업의 경우 생산물시장 전체가 직면하는 생산요소의 공급곡선 $S_F$는 주어진 생산요소 가격에서 수평선이므로 경제지대는 0이다.

를 더 유치하기 위해서 최소한 지급되어야 하는 보수이다. 따라서 생산물시장의 장기균형거래량 $x_{LR}^*$이 공급될 때 생산요소의 가격 $P_F$는 $P_F^*$까지 상승한다면 옅은 검은 음영으로 표시된 부분의 경제지대가 발생하며, 각 생산요소의 이러한 경제지대를 합한 것이 〈그림 10-4〉의 (b)에서 생산자잉여로 나타나는 것이다.

〈그림 10-5〉의 (b)에는 비용불변산업에서 생산물시장 전체가 직면하는 생산요소의 공급곡선이 주어진 생산요소 가격 $P_F$에서 수평선임을 표시하고 있다. 즉 비용불변산업에서는 개별 기업뿐 아니라 생산물시장 전체가 생산요소 가격의 수용자인 것이다. 이 경우 생산요소의 유치를 위해 최소한 지급되어야 하는 보수와 실제 지급된 보수는 항상 일치하므로 경제지대는 0이고 장기균형에서 생산물시장 전체의 생산자잉여도 역시 0이 된다.

## 비용감소산업의 장기시장공급곡선과 장기균형

두 번째 경우와는 반대로 시장 전체의 산출량이 증가할 때 오히려 생산요소의 가격이 하락하는 **비용감소산업**(decreasing-cost industry)이 존재할 수도 있다. 가령 어떤 산업의 규모가 커져서 생산요소 수요가 증가할 때 생산요소의 공급에서 규모의 경제가 실현될 수 있다면 이전보다 낮은 가격으로 생산요소가 공급될 수 있다. 비용감소산업에서는 장기시장공급곡선의 기울기가 음(−)이 되는 것과 장기균형에 대해서는 독자 스스로 확인해 보기 바란다.

## 기업의 비용곡선이 서로 다른 경우의 장기균형

앞에서는 모든 기업의 비용곡선은 똑같다는 가정하에서 완전경쟁시장의 장기균형을 살펴보았다. 그러나 각 기업은 생산기술 등의 차이로 서로 다른 비용곡선을 지니는 경우가 일반적이다. 예를 들어 비옥한 땅에서 농사를 짓는 농부는 비료를 적게 사용해도 되기 때문에 장기평균비용곡선이 다른 농부보다 아래에 위치할 것이다.

각 기업의 비용곡선이 서로 다르다면, 장기균형이 이루어졌다고 해도 초과이윤을 얻는 기업이 존재하지만 그 초과이윤은 경제지대의 의미를 지닌다. 이를 쉽게 이해하기 위하여 농산물시장을 예로서 들어보자. 편의상 농산물인 $X$재를 생산하는 수많은 농부 중에서 특별히 비옥한 토지를 지닌 농부는 1명뿐이고 다른 농부들의 토지는 비옥도가 모두 똑같고 비옥도 이외에 생산비용에 영향을 미치는 다른 요인들은 모두 동일하다고 가정하자. 〈그림 10-6〉의 (a)에서 비옥한 토지를 지닌 농부 A의 장기비용곡선은 $LRAC_A$와 $LRMC_A$이고 다른 농부의 비용곡선은 $LRAC$와 $LRMC$로 표시되어 있다. 이 경우의 장기시장공급곡선은 〈그림 10-6〉의 (b)에서 $S_{LR}$이다. 시장가격이 농부 A의 장기평균비용의 최소값인 $P_{X_A}$보다 낮으면 어떤 농부도 공급을 하지 않을 것이고 $P_{X_A}$와 $P_X^*$ 사이의 가격에서는 농부 A만 농산물을 공급해서 장기시장공급곡선은 $LRMC_A$가 된다. 그리고 가격이 $P_X^*$ 이상이면 다른 농부들의 끊임없는 진입으로 시장 전체의 공급량은 무한대가 된다.

〈그림 10-6〉의 (b)에서 시장수요곡선이 $D$일 때 장기균형은 점 $e$에서 이루어진다. 균형가격 $P_X^*$에서 농부 A를 제외한 다른 농부들은 균형가격이 장기평균비용의 최소값과 같아서 장기이윤이 0이지만 농부 A는 남들이 갖고 있지 않은 비옥한 토지 덕분에 옅은 검은 음영으로 표시된 초과이윤을 얻고 있다.

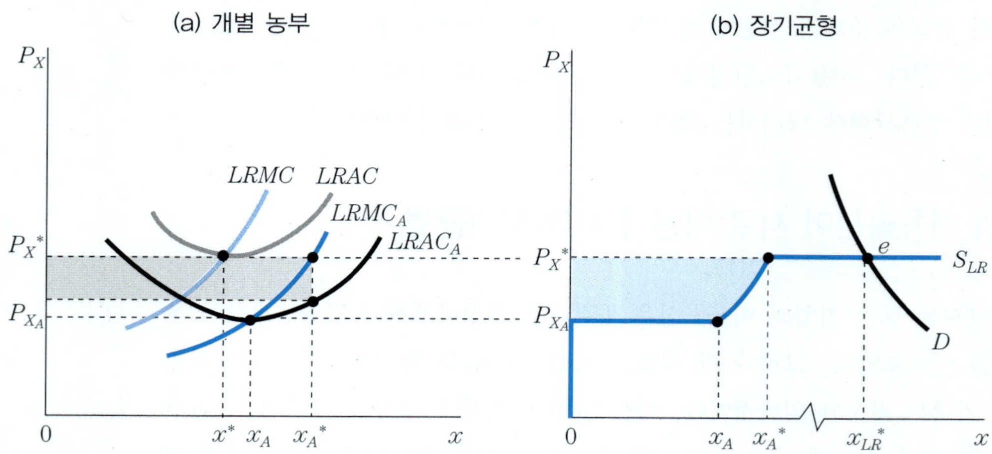


**그림 10-6 농부의 비용곡선이 서로 다른 경우의 장기균형**
농부 A는 특별히 비옥한 토지를 갖고 있기 때문에, 장기균형에서도 옅은 검은 음영으로 표시된 부분의 초과이윤을 얻는다. 이 초과이윤은 비옥한 토지에 대한 대가인 경제지대이며, 이 경제지대까지 총비용에 포함시킨다면 농부 A의 장기이윤은 0이 된다.

이 장기이윤은 장기에도 그 공급이 한정되어 있는 비옥한 토지라는 생산요소에게 귀속되는 잉여, 즉 경제지대이다. 모든 토지가 농지라는 용도 이외의 다른 용도에서는 모두 동질적이라고 한다면 비옥한 토지라고 해도 그 유치를 위해서 최소한 지급해야만 하는 보수(즉 비옥한 토지의 기회비용)는 다른 토지와 같다. 농부 A가 비옥한 땅을 자신이 경작하지 않고 시장에 진입하려는 외부의 농부에게 임대한다면, 그 기회비용과 자신이 현재 얻고 있는 초과이윤을 합한 것만큼의 보수를 받을 수 있다. 따라서 〈그림 10-6〉의 (a)에 표시된 초과이윤은 결국 비옥한 토지에 대한 대가인 경제지대이며, 이 경제지대까지 총비용에 포함시킨다면 농부 A의 장기평균비용곡선은 다른 농부의 장기평균비용곡선과 같아져서 장기이윤은 0이 된다. 토지의 공급자와 농부가 서로 다른 사람이라면 (즉 모든 농부가 토지를 임차한다면) 〈그림 10-6〉의 (b)에 옅은 파란 음영으로 표시된 부분인 장기균형에서의 생산자잉여는 전부 비옥한 토지의 공급자에게 귀속되는 경제지대이다.

## 10.3 요소시장의 균형

지금까지 완전경쟁의 생산물시장에서 균형이 이루어지는 과정을 살펴보았다. 이제는 완전경쟁의 요소시장에서 성립하는 균형에 관해서 알아보기로 한다. 생산물시장과 요소시장의 균형을 같은 장에서 분석하는 이유는 생산물의 공급에 관한 선택과 생산요소의 수요에 관한 선택이 동시에 이루어지는 결정이라는 점을 강조하기 위한 것이다. 여기에서는 생산요소 중 노동을 중심으로 요소시장의 균형을 살펴보기로 한다.

### 완전경쟁의 노동시장과 노동의 시장수요곡선

노동시장은 노동수요와 노동공급 사이의 상호작용을 통해 노동력이라는 상품이 다양한 용도에 배분되고 임금과 고용이 결정되는 장소이다. 이러한 노동시장이 완전경쟁적이라 함은 상품시장의 경우와 마찬가지로 수요자와 공급자의 무수성, 노동력 상품의 동질성, 정보의 완전성, 이동의 자유성 등의 조건이 충족되어 개별 근로자와 개별 기업이 임금의 수용자가 되는 상태를 의미한다.

노동시장의 균형을 분석하기 위해서는 노동시장 전체의 노동수요곡선(앞으로 이를 **노동의 시장수요곡선**이라고 함)을 유도해야 한다. 노동의 시장수요곡선을 구하려면 각 생산물시장에서의 노동에 대한 수요곡선을 유도하고 이들을 수평으로 합하면 될 것이다.

$X$재의 생산물시장에서의 노동수요곡선은 다른 시장수요곡선과는 달리 개별 기업의 노동에 대한 수요곡선을 단순하게 수평으로 합해서 구해지는 것은 아니다. 그 이유는 임금이 변할 때 생산물의 가격도 변하기 때문이다. 〈그림 10-7〉의 (a)에서 $d_{L_X}(P_{X_1})$은 생산물 $X$의 가격이 $P_{X_1}$일 때 어떤 개별 기업의 노동에 대한 단기 또는 장기의 수요곡선이다. 그리고 〈그림 10-7〉의 (b)에서 $D_{L_X}(P_{X_1})$은 이러한 개별 기업의 노동수요곡선을 수평으로 합한 것이다.

이제 임금이 $w_2$로 하락하였다고 하자. 어떤 개별 기업의 노동투입량을 $L_I$라고 표시할 때 $w_1$의 임금에서 $L_{I_1}$만큼의 노동을 수요하던 개별 기업은 임금의 하락에 따라서 노동투입량을 $L_{I_2}$로 증가시켜 생산물의 공급량을 증가시킬 것이다. 이처럼 모든 개별 기업이 임금의 하락으로 노동투입량을 늘려서 산출량이

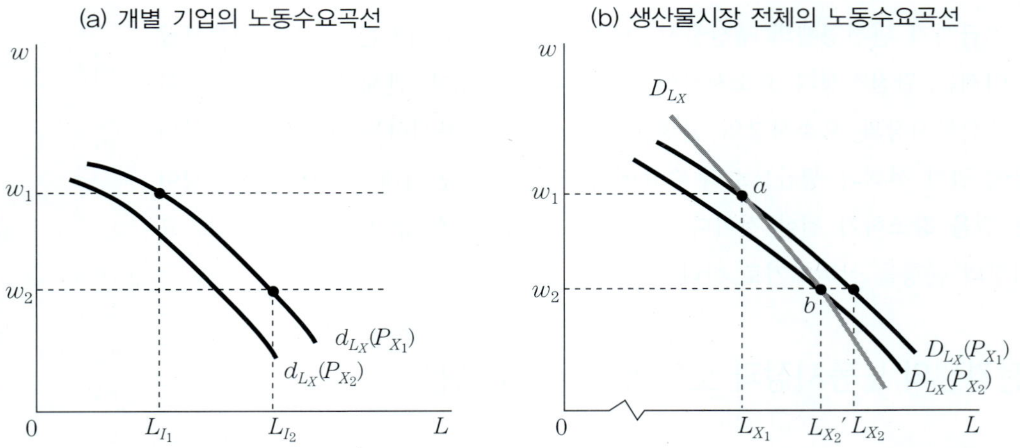


**그림 10-7 생산물시장 전체의 노동수요곡선 유도**

임금이 하락할 때 개별 기업은 노동투입량을 늘려 생산물의 공급량을 증가시키며, 이에 따라 생산물의 가격이 하락해서 개별 기업의 노동수요곡선은 왼쪽으로 이동한다. 이 때문에 생산물시장 전체의 노동에 대한 수요곡선은 개별 기업의 노동수요곡선을 단순하게 수평으로 합한 것보다 가파르게 나타난다.

증가하면, 생산물시장에서는 그 가격이 하락해서 개별 기업의 노동수요곡선은 왼쪽으로 이동하게 된다. 가령 임금의 하락으로 생산물의 가격이 $P_{X_2}$로 하락한다면, 개별 기업의 노동수요곡선은 $d_{L_X}(P_{X_2})$로 이동하고 개별 기업의 노동수요곡선을 수평으로 합한 결과도 $D_{L_X}(P_{X_1})$이 아니라 $D_{L_X}(P_{X_2})$가 된다. 이 때문에 임금이 $w_1$에서 $w_2$로 하락할 때 생산물시장에서의 노동수요는 $L_{X_2}$에서 $L_{X_2}$가 아닌 $L_{X_2}'$까지 밖에는 증가하지 않는다. 따라서 생산물시장의 노동수요곡선은 〈그림 10-7〉의 (b)에서 점 $a$, $b$ 등을 지나는 옅은 검은색의 $D_{L_X}$이며, 이는 개별 기업의 노동수요곡선을 단순하게 수평으로 합한 것보다 가파르다.

이와 같이 임금과 생산물가격의 변화를 고려해서 각 생산물시장에서의 노동수요곡선을 구할 수 있으며, 이들을 모든 생산물시장에 대해서 수평으로 합하면 바로 노동의 시장수요곡선 $D_L$을 유도할 수 있다.

## 완전경쟁 노동시장의 균형

제5장에서 설명하였듯이 노동의 시장공급곡선 $S_L$은 각 개인의 노동공급곡선을 수평으로 합한 것이다. 〈그림 10-8〉의 (a)에서 이러한 노동의 시장공급곡

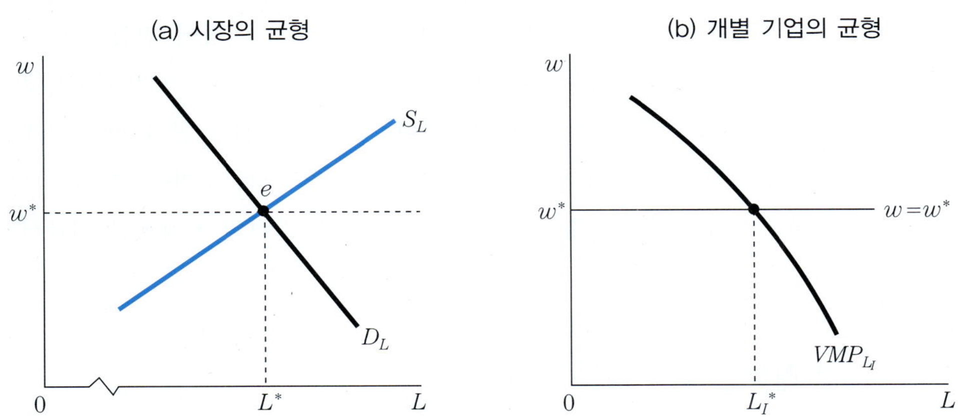


**그림 10-8 완전경쟁 노동시장의 균형**
완전경쟁의 노동시장에서 노동의 시장수요곡선 $D_L$과 시장공급곡선 $S_L$이 교차하는점 $e$에서 균형이 성립해서 경쟁균형의 임금 $w^*$와 균형고용량 $L^*$이 결정된다. $w^*$에서 개별 기업은 $L_I^*$ 만큼의 노동을 고용한다.

선 $S_L$과 노동의 시장수요곡선 $D_L$이 교차하는 점 $e$에서 노동시장의 균형이 성립해서 균형임금 $w^*$와 균형고용량 $L^*$이 결정된다. 임금이 $w^*$보다 높은 경우에는 너무 많은 근로자가 부족한 취업기회를 두고 경쟁하기 때문에 임금하락의 압력이 작용하고 $w^*$보다 낮은 경우에는 너무 많은 기업이 부족한 근로자를 놓고 서로 경쟁하기 때문에 임금상승의 압력이 걸린다. 따라서 경쟁균형의 임금 $w^*$에서 노동시장의 수요와 공급은 일치하게 된다. 또한 경쟁균형의 임금이 결정되면, $X$재를 생산하는 개별 기업은 균형임금에서 자신이 원하는 만큼의 노동을 수요할 수 있기 때문에 〈그림 10-8〉의 (b)에서 $w=w^*$의 수평선을 자신이 직면하는 노동공급곡선으로 여기고 이윤극대화를 위해서 $VMP_{L_I}=w^*$의 조건을 만족시키는 $L_I^*$ 만큼의 노동을 고용하게 된다.

균형점 $e$가 지니는 성격을 논의하기 전에 완전경쟁의 노동시장에서 동일노동에 대한 동일임금(equal pay for equal work)의 원칙이 성립하는 이유를 살펴보자. 노동이 아무리 동질적이라고 해도 노동시장은 하나의 시장으로 존재하는 것이 아니다. 서로 다른 지역에 위치하는 많은 기업들이 여러 가지 산업에서 생산활동을 하기 때문에, 노동시장은 지역별, 산업별, 직종별 등으로 하부 노동시장의 집합체로 볼 수 있다. 동일노동에 대한 동일임금의 원칙은 숙련도 등에서 동질적인 근로자는 어떤 하부 노동시장에 속해 있더라도 동일한 임금을 받는다는 것이다. 동일노동에 대한 동일임금의 원칙이 성립하는 이유는 완전경쟁의 노동시장에서 기업 또는 근로자가 마음대로 시장에 진입하거나 떠날 수 있기 때문이다. 임금이 낮은 부문의 근로자는 높은 부문으로 이동하고 임금이 높은 부문의 기업은 낮은 부문으로 이동함으로써 결국 완전경쟁시장에서는 동일노동에 대한 동일임금이 성립하는 것이다. 따라서 우리는 수많은 하부 노동시장으로 구성된 완전경쟁의 노동시장을 마치 하나의 시장처럼 취급해도 무방하다.

## 한계생산물과 소득분배

요소시장을 분석하는 것은 생산요소별로 소득이 어떻게 분배되는가를 나타내는 **기능별 소득분배**(functional distribution of income)를 이해하는 데도 필수적이다. 생산요소의 투입량에 그 가격을 곱한 것은 생산자에게 비용이지만 생산요소의 공급자에게는 소득이기 때문이다. 앞서 살펴본 것처럼 완전경쟁의 요소시장에서 노동 등 생산요소의 가격과 투입량은 생산요소의 수요와 공급의 상호작용으로 결정된다. 따라서 생산요소 공급자의 입장에서 보았을 때 소득은 자신의 한계생산물과 생산물의 가격에 의존한다. 이 때문에 완전경쟁의 요소시장에서 기능별 소득분배를 설명하는 이론을 흔히 **한계생산성에 의한 소득분배이론**(marginal productivity theory of income distribution)이라고 부른다.

자본과 노동이 모두 가변요소인 장기의 경우 소득분배가 어떻게 한계생산물과 생산물의 가격에 의존하는지 살펴보기 위해서 동일한 비용곡선을 지닌 기업들이 $X$재만을 생산하고 있는 어떤 경제를 가정하자(이러한 경제에서 〈그림 10-8〉의 (a)에 표시된 노동의 시장수요곡선 $D_L$은 곧 $X$재 시장에서의 노동수요곡선임). 그리고 $X$재 시장과 각 요소시장은 모두 완전경쟁의 균형을 이루고 있다고 하자. 앞의 〈그림 10-3〉의 (a)에서 설명한 것처럼 $X$재 시장에서 장기균형이 이루어졌다는 것은 그 균형가격 $P_X{}^*$가 장기평균비용의 최소값과 일치해서 기업의 이윤이 0임을 의미한다.

개별 기업의 장기평균비용이 극소화될 때의 자본투입량(즉 최적설비규모)과 노동투입량을 각각 $K_I{}^*$와 $L_I{}^*$라고 하고 이를 투입해서 생산되는 산출량(즉 장기최적생산수준)을 $x_I{}^*$라고 할 때, 장기균형에서 동일한 비용곡선을 지닌 기업들은 똑같이 $K_I{}^*$와 $L_I{}^*$만큼의 자본과 노동을 투입해서 산출량 $x_I{}^*$를 생산하고 있는 것이다. 〈그림 10-9〉는 장기균형에서 개별 기업의 자본과 노동수요량을 보여주고 있다. 〈그림 10-9〉의 (a)에는 자본투입량이 $K_I{}^*$일 때 노동의 한계생산물가치곡선과 평균생산물가치곡선인 $VMP_{L_I}$와 $VAP_{L_I}$가 표시되어 있고 (b)의 $VMP_{K_I}$와 $VAP_{K_I}$는 노동투입량이 $L_I{}^*$일 때 자본의 한계생산물가치곡선과 평균생산물가치곡선이다. 요소시장의 균형에서 결정된 임금과 자본의 가격을 각각 $w^*$와 $r^*$라고할 때 개별 기업은 각 요소의 한계생산물가치와 그 요소가격이 일치하는 점 $a$와 $b$에서 노동과 자본을 $L_I{}^*$와 $K_I{}^*$만큼 수요하고 있는 것이다. 바꾸어 말하면, 점 $a$와 $b$에서 계산된 노동과 자본의 한계생산물가치를 각각 $VMP_{L_I}{}^*$와 $VMP_{K_I}{}^*$라고 할 때 노동과 자본수요량 $L_I{}^*$와 $K_I{}^*$에서는 다음 조건이 만족된다.

$$w^* = VMP_{L_I}{}^* (= P_X{}^* \cdot MP_{L_I}{}^*) \qquad (10-2)$$

$$r^* = VMP_{K_I}{}^*(= P_X{}^* \cdot MP_{K_I}{}^*) \tag{10-3}$$

$X$재 시장의 기업수를 $n$이라고 한다면, 〈그림 10-8〉의 (a)에 표시된 노동시장의 균형고용량 $L^*$는 $nL_I{}^*$가 되고 마찬가지로 자본시장의 균형거래량은 $nK_I{}^*$이다. 따라서 경제 전체의 노동소득 $wL$과 자본소득 $rK$는 각각 $w^* \cdot nL_I{}^*$와 $r^* \cdot nK_I{}^*$가 되고 식 (10-2)와 식 (10-3)을 사용하면 노동과 자본으로 분배되는 소득의 상대비율은 다음과 같다.

$$\frac{wL}{rK} = \frac{w^* \cdot nL_I{}^*}{r^* \cdot nK_I{}^*} = \frac{MP_{L_I}{}^* \cdot L_I^*}{MP_{K_I}{}^* \cdot K_I^*} \tag{10-4}$$

이와 같이 노동과 자본에 분배되는 소득의 상대비율은 각 요소의 한계생산물에 의해 결정된다. 그런데 각 요소의 한계생산물은 생산함수(즉 생산기술)의 성격에 의존하기 때문에 결국 요소 사이의 소득분배는 생산기술에 의해 영향을 받는다는 것을 알 수 있다. 이러한 관계를 〈그림 10-9〉를 통해 다시 확인하기로 하자.

〈그림 10-9〉의 (a)에 표시된 것처럼 개별 기업은 노동의 한계생산물가치와 임금이 일치하는 점 $a$에서 $L_I{}^*$만큼의 노동을 수요하므로 이 기업의 총수입

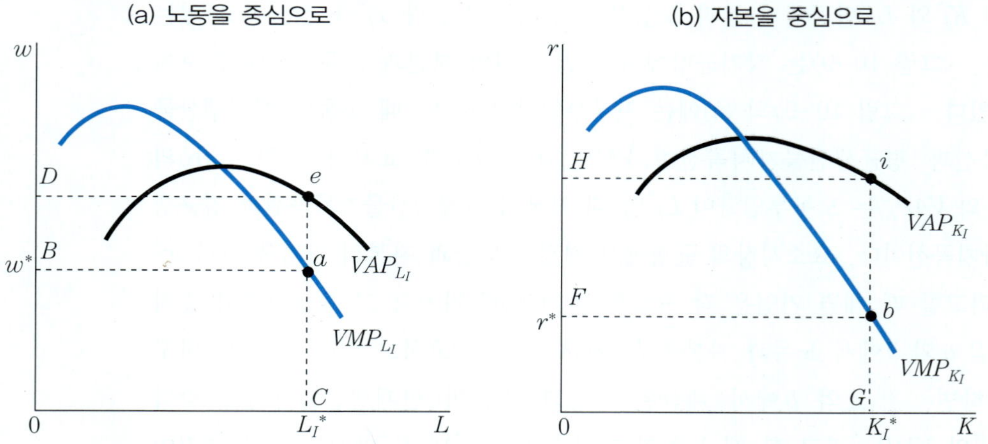


**그림 10-9 한계생산성에 의한 소득분배**

생산물시장과 각 요소시장이 모두 완전경쟁의 균형을 이루고 있을 때, 노동에 대한 분배는 사각형 $0BaC$의 면적(=사각형 $FHib$의 면적)이고 자본에 대한 분배는 사각형 $0FbG$의 면적(=사각형 $BDea$의 면적)이다. 이처럼 완전경쟁시장에서 기능별소득분배는 각 생산요소의 한계생산물가치에 의해 결정된다.

$P_X^* \ x_I^*$ 중에서 노동에 분배되는 소득은 사각형 $0BaC$의 면적이다. 물론 총수입 $P_X^* \ x_I^*$는 노동의 평균생산물가치인 선분 $Ce$의 거리에 노동투입량 $L_I^*$를 곱한 것(즉 사각형 $0DeC$의 면적)이다. 또한 완전경쟁시장의 장기균형에서 이윤은 0이므로 총수입 중에서 노동에 분배되는 소득을 뺀 나머지(즉 사각형 $BDea$의 면적)는 다름 아닌 자본에 대하여 분배되는 소득이 된다. 이러한 관계는 자본에 대해서도 물론 똑같이 성립한다. 〈그림 10-9〉의 (b)에서 사각형 $0FbG$의 면적은 자본에 대한 분배이므로 (a)의 사각형 $BDea$의 면적과 같다. 또한 〈그림 10-9〉의 (b)에서 사각형 $FHib$의 면적은 노동에 대한 분배이므로 (a)에서 사각형 $0BaC$의 면적과 같다. 이러한 경제에서 생산기술이 변하면 각 생산요소의 한계생산물가치곡선이 이동하고 기능별 소득분배가 변하게 된다.

## 요소의 대체탄력도와 기능별 소득분배의 변화

생산요소의 상대가격 $w/r$이 변하면 물론 기능별 소득분배는 변한다. 그런데 기능별 소득분배는 생산기술의 영향을 받으므로 생산요소의 상대가격 변화가 기능별 소득분배를 어떻게 바꾸는가 하는 것은 생산기술의 성격에 달려있다. 이와 관련해서 장기 생산기술의 성격에 관한 가장 중요한 정보는 요소의 대체탄력도이다.

요소의 대체탄력도는 노동과 자본의 상대가격 변화에 대응해서 기업이 얼마나 유연하게 자본노동비율을 바꿀 수 있는가에 관한 정보이며, 제7장에서 설명한 대로 기업이 주어진 산출량을 항상 최소의 장기비용으로 생산한다는 가정하에서 요소의 대체탄력도 $\sigma$는 다음과 같다.

$$\sigma = \frac{\Delta(K/L)}{\Delta(w/r)} \cdot \frac{w/r}{K/L} \qquad (10-5)$$

생산요소의 상대가격 $w/r$이 변할 때 노동과 자본에 분배되는 소득의 상대비율 $wL/rK$가 증가하는지 아니면 감소하는지는 요소의 대체탄력도 $\sigma$의 크기에 달려있다. 가령 $w/r$이 증가하였다고 하자. 이때 요소의 대체탄력도가 1보다 크다면 $w/r$의 증가율보다 자본노동비율 $K/L$의 증가율(즉 노동자본비율 $L/K$의 감소율)이 높기 때문에 요소소득의 상대비율 $wL/rK$는 감소한다. 반대로 요소의 대체탄력도가 1보다 작다면 $w/r$의 증가율보다 노동자본비율 $L/K$의 감소율이 낮기 때문에 요소소득의 상대비율 $wL/rK$는 증가한다. 또한 요소의 대체탄력도가 1이라면 생산요소의 상대가격 변화는 요소소득의 상대비율에 아무런 영향을 주지 않는다.

생산기술의 변화 역시 기능별 소득분배를 변화시킨다. 가령 중립적 기술진보가 발생했고 그 외에 다른 조건들은 모두 불변이라고 하자. 이때 생산요소의 어떤 투입점에서도 그 점의 한계기술대체율 $MRTS$는 변하지 않기 때문에 요소의 상대가격 $w/r$이 불변이고 $w/r = MRTS$의 비용극소화 조건이 만족되는 한 중립적 기술진보가 발생해도 자본노동비율 $K/L$은 변하지 않고 노동과 자본에 분배되는 소득의 상대비율 $wL/rK$도 변하지 않는다. 기술진보에 의해 자본보다는 노동의 한계생산물이 더 많이 증가하는 자본절약적 기술진보의 경우 어떤 투입점에서도 그 점의 한계기술대체율은 증가하므로 요소의 상대가격 $w/r$이 불변인 상태에서 자본노동비율 $K/L$은 감소하고 노동과 자본에 분배되는 소득의 상대비율 $wL/rK$는 증가한다. 노동절약적 기술진보가 발생하면 반대로 $wL/rK$는 감소한다.

## 근로소득의 성격: 경제지대와 이전수입

앞에서 비용증가산업의 경우 완전경쟁의 장기균형이 이루어져도 생산자잉여가 존재하며, 이는 양(+)의 기울기를 지니는 생산요소의 공급곡선으로 인해 생산요소의 공급자에게 발생하는 경제지대이고 생산요소의 공급곡선이 수평선인 경우에는 경제지대는 0이라고 설명하였다. 이와 같이 요소소득의 성격은 생산요소의 공급곡선이 어떤 형태를 지니고 있는가에 따라 달라진다.

〈그림 10-10〉에 표시된 완전경쟁 노동시장의 균형에서 근로자에게 귀속되는 총소득은 $w^*L^*$이다. 제 5 장에서 설명한 대로 노동의 시장공급곡선의 각 점과 수평축 사이의 수직거리는 그 점에서 노동 1단위를 더 유치하기 위해서 최소한 지급되어야 하는 보수(근로자 입장에서는 노동공급의 한계비용)이다. 따라서 $L^*$단위의 노동공급을 유치하기 위해서는 근로자들에게 최소한 옅은 검은 음영으로 표시된 $A$의 면적이 지급되어야 하며, 이를 흔히 노동의 **이전수입**(transferearnings) 이라고 하고 근로소득 중에서 이 이전수입을 뺀 나머지(그림에서 옅은 파란 음영

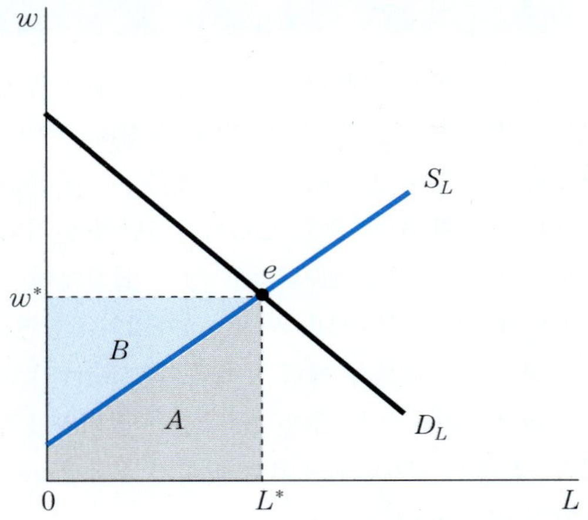


**그림 10-10 경제지대와 이전수입**
옅은 검은 음영으로 표시된 $A$의 면적은 $L^*$단위의 노동이 공급되도록 하기 위하여 근로자들에게 지불되어야 하는 최소의 보수이며, 이를 이전수입이라고 한다. 근로소득 $w^*L^*$에서 이전수입을 뺀 나머지인 옅은 파란 음영의 부분 $B$는 경제지대이다.

으로 표시된 $B$의 면적)가 바로 앞에서 설명한 경제지대가 되는 것이다.

생산요소의 총소득 중에서 경제지대가 차지하는 비중의 크기는 그 요소가격에 대한 요소공급의 탄력도에 달려 있다. 노동의 경우 노동공급의 임금탄력도가 낮을수록 근로소득 중에서 경제지대의 비중은 높아진다. 가령 노동공급곡선이 임금에 대해서 완전비탄력적이면 근로소득은 모두 경제지대로 구성되고 이전수입은 0이 된다.

어떤 경우에 노동공급의 임금탄력도가 낮아질 것인가? 두말할 나위 없이 남다른 재능을 지닌 사람들의 경우이다. 가령 운동선수 또는 연예인은 다른 직업에서는 그 생산성이 운동이나 연예에 비해 크게 떨어지기 때문에 임금이 낮아지더라도 현재의 직업을 유지할 수밖에 없는 것이다. 최근 성과급의 도입으로 고액의 연봉을 받는 최고경영자들이 늘고 있는데, 이들 역시 기업경영능력이 남달리 뛰어나기 때문에 비탄력적 노동공급곡선을 갖고 있고 근로소득의 대부분이 경제지대로 구성된다. 경제지대의 비중이 높을수록 총소득도 높은 것이 일반적인데, 이는 물론 특별한 재능에 대한 공급이 수요에 비해 훨씬 부족하기 때문이다.

**예 10-2** **슈퍼스타의 소득**

연예계, 스포츠계 등에서 극히 소수의 연예인이나 운동선수가 천문학적 수준의 소득을 벌고 있는 것을 흔히 슈퍼스타의 현상(superstar phenomenon)이라고 한다. 우리나라의 경우 프로야구의 1군선수는 2군선수보다 몇십배의 연봉을 받고 있으며, 스타의 꿈을 품고 노력하는 3만명에 가까운 무명의 가수나 배우의 평균연봉은 1,000만원을 넘지 않고 있는 실정이다. 미국의 경우 2006년 연예계에서 오프라 윈프리(Oprah Winfrey)가 2억 6천만 달러의 소득을 벌었으며, 2위와 3위로 영화제작자 제리 브룩하이머(Jerry Bruckheimer)와 스티븐 스필버그(Steven Spielberg)가 각각 1억 2천만 달러와 1억 1천만 달러의 소득을 기록하였다. 운동선수로는 골프선수 타이거 우즈(Tiger Woods)의 소득이 가장 높아서 1억 달러를 벌어들였다.

슈퍼스타의 현상이 발생하는 이유는 두 가지이다. 한 가지는 수요자가 특정 서비스에 대하여 최고를 원한다는 것이다. 무명 테니스선수들의 경기보다는 높은 랭킹의 테니스선수들의 경기를 보고 싶어 하고 가창력이 탁월한 가수의 노래를 듣고 싶어 한다. 따라서 경기력, 가창력에서 월등한 재능을 갖춘 선수나 가수가 고액의 소득을 받는다고 할 수 있다. 다른 한 가지는 특정 서비스에 대하여 탁월한 재능을 갖고 있는 공급자가 대량생산의 기술 덕분으로 손쉽게 대규모 시장에 나설 수 있다는 것이다. 랭킹 1위의 테니스선수가 경기하는 모습은 세계의 수많은 테니스 애호가들에게 생중계되며, 최고의 인기가수의 공연모습 역시 마찬가지이다.

운동선수나 연예인이 다른 직업을 갖는다면 상대적 생산성은 크게 떨어지므로 현재 용도에 대한 노동공급의 임금탄력도는 매우 낮다. 따라서 슈퍼스타가 벌어들이는 소득의 상당한 부분은 경제지대라고 할 수 있으며, 앞에서 열거한 두 가지 이유 때문에 슈퍼스타의 특별한 재능에 대한 공급은 수요에 비해 훨씬 부족하여 그 소득은 천문학적 수준에 이르게 된다.

## 10.4 완전경쟁시장의 평가: 규범분석

지금까지 완전경쟁시장이 어떻게 작동하는가 그리고 그 결과 이루어지는 균형은 어떤 특징을 지니는가를 살펴보았다. 이제 이 절에서는 완전경쟁시장을 평가해 보기로 한다. 제1장에서 개략적으로 소개하였지만, 시장을 평가할 때 사용되는 중요한 기준 중 하나는 효율성이다. 효율성이란 시장 전체의 소비자잉여와 생산자잉여의 합, 즉 **총잉여**(total surplus)가 극대화되는 것을 의미한다. 여러 시장들은 유기적으로 연결되어 있기 때문에 자원배분에 관한 효율성을 따지기 위해서는 모든 시장이 동시에 고려되어야 하며, 이에 관해서는 후에 논의하기로 한다. 여기에서는 어느 한 시장만을 따로 떼어놓고 그 시장에서의 효율성을 살펴보기로 한다.

효율성이 이루어지기 위해서 필요한 조건은 상품의 시장거래량 마지막 단위에서 **사회적 한계비용**(social marginal cost) $SMC$와 **사회적 한계편익**(social marginal benefit) $SMB$가 일치한다는 것이다. 사회적 한계비용 및 사회적 한계편익은 사회 전체의 관점에서 계산되는 개념이며, 후에 설명하겠지만 어떤 경제단위의 행동이 시장기구를 통하지 않고 다른 경제단위의 경제활동에 의도하지 않은 손실이나 편익을 발생시키는 경우에는 개인의 입장에서 계산되는 **사적 한계비용**(private marginal costs) $PMC$ 및 **사적 한계편익**(private marginal benefits) $PMB$와는 일치하지 않는다. 그러나 여기서는 그러한 경우는 존재하지 않는다고 가정한다. 이러한 가정하에서 어떤 시장거래량의 마지막 단위에서 $SMC > SMB$의 관계가 성립한다면 시장거래량이 감소할 때 오히려 총잉여는 증가할 것이고 $SMC < SMB$일 때는 거래량을 증가시킴으로써 총잉여가 증가하기 때문에 총잉여가 극대화된다는 것은 $SMC = SMB$의 조건이 만족됨을 의미한다.

〈그림 10-11〉은 완전경쟁의 $X$재 시장에서 이루어진 단기균형을 나타내고 있으며, 편의상 1명의 소비자와 1개의 기업만 표시하였다. (b)의 시장공급곡선 $S$는 (a)와 같은 개별 기업의 단기한계비용곡선 $SRMC$를 수평으로 합한 것이며, 시장수요곡선 $D$는 생산물 1단위를 추가로 소비할 때의 한계편익을 표시하는 개별 소비자의 수요곡선을 수평으로 합한 것이다. 따라서 시장공급곡선 $S$는 사회적 한계비용을 표시하는 곡선이고 시장수요곡선 $D$는 사회적 한계편익을 나타내는 곡선이다. 이 때문에 양자가 교차하는 균형점 $e$에서는 사회적 한계편익과 사회적 한계비용이 일치해서 (b)에 표시된 것처럼 옅은 검은 음영으로 표시된 시장 전체의 생산자잉여와 옅은 파란 음영으로 표시된 시장 전체의 소비자잉여의 합인 총잉여가 극대화되는 것이다. 우리는 (b)에서 균형거래량이 $x_{SR}^*$보다 증가하거나 감소할 때 총잉여가 감소하는 것, 즉 비효율이 발생하는 것을

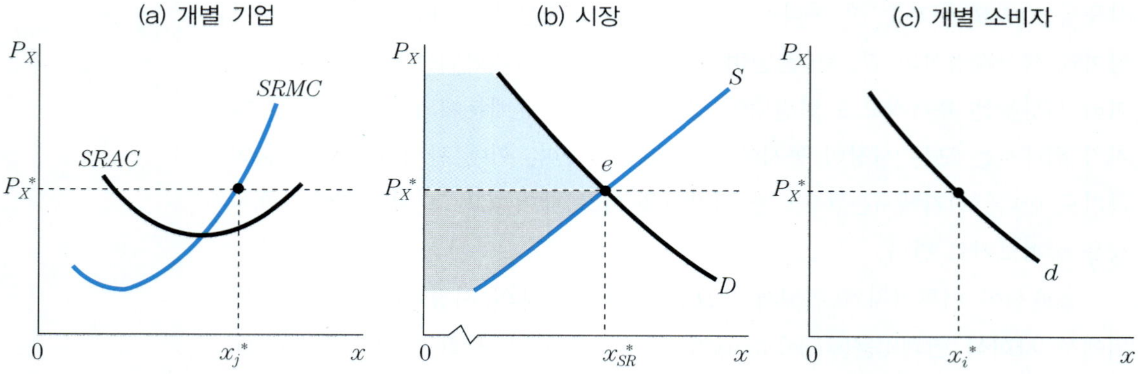


**그림 10-11 완전경쟁 생산물시장의 효율성**

시장수요곡선 $D$와 시장공급곡선 $S$는 각각 사회적 한계편익과 사회적 한계비용을 나타내기 때문에, 양자가 일치하는 균형점 $e$에서 시장 전체의 소비자잉여와 생산자잉여의 합인 총잉여가 극대화되어서 효율성이 이룩된다.

쉽게 확인할 수 있다.

완전경쟁시장의 효율성은 물론 가격을 매개로 하여 이루어진다. 〈그림 10-11〉의 (b)에 표시된 균형에서 모든 기업은 자신의 산출량 마지막 단위에서 똑같이 균형가격 $P_X^*$만큼의 한계비용을 지불하고 있으며, 모든 소비자 역시 마지막 단위의 소비에서 똑같이 $P_X^*$만큼의 한계편익을 얻고 있다. 즉 1, 2와 같은 아래 첨자로 개별 소비자와 생산자를 표시할 때 균형에서 각 소비자와 기업이 소비하고 공급하는 마지막 단위에서는 다음의 관계가 성립한다.

$$MC_1 = MC_2 = \cdots = P_X^* = MB_1 = MB_2 = \cdots \tag{10-6}$$

식 (10-6)은 균형거래량 $x_{SR}^*$이 최소의 비용으로 생산될 수 있도록 각 생산자의 산출량이 정해지고 소비로부터 얻는 편익의 합이 극대화되도록 소비자의 소비량이 정해진다는 것을 의미한다. 이와 같이 완전경쟁시장에서는 균형거래량 $x_{SR}^*$이 최소의 비용으로 생산되고 이를 소비해서 소비자들이 얻는 편익의 합이 극대화됨으로써 총잉여가 극대화된다.

위에서는 완전경쟁시장의 단기균형에 관해서만 효율성을 살펴보았지만 장기균형에 관해서도 동일한 분석을 통해서 효율성이 이루어지는 것을 확인할 수 있다. 특히 장기균형에서 효율성이 이루어지는 또 다른 중요한 이유는 개별 기업의 장기평균비용의 최소값에서 균형가격이 결정되기 때문이다. 즉 개별 기업은 최적설비규모를 사용해서 장기최적생산수준의 산출량을 생산하는 것이며, 이처럼 경쟁은 가장 낮은 장기평균비용으로 생산한 생산물을 소비자가 소비할 수 있게 한다.

완전경쟁시장의 효율성은 가격을 매개로 하여 이루어지므로 정부가 조세(또는 보조금), 가격에 대한 직접규제 등을 통해 시장에 개입할 때 비효율이 발생하게 된다. 가격규제 외에도 산출량 할당 등을 통해 정부가 시장거래량의 결정에 직접 개입하는 경우에도 비효율을 피할 수가 없다. 다음의 예를 보기로 하자.

### 예 10-3 '소다세'의 신설: 조세의 초과부담

비만인구가 급증하고 있는 일부 국가에서는 청량음료, 패스트푸드 등과 같은 살찌는 음식에 대하여 소비세를 부과하기 시작하였다. 이미 청량음료에 '소다세'를 부과하고 있는 덴마크의 경우 비만방지를 위한 과세범위를 초콜릿, 아이스크림 등으로 확대하고 있으며, 미국의 일부 주에서도 '소다세'가 신설되고 있다. 이와 같이 '소다세'가 신설되는 경우 예상되는 편익은 물론 국민건강 증진이다. 그렇다면 비용은 무엇인가?

청량음료시장을 나타내고 있는 〈그림 10-12〉에서 소비세가 부과되기 전의 균형은 점 $e$로 표시되어 있으며, 이때 소비자잉여는 삼각형 $ABe$이고 생산자잉여는 삼각형 $BCe$이다. 청량음료 1병당 $t$원의 소비세가 부과되면, 시장수요곡선 $D$는 아래로 평행하게 $t$원만큼 이동해서 $D'$이 되고 새로운 균형은 점 $e'$이 된다. 점 $e'$에서 소비자가 지불하는 가격은 소비세가 부과되기 전의 균형가격 $P_X^*$보다 $\Delta P_{X_C}$ 많은 $P_{X_C}$가 되고 생산자는 $\Delta P_{X_S}$가 적은 $P_{X_S}$를 받게 된다. 따라서 소비세 부과에 따라 소비자잉여는 사다리꼴 $BB'ae$만큼 감소하고 생산자잉여는 사다리꼴 $BB''e'e$만큼 감소한다. 즉 소비자잉여와 생산자잉여의 합인 총잉여는 오각형 $B'aee'B''$만큼 감소한다.

사각형 $B'ae'B''$만큼의 조세수입을 정부가 다시 소비자 또는 생산자에게 되돌려 준다고 해도 총잉여는 삼각형 $aee'$만큼 감소하기 때문에 결국 소비세 부과에 의해 사회 전체의 순편익은 삼각형 $aee'$만큼 감소한다고 볼 수 있다. 사회 전체의 순편익의 감소라는 이 비효율의 발생이 바로 소비세 부과에 따른 비용인 것이다. 덴마크정부는 소비세 부과의 이러한 비용을 편익과 비교한 후 청량음료에 대한 소비세 부과를 결정하였을 것이다.

그러나 일부에서는 "'소다세'의 부과로 소비자의 부담만 늘어날 뿐이고 청량음료의 소비가 얼마나 감소할지는 의심스럽다"라고 주장하고 있다. 이러한 주장은 청량음료에 대한 시장수요의 가격탄력도가 낮을 것이라는 예측에 근거를 둔다. 제1장에서 설명한 것처럼 소비자와 생산자 사이의 상대적 부담률 $\Delta P_{X_C}/\Delta P_{X_S}$는 균형점 $e$ 근처에서 시장수요와 시장공급의 가격탄력도에 달려있다. 즉 균형점 $e$에서 소비세 부과로 소비자 가격과 생산자 가격이 $\Delta P_{X_C}$와 $\Delta P_{X_S}$만큼 변하고 시장거래량은 $\Delta x$만큼 변했을 때 수요와 공급의 가격탄력도를 계산하면, $|E^D_{X,P_X}| = (\Delta x/x^*)/(\Delta P_{X_C}/P^*_X)$, 즉 $\Delta x/x^* = (\Delta P_{X_C}/P^*_X) \times |E^D_{X,P_X}|$와 $|E^S_{X,P_X}| = (\Delta x/x^*)/(\Delta P_{X_S}/P^*_X)$, 즉 $\Delta x/x^* = (\Delta P_{X_S}/P^*_X) \times E^S_{X,P_X}$이다. 따라서 $(\Delta P_{X_C}/P^*_X) \times |E^D_{X,P_X}| = (\Delta P_{X_S}/P^*_X) \times E^S_{X,P_X}$가 성립하여 $\Delta P_{X_C}/\Delta P_{X_S} = E^S_{X,P_X}/|E^D_{X,P_X}|$의 관계를 구할 수 있다. 이 관계로부터 점 $e$ 근처에서 수요의 가격탄력도 $|E^D_{X,P_X}|$가 공급의 가격탄력도 $E^S_{X,P_X}$보다 훨씬 낮다면 소비세는 대부분 소비자에게 귀착될 뿐 아니라 청량음료 소비량의 감소폭도 미미할 것이다. 극단적으로 청량음료의 시장수요곡선이 완전비탄력적일 때 모든 소비세는 소비자에게 귀착되며, 청량음료의 소비량에는 아무런 변화가 없어서 소비세 부과로 인한 비효율은 발생하지 않고 단지 정부의 조세수입만 높인다.

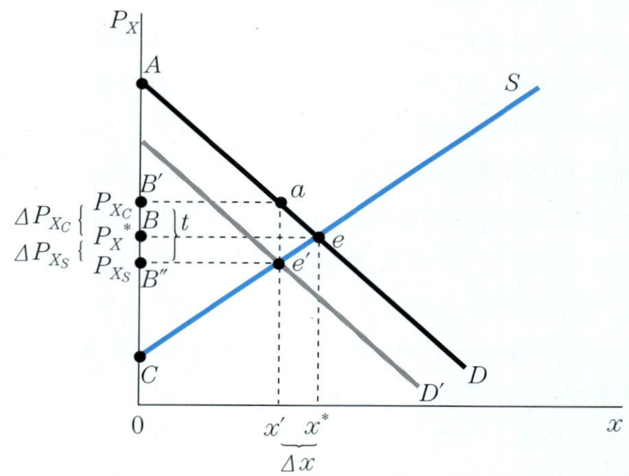


**그림 10-12 '소다세'의 부과와 비효율의 발생**

청량음료를 1병 구입할 때마다 $t$원의 소비세를 내야하는 경우 소비자잉여와 생산자잉여는 각각 사다리꼴 $BB'ae$와 $BB''e'e$만큼 감소하기 때문에 사각형 $B'ae'B''$의 조세수입을 정부가 다시 소비자 또는 생산자에게 되돌려 준다고 해도 삼각형 $aee'$ 만큼 사회 전체의 순편익이 감소하며, 이러한 비효율이 바로 소비세 부과에 따른 비용이 된다.

일반적으로 비효율적 자원배분 때문에 발생하는 사회 전체의 경제적 순편익의 감소, 즉 비효율을 **자중손실**(deadweight loss)이라고 부른다. 특히 앞의 예와 같이 조세에 의한 자중손실을 **조세의 초과부담**(excess burden of the tax)이라고도 하며, 이는 조세수입 1원을 얻기 위한 비용이 1원보다 높다는 것을 의미한다. 정부가 보조금의 지급을 통해 시장에 개입하는 경우에도 조세부과의 경우와 마찬가지로 시장가격의 변동으로 자중손실이 발생하며, 이 경우에는 **보조금의 초과부담**(excess burden of thesidy)이라고 한다.

정부는 특정그룹의 편익을 높이는 것을 염두에 두고 시장에 개입하는 경우가 있다. 특정그룹이 어떤 상품의 공급자일 때는 그 상품가격을 일정수준으로 유지하기 위하여 가격상한제, 산출량 할당 등의 정책을 사용할 수 있으며, 이 때도 자중손실의 발생은 불가피하다. 다음의 예를 보기로 하자.

**예 10-4　농산물에 대한 정부수매제도와 산출량 할당**

어느 국가든지 농업정책의 중요한 목표 중에 하나는 농가소득의 보호이며, 이를 위해서 여러 가지의 정책이 사용된다. 일반적으로 사용되는 한 가지의 정책은 농산물의 가격을 일정수준으로 유지하기 위하여 정부가 농산물을 직접 수매하는 것이다.

〈그림 10-13〉에서 $D$와 $S$는 농산물의 시장수요곡선과 시장공급곡선이다. 정부가 농산물시장에 개입하지 않는 경우 농산물의 균형가격과 균형거래량은 각각 $P_X{}^*$와 $x^*$가 된다. 이때 농가소득을 $A+B+C$만큼 높이기 위해 농산물의 가격을 $P_X{}^*$보다 높은 $\underline{P_X}$로 올려서 유지하려면 정부는 $x_2-x_1$만큼의 농산물을 수매해야만 한다. 이와 같은 농산물에 대한 정부수매제도로 생산자잉여는 $A+B+C$만큼 증가하고 소비자잉여는 $A+B$만큼 감소하며, 수매한 $x_2-x_1$만큼의 잉여농산물을 전량 폐기한다고 할 때 정부는 $(x_2-x_1)\cdot\underline{P_X}$의 비용을 지출하게 된다. 따라서 농가소득을 $A+B+C$만큼 높이기 위한 농산물수매제도의 실시로 $(x_2-x_1)\cdot\underline{P_X}-C$만큼의 비효율, 즉 자중손실이 발생하게 되는 것이다.

정부수매제도보다 낮은 비용으로 농가소득을 높일 수 있는 정책은 경지면적을 제한함으로써 각 농가에 농산물의 산출량을 할당하는 것이다. 〈그림 10-13〉에서 정부가 경지면적의 제한으로 산출량을 $x_1$로 할당하였다고 하자. 이 경우 농산물의 공급곡선은 수직선 $S'$이고 가격은 $\underline{P_X}$가 되며, $\underline{P_X}$의 가격에서 농가가 생산하기를 원하는 산출량은 $x_2$이다. 따라서 농산물 가격을 $\underline{P_X}$에서 유지시키려면 정부는 산출량 할당에 대한 보상을 해야 하며, 그 액수는 산출량을 $x_1$로 제한함으로써 포기해야 하는 생산자잉여인 $B+C+F$이다.

산출량을 할당하면서 농가에는 $B+C+F$의 보상을 할 때 소비자잉여는 $A+B$만큼 감소하고 생산자잉여는 $A+B+C$만큼 증가하므로 총잉여는 $C$만큼 증가한다. 이때 정부가 지출하는 비용은 $B+C+F$이므로 산출량 할당제로 인한 자중손실은 $B+F(=B+C+F-C)$이다. 이와 같이 산출량 할당에 의하여 농가소득을 $A+B+C$만큼 높일 때의 자중손실 $B+F$는 정부수매제도의 자중손실 $(x_2-x_1)\cdot\underline{P_X}-C$보다 낮다.

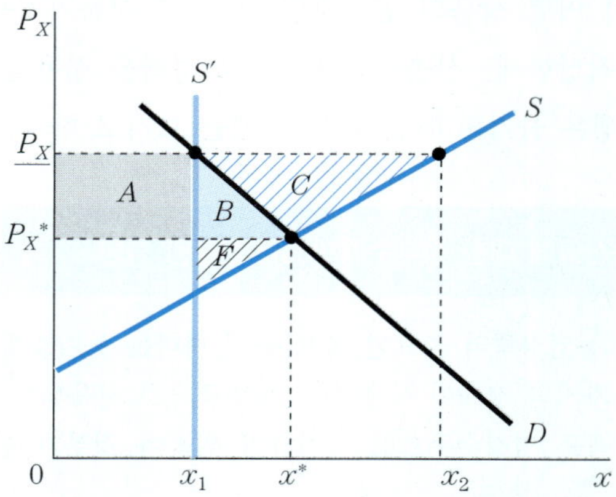


**그림 10-13 농산물에 대한 정부수매제도와 산출량 할당제의 비교**

정부가 농산물의 가격을 균형가격 $P_X^*$보다 높은 $\underline{P_X}$로 올려서 유지하기 위해서 $(x_2-x_1)\cdot\underline{P_X}$의 비용으로 $x_2-x_1$만큼의 농산물을 수매할 때 농가소득은 $A+B+C$만큼 증가하지만 $(x_2-x_1)\cdot\underline{P_X}-C$만큼의 자중손실이 발생한다. 반면에 농가소득을 $A+B+C$만큼 높이기 위하여 농산물의 산출량 할당제를 실시하는 경우의 자중손실은 $B+F$이다.

완전경쟁의 생산물시장과 마찬가지로 완전경쟁의 노동시장 역시 균형에서 효율성이 이루어진다. 노동공급곡선은 노동공급자의 한계비용곡선이고 개인의 노동공급곡선을 수평으로 합해서 유도되는 노동의 시장공급곡선은 노동공급의 사회적 한계비용곡선이라고 할 수 있다. 또한 개별 기업의 한계생산물가치곡선을 수평으로 합한 노동의 시장수요곡선은 노동수요의 사회적 한계편익곡선이라고 할 수 있다. 따라서 노동시장의 균형에서도 균형임금이 매개 역할을 해서 노동의 마지막 단위의 사회적 한계비용과 사회적 한계편익이 일치해서 효율성이 이루어진다. 즉 노동공급자의 잉여와 노동수요자의 잉여의 합인 총잉여가 극대화되는 것이다.

노동력이라는 상품은 다른 일반상품과는 다른 특징을 지닌다. 예컨대 특정 시점의 노동력은 시간이 경과하면 소멸되기 때문에 노동력의 저장은 불가능하다. 그리고 일정수준 이상의 기능을 갖춘 근로자가 양성되려면 시간이 소요되므로 다른 일반상품의 가격과는 달리 임금의 수급불균형 조절기능은 약할 수밖에 없다. 또한 현실에서는 생산성의 차이 등으로 임금격차가 존재하며, 어떤 근로자의 임금은 최저생계비에 미치지 못할 수도 있다. 노동력 상품이 지니는 이러한 특징 때문에 노동시장에 대한 정부의 개입은 빈번한 편이며, 이때도 비효율은 발생한다.

**예 10-5 최저임금제의 효과**

최저임금제는 정부가 어떤 근로자들의 임금이 생계를 유지하기에는 너무 낮다고 판단하고 균형임금보다 높은 수준에 임금을 정하여 그 수준보다 임금이 낮아지는 것을 직접규제하는 것이다. 우리나라에서도 최저임금법이 1986년 12월에 제정되어 1988년 1월부터 최저임금제가 시행되고 있다.

〈그림 10-14〉는 완전경쟁의 노동시장을 표시하고 있으며, 노동의 시장수요곡선 $D_L$과 시장공급곡선 $S_L$이 교차하는 점 $e$에서 균형임금 $w^*$와 고용량 $L^*$이 결정되고 있다. 정부가 균형임금 $w^*$보다 높은 수준에서 최저임금 $\underline{w}$를 정하였다고 할 때 노동의 고용량은 $L^* - \underline{L}$만큼 감소하고 $L' - \underline{L}$만큼의 실업이 발생한다. 즉 최저임금제의 시행으로 노동시장의 실업률은 $(L' - \underline{L})/L'$이 된다. 이처럼 최저임금제가 실시된 후에도 계속하여 고용이 유지되는 근로자는 임금의 상승으로 이득을 얻지만, 그렇지 못한 근로자는 피해를 입게 된다. 최저임금제로 인해 전체 근로소득이 증가하는지 아니면 감소하는지는 물론 노동수요의 임금탄력도에 달려있다. 탄력도가 1보다 높은 경우에 근로소득은 감소하지만 반대의 경우라면 증가할 것이다.

가격하한제의 일종인 최저임금제 역시 비효율을 발생시킨다. 그러나 비효율의 크기는 최저임금제 실시 후 어떤 근로자가 $\underline{L}$의 고용에 포함되는가에 따라 달라진다. 노동의 시장공급곡선 $S_L$의 점 $A$와 $b$사이의 구간에 위치하고 있는 근로자들이 고용된다면 노동수요자의 잉여는 삼각형 $aBC$의 면적으로 감소하고 노동공급자의 잉여는 사다리꼴 $AbaC$의 면적으로 바뀌기 때문에 총잉여는 삼각형 $abe$만큼 감소한다. 즉 최저임금제의 실시로 삼각형 $abe$만큼의 자중손실이 발생한다. 그렇지만 노동의 시장공급곡선 $S_L$의 점 $b$와 $c$ 사이의 구간에 위치하는 근로자들 중 일부가 고용된다면 노동공급자의 잉여는 사다리꼴 $AbaC$의 면적보다 적기 때문에 최저임금제로 인한 자중손실의 크기는 삼각형 $abe$의 면적보다 커진다.

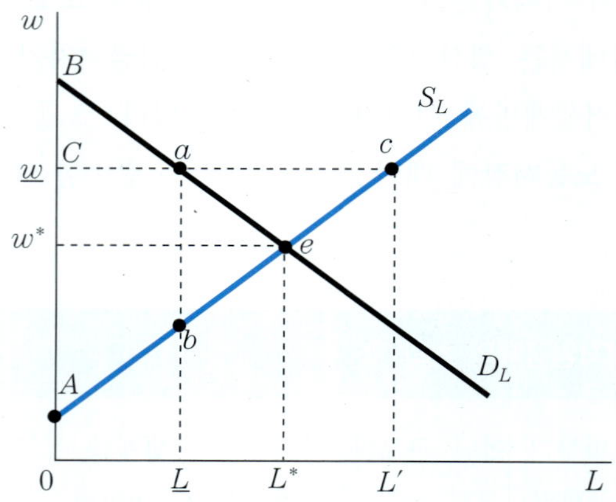


**그림 10-14 최저임금제의 효과(전면적용의 경우)**
노동시장에 최저임금제가 실시되고 모든 기업이 이를 준수하는 경우 노동의 고용량은 $L^* - \underline{L}$ 만큼 감소하고 $L' - \underline{L}$ 만큼의 실업이 발생한다. 또한 최저임금제의 실시 후 적어도 삼각형 $abe$ 면적만큼의 자중손실이 발생한다.

현실에서는 최저임금법을 준수하지 않는 기업들이 있으므로 최저임금제의 실시에도 불구하고 그 적용을 받지 못하는 근로자들이 존재할 수 있다. 우리나라의 경우 최저임금법의 위반이 적발되면 상당한 처벌을 받게 되어 있지만 실제로는 대부분의 최저임금법 위반을 임금체불의 일종으로 간주하고 근로기준법을 적용하여 미약하게 처벌하므로 위반 기업들은 증가하고 있다.

최저임금법을 위반하는 기업들 때문에 노동시장에는 최저임금제의 적용부문과 비적용부문이 존재하게 되며, 이러한 경우는 〈그림 10-15〉에 표시되어 있다. 〈그림 10-15〉의 (a)는 적용부문이며, (b)는 비적용부문이다. 최저임금제가 실시되기 전에는 노동의 자유로운 이동으로 두 부문의 균형임금은 동일하였다. 그런데 $\underline{w}$의 최저임금이 실시되면 적용부문에서는 $L_C' - \underline{L}$만큼의 실업이 발생한다. 이 실업은 비적용부문으로 이동하여 그 부문의 노동공급곡선을 오른

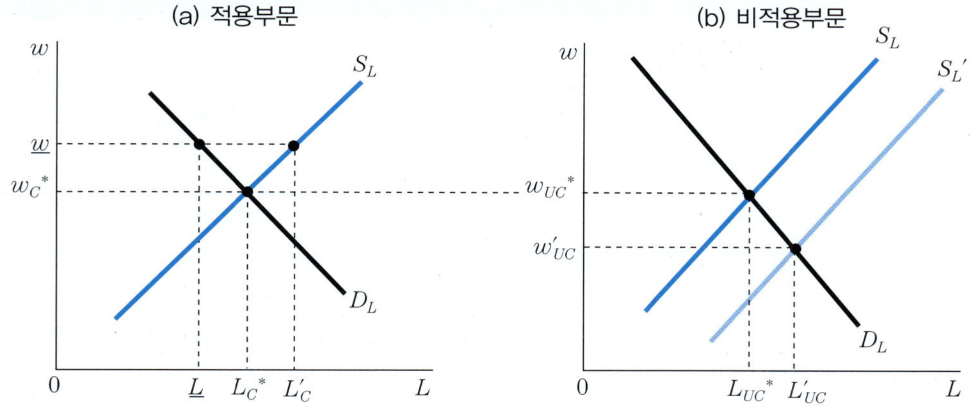


**그림 10-15 최저임금제의 효과(최저임금법의 위반 기업이 존재하는 경우)**
최저임금제가 적용되는 부문에서 발생한 $L'_C - \underline{L}$의 실업은 비적용부문으로 이동하여 그 부문의 임금을 낮추는 효과를 발생시킨다. 또한 최저임금제에 의해 각 부문에 고용되고 있는 마지막 단위의 노동의 한계생산물가치가 서로 달라지기 때문에 노동은 비효율적으로 배분된다.

쪽으로 이동시키고 임금을 $w'_{UC}$으로 감소시킨다.

이와 같이 최저임금제의 적용을 받지 못하는 근로자들이 존재하면 노동이동을 통해 실업이 발생할 가능성은 줄어들지만 비적용부문의 임금을 하락시킬 뿐 아니라 노동이 비효율적으로 배분되는 결과가 발생한다. 적용부문과 비적용부문에서 고용되는 노동의 마지막 단위의 한계생산물가치를 각각 $VMP_C$와 $VMP_{UC}$라고 할 때, 최저임금제가 실시되기 전에는 $w_C^* = w_{UC}^* = VMP_C = VMP_{UC}$의 관계가 성립하여 노동시장은 효율성을 지닌다. 그러나 최저임금제가 실시되어 $\underline{w} > w'_{UC}$가 되면, $\underline{w} = VMP_C$와 $w'_{UC} = VMP_{UC}$의 관계에 따라 $VMP_C > VMP_{UC}$가 성립하기 때문에 노동은 비효율적으로 배분된다. 즉 비적용부문에서 고용되고 있는 마지막 단위의 노동을 적용부문으로 이동시키면 경제 전체의 산출량은 증가하는 것이다.

최저임금제 실시 후 적용부문과 비적용부문 사이의 노동이동은 다른 방향으로도 일어날 수 있다. 적용부문에 취업될 가능성이 있다면 비적용부문에 고용되고 있던 근로자들 중 일부가 적용부문으로 이동하여 취업기회를 엿볼 수 있으며, 이러한 노동이동이 발생하면 적용부문의 실업률과 비적용부문의 임금 수준은 다시 상승할 수 있다.

## 요 약

1 시장수요곡선과 단기공급곡선이 교차하는 점에서 완전경쟁시장의 단기균형이 이루어지며, 이러한 단기균형에서는 양(+)의 이윤을 얻는 기업도 있고 손실을 보는 기업도 있을 수 있다.

2 단기균형으로부터 기존 기업의 설비규모 확대 또는 시장이탈, 새로운 기업의 시장진입 등이 발생해서 완전경쟁시장의 장기균형에 이르게 된다. 시장수요량과 시장공급량이 일치하는 장기균형에서는 모든 기업이 장기이윤을 극대화하고 있고 모든 소비자가 효용을 극대화하고 있으며, 새로운 기업이 시장에 진입하거나 기존 기업이 시장으로부터 이탈할 동기가 더 이상 존재하지 않는다.

3 시장 전체의 산출량이 증가해도 생산요소의 가격에는 아무런 변화가 없는 비용불변산업의 경우 장기의 시장공급곡선은 장기평균비용의 최소값에서 수평선이다. 시장 전체의 산출량이 늘어나서 생산요소에 대한 수요가 증가할 때 생산요소의 가격이 상승하는 비용증가산업의 경우 장기시장공급곡선은 양(+)의 기울기를 지니며, 반대로 비용감소산업의 장기시장공급곡선은 음(−)의 기울기를 갖는다. 비용증가산업의 경우 비용불변산업이나 비용감소산업과 마찬가지로 장기균형에서 개별 기업의 이윤은 0이다.

4 어떤 생산요소에게 실제로 지급된 보수 중에서 그 생산요소의 유치를 위해서 최소한 지급해야만 하는 보수(즉 그 생산요소의 기회비용)를 초과하는 부분을 경제지대라고 한다. 비용불변산업에서 장기균형의 생산자잉여는 0이지만 비용증가산업에서는 양(+)의 생산자잉여가 발생하는데, 이는 생산요소의 공급자들에게 귀속되는 경제지대이다.

5 각 기업의 비용곡선이 서로 다르다면 장기균형이 이루어졌다고 해도 초과이윤을 얻는 기업이 존재하며, 그 초과이윤은 장기에도 그 공급이 한정되어 있는 생산요소에게 귀속되는 잉여, 즉 경제지대이다.

6 임금이 변할 때 생산물의 가격도 변하기 때문에 어떤 생산물시장 전체의 노동에 대한 수요곡선은 개별 기업의 노동수요곡선을 단순하게 수평으로 합한 것보다 가파르며, 각 생산물시장에서의 노동수요곡선을 수평으로 합하면 노동의 시장수요곡선이 유도된다. 완전경쟁의 노동시장은 노동의 시장수요곡선과 시장공급곡선이 교차하는 점에서 균형을 이룬다.

7 완전경쟁의 노동시장에서 각 생산요소에게 분배되는 소득의 상대비율은 각 요소의 한계생산물에 의해 결정된다. 이 때문에 완전경쟁의 요소시장에서 기능별 소득분배를 설명하는 이론을 흔히 한계생산성에 의한 소득분배이론이라고 한다.

8 자본에 대한 노동의 상대가격이 증가할 때, 요소의 대체탄력도가 1보다 크면 자본소득에 대한 노동소득의 상대비율은 감소하고 요소의 대체탄력도가 1보다 작다면 그 상대비율은 증가한다.

9 어떤 생산물의 시장수요곡선은 그 생산물 소비의 사회적 한계편익곡선이고 시장공급곡선은 사회적 한계비용곡선이다. 따라서 완전경쟁시장의 균형에서는 가격을 매개로 사회적 한계편익과 사회적 한계비용이 일치해서 총잉여가 극대화되어 효율성을 이룬다. 마찬가지로 완전경쟁의 노동시장도 균형에서 임금을 매개로 효율성이 이루어진다.

## 연습문제

1 $X$재 시장은 완전경쟁이고 시장수요곡선은 $P_X = 160 - x_D$이다($x_D$는 시장수요량임). 이 시장에는 $SRTC = 2 + x^2$의 똑같은 단기총비용곡선을 지니고 있는 30개의 기업이 $X$재를 공급하고 있을 때,

(1) 개별 기업의 단기공급곡선을 구하시오.
(2) 단기시장공급곡선을 구하시오.
(3) 이 시장에서 단기균형이 이루어졌을 때 가격, 시장거래량과 각 기업의 공급량을 구하시오.
(4) 장기에 이 시장에는 새로운 기업이 진입할 것인지 설명하시오.

2 $X$재 시장은 완전경쟁이고 시장수요곡선은 $P_X = 510 - x_D$이다($x_D$는 시장수요량임). $X$재를 공급하는 기업들은 비용구조에 따라 A형과 B형으로 구분되며, A형과 B형 기업의 단기총비용곡선은 각각 $SRTC_A = 30 + x_A^2$와 $SRTC_B = 30 + 0.5x_B^2$이다($x_A$와 $x_B$는 각각 A형 기업과 B형 기업의 산출량임). 시장에는 60개의 A형 기업과 20개의 B형 기업이 있다고 할 때,

(1) A형 기업과 B형 기업의 단기공급곡선을 구하시오.
(2) 단기시장공급곡선을 구하시오.
(3) 이 시장에서 단기균형이 이루어졌을 때 가격과 거래량을 구하시오. 그리고 A형 기업과 B형 기업의 단기균형에서의 공급량과 이윤의 크기를 구하시오.
(4) 장기에 A형 기업과 B형 기업은 각각 어떻게 행동할 것인지 설명하시오.

3 $X$재 시장은 완전경쟁이고 시장수요곡선과 시장공급곡선은 $P_X = 3{,}600 - 2.5x_D$와 $P_X = 0.5x_S$이다($x_D$와 $x_S$는 시장수요량과 시장공급량임). $X$재를 공급하는 모든 기업은 똑같이 $SRTC = 20 + 30x^2$의 단기총비용곡선을 지니고 있을 때,

(1) 단기균형에서 각 기업의 공급량과 이윤의 크기를 구하시오.

(2) 장기에 이 시장에 대한 신규 기업의 진입 여부를 설명하시오.

**4** $X$재 시장은 완전경쟁이며, 이 시장에서 $X$재를 공급하는 모든 기업은 똑같이 $LRTC = 2x^3 - 12x^2 + 30x$의 장기총비용곡선을 지니고 있을 때, 장기균형에서 가격과 각 기업의 공급량을 구하시오.

**5** $X$재 시장은 완전경쟁이고 시장수요곡선은 $P_X = 1{,}216 - x_D$이다($x_D$는 시장수요량임). $X$재를 공급하는 모든 기업은 똑같이 $LRTC = x^3 - 24x^2 + 160x$의 장기총비용곡선을 지니고 있을 때,

(1) 장기균형에서 가격, 거래량과 각 기업의 공급량을 구하시오.
(2) 장기균형에서 존재하는 기업의 수를 구하시오.

**6** $X$재 시장은 완전경쟁이며, 이 시장에서 $X$재를 공급하는 기업들은 기업 A만 빼고 모두 똑같이 다음과 같은 장기총비용곡선을 지니고 있다.

$x > 0$이면, $LRTC = 2x^2 + 12x + 1{,}250$
$x = 0$이면, $LRTC = 0$

그러나 기업 A는 기술특허 때문에 $X$재 1단위 생산할 때마다 다른 기업보다 4원씩의 비용을 절감할 수 있다고 하자.

(1) 기업 A의 장기평균비용곡선의 식을 구하시오.
(2) 장기균형에서 다른 기업이 기업 A의 기술특허를 구입하려 할 때 지불할 용의가 있는 최대금액을 구하시오.

**7** 비용증가산업의 장기균형에서 개별 기업의 생산자잉여는 0이지만 시장 전체에는 0보다 큰 생산자잉여가 존재한다. 이를 설명하시오.

**8** 천문학적 소득을 벌어들이는 슈퍼스타의 현상을 설명하시오. 그리고 세계적인 명의는 왜 슈퍼스타가 되기 어려운지 설명하시오.

**9** $X$재 시장은 완전경쟁이고 시장수요곡선과 시장공급곡선은 $P_X = 150 - 0.1x_D$와 $P_X = 0.05x_S$이다($x_D$와 $x_S$는 시장수요량과 시장공급량임). 단기균형을 이루고 있는 이 시장에서 정부는 $X$재의 시장거래를 촉진할 목적으로 생산자에게 단위당 15원의 보조금을 지급한다면,

(1) 소비자잉여, 생산자잉여 및 총잉여는 얼마나 변하는가를 계산하시오.
(2) 정부가 지출해야만 하는 보조금 총액과 보조금으로 인한 초과부담을 계산하시오.

**10** 농산물시장은 완전경쟁이고 시장수요곡선과 시장공급곡선은 $P_X = 150 - 0.1x_D$와 $P_X = 0.05x_S$이다($x_D$와 $x_S$는 농산물의 시장수요량과 시장공급량임). 단기균형을 이루고 있는 이 농산물시장에서 정부는 농산물의 가격을 60원으로 유지하려고 한다. 이를 위한 최저가격제, 정부수매제도와 산출량 할당제에 대하여 자중손실의 크기를 비교하시오.

제 5 편

# 불완전경쟁

완전경쟁시장에서 수요자와 공급자는 상품가격에 관해서 아무런 지배력을 지니지 못한다. 그러나 현실에서는 완전경쟁이 되기 위한 조건들 중 하나 이상이 만족되지 않기 때문에 시장이 불완전경쟁이 되는 경우가 매우 흔하다. 이러한 불완전경쟁시장에서는 수요자와 공급자 중 어느 한 쪽이 또는 쌍방 모두가 상품가격에 영향력을 행사하게 된다. 이 편에서는 여러 형태의 불완전경쟁을 분석하여 각 공급자의 공급량, 상품의 가격 등이 어떻게 결정되는지 살펴보기로 한다.

제11장에서는 생산물시장의 공급독점을 분석하고 이를 완전경쟁과 비교해서 평가한다. 그리고 수요독점, 쌍방독점 등에 관해서도 살펴보기로 한다. 과점과 독점적 경쟁 등의 불완전경쟁의 시장구조에 관해서는 제13장에서 다루기로 한다. 특히 과점에는 게임이론을 응용하여 설명할 수 있는 부분이 상당히 많기 때문에 먼저 제12장에서 게임이론에 관한 기초적 개념을 공부하기로 한다.

모든 경제단위가 가격수용자가 되는 완전경쟁이 시장구조 중 하나의 극단이라면 반대되는 극단의 시장구조는 독점이라고 할 수 있다. 이 장에서는 공급독점, 수요독점과 쌍방독점에 관해서 살펴보기로 한다.

독점자는 가격을 결정하는 힘을 지닌다. 먼저 생산물시장에서 독점기업에 의한 가격과 공급량의 결정을 분석하며, 독점에 의한 자원배분을 평가하고 독점에 대한 정책을 살펴보기로 한다. 독점기업은 시장거래에서 더 많은 잉여를 획득하기 위하여 가격차별 등 여러 가지의 가격설정을 시도하는데, 이에 관해서도 공부하기로 한다.

수요자도 시장지배력을 지닐 수 있으며, 이 장에서는 어떤 상품의 수요자가 한 명 존재하는 경우인 수요독점과 시장의 수요와 공급이 모두 독점되는 경우인 쌍방독점에 관해서도 살펴보기로 한다.

# 제 11 장

# 독　점

## 11.1 독점의 발생원인

제8장에서 시장구조를 결정하는 요인으로 수요자와 공급자의 수, 상품의 동질성 여부, 가격 등에 관한 정보의 완전성, 자원의 이동성 등을 열거하였다. 생산물시장의 독점은 다른 생산자가 진입할 수 없는 상황에서 가까운 대체재가 존재하지 않는 상품을 단 1명의 생산자가 다수의 소비자에게 공급하는 경우이며, 불완전경쟁시장 중에서 시장의 경쟁성이 가장 극단적으로 제한을 받는 시장구조이다. 그러나 어떤 상품에 관해서 소비의 대체재가 존재하지 않는 경우는 거의 없기 때문에 순수한 의미의 독점은 거의 존재하지 않는다고 할 수 있다. 그럼에도 불구하고 독점과 완전경쟁의 시장성과를 분명히 비교하기 위해서 순수독점을 분석하기로 한다.

어떤 독점기업이 초과이윤을 얻고 있을 때 시장 외부의 기업들은 유사한 상품을 생산하여 시장에 진입하려는 동기를 지니게 된다. 따라서 어떤 시장에서 독점이 유지되고 있다면 그 이유는 새로운 기업의 진입을 저지할 수 있는 **진입장벽**(entry barrier)이 존재하기 때문이다. 진입장벽의 역할을 하는 요인으로는 규모의 경제, 핵심적 원자재 공급원의 독점적 소유, 법적 진입장벽의 설정 등을 들 수 있다.

### 규모의 경제

어떤 기업의 생산기술이 규모의 경제를 발생시키는 경우 공급량의 증가에 따라 그 기업의 장기평균비용은 감소한다. 공급량이 충분히 증가해도 여전히 규모의 경제가 발생한다면 비용의 이점 때문에 시장에는 독점기업이 출현하고 그 지위는 계속해서 유지될 수 있다.

규모의 경제가 어떻게 진입장벽의 역할을 하는지 보기 위하여 모든 기업은 〈그림 11-1〉에 표시된 것과 같은 동일한 형태의 장기비용곡선을 갖고 있다고 가정하자. 그림에서 주목할 점은 장기평균비용곡선 $LRAC$와 시장수요곡선 $D$가 교차하는 점 $a$에서도 여전히 규모의 경제를 나타내고 있다는 것이다. 이 경

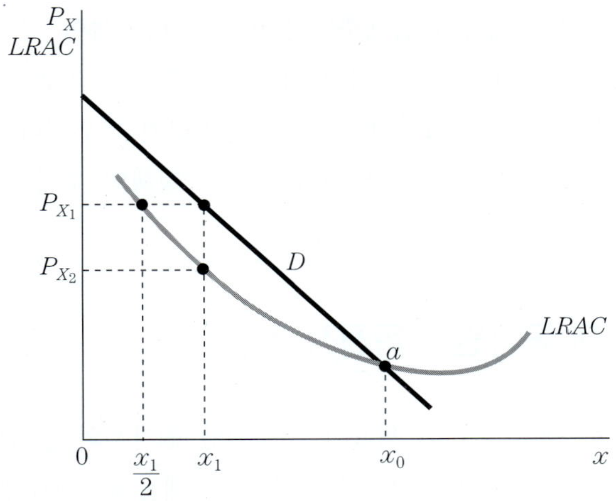


**그림 11-1 자연독점**

한 기업의 장기평균비용곡선 *LRAC*가 시장수요곡선 *D*와 교차하는 점 *a*에서도 여전히 규모의 경제를 보이고 있다면, 2명 이상의 공급자보다는 1명의 공급자가 $x_0$보다 적거나 같은 어떤 시장수요량도 낮은 비용으로 공급할 수 있기 때문에 자연독점이 발생한다.

우 $x_0$보다 적거나 같은 어떤 시장수요량에 대해서도 2명 이상의 공급자보다는 1명의 공급자가 낮은 비용으로 공급할 수 있기 때문에 자연적으로 독점이 발생하게 된다. 예를 들어 2명의 공급자가 각각 $x_1/2$만큼씩 공급해서 시장공급량은 $x_1$이 되었다고 하자. 이때 각 기업의 장기평균비용은 $P_{X_1}$이기 때문에, 손실을 입지 않기 위해서는 최소한 $P_{X_1}$의 가격을 받아야 한다. 그러나 $x_1$을 개별 기업 혼자서 공급하면 장기평균비용은 $P_{X_2}$로 감소하기 때문에, 두 기업은 하나의 기업으로 합병하거나 아니면 기업들은 시장점유율을 높이기 위해서 치열한 가격인하경쟁을 벌이게 된다. 후자의 경우 가격인하경쟁으로 인한 손실을 감당할 수 있는 기업은 그렇지 못한 다른 기업을 시장에서 이탈시키고 독점기업이 되며, 별다른 규제가 없다면 규모의 경제를 진입장벽으로 사용하여 자신의 독점적 지위를 유지한다.

이와 같이 어느 기업의 장기최적생산수준이 대단히 높아서 장기평균비용곡선의 최저점이 시장수요곡선의 오른쪽에 위치할 정도까지 규모의 경제가 존재하는 경우 발생하는 독점을 흔히 **자연독점**(natural monopoly)이라고 한다. 자연독점은 수돗물, 전력, 가스, 통신서비스 등과 같이 공급을 시작하려면 막대한 시설투자가 필요한 산업에서 발생하기가 쉽다. 예를 들어 전력을 공급하려면 발전소를 건설하고 발전소와 수요자 사이를 전선으로 연결해야 하기 때문에 시장수요를 충족시킨 후에도 장기평균비용은 감소하기 마련이다. 뒤에서 설명하겠지만 자연독점의 존재는 독점의 규제를 위한 정책의 수립을 어렵게 만드는 요인이 된다.

### 핵심적 원자재 공급원의 독점적 소유

어떤 상품을 생산하는 데 필요한 핵심적인 원자재의 공급원을 한 기업이 장악하면 다른 기업은 시장에 진입할 수가 없기 때문에 그 기업은 독점적 지위를 갖는다. 잘 알려진 예는 미국의 알코아(Aluminum Company of America: Alcoa)사를 들 수 있다. 알루미늄을 생산하는 이 회사는 핵심 원료인 보크사이트광산을 독점적으로 소유하여 1940년 중반까지 미국내 알루미늄시장에서 독점적 지위를 누릴 수 있었다.

### 법적 진입장벽의 설정

법으로 독점적 지위가 부여되는 경우가 있는데, 특허권이 바로 그러한 경우이다. 특허권은 개발된 신기술에 대하여 일정기간 독점적 사용권을 인정함으로써 기술개발의 이익을 보장하고 기술개발을 장려하려는 제도이다. 따라서 특정기업이 새로운 기술 또는 공정을 개발하여 특허권을 취득하면, 일정기간 법적으로 독점적 지위를 누릴 수 있게 된다. 특허권은 특허기간에만 진입장벽의 역할을 하는데, 특허기간이 길수록 기술개발자의 독점적 지위는 오랫동안 보장되는 대신에 기술의 확산이 억제되는 부작용을 낳기 때문에 특허기간을 정하는 것은 경제성장 및 사회후생과 관련된 중요한 문제이다.

정부가 특정기업에게 독점적 사업권을 부여하는 것도 법적 진입장벽의 설정이라고 할 수 있다. 전력, 상수도, 통신서비스 등과 같이 규모의 경제가 뚜렷한 산업에서는 다수의 기업보다는 한 기업이 낮은 비용으로 시장수요를 충족시킬 수 있기 때문에, 정부가 독점적 사업권을 부여하기도 한다. 그러나 앞서 설명한 것처럼 이러한 산업들은 독점적 사업권이 부여되지 않더라도 자연독점이 된다.

## 11.2 독점기업의 이윤극대화와 독점균형

완전경쟁기업은 가격수용자이므로 수요의 가격탄력도가 무한대인 수평선 형태의 수요곡선에 직면하게 된다. 그러나 독점기업이 공급하는 상품에 대한 수요는 곧 시장수요이기 때문에 독점기업이 직면하는 수요곡선은 시장수요곡선 자체이다. 독점기업은 이윤극대화를 위한 산출량과 그 산출량을 시장에 공급할 때 받을 수 있는 가격을 시장수요곡선에서 동시에 정하는 것이며, 이런 의미에서 독점기업은 **가격결정자**(price maker)의 위치에 있다고 할 수 있다.

### 독점기업의 이윤극대화와 독점시장의 균형

이제 가격결정자인 어느 독점기업의 단기이윤극대화와 독점시장의 단기균형을 알아보기로 한다. 〈그림 11-2〉에서 어느 독점기업이 직면하고 있는 수요곡선은 시장수요곡선 $D$이다. 따라서 제8장에서 설명한 대로 이 시장수요곡선은 곧 독점기업의 평균수입곡선 $AR$이다. 또한 앞의 식 (8-14)가 의미하듯이 독점기업은 어떤 산출량을 공급하더라도 한계수입은 항상 상품가격 $P_X$보다 낮다. 즉 그림에 표시된 것처럼 한계수입곡선 $MR$은 수직축 절편이 평균수입곡선 $AR$과 같지만 그 기울기는 가파르다.

어느 공급량 $x_1$에서 이윤의 극대화가 이루어졌다면 $MC(x_1) = MR(x_1)$의 조건이 성립하는 것은 독점의 경우도 마찬가지이며, 〈그림 11-2〉에서는 단기한계비용곡선 $SRMC$와 한계수입곡선 $MR$이 교차하는 점의 공급량 $x_M$에서 독점기업의 단기이윤이 극대화된다. 독점기업이 이윤극대화를 위한 산출량 $x_M$을 시장에 공급한다는 것은 곧 가격을 시장수요곡선 $D$에서 $P_{X_M}$으로 정한다는 것을 의미하며, 공급량 $x_M$과 가격 $P_{X_M}$의 조합을 표시하는 시장수요곡선의 점 $e$가 바로 독점시장의 단기균형이 된다.

단기균형점 $e$에서 독점기업은 옅은 검은 음영으로 표시한 사각형 면적만

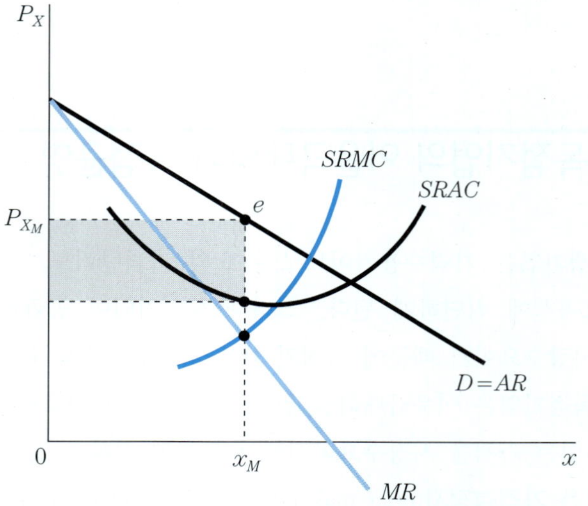


**그림 11-2 독점기업의 단기이윤극대화와 독점시장의 단기균형**
단기한계비용과 한계수입이 일치할 때의 공급량 $X_M$을 $P_{X_M}$의 가격으로 판매할 때 독점기업의 단기이윤이 극대화되며, 이러한 공급량과 가격의 조합을 표시하는 시장수요곡선의 점 $e$는 독점시장의 단기균형점이다.

큼 단기이윤을 얻고 있다. 그러나 독점기업이라고 해서 항상 초과이윤을 얻는 것은 아니다. 이윤의 크기는 생산물에 대한 시장수요, 비용조건 등에 달려있으며, 시장수요가 부족하거나 또는 비용조건이 나쁘면 아무리 독점적 위치를 확보했다고 해도 손실이 발생할 수 있다. 〈그림 11-2〉에서 비용조건의 악화로 인해 단기평균비용곡선이 위로 이동하거나 또는 시장수요의 감소로 인해 시장수요곡선과 한계수입곡선이 왼쪽으로 이동한다면, 독점기업에게도 손실이 발생할 수 있다. 다음의 예를 보자.

**예 11-1 시장성 없는 발명과 독점**

국내에 등록된 특허권 중에서 약 70% 정도는 상업화가 되지 않는다고 한다. 특허권을 받아서 시장에 새로운 상품을 독점적으로 공급할 수 있는 위치를 확보하였음에도 불구하고 상업화를 하지 않는 이유 중에 하나는 〈그림 11-3〉에 표시된 것처럼 새로운 상품의 생산을 위한 평균비용곡선 전체가 시장수요곡선보다 위에 위치하고 있기 때문이다. 한계비용곡선과 한계수입곡선이 일치하는 점에서 $x_M$만큼을 생산한다고 해도 가격을 $P_{X_M}$보다 높이 정할 수는 없으므로 옅은 검은 음영으로 표시된 사각형 면적만큼 손실을 볼 수밖에 없으며, 특허권을 받았다고 해도 상업화하지 않는 것이 더 유리한 것이다.

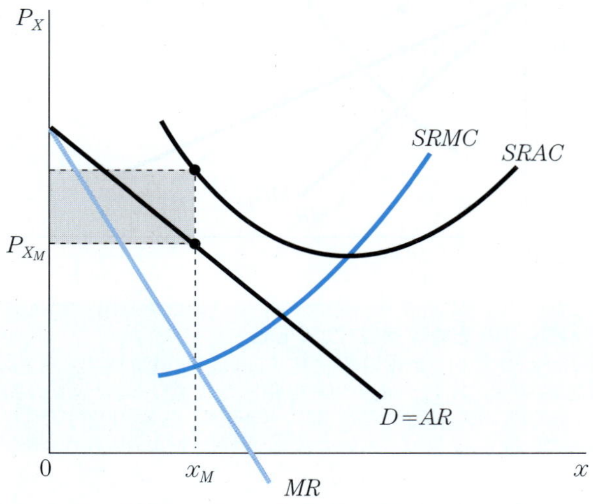


**그림 11-3 휴면특허권이 존재하는 이유**
새로운 상품을 발명해서 특허권을 받는다고 해도 평균비용곡선 전체가 시장수요곡선의 위에 위치하는 경우 어떤 산출량을 생산한다고 해도 손실을 피할 수 없으며, 이때 특허권은 상업화되지 않는 휴면특허권이 된다.

제8장에서 설명한 것처럼 한계비용 $MC$가 0보다 작을 수는 없기 때문에 $MR=MC$의 조건으로부터 이윤의 극대화는 한계수입 $MR$이 0보다 큰 구간(즉 수요의 가격탄력도 $|E^D_{X,P_X}|$가 1보다 큰 구간)에서 이루어지며, 독점에 경우도 마찬가지이다. 또한 독점기업의 경우 시장수요곡선에서 이윤극대화를 위한 공급량과 가격을 동시에 정하기 때문에 공급곡선 자체가 존재하지 않는다. 가격결정자인 독점기업이 정하는 가격과 공급량은 한계비용곡선과 시장수요곡선의 위치에 따라 달라지며, 시장수요곡선이 오른쪽으로 이동했다고 해서 반드시 가격과 공급량이 증가하는 것은 아니고 공급량의 변화 없이 가격만 증가하거나 가격의 변화 없이 공급량만 증가할 수도 있다. 이 때문에 독점기업의 경우 가격

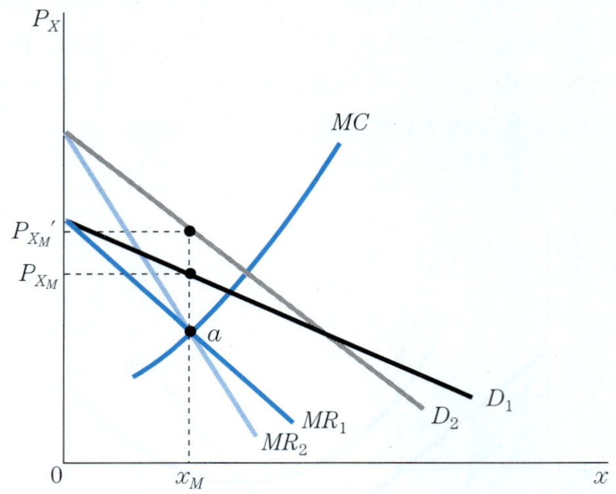


**그림 11-4 시장수요의 변화와 독점기업의 공급**

시장수요곡선이 $D_1$에서 $D_2$로 이동할 때 독점기업은 공급량의 변화 없이 가격만 증가시키며, 산출량 $x_M$에 상응하는 독점가격은 $P_{X_M}$과 $P_{X_M}'$의 두 가지가 된다. 이와 같이 독점기업의 산출량과 가격 사이에는 1:1의 관계가 성립하지 않기 때문에, 독점기업의 공급곡선은 존재하지 않는다.

과 공급량 사이의 유일한 관계를 나타내는 공급곡선은 존재하지 않는 것이다. 〈그림 11-4〉는 독점기업의 공급곡선이 정의될 수 없는 이유를 나타내고 있다.

〈그림 11-4〉에서 시장수요곡선이 $D_1$일 때 독점기업은 한계수입곡선 $MR_1$과 한계비용곡선 $MC$가 교차하는 점 $a$에서 이윤극대화를 위한 산출량 $x_M$을 공급하고 가격을 $P_{X_M}$으로 정한다. 시장수요곡선이 $D_1$에서 $D_2$로 이동하고 그 때의 한계수입곡선 $MR_2$가 점 $a$를 지난다면, 이윤극대화를 위한 산출량에는 아무런 변화가 없고 가격만 $P_{X_M}'$으로 증가하게 된다. 이와 같이 독점의 경우 시장수요의 증가가 반드시 공급량의 증가를 의미하지 않으며, 산출량과 가격 사이에는 1:1의 관계가 성립하지 않으므로 공급곡선은 존재하지 않는다.

순수독점의 경우 독점기업이 초과이윤을 본다고 해도 진입장벽 때문에 새로운 기업이 진입할 수 없다. 따라서 독점기업은 공급을 시작할 때부터 장기이윤극대화의 조건(장기한계비용 = 한계수입)을 만족시키는 공급량과 가격을 정하고 이를 위한 설비규모를 갖출 것이다. 이러한 점에서 독점시장을 분석할 때 장기와 단기를 구별할 필요는 별로 없으며, 시장수요가 일시적으로 변할 때 장기균형에서 이탈하여 잠시 단기균형의 상태를 유지하는 것으로 생각하면 된다. 그러나 장기균형에서 독점기업은 단기보다 더 높은 초과이윤을 얻게 되며, 이 것이 바로 장기균형에서 모든 기업의 초과이윤은 0이 되는 완전경쟁시장과의 중요한 차이점이다.

위에서는 독점기업이 가지고 있는 공장이 1개뿐이라는 가정하에서 이윤극대화의 행동을 분석하였다. 그러나 현실세계에서 독점기업은 비용조건이 서로 다른 여러 개의 공장을 소유하고 있는 것이 일반적이다. 여러 개의 공장을 갖고 있는 독점기업이 이윤극대화를 위한 공급량과 가격을 정하는 과정은 공장이 1개뿐인 경우와 거의 다름이 없다.

**예 11-2 여러 개의 공장을 소유한 독점기업의 이윤극대화**

편의상 독점기업은 A와 B의 두 공장을 소유하고 있고 각 공장에서 생산되는 생산물에는 아무런 차이가 없다고 가정하자. 이윤을 극대화하려는 독점기업은 먼저 전체 산출량 중에서 각 공장이 얼마큼씩 생산할 것인가를 정해야 하는데, 이미 제7장에서 살펴본 것처럼 전체의 생산비용을 극소화하기 위해서는 각 공장에서 생산되는 마지막 단위의 한계비용이 서로 같도록 전체 산출량을 두 공장에 할당되어야 한다. 즉 공장 A와 B의 한계비용을 각각 $MC_A$와 $MC_B$라고 할 때 $MC_A = MC_B$의 조건이 만족될 수 있도록 각 공장의 산출량을 정해야 한다.

그렇다면 독점기업 전체의 산출량은 어떻게 정해질 것인가? 이윤의 극대화를 위해서는 각 공장에서 생산한 마지막 단위를 시장에 판매하였을 때의 한계수입이 그 단위를 생산하기 위한 한계비용과 같아야 한다. 따라서 독점기업의 이윤이 극대화되는 산출량에서는 $MR = MC_A$와 $MR = MC_B$의 두 조건이 동시에 만족된다. 전체 산출량을 최소의 비용으로 생산하려면 $MC_A = MC_B$의 조건이 만족될 수 있도록 각 공장의 산출량을 정하기 때문에, 결국 두 개의 공장을 갖고 있는 독점기업의 이윤극대화를 위한 조건은 $MR = MC_A = MC_B$가 된다. 이 조건을 우리는 〈그림 11-5〉에서 다시 확인할 수 있다.

그림에서 $MC_A$와 $MC_B$는 공장 A와 B의 한계비용곡선이며, $MC_{A+B}$는 두 공장의 한계비용곡선을 수평으로 합한 것으로서 독점기업 전체의 한계비용곡선이다. 독점기업은 이윤의 극대화를 위해서 한계비용곡선 $MC_{A+B}$와 한계수입곡선 $MR$이 교차하는 점에서 $x_M$의 산출량을 생산하고 가격은 $P_{X_M}$의 가격을 받기로 결정하며, 산출량 $x_M$을 최소의 비용으로 생산하기 위하여 공장 A와 B에 각각 $x_A$와 $x_B$만큼씩 배분한다. 그림에서 $x_A$가 $x_B$보다 적은 이유는 물론 공장 A의 비용조건이 공장 B보다 열등하기 때문이다.

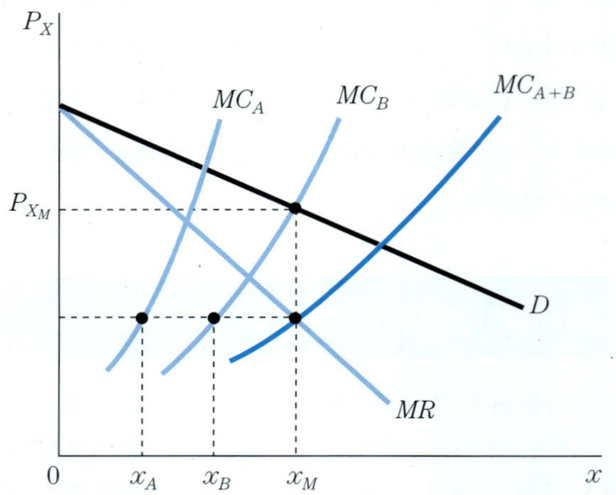


**그림 11-5 두 개의 공장을 소유한 독점기업의 이윤극대화**
독점기업은 공장 A와 B의 한계비용곡선을 수평으로 합해서 구한 한계비용곡선 $MC_{A+B}$와 한계수입곡선 $MR$이 교차하는 점에서의 산출량 $x_M$을 두 공장에서 각각 $x_A$와 $x_B$만큼씩 생산할 때, 한계수입은 각 공장의 한계비용과 일치해서 이윤이 극대화된다.

## 독점기업의 노동수요

이제 $X$재를 $P_{X_M}$의 가격으로 $x_M$만큼 공급하는 독점기업이 그 산출량을 생산하기 위해서 생산요소를 얼마나 수요할 것인가를 살펴보기로 하자. 독점기업은 단기이윤을 극대화하고 있고 노동시장은 완전경쟁이어서 임금이 $w$로 주어졌다면, 단기한계비용 $SRMC$는 $w \cdot (\Delta L/\Delta x)$이므로 $SRMC = MR$의 이윤극대화 조건은 다음과 같이 바뀐다.

$$w = MR \cdot \frac{\Delta x}{\Delta L} \quad (\text{즉 } w = MRP_L) \tag{11-1}$$

완전경쟁의 노동시장에서는 주어진 임금 $w$가 노동의 한계요소비용 $MFC_L$

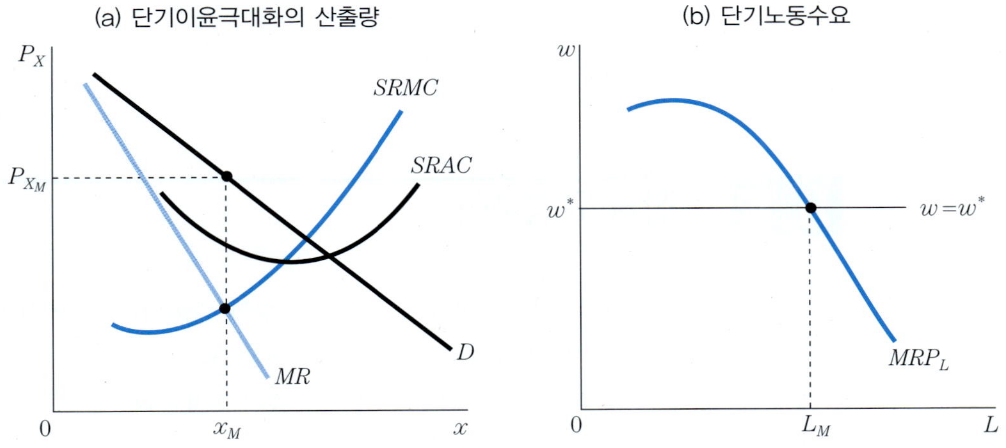


**그림 11-6 생산물시장의 독점과 독점기업의 단기노동수요**
독점기업의 단기이윤극대화를 위한 산출량 $x_M$을 생산할 때의 단기노동수요량은 완전경쟁 노동시장의 균형임금 $w^*$와 한계수입생산물이 일치하는 점에서의 $L_M$이다. 독점기업의 노동의 단기수요곡선은 노동의 한계수입생산물곡선이다.

이므로 식 (11-1)은 독점기업이 산출량 $x_M$을 생산할 때의 노동투입량에서 $MRP_L=MFC_L$의 이윤극대화 조건이 만족된다는 것을 의미하며, 〈그림 11-6〉은 이러한 관계를 표시하고 있다. 〈그림 11-6〉의 (a)에서 독점기업은 단기이윤극대화를 위해서 한계비용곡선과 한계수입곡선이 교차하는 점에서 산출량 $x_M$을 생산해서 $P_{X_M}$의 가격으로 판매한다. 산출량 $x_M$을 생산하기 위한 노동의 수요량은 〈그림 11-6〉의 (b)에 표시되어 있다. 완전경쟁의 노동시장에서 결정된 균형임금 $w^*$에서의 수평선과 노동의 한계수입생산물곡선 $MRP_L$이 교차하는 점에서 $L_M$만큼의 노동을 수요하는 것이다. 만일 균형임금이 하락하면, 독점기업의 단기한계비용곡선과 평균비용곡선이 모두 아래로 이동해서 이윤극대화를 위한 산출량은 증가하고 노동의 수요량 역시 노동의 한계수입생산물곡선을 따라 증가한다. 이는 독점기업의 노동의 단기수요곡선이 노동의 한계수입생산물곡선 $MRP_L$이라는 것을 의미한다.

독점기업의 장기이윤극대화를 위한 노동과 자본의 투입량에서는 다음의 두 가지 조건이 동시에 성립하며, 완전경쟁기업의 경우와 마찬가지 이유로 독점기업의 장기노동수요는 단기노동수요보다 임금탄력성이 높다.

$$w = MR \cdot \frac{\Delta x}{\Delta L} \quad (\text{즉 } w = MRP_L) \qquad (11\text{–}2)$$

$$r = MR \cdot \frac{\Delta x}{\Delta K} \ (\text{즉 } r = MRP_K) \qquad (11\text{–}3)$$

# 11.3 독점의 규범분석

제10장에서는 완전경쟁시장의 균형에서 효율성이 충족되는 것을 살펴보았다. 그러나 가격이 한계비용과 일치하는 완전경쟁과 달리 독점기업은 가격을 한계비용보다 높은 수준에서 정하기 때문에 비효율이 발생한다.

## 독점의 비효율과 분배효과

〈그림 11–7〉는 $X$재 시장을 표시하고 있다. 처음 이 시장은 완전경쟁시장이었으며, 수많은 기업의 한계비용곡선이 수평으로 합해져서 시장공급곡선을 형성하고 이 시장공급곡선 $S$와 시장수요곡선 $D$가 교차하는 점 $e$에서 균형이 성립하였다. 앞서 살펴본 것처럼 균형점 $e$에서는 사회적 한계편익과 사회적 한계비용이 일치해서 효율성이 이루어졌다. 즉 $x^*$만큼이 $P_X^*$의 가격으로 거래됨으로써 총잉여가 극대화되었고 그 크기는 삼각형 $AeF$의 면적이며, 이때 시장 전체의 소비자잉여와 생산자잉여는 각각 삼각형 $AeC$와 삼각형 $CeF$의 면적이다.

그런데 이 시장에 커다란 변화가 발생하였다고 하자. 수많은 완전경쟁기업을 하나로 합병해서 독점기업이 출현한 것이다. 그림에서 $S$는 이제 더 이상 시장공급곡선이 아니라 독점기업의 한계비용곡선이며, 이 독점기업은 이윤극대화를 위해서 공급량을 $x^*$에서 $x_M$으로 줄이고 가격은 $P_X^*$에서 $P_{X_M}$으로 인상한다. 그 결과 소비자잉여는 삼각형 $AaB$의 면적으로 감소하고 생산자잉여는 사각형 $BabF$의 면적으로 변하게 된다. 즉 독점으로 인해서 소비자잉여는 사각형 $BaeC$의 면적만큼 감소하는데, 그중에서 사각형 $BacC$의 면적은 생산자잉여로 바뀌었지만 삼각형 $aec$의 면적은 그 어느 누구에게도 귀속되지 않고 경제에서 사라지는 잉여이다. 독점기업은 소비자로부터 사각형 $BacC$만큼의 잉여를 가져

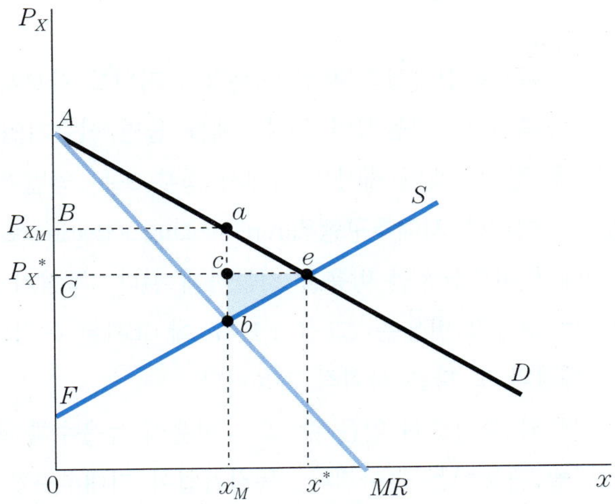


**그림 11-7 독점의 비효율**
$X$재 시장이 완전경쟁에서 독점으로 바뀌면 삼각형 $aeb$ 면적만큼의 총잉여가 없어지며, 독점으로 인한 이러한 자중손실을 하버거의 삼각형이라고도 부른다.

오는 대신 삼각형 $ceb$만큼의 잉여를 포기한다고 볼 수 있다. 삼각형 $ceb$의 면적 역시 경제에서 완전히 없어지는 잉여이기 때문에 독점으로 인해서 삼각형 $aec$와 삼각형 $ceb$의 합인 삼각형 $aeb$ 면적만큼의 총잉여가 경제에서 사라지는 것이다. 독점으로 인한 비효율의 크기, 즉 독점의 자중손실을 나타내는 삼각형 $aeb$의 면적을 그 크기를 추정한 경제학자의 이름을 따서 **하버거의 삼각형**(Harberger' s triangle)이라고도 부른다.

독점기업은 이윤극대화를 위해서 한계비용보다 높은 수준에서 가격을 정하며, 이 때문에 비효율이 발생할 뿐 아니라 경제의 분배구조가 바뀌게 된다. 생산물시장이 완전경쟁에서 독점으로 변하면서 사각형 $BacC$ 면적만큼의 소비자잉여가 독점기업에게 이전되는데, 이는 시장거래로부터 발생하는 순편익이 소비자로부터 독점기업에게 재분배되는 것을 의미한다. 독점기업에 속해 있는 사람들의 소득이 소비자들보다 높다면 독점으로 인해 분배구조의 불공평은 증가할 것이며, 이는 자중손실과 함께 독점의 사회적 비용이라고 할 수 있다.

## 독점기업의 지대추구행위

이윤을 얻고 있는 독점기업은 자신의 독점적 지위를 확보하고 유지하기 위해서 여러 가지 노력을 할 가능성이 높다. 예를 들면 신규기업의 진입을 저지할 수 있는 새로운 정부규제의 제정을 위해서 정부 또는 입법기관을 상대로 로비를 할 수 있다. 이러한 **지대추구행위**(rent seeking activities)로 독점기업은 사회 전체의 관점에서 비생산적인 비용을 지불하게 된다. 독점기업의 지대추구행위 결과 발생하는 추가적 비용은 〈그림 11-7〉에 표시된 독점의 자중손실에는 포함되지 않는 독점의 또 다른 사회적 비용이다.

독점력의 확보와 유지로써 얻을 수 있는 이윤이 높을수록 독점기업이 지대추구행위에 관련될 가능성은 높아진다. 독점기업이 지대추구행위로 지불할 용의가 있는 최대의 금액은 독점이윤이라고 할 수 있으므로 독점으로 인한 사회적 비용은 자중손실에 독점이윤을 합한 액수까지 발생할 수 있다.

## 독점의 긍정적 측면

독점의 여러 가지 사회적 비용을 인정하면서도 동시에 독점의 긍정적 측면을 강조하는 견해도 있다. 시장수요를 충족시킨 후에도 규모의 경제가 지속되는 경우 수많은 기업들이 공급하는 것보다는 독점기업 혼자서 공급하는 것이 평균비용을 낮출 수 있기 때문에 완전경쟁시장보다 자연독점이 비용의 측면에서 효율적이라는 견해가 그 대표적 예이다. 그러나 자연독점기업이 이윤의 극대화만을 고집한다면, 가격은 한계비용보다 상당히 높은 수준에서 정해질 것이기 때문에 자중손실의 크기는 매우 클 것이다.

독점의 긍정적 측면을 주장하는 또 다른 견해는 독점이 기술혁신을 촉진한다는 것이다. 슘페터(J. Schumpeter)에 의하면 경쟁의 압력을 받지 않는 독점기업은 기술개발에 따르는 수익을 장기간 누릴 수 있기 때문에 기술개발의 동기가 높다고 한다. 그러나 진입장벽 안에서 안주하는 독점기업이 과연 기술개발을 활발하게 할 것인지는 의문이 아닐 수 없다. 실제로 진입장벽의 존재와 기술혁신 사이의 관계를 실증적으로 분석한 연구들에서 중간 정도의 진입장벽은 기술개발을 촉진하지만 진입장벽이 높아질수록 기술혁신의 동기는 감소하는 것으로 나타난다.

## 11.4 독점에 대한 정책

독점으로 인한 사회적 비용 때문에 독점의 발생 자체를 차단하거나 독점기업의 시장지배력을 축소시키는 여러 가지의 규제가 불가피하며, 실제로도 대부분 국가에서는 독점규제 및 공정거래제도가 운용되고 있다.

### 독점규제의 목표와 형태

독점의 규제는 독점으로 인한 사회적 비용을 줄이기 위한 것이며, 어느 범위까지를 사회적 비용으로 보는가에 따라 규제의 목표는 달라진다. 독점의 사회적 비용으로 비효율만을 포함시킨다면 당연히 자중손실의 최소화가 독점규제의 목표가 될 것이며, 분배의 변화(즉 소비자잉여의 일부가 생산자잉여로 바뀌는 것)와 지대추구행위까지 고려한다면 독점규제의 목표는 자중손실과 독점이윤을 합한 것의 최소화일 것이다. 여기에서는 규제의 목표가 기본적으로 효율성의 회복이라고 가정한다.

독점에 대한 공공정책은 크게 두 가지로 구분될 수 있다. 하나는 시장의 경쟁성을 회복하기 위해서 정부가 독점기업의 행동을 제한하는 것으로 **행동교정**(behavioral remedy)이라고 불린다. 대표적 행동교정으로는 독점기업에 대한 가격규제를 들 수 있다. 그러나 행동교정을 실시하려면 정부가 시장수요 등 독점의 시장상황과 독점기업의 행동을 지속적으로 탐지해야만 하는데, 이를 위한 비용이 매우 높을 수 있다. 뿐만 아니라 행동교정이 시장의 자율성에 어긋날 수 있다는 원칙적 비판도 제기될 수 있다.

독점정책의 또 다른 형태는 **구조교정**(structural remedy)이다. 구조교정은 독점기업의 행동을 일일이 교정하는 것이 아니라 시장구조 자체를 경쟁적으로 바꾸기 위한 정책들이며, 진입장벽을 낮추어서 시장의 경쟁성을 촉진하는 형태로 나타난다. 이러한 구조교정이 지니는 장점으로 시장의 자율성을 존중한다는 것, 독점기업의 행동을 지속적으로 탐지할 필요성이 감소한다는 것 등을 들 수 있다. 그러나 자연독점의 경우 경쟁촉진은 오히려 생산비용을 높이기 때문에 구조교정을 통한 규제에는 한계가 있다.

## 가격규제

독점의 비효율이 발생하는 이유는 가격이 한계비용보다 높은 수준에서 정해지기 때문이다. 따라서 비효율의 제거를 위해서는 가격과 한계비용을 일치시키는 가격규제를 생각할 수 있으며, 이를 **한계비용가격설정**(marginal cost pricing)이라고 한다.

〈그림 11-8〉에서 산출량 $x_M$에서 독점가격 $P_{X_M}$은 한계비용보다 높기 때문에 빗금쳐진 삼각형 면적만큼의 비효율이 발생하고 있다. 이를 제거하기 위해서 시장수요곡선 $D$와 한계비용곡선 $MC$가 교차하는 점에서 상한가격 $P_X^{MC}$를 정하는 것이 한계비용가격설정이다. 이러한 가격규제하에서 독점기업이 직면하는 수요곡선은 옅은 검은색의 굵은 선으로서 산출량 $x^{MC}$까지는 $P_X=P_X^{MC}$의 수평선이고 그 이후에는 원래의 시장수요곡선이며, 한계수입곡선도 그에 따라 바뀐다. 따라서 독점기업은 이윤의 극대화를 위해서 점 $e$를 선택할 수밖에 없기 때문에 산출량은 $x^{MC}$로 증가하고 독점의 비효율은 사라져서 완전경쟁과 동일한 결과를 얻을 수 있다.

독점에 대한 규제의 목표가 효율성의 회복이라면 위에서 한계비용가격설정은 적정한 수단이 된다. 그렇지만 규제의 목표가 독점으로 인한 분배의 변화를 교정하는 것까지 포함한다면 한계비용가격설정이 과연 적정한 가격규제인가에 관해서는 논란의 여지가 있다. 규제가격 $P_X^{MC}$에서도 독점기업은 여전히 이윤을 얻기 때문에 사회에서 이를 적정한 규제라고 받아들이지 않을 수 있는 것이다.

독점의 이윤을 줄이기 위해서 규제가격을 $P_X^{MC}$보다 더 낮춘다면 산출량은 $x^{MC}$보다 적을 것이고 수요는 증가할 것이기 때문에 공급부족현상이 생기며, 과다한 가격규제는 생산물의 품질을 저하시키는 요인이 될 수도 있다. 이 경우 독점의 이윤을 없앨 수 있는 규제는 산출량에 규제를 가하는 것이다. 그림에서 산출량을 $x'$ 이상 생산할 것을 강제한다면 이윤은 소멸되겠지만 과다생산으로 인해 옅은 검은 음영으로 표시된 삼각형 면적만큼의 비효율이 다시 생기게 된다. 이와 같이 독점에 대한 적정한 규제를 결정하는 것은 매우 어려운 과제이다.

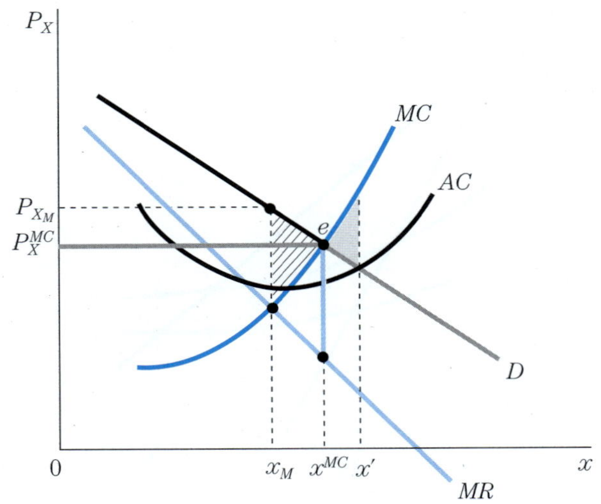


**그림 11-8 가격규제: 한계비용가격설정**
가격규제 중에서 한계비용가격설정은 시장수요곡선과 한계비용곡선이 교차하는 점에서 상한가격을 정하는 것이며, 이러한 가격규제로 독점의 비효율은 사라진다.

## 자연독점에 대한 가격규제

독점에 대한 규제를 더욱 어렵게 만드는 것은 자연독점의 존재이다. 〈그림 11-9〉에서 정부가 자연독점에 대해 아무런 규제를 하지 않는 경우 독점기업은 한계비용곡선 $MC$와 한계수입곡선 $MR$이 교차하는 점에서 이윤극대화를 위한 산출량 $x_M$을 공급하고 $P_{X_M}$으로 가격을 정하기 때문에 시장에는 옅은 파란 음영의 면적만큼 자중손실이 발생한다. 이때 시장수요곡선과 한계비용곡선이 교차하는 점에서 $P_X^{MC}$의 규제가격을 설정한다면 산출량은 $x^{MC}$로 증가하고 자중손실은 완전히 제거된다.

그러나 자연독점에 대해서 한계비용가격설정의 규제를 실시하면 기업에게는 손실이 발생하게 된다. 그림에서 보면 $P_X^{MC}$의 규제가격에서 독점기업은 생산물 1단위당 점 $a$와 $b$사이의 수직거리만큼 손실을 입게 되는 것이다. 규제로 인해 생기는 이 손실은 정부보조금의 지급, **가격차별**(price discrimination)의 허용 등 어떠한 형태로든지 보전되어야만 한다. 따라서 한계비용가격설정을 하기

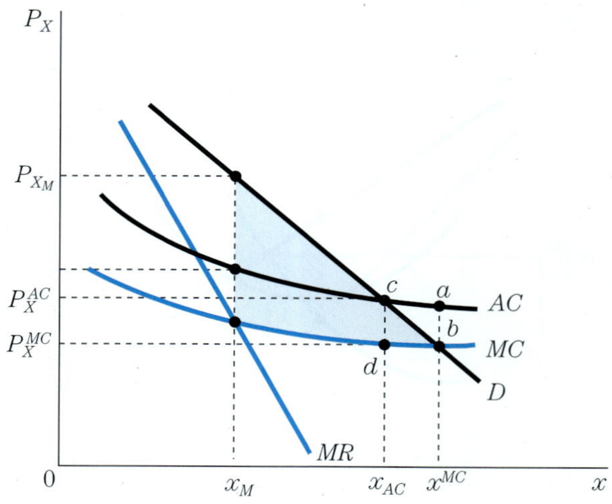


**그림 11-9 자연독점에 대한 가격규제: 한계비용가격설정과 평균비용가격설정**
자연독점에 대해서 $P_X^{MC}$의 한계비용가격설정을 실시하면 산출량은 $x^{MC}$로 증가하고 옅은 파란 음영으로 표시된 면적의 자중손실은 완전히 제거되지만 생산물 1단위당 점 $a$와 $b$ 사이의 수직거리만큼 손실이 발생한다는 문제가 생긴다. 이를 피하기 위해서 $P_X^{AC}$의 평균비용가격설정을 실시한다면 손실은 발생하지 않지만 비효율이 완전히 제거되지 않는다.

전에 손실을 보전하기 위한 비용과 규제의 편익(즉 자중손실의 제거)을 비교해야 하며 전자가 후자보다 높다면 다른 규제방법을 강구해야 할 것이다.

한계비용가격설정의 규제로 발생하는 손실보전의 문제를 피하기 위한 다른 형태의 가격규제는 〈그림 11-9〉에 표시된 것처럼 시장수요곡선 $D$와 평균비용곡선 $AC$가 교차하는 점에서 상한가격 $P_X^{AC}$를 설정하는 것으로 이를 **평균비용가격설정**(average cost pricing)이라고 부른다. 이때 규제를 받는 독점기업의 산출량 $x^{AC}$에서 규제가격 $P_X^{AC}$와 평균비용이 일치하기 때문에 손실은 발생하지 않는다. 그렇지만 규제가격 $P_X^{AC}$는 한계비용보다 높기 때문에 자중손실은 그 크기는 줄지만 여전히 잔존한다.

자연독점의 자중손실을 완전히 제거하면서도 독점기업에게 손실이 발생하지 않게 할 수 있는 가격규제는 없을까? 이에 대한 대답은 **2중가격설정**(two-tier pricing)에서 구할 수 있다. 이 가격규제는 소비자를 두 그룹으로 나누어 한 그룹에게는 한계비용가격설정에 의한 가격을 받게 하고 그 때문에 발생하는 손실을 보전할 수 있도록 다른 그룹에게는 높은 가격을 받게 하는 것이다.

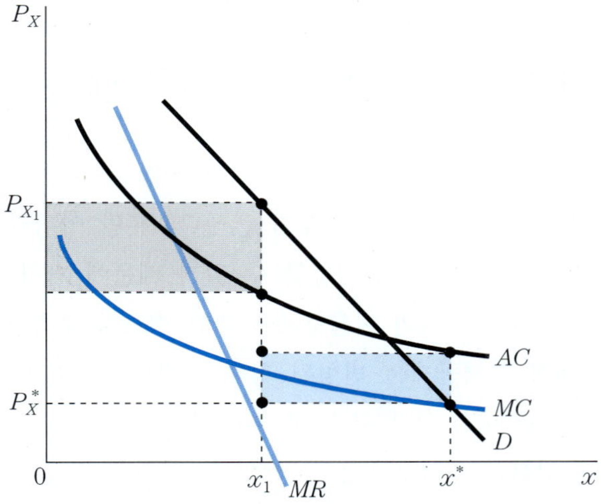


**그림 11-10 자연독점에 대한 가격규제: 2중가격설정**
2중가격설정은 소비자를 두 그룹으로 나누어 한 그룹에게는 $P_X^*$의 한계비용가격으로 $x^*-x_1$만큼을 공급하고 그 때문에 발생하는 옅은 파란 음영의 손실을 보전하기 위해서 다른 그룹의 소비자에게는 $x_1$만큼을 $P_{X_1}$의 높은 가격으로 공급하도록 규제하는 것이다.

이러한 2중가격설정은 〈그림 11-10〉에 나타나 있다. 규제기관은 기업이 한 그룹에게는 $P_{X_1}$의 가격으로 산출량 $x_1$을 공급하고 다른 그룹에게는 $P_X^*$의 가격으로 $x^*-x_1$의 산출량을 공급하도록 유도할 때, 옅은 검은 음영으로 표시된 이윤과 옅은 파란 음영의 손실이 같다면 자중손실의 제거와 손실의 방지라는 두 목적이 충족되는 2중가격설정이 된다. 2중가격설정은 가격차별이며, 자연독점의 규제를 위해서 기업에게 가격차별을 허용하는 것이 바람직한지 그리고 어느 소비자에게 높은 가격을 받을 것인지 등의 규범적 문제가 발생할 수 있다.

독점기업에게는 경쟁기업이 존재하지 않기 때문에 기업조직의 비효율적 관리, 비용절감 및 이윤극대화에 관한 동기의 부족 등 **내부적 비효율**(internal inefficiency)이 발생할 수 있으며, 이러한 비효율을 경제적 비효율(대표적으로 독점의 자중손실)과 구별짓기 위해서 **X-비효율**(X는 extra의 준말)이라고 한다. 그런데 자연독점에 대한 가격규제는 어떤 형태이든지 X-비효율을 더욱 심화시킬 가능성이 있으며, 이는 규제로 인해 발생하는 새로운 비효율로서 자연독점에 대한 규제에서 먼저 고려되어야 할 사항이라고 할 수 있다.

## 자연독점에 대한 현실적 규제: 수익률 규제, 배타적 계약의 체결

자연독점에 대해서 가격규제를 실시하려면 시장수요곡선과 비용곡선의 형태를 알아야 하는데, 그렇지 않은 경우가 흔하다. 뿐만 아니라 시장환경의 변화로 시장수요곡선과 비용곡선이 이동할 수 있기 때문에 가격규제의 어려움은 더 커지게 된다. 따라서 기업의 비용구조에 관한 정보가 부족한 현실에서 자연독점에 대한 실제의 가격규제는 변형된 형태를 지닐 수 있으며, **수익률 규제**(rate-of-return regulation)가 그 대표적 예이다. 수익률 규제는 자본에 대한 독점기업의 수익률에 상한을 정함으로써 실질적으로 가격을 규제하는 것이며, 규제받는 기업에게 이윤이나 손실이 발생하지 않게 하려면 수익률의 상한을 자본의 경쟁수익률(competitive rate of return) 또는 경쟁시장에서의 자본가격 $r$과 일치하도록 정해야 한다.

그러나 수익률 규제를 실시하기 위해서는 자본의 가치를 정확하게 측정할 수 있어야 한다는 쉽지 않는 조건이 요구된다. 또한 규제기관이 공정수익률이라고 할 수 있는 경쟁수익률(경쟁시장에서의 자본가격 $r$)을 파악하기는 어렵다는 문제도 생기게 된다. 규제기관이 정하는 수익률의 상한이 경쟁수익률보다 높다면 기업에게는 독점이윤이 발생하고 낮다면 기업은 손실 때문에 생산물의 질을 낮추거나 아예 산업에서 이탈한다. 자연독점에서 기업의 이탈로 발생하는 문제(예컨대 수도, 전기, 대중교통 등의 공익사업 위축)는 매우 심각할 수 있기 때문에 일반적으로 수익률의 상한은 경쟁수익률보다 높게 정해지는 것이 일반적이다. 이 경우 독점기업의 이윤극대화의 결과 자본투입량 $K$가 늘어나서 자본노동비율 $K/L$이 비용극소화를 위한 비율보다 높아지는 현상이 유지되며, 이를 **애버취-존슨효과**(Averch-Johnson effect)라고 한다.

이와 같이 자연독점에 대한 규제의 어려움과 규제로 인한 비효율의 발생을 고려해서 최소의 규제를 주장하는 견해도 있으며, 그 예로 자연독점에 관한 **배타적 계약**(exclusive contracts)의 체결을 들 수 있다. 이는 정부가 민간기업을 대상으로 경쟁입찰을 실시해서 자연독점의 상품(대중교통서비스, 쓰레기 수거서비스 등)을 가장 낮은 가격으로 공급하겠다고 제시한 기업과 배타적 사업권에 관한 계약을 체결하는 것이며, 정부는 사업권자가 계약내용을 성실하게 이행하고 있는지 여부만을 감독하면 된다. 그렇지만 자연독점의 상품 공급(예컨대 스마트폰 서비스의 공급)이 복잡한 내용을 지닐 때 그 내용을 배타적 계약에 반영하는 것은 규제기관에 의한 직접규제만큼이나 어려울 수 있다.

수도, 전기, 교통, 통신 등의 공익산업과 같이 전통적으로 자연독점으로 여겨졌던 산업에 대한 규제는 최근 완화되는 추세를 보이고 있다. 그 이유는 수요의 증가 등으로 더 이상 규모의 경제가 발생하지 않거나 기술의 급속한 진보로 인해서 신규기업의 시장진입이 과거보다 용이해졌기 때문이다.

## 11.5 독점기업의 가격설정

앞에서 우리는 독점기업이 모든 소비자에게 동일한 가격을 부과한다고 가정하였으며, 이때 소비자잉여 중 일부가 독점이윤으로 바뀌는 것을 살펴보았다. 그러나 현실에서 독점기업은 더 많은 소비자잉여를 자신의 이윤으로 바꾸기 위해서 시장지배력을 이용한 여러 가지의 가격설정을 시도하며, 대표적 예로서 가격차별을 들 수 있다. 이외에도 독점기업은 잉여의 획득을 위해서 두 가지 이상의 생산물을 한 꾸러미로 묶어서 판매하는 **묶어 팔기**(tie-in sales, bundling)의 전략을 사용하기도 한다. 이 절에서는 독점기업의 여러 가지 가격설정 중에서 먼저 가격차별에 관해 알아보기로 한다.

### 가격차별의 의미와 조건

가격차별은 기업이 동일한 조건에서 생산된 똑같은 상품을 서로 다른 소비자에게 다른 가격으로 판매하는 것을 의미한다. 가격차별은 독점기업에게만 해당되는 것은 아니며 다음의 몇 가지 조건이 충족되는 상황에서는 어느 기업도 가격차별을 할 수 있다. 첫 번째 조건은 기업이 음(−)의 기울기를 지니는 수요곡선에 직면해서 시장지배력을 지닌다는 것으로 독점의 경우에는 당연히 충족되는 조건이다. 두 번째는 기업이 소비자들의 지불용의금액, 즉 수요가격에 관한 정보가 있어야 한다는 것이며, 세 번째는 낮은 가격에 상품을 구입한 소비자가 지불용의금액이 높은 다른 소비자에게 재판매하는 것을 막을 수 있다는 조건이다. 가격차별은 기본적으로 1급, 2급과 3급의 세 가지 유형으로 분류된다.

## 1급가격차별

〈그림 11-11〉에서 시장수요곡선 $D$에 직면하고 있는 독점기업이 $P_{X_M}$의 단일가격으로 $x_M$만큼을 공급할 때 빗금쳐진 면적의 생산자잉여를 얻지만 옅은 검은 음영의 면적만큼의 소비자잉여가 여전히 남게 된다. 시장지배력을 지닌 독점기업이 이 소비자잉여마저 남김없이 차지하기 위하여 가격차별을 한다면 독점기업은 상품 각 단위에 대하여 소비자가 지불할 용의가 있는 최대가격(즉 수요가격)을 받고 판매할 것이며, 이를 **1급가격차별**(the first-degree price discrimination) 또는 **완전가격차별**(perfect price discrimination)이라고 부른다. 1급가격차별을 실시하는 경우 상품 1단위를 판매할 때마다 수요가격만큼의 수입이 추가되기 때문에 시장수요곡선은 한계수입곡선으로 바뀌고 이윤극대화를 위한 공급량은 $x^*$가 된다. 물론 공급량의 마지막 단위에 대해서는 $P_X{}^*$의 가격이

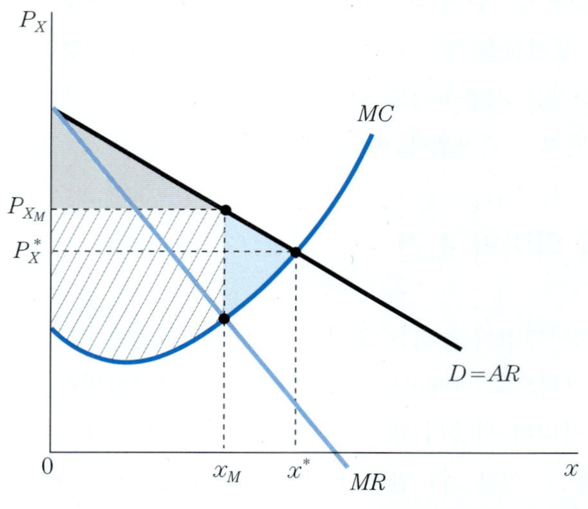


**그림 11-11 독점기업의 1급가격차별**
독점기업이 상품 각 단위에 대하여 소비자가 지불할 용의가 있는 최대금액을 받고 판매할 때 총잉여는 모두 독점기업에게 귀속되고 독점의 자중손실은 사라진다.

부과된다.

1급가격차별이 실시되었을 때 소비자잉여와 생산자잉여는 각각 어떻게 변하겠는가? 〈그림 11-11〉에서 명백하게 알 수 있는 것처럼 독점기업은 상품 각 단위에 대하여 소비자가 지불할 용의가 있는 최대의 금액을 가격으로 부과하기 때문에 남아 있던 소비자잉여가 모두 생산자잉여로 바뀌어 소비자잉여는 0이 된다. 또한 옅은 파란 음영으로 표시된 삼각형 면적이 생산자잉여로 추가되기 때문에 결국 $x^*$ 만큼이 시장에 공급될 때 총잉여는 모두 독점기업에게 귀속된다. 따라서 1급가격차별은 분배의 측면에서 극단적인 불공평을 초래한다고 볼 수 있다. 한 가지 특기할 것은 1급가격차별이 실시되면 그림에서 옅은 파란 음영으로 표시된 삼각형 면적의 자중손실은 완전히 사라지게 된다. 그러나 1급가격차별의 실시로 인한 효율성의 회복은 분배의 불공평이라는 비용을 지불한 결과이다.

독점기업이 1급가격차별을 실시할 수 있으려면 시장수요곡선에서 소비자의 지불용의금액에 관한 정확한 정보를 지녀야 한다. 그렇지만 이러한 정보를 얻기는 대단히 어렵기 때문에 현실에서 1급가격차별을 실시하는 독점기업을 발견하기는 불가능하다.

## 2급가격차별

개별 소비자의 수요곡선에 관한 정확한 정보가 없더라도 독점기업은 소비자 앞에 몇 가지 대안을 제시하고 소비자 스스로 자신의 지불용의금액의 크기에 따라 한 가지를 선택하게 함으로써 가격차별을 할 수 있으며, 이러한 유형의 가격차별을 **2급가격차별**(the second-degree price discrimination)이라고 한다. 대부분의 2급가격차별은 소비자의 구입량에 따라 단위당 가격을 달리 정하는 **수량의존적 가격설정**(quantity-dependent pricing)의 형태를 띠게 된다.

수량의존적 가격설정에 의한 2급가격차별을 예시하기 위해서 독점시장에는 〈그림 11-12〉에 표시된 $d_A$와 $d_B$의 수요곡선을 지닌 두 명의 소비자 A와 B가 있다고 가정하자. 그렇지만 독점기업은 어느 소비자가 어떤 수요곡선을 지니고 있는가에 관한 정보는 모른다고 하자. 이 경우 지불용의금액에 따라 가격차별을 할 수 없는 독점기업이 $P_{X_1}$의 단일가격을 부과한다면 소비자 A와 B는

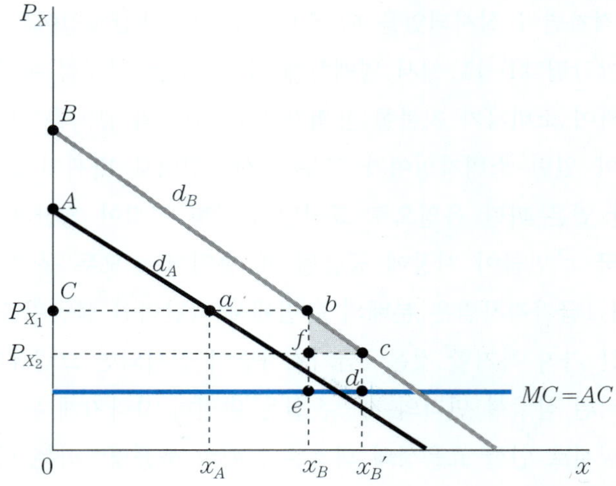


**그림 11-12 독점기업의 2급가격차별: 구간가격설정**

각 소비자의 수요곡선을 모르는 독점기업이 단일가격 $P_{X_1}$을 부과할 때 $d_A$와 $d_B$의 수요곡선을 지닌 소비자 A와 B는 각각 $x_A$와 $x_B$만큼을 구입한다. 그러나 처음 $x_B$까지는 $P_{X_1}$의 가격을 받지만 추가 구입에 대해서는 $P_{X_2}$의 낮은 가격을 받는다는 구간가격설정을 실시할 때 소비자 A는 '$P_{X_1}$의 가격으로 $x_B$까지 구입한다.'는 선택을 하고 소비자 B는 '$x_B$만큼 구입 후 $P_{X_2}$의 가격으로 $x_B' - x_B$만큼을 추가 구입한다.'는 선택을 함으로써 2급가격차별이 이루어지게 된다.

각각 $x_A$와 $x_B$만큼을 구입해서 삼각형 $AaC$와 $BbC$ 면적만큼의 소비자잉여를 얻고 독점기업은 $(P_{X_1} - MC) \cdot (x_A + x_B)$의 생산자잉여를 얻게 된다. 그런데 이 독점기업이 $x_B$의 구입량까지는 단위당 $P_{X_1}$을 받지만 이를 초과하면 $P_{X_2}$의 낮은 가격을 받는다면 어떻게 될 것인가?

지불용의금액이 낮은 소비자 A는 $P_{X_2}$의 낮은 가격에서도 $x_B$ 이상을 구입할 용의가 없기 때문에 독점기업의 새로운 가격설정에서도 여전히 $P_{X_1}$의 가격으로 $x_A$만큼만 구입한다. 그렇지만 소비자 A보다 지불용의금액이 높은 소비자 B는 $P_{X_1}$의 가격으로 $x_B$를 구입하고 $P_{X_2}$의 낮은 가격으로 $x_B' - x_B$만큼을 추가로 구입하므로 소비자 B의 잉여는 옅은 검은 음영으로 표시된 삼각형 면적만큼 증가하고 독점기업의 생산자잉여 역시 사각형 $fcde$의 면적만큼 증가한다.

〈그림 11-12〉에서 각 소비자의 수요곡선을 모르는 독점기업은 소비자들에게 '$P_{X_1}$의 가격으로 $x_B$까지 구입'과 '$x_B$만큼 구입한 후 $P_{X_2}$의 낮은 가격으로 추가 구입'이라는 두 가지 대안을 제시하고 각 소비자가 자신의 지불용의금액

의 크기에 따라 스스로 한 가지를 선택하도록 함으로써 2급가격차별을 하는 것이다. 이처럼 구입량을 몇 개의 구간으로 나누고 각 구간별로 다른 가격을 부과해서 소비자가 자신의 지불용의금액의 크기에 따라 구입량의 구간을 스스로 선택하게 하는 것을 **구간가격설정**(block pricing)이라고 하며, 구간가격설정은 수량의존적 2급가격차별의 대표적 예라고 할 수 있다. 또한 상품을 소량 구매할 때보다 대량 구매할 때 단위당 가격을 깎아주는 **수량할인**(quantity discount)도 수량의존적 가격설정에 의한 전형적인 2급가격차별이다. 소비자의 수요곡선에 관해서 정확한 정보를 지니고 있지 않은 독점기업은 수량할인을 통해서 소비자들에게 '높은 가격으로 소량 구입'과 '할인된 가격으로 대량 구입'이라는 두 가지 대안을 제시하며, 소비자는 두 가지 대안 중 한 가지를 선택해서 자신의 지불용의금액에 관한 정보를 노출하고 독점기업은 그 정보에 따라 2급가격차별을 하는 것이다.

2급가격차별에 관해서 특기할 만한 점은 〈그림 11-12〉에 나타나 있는 것처럼 1급가격차별과 달리 소비자잉여가 발생하고 단일가격을 부과할 때보다 시장거래량도 증가해서 독점으로 인한 자중손실은 감소하게 된다는 것이다. 독자들은 구간가격설정의 경우 구입량의 구간수가 늘어날수록 소비자잉여와 시장거래량도 증가하는 것을 확인하기 바란다.

독점기업에 의한 수량의존적 가격설정의 또 다른 예로는 2부가격제를 들 수 있다. 소비자행동을 분석할 때 이미 설명하였지만 2부가격제는 상품을 구입하려고 시장에 들어오는 소비자에게 먼저 일정한 금액(즉 입장료)을 내도록 한 다음 구입량에 가격을 곱한 금액(즉 사용료)을 추가적으로 받는 방법이다. 이동전화 서비스를 받으려면 먼저 가입비를 납부하고 이용시간에 따라 추가적 사용료를 내는 것, 헬스센터에서 회원권을 먼저 사게 한 다음에 이용할 때마다 따로 사용료를 받는 행위, 어린이대공원에서 놀이기구를 즐기기 위해서는 먼저 입장료를 내고 들어간 후에 놀이기구마다 별도의 요금을 내야 하는 것 등이 모두 2부가격제의 예들이다. 입장료는 상품의 구입량과 관계없이 고정되어 있으므로 2부가격제에서 상품 1단위당 소비자의 평균지출액은 소비량이 증가할수록 감소한다. 따라서 2부가격제 역시 시장지배력을 지닌 기업이 더 많은 잉여를 획득하기 위해서 실시하는 수량의존적 가격설정에 의한 2급가격차별이라고 간주해도 무방하다.

2부가격제에서 독점기업이 이윤극대화를 위한 입장료와 상품의 가격을 어떻게 정하는지 살펴보기 위하여 한계비용은 항상 일정하고 독점기업은 $d$로 표시된 수요곡선을 갖는 1명의 소비자만을 상대한다고 가정하자.

이 경우 이윤의 극대화를 위한 입장료와 가격은 손쉽게 구할 수 있다. 가격을 한계비용과 일치하는 $P_{X_1}$에서 정하면 소비자는 $x_1$만큼 구입하여 삼각형 $AaB$만큼의 소비자잉여를 얻게 되며, 이 소비자잉여는 독점기업이 부과할 수 있는 최대의 입장료가 된다. 왜냐하면 소비자잉여보다 입장료를 높게 받는다면 소비자는 아예 시장에 입장하지도 않을 것이기 때문이다. 가격을 $P_{X_2}$로 정하여 삼각형 $AbC$만큼의 소비자잉여를 입장료로 부과하는 경우 이윤은 삼각형 $abc$만큼 감소하며, 가격을 한계비용보다도 낮은 $P_{X_0}$으로 정할 때는 사각형 $BafD$의 면적만큼 입장료를 더 받을 수 있는 대신에 단위당 $P_{X_1}-P_{X_0}$만큼 사용료의 손실을 보기 때문에 이윤은 삼각형 $aef$의 면적만큼 감소한다. 따라서 가격을 $P_{X_1}$로 정하고 삼각형 $AaB$의 면적만큼을 입장료로 부과할 때 독점기업의 이윤은 극대화되고 시장의 모든 잉여는 독점기업이 수취하게 된다.

그러나 현실에서 독점기업은 수요곡선이 서로 다른 많은 소비자를 상대할

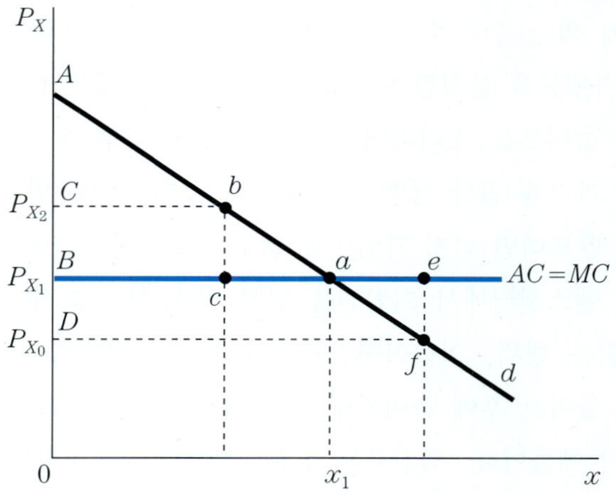


**그림 11-13 독점기업의 2부가격제: 소비자가 1명인 경우**
$d$의 수요곡선을 지닌 어느 1명의 소비자에 대하여 가격을 한계비용과 일치하도록 $P_{X_1}$에서 정하면 소비자는 상품을 $x_1$만큼 구입하여 삼각형 $AaB$만큼의 소비자잉여가 발생하는데, 이 소비자잉여를 입장료로 부과하면 독점기업은 소비자잉여를 모두 생산자잉여로 바꿀 수 있다.

뿐 아니라 각 소비자의 지불용의금액을 알 수가 없기 때문에 〈그림 11-13〉과 같은 2부가격제의 실시로 소비자잉여를 모두 자신의 잉여로 바꿀 수는 없다. 그렇지만 이 경우에도 독점기업은 소비자에게 몇 가지의 2부가격제를 소비자에게 제시하고 소비자 스스로 한 가지를 선택하게 함으로써 한 가지의 2부가격제만 실시할 때보다 높은 생산자잉여를 얻을 수 있으며, 이동통신사가 소비자에게 여러 가지 요금제를 제시하는 것은 바로 이에 가깝다고 할 수 있다. 다음의 예를 보기로 하자.

**예 11-3　이동통신사의 음성통화요금제**

어떤 이동통신사의 통화서비스를 이용하는 소비자들은 수요가 적은 A형과 수요가 많은 B형으로 구분될 수 있고 각 유형별로 수요곡선은 〈그림 11-14〉의 $D_A$와 $D_B$와 같다고 하자. 그리고 A형과 B형 소비자의 수는 동일하고 통화서비스 공급의 한계비용은 공급량에 관계없이 항상 일정하다고 가정하자.

이동통신사가 각 소비자의 유형을 정확하게 안다면 단위시간당 사용요금을 한계비용과 같은 $P_{X_1}$로 정하고 A형과 B형 소비자에게 각각 삼각형 $AaC$의 면적과 삼각형 $BbC$ 면적만큼의 기본요금을 부과할 때 이윤은 극대화된다. 그러나 소비자의 유형에 관한 정보가 전혀 없다면 어떻게 할 것인가? 한 가지 방법은 사용요금을 여전히 한계비용과 같게 $P_{X_1}$로 정하고 삼각형 $AaC$의 면적만큼을 모든 소비자에게 기본요금으로 부과하는 것이며, 이때 이동통신사의 소비자 일인당 이윤은 삼각형 $AaC$의 면적이 된다. 그렇지만 이는 이윤극대화의 방법이 아니다. 왜냐하면 사용요금을 $P_{X_1}$보다 높은 $P_{X_2}$로 인상하고 기본요금은 삼각형 $AcD$로 인하할 때 A형 소비자의 경우 1인당 삼각형 $cae$의 면적만큼 이윤이 감소하지만 B형 소비자의 경우에는 1인당 사각형 $cdfa$의 면적만큼 이윤이 증가하여 전체 이윤은 증가하게 된다(A형과 B형 소비자의 수요 차이가 작을수록 이윤극대화를 위한 $P_{X_2}$와 $P_{X_1}$의 차이도 감소함).

그러나 삼각형 $AcD$ 면적만큼의 기본요금과 $P_{X_2}$의 사용요금으로 구성되는 2부가격제보다 이윤을 더 높일 수 있는 방법은 기본요금과 사용요금의 조합이 서로 다른 두 가지의 2부가격제를 제시하여 소비자가 한 가지를 선택하게 하는 것이다. 이동통신사가 제시할 수 있는 한 가지의 요금제(절약형이라고 하자)는 A형 소비자를 겨냥하여 삼각형 $AcD$의 기본요금과 $P_{X_2}$의 사용요금으로 구성되는 2부가격제이며, 다른 한 가지는 삼각형 $BbC$에서 사각형 $AcdB$를 뺀 나머지 부분보다 미세하게 낮게 정해진 기본요금과 $P_{X_1}$의 사용요금으로 구성되는 2부가격제로 B형 소비자를 염두에 둔 요금제(표준형이라고 하자)이다.

A형 소비자가 절약형 요금제를 선택하면 소비자잉여는 0이지만 표준형 요금제를 선택하면 소비자잉여는 음(−)이 된다. 그리고 B형 소비자는 절약형 요금제를 선택하면 사각형 $AcdB$ 면적만큼의 잉여를 얻지만 표준형 요금제를 선택하면 사각형 $AcdB$의 면적보다는 미세하게나마 높은 잉여를 얻을 수 있다. 따라서 이동통신사가 의도한 대로 A형 소비자는 절약형 요금제를 선택하고 B형 소비자는 표준형 요금제를 선택할 것이며, 이때 이동통신사는 A형 소비자 1인당 사각형 $AceC$ 면적의 이윤을 얻을 수 있고 B형 소비자로부터는 1인당 기본요금의 이윤을 얻는다. 따라서 삼각형 $AcD$면적의 기본요금과 $P_{X_2}$의 사용요금으로 구성되는 2부가격제 한 가지만을 요금제로 제시할 때보다 절약형과 표준형의 두 가지 요금제를 제시하여 소비자가 한 가지를 선택하게 할 때 A형 소비자 1인당 이윤은 같지만 B형 소비자 1인당 이윤은 삼각형 $dbf$의 면적만큼 증가한다.

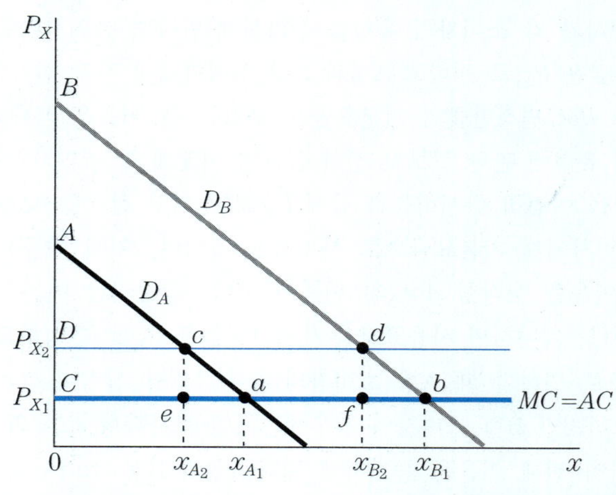


**그림 11-14 이동통신사의 음성통화요금제**

음성통화서비스에 대한 소비자의 수요곡선이 $D_A$와 $D_B$ 중 어떤 것인지 모르는 경우 삼각형 $AcD$의 기본요금과 $P_{X_2}$의 사용요금으로 구성되는 요금제, 삼각형 $BbC$에서 사각형 $AcdB$를 뺀 나머지 부분보다 미세하게 낮게 정해진 기본요금과 $P_{X_1}$의 사용요금으로 구성되는 요금제 중 한 가지를 소비자가 선택하게 할 때 단일요금제를 실시하는 경우보다 이윤이 증가한다.

## 장애물 가격차별: 2급가격차별의 한 유형

독점기업은 소비자 앞에 일종의 장애물을 설치하고 그것을 뛰어넘는 소비자에게는 낮은 가격을 매기는 경우가 있는데, 이를 **장애물 가격차별**(hurdle price discrimination)이라고 한다. 한 가지 예로서 지정된 쿠폰을 가져오는 소비자에게 가격을 할인해 주는 것을 들 수 있으며, 이때 신문이나 잡지의 광고란을 읽고 가위로 쿠폰을 오려서 지갑에 간직한 다음에 유효기간에 맞추어 상점으로 간다는 것은 매우 귀찮은 장애물일 수 있다. 독점기업은 이러한 장애물을 뛰어넘는 소비자에게는 그렇지 않는 소비자보다 수요의 가격탄력성이 높다고 판단하여 낮은 가격을 받는 것이다. 이러한 장애물 가격차별은 개별 소비자의 수요곡선에 관하여 정확한 정보를 지니지 못한 독점기업이 어떤 장애물을 설치하여 소비자들에게 '장애물을 뛰어넘고 낮은 가격으로 구입'과 '장애물을 뛰어넘지 않고 높은 가격으로 구입'이라는 두 가지 대안을 제시하고 소비자가 스스로 한 가지를 선택하도록 하는 것이라고 볼 수 있으며, 이러한 점에서 장애물 가격차별은 2급가격차별의 한 유형이라고 할 수 있다.

우리는 주변에서 동일한 상품에 대해 언제 구입하는가에 따라 다른 가격이 매겨지는 경우를 볼 수 있다. 백화점에서 똑같은 상품을 바겐세일기간에 저렴하게 파는 것, 세계적으로 유명한 연주가의 명연주가 수록된 음반이 처음에 비싼 가격으로 판매되다가 시간이 경과하면 포장만 약간 바꾸어 낮은 가격에 판매되는 것 등이 바로 그러한 경우이다. 이와 같이 구입시점별로 가격이 달라지는 것을 **시점별 가격차별**(intertemporal price discrimination)이라고 할 수 있는데, 이 역시 장애물 가격차별이고 이때 장애물은 '기다림'이라고 할 수 있다. 즉 시장지배력을 지닌 기업은 소비자가 '기다리지 않고 높은 가격으로 즉시 구입'과 '기다림의 장애물을 뛰어넘은 후 낮은 가격으로 구입'이라는 대안 중 하나를 선택하도록 하여 2급가격차별을 하는 것이다. 그렇지만 구입시점이 서로 다른 상품은 동일한 물리적 특징을 지녔더라도 별개의 상품으로 간주될 수 있으므로 시점별 가격차별은 엄밀한 의미에서 가격차별이 아니라고 할 수 있다.

### 예 11-4 왜 똑같은 영화를 개봉관에서 보는 것보다 재개봉관에서 보는 것이 싼가?

흥행에 성공하였다고 평가되는 영화의 배급경로를 살펴보면 흥미로운 공통점을 발견할 수 있다. 처음에는 관람료가 비싼 개봉관에서 영화를 상영하다가 하루에 입장하는 관람객의 수가 현저하게 감소하기 시작하면 다소 낮은 관람료를 받는 재개봉관으로 상영장소를 이동한다. 그리고 상당한 기간이 경과한 후에는 대여가 가능한 비디오테이프의 형태로 바꾸어서 영화관람의 서비스를 더욱 저렴한 가격으로 공급한다. 이러한 영화의 배급경로는 시점별 가격차별을 반영하는 것이며, 하루라도 빨리 영화를 보고 싶은 사람들은 비싼 관람료를 내더라도 개봉관을 이용하고 한참을 기다리더라도 저렴한 가격으로 영화를 보고 싶은 사람들은 재개봉관을 이용하든지 아니면 더 기다린 후에 비디오테이프를 빌릴 것이다.

〈그림 11-15〉는 영화배급업자의 시점별 가격차별을 나타내고 있다. 그림에서 $d_A$는 개봉되자마자 영화를 보려고 하는 소비자 A의 영화관람에 대한 수요곡선이고 $d_B$는 상당한 기간이 지난 후 영화를 관람해도 별 상관이 없는 소비자 B의 수요곡선이다. 영화관람 공급의 한계비용은 항상 일정하다고 가정할 때, 기다림의 장애물을 넘기 싫은 소비자 A는 $P_{X_A}$의 높은 관람료를 받는 개봉

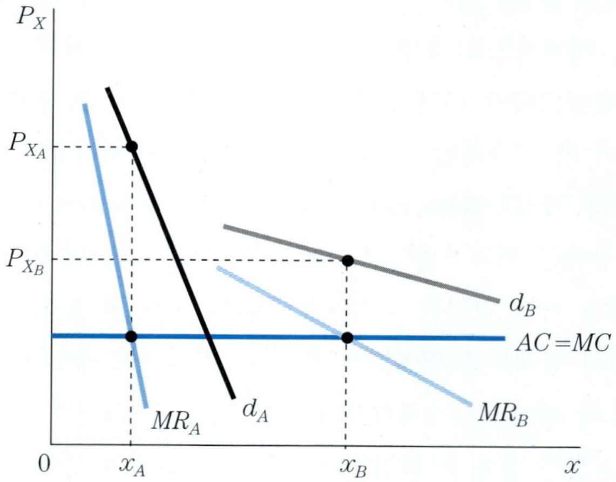


**그림 11-15 영화배급업자의 시점별 가격차별**

영화를 남보다 빨리 보고 싶은 소비자 A는 개봉관에서 $P_{X_A}$의 높은 관람료를 지불하며, 상당한 기간을 기다린 소비자 B는 재개봉관 또는 비디오테이프 대여점에서 $P_{X_B}$의 낮은 관람료를 지불한다. 이러한 시점별 가격차별은 '기다림'이 장애물로 설치된 장애물 가격차별이라고 할 수 있다.

관에서 영화를 관람할 것이고 소비자 B는 기다림의 장애물을 넘어서 재개봉관에서 $P_{X_B}$의 낮은 관람료를 내고 영화를 볼 것이다.

## 3급가격차별

소비자가 지니고 있는 어떤 특징은 정확하지는 않더라도 그 소비자의 지불용의금액, 수요의 가격탄력성 등에 관한 정보를 담고 있다. 예를 들어 은퇴한 노인들은 중장년의 직장인보다 일반적으로 소득이 적고 상품가격을 비교하려고 이곳저곳을 돌아볼 시간이 많기 때문에 상대적으로 탄력적 수요를 지니고 있고 지불용의금액도 낮은 편이라고 추측할 수 있다. 이러한 추측에 따라 독점기업은 소비자를 중장년층과 노령층으로 구분하여 서로 다른 가격을 부과하는 가격차별을 할 수 있다.

이와 같이 관찰이 가능한 소비자의 어떤 특징이 지불용의금액, 수요의 가격탄력성 등 관찰 가능하지 않은 정보와 연관성이 있을 때 그 특징을 갖고 있는지 여부에 따라 소비자들을 2개 이상의 그룹으로 구분한 후 각 그룹의 수요곡선을 예측하여 서로 다른 가격을 매기는 것을 **3급가격차별**(the third-degree price discrimination)이라고 한다. 학생과 노인에 대해서 지하철요금을 할인하는 것, 동네 이발관에서 성인 이발요금이 아이보다 높은 것, 가전제품이 해외보다 국내에서 비싸게 팔리는 것 등은 이러한 3급가격차별의 예라고 할 수 있다. 소비자들을 특징에 따라 몇 개의 그룹으로 나눈다는 것은 곧 시장을 몇 개로 분할한다는 것을 의미하므로 3급가격차별은 시장분할에 의한 가격차별이라고 할 수 있다.

**예 11-5 TV의 가격비교**

우리나라 TV제조업체들은 미국, 중국 등의 해외시장에서 일본업체들과 치열한 가격인하 경쟁을 벌이고 있다. 가격전쟁을 시작한 것은 우리나라 업체에게 밀려 세계 TV시장에서 3위로 떨어진 일본업체이다. 이 업체는 2008년 초부터 본격적으로 가격을 내리기 시작하였고 우리나라 업체들도 이에 대응하여 가격인하 경쟁에 뛰어들고 있다.

이와 같이 해외 TV시장에서는 많은 업체들이 치열한 경쟁을 벌이고 있는 반면 국내 TV시장은 세계 TV시장의 판매량과 매출액에서 모두 1위와 2위를 기록 중인 두 국내 TV제조업체가 거의 점유하고 있기 때문에 그 수요의 가격탄력도는 해외시장보다 낮아서 동일한 제품이라도 국내의 판매가가 해외보다 높다.

가격비교 웹사이트에 들어가 보면 55인치 3D LED TV의 경우 2011년 2월 현재 동일한 제품이 우리나라에서는 340여 만원에 판매되고 있지만 미국에서는 1,880달러(약 220만원)에 판매되고 있고 46인치 LCD TV의 경우 동일한 제품의 우리나라와 미국의 최저판매가가 각각 155만원과 825달러(약 95만원)로 나타나고 있다. 부가가치세, 2년간의 무상품질보증, 부품의 차이 등을 고려한다고 해도 우리나라 소비자들은 같은 TV를 미국보다 30% 이상 비싸게 구매한다고 할 수 있다.

독점기업의 3급가격차별을 이해하기 위해서 편의상 소비자들은 어떤 특징(예를 들어 학생 여부)에 따라 A와 B의 두 그룹으로 구분될 수 있다고 가정하자. 3급가격차별을 실시하려는 독점기업은 이윤극대화를 위해서 각 그룹에 대한 판매량과 가격을 어떻게 정할 것인가? 독점기업이 3급가격차별을 통해서 이윤을 높이려면 우선 각 그룹에 대한 판매량에서 마지막 단위의 한계수입이 서로 같도록 해야 한다. 왜냐하면 각 그룹의 한계수입이 다르다면 한계수입이 낮은 그룹에 판매하려던 상품 1단위를 한계수입이 높은 그룹에 판매함으로써 이윤을 높일 수 있기 때문이다. 즉 그룹 A와 B의 한계수입을 각각 $MR_A$와 $MR_B$라고 할 때 정해진 양의 상품을 $MR_A = MR_B$의 조건이 성립하도록 각 그룹에 나누어 판매해야 한다.

이윤극대화를 위한 전체 공급량은 두 그룹에서 일치하도록 정해진 한계수입과 한계비용이 같아지는 수준에서 결정된다. 만일 전체 산출량에서 한계수입이 한계비용과 일치하지 않는다면 산출량을 줄이거나 늘림으로써 이윤은 증가하게 된다. 따라서 3급가격차별을 실시하는 독점기업의 이윤극대화 조건은 다음과 같다.

$$MC = MR_A = MR_B \qquad (11-4)$$

위 식의 조건을 만족하는 3급가격차별과 가격차별을 하지 않는 경우를 비교하기 위해서 〈그림 11-16〉의 (a)와 (b)에는 독점기업이 예측하는 각 그룹의 수요곡선이 $D_A$와 $D_B$로 표시되어 있다. 그리고 (c)에는 두 수요곡선을 수평으로 합한 시장수요곡선 $D$가 표시되어 있다. 가격이 $P_{X_0}$보다 높을 때 그룹 B의 수요만 시장에 나타나고 그보다 낮을 때는 그룹 A의 수요도 시장에 나타나기 때문에 점 $a$에서 굴절하는 시장수요곡선 $D$에 대한 한계수입곡선 $MR$은 〈그림 11-16〉의 (c)에 표시된 것처럼 산출량 $x_0$에서 불연속적이다. 가격차별을 하지 않는 경우 독점기업은 $MC=MR$의 조건을 만족시키는 공급량 $x_M$에 $P_{X_M}$의 단일가격을 부과하며, 각 소비자 그룹에 대한 판매량은 $x_A$와 $x_B$가 된다. 이 상태에서 독점기업이 3급가격차별을 한다면 〈그림 11-16〉의 (a)와 (b)에 표시된 것처럼 이윤극대화를 위해서 그룹 A에게는 $MR_A=MC$의 조건을 만족시키는 $x_A'$만큼을 $P_{X_A}$의 가격으로 판매하고 그룹 B에게는 $MR_B=MC$가 만족시키는 $x_B'$만큼을 $P_{X_B}$의 가격으로 판매한다.

소비자그룹 A와 B의 수요의 가격탄력도를 각각 $|E_A|$와 $|E_B|$로 표시할 때, 한계수입과 수요의 가격탄력도 사이의 관계를 표시하는 제8장의 식 (8-15)에 의해 $MR_A=P_{X_A}(1-1/|E_A|)$과 $MR_B=P_{X_B}(1-1/|E_B|)$의 관계가 성립하고 식 (11-4)의 $MR_A=MR_B$의 조건으로부터 $P_{X_A}(1-1/|E_A|)=P_{X_B}(1-1/|E_B|)$의 관계를 얻을 수 있다. 즉 3급가격차별이 실시될 때 각 그룹에 매겨지는 가격 사이에는 다음과 같은 관계가 성립하는 것이다.

$$\frac{P_{X_A}}{P_{X_B}}=\frac{(1-1/|E_B|)}{(1-1/|E_A|)} \tag{11-5}$$

식 (11-5)에서 $|E_A|>|E_B|$이면 $P_{X_A}<P_{X_B}$이고 $|E_A|<|E_B|$이면 $P_{X_A}>P_{X_B}$의 관계가 성립함을 알 수 있다. 또한 $|E_A|=|E_B|$이면 $P_{X_A}=P_{X_B}$의 관계가 성립하여 두 그룹에 대하여 3급가격차별을 실시할 수 없게 된다. 〈그림 11-16〉에서 독점기업이 가격차별을 하지 않을 때의 이윤극대화를 위한 가격 $P_{X_M}$에서 수요의 가격탄력도는 그룹 A가 그룹 B보다 높다. 이 때문에 독점기업은 수요의 가격탄력도가 높은 그룹 A에게는 단일가격 $P_{X_M}$보다 낮은 $P_{X_A}$의 가격을 받고 그룹 B에게는 $P_{X_B}$의 높은 가격을 부과하는 3급가격차별을 실시하는 것이다.

단일가격 부과와 3급가격차별을 후생의 관점에서 비교하여 보기로 하자. 독점기업은 언제라도 다시 단일가격을 부과할 수 있으므로 3급가격차별의 실시

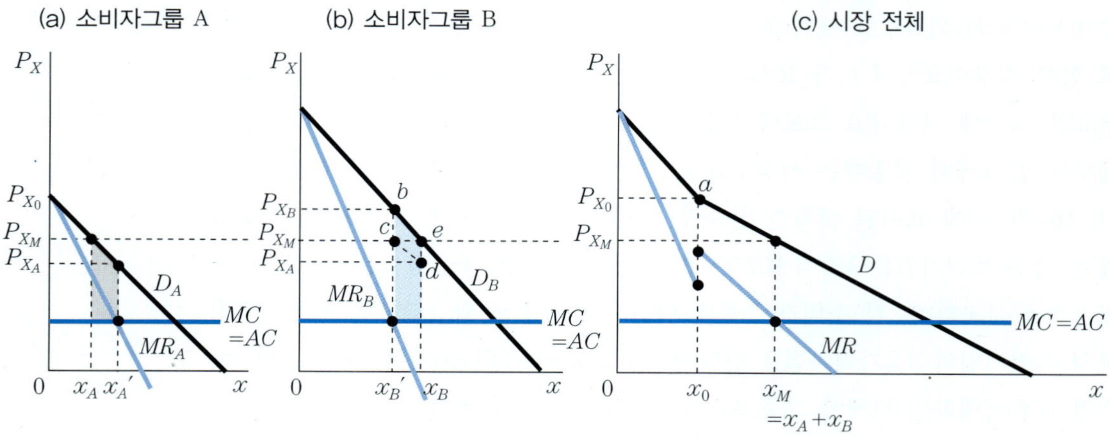


**그림 11-16 독점기업의 3급가격차별**

독점기업이 소비자들을 어떤 특징에 따라 A와 B의 두 그룹으로 구분하고 수요곡선을 각각 $D_A$와 $D_B$로 예측하여 3급가격차별을 실시할 때, 그룹 A에게는 $MR_A=MC$의 조건을 만족시키는 $x_A'$ 만큼을 $P_{X_A}$의 가격으로 판매하고 그룹 B에게는 $MR_B=MC$가 만족되는 판매량 $x_B'$과 $P_{X_B}$의 가격을 부과함으로써 이윤의 극대화를 이룰 수 있다. 이윤극대화의 단일가격 $P_{X_M}$에서 수요의 가격탄력도는 그룹 A가 그룹 B보다 높기 때문에 $P_{X_A}$는 $P_{X_B}$보다 낮게 정해진다. 수요곡선이 직선인 경우 3급가격차별의 실시로 총잉여는 감소한다.

로 이윤이 감소할 수는 없다. 3급가격차별 때문에 인상된 가격을 지불해야 하는 그룹 B의 소비자잉여는 감소하지만 가격이 인하된 그룹 A의 소비자잉여는 증가한다. 그렇다면 시장 전체의 소비자잉여와 총잉여는 어떻게 변할 것인가?

〈그림 11-16〉과 같이 수요곡선이 직선이라면 3급가격차별이 실시되어도 가격차별을 하지 않는 경우와 비교하여 시장 전체의 공급량에 아무 변화가 없다. 즉 가격인상으로 인한 그룹 B의 판매량 감소폭 $x_B-x_B'$은 가격인하로 인한 그룹 A의 판매량 증가폭 $x_A'-x_A$와 같다. 독점기업이 단일가격 $P_{X_M}$을 매기는 경우 각 소비자그룹은 마지막 단위의 소비에서 똑같이 그 단일가격만큼의 한계편익을 얻는다. 그러나 3급가격차별의 실시로 시장 전체의 공급량은 불변이지만 각 소비자그룹의 마지막 단위 소비에 대한 한계편익(즉 지불용의금액)이 서로 달라지기 때문에 시장 전체의 소비자잉여는 단일가격을 매기는 경우보다 감소한다. 이와 같이 3급가격차별은 소비자그룹 사이에 일종의 벽을 쌓아서 소비의 비효율적 배분을 초래한다.

그렇다면 총잉여는 어떻게 변할 것인가? 〈그림 11-16〉의 (a)에서 그룹 A에게는 단일가격 $P_{X_M}$보다 낮은 $P_{X_A}$의 가격이 부과되어 판매량은 $x_A'$로 증가하기 때문에 그룹 A로 구성된 시장의 총잉여는 옅은 검은 음영으로 표시된 면적만큼 증가하며, (b)에서 그룹 B는 $P_{X_B}$의 높은 가격을 지불하기 때문에 총잉여는 옅은 파란 음영으로 표시된 면적만큼 감소한다. 그런데 $x_A' - x_A = x_B - x_B'$이기 때문에 시장 전체의 총잉여는 (b)에 표시된 사각형 $bcde$의 면적만큼 감소하게 된다. 이와 같이 수요곡선이 직선인 경우 3급가격차별을 실시하면 단일가격을 부과할 때보다 생산자잉여는 증가하더라도 시장 전체의 소비자잉여가 감소하기 때문에 총잉여는 감소한다.

## 묶어 팔기: 넓은 의미의 가격차별

현실에서 높은 시장지배력을 지닌 기업이 두 가지 이상의 상품을 공급하는 경우를 흔히 볼 수 있으며, 그 상품들은 소비에 있어서 서로 대체관계에 있을 수도 있고 보완관계에 있을 수도 있다. 어느 독점기업이 두 가지 상품을 공급하고 소비자들은 그 상품들을 대체재로 여긴다고 할 때, 독점기업은 한 가지 상품의 가격을 높이면 다른 상품의 판매량이 증가하는 것을 알기 때문에 각 상품의 가격을 한 가지 상품만 공급하는 경우보다 높게 정할 것이다. 물론 독점기업이 공급하는 두 가지 상품이 소비에 있어서 보완관계에 있다면 각 상품의 가격은 한 가지 상품만 공급할 때보다 낮게 정해진다.

두 가지 이상의 상품을 공급하는 독점기업은 이들 상품을 함께 묶어서 판매하는 경우가 있으며, 이러한 판매전략을 묶어 팔기라고 한다. 자동차생산자가 각종 편의 및 안전장치를 묶어서 판매하는 행위, PC판매자가 본체, 키보드, 스크린을 묶어서 판매하는 행위, 음식점에서 여러 가지 요리들을 한 세트로 판매하는 행위 등 묶어 팔기는 우리 주위에서 보편적으로 관찰된다. 그렇다면 시장지배력을 지닌 기업이 묶어 팔기를 하는 이유는 무엇인가? 자동차, PC 등과 같이 여러 가지 상품을 조합해야만 소비가 가능한 경우 소비자보다는 공급자가 효율적으로 조합할 수 있다는 것도 묶어 팔기의 한 이유가 될 수 있다. 그렇지만 묶어 팔기는 기본적으로 더 많은 소비자잉여를 생산자잉여로 바꾸려는 독점기업의 판매전략이다.

소비에 있어서 대체관계도 아니고 보완관계도 아닌(즉 독립적 관계) 두 가지 상품 $X$재와 $Y$재를 공급하는 독점기업이 있다고 하자. 분석을 간단히 하기 위해서 두 상품 모두 생산의 한계비용은 항상 15원으로 일정하고 시장에는 A, B와 C의 세 소비자만 있다고 가정하자. 또한 이 독점기업은 소비자의 정확한 지불용의금액을 알고 있지만 가격차별을 할 수는 없다고 할 때 각 소비자의 $X$재와 $Y$재에 대한 지불용의금액은 〈표 11-1〉에 표시되어 있다. 이 독점기업이 두 상품을 묶어 팔지 않고 개별적으로 판매한다면 이윤극대화의 가격은 얼마가 될 것인가? 만일 $X$재 가격을 100원으로 정한다면 소비자 A만 구입하여 이윤은 85원이 되고 60원으로 판매한다면 소비자 A와 B 모두 구입하여 이윤은 90원이 된다. $Y$재의 경우에도 동일하므로 개별 판매를 한다면 두 상품 모두 60원을 받고 소비자 A와 B에게 판매할 때 이윤극대화가 이루어지며, 이때 총이윤은 180원이 된다.

개별 판매를 할 때 소비자잉여가 발생하는 이유는 세 소비자로 구성된 시장의 수요곡선이 음(−)의 기울기를 지니기 때문이다. 따라서 독점기업이 보다 많은 소비자잉여를 생산자잉여로 바꾸기 위한 방법은 각 소비자의 지불용의금액이 거의 비슷해지도록 두 상품을 묶어서 마치 단일상품처럼 판매하는 것이다. $X$재와 $Y$재가 소비에 있어서 독립적 관계에 있기 때문에 〈표 11-1〉에 표시한 것처럼 두 상품을 묶어 팔 때의 지불용의금액은 각 상품을 개별적으로 판매할 때의 지불용의금액을 단순히 합한 것이다. 〈표 11-1〉에서 각 상품에 대한 지불용의금액은 소비자 사이에 음(−)의 상관관계를 지니기 때문에(즉 소비자 A는 $X$재에 대한 지불용의금액이 높고 $Y$재에 대한 지불용의금액은 5원이며, 소비자 C는 그 반대임) 묶어 팔 때의 지불용의금액은 소비자마다 거의 비슷하게 된다. 따라서 독점기업이 두 상품을 묶어서 105원에 판매한다면 세 소비자 모두 구입할 것이고 독점기업의 이윤은 225원(315원에서 생산비용 90원을 뺀 나머지)이 되어 개별 판매할 때보다 45원이 증가한다. 당연한 설명이지만 각 상품에 대한 지불용의금액이 소비자 사이에 양(+)의 상관관계를 지닌다면 두 상품을 묶어

**표 11-1 소비자 A, B, C의 $X$재와 $Y$재에 대한 지불용의금액**

| | $X$재 | $Y$재 | $X$재, $Y$재 모두 |
|---|---|---|---|
| 소비자 A | 100원 | 5원 | 105원 |
| 소비자 B | 60원 | 60원 | 120원 |
| 소비자 C | 5원 | 100원 | 105원 |

서 만든 새 상품에 대한 시장수요곡선은 여전히 음(−)의 기울기를 지니므로 묶어 팔아도 이윤은 증가하지 않는다.

〈표 11−1〉에서 소비자 A는 $Y$재에 대하여 그리고 소비자 C는 $X$재에 대하여 한계비용보다도 낮은 지불용의금액을 갖고 있으므로 소비자 A에게는 $Y$재를 판매하지 않고 소비자 C에게는 $X$재를 판매하지 않는 것이 이윤을 더 높일 수도 있다. 이와 비슷한 상황에서 독점기업은 묶어 팔기와 개별 판매를 동시에 실시하기도 하는데, 이를 **혼합 묶어 팔기**(mixed bundling)라고 한다. 식당에서 여러 가지 요리들을 한 세트로 판매하면서 한편으로 단품으로도 판매하는 것, 놀이공원에서 각 놀이기구마다 따로 요금을 받으면서 모든 놀이기구를 마음대로 이용할 수 있는 자유이용권도 판매하는 것 등이 바로 혼합 묶어 팔기이다.

〈표 11−1〉의 독점기업이 혼합 묶어 팔기를 실시하여 두 상품을 묶어서 120원에 팔기도 하지만 각 상품 모두 100원에 개별 판매도 한다고 하자. 소비자 B는 여전히 묶음을 구입하지만 소비자 A는 거의 쓸모없는 $Y$재를 구입하지 않고 $X$재만 구입하고 소비자 C는 $Y$재만 구입한다. 이러한 혼합 묶어 팔기로 독점기업은 지불용의금액이 한계비용보다도 낮은 소비자에게 상품을 판매하지 않아도 되기 때문에 묶어 팔기만을 할 때보다 독점기업의 이윤은 35원 증가하여 260원이 된다. 혼합 묶어 팔기는 묶음을 사는 소비자와 단품을 사는 소비자에게 서로 다른 가격을 매기는 것이므로 일종의 가격차별이라고 할 수 있다.

## 11.6 수요독점과 쌍방독점

### 수요독점

시장지배력은 공급자만 지니는 것이 아니며, 시장에 소수의 수요자가 존재할 때 수요자도 시장지배력을 갖게 된다. 특히 어떤 상품의 수요자가 한 명 존재하는 극단적인 경우를 **수요독점**(monopsony)이라고 부른다. 예를 들면 국방부는 군복의 수요독점자라고 할 수 있다. 요소시장에서도 수요독점이 발생할 수 있으며, 프로운동선수의 노동시장이 하나의 예가 될 수 있다. 프로운동의 거의 모든 종목에서는 일반적으로 운동선수들을 일괄적으로 수요하여 각 구단에 배분하는 역할을 맡는 카르텔이 형성되어 있고 선수들은 카르텔이 지정하는 구단에 소속된다. 선수들은 일정기간이 경과하여 자유계약선수로 공시된 후에만 자신이 원하는 구단과 자유롭게 임금 등에 관한 협상을 벌일 수 있게 된다. 이러한 점에서 프로운동선수의 노동시장은 수요독점적 성격이 강하다고 볼 수 있으며, 그 이유는 프로운동선수가 지닌 전문성에서 찾을 수 있다. 전문성이 높은 노동은 용도가 한정되기 때문에 그 노동시장은 수요독점적 성격을 지니는 경우가 많다. 이 절에서는 노동시장의 수요독점을 살펴보기로 한다.

〈그림 11-17〉에서 $S_L$은 노동의 시장공급곡선이다. 이제 노동시장에서 어느 한 기업이 노동수요를 독점한다고 하자. 노동시장이 완전경쟁시장인 경우 개별 기업은 임금의 수용자이지만 수요독점의 노동시장에서 수요독점자가 직면하는 노동공급곡선은 노동의 시장공급곡선 자체이며, 그 위에서 이윤극대화를 위한 노동의 고용량과 임금을 동시에 정하는 것이다. 노동의 수요독점자가 노동의 고용량을 늘리려면 노동의 시장공급곡선을 따라 임금을 높여야 하며, 노동의 고용량을 줄이면 노동의 시장공급곡선을 따라 임금을 낮출 수 있다. 따라서 수요독점자에게 노동의 시장공급곡선 $S_L$은 노동의 평균요소비용 $AFC_L$의 곡선이 된다.

그렇다면 노동을 1단위 더 투입할 때의 추가 비용인 노동의 한계요소비용 $MFC_L$은 무엇인가? $w$의 임금으로 $L$만큼의 노동을 고용하고 있는 수요독점자가 1단위의 노동을 더 고용한다면 임금은 노동의 시장공급곡선을 따라 $\Delta w/\Delta L$만큼 증가한다. 이에 따라 이미 고용한 $L$의 노동 각 단위에 대하여 $\Delta w/\Delta L$의 임금을 더 지불해야 하고 추가로 고용하는 노동 1단위에 대해서는 $w+\Delta w/\Delta L$의 임금을 지불해야 하므로 노동의 한계요소비용 $MFC_L$은 $w+\Delta w/\Delta L$과 $L\cdot(\Delta w/\Delta L)$의 합이다. 그런데 $\Delta w/\Delta L$는 무시해도 될 만큼 작기 때문에 $MFC_L$는 다음과 같다.

$$MFC_L = \frac{\Delta(wL)}{\Delta L} = w + L\frac{\Delta w}{\Delta L} \qquad (11\text{-}6)$$

위의 식에서 노동의 시장공급곡선의 기울기인 $\Delta w/\Delta L$은 0보다 크기 때문에 노동의 한계요소비용곡선 $MFC_L$은 〈그림 11-17〉과 같이 노동의 평균요소비용곡선 $AFC_L$보다 위에 위치한다.

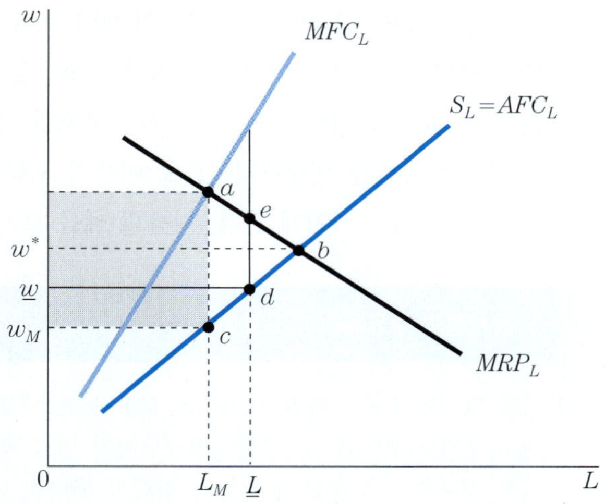


**그림 11-17 노동시장의 수요독점**
노동시장에서 수요독점자는 노동의 한계요소비용 $MFC_L$과 한계수입생산물 $MRP_L$이 일치하는 점 $a$에서 $L_M$만큼의 노동을 고용하고 $w_M$의 임금을 지급한다. 이때 옅은 검은 음영으로 표시된 사각형 면적만큼의 수요독점적 착취가 존재하며, 노동의 과소고용으로 인해 삼각형 $abc$의 면적만큼 비효율성이 발생한다.

〈그림 11-17〉에서 수요독점자는 노동투입량의 이윤극대화 조건인 $MRP_L = MFC_L$의 관계가 만족되는 점 $a$에서 $L_M$만큼의 노동을 고용하고 $w_M$의 임금을 지급한다. 수요독점의 경우 노동의 고용량 $L_M$에서 임금 $w_M$은 노동의 한계수입생산물 $MRP_L$보다 낮은데, 이는 **수요독점적 착취**(monopsonistic exploitation)를 의미하고 그 크기는 옅은 검은 음영으로 표시된 사각형의 면적이 된다. 또한 고용된 노동 $L_M$에서 노동수요의 사회적 한계편익(즉 $MRP_L$)이 노동공급의 사회적 한계비용(즉 $w_M$)보다 높기 때문에 노동의 과소고용으로 인한 비효율성이 존재하며, 그 크기는 삼각형 $abc$의 면적이다.

제8장에서 우리는 생산물 공급량에 관한 이윤극대화 조건인 $MR = MC$로부터 식 (8-17)의 역탄력도 가격설정을 도출하였다. 마찬가지로 $MRP_L = MFC_L$의 이윤극대화 조건과 식 (11-6)을 결합하여 **노동의 수요독점에 관한 역탄력도 가격설정**을 유도할 수 있다.

$$\frac{MRP_L - w}{w} = \frac{1}{E^S_{L,w}} \tag{11-7}$$

식 (11-7)은 수요독점적 착취의 정도(즉 노동의 한계수입생산물 $MRP_L$과 임금의 상대적 차이)가 노동공급의 임금탄력도 $E^S_{L,w}$의 역수라는 것을 의미한다. 노동시장이 완전경쟁시장인 경우 개별 기업이 직면하는 노동공급의 임금탄력도는 무한대이므로 $MRP_L = w$이고 수요독점적 착취는 존재할 수 없다. 그러나 연예인, 운동선수 등의 노동공급은 비탄력적이므로 이들의 노동시장에서 수요독점이 발생하면 수요독점적 착취는 커지게 된다. 다음의 예를 보기로 하자.

### 예 11-6 노동시장의 수요독점과 프로야구

고용주들이 서로 담합하여 수요독점적 위치를 갖고 있는 대표적인 예는 프로운동선수의 노동시장에서 찾아볼 수 있다. 1977년까지 미국 프로야구에서는 각 구단주가 자신이 처음으로 고용한 선수들에 관하여 배타적 권리를 행사하여 왔다. 즉 어떤 선수가 처음에 어떤 한 구단에 속하게 되면 이적을 위해 다른 구단과 개별적 교섭을 벌이는 것이 금지되었으며, 소속 구단과 임금 등에 관하여 불화가 생겼고 구단주의 제안을 받아들일 수 없을 때 유일한 대안은 프로야구계를 떠나는 것이었다. 소속 구단주만이 선수를 다른 구단으로 이적시킬 수 있었고 구단주는 원하면 언제든지 선수들을 해고할 수 있었다. 이러한 상황은 명백한 수요독점이었으며, 아무리 기량이 뛰어난 선수라고 해도 자신의 한계수입생산물보다 훨씬 낮은 임금을 받을 수밖에 없었다. 예를 들어 역대 최고의 투수 중에 하나로 꼽히는 쿠팩스(S. Koufax)는 1966년 한해 동안 소속 구단인 다저스에서 85만달러 만큼의 한계수입생산물을 올린 것으로 평가되었지만, 연봉은 고작 12만달러에 그쳤다.

그러나 1977년 미국 연방법원의 판결에 따라 한 구단에 속한 후에 일정기간이 경과하면 자유계약선수가 되어 높은 임금을 지급하려는 구단들과 협상을 통해 자유롭게 계약을 맺는 것이 허용되었다. 독자들은 이 판결 덕분에 많은 스타플레이어들의 계약금과 연봉이 순식간에 올랐으리라는 것을 쉽게 짐작할 것이다. 실제로 1977년과 1981년 사이에 미국 프로야구선수들의 평균연봉은 무려 144%가 올랐으며, 이는 주로 스타플레이어들의 연봉인상 때문이었다. 잭슨(R. Jackson) 같은 타자는 1976년까지 10만달러에 훨씬 못미치는 연봉을 받다가 1977년 자유계약선수가 되면서 양키스와 60만달러에 가까운 연봉계약을 맺을 수 있었다. 그 해 잭슨은 월드시리즈에서 양키스 우승의 원동력이 된 3개의 홈런을 터뜨렸으며, 이는 스타플레이어들의 연봉을 급격하게 상승시킨 기폭제가 되었다.

## 노동시장의 수요독점과 최저임금제

노동시장에서 수요독점자가 존재한다면, 최저임금제의 실시는 오히려 노동시장의 효율성을 높일 수도 있다. 노동시장의 수요독점을 나타내고 있는 <그림 11-17>에서 정부가 $\underline{w}$에서 최저임금을 정했다고 하자. 이 경우 노동을 $\underline{L}$만큼 고용할 때까지는 최저임금을 지불하면 되지만 그 이상 고용하기 위해서는 노동공급곡선을 따라 임금을 증가시켜야 한다. 따라서 수요독점자가 직면하게 되는 노동의 한계요소비용곡선은 $\underline{L}$까지는 $w=\underline{w}$의 수평선이지만 그 이상의 노동에 대해서는 원래의 한계요소비용곡선과 일치한다.

이처럼 최저임금제가 실시되면 수요독점자의 이윤극대화를 위한 노동의 투입량은 위에서 설명한 노동의 한계요소비용곡선과 한계생산물가치곡선 $MRP_L$이 교차하는 점 $e$에서 결정된다. 즉 최저임금제의 실시에 따라 수요독점자는 노동의 고용량을 $L_M$에서 $\underline{L}$로 증가시키고 $\underline{w}$의 임금을 지급한다. 또한 노동시장의 비효율성은 삼각형 $abc$의 면적에서 삼각형 $bde$의 면적으로 감소한다. 만일 정부가 $w^*$에서 최저임금을 정한다면, 노동시장의 비효율성은 완전히 제거되어 완전경쟁시장과 똑같은 상태가 되겠지만 지나치게 높게 정하는 경우에는 노동시장의 비효율성은 다시 증가할 수도 있다.

## 쌍방독점

**쌍방독점**(bilateral monopoly)은 시장의 수요와 공급이 모두 독점되는 경우를 의미한다. 생산물시장에서도 쌍방독점이 있을 수 있지만 여기에서는 노동시장의 쌍방독점을 살펴보기로 하자.

<그림 11-18>에서 어느 기업이 노동의 수요독점자가 된다면 이미 앞에서 살펴본 것처럼 $MRP_L=MFC_L$의 관계가 만족되는 점 $a$에서 $L_M$만큼의 노동을 고용하고 $w_M$의 임금을 지급하려고 할 것이다. 이제 이 노동시장에서 노동의 공급독점이 발생하였다고 하자. 노동의 공급독점에 관한 대표적인 예로서 클로즈드 숍(closed shop) 형태의 노동조합이 결성되어 고용주는 노동조합에 가입되어 있는 근로자만을 채용할 수 있는 경우를 들 수 있다.

노동공급의 독점자인 노동조합의 목적은 근로소득에서 노동공급의 비용(즉

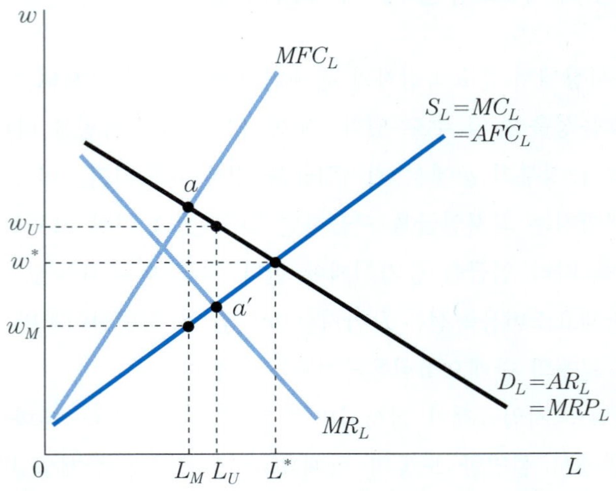


**그림 11-18 쌍방독점**

노동공급의 독점적 위치를 확보한 노동조합의 목적이 근로소득에서 노동의 기회비용을 뺀 나머지를 극대화하는 것이라면, 노동공급의 한계수입 $MR_L$과 한계비용 $MC_L$이 일치하는 점 $a'$에서 $L_U$와 $w_U$의 고용과 임금을 제안할 것이다. 동시에 이 노동시장에서 어느 기업이 노동의 수요독점자이면 $MRP_L = MFC_L$의 관계가 만족되는 점 $a$에서 $L_M$만큼의 노동을 고용하고 $W_M$의 임금을 지급하려고 할 것이다. 결국 쌍방의 교섭을 통해 고용은 $L_U$와 $L_M$ 사이에서 그리고 임금은 $w_U$와 $w_M$ 사이에서 결정되며, 최종적 결과는 쌍방의 교섭력 차이에 의존한다.

기회비용)을 뺀 나머지를 극대화하는 것이라고 가정할 때, 생산물시장의 독점기업을 분석할 때와 유사한 방법으로 노동조합의 행동을 분석할 수 있다. 노동공급의 독점자인 노동조합이 노동의 공급량을 정하면 노동수요곡선을 따라 임금이 정해진다. 이 때문에 근로소득을 노동고용량으로 나눈 **노동공급의 평균수입**(average revenue of labor supply)을 $AR_L$이라고 표시할 때, 노동수요곡선은 바로 노동공급의 평균수입곡선이 된다.

또한 노동을 1단위 추가로 공급할 때 근로소득의 증가폭인 **노동공급의 한계수입**(marginal revenue of labor supply)을 $MR_L$로 표시할 때, 독점기업의 경우와 마찬가지로 $MR_L = w + L \cdot (\Delta w / \Delta L)$이고 $\Delta w / \Delta L$은 노동수요곡선 $D_L$의 기울기이다. $\Delta w / \Delta L < 0$이기 때문에 노동공급의 한계수입곡선 $MR_L$은 노동수요곡선 $D_L$의 아래에 위치한다. 노동을 1단위 추가로 공급할 때 추가되는 비용인 **노동공급의 한계비용**(marginal cost of labor supply)을 $MC_L$로 표시한다면, 제5장과 제10장에서 설명한 것처럼 노동공급의 한계비용곡선 $MC_L$은 바로 노동

공급곡선 $S_L$이다. 근로소득에서 노동공급의 기회비용을 뺀 나머지를 극대화하기 위한 조건은 $MR_L = MC_L$이다. 따라서 노동조합은 노동공급의 한계비용곡선(즉 노동공급곡선) $MC_L$과 노동공급의 한계수입곡선 $MR_L$이 교차하는 점 $a'$에서 $w_U$의 임금을 받고 $L_U$만큼의 노동을 공급하려고 할 것이다.

앞에서 살펴본 것처럼 노동의 수요독점자인 기업은 $MRP_L = MFC_L$의 조건을 만족시키는 $L_M$과 $w_M$을 노동조합에게 제시하고 공급독점적 노동조합은 $MR_L = MC_L$의 조건을 만족시키는 $L_U$와 $w_U$를 기업에게 제시할 것이다. 결국 노동조합과 기업 사이의 교섭을 통해 고용은 $L_U$와 $L_M$ 사이에서 그리고 임금은 $w_U$와 $w_M$ 사이에서 결정된다. 쌍방의 교섭력이 대등하다면, 쌍방독점은 어떤 한쪽의 일방적 독점보다는 노동시장의 효율성을 높일 수도 있다. 예를 들어 노동조합과 기업이 협상을 통해 $w^*$의 임금과 $L^*$의 고용에 합의한다면, 쌍방독점으로 노동시장은 효율성을 되찾을 수도 있을 것이다. 그러나 노동시장에서 쌍방독점이 존재하는 경우 임금과 고용의 결정은 노동조합과 기업 사이의 교섭력에 달려 있기 때문에 그 최종적 결과를 미리 단정짓기는 어렵다.

## 요 약

1 독점의 발생원인은 규모의 경제, 핵심적 원자재 공급원의 독점적 소유, 법에 의한 독점권 부여 등이다. 독점기업이 직면하는 수요곡선은 시장수요곡선 자체이므로 시장수요곡선은 독점기업의 평균수입곡선이 된다.

2 가격결정자인 독점기업은 이윤극대화를 위하여 한계비용과 한계수입이 일치하는 수준에서 공급량을 결정하고 그 공급량을 소비자들이 수요할 수 있도록 시장수요곡선을 따라 독점가격을 정한다.

3 독점의 균형에서 가격은 한계비용보다 높기 때문에, 상품의 과소공급으로 자중손실이 발생한다. 독점으로 인해 소비자잉여의 상당한 부분이 독점기업에게 이전되므로 분배구조의 불공평이 증가할 수도 있다.

4 독점에 대한 정책은 독점기업의 행동을 제한하기 위한 행동교정과 시장구조 자체를 경쟁적으로 바꾸기 위한 구조교정으로 나뉜다. 독점의 비효율을 제거하기 위한 가격규제에는 한계비용가격설정과 평균비용가격설정이 있다.

5 자연독점에 대한 규제로는 가격규제 외에 수익률 규제, 배타적 계약의 체결 등을 들 수 있다.

6 독점기업은 더 많은 소비자잉여를 수취하기 위하여 여러 가지의 가격설정을 시도하며, 가격차별은 그 대표적 예이다. 상품 각 단위에 대하여 소비자가 지불할 용의가 있는 최대 가격을 받고 판매하는 것을 1급가격차별이라고 하며, 1급가격차별이 실시될 때 시장거래의 총잉여는 모두 독점기업에게 귀속된다.

7 여러 가지 대안을 제시하고 소비자 스스로 자신의 지불용의금액의 크기에 따라 한 가지를 선택하게 하여 이루어지는 가격차별을 2급가격차별이라고 한다. 2급가격차별이 실시될 때 소비자잉여의 일부는 잔존하며, 단일가격을 매기는 경우보다 시장의 공급량은 증가해서 독점의 자중손실이 감소할 수 있다.

8 관찰이 가능한 어떤 특징을 갖고 있는지 여부에 따라 소비자들을 2개 이상의 그룹으로 구분한 후 각 그룹의 수요곡선을 예측하여 서로 다른 가격을 매기는 것을 3급가격차별이라고 한다.

9 묶어 팔기는 두 가지 이상의 상품을 공급하는 독점기업이 이들 상품을 함께 묶어서 판매하는 것이며, 이 역시 더 많은 소비자잉여를 생산자잉여로 바꾸려는 독점기업의 판매전략이다.

10 시장에서 수요자가 한 명만 존재하는 경우를 수요독점이라고 한다. 노동시장의 수요독점기업의 경우 이윤극대화를 노동의 고용량에서 노동의 한계수입생산물이 한계

요소비용보다 높으므로 자중손실이 발생한다. 시장의 수요와 공급이 모두 독점되고 있는 쌍방독점의 경우 가격과 거래량에 관한 최종적 결과는 쌍방의 교섭에 따라 결정된다.

## 연습문제

**1** 어떤 기업의 생산함수가 $x = KL$이다. 이 기업이 독점기업이 될 수밖에 없는 이유를 설명하시오.

**2** $TC = 0.5x^2$의 총비용곡선을 지닌 독점기업이 직면하는 $X$재의 시장수요곡선은 $P_X = 150 - x_D$이다($x_D$는 시장수요량). 이 독점기업이 이윤을 극대화하고 있을 때,

(1) 가격, 산출량과 극대화된 이윤의 크기를 구하시오.
(2) 독점으로 인한 자중손실의 크기 및 자중손실을 없을 수 있는 규제가격을 구하시오.
(3) (2)의 규제가격에서 이윤을 계산하시오.
(4) 정부가 $X$재 1단위 판매할 때마다 30원의 판매세를 부과할 때 가격, 산출량과 극대화된 이윤의 크기를 (1)과 비교하시오.

**3** $TC = 0.5x^2$의 총비용곡선을 지닌 독점기업이 직면하는 $X$재의 시장수요곡선은 $P_X = 150 - x_D$이다($x_D$는 시장수요량). 이 독점기업이 이윤을 극대화하고 있을 때,

(1) 평균비용가격설정에 의한 가격규제를 할 때 이 기업의 산출량을 구하시오. 그리고 여전히 자중손실이 존재하는 것을 확인하고 그 크기를 구하시오.
(2) 독점의 이윤을 없앨 수 있는 규제 산출량을 구하시오. 그리고 여전히 자중손실이 존재하는 것을 확인하고 그 크기를 구하시오.

**4** $TC = 15x$의 총비용곡선을 지닌 독점기업이 직면하는 $X$재의 시장수요곡선은 $P_X = 300/\sqrt{x_D}$이다($x_D$는 시장수요량). 이 독점기업이 이윤을 극대화하고 있을 때,

(1) 시장수요곡선의 가격탄력도를 구하시오.
(2) 이윤극대화의 가격, 산출량을 구하시오.
(3) 정부가 $X$재 1단위 판매할 때마다 3원의 판매세를 부과할 때 가격과 산출량을 구하여 (2)와 비교하시오. 판매세 부과에 의한 가격상승폭이 판매세 3원보다 큰 것을 확인하고 그 이유를 설명하시오.

**5** 독점기업이 직면하는 시장수요곡선은 $P_X = 40 - x_D$이다($x_D$는 시장수요량임). 이 독점기업은 서울에 총비용곡선이 $TC = 4x + x^2$인 공장을 갖고 있다고 할 때, 다음에 답하시오.

(1) 이윤극대화의 산출량과 가격을 구하시오.

(2) 만일 총비용곡선이 $TC = 6x + 0.5x^2$인 공장을 하나 인천에 더 짓는다면, 이 독점기업은 서울공장과 인천공장에서 각각 산출량을 얼마씩 생산해야 하는가?

**6** 노동 $L$을 유일한 생산요소로 사용하는 어떤 기업의 생산함수는 $x = 4L$이다. 이 기업은 노동의 시장공급곡선이 $w = 4 + L$인 노동시장에서 수요독점이고 생산물시장에서는 $P_X = 120 - x$의 수요곡선에 직면하고 있다고 할 때, 이 기업의 이윤극대화를 위한 노동의 고용량과 임금을 구하시오.

**7** $x = K + 2L$의 생산함수를 지닌 어떤 기업이 $X$재 시장에서는 완전경쟁기업이지만 노동시장에서는 수요독점자라고 하자. 자본투입량 $K$가 5단위로 고정된 단기에 노동의 시장공급곡선은 $w = 2 + L$이고 $X$재의 주어진 가격은 16원이라고 할 때,

(1) 이 기업은 이윤극대화를 위하여 노동의 고용량과 임금을 어떤 수준에서 정할 것인지 설명하시오. 수요독점으로 인한 자중손실의 크기를 구하시오.

(2) 만일 20원에서 최저임금제가 실시되면 이윤극대화를 위한 노동의 고용량과 자중손실의 크기는 (1)에 비해서 어떻게 변할 것인가?

(3) 만일 이 기업에 노동조합이 결성되어 노동의 공급을 독점한다면 노동조합은 임금과 고용량을 얼마로 정할 것인가(노동조합의 목적은 근로소득에서 노동공급의 기회비용을 공제한 나머지를 극대화하는 것임)?

**8** 노동의 수요독점에 관한 역탄력도 가격설정을 설명하고 이를 이용해서 노동공급의 임금탄력도가 낮을수록 수요독점적 착취가 높아지는 것을 설명하시오.

**9** 독점기업은 어떤 특징에 의해 A와 B의 두 그룹으로 분류될 수 있는 소비자들에게 $X$재를 공급하며, $X$재 생산의 한계비용은 항상 2원이라고 하자. 그리고 독점기업이 추정하는 소비자그룹 A와 B의 수요곡선은 각각 $P_{X_A} = 44 - x_A$와 $P_{X_B} = 20 - x_B$라고 할 때($x_A$와 $x_B$는 각각 소비자그룹 A와 B의 수요량),

(1) 이 독점기업이 직면하는 시장수요곡선과 한계수입곡선을 설명하시오(식이나 그림(또는 모두)으로 설명할 것).

(2) 이 독점기업이 단일가격을 부과할 때 이윤극대화를 위한 가격과 공급량을 구하시오.

(3) 이 독점기업이 3급가격차별을 할 때 각 소비자 그룹에 대한 공급량과 가격을 구하시오.

(4) 단일가격을 부과할 때보다 3급가격차별을 할 때 총잉여는 얼마나 변했는가?

**10** $TC(x) = 4x$의 비용곡선을 지니는 어떤 독점기업이 시장전체를 $P_{X_A} = 20 - 2x_A$과 $P_{X_B} = 15 - 0.5x_B$의 시장수요곡선을 지니는 두 개의 시장 A와 B로 분할하여 3급가격차별을 하려고 한다($x_A$와 $x_B$는 각각 시장 A와 B의 시장수요량). 이 기업은 이윤극대화를 위하여 시장 A와 B에 각각 얼마의 가격을 부과할 것인가?

**11** $X$재 시장에는 $P_X = 100 - 0.5x_D$의 똑같은 수요곡선을 지니고 있는 100명의 소비자가 있고 이들을 대상으로 $X$재의 독점기업은 2부가격제를 실시하려고 한다($x_D$는 개별 소비자의 수요량임). $X$재 생산의 한계비용은 항상 50원일 때 이윤극대화의 입장료와 단위당 가격을 구하시오.

**12** A, B와 C의 세 명의 소비자를 대상으로 $X$재와 $Y$재의 판매를 독점하고 있는 어느 기업은 각 소비자의 정확한 지불용의금액이 다음 표와 같다는 것을 알고 있다. $X$재와 $Y$재 모두 생산의 한계비용은 항상 30원으로 일정하고 소비자에게 두 상품은 독립적 관계에 있을 때,

**소비자 A, B, C의 $X$재와 $Y$재에 대한 지불용의금액**

| | $X$재 | $Y$재 |
|---|---|---|
| 소비자 A | 90원 | 5원 |
| 소비자 B | 50원 | 50원 |
| 소비자 C | 5원 | 90원 |

(1) 두 상품을 묶어 팔지 않고 개별적으로 판매할 때의 이윤극대화의 가격과 극대화된 이윤을 구하시오.

(2) 묶어 팔기를 하는 경우 묶음의 이윤극대화 가격과 극대화된 이윤을 구하시오.

(3) 혼합 묶어 팔기를 하는 경우 이윤극대화를 위한 $X$재와 $Y$재의 개별 판매가격과 묶음의 가격을 구하시오. 혼합 묶어 팔기를 할 때 극대화된 이윤의 크기는 얼마인가?

우리는 주위에서 각 의사결정자의 선택이 서로의 이득에 직접 영향을 미치는 상황을 자주 발견할 수 있으며, 이러한 상황에서 각 의사결정자가 상호연관성을 인식하면서 어떻게 최적의 의사결정을 하는가를 분석하려는 것이 게임이론이다. 과점시장에서는 공급자의 수가 서로의 존재와 상호연관성을 명백히 인식할 수 있을 정도로 소수이므로 대부분의 현상을 게임이론으로 분석할 수 있다. 이 때문에 과점시장을 이해하기 위하여 먼저 기초적 게임이론을 살펴보려는 것이다.
게임은 경기자의 수, 전략의 종류, 보수의 구조, 게임에 관련된 정보 등의 차이에 따라 여러 유형으로 구분될 수 있다. 이 장에서는 게임을 그 진행방법에 따라 동시게임과 순차게임으로 구분하여 어떠한 결과가 균형으로 나타날 수 있는지 살펴보기로 하겠다.

# 제 12 장 기초적 게임이론

## 12.1 과점과 게임이론

### 과점의 발생

앞에서 살펴본 완전경쟁시장에서는 각 기업의 시장점유율이 워낙 미미하기 때문에 어떤 기업도 다른 기업들을 경쟁자로 여기지 않는다. 그리고 독점시장에서는 경쟁자가 아예 존재하지 않는다. 그렇지만 주위를 보면 소수의 기업이 서로를 경쟁자로 여기면서 시장공급의 대부분을 장악하고 있는 산업을 흔히 발견할 수 있으며, 이러한 시장구조가 과점이다. 즉 과점시장은 완전경쟁이나 독점과는 달리 공급자의 수가 서로의 존재를 인식할 수 있을 정도로 소수인 시장구조이다. 과점은 **순수과점**(pure oligopoly)과 **차별과점**(differentiated oligopoly)으로 나뉠 수 있으며, 전자는 각 기업에 의해 동질적 상품이 공급되는 경우이고 후자는 차별화된 상품이 공급되는 경우이다. 자동차, 가전제품 등의 시장은 차별과점의 예이고 철강, 시멘트, 판유리 등은 순수과점에 가까운 산업이라고 할 수 있다.

과점이 발생해서 유지될 수 있는 것은 독점의 경우와 마찬가지로 진입장벽이 존재하기 때문이다. 한 가지 진입장벽은 규모의 경제에 의한 것이며, 개별 기업의 최적설비규모가 시장수요에 비해서 커서 시장에 소수의 기업만이 공존할 수 있다. 또는 특허 등으로 소수의 기업만이 핵심기술에 접근할 수 있거나 신규 기업이 기존 기업의 명성을 따라잡기에는 너무 많은 비용을 지불해야 하는 경우에도 잠재적 경쟁자의 진입은 차단될 수 있다. 이 밖에 기존 기업들이 진입의 저지를 위하여 인위적 진입장벽을 설치할 수도 있다. 예를 들면 초과생산설비를 비축해 놓고 있다가 잠재적 경쟁자가 진입을 시도하면 이를 가동하여 생산물을 대량 공급함으로써 가격을 큰 폭으로 낮추겠다고 위협할 수 있으며, 이 경우 초과생산설비는 인위적 진입장벽에 해당된다.

## 과점의 특징과 게임이론

진입장벽 때문에 기업의 수가 제한되어 있는 과점시장에서 개별 기업은 당연히 가격결정자이다. 그러나 소수의 기업만이 존재하는 과점시장에서 어느 한 기업이 가격, 공급량 등을 변동시키면 자신은 물론 다른 기업들의 이윤에 직접적 영향을 미친다. 이와 같이 과점시장에서 각 기업의 의사결정 사이에는 상호의존성이 존재하고 모든 기업은 이를 알고 있기 때문에 과점시장의 각 기업은 다른 경쟁기업들의 행동을 관찰하고 예측하려고 노력한다. 또한 자신의 행동에 대하여 다른 기업들이 어떤 형태로든지 반응할 것이라는 것을 잘 알고 있는 개별 기업은 경쟁기업들의 반응을 신중하게 고려하면서 의사결정을 하게 된다.

3개의 기업이 가정용 냉장고를 생산하는데, 이들 기업은 모두 경기침체 때문에 판매부진의 어려움을 겪고 있다고 하자. 판매부진을 극복하기 위해서 냉장고 가격의 인하 여부를 고려중인 기업 A는 자신이 가격을 인하할 때 다른 두 기업 B와 C가 어떠한 반응을 할 것인지 예측할 필요가 있다. 기업 B와 C가 아무런 반응을 하지 않는다면 기업 A의 냉장고 판매량은 큰 폭으로 증가하겠지만, 다른 두 기업도 똑같이 또는 더 큰 폭으로 가격을 인하한다면 결국 치열한 가격의 인하경쟁, 즉 **가격전쟁**(price war)에 휘말려서 이윤의 감소를 경험할 수밖에 없다. 따라서 기업 A는 다른 두 기업의 반응을 예측해서 가격의 인하 여부를 결정하며, 다른 기업의 공격적 반응을 예측한다면 가격을 인하하지 않고 그렇지 않다면 가격을 인하할 것이다.

이처럼 과점시장에서 개별 기업은 의사결정 사이의 상호의존성을 알고 행동하기 때문에 경쟁기업들의 어떠한 반응을 예측하는가에 따라 그 선택은 달라지고 시장의 균형도 영향을 받는다. 즉 각 과점기업은 상대기업의 반응을 예측하면서 자신의 행동을 결정해야만 하는 **전략적 상황**(strategic situation)에 처하게 되며, 이러한 상황에서의 의사결정을 이해하기 위해서 사용되는 중요한 분석도구는 바로 **게임이론**(game theory)이다. 과점시장을 분석하기 전에 이 장의 나머지에서는 게임이론에 관한 기본적 개념을 살펴보기로 한다.

## 12.2 게임의 정의, 구성 및 종류

각 경제단위의 의사결정 사이의 상호의존성 때문에 발생하는 전략적 상황은 과점뿐 아니라 노사관계, 국제무역 등 다른 경제현상에서도 빈번하게 관찰된다. 또한 경제 이외에도 정치, 사회 등 거의 모든 분야에서 전략적 상황을 쉽게 목격할 수 있다. 게임이론의 목적은 전략적 상황에서 관련된 당사자의 의사결정, 즉 게임을 체계적으로 설명하는 것이며, 이 장에서는 과점기업의 행동을 이해하는 데 도움이 되는 범위 내에서 게임이론을 살펴보고자 한다.

게임이 진행되기 위해서는 **경기자**(player), 각 경기자의 **전략**(strategy), **보수**(payoff), 경기자의 행동과 목적(선호)에 관한 정보 등이 구비되어야 한다. 경기자는 게임에 참가하여 게임의 규칙에 따라 자신의 목적을 이루기 위한 의사결정을 한다. 전략은 게임 도중 경기자가 직면할 수 있는 모든 가능한 상황에서 취하게 되는 행동에 관한 완벽한 계획이다. 각 경기자가 다수의 전략들(즉 전략의 집합) 중에서 한 가지를 선택하면 게임은 종료되어 하나의 결과가 결정되며, 게임의 각 결과에는 각 경기자가 얻게 되는 보수가 표시된다. 경기자의 의사결정 사이의 상호의존성 때문에 한 경기자의 보수는 자신이 선택한 전략 이외에 다른 경기자들이 선택한 전략에도 의존하게 된다. 게임에서 각 경기자는 다른 경기자들의 행동을 잘 관찰할 수 없거나 선호(따라서 추구하는 목적)의 유형을 잘 알 수 없는 경우가 흔하다. 게임이 성립하려면 경기자의 행동, 목적 등에 관한 정보가 어느 정도로 완전한지 또는 충분한지가 묘사돼 있어야 한다.

게임은 크게 **비협조적 게임**(noncooperative game)과 **협조적 게임**(cooperative game)으로 구분될 수 있는데, 비협조적 게임이란 게임의 진행과정에서 경기자 사이의 대화나 협상의 여지가 없기 때문에 게임의 결과를 놓고 미리 구속력 있는 계약(binding contracts)을 맺을 수가 없는 게임을 의미하며, 협조적 게임에서는 경기자 사이의 대화 또는 협상을 통해 미리 구속력 있는 계약을 체결할 수 있다. 홀짝게임과 같이 게임이 어떤 결과로 끝나든지 항상 각 경기자의 보수의 합이 0이 되는 게임, 즉 **영합게임**(zero-sum game)은 비협조적 게임의 전형적인 예라고 할 수 있다. 또한 과점시장에서 각 기업이 상대방의 반응을 전혀 예측할 길이 없기 때문에 독자적으로 행동하는 경우에도 비협조적

게임이 진행되는 것으로 이해할 수 있다. 반면에 국가들이 모두에게 이득이 되는 교역조건을 찾기 위해서 협상을 벌이는 과정은 협조적 게임의 예가 된다. 과점기업끼리 사전에 구속력 있는 계약을 체결하는 것은 법적으로 금지되어 있을 뿐 아니라 설사 체결한다고 해도 이행되기가 쉽지 않다. 따라서 여기에서는 주로 비협조적 게임에 관해서 살펴보기로 한다.

게임은 그 진행방법에 따라 **동시게임**(simultaneous-move game)과 **순차게임**(sequential-move game)으로 분류될 수도 있다. 동시게임이란 문자 그대로 모든 경기자가 동시에 전략을 선택하는 게임으로서 **정태게임**(static game) 또는 **단단계게임**(one-stage game)이라고도 불린다. 건설공사를 발주 받기 위하여 여러 건설회사가 입찰가를 써서 봉투에 넣고 밀봉해서 동시에 제출하는 경우, 홀짝게임 등이 이에 해당된다. 순차게임이란 바둑이나 장기처럼 한 경기자가 먼저 행동한 다음에 다른 경기자가 행동하는 방식의 게임으로서 **동태게임**(dynamic game) 또는 **다단계게임**(multi-stage game)이라고도 불린다. 이 장에서는 동시게임과 간단한 형태의 순차게임에 관해서 살펴보기로 하자.

## 12.3 동시게임의 균형

게임에서 경기자는 다른 경기자의 행동을 추측해서 자신의 보수를 극대화시키는 전략을 선택하려고 한다. 모든 경기자가 이처럼 전략적으로 행동할 때 과연 어떠한 결과가 균형으로 나타날 것인가? 앞서 살펴본 시장의 균형과 마찬가지로 게임의 균형은 안정성을 지녀야 한다. 즉 모든 경기자가 최적이라고 생각하는 전략을 선택하였기 때문에 그 어느 누구도 자신이 선택한 전략을 바꿀 이유가 없는 상태가 게임의 균형이 된다. 이제 우리는 먼저 동시게임의 균형을 살펴보기로 하자.

### 우월전략균형

어느 지역에서 시장에서의 우위를 놓고 치열한 경쟁을 벌이고 있는 두 기업 A와 B가 있다고 하자. 두 기업은 시장을 장악하기 위하여 가격을 인하할 것인지 아니면 현재 수준으로 유지할 것인지를 고민하고 있다. 기업 A와 B가 모두 가격을 현재 수준으로 유지할 때의 이윤은 각각 100원과 40원이며, 두 기업이 동시에 가격을 인하하면 이윤은 각각 70원과 20원으로 감소한다고 하자. 만일 기업 B만 가격을 인하한다면 기업 A의 이윤은 50으로 감소하고 B의 이윤은 60원으로 증가하며, 반대로 기업 A만 가격을 인하한다면 기업 A의 이윤은 120원으로 증가하고 B의 이윤은 10원으로 감소한다고 가정하자.

두 기업은 사전에 아무런 의논 없이 '가격의 인하' 또는 '현 수준에서 유지'라는 두 가지 중 하나를 동시에 선택한다면, 이 상황은 전형적인 동시게임이 된다. 즉 경기자는 기업 A와 B의 2명이며, 각 경기자는 가격을 현 수준에서 유지하는 것($NL$이라고 하자)과 가격을 인하하는 것($L$이라고 하자)의 두 가지 전략 중 한 가지를 동시에 선택한다. 이 때문에 이 게임에서는 $(NL, NL)$, $(NL, L)$, $(L, NL)$, $(L, L)$의 네 가지 결과가 가능하며, 이윤을 게임의 보수라고 할 때 결과별로 두 경기자에게 귀속되는 보수는 다음과 같은 **보수행렬**(payoff matrix)로 표시될 수 있다.

**표 12-1 가격변화와 보수행렬: 우월전략균형이 존재하는 경우**

| | | 기업 B | |
|---|---|---|---|
| | | 가격유지($NL$) | 가격인하($L$) |
| 기업 A | 가격유지($NL$) | (100, 40) | (50, 60) |
| | 가격인하($L$) | (120, 10) | (70, 20) |

위의 보수행렬에서 괄호 안의 첫 번째 숫자는 기업 A의 보수이고 두 번째 숫자는 기업 B의 보수를 의미하는데, 동시게임의 구조는 일반적으로 이와 같은 보수행렬에 의해서 잘 묘사될 수 있다.

〈표 12-1〉의 게임에서는 그 균형을 찾기가 비교적 쉽다. 먼저 기업 A의 입장에서 본다면 상대방이 현재의 가격을 유지하든지 아니면 인하하든지 상관없이 가격을 인하할 때의 이윤이 가격을 유지할 때의 이윤보다 크다. 즉 기업 B가 가격을 유지하는 경우 기업 A는 가격을 인하함으로써 이윤을 100원에서 120원으로 증가시킬 수 있으며, 기업 B가 가격을 인하하는 경우에도 기업 A는 가격을 인하하여 이윤을 50원에서 70원으로 증가시킬 수 있는 것이다. 따라서 가격인하의 전략 $L$은 기업 B의 어떤 전략에 대해서도 가장 높은 보수를 얻을

수 있는 **최선의 반응**(best response)이며, 기업 A는 기업 B가 어떤 선택을 할 것인지 전혀 고려하지 않고 가격인하의 전략 $L$을 선택한다. 마찬가지로 기업 B도 기업 A의 선택에 관해 생각할 필요 없이 가격인하의 전략 $L$을 선택할 것이므로 두 기업 모두 가격을 인하해서 70원과 20원의 이윤을 얻는 것이 게임의 가장 안정된 결과, 즉 게임의 균형이 된다. 이처럼 상대방의 어떤 전략에 대해서도 최선의 반응이 되는 전략을 되는 **우월전략**(dominant strategy)이라고 하며, 모든 경기자가 우월전략을 지니고 있는 게임에서 각 경기자가 자신의 우월전략을 선택한 상태를 **우월전략균형**(dominant strategy equilibrium)이라고 한다.

모든 경기자가 우월전략을 선택한 상황이 게임의 균형이 된다는 것은 명백하다. 그러나 문제는 한 게임에서 모든 경기자가 우월전략을 지니는 경우가 드물기 때문에 우월전략균형이 존재하는 게임을 관찰하기는 매우 어렵다는 것이다. 따라서 우리는 우월전략균형보다 완화된 조건이 요구되는 균형의 개념을 살펴볼 필요가 있으며, 두 경기자가 모두 우월전략을 지니지는 않더라도 1명의 경기자에게는 우월전략이 존재하는 〈표 12-2〉의 게임을 우선 살펴보기로 하자. 〈표 12-1〉과 〈표 12-2〉 사이의 유일한 차이점은 기업 A의 가격인하에 대해서 기업 B가 현재 가격을 유지한다는 전략을 선택할 때 10원이 아니라 30원의 보수를 얻는다는 것이다. 따라서 〈표 12-2〉의 게임에서는 기업 A만 우월전략을 지니고 우월전략균형은 존재하지 않는다.

**표 12-2 가격변화와 보수행렬: 우월전략균형이 존재하지 않는 경우**

| | | 기업 B | |
|---|---|---|---|
| | | 가격유지($NL$) | 가격인하($L$) |
| 기업 A | 가격유지($NL$) | (100, 40) | (50, 60) |
| | 가격인하($L$) | (120, 30) | (70, 20) |

그렇다면 〈표 12-2〉의 게임에서 기업 B의 최적전략은 무엇인가? 우월전략이 없는 기업 B는 이제 기업 A의 행동을 추측해서 자신의 전략을 정할 수밖에 없으며, 기업 A가 가격의 인하라는 우월전략을 선택한다고 예상하므로 기업 B는 자신의 최적전략이 현재의 가격을 유지하는 것이라고 판단한다. 즉 기업 B는 〈표 12-2〉의 보수행렬에서 기업 A의 **열등전략**(dominated strategy)인 $NL$

을 삭제하고 남은 보수행렬에서 자신의 최적전략을 선택하는 것이다. 따라서 기업 A가 가격인하의 전략 $L$을 선택하고 기업 B는 가격유지의 전략 $NL$을 선택하는 $(L, NL)$이 게임의 최종적 결과이며, 그 결과에서 두 기업은 각각 120원과 30원의 이윤을 얻는다. 이제 우리는 〈표 12-2〉의 최종적 결과인 $(L, NL)$가 〈표 12-1〉의 우월전략균형과 어떤 차이를 지니고 있는가를 검토해서 우월전략균형보다 범위가 넓은 균형의 개념을 정의하도록 하자.

## 내쉬균형

〈표 12-2〉의 결과 $(L, NL)$에서 기업 A는 우월전략 $L$을 선택하였지만 기업 $B$의 전략 $NL$은 우월전략이 아니다. 그렇지만 $(L, NL)$에서 우월전략을 선택하여 최선의 반응을 하고 있는 기업 A와 마찬가지로 기업 B 역시 기업 A의 전략 $L$에 대하여 $NL$을 선택하는 것이 최선의 반응이다. 이처럼 $(L, NL)$에서 각 경기자는 상대방이 선택한 전략에 대하여 최선의 반응을 하고 있기 때문에 어느 경기자도 자신의 전략을 바꿀 이유가 없다. 따라서 〈표 12-2〉의 게임에서 $(L, NL)$은 일종의 균형이며, 이를 **내쉬균형**(Nash equilibrium)이라고 부른다. 즉 내쉬균형은 각 경기자가 다른 모든 경기자가 선택한 전략을 주어진 것으로 보고 자신의 최적전략을 선택하고 있는 상황이다.

각 경기자가 상대방의 어떠한 전략에 대해서도 최선의 반응을 하고 있는 〈표 12-1〉의 우월전략균형 $(L, L)$과 비교해서 〈표 12-2〉의 내쉬균형 $(L, NL)$에서는 각 경기자가 상대방의 최적전략에 대해서만 최선의 반응이 되는 전략을 선택하고 있다. 이처럼 내쉬균형이 성립하기 위해서 필요한 조건은 우월전략균형의 경우보다 약하기 때문에, 〈표 12-2〉의 게임과 같이 우월전략균형이 존재하는 않는 경우라도 내쉬균형은 존재하며 우월전략균형은 내쉬균형을 의미한다. 즉 우월전략균형은 내쉬균형의 특별한 경우인 것이다. 독자들은 〈표 12-1〉에서 $(L, L)$의 우월전략균형이 내쉬균형의 조건을 충족시킨다는 점을 스스로 확인해 보기 바란다.

## 예 12-1 호텔링의 역설과 내쉬균형

어떤 해수욕장에서 피서객들은 길이가 1km인 해변을 따라 균등하게 분포되어 있으며, 이들을 상대로 해서 두 횟집 A와 B가 생선회를 판매한다고 가정하자. 두 횟집은 동질의 생선회를 똑같은 가격에 판매한다고 할 때 각 피서객은 가장 가까운 횟집을 이용하려고 할 것이다. 이 상황에서 생선회를 되도록 많이 팔기를 원하는 횟집 A와 B는 해변의 어디쯤 위치할 것인가?

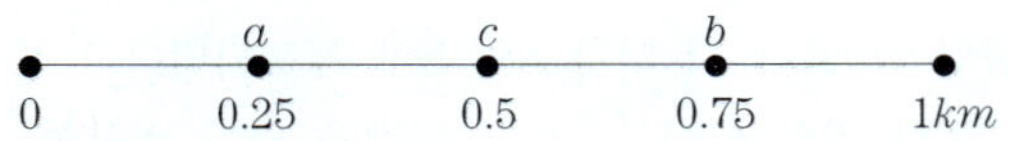


위 그림에서 수평선은 길이가 1km인 해변을 나타내고 있다. 가령 횟집 A와 B가 각각 점 $a$와 점 $b$에 위치한다면, 해변의 어떤 점에 있더라도 횟집까지 걸어가야 하는 거리는 최대 0.25km를 넘지 않기 때문에 피서객에게는 최적의 배치이지만 각 횟집의 입장에서는 최적이 아니다. 왜냐하면 각 횟집은 다른 횟집 쪽으로 접근할수록 판매량을 늘릴 수 있기 때문이다. 횟집 A는 횟집 B의 바로 왼쪽 옆으로 이동하면 자신의 시장점유율이 1/2에서 3/4로 증가할 것이라고 생각하고 횟집 B도 똑같이 생각하기 때문에 결국 두 횟집은 모두 한 가운데의 점 $c$에 위치할 수밖에 없다.

두 횟집이 해변가의 어디에 자리 잡을 것인가의 문제는 전형적인 동시게임이며, 두 횟집이 점 $c$에 위치하는 것이 내쉬균형이 된다. 즉 두 횟집이 모두 해변의 한 가운데 위치하고 있는 경우 각 횟집은 상대방이 선택한 위치에 대하여 최선의 반응을 하고 있는 것이다. 한 횟집은 점 $a$에 위치하고 다른 횟집은 점 $b$에 위치하는 것이 사회적으로 바람직한 배치이지만, 두 횟집은 경쟁 끝에 해변의 한 가운데에 밀집하는 것이다. 이와 같이 경쟁으로 인해 시장에서 다양한 상품 대신에 유사한 상품이 공급됨으로써 사회후생의 극대화가 이루어지지 못하는 현상을 **호텔링의 역설**(Hotelling's paradox)이라고 부른다.

연료탱크가 거의 빈 자동차를 마음 졸이면서 운전하다가 일단 주유소를 발견해서 주유를 하고 나면 바로 잇달아 다른 주유소들이 나타나는 현상, 투표일이 가까워지면서 여당과 야당의 선거공약이 서로 비슷한 내용으로 바뀌는 것 등은 호텔링의 역설로 이해할 수 있는 내쉬균형이 이루어지고 있음을 의미한다.

## 내쉬균형과 전략적 행동의 이해

여러 가지 유형의 게임에서 내쉬균형을 구해보면 단순히 자신이나 상대방의 우월전략을 찾는 것 이상의 다양한 전략적 행동을 이해할 수 있다. 몇 가지 종류의 게임을 예로 들어보기로 하자.

### 예 12-2 용의자의 고민과 내쉬균형

어떤 범죄의 공범혐의로 두 용의자 A와 B가 체포되었다고 하자. 심증은 있지만 물증을 잡지 못한 검찰은 이들로부터 자백을 얻기 위하여 골머리를 앓다가 묘책을 생각해 냈다. 묘책이란 바로 서로 의사소통을 하지 못하도록 두 용의자를 격리시켜 놓은 상태에서 각 용의자에게 범행사실을 자백하는 전략(confess: $C$)과 부인하는 전략(deny: $D$)이 있음을 알리고 〈표 12-3〉의 보수행렬(여기에서 보수는 용의자에게 내리는 형량)을 보여 주는 것이다.

이와 같은 유형의 게임을 흔히 **용의자의 고민**(prisoners' dilemma)이라고 하는데, 이 명칭은 각 경기자가 처한 난처한 전략적 상황에 관한 비유적 표현이다. 각 용의자는 범행사실을 부인하고 싶지만 상대방이 어떠한 전략을 선택할지 모르기 때문에 고민 끝에 우월전략인 자백 $C$를 선택하여 검찰이 의도하는 결과인 $(C, C)$가 우월전략균형이면서 내쉬균형이 된다.

**표 12-3 용의자의 고민의 보수행렬**

| | | 용의자 B | |
|---|---|---|---|
| | | 부인($D$) | 자백($C$) |
| 용의자 A | 부인($D$) | (−2, −2) | (−10, −1) |
| | 자백($C$) | (−1, −10) | (−5, −5) |

위의 보수행렬을 살펴보면, 두 용의자가 모두 범행사실을 부인할 때 그들의 보수는 −5에서 −2로 증가함을 알 수 있다. 즉 **집단적 합리성**(collective rationality)에 기초하여 전략적으로 행동한다면 모든 경기자의 보수는 증가하는 것이다. 이를 알고 있는 각 용의자는 범행사실을 부인하고 싶은 마음이 간절하지만 의사교환이 불가능한 상황에서 상대방이 어떠한 전략을 선택할지 모르기 때문에 고민 끝에 결국은 **개인적 합리성**(individual rationality)에 기초해서 자백이라는 우월전략 $C$를 택할 수밖에 없고 내쉬균형이 나타나게 된다.

용의자의 고민에서는 모든 경기자가 내쉬균형의 결과보다 높은 보수를 얻을 수 있는 결과가 존재하지만 개인적 합리성에 기초하여 전략적으로 행동하므로 열등한 내쉬균형이 이루어진다. 그렇다면 용의자의 고민과 같은 유형의 게임에서는 항상 열등한 내쉬균형이 성립할 수밖에 없는가? 가령 두 용의자가 5년의 교도소생활을 마치고 똑같은 범행을 저질러서 다시 표 〈12-3〉의 게임에 직면하였다고 하자. 이때 각 용의자는 부인하자는 약속을 사전에 하지 않았더라도 자백 $C$ 대신에 부인 $D$의 전략을 선택하고 싶은 욕구는 높아질 것이다. 이런 점을 고려할 때 경기자 사이에 의사교환이 전혀 불가능한 비협조적 동시게임이 단 한번만 열리는 경우 내쉬균형은 타당한 균형의 개념이지만, 같은 게임이 여러 차례 반복되거나 경기자 사이의 협조 가능성이 약간이라도 존재하는 게임에서는 집단적 합리성이 등장해서 내쉬균형의 안정성은 감소할 수밖에 없다. 같은 게임이 여러 차례 반복되는 상황에 관해서는 후에 살펴보도록 한다.

어떤 게임의 경우에는 여러 개의 내쉬균형이 존재할 수도 있다. 다음의 게임을 살펴보도록 하자.

**예 12-3　성의 대결과 내쉬균형**

낙랑과 호동은 남들이 모두 부러워하는 다정한 연인 사이이다. 한 가지 흠을 잡는다면 토요일 오후를 즐겁게 보내는 방법에 관해서 자주 다툰다는 정도이다. 음악을 좋아하는 낙랑은 음악회에 갈 것을 주장하는 반면에 호동은 야구장에 갈 것을 우기는 데서 다툼은 시작되곤 했는데, 잦은 다툼에 지친 두 사람은 게임으로 문제를 해결하기로 합의하였다. 즉 토요일 오후에 두 사람은 서로에게 자신의 목적지를 알리지 않고 각자의 집에서 음악회장 또는 야구장으로 직행하는 것이다.

호동과 낙랑이 모두 음악회장에 나타나는 경우 낙랑은 호동과 함께 아름다운 음악을 감상할 수 있어서 3의 보수를 얻고 호동은 낙랑과 같이 있을 수 있어서 좋기는 하지만 야구경기를 관람할 수 없기 때문에 2의 보수밖에는 얻을 수가 없다고 하자. 반대의 경우에는 낙랑과 호동의 보수가 각각 2와 3이 된다. 낙랑과 호동 모두 자신이 좋아하는 장소로 가버리거나 또는 상대방을 지나치게 배려해서 낙랑은 야구장으로 호동은 음악회장으로 가는 경우에는 두 사람 모두 0의 보수밖에는 얻지 못한다.

**표 12-4 성의 대결의 보수행렬**

| | | 호동 | |
|---|---|---|---|
| | | 음악회장($M$) | 야구장($B$) |
| 낙랑 | 음악회장($M$) | (3, 2) | (0, 0) |
| | 야구장($B$) | (0, 0) | (2, 3) |

〈표 12-4〉와 같은 게임을 **성의 대결**(battle of sexes)이라고 하며, 이런 유형의 게임에서는 한 가지 이상의 내쉬균형이 존재한다. 우선 낙랑이 음악회에 가는 선택 $M$에 대하여 호동의 최선의 반응은 $M$을 선택하는 것이고 호동의 음악회에 가는 선택 $M$에 대해서 낙랑의 최선의 반응 역시 $M$의 선택이기 때문에 $(M, M)$은 내쉬균형이 된다. 마찬가지로 $(B, B)$도 내쉬균형이기 때문에 〈표 12-4〉의 게임에서 내쉬균형은 두 가지가 된다.

이와 같이 한 게임에서 다수의 내쉬균형이 존재할 수 있으며, 여러 가지의 내쉬균형 중에서 실현가능하지 않은 균형을 제거하거나 어떤 기준을 세워서 균형의 수를 줄여 나갈 수 있다. 성의 대결과 같은 유형의 게임 외에도 다수의 내쉬균형이 존재하는 게임의 예로 **치킨게임**(game of chicken)을 들 수 있다.

### 예 12-4 치킨게임과 내쉬균형

리콜라스 레이가 감독한 영화 '이유 없는 반항'에서 두 젊은이는 각자의 차를 몰고 절벽을 향해 질주하다가 먼저 차에서 뛰어내린 사람이 지는 치킨런(chicken run)을 벌이는데, 승자는 영웅대접을 받지만 패자는 치킨, 즉 겁쟁이라는 놀림을 받기 때문에 이러한 유형의 게임을 치킨게임이라고 한다.

다음의 〈표 12-5〉는 두 젊은이 A와 B가 벌이는 치킨게임의 보수행렬이며, 먼저 차에서 뛰어내리는 전략과 다른 사람이 뛰어내릴 때까지 버티는 전략은 각각 $SU$와 $ST$로 표시되어 있다. 둘 다 버티는 전략을 사용하면 최악의 결과가 발생하며, 두 사람이 서로 다른 전략을 사용했을 때 버티는 전략을 선택한 사람은 영웅이 되어 200의 보수를 얻고 먼저 뛰어내리는 전략을 선택한 사람은 겁쟁이가 되어 −50의 보수를 받는다. 둘 다 먼저 뛰어내리는 전략을 사용하면 각각 0의 보수를 얻는다.

치킨게임에서도 한 가지 이상의 내쉬균형이 존재한다. A가 *SU*를 사용할 때 B의 최선의 반응은 *ST*를 선택하는 것이고 B가 *ST*를 사용할 때 A의 최선의 반응은 *SU*를 선택하는 것이므로 (*SU*, *ST*)는 내쉬균형이다. 마찬가지 이유로 (*ST*, *SU*)도 내쉬균형이므로 치킨게임에서 내쉬균형은 두 가지이다.

**표 12-5 치킨게임의 보수행렬**

| | | 경기자 B | |
|---|---|---|---|
| | | *SU* | *ST* |
| 경기자 A | *SU* | (0, 0) | (−50, 200) |
| | *ST* | (200, −50) | (−300, −300) |

과격한 치킨게임은 현실에서도 벌어진다. 1962년의 쿠바위기 때 전쟁 발발 직전까지 가는 대치 끝에 결국 소련은 미국에 굴복하여 쿠바에서 미사일을 철수시켰다. 경제분야에서도 치킨게임은 자주 관찰된다. 반도체 및 LCD산업에서 우리나라 기업들은 일본, 대만 등의 경쟁업체와 치킨게임을 벌이고는 한다. 반도체산업의 경우 기술발전으로 산출량이 급증하면서 기업들은 시장을 지키기 위해 상대가 무너질 때까지 가격을 경쟁적으로 낮추는데, 최근에는 누적되는 적자를 견디지 못한 경쟁업체들이 차례로 감산을 선언했고 우리나라 기업들은 승자가 되면서 시장점유율을 크게 높일 수 있었다(2010년 삼성전자와 하이닉스의 D램 시장점유율은 각각 41.7%와 21.8%임). LCD산업의 경우에도 글로벌 기업들 사이에는 시장점유율을 지키기 위한 치킨게임이 전개되고 있어서 2008년 인치당 32달러에 가깝던 LCD TV의 가격이 2010년에 20달러 밑으로 떨어졌고 2014년에는 12달러까지 하락할 수도 있다는 전망이 나오고 있다.

심지어는 내쉬균형이 아예 존재하지 않는 게임도 있을 수 있다. 쉽게 생각할 수 있는 예로서 홀짝게임을 들 수 있다. 가령 경기자 A와 B가 몇 개의 동전을 감춘 다음 동시에 자신이 선택한 동전의 개수를 비교한다고 하자. 이 게임에서 각 경기자는 홀수를 선택하는 것과 짝수를 선택하는 것의 두 가지 전략을 갖고 있는데, 둘 다 홀수를 선택하거나 짝수를 선택한 경우에는 경기자 B가 승리해서 10원을 따고 둘의 선택이 서로 다른 경우에는 경기자 A가 이겨서 10원을 따는 것이 게임의 규칙이라면 보수행렬은 〈표 12-6〉과 같다.

**표 12-6 홀짝게임의 보수행렬**

| | | 경기자 B | |
|---|---|---|---|
| | | 홀수 | 짝수 |
| 경기자 A | 홀수 | (−10, 10) | (10, −10) |
| | 짝수 | (10, −10) | (−10, 10) |

경기자 B의 최선의 반응은 경기자 A와 똑같은 전략을 선택하는 것이고 경기자 A의 최선의 반응은 경기자 B와 반대의 선택을 하는 것이기 때문에, 〈표 12-6〉의 게임에서는 내쉬균형이 존재하지 않는다. 독자들은 어렸을 적에 홀짝게임을 할 때 자신이 선택한 전략을 상대방이 눈치챌 것을 두려한 나머지 홀수와 짝수 중에서 어떤 쪽을 선택했는지 자신도 알 수 없을 만큼 많은 동전을 감추었던 경험이 있을 것이다. 이러한 행동의 목적은 결국 홀수와 짝수를 각각 1/2의 확률로 선택해서 상대방이 자신의 전략을 예측하지 못하게 하려는 것이다. 이처럼 경기자가 자신의 선택가능한 전략들에 대하여 확률을 부여함으로써 전략의 선택을 무작위화(randomization)하는 행동을 **혼합전략**(mixed strategy)의 사용이라고 부른다. 반면에 경기자가 자신이 선택할 수 있는 여러 가지의 전략 중에서 한 가지만을 선택할 때 **순수전략**(pure strategy)을 구사한다고 한다.

한 경기자가 홀수와 짝수를 각각 1/2의 확률로 선택한다는 혼합전략에 대한 다른 경기자의 최선의 반응 역시 동일한 혼합전략을 구사하는 것이기 때문에, 홀짝게임의 균형은 두 경기자가 모두 홀수와 짝수를 각각 1/2의 확률로 선택하는 혼합전략을 사용하는 것이고 이때 **기대보수**(expected payoff)는 0이 된다. 이와 같이 순수전략의 내쉬균형이 존재하지 않는 경우에도 혼합전략에 의한 내쉬균형은 반드시 존재한다. 운동경기, 도박 등과 같이 상대방에게 의중을 들키는 것이 치명적인 경우 혼합전략의 사용은 매우 합리적이다.

**예 12-5 승부차기와 혼합전략**

축구의 승부차기에서 선수들은 상상을 넘는 심리적 압박감을 받는다고 한다. 이러한 심리적 압박감을 떨쳐버리고 승부차기의 성공률을 높이기 위하여 "아무 생각 없이 골키퍼를 쳐다보지 말고 가능한 한 빨리 공을 찬다"라는 조언이 있는데, 이 조언은 골키퍼의 예측을 피할 수 있도록 혼합전략을 사용하라는 의미이다.

그렇다면 축구선수들이 승부차기에서 실제로 혼합전략을 사용하는가? 승부차기에 관한 자료에 의하면 키커가 한 가운데, 왼쪽 그리고 오른쪽 어느 방향으로 차든지 성공의 빈도는 거의 동일하다고 하며, 이러한 결과는 승부차기에서 혼합전략이 사용되고 있음을 의미한다.

혼합전략을 사용하는 것이 비합리적인 경우도 흔하다. 〈표 12-4〉의 성의 대결 게임을 다시 보도록 하자. 이 게임에서 순수전략의 내쉬균형은 $(M, M)$과 $(B, B)$의 두 가지이다. 그런데 낙랑이 $M$과 $B$를 각각 3/5과 2/5의 확률로 선택하는 혼합전략을 사용하고 호동은 $M$과 $B$를 각각 2/5과 3/5의 확률로 선택하는 혼합전략을 사용하는 것도 내쉬균형이다. 이처럼 성의 대결과 같은 유형의 게임에서는 순수전략의 내쉬균형 이외에 혼합전략의 내쉬균형도 함께 존재한다. 그렇지만 혼합전략의 내쉬균형에서 낙랑과 호동의 기대보수는 각각 1.2($= 3 \times 3/5 \times 2/5 + 2 \times 2/5 \times 3/5$)이지만 두 사람이 음악회장과 야구장 중 어느 한 곳으로 가기로 합의하면 각각 최소한 2의 보수를 얻기 때문에 두 사람이 위험선호적 태도를 지니고 있는 않는 한 혼합전략을 사용할 것으로 기대하기는 어렵다. 또한 다음 장에서 살펴 볼 과점시장에서 개별 기업이 무작위로 가격이나 공급량을 정한다고 가정하는 것도 현실적이지 않다.

## 최소극대화전략

내쉬균형은 각 경기자가 합리적 의사결정자라는 가정하에서 도출되는 균형의 개념이다. 즉 각 경기자가 상대방의 전략에 대하여 자신의 보수를 극대화시키는 전략을 선택한다는 가정하에서 내쉬균형이 도출된다. 이 때문에 합리성의 가정이 흔들리면 내쉬균형의 성립을 기대하기는 어렵다. 다음의 비협조적 동시게임을 분석해 보자.

〈표 12-7〉의 보수행렬로 표시된 게임에서 내쉬균형은 $(a_2, b_2)$이다. 즉 합리성에 기초하여 의사결정을 하는 경기자 A는 자신의 우월전략 $a_2$를 선택하며, 경기자 A가 합리성을 지녔다고 믿는 합리적 경기자 B는 $a_2$에 대한 최선의 반

**표 12-7 내쉬균형과 최소극대화전략에 의한 균형**

| | | 경기자 B | |
|---|---|---|---|
| | | $b_1$ | $b_2$ |
| 경기자 A | $a_1$ | (0, 5) | (4, −1000) |
| | $a_2$ | (3, 2) | (5, 10) |

응으로 $b_2$의 전략을 선택함으로써 균형이 이루어지는 것이다. 이와 같이 내쉬균형은 모든 경기자가 합리성을 지닌다는 가정하에서 성립하는 균형의 개념이다.

그러나 경기자 B는 막상 $b_2$의 전략을 선택하려고 할 때 심한 불안감을 떨칠 수 없을 것이다. 왜냐하면 경기자 A가 자신의 보수를 극대화하는 대신에 상대방의 손실이 커지는 것을 즐기는 비합리적 태도를 지닌 경우에는 $a_1$을 선택할 것이며, 이때 경기자 B가 $b_2$의 전략을 선택한다면 1,000이라는 막대한 손실을 입기 때문이다. 그렇다면 상대방이 합리적인지 확신할 수 없는 경기자 B는 어떻게 행동할 것인가? 경기자 B가 $b_1$의 전략을 선택하는 경우에 얻을 수 있는 최소의 보수는 2이며, $b_2$의 전략을 선택하는 경우에는 최소의 보수가 −1,000이다. 따라서 경기자 B가 매우 조심스럽게 행동하는 사람이라면, 2와 −1,000 중에서 극대값인 2라도 최소한 보장받기를 원하기 때문에 $b_1$의 전략을 선택할 것이다. 이와 같이 경기자가 자신의 각 전략에 대해서 최악의 상황이 발생했을 경우에 얻을 수 있는 보수를 구하고 이들 중에서 극대값이 보장되는 전략을 선택하는 것을 **최소극대화전략**(maximin strategy)이라고 한다.

〈표 12-7〉의 게임에서 경기자 A도 최소극대화전략을 구사한다면 게임의 균형은 내쉬균형 ($a_2$, $b_2$)가 아닌 ($a_2$, $b_1$)이 되며, 이러한 최소극대화전략에 의한 균형에서 두 경기자는 모두 내쉬균형보다 적은 보수를 얻는다. 또한 최소극대화전략에 의한 균형이 내쉬균형과 다를 때 최소극대화전략에 의한 균형은 안정적이지 않다. 내쉬균형 ($a_2$, $b_2$)의 경우 게임이 끝나서 상대방의 전략이 밝혀졌을 때 각 경기자는 자신이 선택한 전략에 관해 아무런 후회가 없지만, 최소극대화전략에 의한 균형 ($a_2$, $b_1$)의 경우 경기자 B는 상대방이 $a_2$의 전략을 선택했다는 사실을 알았을 때 자신이 $b_2$가 아니고 $b_1$을 선택했다는 사실을 깊이 후회할 것이다. 따라서 최소극대화전략에 의한 균형은 〈표 12-7〉의 경기자 B와 같이 상대방의 비합리적 행동으로 치명적인 손해를 입을 수도 있는 전략적

상황에 처한 경기자의 조심스러운 행동을 설명할 수는 있지만, 균형으로서의 안정성은 결여되어 있다.

〈표 12-1〉의 게임이나 〈표 12-3〉의 용의자의 고민처럼 모든 경기자가 우월전략을 지니고 있다면, 최소극대화전략에 의한 균형은 내쉬균형과 일치한다. 이외에 게임이 어떤 결과로 끝나든지 항상 각 경기자의 보수의 합이 일정한 **정합게임**(constant-sum game)의 경우에도 최소극대화전략에 의한 균형은 내쉬균형과 일치한다. 〈표 12-6〉의 홀짝게임은 각 경기자의 보수의 합이 항상 0이 되는 영합게임으로서 정합게임의 특별한 형태이다. 이제 영합게임의 예를 한 가지 만들어서 내쉬균형과 최소극대화전략에 의한 균형이 일치하는 것을 확인하기로 하자.

〈표 12-8〉에 표시된 행렬의 숫자는 게임이 끝났을 때 경기자 B가 A에게 지급하는 보수를 표시한다고 하자. 가령 $(a_1, b_1)$일 때 경기자 B는 A에게 5를 지급하며, $(a_3, b_1)$일 때는 경기자 A가 B에게 3을 지급하는 것이다. 우선 경기자 A의 최소극대화전략을 찾아보자. 경기자 A가 $a_1$을 선택하는 경우에 얻을 수 있는 최소의 보수는 1이며, $a_2$의 경우에는 최소의 보수가 2이고 $a_3$을 선택한다면 최소의 보수는 −3이다. 따라서 경기자 A의 최소극대화전략은 1, 2와 −3 중에서 극대값인 2를 보장하는 $a_2$이다. 행렬의 각 원소가 경기자 B에게는 이득이 아니라 손실이라는 점에 주의한다면, 경기자 B의 최소극대화전략도 마찬가지 방법으로 구할 수 있다. 경기자 B가 $b_1$을 선택할 때의 최소보수는 −5이고 $b_2$의 경우에는 −2가 최소의 보수이며, $b_3$을 선택할 때의 최소보수는 −4이다. 따라서 경기자 B는 −5, −2와 −4 중에서 극대값인 −2의 보수를 약속하는 $b_2$를 최소극대화전략으로 선택하며, 두 경기자가 모두 최소극대화전략을 구사하는 경우에 균형은 $(a_2, b_2)$이고 경기자 B는 A에게 2를 지급하게 된다.

**표 12-8 영합게임의 보수행렬**

| | | 경기자 B | | |
|---|---|---|---|---|
| | | $b_1$ | $b_2$ | $b_3$ |
| 경기자 A | $a_1$ | 5 | 1 | 3 |
| | $a_2$ | 3 | 2 | 4 |
| | $a_3$ | −3 | 0 | 1 |

〈표 12-8〉의 최소극대화전략에 의한 균형 ($a_2$, $b_2$)에서 경기자 A의 보수 2는, 경기자 A가 $a_2$의 전략을 선택할 때 가능한 보수 중에서 극소값이면서 다른 한편으로는 경기자 B가 $b_2$의 전략을 선택할 때 경기자 A에게 귀속되는 보수 중에서 극대값이다. 이와 같이 최소극대화전략의 균형 ($a_2$, $b_2$)에서 행으로는 극소화가 되고 열로는 극대화가 이루어져서 흡사 말안장의 모양을 이루기 때문에, 정합게임에서 최소극대화전략에 의한 균형을 흔히 **안장점**(saddle point)이라고도 부른다. 각 경기자의 보수의 합이 항상 일정한 정합게임에 있어서 한 경기자의 이득의 증가는 다른 경기자에게는 손실의 증가를 의미한다. 이 때문에 정합게임에서 최소극대화전략의 균형, 즉 안장점이 존재한다면 이는 곧 내쉬균형이 된다. 독자들은 〈표 12-8〉의 게임에서 최소극대화전략에 의한 균형 ($a_2$, $b_2$)가 바로 내쉬균형임을 스스로 확인하기 바란다.

## 12.4 완전정보의 순차게임

지금까지는 동시게임을 살펴보았다. 그러나 현실에서는 동시게임보다는 한 경기자가 먼저 행동한 다음에 다른 경기자가 행동하는 방식의 순차게임으로 설명될 수 있는 현상들이 더 많다. 노동조합과 사용자 사이에 벌어지는 임금과 고용에 관한 교섭, 과점시장에서 묵시적 담합의 한 가지 형태인 가격선도제, 기존 기업의 진입장벽 설치와 신규 기업의 대응 등은 모두 순차게임의 예라고 할 수 있다.

순차게임은 **완전정보 게임**(games of perfect information)과 **불완전정보 게임**(games of imperfect information)으로 나뉠 수 있는데, 전자는 게임의 각 단계에서 경기자가 자신뿐 아니라 다른 경기자들이 과거에 어떤 행동들을 선택하여 현 단계에 이르렀는지 완전히 알고 있는 경우이고 후자는 그렇지 않은 경우이다. 즉 완전정보의 순차게임이란 뒤에 행동하는 경기자가 앞서 행동한 경기자들의 모든 행동을 관찰하고 기억할 수 있는 경우를 의미한다. 불완전정보 순차게임에 관해서는 이 장의 마지막 절에서 간단히 살펴보도록 한다.

## 게임나무와 순차게임의 전략

동시게임의 경우에 각 경기자의 전략과 보수에 관한 정보를 담고 있는 보수행렬로써 게임을 충분히 묘사할 수 있지만, 여러 단계를 거쳐서 전개되는 순차게임을 묘사할 때는 다른 방법이 필요하다. 순차게임이 진행되는 과정을 명백하게 묘사할 수 있는 방법을 알아보기 위하여 다음과 같은 단순한 형태의 순차게임을 예로 들어보자.

A와 B의 두 과점기업이 있는데, 두 기업 모두 현재의 가격수준에서 연간 4억원씩의 이윤을 얻고 있다고 하자. 기업 A는 시장점유율을 높이기 위해서 가격인하 여부를 검토 중이지만, 기업 B는 현재의 상태에 만족하고 있기 때문에 기업 A가 현재의 가격을 유지한다면 자신도 현재의 가격을 유지할 생각이다. 기업 A가 가격을 인하하는 경우에, 뒤를 이어서 기업 B도 가격을 인하한다면 두 기업의 연간 이윤은 모두 0이 되고 기업 B는 현재의 가격을 유지한다면 기업 A와 B의 이윤은 각각 5억원과 3억원이 된다고 하자.

위의 예는 완전정보의 2단계 순차게임으로서 기업 A가 먼저 행동하고 기업 B는 기업 A의 행동을 관찰한 다음에 자신의 행동을 결정하는 방식이며, 〈그림 12-1〉은 그 진행과정을 묘사하고 있다. 〈그림 12-1〉과 같이 게임을 묘사한 것을 흔히 **게임나무**(game tree)라고 하는데, 이는 게임이 전개되는 과정을 표현한 모양이 마치 나무와 같다는 점에서 연유한다. 게임나무에는 게임의 단계별로 각 경기자의 의사결정점이 표시되는데, 이를 **의사결정마디**(decision node)라고 부른다. 〈그림 12-1〉에서 점 $a$는 기업 A의 의사결정마디이며, 점 $b$와 $b'$은 기업 B의 의사결정마디가 된다. 먼저 행동하는 기업 A는 자신의 의사결정마디 $a$에서 가격의 인하(이를 $L$이라고 표시하자)와 가격의 유지(이를 $NL$이라고 하자) 중에서 한 가지의 행동을 선택한다. 기업 A가 $NL$로 행동한다면 의사결정마디 $b'$에 위치하게 되는 기업 B 역시 $NL$로 행동해서 게임은 종료되고 기업 A과 B는 각각 4억원의 이윤을 얻는다. 그러나 점 $a$에서 기업 A가 가격의 인하($L$)로 행동하면 기업 B는 자신의 의사결정마디 $b$에서 가격의 인하($L$) 또는 가격의 유지($NL$) 중에서 한 가지의 행동을 선택하여 게임은 끝난다. 점 $b$에서 기업 B가 가격을 인하하는 경우에 두 기업은 모두 0의 이윤을 얻고 가격을 유지하는 경우에는 기업 A와 B의 이윤은 각각 5억원과 3억원이 된다.

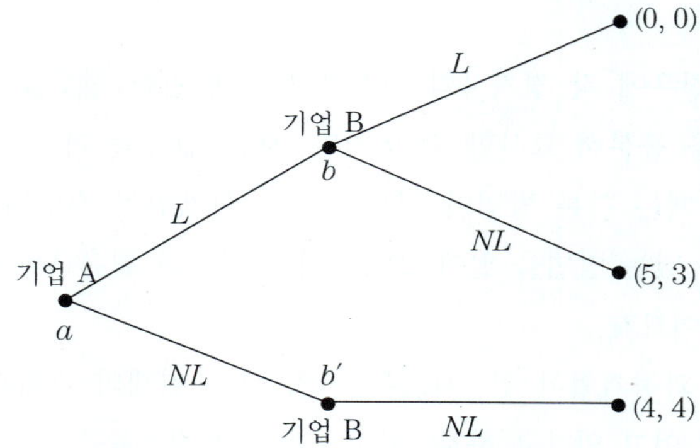


**그림 12-1 완전정보 순차게임의 게임나무**

먼저 행동하는 기업 A는 의사결정마디 *a*에서 *L*와 *NL*중 한 가지의 행동을 선택하며, 기업 A의 행동에 따라 기업 B는 의사결정마디 *b* 또는 *b′*에 위치하게 된다. 점 *b*에 있게 된다면 기업 B는 *L* 또는 *NL*중 한 가지를 행동해서 게임은 끝나며, 점 *b′*에 있게 된다면 *NL*로 행동해서 게임은 종료된다.

〈그림 12-1〉의 순차게임에서 각 경기자는 어떤 전략들을 지니고 있을까? 앞에서 설명하였지만 전략은 게임 도중 경기자가 직면할 수 있는 모든 가능한 상황에서 취하게 되는 행동에 관한 완벽한 계획이며, 동시게임에서는 물론 행동이 곧 전략이다. 기업 A에게 *L*과 *NL*의 두 가지 전략이 있다는 것은 명백하다. 그러나 기업 B는 기업 A가 앞에서 어떤 전략을 택했는가에 따라 직면하는 상황이 달라지기 때문에 그 전략은 조건부로 표시될 수밖에 없다. 기업 B의 한 가지 전략은 기업 A가 *L*과 *NL* 중에서 어떤 전략을 선택하든지 관계없이 자신은 항상 가격의 유지라는 *NL*의 행동을 취하는 것이다. 또 다른 전략은 기업 A가 *L*의 전략을 선택하면(즉 의사결정마디 *b*에 위치하게 되면) *L*의 행동을 취하고 기업 A가 *NL*의 전략을 선택하면(즉 *b′*의 의사결정마디에 위치하게 되면) *NL*의 행동을 취하는 것이다.

이와 같이 동시게임과 달리 순차게임에서 각 경기자의 전략은 앞서 행동하는 상대방이 취할 수 있는 행동별로 자신의 행동을 선택하는 조건부 형태가 되기 때문에, 고의든지 아니든지 전략 중에는 상대방을 위협하거나 상대방의 협조를 구하는 내용이 포함될 수 있다. 예를 들어 〈그림 12-1〉의 의사결정마디 *b*에서 기업 B가 자신도 가격을 인하하겠다고 하는 것은 가격을 인하하지 말라고 기업 A에게 가하는 위협이라고 볼 수 있다. 그러나 신빙성(credibility)이 없는 위협 또는 약속을 포함하는 전략이 있을 수도 있기 때문에 순차게임의 내쉬균형 중에는 실현가능성이 없는 균형이 숨어있을 수도 있다. 이러한 균형을 어떻게 찾아서 제거하는지를 살펴보기 전에 〈그림 12-1〉의 게임에서 내쉬균형을 찾아보기로 하자.

## 신빙성의 조건, 역순귀납과 완전균형

앞서 설명한 것처럼 〈그림 12-1〉의 순차게임에서 기업 A의 전략은 $L$과 $NL$의 두 가지이며, 기업 B의 전략은 기업 A가 $L$일 때 $L$의 행동을 취하고 $NL$일 때는 $NL$의 행동을 취한다는 전략(이 전략을 $b_1$이라고 표시하자)과 기업 A가 $L$와 $NL$ 중에서 어떤 전략을 선택하든지 항상 $NL$의 행동을 취한다는 전략(이 전략을 $b_2$라고 표시하자)의 두 가지이다. 따라서 〈그림 12-1〉의 순차게임에서는 $(L, b_1)$, $(L, b_2)$, $(NL, b_1)$과 $(NL, b_2)$의 네 가지 결과가 가능하며, 결과별로 각 경기자에게 귀속되는 보수는 〈표 12-9〉의 보수행렬로써 표시될 수 있다.

**표 12-9 완전정보 순차게임의 보수행렬**

| | | 기업 B | |
|---|---|---|---|
| | | $b_1$ | $b_2$ |
| 기업 A | $L$ | (0, 0) | (5, 3) |
| | $NL$ | (4, 4) | (4, 4) |

〈표 12-9〉의 보수행렬에서 내쉬균형은 $(L, b_2)$와 $(NL, b_1)$의 두 가지이다. 이 중에서 먼저 $(NL, b_1)$의 내쉬균형을 해석해 보기로 하자. $(NL, b_1)$의 내쉬균형에서 기업 B의 전략 $b_1$에는 "당신이 가격을 인하하면 나도 가격을 인하해서 당신의 이윤을 0으로 만들 터이니 가격을 인하하지 말라"고 하는 위협이 포함되어 있다. $(NL, b_1)$의 내쉬균형은 기업 A가 기업 B의 이와 같은 위협에 굴복하여 현재의 가격을 유지한다는 의미를 담고 있다. 그러나 기업 A가 가격을 인하해서 기업 B가 막상 〈그림 12-1〉의 점 $b$에서 의사결정을 할 입장에 처한다면 과연 가격을 인하할 것인가? 점 $b$에서 가격을 인하하는 경우에 기업 B의 이윤은 0이고 가격을 현재의 수준으로 유지하는 경우에는 3억원이 되기 때문

에, 기업 B가 합리적 의사결정자라면 점 $b$에서 결코 가격을 인하하지 못할 것이다. 따라서 전략 $b_1$에 담겨있는 기업 B의 위협은 신빙성을 결여하고 있으며, 기업 A가 신빙성이 없는 위협에 굴복한다는 의미를 지닌 $(NL, b_1)$은 실현가능성이 없는 균형이다.

두 기업 모두 합리적인 의사결정자이며, 각 기업은 상대방이 합리적으로 행동한다는 사실을 믿는다고 하자. 이 경우 기업 A는 자신이 가격을 인하했을 때 합리적 의사결정자인 기업 B가 3억원의 이윤을 포기하고 가격을 인하할 것이라고는 믿지 않는다. 따라서 기업 A는 현재의 가격을 유지해서 4억원의 이윤을 얻기보다는 가격을 인하해서 5억원의 이윤을 얻으려고 할 것이며, 합리적으로 행동하는 기업 B는 3억원의 이윤이라도 얻기 위해서 현재의 가격을 유지할 것이다. 즉 $(L, b_2)$는 실현가능한 내쉬균형이다.

그렇다면 게임나무로부터 실현가능한 내쉬균형을 손쉽게 찾아낼 수 있는 방법은 무엇일까? 기업 B보다 앞서 행동하는 기업 A는 기업 B의 반응을 추측해서 자신의 행동을 결정한다. 이러한 점을 고려할 때 〈그림 12-1〉의 게임나무의 마지막 단계인 점 $b$와 $b'$의 의사결정마디에서 기업 B의 최선의 반응을 찾아낸 다음 기업 B의 그 반응을 주어진 것으로 해서 기업 A의 최선의 반응을 구한다면, 신빙성 없는 위협이 포함된 내쉬균형 $(NL, b_1)$을 제외시키고 실현가능한 내쉬균형 $(L, b_2)$를 찾을 수 있다. 이러한 방법은 순차게임을 표시하는 게임나무의 마지막 단계에서 출발하여 역으로 올라가면서 균형을 찾는 것이므로 흔히 **역순귀납**(backward induction)이라고 불린다.

〈그림 12-1〉의 게임에서 $(L, b_2)$와 같이 **신빙성의 조건**(credibility condition)을 만족시키는 내쉬균형을 흔히 **완전균형**(perfect equilibrium)이라고 부른다. 여기에서 신빙성의 조건이란 어떤 경기자의 전략에도 신빙성 없는 약속이나 위협은 포함되지 않는다는 것이다. 다음 장에서 순차게임으로 과점을 분석할 때 역순귀납으로 구해지는 완전균형의 개념은 매우 유용한 역할을 하게 된다. 역순귀납으로 완전균형을 찾는 예를 한 가지 더 들어보도록 한다.

**예 12-6** **선발자의 이점과 완전균형**

아프리카의 이동통신시장은 이동전화 가입자 수가 유선전화 가입자 수를 추월할 정도로 세계에서 가장 빠른 성장속도를 보이고 있으며, 남보다 앞서 아프리카 이동통신시장에 진입한 기업들은 **선발자의 이점**(first mover's advantage)을 톡톡히 누리고 있다. 케냐의 경우 영국의 한 이동통신업자는 케냐 이동통신시장의 거의 80%를 점유하여 독점적 시장지배력을 확보하고 있으며, 이는 아프리카에서 유선전화서비스보다 이동전화서비스의 수요가 더 폭발적으로 증가할 것이라고 예측한 선발자의 이점이다.

아프리카 어느 국가에서 기업 B가 공급하는 유선전화서비스만 사용되고 있다고 하자. 이 국가의 통신시장에 참가하기로 한 외국의 통신회사 A는 이동통신사업에의 진입(*MP*)과 유선전화사업에의 진입(*WP*)이라는 두 가지의 전략을 갖고 있다고 하자. 그리고 유선전화서비스를 공급하고 있었던 기존 기업 B는 이동통신사업으로의 전환(*MP*)과 유선전화사업의 고수(*WP*)라는 두 가지 전략을 구사할 수 있다고 하자.

**표 12-10 통신사업분야 선택에 관한 게임의 보수행렬**

| | | 기업 B | |
|---|---|---|---|
| | | *MP* | *WP* |
| 기업 A | *MP* | (−2, −2) | (20, 5) |
| | *WP* | (5, 20) | (−2, −2) |

두 기업이 동일한 사업을 한다면 과잉설비투자 때문에 이윤은 모두 −2가 되고 서로 다른 사업을 한다면 이동통신사업과 유선전화사업에서의 이윤은 각각 20과 5라고 할 때, 기업 A와 B의 통신사업분야 선택에 관한 게임의 보수행렬은 〈표 12-10〉과 같다. 이 게임에서 내쉬균형은 (*MP*, *WP*)와 (*WP*, *MP*)의 두 가지이지만 각 기업이 상대를 무시하고 독자적으로 행동해서 동시게임을 벌인다면 두 기업 모두 이동통신사업을 선택하는 결과가 발생할 수도 있다.

이제 기업 A가 신속하게 설비투자를 시작하여 이동통신사업의 선발자가 된다고 하자. 이 경우 통신사업 선택의 게임은 〈그림 12-2〉에 표시된 완전정보의 2단계 순차게임으로 바뀌며, 역순귀납에 의해 기업 A는 이동통신사업에 선발자로 진입하여(*MP*) 20의 이윤을 얻고 기업 B는 여전히 유선전화사업을 고수하여(*WP*) 5의 이윤만을 얻는 결과가 완전균형이 된다는 것을 알 수 있다.

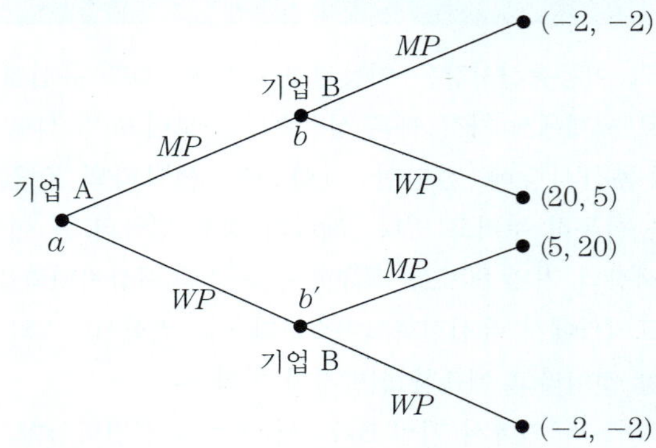


**그림 12-2 통신사업분야 선택에 관한 순차게임의 게임나무**
기업 A는 신속하게 먼저 통신설비에 투자하여 이동통신사업에 진입함으로써(*MP*) 20의 이윤을 얻고 기업 B는 여전히 유선전화사업을 고수하여(*WP*) 5의 이윤만을 얻는 결과가 역순귀납에 의한 완전균형이며, 이때 기업 A는 선발자의 이점을 누린다.

즉 기업 A는 상대가 자신이 선택한 사업분야와는 다른 사업분야를 선택할 수밖에 없다는 것을 알고 행동하기 때문에 선발자의 이점을 얻는다.

이동통신사업을 시작하려면 많은 비용이 소요되는 시설투자가 필수적이므로 기업 A가 서둘러 과감한 시설투자를 시작하면 기업 B는 A가 이동통신사업에 진입한다는 것을 사실로 믿을 수밖에 없는 것이다.

## 12.5 반복게임

지금까지는 비협조적 게임이 한번만 열리는 경우인 **일회게임**(one-shot game)을 살펴보았다. 그러나 경제현상 중에는 일회게임보다는 똑같은 게임이 반복되는 경우인 **반복게임**(repeated game)으로 설명될 수 있는 것들이 더 많다. 예를 들어 자동차회사는 경쟁기업의 반응을 살피면서 새로운 모델로 발표된 자동차의 가격을 정하는데, 자동차회사의 이러한 행동은 매년 반복된다.

순차게임의 일종이라고도 할 수 있는 반복게임에서는 경기자가 자신의 미래 행동에 관해서 어떤 위협이나 약속을 함으로써 다른 경기자의 현재 행동에 영향을 미칠 수 있기 때문에, 비협조적 게임이 단 한번만 열리는 경우와는 성격이 다른 균형이 나타날 수 있다. 즉 게임이 반복되는 경우에는 경기자들이 비협조적으로 행동한다고 해도 협조적 결과가 균형으로 나타날 수 있는 것이다. 이를 이해하기 위하여 두 과점기업 A와 B가 높은 가격을 정하는 것($H$라고 하자)과 낮은 가격을 정하는 것($L$이라고 하자)의 두 가지 전략 중에서 한 가지를 동시에 선택하는 경우의 게임을 나타내는 〈표 12-11〉을 분석하도록 하자.

**표 12-11 가격책정과 보수행렬: 용의자의 고민**

| | | 기업 B | |
|---|---|---|---|
| | | 높은 가격($H$) | 낮은 가격($L$) |
| 기업 A | 높은 가격($H$) | (80, 80) | (30, 140) |
| | 낮은 가격($L$) | (140, 30) | (50, 50) |

〈표 12-11〉은 용의자의 고민 게임의 유형이며, 이 게임이 한번만 열린다고 가정한다면 두 기업 모두 낮은 가격을 정한다는 전략을 선택했을 때의 결과인 $(L, L)$이 내쉬균형이 된다. 앞에서 설명한 것처럼 내쉬균형 $(L, L)$보다 두 기업 모두에게 높은 보수를 보장하는 결과인 $(H, H)$가 존재함에도 불구하고 게임이 한번만 열리는 경우에는 집단적 합리성이 작용할 여지가 없기 때문에 개인적 합리성에 기초해서 열등한 내쉬균형이 이루어지는 것이다.

이제 기업 A와 B 사이에는 매월 초마다 〈표 12-11〉의 게임이 벌어진다고 하자. 그리고 두 기업 모두 수명이 1년이므로 〈표 12-11〉의 게임은 1월 초부터 12회가 반복된다고 하자. 이 반복게임은 12개의 단계를 지닌 순차게임으로 볼 수 있기 때문에 역순귀납법에 의해서 완전균형을 구할 수 있다. 즉 마지막 달인 12월 초의 게임부터 먼저 분석해서 거꾸로 첫 번째 게임까지 거슬러 올라가면 12회가 반복되는 게임의 균형을 찾을 수 있는 것이다. 12월 초의 게임은 마지막 게임이기 때문에, 집단적 합리성이 작용할 여지가 없어서 $(L, L)$의 결과가 발생하고 두 기업 모두 50원씩의 이윤을 얻는다. 12월 초의 게임의 결과가 $(L, L)$이라는 것이 알려진 상황에서 각 기업은 50원씩의 보수를 갖고 11월 초의 게임에 임하기 때문에 그 보수행렬은 〈표 12-12〉와 같고 역시 $(L, L)$의 결과가 발생한다. 이와 같은 논리는 첫 번째 게임까지 똑같이 적용될 수 있기 때문에 〈표 12-11〉과 같은 상황이 12회 반복되는 게임의 완전균형은 $(L, L)$의 결

표 12-12 역순귀납법에 의한 11월 초 게임의 보수행렬

| | | 기업 B | |
|---|---|---|---|
| | | 높은 가격($H$) | 낮은 가격($L$) |
| 기업 A | 높은 가격($H$) | (130, 130) | (80, 190) |
| | 낮은 가격($L$) | (190, 80) | (100, 100) |

과가 12번 반복되는 것이다.

만일 〈표 12-11〉의 게임이 무한하게 반복된다면 어떠한 균형이 나타날 수 있을까? 게임이 유한하게 반복되는 경우와 똑같은 이유로 $(L, L)$의 결과가 무한하게 반복되는 것이 하나의 균형이 된다. 그러나 게임이 유한하게 반복되는 경우와는 달리 $(H, H)$의 협조적 결과가 무한하게 반복되는 것도 균형이 될 수 있다. 이를 이해하기 위하여 기업 A가 다음과 같은 전략을 구사한다고 하자.

"나는 다음 달 초 가격을 높게 정할 것이다. 그러나 그 다음 달부터는 기업 B가 직전 달에 어떤 행동을 취했는지 주시하고 나의 행동을 정할 것이다. 기업 B가 직전 달에 나처럼 가격을 높게 정했다면 나 역시 가격을 높게 정하는 행동을 계속하겠지만, 그렇지 않고 가격을 낮게 정했다면 나는 영원히 매달 초마다 낮은 가격을 정할 것이다."

위와 같은 종류의 전략은 흔히 **보복전략**(tit-for-tat strategy) 또는 **방아쇠전략**(trigger strategy)이라고 불리는데, 이러한 명칭은 어떤 경기자의 비협조적 행동(즉 배반)이 협조적 행동을 취하던 다른 경기자의 보복을 유발시킨다는 점에서 유래한 것이다. 기업 A의 보복전략에 대하여 기업 B가 낮은 가격을 정하면 그 다음부터는 두 기업 모두 매달 초마다 낮은 가격을 정하는 것이 내쉬균형으로 성립하기 때문에, 비협조적으로 행동하면 보복하겠다는 위협(즉 가격전쟁도 불사하겠다는 위협)은 신빙성의 조건을 만족시킨다.

기업 A의 보복전략에도 불구하고 기업 B가 낮은 가격을 정했다고 하자. 이러한 배반으로 기업 B의 이윤은 일시적으로 80원에서 140원으로 60원만큼 증가하지만 즉각적인 기업 A의 보복을 유발시켜서 다음 게임부터는 이윤이 80원에서 영원히 50원으로 감소한다. 이처럼 배반으로 인해 기업 B는 당장 60원의 이득을 보지만 다음 게임부터는 매게임마다 영원히 30원의 손해를 입게 되며, 기업 B의 할인율이 $r$이라면 그 손해의 현재가치는 $30/(1+r)+30/(1+r)^2$

$+30/(1+r)^3\cdots=30/r$이 된다. 따라서 배반의 일회적 이득인 60원보다 배반의 손실인 $30/r$이 클 때, 즉 $r<0.5$일 때 기업 A의 보복전략에 대해서 기업 B도 같은 보복전략을 구사하는 것이 최선의 반응이 된다. 기업 A 역시 기업 B의 보복전략에 대해서 같은 전략을 구사하는 것이 최선의 반응이기 때문에, 〈표 12-11〉의 게임이 무한하게 반복되는 경우에 두 기업 모두 보복전략을 사용함으로써 $(H, H)$의 협조적 결과가 무한하게 반복되는 완전균형이 나타난다.

무한히 반복되는 용의자의 고민 게임에서 배반으로 인한 일시적 이득이 손해보다 지나치게 크지 않거나 경기자의 할인율이 높지 않은 경우에는 각 경기자가 비협조적으로 행동한다고 해도 집단적 합리성이 대두해서 협조적 결과의 균형이 나타날 수 있다. 현실에서 영원히 존재하는 과점기업을 발견하는 것은 불가능에 가깝다. 그렇다고 과점기업에게 정해진 수명이 있는 것도 아니기 때문에 각 과점기업은 자신이 영원히 존재한다고 생각해서 보복전략을 사용하고 과점시장에는 협조적 결과가 나타날 가능성이 높다. 과점시장에서 치열한 가격전쟁보다는 높은 가격이 유지되는 협조적 관계가 더 자주 관찰된다는 사실은 이를 뒷받침한다고 볼 수 있다.

## 12.6 불완전정보의 게임과 불충분정보의 게임

앞절에서는 완전정보 순차게임을 살펴보았다. 그렇지만 현실에서는 경기자가 앞서 행동한 경기자의 행동의 전부 또는 일부를 관찰할 수 없는 불완전정보의 순차게임도 있을 수 있다. 〈그림 12-3〉에 표시된 순차게임을 보기로 하자. 이 게임에서 먼저 행동하는 경기자 A는 $a_1$, $a_2$와 $a_3$의 세 가지 전략을 구사할 수 있는데, 나중에 행동하는 경기자 B는 경기자 A가 $a_3$의 전략을 사용하는 것은 관찰할 수 있으나 $a_1$와 $a_2$ 중 어느 전략을 사용하는가는 관찰할 수 없다고 하자. 따라서 경기자 B가 행동할 때는 자신이 의사결정마디 $b$에 있는지 아니면 $b'$에 있는지를 알 수 없다. 〈그림 12-3〉에서 점 $b$와 $b'$을 둘러싸고 있는 파란색 점선의 타원은 **정보집합**(information set)이라고 불리는 것으로 게임의 어떤 단계에서 경기자가 자신이 어디에 있는지 구별할 수 없는 의사결정마디들을 포함한다. 완전정보 게임의 모든 정보집합에는 한 개의 의사결정마디만 존

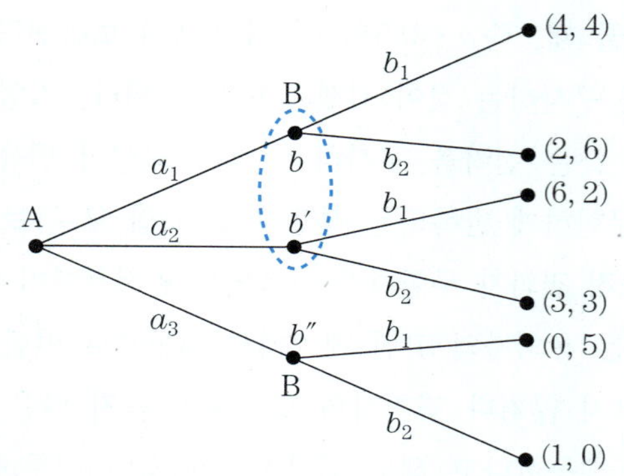


**그림 12-3 불완전정보 순차게임의 게임나무**
경기자 A가 $a_1$과 $a_2$ 중 어느 전략을 사용하는가를 관찰할 수 없다면 나중에 행동하는 경기자 B는 자신이 점 $b$에 있는지 아니면 점 $b'$에 있는지를 구별할 수 없으며, 이러한 유형의 게임을 불완전정보 순차게임이라고 한다.

재한다. 그러나 불완전정보 순차게임의 경우 여러 개의 의사결정마디를 포함하는 정보집합이 존재하고 그 균형은 각 경기자가 자신이 정보집합 내의 각 의사결정마디에 있을 확률에 관한 믿음(beliefs)을 이용하여 구해진다.

동시게임의 경우 각 경기자는 다른 경기자들이 어떤 전략을 선택하는가를 알 수 없는 상태에서 자신의 전략을 선택한다. 따라서 동시게임은 불완전정보

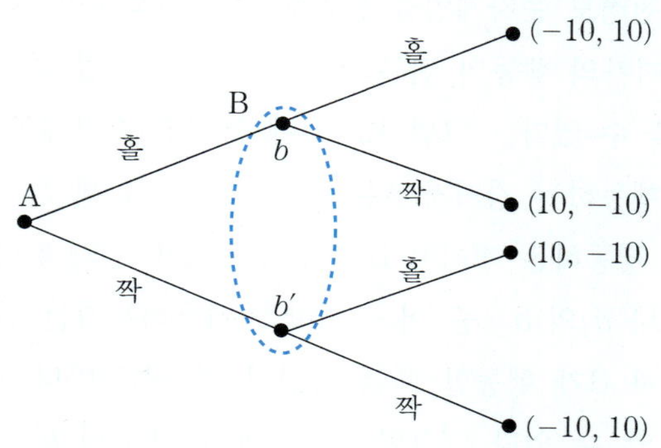


**그림 12-4 홀짝게임의 게임나무: 불완전정보의 2단계 순차게임**
동시게임은 불완전정보의 2단계 순차게임이며, 경기자 A가 먼저 몇 개의 동전을 감춘 다음 경기자 B가 홀짝을 맞추는 게임에서 정보집합은 의사결정마디 $b$와 $b'$을 포함한다.

의 2단계 순차게임으로도 묘사될 수 있으며, 〈그림 12-4〉는 불완전정보의 2단계 순차게임으로서 홀짝게임의 게임나무이다. 경기자 A가 먼저 몇 개의 동전을 감춘 다음 경기자 B가 홀인가 아니면 짝인가를 맞추는 게임에서 경기자 B는 자신이 의사결정마디 $b$에 있는지 아니면 $b'$에 있는지를 알 수가 없는 것이다.

경우에 따라서는 몇 경기자가 게임의 속성(예컨대 다른 경기자들의 선호, 목적, 보수 등)을 잘 모르는 상태에서 게임이 진행될 수 있으며, 이를 **불충분정보의 게임**(game of incomplete information)이라고 한다. 경기자 A와 B 사이의 동시게임에서 경기자 B의 선호는 $T_1$과 $T_2$의 두 가지 중 하나이며, 경기자 B는 자신의 선호를 알고 있지만 경기자 A는 상대방의 선호가 두 가지 중 정확하게 어떤 것인지 알지 못한다고 하자. 경기자 B가 어떠한 선호를 지니고 있는가에 따라 게임의 보수행렬은 〈표 12-13〉에 표시된 것과 같이 달라진다면, 경기자 A는 상대방의 속성을 모르는 상태에서 게임의 보수에 관한 정확한 정보가 없이 불충분정보의 게임에 참가하는 것이다.

**표 12-13 불충분정보 게임의 보수행렬**

| | | 경기자 B | | | |
|---|---|---|---|---|---|
| | | $T_1$ | | $T_2$ | |
| | | $b_1$ | $b_2$ | $b_1$ | $b_2$ |
| 경기자 A | $a_1$ | (6, 2) | (3, 1) | (6, 1) | (3, 2) |
| | $a_2$ | (3, 2) | (5, 1) | (3, 1) | (5, 2) |

〈표 12-13〉의 게임을 표시하려면 두 개의 게임나무가 필요할 것 같지만 '자연(Nature)'이라는 또 다른 경기자 N을 도입하고 정보집합의 개념을 사용하면 이를 한 개의 게임나무로 〈그림 12-5〉에 나타낼 수 있다. 불충분정보의 게임에서 경기자 A가 직면하는 불확실성은 '자연' N의 행동으로 표현된다. 즉 경기자 A가 불확실성에 직면하는 이유는 '자연' N이 경기자 B의 선호에 관하여 $T_1$과 $T_2$ 중 어떤 것을 선택하는가를 관찰할 수 없기 때문이며, 경기자 A의 행동단계에서 정보집합은 의사결정마디 $a$와 $a'$을 포함한다. 이처럼 '자연'과 정보집합을 도입하면 불충분정보의 게임은 불완전정보의 게임으로 바뀐다.

〈그림 12-5〉에서 경기자 B는 선호가 $T_1$일 때 경기자 A가 $a_1$과 $a_2$ 중 어떤 행동을 취하든지 항상 $b_1$의 행동을 선택할 것이고 선호가 $T_2$일 때는 경기자

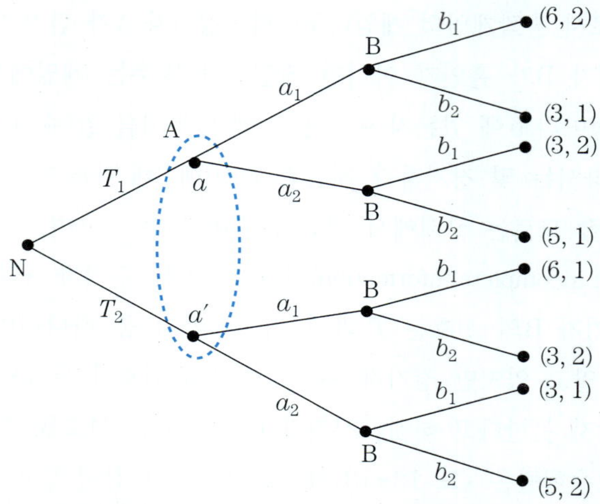


**그림 12-5 불충분정보 게임의 게임나무**

'자연' N이라는 또 다른 경기자와 정보집합을 도입하면 불충분정보의 게임은 불완전정보의 게임으로 바뀔 수 있다. 이때 균형은 각 경기자가 자신이 정보집합 내의 각 의사결정마디에 있을 확률에 관한 믿음에 근거하여 구해진다.

A의 행동에 관계없이 항상 $b_2$를 선택한다. 이 상황에서 경기자 A가 어떤 행동을 선택할 것인지 결정하려면 각 행동을 선택할 때의 기대보수를 계산해야 하는데, 이를 위해서는 '자연' N의 행동에 관한 믿음이 있어야 한다. 가령 경기자 A가 '자연' N이 경기자 B의 선호가 $T_1$이 되도록 행동할 확률이 $\beta$이고 $T_2$가 되도록 행동할 확률이 $1-\beta$라고 믿는다면(즉 자신이 점 $a$와 $a'$에 있을 확률이 각각 $\beta$와 $1-\beta$라고 믿는다면) 경기자 A가 $a_1$로 행동할 때의 기대보수는 $\beta\times 6+(1-\beta)\times 3=3\beta+3$이고 $a_2$로 행동할 때의 기대보수는 $\beta\times 3+(1-\beta)\times 5=5-2\beta$이다. 따라서 경기자 A는 $3\beta+3>5-2\beta$(즉 $\beta>0.4$)라고 믿을 때만 $a_1$로 행동한다.

이와 같이 불충분정보의 게임에서 균형은 각 경기자가 자신이 정보집합 내의 각 의사결정마디에 있을 확률에 관한 믿음에 근거하여 구해진다. 그렇지만 이 책에서 이러한 균형이 구체적으로 어떻게 구해지는가에 관해서는 더 이상 다루지 않으며, 다음 장에서 과점을 분석할 때 과점시장에 새로이 진입하려는 기업과 기존 기업들이 처하게 되는 전략적 상황을 불충분정보의 게임으로 묘사하도록 한다.

## 요 약

1 소수의 기업만이 존재하는 과점시장에서 기업들의 의사결정 사이에는 상호의존성이 존재하기 때문에 각 과점기업은 상대기업의 반응을 예측하면서 자신의 행동을 결정해야만 하는 전략적 상황에 직면한다. 따라서 게임이론은 전략적 상황에 처한 과점기업의 행동을 분석하는 데 있어서 중요한 도구가 된다.

2 게임의 기본적 구성요소는 경기자, 전략 및 보수이다. 게임은 결과를 놓고 협상을 통해 미리 구속력 있는 계약을 맺을 수 있는 협조적 게임과 그렇지 못한 비협조적 게임으로 구분될 수 있으며, 게임의 진행방법에 따라 동시게임과 순차게임으로 분류될 수도 있다. 정태게임이라고도 불리는 동시게임은 모든 경기자가 동시에 전략을 선택하는 게임이며, 동태게임이라고도 불리는 순차게임은 한 경기자가 먼저 행동한 다음에 다른 경기자가 행동하는 방식의 게임이다.

3 상대방의 어떤 전략에 대해서도 최선의 반응이 되는 전략을 우월전략이라고 하며, 모든 경기자가 우월전략을 지니는 게임의 균형을 우월전략균형이라고 한다. 우월전략균형보다 개념적으로 범위가 넓은 내쉬균형은 각 경기자가 다른 모든 경기자들의 최적전략에 대해서 자신도 최선의 반응이 되는 전략을 선택하고 있는 상태이다.

4 여러 유형의 게임에서 내쉬균형을 구해보면 다양한 전략적 행동을 이해할 수 있다. 용의자의 고민과 같은 유형의 게임에서는 모든 경기자가 내쉬균형의 결과보다 높은 보수를 얻을 수 있는 다른 결과가 존재함에도 불구하고 개인적 합리성 때문에 열등한 내쉬균형이 성립한다. 또한 게임의 유형에 따라 여러 개의 내쉬균형이 존재할 수도 있고 순수전략의 내쉬균형이 존재하지 않을 수도 있다. 순수전략의 내쉬균형이 존재하지 않는 경우에도 혼합전략의 내쉬균형은 반드시 존재한다.

5 최소극대화전략은 경기자가 자신의 각 전략에 대해서 최악의 상황이 발생하는 경우의 보수를 구하고 이들 중에서 극대값이 보장되는 전략을 선택하는 것이다. 한 경기자의 이득은 다른 경기자의 손실을 의미하는 정합게임에서 최소극대화전략의 균형, 즉 안장점이 존재한다면 이는 곧 내쉬균형이다.

6 완전정보의 순차게임에서 내쉬균형 중에는 신빙성의 조건을 충족시키지 않는 균형이 숨어있을 수가 있으며, 이를 제거하기 위한 방법은 역순귀납이다. 역순귀납으로 신빙성의 조건을 만족시키는 내쉬균형을 찾았을 때, 이를 완전균형이라고 한다.

7 반복게임에서 각 경기자는 자신의 미래 행동에 관해서 어떤 위협이나 약속을 함으로써 다른 경기자의 현재 행동에 영향을 미칠 수 있다. 이 때문에 게임이 단 한번만 열리는 경우와 달리 반복게임에서는 경기자들이 비협조적으로 행동해도 협조적 결과가 균형으로 나타날 수 있다. 가령 용의자의 고민 게임이 무한하게 반복되는 경우에 각

경기자가 보복전략을 구사할 때 협조적 결과가 무한하게 반복되는 완전균형이 나타날 수 있다.

8 경기자가 먼저 행동한 경기자의 행동의 일부 또는 전부를 관찰할 수 없는 게임을 불완전정보의 게임이라고 하며, 경기자가 게임의 속성을 잘 모르는 상태에서 진행되는 게임을 불충분정보의 게임이라고 한다.

## 연습문제

1 PC를 생산하는 두 기업 A와 B가 있다고 하자. 각 기업은 PC가격을 높게 정하는 전략($H$), 중간으로 정하는 전략($M$)과 낮게 정하는 전략($L$)을 구사할 수 있으며, 각 결과별 이윤은 다음의 보수행렬과 같다고 하자.

| | | 기업 B | | |
|---|---|---|---|---|
| | | $H$ | $M$ | $L$ |
| 기업 A | $H$ | (220, 180) | (150, 250) | (100, 200) |
| | $M$ | (280, 120) | (210, 200) | (130, 150) |
| | $L$ | (220, 90) | (150, 95) | (90, 70) |

(1) 우월전략균형이 존재하는지 확인하시오.
(2) 내쉬균형을 구하시오.

2 위의 1에서 보수행렬이 다음과 같이 바뀌었다고 하자.

| | | 기업 B | | |
|---|---|---|---|---|
| | | $H$ | $M$ | $L$ |
| 기업 A | $H$ | (220, 180) | (150, 250) | (100, 200) |
| | $M$ | (280, 120) | (210, 200) | (130, 150) |
| | $L$ | (220, 100) | (150, 80) | (90, 85) |

(1) 각 경기자는 우월전략을 갖고 있는지 확인하시오.
(2) 내쉬균형을 구하시오.

3 맥주를 생산하는 두 기업 A와 B가 있다고 하자. 각 기업은 10, 20, 30, 50 중에서 하나를 맥주가격 $P_X$로 정할 수 있을 때 가격별 이윤은 다음의 보수행렬과 같다고 하자.

| | | 기업 B | | | |
|---|---|---|---|---|---|
| | | $P_X=10$ | $P_X=20$ | $P_X=30$ | $P_X=50$ |
| 기업 A | $P_X=10$ | (100, 250) | (120, 280) | (130, 270) | (210, 260) |
| | $P_X=20$ | (140, 270) | (150, 300) | (180, 320) | (220, 280) |
| | $P_X=30$ | (150, 280) | (180, 310) | (195, 350) | (200, 340) |
| | $P_X=50$ | (130, 340) | (135, 330) | (190, 360) | (220, 350) |

(1) 각 경기자는 우월전략을 갖고 있는지 확인하시오.
(2) 각 경기자는 열등전략을 갖고 있는지 확인하시오.
(3) 내쉬균형을 구하시오.

**4** 두 기업 A와 B가 높은 가격을 정하는 것($H$)과 낮은 가격을 정하는 것($L$)의 두 가지 전략 중에서 한 가지를 동시에 선택한다고 할 때 각 결과별 이윤은 다음의 보수행렬과 같다.

| | | 기업 B | |
|---|---|---|---|
| | | $H$ | $L$ |
| 기업 A | $H$ | (100, 100) | (60, 180) |
| | $L$ | (180, 60) | (90, 90) |

(1) 내쉬균형을 구하시오.
(2) 최소극대화전략에 의한 균형을 구하시오.

**5** 기업 A와 B 사이에는 매월 초마다 반복하여 위 4의 보수행렬로 표시되는 동시게임이 벌어진다고 하자.

(1) 두 기업 모두 수명이 1년일 때의 완전균형을 설명하시오.
(2) 두 기업 모두 수명이 무한하여 위 4의 보수행렬로 표시되는 동시게임이 무한하게 반복될 때 보복전략에 의한 완전균형을 설명하고 이를 가능하게 하는 할인율 $r$의 상한을 구하시오.

**6** 기업 A와 B가 광고하는 전략($HA$)과 광고하지 않는 전략($NA$) 중에서 한 가지를 동시에 선택한다고 할 때 각 결과별 이윤은 다음의 보수행렬과 같다.

| | | 기업 B | |
|---|---|---|---|
| | | $HA$ | $NA$ |
| 기업 A | $HA$ | (50, 15) | (65, 20) |
| | $NA$ | (60, 30) | (70, 25) |

(1) 내쉬균형을 구하시오.

(2) 기업 A가 먼저 $HA$와 $NA$ 중 한 가지를 선택하고 기업 B는 그 뒤에 선택한다고 할 때, 게임나무를 그려서 균형을 설명하시오.

7 기업 A와 B는 가격을 인상하는 것과 인하하는 것 중에서 반드시 한 가지를 선택해야 하는데, 기업 A가 먼저 한 가지를 선택하고 그 선택을 통보받은 기업 B가 뒤를 이어서 한 가지를 선택한다고 하자. 두 기업 모두 가격을 인상하는 경우 이윤은 똑같이 500씩이 되며, 한 기업은 가격을 인상하고 다른 기업은 인하한다면 인상한 기업의 이윤은 200이고 인하한 기업의 이윤은 600이 된다. 그리고 두 기업 모두 가격을 인하하면 이윤은 똑같이 100씩이 된다.

(1) 기업 A와 B의 전략을 설명하고 보수행렬을 구성하시오.

(2) (1)의 보수행렬에서 내쉬균형을 모두 구하시오.

(3) 이 게임의 게임나무를 그려서 완전균형을 설명하시오. 그리고 (1)에서 구한 내쉬균형 중 어떤 것이 왜 완전균형이 아닌지 설명하시오.

# 제 13 장

# 과점과 독점적 경쟁



기업의 수가 서로의 존재를 인식할 수 있는 정도로 소수인 과점시장에서는 각 기업의 의사결정 사이에 상호의존성이 존재하고 각 기업은 이를 잘 알고 있다. 따라서 개별 과점기업은 상대방의 행동이나 반응을 관찰하고 예측하면서 자신의 의사결정을 하게 된다. 이러한 전략적 상황에서 과점기업이 상대기업의 어떠한 반응이나 행동을 가정하는가에 따라 과점시장의 결과는 달라지며, 여기에서는 과점시장을 비협조적 과점과 협조적 과점으로 구분하여 분석하기로 한다.

독점적 경쟁은 공급자의 수가 다수라는 점과 진입장벽이 거의 존재하지 않는다는 점에서 완전경쟁에 가까운 시장구조이지만, 독점적 경쟁기업은 차별화된 상품을 공급한다는 점에서 완전경쟁기업과 구별된다. 이 장에서는 독점적 경쟁의 단기 및 장기균형을 살펴보고 그러한 균형을 완전경쟁시장과 비교하기로 한다.

## 13.1 비협조적 과점의 모형

과점기업들은 처음에 상대기업의 반응을 잘 예측할 수 없거나 또는 시장을 먼저 점유하려는 욕구 때문에 경쟁적으로 가격을 인하하여 가격전쟁을 벌이기가 쉽다. 대규모 아파트단지에 들어선 몇몇 대형 할인매장끼리 벌였던 치열한 가격전쟁을 기억하는 독자들이 많을 것이다. 가격전쟁으로 기업의 이윤은 감소하고 소비자는 이득을 얻게 되지만, 가격전쟁이 오래 지속되는 경우는 흔하지 않다. 왜냐하면 가격전쟁에 의한 손실을 체험한 과점기업들 사이에는 가격, 산출량 등을 결정할 때 가격전쟁을 피하기 위해서 서로 협조하려는 동기가 생기기 때문이다. 이 절에서는 비협조적 과점의 모형을 살펴보기로 한다.

전략적 상황에서 과점기업은 자신의 행동변화(산출량이나 가격의 변화)에 대하여 상대기업이 어떠한 반응을 할 것인지를 추측하게 되는데, 이를 산출량 또는 가격에 대한 **추측된 변화**(conjectural variation)라고 한다. 추측된 변화가 무엇인가에 따라 과점기업의 행동은 달라지며, 과점의 초기에는 각 기업이 상대기업의 반응을 잘 예측할 수 없기 때문에 비협조적 과점이 이루어지기가 쉽다. 그러나 시간이 흘러감에 따라 상대기업의 반응을 어느 정도 예측할 수 있게 되고 시장에서 기업 사이에는 협조적 관계가 형성될 수 있다.

게임이론으로 과점을 분석할 때 경기자는 과점기업이고 전략변수는 산출량 또는 가격이며, 보수는 이윤이다. 이제 앞서 살펴본 게임의 기초적 개념을 이용하여 과점을 비협조적 과점과 협조적 과점으로 나누어 살펴보기로 한다. 그리고 분석의 편의를 위해서 두 기업 A와 B만이 존재하는 과점, 즉 **복점**(duopoly)을 주로 가정하기로 한다.

### 꾸르노모형

비협조적 과점시장의 모형 중에서 프랑스 경제학자인 꾸르노(A. Cournot)에 의해서 1838년 제시된 복점모형을 먼저 살펴보기로 하자. **꾸르노모형**(Cournot model)은 정태적이기는 하지만 과점기업의 전략적 행동을 최초로 분석했다는 점에서 의의를 지니는 모형이다.

꾸르노모형은 동질적 상품을 공급하는 A와 B의 두 기업이 각각 자신의 산출량을 비협조적으로 동시에 결정하며, 두 기업의 산출량 결정으로 시장공급량이 정해지면 시장수요곡선에서 그 상품의 가격이 즉시 정해진다고 가정한다. 즉 순수복점의 두 기업은 산출량이 전략변수가 되는 비협조적 동시게임에 참가하는 것이다. 이 경우 두 기업이 동시에 산출량을 정하기 전까지는 어느 기업도 가격이 얼마인가를 알 수가 없기 때문에 각 기업은 상대기업의 산출량수준을 예상하고 이를 주어진 것으로 간주해서 자신의 이윤극대화를 위한 산출량을 정하는 것이다. 바꾸어 말하면 꾸르노모형에서 산출량에 관한 추측된 변화는 0이다.

꾸르노모형에서 각 기업이 이윤극대화의 산출량을 어떻게 정하는가를 쉽게 이해하기 위해서 식 (13-1)과 같은 선형의 시장수요곡선을 가정하자($x_D$는 시장수요량).

$$P_X = a - bx_D \tag{13-1}$$

식 (13-1)에서 $a$와 $b$는 0보다 큰 상수이다. 기업 A와 B가 산출량을 각각 $x_A$와 $x_B$로 정하면 시장수요곡선에서 시장공급량 $x_A + x_B$와 시장수요량 $x_D$를 일치시키는 가격 $P_X$가 즉시 정해진다. 즉 $x_D = x_A + x_B$의 관계가 성립하므로 식 (13-1)은 다음과 같이 바꾸어 쓸 수 있다.

$$P_X = a - b(x_A + x_B) \tag{13-2}$$

또한 기업 A와 B 모두 산출량에 관계없이 한계비용이 일정하며, 그 크기를 각각 $c_A$와 $c_B$라고 하자(따라서 평균비용은 항상 한계비용과 일치함).

시장수요곡선과 각 기업의 한계비용을 가정하였기 때문에, 우리는 각 기업의 이윤 $\pi_A$와 $\pi_B$를 다음과 같이 구할 수 있다.

$$\begin{aligned} \pi_A(x_A,\ x_B) &= (a - bx_A - bx_B) \cdot x_A - c_A \cdot x_A \\ \pi_B(x_A,\ x_B) &= (a - bx_A - bx_B) \cdot x_B - c_B \cdot x_B \end{aligned} \tag{13-3}$$

식 (13-3)은 각 기업이 산출량(즉 전략)을 선택했을 때의 이윤(즉 보수)을 표시하며, 각 기업의 이윤이 자신의 산출량 이외에 상대기업의 산출량에도 의존한다는 사실은 두 기업이 처한 전략적 상황을 잘 드러내고 있다.

추측된 변화가 없다고 가정하는 꾸르노모형에서 먼저 기업 A가 어떻게 산출량을 결정하는지 분석하기로 하자. 〈그림 13-1〉의 (a)에는 식 (13-1)의 시장 수요곡선 $D$와 기업 A의 한계비용곡선 $MC_A = c_A$가 표시되어 있다. 꾸르노모형에서 기업 A는 상대기업의 산출량을 예상하여 이를 주어진 것으로 간주하기 때

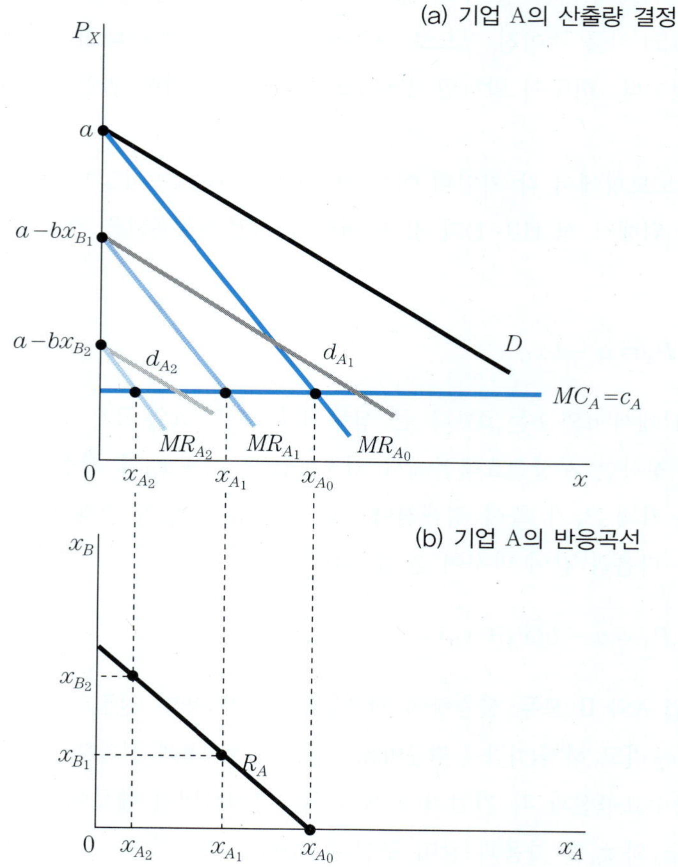


**그림 13-1 꾸르노모형에서의 산출량 결정과 반응곡선**

순수복점에 관한 꾸르노모형에서 기업 A는 자신이 예상하는 기업 B의 산출량을 주어진 것으로 생각해서 이윤의 극대화를 위한 산출량을 정한다. 예를 들어 (a)에서 기업 B의 산출량이 $x_{B_1}$이라고 생각한다면, 기업 A는 수직축 절편이 $a-bx_{B_1}$인 $d_{A_1}$을 자신의 수요곡선으로 인식하고 한계수입곡선 $MR_{A_1}$과 한계비용곡선 $MC_A$가 교차하는 점에서 산출량 $x_{A_1}$을 선택한다. 기업 B의 다른 산출량에 대해서도 똑같은 과정을 반복하면, (b)에 표시된 기업 A의 반응곡선 $R_A$를 얻을 수 있다.

문에 자신이 직면하는 수요곡선은 시장수요곡선을 예상되는 상대기업의 산출량만큼 왼쪽으로 수평 이동시킨 것이라고 생각하며, 이를 기업 A의 **잔여수요곡선**(residual demand curve)이라고 한다. 즉 꾸르노모형에서 어느 기업의 잔여수요곡선은 상대방의 산출량을 고정시켜 놓았을 때 그 기업이 직면하는 수요곡선을 의미한다.

가령 기업 A가 기업 B의 산출량을 0이라고 예상한다면, 기업 A는 시장수요곡선 $D$ 전체가 자신의 수요곡선이라고 판단하고 한계수입곡선 $MR_{A_0}$과 한계비용곡선 $MC_A$가 교차하는 점에서 이윤극대화를 위한 산출량 $x_{A_0}$을 결정한다. 만일 기업 B의 산출량이 $x_{B_1}$이라고 예상한다면, 기업 A는 수직축 절편이 $a-bx_{B_1}$인 $d_{A_1}$을 자신의 수요곡선으로 인식하고 한계수입곡선 $MR_{A_1}$과 한계비용곡선 $MC_A$가 교차하는 점에서 산출량 $x_{A_1}$을 선택한다.

기업 B의 다른 모든 산출량에 대해서도 위와 똑같은 과정으로 이윤극대화를 위한 기업 A의 산출량을 구하면 〈그림 13-1〉의 (b)에 표시된 궤적 $R_A$를 얻을 수 있으며, 이 궤적은 기업 A의 **반응곡선**(reaction curve)이라고 불린다. 그렇지만 꾸르노모형에서 두 기업은 동시에 산출량을 정하기 때문에, '반응'이라는 표현은 상대방의 산출량을 관찰하고 이에 반응한다는 의미가 아니라 상대방 산출량의 예상치에 대하여 반응한다는 의미로 이해되어야 한다. 기업 A가 예상하는 기업 B의 산출량이 증가하면 잔여수요곡선은 왼쪽으로 이동하게 되어 기업 A의 이윤극대화를 위한 산출량도 반응곡선 $R_A$를 따라 감소하는 것이다.

〈그림 13-2〉에는 기업 A의 반응곡선과 똑같은 방법으로 도출한 기업 B의 반응곡선 $R_B$가 그려져 있으며, 꾸르노모형의 균형은 각 기업의 전략적 행동을 나타내고 있는 두 개의 반응곡선에 의하여 쉽게 찾아질 수 있다. 꾸르노모형의 균형, 즉 **꾸르노균형**(Cournot equilibrium)은 두 반응곡선 $R_A$와 $R_B$가 교차하는 점 $e_K$에서 이루어진다. 점 $e_K$에서 각 기업은 상대기업의 산출량을 정확하게 예상하고 그 예상에 입각하여 이윤극대화의 산출량을 선택하고 있기 때문에 어느 기업도 자신이 선택한 산출량을 바꿀 이유가 없는 것이다. 꾸르노균형은 다름 아닌 동시게임의 내쉬균형이다. 즉 기업 A와 B는 각각 '$x_{A_K}$만큼 생산한다'라는 전략과 '$x_{B_K}$만큼 생산한다'라는 전략을 동시에 선택함으로써 상대기업이 선택한 전략에 대하여 최선의 반응을 하고 있다.

꾸르노모형에서는 각 기업이 상대기업의 산출량을 예상하여 자신의 산출량

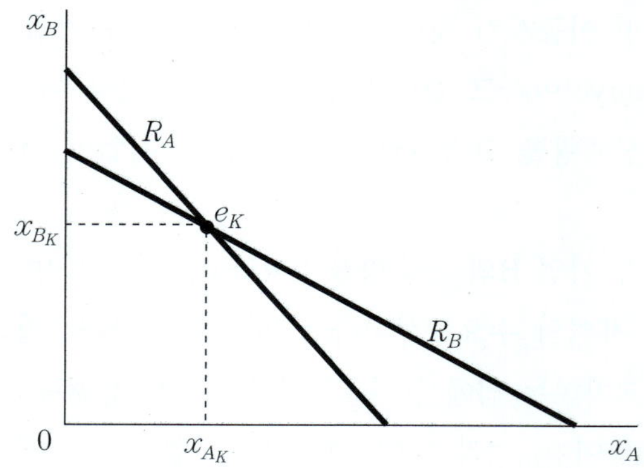


**그림 13-2 반응곡선과 꾸르노균형**

어느 기업의 반응곡선은 상대기업의 산출량에 대한 그 기업의 최선의 반응을 표시하기 때문에, 순수복점에서 두 기업의 반응곡선이 교차하는 점 $e_K$는 꾸르노균형이면서 동시게임의 관점에서는 내쉬균형이 된다.

을 결정하고 이를 동시에 발표한다고 가정한다. 그렇다면 각 기업이 상대방의 산출량을 잘못 예상하여 균형산출량과 다른 산출량을 결정했을 때 어떠한 조정과정을 거쳐서 꾸르노균형으로 수렴할 것인가? 꾸르노모형에서 핵심적 가정은 각 기업이 상대기업의 산출량을 예상하여 이를 불변으로 여긴다는 것(즉 산출량에 관한 추측된 변화가 0)인데, 일단 어떤 형태라도 조정과정이 도입되면 이 핵심적 가정에 배치되는 것이다. 따라서 정태적 꾸르노모형으로는 균형이 어떻게 달성되는가를 분석할 수 없으며, 이 때문에 꾸르노모형은 과점기업의 행동을 균형에만 국한시켜서 설명한다는 비판을 받기도 한다.

## 꾸르노균형의 계산

꾸르노균형의 결과(가격, 시장거래량, 총잉여 등)를 앞으로 설명할 다른 과점모형의 균형과 비교하고 또 완전경쟁, 독점 등 다른 시장구조의 균형과도 비교하기 위하여 이제 균형의 결과를 구체적으로 계산해 보자. 용이한 계산을 위하여 $P_X = a - x_D$의 시장수요곡선과 두 기업 모두 한계비용과 평균비용이 산출량에 관계없이 항상 $c$이고 $a > c$라고 가정한다. 꾸르노균형의 결과를 구하기 위해서는 먼저 각 기업의 반응곡선의 방정식을 구해야 한다.

기업 A가 기업 B의 산출량이 $x_B$에서 불변이라고 생각한다는 것은 곧 시장 수요곡선 $P_X = a - x_A - x_B$에서 $a - x_B$가 상수로 취급되는 다음의 식 (13-4)를 자신의 수요곡선으로 여긴다는 것이다.

$$P_X = (a - x_B) - x_A \tag{13-4}$$

선형의 수요곡선에 상응하는 한계수입곡선이 수직축 절편은 수요곡선과 같지만 기울기의 절대값은 2배라는 점을 기억하는 독자들은 식 (13-4)의 잔여수요곡선에 상응하는 한계수입곡선이 다음과 같다는 사실을 쉽게 알 수 있다.

$$MR_A = (a - x_B) - 2x_A \tag{13-5}$$

기업 A의 한계비용 $MC_A$는 산출량에 관계없이 항상 $c$라고 가정했기 때문에, 기업 A의 이윤극대화 조건 $MR_A = MC_A$는 다음과 같은 식으로 표시된다.

$$(a - x_B) - 2x_A = c \tag{13-6}$$

기업 A의 산출량 $x_A$에 관해서 식 (13-6)을 정리하면, 다음과 같은 기업 A의 반응곡선의 방정식을 얻을 수 있다.

$$x_A = \frac{a - c - x_B}{2} \tag{13-7}$$

동일한 과정으로 구한 기업 B의 반응곡선은 식 (13-8)과 같다.

$$x_B = \frac{a - c - x_A}{2} \tag{13-8}$$

꾸르노균형은 두 기업의 반응곡선이 교차하는 점이기 때문에, 식 (13-7)과 (13-8)의 연립방정식을 풀면 꾸르노균형에서 두 기업의 산출량 $x_{A_K}$와 $x_{B_K}$를 구할 수 있으며 그 결과는 $x_{A_K} = x_{B_K} = (a-c)/3$이 된다. 따라서 꾸르노균형에서 시장 전체에는 $2(a-c)/3$만큼이 공급되고 〈그림 13-3〉에 표시된 것처럼 $P_X = a - x_D$의 시장수요곡선 $D$를 따라서 균형가격은 점 $e_K$에서 $(a+2c)/3$이 되며, 두 기업 모두 $(a-c)^2/9$씩의 이윤을 얻어서 시장 전체에는 사각형 $e_KGHJ$의 면적인 $2(a-c)^2/9$만큼의 이윤이 발생한다. 이러한 꾸르노균형에서 소비자

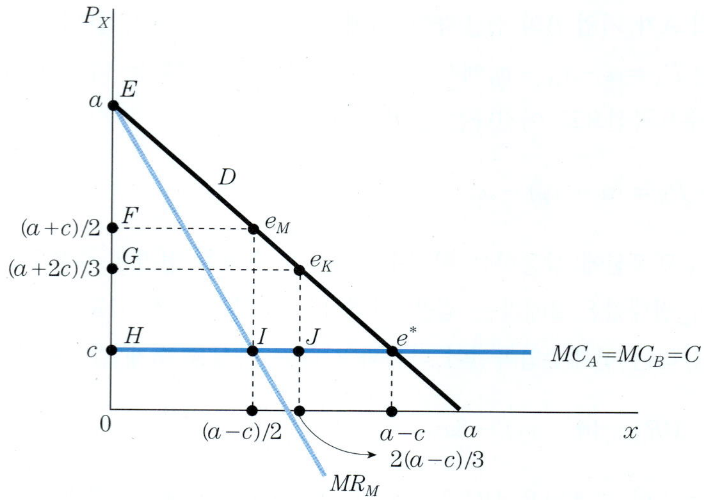


**그림 13-3 꾸르노의 순수복점, 완전경쟁과 독점의 비교**

시장수요곡선이 $P_X=a-x_D$이고 각 기업의 한계비용은 똑같이 $c$라고 할 때 점 $e^*$, $e_K$와 $e_M$은 각각 완전경쟁, 꾸르노의 순수복점 그리고 독점의 균형점이다. 균형에서의 산출량은 완전경쟁, 꾸르노모형 그리고 독점의 순서로 낮아지지만 가격은 그 반대이기 때문에 총잉여는 완전경쟁에서 가장 높고 독점에서는 가장 낮게 된다.

잉여는 〈그림 13-3〉에서 삼각형 $e_KGE$의 면적이므로 그 크기는 $2(a-c)^2/9$가 된다.

만일 이 시장이 완전경쟁시장이라면 가격과 산출량은 어떤 수준에서 정해질 것인가? 완전경쟁기업의 이윤극대화 조건은 $P_X=MC$이고 개별 기업의 한계비용은 $c$라고 가정하기 때문에, 완전경쟁의 균형은 점 $e^*$에서 이루어져서 $c$의 가격으로 $a-c$만큼이 시장에서 거래되고 기업의 이윤은 0이 된다. 이때 소비자잉여는 〈그림 13-3〉에서 삼각형 $e^*HE$의 면적인 $(a-c)^2/2$이다. 만일 이 시장의 공급이 한 기업에 의해서 독점되는 경우 독점기업의 한계수입 $MR_M$은 $a-2x$이므로 이윤극대화의 조건 $MR=MC$에 의해 〈그림 13-3〉의 점 $e_M$에서 시장에는 $(a-c)/2$만큼의 생산물이 $(a+c)/2$의 독점가격으로 공급되며, 독점이윤은 사각형 $e_MFHI$의 면적인 $(a-c)^2/4$가 되고 삼각형 $e_MFE$의 면적인 $(a-c)^2/8$이 소비자잉여가 된다.

〈그림 13-3〉에서 산출량은 완전경쟁, 꾸르노모형 그리고 독점의 순서로

낮아지지만 가격은 그 반대라는 균형의 결과를 확인할 수 있으며, 이러한 결과는 사회후생(즉 총잉여의 크기)의 관점에서 꾸르노균형(총잉여의 크기는 사다리꼴 $e_K EHJ$의 면적)은 독점(총잉여의 크기는 사다리꼴 $e_M EHI$의 면적)보다 우월하지만 완전경쟁(총잉여의 크기는 삼각형 $e^* EH$의 면적)보다는 열등하다는 것을 의미한다. 뒤에서 살펴보겠지만 기업 A와 B가 협조해서 독점기업처럼 행동하는 경우 각 기업은 꾸르노균형보다 높은 $(a-c)^2/8$씩의 이윤을 얻을 수 있다. 따라서 기업은 완전경쟁보다 꾸르노균형을 선호하지만 꾸르노균형보다는 기업들이 협조했을 때의 결과를 선호하게 된다. 〈그림 13-3〉에 나타난 균형의 결과는 다른 과점모형의 균형 결과와 함께 나중에 표로 정리하기로 한다.

## 꾸르노균형과 역탄력도 가격설정

순수과점에 관한 꾸르노모형에서 기업의 수가 증가할수록 개별 기업은 가격수용자에 가까워질 것이고 기업의 수가 감소하면 개별 기업의 시장지배력은 늘어날 것이다. 이를 확인하기 위해서 순수과점시장에 $N$개의 기업이 존재하고 각 기업 모두 한계비용은 똑같이 $c$라고 하자.

어떤 $i$번째 기업의 산출량 $x_i$를 제외한 나머지 경쟁기업들의 산출량의 합을 $x_{-i}$라고 표시하면, $i$번째 기업의 잔여수요곡선은 $P_X=(a-x_{-i})-x_i$이고 한계수입곡선은 $MR_i=(a-x_{-i})-2x_i$가 된다. 따라서 $i$번째 기업의 반응곡선의 방정식은 $MR_i=c$의 조건을 만족시키는 $x_i=(a-c)/2-x_{-i}/2$가 된다. 그런데 $N$개 기업의 한계비용은 모두 같기 때문에 각 기업이 정하는 산출량은 동일하다. 따라서 $x_{-i}=(N-1)x_i$이며, $i$번째 기업의 반응곡선은 다음과 같다.

$$x_i=\frac{a-c}{2}-\frac{[(N-1)x_i]}{2} \tag{13-9}$$

식 (13-9)를 $x_i$에 대하여 정리하면 꾸르노균형에서 $i$번째 기업의 산출량 $x_{i_K}$가 $(a-c)/(N+1)$임을 알 수 있다. 따라서 모든 기업은 균형에서 똑같이 $(a-c)/(N+1)$만큼씩 생산하며, 이를 $x_K$라고 표시할 때 시장 전체의 균형산출량 $N \cdot x_K$는 식 (13-10)과 같다.

$$N \cdot x_K = \frac{N(a-c)}{N+1} \tag{13-10}$$

또한 식 (13-10)의 균형산출량 $N(a-c)/(N+1)$을 시장수요곡선의 식 $P_X = a - x_D$에 대입하여 균형가격 $P_{X_K}$를 구하면 다음과 같다.

$$P_{X_K} = \frac{a}{N+1} + \frac{Nc}{N+1} \tag{13-11}$$

식 (13-10)과 (13-11)에서 $N$이 증가할수록 시장 전체의 공급량은 $a-c$에 가까워지고 균형가격은 한계비용인 $c$에 가깝게 되어 꾸르노균형은 〈그림 13-3〉에 표시된 완전경쟁의 균형점 $e^*$에 접근한다. 또한 $N$이 1이면 꾸르노균형은 〈그림 13-3〉에 표시된 독점의 균형점 $e_M$과 일치한다.

제8장에서는 공급량에 관한 이윤극대화조건인 $MR = MC$의 조건으로부터 기업이 가격을 한계비용보다 얼마나 높게 정할 수 있는가 하는 것(즉 시장지배력)은 그 기업이 직면하는 수요의 가격탄력도가 낮을수록 크다는 것을 살펴보았다(식 (8-17) 참조). 이러한 역탄력도 가격설정은 꾸르노모형에서도 성립한다.

동일한 한계비용을 지닌 $N$개의 기업이 존재하는 순수과점에서 어느 개별 기업의 한계수입은 다음과 같다($x$는 시장 전체의 공급량).

$$MR = P_X + \left(\frac{\Delta P_X}{\Delta x}\right)\left(\frac{x}{N}\right) \tag{13-12}$$

개별 기업이 공급량을 1단위 추가할 때 총수입은 공급량 증가로 가격 $P_X$만큼 증가하는 대신 $\Delta P_X/\Delta x$만큼의 가격하락으로 $\Delta P_X/\Delta x$에 개별 기업의 공급량 $x/N$을 곱한 $(\Delta P_X/\Delta x)(x/N)$만큼 감소하는 것이다. 식 (13-12)와 $MR = MC$의 조건으로부터 아래의 식 (13-13)을 구할 수 있으며, 이 식의 양변을 $P_X$로 나누고 그 결과를 정리하면 식 (13-14)가 된다.

$$P_X + \left(\frac{\Delta P_X}{\Delta x}\right)\left(\frac{x}{N}\right) = MC \tag{13-13}$$

$$\frac{P_X - MC}{P_X} = -\left[\left(\frac{\Delta P_X}{\Delta x}\right)\left(\frac{x}{P_X}\right)\right]\left(\frac{1}{N}\right) \tag{13-14}$$

$-[(\Delta P_X/\Delta x)(x/P_X)]$는 과점시장의 수요의 가격탄력도 $|E^D_{X,P_X}|$의 역수이므로

식 (13−14)는 다음과 같이 바뀐다.

$$\frac{P_X - MC}{P_X} = \frac{1}{N}\frac{1}{|E^D_{X,P_X}|} \tag{13-15}$$

식 (13−15)는 **꾸르노모형에서의 역탄력도 가격설정**으로 개별 기업의 시장 지배력이 시장수요의 가격탄력도뿐 아니라 기업의 숫자와도 역의 관계에 있음을 보이고 있다. 시장수요의 가격탄력도가 높을수록 개별 기업이 공급량을 늘려서 가격을 낮출 수 있는 힘은 감소한다. 또한 기업의 수가 늘어날수록 식 (13−12)의 한계수입에서 개별 기업의 공급량 $x/N$이 적어지기 때문에 한계수입과 가격의 차이는 감소하여 개별 기업이 가격을 한계비용보다 높게 정할 수 있는 힘은 감소하게 된다.

## 순수과점의 베르뜨랑모형

앞에서 살펴본 꾸르노모형에서 각 기업은 산출량을 선택한다. 그러나 현실의 과점에서는 산출량보다 가격을 전략적 변수로 사용되는 경우가 더 자주 관찰되며, 특히 차별과점의 경우에는 산출량보다 가격이 더 합당한 전략적 변수라고 할 수 있다. 각 과점기업이 산출량 대신에 가격을 선택한다면 어떠한 균형이 나타날 수 있을까? 이 문제의 답을 얻기 위한 모형은 1883년 프랑스 경제학자 베르뜨랑(J. Bertrand)에 의해 제시되었다.

**베르뜨랑모형**(Bertrand model)에서는 동질적 상품을 공급하는 두 과점기업이 비협조적으로 가격을 동시에 결정한다. 또한 소비자들은 기업들이 결정한 가격을 관찰한 후 각 기업의 상품을 얼마씩 구입할 것인가를 정하며, 각 기업은 자신의 상품에 대한 수요량을 즉시 공급한다고 가정한다. 기업들이 비협조적 동시게임을 벌이는 것은 베르뜨랑모형과 꾸르노모형이 같지만, 다른 점은 산출량이 아니라 가격을 선택한다는 것이다. 한 기업의 상품에 대한 수요는 다른 기업이 가격을 얼마로 정하는가에 따라서 달라지기 때문에, 각 기업은 상대기업의 가격을 예상하고 이를 주어진 것으로 간주하여 자신의 이윤극대화를 위한 가격을 정하는 것이다. 즉 베르뜨랑모형에서는 가격에 관한 추측된 변화가 0이다.

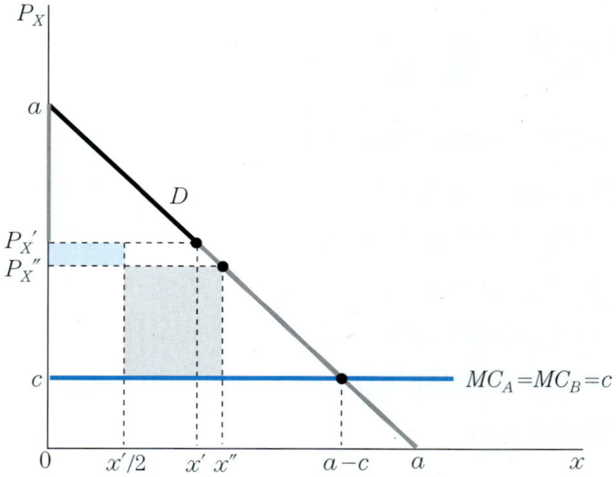


**그림 13-4 순수복점의 베르뜨랑모형에서 기업 A의 수요곡선**
각 기업의 상품은 동질적이므로 두 기업의 가격 사이에 조금의 차이라도 있으면 높은 가격을 정한 기업의 판매량은 0이 된다. 따라서 기업 A가 예상하는 기업 B의 가격을 가령 $P_X'$ 이라고 한다면 기업 A가 직면하는 수요곡선은 시장수요곡선과 수직축 중 열게 표시된 부분이다. 이때 기업 A가 가격을 $P_X'$ 에서 $P_X''$ 으로 매우 미세하게 낮춘다면 이윤은 거의 2배 가까이 증가한다.

베르뜨랑모형의 균형을 구체적으로 구하고 이를 꾸르노모형과 비교하기 위해서 앞에서와 같이 시장수요곡선 $D$는 $P_X=a-x_D$이며, 기업 A와 B 모두 한계비용이 $c$이고 산출량에 관계없이 일정하다고 가정한다. 상품은 완벽하게 동질적이므로 두 기업이 가격을 같게 정하면 각 기업은 시장의 절반씩을 차지한다고 하자. 그러나 두 기업이 정하는 가격 사이에 약간의 차이라도 존재하면 높은 가격을 정한 기업의 판매량은 0이 되고 가격을 낮게 정한 기업만이 시장의 수요를 홀로 공급하게 된다. 〈그림 13-4〉는 이러한 상황을 표시하고 있다.

기업 A가 예상하는 기업 B의 가격이 $P_X'$ 이라고 하자. 기업 A 역시 가격을 똑같이 $P_X'$ 으로 정한다면, 두 기업은 $x'$ 의 시장수요를 양분하여 $x'/2$씩 공급한다. 기업 A가 가격을 $P_X'$ 보다 높게 정하면 판매량은 0이 되고 기업 B 혼자 $x'$ 만큼을 공급하게 된다. 기업 A가 가격을 $P_X'$ 보다 낮은 수준에서 정하면 모든 시장수요는 기업 A의 차지가 된다. 따라서 기업 B가 가격을 $P_X'$ 으로 정한다고 할 때, 기업 A가 직면하는 수요곡선은 그림에서 $P_X=a-x_D$의 시장수요곡선 $D$ 중 열게 표시된 부분과 수직축 중 굵고 열게 표시된 부분이다.

이러한 수요곡선에 직면하는 기업 A는 당연히 $P_X'$ 보다 가격을 조금 낮게 정하여 시장을 혼자 장악하려고 할 것이다. 예컨대 기업 A가 가격을 $P_X''$으로 정하면 $x''$의 시장수요를 독차지하게 되며, 이윤은 가격을 기업 B와 같게 $P_X'$으로 정하는 것보다 옅은 파란 음영으로 표시된 사각형 면적만큼 감소하는 대신 옅은 검은 음영으로 표시된 사각형 면적만큼 증가한다. 기업 A가 가격을 $P_X'$ 에서 $P_X''$으로 매우 미세하게 낮춘다면 이윤은 거의 2배 가까이 증가할 것이다. 기업 B도 동일한 상황에 처하게 된다. 즉 기업 B 역시 가격을 자신이 예상하는 기업 A의 가격보다 조금이라도 낮게 정하는 것이 유리하다. 따라서 두 기업이 서로 다른 가격을 정하는 것, 두 기업이 한계비용 $c$보다 높은 수준에서 동일한 가격을 정하는 것 모두 균형이 될 수 없다.

이러한 상황을 잘 이해하고 있는 두 기업은 동시에 가격을 얼마로 부를 것인가? 두 기업 모두 상대기업이 자신보다 낮게 가격을 결정할 것을 염려한 나머지 가격을 한계비용과 같은 $c$로 정하여 $(a-c)/2$만큼씩 공급하고 0의 이윤을 얻는 결과가 나타날 가능성이 높다. 이때 이윤은 0이지만 생산을 하기 때문에 경영자 자신의 노동, 자금 등에 대한 기회비용은 회수가 된다.

위 결과가 내쉬균형인지 아닌지를 알기 위해서 어느 기업이 한계비용 $c$보다 가격을 높게 정한다고 하자. 이때 그 기업의 판매량은 0이 되고 생산을 할 수 없기 때문에 경영자 자신의 노동 등에 대한 기회비용은 회수가 되지 않는다. 따라서 한 기업이 정한 가격이 $c$일 때 다른 기업이 가격을 $c$보다 조금이라도 높게 정할 이유가 없다. 만일 어느 기업이 가격을 $c$보다 낮게 정하면 그 기업은 시장을 독차지할 수 있지만 음(−)의 이윤이 발생하므로 그렇게 할 동기도 없다. 따라서 두 기업 모두 가격을 한계비용과 같은 $c$로 정하는 것이 베르뜨랑모형의 균형이며, 이는 곧 동시게임의 내쉬균형이다.

독자들은 베르뜨랑모형에서 두 기업 사이에 진행되는 게임이 앞서 살펴본 용의자의 고민과 같은 유형의 게임이라는 점을 쉽게 알 수 있을 것이다. 두 기업은 협조하여 한계비용보다 높은 수준에서 같은 가격을 정하면 양(+)의 이윤을 얻는다는 것을 알고 있다. 그러나 상대기업이 어떠한 가격을 선택할지 모르는 상황에서 개인적 합리성이 우선적으로 작동하여 가격을 한계비용과 같게 정한다는 전략을 선택할 수밖에 없으며, 이 때문에 열등한 내쉬균형이 나타난다. 동일한 순수복점에 대하여 꾸르노모형과 베르뜨랑모형이 예측하는 결과는 상당히 다르다. 꾸르노균형에서는 〈그림 13-3〉의 점 $e_K$가 나타내듯이 한계비용보다 높은 수준에서 가격이 정해지고 각 기업은 이윤을 얻는다. 그리고 기업의 수가 늘어나는 경우에만 꾸르노균형은 완전경쟁의 균형에 접근한다. 그렇지만 베르뜨랑모형에서는 두 기업 사이의 가격전쟁으로 완전경쟁의 균형과 동일한 결과가 발생한다.

그렇다면 두 모형은 각각 어떤 상황을 설명하는 데 적합한가? 상대기업의 산출량을 예상하여 이를 불변으로 생각한다고 가정하는 꾸르노모형은 산출량의 조정에 상당한 시간이 소요되는 경우에 적합하다고 할 수 있다. 예를 들어 생산을 하려면 특별한 시설이 필요한 경우 일단 시설을 갖춘 후에는 짧은 시간 내에 산출량을 변동시키기는 어렵다. 따라서 상대기업의 산출량(즉 설비)을 예상하고 이를 주어진 것으로 간주하여 자신의 산출량(즉 설비)을 결정한다. 반면에 각 기업이 한계비용과 일치하는 가격에서의 시장수요 또는 그 이상의 가격에서의 시장수요를 충족시키기에 충분한 설비를 이미 갖추고 있는 순수복점의 경우에는 베르뜨랑모형으로 가격전쟁을 설명할 수 있다. 예를 들어 어느 지역에 두 개의 대형소매점이 들어서려고 할 때의 상황은 꾸르노모형으로 설명하는 것이 적합하지만 일단 대형소매점들이 들어선 후에는 베르뜨랑모형으로 이들이 벌일 수 있는 가격전쟁을 설명할 수 있다.

### 예 13-1 창고형 할인점의 '라면전쟁'

우리들은 대형소매점들이 가격전쟁을 벌이는 것을 흔히 관찰할 수 있다. 2010년 겨울에는 창고형 할인점 두 곳이 라면 등의 품목을 놓고 한쪽이 가격을 인하하면 다른 쪽도 잇달아 가격을 상대보다 더 내리는 등 치열한 가격인하경쟁을 벌였다. '라면전쟁'이라고도 불렸던 이 가격전쟁이 치열해지면서 두 곳은 상대편 매장에 서로 직원까지 파견하고 실시간으로 가격동향을 점검하여 하루에도 몇 차례씩 라면가격을 인하했으며, 라면가격은 결국 공급가격의 60% 수준으로 떨어졌다고 한다. '라면전쟁'은 시작된 지 20여 일 후 한쪽이 가격을 원래 수준으로 돌려놓음으로써 종결되었지만 양쪽은 앞으로 창고형 할인매장을 전국 주요상권에 개설할 계획이므로 시장의 기선을 제압하기 위한 가격전쟁은 심심치 않게 벌어질 전망이다.

## 차별과점의 베르뜨랑모형

현실의 과점시장에서는 동질적 상품보다 차별화된 상품이 거래되는 경우를 더 자주 볼 수 있다. 차별화된 상품이라는 것은 유사하므로 소비자들이 매우 가까운 대체재로 여기지만 완전대체의 관계에 있지는 않은 상품들을 의미한다. 이제 베르뜨랑모형을 차별복점에 적용해 보기로 한다. 즉 차별화된 상품을 공급하는 두 과점기업이 비협조적으로 가격을 동시에 결정한다고 가정하는 것이다.

순수복점의 베르뜨랑모형에서 소비자들은 가격이 가장 낮은 기업의 상품만 구입하므로 두 기업 사이의 가격전쟁으로 완전경쟁의 균형과 동일한 결과가 발생한다. 그렇지만 차별복점의 경우에는 그러한 결과를 기대할 수 없다. 이를 보기 위하여 기업 A와 B는 각각 차별화된 상품 $X_A$와 $X_B$를 공급한다고 하자. 각 기업은 산출량이 아니라 가격을 선택하기 때문에, 각 기업의 판매량은 자신의 가격 이외에 상대기업의 가격에도 의존한다. $P_A$와 $P_B$를 기업 A와 B가 정하는 가격이라고 할 때 각 기업이 직면하는 수요곡선은 다음과 같다고 하자($a$와 $b$는 모두 0보다 큰 상수임).

$$\begin{aligned} x_A &= a - bP_A + bP_B \\ x_B &= a - bP_B + bP_A \end{aligned} \tag{13-16}$$

소비자들은 차별화된 두 가지 상품 $X_A$와 $X_B$를 완전대체재는 아니더라도 어느 정도 대체관계에 있는 것으로 느끼기 때문에 한 기업이 가격을 인상하면 자신이 팔 수 있는 상품의 양은 감소하지만 상대기업의 판매량은 오히려 증가한다. 식 (13-16)의 수요곡선에서 상수 $b$는 이러한 관계를 표시하고 있으며, 소비자가 두 상품을 대체재로 느끼는 정도가 높을수록 상수 $b$의 크기는 커진다. 상수 $b$가 클수록 어느 한 기업이 가격을 인상할 때 자신의 판매량 감소폭과 상대기업의 판매량 증가폭은 커지며, 상품의 차별화가 높아져서 $b$의 크기가 작아지면 어느 한 기업에 의한 가격변동이 자신은 물론 다른 기업의 판매량에 미치는 영향은 줄어든다.

베르뜨랑모형에서는 가격에 관한 추측된 변화는 없기 때문에, 기업 B의 가격이 주어졌다고 간주하는 기업 A는 자신의 수요곡선에서 $a + bP_B$를 상수로 취급하고 기업 B 역시 자신의 수요곡선에서 $a + bP_A$를 상수로 취급한다. 따라서 우리는 식 (13–16)의 수요곡선을 다음과 같이 바꾸어 쓸 수 있다.

$$P_A = \frac{(a + bP_B)}{b} - \frac{x_A}{b}$$

$$P_B = \frac{(a + bP_A)}{b} - \frac{x_B}{b} \tag{13-17}$$

기업 A의 반응곡선을 얻기 위해서 식 (13–17) 중 $P_A = (a + bP_B)/b - x_A/b$의 수요곡선에 상응하는 한계수입곡선 $MR_A$를 구하면 다음과 같다.

$$MR_A = \frac{(a + bP_B)}{b} - \frac{2x_A}{b} \tag{13-18}$$

두 기업 모두 한계비용과 평균비용이 산출량에 관계없이 항상 $c$라고 가정할 때 기업 A의 이윤극대화 조건 $MR_A = MC_A$는 다음의 식으로 표시된다.

$$\frac{(a + bP_B)}{b} - \frac{2x_A}{b} = c \tag{13-19}$$

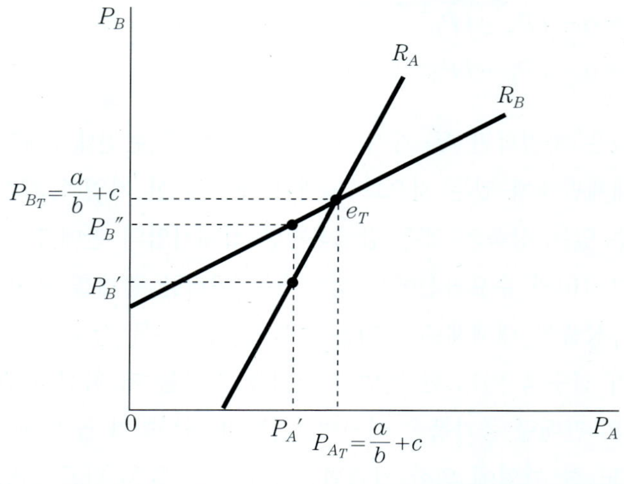


**그림 13–5 차별복점의 베르뜨랑모형에서 기업 A와 B의 반응곡선과 균형**

차별복점의 베르뜨랑모형에서 어느 기업의 반응곡선은 상대기업의 가격에 대한 그 기업의 최선의 반응이 되는 가격을 표시한다. 따라서 두 기업의 반응곡선이 교차하는 점 $e_T$가 균형이며, 동시게임의 관점에서는 내쉬균형이 된다.

앞의 식에서 $x_A$에 기업 A가 직면하는 수요곡선의 식 $x_A = a - bP_A + bP_B$를 대입하고 그 결과를 $P_A$에 관해서 정리하면, 기업 B가 정한 가격에 대한 기업 A의 최선의 반응을 나타내는 기업 A의 반응곡선의 방정식을 얻을 수 있다.

$$P_A = \frac{a+bc}{2b} + \frac{P_B}{2} \tag{13-20}$$

똑같은 방법으로 기업 B의 반응곡선의 방정식을 구하면, 다음과 같다.

$$P_B = \frac{a+bc}{2b} + \frac{P_A}{2} \tag{13-21}$$

기업 A와 B의 반응곡선인 식 (13-20)과 (13-21)은 〈그림 13-5〉에서 각각 $R_A$와 $R_B$로 표시되어 있다. 가령 기업 A가 기업 B의 가격을 $P_B'$으로 예상하면 이윤극대화를 위하여 가격을 $P_A'$으로 정할 것이고 기업 B가 기업 A의 가격을 $P_A'$으로 예상하면 자신의 가격을 $P_B''$으로 정할 것이다. 따라서 차별복점의 베르뜨랑모형에서도 균형은 꾸르노모형과 마찬가지로 두 기업의 반응곡선이 교차하는 점 $e_T$에서 이루어지며, 이 균형은 물론 동시게임의 내쉬균형이다. 즉 기업 A와 B는 각각 '가격을 $P_{A_T}$로 정한다' 라는 전략과 '가격을 $P_{B_T}$로 정한다' 라는 전략을 동시에 선택함으로써 상대기업이 선택한 전략에 대하여 최선의 반응을 하고 있는 것이다.

베르뜨랑균형의 구체적 결과를 구하기 위하여 식 (13-20)과 (13-21)의 연립방정식을 풀면 균형에서 두 기업의 가격 $P_{A_T}$와 $P_{B_T}$를 구할 수 있으며 그 결과는 다음과 같다.

$$P_{A_T} = P_{B_T} = \frac{a}{b} + c \tag{13-22}$$

위 식에서 $c$는 각 기업의 한계비용이면서 동시에 평균비용이므로 기업들은 한 단위 판매할 때마다 $a/b$의 이윤을 얻게 된다.

식 (13-16)의 수요곡선에서 $P_A$와 $P_B$에 위 식의 $a/b+c$를 대입하면 균형에서 각 기업의 공급량과 이윤을 다음과 같이 계산할 수 있다.

$$x_{A_T} = x_{B_T} = a \tag{13-23}$$

$$\pi_{A_T} = \pi_{B_T} = \frac{a^2}{b} \tag{13-24}$$

식 (13-22)를 보면, 베르뜨랑균형에서 각 기업이 정하는 가격은 한계비용 $c$보다 높기 때문에 순수복점의 베르뜨랑모형과 달리 기업들은 단위당 $a/b$의 이윤을 얻을 수 있고 그 크기는 $b$의 크기가 작을수록 커지게 된다. 이 때문에 차별과점시장에서 기업들은 제품의 차별화를 위한 노력을 기울이는 것이다.

### 예 13-2 이동전화의 번호이동성 제도와 차별과점

이동통신서비스시장은 전형적인 차별과점이라고 할 수 있다. 각 통신회사는 단말기, 요금제, 통화품질 등에서 차별화하고 있다. 특히 통신회사를 바꾸면 전화번호도 함께 변경해야 하는 경우 차별성은 더 높아진다. 바뀐 번호를 일일이 주위 사람들에게 알려야 하는 불편, 즉 변경비용이 높기 때문이다. 따라서 이동통신 가입자가 기존 전화번호의 변경없이 통신회사를 바꿀 수 있는 제도, 즉 이동전화의 번호이동성 제도가 실시되지 않는 경우 소비자의 입장에서 각 통신회사의 이동전화서비스는 서로 대체성이 낮을 수밖에 없으며, 이는 차별과점기업이 직면하는 수요곡선의 예로서 사용한 식 (13-16)에서 계수 $b$의 크기가 작아서 통신요금과 통신회사의 이윤이 높다는 것을 의미한다(앞의 식 (13-22)~(13-24) 참조).

이동전화의 번호이동성 제도가 도입되면 각 통신회사의 차별성은 낮아지며, 식 (13-16)에서 계수 $b$의 크기는 커져서 통신요금과 통신사의 이윤이 낮아질 수 있다. 번호이동성 제도의 도입으로 이동통신서비스시장의 차별과점적 성격은 감소하고 순수과점의 성격이 높아지면 순수과점의 베르뜨랑모형이 예측하는 대로 통신요금은 거의 한계비용 수준으로 하락할 수도 있는 것이다.

미국의 경우 2003년 11월부터 이동전화의 번호이동성 제도가 실시되었으며, 한 연구에 의하면 2004년의 통신요금은 2003년보다 낮아졌다고 한다. 우리나라에는 2005년부터 번호이동성 제도가 도입되었고 2010년 말까지 약 4,650만명이 통신회사를 바꾸어 전화번호를 이동한 것으로 나타나고 있다. 한 해에 평균 800만명 가까운 소비자가 통신회사를 바꾼 것이다. 우리나라에서는 번호이동성 제도의 도입이 통신요금의 인하로 이어졌는가? 최근까지 각 통신회사는 자사 쪽으로의 번호이동을 촉진하기 위하여 단말기 구입보조금 지급 등 막대한 비용을 지출하고 있어서 통신요금의 인하경쟁은 벌어지지 않고 있다. 각 통신회사는 번호이동성 제도의 도입으로 줄어든 차별성을 마케팅 경쟁을 통해서 회복하려는 것이다.

우리나라의 이동통신사들과 단말기 제조사들 사이에는 특정 단말기는 특정 이동통신사에만 공급한다는 제휴가 존재하였다. 그러나 이러한 제휴가 깨지면서 차별화된 단말기의 제공도 어려워지기 때문에 앞으로 이동통신사 사이에는 통신 요금과 서비스 품질에 관한 경쟁이 속도를 낼 수 있다는 전망도 나오고 있다.

## 슈타켈버그모형

꾸르노모형이나 베르뜨랑모형에서는 각 기업이 동시에 자신의 전략을 선택하며, 추측된 변화는 없다고 가정하였다. 이러한 모형들은 모든 기업들이 시장에서 서로 비슷한 위치를 지니고 있는 경우에는 비교적 높은 설명력을 지닌다고 하겠다. 그러나 과점시장에는 특별한 지도력이나 경영의 우위를 지니는 기업이 존재할 수도 있으며, 이러한 기업은 자신의 위치를 활용해서 산출량 또는 가격을 먼저 발표하고 이를 주어진 것으로 해서 다른 기업은 자신의 이윤극대화를 위한 가격 또는 산출량을 정하기도 한다. 이러한 현상을 설명하기 위한 모형은 1930년대 중반 독일 경제학자 슈타켈버그(Heinrich von Stackelberg)에 의해 제시되었다.

동질적 상품을 공급하는 기업 A와 B가 있다고 하자. 두 기업이 동시에 자신의 산출량을 발표하는 꾸르노모형과 달리 이번에는 기업 A가 먼저 자신의 산출량을 발표하며, 이를 관찰한 다음에 기업 B가 산출량을 결정한다고 하자. 이때 기업 A를 **선도자**(leader)라고 하고 기업 B를 **추종자**(follower)라고 부른다. 이처럼 기업 사이에 선도자와 추종자의 관계가 존재하는 **슈타켈버그모형**(Stackelberg model)에서 각 기업은 동시게임이 아니라 완전정보의 2단계 순차게임을 진행하는 것이다. 따라서 우리는 역순귀납에 의해서 슈타켈버그모형의 완전균형을 찾을 수 있다. 슈타켈버그모형의 균형을 구체적으로 예시하기 위하여 앞서 꾸르노균형의 계산에서 사용하였던 $P_X = a - x_D = a - x_A - x_B$의 시장수요곡선을 다시 가정하기로 하자. 또한 꾸르노모형의 예와 마찬가지로 기업 A와 B의 한계비용은 똑같이 상수 $c$라고 가정한다.

슈타켈버그모형의 균형을 찾기 위하여 역순귀납에 의해서 기업 B가 최적 산출량을 결정하는 과정을 먼저 살펴보자. 기업 B는 기업 A가 결정한 산출량을 주어진 것으로 간주해서 자신의 산출량을 결정한다. 이와 같이 슈타켈버그 모형에서도 기업 B의 산출량에 관한 추측된 변화는 0이기 때문에, 기업 B의 최선의 반응은 꾸르노모형에서와 같이 식 (13-8)의 반응곡선에 의해서 결정된다.

기업 A는 자신이 정하는 산출량에 대하여 기업 B가 이러한 반응곡선을 따라서 행동할 것을 알고 있다. 즉 기업 A는 자신이 산출량을 1단위 증가시킬 때 상대기업의 산출량은 −1/2단위만큼 변할 것으로 추측한다. 따라서 $P_X = a - x_A - x_B$의 시장수요곡선에서 $x_B$에 기업 B의 반응곡선의 식 $x_B = (a - c - x_A)/2$를 대입하여 기업 A는 자신의 산출량 $x_A$에만 의존하는 다음과 같은 수요곡선을 구할 수 있다.

$$P_X = a - \frac{(a - c - x_A)}{2} - x_A$$

$$= \frac{a + c}{2} - \frac{x_A}{2} \tag{13-25}$$

식 (13-25)의 수요곡선에 상응하는 한계수입곡선의 식은 $MR_A = (a + c)/2 - x_A$이고 한계비용은 $c$라고 가정했기 때문에, 기업 B의 반응까지 고려해서 결정되는 기업 A의 최적산출량 $x_{A_S}$는 다음과 같다.

$$x_{A_S} = \frac{a - c}{2} \tag{13-26}$$

식 (13-26)의 산출량을 $x_B = (a - c - x_A)/2$의 반응곡선에 대입하여 기업 B의 최적산출량 $x_{B_S}$를 구하면 다음과 같다.

$$x_{B_S} = \frac{a - c}{4} \tag{13-27}$$

따라서 슈타켈버그모형의 균형이 이루어졌을 때 시장 전체의 공급량은 $3(a - c)/4$이고 $P_X = a - x_A - x_B$의 시장수요곡선에 의해 균형가격 $P_{X_S}$는 다음과 같이 구해진다.

$$P_{X_S} = \frac{a + 3c}{4} \tag{13-28}$$

또한 균형에서 기업 A와 B의 이윤 $\pi_{A_S}$와 $\pi_{B_S}$는 다음과 같다.

$$\pi_{A_S} = \frac{(a-c)^2}{8} \tag{13-29}$$

$$\pi_{B_S} = \frac{(a-c)^2}{16} \tag{13-30}$$

이와 같이 역순귀납으로 구한 슈타켈버그모형의 균형은 내쉬균형이면서 완전균형이다.

슈타켈버그모형은 선발자의 이점을 보여주고 있다. 선도자인 기업 A가 전략을 먼저 공개하는데도 불구하고 결과적으로는 추종자보다 높은 이윤을 얻는 이유는 무엇인가? 상당히 많은 산출량을 생산하겠다는 기업 A의 결정 후에 기업 B가 취할 수 있는 전략적 행동은 '똑같이 많이 생산하는 것'과 '상대의 결정을 주어진 것으로 해서 이윤극대화의 산출량을 생산하는 것'의 두 가지이다. 기업 B가 전자로 행동하면 가격의 하락으로 후자로 행동하는 경우보다 그 이윤이 감소한다(물론 기업 A의 이윤도 감소함). 따라서 기업 B는 막상 자신이 행동할 단계에 이르면 추종자로 행동할 수밖에 없으며, 이로 인해 선발자의 이점이 발생하는 것이다. 그러나 먼저 행동한다고 해서 항상 이로운 것은 아니다. 차별복점의 경우 한 기업이 먼저 가격을 발표한다면 다른 기업은 그보다 조금 낮게 가격을 결정하여 시장점유율을 높일 수 있기 때문에 오히려 앞서 행동하는 자가 불리하게 된다.

슈타켈버그모형에서 추종자보다는 선도자의 이윤이 높기 때문에 어느 기업이든지 선도자가 되기를 원한다. 그러나 두 기업이 모두 선도자로 행동한다면 각 기업은 $(a-c)/2$만큼씩 생산하고 상대기업이 반응곡선을 따라 $(a-c)/4$만큼 생산할 것으로 기대한다. 그러나 두 기업 모두 선도자로 행동하는 경우 어느 기업도 자신의 반응곡선을 따라 산출량을 결정하지 않기 때문에 이러한 기대는 충족될 수가 없으며, 시장 전체에는 $c$의 가격으로 $(a-c)$만큼이 공급됨으로써 완전경쟁시장의 균형과 똑같은 결과가 발생한다.

완전경쟁시장의 균형과 같은 결과가 발생한다고 해서 이 시장에서 균형이 이루어진 것은 아니다. 왜냐하면 두 기업 중에 한 기업이 선도자가 되려는 생각을 버릴 때 이윤은 오히려 증가하기 때문이다. 이처럼 두 기업이 모두 선도자로서 행동함으로써 시장에는 불균형이 나타나게 되는데, 이를 흔히 **슈타켈버그 불균형**(Stackelberg disequilibrium)이라고 부른다.

슈타켈버그 불균형에서 탈피하기 위하여 각 기업은 상대기업을 추종자로 만들려는 노력을 경쟁적으로 기울이게 되는데, 이를 **슈타켈버그 전쟁상태**(Stackelberg warfare)라고 한다. 전쟁상태가 끝나기 위해서는 어느 한 기업이 추종자가 되든지 아니면 두 기업 모두 추종자가 되어서 상대기업의 산출량을 주어진 것으로 간주하는 상태, 즉 꾸르노모형과 같은 상태가 이루어져야만 한다. 슈타켈버그 전쟁상태가 끝나고 기업들 사이에 선도자와 추종자의 관계가 존재하는 균형이 이루어졌다면, 선도자가 된 기업은 같은 산출량이라도 다른 기업보다 낮은 비용으로 생산할 수 있는 능력을 지녔거나 혹은 남다른 경영기법을 구사한다고 보아도 무방할 것이다.

## 비협조적 순수과점모형, 독점 및 완전경쟁의 균형 비교

〈표 13-1〉에는 지금까지 살펴본 여러 가지 비협조적 순수과점모형, 완전경쟁과 독점의 균형을 비교한 결과가 표시되어 있다. 시장 전체의 공급량은 완전경쟁과 순수과점의 베르뜨랑모형에서 가장 많고 그 다음 슈타켈버그모형, 꾸르노모형, 독점의 순서로 적어진다(물론 가격은 그 반대임). 따라서 소비자잉여와 시장 전체의 이윤(장기의 경우 곧 생산자잉여)의 합인 총잉여도 앞의 순서로 낮아진다.

특히 꾸르노모형에서 슈타켈버그모형으로 바뀌면 선도자인 기업 A의 산출

**표 13-1 비협조적 순수과점모형, 독점 및 완전경쟁의 균형 비교**
**(시장수요곡선은 $P_X=a-x_D$이고 각 기업의 한계비용은 상수 $c$라고 가정)**

| | 시장 전체 공급량 | 가격 | 시장 전체 이윤 | 소비자잉여 | 총잉여 |
|---|---|---|---|---|---|
| 완전경쟁 | $a-c$ | $c$ | 0 | $(a-c)^2/2$ | $(a-c)^2/2$ |
| 순수복점의 베르뜨랑모형 | $a-c$ | $c$ | 0 | $(a-c)^2/2$ | $(a-c)^2/2$ |
| 슈타켈버그 모형 | $3(a-c)/4$ | $(a+3c)/4$ | $3(a-c)^2/16$ | $9(a-c)^2/32$ | $15(a-c)^2/32$ |
| 순수복점의 꾸르노모형 | $2(a-c)/3$ | $(a+2c)/3$ | $2(a-c)^2/9$ | $2(a-c)^2/9$ | $4(a-c)^2/9$ |
| 독점 | $(a-c)/2$ | $(a+c)/2$ | $(a-c)^2/4$ | $(a-c)^2/8$ | $3(a-c)^2/8$ |

량과 이윤은 증가하고 추종자인 기업 B의 산출량과 이윤은 감소하며, 전체적으로 산출량은 많아지고 가격과 시장 전체의 이윤이 감소하여 총잉여가 증가하는 것을 알 수 있다.

## 굴절수요곡선의 모형

가격을 전략변수로 사용하는 과점기업은 상대방의 반응을 고려해야 하기 때문에 가격의 변동에 관해서 매우 신중한 입장을 취할 수밖에 없다. 왜냐하면 수요 또는 비용의 증가에 따라 가격을 인상할 때 상대기업이 아무런 반응을 하지 않는다면 시장점유율은 급격히 떨어질 것이고 반대로 가격인하요인이 발생했다고 해서 즉각적으로 가격을 인하한다면 상대기업에게 가격전쟁을 벌이겠다는 잘못된 신호를 보낼 수도 있기 때문이다. 이러한 이유로 아무런 담합이 존재하지 않는데도 불구하고 과점시장에서 관찰되는 가격의 변동폭은 예상과는 달리 그리 크지 않으며, 1930년대 후반 스위지(P. Sweezy)는 과점시장의 이러한 가격경직성을 설명하기 위하여 **굴절수요곡선의 모형**(kinked demand curve model)을 제시하였다.

스위지의 모형에서는 어느 한 기업이 현재의 가격수준에서 가격을 인상하는 경우 다른 기업들은 아무런 반응을 하지 않기 때문에 가격을 인상한 기업의 판매량은 크게 감소하는 반면 가격을 인하하는 경우에는 판매량의 감소를 두려워하는 다른 기업들이 좇아서 가격을 인하한다고 가정하였다. 이러한 가정에 의해서 개별 기업이 직면하는 수요곡선에는 굴절이 생기게 된다.

〈그림 13-6〉에서 기업 A는 현재 $\overline{P_{X_A}}$의 가격으로 $\overline{x_A}$만큼을 판매하고 있는 것으로 표시되어 있다. 이 기업이 가격을 $\overline{P_{X_A}}$보다 높게 정한다면 다른 기업들은 가격을 변화시키지 않는다고 가정하였기 때문에 수요량은 매우 급격하게 감소하지만, 가격을 $\overline{P_{X_A}}$보다 낮게 정한다면 다른 기업들도 같이 가격을 인하한다는 가정 때문에 다른 기업들의 반응이 없는 경우에 비해서 수요량은 완만하게 증가한다. 결국 기업 A가 직면하는 수요곡선 $d_A$는 점 $a$에서 굴절하게 되는 것이다.

기업 A의 이윤극대화를 분석하기 위해서는 먼저 굴절수요곡선 $d_A$에 상응하는 한계수입곡선을 도출해야 한다. 수요곡선에 굴절이 존재한다는 것은 한계

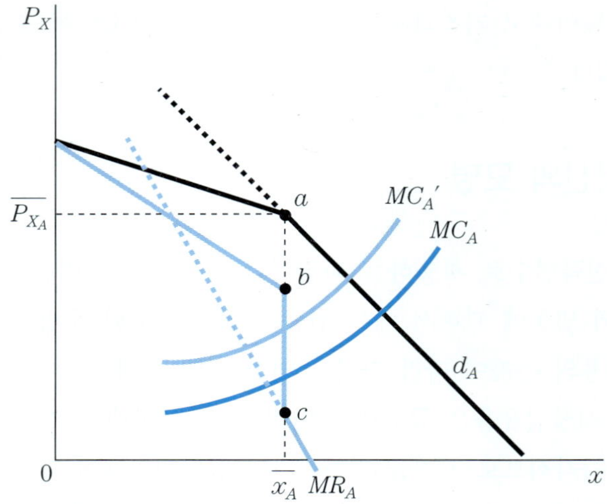


**그림 13-6 굴절수요곡선과 가격의 경직성**
어느 한 기업이 가격을 인상할 때 다른 기업들은 아무런 반응을 하지 않고 가격을 인하할 때는 다른 기업들도 좇아서 가격을 인하한다는 가정하에서 개별 기업은 굴절수요곡선에 직면하며, 이에 상응하는 한계수입곡선은 점 $b$와 $c$ 사이의 수직구간을 지닌다. 이 때문에 비용의 변화로 인해서 한계비용곡선이 일정한 범위 내에서 이동한다고 해도 산출량과 가격은 현재의 수준을 그대로 유지하게 된다.

수입곡선에 수직구간이 존재한다는 것을 의미한다. 그림에 표시된 한계수입곡선 $MR_A$에서 위의 부분은 굴절수요곡선 중에서 기울기가 완만한 부분에 상응하는 것이며, 아래의 부분은 기울기가 가파른 부분에 상응하는 것이다. 따라서 굴절수요곡선 $d_A$에 상응하는 한계수입곡선 $MR_A$에는 산출량 $\overline{x_A}$에서 점 $b$와 $c$ 사이의 수직구간이 존재하며, 비용의 변화로 한계비용곡선이 위 또는 아래로 이동한다고 해도 한계비용곡선이 한계수입곡선과 점 $b$와 $c$ 사이의 구간에서 교차하는 한 산출량은 변하지 않고 가격은 현재의 수준을 그대로 유지하게 된다.

굴절수요곡선의 모형은 간단한 가정을 통해서 과점의 가격경직성을 설명하고 있지만 몇 가지의 문제점을 갖고 있다. 첫 번째는 현재의 가격수준(〈그림 13-6〉에서 $\overline{P_{X_A}}$)이 어떻게 성립하였는가를 설명하지 못한다는 것이다. 이 때문에 굴절수요곡선의 모형은 전략적으로 행동하는 과점기업들이 어떻게 균형에 도달하는지를 설명하지 못하고 일단 성립한 균형이 지속되는 이유만을 설명한다는 비판을 받는다. 두 번째의 문제점으로는 가정 자체가 비현실적이라는 것을 들 수 있다. 현실에서 어떤 과점기업이 가격을 인하할 때는 물론이고 가격을 인상할 때도 다른 기업들은 좇아서 행동하는 것이 자주 발견되며, 몇몇 실증적 연구들도 이러한 발견을 확인하고 있다. 이러한 문제점들 때문에 굴절수요곡선의 모형을 현실에 적용하기는 어렵다고 할 수 있다.

## 13.2 협조적 과점의 모형

지금까지 살펴본 과점모형들에서 각 기업은 자신의 행동변화에 대하여 상대기업이 어떻게 반응할 것인지 추측하고 이 추측에 입각해서 이윤을 극대화하였으며, 기업 사이에는 어떠한 협조적 관계도 형성되지 않았다. 이러한 비협조적 과점은 자칫하면 가격전쟁 등을 야기해서 모든 기업들에게 커다란 손실을 입힐 수도 있으며, 이를 경험한 기업들 사이에는 협조적 관계를 형성하려는 동기가 발생하게 된다. 여기에서는 협조적 과점을 설명하는 몇 가지의 모형을 검토하고 비협조적 과점에 비해서 어떻게 다른 균형이 성립하는지 살펴보기로 한다.

비협조적 과점으로 인한 손실을 피하기 위하여 과점기업들은 담합을 통해 협조적 관계를 맺고 싶어 한다. 담합은 기업들이 논의를 거쳐서 가격, 산출량 등에 관하여 명시적으로 합의하는 **명시적 담합**(explicit collusion)과 논의과정 없이 가격, 산출량 등에 관하여 묵시적 공감대가 형성되는 **묵시적 담합**(tacit collusion)으로 나뉠 수 있다. 먼저 묵시적 담합을 설명하는 모형들을 알아보기로 하자.

### 묵시적 담합: 지배적 기업에 의한 가격선도

과점시장에서 모든 기업들이 동일한 위치를 차지하고 있는 경우는 드물며, 우월한 비용조건 등으로 인해 높은 시장점유율을 지니는 하나의 **지배적 기업**(dominant firm)과 그렇지 않는 몇 개의 기업으로 구성되는 경우가 오히려 더 일반적이다. 이러한 상황에서 지배적 기업은 가격을 정하고 규모가 작은 나머지 기업들은 지배적 기업이 정한 가격을 주어진 것으로 해서 이윤극대화를 위한 산출량을 정하는 형태의 묵시적 합의가 존재할 수 있으며, 이를 **지배적 기업에 의한 가격선도**(price leadership by dominant firm)라고 부른다. 즉 지배적 기업을 제외한 나머지 기업들은 완전경쟁기업처럼 행동하며, 지배적 기업은 나머지 기업의 행동을 반영한 수요곡선과 한계수입곡선을 구해서 마치 독점기업처럼 가격과 산출량을 정하는 것이다. 이 때문에 지배적 기업에 의한 가격선도는 **부분독점**(partial monopoly)이라고도 불린다.

〈그림 13-7〉에서 $D$는 시장수요곡선이며, $MC_A$는 지배적 기업 A의 한계비용곡선이고 $MC_R$은 지배적 기업 A를 제외한 나머지 기업들의 한계비용곡선을 수평으로 합한 것이다. $MC_R$은 완전경쟁기업처럼 행동하는 나머지 기업들의 공급곡선이 된다. 지배적 기업 A가 자신의 이윤을 극대화시키는 가격을 정하기 위해서는 각 가격에 대한 나머지 기업들의 판매량을 고려하여 자신이 판매할 수 있는 양이 얼마인가를 계산해야만 한다. 즉 지배적 기업은 자신의 잔여수요곡선을 알아야 하며, 이는 각 가격에서의 시장수요에서 나머지 기업들의 공급량을 뺀 것이다(즉 시장수요곡선 $D$와 나머지 기업들의 공급곡선 $MC_R$ 사이의 수평차이를 구한 것이다). 이렇게 구한 지배적 기업 A의 잔여수요곡선은 그림에서 $d_A$

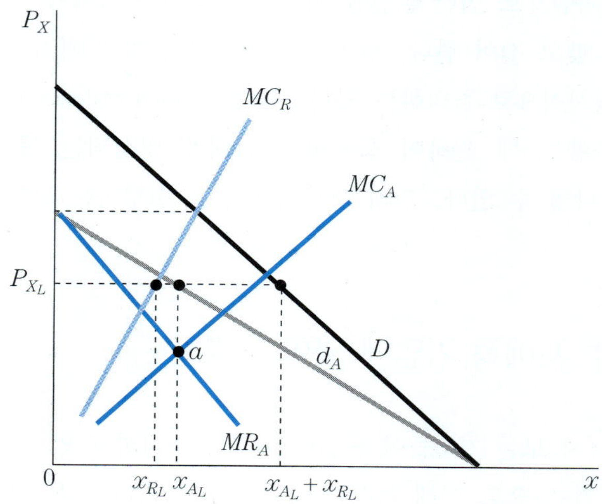


**그림 13-7 가격선도모형**
과점시장에서 지배적 기업 A는 가격을 정하고 규모가 작은 나머지 기업들은 이를 주어진 것으로 해서 이윤극대화를 위한 산출량을 정한다는 묵시적 합의가 존재한다고 하자. 이때 지배적 기업 A의 잔여수요곡선 $d_A$는 시장수요곡선 $D$와 나머지 기업들의 공급곡선 $MC_R$ 사이의 수평차이를 구한 것이며, 이에 상응하는 한계수입곡선 $MR_A$와 한계비용곡선 $MC_A$가 교차하는 점 $a$에서 지배적 기업 A는 이윤극대화를 위한 산출량과 가격을 정한다. 이 가격을 주어진 것으로 해서 나머지 기업들은 공급량을 결정한다.

로 표시되어 있다. 지배적 기업은 잔여수요곡선 $d_A$에 상응하는 한계수입곡선 $MR_A$와 한계비용곡선 $MC_A$가 교차하는 점 $a$에서 이윤극대화를 위한 가격과 공급량을 각각 $P_{X_L}$과 $x_{A_L}$로 정하고 나머지 기업들은 $P_{X_L}$을 주어진 것으로 간주하여 $P_{X_L}=MC_R$의 이윤극대화 조건을 만족시키는 공급량 $x_{R_L}$을 생산할 것이다. 이에 따라 시장에는 $P_{X_L}$의 가격으로 $x_{A_L}+x_{R_L}$이 공급되어 균형을 이루게 된다.

게임의 관점에서 보면 지배적 기업에 의한 가격선도는 앞서 살펴본 슈타켈버그모형과 마찬가지로 완전정보의 2단계 순차게임이라고 할 수 있으며, 그 균형은 역순귀납으로 찾을 수 있다. 그러나 두 모형의 차이점은 슈타켈버그모형의 경우 선도자와 추종자 모두 산출량을 전략적 변수로 사용하는 반면 지배적 기업에 의한 가격선도모형의 경우 지배적 기업의 전략적 변수는 가격이지만 나머지 기업의 전략적 변수는 산출량이라는 것이다.

이제 다음과 같은 시장수요곡선을 가정하여 지배적 기업의 가격선도의 경우 역순귀납으로 완전균형을 찾아보기로 하자.

$$P_X = a - x_A - x_R \tag{13-31}$$

식 (13-31)에서 $x_A$는 지배적 기업 A의 산출량이며, $x_R$은 나머지 기업들의 산출량의 합이다. 그리고 $MC_A$와 $MC_R$은 다음과 같다고 하자.

$$MC_A = x_A,\ \ MC_R = 2x_R \tag{13-32}$$

역순귀납에 의해서 완전경쟁기업처럼 행동하는 나머지 기업들의 의사결정을 먼저 보도록 하자. 지배적 기업 A가 정한 어느 가격 $P_X$를 주어진 것으로 간주하는 나머지 기업들의 산출량에 관한 이윤극대화 조건 $P_X=MC_R$은, $MC_R=2x_R$이므로 다음과 같다.

$$x_R = \frac{P_X}{2} \tag{13-33}$$

지배적 기업 A는 자신이 가격을 $P_X$로 정했을 때 나머지 기업들의 산출량이 식 (13-33)에 따라 $P_X/2$가 된다는 사실을 알고 있기 때문에, 식 (13-31)의 수요곡선에서 $x_R$에 $P_X/2$를 대입하여 다음과 같은 자신의 잔여수요곡선을 구할 수 있다.

$$P_X = \frac{2a}{3} - \frac{2x_A}{3} \tag{13-34}$$

식 (13-34)의 수요곡선은 각각의 가격에서 나머지 기업들의 공급량을 빼고 남은 시장수요량을 표시하며, 가격을 선도하는 지배적 기업 A가 직면하는 잔여수요곡선이다. 식 (13-34)의 잔여수요곡선에 상응하는 한계수입곡선은 $MR_A = 2a/3 - 4x_A/3$이고 지배적 기업 A의 한계비용은 $MC_A = x_A$이기 때문에, 지배적 기업 A의 이윤극대화 조건은 다음과 같다.

$$\frac{2a}{3} - \frac{4x_A}{3} = x_A \tag{13-35}$$

식 (13-35)에서 이윤극대화를 위한 지배적 기업 A의 산출량 $x_{A_L}$는 $2a/7$이며, 이를 잔여수요곡선에 대입하면 지배적 기업이 가격을 $10a/21$로 정하는 것을 알 수 있다. 또한 지배적 기업이 가격을 $10a/21$로 정할 때 나머지 기업의 산출량은 식 (13-33)에 의해 $5a/21$이 된다. 즉 $P_{X_L} = 10a/21$, $x_{A_L} = 2a/7$, $x_{R_L} = 5a/21$의 결과가 지배적 기업에 의한 가격선도모형의 균형이 된다.

### 예 13-3 미국 자동차시장과 우리나라 음료시장의 가격선도

1960년대 말까지만 해도 미국에는 수입자동차의 비중이 그리 높지 않아서 지엠(General Motors), 포드(Ford), 크라이슬러(Chrysler)의 3사가 미국 내 자동차공급의 90% 이상을 점하고 있었다. 이 중에서도 지엠이 규모가 가장 커서 시장점유율은 매년 50% 이상을 넘고 있었으며, 이에 따라 지엠은 자연스럽게 가격을 선도하는 기업으로서의 위치를 확보하게 되었다. 즉 매년 지엠이 먼저 신형 자동차들의 가격을 발표함으로써 가격을 선도하였던 것이다.

지엠의 가격선도에 따라서 성능, 외장 및 내장이 비슷한 자동차에 대하여 당시 자동차 3사가 매기는 가격은 거의 동일하였다. 지엠의 신형 자동차의 출시가 늦어져서 어쩔 수 없이 포드나 크라이슬러가 먼저 신형 자동차의 가격을 매기는 경우에도 이들은 지엠의 행동을 예상해서 가격을 정하였으며, 나중에 지엠의 가격결정이 자신들의 예상과는 다른 것으로 판명되는 경우에는 지엠에 맞추어 서둘러 가격을 조정하고는 하였다.

지배적 기업에 의한 가격선도라는 묵시적 담합은 최근 우리나라 음료시장에서도 관찰되었다. 2009년 8월 공정거래위원회는 5개의 대표적 음료제조업체가 담합하여 가격을 인상하였다고 발표하였다. 공정거래위원회의 한 관계자는 "시장점유율 1위인 업체가 나머지 4개 업체보다 한 달 가량 먼저 가격인상계획을 세우고 이 정보를 4개 업체가 공유하면서 가격인상계획을 수립하는 식으로 담합하였다"라고 설명하였다. 이들 5개 음료제조업체는 공정거래위원회의 조사가 시작되자 음료제품 가격을 평균 3~4% 스스로 내린 것으로 알려지고 있다.

## 묵시적 담합: 무한반복게임과 보복전략

과점시장에서 기업들은 비협조적이 아니라 협조적으로 행동할 때 모두에게 유리한 결과가 발생한다는 것을 잘 알고 있다. 그렇지만 각 기업은 협조적으로 행동하고 싶어도 다른 기업들이 비협조적으로 행동할 때 자신에게 닥칠 큰 손해가 두려운 나머지 비협조적으로 행동할 수밖에 없고 앞서 살펴본 꾸르노모형이나 베르뜨랑모형의 균형과 같은 결과가 나타나게 된다. 즉 과점시장에서 기업들은 용의자의 고민에 빠질 수밖에 없는 것이다.

과점기업들이 처하게 되는 용의자의 고민의 상황을 예시하기 위하여 앞서 꾸르노모형의 균형 결과를 계산할 때와 같이 시장수요곡선이 $P_X = a - x_D$인 시장에 동질적 상품을 공급하는 기업 A와 B 모두 한계비용은 항상 $c$라고 가정한다. 단 숫자로 예시하기 위하여 $a = 15$, $c = 3$이라고 하자. 이 경우 각 기업이 비협조적으로 행동할 수밖에 없다면, 꾸르노균형이 이루어지고 각 기업은 7원의 가격을 받고 4단위를 공급하여 16원의 이윤을 얻는다(앞의 〈표 13-1〉에서 꾸르노모형의 균형 결과에 $a = 15$와 $c = 3$을 대입하여 구함). 만일 두 기업이 담합을 해서 독점기업처럼 행동할 수 있다면, 각 기업은 9원의 가격을 받고 3단위씩 공급해서 18원씩의 이윤을 얻을 수 있다. 그러나 이러한 명백한 담합은 법으로 금지되는 것이 일반적이기 때문에, 상대기업의 의중을 알 수 없는 상태에서 각 기업은 다음의 〈표 13-2〉와 같은 용의자의 고민의 상황에 빠지게 된다.

각 기업은 상대기업과 함께 9원의 가격을 받고 3단위씩 생산하여 18원의 이윤을 얻고 싶지만, 상대기업이 이를 틈타서 4단위를 생산하면 가격은 8원으로 하락하여 자신의 이윤은 오히려 15원으로 감소하기 때문에 어쩔 수 없이 우

**표 13-2 용의자의 고민의 상황과 보복전략**
**(시장수요곡선은 $P_X=15-x_D$이고 한계비용은 3원이라고 가정)**

| | | 기업 B | |
|---|---|---|---|
| | | $x_B=3$ | $x_B=4$ |
| 기업 A | $x_A=3$ | (18, 18) | (15, 20) |
| | $x_A=4$ | (20, 15) | (16, 16) |

월전략인 4단위의 산출량을 선택할 수밖에 없고 결과적으로 열등한 내쉬균형이 성립하게 된다. 그러나 각 기업이 동시에 산출량을 결정하는 것이 무한하게 반복된다면 앞장의 반복게임에서 살펴본 것처럼 명시적 담합이 없더라도 협조적 결과가 균형으로 나타날 수 있다.

〈표 13-2〉의 용의자의 고민이 한 달을 주기로 무한하게 반복되는 상황을 살펴보기로 하자. 좀 더 구체적으로 표현하자면, 각 기업은 매월 초마다 자신의 공급량을 동시에 결정하고 매월 말에는 상대기업이 얼마나 공급했는가를 알게 되는 상황이 무한하게 반복되는 것이며, 이때 $P_X=15-x_D$는 한 달의 시장수요곡선이 된다.

이제 어느 달 초, 예컨대 1월 초에 한 기업이 공급량을 4단위에서 3단위로 감소시킨다는 결정을 한다면 이는 상대기업에게 자신이 보복전략을 택한다는 묵시적 신호를 보내는 것이라고 할 수 있다. 즉 상대기업이 2월 초부터 3단위를 공급한다면 자신도 계속해서 3단위를 공급하겠지만 그렇지 않은 경우에는 영원히 4단위를 공급하겠다는 묵시적 위협을 가하는 것이며, 이 위협은 제12장의 제5절에서 살펴본 것처럼 신빙성의 조건을 충족시킨다. 1월에 이러한 신호를 받은 상대기업도 2월 초에 보복전략을 선택하여 3단위를 공급하기로 결정한다면 각 기업은 매월 18원씩의 이윤을 얻는다. 그러나 상대기업이 3단위 대신 4단위를 공급한다면 2월의 이윤은 일시적으로 18원에서 20원으로 2원 증가하지만 3월부터는 이윤이 18원에서 16원으로 영원히 줄어들게 된다. 따라서 2원의 일회적 이득보다 $2/r$의 손실이 클 때($r$은 기업의 할인율) 상대기업도 보복전략을 선택하는 것이 최선의 반응이 되며, 두 기업 모두 보복전략을 선택하여 매달 3단위씩 생산하는 결과가 무한하게 반복되는 묵시적 담합이 이루어진다.

이와 같은 분석으로부터 우리는 담합의 지속성을 결정하는 몇 가지의 원인을 찾을 수 있다. 첫째는 담합을 깨는 행위(배반)가 적발될 때까지 소요되는 시간이다. 이 시간이 길수록 배반의 이득은 증가하고 보복은 지연되기 때문에 담합을 어길 동기는 높아져서 담합이 지속되기 어렵다. 둘째로 상대방의 산출량 또는 가격에 관하여 정확한 정보가 부족하거나 기업의 수가 많아지면 담합을 깨는 행위가 적발될 때까지 걸리는 시간이 길어지고 들킬 확률도 낮아지기 때문에 담합을 깨려는 동기는 높아진다. 또한 담합을 어기는 행위에 대한 보복의 강도가 낮을수록 역시 담합이 지속될 가능성은 낮아진다.

## 명시적 담합: 카르텔

과점기업들은 논의과정을 거쳐서 가격, 산출량 등에 관한 명시적 담합에 이를 수가 있으며, 이를 위하여 **카르텔**(cartel)이 구성된다. 여러 과점기업은 카르텔의 구성원이 되며, 카르텔은 마치 하나의 독점기업처럼 카르텔의 이윤, 즉 **결합이윤**(joint profit)의 극대화를 위해서 가격과 시장의 공급량을 정하고 각 기업에게 산출량을 할당한다.

A와 B의 두 기업만 존재하는 순수복점에서 카르텔이 구성되었다고 가정하자. 카르텔의 목표는 결합이윤을 극대화하는 것이며, 이를 위한 시장공급량, 가격 및 각 기업에 대한 산출량의 할당은 〈그림 13-8〉에 표시되어 있다. 그림에서 $MC_A+MC_B$는 기업 A와 B의 한계비용곡선 $MC_A$와 $MC_B$를 수평으로 합한 것으로서 카르텔의 한계비용곡선이다. 시장수요곡선 $D$에 상응하는 한계수입곡선을 $MR$이라고 할 때, 카르텔은 결합이윤을 극대화하기 위해서 한계비용곡선 $MC_A+MC_B$와 한계수입곡선 $MR$이 교차하는 점에서 $P_{X_R}$의 가격으로 $x_R$만큼을 생산하고 이를 최소의 비용으로 생산하기 위하여 기업 A와 B에 산출량으로 $x_{A_R}$과 $x_{B_R}$만큼씩 할당한다는 결정을 한다. 카르텔의 이와 같은 결정은 제12장에서 살펴본 두 공장을 소유한 독점기업의 이윤극대화 행동과 아무런 다름이 없다.

각 기업의 한계비용곡선과 시장수요곡선의 정확한 형태가 잘 알려져 있다고 해도 위와 같은 카르텔의 결정이 실행에 옮겨지기는 쉽지 않다. 왜냐하면 〈그림 13-8〉의 기업 A처럼 비용조건이 상대적으로 불리한 기업에게는 다른 기업보다 산출량이 적게 할당되고 이윤도 적기 때문이다. 불리한 비용조건 때문에 산출량과 이윤이 적은 기업이 자신의 협력이 없으면 카르텔의 결합이윤이 극대화될

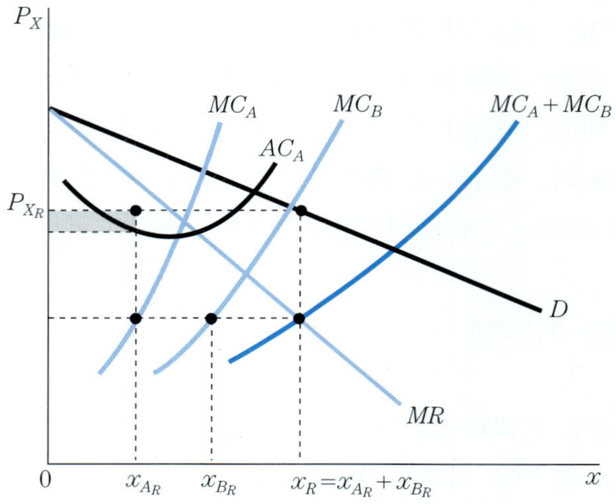


**그림 13-8 카르텔과 결합이윤의 극대화**

카르텔은 기업 A와 B의 결합이윤을 극대화하기 위하여 각 기업의 한계비용곡선을 수평으로 합한 $MC_A+MC_B$와 한계수입곡선 $M_R$이 교차하는 점에서 $P_{X_R}$의 가격으로 $x_R$만큼을 생산하며, 각 기업에서 생산하는 마지막 단위의 한계비용이 서로 같도록 $x_R$을 두 기업에 $x_{A_R}$과 $x_{B_R}$만큼씩 생산하도록 할당한다.

수 없다고 주장해서 균등한 이윤의 분배를 요구한다면, 이윤의 분배에 관한 협상에는 많은 시간과 비용이 소요되고 카르텔 자체가 와해될 수도 있다.

기업 모두 납득할 수 있는 이윤의 분배가 이루어진다고 해도 카르텔에는 내부적 불안정성이 존재한다. 〈그림 13-8〉에서 개별 기업의 입장을 살펴보기로 하자. 기업 A의 경우 카르텔이 정한 가격 $P_{X_R}$로 $x_{A_R}$만큼을 공급할 때 옅은 검은 음영으로 표시된 사각형 면적만큼의 이윤을 얻는다. 그렇지만 기업 A가 상대기업이 협정을 준수해서 그 산출량은 반드시 $x_{B_R}$이라고 생각한다면 자신의 산출량을 $x_{A_R}$보다 늘릴 동기를 지닌다. 다른 기업이 산출량을 변동시키지 않는다면 기업 A가 산출량을 늘려도 가격은 크게 하락하지 않고 또 카르텔의 가격 $P_{X_R}$은 기업 A의 한계비용보다 높기 때문에 할당된 산출량 $x_{A_R}$보다 더 많이 생산하면 추가적 이윤을 얻을 수 있는 것이다. 따라서 기업 A는 협정을 위반하고 할당된 산출량보다 몰래 더 많이 생산하려는 동기를 지닌다. 그런데 기업 B 역시 같은 동기를 지니게 되며, 모든 기업이 이러한 동기에 따라 산출량을 늘리면 카르텔은 와해된다.

협정위반의 유혹은 앞의 〈표 13-2〉에 의해서도 설명될 수 있다. 과점기업들은 비협조적으로 행동하는 것(많은 산출량을 생산하는 것)보다 카르텔을 구성해서 협조적으로 행동하는 것(적은 산출량을 생산하는 것)이 모두의 이윤을 증가시킨다는 사실을 잘 알고 있음에도 불구하고 추가적 이윤을 위해서 협정보다 많은 산출량을 생산하려는 동기를 지닌다. 이와 같이 카르텔이 구성된다고 해도 각 회원기업은 용의자의 고민에 빠질 수밖에 없으며, 이 때문에 카르텔에는 불안정성이 항상 내재한다.

거의 모든 국가에서 카르텔은 **독과점금지법**(antitrust law)으로 엄격하게 규제되고 있다. 따라서 카르텔은 국제적으로 구성되는 경우가 일반적이며, 대표적인 예로는 **석유수출국기구**(Organization of Petroleum Exporting Countries: OPEC)를 들 수 있다. 그러나 1970년대 세계의 원유가격에 막대한 영향력을 행사하던 OPEC도 앞서 살펴본 카르텔의 내부적 불안정성 때문에 지금은 그 영향력이 당시보다는 다소 약화된 실정이다.

### 예 13-4 로렉스의 고충

시장지배력을 지닌 기업이 여러 곳에 판매대리점을 갖고 있는 경우에도 이윤의 극대화를 위하여 각 판매대리점의 판매량과 가격을 조절해야 하기 때문에, 카르텔과 똑같은 문제에 직면하게 된다. 고급시계의 제조회사인 로렉스사 역시 세계 곳곳에 산재해 있는 판매대리점의 판매량과 가격을 조절하는 데 있어서 상당한 어려움을 겪었다.

고급시계에 있어서 상당한 시장지배력을 지닌 로렉스사는 이윤의 극대화를 위하여 권장소비자가격을 지정하고 각 판매대리점에 대하여 정해진 개수의 시계를 공급하는 방식을 사용해 왔다. 그런데 80년대 중반에 로렉스사의 이윤을 크게 해치는 일이 일어났다. 미국의 베버리힐즈에 위치한 한 대리점이 할당받은 시계를 다 팔지 못한 다른 대리점으로부터 시계를 구입해서 권장소비자가격보다 훨씬 싼 가격으로 판매한 일이 발생한 것이다. 이에 대하여 로렉스사는 "베버리힐즈의 대리점이 중고 로렉스시계를 신품으로 속여서 판매한 사례를 발견하였으니 그 대리점에서 로렉스시계를 구입한 소비자들은 본사에 연락해서 신품 여부를 확인하는 것이 좋겠다"라는 내용의 광고를 하였다. 이에 따라 베버리힐즈의 대리점에서 로렉스시계를 구입한 소비자는 자신의 시계가 신품인지 아닌지 확인하는 절차를 밟았으며, 시계마다 고유의 등록번호가 새겨져 있었으므로 로렉스사는 어느 대리점이 규정을 위반하고 베버리힐즈의 대리점에 시계를 넘겼는지 확인할 수 있었다.

## 13.3 과점시장의 인위적 진입장벽: 진입제한가격의 설정

소수의 기업만이 공존할 수 있게 하는 규모의 경제, 몇몇 기업에 의한 핵심기술 확보, 기존 기업이 쌓아놓은 명성 등은 과점시장의 자연적 진입장벽이다. 자연적 진입장벽 이외에 시장에는 기존 기업들이 **잠재적 진입자**(potential entrants)의 시장진입을 저지하기 위하여 전략적으로 행동하기 때문에 인위적 진입장벽이 생길 수도 있다.

기존 기업이 잠재적 진입자의 시장진입을 막기 위하여 취하는 전략적 행동 중 대표적인 것은 **진입제한가격설정**(entry-limit pricing)이다. 진입제한가격설정은 기존 기업이 이윤극대화를 위한 가격보다 낮은 수준에서 가격을 설정하는 것이며, 그 수준은 잠재적 진입자의 평균비용의 최소값에서 정해진다. 왜냐하면 가격이 잠재적 진입자의 평균비용의 최소값보다 높다면 잠재적 진입자는 실제로 시장에 진입해서 초과이윤을 얻을 수 있기 때문이다. 잠재적 진입자의 평균비용의 최소값이 기존 기업들의 그것보다 높다면 진입제한가격을 설정해도 기존 기업들은 여전히 초과이윤을 얻을 수 있지만 같다면 진입제한가격의 설정으로 기존 기업들의 이윤도 0이 된다.

진입제한가격의 설정으로 시장 전체의 산출량은 증가하고 가격은 하락하기 때문에 사회적 후생의 증가를 초래한다. 이러한 점에서 기존 기업들과 잠재적 진입자 사이의 경쟁, 즉 **잠재경쟁**(potential competition)은 바람직하며, 신규 기업의 설립에 대한 인허가제 등의 정부규제를 완화해야 한다는 주장은 잠재경쟁의 촉진이라는 측면에서 타당성을 지닌다고 하겠다.

잠재적 진입자가 시장에 진입하려면 생산시설을 갖추기 위한 비용 등 여러 가지의 진입비용을 지불해야 하며, 진입비용의 대부분은 매몰비용이다. 진입비용을 지불하고 실제로 시장에 진입했을 때 기존 기업들이 진입제한가격을 설정한다면, 막대한 손실을 입을 수밖에 없다. 이 때문에 잠재적 진입자에게 진입제한가격의 설정은 커다란 위협이 될 수 있으며, 이를 알고 있는 기존 기업들은 자신들의 위협이 잠재적 진입자에게 신빙성 있게 보이기를 원한다. 진입제한가격을 설정할 수 있다는 위협에 별로 신빙성이 없을 때 잠재적 진입자는 초과이윤을 노리고 가차 없이 시장에 진입할 것이다.

핵심기술의 특허를 받은 소수 기업들이 카르텔을 구성하여 과점이 유지되고 있었던 어느 시장에 특허기간이 만료되어 새로운 기업의 시장진입이 가능해졌다고 하자. 이 상황에서 잠재적 진입자와 카르텔 사이의 잠재경쟁은 완전정보의 2단계 순차게임으로 묘사될 수 있으며, 〈그림 13-9〉의 게임나무는 이를 예시하기 위한 것이다.

〈그림 13-9〉의 게임나무에서 잠재적 진입자는 시장에 진입하는 것($E$)과 진입하지 않는 것($NE$)의 두 가지 전략을 갖고 있다. 잠재적 진입자의 전략을 관찰한 다음에 자신의 행동을 결정하는 카르텔의 전략은 조건부의 형태로 나타나는 두 가지이다. 한 가지는 잠재적 진입자의 시장진입 여부와 관계없이 현재의 높은 가격을 그대로 유지하는 것($H$)이고 다른 한 가지는 시장진입이 발생하면 진입제한가격을 설정하지만 그렇지 않으면 현재의 높은 가격을 유지하는 것($L$)이다.

잠재적 진입자가 시장에 진입했을 때 카르텔이 현재의 높은 가격을 유지한

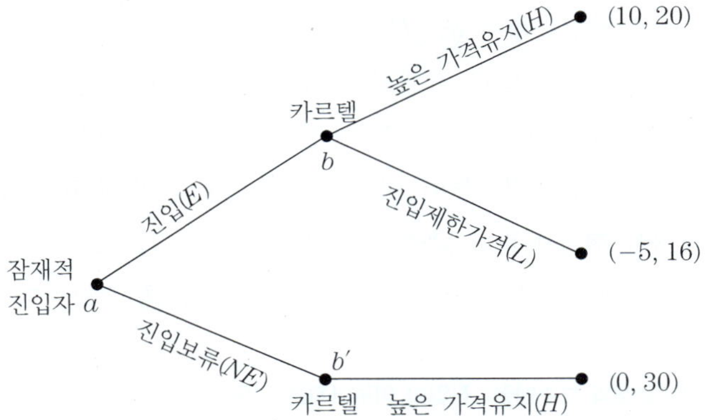


**그림 13-9 잠재경쟁의 게임나무: 진입이 이루어지는 경우**
잠재적 진입자가 시장에 진입해서 기존 기업들의 카르텔이 의사결정마디 $b$에 위치하는 경우 카르텔이 할 수 있는 최선의 반응은 진입제한가격을 설정하는 것이 아니라 현재의 높은 가격을 그대로 유지하는 것이다. 이를 알고 있는 잠재적 진입자의 최선의 반응은 시장에 진입하는 것이기 때문에, 잠재적 진입자는 시장에 진입하고 카르텔은 높은 가격을 그대로 유지하는 것이 완전균형이다.

다면, 잠재적 진입자는 진입비용을 빼고도 10의 이윤을 올릴 수 있지만 카르텔의 결합이윤은 시장점유율의 하락으로 30에서 20으로 감소한다. 신규진입이 일어났을 때 카르텔이 진입제한가격을 설정한다면, 잠재적 진입자의 이윤은 −5가 되고 카르텔의 이윤은 16이 된다. 이러한 잠재경쟁의 2단계 순차게임을 보수행렬로 표시하면 다음의 〈표 13-3〉과 같다.

〈표 13-3〉의 보수행렬에서 내쉬균형은 ($E$, $H$)와 ($NE$, $L$)이다. 이 중에서 ($NE$, $L$)의 내쉬균형은 완전균형이 되지 못한다. 왜냐하면 ($NE$, $L$)에서 카르텔의 전략 $L$은 신빙성의 조건을 충족시키지 못하는 위협을 포함하고 있기 때문이다. 잠재적 진입자가 실제로 시장에 진입한 경우에 진입제한가격을 설정하는 것보다는 현재의 높은 가격을 유지하는 것이 카르텔에게 더 유리하며, 카르텔이 합리적 의사결정자라면 전략 $L$에 담겨 있는 자신의 위협을 실천하지 못할 것이다. 잠재적 진입자가 이러한 신빙성 없는 위협에 굴복해서 시장에 진입하지 않는다는 의미를 지닌 내쉬균형 ($NE$, $L$)은 실현가능성이 없는 균형이다.

앞서 살펴본 바대로 〈그림 13-9〉와 같은 순차게임에서 신빙성의 조건이 충족되지 않는 내쉬균형을 제거하고 완전균형을 찾기 위해서는 역순귀납을 사용하면 된다. 의사결정마디 $b$에서 카르텔이 할 수 있는 최선의 반응은 높은 가격을 유지하는 것이며, 이를 알고 있는 잠재적 진입자의 최선의 반응은 시장에 진입하는 것이다. 따라서 〈그림 13-9〉의 순차게임에서 신빙성의 조건이 충족되는 내쉬균형, 즉 완전균형은 ($E$, $H$)가 된다.

그렇다면 카르텔은 어떻게 잠재적 진입자에게 신빙성 있는 위협을 가해서 그들이 시장에 진입하는 것을 막을 수 있을까? 한 가지 방법은 잠재적 진입자의 시장진입 이전에 기존 기업들이 미리 시설투자를 해서 대비하는 것이다. 시설투자비를 들여서 한계비용을 낮출 때, 현재의 높은 가격을 그대로 유지하여 판매량이 늘지 않는다면 카르텔의 이윤은 오히려 5만큼 감소한다고 하자. 즉

**표 13-3 잠재경쟁의 보수행렬: 진입이 이루어지는 경우**

| | | 카르텔 | |
|---|---|---|---|
| | | $H$ | $L$ |
| 잠재적 진입자 | $E$ | (10, 20) | (−5, 16) |
| | $NE$ | (0, 30) | (0, 30) |

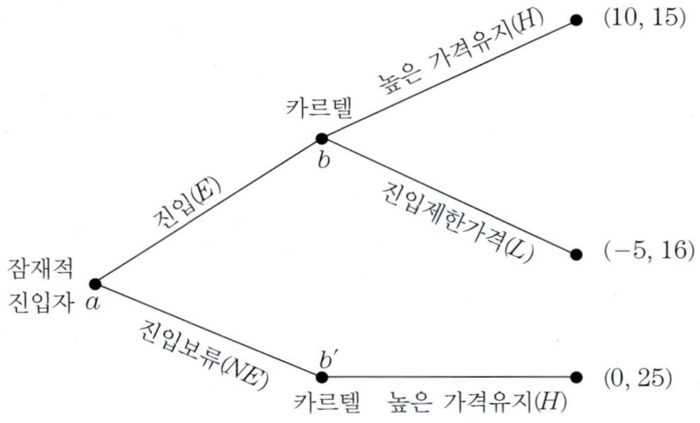


**그림 13-10 잠재경쟁의 게임나무: 진입이 이루어지지 않는 경우**
잠재적 진입자가 시장에 진입하기 전에 카르텔이 미리 시설투자를 해서 대비하는 경우 점 $b$의 의사결정마디에서 카르텔의 최선의 반응은 진입제한가격을 설정하는 것이다. 따라서 시장진입이 발생하면 진입제한가격을 설정하지만 그렇지 않으면 현재의 높은 가격을 그대로 유지하겠다는 카르텔의 전략은 신빙성 있는 위협이 되며, 신규진입은 발생하지 않는다.

카르텔의 시설투자에 의해서 잠재경쟁의 게임은 〈그림 13-10〉으로 바뀐다고 하자. 이 경우 의사결정마디 $b$에서 카르텔은 현재의 높은 가격을 유지하는 것보다는 진입제한가격을 설정하여 더 높은 이윤을 얻을 수 있기 때문에, 시장진입이 발생하면 진입제한가격을 설정하지만 그렇지 않으면 현재의 높은 가격을 유지하겠다는 전략 $L$은 신빙성 있는 위협이 된다. 따라서 잠재적 진입자는 이러한 신빙성 있는 위협에 굴복할 수밖에 없으며, 내쉬균형 $(NE, L)$은 완전균형이 된다.

지금까지는 잠재적 진입자가 기존 기업들의 비용에 관하여 충분한 정보를 지녔다고 가정하였다. 그렇지 않다면 위의 잠재경쟁은 불충분한 정보의 게임으로 바뀌고 '자연'이라는 제3의 경기자 N을 도입하면 그 게임나무는 〈그림 13-11〉이 된다.

경기자 N은 기존 기업들의 한계비용이 높은지 낮은지 결정하며, 잠재적 진입자는 이를 관찰할 수 없기 때문에 자신이 의사결정마디 $a$와 $a'$ 중 어디에 있는가를 알 수 없는 것이다. 이때 잠재적 진입자가 경기자 N이 기존 기업들의 한계비용을 높게 정했을 확률이 $p$라고 믿는다면(물론 한계비용을 낮게 정했을 확률은

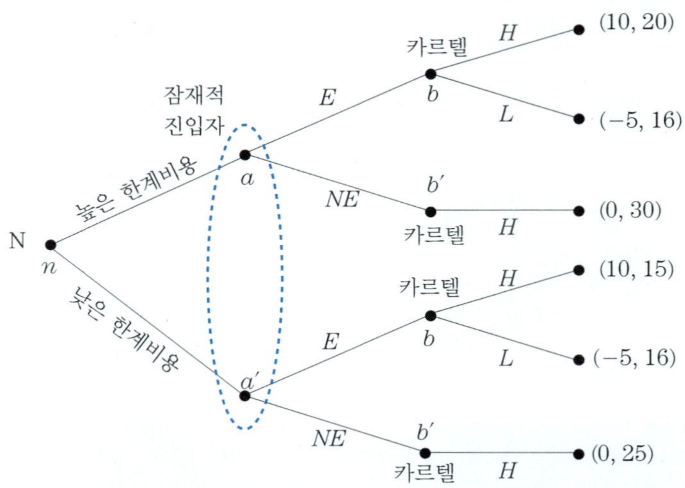


**그림 13-11 잠재경쟁의 게임나무: 잠재적 진입자가 불충분한 정보를 지닌 경우**
기존 기업들의 한계비용이 낮은지 높은지 모르는 잠재적 진입자가 기존 기업들의 한계비용이 높을 확률이 $p$이고 낮을 확률은 $1-p$라고 믿는다면 시장진입은 $p>1/3$일 때만 일어난다. 이에 따라 기존 기업들은 한계비용이 낮다는 신호를 보내려고 노력한다.

$1-p$), 잠재적 진입자가 시장에 진입할 때의 기대이윤은 $p \times 10 + (1-p) \times (-5) = 15p-5$이고 진입하지 않을 때의 기대이윤은 0이다. 따라서 잠재적 진입자는 $p$가 1/3보다 크다고 믿을 때만 시장에 진입한다. 이를 알고 있는 카르텔은 가격을 가급적 낮춤으로써 잠재적 진입자에게 기존 기업들의 한계비용이 낮다는 신호를 주려고 노력할 것이고 경우에 따라서는 고의로 비합리적 행동을 취할 수도 있다.

기존 기업들의 한계비용이 높은 경우인 〈그림 13-9〉의 진입게임이 반복된다고 하자. 이러한 상황에서 카르텔은 일부러 비합리적으로 행동하여(즉 〈그림 13-9〉의 점 $b$에서 진입제한가격을 설정하여) 잠재적 기업의 시장진입을 저지할 수 있다. 상대방이 합리적으로 행동할 것이라는 믿음에 기초하여 잠재적 진입자가 시장에 진입하는 경우 카르텔이 이윤의 감소에도 불구하고 가차 없이 진입제한가격을 설정한다면 잠재적 진입자는 시장에 진입하려는 시도를 다시 하기는 어려울 것이다.

만일 〈그림 13-9〉의 게임이 무한하게 반복된다면, 카르텔이 점 $b$에서 진입제한가격을 설정하는 행동은 합리성을 지닐 수도 있다. 왜냐하면 진입제한가격을 설정했을 때의 단기적 손실(〈그림 13-9〉에서 카르텔의 이윤이 20에서 16으로 감소하는 것)보다 진입저지로 인한 장기적 이득(〈그림 13-9〉에서 카르텔의 이윤이 20에서 30으로 영원히 증가하는 것)이 클 수 있기 때문이다. 이와 같이 잠재경쟁의 순차게임이 무한히 반복될 때, 시장진입이 발생하면 진입제한가격을 설정하겠다는 카르텔의 위협은 장기적으로 신빙성을 가질 수 있고 매게임마다 (*NE*, *L*)의 결과가 무한하게 반복되는 완전균형이 나타날 수 있다.

기존 기업들은 잠재적 진입자의 시장진입을 저지하기 위하여 진입제한가격 설정 외에 다른 전략적 행동을 취할 수도 있다. 다음 예를 보기로 하자.

**예 13-5** **항공운송시장의 진입저지**

지난 2010년 3월 공정거래위원회는 두 대형항공사가 그 우월적 지위를 이용하여 신생 저가항공사들의 시장진입을 저지하였다고 밝혔다. 공정거래위원회에 따르면 두 항공사는 2008년부터 국내외 저가항공사와 거래하는 여행사에게는 성수기와 인기노선의 좌석공급, 가격지원 등을 제한하겠다고 압박하였으며, 공정거래위원회는 이러한 행동이 저가항공사들의 시장진입을 저지하는 것으로 판단하였다.

저가항공사들의 항공권 판매가 여행사보다는 온라인을 통해 주로 이루어지고 있고 그 시장점유율도 꾸준히 상승하고 있다는 점을 들어서 공정거래위원회의 결정을 비판하는 목소리도 있지만, 기존 대기업으로부터 소규모기업의 신규 시장진입을 보호하는 것은 시장경쟁을 촉진하는 것이라고 할 수 있다. 최근 대형항공사들은 저가항공사의 저가공세에 대응하여 고품질의 항공운송서비스를 제공하는 차별화 전략을 선택하고 있다. 이와 같이 대형항공사와 저가항공사가 서로 다른 전략을 구사하는 것은 소비자들의 선택 여지를 높인다는 점에서 긍정적이라고 할 수 있다.

## 13.4 과점시장의 평가

지금까지 과점에 관한 여러 가지의 모형을 살펴보았다. 과점기업 사이에 어떠한 상호의존성을 가정하는가에 따라 과점에 관한 모형과 균형의 결과는 달라진다. 이 때문에 기업의 수가 적다는 이유만으로 과점시장이 비효율적이라고 단정짓기는 어렵다. 과점기업 사이에 비협조적 관계가 형성되거나 잠재적 진입자의 시장진입이 용이할 때 치열한 가격전쟁이나 잠재적 진입자의 진입위협으로 가격은 한계비용 및 평균비용에 가까운 수준에서 결정되기가 쉽다. 그러나 과점의 전략적 상황이 반복됨에 따라 각 기업은 점차 가격전쟁 등이 자신에게 얼마나 해가 되는지를 깨닫게 되고 명시적 담합이 없더라도 가격전쟁을 피하려는 동기를 지니게 된다.

과점시장이 형성되고 얼마 지나지 않은 경우 비협조적 과점이 이루어지기가 쉽기 때문에, 과점으로 인한 비효율성은 그리 심각하지 않을 수 있다. 그러나 시간이 경과하면서 과점기업 사이에 협조적 관계가 형성되면 가격은 한계비용보다 높은 수준에서 결정될 가능성이 높기 때문에, 과점시장에는 과소생산으로 인한 비효율성이 발생하는 것이 일반적이다.

과점의 또 다른 비효율성은 과점기업이 광고를 또 다른 전략적 변수로 사용하는 경우에도 나타난다. 각 과점기업은 자신의 상품에 대한 수요를 증가시키기 위해서 경쟁적으로 광고를 하는 경향을 지닌다. 광고는 수요뿐 아니라 생산비용도 증가시키기 때문에 과점기업에 의한 광고는 산출량과 가격을 모두 증가시키는 효과를 발생시킨다. 광고의 목적이 소비자에게 신상품에 관한 정보를 제공하는 것이 아니라 다른 기업의 광고에 대하여 반응하는 것이라면, 광고는 사회적 낭비의 원인이 된다.

과점기업의 전략변수로는 가격, 산출량, 광고 이외에도 연구개발(Research and Development: R&D)을 들 수 있다. 경쟁기업뿐 아니라 잠재적 진입자와도 경쟁을 벌여야 하는 과점기업은 연구개발을 통해 소비자의 기호에 맞는 상품을 저렴한 비용으로 생산함으로써 가격경쟁력과 시장점유율을 높일 수 있고 잠재적 진입자의 진입위협에도 효과적으로 대응할 수 있다. 이 때문에 과점시장에서는 완전경쟁시장이나 독점시장보다 연구개발이 활발하게 이루어질 가능성이 높다. 연구개발이 경제성장의 중요한 원동력 중에 하나인 기술진보를 촉진한다는 점을 고려할 때 과점기업의 연구개발비가 높다는 점은 과점의 긍정적 효과라고 평가될 수 있다.

## 13.5 독점적 경쟁

### 독점적 경쟁의 시장구조

제8장에서 살펴본 것처럼 개별 기업의 시장지배력은 그 기업이 직면하는 수요의 가격탄력도와 역의 관계에 있다. 따라서 시장에서 비교적 많은 수의 기업이 경쟁하고 있더라도 각 기업은 자신이 공급하는 상품에 대한 수요의 가격탄력도를 낮추기 위하여 상품 차별화 등의 노력을 기울인다. 상품의 차별화에는 질, 기능, 모양 등에서 상품을 물리적으로 차이나게 만드는 것 이외에도 광고 등을 통해 상품에 대한 소비자의 인식을 바꾸는 것도 포함된다. 극단적인 경우이겠지만 다른 상품과 물리적 특징에서 아무런 차이가 없음에도 불구하고 많은 광고비를 투입한 덕분에 소비자가 좋은 상품이라고 믿는다면, 기업의 입장에서는 상품의 차별화가 이루어졌다고 볼 수 있다.

독점적 경쟁은 기업의 시장진입과 이탈이 자유로운 상태에서 많은 수의 기업들이 차별화된 상품을 공급하고 있는 시장구조이다. 의류, 외식 등의 상품시장은 독점적 경쟁의 예라고 할 수 있으며, 편의점들 역시 위치, 판매원의 친절도, 구비한 제품의 다양성 등에 관하여 차별화된 판매서비스를 제공하므로 독점적 경쟁시장에 속한다고 할 수 있다.

독점적 경쟁을 최초로 분석한 챔벌린(E. Chamberlin)은 어떤 한 기업의 의사결정이 다른 기업의 수요조건에 어떻게 영향을 미치는가에 관하여 균일성과 대칭성을 가정하였다. **균일성의 가정**(uniformity assumption)은 독점적 경쟁시장에서 모든 기업의 수요와 비용구조는 매우 유사하여 각 기업은 서로 비슷하게 행동한다는 것이다. 이 가정하에서 독점적 경쟁시장 내에는 특별히 높은 시장지배력을 지닌 기업이 존재하지 않으므로 어느 기업 하나만을 분석해도 충분히 독점적 경쟁시장을 이해할 수 있다. **대칭성의 가정**(symmetry assumption)은 한 기업의 가격, 산출량 등에 관한 의사결정이 나머지 많은 기업들에게 골고루 영향을 미친다는 것이다. 이 가정하에서 독점적 경쟁시장의 각 기업은 자신의 행동을 다른 기업들이 전혀 감지하지 못한다고 생각하므로 기업 사이에 아무런 상호의존성이 존재하지 않는다.

## 독점적 경쟁의 단기균형과 장기균형

〈그림 13-12〉에서 $d^{SR}$은 어느 독점적 경쟁기업이 직면하는 수요곡선이며, 그 형태는 이 기업이 상품을 어느 정도 차별화하고 있는가에 달려있다. 이 기업은 이윤극대화를 위하여 한계수입과 단기한계비용을 일치시키는 산출량 $x^{SR}$을 $P_X{}^{SR}$의 가격으로 공급하고 옅은 검은 음영으로 표시된 사각형 면적만큼의 이윤을 얻으며(점 $e_m$은 독점적 경쟁기업의 단기균형점임), 다른 기업들도 동일하게 행동하면서 독점적 경쟁시장에는 단기균형이 이루어진다. 대칭성의 가정으로 개별 기업의 수요 및 비용구조가 서로 유사하기는 해도 상품의 차별화 정도는 기업마다 약간씩 다르기 때문에, 단기균형에서 각 기업이 정하는 가격 사이

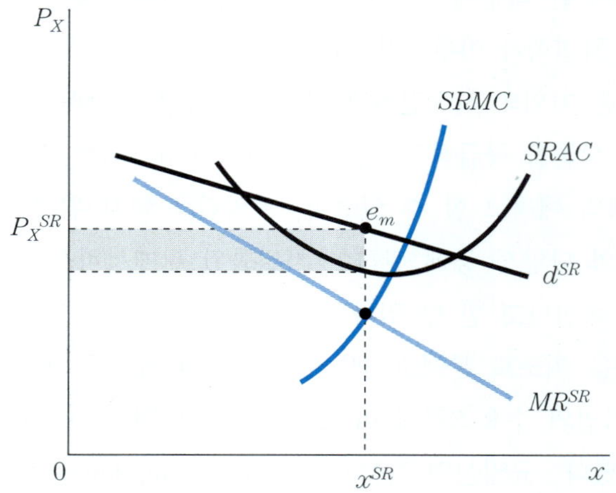


**그림 13-12 독점적 경쟁의 단기균형**

그림으로만 볼 때는 독점적 경쟁의 단기균형은 독점의 경우와 별 다름이 없다. 개별 기업은 자신이 직면하는 수요곡선 $d^{SR}$에서 $P_X{}^{SR}$의 가격으로 $x^{SR}$ 만큼을 공급하고 옅은 검은 음영으로 표시된 사각형 면적만큼의 이윤을 얻으며, 다른 기업들도 동일하게 행동하면서 단기균형이 이루어진다.

에는 이를 반영한 차이가 있기 마련이다.

상품의 차별화로 독점적 경쟁기업이 직면하는 수요곡선은 매우 탄력적이기는 하지만 음(−)의 기울기를 갖는다. 이 때문에 독점기업과 마찬가지로 독점적 경쟁기업은 한계비용보다 높은 수준에서 가격을 정한다. 그러나 독점시장과 달리 독점적 경쟁시장에서는 기업의 진출입이 자유롭기 때문에, 〈그림 13-12〉에 표시된 양(+)의 이윤은 장기에 사라지게 된다. 기존 기업의 이윤은 새로운 기업의 시장진입을 유발하면서 기존 기업이 직면하고 있는 수요곡선은 왼쪽으로 이동하기 시작하고 개별 기업의 판매량과 이윤은 함께 감소하는데, 이 과정은 기존 기업의 이윤이 0이 되어서 새로운 기업이 진입할 동기가 사라질 때까지 계속된다.

〈그림 13-13〉은 독점적 경쟁시장의 장기균형을 표시하고 있다. 새로운 기업의 진입으로 인해서 기존의 독점적 경쟁기업이 직면하는 수요곡선은 장기평균비용곡선 $LRAC$ 와 접할 때까지 왼쪽으로 이동하여 $d^{LR}$이 되었다고 하자. 이때 이 기업이 한계수입과 장기한계비용이 일치하는 점에서 $P_X^{LR}$의 가격으로 공급량 $x^{LR}$만큼을 판매한다고 해도 이윤은 0이 되며, 새로운 기업이 시장에 진입할 동기는 사라진다. 즉 그림에서 점 $e_m'$ 은 독점적 경쟁기업의 장기균형점이다.

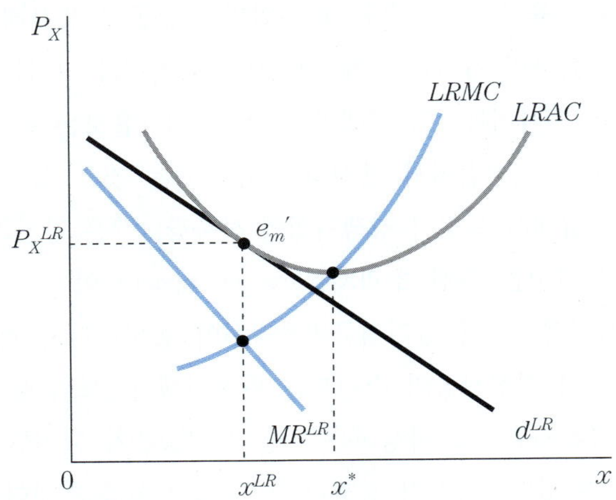


**그림 13-13 독점적 경쟁의 장기균형**
독점적 경쟁시장에서 이윤이 발생하면 새로운 기업이 시장에 진입하며, 이에 따라서 개별 기업이 직면하는 수요곡선은 $LRAC$와 접할 때까지 이동하여 초과이윤이 0인 장기균형이 이루어진다.

모든 기업이 〈그림 13-13〉에 표시된 것과 같은 장기균형점에 도달하였을 때 독점적 경쟁시장은 장기균형을 이룬다. 독점적 경쟁의 장기균형에서 각 기업의 이윤이 0이라는 점은 완전경쟁시장의 장기균형과 같지만, 독점적 경쟁의 장기균형에서 기업이 정하는 가격은 장기한계비용보다 높다.

## 독점적 경쟁의 평가

동질적 상품이 거래되는 완전경쟁시장에서 개별 기업은 수평선인 수요곡선에 직면하기 때문에, 이윤이 0이 되는 장기균형에서 $P_X = LRMC = LRAC = SRAC = SRMC$의 관계가 성립하고 각 기업은 최소의 장기평균비용으로 생산할 수 있는 산출량인 장기최적생산수준을 생산한다(제10장의 〈그림 10-3〉 참조). 즉 완전경쟁시장에서 소비자는 기술적으로 가능한 가장 낮은 가격으로 상품을 구입한다. 그러나 상품 차별화 정도만큼의 시장지배력을 지니는 독점적 경쟁기업은 기울기가 음(−)인 수요곡선에 직면하기 때문에 장기균형에서 $P_X = LRAC > LRMC$의 관계가 성립한다. 따라서 완전경쟁기업의 장기균형과 마찬가지로 이윤은 0이지만 두 가지의 비효율이 발생하게 된다.

첫 번째는 독점적 경쟁의 장기균형에서 가격이 장기한계비용보다 높기 때문에 발생하는 비효율이다. 그러나 각 기업의 상품들이 유사해서 수요의 교차탄력도가 상당히 높다면 가격과 한계비용 사이의 차이가 크지는 않아서 비효율의 크기도 작을 것이다. 독점적 경쟁의 또 다른 비효율로는 독점적 경쟁기업이 장기평균비용곡선의 최저점에서 생산하지 않는다는 것을 들 수 있다. 〈그림 13-13〉의 장기균형에서 독점적 경쟁기업의 산출량 $x^{LR}$은 장기최적생산수준 $x^*$보다 적으며, 그 차이를 흔히 **초과시설**(excess capacity)이라고 부른다. 독점적 경쟁기업과 완전경쟁기업의 장기평균비용곡선이 동일하다고 해도 초과시설의 존재 때문에 독점적 경쟁시장의 소비자는 완전경쟁시장보다 높은 가격을 지불하게 되며, 상품의 차별화로 발생하는 비용의 상승까지 고려한다면 가격의 차이는 더욱 커질 수 있다. 독점적 경쟁기업이 초과시설을 지닌다는 것은 명백하게 비효율적이다. 왜냐하면 독점적 경쟁시장에 존재하는 기업의 수를 줄이는 대신 각 기업의 공급량을 늘려서 초과시설을 없애면 시장 전체에 똑같은 공급량이 보다 낮은 비용으로 공급될 수 있기 때문이다.

기업이 장기에 초과시설을 지닌다고 해서 독점적 경쟁은 바람직하지 않다는 결론을 내릴 수 있을까? 초과시설이 사라지려면 독점적 경쟁시장에 존재하는 기업의 수를 줄이든지 아니면 시장구조가 완전경쟁으로 바뀌어야 하는데, 어떤 경우든지 소비자는 차별화된 다양한 상품을 소비할 수 있는 기회를 빼앗길 수밖에 없다. 따라서 독점적 경쟁의 비효율은 소비자들이 차별화된 상품을 소비할 수 있는 데 대한 비용이라고 볼 수 있으며, 독점적 경쟁의 시장구조가 사회후생을 증가시키는지 아니면 감소시키는지에 관한 판단은 위에 언급된 비효율과 차별화된 다양한 상품을 소비할 수 있어서 얻는 후생적 이득을 함께 고려해야 한다. 어느 정도의 상품 차별화가 사회적으로 바람직한가 하는 것은 소비자들이 상품 차별화에 대하여 지불할 용의가 있는 금액과 차별화로 발생하는 비용을 비교하여 결정될 문제이다.

그러나 독점적 경쟁시장에서는 차별화된 다양한 상품이 공급되기보다는 기업 사이의 경쟁으로 인해 거의 유사한 상품들이 공급되는 경우를 흔히 관찰할 수 있으며, 이 경우에는 효율성의 희생에도 불구하고 다양한 상품의 소비를 통한 후생의 증가는 이루어지지 않는다.

## 요 약

1 게임으로 과점을 분석할 때 경기자는 과점기업이고 산출량, 가격 등은 전략변수이며, 이윤은 게임의 보수가 된다. 과점시장의 모형 중에서 꾸르노모형, 베르뜨랑모형, 슈타켈버그모형 등은 비협조적 과점에 관한 것이며, 가격선도모형, 카르텔 등은 협조적 과점을 설명하는 모형이다.

2 순수복점의 꾸르노모형에서 두 기업은 각각 자신의 산출량을 비협조적으로 동시에 결정하는 동시게임에 참가하는 것이며, 그 균형은 상대기업의 산출량에 대한 각 기업의 최선의 산출량을 표시하는 두 반응곡선이 교차하는 점에서 이루어진다. 게임의 관점에서 꾸르노균형은 내쉬균형이다.

3 베르뜨랑의 복점모형에서 두 기업은 각각 가격을 비협조적으로 동시에 결정하는 동시게임에 참가하는 것이다. 베르뜨랑모형을 순수복점에 적용하면, 각 기업은 용의자의 고민과 동일한 상황에 처하기 때문에 그 균형의 결과가 완전경쟁시장의 균형과 같다. 베르뜨랑모형을 차별복점에 적용하면, 상대기업의 가격에 대한 각 기업의 최선의 가격을 나타내는 두 반응곡선이 교차하는 점에서 그 균형이 성립한다.

4 슈타켈버그모형에서는 선도기업이 먼저 산출량을 발표하고 이를 관찰한 다음에 추종기업이 자신의 산출량을 결정하며, 각 기업은 동시게임이 아니라 완전정보의 2단계 순차게임에 참가하는 것이다. 이 때문에 역순귀납으로 슈타켈버그모형의 완전균형을 찾을 수 있다.

5 순수과점에 관한 꾸르노모형, 베르뜨랑모형과 슈타켈버그모형의 균형을 완전경쟁과 독점의 균형과 비교할 때, 시장 전체의 공급량은 완전경쟁과 순수과점의 베르뜨랑모형에서 가장 많고 그 다음 슈타켈버그모형, 꾸르노모형, 독점의 순서로 적어지며, 총잉여도 똑같은 순서로 적어진다.

6 지배적 기업에 의한 가격선도는 묵시적 담합의 일종으로 완전정보의 2단계 순차게임이므로 그 균형은 역순귀납으로 구해진다. 꾸르노모형이나 베르뜨랑모형이 무한하게 반복되면 명시적 담합이 없더라도 각 기업이 보복전략을 구사함으로써 협조적 결과가 완전균형으로 나타날 수 있다.

7 과점기업들이 논의를 거쳐서 가격, 산출량 등에 관하여 명시적 합의에 이른 것을 카르텔이라고 한다. 카르텔의 이윤극대화 행동은 여러 개의 공장을 소유한 독점기업의 이윤극대화 행동과 다를 바가 없다. 그러나 카르텔이 구성된 경우 각 기업은 용의자의 고민에 빠지게 되고, 이 때문에 카르텔에는 불안정성이 내재한다.

8 잠재적 진입자가 존재하는 과점시장에서 기존 기업들은 신규기업의 시장진입을 막기

위하여 이윤극대화를 위한 가격보다 낮은 수준에서 진입제한가격을 설정할 수 있다. 이러한 잠재경쟁으로 시장 전체의 산출량은 증가하고 가격은 하락해서 사회적 후생이 증가할 수 있다.

**9** 과점시장의 가격은 한계비용보다 높은 수준에서 결정될 가능성이 높으며, 이 때문에 과소생산으로 인한 비효율의 발생이 일반적이다. 그렇지만 과점기업의 연구개발비가 높다는 점은 과점의 긍정적 측면이라고 할 수 있다.

**10** 독점적 경쟁시장은 기업의 시장 진출입이 자유로운 상태에서 다수의 공급자가 수많은 소비자에게 차별화된 상품을 판매하려고 경쟁하는 시장구조이다.

**11** 상품의 차별화로 독점적 경쟁기업은 음(−)의 기울기를 지니는 수요곡선에 직면하고 독점기업과 동일한 방식으로 단기이윤의 극대화를 위한 공급량과 가격을 정하며, 단기균형에서는 초과이윤이 발생한다. 그러나 새로운 기업의 진입으로 개별 기업이 직면하는 수요곡선은 장기평균비용곡선과 접할 때까지 이동하여 초과이윤이 0인 장기균형이 이루어진다.

**12** 독점적 경쟁의 장기균형에서 가격은 장기한계비용보다 높기 때문에 비효율이 발생한다. 또한 장기균형에서 독점적 경쟁기업의 공급량은 장기최적생산수준보다 적다. 그러나 이러한 비효율 때문에 독점적 경쟁시장이 바람직하지 않은 시장구조라는 결론을 내릴 수는 없다. 왜냐하면 소비자는 독점적 경쟁시장에서 차별화된 다양한 상품을 소비하여 후생적 이득을 얻기 때문이다.

## 연습문제

**1** $X$재의 시장수요곡선은 $P_X = 150 - x_D$이다($x_D$는 시장수요량임). $X$재를 생산하는 모든 기업은 $TC = 30x$의 똑같은 총비용곡선을 지니고 있을 때(각 기업이 생산하는 $X$재는 동질적임),

(1) 이 시장이 완전경쟁인 경우 균형에서의 가격, 거래량과 총잉여를 구하시오.

(2) 이 시장이 독점인 경우 균형에서의 가격, 거래량과 총잉여를 구하시오.

(3) 기업 A와 B에 의한 복점이 이루어진 경우 꾸르노균형에서의 가격, 거래량과 총잉여를 구하시오.

(4) 기업 A와 B에 의한 복점이 이루어진 경우 베르뜨랑균형에서의 가격, 거래량과 총잉여를 구하시오.

**2** 기업 A와 B에 의한 순수복점인 $X$재 시장의 수요곡선은 $P_X = 150 - x_D$이며($x_D$는 시장수요량임), 기업 A와 B 모두 $TC = 30x$의 똑같은 총비용곡선을 지니고 있다고 하자.

이 시장을 기업 A가 선도자가 되고 기업 B는 추종자인 슈타켈버그모형으로 설명할 수 있을 때,

(1) 균형에서 가격, 거래량, 각 기업의 산출량, 각 기업의 생산자잉여와 시장 전체의 소비자잉여를 구하시오.

(2) (1)에서 구한 각 기업의 생산자잉여를 비교하고 왜 차이가 발생하는지 설명하시오.

**3** 기업 A와 B에 의한 순수복점인 $X$재 시장의 수요곡선은 $P_X = 50 - x_D$이며($x_D$는 시장 수요량임), 기업 A와 B 모두 $TC = 10x$의 똑같은 총비용곡선을 지니고 있다고 하자. 매월 초마다 기업 A와 B는 꾸르노모형에 의한 산출량 결정을 무한하게 반복한다. 그런데 어느 날 기업 A는 다음과 같은 보복전략을 구사한다고 하자.

"나는 다음 달 초 독점 산출량 $x_M$의 절반인 $x_M/2$만큼을 공급할 것이다. 그러나 그 다음 달부터는 기업 B가 직전 달에 어떤 행동을 취했는지 주시하고 나의 행동을 정할 것이다. 기업 B가 직전 달에 나처럼 $x_M/2$만큼을 공급한다면 나 역시 $x_M/2$만큼 공급하는 행동을 계속하겠지만, 그렇지 않고 산출량 $x_M/2$을 주어진 것으로 해서 기업 B가 자신의 이윤극대화를 위하여 산출량을 $x_B$로 정해서 배반한다면 나는 영원히 매달 초마다 똑같은 산출량 $x_B$를 공급할 것이다."

(1) 위의 보복전략에서 언급된 독점 산출량 $x_M$과 기업 B가 배반할 때 정하는 산출량 $x_B$를 구하시오.

(2) 위의 보복전략에 의한 완전균형을 가능하게 하는 할인율의 상한을 구하시오.

**4** 기업 A와 B에 의한 순수복점인 $X$재 시장의 수요곡선은 $P_X = a - x_D$이고($x_D$는 시장 수요량임) 기업 A와 B의 한계비용은 산출량에 관계없이 항상 $c_A$와 $c_B$로 일정하다($a > c_A$와 $a > c_B$임). 이 시장을 꾸르노모형으로 설명할 수 있을 때,

(1) 기업 A와 B의 산출량을 각각 $x_A$와 $x_B$로 표시하여 각 기업의 반응곡선의 식을 구하시오.

(2) 꾸르노균형에서 각 기업의 산출량, 가격과 각 기업의 이윤을 구하시오($a$, $c_A$와 $c_B$의 함수로 표시).

(3) 기업 B의 한계비용이 감소하는 경우 기업 A와 B의 이윤이 증가하는지 아니면 감소하는지 설명하시오.

**5** 기업 A와 B에 의한 순수복점인 $X$재 시장의 수요곡선은 $P_X = 210 - x_D$이다($x_D$는 시장수요량임). 기업 A와 B의 총비용곡선 $TC_A$와 $TC_B$는 각각 $TC_A = 0.5x_A^2$과 $TC_B = x_B^2$이라고 할 때($x_A$와 $x_B$는 각각 기업 A와 B의 산출량임), 다음에 답하시오.

(1) 두 기업이 카르텔을 구성하였을 때 결합이윤의 극대화를 위한 가격과 각 기업의 산출량을 구하시오. 그리고 이 카르텔의 내부적 불안정성을 설명하시오.

(2) 기업 A가 가격선도자이고 기업 B는 추종자인 가격선도모형의 균형에서 각 기업

의 산출량을 구하시오.

**6** $X$재의 시장수요곡선은 $P_X=110-x_D$이다($x_D$는 시장수요량임). 가격선도모형으로 설명할 수 있는 이 시장에서 지배적 기업은 A이고 나머지 20개의 기업이 완전경쟁기업처럼 행동한다. 기업 A의 한계비용 $MC_A$는 산출량에 관계없이 항상 10이고 나머지 20개의 기업은 모두 $MC=5+10x$로 표시되는 똑같은 한계비용곡선을 지니고 있다고 할 때,

(1) 나머지 20개 기업의 공급곡선의 방정식을 구하시오.
(2) 지배적 기업 A의 잔여수요곡선의 방정식을 구하시오.
(3) 지배적 기업 A의 이윤극대화를 위한 가격, 산출량, 이윤과 시장점유율을 구하시오.
(4) 나머지 기업의 수가 60개로 늘어나는 경우 지배적 기업 A의 이윤극대화를 위한 가격, 산출량, 이윤과 시장점유율을 구하고 그 결과를 위 (3)의 결과와 비교하시오.

**7** A와 B의 두 기업만이 있는 순수복점을 가정하자. 그리고 두 기업 모두 산출량을 500개 아니면 1,000개로 정할 수 있다고 하자. 각 기업이 선택하는 산출량에 따라 예상되는 이윤은 다음과 같다.

| | | 기업 B | |
|---|---|---|---|
| | | 500개 | 1,000개 |
| 기업 A | 500개 | (120, 120) | (90, 145) |
| | 1,000개 | (145, 90) | (110, 110) |

(1) 이 과점시장에서 내쉬균형을 설명하시오.
(2) 이 과점시장에서 두 기업에 의한 카르텔의 균형과 카르텔의 불안정성을 설명하시오.
(3) 이 상황이 무한반복된다고 할 때 보복전략의 균형이 성립할 수 있는 할인율의 상한을 구하시오.

**8** 차별복점시장에서 기업 A와 B의 판매량 $x_A$와 $x_B$는 각각 $x_A=20-P_A+P_B$와 $x_B=20-P_B+P_A$이며($P_A$와 $P_B$는 각각 기업 A와 B가 정하는 가격임), 두 기업 모두 한계비용은 산출량에 관계없이 항상 4원이라고 하자.

(1) 이 시장이 베르뜨랑모형으로 설명될 수 있을 때 각 기업의 반응곡선의 식을 구하시오. 그리고 베르뜨랑균형에서의 가격, 거래량과 각 기업의 이윤을 구하시오.
(2) 기업 A가 먼저 가격 $P_A$를 정하고 그 뒤에 기업 B가 가격 $P_B$를 정한다고 할 때 각 기업의 이윤극대화를 위한 가격과 산출량을 구하시오. 그리고 각 기업의 극대화된 이윤의 크기를 구하여 비교하시오.

(3) 위 (2)에서 두 기업의 이윤에 차이가 발생하는 이유를 설명하시오.

**9** 순수과점인 $X$재 시장의 수요곡선은 $P_X = 1{,}000 - x_D$이며($x_D$는 시장수요량임), 각 과점기업 모두 그 한계비용은 산출량에 관계없이 항상 100원이다.

(1) 과점기업이 3개 존재하는 경우 꾸르노균형에서의 가격과 시장 전체의 산출량을 구하시오.

(2) 과점기업이 $N$개 존재하는 경우 꾸르노균형에서의 가격과 시장전체 산출량을 $N$의 함수로 표시하라. 그리고 $N$이 무한대로 증가했을 경우의 가격을 구하시오.

**10** 순수과점의 $X$재의 시장수요곡선은 $P_X = 300/\sqrt{x_D}$이다($x_D$는 시장수요량). 이 시장에는 3개의 과점기업이 존재하며, 각 기업 모두 한계비용은 산출량에 관계없이 10원이다.

(1) 시장수요곡선의 가격탄력도를 구하시오.

(2) 꾸르노모형에서의 역탄력도 가격설정을 설명하시오.

(3) 꾸르노모형에서의 역탄력도 가격설정을 사용하여 꾸르노균형에서의 가격을 구하시오.

# 제 6 편

# 일반균형, 후생경제학 및 시장의 실패

지금까지 우리는 각 시장 사이의 연관성이 없는 것처럼 가정하여 특정상품 또는 생산요소의 시장을 분석하였다. 수많은 경제단위와 다양한 종류의 상품이 존재하는 복잡한 현실의 경제에서 특정상품 또는 요소의 시장에 분석의 초점을 맞추기 위해서는 이와 같은 가정이 유용하다고 할 수 있겠지만, 자원배분의 과정과 결과를 이해하고 경제정책이 자원배분에 미치는 효과를 올바로 분석하려면 시장 사이의 연관성을 고려하는 것이 불가피하다고 하겠다.

제6편에서는 시장 사이의 연관성을 고려하는 일반균형분석에 기초하여 각 경제단위의 의사결정이 시장에 모여서 이룩하는 조화를 이해하고 평가하고자 한다. 이를 위해서 제14장에서는 일반균형분석의 기초적 개념에 관하여 살펴보며, 모든 시장이 완전경쟁시장인 경우에 일반균형의 조건을 구하고 그 균형의 결과를 효율성의 기준으로 평가한다. 균형의 결과를 평가할 수 있는 또 다른 기준은 형평성이며, 형평성에 관한 가치판단을 도입하여 구할 수 있는 사회후생함수의 개념을 소개하기로 한다. 제15장에서는 시장기구에 의한 자원배분에 비효율성을 발생시키는 원인으로 외부효과와 공공재에 관해 살펴본다.

어떤 두 가지 상품 사이에는 소비에 있어서 보완 또는 대체의 관계가 존재할 수 있으며, 어떤 기업이 생산한 상품은 다른 기업에게는 생산요소가 되는 경우도 있다. 이 때문에 시장들 사이에는 상호연관성이 존재하며, 경제 전체의 자원배분, 정책의 효과 등을 올바로 이해하기 위해서는 이러한 상호연관성을 명백하게 고려하는 일반균형분석이 필요하다. 그러나 일반균형분석에는 고도의 수리적 기법이 요구되기 때문에, 이 장에서는 기초적 개념만을 살펴보기로 한다.

모든 시장이 완전경쟁시장인 경우 일반균형에서의 자원배분은 효율성을 지닌다. 이를 이해하기 위하여 제5장, 제6장, 제10장 등에서 소개한 효율성의 개념에 기초해서 경제 전체의 자원배분의 효율성에 관한 조건을 알아보고 일반균형에서의 자원배분과 효율성 사이의 관계를 살펴보도록 한다.

# 제 14 장

# 일반균형분석과 효율성

## 14.1 부분균형분석과 일반균형분석

지금까지는 생산물이나 생산요소시장의 균형을 분석할 때 어느 한 시장에서 일어나는 일들이 다른 시장의 균형에 아무런 영향도 미치지 않는 것처럼 생각하였다. 즉 다른 조건들은 모두 일정하다는 가정하에서 특정시장의 균형가격과 거래량이 결정되는 과정을 살펴보았다. 이러한 부분균형분석은 복잡한 경제현실을 단순화하여 특정시장의 균형이 이루어지는 과정을 쉽게 이해할 수 있게 한다는 장점을 지닌다. 그러나 현실에서는 서로 연관성을 갖고 있는 시장들이 존재하기 때문에, 한 시장의 수요나 공급의 변화가 다른 시장의 균형에 어떠한 영향을 미치는가를 밝혀내기 위해서는 시장 사이의 연관성을 명백하게 고려하는 일반균형분석이 필요하다. 일반균형분석에서는 시장들 사이의 연관성을 고려해서 모든 시장의 균형가격과 거래량이 동시에 결정된다. 이 때문에 경제 전체의 자원배분을 이해하기 위해서는 일반균형분석이 불가피한 것이다.

이 장에서 일반균형분석을 하는 목적은 두 가지로 요약될 수 있다. 하나는 이기적 동기에 기초한 각 경제단위의 의사결정이 시장기구에 의해서 전체적으로 어떠한 조화를 이루는지 살펴보는 것이며, 또 다른 하나는 시장기구에 의해 이루어진 경제 전체의 조화를 평가하는 것이다. 이를 위해서 우리는 모든 시장에서 완전경쟁을 가정한다. 완전경쟁의 가정하에서 모든 시장이 동시에 균형을 이루고 있는 상태를 특히 **일반경쟁균형**(general competitive equilibrium)이라고 부르는데, 이 장의 주된 목적은 결국 일반경쟁균형의 배분이 어떠한 조건들을 충족시키는가를 검토하고 어떠한 관점에서 바람직한가를 평가하는 것이라고 할 수 있다.

## 14.2 단순경제의 일반경쟁균형

### 일반경쟁균형의 정의

모든 시장에 완전경쟁을 가정하였기 때문에, 각 경제단위는 가격체계, 즉 가격벡터를 주어진 것으로 간주한다. 주어진 가격체계에서 다음의 조건이 만족될 때 경제에는 일반경쟁균형이 성립하게 된다.

① 각 소비자는 효용이 극대화되는 상품의 수요량과 생산요소의 공급량을 선택한다.
② 각 생산자는 이윤이 극대화되는 생산요소의 투입량과 생산물의 산출량을 선택한다.
③ 모든 시장에서 수요와 공급이 일치한다.

위의 세 가지 조건이 충족되는 상태에서는 소비자와 생산자 중 어느 누구도 변화를 원하지 않기 때문에 경제적 여건의 변화가 발생하지 않는 한 그 상태가 그대로 지속된다. 우리는 이미 앞에서 위의 각 조건이 의미하는 바를 부분균형분석을 통해 자세하게 살펴보았으며, 여기에서 할 일은 각 조건을 모아서 정리하는 것이다.

각 경제단위는 자신과 다른 경제단위 사이에 아무런 연관성이 없는 것처럼 생각해서 의사결정을 하지만, 자원의 희소성 때문에 실제로는 모든 경제단위가 서로 경쟁적 관계에 놓이게 된다. 어떤 소비자가 자신의 소비량을 증가시킬 때 일반적으로 다른 소비자의 소비량은 그만큼 감소할 수밖에 없으며, 어떤 생산자가 생산요소의 투입량을 증가시킨다면 다른 생산자가 투입할 수 있는 생산요소의 양은 그만큼 감소한다. 따라서 이기적 동기에 기초한 각 경제단위의 선택이 시장에 모이면 마찰과 갈등은 불가피하지만, 시장경제에서는 가격기구의 역할을 통해 위의 조건들이 만족되는 일반경쟁균형이라는 조화가 이루어진다.

위에서 열거한 일반경쟁균형의 세 가지 조건이 구체적으로 어떠한 형태로 나타나는가를 살펴보기 위하여 노동 $L$과 자본 $K$의 두 가지 생산요소를 투입하여 $X$재와 $Y$재의 두 가지 생산물이 생산되고 두 명의 소비자 A와 B가 이 생산물들을 소비하는 단순경제를 가정하기로 한다. 현실적으로 경제는 수많은 경제단위와 시장들로 구성되어 있지만 복잡한 수학을 사용하지 않고 일반경쟁균형을 분석하기 위하여 이와 같은 단순경제를 가정한다.

독자들은 소비자와 생산자가 각 2명씩밖에 없는 경제에서 각 경제단위가 어떻게 가격수용자가 될 수 있겠는가 하는 의문을 당연히 가질 것이다. 경제단위의 수가 매우 적은 경제에서 자원의 균형배분은 경제단위 사이의 교섭을 통해 이루어지기가 쉽지만, 여기에서는 일반경쟁균형의 분석에 집중하기 위하여 경제단위의 수가 적더라도 각 경제단위는 가격체계를 주어진 것으로 여긴다고 가정하자.

## 단순경제의 일반경쟁균형

어떤 경제에서 2명의 소비자 A와 B가 $X$재와 $Y$재를 소비한다고 하자. 또한 각 소비자가 생산자에게 공급하는 노동과 자본의 양은 고정되어 있다고 가정하며(즉 요소공급의 기회비용은 0이라는 가정), 소비자 A와 B가 공급하는 노동과 자본의 양을 $\overline{L_A}$와 $\overline{K_A}$, $\overline{L_B}$와 $\overline{K_B}$라고 표시한다. 따라서 이 경제 전체의 노동과 자본의 공급량을 $\overline{L}$와 $\overline{K}$라고 할 때 $\overline{L} = \overline{L_A} + \overline{L_B}$와 $\overline{K} = \overline{K_A} + \overline{K_B}$의 관계가 성립한다.

또한 $X$재의 생산에 투입되는 노동과 자본의 양을 $L_X$와 $K_X$라고 하고 $L_Y$와 $K_Y$는 $Y$재 생산에 투입되는 노동과 자본의 양이라고 할 때, $X$재와 $Y$재의 생산함수는 $x = f(L_X, K_X)$와 $y = g(L_Y, K_Y)$와 같이 표시된다고 하자. 그리고 소비자 A는 $X$재를 생산하는 기업의 소유자이고 소비자 B는 $Y$재를 생산하는 기업을 소유하고 있다고 가정하기로 하자. 이러한 가정하에서 $X$재의 생산을 통해 발생하는 이윤 $\pi_X$는 모두 소비자 A에게 배당되고 $Y$재를 생산해서 얻는 이윤 $\pi_Y$는 모두 소비자 B에게 배당된다.

이 경제에서 각 소비자의 소득은 주어진 임금 $w$와 자본의 가격 $r$을 받고 노동과 자본을 공급하여 얻는 소득과 배당받는 이윤으로 구성되며, 소비자 A와 B는 $X$재와 $Y$재의 가격 $P_X$와 $P_Y$를 주어진 것으로 간주해서 소비계획 $(x_A, y_A)$와 $(x_B, y_B)$를 선택하기 때문에, 소비자 A와 B의 예산제약식은 다음의 형태가 된다.

$$w\overline{L_A} + r\overline{K_A} + \pi_X = P_X x_A + P_Y y_A$$
$$w\overline{L_B} + r\overline{K_B} + \pi_Y = P_X x_B + P_Y y_B \quad (14-1)$$

식 (14-1)의 예산제약식에서 나타나고 있는 것처럼 부분균형분석에서 외생변수로 취급되었던 소득이 일반균형분석에서는 요소가격, 기업의 이윤 등에 의존하는 내생변수로 바뀐다.

이제 주어진 가격체계 $P^* = (P_X^*, P_Y^*, w^*, r^*)$에서 소비자 A와 B는 효용의 극대화를 위한 소비계획으로 $(x_A^*, y_A^*)$와 $(x_B^*, y_B^*)$를 선택하며, 이윤의 극대화를 위하여 $X$재의 생산자는 노동과 자본을 $L_X^*$와 $K_X^*$만큼 고용해서 $x^*$의 산출량을 생산하고 $Y$재의 생산자는 $L_Y^*$와 $K_Y^*$만큼의 노동과 자본을 고용해서 $y^*$만큼을 생산한다고 하자. 이러한 상태는 〈그림 14-1〉과 〈그림 14-2〉에 표시되어 있다.

먼저 생산자의 선택을 살펴보기로 하자. $X$재의 생산자는 이윤을 극대화시키는 산출량 $x^*$를 선택하였기 때문에, 〈그림 14-1〉의 (a)에 표시된 것처럼 산출량 $x^*$에서 주어진 가격 $P_X^*$와 한계비용 $MC_X^*$는 일치한다. 〈그림 14-1〉의 (b)에는 산출량 $x^*$를 최소의 비용으로 생산할 수 있는 노동과 자본의 투입량이 표시되어 있다. 즉 산출량 $x^*$를 나타내는 등량선과 $-w^*/r^*$의 기울기를 지니는 등비용선이 접하는 점 $b$에서 노동과 자본을 $L_X^*$와 $K_X^*$만큼 투입한다. 〈그림 14-1〉의 (c)와 (d)에 표시된 것처럼 $Y$재의 생산자 역시 이윤의 극대화를 위해 가격 $P_Y^*$와 한계비용 $MC_Y^*$가 일치하는 점 $c$에서 산출량 $y^*$를 선택하였으며, 이를 최소의 비용으로 생산하기 위하여 산출량 $y^*$를 표시하는 등량선과 $-w^*/r^*$의 기울기를 지니는 등비용선이 접하는 점 $d$에서 $L_Y^*$와 $K_Y^*$만큼의 노동과 자본을 투입한다.

산출량 $x^*$를 나타내는 등량선의 점 $b$에서 한계기술대체율을 $MRTS_X^*$로 표시하고 산출량 $y^*$를 나타내는 등량선의 점 $d$에서 한계기술대체율을 $MRTS_Y^*$라고 할 때, 〈그림 14-1〉에 표시된 각 생산자의 이윤극대화 조건들을 다음과 같이 정리할 수 있다.

$$\frac{P_X^*}{P_Y^*} = \frac{MC_X^*}{MC_Y^*} \quad (14-2)$$

$$\frac{w^*}{r^*} = MRTS_X^* = MRTS_Y^* \quad (14-3)$$

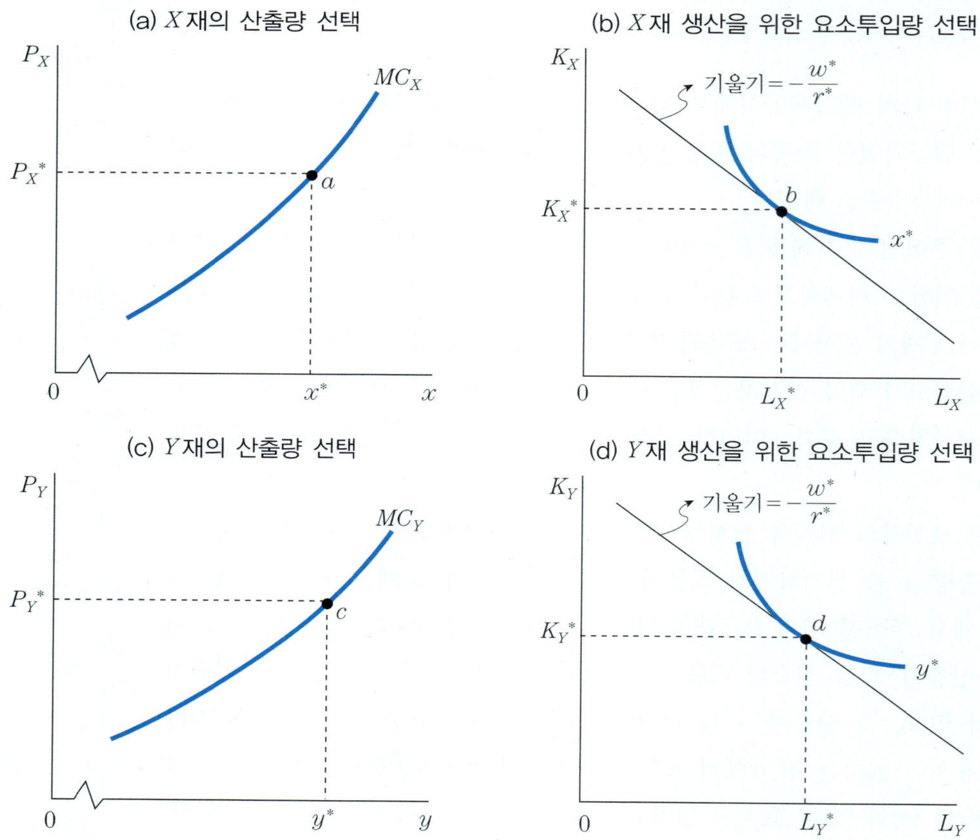


**그림 14-1 생산자의 선택**

주어진 가격체계에서 각 생산자는 생산물의 가격이 한계비용과 일치하는 점에서 이윤극대화를 위한 산출량을 선택하며, 최소비용으로 산출량을 생산하기 위하여 등비용선과 등량선이 접하는 점에서 노동과 자본의 투입량을 선택한다.

$(x^*, y^*)$의 **생산물구성**에서 만족되는 식 (14-2)는 $X$재와 $Y$재의 생산에 관한 이윤극대화 조건을 결합한 것이며, 생산자 사이의 **생산요소배분** $(L_X^*, K_X^*, L_Y^*, K_Y^*)$에서 만족되는 식 (14-3)은 각 생산자가 비용을 극소화하는 과정에서 생산요소의 가격비율을 매개로 두 상품 생산의 한계기술대체율이 일치한다는 것을 의미한다.

주어진 가격체계에서 각 소비자의 소비선택은 〈그림 14-2〉에 나타나 있다. 소비자 A는 예산제약하에서 효용을 극대화시키는 소비계획을 선택하였기

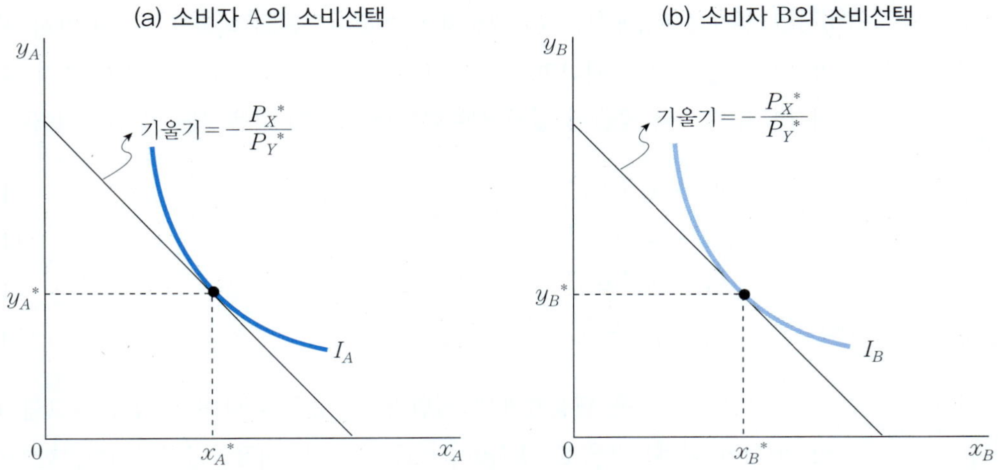


**그림 14-2 소비자의 선택**
각 소비자는 자신의 예산선과 무차별곡선이 접하는 점에서 효용이 극대화되는 소비계획을 선택한다.

때문에, 소비계획 $(x_A^*, y_A^*)$에서 예산선의 기울기의 절대값 $P_X^*/P_Y^*$와 소비의 한계대체율 $MRS_{C_A}$는 일치한다. 소비자 B의 소비계획 $(x_B^*, y_B^*)$에서도 마찬가지의 조건이 성립하기 때문에, 소비자 A와 B 사이의 **소비배분** $(x_A^*, y_A^*, x_B^*, y_B^*)$에서 만족되는 조건은 다음과 같다.

$$\frac{P_X^*}{P_Y^*} = MRS_{C_A} = MRS_{C_B} \tag{14-4}$$

$$w^*\overline{L_A} + r^*\overline{K_A} + \pi_X^* = P_X^* x_A^* + P_Y^* y_A^* \tag{14-5}$$

$$w^*\overline{L_B} + r^*\overline{K_B} + \pi_Y^* = P_X^* x_B^* + P_Y^* y_B^* \tag{14-6}$$

식 (14-4)는 각 소비자가 자신의 효용을 극대화하는 과정에서 주어진 생산물의 가격비율 $P_X^*/P_Y^*$를 매개로 소비자 A와 B의 소비의 한계대체율이 일치한다는 것을 의미한다. 식 (14-5)와 (14-6)는 각 소비자의 소비선택이 예산제약식을 만족시켜야 한다는 것을 나타내며, $\pi_X^*$와 $\pi_Y^*$는 각각 $P^* = (P_X^*, P_Y^*, w^*, r^*)$의 가격체계에서 $X$재와 $Y$재를 각각 $x^*$와 $y^*$만큼 생산할 때 발생하는 이윤이다.

$P^* = (P_X^*, P_Y^*, w^*, r^*)$의 가격체계에서 $(x_A^*, y_A^*, x_B^*, y_B^*)$의 소비배분에서는

각 소비자의 효용이 극대화되고 있고 $(L_X^*, K_X^*, L_Y^*, K_Y^*)$의 생산요소배분과 $(x^*, y^*)$의 생산물구성에서는 각 생산자의 이윤이 극대화되고 있다. 따라서 이 상태가 일반경쟁균형이 되려면 앞서 설명한 일반경쟁균형의 세 가지 조건 중 모든 시장에서 수요와 공급이 일치해야 한다는 조건인 다음 식들이 만족되어야 한다.

$$x_A^* + x_B^* = x^* \tag{14-7}$$

$$y_A^* + y_B^* = y^* \tag{14-8}$$

$$K_X^* + K_Y^* = \overline{K} \tag{14-9}$$

$$L_X^* + L_Y^* = \overline{L} \tag{14-10}$$

〈그림 14-3〉은 단순경제의 일반경쟁균형을 나타내고 있다. 〈그림 14-3〉의 (a)에서 한계비용곡선 $MC_X(w^*, r^*)$는 $X$재의 시장공급곡선이며, 한계비용곡선을 $MC_X(w^*, r^*)$로 표시한 이유는 그의 이동요인인 임금과 자본가격이 $w^*$와 $r^*$로 주어져서 한계비용곡선이 현재의 자리에 위치하고 있음을 나타내기 위한 것이다(비용곡선의 이동에 관한 제7장의 제5절 참조).

또한 $X$재의 시장수요곡선 $D_X(w^*, r^*, P_Y^*)$는 소비자 A와 B의 수요곡선을 수평으로 합한 것으로 임금, 자본가격과 관련재인 $Y$재의 가격이 각각 $w^*, r^*$과 $P_Y^*$로 주어져서 현재의 위치가 정해졌다. 임금과 자본가격이 시장수요곡선의 이동요인인 이유는 임금과 자본가격이 소비자의 소득을 결정하기 때문이다(식 (14-1)의 예산제약식 참조). 가령 다른 조건들은 모두 불변이고 임금만 $w^*$보다 높아지면 소비자들의 소득이 증가해서 시장수요곡선은 오른쪽으로 이동한다. 그리고 다른 조건들은 모두 불변이고 $Y$재 가격만 $P_Y^*$보다 높아질 때 두 상품이 소비에 있어서 대체관계에 있다면 $X$재의 시장수요곡선은 오른쪽으로 이동하고 보완관계에 있다면 왼쪽으로 이동한다. 〈그림 14-3〉의 (b)에서 $Y$재의 한계비용곡선 $MC_Y(w^*, r^*)$와 시장수요곡선 $D_Y(w^*, r^*, P_X^*)$에 관한 설명도 동일하다.

〈그림 14-3〉의 (c)와 (d)는 노동시장과 자본시장을 표시하고 있다. $X$재 생산자와 $Y$재 생산자의 노동수요곡선을 수평으로 합해서 구해진 노동의 시장수요곡선 $D_L(P_X^*, P_Y^*, r^*)$는 그 이동요인인 상품의 가격과 자본가격이 각각 $P_X^*$, $P_Y^*$와 $r^*$로 주어져서 현재 자리에 위치하고 있다(이들이 이동요인인 것에 관해서는 제10장 참조). 마찬가지로 자본의 시장수요곡선 $D_K(P_X^*, P_Y^*, w^*)$는 $X$재 생산

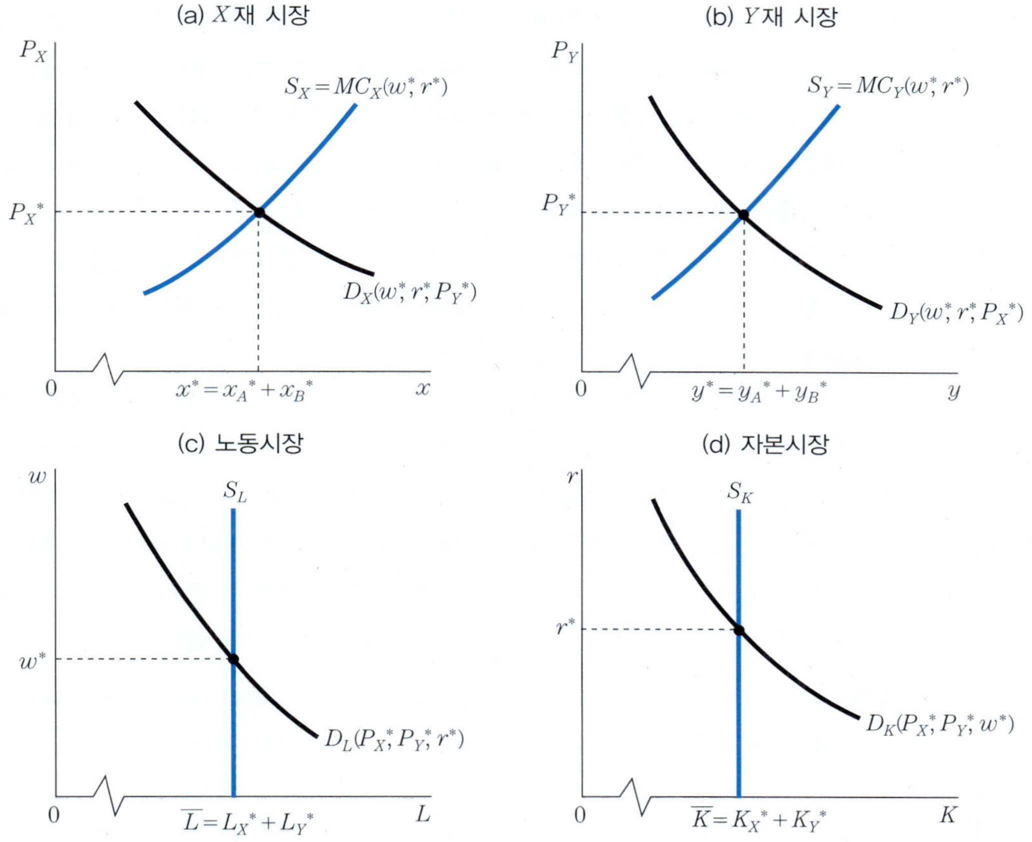


**그림 14-3 단순경제의 일반경쟁균형**

단순경제의 일반경쟁균형에서 $X$재 시장, $Y$재 시장, 노동시장, 자본시장 모두 동시에 균형을 이룬다. 노동시장과 자본시장의 균형에서 결정된 요소가격 $w^*$와 $r^*$로 $X$재와 $Y$재의 시장수요곡선과 시장공급곡선의 위치가 정해진다. 이에 따라 $P_X^*$와 $P_Y^*$의 균형가격이 결정되고 이 균형가격으로 다시 노동과 자본의 시장수요곡선의 위치가 정해져서 균형의 요소가격이 결정된다. 이와 같이 일반경쟁균형에서 각 시장의 균형가격은 동시에 결정된다.

자와 $Y$재 생산자의 자본수요곡선을 수평으로 합한 것이다. 그리고 $S_L$과 $S_K$는 각각 노동과 자본의 시장공급곡선이다.

〈그림 14-3〉은 $P^* = (P_X^*, P_Y^*, w^*, r^*)$의 가격체계에서 네 가지 시장은 동시에 균형을 이룩하여 일반경쟁균형이 성립하고 있음을 보여주고 있다. 편의를 위하여 요소시장부터 설명하면, 노동시장은 노동의 시장수요량 $L_X^* + L_Y^*$와 시장공급량 $\overline{L}$가 일치하여 균형을 이루고 자본시장에서도 자본의 시장수요량

$K_X^* + K_Y^*$와 시장공급량 $\overline{K}$가 일치하여 균형이 성립한다.

노동시장과 자본시장에서 결정된 균형의 요소가격 $w^*$와 $r^*$로 소비자의 소득이 결정되어 $X$재와 $Y$재의 시장수요곡선의 위치가 정해지고 동시에 각 상품 생산의 한계비용곡선, 즉 시장공급곡선의 위치가 결정된다. 이에 따라 $X$재 시장은 소비자 A와 B의 $X$재 수요량의 합인 $x_A^* + x_B^*$의 시장수요량과 $x^*$의 시장공급량이 일치하여 균형을 이룬다. 마찬가지로 $Y$재 시장에서는 시장수요량 $y_A^* + y_B^*$와 시장공급량 $y^*$가 일치하여 균형이 성립한다. 상품시장에서 결정된 균형가격 $P_X^*$와 $P_Y^*$로 다시 노동과 자본의 시장수요곡선의 위치가 정해져서 균형의 요소가격이 결정되는 것이다.

일반경쟁균형에서 각 시장의 균형가격은 동시에 결정되는 것이며, 주어진 외생적 여건(예컨대 경제 전체의 자본 또는 노동의 공급량)하에서 이 같은 순환은 변함없이 지속된다. 그렇다면 외생적 여건의 변화가 발생하면 일반경쟁균형의 결과는 어떻게 변할 것인가? 일반균형의 모형에서 비교정태분석을 하는 것은 쉽지 않은 일이며, 여기에서는 단순경제에서 판매세 부과에 관한 부분균형분석과 일반균형분석의 결과를 비교하는 것으로 만족하기로 한다.

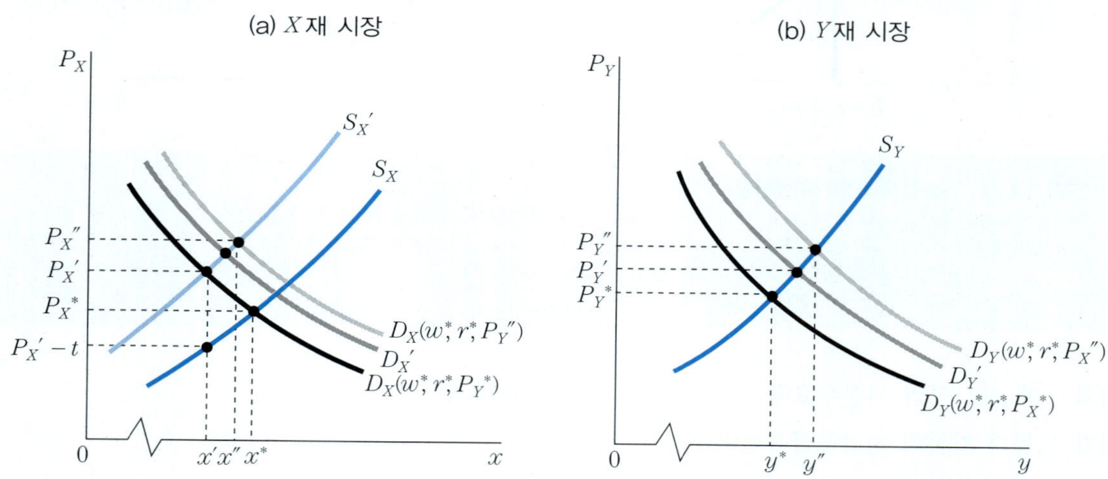


**그림 14-4 부분균형분석과 일반균형분석의 비교**

소비자에게 $X$재와 $Y$재는 대체재라고 할 때 $X$재 시장에 물품세가 부과되면 $X$재의 시장거래량은 $x'$으로 감소하고 가격은 $P_X'$으로 증가한다. 그렇지만 $Y$재 시장과의 연관성을 고려하여 일반균형분석을 하면 $X$재 가격은 $P_X''$까지 상승하여 시장거래량은 부분균형분석의 경우보다 그 감소폭이 작게 나타난다.

〈그림 14-4〉의 (a)와 (b)는 〈그림 14-3〉의 (a)와 (b)를 그대로 옮겨놓은 것이다. 이제 정부가 $X$재 시장에 상품 1단위당 $t$원의 판매세를 부과했다고 하자. 이에 따라 시장공급곡선 $S_X$는 위로 평행하게 $t$원만큼 $S_X'$으로 이동하며, $Y$재 시장과의 상호연관성을 무시한다면(즉 부분균형분석을 하면) 소비자가 지불하는 가격은 $P_X'$으로 상승하고 생산자가 받는 순가격은 $P_X'-t$로 하락하여 시장거래량은 $x'$으로 감소한다.

그렇지만 시장 사이의 상호연관성을 고려하면(즉 일반균형분석을 하면) 결과는 달라진다. 이를 보기 위해서 소비자에게 $X$재와 $Y$재는 대체재라고 가정하자. 따라서 물품세 부과로 $X$재의 소비자가격이 $P_X^*$에서 $P_X'$으로 상승하면 대체재인 $Y$재의 시장수요곡선 $D_Y$는 오른쪽의 $D_Y'$으로 이동한다. 물품세가 부과된 후 $X$재의 산출량은 감소하고 $Y$재의 산출량은 증가하기 때문에 노동과 자본의 시장수요곡선은 왼쪽으로도 오른쪽으로도 이동할 수 있다. 여기에서는 $X$재 시장과 $Y$재 시장 사이의 연관성에 초점을 맞추기 위하여 물품세 부과에도 불구하고 노동시장과 자본시장의 균형은 변하지 않는다고 가정한다.

$X$재의 소비자가격 상승으로 대체재인 $Y$재의 시장수요곡선이 오른쪽 $D_Y'$으로 이동하여 $Y$재 가격이 $P_Y'$으로 상승하면, $X$재의 시장수요곡선도 $D_X'$으로 이동하여 $X$재 가격은 더 상승한다. 이에 따라서 $Y$재의 시장수요곡선이 오른쪽으로 더 이동하고 $Y$재 가격도 다시 상승하게 된다. 이와 같은 조정과정을 밟은 후 새로운 일반경쟁균형에 이르게 되면 $X$재와 $Y$재의 시장수요곡선은 각각 $D_X(w^*, r^*, P_Y'')$과 $D_Y(w^*, r^*, P_X'')$이 되고 균형가격은 $P_X''$과 $P_Y''$으로 결정된다.

부분균형분석에서는 판매세 부과로 시장거래량이 $x^*$에서 $x'$으로 감소하고 $X$재의 시장가격은 $P_X^*$에서 $P_X'$으로 증가한다. 그렇지만 $Y$재 시장과의 연관성을 고려하는 일반균형분석에서는 판매세가 부과될 때 가격은 $P_X''$까지 상승하여 시장거래량은 부분균형분석의 경우보다 덜 감소하게 된다. 이와 같이 어떤 정책을 부분균형분석에만 의존하여 분석하면 그 효과가 실제보다 과장되거나 과소하게 나타날 수 있다. 따라서 정책의 효과를 분석하려면 적어도 상호연관성이 뚜렷한 시장들을 모두 고려하는 일반균형분석이 사용되어야 한다.

## 교환경제의 일반경쟁균형

지금까지는 일반경쟁균형에서 만족되는 조건을 살펴보았는데, 이제는 가격기구의 역할을 통해 어떻게 일반경쟁균형에 도달하는지 검토하기로 한다. 그러나 소비자의 선택 이외에 생산자의 선택까지 고려하면 분석이 지나치게 복잡해지기 때문에 제5장의 제3절에서 살펴본 교환경제를 가정하기로 하자.

생산에 관한 선택은 고려하지 않기로 했기 때문에 각 소비자는 일정량의 $X$재와 $Y$재를 갖고 있는 것으로 가정한다. 즉 각 소비자는 두 가지 상품의 초기부존을 갖고 있다고 가정한다. 이러한 경제에서 두 소비자 모두 가격수용자인 경우 일반경쟁균형이 어떻게 이루어지는지 살펴보기로 하자.

〈그림 14-5〉의 에지워스상자 도형에서 초기의 부존점 $a$는 소비자 A의 $X$재와 $Y$재의 초기부존량이 $\overline{x_A}$와 $\overline{y_A}$이고 소비자 B의 $X$재와 $Y$재의 초기부존량

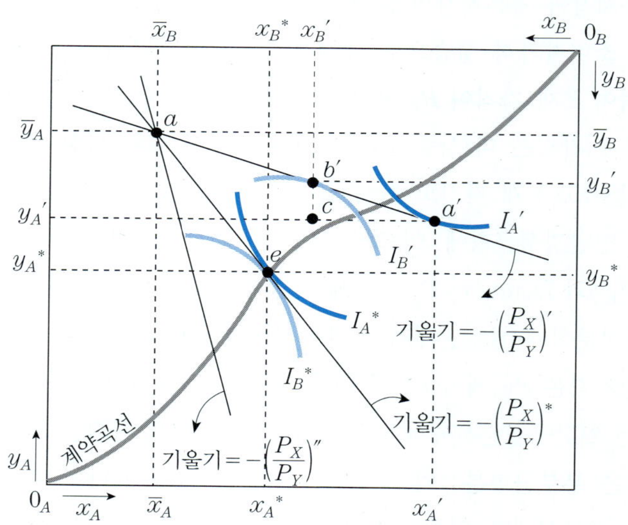


**그림 14-5 교환경제의 일반경쟁균형**

초기의 부존점이 $a$인 교환경제에서 소비자 A와 B에게 주어진 가격비율이 $(P_X/P_Y)'$이라고 할 때, $X$재 시장에는 초과수요가 존재하고 $Y$재 시장에는 초과공급이 존재한다. 따라서 $X$재의 가격은 상승하고 $Y$재의 가격은 하락한다. 이러한 조정과정을 거쳐서 $(P_X/P_Y)^*$의 가격비율이 두 소비자에게 주어졌고 소비자 A와 B의 무차별곡선이 모두 $-(P_X/P_Y)^*$의 기울기를 지니는 예산선과 점 $e$에서 접할 때, 각 소비자의 효용은 극대화되고 $X$재와 $Y$재의 시장에서 수요와 공급은 일치해서 일반경쟁균형이 성립한다.

이 $\overline{x_B}$와 $\overline{y_A}$라는 것을 표시하고 있다. 먼저 두 소비자에게 주어진 가격비율이 $(P_X/P_Y)'$이라고 하자. 이 가격비율에서 두 소비자에게 공통으로 해당되는 예산선은 초기부존점인 $a$를 지나고 $-(P_X/P_Y)'$의 기울기를 지니는 직선이 된다.

이 경우 소비자 A는 예산선과 무차별곡선 $I_A'$이 접하는 점 $a'$을 최적소비계획으로 선택해서 $X$재와 $Y$재를 $x_A'$과 $y_A'$만큼 수요한다. 그런데 소비자 A는 초기부존량으로 $X$재와 $Y$재를 $\overline{x_A}$와 $\overline{y_A}$만큼 갖고 있기 때문에, 점 $a'$을 최적 소비계획으로 선택한다는 것은 $X$재를 $x_A' - \overline{x_A}$만큼 순수요(net demand)하고 $Y$재를 $\overline{y_A} - y_A'$만큼 순공급(net supply)한다는 것을 의미한다. 즉 소비자 A는 $(P_X/P_Y)'$의 가격비율에서는 $Y$재를 $\overline{y_A} - y_A'$만큼 팔아서 $x_A' - \overline{x_A}$만큼의 $X$재를 구입하려고 한다. 마찬가지로 소비자 B는 $(P_X/P_Y)'$의 가격비율에서 점 $b' = (x_B', y_B')$을 최적소비계획으로 선택함으로써 $X$재를 $\overline{x_B} - x_B'$만큼 순공급하고 $Y$재를 $y_B' - \overline{y_B}$만큼 순수요한다. 그림에서 $X$재에 대한 소비자 A의 순수요는 소비자 B의 순공급보다 크고 $Y$재에 대한 소비자 B의 순수요는 소비자 A의 순공급보다 작다는 것을 알 수 있으며, 이는 $X$재의 경우 점 $c$와 $a'$ 사이의 수평거리만큼 초과수요가 존재하고 $Y$재의 경우 점 $b'$과 $c$ 사이의 수직거리만큼 초과공급이 존재한다는 것을 의미한다. 따라서 $(P_X/P_Y)'$의 가격비율에서 이 경제는 불균형의 상태가 된다.

불균형의 상태에서는 아무런 거래도 발생하지 않는다고 가정한다면, 초과수요가 존재하는 $X$재의 가격에는 상승압력이 작용하고 초과공급이 존재하는 $Y$재의 가격에는 하락압력이 작용하기 때문에 가격비율은 증가하기 시작한다. 만일 가격비율이 $(P_X/P_Y)''$으로 바뀌었다면, 그림에는 표시되어 있지 않지만 위의 경우와는 반대로 $X$재의 초과공급과 $Y$재의 초과수요가 존재하는 불균형의 상태가 되고 가격비율은 다시 감소하게 된다. 이러한 조정과정은 $X$와 $Y$재에 대한 초과수요나 초과공급이 모두 0이 될 때까지 계속될 것이다.

이와 같은 조정과정을 거쳐서 〈그림 14-5〉에서 가격비율이 $(P_X/P_Y)^*$로 주어졌을 때, 이 경제에서는 일반경쟁균형이 이루어지게 된다. 소비자 A와 B의 무차별곡선은 모두 $-(P_X/P_Y)^*$의 기울기를 지니는 예산선과 점 $e$에서 접하기 때문에, 각 소비자의 효용은 극대화되고 $X$재와 $Y$재의 시장에서 수요와 공급은 일치한다. 점 $e$의 소비배분 $(x_A^*, y_A^*, x_B^*, y_B^*)$와 $(P_X/P_Y)^*$의 가격비율이 바로 2인 사이의 교환경제에서 일반경쟁균형인 것이다. 다음의 예에서 교환경제의 일반경쟁균형을 구해보기로 하자.

**예 14-1 일반경쟁균형의 계산**

두 명의 소비자로 구성된 교환경제에서 소비자 A와 B의 효용함수는 각각 $u_A = (x_A y_A)^{1/2}$와 $u_B = 2(x_B y_B)^{1/2}$이며, $X$재와 $Y$재에 대한 소비자 A의 초기부존량은 각각 10과 30이고 소비자 B의 초기부존량은 각각 40과 10이라고 하자. 생산은 존재하지 않는 교환경제에서 일반경쟁균형의 조건은 두 소비자가 효용이 극대화되는 상품의 수요량을 선택한다는 것과 $X$재와 $Y$재 시장에서는 수요와 공급이 일치한다는 것의 두 가지가 된다.

제2장에서 살펴본 것처럼 소비자가 효용이 극대화되는 수요량을 선택할 때 예산선과 무차별곡선은 서로 접하며, 교환경제에서는 초기부존의 시장가치가 소비자의 소득이 된다. 먼저 소비자 A의 효용극대화 조건을 구해보기로 하자. $u_A = (x_A y_A)^{1/2}$의 효용함수에서 소비의 한계대체율 $MRS_{C_A}$는 $y_A/x_A$이고 예산제약식은 $P_X x_A + P_Y y_A = 10P_X + 30P_Y$이므로 효용이 극대화될 때 $y_A/x_A = P_X/P_Y$와 $P_X x_A + P_Y y_A = 10P_X + 30P_Y$의 두 조건이 함께 만족된다.

주어진 상품가격 $P_X$와 $P_Y$에서 효용을 극대화시키는 두 상품의 수요량을 구하기 위해서 위 두 조건의 연립방정식을 풀면 소비자 A의 $X$재와 $Y$재에 대한 수요함수는 각각 $x_A = (10P_X + 30P_Y)/2P_X$와 $y_A = (10P_X + 30P_Y)/2P_Y$가 된다. 마찬가지 방법으로 소비자 B의 $X$재와 $Y$재에 대한 $x_B = (40P_X + 10P_Y)/2P_X$와 $y_B = (40P_X + 10P_Y)/2\,P_Y$의 수요함수를 구할 수 있다.

위에서 구한 두 소비자의 수요함수를 사용하여 $X$재와 $Y$재 시장에서 수요와 공급이 일치한다는 일반경쟁균형의 두 번째 조건을 표시하면 다음과 같다.

$$X\text{재 시장의 균형방정식: } \frac{10P_X + 30P_Y}{2P_X} + \frac{40P_X + 10P_Y}{2P_X} = 50$$

$$Y\text{재 시장의 균형방정식: } \frac{10P_X + 30P_Y}{2P_Y} + \frac{40P_X + 10P_Y}{2P_Y} = 40$$

위 두 방정식 중 어느 한 가지를 풀어도 똑같이 $P_X/P_Y = 4/5$의 결과를 구할 수 있으며, 이 비율은 교환경제에서 일반경쟁균형이 이루어졌을 때의 가격비율이다. 이 가격비율을 각 소비자의 수요함수에 대입하면, $X$재와 $Y$재에 대한 소비자 A의 수요량은 17과 19가 되고 소비자 B의 수요량은 23과 21이 되는 것을 알 수 있다. 즉 $(x_A^*, y_A^*, x_B^*, y_B^*) = (17, 19, 23, 21)$과 $(P_X/P_Y)^* = 4/5$가 바로 이 교환경제의 일반경쟁균형이다.

위의 예에서 두 시장의 균형방정식 중 어느 한 가지를 풀어도 동일한 균형의 가격비율을 얻는다는 것은, 두 방정식이 중복되므로 일반경쟁균형이 성립하면 절대가격이 아니라 가격비율, 즉 상대가격만 정해진다는 것을 의미한다. 이를 좀 더 정확하게 이해하기 위하여 **왈라스법칙**(Walras' law)에 관하여 살펴보기로 하자.

## 왈라스법칙과 상대가격체계

시장경제체제의 중요한 특징 중에 하나는 사유재산제도이며, 사유재산제도하에서 모든 생산요소와 기업에 대한 소유권은 결국 소비자들에게 귀속된다고 할 수 있다. 이 때문에 앞의 단순경제에서 소비자 A는 $X$재를 생산하는 기업을 소유하고 있고 소비자 B는 $Y$재를 생산하는 기업을 소유하고 있다고 가정한 것이다. 이러한 가정하에서 A와 B는 소비자이면서 동시에 생산자가 된다. 또한 $X$재의 생산을 통해 발생하는 이윤 $\pi_X$는 모두 소비자 A의 몫이고 $Y$재를 생산해서 얻는 이윤 $\pi_Y$는 모두 소비자 B의 몫이기 때문에, 주어진 가격체계 $P=(P_X,\ P_Y,\ w,\ r)$에서 각 소비자는 식 (14-1)의 예산제약식에 직면하는 것이다.

주어진 가격체계에서 소비자의 예산제약식이 의미하는 바는 소비자가 수요하고자 하는 상품들의 총가치는 공급하고자 하는 상품들의 총가치와 같다는 것이다. 경제가 균형상태에 있든지 아니면 불균형상태에 있든지 관계없이 각 소비자의 어떠한 선택도 반드시 예산제약식을 만족시키기 때문에, 경제 전체에서 수요되는 상품들의 총가치는 공급되는 상품들의 총가치와 항상 일치한다. 이처럼 각 소비자가 예산제약하에서 소비선택을 한다는 사실 때문에 경제 전체의 초과수요의 총가치는 항상 0이 되는데, 이를 왈라스법칙이라고 한다. 앞의 단순경제에서 왈라스법칙을 구체적으로 구해보기로 하자.

임의로 주어진 어느 가격체계 $P_0=(P_{X_0},\ P_{Y_0},\ w_0,\ r_0)$에서 $X$재를 생산하는 생산자의 선택은 노동과 자본을 $L_{X_0}$과 $K_{X_0}$만큼 투입해서 산출량 $x_0$을 생산하는 것이며, $Y$재 생산자의 선택은 노동과 자본을 $L_{Y_0}$과 $K_{Y_0}$만큼 투입해서 산출량 $y_0$을 생산하는 것이라고 하자. 그리고 각 소비자의 소비선택은 $(x_{A_0},\ y_{A_0})$과 $(x_{B_0},\ y_{B_0})$이라고 하자. 이 경우 이윤의 식은 $\pi_{X_0}=P_{X_0}x_0-w_0L_{X_0}-r_0K_{X_0}$과 $\pi_{Y_0}=P_{Y_0}y_0-w_0L_{Y_0}-r_0K_{Y_0}$이 되며, 이를 식 (14-1)의 예산제약식에 대입하여

정리하면 다음의 식을 얻을 수 있다.

$$w_0(\overline{L_A}-L_{X_0})+r_0(\overline{K_A}-K_{X_0})+P_{X_0}x_0=P_{X_0}x_{A_0}+P_{Y_0}y_{A_0}$$
$$w_0(\overline{L_B}-L_{Y_0})+r_0(\overline{K_B}-K_{Y_0})+P_{Y_0}y_0=P_{X_0}y_{B_0}+P_{Y_0}y_{B_0} \qquad (14-11)$$

식 (14-11)의 각 예산제약식에서 우변은 주어진 가격체계 $P_0=(P_{X_0}, P_{Y_0}, w_0, r_0)$에서 개별 소비자가 수요하고자 하는 소비계획의 가치이고 좌변은 소비자가 공급할 수 있는 생산요소와 생산물의 가치이다. 이제 식 (14-11)의 두 예산제약식을 더하고 $\overline{L_A}+\overline{L_B}=\overline{L}$이고 $\overline{K_A}+\overline{K_B}=\overline{K}$의 관계를 대입하면 식 (14-12)를 얻을 수 있다.

$$w_0(L_{X_0}+L_{Y_0}-\overline{L})+r_0(K_{X_0}+K_{Y_0}-\overline{K})$$
$$+P_{X_0}(x_{A_0}+x_{B_0}-x_0)+P_{Y_0}(y_{A_0}+y_{B_0}-y_0)=0 \qquad (14-12)$$

식 (14-12)에서 $L_{X_0}+L_{Y_0}-\overline{L}$와 $K_{X_0}+K_{Y_0}-\overline{K}$는 노동과 자본에 대한 경제 전체의 초과수요이며, 이를 $ED_{L_0}$과 $ED_{K_0}$이라고 표시하기로 하자. $X$재와 $Y$재에 대한 초과수요인 $x_{A_0}+x_{B_0}-x_0$과 $y_{A_0}+y_{B_0}-y_0$을 $ED_{X_0}$과 $ED_{Y_0}$이라고 표시한다면, 식 (14-12)는 다음과 같이 바뀐다.

$$w_0ED_{L_0}+r_0ED_{K_0}+P_{X_0}ED_{X_0}+P_{Y_0}ED_{Y_0}=0 \qquad (14-13)$$

식 (14-13)은 단순경제에서의 왈라스법칙이며, 앞서 설명한 것처럼 각 소비자가 예산제약하에서 소비선택을 하기 때문에 경제 전체의 초과수요의 총가치는 항상 0이 된다는 것을 의미한다. 한 가지 주의할 점은 식 (14-13)의 왈라스법칙이 어떠한 가격체계에서도 항상 성립하는 일종의 항등식이라는 것이다. 즉 왈라스법칙은 균형가격체계뿐 아니라 불균형의 가격체계에서도 성립한다.

임의로 주어진 어떤 가격체계 $P_0=(P_{X_0}, P_{Y_0}, w_0, r_0)$에서 $X$재 시장, $Y$재 시장, 노동시장 및 자본시장 중 자본시장을 제외한 나머지 3개의 시장에서 초과수요가 0이 되었다고 하자. 즉 주어진 가격체계 $P_0=(P_{X_0}, P_{Y_0}, w_0, r_0)$에서 $ED_{X_0}=0$, $ED_{Y_0}=0$과 $ED_{L_0}=0$이 성립하였다고 하자. 이때 $w_0ED_{L_0}+P_{X_0}ED_{X_0}+P_{Y_0}ED_{Y_0}=0$의 관계가 성립하므로 식 (14-13)의 왈라스법칙에 따라 자동적으로 $r_0ED_{K_0}=0$의 관계가 성립하고 자본가격 $r_0$은 0보다 크기 때문에 $ED_{K_0}=0$이 된다. 즉 임의의 주어진 가격체계에서 4개의 시장 중에서 3개의 시장에서 초과수요가 0이라면(즉 수요와 공급이 일치한다면) 나머지 1개 시장의 초과수요는 자동적으로 0이 된다. 왈라스법칙이 지니는 이러한 의미는 경제에 존재하는 상품의 종류가 $n$가지라고 가정해도 마찬가지이다. 즉 $n$가지의 상품이 존재하는 경제에서 $(n-1)$개의 시장에서 수요와 공급이 일치한다면, 나머지 1개의 시장에서는 자동적으로 수요와 공급이 일치하게 된다.

$n$가지의 상품이 존재하는 경제에서 일반경쟁균형이 성립하면 단지 $(n-1)$개의 균형가격만 정해진다. $(n-1)$개의 균형가격으로 $(n-1)$개의 시장에서 수요와 공급이 일치하면, 나머지 1개의 시장에서는 왈라스법칙에 따라 자동적으로 수요와 공급이 일치하기 때문에 그 시장의 가격은 정해지지 않는 것이다. 달리 표현하면 $n$가지의 상품이 존재하는 경제에서 한 가지의 가격을 임의의 수준에 정해 놓고 다른 상품의 가격을 이에 대한 비율로 표시한 $(n-1)$개의 가격비율로도 충분히 일반경쟁균형을 표시할 수 있는 것이다.

지금까지 우리는 경제에서 일반경쟁균형이 존재한다고 암묵적으로 가정하고 소비자의 선호체계, 생산자의 기술수준, 초기의 부존자원, 이윤배당률 등의 외생적 조건이 주어졌을 때 일반경쟁균형에서 만족되는 조건들을 살펴보았다. 그러나 일반경쟁균형이 항상 존재하는 것은 아니다. 예를 들어 시장수요 또는 시장공급이 가격체계의 변화에 따라 불연속적으로 변한다면 일반경쟁균형은 존재하지 않을 수도 있다. 또한 주어진 조건하에서 일반경쟁균형은 유일하지 않을 수도 있으며, 일반경쟁균형이 불안정적인 경우에는 불균형의 상태에서 시간이 충분히 경과한다고 해도 일반경쟁균형의 상태로 돌아가지 않을 수도 있다. 이러한 일반경쟁균형의 존재, 유일성 및 안정성에 관한 문제는 이 책의 수준을 넘기 때문에 다루지 않기로 한다.

## 14.3 자원배분의 효율성

각 경제단위의 의사결정은 이기적 동기에 기초하고 있기 때문에 수많은 경제단위의 경제활동 사이에는 마찰과 갈등이 불가피하다. 분권성, 사유재산제도 등을 특징으로 하는 자본주의경제체제에서 이러한 마찰과 갈등으로부터 조화 또는 질서를 찾게 하는 중요한 기구는 바로 시장이며, 모든 생산요소와 생산물의 시장이 완전경쟁시장일 때 가격기구의 정보전달과 동기부여의 기능에 의해 경제 전체는 일반경쟁균형이라고 불리는 조화를 이루어낸다. 앞절에서는 일반경쟁균형이 충족시키는 조건들을 살펴보았다.

그렇다면 일반경쟁균형의 자원배분은 과연 바람직한가? 이 규범적 질문에 대한 답을 구하기 위해서는 자원배분의 상태를 평가할 수 있는 기준에 관하여 먼저 살펴볼 필요가 있다. 자원배분의 상태란 한정된 양의 생산요소들이 각 생산물의 생산에 분배되고 그래서 생산된 생산물들이 소비자들에게 배분된 상태를 의미한다. 한 가지의 자원배분상태가 사회적으로 바람직한가를 평가할 수 있는 두 가지의 중요한 잣대로는 효율성과 **형평성**(equity)을 들 수 있다.

이미 앞에서 여러 차례 논의한 것처럼 시장에서 이루어진 하나의 자원배분상태에서 사회 전체가 얻는 순편익(즉 총잉여)이 극대화되고 있을 때 효율성이 이루어졌다고 한다. 따라서 시장에서 효율성 있는 자원배분이 이루어지면 다른 경제단위의 편익을 감소시키지 않고서는 한 경제단위의 편익을 높일 수 있는 다른 자원배분상태로 이동하는 것이 불가능하게 된다. 효율성에 관한 이러한 개념은 이탈리아의 경제학자 파레토(V. Pareto)에 의해서 최초로 제시되었으며, 이 때문에 파레토 효율성이라고도 불린다.

자원배분이 누구든지 납득할 수 있도록 공정하게 이루어졌을 때 그 자원배분은 형평성을 만족시킨다고 한다. 그런데 파레토 효율성은 배분된 자원을 사용해서 사회 전체가 얻는 순편익이 극대화되고 있는가를 따지는 개념이므로, 자원배분의 형평성을 평가할 수 있는 기준은 되지 못한다. 예컨대 한 사람이 경제의 모든 것을 소유하고 있는 극단적인 배분상태도 파레토 효율적이 될 수 있는 것이다. 이러한 의미에서 파레토 효율성은 자원배분이 사회적으로 바람직하기 위한 필요조건이지 충분조건은 되지 못하며, 자원배분이 사회적으로 바람직하기 위해서는 형평성의 기준도 만족시켜야 한다. 그러나 자원배분의 형평성을 따지기 위해서는 각 경제단위의 효용에 어떠한 비중을 줄 것인가를 묘사하는 **사회후생함수**(social welfare function)의 설정이 필요하며, 이에 관해서는 이 장의 뒷부분에서 살펴보기로 하고 여기에서는 자원배분이 파레토 효율성을 지니기 위한 조건을 검토하기로 한다.

앞서 가정한 단순경제의 자원배분상태는 생산요소의 배분 $(L_X, K_X, L_Y, K_Y)$, 생산물의 구성 $(x, y)$ 및 소비배분 $(x_A, y_A, x_B, y_B)$로 표시되며, 이러한 배분들이 파레토 효율성을 만족시킬 때 경제 전체의 자원배분은 파레토 효율성을 지닌다. **실현가능한 배분**(feasible allocation)은 분배된 자원의 총량이 경제의 총 가용자원보다 크지 않을 때의 배분을 의미하며, 이에 관한 파레토 효율성의 조건을 구하기로 하자.

## 생산의 파레토 효율성

생산요소의 배분에 관한 파레토 효율성, 즉 생산의 파레토 효율성은 제6장의 제4절에서 살펴보았듯이 다음과 같이 정리할 수 있다.

> 생산의 파레토 효율성: 어떠한 실현가능한 생산요소의 배분상태에서 다른 생산자의 산출량을 감소시키지 않고서는 한 생산자의 산출량을 증가시키는 것이 불가능할 때 그 생산요소의 배분은 생산의 파레토 효율성을 만족시킨다고 한다.

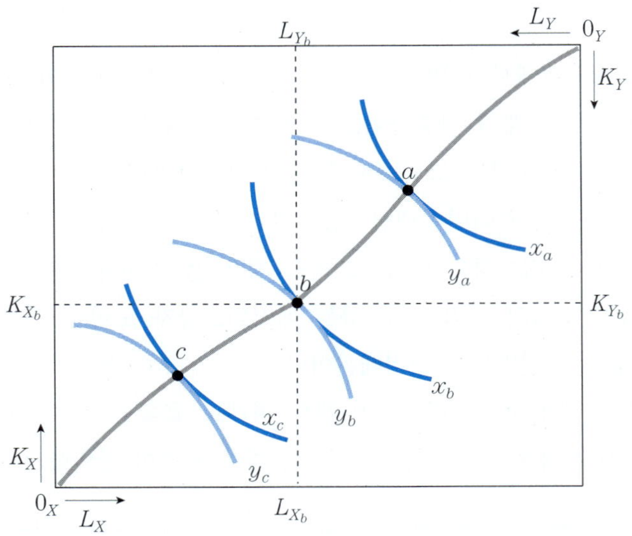


**그림 14-6 생산의 파레토 효율성**
어떠한 생산요소의 배분에서 $X$재와 $Y$재의 등량선이 서로 접한다면, 그 생산요소의 배분에서 생산의 파레토 효율성이 만족된다. 즉 생산의 파레토 효율성의 조건은 $MRTS_X = MRTS_Y$이며, 효율곡선의 모든 점에서 이 조건은 만족된다.

$X$재와 $Y$재의 생산을 위하여 투입될 수 있는 자본과 노동이 $\overline{L}$와 $\overline{K}$만큼 존재하는 상태에서 〈그림 14-6〉의 에지워스상자 도형내의 모든 점은 실현가능한 생산요소의 배분이다(생산요소의 배분에 관한 에지워스상자 도형을 복습하려면 제6장의 제4절을 볼 것). 어떤 실현가능한 생산요소의 배분점에서 $X$재와 $Y$재의 등량선이 서로 접한다면, 다른 생산물의 산출량을 감소시키지 않고서는 한 생산물의 산출량을 증가시키는 것이 불가능하므로 그 생산요소의 배분은 생산의 파레토 효율성을 만족시킨다. 즉 생산의 파레토 효율성을 만족시키기 위한 조건은 다음과 같다.

$$MRTS_X = MRTS_Y \tag{14-14}$$

〈그림 14-6〉에서 옅은 검은색으로 표시된 효율곡선의 어떤 점에서도 생산의 파레토 효율성은 만족되며, 효율곡선으로부터 유도되는 생산가능곡선의 각 점은 생산의 파레토 효율성의 조건을 만족시키는 생산물의 구성을 나타낸다.

## 소비의 파레토 효율성

제6장 제5절에서 설명하였듯이 효율곡선의 각 점이 의미하는 산출량의 조합을 수평축이 $X$재의 산출량이고 수직축은 $Y$재의 산출량인 평면으로 옮긴 것이 생산가능곡선이다. 〈그림 14-7〉의 생산가능곡선은 〈그림 14-6〉의 효율곡선으로부터 구한 것이며, 생산가능곡선의 한 점 $b' = (x_b, y_b)$는 효율곡선의 점 $b$에 상응하는 점이라고 하자. 그리고 점 $b'$을 소비자 B의 원점 $0_B$로 하고 원점 0을 소비자 A의 원점 $0_A$로 하는 에지워스상자 도형을 구성하면 그 상자내의 모든 점은 실현가능한 소비배분이다.

어떠한 실현가능한 소비배분에 관한 파레토 효율성, 즉 소비의 파레토 효율성은 제5장의 제3절에서 설명하였듯이 다음과 같이 정의할 수 있다.

> 소비배분의 파레토 효율성: 어떠한 실현가능한 소비배분에서 다른 소비자의 효용수준을 감소시키지 않고서는 한 소비자의 효용수준을 높이는 것이 불가능할 때, 그 소비배분에서 소비의 파레토 효율성이 달성된다고 한다.

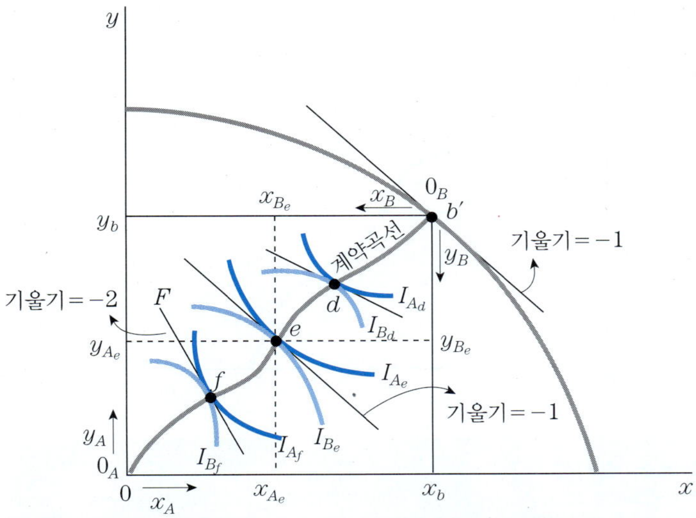


**그림 14-7 소비의 파레토 효율성**

생산가능곡선의 한 점 $b' = (x_b, y_b)$를 소비자 B의 원점 $0_B$로 하고 원점 0을 소비자 A의 원점 $0_A$로 하는 에지워스상자 도형을 구성하면 그 상자 내의 모든 점은 실현가능한 소비배분이며, 이 중에서 계약곡선의 각 점은 파레토 효율적 소비배분으로서 $MRS_{CA} = MRS_{CB}$의 조건을 만족시킨다.

소비의 파레토 효율성 조건은 소비자 A와 B의 소비의 한계대체율 $MRS_C$가 일치해야 한다는 식 (14-15)이다.

$$MRS_{C_A} = MRS_{C_B} \tag{14-15}$$

식 (14-15)의 조건을 만족시키는 모든 소비배분을 연결한 궤적인 〈그림 14-7〉의 계약곡선의 각 점은, 생산물구성이 점 $b' = (x_b, y_b)$일 때 파레토 효율성 있는 각 소비배분에서 소비자 A와 B가 얻는 효용수준을 표시한다. 따라서 생산의 파레토 효율성을 만족시키는 생산요소의 배분을 연결한 궤적인 효율곡선으로부터 생산가능곡선을 유도할 수 있듯이 계약곡선의 각 점이 의미하는 효용수준을 수평축과 수직축이 각각 소비자 A와 B의 효용수준 $u_A$와 $u_B$인 〈그림 14-8〉의 평면으로 이동시키면 **효용가능곡선**(utility possibility curve)을 도출할 수 있다. 예를 들어 계약곡선의 점 $e$에서 서로 접하는 두 무차별곡선 $I_{A_e}$와 $I_{B_e}$가 나타내는 효용수준을 각각 $u_{A_e}$와 $u_{B_e}$라고 할 때 점 $e$에 상응하는 효용가능곡선의 점은 $e'$이다. 즉 효용가능곡선은 어느 주어진 생산물의 구성을 두 소비

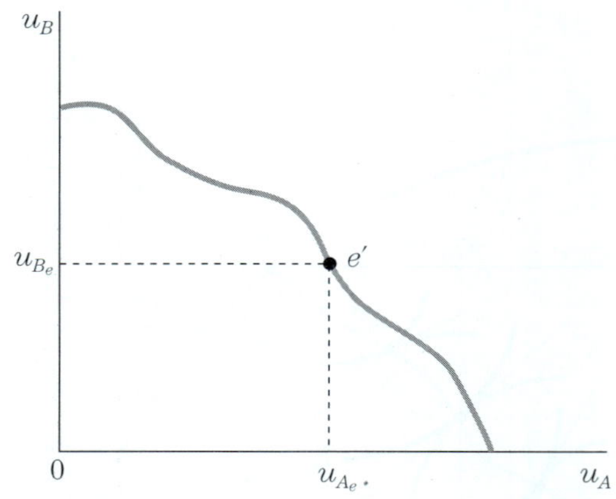


**그림 14-8 효용가능곡선**
계약곡선은 소비의 파레토 효율성을 만족시키는 소비배분을 연결한 궤적이며, 계약곡선의 각 점이 의미하는 효용수준을 수평축과 수직축이 소비자 A와 B의 효용수준 $u_A$와 $u_B$인 평면으로 이동시키면 효용가능곡선을 도출할 수 있다.

자 사이에 배분하는 경우 소비의 파레토 효율성을 만족시키는 소비배분으로부터 두 소비자가 얻을 수 있는 효용수준의 조합을 모두 연결한 궤적이다.

〈그림 14-8〉의 효용가능곡선은 〈그림 14-7〉의 생산가능곡선에서 생산물의 구성이 점 $b'$으로 주어졌다고 가정하여 도출된 것이다. 생산가능곡선의 다른 점이 생산물구성으로 주어진다면 다른 에지워스상자 도형이 그려지며, 이에 따라 다른 효용가능곡선이 유도될 것이다. 이와 같이 생산가능곡선의 각 점마다 이에 상응하는 하나의 효용가능곡선이 존재하기 때문에 주어진 생산가능곡선으로부터 도출될 수 있는 효용가능곡선은 무수하게 많다.

## 생산물구성의 파레토 효율성

〈그림 14-7〉의 생산가능곡선에서 점 $b'$의 생산물구성 $(x_b, y_b)$는 물론 생산의 파레토 효율성을 만족시킨다. 또한 이 생산물구성이 주어졌을 때 〈그림 14-7〉의 계약곡선의 모든 점은 소비의 파레토 효율성 조건을 만족시킨다. 그렇다면 주어진 생산물 구성 $b'$을 계약곡선의 어떤 점으로 소비자 A와 B 사이에 배분할 때 경제 전체의 자원배분은 파레토 효율성을 지니게 될 것인가? 이

질문에 대한 답이 바로 **생산물구성의 파레토 효율성**(Pareto efficiency in product mix)이다.

> 생산물구성의 파레토 효율성: 생산의 파레토 효율성과 소비의 파레토 효율성을 모두 만족시키는 자원배분 중에서 생산물의 구성을 바꾼다고 해도 다른 소비자의 효용수준을 감소시키지 않고서는 한 소비자의 효용수준을 높이는 것이 불가능할 때 생산물구성의 파레토 효율성이 만족된다고 한다.

예를 들어 주어진 생산물구성 $b' = (x_b, y_b)$를 〈그림 14-7〉의 계약곡선의 점 $f$로 두 소비자 사이에 배분하였다고 하자. 그리고 점 $f$에서 소비자 A와 B의 공통된 소비의 한계대체율(즉 실선 $F$의 기울기의 절대값)이 생산가능곡선의 점 $b'$에서 기울기의 절대값(즉 한계변환율 $MRT$)보다 높다고 하자. 소비의 한계대체율 $MRS_C$는 $X$재를 1단위 더 소비함으로써 얻는 한계편익의 크기를 $Y$재의 수량으로 표시한 것이며, 한계변환율 $MRT$는 $X$재를 1단위 추가 생산할 때 이 경제가 추가로 지불해야 하는 비용을 $Y$재의 산출량으로 표시한 것이다(즉 $MRT = MC_X/MC_Y$).

점 $b'$의 생산물구성과 점 $f$의 소비배분으로 구성되는 경제 전체의 자원배분상태에서 소비의 한계대체율이 한계변환율보다 높다는 것은 $X$재 소비의 상대적 한계편익이 $X$재 생산의 상대적 한계비용보다 높다는 것을 의미한다. 즉 $X$재는 너무 적게 생산되고 $Y$재는 너무 많이 생산되는 것이다. 따라서 점 $b'$에서 한계변환율에 따라 $X$재의 산출량을 증가시키고 $Y$재의 산출량을 감소시킴으로써 사회 전체가 얻는 순편익은 증가할 수 있으므로 점 $b'$의 생산물구성과 점 $f$의 소비배분으로 구성되는 자원배분상태는 파레토 효율성을 지니지 못한다.

〈그림 14-7〉의 점 $b'$에서 한계변환율에 따라 $X$재의 산출량을 증가시키고 $Y$재의 산출량을 감소시킬 때 사회 전체가 얻는 순편익이 증가하게 되는 것을 구체적 예를 통해 살펴보도록 하자. 이를 위해서 점 $f$에서 소비자 A와 B의 공통된 소비의 한계대체율이 2이고 생산가능곡선의 점 $b'$에서 한계변환율은 1이라고 하자. 소비의 한계대체율이 2라는 것은 소비자가 $X$재를 1단위 더 소비할 수 있는 경우에 $Y$재를 최대 2단위까지 포기해도 무방하다는 것이며, 한계변환율이 1이라는 것은 $Y$재 생산을 1단위 줄이면 $X$재를 1단위 더 생산할 수 있다

는 것을 의미한다. 따라서 $Y$재의 생산을 1단위 줄이고 $X$재를 1단위 더 생산하여 어느 한 소비자의 $Y$재 소비를 1단위 감소시키는 대신 $X$재 소비를 1단위 증가시키면 다른 소비자의 효용을 감소시키지 않고서도 한 소비자의 효용을 높일 수 있다. 계약곡선의 점 $d$에서는 점 $f$와 달리 소비자 A와 B의 공통된 소비의 한계대체율이 점 $b'$에서 한계변환율보다 낮다고 하면, $X$재의 산출량을 감소시키고 $Y$재 산출량을 증가시킴으로써 다른 소비자의 효용을 감소시키지 않고서도 어느 한 소비자의 효용을 높일 수 있다.

이처럼 생산의 파레토 효율성을 만족시키는 생산물구성과 소비의 파레토 효율성을 만족시키는 소비배분에 있어서 한계변환율과 소비자 A와 B의 공통된 소비의 한계대체율이 일치하지 않는 경우에는 생산물구성을 조금만 바꾼다면 다른 소비자의 효용수준을 감소시키지 않고서도 한 소비자의 효용수준을 높일 수 있다. 따라서 〈그림 14-7〉에서 계약곡선의 점 $e$와 같이 한계변환율이 소비자 A와 B의 공통된 소비의 한계대체율과 일치하도록 주어진 생산물구성을 두 소비자에게 배분하는 경우에만 생산과 소비를 종합적으로 고려한 생산물구성의 파레토 효율성이 만족되고 경제 전체의 자원배분은 파레토 효율성을 지니게 된다. 즉 생산물구성의 파레토 효율성의 조건은 다음과 같다.

$$MRT = MRS_{C_A} = MRS_{C_B} \tag{14-16}$$

## 대효용가능곡선과 파레토 효율성의 한계

생산가능곡선의 어떠한 점(즉 생산물구성)에서도 소비배분을 위한 에지워스 상자 도형이 그려질 수 있다. 이 때문에 세 가지의 파레토 효율성 조건이 모두 만족되는 자원배분은 무수하게 많이 존재할 수 있으며, 〈그림 14-9〉의 (a)는 이와 같은 사실을 보여주고 있다. 그림에서 생산가능곡선의 한 점 $a$의 생산물구성과 이에 상응하는 계약곡선에서 점 $a'$의 소비배분으로 구성되는 자원배분은 위의 세 가지 조건을 충족시키므로 파레토 효율성을 지닌다. 마찬가지로 점 $b$의 생산물구성과 점 $b'$의 소비배분으로 구성되는 자원배분 역시 파레토 효율적이며, 생산가능곡선의 다른 어떤 점에 대해서도 위의 세 가지 조건을 충족시키는 파레토 효율적 자원배분을 정할 수 있다.

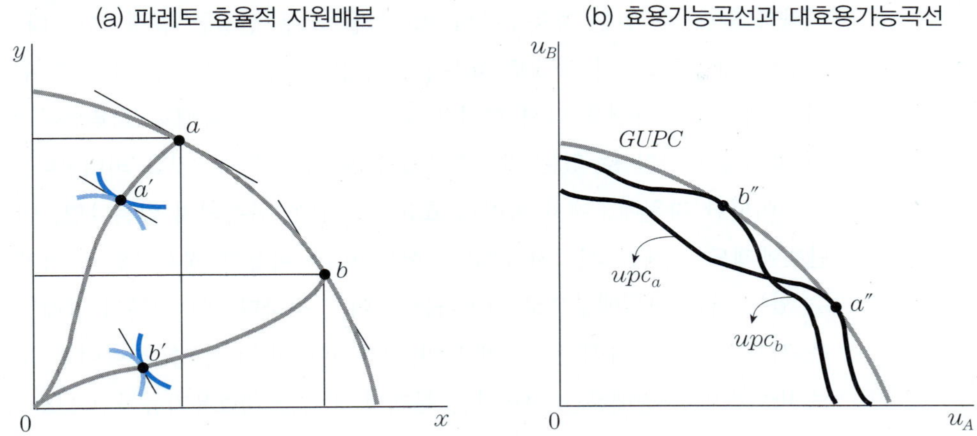


**그림 14-9 파레토 효율적 자원배분, 효용가능곡선과 대효용가능곡선**
생산가능곡선의 각 점마다 소비배분에 관한 에지워스상자 도형과 계약곡선을 그릴 수 있으며, 각 계약곡선으로부터 효용가능곡선을 유도할 수 있다. 각 효용가능곡선에서 생산, 소비 및 생산물구성에 관한 파레토 효율성 조건이 만족되는 점을 찾을 수 있으며, 이들을 모두 연결한 궤적 *GUPC*는 무수하게 많은 효용가능곡선의 포락선으로서 대효용가능곡선이라고 불린다.

효용가능곡선의 개념을 사용하면 파레토 효율성 조건을 충족시키는 자원배분이 무수하게 많다는 사실을 보다 분명히 이해할 수 있다. 앞서 설명한 대로 생산가능곡선의 각 점마다 이에 상응하는 하나의 효용가능곡선이 존재하기 때문에 주어진 생산가능곡선으로부터 도출될 수 있는 효용가능곡선은 무수하게 많다. 이 중에서 〈그림 14-9〉의 (b)에는 두 개의 효용가능곡선이 표시되어 있는데, $upc_a$는 〈 그림 14-9〉의 (a)에서 생산가능곡선의 점 $a$에 상응하는 효용가능곡선이고 점 $b$에 상응하는 효용가능곡선은 $upc_b$이다. 효용가능곡선 $upc_a$와 $upc_b$의 점 $a''$과 $b''$은 계약곡선의 점 $a'$과 $b'$이 나타내는 효용수준의 조합을 옮겨 놓은 것이라고 할 때, 이러한 점들은 세 가지의 파레토 효율성 조건을 모두 만족시킨다.

생산가능곡선의 다른 점에 대해서도 똑같은 과정을 반복함으로써 점 $a''$, $b''$ 이외에 세 가지의 파레토 효율성 조건이 만족되는 다른 점들을 구할 수 있으며, 이들을 모두 연결한 궤적은 무수하게 많이 존재하는 효용가능곡선의 포락선으로서 **대효용가능곡선**(grand utility possibility curve)이라고 불린다. 즉 〈그림 14-9〉의 (b)에서 옅은 검은색으로 표시된 대효용가능곡선 *GUPC*는 생산,

소비 및 생산물구성의 파레토 효율성 조건을 만족시키는 자원배분으로부터 소비자가 얻을 수 있는 효용수준의 조합들을 모두 연결한 궤적이다. 대효용가능곡선의 개념으로부터 파레토 효율성 조건을 만족시키는 자원배분은 무수히 많이 존재한다는 사실을 다시 확인할 수 있으며, 이는 파레토 효율성이 자원배분의 상태를 평가할 수 있는 기준으로서 한계를 지닌다는 것을 의미한다.

어떠한 자원배분에서 파레토 효율성 조건이 만족되지 않는다면, 어떤 경제단위에게도 손해를 끼치지 않고 적어도 하나 이상의 경제단위의 이익을 높일 수 있는 다른 자원배분으로 이동하는 것이 가능하다. 이 때문에 파레토 효율성은 사회적으로 바람직한 자원배분이 갖추어야 할 조건 중 하나이며, 사회적으로 바람직한 자원배분을 선택하는 문제의 범위를 대효용가능곡선으로 축소시키는 중요한 역할을 담당한다. 그러나 자원배분의 상태를 평가하는 데 있어서 파레토 효율성의 기준이 담당하는 역할은 여기에 그치며, 대효용가능곡선의 점들 중에서 어느 것이 사회적으로 더 바람직한가 하는 판단은 형평성 등 다른 기준에 의존할 수밖에 없다. 이러한 의미에서 파레토 효율성은 사회적으로 바람직한 자원배분을 선택하는 데 있어서 필요조건이지 필요충분조건은 되지 못하며, 자원배분의 형평성에 관해서는 아무런 기준도 제시하지 못한다.

### 예 14-2 국제무역의 이익

자유로운 국제무역에 참여함으로써 국민 전체가 소비할 수 있는 상품의 양은 자급자족상태보다 많아지게 된다. 그러나 국민 전체가 더 많은 양의 상품을 소비할 수 있다고 해서 반드시 국민 모두의 후생이 증가하는 것은 아니며, 국민 중에 일부는 자유무역으로 오히려 후생수준의 감소를 경험할 수도 있다.

편의상 어떤 국가에서 소비자는 A와 B의 2명만 존재하고 상품은 $X$재와 $Y$재의 두 가지만 생산된다고 하자. 〈그림 14-10〉에서 점 $a$와 $a'$은 국제무역에 참가하지 않고 있는 이 국가의 일반경쟁균형의 배분을 표시하고 있다. 즉 일반경쟁균형의 가격비율 $P_X/P_Y=1$에서 생산가능곡선의 점 $a=(x_a, y_a)$의 생산물구성과 점 $a'$의 소비배분으로 구성된 일반경쟁균형의 배분이 이루어지고 있는 것이다.

이제 이 국가가 닫혀 있던 문을 열고 외국과의 무역을 시작하였다고 하자. 그리고 국제무역시장은 완전경쟁시장이므로 이 국가는 $P_X/P_Y=3$의 가격비율로 $X$재와 $Y$재를 원하는 만큼 판매할 수도 있고 구입할 수도 있다고 가정하자. 이때 이 국가는 생산가능곡선의 점 $b$에서 생산을 하고 기울기가 $-3$인 직선을 따라 다른 국가들과의 무역에 응함으로써 국가 전체의 선택가능영역을 극대화할 수 있다.

이 국가가 $X$재를 $x_b - x_c$만큼 수출하고 $Y$재를 $y_c - y_b$만큼 수입함으로써 점 $c = (x_c, y_c)$의 생산물구성과 점 $c'$의 소비배분으로 구성된 새로운 일반경쟁균형의 배분을 이루었다고 하자. 이 새로운 균형을 자급자족경제의 균형과 비교할 때 우리는 국제무역을 통해서 사회 전체가 소비할 수 있는 $X$재와 $Y$재의 총량이 각각 $x_c - x_a$와 $y_c - y_a$만큼씩 증가하였다는 것을 알 수 있다.

국가 사이의 자유로운 무역이 이와 같은 이익을 초래하는데도 불구하고 왜 자유무역을 반대하는 견해가 존재하는 것일까? 그 이유는 자유무역에 의한 이익이 국민 모두에게 골고루 돌아가지 않을 수 있기 때문이다. 〈그림 14-10〉에서 자유무역의 이익을 얻기 위하여 이 국가는 $X$재의 국내 산출량을 증가시키는 대신에 $Y$재의 국내 산출량을 감소시켰다. 이에 따라 $Y$재의 생산에 종사하던 소비자 A가 실직하거나 아니면 전문성이 없는 $X$재의 생산에 투입된다면,

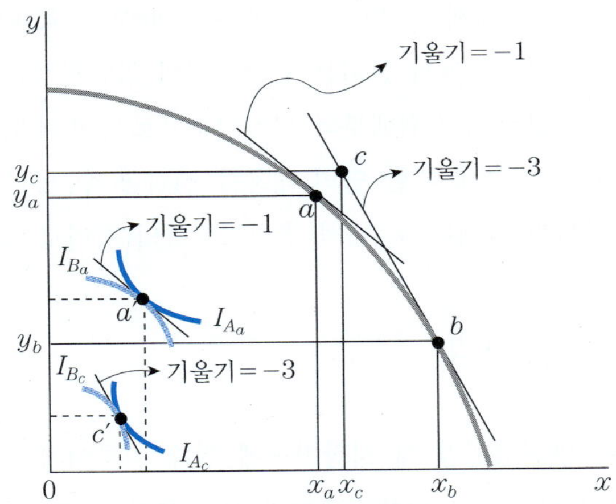


**그림 14-10 국제무역의 이익과 재분배효과**

$P_X/P_Y = 1$의 가격비율에서 점 $a$의 생산물구성과 점 $a'$의 소비배분으로 구성된 일반경쟁균형의 배분을 이루고 있었던 어떤 국가가 $P_X/P_Y = 3$의 가격비율로 $X$재와 $Y$재가 거래되는 국제무역에 참여하여 생산가능곡선의 점 $b$에서 생산을 하고 경쟁균형배분은 점 $c$와 $c'$으로 바뀌었다고 하자. 이러한 국제무역을 통해 사회 전체가 소비할 수 있는 $X$재와 $Y$재의 총량은 각각 $x_c - x_a$와 $y_c - y_a$만큼씩 증가하지만, $Y$재의 생산에 종사하던 소비자 A의 소득이 감소함으로써 소비자 A의 후생수준은 오히려 자급자족상태보다 하락할 수 있다.

소득의 감소를 경험할 수밖에 없다. 소비자 A의 소득감소가 매우 심한 경우에 〈그림 14-10〉에 표시되어 있는 것처럼 국제무역 이후의 새로운 소비배분점 $c'$에서 소비자 A의 효용수준은 자급자족상태보다도 오히려 감소할 수 있으며, 소비자 A는 당연히 자유무역을 반대하는 입장에 서게 되는 것이다.

## 14.4 일반경쟁균형의 효율성: 후생경제학의 기본정리

앞절에서 우리는 시장, 가격체계, 교환 등의 개념을 전혀 도입하지 않은 채 선호체계, 생산기술, 생산요소의 공급량 등에 관한 모든 정보를 완전하게 알고 있는 계획당국이 생산요소의 배분, 생산물구성 및 소비배분을 결정하는 것처럼 상정해서 파레토 효율성을 논의하였다. 그러나 현실세계에서 완전한 정보를 지니고 있는 계획당국이란 존재할 수 없으며, 이 때문에 사회주의 경제체제의 비효율성이 연유한다고 할 수 있다.

그렇다면 시장경제체제에 의한 자원배분과 파레토 효율성 사이에는 어떤 관계가 성립할 것인가? 앞에서 살펴본 단순경제의 일반경쟁균형 조건과 파레토 효율성의 조건을 비교하고 자원배분의 평가기준으로서 파레토 효율성이 지니는 한계를 감안하면 이 질문에 대한 답의 내용을 짐작할 수 있다. 일반경쟁균형과 파레토 효율성 사이의 관계는 두 개의 후생경제학의 정리로 요약된다.

### 후생경제학의 제1정리

모든 시장이 완전경쟁일 때 시장기구에 의해 이루어지는 자원배분은 파레토 효율성을 지닌다는 것이 **후생경제학의 제1 정리**(the first theorem of welfare economics)이다. 즉 후생경제학의 제1정리는 다음과 같이 표현된다.

> 후생경제학의 제1 정리: 일반경쟁균형의 자원배분은 파레토 효율성을 지닌다.

단순경제에서 후생경제학의 제1정리가 성립하는 것을 확인하기 위하여 먼저 일반경쟁균형의 소비배분이 소비의 파레토 효율성 조건을 만족하는지 알아보기로 하자. 일반경쟁균형이 이루어졌을 때 소비자 A와 B가 동일한 가격체계에 직면하고 있고 두 소비자 모두 효용의 극대화를 위한 소비계획을 선택했기 때문에 식 (14-4)가 표시하듯이 주어진 생산물의 가격비율을 매개로 두 소비자의 소비의 한계대체율이 일치하며, 이는 일반경쟁균형에서의 소비배분이 소비의 파레토 효율성 조건인 식 (14-15)를 만족시킨다는 것을 의미한다.

또한 $X$재와 $Y$재의 생산자 역시 동일한 가격체계에 직면하고 있고 비용의 극소화를 위해서 자신의 한계기술대체율과 생산요소의 가격비율이 일치하는 점에서 생산요소의 투입량을 결정한다. 따라서 일반경쟁균형이 성립하였을 때 식 (14-3)이 표시하는 바대로 주어진 생산요소의 가격비율을 매개로 $X$재와 $Y$재 생산의 한계기술대체율은 일치하며, 이는 일반경쟁균형에서의 생산요소 배분이 생산의 파레토 효율성 조건인 식 (14-14)를 만족시킨다는 것을 의미한다.

각 생산자는 주어진 생산물의 가격과 한계비용이 일치하는 점에서 이윤극대화를 위한 산출량을 결정하기 때문에, 일반경쟁균형의 상태에서 생산물구성은 식 (14-2)의 조건을 충족시킨다. 그런데 식 (14-2)에서 $X$재와 $Y$재의 한계비용의 비율 $MC_X/MC_Y$는 한계변환율 $MRT$이고 소비자와 생산자에게 주어진 생산물 $X$재와 $Y$재의 가격비율은 동일하므로 이 가격비율을 매개로 한계변환율 $MRT$와 소비자 A와 B의 공통된 소비의 한계대체율은 일치한다. 즉 식 (14-2)와 식 (14-4)를 결합하고 $MRT=MC_X/MC_Y$의 관계를 이용하면, 일반경쟁균형에서 $P_X^*/P_Y^*=MRS_{C_A}=MRS_{C_B}=MRT$의 관계가 만족되는 것을 알 수 있다. 따라서 일반경쟁균형의 생산물구성과 소비배분에서 생산물구성의 파레토 효율성 조건인 식 (14-16)이 만족되는 것을 확인할 수 있다.

후생경제학의 제1정리가 의미하는 바는 모든 시장이 완전경쟁인 경우 각 경제단위가 가격기구가 전달하는 정보와 부여하는 동기에 따라서 자신의 개인적 이득을 위해 행동할 때 일반경쟁균형이 성립하고 파레토 효율적 자원배분을 이룰 수 있다는 것이다. 시장경제체제에서 가격기구의 이 같은 역할을 일찍이 간파한 경제학자는 근대경제학의 시조라고 할 수 있는 아담 스미스(Adam Smith)이다. 그는 자신의 저서 국부론에서 이기적 동기에 기초한 각 경제단위의 의사결정이 가격기구에 의해서 전체적으로 효율성 있는 조화를 이루는 과정이 전지전능한 신의 손길이 작용하는 듯 오묘하다고 해서 '보이지 않는 손'(invisible hand)이라는 표현을 사용하였다. 앞에서 우리는 단순경제의 일반경쟁균형 조건과 파레토 효율성의 조건을 비교하여 '보이지 않는 손'의 정리라고도 불리는 후생경제학의 제1정리를 개략적으로 확인하였다.

모든 시장이 완전경쟁일 때 경제 전체의 자원배분은 파레토 효율성을 지닌다는 후생경제학의 제1정리는 시장경제를 옹호하는 수많은 경제학자들에게 이론적 근거를 제공한다. 그러나 앞서 설명하였지만 파레토 효율성은 자원배분의 형평성 등에 관해서는 아무런 기준을 제시하지 않기 때문에 후생경제학의 제1정리에 관해서도 형평성의 측면에서 비판이 제기될 수 있다. 즉 시장기구에서 이루어진 일반경쟁균형의 자원배분이 효율적이기는 하지만 기존의 소득분배구조를 그대로 반영하므로 형평성 있는 자원배분은 아닐 수 있다는 것이다. 소득분배가 매우 불공평한 상태에서는 일반경쟁균형이 성립한다고 해도 소수의 경제단위만이 시장거래의 이점을 독차지해서 형평성이 극단적으로 상실된 자원배분이 나타나게 된다. 이러한 비판에 대한 답은 **후생경제학의 제2정리**(the second theorem of welfare economics)로 나타난다.

## 후생경제학의 제2정리

형평성 있는 자원배분상태에 관한 사회적 합의가 이루어졌을 때 시장경제의 가격기구가 그 자원배분을 달성할 수 있는 훌륭한 방법이라는 것이 후생경제학의 제2정리이다. 후생경제학의 제2정리는 다음과 같다.

> 후생경제학의 제2정리: 각 개인의 선호와 각 생산자의 생산기술이 볼록성의 가정을 만족시킬 때 어떤 파레토 효율적 자원배분에 대해서도 그 배분을 일반경쟁균형으로 성립하게 하는 가격체계가 반드시 존재한다.

생산까지 고려하는 것은 문제를 필요 이상으로 복잡하게 만들 수 있기 때문에 여기에서는 생산활동이 배제된 교환경제를 가정하여 후생경제학의 제2정리를 살펴보기로 하자. 〈그림 14-11〉의 (a)의 에지워스상자 도형에서 어떤 임의의 파레토 효율적 자원배분점 $a$를 고려해 보자. 계약곡선의 점 $a$에서는 소

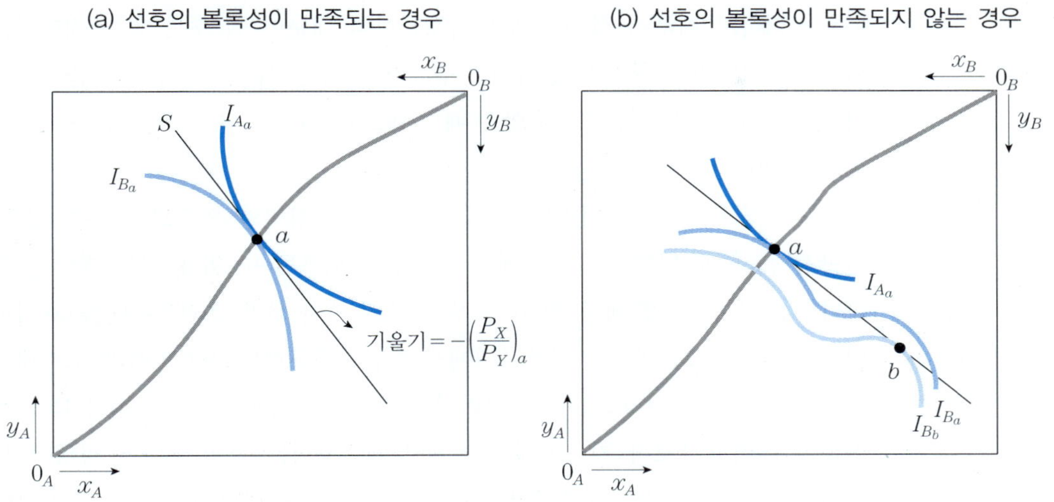


**그림 14-11 후생경제학의 제2정리**

계약곡선의 어떤 임의의 점 $a$에 대해서도 그 점을 지나면서 두 소비자의 무차별곡선에 공통으로 접하는 직선 $S$를 그을 수 있다. $X$재와 $Y$재의 가격비율이 $S$의 기울기의 절대값과 같도록 $(P_X/P_Y)_a$로 주어지고 두 상품의 초기부존량은 $S$의 어느 한 점으로 주어진다면 $(P_X/P_Y)_a$의 가격체계와 점 $a$의 소비배분은 일반경쟁균형이 된다. 그러나 어느 개인의 선호가 볼록성을 만족하지 않을 때 공통으로 주어진 예산선에서 두 소비자의 최적소비선택은 다를 수 있기 때문에 제2정리는 성립하지 않을 수 있다.

비자 A와 B의 무차별곡선이 서로 접하기 때문에 그 점을 지나면서 두 소비자의 무차별곡선에 공통으로 접하는 직선 $S$를 그을 수 있다. $X$재와 $Y$재의 가격비율이 직선 $S$의 기울기의 절대값과 같도록 $(P_X/P_Y)_a$로 주어지고 두 상품의 초기부존량은 직선 $S$의 어느 한 점으로 주어진다면, 직선 $S$는 두 소비자의 예산선이 되고 효용극대화의 결과로 점 $a$의 소비배분이 결정될 것이므로 $(P_X/P_Y)_a$의 가격체계와 점 $a$의 소비배분은 일반경쟁균형이 된다. 이와 같이 어떤 임의의 파레토 효율적 자원배분에 대해서도 그 배분이 일반경쟁균형의 결과가 되도록 하는 가격체계가 반드시 존재한다는 것이 후생경제학의 제2정리이다.

그렇지만 소비자의 선호가 볼록성을 만족하지 않다면 두 소비자의 무차별곡선에 공통으로 접하는 직선을 그을 수 없기 때문에 제2정리는 성립하지 않는다. 〈그림 14-11〉의 (b)의 점 $a$에서는 두 소비자의 무차별곡선이 서로 접하므로 파레토 효율성의 조건이 만족된다. 그렇지만 그림에 그려져 있는 것처럼 소비자 B의 선호가 볼록성의 가정을 만족시키지 않는다면 점 $a$를 지나는 직선이 예산선으로 주어진다고 해도 소비자 A는 점 $a$를 선택하지만 소비자 B는 점 $b$를 선택하기 때문에 점 $a$가 일반경쟁균형의 배분이 될 수는 없는 것이다. 이와 같이 개인의 볼록성이 만족되지 않으면 제2정리는 성립하지 않을 수도 있다(독자들은 볼록성이 만족되지 않을 때도 제2정리가 성립될 수 있음을 스스로 확인해 보기 바란다).

후생경제학의 제2정리는 앞서 살펴본 제1정리의 역으로 볼 수 있으며, 일반경쟁균형에 의한 자원배분에서 형평성이 회복될 수 있게 하는 방안을 제시한다. 〈그림 14-12〉에서 점 $b$는 두 소비자 A와 B의 초기부존량을 표시하고 있다. 이러한 자원의 초기부존상태에서 일반경쟁균형의 가격비율과 소비배분은 $(P_X/P_Y)_b$와 점 $b'$이라고 하자. 그런데 점 $b'$의 소비배분에서 소비자 B의 효용수준이 소비자 A보다 지나치게 낮기 때문에, 사회는 점 $b'$보다는 형평성이 높으면서 여전히 파레토 효율적인 점 $a$의 자원배분을 바람직한 것으로 여긴다고 하자. 이때 두 상품의 초기부존을 재배분하여(가령 $x_{AB}$만큼의 $X$재를 소비자 A로

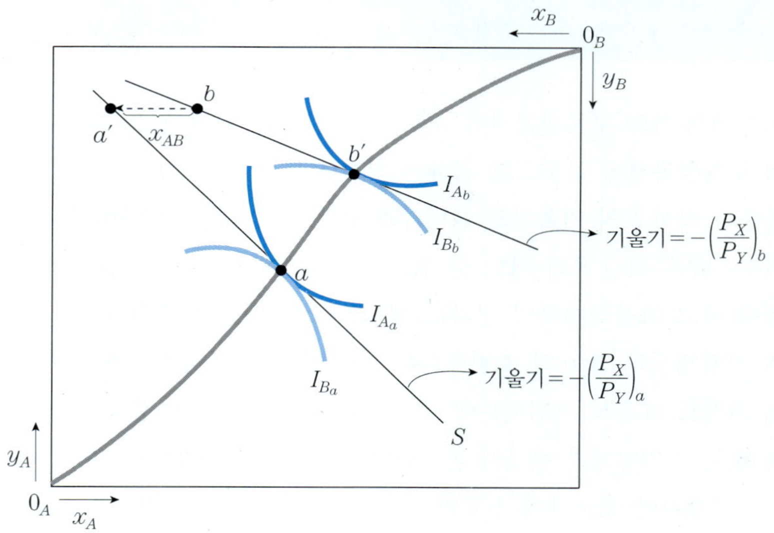


**그림 14-12 후생경제학의 제2정리의 의미**

점 $b'$보다는 점 $a$가 사회적으로 바람직한 자원배분일 때, 상품의 초기부존점을 점 $b$에서 $a'$으로 이동시킨 후에 다시 시장기구가 자원배분을 결정하도록 맡긴다면 $(P_X/P_Y)_a$의 경쟁균형가격체계가 성립하여 점 $a$의 파레토 효율적 소비배분을 달성할 수 있다.

부터 소비자 B에게 이전하여) 부존점 $b$를 직선 $S$의 어느 한 점으로 이동시킨 후에 다시 시장경제의 가격기구가 자원배분을 결정하도록 맡긴다면, $(P_X/P_Y)_a$의 가격비율과 점 $a$의 자원배분이 일반경쟁균형의 결과로 나타나게 된다.

이처럼 제2정리의 의미는 정책적으로 자원의 초기부존을 적절하게 재분배한 후 다시 시장기구에 자원배분의 결정을 맡긴다면 사회가 바라는 어떠한 파레토 효율적 자원배분도 일반경쟁균형의 결과가 될 수 있다는 것이다. 초기부존의 재분배는 소비자들의 선택과는 무관하게 이루어지기 때문에 형평성 있는 결과를 얻기 위해 효율성을 포기할 필요가 없다. 그렇지만 현실에서는 각 소비자의 초기자원부존을 알기가 어렵기 때문에 초기부존점을 변경하는 것은 이루어지기가 힘들다. 초기부존의 재분배 대신 개인의 선택에 영향을 미치는 정책을 채택한다면 형평성을 높일 수는 있지만 가격기구의 왜곡으로 비효율이 발생한다.

〈그림 14-12〉에서 점 $b'$의 일반경쟁균형은 소비자 A가 소비자 B로부터 $X$재를 구입하고 있다는 것을 의미한다($X$재에 관하여 소비자 A는 순수요자이고 B는 순공급자이며, $Y$재에 관해서는 소비자 A가 순공급자이고 B는 순수요자임). 이러한 상황에서 정부는 점 $a$의 자원배분을 달성하기 위해 초기부존을 재분배하는 정책 대신 $Y$재의 순수요자인 소비자 B가 유리하도록 $Y$재 가격을 낮추려는 정책을 실시할 수도 있다. 그러나 이러한 가격규제정책으로 점 $a$의 자원배분이 달성되기는 어려우며, 오히려 경제에는 불균형과 비효율적 자원배분이 발생하기가 쉽다. 다음의 예를 보기로 하자.

### 예 14-3 가격규제의 비효율

임대주택의 공급이 부족하여 월세가 폭등하고 이로 인해 많은 사람들이 고통을 겪는 경우를 자주 볼 수 있다. 〈그림 14-13〉에서 $Y$재를 임대주택이라고 한다면 임대주택의 소유자인 소비자 A의 원점은 $0_A$이고 점 $0_B$는 세입자인 소비자 B의 원점이며, 점 $b$는 두 소비자의 초기부존을 표시하고 있다. 월세의 폭등으로 균형의 가격비율과 소비배분은 $(P_X/P_Y)_b$와 점 $b'$에서 결정되어 소비자 B는 어려움을 겪고 있는 것이다.

이 상황에서 정부는 소비배분을 점 $a$로 이동시키기 위하여 월세의 상한을 정하였고 이에 따라 두 소비자가 직면하는 가격비율은 〈그림 14-13〉에 표시된 것처럼 $(P_X/P_Y)'$ 으로 바뀌었다고 하자. 초기부존점 $b$로부터의 일반경쟁균형 가격비율은 $(P_X/P_Y)_b$이므로 $(P_X/P_Y)'$은 불균형의 가격비율이며, 이 가격비율에서 소비자 A와 B는 각각 점 $c$와 $d$를 소비계획으로 선택한다고 할 때 두 소비자의 $X$재와 임대주택인 $Y$재에 대한 순수요량과 순공급량은 그림에 표시되어 있다.

불균형에서도 유효한 실제거래가 이루어진다고 할 때 초과공급이 존재하는 $X$재 시장에서 실제거래량은 순수요량이 되고 초과수요가 존재하는 임대주택시장의 실제거래량은 순공급량이 된다(제1장 제6절 참조). 따라서 정부가 임대주택의 공급을 촉진하는 정책 대신 월세를 규제하여 불균형이 지속될 때 실제거래는 점 $c$에서 이루어진다. 이와 같이 가격규제정책으로는 점 $a$의 소비배분을 달성할 수 없을 뿐 아니라 경제의 불균형과 비효율적 자원배분을 초래하게 된다.

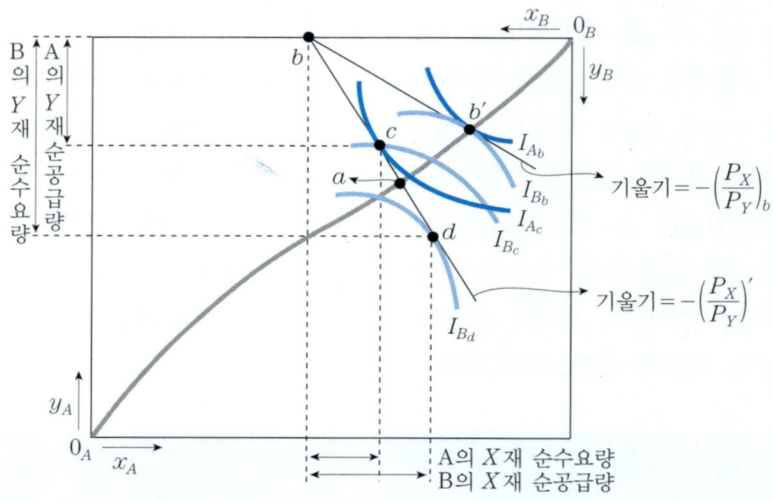


**그림 14-13 가격규제의 비효율**

점 $a$의 자원배분을 달성하기 위하여 초기부존량의 재분배 대신 임대주택인 $Y$재의 가격을 규제하여 소비자 A와 B가 직면하는 가격비율을 $(P_X/P_Y)'$ 으로 바꾸는 정책을 사용한다면, 실제거래는 점 $a$가 아닌 점 $c$에서 성립한다. 이러한 결과는 가격규제정책으로는 사회가 바라는 소비배분을 달성할 수 없을 뿐 아니라 경제의 불균형과 비효율적 자원배분을 초래할 수 있다는 것을 의미한다.

직접적인 가격규제가 아니더라도 소득이나 부(wealth)에 과세하여 분배구조를 바꾸는 것 역시 개인의 선택에 영향을 주어 비효율성을 초래한다. 왜냐하면 소득이나 부는 자원의 초기부존 이외에도 노동공급, 저축 등 개인의 선택으로 결정되기 때문이다. 개인의 선택에 영향을 주지 않으면서 분배구조를 변화시킬 수 있는 방법은 개인이 경제행위와 무관하게 세액이 정해지는 세금인 **정액세**(lump-sum taxes)를 부과하는 것이다. 그러나 어떤 파레토 효율적 배분을 일반경쟁균형의 결과로 얻기 위해 필요한 정액세의 액수를 알기가 어렵기 때문에 정액세의 부과로 분배구조를 바꾼다고 해도 어느 정도의 비효율성은 불가피하다고 하겠다.

## 14.5 형평성과 사회후생함수

후생경제학의 제2정리를 적용하기 위해서는 사회적으로 바람직한(즉 효율성과 형평성을 갖춘) 자원배분을 정해야 하며, 이는 물론 후생경제학에서 가장 중요한 관심사이다. 앞에서 설명하였듯이 파레토 효율성은 사회적으로 바람직한 자원배분이 갖추어야 할 조건 중 하나이고 파레토 효율성의 조건을 충족시키는 어떠한 자원배분도 대효용가능곡선의 한 점으로 표시되기 때문에, 사회적으로 바람직한 자원배분을 찾는 문제는 대효용가능곡선에서 형평성 있는 자원배분을 찾는 것으로 축소된다. 그러나 대효용가능곡선의 무수히 많은 점들 중에서 형평성 있는 자원배분을 선택할 수 있으려면 효용수준의 조합마다 사회적으로 바람직한 정도에 따른 선호순서, 즉 **사회적 선호순서**(social preference ordering)를 매길 수 있어야 하는데, 이 절에서는 사회적 선호순서를 나타내는 사회후생함수에 관해서 개략적으로 검토하기로 한다.

### 사회후생함수와 불가능성 정리

제2장에서 소비자의 선택행동을 분석할 때 소비자의 선호순서를 그대로 보존해서 표시하는 서수적 효용함수의 개념이 사용되었다. 사회적으로 바람직한 자원배분의 선택을 분석할 때 효용함수와 유사한 역할을 하는 것이 바로 사

회후생함수이다.

A와 B의 두 사람으로 구성된 경제에서 모든 효용수준의 조합 $(u_A, u_B)$마다 사회적 선호순서를 정할 수 있다면, 우리는 사회적 선호순서를 그대로 보존해서 표시하는 사회후생함수를 다음과 같이 표현할 수 있다.

$$SW = SW(u_A, u_B) \tag{14-17}$$

식 (14-17)의 사회후생함수는 각 자원배분으로부터의 효용수준 조합에 대하여 사회적 선호순서를 부여하는 함수값 $SW$를 표시함으로써 개인들의 선호순서를 사회적 선호순서로 바꾸어 주는 것이다.

사회후생함수가 존재할 수 있다면 이를 기준으로 해서 대효용가능곡선에서 형평성 있는 자원배분을 선택할 수 있다. 그러나 사회 각 구성원의 효용수준을 비교하는 것이 불가능한 상태에서 과연 합당한 사회적 선호순서를 정하여 이를 나타내는 식 (14-17)과 같은 사회후생함수를 만들 수 있을까? 후생경제학의 기초를 뒤흔드는 이 질문에 대한 답이 바로 애로우(K. Arrow)의 **불가능성 정리**(impossibility theorem)이다.

애로우는 납득할 만한 사회적 선호순서가 갖추어야 할 다음과 같은 몇 가지의 조건을 제시한 후에 이러한 조건들을 모두 만족시키는 사회후생함수는 존재하지 않는다는 것을 증명하였다. 첫 번째 조건은 완비성과 이행성으로서 개인의 선호순서와 마찬가지로 어떠한 두 자원배분상태 사이에도 사회적 선호순서를 매길 수 있어야 할 뿐 아니라 그 순서가 일관성을 지녀야 한다는 것이다. 두 번째는 **만장일치**(unanimity) 또는 **파레토원칙**(Pareto principle)이라고 불리는 조건으로서 $a$와 $b$라는 임의의 두 가지 자원배분에 대하여 모든 사회구성원이 $a$를 $b$보다 선호한다면 사회적으로도 $a$가 $b$보다 선호된다는 것이다. 세 번째는 사회의 각 구성원이 어떠한 선호순서를 지니고 있더라도 사회적 선호순서는 정의되어야 한다는 조건으로 **무제한적 정의역**(unrestricted domain)의 조건이라고 불린다. 네 번째의 조건은 **부적절한 대안으로부터의 독립**(independence of irrelevant alternatives)이며, 임의의 두 가지 자원배분 $a$와 $b$ 사이의 사회적 선호순서는 단지 사회구성원들의 $a$와 $b$ 사이의 선호순서에만 의존해야 하고 사회구성원들이 $a$나 $b$가 아닌 다른 자원배분에 관하여 갖고 있는 선호와는 무관해야 한다는 것이다. 다섯 번째 조건은 **비독재성**(nondictatorship)이며, 어느 한 사회구성원의 선호에 의해 사회적 선호순서가 결정되어서는 안 된다는 것이다.

애로우의 불가능성 정리는 위의 다섯 가지 조건들 중에서 비독재성의 조건을 제외한 나머지 네 가지 조건들을 만족시키는 사회후생함수는 반드시 비독재성의 조건에 위배된다는 것이다. 이러한 불가능성 정리의 증명을 소개하는 대신에 간단한 예를 통해서 납득할 수 있는 사회적 선호순서의 도출이 어렵다는 것을 살펴보기로 하자.

A, B와 C의 세 사람으로 구성된 경제에서 효율성 있는 자원배분은 $a$, $b$와 $c$의 세 가지가 있다고 할 때, 이 세 가지 자원배분에 관한 각 사회구성원의 선호순서는 〈표 14-1〉과 같다고 하자. 선호순서라고 표시된 열에서 1은 첫 번째로 좋아한다는 것을 뜻하며, 2와 3은 각각 두 번째와 세 번째로 좋아한다는 것을 뜻한다.

**표 14-1 자원배분에 관한 개인의 선호순서**

| | 개 인 | | |
|---|---|---|---|
| 선호순서 | A | B | C |
| 1 | $a$ | $b$ | $c$ |
| 2 | $b$ | $c$ | $a$ |
| 3 | $c$ | $a$ | $b$ |

각 사회구성원의 선호순서로부터 사회적 선호순서를 도출하려고 할 때 한 가지의 방법은 한 사람이 한 표씩 투표를 하고 과반수의 원칙에 따라 사회적 선호순서를 정하는 것이다. 이러한 투표를 실시하였을 때 위의 표에 나타난 각 사회구성원의 선호순서에 따라 자원배분 $a$를 $b$보다 선호한다고 투표한 사회구성원은 A와 C의 2명이기 때문에 과반수원칙에 따라 사회적으로 자원배분 $a$는 $b$보다 선호된다. 또한 자원배분 $b$를 $c$보다 선호한다고 투표한 개인은 A와 B의 2명이므로 사회적으로 자원배분 $b$가 $c$보다 선호된다. 따라서 사회적 선호순서가 이행성을 만족시킨다면 사회적으로 자원배분 $a$는 $c$보다 선호될 것이다. 그런데 자원배분 $c$를 $a$보다 선호하는 개인은 B와 C이므로 사회적으로 $c$는 $a$보다 선호된다는 투표결과가 나타나며, 이는 과반수의 원칙에 의한 사회적 선호순서가 이행성을 만족시키지 못한다는 것을 의미한다.

한 사람이 한 표씩 투표해서 과반수의 원칙으로 사회적 선호순서를 정하는 것은 비독재성의 조건을 충족시키는 방법이며, 〈표 14-1〉이 예시하고 있는 바와 같이 비독재성의 조건을 만족시키는 사회적 선호순서는 이행성의 조건에 위배된다.

## 사회적 무차별곡선과 사회후생의 극대화

불가능성 정리를 다른 각도로 표현하면, 사회적 선호순서에 관한 비독재성의 조건을 만족시키는 사회후생함수는 나머지 네 가지 조건 중 한 가지 이상을 만족시키지 못한다는 것이다. 따라서 사회후생함수를 도출하기 위해서는 사회 각 구성원의 효용수준에 부여하는 비중(즉 사회적 가치)에 관한 규범적 판단을 도입함으로써 비독재성의 조건을 완화할 수밖에 없다.

어떠한 가치판단의 기준을 도입해서 사회후생함수를 구하였다고 하자. 제2장에서 살펴보았듯이 효용함수에는 각 상품 사이의 상대적 선호에 관한 소비자의 주관적 판단이 내포되어 있고 이러한 판단에 관한 정보는 무차별곡선의 형태에 반영된다. 마찬가지로 사회후생함수에 포함된 규범적 가치판단에 관한 정보는 사회적 선호순서가 똑같은 효용수준의 조합들을 연결한 궤적인 **사회적 무차별곡선**(social indifference curve) $SI$의 형태에 나타나게 된다.

사회후생수준을 산정하는 데 있어서 사회 각 구성원의 효용수준에 동일한 1의 비중을 부여하자는 가치판단의 기준을 채택한다면 사회후생은 각 구성원의 효용수준의 단순 합이므로 사회적 무차별곡선 $SI$는 〈그림 14-14〉의 (a)에 표시된 것처럼 $-1$의 기울기를 지니는 직선이 된다. 이러한 형태의 사회후생함수는 각 구성원 사이에 효용이 얼마나 평등하게 분배되는가를 고려하지 않으며, '최대다수의 최대행복'을 주장하였던 공리주의자들의 견해를 반영하는 것이기 때문에 **공리주의적 사회후생함수**(utilitarian social welfare function) 또는 **벤담의 사회후생함수**(Bendamite social welfare function)라고도 불린다.

사회후생에 관한 공리주의적 견해와 극단적으로 다른 가치판단의 기준은 롤즈(J. Rawls)에 의해 제시되었다. 롤즈는 가장 못사는 사람의 효용수준이 증가하지 않는 한 사회후생은 증가하지 않는다고 주장하였다. 따라서 **롤즈의 사회후생함수**(Rawlsian social welfare function)는 $SW=\min\{u_A,\ u_B\}$의 형태를 지니며, 사회적 무차별곡선은 〈그림 14-14〉의 (b)에 표시된 것처럼 ㄴ자 형태가 된다.

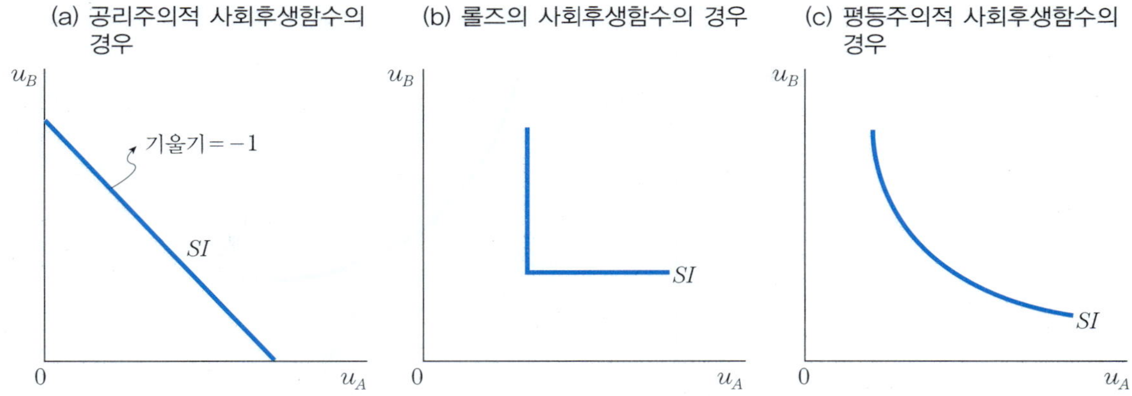


**그림 14-14 여러 가지의 사회적 무차별곡선**

사회후생은 사회 각 구성원의 효용수준의 단순 합이라는 공리주의적 입장에 의하면 사회적 무차별곡선은 −1의 기울기를 지니는 직선이 된다. 또한 가장 못사는 사회구성원의 효용수준이 곧 사회후생수준이 된다는 롤즈의 가치판단에 의한 사회적 무차별곡선은 ㄴ자 형태가 되며, 효용수준이 높은 사람에게는 낮은 사회적 가치를 주고 그렇지 못한 사람에게는 높은 사회적 가치를 부여하는 것이 바람직하다는 평등주의적 견해에 따르면 사회적 무차별곡선은 (c)와 같이 그 기울기의 절대값이 체감하는 형태로 나타난다.

공리주의적 기준과 롤즈의 기준은 사회후생에 관한 두 가지의 극단적 입장이라고 볼 수 있다. 이 두 가지 입장 사이에서 효용수준이 높은 사회구성원에게는 낮은 비중을 주고 그렇지 못한 사회구성원에게는 높은 비중을 부여해야 한다는 견해가 있을 수 있으며, 이에 따라 정해지는 사회후생함수를 **평등주의적 사회후생함수**(egalitarian social welfare function)라고 한다. 평등주의적 사회후생함수에서는 고소득자로부터 저소득자에게 소득을 재분배하면 사회후생은 증가하게 된다. 사회적 무차별곡선의 기울기가 소비자 A의 효용수준 1단위 추가에 대한 사회적 가치를 소비자 B의 효용수준으로 표시한 것이라는 점을 고려할 때 평등주의적 사회후생함수에서 사회적 무차별곡선의 형태는 〈그림 14-14〉의 (c)와 같은 형태가 된다. 즉 소비자 A의 효용수준을 1단위 추가시키는 것에 대한 사회적 가치는 소비자 A의 효용수준의 증가에 따라 감소하는 것이다.

어떠한 형태로든지 사회적 무차별곡선이 구해진다면 우리는 대효용가능곡선에서 사회후생을 극대화시키는 하나의 자원배분을 찾을 수 있다. 〈그림 14-15〉에서 사회후생을 극대화시키는 효용수준의 조합은 사회적 무차별곡선 $SI$와 대효용가능곡선 $GUPC$가 서로 접하는 점 $a$이며, 이 점 $a$에 상응하는 계약곡

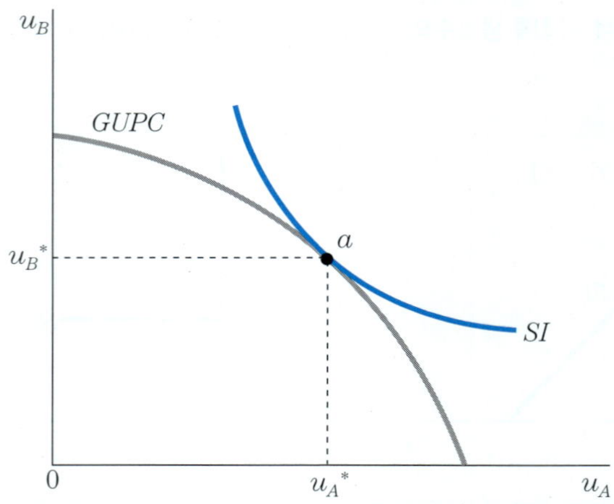


**그림 14-15 사회후생의 극대화**
대효용가능곡선 $GUPC$와 사회적 무차별곡선 $SI$가 접하는 점 $a$에서 사회후생의 극대화가 이루어지며, 점 $a$에 상응하는 계약곡선의 한 점과 생산가능곡선의 한 점은 사회적으로 가장 바람직한 자원배분을 의미한다.

선의 한 점과 생산가능곡선의 한 점을 구하게 되면 사회적으로 가장 바람직한 자원배분을 결정할 수 있다.

## 14.6 시장실패의 의미와 원인

이 장에서는 경제를 구성하는 각 경제단위가 이기적 동기에 기초해서 행동함에도 불구하고 모든 시장이 완전경쟁시장인 경우 가격기구의 역할에 의해서 파레토 효율성 있는 일반경쟁균형의 자원배분이 이루어진다는 후생경제학의 제1정리를 살펴보았으며, 이 정리는 자원배분에 관한 자유방임(laissez-faire)을 주장하는 사람들에게 중요한 이론적 근거가 된다.

후생경제학의 제1정리는 모든 상품에 대하여 시장이 존재하고 시장들은 모두 완전경쟁이라는 조건하에서 성립하며, 이 조건들이 만족되지 않아서 시장기구에 의한 자원배분이 파레토 효율성을 이루지 못하는 것을 **시장의 실패**(market failure)라고 한다. 따라서 시장이 실패하게 되는 원인으로는 불완전경쟁시장의 존재와 **시장의 부재**(missing markets)를 들 수 있다.

## 불완전경쟁

시장이 실패하게 되는 원인 중에 가장 중요한 것은 시장지배력을 지닌 경제단위의 존재이다. 이 경우에 하나 이상의 시장에서 독점, 과점 등의 불완전경쟁이 발생하게 되며, 모든 시장들은 서로 연관성을 지니고 있기 때문에 경제 전체의 자원배분은 비효율성을 지니게 된다. 제5편에서 우리는 부분균형분석을 통해 생산자 또는 소비자가 시장지배력을 지니고 있는 경우 비효율성이 존재하는 것을 보았다. 여기에서는 생산물시장 중에 하나가 공급독점인 경우 일반균형분석을 통해 자원배분의 비효율성을 검토하기로 하자.

$X$재 시장만 독점이고 나머지 시장들은 모두 완전경쟁시장인 단순경제를 가정하자. 생산요소시장은 완전경쟁시장이고 독점기업이라고 해도 생산은 최소의 비용으로 하기 때문에 이 경제의 일반균형에서 자원배분은 생산의 파레토 효율성 조건을 충족시킨다. 또한 아무런 시장지배력을 지니지 않는 소비자 A와 B의 한계대체율 $MRS_{C_A}$와 $MRS_{C_B}$는 주어진 생산물의 균형가격비율을 매개로 서로 일치하기 때문에, 이 경제의 일반균형에서 자원배분은 소비의 파레토 효율성 조건인 $MRS_{C_A}=MRS_{C_B}$를 만족시킨다.

$X$재 시장이 독점인 경우 산출량은 완전경쟁시장의 수준보다 낮아지고 가격은 한계비용보다 높은 수준에서 결정된다. 즉 이윤극대화를 위한 독점공급량 $x_M$에서 독점가격 $P_{X_M}$과 한계비용 $MC_{X_M}$ 사이에는 $P_{X_M}>MC_{X_M}$의 관계가 성립한다. 반면에 완전경쟁인 $Y$재 시장에서는 산출량 $y^*$에서 $P_Y{}^*=MC_Y{}^*$의 관계가 성립하기 때문에 생산물의 가격비율과 한계비용의 비율 사이에는 식 (14-18)의 조건이 성립한다.

$$MRS_{C_A}=MRS_{C_B}=\frac{P_{X_M}}{P_Y{}^*}>\frac{MC_{X_M}}{MC_Y{}^*}=MRT^* \qquad (14-18)$$

따라서 $X$재 시장이 독점인 경우에 세 가지의 파레토 효율성 조건 중에서 생산물구성의 파레토 효율성 조건이 만족되지 않기 때문에, 이 경제의 일반균형에서 자원배분은 비효율성을 지니게 된다.

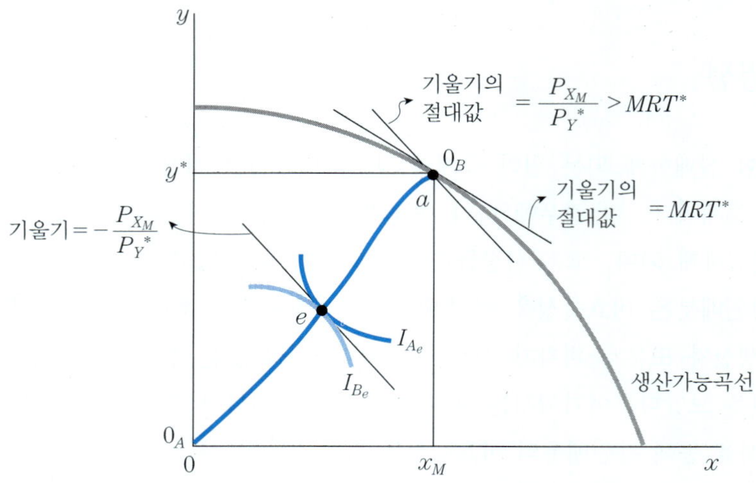


**그림 14-16 독점과 자원배분의 비효율성**

단순경제에서 $X$재 시장이 독점인 경우 독점가격은 한계비용보다 높게 결정되기 때문에 소비배분점 $e$에서 소비의 한계대체율은 $(x_M, y^*)$의 생산물구성에서 한계변환율보다 높아서 자원배분은 생산물구성의 파레토 효율성 조건을 충족시키지 않는다.

〈그림 14-16〉은 식 (14-18)의 조건을 표시하고 있다. 점 $a$의 생산물구성 $(x_M, y^*)$가 생산가능곡선에 위치하고 이 생산물구성이 계약곡선의 한 점 $e$로 소비자 A와 B에게 배분된다는 것은 $X$재 시장에 독점이 발생한다고 해도 자원배분은 생산의 파레토 효율성과 소비의 파레토 효율성 조건을 충족시킨다는 것을 나타내고 있다. 반면에 소비배분점 $e$에서 두 소비자의 공통된 소비의 한계대체율은 생산물구성인 점 $a=(x_M, y^*)$에서 한계변환율 $MRT^*$보다 높게 표시되고 있으며, 이는 $X$재 시장의 독점으로 인해서 생산물구성의 파레토 효율성 조건이 만족되지 않는다는 것을 보이고 있다.

$(x_M, y^*)$의 생산물구성과 점 $e$의 소비배분으로 구성되는 경제 전체의 자원배분상태에서 소비의 한계대체율이 한계변환율보다 높다는 것은 $X$재 소비의 상대적 한계편익이 $X$재 생산의 상대적 한계비용보다 높다는 것을 의미한다. 따라서 $(x_M, y^*)$의 생산물구성에서 $X$재의 산출량을 증가시키고 $Y$재의 산출량을 감소시킴으로써 사회 전체가 얻는 순편익은 증가할 수 있지만, 독점기업이 $X$재의 산출량을 $x_M$으로 제한하기 때문에 자원배분에는 비효율성이 발생하게 된다.

**예 14-4 조세부과에 의한 효율성의 회복: 차선의 이론**

$X$재와 $Y$재의 두 가지 생산물만 생산되는 경제에서 $X$재 시장이 독점이라고 해도 완전경쟁인 $Y$재 시장만 따로 떼어놓고 본다면, $P_Y^* = MC_Y^*$의 효율성 조건이 만족된다. 그러나 일반균형분석에서는 독점 때문에 $X$재가 효율적 산출량보다 적게 생산된다는 것은 $Y$재는 효율적 산출량보다 많이 생산된다는 것을 의미한다. 만일 $X$재 시장이 자연독점이기 때문에 완전경쟁시장으로 바꿀 방법이 없다면, 경제 전체의 자원배분을 효율적으로 만들 수 있는 다른 방법은 무엇일까?

한 가지 방법은 $Y$재 시장에 판매세를 부과해서 $Y$재의 가격을 높이고 산출량을 감소시키는 것이다. 판매세가 부과되면 $Y$재 시장에서는 더 이상 $P_Y^* = MC_Y^*$의 조건이 만족되지 않는다. 그러나 판매세 부과로 인해서 $Y$재의 산출량이 감소하면 $Y$재의 생산에 투입되었던 자원은 $X$재의 생산으로 이동하기 때문에, $X$재의 산출량은 증가해서 경제 전체의 자원배분의 효율성이 회복될 수 있다. 즉 판매세의 부과로 초래되는 $Y$재 시장의 비효율성은 독점으로 인한 $X$재 시장의 비효율성을 상쇄할 수 있다는 것이다. 이와 같이 $X$재 시장에서 자연독점 등의 이유로 불가피하게 비효율성이 존재할 때 나머지 $Y$재 시장이라도 효율성을 유지하는 것이 항상 차선은 아니며, $Y$재 시장의 효율성을 포기함으로써 오히려 경제 전체의 자원배분의 비효율성이 개선될 수도 있다. 이를 일반화한 것이 **차선의 이론**(theory of second best)이다.

차선의 이론의 의미는 파레토 효율성을 위한 모든 조건들이 충족될 수 없는 경우 가급적 많은 조건을 만족시키는 것만이 차선은 아니라는 것이다. 즉 여러 시장들이 서로 밀접한 연관성을 맺고 있는 상태에서 외부효과, 공공재, 불완전경쟁 등 비효율성의 원인을 모두 한꺼번에 제거할 수 없는 상황이라면 부분적으로 몇 개의 시장에서 효율성을 유지시키기 위한 정책을 사용한다고 해서 반드시 경제 전체의 효율성이 높아지는 것은 아니라는 것이다.

## 외부효과와 공공재

시장실패의 또 다른 원인으로는 **외부효과**(externalites)와 **공공재**(public goods)의 존재를 꼽을 수 있으며 이때 시장 자체의 개설이 어렵기 때문에 시장이 실패한다.

어떤 경제단위의 소비활동 또는 생산활동이 다른 경제단위의 경제활동에 의도하지 않은 효과를 주는데도 불구하고 가격기구는 그러한 영향을 반영하지 못하는 현상을 외부효과라고 한다. 공해물질의 배출, 이웃에게 즐거움을 주는 아름다운 정원을 가꾸는 행위 등은 외부효과의 대표적 예라고 할 수 있다. 순수한 의미의 공공재는 치안, 질병예방 등과 같이 여러 사람이 동시에 소비할 수 있고 값을 지불하지 않은 사람이 소비하는 것을 막을 수 없다는 두 가지의 특징을 지니는 상품이다. 외부효과 또는 공공재가 존재하는 경우 시장은 왜 부재하는가 그리고 어떠한 해결방안이 있는가에 관해서는 다음 장에서 상세하게 논의하도록 한다.

## 불확실성과 정보의 불완전성

지금까지는 경제단위가 어떤 하나의 대상을 선택하더라도 일어날 수 있는 상황은 한 가지밖에 없다고 가정하였다. 그러나 현실에서는 어떤 한 선택으로부터 여러 가지의 상황이 전개될 수 있지만 소비자는 어떤 상황이 발생할지 모르는 채 그 선택을 하는 경우가 흔히 있으며, 이를 불확실성하의 선택이라고 한다.

예를 들면 신형 승용차를 구입하려는 소비자가 있다고 하자. 그런데 도로에서는 언제든지 사고가 날 수 있으므로 승용차의 구입은 불확실성하의 선택이 된다. 그렇지만 자동차 보험회사가 발생이 가능한 모든 유형의 사고에 대하여 완벽하게 대비할 수 있는 보험을 제공한다면 불확실성은 해소된다.

경제에 존재하는 어떤 불확실성에 대해서도 완벽한 보험이 제공될 수 있다면 모든 불확실성은 제거되어 효율적 자원배분이 이루어지지만 완벽한 보험의 제공이라는 것은 실현되기가 어렵다. 자동차보험의 경우 보험회사는 보험을 구입하려는 운전자가 안전을 위주로 운전하는 사람인지 아닌지에 관한 정보를 알 수가 없고 또 보험을 구입한 후 사고 예방을 위하여 최선의 노력을 기울이는지 여부도 관찰하기가 어렵다. 따라서 사고위험이 높은 사람만 주로 보험을 구입하고 일단 보험을 구입한 후에는 사고를 예방하려는 노력을 기울이지 않을 수 있기 때문에 불확실성이 존재해도 완벽한 보험이 제공되는 것은 거의 불가능하다.

보험회사와 보험가입자의 관계처럼 거래당사자들이 지니고 있는 정보의 양이 서로 다른 경우를 **비대칭정보**(asymmetric information)의 상황이라고 한다. 비대칭정보의 상황에서는 불확실성이 존재해도 완벽한 보험이 제공될 수 없기 때문에 효율적 자원배분은 이루어질 수 없다. 불확실성과 비대칭정보에 관해서는 제16장과 제17장에서 논의하도록 한다.

## 요 약

1 부분균형분석에서는 다른 조건들은 모두 일정하다는 가정하에서 특정시장의 균형가격과 거래량이 결정되는 과정을 분석하며, 일반균형분석에서는 각 시장 사이의 연관성을 고려해서 모든 시장의 균형가격과 거래량이 동시에 결정되는 과정을 분석한다.

2 주어진 가격체계에서 각 소비자는 효용극대화를 위한 상품의 수요량과 요소의 공급량을 선택하고 각 생산자는 이윤극대화를 위한 요소의 투입량과 생산물의 산출량을 선택하며, 모든 시장에서 수요와 공급이 일치할 때 일반경쟁균형이 성립한다.

3 A와 B의 두 소비자, $X$재와 $Y$재의 두 가지 생산물 그리고 노동 $L$과 자본 $K$의 두 가지 생산요소로 구성된 단순경제에서 일반경쟁균형이 성립하였을 때, 주어진 가격체계 $P^* = (P_X^*, P_Y^*, w^*, r^*)$에서 생산요소의 배분 $(L_X^*, K_X^*, L_Y^*, K_Y^*)$, 소비배분 $(x_A^*, y_A^*, x_B^*, y_B^*)$ 및 생산물 구성 $(x^*, y^*)$로 이루어진 일반경쟁균형의 배분이 만족시키는 조건은 다음과 같다.

$$\frac{w^*}{r^*} = MRTS_X^* = MRTS_Y^*$$

$$MRS_{C_A} = MRS_{C_B} = \frac{P_Y^*}{P_X^*} = \frac{MC_X^*}{MC_Y^*} = MRT^*$$

$$x_A^* + x_B^* = x^*,\ y_A^* + y_B^* = y^*,\ K_X^* + K_Y^* = \overline{K},\ L_X^* + L_Y^* = \overline{L}$$

4 모든 생산요소와 기업에 대한 소유권이 소비자들에게 귀속되는 사유재산제도하에서 각 소비자의 어떠한 소비선택도 반드시 예산제약식을 만족시키므로 경제 전체의 초과수요의 총가치는 항상 0이 되며, 이를 왈라스법칙이라고 한다. 이 때문에 $n$가지의 상품이 존재하는 경제에서 $(n-1)$개의 시장에서 수요와 공급이 일치할 때 나머지 1개의 시장에서는 자동적으로 수요와 공급이 일치하게 된다.

5 어떤 자원배분상태에서 다른 경제단위의 편익을 감소시키지 않고서는 한 경제단위의 편익을 높일 수 있는 다른 자원배분상태로 이동하는 것이 불가능할 때, 그 자원배분은 파레토 효율적이다. 단순경제에서 어떤 자원배분이 파레토 효율성을 지니기 위해서 요소의 배분, 소비배분 및 생산물구성은 다음의 조건을 만족시켜야 한다.

생산의 파레토 효율성 조건: $MRTS_X = MRTS_Y$
소비의 파레토 효율성 조건: $MRS_{C_A} = MRS_{C_B}$
생산물구성의 파레토 효율성 조건: $MRT = MRS_{C_A} = MRS_{C_B}$

6 생산, 소비 및 생산물구성의 파레토 효율성 조건을 만족시키는 자원배분은 무수히 많으며, 이들로부터 소비자들이 얻을 수 있는 효용수준의 모든 조합들을 연결한 궤적이 대효용가능곡선이다. 그러나 이 대효용가능곡선에서 어떤 점이 사회적으로 가

장 바람직한가 하는 판단에 대하여 파레토 효율성은 아무런 기준도 제시하지 못한다.

7 후생경제학에서 일반경쟁균형의 배분과 파레토 효율성 사이의 관계는 두 가지의 기본적 정리로 표현된다. 제1정리는 일반경쟁균형의 자원배분은 파레토 효율적이라는 것이며, 초기부존의 적절한 재분배를 통해서 어떠한 파레토 효율적 자원배분이라도 일반경쟁균형으로 달성할 수 있다는 것이 제2정리이다.

8 대효용가능곡선에서 사회적으로 가장 바람직한 자원배분을 선택하기 위해서는 사회적 선호순서와 이를 보존해서 표시하는 사회후생함수가 존재해야 하며, 사회후생함수를 구하려면 규범적 가치판단을 도입할 수밖에 없다.

9 사회후생함수가 구해진다면 사회적 무차별곡선과 대효용가능곡선의 접점에서 사회후생의 극대화가 이루어진다.

10 시장기구에 의한 자원배분이 파레토 효율성을 이루지 못하는 것을 시장의 실패라고 하며, 시장실패의 원인으로는 불완전경쟁, 외부효과, 공공재, 불확실성, 정보의 불완전성 등을 들 수 있다.

## 연습문제

1 $X$재와 $Y$재의 시장수요곡선은 각각 $x_D = 30 - 2P_X + 3P_Y$와 $y_D = 40 - P_Y + 2P_X$이고 ($x_D$와 $y_D$는 각각 $X$재와 $Y$재의 시장수요량임) 공급곡선은 $x_S = P_X$와 $y_S = 2P_Y$이다 ($x_S$와 $y_S$는 각각 $X$재와 $Y$재의 시장공급량임). 일반경쟁균형이 이루어졌을 때 $X$재와 $Y$재의 가격과 거래량을 구하시오.

2 위 1에서 정부가 균형을 이루고 있는 $X$재 시장에 상품 1단위당 30원의 판매세를 부과한다고 하자.

(1) 부분균형분석을 사용하여 균형가격과 균형거래량이 어떻게 변하는지 설명하시오.
(2) 일반균형분석을 사용하여 균형가격과 균형거래량이 어떻게 변하는지 설명하시오.
(3) 부분균형분석과 일반균형분석에 의한 결과가 왜 차이가 나는지 설명하시오.

3 두 명의 소비자로 구성된 교환경제에서 소비자 A와 B의 효용함수는 각각 $u_A = (x_A y_A)^{1/2}$와 $u_B = x_B^{3/4} y_B^{1/4}$이며, $X$재와 $Y$재에 대한 소비자 A의 초기부존은 각각 6과 18이고 소비자 B의 초기부존은 각각 18과 6이다.

(1) 계약곡선의 식을 구하시오($x_A$와 $y_A$ 사이의 관계 또는 $x_B$와 $y_B$ 사이의 관계로 표시).
(2) 일반경쟁균형이 이루어졌을 때 $X$재와 $Y$재의 가격비율과 각 소비자의 소비량을

구하시오. 그리고 일반경쟁균형의 배분이 파레토 효율성을 지니는지 설명하시오.

(3) (2)에서 $X$재와 $Y$재의 균형의 절대가격이 아니라 균형의 가격비율만 구할 수 있는 이유를 설명하시오.

**4** 두 명의 소비자로 구성된 교환경제에서 소비자 A와 B의 효용함수는 각각 $u_A = x_A y_A$와 $u_B = \min\{x_B, y_B\}$이며, $X$재와 $Y$재에 대한 소비자 A의 초기부존은 각각 6과 24이고 소비자 B의 초기부존은 각각 18과 6이다.

(1) 계약곡선의 식을 구하시오($x_A$와 $y_A$ 사이의 관계 또는 $x_B$와 $y_B$ 사이의 관계로 표시).

(2) 일반경쟁균형이 이루어졌을 때 $X$재와 $Y$재의 가격비율과 각 소비자의 소비량을 구하시오.

**5** $X$재를 생산하고 있는 어느 한 기업의 생산함수는 $x = (K_X L_X)^{1/2}$이며, 다른 한 기업은 $y = 2(K_Y L_Y)^{1/2}$의 생산함수로 $Y$재를 생산하고 있다. 그리고 두 기업이 투입할 수 있는 자본과 노동의 총량은 각각 100과 200이라고 할 때,

(1) $X$재를 생산하는 기업은 자본과 노동을 각각 60과 100만큼 투입하고 있고 $Y$재를 생산하는 기업은 자본과 노동을 각각 40과 100만큼 투입하고 있을 때, 생산의 파레토 효율성이 만족되는지 설명하시오.

(2) 효율곡선의 식을 구하시오($L_X$와 $K_X$ 사이의 관계 또는 $L_Y$와 $K_Y$ 사이의 관계로 표시).

**6** $X$재를 생산하는 기업의 생산함수는 $x = K_X + L_X$이고 $Y$재를 생산하는 기업의 생산함수는 $y = K_Y + 2L_Y$이다. 두 기업이 투입할 수 있는 자본과 노동의 총량은 각각 100과 200이라고 할 때,

(1) 생산요소의 배분에 관한 에지워스상자 도형을 그리시오.

(2) $X$재를 생산하는 기업은 자본과 노동을 각각 0과 100만큼 투입하고 있고 $Y$재를 생산하는 기업은 자본과 노동 모두 100씩 투입하고 있을 때, 생산의 파레토 효율성이 만족되는지 설명하시오.

(3) $X$재를 생산하는 기업은 자본과 노동을 각각 100과 50만큼 투입하고 있고 $Y$재를 생산하는 기업은 자본과 노동을 0과 150만큼 투입하고 있을 때, 생산의 파레토 효율성이 만족되는지 설명하시오.

(4) (1)의 에지워스상자 도형에 효율곡선을 표시하시오.

**7** 일반경쟁균형이 이루어졌을 때 $X$재와 $Y$재의 균형가격은 각각 20원과 30원이다. $X$재와 $Y$재 사이의 한계변환율은 얼마인지 설명하시오.

**8** 사회후생함수가 존재하는 경우 사회후생을 극대화시키는 자원배분에서 파레토 효율성 조건이 만족되는지 설명하시오.

앞장에서 시장실패의 중요한 원인으로 불완전경쟁, 외부효과, 공공재, 불확실성과 정보의 불완전성 등을 열거하였다. 이 장에서는 외부효과와 공공재를 살펴보기로 한다. 외부효과는 생산활동 또는 소비활동이 시장에 반영되지 않는 편익 또는 손실을 발생시키는 현상이며, 교량, 국방 등과 같은 공공재는 여러 사람이 함께 소비할 수 있고 가격을 지불하지 않은 사람이 소비하는 것을 막을 수 없다는 특징을 지닌다.

외부효과가 존재할 때 가격체계는 외부효과에 의한 편익 또는 손해를 반영하지 못하므로 경제 전체의 자원배분은 비효율성을 지니게 되며, 공공재는 무임승차문제로 인해서 사회적으로 바람직한 수준보다 적게 공급되거나 아예 공급되지 않을 수가 있다. 이 장에서는 먼저 외부효과가 존재할 때 자원배분의 비효율성이 발생하는 이유를 살펴본 후에 해결방법을 검토하기로 한다. 그리고 공공재의 효율적 공급조건과 이를 위한 정부의 역할을 논의하기로 한다.

# 제 15 장

# 외부효과와 공공재

# 15.1 외부효과와 자원배분의 비효율성

## 외부효과의 정의

외부효과는 어떤 경제단위의 행동이 시장기구를 거치지 않고 다른 경제단위에게 편익이나 손해를 발생시키는 현상이다. 편익이 발생하는 경우 **외부경제**(external economies) 또는 **양의 외부효과**(positive externality)가 존재한다고 하며, 손해가 발생할 때는 **외부비경제**(external diseconomies) 또는 **음의 외부효과**(negative externality)가 존재한다고 한다. 시장기구를 거치지 않는다는 의미는 외부효과에 의한 편익이나 손해에 대한 어떠한 보상도 존재하지 않는다는 것이다.

소비활동에 의해서 외부효과가 발생하는 것을 **소비의 외부효과**(consumption externality)라고 한다. 이웃에게 즐거움을 주는 아름다운 정원을 가꾸는 행위, 전염병의 예방주사를 맞는 행위 등은 소비의 외부경제의 예이며, 비흡연자와 함께 있는 공간에서의 흡연 등은 소비의 외부비경제의 예이다.

**생산의 외부효과**(production externality)는 생산활동에 의해서 외부효과가 발생하는 경우이다. 주변에서 생산의 외부효과에 관한 예를 발견하기는 그리 어려운 일이 아니다. 아무런 규제가 없는 상태에서 하천의 상류에 위치한 염색공장이 폐수를 방류해서 하류에 위치한 세탁업자에게 피해를 끼치는 행위는 생산의 외부비경제를 발생시키는 예이다. 생산의 외부경제에 관한 예로는 연구개발을 통한 새로운 기술의 개발을 들 수 있다. 어느 기업이 개발한 신기술은 특허권으로 보호를 받는다고 해도 시간의 경과에 따라서 다른 기업에게 확산되는 경향을 지닌다. 이러한 기술확산효과는 연구개발에 관한 지출이 생산의 외부경제를 발생시킬 수 있음을 의미한다.

외부효과가 존재할 때 그로 인한 편익이나 손해에 대한 보상이 이루어지지 않는 이유는 외부효과에 관한 시장이 존재하지 않기 때문이다. 가령 '깨끗한 공기'에 대한 **재산권**(property rights)이 비흡연자에게 있다면, 흡연은 '깨끗한 공기'를 수요하는 것과 같기 때문에 시장이 형성되고 수요와 공급에 의해 결정되는 '깨끗한 공기'의 가격에는 비흡연자의 손해에 대한 보상이 반영될 것이다.

그렇지만 재산권의 부재 등의 이유로 외부효과에 관한 시장은 존재하지 않으며, 가격체계는 외부효과에 의한 편익이나 손해를 반영하지 못한다. 따라서 외부효과가 존재하는 경우 사적 비용과 사회적 비용이 일치하지 않거나 사적 편익과 사회적 편익이 일치하지 않아서 자원배분의 비효율성이 발생한다.

## 소비의 외부효과와 비효율성

먼저 $X$재의 소비에 외부효과가 존재하는 경우에 자원배분이 왜 비효율적인지 살펴보기로 하자. 〈그림 15-1〉에서 시장수요곡선 $D$와 시장공급곡선 $S$는 각각 $X$재의 사적 한계편익 $PMB$와 사적 한계비용 $PMC$를 의미한다. 이제 $X$재를 소비하는 행위가 외부경제를 발생시킨다고 가정하자.

소비행위가 외부경제를 발생시킨다는 것은 정원 가꾸기, 독감예방주사의 접종 등과 같이 어떤 소비자가 가격을 지불하고 $X$재를 1단위 추가로 소비할 때 가격을 지불하지 않은 사람도 양(+)의 추가적 편익, 즉 양(+)의 **한계외부편익**(marginal external benefit) $MEB$를 얻는 것을 의미한다. 따라서 외부경제를 발

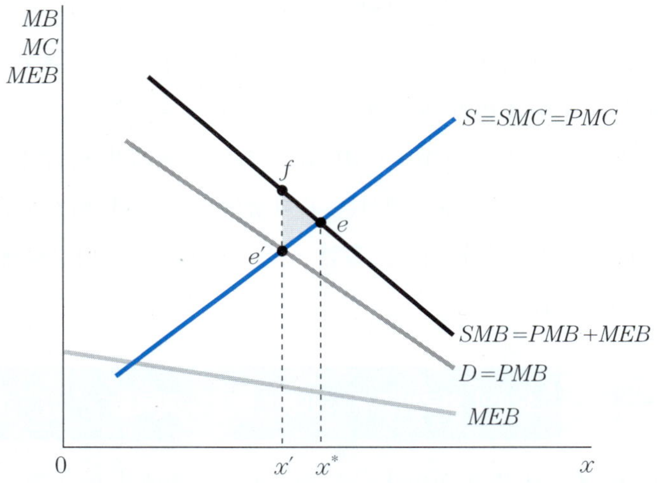


**그림 15-1 소비의 외부경제와 비효율**
$X$재를 소비하는 행위가 외부경제를 발생시키는 경우 $X$재의 사회적 한계편익은 사적 한계편익보다 한계외부편익만큼 높기 때문에 시장기구를 통해서 이루어지는 균형의 산출량 $x'$은 효율적 산출량 $x^*$보다 적고 삼각형 $ee'f$만큼의 자중손실이 발생하게 된다.

생시키는 소비행위의 경우 $X$재를 1단위 추가로 소비할 수 있을 때 사회 전체의 관점에서 평가한 편익이 얼마나 증가하는가를 나타내는 사회적 한계편익 $SMB$는 사적 한계편익 $PMB$보다 한계외부편익 $MEB$만큼 높을 것이다. 즉 소비행위가 외부경제를 발생시키는 경우 $SMB(=PMB+MEB)>PMB$의 관계가 성립하게 한다.

〈그림 15-1〉에는 $X$재의 한계외부편익곡선 $MEB$, 사적 한계편익곡선(즉 시장수요곡선) $PMB$와 사회적 한계편익곡선 $SMB$가 그려져 있으며, $SMB$곡선은 $MEB$곡선과 $PMB$곡선을 수직으로 합한 것이다. 생산의 외부효과는 존재하지 않기 때문에 $X$재의 시장공급곡선 $S$는 사적 한계비용곡선 $PMC$이면서 동시에 사회적 한계비용 $SMC$의 곡선이다. $X$재의 효율성 있는 산출량은 사회적 한계비용과 사회적 한계편익이 일치하는 수준에서 결정되며, 그림에서 점 $e$의 산출량 $x^*$가 바로 효율성 있는 산출량이다.

그런데 가격을 지불하고 $X$재를 소비하는 사람들은 가격을 지불하지 않은 사람들이 얻는 외부편익을 고려하지 않기 때문에 시장은 시장수요곡선 $D$와 시장공급곡선 $S$가 만나는 점 $e'$에서 균형을 이루고 균형거래량 $x'$은 효율성 있는 산출량 $x^*$보다 적다. 이처럼 $X$재의 소비활동에 외부경제가 존재할 때 균형거래량에서 사회적 한계편익은 사회적 한계비용보다 높기 때문에, 과소생산으로 인해서 옅은 검은 음영으로 표시한 삼각형 $ee'f$ 만큼의 비효율이 발생한다.

반대로 $X$재의 소비가 외부비경제를 발생시키는 경우 한계외부편익 $MEB$는 음(−)이 되고 $SMB(=PMB+MEB)<PMB$의 관계가 성립하기 때문에 시장기구를 통해서 이룩되는 균형에서는 과다생산으로 인한 비효율성이 발생한다. 공공장소에서의 휴대전화 사용, 흡연 등은 소비의 외부비경제에 관한 대표적 예라고 할 수 있다.

**예 15-1 소비의 외부비경제: 과다한 향기의 괴로움**

만원의 지하철 열차 안이나 좁은 엘리베이터 안에서 옆에 있는 사람이 뿌린 향수냄새가 너무 진해 괴로웠던 경험은 누구든지 갖고 있을 것이다. 백화점 등 사람이 많이 모이는 장소에는 일정 시간마다 자동으로 향기를 뿜어대는 장치가 설치되기도 한다.

이와 같은 지나친 인공적 향기에 대하여 향기 피로감(fragrance fatigue)을 호소하는 사람들이 늘어나면서 소비의 외부비경제를 발생시키는 과다한 향수의 사용을 규제해야 한다는 주장이 제기되고 있다. 즉 공공장소에서 휴대전화의 사용이나 흡연을 규제하듯이 향수 사용에 대해서도 적절한 규제가 필요하다는 인식이 생기고 있는 것이다. 실제로 몇몇 국가에서는 향기 없는 구역을 지정하고 있으며, 직장이나 학교에서 향수의 사용을 자제하자는 캠페인이 벌어지기도 한다.

## 생산의 외부효과와 비효율성

이번에는 $X$재의 생산활동이 오염배출 등으로 외부비경제를 발생시키는 경우를 살펴보기로 하자. 이 경우 $X$재를 1단위 추가로 생산할 때마다 생산자의 사적 한계비용 $PMC$ 외에 사회는 오염 등으로 양(+)의 **한계외부비용**(marginal external cost) $MEC$를 부담하기 때문에 사회적 한계비용 $SMC$는 사적 한계비용 $PMC$보다 한계외부비용 $MEC$만큼 높아져서 $SMC(=PMC+MEC)>PMC$의 관계가 성립한다.

$X$재의 소비행위는 외부효과를 발생시키지 않는다고 할 때 〈그림 15-2〉에 표시된 것처럼 $X$재의 생산자는 자신이 발생시키는 외부비용을 고려하지 않으므로 시장기구를 통해서 이룩되는 균형의 산출량 $x'$에서 사회적 한계비용 $SMC$는 사회적 한계편익 $SMB$보다 높다. 이는 과다생산으로 인한 비효율성을 의미하고 그 크기는 삼각형 $ee'f$가 된다. 만일 $X$재의 생산이 양의 외부효과를 발생시킨다면, 한계외부비용 $MEC$는 음(−)이 되고 $SMC(=PMC+MEC)<PMC$의 관계가 성립하며, 과소생산으로 인한 비효율성이 발생한다.

〈그림 15-1〉과 〈그림 15-2〉에 표시된 비효율은 부분균형분석에 의한 결과이다. 일반균형분석을 하면 외부효과가 존재할 때 생산물구성의 파레토 효율성 조건이 만족되지 않아서 자원배분의 비효율성이 초래되는 것을 알 수 있다. 단순경제를 가정하여 외부효과가 존재하는 경우의 일반균형분석을 해보자.

$X$재 생산에 외부비경제가 존재하고 $Y$재 생산에는 외부효과가 없다면, $X$재 생산의 사회적 한계비용 $SMC_X$는 사적 한계비용 $PMC_X$보다 크고 $Y$재 생산의 사회적 한계비용 $SMC_Y$는 사적 한계비용 $PMC_Y$와 일치한다. 또한 $X$재의 생

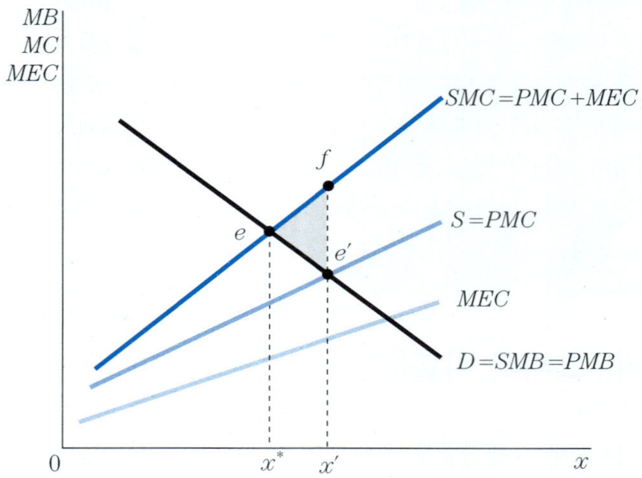


**그림 15-2 생산의 외부비경제와 비효율**
X재의 생산활동이 외부비경제를 발생시킨다면 X재의 사회적 한계비용 SMC는 사적 한계비용 PMC보다 한계외부비용 MEC만큼 높다. 따라서 시장기구를 통해서 이루어지는 균형의 산출량 $x'$ 은 효율적 산출량 $x^*$ 보다 많으며, 이러한 과다생산으로 인한 자중손실은 삼각형 $ee'f$이 된다.

산자는 외부비용을 고려하지 않고 이윤의 극대화를 위한 산출량을 정하기 때문에 소비자 A와 B의 효용극대화 조건까지 고려하면 균형가격체계$(P_X^*, P_Y^*)$에서는 다음의 관계가 성립한다.

$$\frac{SMC_X}{SMC_Y} > \frac{PMC_X}{PMC_Y} = \frac{P_X^*}{P_Y^*} = MRS_{C_A} = MRS_{C_B} \qquad (15-1)$$

소비에는 외부효과가 존재하지 않으므로 X재 1단위 추가 소비에 대한 사적 한계편익은 사회적 한계편익과 일치한다. 즉 **소비의 사적 한계대체율**(private marginal rate of substitution in consumption) $PMRS_C$와 **소비의 사회적 한계대체율**(social marginal rate of substitution in consumption) $SMRS_C$는 일치한다. 또한 식에서 $SMC_X/SMC_Y$는 X재 1단위를 추가 생산할 때 생산자 개인이 아니라 사회가 포기해야 하는 Y재의 양으로 **사회적 한계변환율**(social marginal rate of transformation) $SMRT$라고 한다면 $PMC_X/PMC_Y$는 **사적 한계변환율**(private marginal rate of transformation) $PMRT$라고 할 수 있다. 따라서 식 (15-1)은 다음과 같이 바뀐다.

$$SMRT > PMRT = \frac{P_X^{\ *}}{P_Y^{\ *}} = SMRS_C \tag{15-2}$$

식 (15-2)로부터 $SMRT > SMRS_C$의 관계가 성립하며, 이는 15장의 식 (14-16)에 표시된 생산물구성의 파레토 효율성 조건이 만족되지 않음을 의미한다. 즉 $X$재 생산의 외부비경제가 존재하는 경우 일반경쟁균형의 자원배분에서 $X$재 생산의 상대적 한계비용인 $SMRT$가 $X$재 소비의 상대적 한계편익인 $SMRS_C$보다 높기 때문에 $X$재 산출량을 감소시키고 $Y$재 산출량을 증가시킴으로써 사회 전체가 얻는 순편익은 증가할 수 있는 것이다.

## 15.2 외부효과의 해결

외부효과가 존재하는 경우에도 각 생산자는 공통적으로 주어진 요소가격비율에서 비용을 극소화하고 각 소비자는 공통적으로 주어진 생산물의 가격비율에서 효용을 극대화하기 때문에 생산의 파레토 효율성 조건과 소비의 파레토 효율성 조건은 만족된다. 따라서 외부효과가 발생할 때 시장기구에 의한 자원배분이 비효율적인 이유는 파레토 효율성의 세 가지 조건 중 생산물구성의 파레토 효율성 조건이 만족되지 않기 때문이다. 그렇다면 이러한 비효율성을 어떻게 해결할 수 있을까?

앞서 언급한 것처럼 외부효과가 존재할 때 자원배분의 비효율성이 초래되는 이유는 외부효과에 관련된 시장이 존재하지 않아서 가격체계가 외부효과에 의한 편익 또는 손해를 반영하지 못하기 때문이다. 이러한 점에 비추어 볼 때 외부효과에 의한 자원배분의 비효율성을 해결할 수 있는 기본적 방향은 외부효과와 관련된 시장의 개설 등으로 외부효과를 **내부화**(internalization of externalities)하여 경제단위들의 의사결정과정에 외부효과로 발생하는 편익이나 손해가 반영되도록 하는 것이다. 외부효과의 해결을 사적 해결과 공적 해결로 나누어 살펴보기로 하자.

## 외부효과의 사적 해결

### ① 기업합병

어느 하천의 상류에 위치한 염색공장이 방류하는 폐수로 인해서 하류에 위치한 세탁공장이 막대한 피해를 입는 경우를 예로 들어보자. 이처럼 피해를 주는 기업과 피해를 입는 기업이 분명하게 드러나는 경우에는 합병(merge)을 통해서 외부효과를 해결할 수 있다. 염색공장과 세탁공장이 합병하여 하나의 기업을 형성한다면, 기업 전체의 비용을 계산할 때 염색공장으로 인해서 세탁공장이 입는 피해가 포함된다. 따라서 두 공장의 합병으로 외부효과의 내부화가 이루어지면 염색공장의 사적 한계비용과 사회적 한계비용이 일치하게 되어 외부효과가 해결된다.

그러나 외부효과에 관련된 기업들을 정확하게 파악하기가 어렵거나 관련된 기업들의 수가 많은 경우에는 합병을 통한 외부효과의 해결은 거의 불가능하다.

### ② 재산권의 설정: 코우즈의 정리

외부효과 특히 외부비경제가 발생하는 근본적 이유는 외부효과와 관련된 자원에 대한 재산권이 제대로 확립되어 있지 않아서 외부효과에 관한 시장이 존재하지 않기 때문이다. 염색공장과 세탁공장의 경우 하천의 재산권이 설정되어 있지 않기 때문에 생산의 외부비경제가 발생하며, 흡연자와 비흡연자의 경우에는 깨끗한 공기에 대한 재산권이 확립되어 있지 않기 때문에 소비의 외부비경제가 발생한다. 따라서 외부효과와 관련된 자원의 재산권이 확립된다면 정부가 개입하지 않더라도 외부효과에 관련된 경제단위 사이의 협상을 통해서 외부효과가 해결되어 효율적 자원배분을 달성할 수 있다. $X$재(예를 들면 염색)의 생산으로 하천이 오염되어 근처의 $Y$재(예를 들면 세탁) 생산자가 피해를 입는다고 가정하여 재산권의 설정을 통해서 어떻게 외부효과가 해결될 수 있는가를 살펴보기로 하자.

〈그림 15-3〉에서 $X$재 시장은 완전경쟁이고 어느 생산자에게 주어진 가격은 $P_X^*$이다. 그리고 $X$재 1단위 추가 생산에 대하여 $Y$재의 생산자가 입는 피해는 한계외부비용곡선 $MEC_X$로 표시되어 있으며, $X$재 생산의 사적 한계비용곡

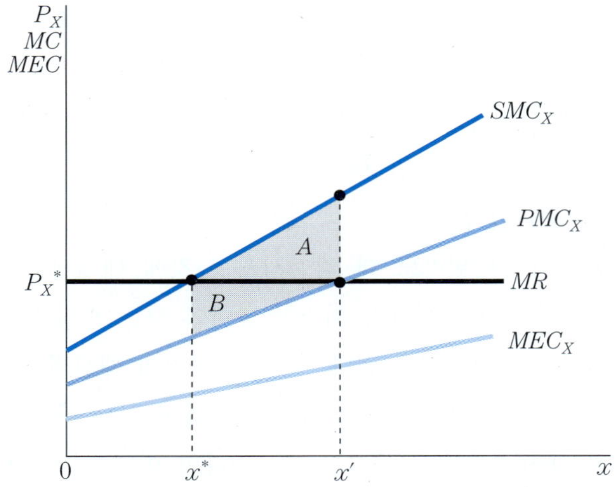


**그림 15-3 코우즈의 정리**

$X$재 생산에서 오염의 발생으로 $Y$재 생산자에게 외부비경제가 발생할 때 하천 재산권이 $X$재 생산자에게 있는 경우 $x'$ 의 산출량이 생산된다. 이 경우 산출량을 $x'$ 으로부터 1단위씩 줄여나가는 협상에서 $x^*$까지는 $Y$재 생산자의 지불용의금액이 $X$재 생산자가 받아야 하는 보상액보다 크기 때문에 자발적 협상을 통해 산출량은 효율적 수준인 $x^*$ 에서 결정된다. 반대의 경우에도 자발적 협상을 통해 산출량은 역시 에서 $x^*$ 결정된다.

선 $PMC_X$와 $MEC_X$곡선을 수직으로 더한 것이 $X$재의 사회적 한계비용곡선 $SMC_X$이다. 이 경우 효율성 있는 $X$재의 산출량은 $P_X^* = SMC_X$의 조건이 만족되는 $x^*$이다. 그러나 $Y$재의 생산자가 입는 피해를 고려하지 않는 $X$재 생산자는 이윤극대화를 위해서 $x^*$보다 더 많은 $x'$을 생산하여 비효율이 발생하며, 이러한 비효율은 하천에 대한 재산권의 미설정으로 '깨끗한 하천물'이 거래될 수 있는 시장이 존재하지 않기 때문이다. 그렇다면 하천의 재산권을 어느 한 쪽에 부여할 수 있고 두 생산자가 아무런 협상비용도 들이지 않고 자발적으로 협상할 수 있다면 효율성을 이룰 수 있는가?

먼저 하천에 대한 재산권이 $X$재 생산자에게 부여되었다고 하자. 그러면 $X$재 생산자는 아무런 제지 없이 $x'$을 생산하여 삼각형 $B$의 면적만큼 이윤을 얻지만 $Y$재 생산자는 옅은 검은 음영으로 표시된 부분(삼각형 $A$ 면적과 삼각형 $B$ 면적의 합)만큼 피해를 본다. 이러한 상황에서 두 생산자 사이에는 자발적 협상을 통해 모두 이득을 볼 수 있는 가능성이 생기게 된다. 왜냐하면 $X$재의 산출량을 $x'$에서 $x^*$까지 감소시키기 위한 협상에서 $Y$재 생산자가 최대로 지불할 용의가 있는 금액(삼각형 $A$ 면적과 삼각형 $B$ 면적의 합)은 $X$재의 생산자가 최소한 받아야 하는 보상액(삼각형 $B$의 면적)보다 많기 때문이다. 자발적 협상을 통해 $X$재 생산자에게 지불하는 보상액이 옅은 검은 음영으로 표시된 부분의 면적과 삼각형 $B$의 면적 사이에서 결정되면 산출량을 $x^*$로 감소시킬 때 두 생산자의 순편익은 모두 증가한다.

산출량을 $x^*$보다 1단위라도 더 감소시키는 것에 대해서는 $Y$재 생산자의 최대 지불용의금액이 $X$재 생산자가 최소한 받아야 하는 보상액보다 적기 때문에 양자 사이에 협상의 가능성은 없다. 따라서 하천의 재산권이 $X$재 생산자에게 있다면 두 생산자 사이의 자발적 협상으로 효율성 있는 산출량 $x^*$가 결정된다. 하천에 대한 재산권이 $Y$재 생산자에게 있다면 어떤 일이 벌어질 것인가? 이 경우에도 두 생산자 사이의 자발적 협상으로 $X$재의 산출량이 역시 $x^*$에서 결정되는 것은 쉽게 확인할 수 있다.

이처럼 재산권이 명백하게 설정될 수 있고 경제단위 사이의 자발적 협상이 가능하다면 재산권을 누구에게 설정하든지 관계없이 외부효과와 관련된 자원(가령 깨끗한 하천물)이 거래되는 시장과 가격이 형성되어서 외부효과의 문제가 해결되고 효율적 자원배분이 이루어질 수 있다는 것을 알 수 있으며, 이는 코우즈(R. Coase)에 의해서 다음과 같은 정리로 나타나게 되었다.

> 코우즈의 정리(Coase theorem): 재산권을 명확하게 설정할 수 있고 협상비용 등의 거래비용이 존재하지 않는다면, 외부효과가 존재한다고 해도 재산권을 누구에게 설정하는가에 관계없이 협상을 통해 효율적 자원배분을 이룩할 수 있다.

외부효과가 존재할 때 코우즈의 정리에서 요구되는 조건이 만족되기는 대단히 어렵다. 재산권을 설정할 수 있다고 해도 외부효과의 원인제공자를 식별하기가 어렵거나 그 숫자가 많다면 코우즈의 정리가 적용되기는 어렵다. 외부효과의 원인제공자가 명확하게 식별될 수 있고 소수인 경우에도 외부효과에 관련된 당사자들이 비용이나 편익에 관해 불완전한 정보를 지니고 있다면 역시 코우즈의 정리가 적용되기 어렵다. 외부비경제를 발생시키는 경제단위가 피해의 규모에 관하여 피해자보다 적은 정보를 지니고 있다면 피해를 입는 쪽은 그

규모를 실제보다 부풀릴 가능성이 있는 것이다. 이러한 한계에도 불구하고 코우즈의 정리는 정부의 개입이 없이도 외부효과를 해결할 수 있는 방안을 제시하였다는 점에서 중요한 의의를 지닌다.

③ 외부효과에 대한 캠페인의 전개

민간단체들은 외부비경제를 발생시키는 행위의 자제를 호소하는 여러 가지 캠페인을 벌인다. 금연운동협의회가 주도하는 금연캠페인, 환경보호단체가 전개하는 지구온난화 방지 캠페인 등을 예로 들 수 있으며, 민간부문의 이러한 활동은 외부비경제에 대한 사적 대응이라고 할 수 있다. 가정이나 학교에서 공중도덕을 가르치는 것 역시 외부효과의 사적 해결로 볼 수 있다.

## 15.3 외부효과의 공적 해결: 환경오염의 경우

환경오염의 문제는 재산권의 설정이 쉽지 않고 협상을 위한 거래비용도 매우 높기 때문에 그 해결을 위해서는 어떤 형태로든지 정부의 개입이 불가피하다. 환경오염의 문제를 공적으로 해결하기 위해서는 먼저 사회적으로 적정한 환경오염의 수준을 정해야 하며, 그 수준으로 환경오염을 통제하기 위한 수단을 선택해야 한다.

### 환경오염의 적정수준

누구든지 지구의 미래를 걱정하는 사람이라면 환경오염의 수준이 낮아지는 것을 원한다. 그렇다고 환경오염의 수준을 극단적 수준까지 낮추는 것은 엄청난 비용이 소요되므로 가능한 일이 아니다. 그렇다면 어느 정도의 환경오염이 사회적으로 적정할 것인가?

어느 지역에 위치하고 있는 두 기업 J와 K는 생산과정에서 동일한 종류의 오염물질 $D$를 배출시킨다고 하자. 〈그림 15-4〉에서 수평축은 오염수준 $d$를 표시하고 수직축은 화폐가치로 환산한 비용 또는 편익을 표시한다. 오염감소장치를 설치하지 않으면 산출량에 관계없이 각 기업마다 일정량 $\bar{d}/2$의 오염물질

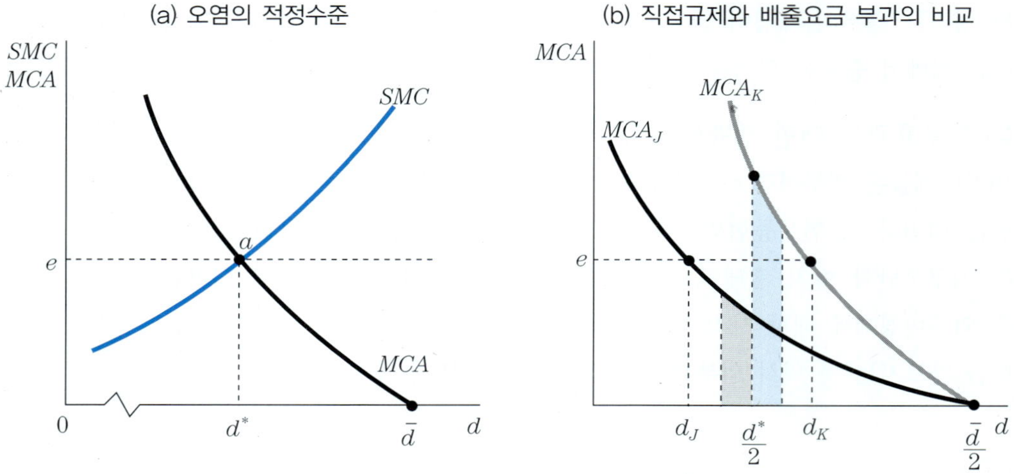


**그림 15-4 오염의 적정수준과 공적 해결**

오염물질 $D$를 1단위 추가로 감소시킬 때의 한계비용곡선 $MCA$와 오염물질 $D$가 1단위 추가로 배출될 때의 사회적 한계비용곡선 $SMC$가 교차하는 점에서 오염의 적정수준 $d^*$가 결정된다. 환경오염에 대한 공적 해결수단 중에서 직접규제는 오염이 적정수준 $d^*$를 넘지 않도록 오염배출의 허용기준을 정하는 것이며, 배출요금제는 1단위의 오염물질 배출에 대해 $e$원의 요금을 부과하는 것이다. 개별 기업의 $MCA$곡선에 관해 정확한 정보가 있다면 직접규제와 배출요금 부과 모두 최소의 사회적 비용으로 오염의 적정수준 $d^*$를 달성할 수 있지만 그렇지 않은 경우에는 직접규제보다 배출요금의 부과가 우월한 정책이 된다.

이 배출된다고 할 때 〈그림 15-4〉의 (a)에서 $\bar{d}$는 두 기업 모두 오염감소장치를 설치하지 않는 경우 이 지역의 오염수준이다.

$\bar{d}$의 오염수준으로부터 오염배출량을 조금이라도 줄이려면 기업들은 오염감소장치를 설치할 수밖에 없고 오염배출량의 감소에 따라 오염감소장치의 용량을 증설해야 한다. 오염을 1단위 더 감소시키기 위해 추가로 늘려야 하는 오염감소장치의 용량은 오염수준이 낮아질수록 증가한다고 할 때, 오염 1단위 추가 감소의 한계비용곡선은 그림에서 $MCA$(marginal cost of abating pollution)로 표시된다. $MCA$곡선은 〈그림 15-4〉의 (b)에 표시된 두 기업의 한계비용곡선 $MCA_J$와 $MCA_K$를 수평으로 합한 것으로 오염의 감소를 위한 이 지역의 사회적 한계비용곡선이라고 할 수 있다. 오염물질 $D$가 1단위 추가로 배출될 때마다 이 지역 주민들이 입는 피해는 〈그림 15-4〉의 (a)에서 사회적 한계비용곡선 $SMC$로 표시되어 있다. 오염수준이 높아질수록 추가되는 오염으로부터 느끼는 피해는 증가한다.

오염의 사회적 적정수준은 그림에서 $SMC$곡선과 $MCA$곡선이 교차하는 점 $a$에서의 $d^*$이다. 점 $a$의 오른쪽에서는 오염 1단위를 감소시키기 위한 한계비용이 오염으로 인한 사회적 비용보다 크기 때문에 오염수준을 감소시킴으로써 사회적 후생을 높일 수 있고 점 $a$의 왼쪽에서는 반대의 관계가 성립하기 때문에 오히려 오염수준을 증가시키는 것이 바람직하다. 따라서 정책의 목표는 오염감소장치의 설치로 오염수준을 $\bar{d}-d^*$만큼 감소시키는 것이며, 이를 위한 공적 수단으로 직접규제, 배출요금의 부과, 거래가능 오염배출권 제도 등을 들 수 있다.

## 직접규제와 배출요금의 부과

**오염의 직접규제**는 각 기업의 오염배출이 정해진 허용기준을 넘지 않도록 규제하는 것이다. 〈그림 15-4〉의 경우 각 기업에 대한 허용기준을 그 합이 $d^*$와 일치하게 정하면 오염의 적정수준을 달성할 수 있다. 직접규제가 실시될 때 각 기업들은 자신들이 배출하는 오염물질의 양이 허용기준에 맞도록 오염감소장치를 설치할 것이기 때문에, 생산비용은 증가하고 산출량은 감소하여 효율성을 회복할 수 있다.

직접규제에서 각 기업에 대한 허용기준은 $\bar{d}-d^*$만큼의 오염을 최소의 비용으로 줄일 수 있도록 정해진다. 규제기관이 두 기업의 $MCA$곡선에 관해 정확한 정보를 지니고 있다면 〈그림 15-4〉의 (*b*)에 표시된 것처럼 오염감소에 관한 각 기업의 한계비용이 일치하도록 기업 K의 허용기준은 $d_K$로 정하고 기업 J의 허용기준은 $d_J$로 정할 때 오염의 적정수준 $d^*$를 최소의 사회적 비용으로 이룰 수 있다. 그러나 규제기관이 각 기업의 $MCA$곡선을 모르는 경우 각 기업의 허용기준을 $d^*/2=(d_J+d_K)/2$로 동일하게 정한다면 적정수준의 오염은 달성할 수 있지만 사회적 비용의 극소화는 실현되지 않는다.

오염을 적정수준으로 감소시키는 또 다른 방법은 오염물질 1단위를 배출할 때마다 조세의 성격을 지니는 **배출요금**(emission fee)을 부과하는 것이다. 외부효과에 대한 공적 해결수단으로 조세 또는 보조금의 사용을 제안한 경제학자는 피구(A. Pigou)이므로 이러한 조세 또는 요금을 **피구의 조세**(Pigouvian taxes)라고 한다.

〈그림 15-4〉의 (a)에서 *SMC*곡선과 *MCA*곡선이 교차하는 점 $a$와 수평축 사이의 수직거리인 $e$원을 배출요금으로 부과한다고 하자. 오염물질 1단위를 추가로 감소시키면 배출요금을 내지 않아도 되므로 배출요금 $e$는 기업의 입장에서 오염 1단위를 감소시킬 때의 한계편익이 된다. 따라서 기업 J와 K는 각각 자신의 한계비용과 배출요금 $e$가 일치하는 수준에서 오염량을 $d_J$와 $d_K$로 정할 것이므로 최소의 사회적 비용으로 오염을 적정수준 $d^*$까지 줄일 수 있다. 〈그림 15-4〉의 (a)에서 규제기관이 *SMC*곡선과 *MCA*곡선의 위치를 정확하게 알고 있을 뿐 아니라 〈그림 15-4〉의 (b)에 표시된 개별 기업의 *MCA*곡선에 관해서도 정확한 정보를 지니고 있다면 직접규제와 배출요금 부과 모두 최소의 사회적 비용으로 오염의 적정수준 $d^*$를 달성할 수 있다. 그러나 규제기관이 개별 기업의 *MCA*곡선의 위치를 모른다면 직접규제보다 배출요금의 부과가 우월한 정책이며, 〈그림 15-4〉의 (a)에 표시된 *SMC*곡선과 *MCA*곡선에 관해서도 부정확한 정보를 지니고 있다면 오염 적정수준의 추정오차 때문에 직접규제와 배출요금 부과 모두 비효율적 결과를 발생시킬 수 있다.

## 거래가능 오염배출권

각 기업에게 배출할 수 있는 오염물질의 양이 명시되어 있는 허가증이 교부되며, 기업들은 이 허가증을 매매할 수 있는 제도를 **거래가능 오염배출권**(tradeable emission permits)이라고 한다. 이러한 제도하에서 오염수준의 감소에 대한 한계비용이 높은 기업들은 한계비용이 낮은 기업으로부터 오염배출 허가증을 구입하려 할 것이기 때문에, 오염수준의 감소에 관한 각 기업의 한계비용은 일치하게 되고 최소의 비용으로 오염의 적정수준을 달성할 수 있다.

〈그림 15-4〉에서 거래가능 오염배출권 제도가 실시되고 1장의 허가증으로 오염물질을 1단위 배출할 수 있다고 하자. 오염의 적정수준을 달성하기 위해서 규제기관은 각 기업에게 $d^*/2$장씩의 허가증을 교부하였다고 하자. 이때 오염수준의 감소를 위해서 높은 한계비용을 지불해야 하는 기업 K가 기업 J로부터 1장의 허가증을 더 구입하기 위해 지불할 용의가 있는 금액(그림에서 옅은 파란 음영으로 표시된 면적)은 기업 J가 받고자 하는 최소의 금액(그림에서 옅은 검은 음영으로 표시된 면적)보다 크다. 따라서 두 기업 사이에는 서로에게 순편익을

주는 허가증의 거래가 시작되며, 이러한 거래는 두 기업의 한계비용이 일치할 때까지 계속된다. 그 결과로 기업 J와 K가 각각 $d_J$와 $d_K$만큼씩의 허가장을 지니게 되어(즉 그 만큼씩의 오염을 배출하여) 오염은 최소의 사회적 비용으로 적정수준 $d^*$까지 감소한다.

규제당국은 오염의 적정수준을 그 수준만큼의 거래가능 허가증을 발행하여 각 기업들에게 교부함으로써 오염물질에 관한 시장을 개설하며, 이 시장을 통해서 오염수준의 감소를 위한 각 기업의 한계비용이 일치하므로 최소의 비용으로 오염의 적정수준을 유지할 수 있게 한다. 이러한 점에서 거래가능 오염배출권은 오염수준을 양적으로 통제하는 직접규제의 장점과 배출요금의 부과가 지니고 있는 비용의 이점을 혼합한 제도라고 할 수 있다.

**예 15-2** **공병보증금 반환제도**

우리나라에서는 1985년부터 자원재활용과 환경보호를 목적으로 공병보증금 반환제도가 시행되고 있다. 공병보증금 반환제도는 주류나 음료의 판매가격에 공병(빈병)값을 포함시켜 소비자에게 판매한 후 소비자가 공병을 소매점에 반환할 때 보증금을 환불해 주는 제도이며, 현재는 190㎖ 미만의 빈병은 20원, 190~400㎖ 미만은 40원, 400~1000㎖ 미만은 50원, 1000㎖ 이상의 빈병은 100~300원의 보증금을 반환하도록 의무화하고 있다.

이 제도의 목적이 어떻게 달성되는지는 〈그림 15-5〉에 표시되어 있다. 그림에서 $S_N$과 $S_R$은 각각 한 번도 재활용되지 않은 새 유리병과 재활용된 유리병의 공급곡선이며, 유리병의 시장공급곡선 $S$는 $S_N$과 $S_R$을 수평으로 합한 것이다. 재활용을 촉진하는 제도가 없다면 재활용되는 유리병의 규모는 $x_R^*$로 대단히 미미할 것이다. 이 상황에서 공병보증금 반환제도가 실시되면 사용한 유리병을 그냥 버릴 때의 사적 비용이 증가하여 재활용이 장려되므로 재활용된 유리병의 공급곡선은 $S_R$에서 $S_R'$으로 이동하고 유리병의 시장공급곡선은 $S'$으로 이동한다. 이에 따라 재활용되는 유리병의 규모도 $x_R^*$에서 $x_R'$으로 증가하게 된다.

공병보증금 반환제도의 실시는 재활용 유리병에 관한 시장의 개설을 의미하며, 빈 유리병의 수거, 분류, 세척 등을 담당하는 개인 또는 기업이 늘어나서 재활용 유리병의 시장규모는 커지게 된다. 한국용기순환협회에 의하면 공병보증금 반환제도, 음료제조업체들의 동일 유리용기 사용 등 때문에 공병회수율은 거의 95% 이상을 기록하고 있다고 한다.

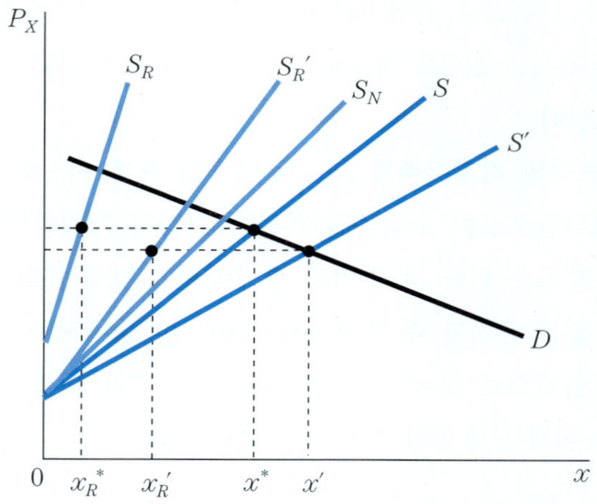


**그림 15-5 공병보증금 반환제도의 효과**
공병보증금 반환제도의 실시로 재활용된 유리병의 공급곡선은 $S_R$에서 $S_R'$로 이동하고 재활용되는 병의 양은 $x_R^*$에서 $x_R'$으로 증가한다.

## 15.4 공유자원

**공유자원**(common property resources)이란 재산권이 확립되어 있지 않기 때문에 누구든지 무료로 사용할 수 있는 자원을 의미한다. 소유주가 정해져 있지 않은 호수의 물고기, 생수의 취수원이 되는 지하수, 통행료가 없는 도로나 교량 등은 공유자원의 대표적 예라고 할 수 있다. 어느 한 사람이 공유자원을 많이 사용할수록 그 공유자원이 다른 사람들에게 주는 가치는 감소할 수밖에 없기 때문에, 공유자원의 사용자들은 서로에게 외부비경제를 발생시킨다. 그런데 개인들이 이러한 외부효과를 고려하지 않을 때 공유자원은 사회적으로 바람직한 수준보다 많이 사용되며, 이를 **공유의 비극**(tragedy of commons)이라고 부른다. 공유의 비극으로 인한 비효율은 〈그림 15-2〉의 생산의 비경제의 경우와 동일하게 분석될 수 있다.

어느 호수에 누구든지 와서 무료로 잉어낚시를 할 수 있다고 하자. 그러나

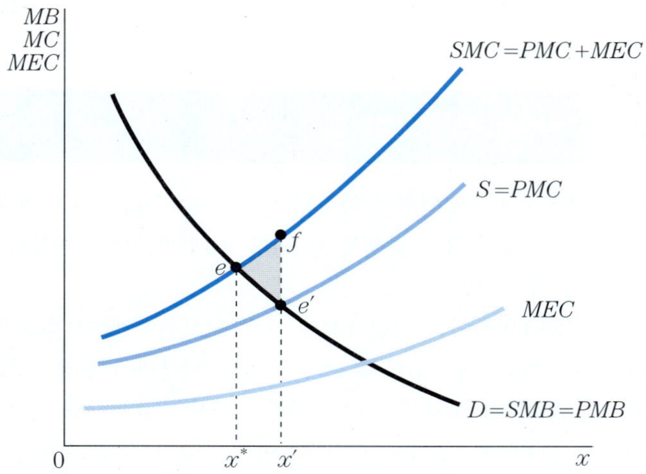


**그림 15-6 공유의 비극**

한 개인이 잉어를 잡는 행위로 다른 개인들의 잉어 어획량이 감소하여 외부비경제가 발생한다. 효율적인 어획량은 $SMC=SMB$의 조건을 만족시키는 $x^*$이지만 시장기구에 의한 균형 어획량은 $x'$ 이다. 이처럼 공유자원의 사용량은 효율적 수준보다 많으며, 이를 공유의 비극이라고 한다.

낚시꾼의 수가 많아질수록 호수의 잉어밀도는 감소하므로 어느 한 개인이 호수에 새로 와서 잉어를 잡는 행위는 다른 사람들에게 외부비경제를 발생시키며, 이는 〈그림 15-6〉에서 잉어의 어획량 $x$에 대한 한계외부비용곡선 $MEC$에 나타나 있다. 잉어의 시장은 완전경쟁이라고 할 때 잉어의 시장공급곡선 $S$(동시에 낚시의 사적 한계비용곡선 $PMC$)와 시장수요곡선 $D$가 일치할 때까지 낚시꾼들은 호수로 계속 들어와 잉어를 잡기 때문에 균형은 어획량이 $x'$ 이 되는 점 $e'$ 에서 이루어진다. 그러나 효율적인 어획량은 $SMC = SMB$의 조건을 만족시키는 $x^*$이므로 잉어의 남획으로 인해 옅은 검은 음영으로 표시된 삼각형 $ee'f$의 면적만큼 비효율이 발생한다.

이와 같이 공유자원의 경우 각 개인은 자신이 발생시키는 외부비경제를 고려하지 않기 때문에 사회적으로 바람직한 수보다 많은 개인들이 공유자원을 사용하게 된다. 공유의 비극에 대한 대응은 외부비경제와 동일하다. 어느 한 개인에게 공유자원의 재산권을 부여할 수도 있으며, 환경오염의 경우처럼 정부가 개입하여 공유자원이 사회적으로 바람직한 수준에서 사용되도록 직접규제를 하거나 사용요금을 부과하는 간접규제를 할 수도 있다. 교량, 도로, 터널 등의 통행료 징수는 간접규제의 예이다.

## 예 15-3 남산터널의 혼잡통행료

교량이나 터널에서는 진입하는 차량의 수가 늘수록 다른 차량의 속도가 느려지기 때문에 공유의 비극이 발생할 수 있다. 남산터널의 혼잡통행료는 이에 대한 대응이라고 할 수 있다.

모든 승용차는 1인승이고 시간 1분에 대하여 모든 사람이 똑같이 $W$의 가치를 부여한다고 가정하자. 심야와 같이 한가한 시간대에 승용차로 규정속도를 준수해서 남산터널을 통과하는 데 $t^*$분의 시간이 소요된다면 한가한 시간대에 남산터널을 승용차로 통과하는 사람들이 1인당 평균 지불하는 시간비용 $AC_t$는 $Wt^*$가 된다. 그리고 남산터널을 승용차로 통과하려는 사람의 시간당 숫자 $n$이 일정수준 $\bar{n}$를 넘어서 증가하는 경우에는 혼잡으로 인해서 터널통과의

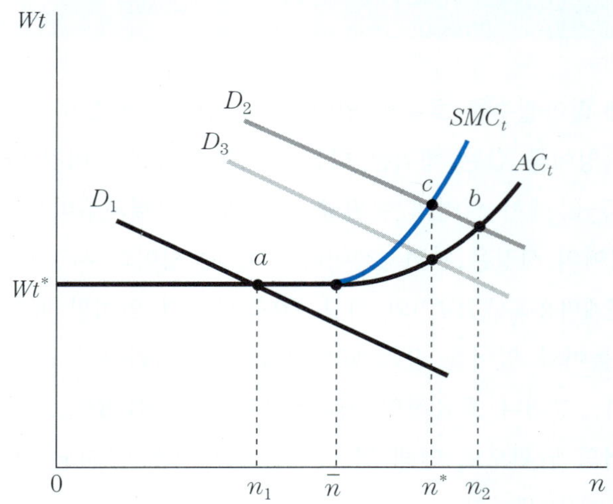


**그림 15-7 남산터널의 혼잡통행료**

남산터널의 시간당 통행량이 일정수준 $\bar{n}$를 넘어서 증가하는 경우에는 1인당 평균시간비용 $AC_t$는 증가하고 사회 전체의 시간비용의 한계적 변화인 $SMC_t$는 $AC_t$보다 높다. 붐비는 시간대에 남산터널의 통행량은 시장수요곡선 $D_2$와 $AC_t$곡선이 교차하는 점에서 $n_2$로 결정되는데, 이는 효율적 통행량 $n^*$보다 많다. 이러한 비효율성을 제거하기 위한 방법 중에 하나는 효율적 통행량 $n^*$에서 $SMC_t$곡선과 $AC_t$곡선 사이의 수직거리를 측정해서 그 거리만큼의 혼잡통행료를 부과하는 것이다.

소요시간이 증가하므로 1인당 평균 지불하는 시간비용 $AC_t$도 〈그림 15-7〉에 표시된 것처럼 증가한다고 하자.

한가한 시간대에는 남산터널의 통과에 대하여 $Wt^*$보다 높은 가치를 부여하는 사람들은 모두 남산터널을 통과할 것이며, 이들의 수는 시장수요곡선 $D_1$과 $AC_t$곡선이 교차하는 점 $a$에서 $n_1$로 결정된다. 물론 이 상태에서는 아무런 통행료도 부과하지 않는 것이 효율적이다. 그러나 붐비는 시간대의 시장수요곡선을 $D_2$라고 한다면, 남산터널을 승용차로 통과하는 사람의 수는 $D_2$와 $AC_t$곡선이 교차하는 점 $b$에서 $n_2$가 된다. 그런데 점 $b$는 균형점이기는 하지만 남산터널의 효율성 있는 통행량을 의미하지는 않는다. 왜냐하면 남산터널을 승용차로 통과하려는 사람의 수가 $\bar{n}$를 넘어서 증가할 때 1인당 평균시간비용 $AC_t$ 가 증가하는 것은 사회 전체의 한계시간비용 $SMC_t$(즉 터널 통과자 수가 1명 더 많아질 때 사회 전체 시간비용의 증가폭)가 $AC_t$ 보다 높다는 것을 의미하기 때문이다.

가령 10명이 남산터널을 통과할 때 1인당 평균 10분이 소요되어 $AC_t$는 $W\times 10$이고 11명이 통과할 때는 1인당 평균 11분이 소요되어 $AC_t$는 $W\times 11$이라고 하자. 이때 남산터널의 통과에 대하여 사회 전체가 지불하는 시간비용은 $W\times 100$에서 $W\times 121$로 증가하기 때문에 사회 전체의 한계시간비용 $SMC_t$는 $W\times 21$이 된다. 즉 10명보다 1명 많은 11명이 통과하는 경우 1인당 평균 $W\times 11$의 시간비용 $AC_t$가 들고 다른 10명의 통행소요시간을 1분씩 지연시키는 외부효과 때문에 $W\times 10$의 시간비용이 추가되어 사회 전체의 한계시간비용 $SMC_t$는 1인당 평균시간비용 $AC_t$보다 높은 $W\times 21$이 되는 것이다. 그림에서 $SMC_t$곡선은 $\bar{n}$의 통행량까지는 수평선이지만 통행량이 $\bar{n}$보다 많아져서 혼잡해지면 $AC_t$의 위에 위치하게 된다.

$SMC_t$곡선은 남산터널이라는 공유자원 사용의 사회적 한계비용곡선을 의미하기 때문에 붐비는 시간대에 효율적 통행량은 시장수요곡선 $D_2$와 $SMC_t$곡선이 교차하는 점 $c$에 해당되는 $n^*$이다. 그런데 남산터널의 통행량은 시장수요곡선 $D_2$와 $AC_t$곡선이 교차하는 점에서 결정되므로 과다한 통행량으로 인한 비효율성이 발생한다. 이러한 비효율성을 제거하기 위한 방안은 효율적 통행량 $n^*$에서 $SMC_t$곡선과 $AC_t$곡선 사이의 수직거리를 측정하여 그 거리만큼의 혼잡통행료(congestion tolls)를 부과하는 것이다. 이러한 혼잡통행료의 부과로 붐비는 시간대의 시장수요곡선은 $D_2$에서 $D_3$로 이동하기 때문에 균형점은 $b$에서 $c$로 이동하고 통행량은 효율적 수준 $n^*$에서 이루어지게 된다.

**예 15-4** **국립공원 입장료 폐지와 생태계 훼손: 공유의 비극**

우리나라에서는 70년대 초반부터 국립공원의 보호, 유지 및 관리를 위하여 입장료를 징수해 왔다. 그런데 2007년 1월부터 이 입장료가 폐지되었고 그 이후 국립공원의 탐방객 수는 빠른 속도로 증가하였다. 국립공원관리공단에 의하면 한라산과 경주를 제외한 18개 국립공원의 탐방객 수가 2006년에 2,261만명이었지만 입장료가 폐지된 첫해인 2007년에는 2,902만명으로 늘어났고 그 이후에도 탐방객 수는 지속적으로 증가하여 2010년에는 3,800만명에 육박하였다고 한다.

이미 1994년 기네스북에 세계에서 단위면적당 가장 많은 탐방객이 찾는 국립공원으로 등재된 북한산공립공원의 경우 탐방객 수는 2006년의 487만명에서 2007년 900만명 이상으로 증가하였으며, 이 때문에 휴일에 북한산의 인기 탐방로에는 넘치는 탐방객으로 심한 정체가 빚어져서 산을 찾는 사람들에게 오히려 불쾌감을 줄 뿐 아니라 등산로 침식과 야생 동식물의 서식환경 악화 등의 생태계 훼손이 심각한 수준에 이르고 있다.

최근 환경부는 폐지되었던 국립공원 입장료의 부활을 검토하고 있다고 한다. 이에 대하여 일부 시민단체는 "정부가 별 대책 없이 입장료의 폐지를 강행하고서는 뒤늦게 생태계 훼손, 국립공원 관리의 예산부족 등을 이유로 들어 다시 부활시키겠다고 나서는 것은 정책 일관성의 결여이다"라고 지적하고 있다.

# 15.5 공공재의 특징과 효율적 공급

## 공공재의 특징

옷, 사과와 같은 **사적재**(private goods)의 경우 공급량이 주어졌을 때 한 사람의 소비량이 증가하면 다른 사람의 소비량은 감소하고 값을 지불한 사람만이 소비할 수 있다는 특징을 지닌다. 이러한 사적재에 대하여 주어진 공급량을 여러 사람이 동시에 소비할 수 있다는 **비경합성**(non-rivalry)과 어느 개인이 대가를 지불하지 않고 소비하는 것을 막을 수 없다는 **비배제성**(non-excludability)의 두 가지 특징 중에서 적어도 한 가지 이상의 특징을 지니는 상품을 공공재라고 하며, 두 가지 특징을 모두 갖춘 공공재를 특히 **순수공공재**(pure public goods)라고 한다. 비경합성 때문에 일단 생산된 공공재에 대하여 1명을 더 소비하도록 할 때의 한계비용은 0이며, 비배제성 때문에 공공재의 사용에 대해 요금을 청구하기가 거의 불가능하다.

그러나 현실에서 순수공공재를 찾아보기는 쉽지 않다. 순수공공재의 예라고 할 수 있는 국방, 치안 등의 경우에도 인구가 증가할 때 그 서비스의 강도가 약화될 가능성이 있으므로 비경합성의 특징을 완전하게 만족시킨다고 보기는 어렵다. 순수공공재에 대하여 비경합성과 비배제성의 특징을 제한적으로 갖추고 있는 공공재를 **비순수공공재**(impure public goods)라고 부른다. 앞에서 살펴본 공유자원은 비배재성의 특징은 있지만 경합성을 지니고 있다는 점에서 비순수공공재라고 할 수 있다. 반대로 컴퓨터 소프트웨어, 디지털음원 등은 일단 만들어지면 소비자 1명에게 추가 공급할 때의 한계비용이 거의 0에 가깝기 때문에 비경합성의 특징을 지닌다. 그러나 불법복제를 방지하는 장치 때문에 이들 상품은 배제성을 지녀서 비순수공공재로 분류될 수 있다. 여기에서는 순수공공재만을 분석하지만 대부분의 분석결과는 비순수공공재에도 적용될 수 있다.

비배제성과 비경합성의 특징 때문에 공공재는 개인, 정부, 또는 정부대행기관 등 누가 공급하든지 효율적 공급이 이루어지기가 어렵다. 그 이유를 살펴보기 전에 먼저 공공재의 효율적 공급조건이 무엇인지 살펴보기로 하자.

## 공공재 공급의 효율성 조건

앞장에서는 단순경제를 가정하여 자원배분의 파레토 효율성 조건을 살펴보았다. $X$재와 $Y$재가 모두 사적재인 경우 생산요소의 배분이 생산의 파레토 효율성 조건을 만족시키고 한계변환율이 소비자 A와 B의 공통된 소비의 한계대체율과 일치할 때, 즉 $MRT = MRS_{C_A} = MRS_{C_B}$의 조건이 성립할 때 경제 전체의 자원배분은 파레토 효율성을 지니게 된다. 외부효과가 존재하지 않는 경우 한계변환율 $MRT$는 $X$재를 1단위 더 생산할 때의 사회적 한계비용의 크기를 $Y$재의 산출량으로 나타낸 것이고 소비자 A와 B의 공통된 소비의 한계대체율은 $X$재를 1단위 더 소비할 때 사회적 한계편익의 크기를 $Y$재의 수량으로 표시한 것이다. 따라서 $MRT = MRS_{C_A} = MRS_{C_B}$의 조건은 곧 각 생산물 소비의 사회적 한계편익이 그 생산의 사회적 한계비용과 일치하여 주어진 생산물의 구성에서 사회 전체가 얻는 순편익이 극대화되고 있음을 의미한다.

그러나 공공재가 존재하는 경우 사적재와는 다른 특징 때문에 파레토 효율성의 조건이 달라질 수밖에 없다. 단순경제에서 $Y$재는 여전히 사적재이지만 $X$재는 공공재라고 가정하자. 공공재의 비경합성 때문에 사회가 소비할 수 있는 공공재가 1단위 더 증가하는 것은 모든 소비자에게 공공재가 1단위가 더 증가하는 것과 같다. 따라서 공공재 $X$를 1단위 더 공급할 때의 사회적 한계편익 $SMB$는 모든 소비자의 한계편익을 합한 것이다. 즉 $SMB = MRS_{C_A} + MRS_{C_B}$의 관계가 성립한다. 이 때문에 $X$재가 공공재인 단순경제에서 생산물구성의 파레토 효율성 조건은 다음과 같이 바뀌게 된다.

$$MRT = MRS_{C_A} + MRS_{C_B} \tag{15-3}$$

$MRT < MRS_{C_A} + MRS_{C_B}$인 경우에는 공공재 $X$를 1단위 더 생산할 때의 사회적 한계비용이 사회적 한계편익보다 작기 때문에, 공공재 $X$의 공급량을 증가시키고 사적재 $Y$의 공급량을 감소시킴으로써 사회 전체의 순편익을 증가시킬 수 있다. 또한 $MRT > MRS_{C_A} + MRS_{C_B}$일 때는 반대로 공공재 $X$의 공급량을 감소시키고 사적재 $Y$의 공급량을 증가시킴으로써 사회 전체의 순편익을 높일 수 있다. 따라서 $X$재가 공공재인 단순경제에서 파레토 효율적 자원배분이 이루어지기 위해서는 식 (15-3)의 조건이 성립해야 하며, 소비자의 수가 $n$명이라면 공공재 공급의 효율성 조건은 다음과 같다(아래 첨자 $i$는 개별 소비자를 표시함).

$$MRT = \sum_{i=1}^{n} MRS_{C_i} \tag{15-4}$$

〈그림 15-8〉은 단순경제에서 공공재 $X$의 효율적 공급을 위한 식 (15-3)의 조건을 표시하고 있다. 소비자 A와 B의 공공재 $X$에 대한 수요곡선을 $d_A$와 $d_B$라고 하자. 각 수요곡선의 한 점과 수평축 사이의 수직거리는 그 점에서 공공재 $X$를 1단위 더 소비할 수 있을 때 소비자가 기꺼이 포기할 용의가 있는 $Y$재의 수량에 $Y$재 가격을 곱한 것으로서 화폐가치로 환산한 공공재 $X$의 한계편익을 표시한다. 공공재의 비경합성 때문에 수요곡선 $d_A$와 $d_B$를 수직으로 합한 것은 공공재의 사회적 한계편익곡선 $SMB$가 된다. 생산가능곡선의 각 점에서

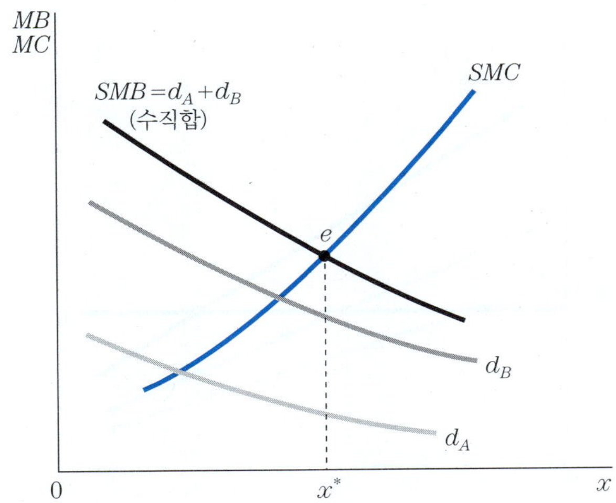


**그림 15-8 공공재의 효율적 공급**
공공재의 비경합성 때문에 공공재의 사회적 한계편익곡선 *SMB*는 개인의 한계편익곡선을 수직으로 합한 것이며, 이 *SMB*곡선이 공공재 생산의 사회적 한계비용곡선 *SMC*와 교차하는 점 $e$에서 공공재의 효율적 공급량 $x^*$가 결정된다.

한계변환율 *MRT*에 *Y*재 가격을 곱할 때 화폐가치로 환산한 공공재 공급의 사회적 한계비용을 얻을 수 있으며, 이는 그림에서 *SMC*곡선으로 표시되어 있다. 이러한 *SMB*곡선과 *SMC*곡선이 교차하는 점 $e$에서 식 (15-3)의 조건을 만족시키는 공공재 $X$의 효율적 공급량 $x^*$가 결정된다.

# 15.6 공공재와 시장의 실패

## 개인에 의한 공공재 공급

어느 개인이 공공재의 공급에 도움이 되는 행동을 하면 비경합성의 특성 때문에 그 행동은 시장기구를 거치지 않고 다른 경제단위에게 편익을 제공한다. 즉 공공재의 공급은 외부경제를 발생시키는 행동인 것이다. 앞에서 살펴보았듯이 외부경제가 존재할 때 완전경쟁시장에서는 과소공급으로 인한 비효율이

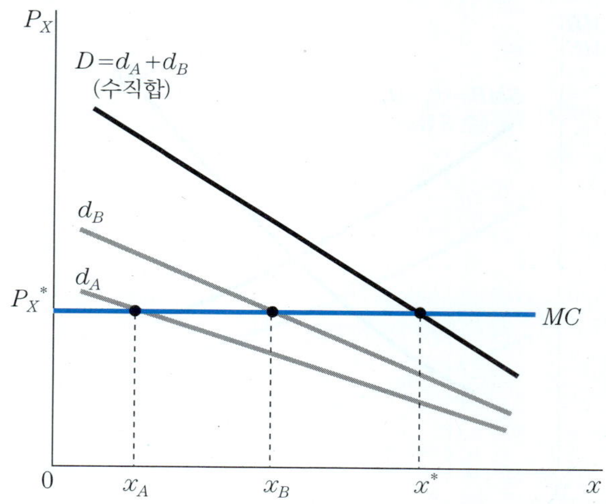


**그림 15-9 개인에 의한 공공재 공급**

$D$는 두 가구 A와 B의 공공재 $X$에 대한 수요곡선 $d_A$와 $d_B$를 수직으로 합한 것으로 사회적 한계편익곡선이다. 공공재 $X$는 완전경쟁시장에서 1단위에 $P_X^*$의 가격으로 구입할 수 있다고 할 때 공공재 $X$의 효율적 공급량은 $x^*$이다. 그러나 개인들이 공공재 공급에 관하여 개별적으로 결정하면 가구 B만 $x_B$만큼 공급하고 가구 A는 무임승차하는 내쉬균형의 결과가 발생하여 공공재는 효율적 수준 $x^*$보다 적게 공급된다.

발생하며, 이는 공공재의 공급이 개인들의 개별적 의사결정의 결과로 이루어진다면 그 공급량이 비효율적으로 낮을 것임을 의미한다.

어느 조그만 마을에 두 가구 A와 B가 있고 두 집 사이에는 공터가 있다고 하자. 이 공터에 심어진 화초를 공공재 $X$라고 할 때 〈그림 15-9〉에서 $d_A$와 $d_B$는 각각 가구 A와 B의 공공재 $X$에 대한 수요곡선이며, $D$는 두 수요곡선을 수직으로 합한 것으로 공공재 $X$에 대한 이 마을의 사회적 한계편익곡선이다. 화초는 마을 외부에 있는 완전경쟁시장에서 한 그루에 $P_X^*$의 가격으로 구입할 수 있다고 할 때 공공재인 화초의 효율적 공급량은 $x^*$이다.

각 가구가 공터의 화초에서 얻는 효용을 극대화하기 위하여 개별적으로 의사결정을 한다면, 가구 A는 공터에 $x_A$만큼 화초를 심을 것이고 가구 B는 $x_B$만큼을 심을 것이다. 그런데 공터에 $x_B$만큼의 화초가 있다면 가구 A가 화초 1그루를 더 심을 때의 한계편익은 한계비용 $P_X^*$보다 낮다. 따라서 화초를 $x_B$만큼 심겠다는 가구 B의 결정에 대한 가구 A의 최선의 반응은 화초를 한 그루도 심지 않는 것이다. 가구 A가 화초를 한 그루도 심지 않는 것에 대한 가구 B의 최선의 대응은 $x_B$만큼의 화초를 심는 것이므로, 공터에는 가구 B만 $x_B$그루의 화초를 심고 가구 A는 한 그루도 심지 않는 내쉬균형의 결과가 발생하여 공공재인 화초가 효율적 수준 $x^*$보다 적게 공급된다.

이와 같이 개인에 의한 공공재 공급이 비효율적으로 적게 이루어져서 시장의 실패가 발생하는 이유는 공공재의 비배제성으로 **무임승차**(free riding)의 동기가 존재하기 때문이다. 가구 A는 가구 B가 공공재를 공급할 것으로 기대하고 그 공급에는 참여하지 않으면서 무상으로 편익만 즐기려는 유인을 지니는 것이다. 물론 두 가구가 협의하여 $x^*$만큼의 화초를 심기로 결론을 낼 수도 있겠지만 당사자 수가 많아지면 협의 자체가 곤란하므로 공공재의 공급을 개인의 개별적 의사결정에 맡기면 효율적 수준보다 과소공급되어 시장의 실패가 발생한다.

## 정부에 의한 공공재 공급

그렇다면 정부가 공공재를 공급한다면 효율성 조건이 만족될 수 있는가? 정부가 각 개인의 공공재에 대한 선호를 완전히 안다고 가정하자. 이 경우 정부는 공공재를 효율적 수준으로 공급하고 공급된 공공재로부터 느끼는 편익에 비례하여 각 개인에게 조세를 부과함으로써 공급비용을 충당한다면 공공재 공급의 효율성 조건이 충족될 수 있다.

〈그림 15-10〉은 〈그림 15-9〉를 다시 그린 것이다. 그렇지만 위 경우와는 달리 이번에는 이 마을이 속해 있는 지방정부에서 공공재 $X$의 공급을 결정한다고 하자. 공공재 $X$의 효율적 공급량 $x^*$에서 가구 A가 느끼는 한계편익의 화폐가치는 $P_{X_A}$이고 가구 B의 한계편익의 화폐가치는 $P_{X_B}$이다. 이를 알고 있는 지방정부는 $x^*$만큼의 공공재를 공급하고 가구 A와 B에게 공공재 1단위 공급에 대하여 각각 $P_{X_A}$와 $P_{X_B}$의 조세를 부과하면, 공공재의 사회적 한계편익 $SMB$ $(=P_{X_A}+P_{X_B})$와 한계비용 $MC(=P_X^*)$가 일치해서 공공재 공급의 효율성 조건이 만족되고 조세징수액은 공공재의 공급을 위한 비용 $P_X^*x^*$와 일치한다. 이와 같이 공공재가 효율적 수준에서 공급될 수 있도록 각 개인에게 공급된 공공재의 한계편익의 크기에 비례하여 조세율을 결정하는 것을 **린달의 조세체계**(Lindahl'

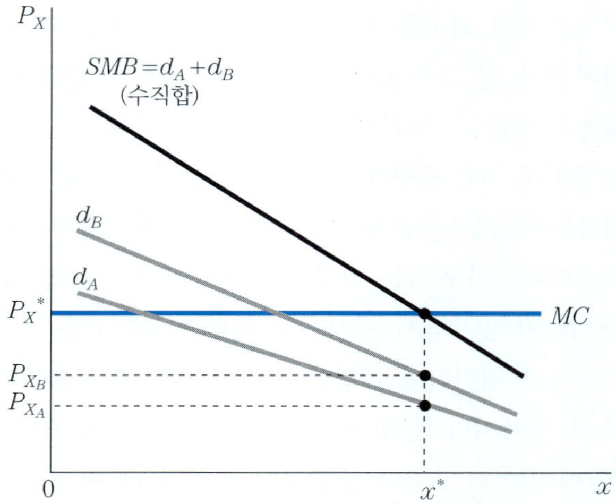


**그림 15-10 정부에 의한 공공재 공급**

공공재 $X$에 대한 각 가구의 선호를 알고 있는 지방정부는 공공재의 효율적 공급량 $x^*$를 공급하고 공공재 1단위 공급에 대하여 각 가구에 $P_{X_A}$와 $P_{X_B}$의 조세를 부과하면, 공공재의 사회적 한계편익 $SMB$와 한계비용 $MC$가 일치해서 공공재 공급의 효율성 조건이 만족된다.

s tax scheme)라고 부른다.

린달의 조세체계가 실현되려면 정부는 공공재에 대한 각 개인의 선호를 알아야 한다. 이를 위해서 정부는 각 개인에게 공급되는 공공재에 대하여 최대 얼마까지 지불할 용의가 있는가를 물어보아야 한다. 그러나 가격을 지불하지 않아도 공공재를 소비할 수 있다는 것과 공공재에서 느끼는 편익이 크다고 답하면 조세율이 높아질 것이라는 두 가지 사실을 알고 있는 개인은 자신의 진실한 선호보다 훨씬 낮게 답하여 다른 사람이 비용을 부담한 공공재를 무상으로 소비하려는 무임승차의 동기를 지니게 된다. 이 때문에 린달의 조세체계가 실현되기는 어렵다. 따라서 정부는 일반적으로 공공선택의 과정을 거쳐서 예산을 편성하여 공공재를 공급한다.

앞에서 살펴본 것처럼 공공재의 공급은 외부경제를 발생시키는 행위이다. 따라서 정부는 직접 공공재를 공급하는 것 외에 공공재 공급에 기여하는 개인이나 조직의 행동을 장려하는 정책을 사용하기도 한다. 공영방송에 대한 정부 보조, 기초학문연구에 대한 정부 지원, 공공재 공급과 관련된 기업활동에 대한 조세 감면 등이 그 예라고 할 수 있다. 그러나 공공재의 사회적 한계편익은 무수하게 많은 개인들의 한계편익을 합한 것이므로 공공재 공급에 관련된 개인이나 조직의 행동을 장려하는 정책을 사용할 때 필요한 정부의 보조금 지급액은 막대하며, 이 때문에 그러한 정책은 제한적으로 사용될 수밖에 없다.

**예 15-5 무임승차문제와 중국의 대응**

과거 중국에서는 높은 가치의 자산을 보유한 국민이 정부가 공급하는 공공재의 서비스도 더 많이 향유한다고 여겨졌다. 따라서 중국 정부는 각 국민이 보유하고 있는 주택이나 토지의 가치에 따라 세금을 부과하였으며, 이를 알고 있는 국민들은 당연하게도 보유하고 있는 자산의 가치를 축소해서 정부에 보고하였다.

중국 정부는 국민들이 보유자산의 가치를 정확하게 보고하도록 유도하기 위하여 기발한 방법을 사용하였는데, 정부는 언제든지 국민이 보고한 가치에 따라 주택이나 토지를 수용할 수 있다는 규정이 바로 그것이었다. 자산의 가치를 실제보다 낮게 보고하는 경우에는 막대한 손실을 입을 수도 있기 때문에, 국민들은 비교적 정확하게 보유자산의 가치를 정부에 보고하였을 것이다.

## 요 약

1 외부효과는 어떤 경제단위의 소비활동이나 생산활동이 시장기구를 통하지 않고 다른 경제단위에게 편익이나 손해를 발생시키는 현상이며, 편익이 발생하는 경우를 외부경제라고 하고 손해가 발생할 때는 외부비경제가 존재한다고 한다.

2 외부효과가 존재할 때 그로 인한 편익이나 손해에 대해 보상이 이루어지지 않는 이유는 외부효과에 관한 시장의 부재 때문이다.

3 소비의 외부효과가 존재하면 소비의 사회적 한계편익과 사적 한계편익이 일치하지 않기 때문에 비효율성이 발생하며, 생산의 외부효과가 존재하는 경우 생산의 사회적 한계비용과 사적 한계비용의 불일치로 비효율성이 발생하게 된다.

4 외부효과의 사적 해결로는 기업합병, 재산권의 설정 등을 들 수 있다. 기업합병의 경우 외부효과가 내부화됨으로써 외부효과가 해결된다. 재산권을 명확하게 설정할 수 있고 거래비용이 존재하지 않을 때 협상을 통해 외부효과를 해결할 수 있다는 것이 코우즈의 정리이다.

5 환경오염의 문제는 사적 해결이 어렵기 때문에 공적 해결이 불가피하다. 환경오염을 적정수준으로 감소시키기 위한 공적 수단에는 직접규제, 배출요금의 부과, 거래가능 오염배출권 제도 등이 있다. 규제기관이 각 기업의 오염 1단위 추가 감소에 관한 한계비용곡선을 알지 못하면 직접규제보다 배출요금의 부과가 비용의 측면에서 우월한 정책이다. 거래가능 오염배출권 제도는 오염물질에 관한 시장을 개설하여 최소의 비용으로 오염의 적정수준을 달성하기 위한 정책이다.

6 공유자원의 경우 사회적으로 바람직한 수준보다 많이 사용되며, 이를 공유의 비극이라 한다.

7 공공재는 주어진 공급량을 여러 사람이 동시에 소비할 수 있다는 비경합성과 대가를 지불하지 않은 사람이 소비하는 것을 막을 수 없다는 비배제성의 특징을 지니는 상품이며, 비경합성 때문에 $X$재는 공공재이고 $Y$재는 사적재인 단순경제에서 공공재 $X$의 효율적 공급을 위한 조건은 $MRT = MRS_{C_A} + MRS_{C_B}$가 된다. 따라서 공공재의 시장수요곡선은 개별 소비자의 수요곡선을 수직으로 합한 것이다.

8 공공재의 공급이 개인들의 개별적 의사결정의 결과로 이루어진다면 비배제성으로 인한 무임승차의 동기 때문에 그 공급량은 효율적 수준보다 낮다.

9 공공재를 소비하는 각 개인에게 한계편익에 비례해서 조세율을 정하는 것을 린달의 조세체계라고 한다. 정부가 모든 소비자의 공공재에 대한 선호를 정확하게 파악하고 있다면 린달의 조세체계를 통한 공공재의 공급은 효율성을 지닌다. 그러나 무임승차

의 동기 때문에 린달의 조세체계는 실현되기 어렵다.

## 연습문제

**1** 시장수요곡선이 $P_X=100-x_D$인 완전경쟁의 $X$재 시장에는 $TC=50x^2$의 똑같은 비용곡선을 지니고 있는 100개의 기업이 $X$재를 공급하고 있다고 하자($x_D$는 시장수요량임). $X$재 생산에는 외부비경제가 발생하고 각 기업의 한계외부비용 $MEC$의 곡선은 $MEC=50x$라고 할 때,

(1) 경쟁균형의 가격과 거래량을 구하시오.

(2) 외부효과로 인한 비효율의 크기를 구하고 이를 없앨 수 있는 피구의 조세는 얼마인지 설명하시오.

**2** $X$재는 독감의 예방접종이라고 하자. 완전경쟁인 독감 예방접종의 시장에서 시장수요곡선은 $P_X=1{,}000-x_D$이고 시장공급곡선은 $P_X=100+x_S$이다($x_D$와 $x_S$는 시장수요량과 시장공급량임). 독감 예방접종의 한계외부편익 $MEB$의 곡선은 $MEB=200-0.2x_D$라고 할 때,

(1) 경쟁균형의 가격과 거래량을 구하시오.

(2) 외부효과로 인한 비효율의 크기를 구하고 이를 없앨 수 있는 피구의 보조금은 얼마인지 설명하시오.

**3** 시장수요곡선이 $P_X=100/x_D$인 완전경쟁의 $X$재 시장에는 $TC=50x^2$의 똑같은 비용곡선을 지니고 있는 100개의 기업이 $X$재를 공급하고 있다고 하자($x_D$는 시장수요량임). $X$재의 소비에는 한계외부편익이 발생하며, 그 곡선은 $MEB=0.75x_D$라고 할 때,

(1) 경쟁균형의 가격과 거래량을 구하시오.

(2) $X$재의 효율적 산출량을 구하고 이를 달성하기 위한 피구의 보조금이 얼마인지 설명하시오.

**4** $X$재를 생산하는 완전경쟁기업 A에게 주어진 $X$재의 가격 $P_X$는 1,200원이며, $Y$재를 생산하는 완전경쟁기업 B에게 주어진 $Y$재의 가격 $P_Y$는 1,600원이다. 또한 기업 A와 B의 총비용곡선은 각각 $TC_A(x)=50x^2$과 $TC_B(y)=100y^2+100x$이다.

(1) 어떤 외부효과가 발생하고 있는지 설명하시오.

(2) $X$재와 $Y$재의 효율적 산출량을 구하시오.

(3) 두 기업이 합병한다면 $X$재와 $Y$재의 산출량은 얼마가 될 것인가?

**5** 하천의 상류에 위치한 염색업자가 정수시설 없이 염색을 하면 하류에 있는 세탁업자

는 1억원의 피해를 입는다고 하자. 정수시설의 설치비용은 8천만원이고 정수장치를 설치하면 세탁업자의 피해는 0이라고 할 때,

(1) 두 업자 사이의 협상에는 아무 비용이 들지 않는다면 재산권을 누구에게 설정하든지 관계없이 자발적 협상으로 효율적 결과가 나타나는 것을 설명하시오.

(2) 정수시설의 설치비용이 1억 2천만원이라면 (1)의 답은 어떻게 바뀔 것인가?

**6** 하천의 상류에 위치한 염색업자의 총비용곡선은 $TC=x^2/2$이고($x$는 염색서비스의 생산량임) 염색업자가 염색서비스를 $x$단위 생산하면 하류에 위치한 세탁업자는 $x^2/4$원의 피해를 입는다고 하자. 염색서비스 1단위의 시장가격은 12원으로 주어졌다고 할 때(즉 염색서비스의 시장은 완전경쟁시장임),

(1) 세탁업자의 피해를 무시한 채 염색업자가 자신의 이윤만을 극대화할 때 염색서비스 산출량을 구하시오. 또한 염색서비스의 효율적 산출량을 구하시오.

(2) 협상에는 아무 비용이 들지 않는 경우 하천의 재산권이 염색업자에게 있다면 세탁업자와 염색업자가 자발적 협상을 통해 어떻게 염색서비스의 효율적 산출량에 도달할 수 있는가를 설명하시오.

(3) 하천의 재산권이 세탁업자에게 있다면 위 (2)의 설명은 어떻게 바뀔 것인가?

(4) 하천의 재산권이 염색업자에게 있고 협상에는 비용이 소요된다고 하자. 협상비용이 얼마 이상이면 세탁업자와 염색업자 사이에 자발적 협상이 불가능할 것인가?

(5) 염색업자와 세탁업자 사이의 자발적 협상이 불가능해서 정부가 개입할 때 효율적 산출량을 달성하기 위한 피구의 조세를 구하시오.

**7** 주민의 수가 5명인 조그만 마을이 있다. 이 마을의 주민들은 누구든지 근처 호수에서 물고기를 잡아 한 마리당 100원씩 받고 팔거나 아니면 하루 200원의 임금을 받고 근처 공장에서 일을 할 수 있다고 하자. 그리고 호수의 낚시꾼 수를 $F$라고 표시할 때 낚시를 해서 $F$명이 하루에 잡을 수 있는 물고기의 수 $T$는 $T=4F-F^2$이라고 하자. 낚시를 할 것인지 공장에서 일할 것인지에 관해 주민들이 개별적으로 결정할 때의 낚시꾼 수와 사회적으로 바람직한 낚시꾼의 수를 구하고 양자를 비교해서 이 마을의 공유의 비극을 설명하라.

**8** A와 B의 두 소비자만이 존재하는 경제에서 $X$재는 공공재이며, 소비자 A의 공공재에 대한 수요함수는 $P_X=50-x_A$이고 소비자 B의 공공재에 대한 수요함수는 $P_X=40-x_B$이다($x_A$와 $x_B$는 각각 소비자 A와 B의 공공재 수요량임). 공공재의 생산에 소요되는 한계비용은 항상 20원으로 일정하다고 가정할 때,

(1) 공공재의 효율적 공급량을 구하시오.

(2) 각 소비자가 공공재로부터 얻는 효용을 극대화하기 위하여 개별적으로 의사결정을 하는 경우 이 경제에는 얼마큼의 공공재가 공급되는지 설명하시오.

**9** 어느 조그만 마을에 다섯 가구가 살고 있고 마을 한 가운데에는 공터가 있다고 하

자. 이 공터에 심어진 화초를 공공재 $X$라고 할 때 $x$그루의 화초로부터 각 가구는 $20\sqrt{x}$의 편익을 얻는다고 하자. 화초는 마을 외부에 있는 완전경쟁시장에서 한 그루에 10의 가격으로 구입할 수 있다고 할 때,

(1) 공터에 몇 그루의 화초를 심는 것이 효율적인지 설명하시오.

(2) 각 가구가 화초로부터 얻는 효용을 극대화하기 위하여 개별적으로 의사결정을 한다면 공터에는 몇 그루의 화초가 심어질 것인가?

**10** 환경오염의 정도가 사회적으로 바람직한 수준보다 훨씬 심하다는 우려가 높다.

(1) 사회적으로 바람직한 환경오염의 수준이 의미하는 바를 설명하시오.

(2) 코오즈정리가 환경문제에 대한 해결이 되기 어려운 이유를 설명하시오.

# 제 7 편

# 불확실성과 정보의 불완전성

지금까지는 경제활동에서 불확실성은 없다고 가정하였다. 또한 개인들은 시장거래를 위하여 필요한 완전한 정보를 지니고 있거나 정보가 불완전하더라도 각 개인이 지니고 있는 정보의 양은 동일하다고 가정하였다. 이 편에서는 불확실성이 존재하는 경우와 시장거래에서 어느 한 쪽이 다른 쪽보다 더 많은 정보를 지니고 있는 경우를 분석하기로 한다.

제16장에서는 불확실성하에서 개인들의 선택행동을 살펴본다. 불확실성하의 선택에는 위험이 따르게 마련이며, 이러한 위험을 관리하기 위한 수단으로 보험, 위험의 공유, 위험의 분산, 정보의 수집 등에 관해서 알아보기로 한다. 불확실성이 존재해도 모든 상황조건부 상품에 관한 완전경쟁시장이 존재한다면 자원배분은 효율을 지닌다. 그러나 비대칭정보 등으로 인해 완전한 상황조건부 상품의 시장은 존재하지 않기 때문에 불확실성은 시장의 실패를 초래한다. 개인 사이에 정보가 비대칭적으로 분포되어 있는 상황은 제17장에서 분석한다. 비대칭정보의 상황에서는 역선택과 도덕적 해이 때문에 비효율이 발생하는데, 이에 대하여 시장에서는 어떠한 반응이 관찰되는지에 관해서도 살펴보기로 한다.

개인은 경제활동을 할 때 흔히 불확실성하의 선택문제에 부딪친다. 소비자는 자신의 미래소득을 정확하게 모르는 상태에서 그와 관련된 의사결정을 한다. 또한 기업이나 개인은 성패가 불확실한 상태에서 자금의 투자를 결정하게 된다. 이 장에서는 불확실성하의 선택행동을 분석하기로 한다.

불확실성하의 선택행동도 분석의 기본적 방법은 확실성의 경우와 크게 다를 것이 없으며, 선택가능영역과 선택의 기준을 결합함으로써 불확실성에 직면한 개인의 선택을 분석할 수 있다. 그렇지만 이를 위해서는 상황조건부 상품, 기대효용 등 확실성의 경우와는 다른 몇 가지 개념이 필요하다. 이 장에서는 이러한 것들을 살펴본 후에 불확실성하에서의 선택을 분석하기로 한다. 불확실성하의 선택은 위험을 수반하며, 개인들은 이러한 위험을 제거하기 위한 여러 가지의 노력을 기울인다. 이 장에서는 위험의 관리할 수 있는 수단에 관해서도 살펴보기로 한다.

# 제 16 장

# 불확실성하의 선택

## 16.1 불확실성과 상황조건부 상품

지금까지는 의사결정자가 어떤 대상을 선택하더라도 일어날 수 있는 상황(state of nature)은 한 가지밖에 없다고 가정하였다. 이러한 확실성의 가정하에서는 개인이 어떤 선택을 하더라도 예상했던 한 가지의 상황이 그대로 실현된다.

그러나 현실에서는 어떤 한 선택으로부터 여러 가지의 상황이 전개될 수 있고 개인은 어떤 상황이 발생할지를 모르는 채 그 선택을 하는 경우가 흔히 있으며, 이를 불확실성하의 선택이라고 한다. 예를 들면 쌀의 자급자족을 위해 봄철 모내기를 하는 농부의 경우 자신과 가족들이 소비할 수 있는 쌀의 수확량은 추수기까지의 날씨에 따라 달라진다.

제1장에서 우리는 상품의 종류를 물리적 특징 외에 사용가능한 시점과 장소에 의해서도 구분할 수 있다고 했으며, 이렇게 구분함으로써 물류시장 또는 선물시장을 분석할 수 있다. 마찬가지로 불확실성하의 선택을 이해하기 위해서는 같은 상품이라도 전개되는 상황에 따라 그 크기가 달라지면 다른 상품으로 구별할 필요가 있으며, 이를 **상황조건부 상품**(state contingent commodities)이라고 부른다. 위의 자급자족하는 농부의 경우 날씨가 좋고 나쁨에 따라 쌀의 소비량이 달라지기 때문에 '좋은 날씨'라는 상황에서의 쌀 소비량과 '나쁜 날씨'라는 상황에서의 쌀 소비량을 서로 다른 상품으로 분류하는 것이다. 어떠한 상황조건부 상품에 대해서도 그 거래를 위한 시장이 개설된다면 불확실성하에서도 일반경쟁균형의 자원배분은 파레토 효율성 조건을 만족시킨다.

상황조건부 상품의 개념을 도입하여 불확실성하의 선택을 분석하기 위해서 이제 몇 가지의 가정을 해보자. 우선 개인은 어떤 한 선택을 했을 때 전개될 수 있는 각 상황의 확률을 알고 있다고 가정한다. 어떤 하나의 상황이 발생할 확률은 의사결정자가 개인적으로 수집한 정보, 경험 등에 기초한 주관적인 것일 수도 있고 이미 알려진 객관적인 것일 수도 있다. 또한 어느 두 가지 이상의 상황이 동시에 발생하는 경우는 없다고 가정한다. 즉 어느 두 가지의 상황도 서로 배타적임을 가정한다. 그리고 의사결정자는 가격이 1원인 복합재의 수량(즉 소득액)만을 선택한다고 가정하고 이를 $C$라고 표시하자.

편의상 일어날 수 있는 상황에는 상황 1과 2의 두 가지가 있고 각 상황이 발생할 확률을 $p$와 $1-p$라고 하자. 이때 불확실성하에서 어떤 한 선택을 해서 상황 1 또는 2가 발생하는 경우의 복합재를 $C_1$과 $C_2$라고 하고 그 크기를 $c_1$과 $c_2$(소비자의 선택이라면 각 상황에서 소비에 지출할 수 있는 소득의 크기)로 표시한다면, $C_1$과 $C_2$는 상황조건부 상품이 되고 선택은 $(c_1, c_2; p, 1-p)$의 형태로 표시될 수 있다. 따라서 불확실성하의 선택은 상황별 지급금액과 확률이 서로 다른 여러 가지의 복권 중에서 하나를 구입하는 것과 같다고 할 수 있다(편의상 앞으로 복권을 $G$라고 표시한다). 이를 분석하기 위해서 먼저 선택의 기준으로 어떤 복권 $G=(c_1, c_2; p, 1-p)$의 효용함수 $u=U(c_1, c_2; p, 1-p)$에 관해서 살펴보기로 한다.

## 16.2 기대효용이론과 위험에 대한 태도

### 기대효용함수

불확실성하의 어떤 선택행동을 분석하려면 우선 그 선택의 가치를 객관적으로 정의할 필요가 있으며, 이를 위한 개념이 **기대값**(expected value) $EV$이다. 어떤 선택의 기대값은 각 상황의 확률에 그 상황의 가치를 곱한 것을 모두 합해서 구해지며, 복권 $G=(c_1, c_2; p, 1-p)$의 경우 그 기대값 $EV_G$는 $pc_1+(1-p)c_2$가 된다.

이제 기대값을 사용해서 **공정한 도박**(fair gamble)을 정의해 보자. 기대수익이 0인 도박을 공정한 도박이라고 한다. 바꾸어 말하면, 공정한 도박에 참가하는 것은 기대값과 판매가격이 동일한 복권을 구입하는 것과 같다. 만일 불확실성하의 선택기준이 기대값이라면 사람들은 공정한 도박에 참가하는 것과 참가하지 않는 것을 무차별하게 느낄 것이다. 그런데 주위를 둘러보면 기대값이 판매가격보다 훨씬 낮은 복권을 서슴없이 구입하는 사람들이 있는가 하면 공정한 도박조차도 거들떠보지 않는 사람들도 있는데, 이는 불확실성하의 선택기준이 기대값은 아니라는 것을 의미한다.

그렇다면 불확실성하에서의 선택기준은 무엇인가? 이 문제에 관해 체계적 답을 제시한 학자는 폰 너이만과 모르겐스테른(J. von Neumann and O. Morgenstern)이다. 이들은 불확실성하에서 선택을 하는 사람의 선호체계가 몇 가지의 공리를 만족시키는 합리성을 지니고 있을 때 그 사람의 선택기준은 **기대효용**(expected utility)임을 보였다. 기대효용은 각 상황의 확률에 그 상황이 발생했을 때의 효용을 곱해서 모두 합한 것이다. 즉 소득 $c$의 효용함수를 $U(c)$라고 할 때 기대효용이론에 의하면 복권 $G=(c_1, c_2; p, 1-p)$의 효용은 다음과 같은 기대효용함수 $EU_G$로 표시된다.

$$EU_G(c_1, c_2; p, 1-p) = pU(c_1) + (1-p)U(c_2) \tag{16-1}$$

식 (16-1)로 표시되는 기대효용함수를 갖고 불확실성하의 선택을 하는 의사결정자는 기대값이 아니라 기대효용을 극대화시키는 대상을 선택하는 것이며, 이 때문에 똑같은 복권이라도 이를 구입하는 사람과 구입하지 않는 사람이 있게 된다. 즉 불확실성으로 인한 위험을 대하는 태도가 개인마다 다른 것이다. 불확실성하에서 기대효용의 극대화를 위한 선택행동을 분석하기 전에 위험에 대한 태도에는 어떤 유형이 있는지 살펴보도록 한다.

## 위험에 대한 태도

사람들은 자신들의 기대효용을 극대화하는 과정에서 불확실성으로 인한 위험에 대해서 서로 다른 태도를 보이게 되며, 위험에 대한 태도는 공정한 도박에의 참가 여부에 의해 분류될 수 있다. 공정한 도박에 참가하지 않는 사람을 **위험회피적**(risk averse)이라고 하며, 공정한 도박에 기꺼이 참가하는 사람을 **위험선호적**(risk loving)이라고 한다. 또한 공정한 도박에의 참가 여부를 무차별하게 느끼는 사람을 **위험중립적**(risk neutral)이라고 한다.

기대효용의 개념을 사용하면 위험에 대한 세 가지 유형의 태도를 여러 가지 각도로 묘사할 수 있다. 〈그림 16-1〉에는 어느 복권 $G=(c_1, c_2; p, 1-p)$의 기대값과 기대효용이 표시되어 있다. 그림에서 $EV_G = pc_1 + (1-p)c_2$이므로 기대값 $EV_G$는 수평축에서 $c_2 - c_1$의 거리를 $p:(1-p)$의 비율로 분할한다. 또한 $EU_G = pU(c_1) + (1-p)U(c_2)$이므로 점 $d$는 $U(c_1)$과 $U(c_2)$를 표시하는 점

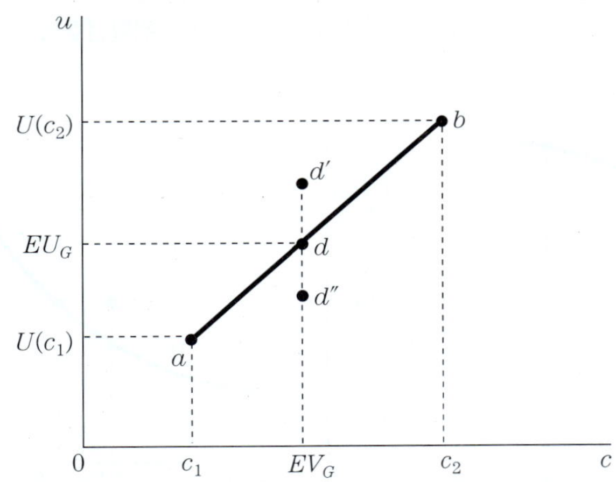


**그림 16-1 기대값과 기대효용**
복권 $G = (c_1, c_2; p, 1-p)$의 기대값 $EV_G$는 $c_2 - c_1$의 거리를 $p:(1-p)$의 비율로 분할하며, 기대효용 $EU_G$는 선분 $ab$를 같은 비율로 나누고 있는 점 $d$의 높이와 같다.

$a$와 $b$사이의 직선을 $p:(1-p)$의 비율로 나누고 있으며, 기대효용 $EU_G$는 점 $d$의 높이와 같다.

이제 이 복권 $G$의 가격이 기대값 $EV_G$와 같아서 그 구입은 공정한 도박이라고 하자. 그리고 어떤 사람이 공교롭게도 지갑에 정확하게 $EV_G$와 동일한 액수의 돈을 지니고 있고 그 돈의 효용 $U(EV_G)$는 점 $d$보다 위에 있는 점 $d'$의 높이와 같다고 하자. 이 경우 $EV_G$만큼의 돈을 지갑에 그대로 지니고 있을 때의 효용 $U(EV_G)$가 $EV_G$만큼의 돈을 내고 복권을 구입했을 때의 기대효용 $EU_G$보다 크기 때문에 당연히 복권 $G$의 구입이라는 공정한 도박에 참가하지 않아서 위험회피적이 된다. 만일 지갑 속의 확실한 돈의 효용 $U(EV_G)$가 점 $d$보다 아래 있는 점 $d''$의 높이와 같다면, 이 사람은 기꺼이 이 복권을 구입해서 위험선호적 태도를 보인다. 또한 지갑 속에 있는 확실한 돈의 효용 $U(EV_G)$가 점 $d$의 높이와 같은 경우에는 복권 $G$의 구입이라는 공정한 도박에의 참가 여부를 무차별하게 느끼는 위험중립적 태도를 지니게 된다.

지갑 속에 있는 확실한 돈의 효용 $U(EV_G)$가 점 $d$의 높이(즉 $EU_G$)보다 커서 위험회피적인 태도를 지니고 있다는 것은 그 사람의 효용함수 $U(c)$가 〈그림 16-2〉 (a)와 같이 소득 $c$에 대해 오목하게 표시됨(즉 소득 $c$의 한계효용 $MU_C$가

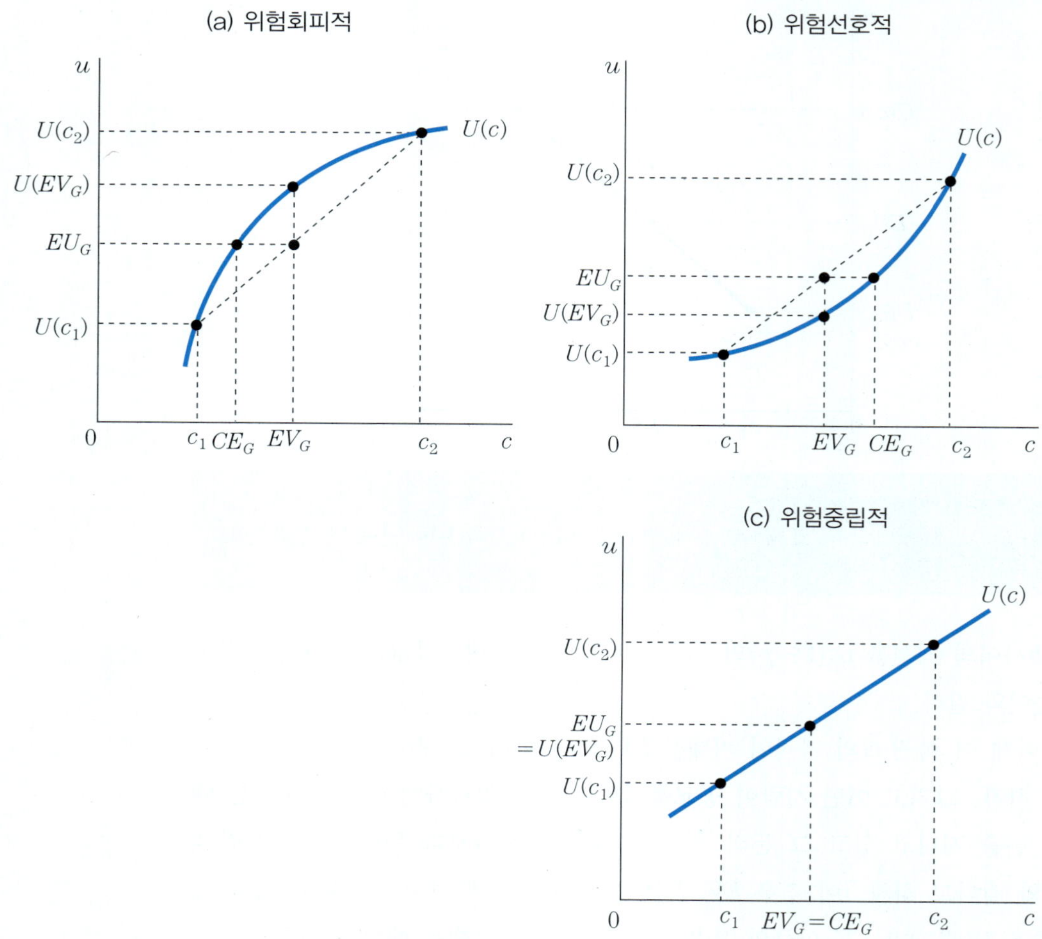


**그림 16-2 위험에 대한 세 가지 태도**

(a)와 같이 소득의 한계효용이 체감하는 사람의 경우 어떠한 복권 $G$에 대해서도 $U(EV_G)>EU_G$이므로 공정한 도박에 참가하지 않는 위험회피적 태도를 지닌다. 소득의 한계효용이 체증하는 (b)의 경우 어떠한 복권 $G$에 대해서도 $U(EV_G)<EU_G$이므로 공정한 도박에 기꺼이 참가하는 위험선호적 태도를 나타낸다. (c)와 같이 소득의 한계효용이 일정한 경우 어떠한 복권 $G$에 대해서도 $U(EV_G)=EU_G$이므로 이 사람은 공정한 도박에의 참가 여부를 무차별하게 느끼는 위험중립적 태도를 지닌다.

체감함)을 의미한다. 반대로 $U(EV_G)$가 점 $d$의 높이(즉 $EU_G$)보다 작아서 위험선호적 태도를 지니고 있는 사람의 효용함수 $U(c)$는 〈그림 16-2〉 (b)와 같이 소득 $c$에 대해 볼록한 모양을 지닌다(즉 소득 $c$의 한계효용 $MU_c$가 체증한다). 그리고 $U(EV_G)$가 점 $d$의 높이(즉 $EU_G$)와 같아서 위험중립적 태도를 지니는 사람의 효용함수 $U(c)$는 〈그림 16-2〉 (c)와 같이 직선의 형태이며(즉 소득 $c$의 한계효용 $MU_C$가 일정하며), 이와 같은 위험중립적 태도를 지니는 사람만이 불확실성하에서의 선택기준으로 기대값을 사용한다.

### 예 16-1 위험회피적 개인의 복권구입

1988년 7월 미국에서는 뜨거운 복권열풍이 전국을 휩쓸고 있었다. 미국 21개 주(州)에서 공동으로 운영하는 '파워볼' 복권이 계속하여 당첨자를 내지 못하면서 당첨액수가 복권사상 최고치인 2억 2천만달러로 뛰어올랐기 때문이다. 미국인들은 너나 나나 할 것 없이 1장에 5달러인 복권구입에 열을 올려 판매대마다 장사진을 이루었고, '파워볼'이 운영되지 않는 뉴욕의 경우에 인근 주로 복권구입원정을 떠나가는 시민들이 빈번하게 목격될 정도였다.

6개의 숫자모음을 모두 맞추어야 하는 '파워볼' 복권의 당첨확률은 8천만분의 1이기 때문에 그 기대값은 고작 2.8달러에도 미치지 못하였다. 이처럼 기대값이 복권가격보다 훨씬 낮은데도 불구하고 복권열풍이 부는 이유는 무엇일까? 일반인은 8천만분의 1이라는 확률이 얼마나 낮은 것인지를 실감하기가 어려운 데 비하여 2억 2천만달러라는 금액은 구체적이므로 그 엄청난 액수에 유혹된다는 설명이 가능하며, 이는 사람들이 주어진 확률에 따라 기대효용을 극대화한다는 가정이 옳지 않을 수도 있다는 것을 의미한다.

불확실성하에서 사람들이 과연 기대효용을 극대화하는지를 살펴보기 위하여 심리학자이면서 2002년 노벨경제학상을 수상한 카네만(D. Kahneman)과 또 다른 심리학자인 트베르스키(A. Tversky)는 일련의 실험을 실시하였다. 그 결과 사람들은 주어진 확률에 의거한 기대효용이 아니라 확률을 주관적으로 해석하여 기대효용을 계산하고 그에 따라 행동한다는 결론을 이끌어냈다. 매우 낮은 확률을 실감하기는 어렵기 때문에 그 실현가능성을 실제보다 과대하게 생각하며, 반대로 0.99와 같이 매우 높지만 1보다는 약간 낮은 확률에 대해서는 1의 확률에 비해 그 가능성을 지나치게 낮게 판단하는 경향이 있다는 것이다. '파워볼' 복권의 경우 8천만분의 1이라는 확률을 나름대로 주관적으로 해석하여 당첨가능성을 실제보다 과대하게 생각한다면 비록 위험회피적인 사람도 복권을 구입할 수 있을 것이다.

카네만과 트베르스키 외에도 기대효용이론을 비판하는 학자들은 많다. 그러나 기대효용이론은 불확실성하에서의 의사결정에 관한 분석적 접근을 가능하게 하기 때문에 여러 가지 비판에도 불구하고 여전히 중요한 분석도구로 사용되고 있다.

## 확실동등치, 위험프리미엄과 위험회피도

같은 위험회피적 태도를 지니고 있다고 하더라도 위험을 회피하려는 정도는 사람마다 다르며, 위험회피의 정도가 심할수록 위험을 막기 위해 지불할 용의가 있는 금액은 커질 것이다. 위험회피의 정도에 대한 비교를 위해서 먼저 **확실동등치**(certainty equivalent) $CE_G$와 **위험프리미엄**(risk premium) $RP_G$를 정의해 보자.

어떤 복권 $G=(c_1, c_2; p, 1-p)$를 구입한다는 불확실성하의 선택에서 확실동등치 $CE_G$는 그 복권의 기대효용 $EU_G$와 동일한 효용수준을 보장하는 확실한 소득의 크기로 정의되며, 위험프리미엄 $RP_G$는 그 복권의 기대값 $EV_G$에서 확실동동치 $CE_G$를 뺀 나머지이다. 즉 복권 $G=(c_1, c_2; p, 1-p)$에서 $U(CE_G)=EU_G$이고 $RP_G=EV_G-CE_G$이다. 확실동등치는 개인이 어느 복권 $G=(c_1, c_2; p, 1-p)$의 구입에 대해 지불할 용의가 있는 최대의 금액을 의미하므로 위험프리미엄은 공정한 도박에 참가하는 것을 피하기 위해 기꺼이 지불할 용의가 있는 최대의 금액이라고 할 수 있다.

〈그림 16-2〉에서 확실동동치와 위험프리미엄을 구하기 위해서는 $EU_G$에서 수평선을 그어서 효용함수 $U(c)$와 만나는 점을 찾으면 된다. 그 점에 해당하는 수평축의 금액이 바로 확실동등치 $CE_G$이고 기대값 $EV_G$에서 확실동동치 $CE_G$를 빼면 위험프리미엄 $RP_G$를 구할수 있다. 위험프리미엄 $RP_G$는 위험회피적 태도를 지니는 개인의 경우 0보다 크고 위험선호적 태도를 지니는 개인의 경우에는 0보다 작으며, 위험중립적 태도를 지니는 개인의 위험프리미엄 $RP_G$는 0이다. 위험프리미엄의 개념까지 사용해서 위험에 대한 태도를 묘사하면 다음과 같다.

① 효용함수 $U(c)$에서 $MU_C$ 체감 ⇔ 위험회피적 태도 ⇔ 어떠한 복권 $G$에 대해서도 $U(EV_G)>EU_G$ ⇔ 위험프리미엄 $RP_G>0$
② 효용함수 $U(c)$에서 $MU_C$ 체증 ⇔ 위험선호적 태도 ⇔ 어떠한 복권 $G$에 대해서도 $U(EV_G)<EU_G$ ⇔ 위험프리미엄 $RP_G<0$
③ 효용함수 $U(c)$에서 $MU_C$ 일정 ⇔ 위험중립적 태도 ⇔ 어떠한 복권 $G$에 대해서도 $U(EV_G)=EU_G$ ⇔ 위험프리미엄 $RP_G=0$

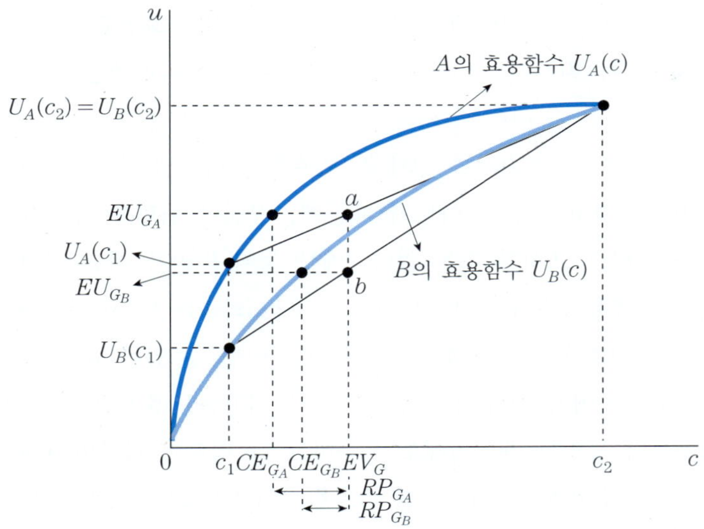


**그림 16-3 효용함수의 오목성, 위험프리미엄의 크기와 위험회피도**

개인 A의 효용함수는 B보다 소득에 대하여 더 오목하므로 개인 A의 확실동등치 $CE_{G_A}$는 B의 확실동등치 $CE_{G_B}$보다 작고 A의 위험프리미엄 $RP_{G_A}$는 B의 위험프리미엄 $RP_{G_B}$보다 크다. 이와 같이 효용함수가 소득에 대하여 오목할수록 개인이 위험을 회피하기 위하여 지불할 용의가 있는 최대의 금액인 위험프리미엄, 즉 위험회피도는 높아진다.

위험프리미엄은 불확실성으로 인한 위험을 피하기 위해 기꺼이 지불할 용의가 있는 최대금액이므로 위험회피의 정도를 반영한다. 〈그림 16-3〉에서는 복권 $G=(c_1,\ c_2;\ p,\ 1-p)$의 구입이라는 불확실성하에서의 선택에 대해서 위험을 회피하려는 정도가 서로 다른 2명의 개인 A와 B의 위험프리미엄의 크기를 비교하고 있다. 개인 A의 효용함수를 $U_A(c)$로 표시한다면, 개인 A의 기대효용 $EU_{G_A}$는 점 $a$의 높이이므로 확실동등치와 위험프리미엄은 각각 $CE_{G_A}$와 $RP_{G_A}$이다. 또한 개인 B의 효용함수를 $U_B(c)$라고 한다면, 그 기대효용 $EU_{B_G}$는 점 $b$의 높이와 같기 때문에 확실동등치와 위험프리미엄은 각각 $CE_{G_B}$와 $RP_{G_B}$가 된다. 그림에 표시된 것처럼 개인 A의 위험프리미엄은 B보다 크다. 이는 효용함수가 소득에 대하여 오목할수록(즉 소득의 한계효용 $MU_C$가 급히 체감할수록) 위험프리미엄이 높아진다는 사실, 즉 위험회피도가 높아진다는 것을 의미한다.

소득수준 $c$에서 효용함수의 2차도함수값 $\partial^2 U(c)/\partial c$를 $U''(c)$라고 한다면, 이는 소득의 한계효용이 소득의 변화에 따라 얼마나 빨리 체증 또는 체감하는지를 표시한다. 소득의 한계효용 $MU_C$가 체감하는 오목한 효용함수의 경우 $U''(c)$의 부호는 음(−)이기 때문에 그 절대값은 $-U''(c)$이며, 효용함수가 오목할수록 $-U''(c)$는 커진다. 따라서 $-U''(c)$가 클수록 위험을 회피하는 정도가 높다고 볼 수 있다.

그러나 개인의 선호순서를 그대로 보존해서 나타낼 수 있는 효용함수는 단 한 가지만 존재하는 것이 아니기 때문에, 개인이 위험을 회피하는 정도를 단순하게 $-U''(c)$로 표시할 수는 없다. 예를 들어 $U(c)$가 어떤 개인의 선호순서를 표시하는 효용함수라면, $V(c)=aU(c)+b$($a$와 $b$는 상수이며, $a>0$임) 역시 동일한 개인의 선호순서를 그대로 보존해서 나타낼 수 있는 효용함수가 된다. $-V''(c)=-aU''(c)$이기 때문에, 위험회피도를 $V(c)$의 효용함수로 표시할 때 $U(c)$의 경우보다 동일한 개인임에도 불구하고 그 정도가 갑자기 $a$배 증가하게 된다. 이를 피하기 위하여 $-U''(c)$를 효용함수의 1차도함수값인 소득의 한계효용(여기서는 $U'(c)$로 표시하자)으로 나눈 $-U''(c)/U'(c)$로 위험을 회피하는 정도를 표시하며, 이를 **위험회피의 절대측도**(absolute measure of risk aversion)라고 부른다. $V'(c)=aU'(c)$이기 때문에, 어떠한 효용함수로 개인의 선호순서를 표시하든지 관계없이 위험회피의 절대측도는 똑같다.

어떤 경제거래에 있어서 당사자들이 위험에 대하여 서로 다른 태도를 지니고 있는 경우 상호이익을 높일 수 있는 합의에 이를 수도 있다. 다음의 예를 보기로 하자.

**예 16-2** **암묵적 계약과 임금경직성**

근로자와 사용자 사이에는 임금과 근로시간에 관하여 상호이익을 높일 수 있는 암묵적 형태의 합의가 존재할 수 있으며, 이러한 합의는 노동조합 등의 공적 기구를 통하지 않더라도 이루어질 수 있기 때문에 암묵적 계약(implicit contracts)이라고도 불린다. 암묵적 계약의 존재를 위한 핵심적 전제는 기업과 근로자의 위험에 대한 태도가 서로 다르다는 것이다.

노동의 수요곡선은 노동의 한계생산물가치곡선이므로 경기가 나빠지면 낮은 임금이 지급되고 경기가 회복되면 임금은 오른다. 즉 경기변동에 따라 임금수준은 가변적이다. 그런데 근로자들은 기업보다 위험을 회피하는 정도가 훨씬 높다고 할 수 있으므로 호경기와 불경기의 평균임금보다는 약간 낮더라도 경기변동에 관계없이 고정된 임금을 받는 것을 선호한다. 이러한 이유로 기업과 근로자 사이에는 상호이익을 높일 수 있는 암묵적 계약이 가능해진다.

〈그림 16-4〉에서 $w_1$과 $w_2$는 호경기와 불경기의 임금이다. 호경기와 불경기의 발생확률이 각각 $p$와 $1-p$로 알려져 있을 때, 위험회피적 태도를 지닌 근로자는 경기변동에 따라 가변적 임금을 받는 것과 임금의 기대값 $Ew(=pw_1+(1-p)w_2)$에서 위험프리미엄 $RP$만큼을 뺀 확실동등치 $CE_w$를 경기변동에 관계없이 고정임금으로 받는 것을 무차별하게 여긴다. 따라서 근로자와 기업 사이에는 상호이익을 높일 수 있는 합의가 이루어질 수 있으며, 기업이 위험중립적이라면 암묵적 계약에 의한 고정임금은 $CE_w$와 $Ew$ 사이에서 결정될 수 있다.

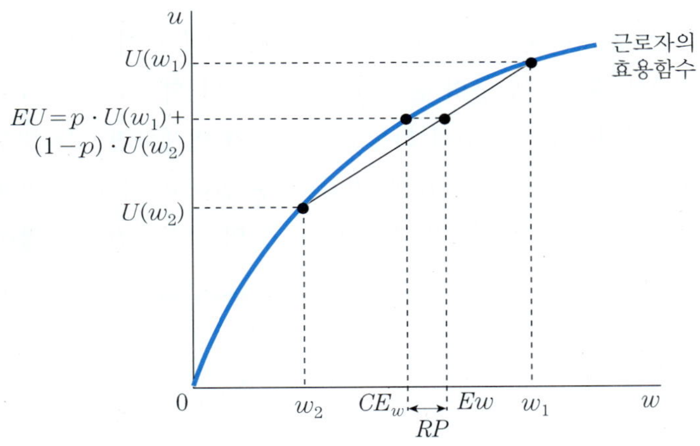


**그림 16-4 암묵적 계약과 임금경직성**

위험회피적 태도를 지닌 근로자는 경기변동에 따라 $w_1$ 또는 $w_2$의 가변적 임금을 받는 것과 확실동등치 $CE_w$를 고정임금으로 받는 것을 무차별하게 여긴다. 따라서 근로자와 기업 사이에는 상호이익을 높일 수 있는 암묵적 합의가 이루어질 수 있으며, 기업이 위험중립적일 때 암묵적 계약에 의한 고정임금은 $CE_w$와 $Ew$ 사이에서 결정될 수 있다.

# 16.3 불확실성하의 선택

확실성하의 선택을 분석할 때와 마찬가지로 불확실성하에서 기대효용의 극대화를 위한 선택행동도 선택가능영역과 선택의 기준을 결합하여 분석할 수 있다. 이 절에서는 주어진 소득으로 투자를 해서(즉 내기에 참가해서) 상황 1과 2의 복합재 크기(즉 상황조건부 상품 $C_1$과 $C_2$의 조합)를 선택하고자 하는 어느 개인을 가정하여 기대효용의 극대화 문제를 살펴보기로 하자.

## 예산제약

어느 개인에게 주어진 소득이 $M$이라고 하자. 그리고 이 개인은 주어진 소득의 범위 내에서 원하는 만큼의 금액 $x$를 걸고 $p$의 확률로 상황 1이 발생하면 $x$에 $\alpha x$를 덧붙여 따고 $1-p$의 확률로 상황 2가 발생하면 $x$를 모두 잃어버리는 도박 $G=(\alpha x, -x; p, 1-p)$에 참가할 수 있다고 하자. 도박에 이기는 경우의 소득과 지는 경우의 소득을 각각 $C_1$과 $C_2$의 상황조건부 상품이라고 할

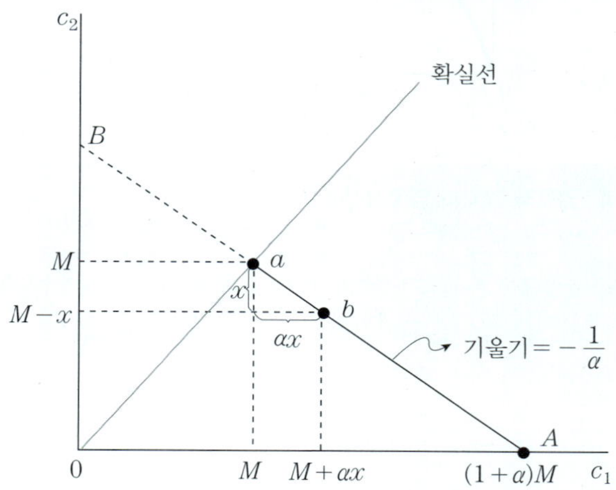


**그림 16-5 도박에 참가하는 경우의 예산선**

소득 $M$ 중에서 $x$원을 걸고 $p$의 확률로 상황 1이 발생하면 $\alpha x$를 따고 $1-p$의 확률로 상황 2가 발생하면 $x$를 모두 잃어버리는 도박에 참가할 때의 예산선은 기울기가 $-1/\alpha$인 직선 $aA$가 된다.

때 이 개인은 0과 $M$ 사이에서 도박에 거는 금액 $x$를 선택하여 상황조건부 상품 $C_1$과 $C_2$의 조합을 결정하는 것이다. 이 개인의 예산선을 구해보자.

〈그림 16-5〉의 수평축은 도박에 이기는 상황이 발생할 때의 소득 $C_1$의 크기 $c_1$을 나타내고 수직축은 질 때의 소득 $C_2$의 크기 $c_2$를 나타낸다면, 점 $a=(M, M)$은 이 개인이 도박에 참가하지 않는 경우를 의미하는 점으로 일종의 초기부존점이라고 할 수 있다. 점 $a$에서 도박에 $x$원을 걸면 $c_2$는 $M-x$으로 감소하고 $c_1$은 $\alpha x$ 증가한 $M+\alpha x$가 되어 점 $b$의 상황조건부 상품 조합을 구입할 수 있다. 점 $A$는 이 개인이 자신의 모든 소득 $M$을 도박에 걸어서 $c_1=(1+\alpha)M$, $c_2=0$인 상황조건부 상품의 조합을 구입하는 행위이다. 이 개인이 똑같은 내용의 도박을 다른 사람들에게 제안하는 것은 불가능하다고 가정하면 예산선은 기울기가 $-1/\alpha$인 직선 $AB$에서 점선부분을 제외한 $aA$가 된다.

〈그림 16-5〉에서 예산선의 기울기는 상황조건부 상품 $C_2$의 구입을 $1/\alpha$ 감소시킬 때(즉 도박에 거는 금액을 $1/\alpha$ 늘릴 때) 상황조건부 상품 $C_1$의 구입이 1원 증가한다는 것을 의미한다. 그림에서 $x=0$일 때의 점 $a$를 지나는 원점으로부터의 45° 직선을 **확실선**(centainty line)이라고 한다. 벌어지는 상황에 관계없이 항상 동일한 소득이 보장되는(즉 위험이 전혀 없는) 상황조건부 상품의 조합들을 연결한 궤적이 확실선이다. 따라서 확실선에서 좌우 어느 방향으로든지 멀어질수록 위험의 정도는 증가하게 된다. 〈그림 16-5〉의 예산선은 제2장의 예산선에서 $X$재와 $Y$재를 상황조건부 상품 $C_1$과 $C_2$로 바꾼 것 외에는 아무런 차이가 없다. 기대효용의 극대화를 위해 예산선의 어떤 점을 선택하는지 살펴보기 전에 이 개인이 참가하는 도박이 공정한 도박이기 위한 조건과 그와 관련된 **공정승산선**(fair odds line)의 개념을 알아보기로 한다.

이길 확률이 $p$인 어떤 도박에서 $p/(1-p)$는 그 도박에서의 승산(odds)이며, 공정한 도박에서의 승산을 **공정승산**(fair odds)이라고 한다. 소득 $M$ 중에서 $x$원을 걸고 $p$의 확률로 상황 1이 발생하면 $\alpha x$를 따고 $1-p$의 확률로 상황 2가 발생하면 $x$를 모두 잃어버리는 도박 $G=(\alpha x, -x; p, 1-p)$의 기대수익은 $p(\alpha x)+(1-p)(-x)$이다. 따라서 이 도박이 공정한 도박(즉 기대수익=0)일 때 도박에 이길 확률 $p$와 $\alpha$ 사이의 관계는 다음과 같다.

$$\frac{1}{\alpha}=\frac{p}{1-p} \tag{16-2}$$

위 식은 도박 $G$가 공정한 경우 걸었던 금액 1원당 이길 때 따는 액수인 $\alpha$와 승산은 서로 역의 관계에 있음을 의미한다. 예를 들어 $p$가 0.25이므로 승산은 1/3밖에 되지 않는다면 1원을 걸고 이길 때 따는 금액은 3원이 되어야 공정한 도박이 된다. 식 (16-2)는 공정한 도박에 참가하는 개인은 기울기의 절대값이 승산과 일치하는 예산선에 직면한다는 것을 의미한다. 앞으로 공정한 도박에 참가하는 사람의 예산선을 공정승산선이라고 부르도록 하며, 공정승산선의 어떤 점을 선택해도 기대수익은 0이 된다.

## 위험에 대한 태도와 무차별곡선의 형태

$G=(\alpha x,\ -x;\ p, 1-p)$의 도박에 $x$원을 걸 때 $c_1=M+\alpha x$이고 $c_2=M-x$이며, 그 기대효용함수는 다음과 같다.

$$EU_G(c_1,\ c_2;\ p,\ 1-p)=pU(c_1)+(1-p)U(c_2) \tag{16-3}$$

이제 이 개인이 기대효용의 극대화를 위해서 예산선의 어떤 점을 선택하는지 살펴보려면 식 (16-3)의 기대효용함수가 의미하는 무차별곡선을 구해야 한다. 이를 위해서 상황조건부 상품 $C_1$과 $C_2$ 사이의 소비의 한계대체율 $MRS_C$를 구하면 다음과 같다.

$$\begin{aligned}MRS_C&=\frac{\Delta EU_G/\Delta c_1}{\Delta EU_G/\Delta c_2}=\frac{p\,\Delta U(c_1)/\Delta c_1}{(1-p)\,\Delta U(c_2)/\Delta c_2}\\&=\frac{pMU_{C_1}}{(1-p)MU_{C_2}}\end{aligned} \tag{16-4}$$

소득의 한계효용이 체감하는 위험회피적 태도를 지닌 개인의 경우 주어진 무차별곡선을 따라 $c_1$이 커지고 $c_2$는 작아지는 방향으로 이동하면 $MU_{C_1}$은 감소하고 $MU_{C_2}$는 증가하기 때문에 〈그림 16-6〉 (a)와 같이 소비의 한계대체율은 체감한다(즉 무차별곡선은 원점에 대하여 볼록함). 위험선호적 개인의 경우 소득의 한계효용이 체증하므로 〈그림 16-6〉 (b)와 같이 소비의 한계대체율은 체증한다(즉 무차별곡선은 원점에 대해 오목함). 그리고 소득의 한계효용이 일정한 위험중립적 태도를 지닌 개인의 경우 식 (16-4)에서 $MU_{C_1}=MU_{C_2}$이므로 소비의 한계대체율은 상수 $p/(1-p)$이고 〈그림 16-6〉 (c)에 표시된 것 같이 무차별곡

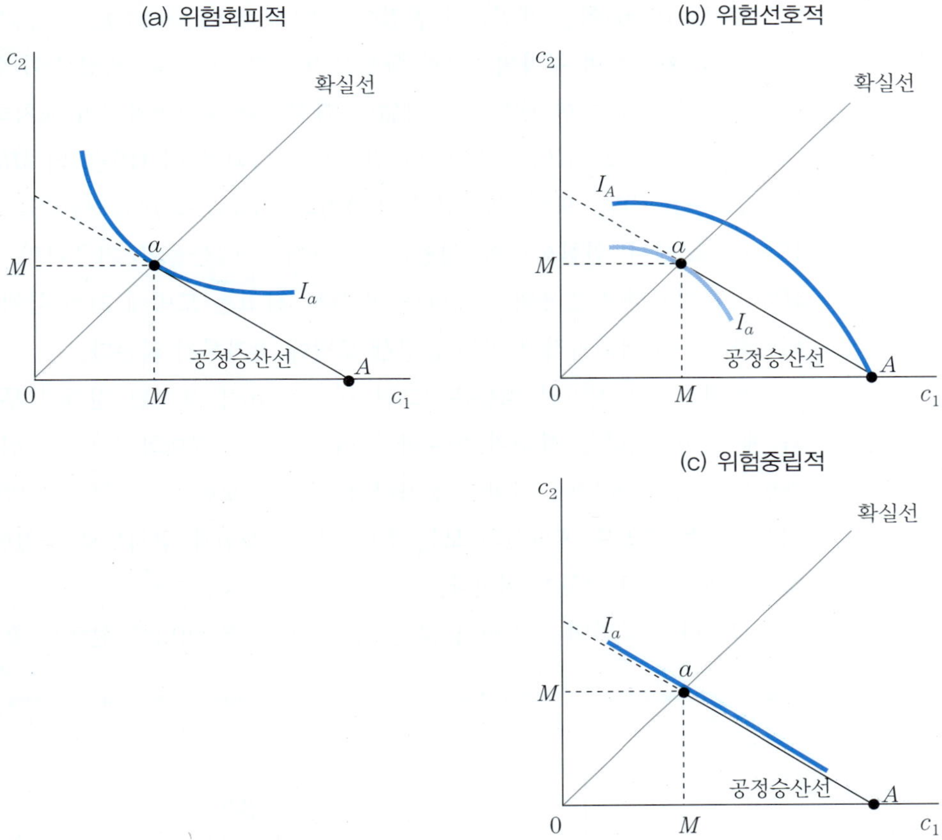


**그림 16-6 위험에 대한 태도와 무차별곡선**
위험회피적 태도를 지닌 개인의 무차별곡선은 소득의 한계효용 체감 때문에 원점에 대하여 볼록하며, 소득의 한계효용이 체증하는 개인의 무차별곡선은 원점에 대하여 오목하다. 또한 소득의 한계효용이 일정한 위험중립적 태도를 지닌 개인의 무차별곡선은 직선이다.

선은 음(−)의 기울기를 지니는 파란색의 굵은 직선이 된다.

## 효용의 극대화: 상황조건부 상품 조합의 선택

앞절에서는 공정한 도박에 대하여 위험회피적 개인은 참가하지 않지만 위험선호적 개인은 기꺼이 참가하며, 위험중립적 개인은 참가 여부를 무차별하게 여긴다고 하였다. 위험에 대한 태도와 공정한 도박 사이의 관계는 무차별곡선과 예산선을 사용한 분석에서도 동일하게 확인할 수 있다.

〈그림 16-6〉에는 개인들이 공정한 도박 $G=(\alpha x, -x;\ p, 1-p)$에 참가하고 있다고 가정하여 무차별곡선과 확실선 및 예산선(즉 공정승산선)이 함께 그려져 있다. 위험에 대한 태도와 관계없이 확실선과 무차별곡선이 교차하는 점에서는 $c_1=c_2$이므로 $MU_{C_1}=MU_{C_2}$의 관계가 성립되어 식 (16-4)의 $MRS_C$가 항상 $p/(1-p)$이다. 또한 예산선의 기울기의 절대값도 $p/(1-p)$이므로 〈그림 16-6〉 (a)에서 위험회피적 개인은 점 $a$에서 예산선의 기울기의 절대값과 $MRS_C$가 일치하여 효용의 극대화를 이룬다. 점 $a$는 도박에 거는 금액이 0임을 의미하므로 위험회피적 개인은 공정한 도박에 참가하지 않는다.

위험선호적 개인의 효용은 〈그림 16-6〉 (b)에 표시된 것처럼 무차별곡선과 예산선이 접하는 점 $a$가 아니라 구석점 A에서 극대화된다. 즉 위험선호적 개인은 공정한 도박에 기꺼이 참가하여 자신의 모든 소득 $M$을 도박에 건다. 위험중립적 개인은 예산선의 모든 점이 무차별곡선과 겹치므로 공정한 도박에 참가 여부를 무차별하게 여긴다.

그렇다면 도박이 공정하지 않은 경우 개인들은 어떠한 선택을 할 것인가?

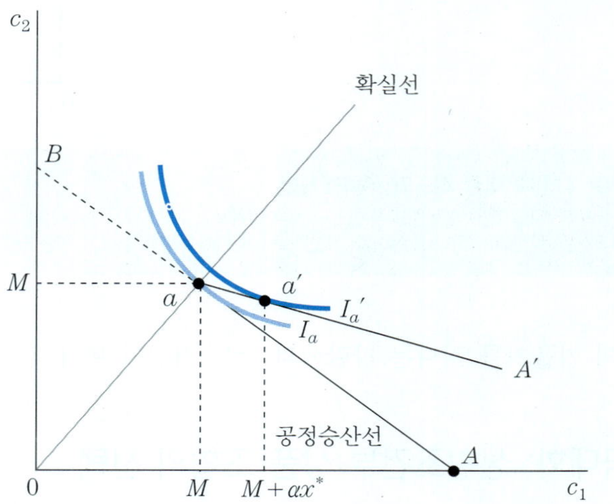


**그림 16-7 유리한 도박과 위험회피적 개인의 선택**

유리한 도박의 예산선은 공정승산선보다 완만하다. 유리한 도박에는 위험회피적 개인도 참가하여 $x^*$를 걸고 점 $a'$의 상황조건부 상품 조합을 선택한다.

〈그림 16-7〉에서 직선 $aA'$은 공정하지 않은 어떤 도박 $G'$의 예산선으로 그 기울기가 공정승산선 $aA$보다 완만하다. 즉 $1/\alpha < p/(1-p)$로 도박 $G'$은 이길 확률 $p$ 또는 1원당 이길 때 따는 액수인 $\alpha$가 공정한 도박보다 높아서 참가자에게 유리한 도박이다. 이 경우 위험회피적 태도를 지닌 개인도 도박에 참가하여 점 $a'$을 선택한다. 점 $a'$은 그림에 표시되었듯이 도박에 $x^*$를 걸고 $c_1 = M + \alpha x^*$, $c_2 = M - x^*$인 상황조건부 상품의 조합을 선택한다는 것을 의미한다. 그림에는 표시하지 않았지만 위험선호적 개인은 물론 위험중립적 개인도 유리한 도박에는 자신의 모든 소득을 걸게 된다.

위험회피적 태도를 지닌 개인도 유리한 도박에는 참가할 수 있다는 것으로 탈법행위를 설명할 수도 있다. 세금의 포탈이 한 가지 예이다.

**예 16-3 세금의 포탈**

어느 개인의 소득은 $M$이고 소득세율은 $t$라고 하자. 이 개인이 세무당국에 신고하는 소득을 $x$만큼 누락시킬 때, $p$의 확률로 적발되지 않으면 $tx$의 세금을 덜 내지만 $1-p$의 확률로 적발되면 $tx$의 세금 외에도 $fx$의 벌금을 내야 한

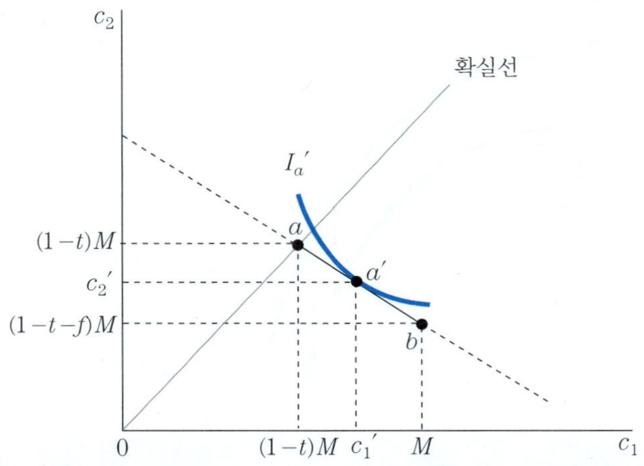


**그림 16-8 세금의 포탈**
세무당국에 신고하는 소득을 $x$만큼 누락시키는 경우 소득세 $tx$ 외에 $fx$의 벌금이 부과될 때, 점 $a'$을 선택하여 $c_1'-(1-t)M$만큼의 세금을 포탈한다.

다. 즉 세금의 포탈은 $G=(tx, -fx; p, 1-p)$의 도박에 참가하는 것과 같다.

세금포탈이 적발되지 않았을 경우의 소득과 적발되었을 경우의 소득을 각각 $C_1$과 $C_2$의 상황조건부 상품이라고 할 때 〈그림 16-8〉에서 점 $a$는 세금포탈을 하지 않는 경우의 상황조건부 상품의 조합이다. 이 개인이 세무당국에 신고하는 소득을 $x$만큼 누락시키면 $C_1$은 $tx$만큼 증가하지만 $C_2$는 $(f+t)x$만큼 감소한다. 소득 $M$ 전부를 누락시키면 $C_1$은 $M$이 되지만 $C_2$는 $[1-(t+f)]M$이 되어 점 $b$의 조합을 얻게 되므로 이 개인이 직면하는 예산선은 기울기가 $-f/t$인 직선 $ab$가 되며, 위험회피적 태도를 지닌 이 개인은 점 $a'$을 선택하여 신고하는 소득을 $[c_1'-(1-t)M]/t$만큼 누락시켜서 세금을 $c_1'-(1-t)M$만큼 포탈하게 된다.

소득의 성실한 신고를 유도하기 위해서는 세금포탈이라는 도박이 공정한 도박이 되도록 소득누락액에 부과하는 벌금을 높이면 될 것이다. 즉 소득누락액 1원당 벌금 $f$원을 $f/t=p/(1-p)$의 조건이 충족되도록 정하면 세금포탈을 방지할 수 있다.

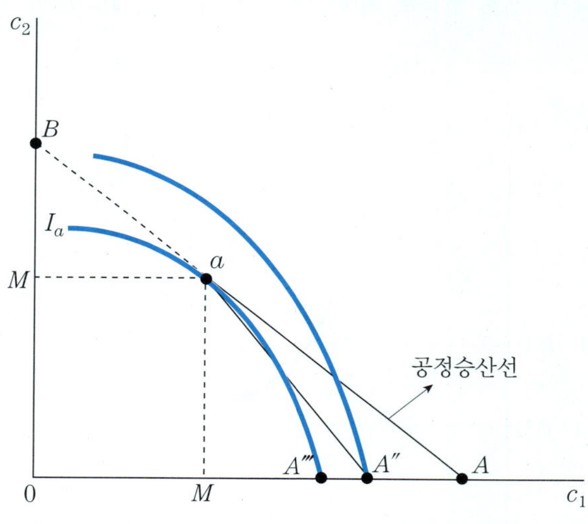


**그림 16-9 불리한 도박과 위험선호적 개인의 선택**
불리한 도박의 예산선은 공정승산선보다 가파르다. 위험선호적 개인은 불리한 도박에도 참가하여 모든 소득을 걸고 점 $A''$을 선택한다.

위험회피적 개인은 물론 위험중립적 태도를 지닌 개인도 도박의 기대수익이 0보다 낮은 불리한 도박에는 참가하지 않지만, 위험선호적 개인은 불리한 도박에도 참가할 수 있다. 〈그림 16-9〉에는 불리한 도박의 예산선 $aA''$이 그려져 있다. 위험선호적 개인은 불리한 도박에도 참가하여 모든 소득을 걸고 상황조건부 상품의 조합으로 점 $A''$을 선택한다. 그렇지만 위험선호적 태도를 지녔다고 해도 예산선이 점 $a$와 $A'''$을 잇는 직선보다 더 가파를 정도로 불리한 도박에는 참가하지 않는다.

## 16.4 위험의 관리: 보험

위험회피적 태도를 지닌 개인은 불확실성하의 선택 때문에 발생하는 위험을 가급적 줄이려고 노력하며, 이는 보험상품의 구입, 위험의 분산, 정보의 수입, 헷징 등 여러 가지 형태로 나타난다. 이 절에서는 보험의 구입으로 어떻게 위험을 줄일 수 있는지 살펴보기로 한다.

### 공정한 보험의 경우

어느 위험회피적 개인의 주택에 화재가 나서 $l$의 수리비가 발생할 확률은 $p$라고 하자. 이 개인에게 주어진 소득이 $M$이고 $C_1$과 $C_2$의 상황조건부 상품은 각각 화재가 발생하지 않는 경우와 발생하는 경우의 소득을 의미한다고 할 때 주택의 소유는 $c_1 = M$, $c_2 = M - l$인 상황조건부 상품 조합의 소유이며, 이는 〈그림 16-10〉에 점 $a$로 표시되어 있다. 화재가 났을 때 보험금 $x$를 주는 화재보험의 보험료(premium)가 $\rho x$라고 하자. 이 개인은 0과 $l$ 사이에서 보험금 $x$를 선택(즉 $x$만큼의 화재보험 구입)하여 상황조건부 상품의 조합을 구입하는 것이며, 이 개인의 기대효용함수는 다음과 같다.

$$EU_G(c_1,\ c_2;\ 1-p,\ p) = (1-p)U(c_1) + pU(c_2) \qquad (16\text{-}5)$$

〈그림 16-10〉의 점 $a$에서 화재보험을 $x$만큼 구입하면 $c_1 = M - \rho x$, $c_2 = M - \rho x - l + x$인 점 $b$의 상황조건부 상품 조합을 구입할 수 있다. 수리비 $l$을 전액 보상하는 보험을 구입하려면 $\rho l$의 보험료를 내야 하며, 이때 확실선의 점

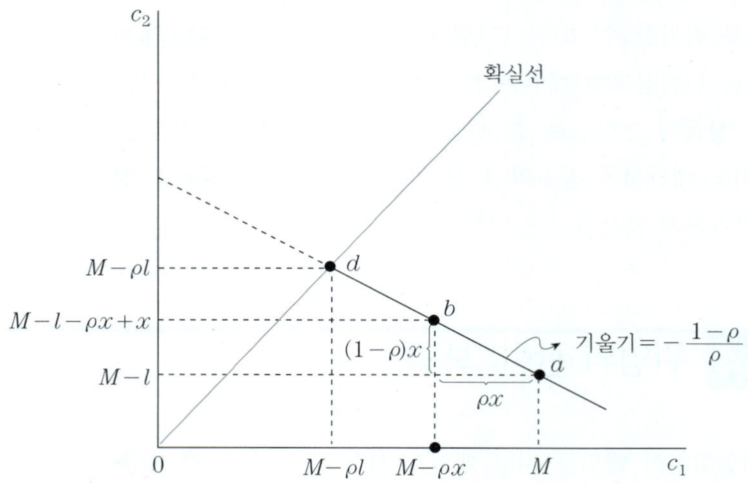


**그림 16-10 화재보험 구입과 예산선**
주택에 화재가 나서 $l$의 수리비가 발생할 확률이 $p$인 경우 $M$의 소득을 지닌 개인이 보험금 $x$에 대한 보험료가 $\rho x$인 화재보험을 구입하면 화재가 났을 때의 소득이 $M-l$에서 $M-l-\rho x+x$로 $(1-\rho)x$만큼 증가한다. 따라서 화재보험을 구입하려는 개인은 기울기가 $-(1-\rho)/\rho$인 예산선에 직면한다.

$d$를 구입할 수 있다. 따라서 보험금 $x$를 주는 화재보험을 $\rho x$의 보험료를 내고 구입할 때 이 개인이 직면하는 예산선은 점 $a$와 $d$를 잇는 직선이며, 그 기울기 $\Delta c_2/\Delta c_1$은 다음과 같다.

$$\frac{\Delta c_2}{\Delta c_1} = -\frac{1-\rho}{\rho} \tag{16-6}$$

먼저 화재보험회사가 이 개인에게 기대이윤이 0인 **공정한 보험료**(fair premium)를 받는다고 하자. 화재발생에 관계없이 $\rho x$의 보험료를 받는 보험회사는 화재가 발생하는 경우에만 $x$의 보험금을 지급하므로 그 기대이윤 $E\pi$는 $\rho x - px$이고 공정한 보험의 조건은 다음과 같다.

$$\rho = p \tag{16-7}$$

따라서 식 (16-6)과 식 (16-7)로부터 공정한 보험을 구입하려는 개인이 직면하는 예산선은 그 기울기가 $-(1-p)/p$임을 알 수 있으며, 이는 〈그림 16-11〉에서 점 $a$와 $e$를 잇는 직선으로 표시되어 있다. 또한 식 (16-5)의 기대효용함수로부터 이 개인의 소비의 한계대체율을 구하면 다음과 같다.

$$MRS_C = \frac{(1-p)MU_{C_1}}{pMU_{C_2}} \tag{16-8}$$

앞의 〈그림 16-6〉 (a)의 경우와 같이 무차별곡선과 확실선이 교차하는 모든 점에서 식 (16-8)의 $MRS_C$는 $(1-p)/p$이고 예산선의 기울기의 절대값도 $p/(1-p)$이므로 위험회피적 개인은 효용의 극대화를 위해서 〈그림 16-11〉의 점 $e$를 상황조건부 상품의 조합으로 선택한다. 효용의 극대화를 위하여 점 $e$를 선택한다는 것은 $\rho l$의 보험료를 내고 수리비 $l$을 전액 보상해 주는 보험을 구입하여 어떤 상황이 발생하든지 관계없이 항상 $M-\rho l$의 소득을 보장받겠다는 의도이다. 즉 위험회피적 태도를 지닌 개인은 공정한 보험의 경우 손해에 대한 **전액보험**(full insurance)을 구입해서 위험을 완전히 제거한다.

〈그림 16-11〉에서 점 $a$를 지나는 무차별곡선 $I_a$는 이 개인이 화재보험을 구입하지 않을 때의 기대효용 크기를 표시하며, 확실선과는 점 $a'$에서 교차한다. 따라서 점 $a'$에 상응하는 소득은 점 $a$에서의 기대효용과 동일한 효용수준

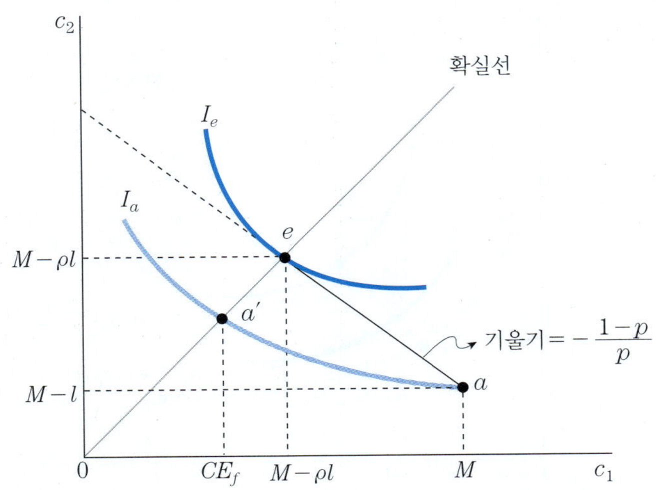


**그림 16-11 공정한 보험의 경우**
공정한 보험의 경우 위험회피적 태도를 지닌 개인은 손해에 대한 전액보험을 의미하는 점 $e$를 선택하여 위험을 완전히 제거한다.

을 보장하는 확실동등치이며, 이를 $CE_f$라고 표시할 때 $M-\rho l-CE_f$는 손해를 전액 보상해 주는 공정한 보험을 구입함으로써 개인이 얻는 순편익이 된다.

## 불공정한 보험의 경우

이번에는 화재보험회사가 판매하는 보험이 불공정한 경우를 보기로 하자. 불공정한 보험의 경우 기대이윤 $E\pi(=\rho x-px)$가 0보다 높도록 보험료를 정하는 것이므로 보험금 1원당 보험료 $\rho$가 화재의 발생확률 $p$보다 크다. 따라서 $(1-\rho)/\rho<(1-p)/p$의 관계가 성립하며, 이는 불공정한 보험의 예산선은 공정한 보험의 예산선보다 그 기울기가 완만하다는 것을 의미한다.

〈그림 16-12〉에서 직선 $aa''$은 불공정한 화재보험의 예산선으로 공정한 보험의 예산선 $ae$보다 완만하다. 이러한 예산선에 직면하는 개인은 효용의 극대화를 위하여 점 $e'$을 선택한다. 확실선의 우측에 위치한 점 $e'$의 상황조건부 상품 조합에서는 $c_1>c_2$, 즉 화재가 발생하지 않는 경우의 소득이 화재가 발생하는 경우의 소득보다 큰데, 그 이유는 불공정한 보험료에 대하여 개인이 위험

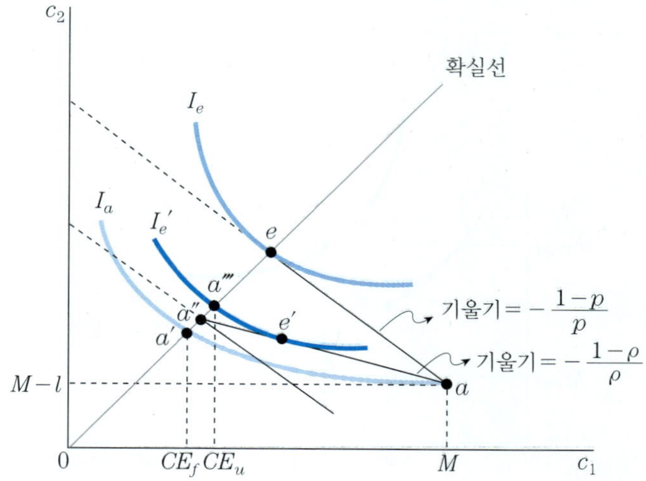


**그림 16-12 불공정한 보험의 경우**
불공정한 보험의 경우 위험회피적 개인도 손해에 대한 전액보험이 아닌 부분보험을 의미하는 점 $e'$을 선택함으로써 위험의 일부를 감수한다.

의 일부를 감수하기 때문이다. 다시 말하자면, 불공정한 보험의 경우 개인이 위험회피적 태도를 지녔다고 해도 손해에 대한 전액보험이 아닌 **부분보험**(partial insurance)을 구입한다.

〈그림 16-12〉에서 점 $e'$을 지나는 무차별곡선 $I_e'$은 확실선과 점 $a'''$에서 교차한다고 할 때 점 $a'''$에 상응하는 소득 $CE_u$는 부분보험을 구입할 때의 기대효용과 동일한 효용수준을 보장하는 확실동등치이다. 따라서 부분보험을 구입하는 경우의 순편익은 $CE_u - CE_f$로서 개인이 위험의 일부를 감수하므로 그 크기는 전액보험의 경우보다 감소한다.

어떤 상황조건부 상품에 대해서도 시장이 존재하고 그 시장들이 모두 완전경쟁이라면 불확실성하에서도 개인들은 위험을 효율적으로 분산할 수 있으므로 자원배분의 파레토 효율성이 이루어질 수 있다. 그러나 완전한 상황조건부 상품의 시장은 존재하지 않기 때문에 불확실성이 존재할 때 시장의 실패가 발생한다. 상황조건부 상품의 대표적 시장이라고 할 수 있는 보험시장의 경우 방금 살펴본 것처럼 불공정한 보험이 공급되면 위험의 효율적 분산이 이루어지지 않기 때문에 비효율성이 초래된다. 그렇다면 보험회사의 수가 무수하게 많아지면 보험료는 기대이윤이 0이 되도록 조정될 것인가? 그렇지 않은 이유로 두 가지를 들 수 있다.

첫 번째는 건물 임대료, 인건비 등 보험회사 운영비의 존재이다. 운영비 때문에 보험료는 기대손실액보다 높게 정해질 수밖에 없고 불공정한 보험이 공급된다. 두 번째는 정보의 불완전성이다. 화재보험의 경우 주택마다 화재가 발생할 확률은 다른 것이 일반적이다. 보험회사가 화재의 발생확률에 관하여 완전한 정보를 갖고 있다면 각 주택소유자에게 서로 다른 보험료를 부과할 것이므로 위험은 효율적으로 제거된다. 그러나 정보가 불완전한 경우에는 보험회사가 모든 개인들에게 화재의 발생확률이 가장 낮은 개인에게나 적용될 수 있는 낮은 보험료를 적용하지 않는 한 불공정한 보험을 구입하는 개인들이 존재하기 마련이므로 위험의 효율적 분산은 이루어지지 않는다. 정보의 불완전성에 관해서는 다음 장에서 살펴보기로 한다.

# 16.5 위험의 관리: 위험의 공유, 위험의 분산 및 정보의 수집

## 위험의 공유와 헷징

$M$의 소득을 지니고 있는 어느 위험회피적 개인이 사업에 투자를 하려고 하는데, 그 투자에는 $M/2$의 비용이 소요된다고 하자. $M/2$을 투자할 때 $p$의 확률로 상황 1이 발생하면 $(1+\alpha)M/2$의 순수익을 올릴 수 있고 $1-p$의 확률로 상황 2가 발생하면 $M/2$의 투자 원금을 모두 잃어버린다고 하자. 즉 〈그림 16-13〉에서 초기부존이 점 $a$인 이 개인이 사업에 투자하는 것은 $G=[(1+\alpha)M/2,\ -M/2;\ p,\ 1-p]$의 도박에 참가하여 점 $b$의 상황조건부 상품 조합을 선택하는 것이며, $p$와 $\alpha$의 관계가 $p=1/(2+\alpha)$, 즉 $\alpha=(1-2p)/p$일 때 이 도박은 공정한 도박(즉 기대수익=0)이 된다. 그런데 $\alpha$가 $(1-2p)/p$보다 커

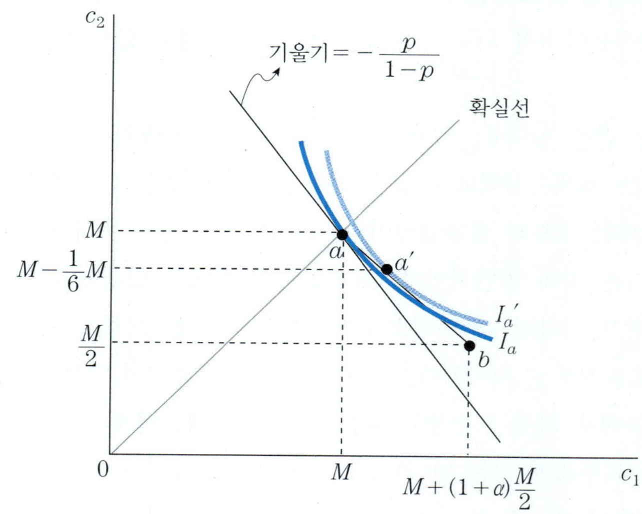


**그림 16-13 위험의 공유**

$M/2$을 투자하여 $p$의 확률로 $(1+\alpha)M/2$의 순수익을 올릴 수 있고 $1-p$의 확률로는 투자원금 $M/2$을 모두 잃어버린다고 할 때 $\alpha>(1-2p)/p$의 가정으로 기대수익은 0보다 크지만 위험 때문에 개인은 투자를 원하지 않는다. 그러나 투자의 비용과 수익을 나눌 수 있는 사람들과 동업자의 관계를 맺을 때 위험의 공유로 점 $a$보다 효용이 높은 점 $a'$을 선택할 수 있다.

서 기대수익이 0보다 크다고 가정하자.

〈그림 16-13〉의 초기부존점 $a$에서 무차별곡선 $I_a$의 접선은 기울기의 절대값이 $p/(1-p)$인 공정승산선이다. $\alpha>(1-2p)/p$를 가정했기 때문에 기대수익이 0보다 높은 점 $b$는 공정승산선의 우측에 위치한다. 그렇지만 이 개인은 위험회피의 정도가 높기 때문에 무차별곡선이 표시하고 있듯이 점 $b$보다 점 $a$를 선호하여 투자를 하지 않는다. 〈그림 16-13〉에서 직선 $ab$는 $M/2$의 범위 내에서 원하는 만큼의 금액을 투자할 수 있는 경우의 예산선이며, 그렇게 하는 것이 가능하다면 이 개인은 투자비용의 1/3인 $M/6$만큼만 투자하여 점 $a'$을 선택할 것이다.

만일 이 개인이 자신과 똑같은 선호를 지닌 다른 두 개인을 알고 있다고 하자. 이들 3명이 동업자가 되어 투자비용을 $M/2$을 1/3씩 분담하면 각자 점 $a'$을 선택할 수 있다. 이와 같이 높은 위험 때문에 독자적 투자가 어려운 경우 여러 투자자들이 함께 **위험의 공유**(risk sharing)를 통해서 기대효용수준을 높일 수 있는 것이다.

위험의 공유 외에 **헷징**(hedging)도 위험을 관리할 수 있는 수단이다. 투자, 외환거래 등의 활동에 있어서 상황별 결과(예컨대 투자수익)가 서로 음(-)의 상관관계를 지니는 두 가지 활동을 함께 하는 것이 헷징이다. 〈그림 16-13〉에 표시된 사업(이를 A라고 하자)과는 투자결과가 정반대인 사업 B가 있다고 할 때, 사업 B에 투자하는 것은 $G=[(1+\alpha)M/2,\ -M/2;\ 1-p,\ p]$의 도박에 참가하여 〈그림 6-14〉에 점 $c$로 표시된 상황조건부 상품의 조합을 선택하는 것과 같다. 이제 이 개인이 소득 $M$으로 사업 A와 B에 모두 투자한다고 하자. 이는 사업 A와 투자 결과가 정반대인 사업 B에도 함께 투자함으로써 헷징을 하는 것이며, 이 경우 어떤 상황이 발생해도 항상 $\alpha M/2$의 순수익을 올릴 수 있다. 따라서 헷징으로 이 개인은 확실선의 점 $d$를 선택할 수 있기 때문에 위험을 제거하고 점 $a$보다 높은 수준의 효용을 얻을 수 있다.

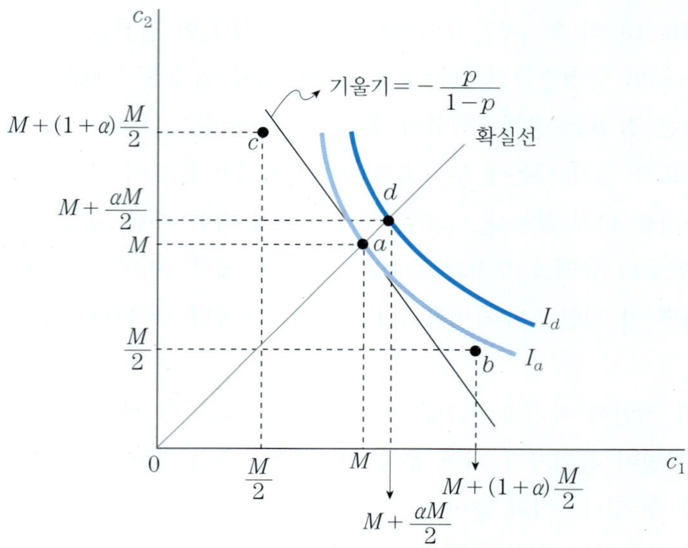


**그림 16-14 헷징**
투자의 결과가 점 $b$의 선택과는 정반대로 나타나는 투자인 점 $c$의 선택도 가능할 때 $M$의 소득을 두 사업에 함께 투자하는 헷징을 통해 점 $d$를 선택함으로써 위험을 제거하고 효용을 높일 수 있다.

## 위험의 분산

위험을 줄일 수 있는 또 다른 수단은 위험한 활동을 선택할 때 적은 수의 활동에 대규모로 참가하는 것이 아니라 많은 수의 활동에 소규모로 참가하는 것이며, 이를 **위험의 분산**(diversification of risks)이라고 한다. 주어진 소득 $M$ 전부를 사업 A 또는 B에 투자하려는 사람이 있다고 하자. 두 사업 모두 0.5의 확률로 성공하면 $2M$의 순수익이 나지만 실패하면 투자금 전부를 잃는다고 할 때 분산투자가 어떻게 위험을 제거하는지 살펴보기로 한다.

먼저 두 사업의 성공 여부가 음(−)의 상관관계를 지니는 경우를 가정한다. 즉 사업 A에서 성공(실패)하면 사업 B에서는 실패(성공)하며, 두 사업에서 동시에 성공하거나 실패하는 경우는 없다. 이 사람이 집중투자하면 어느 사업에 투자하든지 순수익의 기대값은 $M/2(=0.5\times 2M-0.5\times M)$이다. 그러나 두 사업에 $M/2$씩 나누어 투자한다면 어느 한 사업에서 실패할 때 다른 사업에서는 반드시 성공하므로 어떤 경우든지 항상 $M/2$의 순수익이 보장된다. 즉 두 사업의 결과가 음(−)의 상관관계를 가질 때 분산투자는 앞서 살펴본 헷징을 하는 것이며, 이로 인해 위험회피적인 개인의 효용은 증가하고 불확실성으로 인한 위험을 제거할 수 있다. 그러나 두 사업의 성공 여부가 양(+)의 상관관계를 지닌다면, 즉 두 사업은 반드시 함께 성공하거나 실패한다면 분산투자는 아무런 의미가 없다.

그렇다면 두 사업의 성공 여부가 서로 독립적(즉 0의 상관관계)이라면 소득 $M$을 두 사업에 $M/2$씩 나누어 투자하는 것은 무슨 의미가 있을까? 두 사업에서 동시에 성공(또는 실패)할 확률은 0.25(=0.5×0.5)이고 분산투자하여 두 사업 모두 성공할 때와 두 사업 모두 실패할 때의 순수익은 각각 $2M$과 $-M$이다. 사업 A에서 성공하고 사업 B에서는 실패할 확률은 0.25(=0.5×0.5)이고 그 반대의 확률도 0.25이므로 어느 한 사업에서만 성공할 확률은 0.5가 되며, 분산투자로 어느 한 사업만 성공할 때의 순수익은 $M/2$이다. 따라서 두 사업에 $M/2$씩 분산투자하면 순수익의 기대값은 $M/2(=0.25\times 2M-0.25\times M+0.5\times M/2)$으로 어느 한 사업에 집중투자할 때와 같다. 그러나 이 경우에도 분산투자는 위험을 줄이는 역할을 한다.

위험의 정도를 객관적으로 표시할 때 흔히 표준편차를 계산한다. 표준편차를 계산하려면 먼저 각 결과(예컨대 두 사업에서 동시에 성공할 때의 결과)의 편차를 계산해야 하며, 어떤 결과의 편차는 그 결과와 기대값 사이의 차이이다. 이렇게 모든 결과에 대해 편차를 구한 다음에 그 편차들을 제곱한 것의 가중평균을 구한 것이 분산이며, 가중치는 각 결과가 발생할 확률을 사용한다. 표준편차는 분산의 제곱근이다. 두 사업의 성공 여부가 0의 상관관계를 지닐 때 분산투자의 표준편차를 구하면 $1.5M/\sqrt{2}$이며, 이는 집중투자할 때의 표준편차 $1.5M$보다 작다. 이처럼 두 사업의 성공 여부가 0의 상관관계에 있는 경우라도 분산투자는 위험을 줄이는 수단이 된다.

위험의 분산은 주식투자자에게는 대단히 중요한 위험의 관리수단이다. 주식투자자가 자신의 모든 자산을 한 가지 주식에만 투자하고 있다면 불필요한 위험까지 감수하고 있는 것이다. 왜냐하면 자산을 보다 다양하게 구성함으로써 기대수익의 감소 없이도 위험을 줄일 수 있기 때문이다. 그러나 투자자가 스스로 자산구성(portfolio)을 짜기에는 비용도 많이 들고 전문성도 부족한 경우 뮤

추얼펀드(mutual funds) 등의 간접투자를 할 수도 있다. 예컨대 뮤추얼펀드에 수수료를 내고 가입하는 것은 자산구성의 비용 감소와 분산투자로 인한 위험 감소의 이점이 수수료보다 높기 때문이다.

## 정보의 수집

불확실성하에서 의사결정을 할 수밖에 없는 경우 사람들은 불확실성 자체를 줄이기 위한 정보를 얻으려고 여러 가지의 노력을 기울인다. 투자대상기업에 대하여 전문가로부터 투자자문을 받거나 미래의 경제상태를 예측하기 위하여 경제지표를 분석하는 행위 등이 바로 그러한 것이다. 그렇다면 불확실성을 줄일 수 있는 정보의 가치는 과연 얼마나 될까? 다음의 예를 보자.

### 예 16-4 적성검사의 비용

대학에서 마지막 학기를 보내고 있는 학생이 취업할 것인지 아니면 창업할 것인지를 고민하고 있다. 이 학생은 취업하는 경우에 자신의 평생소득의 현재가치는 확실하게 1억 2천만원이라는 사실을 알고 있다. 그러나 창업하는 경우에는 자신의 적성과 맞으면 평생소득의 현재가치가 1억 8천만원이 되지만, 그렇지 않으면 6천만원밖에 되지 않는다는 사실도 잘 알고 있다. 이 학생은 창업이 자신의 능력과 잘 맞을 확률이 1/3이고 그렇지 않을 확률이 2/3라고 생각한다.

계산의 편의상 이 학생을 위험중립적이라고 가정하자. 또한 적성에 관해 완전한 정보를 알려줄 수 있는 검사기관이 있다고 하자. 위험중립적인 이 학생은 적성검사기관에 검사를 의뢰할 때 검사비용으로 최대 얼마까지 지불할 용의가 있을까? 비용을 지불하고 적성검사를 받은 후에 창업하는 것이 적성에 맞는다는 판정이 나올 확률을 이 학생은 1/3이라고 생각하며, 창업하지 않는 것이 옳다는 판정(즉 취업하는 것이 옳다는 판정)이 나올 확률을 2/3라고 생각하고 있다. 따라서 검사비용을 $C$라고 할 때 적성검사를 의뢰한다는 선택에 관하여 이 학생의 기대값 $EV_T$는 다음과 같다.

$$
\begin{aligned}
EV_T &= 1/3(1\text{억 }8\text{천} - C) + 2/3(1\text{억 }2\text{천만} - C) \\
&= 1\text{억 }4\text{천} - C
\end{aligned}
$$

적성검사를 받지 않는 경우에 위험중립적 태도를 지닌 이 학생은 기대값이 1억원인 창업보다는 1억 2천만원의 평생소득이 확실하게 보장되는 취업을 선택할 것이다. 이 때문에 이 학생이 지불할 용의가 있는 최대의 적성검사비 $C$는 2천만원이 된다. 즉 2천만원은 불확실성을 없앨 수 있는 정보에 대하여 이 학생이 느끼는 주관적 가치로서 2천만원의 비용을 지불하고 적성검사를 받는 경우에 평생소득의 현재가치의 기대값 1억 2천만원은 적성검사를 받지 않고 취업을 선택할 때의 보장된 소득과 같다.

어떠한 정보라도 수집에는 비용이 소요된다. 그러나 수집된 정보의 가치가 비용보다 높다면 사람들은 기꺼이 정보의 수집을 위하여 비용을 지불하려 할 것이다. 적성검사기관, 직업보도기관, 투자자문회사 등은 불확실성하에서 선택할 수밖에 없는 사람들을 위하여 불확실성을 감소시킬 수 있는 정보를 대신 수집하고 비용을 받는 기관이라고 볼 수 있다.

## 요 약

1 어떤 하나의 선택으로부터 여러 가지의 상황이 발생할 수 있고 어떤 상황이 전개될 것인지를 모르는 채 그 선택을 하는 것이 불확실성하의 선택이다.

2 불확실성하의 선택행동을 이해하기 위해서는 같은 상품이라도 상황에 따라 그 크기가 달라지면 다른 상품으로 구별할 필요가 있으며, 이를 상황조건부 상품이라고 한다.

3 복합재 $C$만을 수요하는 개인에게 발생가능한 상황은 1과 2의 두 가지만 있고 각 상황의 확률은 $p$와 $1-p$라고 할 때, 상황 1 또는 2가 발생할 때의 소득 $C_1$과 $C_2$가 상황조건부 상품이고 그 크기를 $c_1$과 $c_2$로 표시하면 선택은 $(c_1, c_2; p, 1-p)$의 형태가 된다. 이러한 불확실성하의 선택은 복권 $G=(c_1, c_2; p, 1-p)$의 구입과 같다.

4 폰 너이만과 모르겐스테른의 기대효용이론에 의하면 불확실성하에서의 선택기준은 기대값이 아니라 기대효용이며, 어떤 선택 $G$의 기대효용 $EU_G$는 각 상황의 확률에 그 상황이 발생했을 때의 효용을 곱해서 모두 합한 것이다. 즉 소득 $c$의 효용함수를 $U(c)$라고 할 때 복권 $G=(c_1, c_2; p, 1-p)$의 기대효용은 $pU(c_1)+(1-p)U(c_2)$이다.

5 공정한 도박에 참가하지 않는 위험회피적 개인은 어떠한 복권 $G$에 대해서도 $U(EV_G)>EU_G$이므로 효용함수 $U(c)$가 소득 $c$에 대해 오목하다(즉 한계효용 $MU_C$가 체감한다). 그리고 공정한 도박에 기꺼이 참가하는 위험선호적 개인은 어떠한 복권 $G$에 대해서도 $U(EV_G)<EU_G$이므로 효용함수 $U(c)$가 소득 $c$에 대해 볼록하다(즉 한계효용 $MU_C$가 체증한다). 또한 공정한 도박에의 참가 여부를 무차별하게 느끼는 위험중립적 개인은 어떠한 복권 $G$에 대해서도 $U(EV_G)=EU_G$이므로 효용함수 $U(c)$는 소득 $c$에 대해 양(+)의 기울기를 지니는 직선이다(즉 한계효용 $MU_C$는 일정하다).

6 복권 $G$의 기대효용 $EU_G$와 똑같은 효용을 보장하는 확실한 소득의 크기를 확실동등치($CE_G$)라고 정의한다. 불확실한 선택 $G$의 기대값 $EV_G$에서 확실동등치를 뺀 것을 위험프리미엄($RP_G$)이라고 부른다.

7 소득 $M$ 중에서 $x$원을 걸고 $p$의 확률로 상황 1이 발생하면 $\alpha x$를 따고 $1-p$의 확률로 상황 2가 발생하면 $x$를 모두 잃어버리는 도박에 참가할 때의 예산선은 기울기가 $-1/\alpha$이며, $1/\alpha=p/(1-p)$의 관계가 성립할 때 이 도박은 공정한 도박이 된다. 공정한 도박에 참가하는 사람이 직면하는 예산선을 공정승산선이라고 한다.

8 상황조건부 상품의 크기인 $c_1$과 $c_2$의 평면에 기대효용함수로부터의 무차별곡선을 그리면 위험회피적 태도를 지닌 개인의 무차별곡선은 소득의 한계효용 체감 때문에 원점에 대하여 볼록하며, 소득의 한계효용이 체증하여 위험선호적 태도를 지닌 개인의 무차별곡선은 원점에 대하여 오목하다. 또한 소득의 한계효용이 일정하여 위험중립

적 태도를 지닌 개인의 무차별곡선은 직선이다.

**9** 위험회피적 개인도 승산이 예산선의 기울기의 절대값보다 높은 유리한 도박에는 참가하는 경우가 있으며, 위험중립적이거나 위험선호적 개인은 유리한 도박에 자신의 모든 소득을 건다. 불리한 도박에는 위험선호적 개인만 경우에 따라 참가한다.

**10** 위험을 관리하기 위한 가장 중요한 수단은 보험이며, 보험료가 보험회사의 기대이윤이 0이 되도록 정해지는 공정한 보험의 경우 위험회피적 개인은 손해에 대한 전액보험을 구입하지만 불공정한 보험에는 손해에 대한 부분보험만 구입한다.

**11** 어떤 상황조건부 상품에 대해서도 시장이 존재하고 그 시장들이 완전경쟁이면 불확실성하에서도 개인들은 위험을 효율적으로 분산하여 자원배분의 효율성이 이루어진다. 그렇지 않을 때 불확실성의 존재로 비효율성이 초래된다.

**12** 보험 외에 위험의 다른 관리수단으로는 위험의 공유, 헷징, 분산, 정보의 수집 등을 들 수 있다. 위험한 활동의 비용과 수익을 나눌 수 있는 사람들과 동업의 관계를 맺어 위험을 공유함으로써 기대효용을 높일 수 있다. 가능한 결과가 여러 가지인 위험한 활동에 있어서 상황별 결과가 서로 음(−)의 상관관계를 지니는 두 가지의 활동을 함께 하는 헷징 또는 많은 수의 위험한 활동에 소규모로 참가하는 분산을 통해 위험을 제거할 수 있다.

## 연습문제

**1** 소득 $c$의 효용함수가 $u=\sqrt{c}$인 어느 개인이 있다고 하자. 이 개인이 취업하고 있는 직장에서는 매달 0.8의 확률로 400만원, 0.2의 확률로는 100만원의 임금이 지급된다.

(1) 이 개인의 위험에 대한 태도가 무엇인지 설명하시오.

(2) 이 개인이 임금의 가변성을 없애기 위하여 매달 지불할 용의가 있는 최대 금액을 구하시오.

**2** 1.44억원의 가치가 있는 주택을 지닌 어느 개인의 효용함수는 $u=\sqrt{c}$이며($c$는 소득임), 이 주택에 화재가 발생해서 0.8억원의 피해가 발생할 확률이 0.25라고 하자.

(1) 화재의 위험에 대한 확실동등치와 위험프리미엄의 크기를 구하시오.

(2) 이 개인이 피해 전액을 보상해 주는 화재보험에 대하여 지불할 용의가 있는 최대의 보험료를 구하시오.

**3** 위험회피적인 어느 개인의 월소득은 300만원이고 소득세율은 30%이다. 세무당국에 신고하는 소득을 누락시킬 때 적발될 확률은 0.2이고 적발되면 소득누락액에 대하여

소득세 외에 50%의 벌금이 부과된다고 하자.

(1) 세금포탈이 적발되지 않을 경우의 소득과 적발되었을 경우의 소득을 각각 $C_1$과 $C_2$의 상황조건부 상품이라고 할 때 이 개인이 직면하는 예산선을 그리시오.

(2) (1)의 예산선을 이용하여 세무당국에 신고하는 소득이 300만원보다 적은 것을 설명하시오.

(3) 소득의 성실한 신고를 유도하기 위한 벌금률을 구하시오.

**4** 소득 $c$의 효용함수가 $u=\sqrt{c}$인 어느 개인에게 주어진 소득은 100만원이다. 이 사람은 소득의 범위 내에서 원하는 만큼의 금액을 걸고 이기면 건 돈의 2배를 받고 지면 건 돈 모두를 잃어버리는 도박에 참가할 수 있다고 하자. 이길 확률과 질 확률은 같고 도박에서 이기는 경우의 소득과 지는 경우의 소득을 각각 $C_1$과 $C_2$의 상황조건부 상품이라고 할 때,

(1) 이 개인이 도박에 참가할 때의 예산선을 그리시오.

(2) 이 도박은 공정한지 설명하시오.

(3) 이 개인이 도박에 참가할 것인가? 참가한다면 도박에 얼마의 금액을 걸 것인지 구하시오.

**5** 위험선호적 개인은 물론이고 위험중립적 개인도 유리한 도박에는 자신의 모든 소득을 걸고 참가하는 것을 예산선과 무차별곡선을 그려서 설명하시오.

**6** 2,500만원의 가치가 있는 산림에 산불이 발생해서 1,600만원의 피해가 발생할 확률은 0.5이다. 이 산림소유자의 효용함수는 $u=\sqrt{c}$이고($c$는 소득임) 보험금 1원에 대해 0.5원의 보험료를 받는 화재보험이 있다고 하자.

(1) 이 보험료는 공정한지 설명하시오.

(2) 이 사람이 직면하는 예산선을 그리시오.

(3) 이 사람이 가입하는 화재보험금의 액수를 구하고, 이 보험으로부터 이 개인이 얻는 가치를 구하시오.

**7** 위 6의 문제에서 산림의 소유자가 $u=c^2$의 효용함수를 지녔다면, 가입하는 화재보험금의 액수는 얼마인가?

**8** 날씨가 좋으면 월 500만원을 벌 수 있지만 날씨가 궂으면 월 100만원밖에 벌지 못하는 어떤 상인이 있다고 하자. 날씨가 좋은 경우와 궂은 경우의 월소득을 각각 $C_1$과 $C_2$의 상황조건부 상품이라고 할 때 이 상인의 효용함수는 $u=\min\{c_1,\ c_2\}$이다($c_1$과 $c_2$는 각각 상황조건부 상품 $C_1$과 $C_2$의 크기임). 보험금 1원에 대하여 $\rho$원의 보험료를 받는 기후보험이 존재한다면,

(1) 이 상인의 효용극대화를 위한 상황조건부 상품의 수요량을 $\rho$의 함수로 표시하시오.

(2) 이 상인이 가입하는 기후보험금의 액수를 구하시오.

**9** 주어진 소득이 100만원인 어느 개인의 효용함수는 $u=\sqrt{c}$이다($c$는 소득임). 100만원을 투자할 수 있는 대상은 사업 A와 B이며, 어느 사업에 투자하든지 성공해서 400만원을 얻을 확률은 1/2이고 나머지 확률로 실패해서 투자금 전액을 잃게 된다. 사업 A와 B의 성공 여부는 서로 독립적(즉 0의 상관관계)이라고 할 때 100만원 전액을 사업 A 또는 B 중 어느 한 가지 사업에만 투자하는 것과 사업 A와 B에 절반씩 투자하는 것 중 어느 것이 최선인지 설명하시오. 그리고 위험의 분산으로 인한 이득은 얼마인지 설명하시오.

**10** 300만원의 소득을 갖고 있는 개인이 어떤 사업에 투자하려고 한다. 이 사업에 투자할 때 1/4의 확률로 1,200만원을 얻을 수 있지만 3/4의 확률로는 100만원 밖에는 얻을 수 없다고 하자. 이 개인이 위험중립적일 때 투자의 결과를 미리 정확하게 알려주는 투자자문회사에 대하여 지불할 용의가 있는 최대의 자문료를 구하시오.

지금까지는 거의 대부분의 분석에서 소비자나 생산자가 시장거래를 위하여 필요한 모든 정보를 갖추고 있다고 가정하였다. 이 장에서는 시장거래의 한 쪽이 다른 쪽보다 더 많은 정보를 지니고 있는 상황, 즉 비대칭정보의 상황을 분석하기로 한다. 현실에서 비대칭정보의 상황을 발견하기는 그리 어렵지 않다. 중고상품의 품질에 관해서는 판매자가 구매자보다 훨씬 많은 정보를 갖고 있으며, 근로자는 자신의 능력에 관해서 고용주보다 많은 정보를 지니고 있다. 또한 보험회사는 보험가입자가 얼마나 사고예방을 위한 노력을 기울이는지 파악하기가 어려우며, 고용주는 근로자가 얼마나 열심히 일하는지 알기가 어렵다. 비대칭정보의 상황에서는 효율성 있는 자원배분이 이루어질 수 없으며, 이에 대하여 시장에서는 여러 가지의 반응이 관찰된다. 이 장에서는 비대칭정보의 상황이 어떻게 자원배분의 비효율을 발생시키는지 그리고 비효율로 인해 피해를 입는 쪽은 어떠한 반응을 할 수 있는지 살펴보기로 한다.

# 제 17 장

# 비대칭정보와 시장의 효율성

## 17.1 비대칭정보

지금까지 우리는 독점기업에 의한 가격차별을 제외하면 거의 모든 경우에서 시장에 참가하는 소비자나 생산자가 거래에 관한 완전한 정보를 지니고 있다고 가정하였다. 정보가 완전하지 않다고 해도 시장거래의 참가자들이 지니고 있는 정보의 양은 동일한 경우, 즉 **대칭정보**(symmetric information)의 상황을 가정하였다.

완전한 정보가 가능하기 위해서는 누구든지 원하는 모든 정보를 아무런 비용도 들이지 않고 얻을 수 있어야 한다. 그러나 실제로 정보의 취득에는 금전 또는 시간의 비용이 소요되므로 경제단위들은 불완전한 정보를 지닐 수밖에 없다. 각 경제단위가 시장거래에 필요한 정보를 불완전하게 지니고 있는 상황에서 특히 관심을 끄는 것은 경제단위마다 시간 및 금전적 제약이 서로 다르기 때문에 취득하는 정보의 양도 서로 달라지는 현상이며, 이를 비대칭정보의 상황이라고 부른다. 시장거래의 당사자들이 갖고 있는 정보의 양이 서로 다른 상황에서 나타나는 시장의 결과는 대칭정보의 상황에 비하여 크게 달라진다.

비대칭정보의 상황은 크게 두 가지 형태로 나타나게 된다. 한 가지는 **숨겨진 특성**(hidden characteristics) 또는 **숨겨진 정보**(hidden information)라고 불리는 상황으로서 상품의 거래에서 어느 한 쪽이 상대방이 지니고 있는 특성 또는 상품 자체의 특성에 관한 정보를 적게 가지고 있는 경우이다. 중고차의 거래에서 판매자는 그 품질을 잘 알고 있으나 구매자는 그렇지 못하며, 보험회사는 자동차보험이나 화재보험을 구입하려고 온 사람이 조심스러운 성품을 지녔는지 아닌지를 알기가 어렵다. 또한 고용주는 채용하려는 근로자의 능력에 관해서 근로자보다는 적은 양의 정보를 갖고 있다. 이처럼 숨겨진 특성의 상황은 중고상품의 시장, 보험시장 심지어는 노동시장 등에서도 벌어진다.

또 다른 한 가지는 **숨겨진 행동**(hidden action)이라고 불리는 상황으로서 어떤 거래나 계약의 이행과정에서 상대방의 행동을 잘 관찰할 수 없는 경우이다. 숨겨진 특성과 마찬가지로 숨겨진 행동으로 인한 비대칭정보의 상황도 거의 모든 종류의 시장에서 나타난다. 고용주가 근로자의 모든 행동을 일일이 관찰하기는 어렵기 때문에 근로자가 열심히 일하는지 여부는 고용주에게 숨겨진 행동이 되며, 보험회사는 자동차보험이나 화재보험을 구입한 사람의 행동을 관찰할 수 없기 때문에 보험가입자의 사고예방을 위한 노력은 보험회사에게 숨겨진 행동이 된다.

숨겨진 특성에 의한 것이든지 숨겨진 행동에 의한 것이든지 비대칭정보의 상황이 나타나면 효율성 있는 자원배분이 이루어질 수 없다. 이제 비대칭정보의 상황에서 왜 효율성이 상실되는지 그리고 비대칭정보로 인해 피해를 입는 쪽은 어떠한 반응을 할 수 있는지 살펴보도록 하자.

## 17.2 수요자의 정보량 부족과 역선택

### 중고차시장

숨겨진 특성의 상황은 수요자의 정보량이 부족한 경우와 공급자의 정보량이 부족한 경우로 나뉠 수 있다. 먼저 수요자의 정보가 부족한 경우로서 중고차시장의 예를 들어 보기로 하자.

중고차의 품질에 관한 정보는 완전하고 대칭적이라고 가정하자. 즉 중고차를 사려는 사람도 한 번만 타 보면 차의 품질을 금방 알 수 있다고 하자. 그리고 편의상 시장에서 거래되는 중고차는 상등품과 하등품의 두 가지로만 구분된다고 하자. 이러한 가정하에서 상등품과 하등품의 중고차는 서로 다른 상품이기 때문에 중고차시장은 상등품과 하등품의 시장으로 나눠지게 된다.

상등품은 아무 문제없이 상당한 기간을 더 운행할 수 있기 때문에 상등품을 중고차시장에 내놓을 때의 기회비용은 하등품을 공급할 때보다 높다. 따라서 〈그림 17-1〉에 표시된 것처럼 상등품의 시장공급곡선 $S_H$는 하등품의 시장공급곡선 $S_L$보다 위에 위치한다. 또한 상등품에 대하여 소비자들이 지불할 용의가 있는 금액도 하등품보다 높기 때문에 상등품의 시장수요곡선 $D_H$는 하등품의 시장수요곡선 $D_L$보다 위에 위치하고 있다.

중고차의 품질에 관한 정보가 완전하고 대칭적인 상황에서 상등품의 중고차는 ${P_{X_H}}^*$의 가격에 ${x_H}^*$만큼이 거래되고 하등품의 중고차는 ${x_L}^*$만큼이 ${P_{X_L}}^*$의 가격으로 거래되는 균형이 성립하였다고 할 때, 이러한 균형에서 상등품과 하등품의 중고차시장 모두 효율성을 지닌다. 그림에서는 편의상 $x_H^*$와 $x_L^*$가 같게 표시되어 있다.

이제 중고차의 구입자는 자신이 구입하려는 중고차가 상등품인지 아니면 하등품인지를 모르는 경우, 즉 중고차의 품질이 구입자에게는 숨겨진 특성이 되는 비대칭정보의 상황을 분석하기로 하자. 이러한 비대칭정보의 상황은 중고차시장이 품질에 따라 여러 개의 시장으로 나뉠 수가 없다는 것을 의미한다.

중고차를 구입하려는 사람들은 품질에 관해서는 모르지만 상등품과 하등품의 중고차가 비슷한 숫자로 시장에 나와 있다는 사실은 알고 있다고 가정한다. 즉 구입한 중고차가 상등품으로 밝혀질 확률이 1/2이고 하등품으로 드러날 확률도 역시 1/2이라고 알고 있다고 하자. 품질을 모르는 채 중고차를 구입해야 하는 사람들은 자신들이 상등품과 하등품에 대하여 지불할 용의가 있는 최대금액의 평균을 지불하려고 할 것이므로 비대칭정보하에서 중고차의 시장수요곡

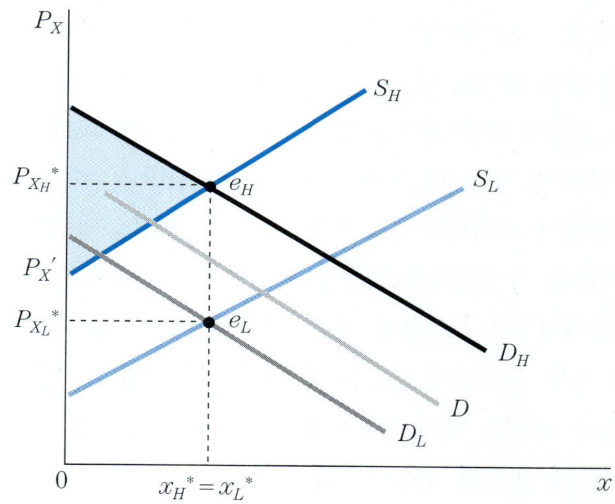


**그림 17-1 비대칭정보와 중고차시장**

중고차의 품질에 관한 정보가 완전하고 대칭적이므로 중고차시장이 상등품과 하등품의 시장으로 나뉠 수 있을 때, 상등품 중고차의 균형가격은 하등품 중고차보다 높게 결정되고 효율성 조건이 충족된다. 그러나 품질을 모르는 채 중고차를 구입하려는 사람들은 상등품과 하등품에 대하여 지불할 용의가 있는 최대금액의 평균을 지불하려고 할 것이므로 중고차시장에서는 상등품은 점차 사라지고 거의 하등품만 거래되는 역선택이 발생한다.

선은 $D_H$와 $D_L$의 중간에 위치하는 $D$가 되고 중고차의 거래가격은 $P_{X_H}^*$와 $P_{X_L}^*$ 사이에서 결정될 것이다. 이에 따라 상등품 중고차의 공급량은 $x_H^*$보다 감소하고 하등품 중고차의 공급량은 $x_L^*$보다 증가한다.

시장에서 거래되는 중고차가 상등품보다 하등품이 많아지면서 품질을 모르는 수요자가 중고차에 대해 지불할 용의가 있는 최대금액은 더욱 하락하여 비대칭정보하에서 중고차의 시장수요곡선 $D$는 왼쪽으로 이동한다. 이 과정이 계속되면서 수요자들은 시장에 나와 있는 중고차가 거의 모두 하등품이라는 것을 알게 되므로 중고차의 시장수요곡선은 $D_L$ 가까이 이동하여 중고차시장에서는 거의 하등품만 거래되는 현상이 일어난다.

정보가 완전하고 대칭적일 때 중고차시장에서는 상등품과 하등품이 각각 $x_H^*$와 $x_L^*$만큼씩 거래됨으로써 총잉여가 극대화된다. 그러나 비대칭정보하에서는 품질을 모르는 수요자가 중고차에 대하여 지불할 용의가 있는 최대금액이 점차 하락하여 결국 상등품의 중고차는 거의 거래되지 않기 때문에 비효율이 발생한다. 시장수요곡선이 $D_L$ 가까이 이동하여 중고차의 가격이 $P_X'$ 보다도 낮은 수준에서 결정된다면 상등품의 중고차는 하나도 거래되지 않으므로 옅은 파란 음영으로 표시된 면적의 비효율이 발생한다.

중고차시장의 경우와 같이 거래되는 상품의 품질에 관한 비대칭정보의 상황이 존재할 때 시장에서는 품질이 좋은 상품은 사라지고 가장 품질이 낮은 상품만 거래되는 현상이 발생할 수 있다. 이 때문에 상품의 품질에 관하여 정보가 부족한 사람은 자신의 입장에서 볼 때 가장 달갑지 않은 상대방과 거래할 가능성이 높아지며, 이를 **역선택**(adverse selection)이라고 한다.

> 숨겨진 특성으로 인한 비대칭정보의 상황에서 정보의 양이 적은 사람은 많은 양의 정보를 갖고 있는 사람들 중에서 자신에게 가장 바람직하지 않은 사람과 거래하게 되는 현상을 역선택이라고 한다.

**예 17-1** **매혈의 금지**

대부분 국가들은 혈액의 매매를 전면적으로 금지하고 있다. 우리나라의 경우에도 혈액관리법이 공포되면서 혈장 등 일부 혈액성분을 제외하고는 매혈이 금지되었으며, 2000년 개정된 혈액관리법은 헌혈증서의 매매행위를 엄하게 처벌하고 어떠한 혈액성분에 대한 매매도 금지하고 있다.

이처럼 혈액의 매매를 금지하고 수혈을 위해 필요한 혈액의 공급을 헌혈에만 의존하려는 이유는 역선택을 방지하기 위함이다. 혈액의 매매가 허용되는 경우 약물이나 알코올의 중독자 또는 전염병에 감염된 사람들이 급히 현금을 마련하기 위해 매혈에 나서는 경우가 많기 때문에, 혈액시장에는 질 나쁜 혈액이 자주 거래되는 역선택이 발생할 수 있는 것이다. 미국의 경우 매혈이 허용되던 40여 년 전에는 심장수술을 받은 환자의 30%가 수혈받은 혈액으로부터 간염에 감염되었으나 매혈이 금지된 후에는 그 비율이 2% 미만으로 감소하였다고 한다.

## 노동시장

수요자가 부족한 정보를 지니고 있는 경우의 역선택은 생산물시장에서만 나타나는 것이 아니라 생산요소시장에서도 관찰된다. 예를 들어 노동시장의 근로자들은 하루에 1의 생산성밖에는 낼 수 없는 낮은 능력의 근로자와 하루에 2의 생산성을 발휘할 수 있는 높은 능력의 근로자로 나뉠 수 있으며, 낮은 능력의 근로자들이 전체 근로자 중에서 차지하는 비율은 $p$이고 나머지 $1-p$는 높은 능력의 근로자들이 차지하는 비율이라고 하자. 그리고 이 노동시장에서 하루 일하는 데 대한 기회비용은 높은 능력의 근로자의 경우에 $w_H^R$이고 낮은 능력의 근로자의 경우에는 $w_L^R$이라고 하자.

만일 고용주들이 근로자의 능력에 관하여 완전정보를 갖고 있고 생산성만큼을 임금으로 지급한다면, 높은 능력의 근로자에게는 하루에 2가 지급되고 낮은 능력의 근로자에게는 하루에 1이 지급됨으로써 노동시장은 효율성을 지니게 된다. 그러나 고용주들이 근로자의 능력을 알 수 없는 상황, 즉 비대칭정보하에서는 하루에 $p \cdot 1 + (1-p) \cdot 2 = 2-p$의 평균적 임금 $\overline{w}$를 지불할 수밖에 없다. 이러한 경우 노동시장에 역선택의 현상이 발생한 것인지 여부는 평균적 임금 $\bar{w}$와 높은 능력의 근로자의 기회비용 $w_H^R$의 상대적 크기에 달려있다.

$\bar{w} \geq w_H^R$이면 낮은 능력의 근로자는 물론 높은 능력의 근로자도 노동을 공급한다. 그러나 $0<p<1$이기 때문에 $2>\bar{w}=2-p>1$의 관계가 성립해서 높은 능력의 근로자는 자신의 생산성보다 낮은 임금을 받고 낮은 능력의 근로자는 반대로 자신의 생산성보다 높은 임금을 받게 된다. 이러한 결과는 낮은 능력의 근로자의 고용을 줄이는 대신에 높은 능력의 근로자의 고용을 늘림으로써 산출량은 증가할 수 있다는 것을 의미하며, 이 때문에 비효율이 발생한다. $\bar{w}<w_H^R$인 경우에는 높은 능력의 근로자가 노동시장에 나타나지 않는 역선택의 현상이 발생한다. $\bar{w}<w_H^R<2$라고 할 때 고용주들은 높은 능력의 근로자들의 기회비용 $w_H^R$보다 높은 임금을 지불할 용의가 있음에도 불구하고 이들의 고용은 전혀 이루어지지 않기 때문에 비효율이 발생하는 것이다.

## 17.3 공급자의 정보량 부족과 역선택

### 보험시장

공급자가 수요자보다 적은 양의 정보를 지니고 있을 때도 역선택이 발생할 수 있으며, 대표적 예로는 보험시장을 들 수 있다. 비대칭정보하에서 보험시장의 역선택과 그로 인한 비효율을 살펴보기 위하여 앞장의 제4절에서 다루었던 화재보험의 예를 들어보기로 한다.

위험회피적 태도를 지닌 개인 A와 B가 있고 각 개인에게 주어진 소득은 $M$으로 같다고 하자. A와 B의 주택에 화재가 날 확률은 각각 $p_A$와 $p_B$이며, A가 B보다 조심성이 많아서 $p_A<p_B$이다. 일단 각 개인의 주택에 화재가 나면 똑같이 $l$의 수리비가 발생한다고 할 때, 이 두 사람은 화재가 났을 경우 보험금 1원당 $\rho$의 보험료를 받는 화재보험을 구입하려고 한다. 보험회사가 두 사람의 특성(즉 화재발생의 확률)을 정확하게 알고 있고 공정한 보험료를 받는다면 화재를 일으킬 위험이 낮은 A에게는 보험금 1원당 $p_A$의 낮은 보험료를 받고 그렇지 않은 B에게는 $p_B$의 높은 보험료를 받을 것이며, 이때 개인 A가 직면하는 예산선은 〈그림 17-2〉에서 기울기가 $-(1-p_A)/p_A$인 직선 $ae_A$이고 앞장의 제

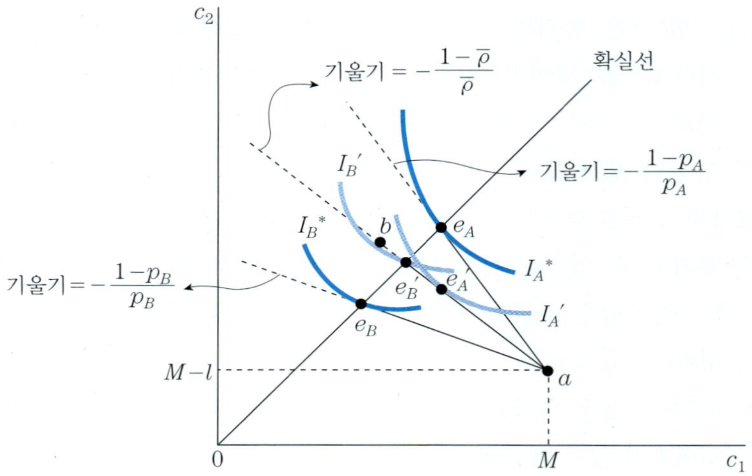


**그림 17-2 보험시장의 역선택**

어느 두 개인 A와 B의 주택에 화재가 날 확률은 $p_A$와 $p_B$이며, 이 확률을 정확히 알고 있는 보험회사가 공정한 보험료를 받을 때 두 사람 모두 화재로 인한 수리비 $l$에 대하여 전액보험을 구입한다. 그러나 보험회사가 이 확률을 모르는 경우 단일 보험료가 부과될 수밖에 없으므로 조심성이 많아서 화재를 일으킬 위험이 낮은 개인 A는 부분보험을 구입한다. 이로 인해 보험료는 다시 인상되고 개인 A가 구입하는 보험금액이 감소하는 과정이 반복되어 결국 화재발생의 확률이 높은 개인만 보험회사가 판매하는 보험의 대부분을 구입하고 그렇지 않은 개인은 보험을 거의 구입하지 않는 현상인 역선택이 발생한다.

4절에서 설명한 것처럼 수리비 $l$에 대한 전액보험을 의미하는 점 $e_A$를 선택하여 위험을 완전히 제거한다. $-(1-p_B)/p_B$의 기울기를 갖는 예산선 $ae_B$에 직면하는 개인 B는 점 $e_B$를 선택하여 역시 전액보험을 구입한다.

이제 각 개인은 자신의 확률을 알지만 보험회사는 이를 모르는 경우, 즉 숨겨진 특성으로 인한 비대칭정보의 상황을 살펴보기로 하자. 수많은 사람들 중 개인 A와 같은 특성을 지닌 사람의 비율과 개인 B와 같은 특성을 지닌 사람의 비율이 똑같고 보험회사가 이를 알고 있다면, 보험회사는 각 개인에게 똑같이 평균적 기대이윤이 0이 되는 보험료 $\overline{\rho}(=0.5\times p_A+0.5\times p_B)$를 받을 수밖에 없고 $-(1-\overline{\rho})/\overline{\rho}$의 기울기를 갖는 직선 $ae_B{}'$이 두 개인의 공통적 예산선이 된다. 개인 A에게 $p_A$보다 높은 $\overline{\rho}$는 불공정한 보험료이므로 수리비 $l$에 대한 부분보험을 의미하는 점 $e_A{}'$을 선택한다. 반면에 $p_B$보다 낮은 보험료 $\overline{\rho}$에 대하여 개인 B는 점 $b$를 선택하여 화재가 났을 때 수리비 $l$보다도 많은 보상금을 받을 수 있는 보험에 가입하기를 원하지만, 이는 보험회사가 허용하지 않기 때문에 점 $e_B'$을 선택하여 전액보험을 구입한다.

이와 같이 숨겨진 특성으로 인한 비대칭정보하에서 조심성이 많아서 화재를 일으킬 위험이 낮은 개인 A는 부분보험을 구입하고 그렇지 않은 개인 B는 전액보험을 구입한다. 그러나 개인 B가 구입하는 보험의 보상금은 개인 A보다 많고 화재발생의 확률도 개인 A보다 높기 때문에 보험회사는 평균적 기대이윤이 0이 되는 보험료 $\overline{\rho}$를 받을 때 손실을 입게 된다. 따라서 보험회사는 보험료를 $\overline{\rho}$보다 높일 수밖에 없고 개인 A가 구입하는 보험금액은 감소하며, 이는 다시 보험료를 인상시키는 요인이 된다. 이러한 과정이 계속되면서 보험금 1원당 보험료는 $p_B$에 접근하고 개인 A가 구입하는 보험금액은 더 감소한다. 즉 화재발생의 확률이 높은 개인만 보험회사가 판매하는 보험의 대부분을 구입하고 그렇지 않은 개인은 보험을 거의 구입하지 않는 현상인 역선택이 발생한다.

보험료가 $p_B$에 접근함에 따라 개인 A는 〈그림 17-2〉의 점 $a$를 선택하여 화재보험을 구입하지 않을 수도 있다. 이때 보험료는 결국 $p_B$까지 상승하여 개인 B는 완전정보의 경우와 같이 점 $e_B$의 전액보험을 구입한다. 이 경우 발생하는 비효율을 이해하기 위해서 완전정보의 경우와 비교해 보자. 보험회사는 두 경우에서 모두 공정한 보험료를 받기 때문에 기대이윤은 0이다. 또한 비대칭정보의 상황에서도 개인 B의 후생에는 아무런 변화가 없다. 그러나 완전정보하에서 개인 A가 수리비 전액을 보상해 주는 공정한 보험을 구입함으로써 얻을 수 있는 순편익(앞장의 〈그림 16-11〉에서 $M-\rho l-CE_f$)은 사라지며, 이 사라진 순편익이 비대칭정보로 인한 비효율, 즉 자중손실이다.

개인 A의 위험회피도가 매우 높아서 $p_B$에 가까운 높은 보험료에도 불구하고 약간의 보험을 구입한다고 하자. 이때의 보험료는 $p_B$보다 낮기 때문에 여전히 전액보험을 구입하는 개인 B는 완전정보의 경우보다 높은 순편익을 얻지만 부분보험을 구입하는 개인 A의 순편익은 감소하므로 두 개인의 순편익의 합은 변하지 않을 수 있다. 그러나 부분보험을 구입하는 개인 A는 위험을 전부 제거하지 못하므로 완전정보의 경우에 비해서 비효율이 발생하게 된다.

## 자금시장

자금시장에서도 역선택이 발생한다. 은행은 담보의 설정 없이 대출을 받으려는 고객의 신용도에 관하여 고객 자신보다 훨씬 적은 양의 정보밖에는 지니고 있지 않은 것이 일반적이며, 이 때문에 보험시장의 경우와 마찬가지로 역선택의 현상이 발생할 수 있다. 기업이나 개인의 외관만 보아서는 신용도에 관한 정보를 잘 모르는 상태에서 신용도가 가장 낮은 고객에게 대출할 때의 높은 이자율과 신용도가 가장 높은 고객에게 대출할 때의 낮은 이자율 사이의 평균적 이자율을 일률적으로 적용한다면, 신용도가 높은 고객은 대출을 받지 않게 되는 역선택의 현상이 발생한다. 이에 대하여 은행이 다시 대출이자율을 높인다면 결국에 은행은 신용도가 가장 낮은 고객만 상대하게 되는 결과가 발생하고 대출금은 부실채권으로 바뀌어 은행의 부실화를 초래할 수 있다.

## 17.4 역선택에 대한 반응

비대칭정보의 상황에서 많은 양의 정보를 가지고 있음에도 불구하고 역선택으로 인해 피해를 입게 되는 쪽(예컨대 상등품 중고차의 소유자, 높은 능력을 지닌 근로자, 조심성이 많은 보험수요자 등)은 자신의 숨겨진 특성을 알리려고 노력하며, 적은 양의 정보를 지니고 있는 쪽에서는 상대방의 숨겨진 특성을 알기 위한 노력을 기울이게 된다. 이 절에서는 역선택을 극복하기 위한 몇 가지의 노력을 소개하기로 한다.

### 선 별

먼저 적은 양의 정보를 지닌 쪽에서 상대방의 숨겨진 특성을 알기 위하여 어떠한 노력을 기울이는지 알아보기로 하자. 중고차를 구입하려는 사람은 중고차의 숨겨진 품질을 간접적으로 나타내는 주행거리, 연식, 외관의 사고흔적 등을 우선 보려고 한다. 이와 같이 비대칭정보하에서 적은 양의 정보를 지닌 쪽은 숨겨진 특성과 간접적으로 연관성이 있는 지표를 관찰해서 상대의 숨겨진 특성이 어떤 유형인지를 **선별**(screening)한다.

자동차보험회사가 연령별, 운전경력별, 성별로 차등을 두어 보험료를 정하는 것도 일종의 선별이라고 할 수 있다. 적은 양의 정보를 지닌 사람들이 선별에 사용하는 지표는 많은 양의 정보를 지닌 쪽이 노력한다고 해도 바꾸기가 어려운 것들이며, 이러한 지표와 숨겨진 특성 사이의 연관성이 높을수록 선별을 통해 시장의 효율성이 회복되는 정도는 높아진다고 하겠다.

숨겨진 특성과 연관성이 높은 지표를 찾기가 어려운 경우 정보량이 부족한 쪽은 많은 양의 정보를 지닌 쪽에게 거래에 관한 몇 가지의 대안을 제시하여 그 중에서 한 가지를 선택하게 함으로써 숨겨진 특성에 관련된 **신호**(signal)를 보내도록 유도하고 그 신호를 관찰하여 숨겨진 특성이 무엇인지를 선별하기도 한다. 이와 같이 많은 양의 정보를 지닌 사람들이 스스로 자신들의 숨겨진 특성을 드러내도록 하는 것을 **자기선택장치**(self-selection device)라고 한다. 자기선택장치에 의한 선별에 관해서는 이미 제11장에서 독점기업의 2급가격차별을 공부할 때 살펴보았다.

가격차별을 위해서 독점기업은 소비자의 수요가격에 관한 정보를 알아야 하는데, 이 정보는 소비자만 갖고 있기 때문에 독점기업은 숨겨진 특성으로 인한 비대칭정보의 상황에 직면한다. 이때 독점기업은 소비자 앞에 구입량 등에 관한 몇 가지 대안을 제시하여 소비자 스스로 자신의 지불용의금액의 크기에 따라 한 가지를 선택하도록 유도하고 그 선택에 따라 지불용의금액을 선별하여 가격차별을 한다. 이러한 2급가격차별은 자기선택장치에 의한 선별의 대표적 예라고 할 수 있다.

## 신 호

### ① 신호발송균형

비대칭정보의 상황에서는 많은 양의 정보를 지니고 있음에도 불구하고 역선택으로 인해 거래에 참가할 수 있는 기회를 상실해서 피해를 입는 사람들이 있다. 중고차시장에서 상등품 중고차의 소유자나 노동시장에서 높은 능력을 지닌 근로자들이 바로 그러한 사람들이며, 이들은 자신들의 숨겨진 특성을 상대방에게 알리려는 동기를 지닌다. 그러나 무작정 자신의 차가 상등품이라고 외치거나 자신이 뛰어난 능력을 가진 근로자라고 주장하는 것은 하등품 중고차의 소유자나 낮은 능력의 근로자도 똑같이 따라 할 수 있는 일이기 때문에 아무런 소용이 없다. 따라서 많은 양의 정보를 지닌 사람들 중에서 역선택으로 인해 피해를 입는 사람들은 그렇지 않은 사람들이 따라 하기 어려운 신호를 상대방에게 보냄으로써 자신들의 숨겨진 특성을 알리려고 노력한다.

보험시장에서의 역선택을 예로 들어보자. 건강한 사람은 병원에 가서 약간의 비용만 지불하면 자신의 건강에 아무런 이상이 없다고 확인해 주는 진단서를 발급받을 수 있지만, 그렇지 않은 사람은 많은 비용을 들여서 치료를 받아야만 비슷한 내용의 진단서를 발급받을 수 있거나 아예 발급받지 못할 수도 있다. 보험회사는 건강진단서를 제시한 사람에게 낮은 보험료를 적용한다고 할 때, 건강하지 못한 사람들의 경우에 건강진단서를 발급받는 데 드는 비용이 보험료의 하락폭보다 높을 것이므로 건강진단서를 발급받기보다는 차라리 높은 보험료를 내는 것이 낫다. 건강한 사람의 경우에는 건강진단서를 발급받기 위한 비용보다 낮은 보험료를 적용받을 때의 편익이 더 높을 것이므로 건강진단서를 발급받고 이를 보험회사에 제시하게 된다. 이와 같이 건강한 사람은 그렇지 않은 사람들이 따라 하기 어려운 신호(즉 건강진단서)를 보험회사에 발송함으로써 자신이 건강하다는 사실을 알리려고 노력한다. 보험회사는 건강진단서를 제시한 고객을 건강한 사람으로 선별해서 낮은 보험료를 적용하고 그렇지 못한 고객을 건강하지 못한 사람으로 선별해서 높은 보험료를 적용한다면, 보험시장에서의 역선택 문제는 극복될 수도 있다.

중고상품은 물론 신품의 경우에도 소비자보다는 생산자가 품질에 관하여 훨씬 많은 양의 정보를 지니고 있는 것이 일반적이므로 비대칭정보의 상황이 발생할 수 있다. 품질이 우수한 상품을 공급하는 생산자는 역선택으로 인해 자신의 상품이 낮은 가격에 거래되거나 아니면 거래될 수 없는 상황이 발생하는 것을 막기 위하여 일정기간 중에 상품에 문제가 생길 경우 무상수리 또는 교환을 보증하는 제도를 실시한다. 품질이 열악한 상품의 공급자가 따라 하기 어려운 이러한 보증제도는 상품의 품질이 우수하다는 것을 소비자에게 알리는 신호이다.

### 예 17-2 현대차의 보증기간

현대자동차가 최초로 미국시장에 수출된 것은 1986년이었다. 처음에는 다른 경쟁차종에 비해서 압도적으로 낮은 가격이 책정되었기 때문에 다음 해에는 단일차종으로 26만대가 넘는 차를 판매할 수 있었다. 그러나 품질이 뒤따르지 않았기 때문에 판매량은 그 뒤로 급격히 감소하였고 회사는 품질을 높이기 위한 노력을 기울이기 시작하였다. 이러한 노력으로 차의 품질은 서서히 높아졌지만 소비자들의 인식이 단번에 바뀌기는 어려운 일이었으며, 이를 타개하기 위해 회사는 보증기간을 획기적으로 늘리는 정책을 택하였다. 2002년 미국에서 현대차의 보증기간은 10년 또는 10만마일로 늘어났으며, 이는 품질의 우수성에 관하여 소비자들에게 보내는 자신 있는 신호였다. 2004년에는 캐나다에 수출되는 차에 대해서도 미국과 동일한 보증기간이 적용되었으며, 당시 회사의 한 책임자는 "최장의 보증기간 도입은 꾸준히 개선된 품질에 대한 자신감의 표현이다"라고 말했다. 이러한 신호의 발송으로 소비자들의 인식은 변하기 시작하였고 2010년에는 판매량이 50만대를 돌파하여 미국시장에서 사상최고치인 4.6%의 점유율을 기록하였다.

적은 양의 정보를 지닌 사람이 상대방의 숨겨진 특성을 선별하기 위해서 사용하는 지표(보험시장의 예에서 성, 연령, 운전경력 등)는 많은 정보를 지닌 사람이 노력해도 변경이 불가능한 속성이다. 반면에 신호는 반드시 비용을 들여야만 발송될 수 있고 숨겨진 특성이 우수할수록 **신호발송**(signaling)에 드는 비용은 감소한다. 이러한 조건들이 만족되는 경우 많은 양의 정보를 지닌 사람들 중에서 숨겨진 특성이 우수함에도 불구하고 역선택으로 인해 피해를 입는 사람은 숨겨진 특성이 우수하지 못한 사람이 따라할 수 없는 신호를 발송한다. 그리고 적은 양의 정보를 지니고 있는 사람은 이 신호를 관찰하여 상대방의 숨겨진 특성을 정확하게 선별할 때, 그 어느 누구도 자신의 결정을 바꾸고 싶지 않은 균형의 상태가 이루어지는데 이를 **신호발송균형**(signaling equilibrium)이라고 한다.

신호발송균형의 또 다른 예로는 노동시장에서 높은 능력의 근로자가 신호로 교육수준을 사용하는 것을 들 수 있으며, 이를 통해서 신호발송균형의 정확한 개념을 살펴보기로 하자.

### ② 신호로서의 교육

고용주가 근로자의 능력을 알 수 없는 상황에서 높은 능력의 근로자는 아예 노동시장에서 사라지거나 아니면 자신의 생산성보다 낮은 임금을 감수할 수밖에 없는 역선택의 현상이 나타나며, 이러한 상황에서 높은 능력의 근로자는 고용주에게 신호를 보냄으로써 자신이 높은 능력을 지녔다는 것을 알리려고 노력하게 된다.

이 경우 무엇이 신호로 사용될 수 있을까? 앞서 설명한 것처럼 신호발송균형이 성립하려면 신호발송에는 비용이 소요되고 신호발송비용은 숨겨진 특성이 우수할수록 감소해야 한다. 근로자의 숨겨진 특성으로 인한 비대칭정보의 상황에서 이와 같은 조건을 만족시키는 신호로는 교육수준을 들 수 있다. 교육을 받으려면 등록금, 책값 등의 금전적 비용 외에도 시간의 비용과 피교육자로서의 고통을 화폐가치로 환산한 심리적 비용이 소요되며, 같은 수준의 교육을 받더라도 높은 능력을 지닌 사람의 교육비용은 그렇지 못한 사람보다 낮다는 것을 쉽게 짐작할 수 있다. 일정한 수준의 교육을 마치기 위하여 낮은 능력의 사람은 높은 능력의 사람보다 많은 시간을 들여야 하고 장학금을 받을 기회도 적기 때문이다.

교육이 신호로 사용되는 것을 예시하기 위하여 앞절에서 노동시장의 역선택 문제를 설명할 때의 예를 다시 사용하기로 하자. 즉 노동시장의 근로자들은 하루에 생산성이 1인 낮은 능력의 근로자와 생산성이 2인 높은 능력의 근로자로 구분될 수 있으며, 전체 근로자 중에서 낮은 능력의 근로자들의 비율은 $p$이고 나머지 $1-p$는 높은 능력의 근로자들의 비율이라고 가정하자. 이러한 가정 외에 각 근로자는 교육수준 $s$를 선택할 수 있으며, $s$만큼의 교육을 받으려면 높은 능력의 근로자는 $s/2$의 비용이 들고 낮은 능력의 근로자는 $s$의 비용이 든다고 하자.

이러한 상황에서 근로자는 교육수준을 자신의 능력을 알리는 신호로 사용하려고 할 것이며, 이를 아는 고용주는 일정한 교육수준을 $s^*$를 정해 놓고 이보다 높은 수준의 교육을 받은 근로자에 대해서는 2의 생산성을 지녔다고 판단해서 2의 임금을 지급하고 이보다 낮은 수준의 교육밖에는 받지 않은 근로자에 대해서는 1의 생산성을 지녔다고 판단해서 1의 임금을 지급한다고 하자.

이와 같은 고용주의 선별에 대하여 각 근로자는 자신에게 가장 유리한 신호, 즉 교육수준을 선택하게 되는데, 각 근로자는 $s^*$의 교육을 받을 것인지 아니면 교육을 전혀 받지 않을 것인지 두 가지 중에서 한 가지를 선택하게 된다. 왜냐하면 $s^*$보다 높은 수준의 교육을 받는다고 해도 2의 임금밖에는 받을 수 없고 $s^*$보다 낮은 어떠한 교육수준을 받더라도 항상 1의 임금이 지급되기 때문이다. 그렇다면 고용주가 정하는 교육수준 $s^*$에 관하여 어떤 조건이 만족될 때 신호발송균형이 성립할까?

각 근로자는 $s^*$의 교육을 받을 때의 순수입과 교육을 전혀 받지 않을 때의 순수입을 비교해서 자신의 교육수준을 결정하게 된다. 높은 능력을 지닌 어떤 근로자가 $s^*$의 교육을 받을 때의 순수입은 $2-s^*/2$이고 교육을 전혀 받지 않을 때의 순수입은 1이기 때문에, 이 근로자는 $2-s^*/2>1$의 관계(즉 $s^*<2$의 관계)가 성립할 때만 $s^*$의 교육을 받음으로써 자신이 높은 능력의 소유자라는 신호를 보낸다. 반면에 낮은 능력의 근로자의 경우에는 $s^*$의 교육을 받을 때의 순수입이 $2-s^*$이고 교육을 전혀 받지 않을 때의 순수입은 마찬가지로 1이므로 $2-s^*<1$의 관계(즉 $s^*>1$의 관계)가 성립해야만 교육을 전혀 받지 않음으로써 자신이 낮은 능력의 소유자라는 것을 알리게 된다.

따라서 근로자의 특성을 선별할 목적으로 고용주가 기준으로 정하는 교육수준 $s^*$가 $1<s^*<2$의 관계를 만족시킬 때 높은 능력의 근로자는 $s^*$의 교육을 받고 낮은 능력의 근로자는 교육을 전혀 받지 않음으로써 근로자의 능력에 관한 고용주의 선별이 사실로 드러나는 상태, 즉 신호발송균형이 성립하는 것이다. 근로자의 능력을 판별하는 데 기준이 되는 교육수준 $s^*$가 1과 2 사이의 어떤 값으로 정해지더라도 신호발송균형이 성립한다는 것은 신호발송균형의 수가 무수히 많음을 의미한다.

이러한 신호발송균형의 상태는 〈그림 17-3〉에 표시되어 있다. 그림에서 $C_H=s/2$는 높은 능력을 지닌 근로자의 교육비용을 나타내는 곡선이고 $C_L=s$는 낮은 능력을 지닌 근로자의 교육비용의 곡선이며, $w(s)$는 임금과 교육수준의 관계를 나타내는 곡선이다. $s^*$가 1과 2 사이의 어떤 값으로 정해지더라도 높은 능력의 근로자가 $s^*$의 교육수준을 선택할 때의 순수입은 1보다 크고 낮은 능력의 근로자가 $s^*$의 교육수준을 선택할 때의 순수입은 1보다 작기 때문에, 높은 능력의 근로자는 $s^*$의 교육을 받고 낮은 능력의 근로자는 교육을 전혀 받지 않게 되어 신호발송균형이 이루어지게 된다.

신호발송균형의 후생적 효과를 살펴보기로 하자. 비대칭정보하에서는 능력에 관계없이 평균적 임금 $\overline{w}=2-p$가 지급된다. 신호발송균형이 이루어졌을 때 낮은 능력을 지닌 근로자의 순수입은 1이 되어 비대칭정보의 경우와 비교하

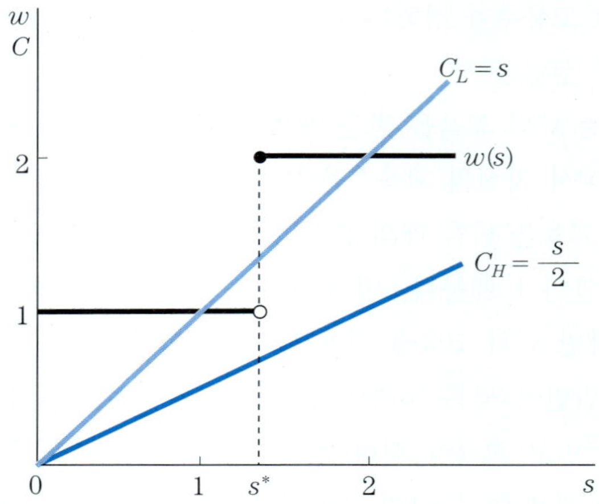


**그림 17-3 신호발송균형의 교육수준**

같은 수준의 교육을 받더라도 높은 능력을 지닌 사람의 비용이 그렇지 못한 사람보다 낮을 때 교육은 신호의 기능을 수행할 수 있다. $C_H = s/2$의 교육비용곡선을 지닌 근로자는 $s^*$의 교육을 받을 때의 수입의 증가폭이 교육비용보다 높기 때문에 $s^*$의 교육을 받음으로써 자신이 높은 능력을 지녔다는 신호를 고용주에게 보낸다. 반면에 $C_L = s$의 교육비용곡선을 지닌 낮은 능력의 근로자는 $s^*$의 교육을 받을 때의 수입의 증가폭이 교육비용보다 낮기 때문에 교육을 전혀 받지 않게 된다.

여 명백하게 감소한다. 높은 능력을 지닌 근로자의 순수입은 신호발송균형에서 $2 - s^*/2$이므로 비대칭정보의 경우보다 순수입이 증가하려면 $2 - s^*/2 > 2 - p$, 즉 $s^* < 2p$의 관계가 성립해야 한다. $s^*$는 1과 2 사이의 값이므로 신호발송균형의 성립으로 높은 능력을 지닌 근로자의 순수입이 증가하기 위한 필요조건은 $p > 0.5$이다. 고용주는 완전경쟁기업이라고 할 때 어느 상황에서도 이윤은 0이므로 $p$가 0.5보다 작으면 신호발송균형으로 근로자 전체의 순수입은 비대칭정보의 경우보다 감소한다.

높은 능력을 지닌 근로자들은 자신의 능력을 알리기 위해서 $s^*/2$씩의 비용을 지불하며, 교육이 단지 신호기능만 담당한다면 이 비용은 전적으로 사회적 낭비이고 교육의 사적 수익률은 0보다 크지만 사회적 수익률은 0이 된다. 그러나 신호기능이 교육의 한 가지 역할임을 인정한다고 해도 주된 역할은 생산적 잠재력의 향상이므로 그 사회적 수익률은 0보다 크다.

**예 17-3 교육은 신호기능을 수행하는가?**

교육이 신호기능을 수행한다고 해도 기업 등에 고용되어 있는 근로자의 교육수준은 채용될 때 신호발송의 역할을 하였겠지만 자영업을 하고 있는 개인들이 자신의 능력에 관한 신호를 발송하기 위하여 교육을 받았을 가능성은 높지 않다. 이 점에 착안하여 피고용자와 자영업자의 교육에 대한 수익률을 비교한 연구들에서는 전자가 후자보다 높게 나타나고 있으며, 이러한 결과는 교육이 생산성을 높이는 역할 외에 신호기능도 담당한다는 가설과 부합된다고 할 수 있다.

교육이 신호기능도 담당한다면 교육수준에 따른 임금의 차이를 생산성 차이에 의한 부분과 신호에 의한 부분으로 나누는 것은 정책적으로 중요한 의미를 지닌다. 왜냐하면 대부분 국가에서는 소득분배의 개선을 위하여 고등교육기관에 대한 재정적 지원을 하고 있는데 교육이 생산성을 높이는 역할보다는 신호기능을 주로 담당한다면 이러한 재정적 지원에도 불구하고 생산성의 향상이 이루어지지 않아서 소득분배가 개선되기는 힘들기 때문이다.

교육이 생산성을 향상시키든지 신호기능을 담당하든지 관계없이 교육수준과 임금 사이에는 양(+)의 상관관계가 관찰되므로 교육의 효과를 생산성 향상과 신호기능에 의한 부분으로 분해하는 것은 쉬운 일이 아니다. 대학이 능력을 선별하는 역할만 수행한다면 그 역할을 전문적으로 담당하려는 민간기업이 생길 수도 있다. 그렇지만 그러한 기업이 존재하지 않는다는 것은 교육의 역할 중 신호기능의 비중이 생각보다는 크지 않을 수 있음을 의미한다.

## 평판과 표준화

동네에서 가장 세탁을 잘 한다는 평판을 얻은 세탁소에는 다른 세탁소보다 세탁비가 다소 높더라도 항상 많은 양의 세탁물이 쌓이게 된다. 그리고 맛이 좋고 청결하기로 소문난 식당에는 음식값이 좀 비싸더라도 단골손님들이 줄을 이어 찾아오게 마련이다. 이와 같이 상품의 품질에 관한 비대칭정보의 상황에서 역선택에 의한 피해를 막기 위해 우수한 품질의 상품의 공급자가 기울이는 노력 중에 하나는 좋은 평판을 쌓는 것이다. 변함없이 우수한 품질을 지닌 상품의 공급자라는 평판을 소비자로부터 얻음으로써 높은 가격으로 상품을 공급할 수 있기 때문에, 역선택으로 인해 자신의 상품이 품질이 열악한 상품과 같은 가격으로 팔리거나 아니면 아예 팔 수 없는 상황이 벌어지는 것을 막을 수 있다.

좋은 평판을 얻기 위해서는 한 번 찾은 고객과의 거래가 반복적으로 이어져야 하는데, 입지조건 등 때문에 반복적 거래를 맺기가 거의 불가능한 경우가 있다. 여행객을 상대로 하는 역 주변이나 고속도로변의 식당 등이 바로 그러한 경우이다. 역 주변의 어느 식당이 정성을 다한 음식을 제공함으로써 지나가는 여행객들을 감동시킨다고 해도 한 번 찾은 여행객들이 다시 찾아올 가능성은 그리 높지 않고 좋은 평판을 쌓기도 어렵다. .이러한 상황에서 역선택의 문제를 해결하기 위한 방법 중에 하나는 표준화된 음식을 판매하는 연쇄점을 구축하는 것이다. 특정 연쇄점의 상표가 붙여진 식당이라면 어디에서든지 한결같은 품질의 음식을 사 먹을 수 있다는 인식이 일반화될 때 사람들은 낯선 곳에서 낯선 식당에 가기보다는 익숙한 연쇄점 상표가 붙여진 식당으로 가기 마련이다.

## 17.5 숨겨진 행동의 문제: 도덕적 해이

어떤 거래나 계약의 이행과정에서 한 쪽이 상대의 행동을 잘 관찰할 수 없는 경우, 즉 숨겨진 행동으로 인한 비대칭정보의 상황에서는 자신의 행동을 상대가 관찰할 수 없다는 점을 이용하여 상대에게 바람직하지 않은 행동을 취하는 경우가 발생하게 되는데, 이를 흔히 **도덕적 해이**(moral hazard)라고 부른다.

> 숨겨진 행동으로 인한 비대칭정보의 상황에서 정보를 가진 쪽이 정보를 갖고 있지 못한 쪽의 입장에서 볼 때 바람직하지 않은 행동을 취하는 것을 도덕적 해이라고 한다.

근로자가 근무시간에 게으름을 피우는 행위, 보험에 가입한 사람이 사고의 예방을 게을리 하는 행위, 지역주민의 후생복리증진을 위하여 일해야 할 국회의원이 정쟁만 일삼는 행위 등은 모두 도덕적 해이라고 할 수 있다.

## 본인-대리인의 관계

근로자의 태만은 고용주의 이윤에 영향을 주며, 보험가입자의 부주의한 행위는 보험회사의 이윤에 영향을 준다. 또한 국회의원의 행위는 국민의 후생복지에 영향을 준다. 이와 같이 어떤 거래나 계약의 이행과정에서 어느 한 쪽의 행동이 다른 쪽의 이익에 영향을 주는 경우 **본인-대리인의 관계**(principal-agent relationship)가 존재한다고 하는데, 행동을 하는 쪽을 대리인이라고 하고 대리인의 행동에 의해 영향을 받는 쪽을 본인이라고 한다. 고용계약에서 본인은 고용주이고 대리인은 근로자이며, 근로자가 얼마나 열심히 일하는지 여부는 고용주의 이윤에 직접적 영향을 미친다. 또한 보험계약이 체결된 후에 보험가입자가 얼마나 사고예방을 위한 노력을 기울이는지 여부는 보험회사의 이윤에 영향을 끼치며, 이때 보험회사와 보험가입자 사이에는 본인-대리인의 관계가 존재하게 된다. 이외에도 의뢰인과 변호사, 토지 소유자와 소작인, 환자와 의사, 주주와 전문경영자, 조합원과 노동조합 간부, 국민과 정부 등도 모두 본인-대리인의 관계에 있다고 볼 수 있다.

본인-대리인의 관계에서 본인과 대리인의 목적은 서로 다른 것이 일반적이다. 예를 들어 고용관계에서 고용주의 목적은 이윤의 극대화이지만 근로자의 목적은 자신의 효용을 극대화하는 것이다. 본인과 대리인이 추구하는 목적이 서로 다르다고 해도 본인이 대리인의 행동을 잘 관찰할 수만 있다면 대리인이 취해야 할 행동을 계약에 명시할 수 있으므로 아무런 문제가 발생하지 않는다. 그러나 현실적으로 본인은 대리인의 행동을 잘 관찰할 수가 없으며, 이 때문에 숨겨진 행동으로 인한 비대칭정보의 상황은 주로 본인-대리인의 관계에서 나타나게 된다.

## 유인의 설계

숨겨진 특성은 변경이 불가능한 속성이므로 역선택에 의한 피해를 막기 위해서는 정보를 지닌 쪽으로부터 정보를 지니지 못한 쪽으로 정보가 전달될 수 있도록 하는 경제적 관계가 이루어져야 하며, 앞서 살펴본 선별이나 신호발송은 바로 이러한 경제관계들이다. 반면에 본인-대리인의 관계에서 숨겨진 행동은 어떤 유인이 존재하면 변경이 가능하기 때문에 정보를 지니지 못한 쪽인 본인은 도덕적 해이로 인한 피해를 막기 위하여 정보를 지닌 쪽인 대리인이 본인의 이익을 위해 행동하도록 하는 유인기구를 고안할 수 있으며, 이를 **유인의 설계**(incentive design)라고 한다.

유인기구는 두 가지의 제약을 만족시켜야 한다. 한 가지는 **참여의 제약**(participation constraint)으로 대리인이 계약에 참여할 수 있도록 다른 대안적 기회에서 얻을 수 있는 효용은 최소한 보장해 주어야 한다는 것이다. 예를 들어 고용주가 유인보수를 설계하는 경우 참여의 제약은, 피고용자에게 최소한 피고용자의 노동력을 다른 차선의 직장 또는 용도에 공급할 때의 효용을 보장해야 한다는 것이다. 또 다른 한 가지는 **유인양립의 제약**(incentive compatibility constraint)이며, 이는 주어진 유인기구하에서 대리인이 자신의 효용을 극대화하기 위하여 선택한 행동이 본인의 효용도 극대화시켜야 한다는 제약이다. 고용주가 설계한 유인보수하에서 피고용주가 자신의 효용을 극대화할 때 동시에 기업의 이윤도 극대화되어야 한다는 것이 유인양립의 제약이다.

역선택의 경우와 마찬가지로 도덕적 해이의 개념은 보험시장에서 유래하였다. 유인의 설계에 관한 구체적 예를 살펴보기 전에 여기서는 보험시장에서의 도덕적 해이가 어떻게 비효율을 발생시키는지 그리고 보험회사는 도덕적 해이의 방지를 위하여 보험가입자들에게 어떠한 유인을 제공하는지 알아보기로 하자.

## 17.6 보험시장에서의 도덕적 해이

### 도덕적 해이와 비효율

도덕적 해이로 인해 보험가입자가 사고예방을 위하여 기울이는 노력은 효율적 수준보다 낮기 때문에 보험시장에서는 비효율이 발생한다. 화재보험에 가입한 어느 건물소유자의 도덕적 해이를 분석하기로 하자.

건물의 소유자는 소화장치의 설치, 전기배선의 정기적 점검과 교체 등 화재를 예방하기 위하여 여러 가지의 노력을 하게 마련이다. 화재예방에 많은 노력을 들일수록 화재가 발생할 가능성은 감소하기 때문에, 화재예방을 위한 노력수준 $E$와 화재로 인한 기대손실액 $TL$ 사이에는 〈그림 17-4〉의 (a)에 표시된 것과 같은 관계가 존재한다. 〈그림 17-4〉의 (a)에서 $TL$곡선의 기울기는 화재예방을 위한 노력을 추가로 했을 때 화재로 인한 기대손실액의 감소폭을 의미하므로 그 기울기의 절대값은 화재예방을 위한 노력의 한계편익이 되며, $TL$곡선으로부터 도출된 한계편익곡선은 〈그림 17-4〉의 (b)에 $MB^*$로 표시되어 있다. 편의상 화재예방을 위한 노력의 한계비용은 항상 일정하다고 가정할 때 어떠한 화재보험에도 가입하지 않은 상태에서 건물의 소유주는 한계편익곡선 $MB^*$와 한계비용곡선 $MC$가 교차하는 점 $e^*$에서 화재 예방을 위하여 $E^*$만큼의 효율적 수준의 노력을 기울인다.

이제 건물의 소유주가 화재보험에 가입하였다고 하자. 화재보험에 가입할 때 납부한 일정액의 보험료는 일종의 고정비용이기 때문에 화재예방을 위한 노력의 한계비용에는 아무런 영향을 미치지 않지만, 화재보험에 가입함으로써 건물소유주의 입장에서 본 화재예방을 위한 노력의 한계편익은 크게 감소할 것이다. 그러나 화재로 인한 모든 손실에 대하여 보험금이 지급된다고 해도 인명피해의 가능성 등을 고려할 때 화재가 발생하는 것보다는 발생하지 않는 것이 더

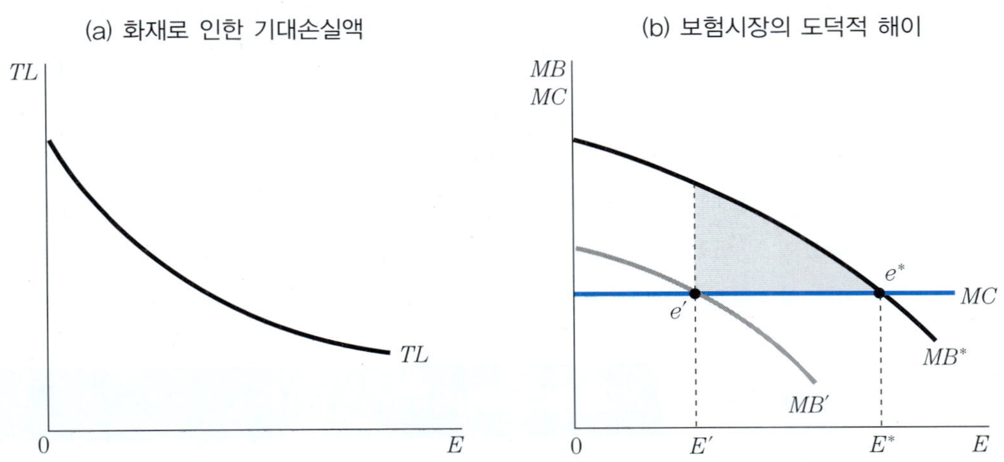


**그림 17-4 보험시장의 도덕적 해이**
화재보험에 가입하지 않는다면 화재예방을 위한 노력의 한계편익곡선 $MB^*$와 한계비용곡선 $MC$가 교차하는 점 $e^*$에서 $E^*$만큼의 효율적 수준의 노력이 투입된다. 그러나 화재보험 가입 후에 화재예방을 위한 노력의 사적 한계편익곡선은 $MB'$이 되고 화재예방을 위한 노력수준은 $E^*$에서 $E'$으로 감소하며, 이러한 도덕적 해이로 인해 옅은 검은 음영으로 표시된 면적만큼의 비효율이 발생한다.

낮기 때문에 한계편익은 여전히 0보다는 크다. 따라서 화재보험에 가입한 후에 건물소유주의 입장에서 본 화재예방을 위한 노력의 한계편익곡선은 〈그림 17-4〉의 (b)에 표시된 것처럼 왼쪽으로 이동해서 $MB'$이 되며, 화재예방을 위한 노력의 한계비용과 한계편익은 점 $e'$에서 일치하고 건물소유주가 화재예방을 위하여 기울이는 노력수준은 $E^*$에서 $E'$으로 감소하게 된다.

화재보험에 가입했다고 해서 화재로 인한 사회적 손실이 감소하는 것은 아니다. 따라서 화재보험 가입 여부에 관계없이 화재예방을 위한 노력의 사회적 한계편익곡선은 〈그림 17-4〉의 (b)에 표시된 $MB^*$이다. 화재보험이 없을 때는 이 사회적 한계편익곡선 $MB^*$가 건물소유주의 입장에서 본 사적 한계편익곡선이고 화재예방을 위하여 $E^*$만큼의 효율적 수준의 노력이 투입된다. 그러나 화재보험 가입 후에 화재예방을 위한 노력의 사적 한계편익곡선은 $MB'$으로 바뀌고 화재예방을 위한 노력수준은 $E^*$에서 $E'$으로 감소하기 때문에 옅은 검은 음영으로 표시된 면적만큼의 비효율이 발생하는 것이다.

화재보험에 가입한 후에 건물소유주가 화재예방을 위한 노력을 등한히 하는 현상이 도덕적 해이며, 이로 인해서 화재의 발생가능성은 높아지고 보험회사가 보험금을 지급하게 될 확률도 높아진다. 즉 보험가입자인 건물소유주가 화재예방을 게을리 하는 것은 화재예방을 위하여 얼마만큼의 노력이 투입되고 있는가에 관하여 아무런 정보도 갖고 있지 못한 보험회사의 입장에서 볼 때 바람직하지 않은 행위가 되는 것이다.

보험가입자가 사고예방을 위한 노력을 게을리 하는 것은 사고발생의 확률을 높이기 때문에 보험회사에게 바람직하지 않은 행위가 되지만, 어떤 행위는 사고의 발생확률에 영향을 미치지 않음에도 불구하고 도덕적 해이가 될 수 있다. 의료보험의 경우 의료서비스에 대한 과다수요의 문제를 예로 들 수 있다.

**예 17-4 건강보험의 재정악화**

우리나라 의료비의 약 60% 가량을 부담하고 있는 건강보험의 재정상태가 급속히 악화되고 있다. 국민건강보험공단의 의하면 2000년 10조원 수준이었던 건강보험급여비 지출규모는 매년 빠르게 늘어나서 2009년에는 30조원에 이르렀고 최근의 증가추세가 계속될 때 2020년에는 119조원에 달할 것으로 예측되며, 이 때문에 2010년 한 해에만 1조 2천억원의 적자가 발생하였다고 한다.

건강보험의 재정악화의 원인 중 하나로 사소한 증세인데도 대형병원을 찾거나 의약품을 남용하는 행위, 즉 의료서비스에 대한 과다한 수요를 꼽을 수 있다. 의료서비스에 대한 과다한 수요로 발생하는 비효율은 〈그림 17-5〉에 표시되어 있다. 그림에서 $S$와 $D$를 각각 의료서비스인 $X$재의 시장공급곡선(즉 사회적 한계비용곡선 $SMC$)과 시장수요곡선이라고 할 때, $P_X^*$의 가격으로 $x^*$ 만큼의 의료서비스가 제공되는 것이 효율적이다. 그러나 건강보험에 가입한 후 의료서비스를 이용할 때 환자 본인의 부담은 $P_X'$으로 감소하므로 $x'$ 만큼의 의료서비스가 제공되며, 의료서비스에 대한 과다한 수요로 인해 옅은 검은 음영으로 표시된 삼각형 $eab$의 면적만큼 비효율이 발생한다.

$x' - x^*$의 과다수요를 충족시키기 위한 비용은 사다리꼴 $eDEa$의 면적인데, 이 중에서 사각형 $cDEb$의 면적만을 환자 본인이 부담한다. 따라서 의료서비스의 과다수요라는 도덕적 해이로 인해 건강보험공단은 사다리꼴 $ecba$의 면적에서 보험료 수입을 뺀 것만큼 적자를 보게 된다.

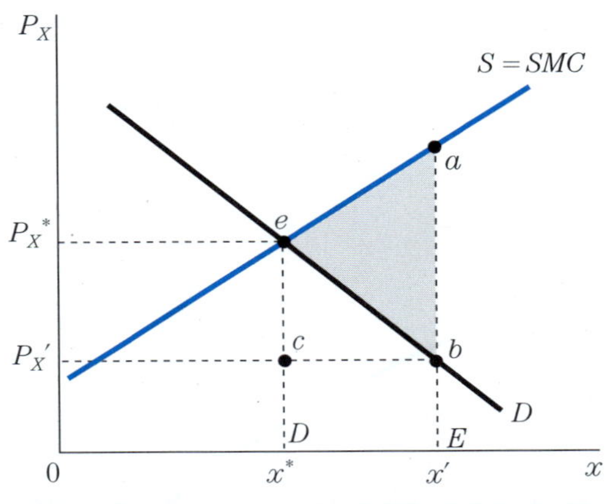


**그림 17-5 의료서비스의 과다수요와 비효율**
건강보험 가입 후 의료서비스에 대한 환자의 부담은 $P_X'$으로 감소하므로 $x'$ 만큼의 의료서비스가 제공되며, 의료서비스에 대한 과다한 수요로 삼각형 $eab$의 면적만큼 비효율이 발생하고 건강보험의 재정이 악화된다.

## 도덕적 해이에 대한 보험회사의 반응

보험시장에서의 도덕적 해이가 발생하는 이유는 보험에 가입한 후 사고예방을 위한 노력의 사적 한계편익이 감소하거나 또는 보험이 적용되는 서비스에 대하여 과다한 수요가 생기기 때문이다. 이러한 도덕적 해이에 대한 보험회사의 반응은 사고로 인한 손실액의 일정비율만을 보험금으로 지급하는 **공동보험**(co-insurance)이나 손실액에서 미리 정해진 액수만큼을 공제하고 나머지를 보험금으로 지급하는 **공제제도**(deductible)를 실시해서 사고가 발생하였을 때 손실의 일부를 보험가입자도 부담하도록 하는 것이다.

공동보험이나 공제제도의 효과는 〈그림 17-6〉에 표시되어 있다. 공동보험이나 공제제도가 실시되는 경우 보험가입자는 화재로 인한 손실액의 일부를 부담하게 되므로 화재예방을 위한 노력의 사적 한계편익곡선은 $MB'$ 에서 $MB''$ 으로 이동한다. 따라서 화재예방을 위한 노력수준은 $E'$ 에서 $E''$ 으로 증가하여 도덕적 해이로 인한 비효율의 일부는 제거된다. 그러나 공동보험이나 공제제도가 실시되는 경우에도 손실액의 전부를 보험가입자에게 부담시키지 않는 한 사고

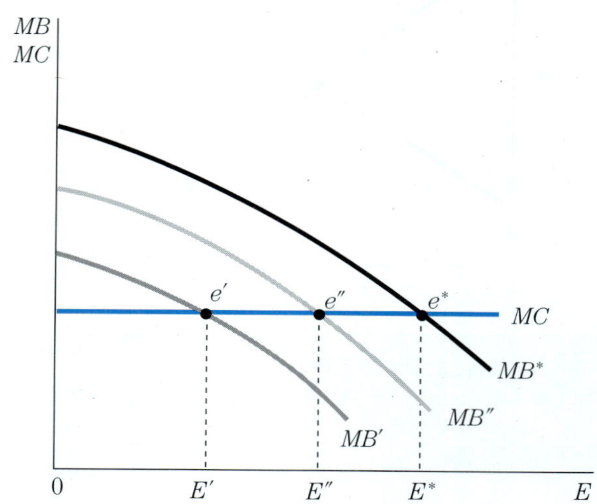


**그림 17-6 공동보험 또는 공제제도의 효과**
공동보험 또는 공제제도가 실시되는 경우에 화재예방을 위한 노력의 사적 한계편익곡선은 $MB'$ 에서 $MB''$ 으로 이동하고 화재예방의 노력수준은 $E'$ 에서 $E''$ 으로 증가한다.

예방을 위하여 사회적으로 바람직한 수준의 노력이 투입되기는 어렵다.

# 17.7 노동시장에서의 도덕적 해이

## 도덕적 해이와 비효율

고용주와 근로자의 관계는 전형적인 본인-대리인의 관계이다. 고용주의 목적은 이윤의 극대화이지만 근로자의 목적은 적은 노력을 들이고 많은 보수를 받음으로써 효용을 극대화하는 것이다. 그런데 고용주는 근로자가 얼마나 열심히 근무하는지를 정확하게 관찰하기가 어렵기 때문에, 근로자가 근무할 때 기울이는 노력수준은 고용주에게 숨겨진 행동이 되고 이로 인해서 비대칭정보의 상황이 발생한다. 이를 기회로 삼아서 근로자가 근무를 태만히 할 때, 고용주의 이윤이 감소하는 도덕적 해이가 발생하는 것이다. 이 절에서는 노동시장의 도덕적 해이와 이를 방지하기 위한 유인의 설계에 관하여 살펴보기로 한다.

$X$재를 생산하는 어떤 완전경쟁기업에 고용되어 있는 근로자가 주어진 자본을 갖고 생산할 때 그 산출량 $x$는 노력수준 $e$의 함수이기도 하지만 운(運)을 표시하는 변수 $v$에 의해서도 영향을 받는다. 편의상 $x = e + v$이고 $v$의 기대값은 0이라고 가정할 때, 산출량 $x$는 아무런 비용을 들이지 않고도 관찰할 수 있지만 노력수준 $e$의 관찰은 불가능하다고 하자. 즉 기업에게 근로자의 노력수준은 숨겨진 행동이다. 또한 각 노력수준 $e$에 대한 근로자의 비효용을 화폐로 표시하면 〈그림 17-7〉의 $c(e)$일 때, 노력의 비용곡선 $c(e)$가 $e$에 대해 볼록하다는 것은 노력의 증가에 따라 그 한계비용 $MC(e) = \Delta c(e)/\Delta e$가 체증함을 의미한다. 근로자와 기업 모두 위험중립적 태도를 지니고 있다고 가정할 때 근로자와 기업은 각각 기대보수와 기대이윤의 극대화를 위해 행동한다.

숨겨진 행동의 문제인 도덕적 해이의 발생을 살펴보기 전에 먼저 노력수준이 효율적이기 위한 조건을 구해 보기로 하자. 〈그림 17-7〉에서 1의 기울기를 지니는 $E(x) = e$는 각 노력수준에 대한 기대산출량을 표시하고 있다. $X$재의 가격을 1원이라고 가정할 때 기대산출량곡선은 곧 기대총수입곡선이며, 노력수준을 1단위 추가할 때 기대한계편익은 1이고 노력의 비용곡선 $c(e)$의 기울기인

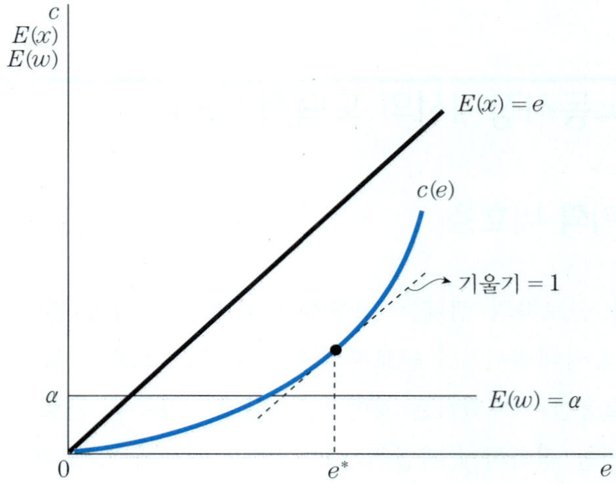


**그림 17-7 효율적 노력수준과 고정급**

근로자의 노력수준 $e$와 운의 변수 $v$에 의해 산출량 $x$가 결정되며, $x=e+v$의 관계에 있다고 할 때 노력수준을 1단위 더할 때의 기대한계편익은 1이고 노력의 한계비용은 비용곡선 $c(e)$의 기울기인 $MC(e)$이다. 따라서 $e^*$의 노력수준이 효율적이기 위한 조건은 $MC(e^*)=1$이다. 이때 근로자에게 $w=\alpha$의 고정급이 지급되면 근로자의 노력수준은 0이 된다.

$MC(e)$가 한계비용이다. 따라서 그림에 표시된 것처럼 $e^*$의 노력수준이 효율적이기 위한 조건은 $MC(e^*)=1$이다.

기업이 근로자에게 지급하는 보수 $w$를 $w=\alpha+\beta x$의 형태로 표시할 때, 유인보수의 설계는 참여의 제약과 유인양립의 제약을 동시에 만족시키는 $\alpha$와 $\beta$를 선택하는 것이다. $\beta=0$이면 $w=\alpha$의 고정급이 되며, $\beta$가 0에서 증가할수록 이윤극대화를 위해 기업이 정하는 $\alpha$는 감소한다. 먼저 고정급이 지급되는 경우를 보기로 하자. 이 경우 근로자가 순보수 $\alpha-c(e)$의 극대화를 위하여 기울이는 노력수준은 0이 된다. 0의 노력을 해서 산출량이 0이 된다고 해도 근로자는 운이 나빴다는 핑계를 댈 수 있고 기업은 이를 확인할 길이 없다. 따라서 근로자는 마음껏 근무를 태만하여 비효율이 발생하는 것이다.

## 유인보수의 설계

이 상황에서 기업은 $w=\alpha+\beta x$의 보수가 근로자의 효율적 노력수준을 유발시키는 유인기구가 될 수 있도록 $\alpha$와 $\beta$를 선택하려 한다. $w = \alpha + \beta x$의 보수가 지급되는 경우 근로자는 기대순보수 $E[\alpha + \beta(e+v)] - c(e)$의 극대화를 위한 노력수준 $e$를 선택할 것이다. 그런데 $E(v) = 0$이므로 근로자의 기대순보수는 $\alpha + \beta e - c(e)$가 되며, 이를 극대화하는 노력수준 $e$가 선택될 때 만족되는 조건은 $MC(e) = \beta$이다. $\beta$는 근로자의 입장에서 노력의 한계편익이며, 노력의 한계비용 $MC(e)$는 체증하므로 $\beta$가 증가할수록 노력수준 $e$는 증가한다.

근로자가 다른 대안적 취업기회에서 얻을 수 있는 기대순보수는 0이라고 할 때 유인보수의 설계에서 참여의 제약은 근로자에게 지급되는 기대보수 $E[\alpha + \beta(e+v)] = \alpha + \beta e$가 $e$만큼 노력할 때 느끼는 비효용의 화폐금액인 $c(e)$ 이상이 되도록 $\alpha$와 $\beta$를 정해야 한다는 것이다. 또한 기업이 설계한 유인보수하에서 근로자가 자신의 기대보수를 극대화할 때 동시에 기업의 이윤도 극대화되어야 한다는 것이 유인양립의 제약이며, 이는 $\beta$가 $MC(e) = \beta$의 조건을 만족시켜야 한다는 것을 의미한다. 따라서 기업의 기대이윤 극대화의 문제는 다음과 같이 표시할 수 있다.

$$\max_{\{\alpha,\beta\}} E(x-w) = e - (\alpha + \beta e)$$

제약조건: $\alpha + \beta e = c(e)$와 $MC(e) = \beta$

참여의 제약인 $\alpha + \beta e = c(e)$를 목적함수인 $E(x-w) = e - (\alpha + \beta e)$에 대입하면 유인보수 설계의 문제는 다음과 같이 바뀐다.

$$\max_{\{\alpha,\beta\}} e - c(e)$$

제약조건: $MC(e) = \beta$

구체적 결과를 얻기 위해 $c(e) = 0.5e^2$을 가정해 보자. 이 경우 $MC(e) = e$이므로 위 문제의 제약조건은 $e = \beta$이다. $e = \beta$와 $c(e) = 0.5e^2$을 목적함수 $e - c(e)$에 대입하면 유인보수의 설계는 $\beta - 0.5e^2 = \beta - 0.5\beta^2$을 극대화시키는 $\beta$를 구하는 문제가 되며, 이 문제는 $\beta = 1$일 때 해결된다. 따라서 근로자의 노력수준 $e$는 1이고 기대산출량 $E(x)$ 역시 1이 되는 것을 알 수 있다. $\beta = e = 1$이므로 참여의 제약인 $\alpha + \beta e = c(e)$에서 $\alpha = -0.5$를 구할 수 있다. 즉 유인보수는 $w = -0.5 + x$가 되는 것이다.

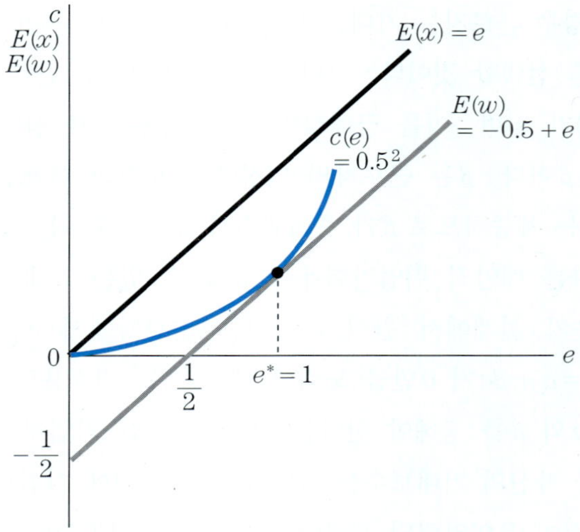


**그림 17-8 유인보수의 지급**

노력의 비용곡선이 $c(e)=0.5e^2$이라고 할 때, 참여의 제약과 유인양립의 제약을 만족시키면서 기업의 이윤을 극대화하는 유인보수는 $w=-0.5+x$이다. 이때 근로자의 기대보수 $E(w)$는 $-0.5+e$가 되어 기대순보수를 극대화시키는 노력은 효율적 수준인 1이 된다.

〈그림 17-8〉는 유인보수하에서 근로자의 노력수준을 나타내고 있다. $w=-0.5+x$일 때 근로자의 기대보수 $E(w)$는 $-0.5+e$가 되어 기대순보수가 극대화되는 노력수준 $e$는 1이며, $e=1$에서 노력의 한계비용과 한계편익 모두 1이므로 효율적이다. $w=-0.5+x$의 유인보수는 총수입 $x$가 얼마인지 관계없이 기업이 항상 0.5를 갖고 나머지를 근로자가 차지하는 구조, 즉 근로자에게 **잔여청구자**(residual claimant)의 지위를 부여하는 구조이며, 이때 도덕적 해이가 방지되어 효율적 수준의 노력을 유발할 수 있다. 이와 같이 근로자에게 잔여청구자의 지위를 주는 것은 자본을 갖고 있는 기업이 그 자본을 근로자에게 임대하고 임대료를 받는 것과 동일한 개념이라고 할 수 있으며, 택시의 사납금제도 등을 가까운 예로 들 수 있다.

그렇지만 근로자가 잔여청구자가 되는 것은 효율적 수준의 노력을 유발하기는 하지만, 운의 변수인 $v$의 변동으로 인한 불확실성을 모두 근로자에게 부담시키므로 위험공유의 측면에서는 비효율적이다. 위에서는 기업과 근로자가 모두 위험중립적이라고 가정하였으므로 위험공유의 필요성은 없어서

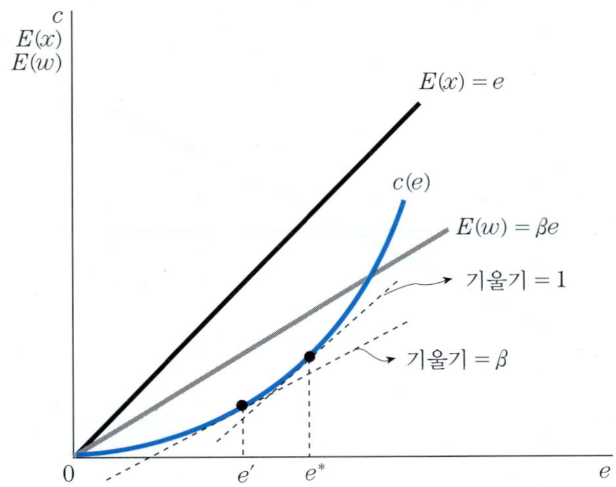


**그림 17-9 소작제의 효과**
기대보수가 $\beta e$가 되는 $w=\beta x$의 보수는 일종의 소작제이며($\beta<1$), 노력수준은 $e^*$에서 $e'$으로 감소하므로 비효율이 존재하지만 위험공유에 관한 비효율은 개선된다.

$w=-0.5+x$의 유인보수 지급은 효율적이다. 일반적으로 근로자보다는 기업의 위험에 대한 태도가 덜 위험회피적이므로 $\alpha$는 $-0.5$보다 높게 정하고 $\beta$는 1보다 작게 정함으로써 기업과 근로자의 이익을 모두 높일 수 있으며, 이 점에서 근로자에게 잔여청구자의 지위를 부여하는 임대제는 위험공유에 관하여 비효율적이다. 그러나 이 경우 노력수준은 1보다 낮아지기 때문에 도덕적 해이로 인한 비효율이 발생한다.

〈그림 17-9〉는 $w=\beta x$의 보수를 표시하고 있으며($\beta<1$), 기대보수 $E(w)$는 $\beta e$이다. 이러한 보수의 지급은 산출량(즉 총수입)을 사전에 정해진 일정비율로 기업과 근로자가 나눈다는 것을 의미하므로 일종의 **소작제**(sharecropping)라고 할 수 있다. 이 경우 근로자의 노력수준은 $e^*$에서 $e'$으로 감소하므로 비효율이 존재하지만 위험공유에 관한 비효율은 개선된다.

## 다른 유인보수: 유예보수와 효율임금

기업은 근로자에게 퇴직할 때까지 매년 일정한 임금 $w^*$를 지급할 수도 있

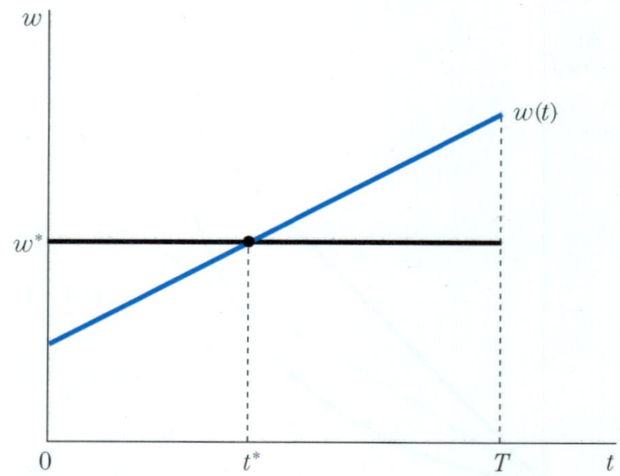


**그림 17-10 유예보수의 효과**
어느 시점 $t^*$까지는 낮은 임금을 지급하지만 그 이후에는 높은 임금을 지급하는 것이 유예보수이다. 유예보수의 임금지급방법은 태만이 적발되어 해고될 때의 비용을 높이므로 근로자의 노력을 유발한다.

지만, **유예보수**(deferred payment)의 임금지급방법을 택할 수도 있다. 〈그림 17-10〉에서 원점은 근로자가 기업에 입사한 시점이고 $T$는 퇴직시점이다. $t^*$의 시점까지는 $w^*$보다 낮은 임금을 지급되지만 그 이후에는 $w^*$보다 높은 임금을 지급하는 것이 유예보수이며, 생애에 걸쳐서 매년 일정한 임금 $w^*$를 받는 것의 현재가치와 유예보수에 의한 임금지급의 현재가치가 동일하고 미래의 소득에 근거해서 자유롭게 대출받을 수 있다면 근로자는 두 가지 임금지급방법에 대하여 무차별하다.

$t^*$의 시점을 지나서야 $w^*$보다 높은 임금을 받을 수 있다는 것은 태만하다가 적발되어 해고당할 경우 유예된 보수를 지급받지 못한다는 것을 의미하며, 이 때문에 유예보수의 임금지급방법은 근로자가 부담하는 해고의 비용을 높여서 근로자의 노력을 유발시킨다. $T$의 시점까지 근무해야만 일정한 액수의 퇴직금을 지급하는 것도 일종의 유예보수라고 할 수 있다. 유예보수의 임금지급으로 근로자의 노력수준이 높아지고 산출량이 증가할 때 기업의 이윤과 근로자의 생애소득의 현재가치가 증가하므로 기업과 근로자 모두 유예보수의 임금지급방법을 선호한다. 그러나 기업은 $t^*$의 시점 이후 근로자를 해고하고 그 자리

를 신입사원으로 채우고자 하는 동기를 지니게 되는데, 이러한 기회주의적 행위는 기업의 평판을 손상시켜서 근로자의 고용 자체를 어렵게 만들 수 있으므로 유예보수는 흔히 관찰되는 임금지급방법이다.

태만이 적발되어 해고될 때의 비용을 높임으로써 근로자의 노력을 유발시키는 또 다른 임금지급방법은 균형임금보다 높은 임금, 즉 **효율임금**(efficiency wage)을 지급하는 것이다. 근로자의 노력수준을 관찰하기가 어려운 상황에서 단지 균형임금을 지급한다면 근로자는 태만하다가 적발되어 해고되었을 때 똑같은 균형임금을 지급하는 다른 기업으로 얼마든지 옮길 수 있다. 이 경우에 근로자는 해고에 대하여 아무런 두려움이 없기 때문에 열심히 일할 동기를 지니지 않는다. 그러나 기업들이 균형임금보다 높은 임금을 지급한다면, 노동시장에는 실업이 존재하게 되고 태만하다가 적발되어 해고를 당하는 근로자는 당장 다른 기업에 취업되는 것이 아니라 상당한 기간 실업의 고통을 겪기가 쉽다. 따라서 근로자는 태만으로 해고되지 않기 위하여 열심히 일할 동기를 지니게 된다. 이러한 점에서 기업들이 효율임금을 지급하는 것은 근로자가 부담하는 해고의 비용을 높여서 도덕적 해이를 막기 위한 또 다른 대응이라고 할 수 있다.

### 예 17-5 포드사의 효율임금

일찍이 효율임금을 지급하여 생산성의 향상을 경험했던 회사로는 미국의 포드사를 들 수 있다. 잘 알려진 것처럼 1914년 포드사는 공장에 조립라인을 설치하여 자동차의 대량생산을 위한 계기를 만들었다. 그러나 조립라인이 설치되면서 근로자는 지루하고 단순한 작업을 반복해야만 했으므로 각종 근무태만, 높은 이직률 등으로 포드사는 이윤이 오히려 감소하는 어려움을 겪게 되었다.

이에 대응하여 당시 포드(H. Ford) 사장은 임금수준을 2배 가까이 올리는 뜻밖의 방법을 선택하였다. 1914년 미국 자동차업계의 평균적 임금은 하루 3달러 정도였으나 포드는 이를 5달러로 크게 인상하였던 것이다. 다른 경쟁기업들은 포드가 선택한 방법이 비합리적이라고 판단하여 포드사는 곧 자동차업계에서 퇴출될 것이라고 전망하였다. 그러나 놀랍게도 포드사의 이윤은 1914년 3천만 달러에서 1916년에는 6천만 달러로 2배가 증가하였으며, 이러한 결과는 시장균형임금보다 높은 임금이 지급됨으로써 태만과 이직률이 감소하여 생산성이 개선되었기 때문이라고 할 수 있다.

## 요 약

1 시장거래의 당사자들이 갖고 있는 정보의 양이 서로 다른 상황을 비대칭정보라고 한다. 비대칭정보의 상황은 숨겨진 특성과 숨겨진 행동으로 분류될 수 있으며, 숨겨진 특성은 거래되는 상품의 특성이나 거래의 상대방이 지닌 특성을 어느 한 쪽이 모르는 경우를 의미하고 숨겨진 행동은 어떤 거래나 계약의 이행과정에서 상대방의 행동을 잘 관찰할 수 없는 경우를 의미한다.

2 숨겨진 특성으로 인한 비대칭정보의 상황에서 품질이 좋은 상품은 시장에서 사라지고 가장 낮은 품질의 상품만 거래되기 때문에, 상품의 품질에 관하여 정보가 부족한 사람이 자신의 입장에서 볼 때 가장 달갑지 않은 상대방과 거래하게 되는 역선택의 현상이 발생할 수 있다.

3 적은 양의 정보를 지닌 사람들은 숨겨진 특성과 연관성이 있는 지표를 관찰해서 숨겨진 특성을 구별하려는 노력을 하며, 이를 선별이라고 한다. 그러한 지표의 관찰이 어려운 경우 정보량이 부족한 쪽은 많은 양의 정보를 지닌 쪽이 숨겨진 특성에 관련된 신호를 보내도록 유도하고 그 신호를 관찰하여 숨겨진 특성이 무엇인지를 선별하기도 한다.

4 숨겨진 특성으로 인한 비대칭정보의 상황에서 많은 양의 정보를 지닌 사람들 중 역선택으로 인해 피해를 입는 사람들은 신호를 발송함으로써 자신들의 숨겨진 특성을 알리려고 노력한다. 신호발송에는 비용이 들고 숨겨진 특성이 우수할수록 신호발송 비용이 적게 들 때, 적은 양의 정보를 지닌 사람이 신호를 수신해서 상대방의 숨겨진 특성을 정확하게 선별하는 상태인 신호발송균형이 이루어질 수 있다.

5 근로자의 능력이 고용주에게는 숨겨진 특성이 되는 경우 교육을 받는 데 비용이 소요되고 같은 수준의 교육을 받더라도 능력이 높을수록 교육비용은 낮아지기 때문에, 높은 능력의 근로자는 낮은 능력의 근로자보다 많은 교육을 받음으로써 고용주에게 자신의 능력에 관한 신호를 발송한다.

6 어떤 거래나 계약의 이행과정에서 어느 한 쪽의 행동이 다른 쪽의 이익에 영향을 줄 때 본인-더리인의 관계가 존재한다고 하며, 숨겨진 행동으로 인한 비대칭정보의 상황은 주로 본인-대리인의 관계에서 나타나게 된다. 자신의 행동이 상대에게는 숨겨진 행동이 된다는 점을 기회삼아서 상대에게 바람직하지 않은 행동을 취하는 경우를 도덕적 해이라고 한다.

7 도덕적 해이로 인한 피해를 막기 위하여 대리인이 본인의 이익을 위해 행동하도록 하는 유인기구를 고안할 수 있으며, 유인기구는 참여의 제약과 유인양립의 제약을 만족시켜야 한다.

8 보험시장의 도덕적 해이로 인해서 보험가입자의 사고예방을 위한 노력수준은 효율적 수준보다 낮아지게 되는데, 이에 대한 보험회사의 대응으로는 공동보험이나 공제제도를 들 수 있다.

9 근로자의 노력수준을 관찰할 수 없을 때 발생하는 도덕적 해이에 대한 유인기구는 총수입 중 기업이 항상 일정한 액수를 갖고 나머지를 근로자가 차지하게 하는 것이다. 이와 같이 근로자에게 잔여청구자의 지위를 부여하는 것은 효율적 수준의 노력을 유발하지만 위험공유에 관해서는 비효율적이다.

10 총수입을 사전에 정해진 일정비율로 기업과 근로자가 나누는 것, 즉 소작제가 실시될 때 근로자의 노력은 효율적 수준보다 감소하지만 위험공유에 관한 비효율은 개선된다.

11 유예보수 또는 효율임금의 지급은 태만이 적발되어 해고될 때의 비용을 높이므로 근로자의 노력수준을 높인다.

## 연습문제

1 주택의 소유자들은 조심성이 많은 A타입과 조심성이 적은 B타입으로 분류되며, 각 개인은 자신이 어느 타입에 속하는지를 모르고 보험회사 역시 이를 모른다고 가정하자. 또한 A타입과 B타입 개인의 주택에 화재가 날 확률은 각각 $p_A$와 $p_B$이고($p_A < p_B$) 각 타입별 개인의 수는 같은데, 각 개인과 보험회사 모두 이를 알고 있다고 하자. 일단 화재가 발생하면 수리비용은 A타입 개인의 주택이나 B타입의 주택이나 같다고 할 때, 각 개인은 어느 타입이든지 관계없이 전액보험을 구입하는 것을 설명하시오.

2 노동시장의 근로자들은 10의 생산성을 지닌 낮은 능력의 근로자와 20의 생산성을 지닌 높은 능력의 근로자로 나뉠 수 있고 각 근로자는 자신의 생산성만큼을 임금으로 받으며, 낮은 능력의 근로자들과 높은 능력의 근로자들이 전체 근로자 중 차지하는 비율은 각각 0.5씩이라고 하자. 또한 고등학교까지는 의무교육이므로 모든 근로자는 반드시 고등학교를 졸업한다고 가정하자. 높은 능력의 근로자와 낮은 능력의 근로자가 대학을 졸업하려면 각각 $C_H$와 $C_L$의 비용이 소요된다고 할 때,

(1) 높은 능력의 근로자만 대학을 졸업하는 것이 신호발송균형으로 성립하기 위해서 $C_H$와 $C_L$ 사이에는 어떤 조건이 만족되어야 하는지 설명하시오.

(2) $C_H = 0$이고 $C_L = 4$이면 어떤 유형의 신호발송균형이 성립할 수 있는지 설명하시오.

**3** 고등학교까지는 의무교육인 어느 나라의 노동시장에서 근로자들은 높은 능력의 근로자와 낮은 능력의 근로자로 나뉠 수 있다고 하자. 낮은 능력을 지닌 근로자가 대학졸업을 하려면 2천만원이 들지만 높은 능력의 근로자는 5백만원밖에는 들지 않는다고 하자. 대학졸업 여부로 근로자를 선별하려는 기업은 고등학교 졸업자에게는 1천 5백만원의 연봉을 지급하지만 대학 졸업자에게는 $K$의 연봉을 지급하려고 한다. 이 선별이 효과적이기 위한 $K$의 범위를 구하시오.

**4** 유수한 몇 개 대학이 모든 과목에서 F학점의 부여를 금지하였다고 하자. 교육의 신호기능을 가정하여 이를 평가하시오.

**5** 어느 개인이 특상등품의 중고차를 제값을 받고 팔려고 한다. 그런데 자신이 팔려는 차가 특상등품이라는 사실을 알릴 길이 없어 답답한 이 개인은 판매 이후 2년 내에 발견되는 결함에 대해서는 무료로 수리해 주겠다는 조건으로 원하는 가격을 받고 중고차를 판매하였다. 이러한 판매행위가 지니는 문제점을 설명하시오.

**6** 어느 상점에 고용되어 있는 판매원이 태만하면 상점의 수입은 0이며, 열심히 일하는 경우에는 0.5의 확률로 1천만원의 상점 수입이 생기고 나머지 확률로 상점의 수입은 0이 된다. 판매원과 상점 주인 모두 위험중립적 태도를 지니고 있으며, 열심히 일할 때 판매원이 느끼는 비효용의 화폐금액과 다른 대안적 취업기회에서 얻을 수 있는 기대순보수는 똑같이 1백만원이라고 할 때,

(1) 상점 주인이 유인보수를 설계할 때 참여의 제약을 설명하시오.
(2) 상점의 수입과 관계없이 판매원에게 항상 2백만원의 고정급을 지급하는 것의 비효율을 설명하시오.
(3) 상점의 수입이 0일 때는 0의 보수를 지급하고 상점의 수입이 1천만원일 때는 4백만원을 지급하는 것이 유인보수임을 설명하시오.

**7** 유인보수의 설계에 관한 앞의 17.7에서(p. 683~687) 노력의 비용곡선이 $c(e) = ae^2$인 경우(나머지는 모두 동일함),

(1) 노력수준 $e$가 효율적이기 위한 조건을 구하시오.
(2) $w = \alpha + \beta x$에서 $\alpha$를 $a$의 함수로 표시하시오.

# 찾아보기

【 ㄴ 】

【 ㄹ 】



【 ㅁ 】



【 ㅂ 】

## 【 ㅇ 】

【 ㅈ 】

## 【 ㅊ 】



## 【 ㅋ 】



## 【 ㅌ 】



## 【 ㅍ 】

## 공저자약력

### 성백남

1974년 2월 연세대학교 상경대학 경영학과, 경영학사
1980년 캘리포니아주립대학교(Santa Barbara), 경제학석사
1982년 캘리포니아주립대학교(Santa Barbara), 경제학박사
1984년부터 현재까지 연세대학교 상경대학 경제학부 조교수, 부교수, 교수

### 정갑영

연세대학교 상경대학 경제학과, 경제학사
미국 펜실베니아대학교, 경제학석사
미국 코넬대학교, 경제학박사
연세대학교 교무처장, 정보대학원장
전기위원회 위원, 통신위원회 위원
현재 연세대학교 상경대학 경제학부 교수
연세대학교 총장

개정판
미시경제학

2000년 1월 20일 초판발행
2011년 8월 20일 개정판발행
2017년 5월 10일 중판발행

공저자 성백남 · 정갑영
발행인 안 종 만
발행처 (주) 박영사
서울특별시 종로구 평동 13-31번지
전화 (733)6771 FAX (736)4818
등록 1959. 3. 11. 제300-1959-1호(倫)

저자와 협의하에 인지를 생략함

www.pybook.co.kr e-mail: pys@pybook.co.kr



정 가 34,000원 ISBN 978-89-6454-165-4